北京海淀年鉴
2011

《北京海淀年鉴》编纂委员会　编

中央文献出版社

获　奖：

2004 年 12 月，《北京海淀年鉴》(2003) 获首届中国地方志年鉴奖二等奖；

2006 年 6 月，《北京海淀年鉴》(2005) 获第二届全国年鉴编校质量检查评比特等奖；

2008 年 7 月，《北京海淀年鉴》(2007) 获第四届全国年鉴编校质量检查评比二等奖；

2010 年 1 月，《北京海淀年鉴》(2008) 获第四届全国年鉴编纂出版质量评比区县年鉴综合三等奖、条目编写二等奖、装帧设计二等奖；

2011 年 9 月，《北京海淀年鉴》(2010) 获第五届全国年鉴编校质量检查评比特等奖。

存　藏：

《北京海淀年鉴》存藏于中国国家图书馆、首都图书馆、北京方志馆、海淀区图书馆，北京大学、清华大学、中国人民大学等高校图书馆，海淀区各区属单位、部分中小学，部分驻区单位，沪、穗、宁、桂、鄂、陕等省、区、市地方志工作部门等。在中国知识资源总库、阿帕比数字资源平台等电子图书馆亦可查询。

《北京海淀年鉴》编纂委员会

顾　问：赵凤桐　　周来升　　关成启　　彭兴业

主　任：林抚生　　隋振江

副主任：刘　鸿　　李彦来　　穆　鹏　　傅首清

《北京海淀年鉴》编辑部

主　　编：刘　鸿　　李彦来　　穆　鹏　　傅首清

执行主编：周玉鑫

副 主 编：胥天寿　　王宋文　　钟　冷

执行编辑：（以姓氏笔画为序）

王　鑫　　田　颖　　刘　畅

陈　斌　　周　勇

主要撰稿人

（以姓氏笔画为序）

丁　尧　　丁　旭　　于倩雯　　马　达　　马　然　　马腾飞　　马薇冬　　亢瑞英　　尹玲利

王冉冉　　王同轩　　王　帆　　王丽辉　　王　京　　王怡然　　王承娟　　王承浩　　王　洋

王荣梅　　王爱民　　王彩虹　　王跃萍　　王银行　　王琪萍　　王　瑛　　王　锐　　王　慧

邓雪萍　　代　韧　　冯小明　　史玉来　　史旭光　　叶　莉　　巨　峰　　白二平　　白云芝

皮金桃　　石　峰　　乔义山　　乔东升　　乔　捷　　任克红　　全宇红　　刘　传　　刘国威

刘明昆　　刘　林　　刘　洪　　刘梦瑶　　刘雄斌　　刘嘉俊　　向　华　　吕　晶　　吕瑞清

孙小亭　　孙学刚　　孙　骁　　孙　雯　　孙　静　　孙燕艳　　庄立铭　　曲丽岩　　江亚红

许　立　　许相明　　严　岩　　严　博　　何建吾　　何昊东　　何春媚　　何崇岭　　余继兴

佟思平　　吴小平　　吴立竹　　吴向荣　　吴丽芸　　吴保军　　吴　涛　　宋玉成　　宋亚甫

宋　昭　　张小莉　　张　文　　张月华　　张　伟　　张丽伟　　张秀峰　　张　炜　　张　倩

张晓楠　　张晓巍　　张　敏　　张清华　　张雪松　　张晴晴　　张　颖　　张　漫　　张　蕾

张　巍　　时　磊　　李冬妮　　李亚春　　李　进　　李国红　　李　娜　　李春玲　　李　艳

李　莉　　李　猛　　李　强　　李　琴　　李德平　　李　瑾　　李蕴元　　杨长春　　杨　华

杨　帆　　杨　亮　　杨　勇　　杨海龙　　杨艳玲　　杨　菲　　沈　琳　　肖　洁　　肖琳娜

邹立宏　　陈子权　　陈育红　　陈垚辉　　陈晓光　　陈铁柱　　陈　魁　　周宏扣　　呼晓毛

房　洁　　林　立　　林　琳　　林　影　　罗　军　　罗　勇　　郑　珊　　姜　哲　　施　维

胡文欣　　胡丽红　　赵　利　　赵佩娟　　赵佳蔷　　赵国春　　赵金生　　赵　淼　　赵　燕

郝广智　　郝建秀　　郝建颖　　唐志安　　唐　炜　　唐馨玲　　夏　滢　　徐　川　　徐　云

徐建春　　徐　虹　　徐　意　　聂世剑　　袁　芹　　袁　玲　　郭　佳　　郭　欣　　郭胜清

顾辰菩　　高大应　　高平山　　高　亮　　高炳波　　高曙光　　崔伟立　　常玉舟　　常欣欣

梁宏业　　黄　健　　普云燕　　温德成　　程建华　　程晓红　　程　霈　　董则艳　　董　妍

蒋海涛　　蒋　薇　　谢　畔　　韩　冰　　韩金生　　韩　晋　　韩　涛　　韩　晶　　韩慧新

鲁紫鹃　　裘燕波　　熊蓉霞　　缪　炜　　蔡　莹　　滕梦远　　潘高峰　　穆　笛　　霍国忠

魏明昭　　魏　娜

海淀区行政区划图

(2010年12月)

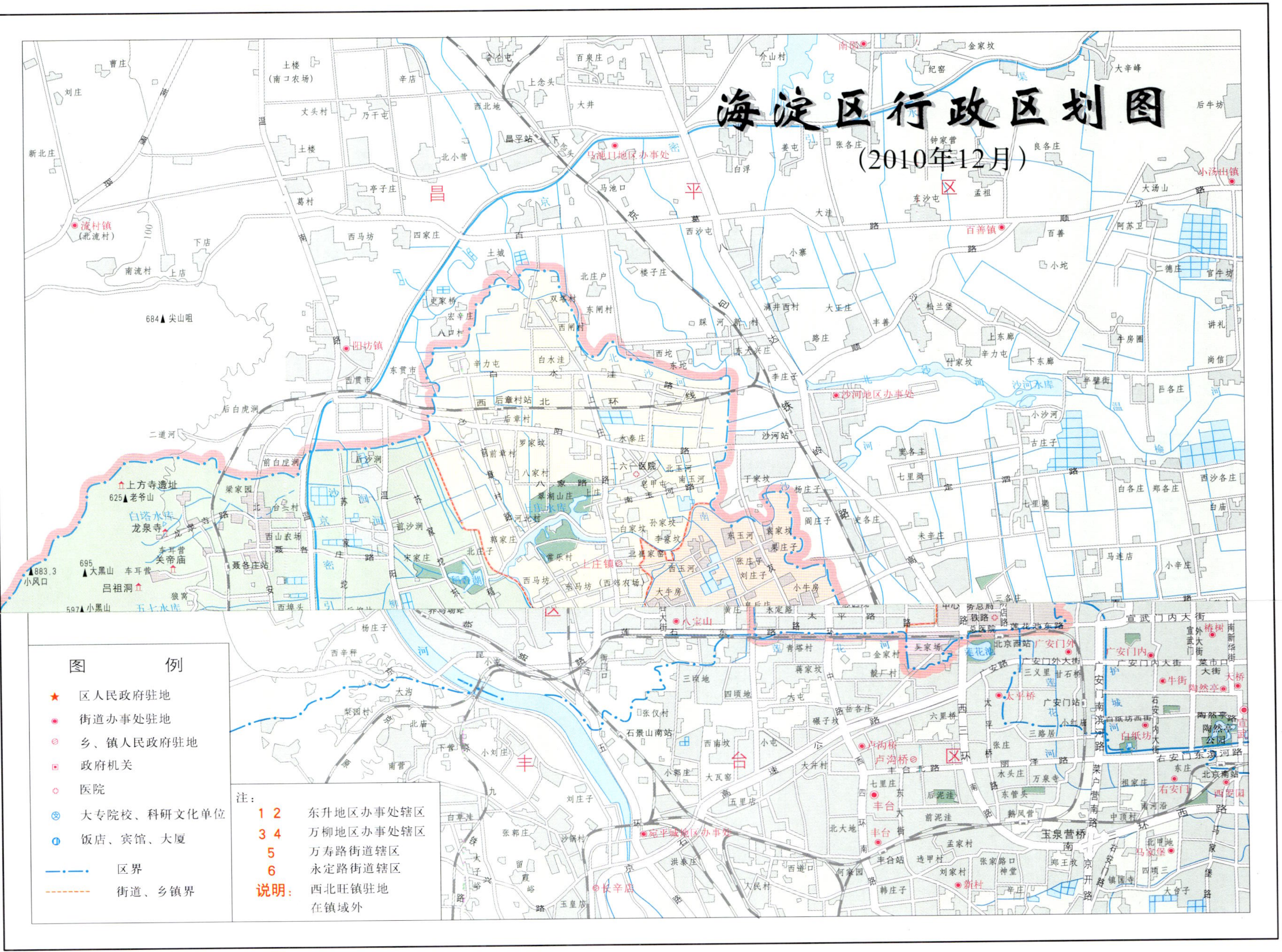

数字海淀

辖区面积：430.77 平方公里
年末户籍人口：219.6 万人
年末常住人口：328.1 万人
人口密度：7617 人 / 平方公里
地区生产总值：2771.6 亿元
地区生产总值同比增速：13.3%
地区生产总值占北京市的比重：19.6%
第一产业：1.4 亿元
第二产业：399.0 亿元
第三产业：2371.2 亿元
人均地区生产总值：12478.7 美元
工业总产值：1343.2 亿元
农村经济总收入：200.9 亿元
农村经济纯收入：42.3 亿元

区域财政收入：1032.47 亿元
区级财政收入：190.94 亿元
全社会固定资产投资：567 亿元
社会消费品零售总额：1184.2 亿元
辖区外贸进出口总额：417.5 亿美元
实际利用外资额：13.6 亿美元
房屋施工面积：1100.5 万平方米
房屋竣工面积：303.5 万平方米
商品房销售面积：1718880 平方米
私人汽车：636742 辆
全社会旅客运输量：3768.3 万人
旅游业总收入：2129298.1 万元
地方财政支出中科学技术支出的占比：1.9%
地方财政支出中教育支出的占比：14.1%

专利授权数：13839 件
技术合同成交金额：907.1 亿元
应届毕业生高考录取率：91.67%
幼儿园数：152 所
中小学学校数：193 所
中等职业学校数：16 所
区域内高等院校数（含分部）：37 所
国有科研院所数：139 个
每千人（户籍）拥有医院病床数：4.8 张
农民社会养老保险参保覆盖率：99%
新型农村合作医疗参合率：98.9%
地区售电量：106.1 亿千瓦时
地区总用水量：29603 万立方米
金融机构网点数：1619 家

银行人民币存款余额：13000.0 亿元
银行人民币贷款余额：4057.1 亿元
城乡居民储蓄存款余额：3541.9 亿元
城市居民人均可支配收入：33351.3 元
农村居民人均纯收入：17660.9 元
人均绿地面积：47.4 平方米
上市企业数：175 家
海淀园总收入：7054.74 亿元
海淀园企业数：10308 个
海淀园上缴税费总额：314.65 亿元

中关村软件园实景　　（中关村软件园 供图）

数字海淀

城市居民家庭平均每百户耐用消费品年拥有量
Possessions of Durable Consumer Goods per 100 Urban Households

移动电话Mobile Telephone 部(unit)　　彩色电视机Color TV Set 台(unit)
家用电脑Family Computer 台(unit)　　家用汽车Family Car 辆(unit)

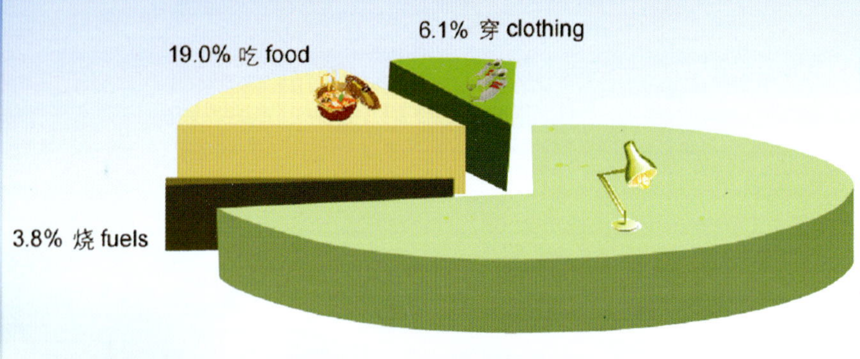

2010年社会消费品零售额构成（%）
The Composition of Retail Sales of Society Consumer Goods(%)

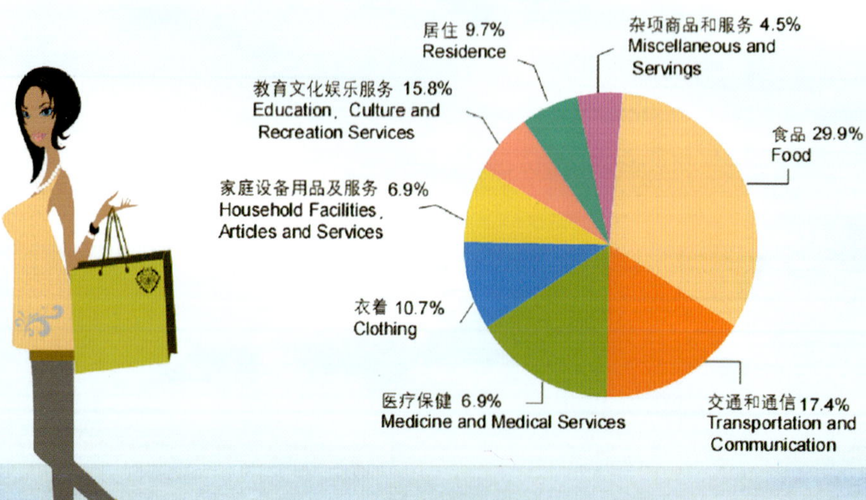

2010年城镇居民人均消费性支出构成（%）
Make Up of Annual Living Expenditure of Urban Residents In 2010 (%)

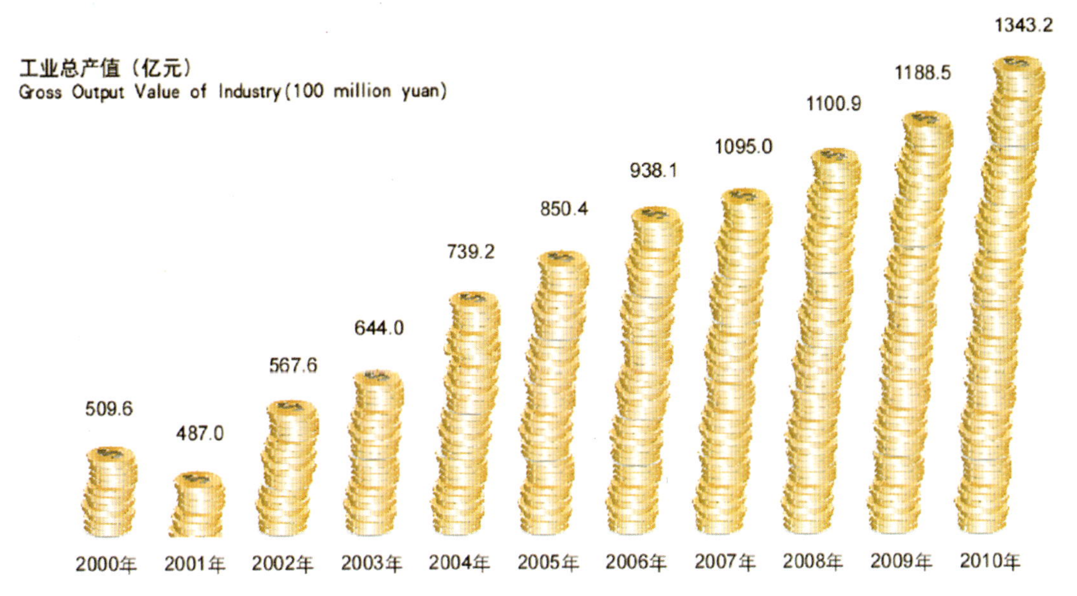

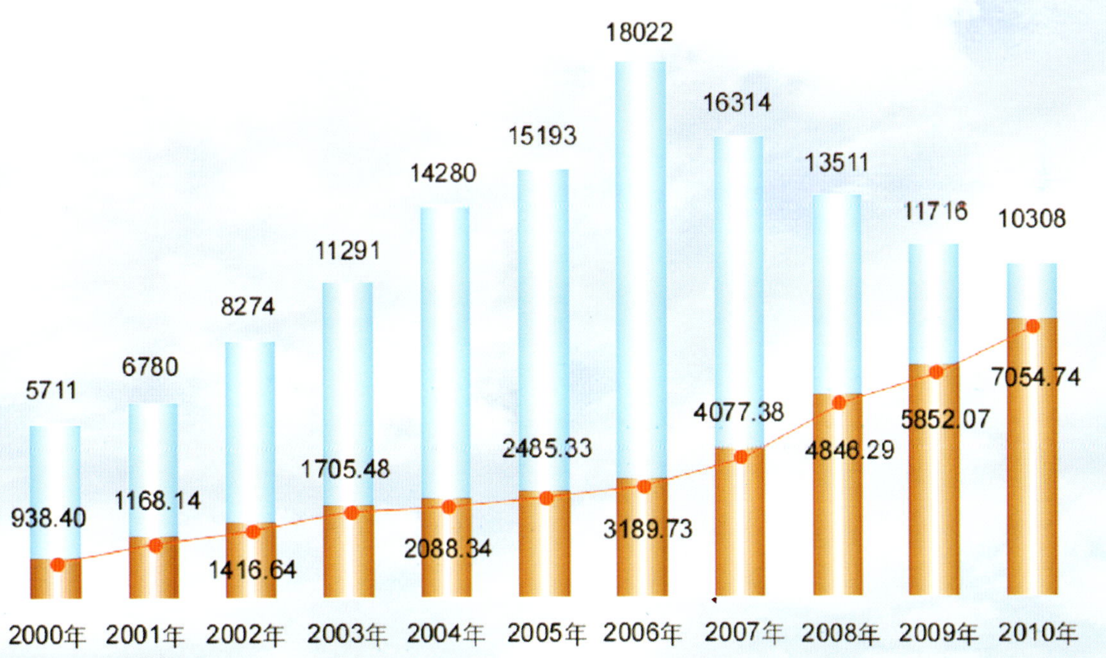

海淀园总收入（亿元）
Total Revenue in Haidian Park(100 million yuan)

海淀园高新技术企业数（家）
Number of High&New-Tech Enterprises in Haidian Park(unit)

★　4月3日，党和国家领导人胡锦涛、吴邦国、温家宝、贾庆林、李长春、习近平、李克强、贺国强、周永康到海淀区北坞公园参加首都义务植树活动。图为胡锦涛同少先队员一起给刚栽下的松树浇水。

（新华社　供图）

★　9月9日在第26个教师节即将到来之际，中共中央总书记、国家主席、中央军委主席胡锦涛（前排中），到中国人民大学及附属中学，看望慰问师生员工，实地考察学校教育改革发展情况，并亲切接见全国教书育人楷模等教育系统先进模范代表。胡锦涛代表党中央、国务院，向全国广大教师和教育工作者致以节日的问候。

（新华社　供图）

★ 8月7日，中共中央政治局常委、国务院总理温家宝先后登门看望为我国科技发展和现代化建设事业作出重要贡献的何泽慧、吴文俊、朱光亚、王大珩先生，向他们献上寓意吉祥和祝福的鲜花，致以深情的问候和良好的祝愿。图为温家宝（左）看望著名数学家、首届国家最高科学技术奖获得者吴文俊院士。

（新华社 供图）

★ 1月29日，中共中央政治局常委、全国政协主席贾庆林（中）到海淀，围绕“增强自主创新能力，加快中关村国家自主创新示范区核心区建设”主题进行专题调研，先后察看了北京科兴生物制品有限公司、清华科技园和龙徽葡萄酒博物馆。

（李瑞林 摄）

★ 10月20日，区长林抚生（左）出席“创新中关村2010主题活动”开幕式，并为普华永道咨询（深圳）有限公司北京海淀分公司揭牌。（海淀园 供图）

★ 8月23日，区人大常委会主任周来升（前排左一）到区园林局调研。（区人大 供图）

★ 6月10日，区政协主席彭兴业（左一）出席在北京大学百年讲堂举行的“东方神韵——《诗经·风》咏诵会”启动仪式。（李瑞林 摄）

★ 9月3日，区委副书记、政法委书记关成启（右二）检查学校安全工作。（区政法委 供图）

★ 3月26日，中关村台资企业资本中心在中关村西区鼎好电子大厦揭牌。（李瑞林 摄）

★ 4月3日，北京银行与海淀区政府就关于推进中关村国家自主创新示范区核心区建设举行合作签约仪式，北京银行将提供300亿元的授信额度，用于支持基础设施建设、产业园区开发、科技型企业发展等。

（田峰 摄）

★ 6月11日，科技部国际合作司正式授予中关村科技园区海淀园“国际科技合作基地”称号，海淀园成为同批被授予此称号基地中的唯一一个国家级高新区。

（田峰 摄）

★ 7月1日，海淀区举行加快中关村国家自主创新示范区核心区建设大会。（田峰 摄）

★ 7月30日，国内第一个虚拟现实产业聚集区和展示体验中心在北京海淀中关村海龙大厦启动。

（田峰 摄）

★ 9月2日，中关村科学城首批启动建设项目签约。

（田峰 摄）

★ 12 月 22 日，海淀北部研发服务和高新技术产业聚集区产业功能区启动暨中关村壹号等重点工程开工。
（田峰 摄）

★ 11 月 30 日，东升科技园正式获区政府批准冠名“中关村东升科技园”，成为中关村科技园区海淀园的二级园。
（李瑞林 摄）

★ 苏家坨经适房、公租房。（张洪振 摄）

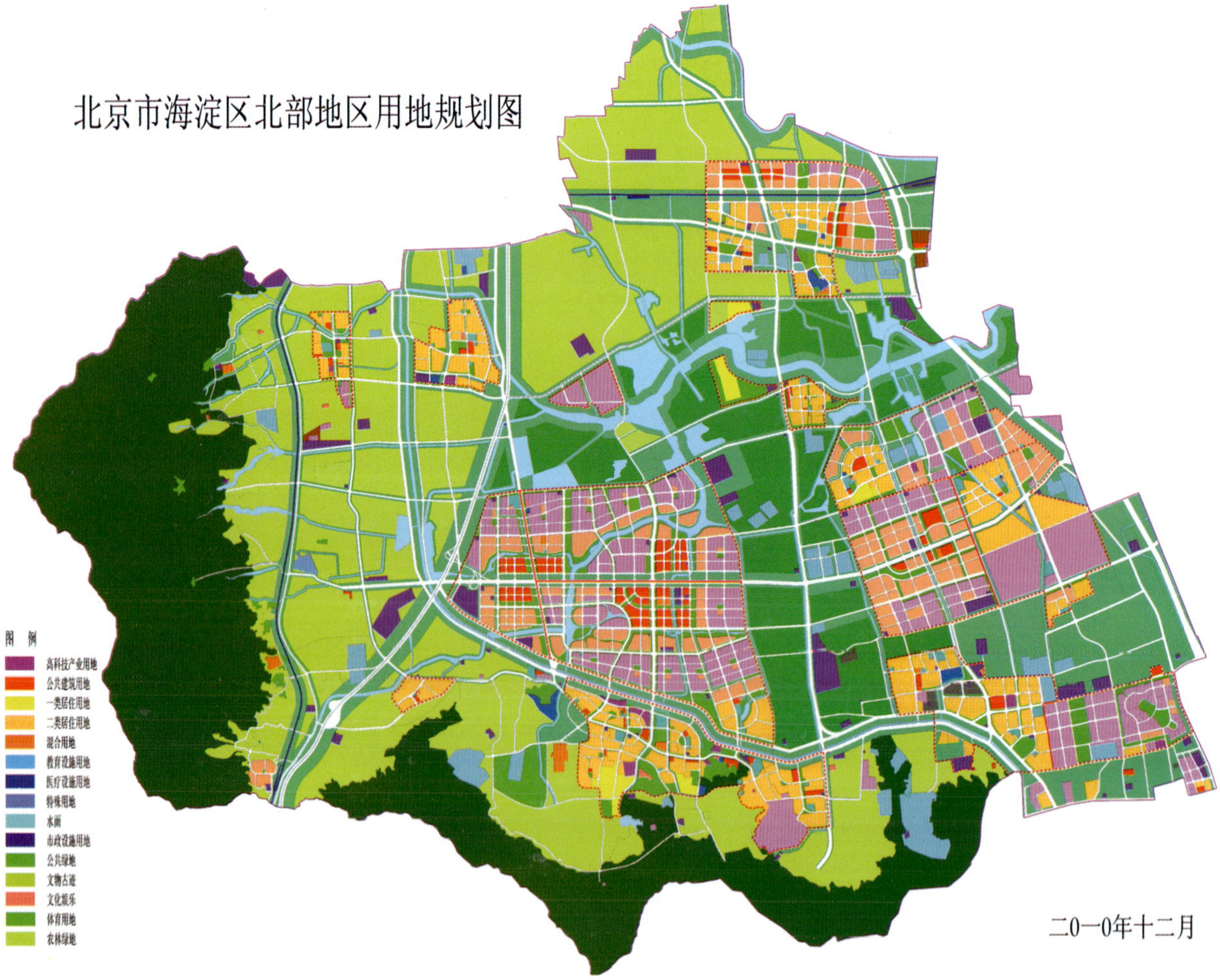

北京市海淀区北部地区用地规划图

图例
高科技产业用地
公共建筑用地
一类居住用地
二类居住用地
混合用地
教育设施用地
医疗设施用地
特殊用地
水面
市政设施用地
公共绿地
文物古迹
文化娱乐
体育用地
农林绿地

二0一0年十二月

★ 10月8日，《海淀北部地区控制性详细规划（街区层面）》获北京市政府正式批复。（区北部办 供图）

★ 12月19日，上庄路（含西山隧道）建设工程开工。 （田峰 摄）

★ 4月14日，八家村村民看回迁楼沙盘选房。 （李瑞林 摄）

★ 9月30日，北坞嘉园竣工，1500余户北坞村村民乔迁新居。 （田峰 摄）

★ 8月3日是唐家岭宅基地房屋置换的第一天，按照签约顺序和腾退房时间先后，35户村民优先挑选安置房。 （李瑞林 摄）

★ 8月31日，区妇联举办家庭方圆驿站工作会暨人大代表、政协委员问需于民活动。（李瑞林 摄）

★ 3月5日，海淀区委召开深入学习实践科学发展观活动总结暨“双争”活动表彰大会。（田峰 摄）

★ 4月6日，“共建核心区，奉献在海淀”主题宣传实践活动启动仪式暨首次“核心区大讲坛”活动在中华世纪坛举行。

（田峰 摄）

★ 9月16日，区检察院成立全市首个少年检察处。
（李子舟 摄）

★ 11月13日，海淀区委在鑫泰大厦召开海淀区高科技企业党建工作会。（李瑞林 摄）

★ 10月24日，面向区属单位开展的2010年副处级领导干部公开选拔笔试在知春里中学举行。
（马光耀 摄）

★ 11月24日，区委组织部、统战部和社工委联合举办全区统战干部培训班，贯彻落实北京市社会领域统战工作会议精神。（田峰 摄）

★ 10月26日，海淀区第二十四届老干部运动会在海淀体育场举行，共有78家单位的1000余位离退休干部参加。（高雪 摄）

★ 南沙河治理后面貌 （区水务局 供图）

★ 日处理污水 2 万吨的永丰再生水厂 （区水务局 供图）

★ 3月27日，海淀公园启动“爱鸟周”活动。（李瑞林 摄）

★ 育英学校环保鱼缸（田峰 摄）

★ 海淀区举行主题为“建设低碳海淀，绿色你我同行”的节能减排“进社区、进校园、进机关”系列宣传活动。（李瑞林 摄）

1

2

3

4

5 

6 

1 3月16日，区二轮修志编纂工作正式启动。（刘畅 摄）

2 2月10日至2月20日，圆明园举办首届皇家庙会。（刘继文 摄）

3 四季青镇西山观光园推出“开心农场”，为发展都市现代农业提供有益尝试。（田峰 摄）

4 6月23日，空军指挥学院官兵来到玉泉山下与四季青镇干部职工一起种植“京西稻”并参观李墨林纪念馆。（李瑞林 摄）

5 4月10日至5月4日，中关村图书大厦举办第七届学术著作节。（田峰 摄）

6 8月18日，区文明办举办海淀区第五届社区棋牌比赛。（李瑞林 摄）

★ 12月17日，海淀区举办第21届农民艺术节。

（田峰 摄）

★ 8月11日，翠微大厦股份有限公司牡丹园店以“共建核心区、奉献在海淀”为主题，邀请煤矿文工团开展“核心区·歌飞扬”文化活动。（田峰 摄）

★ 4月23日，由区政府主办，区商务委和区饮食服务行业协会共同承办的第八届中关村国际美食节在金源新燕莎购物大厅开幕。（区饮服协会 供图）

★ 9月，海淀培智学校学生参加第五届特殊奥林匹克运动会并获奖。（区教委 供图）

★ 7月21日，在北京市第13届运动会，在羽毛球项目比赛中，海淀区体育代表团摘得了首枚金牌。

（冯小明 摄）

★ 7月7日，区召开新农村五项基础设施工程验收培训会议。（区农委 供图）

★ 上庄镇永泰庄村街坊路硬化（区农委 供图）

★ 温泉镇垃圾资源化站（区农委 供图）

★ 四季青镇御林园建成全市首个“并网独立”太阳能光伏发电站。（四季青镇 供图）

★ 上庄镇白水洼村公厕（区农委 供图）

★ 苏家坨镇西小营村污水处理站（区农委 供图）

★ 12 月 26 日，由北京市海淀区教师进修学校附属实验学校出品的首部校园舞台剧《我们的学校名字很长很长》在北京民族文化宫大剧院上演。（区教委 供图）

★ 11 月 26 日，北京市博士后（青年英才）创新实践基地建设试点工作正式启动。中关村科技园区海淀园成为首批五家创新实践基地之一。（李瑞林 摄）

★ 12 月 13 日，美国教育副常务副部长安东尼 · 瓦尔德 · 米勒率领代表团到人大附中参观。（区教委 供图）

★ 5月14日，海淀区少年天文实践基地数字化模拟实验室揭牌。 （田峰 摄）

★ 2月21日，北京电影学院高考报名正式开始，近4000名考生报名参考。 （李瑞林 摄）

★ 7月26日，北京蓝天儿童艺术团赴台湾进行文化交流。

（区教委 供图）

★ 7月8日，北京市中小学2010年暑假“网上夏令营”海淀站开营暨海淀区“专家答疑视频互动”活动在区教育信息中心举行。此次活动以“校园安全 暑期安全”为主题。

（李瑞林 摄）

★ 6月5日，历时6个月的第十九届中国儿童青少年威盛中国芯计算机表演赛全国总决赛在中关村威盛中国芯大厦落幕。 （李瑞林 摄）

★ 11月16日，北部新区实验幼儿园开园。

（田峰 摄）

目　录

党和国家领导人在海淀

区情概述

特载文献

规范性文件选载

大　事　记

中国共产党海淀区委员会

海淀区人民代表大会

海淀区人民政府

中国人民政治协商会议北京市海淀区委员会

民主党派·工商联地方组织

群众团体

政法·军事

中关村国家自主创新示范区核心区（中关村科技园区海淀园）

综合经济管理

农业•水务•气象

商业服务业・对外经济贸易

旅　游　业

城乡建设

城市管理与服务

文　化

教　育

科技·卫生·体育

社会民生

街道乡镇与社会建设

人　物

统计资料（选编）

附　录

索　引

Contents

Beijing Haidian District People's Political Consultative Conference

Democratic Parties and Local Organizations of Industry and Commerce Federations

People's Societies

Procuratorial, Judicial System · Military affairs

Core zone of Zhongguancun National Innovation Demonstration Zone（Zhongguancun Science Park • Haidian）

Comprehensive administration of economy

Agriculture · water · meteorology

Commercial service industry ·external economy and trade

Tourism

Urban and rural development

City administration and service

Culture

Education

Science and Technology · Health · Sports

Society and People's Livelihood

Sub-Districts and Townships and Social Development

People

Statistics （selected）

Appendix

Index

党和国家领导人在海淀

一、胡锦涛等与首都少先队员一起参加义务植树活动

4月3日上午，在第26个首都全民义务植树日到来之际，党和国家领导人胡锦涛、吴邦国、温家宝、贾庆林、李长春、习近平、李克强、贺国强、周永康到海淀北坞公园，同首都少先队员一起，参加义务植树活动。

近年来，北京市为加快建设城市绿化隔离带，对近郊一些村庄进行搬迁还绿。北坞公园所在地原是北京城乡接合部的一个自然村，这里规划建设的是面积超过47公顷的现代园林。

上午10时许，胡锦涛等陆续来到北坞公园。总书记一下车就走到植树点，同北京市、国家林业局的负责同志一道挥锹种树。胡锦涛一连种下1棵白皮松、1棵华山松和3棵银杏树。

植树间隙，胡锦涛询问起全国和北京市的造林绿化进展情况。了解到全民义务植树活动持续开展以来，全国共有120多亿人次植树560多亿株，我国森林覆盖率已超过20%，总书记为我国生态建设取得的成果感到高兴。他对大家说，开展全民义务植树活动，对于改善环境质量、建设生态文明、应对气候变化、推动科学发展，都具有重要意义。我们要持之以恒地把这项活动开展下去，动员全社会为祖国建设秀美山川作出不懈努力，为广大人民群众创造一个优美宜居的生活环境。

春风拂面，柳树绽绿。植树点上，领导同志拿着铁锹，把树坑填平、将围堰培实、为树苗浇水……每道工序，领导同志都做得一丝不苟。领导同志一边植树一边同大家交谈，从气候变化的影响说到植树造林的效益再说到北京生态环境的改善，现场气氛十分活跃。经过一番热火朝天的劳动，一棵棵树苗种好了。明媚的春光里，连片的树苗错落有致、迎风挺立，把北坞公园装点得更加生机盎然。

（新华社）

二、胡锦涛总书记给中国农业大学师生回信

在五四青年节即将到来之际（5月2日），中共中央总书记、国家主席、中央军委主席胡锦涛给中国农业大学师生回信，向广大青年朋友致以节日的祝贺，勉励青年和青年学生在推进社会主义现代化的奋斗实践中书写美好的人生。

去年五四青年节前夕，胡锦涛总书记来到中国农业大学，与师生们共迎五四青年节。在同师生代表座谈时，总书记对广大青年和青年学生提出了殷切希望。近日，中国农业大学的师生给胡锦涛总书记写信，汇报了他们一年来按照总书记要求刻苦学习、勤奋工作、投身实践的情况。

胡锦涛在回信中说，从你们的来信中了解到，一年来，中国农业大学认真践行服务“三农”的宗旨，教学、科研、管理等各项工作都有了新的明显进展；同学们通过刻苦努力，学业、品德、能力等方面都有了新的可喜进步，不少同学毕业后自觉到艰苦地方和基层一线去工作，以出色表现赢得了各方面的肯定。我为你们取得的成绩感到由衷的高兴。

胡锦涛指出，解决好“三农”问题是全党工作的重中之重，实现农业现代化是我国基本实现现代化的一项重要任务。这为农业院校赋予了重大责任，也为广大农科学子提供了广阔舞台。希望中国农业大学始终秉持“解民生之多艰，育天下之英才”的校训，下大气力提高教学水平、加强科研攻关、培育优秀人才，为发展现代农业作出更大贡献。希望中国农业大学的同学们牢固树立远大志向，努力掌握过硬本领，在热情服务“三农”的实践中建功立业，书写美好的人生。

胡锦涛总书记给中国农业大学师生的回信（全文）如下：

中国农业大学师生们：

在“五四”青年节即将到来之际，很高兴收到你们热情洋溢的来信。首先，我向全校师生表示亲切的问候，向青年朋友们致以节日的祝贺！

从你们的来信中了解到，一年来，中国农业大学认真践行服务“三农”的宗旨，教学、科研、管理等各项工作都有了新的明显进展；同学们通过刻苦努力，学业、品德、能力等方面都有了新的可喜进步，不少同学毕业后自觉到艰苦地方和基层一线去工作，以出色表现赢得了各方面的肯定。我为你们取得的成绩感到由衷的高兴。

解决好“三农”问题是全党工作的重中之重，实现农业现代化是我国基本实现现代化的一项重要任务。这为农业院校赋予了重大责任，也为广大农科学子提供了广阔舞台。希望中国农业大学始终秉持“解民生之多艰，育天下之英才”的校训，下大气力提高教学水平、加强科研攻关、培育优秀人才，为发展现代农业作出更大贡献。希望中国农业大学的同学们牢固树立远大志向，努力掌握过硬本领，在热情服务“三农”的实践中建功立业，书写美好的人生。

胡锦涛

2010年5月2日

（新华社）

三、胡锦涛考察中国人民大学及其附属中学，向教师祝贺节日

在第２６个教师节即将到来之际，中共中央总书记、国家主席、中央军委主席胡锦涛９日下午来到中国人民大学及附属中学，看望慰问师生员工，实地考察学校教育改革发展情况，并亲切接见了全国教书育人楷模等教育系统先进模范代表。胡锦涛代表党中央、国务院，向全国广大教师和教育工作者致以节日的问候。

中国人民大学附属中学在素质教育方面一直走在前列。胡锦涛特意前往这所中学，重点考察了解学校开展素质教育的情况。

在人大附中实验楼，胡锦涛走进一间间教室、实验室，同老师和学生们热情交谈。设计技术教室里，学生们在老师指导下设计的科学小装置吸引了总书记的目光，他走上前去仔细察看。设计直升机降落高度差补偿装置的学生告诉总书记，自己的设计灵感是从看到抗震救灾时直升机在山区着陆困难后萌发的，使用这套装置可以解决直升机在斜坡上起降问题。设计波浪能发电装置的学生给总书记演示了装置的发电效果，介绍了自己的设计思路和技术原理。胡锦涛高兴地对在场的学生们说，通过这样的设计技术课，可以增强大家的创新意识和实践能力。同学们在学习过程中勤动脑、勤动手，掌握更多真才实学，将来一定能成为建设国家的高素质创新型人才。虚拟科学实验室里，老师正辅导学生利用软件虚拟环境进行空间飞行器对接设计，胡锦涛详细了解学生们提出的各种对接方案，希望他们继续完善这些方案，并预祝他们取得成功。数字创意实验室里，总书记仔细观看学生们在电脑上制作的教师节动漫贺卡，夸奖他们贺卡做得好，也很有意义。

实验楼里的远程教室，是人大附中为推动优质教育资源共建共享而设立的，在这个教室里，可运用远程技术手段同外地学校进行同步教学。当胡锦涛走进远程教室时，这里正在同宁夏六盘山高级中学、贵州毕节地区民族中学进行远程互动教学。两块电子屏幕上呈现出六盘山、毕节的学生专注听课的实时画面。胡锦涛高兴地通过远程视频与两地师生通话，询问他们上课能不能听清楚、老师的讲课有没有帮助。得知这些地区的孩子从中获益很多，总书记露出了欣慰的笑容。他勉励边远地区的学生充分利用远程视频系统，努力学得更多一些、更好一些，长大以后成为建设国家、建设家乡的有用之才。

在人大附中艺术馆，胡锦涛兴致勃勃地欣赏了学生们演奏的交响乐和表演的舞蹈、健美操，对他们的精彩表演给予了高度评价。总书记语重心长地说，艺术对陶冶情操、和谐身心很有帮助。希望同学们在学好文化知识的同时，努力提高艺术修养，真正做到德智体美全面发展。合唱教室里，学生们唱起了专门为教师节排练的歌曲《啊！老师，妈妈》。“妈妈是人生第一位老师，老师是塑造灵魂的妈妈……”优美的歌声、真挚的情感，深深打动了在场的人们。胡锦涛称赞他们的歌充满了对老师的爱，是教师节献给老师的最好礼物。

为了给学生提供广阔的成长空间，人大附中开设了１５０多门选修课，还活跃着许多学生社团。设在学校中心花园的选修课“超市”热闹非凡，老师们正向学生介绍各自开设的选修课程，不少学生社团也在吸收新成员。胡锦涛走到一个个“摊位”前，同师生们交谈，询问他们课程选择和社团报名的情况。总书记对人大附中通过开设大量选修课来推进素质教育的做法感到满意，希望学校坚持“尊重个性、挖掘潜力”的办学理念，更好地帮助学生提高综合素质。

教师节前总书记来到人大附中，让学校的老师们喜出望外。胡锦涛同老师们热情握手，向大家祝贺节日。总书记说，这些年来，人大附中全面贯彻党的教育方针，着力开展素质教育，在促进学生全面发展方面取得了突出成绩，培养了一批又一批优秀毕业生。老师们为此付出了大量的心血和汗水，我代表党和政府、代表孩子们的家长感谢你们。希望你们坚持育人为本，不断改革创新，进一步提高教学水平，努力把人大附中办得更好。

离开人大附中，胡锦涛又来到著名高校中国人民大学考察。总书记首先参观了中国人民大学命名组建６０周年成就展。展厅里，一幅幅照片、一件件实物、一段段视频，集中展示了学校６０年来发展壮大的历程。胡锦涛一边观看展品，一边听取介绍，对学校在教学、科研和管理方面取得的突出成绩给予充分肯定。

随后，胡锦涛考察了人大新闻学院。学院网真演播室里，一堂电视新闻直播节目采访课正在进行，学生们扮作嘉宾、主持人，在老师指导下模拟采访过程，学习现场采访、演播室访谈、演播室连线的方法和技巧。总书记怀着浓厚兴趣观摩了课堂教学。他对在场的师生们说，各种新型传播手段的出现，给新闻工作带来许多新变化新挑战。同学们要认真研究信息化时代新闻传播特点和规律，努力掌握新闻工作新知识新本领，还要在实践中巩固学到的知识，不断完善和提高自己。

人大财政金融学院和经济学院学术报告厅里，十几位教授正就宏观经济形势展开热烈研讨。如何看待当前经济形势，如何加快调整经济结构，如何增强可持续发展能力……教授们积极发表自己的意见和建议，胡锦涛认真倾听，并同大家亲切交谈。他希望教授们继续加强研究，拿出更多高水平研究成果，为中央科学决策提供参考。胡锦涛还观看了人大法学院院史陈列室，充分肯定法学院取得的成绩，勉励他们在建设社会主义法治国家进程中再立新功。

考察过程中，胡锦涛对学校负责人和教师代表说，中国人民大学是我们党创办的第一所新型大学。6 0年来，中国人民大学始终秉持立学为民、治学报国的宗旨，培养了一大批优秀人才，取得了一系列重大科研成果，为党和国家事业发展作出了重要贡献。希望你们弘扬光荣传统，不断改革创新，突出办学特色，提高办学质量，培养更多创新型人才，创造更多人文社会科学成果，努力把中国人民大学建设成人民满意、世界一流的高等学府，更好地为国家现代化建设服务。

考察结束后，胡锦涛在中国人民大学世纪馆亲切接见了全国教书育人楷模和教育系统抗震救灾先进集体、先进个人代表。总书记同大家一一握手，关切地询问他们的工作和生活情况，向他们表示崇高的敬意。

胡锦涛充满感情地说："长期以来，广大教师和教育工作者认真贯彻党的教育方针，忠实履行人民教师的神圣职责，辛勤耕耘，默默奉献，为我国教育事业发展付出了大量心血，作出了巨大贡献。这次受到表彰的教师就是其中的杰出代表。你们中间，既有在各自岗位上作出了突出业绩的教书育人楷模，也有在危急时刻奋不顾身保护学生的抗震救灾英模。你们用自己的实际行动，充分展示了人类灵魂工程师的优秀品质。党和人民感谢你们。"

胡锦涛希望全国广大教师以先进楷模为榜样，忠诚党的教育事业，自觉培养高尚师德，不断增强专业素质，全面提高教书育人水平，为推动教育事业科学发展、为建设人力资源强国作出更大贡献。

总书记到来的消息传遍了人大校园，师生们纷纷拥到路边，激动地向总书记问好。胡锦涛一次次停下脚步，向大家挥手致意……

中共中央政治局委员、国务委员刘延东，中共中央书记处书记、中央办公厅主任令计划参加了考察和接见。

（新华社记者　邹声文）

四、温家宝亲切看望何泽慧、吴文俊、朱光亚、王大珩

8 月 7 日上午，中共中央政治局常委、国务院总理温家宝先后登门看望了为我国科技发展和现代化建设事业做出重要贡献的何泽慧、吴文俊、朱光亚、王大珩先生，向他们献上寓意吉祥和祝福的鲜花，致以深情的问候和良好的祝愿。

温家宝总理多次强调，要尊重知识，尊重人才，要和科学家交朋友。每年登门看望德高望重、贡献卓越的老一代科学家，已经成为他就任总理以来的惯例。

（新华社）

五、贾庆林：把中关村建设成具有全球影响力的科技创新中心

1 月 29 日上午，中共中央政治局常委、全国政协主席贾庆林来到海淀，围绕"增强自主创新能力，加快中关村国家自主创新示范区核心区建设"主题进行专题调研。

贾庆林要求，要深入贯彻中央经济工作会议精神，充分发挥统一战线和人民政协的优势和作用，积极建言献策推动科学发展，广泛凝心聚力促进社会和谐，为建设人文北京、科技北京、绿色北京做出积极贡献。

贾庆林强调，北京要抓住国家批准建立中关村国家自主创新示范区的机遇，着力提高自主创新能力，努力在若干重要领域掌握一批核心技术，做强做大一批有自主知识产权、有市场潜力、有发展前途的企业，努力把中关村建设成为具有全球影响力的科技创新中心。要大力发展战略性新兴产业，明确发展重点，强化政策支持，形成若干支撑未来发展、具有国内外影响的标志性产业集群，增强可持续发展能力。要积极发展低碳经济，形成节约能源资源和保护生态环境的产业结构、增长方式、消费模式，走出一条低投入、高产出，低能耗、少排放、能循环、可持续的中国特色低成本低碳经济发展之路。

全国政协副主席兼秘书长钱运录参加调研，市区领导刘淇、郭金龙、阳安江、李士群、赵凤桐、黎晓宏、林抚生、刘鸿等陪同调研。

（新华社）

六、李克强在北京市中关村考察

12 月 21 日，中共中央政治局常委、国务院副总理李克强在中共中央政治局委员、北京市委书记刘淇陪同下到中关村国家自主创新示范区考察。他强调，要认真学习贯彻十七届五中全会精神，深入实施科教兴国和人才强国战略，着力完善体制和政策，营造有利于企业成长发展的良好环境，激发创新创造的活力和动力，促进经济发展方式加快转变。

20 多年来，中关村园区快速发展，已经成为全国最重要的科技创新区域。李克强先后来到中关村核心区、软件园、生命科学园。他走进展示大厅、科研楼、实验室，参观最新科技成果，了解前沿技术及其应用动态，听取联想、百度、信威等公司和生命科学研究所负责人介绍，与科研人员交流互动。李克强对中关村人才集聚、成果倍出深感欣慰，他说，中关村国家自主创新示范区是我国高等院校、科研院所、国家级重点实验室、跨国公司研发中心以及两院院士、高端人才最为密集的地区，创新发展的潜力巨大。

李克强指出，中关村是我国推进自主创新战略的示范区，也是推动首都经济可持续发展的重要引擎。不论是促进产业转型升级、破解能源资源瓶颈，还是保障和改善民生、加强生态文明建设，都要靠科技创新、体制创新和人才开发。他希望中关村进一步解放思想，继续发挥独特优势和龙头作用，高端引领、创新驱动，建成具有世界影响力的科技创新中心和我国战略性新兴产业的重要策源地。

李克强强调，要在中关村先行先试鼓励科技创新的政策措施。各有关部门要在前期调查研究基础上，搭建首都创新资源服务平台，推进科研成果处置权和收益权改革，制定股权激励试点方案审批细则，加大科研和产业化项目招标立项支持力度，开展完善高新技术企业认定试点，研究相关配套措施，不断增强自主创新能力。通过政策支持，激励科研单位和科研人员创新的积极性和创造力，促进更多一流人才、一流成果涌现出来。

考察中，李克强还主持召开现场会，听取了北京市委市政府工作汇报，充分肯定北京市近年来经济社会发展取得的显著成绩，希望北京市进一步更新发展观念，创新发展模式，推动经济转型，加强社会建设，按照“人文北京、科技北京、绿色北京”目标的要求，加快发展服务经济、创新经济、绿色经济和文化产业，当好标杆和火炬手，发挥好先导和示范作用，在推动科学发展、加快转变经济发展方式中走在全国最前列。

全国政协副主席万钢一同考察。国务院有关部门和单位负责人随同考察。北京市委、市政府、市人大、市政协负责同志和各区（县）以及市有关部门负责人参加了现场会。

（新华社）

区情概述

海淀区是北京市市辖区，位于市区和近郊区的西部和西北部，全区总面积 430.77 平方公里。东临朝阳区、西城区，南接丰台区，西接石景山区、门头沟区，北临昌平区。区党政领导机关驻地——海淀区长春桥路 17 号。

海淀区兼有山地平原，地形西高东低，西部山区统称西山，有山峰 60 多座，最高峰为西北部的阳台山，海拔 1278 米，最低处为东部的黑泉村，海拔 35 米，辖区中部东西走向的西山余脉将辖区分为南北两部分；西山以东为向东微倾斜的平原，属华北平原的西北边缘。有大小河渠 18 条。

海淀区地处暖温带半湿润半干旱大陆性季风气候区。2010 年全年平均气温春季比常年偏低，其他三季偏高，降水偏多。年平均气温 12.3℃，与历年平均气温持平；年总降水量 483.4 毫米，比上年增加 34.1 毫米。

海淀区是著名的文化科学教育区、风景名胜旅游区。境内名胜古迹众多，有各类文物古迹 262 处，著名的清代皇家园林“三山五园”就建在境内。区内聚集了清华大学、北京大学等 37 所普通高校、32 所成人高等院校以及中央党校、国家行政学院、国防大学等我国党政军最高学府以及近 1200 所各类继续教育学校。驻有 156 个中央、市属机关，181 个部队大院。有中科院、国家部委、北京市所属及其他类型等 213 个科研院所。有各类图书馆、博物馆、影剧院、著名表演单位数百处。海淀区是新技术产业开发区，中关村科技园区的中心区和发展区绝大部分在海淀区境内。2009 年，中关村科技园区海淀园成为中关村国家自主创新示范区核心区。

海淀区现辖域于 1949 年 7 月设置单独行政建制，1952 年 9 月命名为海淀区。

本区下辖 2 乡、5 镇、22 个街道办事处，下属 84 个村委会、591 个社区居委会；另设东升、万柳两个地区办事处分别与东升乡、海淀乡合署办公。

本年末全区户籍人口 219.6 万人，占全市的 17.5%；男女比为 102.8，包括 56 个民族。其中农业人口 90375 人，非农业人口 2105573 人。全区流动人口 149.7 万人，常住人口 328.1 万人。全年户籍人口出生 17501 人，出生率为 8.0‰；死亡 8522 人，死亡率为 3.9‰；人口自然增长率为 4.1‰。计划生育率为 97.0%。

2010 年，是落实本区“十一五”规划的最后一年，全区以核心区建设为主线，以建设具有全球影响力的科技创新中心为目标，推进自主创新，加快转变经济发展方式，推动全区经济发展、城乡一体化进程以及民生改善，促进社会和谐。在加快转变经济发展方式上，主要做了以下五项工作：着力保持经济平稳较快发展，不断提升自主创新能力，统筹推进城乡建设管理，深入推进改革创新，加强以改善民生为重点的社会建设。在 7 月底召开的全区经济形势分析会上，按照“做大三产、做强二产、优化一产”的思路，区委区政府提出加快建设具有全球影响力的科技创新中心和重点建设四大功能区，即北部研发服务和高新技术产业聚集区，中部研发、技术服务和高端要素聚集区，西北部高端休闲旅游区，南部高端商务服务和文化创意产业区。全区经济实现平稳增长，财政收入高开稳走，工业生产稳中趋缓，全社会固定资产投资快速恢复，消费领域平稳运行，外贸出口加快回升，城乡居民收入稳定增长。

完成《海淀区国民经济和社会发展第十二个五年规划纲要（2011–2015 年）（草案）》的编制工作。

经　济　发　展

全年实现地区生产总值 2771.6 亿元，同比增长 13.3%，占全市的 19.6%；第一、二、三产业增加值占生产总值比重分别为 0.05%、14.40%、85.55%。人均地区生产总值 12478.7 美元。45 件为民办实事全部落实。区域财政收入 1032.47 亿元，增长 11.2%；区级财政收入 190.94 亿元，增长 15.9%。实现工业总产值 1343.2 亿元，同比增长 13%。全社会固定资产投资总额（项目地口径）567.0 亿元，同比增长 15.8%。社会消费品零售额达 1184.2 亿元，同比增长 15.4%。海淀园实现总收入 7054.74 亿元，同比增长 20.6%。文化创意产业实现收入 2842.8 亿元，同比增长 19.5%。生产性服务业实现总收入 15215.2 亿元，增长 42.2%。城市居民人均可支配收入 33351.3 元，同比增长 8.7%；农村居民人均纯收入 17660.9 元，同比增长 10.3%。城镇登记失业率 0.91%。空气质量二级和好于二级天数达到 77%，化学需氧量和二氧化硫排放量均提前完成“十一五”减排任务。城市绿化覆盖率达到 47.5%。

区委、区政府提出“核心区就是海淀区，海淀区就是核心区”的理念。对上年制定的促进核心区发展的“1+20”政策体系进行修订，形成“支持自主创新核心区企业发展政策体系”，即“4+20”政策体系。新政策体系包括四个实施意见（四大支持板块）、一个管理办法①。“4+20”政策体系以促进重点企业做大做强和小企业创新创业作为两大支持点，每年集中 12 亿元专项资金支持园区企业发展。2010 年底，国务院同意中关村国家自主创新示范区实施“1+6”②鼓励科技创新和产业化的系列先行先试改革新政策，进一步为中关村国家自主创新示范区的创新发展营造良好的政策环境。

开展“国家创新型试点城区”建设工作，加快企业技术创新、重大技术成果转化和产业化。采取股权投资、小额贷款、担保贴息等方式解决中小企业融资难题，与 8 家企业签订重点产业化项目股权投资意向协议。在全市率先出台重大科技研发项目转化支持政策。全年新认定高新技术企业 455 家，高新技术企业总数达到 10308 家；新增 178 家海淀区企业的 345 项北京市自主创新产品，累计 2808 个产品被认定为北京市自主创新产品，占全市的 61.5%。16 个项目获得 2010 年“中国标准创新贡献奖”，其中一等奖比例达到 30%，为全国最多。向市经信委申报专项资金项目近 200 个。346 家重点创新型企业成为科技创新专项资金支持对象。2010 年，在中关村“瞪羚计划”③首批重点培育的全市 525 家企业中，核心区有 357 家企业入选，占全市的 68%。入选企业获得的支持将由原来的专项政策拓展为综合政策，由单一化担保融资政策支持拓展到研发、市场拓展等多方面政策支持。

海淀园实现总收入 7054.74 亿元，同比增长 20.6%；实现利润 533.84 亿元，同比增长 4.7%；上缴税费 314.65 亿元，同比增长 10.9%。其中软件和信息服务业收入 4369.02 亿元。出口额 45.93 亿美元，同比下降 13.1%；实利利用外资 3.97 亿美元，同比下降 50.6%。全年新认定三资企业数 80 家；有各类创业孵化器 34 个，占全市 76 家的 44.7%。有加速器 3 个，大学科技园 15 个，其中国家级大学科技园 12 个。区域登记技术合同 34460 件，技术交易合同成交额 907.1 亿元，比上年增长 11.1%，占全市的 60%；专利授权数 13839 件，比上年增长 29.4%。

重点推动中船重工科技园、网易研发总部等项目落地；促进龙芯芯片、太阳能电池等项目就地转化。以示范应用项目推动企业在物联网、云计算等领域取得关键核心技术突破。中关村科技创新和产业化促进中心挂牌成立，中国首家虚拟现实展示中心落户海龙大厦，成立中关村台资企业资本中心。引入普华永道会计师事务所、三聚阳光知识产权代理公司等 10 家知名中介机构，聚集了 40 多家国内外知名 PE/VC（私募股权投资/风险投资）机构和 30 多家中外银行、100 多家创新产业、众多科技企业总部、20 多家高端人才服务机构。本年 2 家企业被认定为跨国公司在京地区总部，本区企业总部数达到 4 家。启动中关村科学城建设，与中科院等 22 家单位签署 26 项合作协议，与 8 家企业签订投资意向协议。启动中关村国家自主创新示范区展示中心建设。协调航天科工、航天科技等一批军工企业在本区的扩建、新建事宜。完成北京软件和信息服务交易所的筹建工作。海淀已汇集全球跨国公司设立的研发机构 40 余家，国家级重点实验室、国家工程技术中心和国内大型企业研发机构近 500 家。

启动中关村人才特区建设。国家留学服务中心入驻西区。设立首都创新人才发展大厦。开展核心区人才引进试点，为企业引进急需高层次人才 251 人。海淀园成为北京市首批 5 家博士后（青年英才）创新实践基地试点单位之一。全区共有 32 人入选中央“千人计划”，占全市的 73%；66 人入选北京市“海聚工程”，占全市一半以上，数量居全市第一。

加快中关村科技金融创新中心建设，新增股权投资机构 132 家，总数达到 288 家。股权激励试点单位达到 23 家，占全市 44 家的 52.3%。海淀区组培室成为试点的股权激励首家区属科研机构。新增上市（含挂牌）企业 41 家，总数达 175 家，占全市的 50%，区县一级创业板企业数居全国第一。截至年底，全区各类金融机构及其分支机构共 1619 家，同比增加 241 家；法人金融机构 567 家，同比增加 95 家（其中股份投资机构 50 家），增长 20%。担保业、资产管理业已成为海淀区的第四、第五大金融行业。驻区法人金融机构资产总计 52294.8 亿元，增长 10.9%；营业收入 416.6 亿元，增长 33.4%。与首批 3 家创投机构进行实质性合作，吸引社会资本近 40 亿元。与 8 家银行签订战略合作协议，获得 1900 亿元授信额度。3 家小额贷款公司开业，为 334 户企业发放贷款 15.7 亿元，数量和金额居全市各区县第一，其中中关村小额贷款公司成为全市示范。海淀区在全市首家推出鼓励银行设立科技型中小企业信贷专营机构，专营机构数已达 12 家，为 496 户企业发放贷款 56 亿元。

---

① 四大板块为：企业做大做强支持板块（含 6 个办法）、创新及创业孵化支持板块（含 2 个办法）、科技金融支持板块（含 6 个办法）、高端创新要素聚集与产业服务环境支持板块（含 1 个办法）以及其他支持政策（含 5 个办法）。

② “1”是指搭建首都创新资源服务平台。“6”是指在中关村先行先试改革的六条政策，包括科技成果处置和收益权改革、股权激励个人所得税政策试点、股权激励试点、科研项目及经费管理改革试点、建设全国统一监管下的场外交易市场和高新技术企业认定试点。

③ 瞪羚是一种善于跳跃和奔跑的羚羊，业界通常将高成长性中小企业形象地称为瞪羚企业。中关村管委会于 2003 年制定并实施“瞪羚计划”，旨在为园区瞪羚企业提供融资解决方案。

消费领域平稳运行，全年社会消费品零售额 1183.4 亿元，增长 15.3%。甘家口社区商业中心改造基本完成，6 家大型商场开业；推进公主坟商圈改造，启动五道口社区商业中心区改造调研规划。完成 3 家社区菜市场升级改造、6 家便民菜站和 50 家早餐经营示范店建设。举办 53 项整体消费促销活动及第八届中关村国际美食节、第六届海淀品牌消费节、第二届海淀汽车文化消费节。协助完成 15 期市商务委组织的商品大集。举办首届中关村科教旅游节、第二届大西山金秋旅游登山节、纪念圆明园罹劫 150 周年主题活动等 23 项旅游活动。完成上庄滨水休闲旅游带及北部地区旅游交通标识等旅游基础设施项目，完成“梦幻圆明主题乐园”等项目策划。颁布《海淀区促进旅游产业发展支持办法》。全区旅游实现营业收入 212.9 亿元，比上年增长 20.6%，提前一年完成“三年行动计划”确定的任务指标。

发展特色农业、精品农业、设施农业，初步建成四季青“一河十园”、温泉南山产业带等 5 个都市型现代农业带。提升传统优势农业品种，促进农业生产经营专业化、标准化、集约化，重点支持以上庄京西稻国家级农业标准化示范区为代表的特色产区做大规模、形成品牌，新增设施农业 1157 亩，本区较高水平的设施农业达 2000 多亩。实现农村经济总收入 201.0 亿元，比上年增长 8.6%。推广标准化、有机化技术，发展生态循环农业，启动“东升花园中心”建设。加快乡镇产业结构优化升级，以四季青玉泉慧谷、东升科技园为代表的乡镇产业园发展良好。在 7 个乡镇的 84 个单位开展农村集体经济产权制度改革，成立股份经济合作社 13 个。有农民合作专业组织 21 个。建立土地承包纠纷调解仲裁体系。开展生态文明村创建工作，聂各庄、东埠头村等 7 个村通过市级验收或复查，温泉镇高里掌村被评为“2010 年度北京最美的乡村”。

落实“绿色北京”行动计划，发展循环经济和绿色经济。核查“三高”企业（高污染、高耗能、高耗水）333 家，北京市温柳铸钢厂退出。支持 124 个节能减排项目，支持建立一批循环经济试点园。推进再生资源利用、建筑节能等一批示范项目建设，继续实施节能减排十大工程，完成 60.14 万平方米既有建筑和 30 万平方米校舍节能改造。完成年度节能减排十一项重点任务。在全市率先开展政府机关能源定额管理和节能考核。2010 年万元地区生产总值能耗为 0.27 吨，比上年下降 12.9%，海淀区获首届“节能中国贡献奖”。

外贸出口加快回升，辖区完成进出口总额 417.5 亿美元，同比增长 44.8%，其中出口额 94.5 亿美元，同比增长 18.2%。合同外资 22.6 亿美元，实际利用外资 13.6 亿美元，比上年增长 6.25%。大力发展服务外包产业，软通动力、海辉软件实现境外上市，博彦科技等 4 家企业获得“2010 年中国服务外包十大领军企业”称号。推进对内蒙古自治区科右前旗的对口支援工作，签订《海淀区与密云县 2010 年合作发展任务书》。与英国伦敦哈克尼区等国际友好城市交往更加密切。

城乡建设与管理

全社会固定资产投资快速恢复，全年实现全社会固定资产投资 567.0 亿元，比上年增长 15.8%。本年全区确定重点建设项目 74 项，187 个项目进入绿色审批通道，其中市级通道项目 61 个。区政府投资项目 195 个，实际完成投资 79.2 亿元，占本年安排资金的 82%。中国人民银行重点库大市政工程、北坞嘉园农民住宅楼等重点工程完工，区委党校、“三中心”（区公安消防指挥中心、区人民武装部作战指挥中心、区公安交通指挥中心）、菊园 29 号楼代建项目完工。新建京包高速路（海淀段）、温泉体育中心等一批基础设施、公共事业项目。航天信息股份等 51 个引进项目落地。

轨道交通山后线、西郊线、西山隧道、上庄路开工建设，6 号线一期、8 号线二期等 5 条在建轨道交通及西外大街西延等 3 条重点道路拆迁基本完成，8 条重点道路建成通车，58 条道路大修工程完工。完成 210 条道路名牌安装和 11 条道路便民路灯工程。6 个老旧小区停车环境完成改造，集中整治 12 处交通拥堵点。新建、改建 8 座城市公共卫生间，改造完成 21 座密闭式清洁站。

全面启动北部地区开发建设。2010 年，北部地区共安排 32 个重点项目。重点推进先行启动区建设，土地整理和一级开发涉及 4 个镇、17 个村，截至年底，首批 150 万平方米农民安置房、6 个园区二级建设项目和 3 个新增产业用地项目集中开工和启动。龙芯芯片、曙光超级计算机等 24 个产业化项目开工建设，全年累计开工建设 65 个项目，完成投资 121.42 亿元，增长 18%。

加大保障性住房的土地供应。政策性保障住房开工 189 万平方米，竣工 53 万平方米，主要位于北部地区。新建、收购各类政策性住房 13559 套，完成市下达任务的 105%；竣工套数 2439 套，完成市下达任务的 110%。

推进城乡结合部重点村城市化进程。北部地区控制性详细规划（街区层面）获得市政府批复。北坞村试点工作全面完成，北坞嘉园农民回迁房建成入住。在北坞村试点成功基础上，本年启动以唐家岭为代表的 8 个片区 20 个自然村的整治改造工作（在全市 50 个挂账整治督办重点村①中，海淀区有 8 个片区、涉及 20 个自然村，总占地面积约 998.36 公顷，常住人口 2.9

① 按照市委、市政府确定的“先难后易”的城乡结合部整治改造原则，本年本市启动 50 个卫生环境脏乱、社会治安秩序较乱、群众安全感不高的村

万人、流动人口约 21.18 万人），力争 2 至 3 年时间完成。本年完成唐家岭、八家旧村腾退工作，农民回迁房同步开工建设。

完成本年度区 8 类 46 项新农村建设折子工程、34 项市新农村建设折子工程，完成市区实事 4 件、区重点 17 件。编制 2 个村庄规划，全区新农村规划编制工作全部完成。开展 16 个村“五项工程”建设，实施 7 个乡镇垃圾处理工程，维修管护太阳能灯 6107 盏，建设太阳能公共浴室 8 座，新建大型养殖场沼气站 3 座，治理规模养殖场粪污 4 处，建成雨洪利用工程 10 处。稻香湖路北延等道路建成通车，6 座垃圾资源站和 47 座农村公厕投入使用，实现全区农村房厕无害化。六里屯垃圾填埋场等在线计量监控系统完成建设。完成 4 个村的供水一户一表和管网改造工程、10 个村的污水收集处理工程。2010 年，农村“五项基础设施”①建设全面完工，“三起来”②工程取得阶段性成果。按期完成北京市新农村信息基础设施提升和信息化建设新农村折子任务，协调 20M 家庭用户宽带入户、3G 基站和管道建设。从上年 11 月开始，率先在全市实施村庄绿化工程，2010 年完成投资 302.74 万元。

完成 118 个环境建设项目，对 105 处环境脏乱点位彻底整治。组织城中村、边角地拆迁项目，完成 70 余户约 6500 平方米的拆迁任务。继续开展“百天行动”（2009 年 11 月中旬至 2010 年 3 月），全年拆除各类违法建设 143.7 万平方米，新生违法建设得到遏制。对城区重要交通干道两侧遗留项目进行集中整治。推进垃圾源头分类、中间运输、终端处理的体系建设，开展 119 个小区垃圾分类试点工作，锦绣大地果蔬垃圾资源化处理站投入使用，完成上地和北京理工大学两个密闭式清洁站示范项目建设。实施绿化废弃物生物质利用示范工程，启动大工村循环经济产业园建设的前期工作。启动翠湖湿地二期工程，建成以昆玉河水景走廊为代表的一批主题公园。实施中关村西区环境提升工程、京藏高速路海淀段彩叶工程。在全市率先启动实施并初步完成农村环境保护编制工作。继续创建“环境优美乡镇”，温泉镇获“国家级环境优美乡镇”称号。实现城市主次干路车行道路清扫保洁 100%机械化作业。全年完成绿化建设 1772.03 公顷，其中新增绿化面积 117.83 公顷、人工造林 1587.77 公顷。建成平庄、树村两个郊野公园，创建 14 个“花园式单位”、1 个“花园式社区”、2 个“首都绿色村庄”。全区城市绿化覆盖率 47.5%，海淀区获“全国绿化模范城市”称号。完成第十六阶段控制大气污染的各项任务，全区空气质量二级和好于二级天数为 281 天，达到总数的 77%，超额完成市政府下达的 73%的蓝天任务。全区二氧化硫和北部地区化学需氧量均提前完成“十一五”减排任务，空气质量 11 年持续改善。

查处各类违法行为 46323 万起，接收、办理各类热线、系统案件 335928 件，开展专项普查 21 次。开展百日专项治理黑车的“脉冲行动”和街面环境秩序“百日整洁行动”。整合企业事务服务与群众事务呼叫中心业务，设立中关村热线“96181”。在全市率先建成城市基础数据管理应用系统，成为全市首家网格化城市管理部件数据库建设试点城区。

完善社区居民自治机制，增加社区的公共服务、公益服务和便民利民服务职能。改善 307 个社区办公和服务用房条件，全年共建立规范化社区服务站 338 个，覆盖 450 个社区，社区规范化建设达标数量累计达 501 个，占社区总数的 85%。实施“大学生社工计划”，选聘 546 名高校毕业生到社区工作。完成农村“两委”换届选举。深化村务公开民主管理示范单位创建活动，全区示范村（镇）达标率 85%。启动社区地图编制工作。完善政府购买公共服务机制，建立完善“阳光中途”服务体系，探索在 11 个街道建立教育帮扶特色基地。

加强“枢纽型”社会组织工作体系建设，构建起社会组织“三级”联动管理服务体系，街乡全部成立地区志愿者联合会分会，建立全区首家社会工作事务所—海淀惠泽社会工作事务所。全区各类社会组织达到 2288 家，法人社会组织 690 个，居全市之首。

推行村庄社区化管理，113 个自然村、23 个城中村实行村庄社区化管理，建立集综治维稳中心、社区服务中心、新居民服务中心于一体的综合服务管理平台。以基层党的工作全覆盖带动社会管理工作的全覆盖。

科技　教育　文化　卫生　体育

本年，区级财政科学技术支出 5.23 亿元，增长 6.5%。启动实施科技研发项目，全年完成重大科技研发项目及科技型企业科技创新项目立项 132 项，在全市区县率先推出“重大科技研发项目”10 个。建立全市第一家拥有 25 个学科领域、2867 人次的“海淀区专家库”。实施农业技术推广计划；实施星火计划，开发新产品 23 项；启动实施“双百对接”活动③，4 个支持项目共获得新农村建设专项支持资金 240 万元。累计 60 家企业获得知识产权质押贷款约 7.8 亿元，支持专利产权项目

庄改造工程，这 50 个村庄因为被列入市级挂账整治督办重点，被称为“挂账村”。

① 即街坊路硬化、安全饮水、污水处理、厕所改造、垃圾处理五个方面的建设。

② 即让农村亮起来、让农民暖起来、让农业资源循环起来。

③ 是北京市科委推出的百家科普基地对接百家科普社区活动。

70余项。支持科普能力建设、创新科普活动及数字化科普资源库建设等项目33项，新培育4家创新型科普社区，支持9家北京市创新型科普社区建设。2010年，海淀区有19个项目入选国家火炬计划，24个项目入选北京市火炬计划，12个项目入围北京市科技进步奖。

本年，区财政下达教育经费40.48亿元，比上年增长25.2%，财力向农村地区和薄弱学校倾斜，用于改善办学条件和教师培训、免除农村地区学生费用、农民工随迁子女享受本地农村学生待遇等。在北部地区启动优质校建设工程；完成32所学校15.5万平方米校舍抗震加固工程，改造24所学校食堂。新建5所、改扩建5所公办幼儿园，全区优质园占总数的65%以上。为全区683所中小学、幼儿园安装摄像头，建成校园安全视频监控系统并实现全区联网。委托清华附中、首师大附中等4所名校承办区属中小学。认定第三批18所小学素质教育优质校，66%的小学生在优质校就读；认定4所区级示范性普通高中，60%的高中生在市区示范高中就读。在本区就读的非京籍学生总数达到60533名。解决1.3万名来京务工人员随迁子女与本区学生平等接受义务教育问题。高考录取率达91.67%。在各类体育、科技、艺术比赛中，获33个国际金奖、206个国家级一等奖、500余个市级一等奖。海淀区被教育部命名为国家基础教育综合改革实验区。

编制区“十二五”时期文化建设发展与改革规划。启动海淀区第二轮（1996–2010）修志工作。培育具有战略支撑作用的文化服务功能区和不同特色的文化创意集聚区，加大对产业集聚区和重大项目的支持力度。推进中国人民大学国家版权贸易基地、中央新影动漫文化城、五棵松文化休闲集聚区等重点文化项目建设。推进基层文化建设，举办海淀第七届文化节、“五月的鲜花”、夏日文化广场等大型公益文化服务活动。实施文化惠民工程，基本实现街道、社区文化中心全覆盖。支持星火工程和露天剧场演出，举办“惠民电影月”。北坞金山寺等11项文物修缮工程开工。基本完成第三次文物普查工作，全区有不可移动文物320处。开展系列专项执法行动，确保文化市场稳定。

在全市率先出台超转人员医疗费先行支付政策，提高住院费用最高支付额、职工门诊和社区就医的报销比例。对基本药物及北京市增补药品实行零差率销售补助。建设中医药特色示范中心（站）18家。支持社区卫生服务中心（站）标准化建设及疾病控制中心、温泉卫生院等项目。以50家社区卫生服务中心、178家社区卫生服务站和32个村卫生室为主体的覆盖全区的基层卫生服务网络已形成。在全市率先建立“社区精神卫生个人健康档案”。第二轮农民免费健康体检工作全部完成，累计体检66616人。卫生大厦、妇幼保健中心等投入使用。

按照政府主导、社会参与、百姓受益的原则完善体育组织建设。政府方面：建立起区、街乡（镇）、社区（村）三级体育组织；社团方面：推进28个区级体育协会、40个街乡镇级体育协会、14个社区体育俱乐部、5个体育生活化社区和700个全民健身晨晚练辅导站建设；社会方面：全区共有300多个体育俱乐部（经营性合格场所），涉及体育项目60多个。全区群众体育组织网络建设已形成。本年，完成8个老旧社区、10个新建社区更新、配套全民健身工程，全民健身工程累计达752个，建设面积达50多万平方米；在街道乡镇建设一批体育公园和文化体育广场。推进温泉体育中心项目建设和100所学校体育设施对社会开放工作。中关村时尚体育健身中心正式开放。建成4个篮球广场、3个笼式多功能球场、2个乒乓球长廊。全区体育场所总面积近500万平方米，人均体育场所面积达1.9平方米，体育场地数量和人均体育场地面积居全市第一。组织开展篮球、围棋等10余项大型群众体育活动。参加北京市第四届“和谐杯”乒乓球比赛等6项体育竞赛、展示活动。完成国家第三次国民体质监测工作。累计培训社会体育指导员419人。组织参加市第十三届运动会，取得金牌总数第一、团体总分第一、总成绩排名第一的成绩，并获“体育道德风尚奖”、“优秀承办奖”、“突出贡献奖”。参加北京市第八届残疾人运动会，金牌总数、奖牌总数和总分居各参赛队之首，团体总分创造“八连冠”的纪录。完成对全区50家体育场馆安全生产百分检查验收工作，完成北京首届世界武搏会举行地点农业大学体育馆、北京科技大学体育馆（全市共有三个举行地点）和驻地现场及周边各项服务保障任务，完成海淀区级机关系统首届运动会的承办工作。完成《海淀区“十二五”时期体育改革发展规划》编制任务。

政　治　建　设

区委以“锤炼党性作表率，创新发展当先锋”主题实践活动为载体，决定从本年4月开始到党的十八大召开前，在全区开展“创先争优”活动[①]，作为深入学习实践科学发展观活动的延展和深入。活动围绕落实科学发展观、党员作风建设年、核心区建设三个关键点，进一步增强全区各级党政机关的核心区意识、服务意识、群众意识、发展意识，以推动核心区建设。以“共建核心区，奉献在海淀”为主题的“优质服务年”活动同时启动，活动在全区各级党政机关和有行政职能的企事业单位中进行，到年底结束。

[①] 即在党的基层组织和党员中开展创建先进基层党组织、争当优秀共产党员活动。

抓好廉政风险防范管理和反腐倡廉建设，全年立案查处各类违法违纪案件25件，结案12件，给予党纪政纪处分12人。

开展"基层党建创新示范项目"创建活动，新建商务楼宇党建工作站195个、党组织221个。海淀区推动"科技精英"入党的做法得到中央领导的肯定，海淀园工委获得全国优秀基层党建创新案例奖。开展区机关与农村党组织结对共建活动。

以"做文明有礼的北京人"为主题，开展"礼仪、环境、秩序、服务"四大文明引导行动和"社会志愿服务"、"群众性文化体育"两大活动，全年共开展300余项活动。加强老旧社区、文明单位、文明村镇创建工作，完成113个自然村和23个城乡结合部地区"文明村庄（社区）"的创建活动，率先在全市全部实现农村和城乡结合部地区社区化管理。

区人大常委会坚持把推动科学发展作为履行职责的第一要务，围绕核心区建设、城乡一体化、编制"十二五"规划、建设垃圾焚烧发电厂与综合处理项目等重点工作开展调查研究，提出重要建议，为全区经济、政治、文化、社会事业的发展提供有力的民主法制保障。

区政协结合本区经济社会发展中的重大问题以及人民群众关注的热点、难点问题，认真履行政治协商、民主监督、参政议政职能。聚焦核心区建设，全面参与区"十二五"规划编制，促进民生改善与社会和谐，形成常委会建议案2项、专委会建议案5项，报区委区政府研究参考的意见建议185条。

区政府及工作部门全面执行区人大及常委会决议和决定，自觉接受监督并报告工作。主动接受区政协民主监督，听取各民主党派、工商联、各人民团体和各界人士的意见。全年办理全国、市、区人大代表建议、政协委员提案855件，区人大议案2件、区政协建议案件1件。制发行政规范性文件25件，主动公开政府信息1万余条。做好行政复议和调处工作。强化行政监察和审计监督。

在上年承接12个市级职能部门19项（其中本年新增2项）审批权限实行"一站式"服务基础上，本年推行"一科制"审批工作机制，即将涉及行政审批权下放的33个区属部门、75项审批事项集中由一个科室办理，实现"一个窗口受理、一个机构审批、一个公章办结"，审批时限平均缩短50%以上。调整完善海淀园和中关村西区管理体制。街道、乡镇在"行政区域界线"范围内履行职责。建立起鼓励街道乡镇服务区域经济发展的新机制。财政推进科学化精细化管理，综合经济部门建立起多位一体的横向组收工作机制，区与街乡建立起纵向组收工作机制。上庄镇启动土地确权改革试点工作。基本完成全区集体林权制度改革。对涉及7个乡镇和玉渊潭经济合作社的84个单位进行集体产权制度改革，东升、玉渊潭的改革全面完成。区国有资本经营管理中心完成40亿元企业债券发行工作。参股设立中关村发展集团，重组设立海淀科技金融集团、海淀置业集团、园区物业服务公司。成立区经信办。重组实创股份公司，统筹开发建设创新园、环保园和永丰基地。推进6家直接监管企业公司制改造和国有投资企业上市工作。9家劣势企业退出市场。

继续开展平安创建活动。推进社会矛盾化解、社会管理创新、公正廉洁执法三项重点工作。完善社会矛盾多元化调解体系，创新信访工作机制。全年各级共受理信访案件49676件，全区各级领导接访576件，实现市委市政府提出的"无重大重复上访户、无群体性信访事件、重要时期无非正常访"的工作目标。强化对重点人、重点群体的稳控和重点地区防控，强化突发敏感问题应急处理，出色完成重大活动、重要敏感时期的安保维稳任务。在12个重点地区建立中心警务站，高发案挂账地区可防控案件同比下降26.3%。完成流动人口"百日核查"专项工作。抓好校园及周边安全。开展安全生产年活动，安全生产形势总体保持平稳。全年破获各类刑事案件17520件，同比上升10.3%。

开展第六次全国人口普查工作，完成《海淀区"十二五"时期人口发展和管理规划》，海淀区被评为"2011–2015年全国婚育新风进万家活动第四阶段示范区（县）"。启动海淀区组织史资料（1987–2010）编写工作。加强国防后备力量建设，妇女儿童、计划生育、民族、宗教、侨务、对台、民防、防震减灾、气象、档案等工作取得新成绩。

社　会　民　生

年内，45件惠民实事全部落实。

建立起就业援助服务常态化机制，开展"就业援助月"、"春风行动"等系列专项就业援助活动，动态消除"零就业家庭"。26556名城镇登记失业人员实现再就业，再就业率达到68.9%，同比上升2.4个百分点；1.2万余名就业困难人员通过再就业援助实现就业，4476名农村劳动力实现转移就业。创建36个村成为充分就业村，占全区行政村的69%；426个社区成为"充分就业社区"，占全区社区总数的79%；5个社区和5个村被评为首批充分就业示范社区和农村劳动力转移就业示范村，华清园社区被评为首批"国家级充分就业示范社区"，区职业介绍中心获"全国公共就业服务场所功能建设创新奖"。

全面启动医药卫生体制改革，建立城乡统一的居民医疗保障制度，"持卡就医，实时结算"全面开展。五项社会保险基金征缴率达到98%，收入180.48亿元，支出100.9亿元，同比增长25.68%和24.08%。职工医保住院费年度报销最高额由17万元提高到30万元、居民由7万元提高到18万元。率先在全市出台超转人员医疗先行支付相关政策。新型农村合作医疗人均筹资标准提高到907元，居全市首位，参合率为98.9%，比上年提高3.3个百分点。建设养老（助残）餐桌和托老（残）所，为5万多名老人和残疾人发放养老券、助残券；在3个街道分别实行居家养老医疗服务试点、老人互助社试点、老年膳食服务试点工作。城乡低保由家庭月平均410元调整到430元，全年低保救助5200户9928人，动态实现"应保尽保"。海淀区被民政部评为全国养老服务社会化示范区。全区人均期望寿命81.87岁，达到中等发达国家水平。

实施保障性安居工程，新开工建设政策性住房项目12个，廉租房实物配租实现"应保尽保"。实施451户城镇危房户解危工作和3个老旧小区电力改造，完成1.1万户老楼通气任务。完成2009年启动的第二批36栋楼房平改坡改造工程，本年的40栋楼房平改坡工程开工。

工作中的困难和问题：自主创新面临深层次体制机制障碍，科技智力资源优势尚未充分发挥，创新驱动对经济发展的作用还不明显，加快产业结构调整，保持经济平稳较快发展的难度加大；随着城市化进程的加快，土地整理、村庄搬迁、资金平衡、集体经济发展等问题急需破解，有效调控人口规模、缓解交通拥堵、加强环境秩序整治等工作更加艰巨；更高层次改善民生的需求日益迫切，妥善处理百姓利益诉求，加快解决涉及群众利益的突出问题，维护社会和谐稳定的任务十分繁重；政府职能转变还不到位，行政效率和服务质量还需进一步提高。（钟冷）

特载文献

政府工作报告

——2011年1月5日在海淀区第十四届人民代表大会

第六次会议上

海淀区人民政府区长　林抚生

各位代表：

现在，我代表海淀区人民政府向大会报告工作，并就区“十二五”规划纲要（草案）作说明，请予审议，并请各位政协委员提出意见。

一、2010年工作回顾

2010年是我区完成“十一五”规划任务、加快建设中关村国家自主创新示范区核心区的重要一年。全区上下深入贯彻落实科学发展观，紧紧围绕建设具有全球影响力的科技创新中心目标，着力推进自主创新，加快转变经济发展方式，切实保障和改善民生，促进社会和谐稳定，圆满完成全年目标任务，全区经济社会进入了科学发展的新阶段。

——经济发展质量进一步提升。初步预计，实现地区生产总值2710亿元，同比增长10.8%。区域财政收入首次突破千亿元大关，达到1089亿元，增长17.1%；区级财政收入190亿元，增长15.3%。万元地区生产总值能耗下降4%以上。

——自主创新能力进一步增强。涌现出高温超导滤波器等一批重点科技创新成果。新增高新技术企业648家。实现技术合同成交额907亿元，增长11.2%，占全市的60%；专利授权量1.3万件，增长21.5%。2808个产品被认定为北京市自主创新产品，占全市61.5%。

——人民生活水平进一步提高。城镇居民人均可支配收入33290元，农村居民人均纯收入17800元，分别增长8.5%、11.2%。城镇登记失业率控制在1%以内。

——生态环境面貌进一步改善。空气质量二级和好于二级天数达到77%。化学需氧量和二氧化硫排放量分别下降14%、5%。城镇绿化覆盖率达到47.3%。

一年来，我们认真执行区十四届人大五次会议决议，主要做了以下几个方面工作。

（一）保持经济平稳较快发展

坚决贯彻落实中央和市委、市政府决策部署，巩固和扩大应对国际金融危机的积极成果，坚持在发展中促转变、在转变中谋发展，不断提高经济发展的质量和效益。

加快经济结构调整。出台促进产业结构调整的指导意见，大力推动高端产业发展，三产结构更加优化，第三产业比重超过83%。实现高新技术产业总收入7052亿元，增长20.5%。工业总产值1340亿元，增长18.6%。新增各类金融机构和网点150个，金融服务业收入增长20.5%。生产性服务业和文化创意产业分别增长30.9%、14.8%。实施节能减排十大工程，退出温柳铸钢厂等“三高”企业，北新建材石膏板生产线搬迁；完成60万平方米既有建筑和30万平方米校舍节能改造；在全市率先开展政府机关能源定额管理和节能考核。我区荣获首届“节能中国贡献奖”。

促进投资平稳增长。坚持政府投资和社会投资相协调，安排区级政府投资项目195个，新建京包高速路（海淀段）、温泉体育中心等一批基础设施、公共事业项目。完善绿色通道和重大项目调度机制，着力推动航天信息股份等51个引进项目落地，投资规模达到155亿元。努力拓宽融资渠道，与农业银行等8家银行签订战略合作协议，获得1900亿元授信额度。

完成全社会固定资产投资563亿元，增长15%。

推动消费市场繁荣发展。大力改善商业设施和消费环境，甘家口社区商业中心改造基本完成，华联万柳购物中心等一批大型商业设施正式营业。完成3家社区菜市场和6家便民菜店升级改造，建成50家早餐经营示范店。商品大集等53项主题促销活动营造了浓厚的消费氛围。完成社会消费品零售额1183亿元，增长15.3%。举办首届中关村科教旅游节等23项特色旅游活动，全区旅游总收入突破200亿元，增长13.6%。

积极发展开放型经济。实现进出口总额360亿美元，增长25%，其中出口90亿美元，增长12.6%。合同外资22.6亿美元，实际利用外资13.6亿美元。大力发展服务外包产业，软通动力、海辉软件实现境外上市，博彦科技等4家企业进入中国服务外包领军企业前十名。加强与密云县、内蒙古科右前旗等地区的合作共建，与英国伦敦哈克尼区等国际友好城市交往更加密切。

（二）不断提升自主创新能力

开展"国家创新型试点城区"建设工作，积极营造有利于创新创业的发展环境，加快技术创新和重大科技成果产业化，推动区域自主创新能力不断增强。

着力推进"四个一批"建设。完善并实施支持企业发展系列政策，统筹使用12亿元专项资金，落实"十百千工程"，着力培育346家重点创新型企业，支持做强做大一批知名企业和品牌。采取股权投资、小额贷款、担保贴息等多种方式破解中小企业融资难题，支持一批"专、特、精"高科技中小企业发展。以示范应用项目为导向，推动企业在物联网、云计算等领域取得一批关键核心技术突破。启动中关村国家自主创新示范区展示中心建设。广泛宣传柳传志、李彦宏、刘迎建等一批产业领军人才的先进事迹，"鼓励创新、宽容失败"的创新文化氛围更加浓厚。

抓好先行先试改革。抓住市政府批准建设中关村科技金融创新中心的有利契机，加快科技金融综合改革步伐。新增股权投资机构74家，总数达到230家；新增上市（含挂牌）企业41家，总数达到174家，占全市的60%。12家科技金融专营机构为496家企业贷款56亿元。股权激励、科技重大专项资金列支间接经费试点取得新进展，股权激励试点单位达到23家，占全市的52.3%。建立健全以企业为主体的产学研用创新体系，支持建设一批工程中心、技术中心、开放实验室和产业技术联盟。中关村科技创新和产业化促进中心挂牌成立。

加快高端创新要素聚集。加强中关村西区要素聚集、业态调整、环境提升工作。引入普华永道会计师事务所、三聚阳光知识产权代理公司等10家知名中介机构。成立中关村台资企业资本中心，引入外资银行6家。北京软件和信息服务交易所筹建工作基本完成。

促进重大科技成果产业化。中关村科学城规划建设启动，与中科院、航天科技集团、中国电子科技集团等22家单位签署26项合作协议。在全市率先出台重大科技研发项目转化支持政策。跟踪促进激光显示、太阳能电池、数字音视频等一批成果转化项目落地。加大对重点产业化项目股权投资力度，与兆易创新科技公司等8家企业签订了投资意向协议。

启动中关村人才特区建设。贯彻落实国家和首都人才发展规划，加大人才的培养引进力度，中关村人才特区建设获得中央人才工作协调领导小组和市委、市政府的批准。制定区中长期人才发展规划纲要和高层次人才聚集服务实施办法，建立人才发展专项资金。国家留学服务中心入驻西区。设立首都创新人才发展大厦，引入北京海外学人中心服务大厅等人才服务机构。开展核心区人才引进试点，为企业引进急需高层次人才251人。共有36人入选中央"千人计划"，66人入选北京市"海聚工程"，数量位居全市第一。

（三）统筹推进城乡建设管理

坚持"城乡一体、环境一流"标准，着力推进北部地区规划调整和城乡结合部城市化工程，切实加强基础设施和生态环境建设，不断提高城乡建设管理水平。

全面启动北部地区开发建设。以"生态良好、用地集约、设施配套、产业集群、城乡统筹"为原则，编制了北部地区控制性详细规划（街区层面），并获得市政府批准。北部地区成为首都北部研发服务和高新技术产业聚集区，为海淀新一轮科学发展创造了有利条件。研究制定了北部地区宅基地腾退安置及补偿工作指导意见等系列配套政策，确立了"区域统筹、镇村主体、农民参与、两级平衡、两个阶段"的开发新模式。开工建设7个农民安置房项目，启动4个新增用地项目土地开发及相关市政配套建设，龙芯芯片等24个产业化项目开工。北部地区完成投资121亿元，增长18%。

实施城乡结合部城市化工程。着力推进8个片区20个村的整治改造。区、镇、村三级精心组织，合力攻坚，各部门通力协作，按期完成了唐家岭、八家旧村腾退工作，农民回迁房同步开工建设。北坞村试点工作全面完成，北坞嘉园农民回迁房建成入住。

扎实推进新农村建设。加快乡镇产业结构优化升级，以四季青玉泉慧谷、东升科技园为代表的乡镇产业园发展势头良好，农村一、二、三产呈现融合发展新趋势。初步建成“一河十园”、温泉南山产业带等5个都市型现代农业带。实现农村经济总收入200亿元，增长8.1%。推进农村基础设施建设，稻香湖路北延等道路建成通车，6座垃圾资源站和47座农村公厕投入使用，“五项基础设施”建设全面完工。完成了第八届村委会换届选举工作。

大力完善市政基础设施。轨道交通山后线、西郊线和西山隧道建设正式启动，5条在建轨道交通及西外大街西延等3条重点道路拆迁基本完成，8条道路建成通车，59条道路大修工程完工。完成210条道路名牌安装和14条道路便民路灯工程。6个老旧小区停车场完成改造，集中整治12处交通拥堵点。新建、改建8座城市公共卫生间，改造完成20座密闭式清洁站。

不断改善城乡环境面貌。成立区城乡环境建设委员会，投资3.58亿元，完成118个环境建设项目。深入开展“春季行动”等专项整治工作，拆除违法建设137万平方米，新生违法建设得到有效遏制。第十六阶段控制大气污染的各项任务圆满完成，6项水务工程基本完工，开展了119个小区垃圾分类试点，锦绣大地果蔬垃圾资源化处理站投入使用。加强绿化美化建设，建成平庄、树村郊野公园，新建、改造绿化面积1286公顷，我区荣获“全国绿化模范城”称号。整合设立中关村热线“96181”，在全市率先建成城市基础数据管理应用系统。

（四）深入推进改革创新

坚持把改革创新作为破解发展难题的关键，推动在重点领域和关键环节改革迈出坚实步伐。

加快行政管理体制改革。实施政府绩效管理，建立以结果为导向的执行模式。启动19个部门审批“一科制”改革，行政审批科室集中进驻中关村企业服务中心，实现“一个窗口受理、一个机构审批、一个公章办结”。完善海淀园和中关村西区管理体制。规范街道机构与职能设置，理顺城乡交叉地区管理体制。建立了鼓励街乡镇服务区域经济发展的新机制。

深化农村改革。成立农村土地承包仲裁委员会，加强农村土地确权及合同管理，探索集体产业用地使用权流转试点，上庄镇启动了土地确权改革试点工作。基本完成全区集体林权制度改革。对涉及7个乡镇和玉渊潭经济合作社的52个单位进行集体产权制度改革，东升、玉渊潭的改革任务全面完成。

推动国有企业改革。加大国有企业改革调整力度，参股设立中关村发展集团，组建海淀科技金融集团、海淀置业集团。重组实创股份公司，统筹开发建设创新园、环保园和永丰基地。通过区国有资本经营管理中心平台，完成40亿元企业债券发行工作。

（五）加强以改善民生为重点的社会建设

牢固树立“群众利益无小事”的观念，下大力气解决关系群众切身利益的实际问题，45件惠民实事全面落实。

加强就业和社会保障工作。25878名城镇登记失业人员实现再就业，4377名农村劳动力实现转移就业。426个社区成为“充分就业社区”，华清园社区被评为首批“国家级充分就业示范社区”。发放社保卡111.8万张，258家定点医疗机构实现“持卡就医，实时结算”。新型农村合作医疗人均筹资标准和保障水平继续保持全市领先。落实居家养老（助残）“九养”办法，为5万多名老人和残疾人发放养老券、助残券。提高城乡低保标准，低保救助5282户10139人，动态实现“应保尽保”。

大力实施保障性安居工程。新开工建设政策性住房189万平方米，竣工53万平方米，新建、收购各类政策性住房13559套，超额完成全年任务。廉租住房实物配租实现“应保尽保”。成立区公共租赁住房发展中心，加大对公共租赁住房的建设、管理和服务力度。实施451户城镇危房户解危工作，完成1.1万户老楼通气任务。

加快发展社会事业。完成32所学校校舍抗震加固工程。新建、改扩建10所公办幼儿园，规范幼儿园招生管理，努力缓解“入园难”问题。委托清华附中、首师大附中等4所名校承办区属中小学。妥善做好来京务工人员随迁子女的就学工作。我区成为国家级教育体制改革实验区。制定医改实施方案。在全市率先出台超转人员医疗费先行支付政策。提高了住院费用最高支付额、职工门诊和社区就医的报销比例。农民健康体检工作全部完成。实施文化惠民工程，举办第七届文化节，北坞金山寺等11项文物修缮工程开工。加强体育设施建设，全民健身行动广泛开展，在市第十三届运动会上创造了历史最好成绩。

稳步推进社会建设。改善307个社区的办公和服务用房条件，建立规范化社区服务站338个，覆盖率达到85%。各类社会组织达到690家，处于全市领先。规范并提高了社区工作者的待遇，选聘546名高校毕业生到社区工作。抓好精神文明创建活动，志愿服务蓬勃开展。深入做好第六次人口普查工作。加强国防和后备力量建设，妇女儿童、计划生育、民族、宗教、侨务、对台、民防、防震减灾、气象、档案等工作取得新成绩。

深入开展平安创建活动。着力解决重点疑难信访案件，实现信访“三无”工作目标。加强社会治安综合治理，抓好文明村庄创建工作，全区113个自然村、23个城中村实行村庄社区化管理，建立了集综治维稳中心、社区服务中心、新居民服务中心为一体的综合服务管理平台。加强流动人口服务管理工作。严厉打击违法犯罪活动，突出抓好校园及周边安全。开展安全大检查和隐患排查整改，安全生产形势总体保持平稳。应急处置能力进一步提高。

各位代表：一年来，全区上下深入开展创先争优和优质服务年活动，着力加强机关作风建设，取得了良好的成效。同时着眼于统筹区域发展的新需要，创新服务体制机制，全力做好“四个服务”工作，形成了凝聚各方力量共同推动海淀科学发展的强大合力。

区政府及工作部门全面执行区人大及其常委会决议和决定，自觉接受监督并报告工作。主动接受区政协民主监督，认真听取各民主党派、工商联、各人民团体和各界人士的意见。全年办理全国、市、区人大代表建议、政协委员提案855件，区人大议案2件、区政协建议案1件。坚持科学民主依法行政，深入贯彻国务院《关于加强市县政府依法行政的决定》，制发行政规范性文件25件，主动公开政府信息1万余条，加大普法宣传力度，认真做好行政复议和调处工作。深入开展工程建设领域的专项整治，建设“阳光工程”。强化行政监察和审计监督，抓好廉政风险防范管理和反腐倡廉建设，查处违纪案件12起。

各位代表：一年来取得的成绩，是市委、市政府和区委正确领导，区人大监督和区政协帮助，全区广大干部群众共同奋斗、辛勤劳动的结果。在此，我代表区政府，向所有关心、支持、参与海淀建设发展的各位人大代表、政协委员、同志们、朋友们表示崇高的敬意和衷心的感谢！

在看到成绩的同时，我们也清醒地认识到当前工作中存在的矛盾和问题。主要是：自主创新面临深层次体制机制障碍，科技智力资源优势尚未充分发挥，面对复杂多变的宏观经济形势和日趋激烈的区域竞争，加快产业结构调整，保持经济平稳较快发展的任务依然艰巨；随着城市化进程的加快，土地整理、村庄搬迁、资金平衡、集体经济发展等问题急需破解，有效调控人口规模、缓解交通拥堵、加强环境秩序整治等工作更加艰巨；更高层次改善民生的需求日益迫切，妥善处理百姓利益诉求，加快解决涉及群众利益的突出问题，维护社会和谐稳定的任务十分繁重；重点领域和关键环节改革需要加快突破，行政效率和服务质量还需进一步提高。针对这些问题，我们要深入分析研究，采取更加扎实有效的措施，切实加以解决。

二、2011年主要任务

2011年是实施“十二五”规划的开局之年。综合判断当前国际国内形势，国际金融危机的冲击和影响还没有彻底消除，世界经济正处于大调整、大变革之中；我国工业化、信息化、城镇化、市场化、国际化深入发展，经济社会格局正在发生广泛而深刻的变革，发展的有利条件、内在优势和长期向好趋势没有改变。中央提出，2011年宏观经济政策的基本取向要积极稳健、审慎灵活；市委、市政府围绕建设中国特色世界城市目标作出了一系列战略部署；区委确立了在“十二五”期间把海淀初步建成具有全球影响力科技创新中心的目标任务。我们要把思想行动统一到中央、市委、市政府和区委对当前形势的判断和对今年工作的部署要求上来，进一步增强使命感、责任感和紧迫感，以国际化的视角和一流的工作标准，努力开创海淀各项工作新局面。

今年政府工作的总体要求是：全面贯彻党的十七大和十七届三中、四中、五中全会、中央经济工作会议精神，按照市委十届八次、区委十届十二次全会的决策部署，深入贯彻落实科学发展观，以科学发展为主题，以加快转变经济发展方式为主线，以着力保障和改善民生为根本出发点和落脚点，切实做好“四个服务”工作，举全区之力加快建设环境优美、和谐宜居的高科技核心区，为首都建设“人文北京、科技北京、绿色北京”和中国特色世界城市作出表率，以经济平稳较快发展和社会和谐稳定的优异成绩迎接建党90周年。

综合各方面因素，全区经济社会发展的主要预期目标是：地区生产总值增长8%，区级财政收入增长9%。城镇居民人均可支配收入增长8%，农村居民人均纯收入增长9%。城镇登记失业率控制在1.5%以内。万元地区生产总值能耗、水耗分别下降3.5%、4%。完成市下达的空气质量控制任务。

为实现上述目标，今年要重点抓好以下几方面工作：

（一）加快发展方式转变，促进经济平稳较快发展

要把产业结构调整作为转变经济发展方式的主攻方向，做大三产、做强二产、优化一产，同时推动产业内部结构深度调整，加快形成以高新技术产业为支撑的现代产业体系。

加大经济结构调整力度。一是推动高端产业发展。着力发展智力密集型高端服务业和技术密集型高端制造业，加快软件与信息服务业、科技服务业等优势产业发展步伐，积极发展金融服务、教育培训、物流服务等生产性服务业，大力培育战略性新兴产业。促进文化创意产业集群发展，支持实施中央新影动漫文化城等项目，加快建设五棵松文化休闲聚集区等特色文化产业带。推动农业结构调整升级，提升农业的生态涵养、观光休闲、科普体验等综合功能。二是加快重大项目引进。重点做好浪潮产业园、中国电子科技集团总部、网易研发总部等引进服务工作。完善落实促进街乡镇和部门服务经济发展的政策措施，进一步加强投资促进及税源建设工作。三是深入推进节能减排。实施一批可再生能源利用、水资源循环利用、工业企业技术升级改造等节能减排项目，淘汰落后产能，退出一批“三高”企业。全面推进乡镇产业结构调整，强化服务功能，

提升产业竞争力。严格执行建筑节能设计标准，实施城镇住宅、农民住宅节能改造工程。提高清洁能源使用比例，改造一批燃煤锅炉。

全面推进四大功能区建设。实施功能区带动战略，优化产业空间布局，加快重点功能区建设。一是全力推动中关村科学城规划建设，加快形成中部研发、技术服务和高端要素聚集区。增强高校、院所、企业、社会组织和地方政府的协同创新能力，加快中关村航空科技园、中关村航天科技创新园等建设，实施一批与高校院所的共建项目，吸引一批企业总部、研发机构和要素市场聚集。二是加快建设北部研发服务和高新技术产业聚集区。构建"一心、一带、多组团"的空间格局，重点发展新一代信息网络、新能源与环保、新材料、生物医药等产业。三是推进西北部高端休闲旅游区规划建设。开发高端旅游业态产品，完善大西山观光、休闲、度假等配套服务设施。四是推进南部高端商务服务和文化创意产业区规划建设。加快建设西山文化创意大道，抓好演艺、艺术品创作展示交易、酒店会展等产业的规划布局。积极推进玉渊潭国际会议中心等项目建设。

努力扩大城乡居民消费。抓住国家扩大内需、调整收入分配政策的机遇，鼓励和促进居民消费，实现社会消费品零售额增长 10%。大力推进公主坟、五道口等重点商业街区改造提升，吸引一批国际知名品牌落户。深入开展品牌消费节等促销活动，积极推动电子商务等新型消费业态发展，拓展旅游消费市场，扩大旅游消费规模。加大市场秩序整治力度，集中打击各类制假售假和商业欺诈行为，确保食品、药品安全，营造安全、和谐的消费环境。

促进投资平稳增长。进一步调整优化投资结构，实现全社会固定资产投资增长 10%。充分发挥政府投资引导作用，调整完善国有投融资平台功能，重点保障重大基础设施、民生和社会公共事业投资需求。抓住北京市出台促进民间投资的政策契机，及时制定配套政策，拓宽民间投资渠道，积极吸引撬动社会投资。抓好投资项目管理和协调服务，着力解决项目前期、拆迁、融资等难点问题，争取项目早落地、早开工、早见效。

提高国际化发展水平。顺应首都建设中国特色世界城市的新需要，努力营造国际化发展环境，不断提高经济的全球竞争力和区域的国际化程度。一是研究制定海淀区国际化发展战略，加快建设一流的商务环境、生态环境和服务设施，推动国际组织到海淀设立分支机构，开展多渠道、多层次的国际交流与合作，积极争取承办各类有影响的国际会议、展览、赛事和活动。二是坚持"走出去"和"请进来"并举，支持有条件企业加快国际化发展步伐，努力吸引一批世界 500 强企业的地区总部、研发中心和营销中心落户海淀。三是稳定和扩大出口市场，提高自主品牌出口规模，大力发展新兴服务贸易，落实服务外包发展促进政策，实现离岸服务外包收入增长 20%。四是创新招商服务手段，引导外资更多投向高端产业。同时，以交流合作项目为抓手，扎实做好与国际友城合作工作。

（二）大力推进自主创新，增强发展核心竞争力

认真落实先行先试政策，搭建创新资源平台，充分发挥科技进步和创新的重要支撑作用，在全市率先形成创新驱动的发展格局。

深化先行先试改革。一是率先组织实施推进科技成果处置和收益权改革、完善股权激励个人所得税政策试点、科研项目及经费管理改革试点、完善高新技术企业认定试点等 6 项支持中关村发展的新政策，推动政策集成和落实到位，尽快取得工作实效。二是深化首都科技金融综合改革，建设中关村科技金融创新中心。打造科技金融公共服务平台，加快构建多层次资本市场服务体系，积极推动全国场外交易市场落户建设。力争驻区金融机构总数达到 1700 家，股权投资机构达到 300 家，上市（含挂牌）企业达到 200 家。在全市率先探索建设区域科技金融统计体系。三是深入推进政府公共服务与政策创新试点。深化行政审批制度改革，在做好市级行政审批权限下放承接工作的基础上，完成区属部门"一科制"改革任务。继续扩大政府采购自主创新产品范围。

推动创新资源平台建设。积极配合市有关部门抓好平台建设工作，加强对跨层级审批的协调服务，加快建立有利于政策先行先试、央地创新资源整合、高端人才和创新资源服务等工作机制，努力形成运转顺畅、高效集成、充满活力的科技创新和产业化服务体系。抓好创新要素聚集工作，完善吸引要素聚集的政策体系，推动企业、人才、资本、技术、市场、中介等创新要素加快向中关村西区等重点区域聚集。建成示范区展示中心。

促进科技成果转化和产业化。一是健全项目发现和筛选机制，通过"科技沙龙"等形式，进一步密切创业者、企业家、金融家、科学家、政府部门的联系，建立健全项目信息沟通渠道和合作机制。二是完善支持自主创新核心区企业政策，用好 15 亿元专项资金，加大对重点企业的支持力度，积极扶持高科技中小企业快速成长，深化区属国有企业改革，推动各类企业成为承接科技成果转化、产业化的重要平台。三是鼓励支持企业、高校院所、新型产业组织承接国家重大科技专项。四是加快中关村东升科技园二期、学院路北端产业聚集区等建设，拓展产业发展空间。

加快建设中关村人才特区。落实人才特区建设扶持政策，实施高端领军人才聚集工程，加快建设世界人才高地。一是在

引进人才审档、优秀人才破格审报等方面开展试点，推荐一批优秀人才入选“千人计划”、“海聚工程”和“高聚工程”。二是分类制定人才评价认定标准和引进政策，做好人才引进服务工作。三是坚持引进和培养并重，支持建立企业和高校院所紧密结合的“订单式”人才培养模式。四是建立面向重点企业和优秀人才的租赁房制度，鼓励企业、产业园区提供职工公寓，解决人才住房需求。帮助高端人才解决好子女入学、就医等实际问题。

（三）着力抓好北部地区开发建设，树立核心区发展新形象

按照市委、市政府“阶段有成果、每年出形象”的要求，全面推进北部地区开发建设，尽快形成北部研发服务和高新技术产业聚集区的整体形象。

加紧完善相关规划及配套政策。一是坚持国际一流定位，继续在街区层面设计、产业组团布局、生态系统建设等方面深化完善，加快落实北部地区控规。二是深入研究资金筹措办法，探索通过贷款、发行企业债券、保险资金融资等多种手段筹措开发资金。三是进一步完善促进北部地区发展的财政支持政策，在绿化、保洁、物业等配套服务领域支持农村集体经济组织优先参与，建立北部地区开发建设带动集体经济不断壮大的长效机制，使农民切实分享北部地区改革发展的成果。

加快先行启动区开发建设。一是大力推进220万平方米农民安置房建设，确保西北旺镇六里屯、苏家坨镇前沙涧等安置房项目实施进度。二是推进翠湖北路等35条市政道路建设，加快完善北部地区路网体系，启动市政管网建设，为产业功能区和居住组团建设创造条件。积极争取将北部地区市政基础设施建设投资和运营管理纳入全市中心城区政策范围。三是制定实施北部各镇宅基地腾退计划，加快17个村庄的腾退搬迁工作。四是抓紧完成稻香湖、永丰两大产业片区4个新增用地项目的土地一级开发及相关市政配套设施建设，为招商引企做好准备。

推进高端产业项目落地建设。抓好项目落地、开工和建设环节，加快推进北大维信、资源卫星、国核电力等一批在建项目建设，争取早日完工。积极推进中关村壹号、航天电子产业化基地等新开工项目的建设步伐。做好普天、国机、石家庄药业等一批新签项目选址落地工作。

（四）不断提高基本公共服务水平，切实保障和改善民生

着眼于民生问题的整体解决，加大公共财政投入力度，办好惠民实事，使人民群众得到更多实惠。

做好就业和社会保障工作。探索建立城乡统一的就业、失业登记制度，加强城乡公共就业服务平台建设，推进充分就业社区（村）创建工作，帮助2.1万名城镇登记失业人员、1.1万名就业困难人员、3000名农村转移劳动力实现就业，动态消除零就业家庭。完善公共财政对社会保障的投入和增长机制，加快构建城乡一体的社保体系。继续抓好社会保险扩面征缴工作，努力实现人群全覆盖。建立健全养老保障待遇动态调整机制，提高城乡居民养老金和无保障老年人福利养老金水平。健全社会化养老服务体系，引导社会资金投资建设养老机构，继续增加养老床位，建设四季青国家级养老服务业标准化示范院，建成清河敬老院，不断提升养老服务水平。做好残疾人就业保障金的管理使用工作，促进残疾人事业健康发展。

抓好群众基本生活保障。高度重视物价上涨对群众生活和社会稳定的影响，做好生活必需品供应和价格稳定工作，探索建立社会救助和保障标准与物价上涨挂钩的联动机制，切实保障群众的基本生活需求。着力加强物价监测监管，重点打击恶意囤积、哄抬物价、变相涨价等违法行为，必要时采取价格临时干预措施，防止物价过快上涨。做好重要商品的政府储备，完善绿色通道政策，加强与农副产品货源供应基地的对接，实施新一轮“菜篮子”工程，加快社区菜市场、便民菜店建设，确保日常生活必需品的有效供给和价格稳定。

提高住房保障水平。推动保障性住房结构由“以售为主”向“租售并举、以租为主”转变，提高公共租赁住房供应比例。做好廉租住房的实物配租工作，动态实现“应保尽保”。力争全年政策性住房新开工200万平方米、竣工60万平方米。加强政策性住房管理，建设信息化管理系统，建立多部门联网、集成统一的资格审核平台，完善后期管理工作。

加快医疗卫生事业改革发展。在全市率先完成医药卫生体制改革阶段性任务，积极推进健康海淀建设。一是健全对重大传染病的监测与防控体系，面向城乡居民免费提供基本公共卫生服务项目。二是建立央地、军地医疗卫生议事协调机制，健全覆盖全区的医疗卫生信息化平台，完善大医院与社区卫生服务机构的预约挂号和双向转诊制度。抓好一批综合性医院、专科医院、社区卫生服务中心建设管理，优化看病就诊流程，方便群众看病就医。三是建立统一的社区卫生服务信息系统，开展家庭医生式服务，加大社区卫生人员培训力度，不断提高基层医疗卫生服务水平。

优先发展教育事业。坚持教育优先发展战略，深入推进依法治教，不断提升人民群众对教育事业的满意度。一是贯彻落实《国家中长期教育改革和发展规划纲要》，全面推进国家级教育体制改革实验区建设，抓好义务教育均衡发展、城乡教育一体化等6项试点工作。二是继续加大教育资金向农村地区倾斜力度，推进名校承办、委托管理、结对帮扶等工作，加快建设一零一中学温泉分校、清华附中永丰分校等一批新校。全面完成87所中小学校舍安全工程。三是启动实施学前教育三年行动计划，新建、改扩建11所幼儿园，加快发展公办园，鼓励社会力量办园，努力满足社会入园需求。四是支持高等教育

发展，切实加强职业教育、继续教育、社区教育和特殊教育。五是加快发展国际教育，提高教育对外合作交流水平。

繁荣文化体育事业。一是加强文化基础设施建设，启动新文化馆、博物馆、图书馆、档案馆前期规划选址工作，实施文化惠民工程，广泛开展公益性群众文化活动。整合区域优质文化资源，推进实施一批精品文化合作项目，打造具有海淀特色的文化品牌。推动“创意北京”、“数字圆明园”等重点项目建设。加大文物的修缮保护力度。二是建立精神文明创建长效机制，深入开展“做文明有礼的北京人”等多种形式主题教育活动。三是完善全民健身服务体系，建立社会体育指导员队伍，推动学校体育设施向社会开放，广泛开展全民健身活动。

加强社会服务管理创新。努力消除社会管理盲点和薄弱环节，营造安全稳定的社会环境。一是积极推进社区规范化建设，继续改善社区办公和服务用房条件，探索利用地下空间为社区建设服务的新模式。加快建设街道、乡镇社区服务中心和社区、农村服务站，推广“一刻钟社区服务圈”建设试点。完善社会组织工作体系，培育扶持专业社工机构，促进社会工作者专业化、职业化发展，努力扩大志愿者队伍。二是严格落实维护安全稳定责任制，完善重大事项社会稳定风险评估机制，注重源头预防化解，加快解决一批历史遗留问题。健全社会矛盾多元调解体系，提高协调利益关系、化解社会矛盾的能力，维护群众合法权益。加强社会治安综合治理，严密防范、依法打击各种违法犯罪活动，切实保障人民生命财产安全。三是强化企业安全生产主体责任，加大安全监管和隐患排查治理力度，建立重大隐患治理挂牌督办公告、事故查处督办等制度，全力压减各类安全生产事故。高度重视消防安全工作，加快实施构筑社会消防安全“防火墙”工程。加强突发事件的预防预警和应急处置体系建设，提高综合防范处置能力。

（五）加强城乡建设管理，提高城市可持续发展能力

以开展“精细管理，美化市容”活动迎接建党90周年为契机，坚持一流的环境标准，高水平建设，高效能管理，加大城乡建设管理统筹力度，率先形成城乡一体化发展新格局。

加强人口调控管理。落实控制人口过快增长的政策措施，探索建立人口综合管控机制，通过产业结构调整、出租房规范管理、文明村庄创建、控制和拆除违法建设等手段，遏制人口过快增长势头。巩固和完善“以业控人、以房管人、以证管人”的有效机制，提高流动人口和出租房屋的信息化管理水平，切实加强流动人口的服务管理。做好人口计生工作，高标准完成第六次人口普查任务。

大力缓解交通拥堵。按照市政府制定的治理交通拥堵方案，认真落实“建、管、限”各项措施，分类细化实施方案，加强舆论引导，确保取得明显成效。一是完善路网结构。围绕打通南北交通瓶颈，着力抓好轨道交通山后线、西郊线、西山隧道等项目建设。加快实施巨山路南段、友谊渠路等14条城市主次干道新建、扩建工程，逐步疏通中关村、上地、清河等地区58个拥堵点周边微循环，探索在部分道路建设地下交通通道。二是以中关村西区为重点开展立体交通建设试点，探索建设一批连通楼宇的封闭式过街天桥，推进西区地下环廊延伸改造工程。三是加强交通执法管理、停车秩序管理，提高交通科技应用水平，构建高效智能的城市交通系统。实施老旧小区停车场改造工程，积极推进立体式公共停车场建设，提高静态交通管理水平。倡导绿色出行理念，在部分区属道路重新规划自行车道和人行步道，建设慢行交通系统，努力缓解交通拥堵。

加快推进城市化进程。继续推进六郎庄、中坞等重点村城市化工程，基本完成农民宅基地腾退搬迁和集体企业拆除工作。按照“一村一策”原则，统筹推进城乡结合部整体改造，妥善解决上楼农民的就业和社保问题，积极培育发展适宜产业，增强可持续发展能力。加大城市化遗留问题解决力度，加快26个城中村的拆迁实施进度。加强腾退村庄的绿化和环境建设工作。

抓好农村改革发展。一是按照推动农村一产与二产、三产融合发展的要求，大力发展特色农业、设施农业、观光农业，统筹使用各项支农资金，抓好东升花园中心、组培苗繁育中心等观光休闲产业园建设，重点支持以上庄京西稻国家级农业标准化示范区为代表的特色产区做大规模，形成品牌，努力打造都市型现代农业示范区。建设4000亩蔬菜供应基地。二是深入推进集体经济产权制度改革，做好集体建设用地确权发证工作，继续推进集体产业用地使用权流转试点。完成乡镇机构改革任务。三是进一步加大基本农田保护和生态林补偿力度，多渠道扩大农民就业。全面改善农村基础设施和公共服务设施条件，推进“三起来”工程建设，建立健全“5+3”工程运行管护长效机制。

营造良好的城乡环境。一是加强美化绿化工作。实施“城市增绿添彩”工程，推进北极寺、南长河两岸等绿地改造建设，加快提升中关村科学城等重点地区环境景观，实施屋顶绿化示范工程，新建、改造绿地120公顷。以建设翠湖湿地公园为重点，做好北部地区“生态绿心”规划建设工作。二是加强垃圾综合治理，健全源头分类、前端收集、中间运输、后端处置的垃圾处理体系，扩大垃圾分类达标试点范围，加大垃圾处理终端设施的建设力度，加快推进六里屯循环经济产业园建设，促进垃圾减量化、无害化、资源化。三是实施“清洁空气”行动计划，确保空气质量稳步提升。四是落实最严格的水资源管理制度，保护地下水资源，加强水质监测监管，推进南沙河等河渠治理，加快清河等污水处理厂和管网建设改造。五是加大环

境整治力度。安排资金 3 亿元，实施 123 个环境建设项目，重点抓好香山、圆明园等景区周边环境提升工程。拆除违法建设 130 万平方米，坚决查处各类新生违法建设。加强对夜景照明、户外广告、牌匾标识、架空线等的规范管理，建设一批精品、亮点环境景观。

努力建设智慧城市。创新城市管理方式，依托物联网等新技术，加大精细化、网格化城市管理示范区的建设力度，完善信息网络基础设施，实施 20 兆宽带光纤入户工程，提高城市信息化管理服务水平。围绕增能力、保供应，加快推动城市水电气热等基础设施建设。充分发挥城管、交通、应急等管理平台作用，加强资源整合和部门联动，建立健全城市应急保障体系，确保城市安全稳定运行。

（六）推进政府职能转变，加快建设服务型政府

牢固树立以人为本的服务理念，加快构建行为规范、运转协调、公开透明、廉洁高效、人本法治的服务型政府。

加强政府自身建设。深化行政管理体制改革，进一步理顺部门分工，明确职能、权限和责任，建立健全部门间的协调联动机制，提高依法、科学履职能力。加强机关效能建设和服务管理创新，全面推行以结果为导向的执行模式，不断完善政府绩效管理体系。努力降低行政成本，在节约型社会建设中发挥表率作用。切实抓好反腐倡廉建设，严格执行党风廉政建设责任制和领导干部廉洁从政准则，强化对重要领域、重点项目的监察和审计，严肃查处违法违纪案件。

深入推进依法行政。坚决执行区人大及其常委会的决议和决定，依法向人大及其常委会报告工作，自觉接受人大法律监督和工作监督。认真听取各民主党派、工商联、各人民团体和各界人士的意见建议，主动接受人民政协的民主监督。完善与人大代表、政协委员联系制度，办理好各级各类议案、建议和提案。认真贯彻落实国务院《关于加强法治政府建设的意见》，完善行政决策程序，深化行政复议委员会试点，全面启动“六五”普法工作，加强法制宣传教育，不断提高依法治区水平。深化电子政务建设，推进政府信息公开，主动接受人民群众、社会各界和新闻媒体的监督，提高政府公信力和透明度。

做好“四个服务”工作。巩固和扩大创先争优、优质服务年活动成果，不断深化“四个服务”的意识，努力为部队、高等院校、科研院所、重点企业等驻区单位建设发展提供优质服务。进一步完善服务工作机制，落实联席会议、领导走访驻区单位等制度，强化政府部门与街乡镇的服务责任，加大对服务事项的跟踪办理和服务效果满意度考核力度，切实帮助解决实际问题，努力形成和谐共建、共同发展的良好局面。

三、关于《海淀区国民经济和社会发展第十二个五年规划纲要（草案）》的说明

根据区委十届十二次全会通过的《关于制定海淀区国民经济和社会发展第十二个五年规划的建议》精神，区政府制定了《海淀区国民经济和社会发展第十二个五年规划纲要（草案）》，现提请大会审议。下面，我就几个问题作简要说明。

（一）“十二五”规划《纲要（草案）》的编制过程和主要特点

区委、区政府高度重视“十二五”规划编制工作，成立了规划编制工作领导小组和专家咨询委员会，在 2009 年 9 月份启动了相关工作。组织有关部门、研究机构和专家学者对事关我区可持续发展的重大问题进行专题研究，广泛开展建言献策活动，征求人大代表、政协委员和各界人士的意见建议。《纲要（草案）》的编制过程，是发扬民主、集思广益、科学决策的过程。

《纲要（草案）》力求反映我区经济社会发展和改革开放新形势的要求，体现宏观性、战略性和政策性，并明确政府的工作重点和责任。在规划内容上，准确把握科学发展主题，彰显高标准发展、创新发展、协调发展、服务发展的新时期特色，在坚持发展经济的同时，更加突出保障和改善民生、维护社会和谐稳定等方面的任务。在规划指标上，按照创新发展、经济增长、人民生活、人居环境、城市服务和国际化进行分类，强化了约束性指标，注重与北京市“十二五”规划指标相衔接。在表述上，采取正文加图表的形式，使规划内容更加直观、清晰。

（二）“十一五”时期经济社会发展的主要情况

过去五年，是海淀发展史上极不平凡的五年。在市委、市政府和区委的正确领导下，全区上下深入贯彻落实科学发展观，团结奋斗、攻坚克难，圆满完成北京奥运会和新中国成立 60 周年庆祝活动服务保障任务，积极应对国际金融危机，全面启动中关村国家自主创新示范区核心区建设，海淀经济社会发展进入一个新的历史阶段。

五年来，全区经济实力显著增强，地区生产总值由 1331 亿元增加到 2710 亿元；人均地区生产总值由 6000 美元增加到 1.2 万美元；区级财政收入由 71 亿元增加到 190 亿元；社会消费品零售额由 583 亿元增加到 1183 亿元，以上指标均实现翻一番。同时，区域自主创新能力不断增强，社会事业加快发展，人民生活持续改善，城市管理服务水平进一步提高，城乡一体化建设取得新的突破，改革开放不断深化，圆满完成了“十一五”规划确定的主要任务。在总结成绩的同时，《纲要（草案）》也深入分析了制约经济社会发展的矛盾和问题，明确提出解决的具体途径和政策措施。五年取得的成绩来之不易，积累的经验弥足珍贵，创造的精神财富影响深远，为实现在“十二五”时期初步建成具有全球影响力的科技创新中心目标奠定了坚实基础。

（三）“十二五”时期经济社会发展的指导思想和总体目标

根据区委《建议》精神，《纲要（草案）》提出“十二五”时期海淀经济社会发展的指导思想是：高举中国特色社会主义伟大旗帜，以邓小平理论和“三个代表”重要思想为指导，深入贯彻落实科学发展观，认真贯彻市委、市政府对海淀工作的一系列重要指示精神，以科学发展为主题，以加快转变经济发展方式为主线，以推动科技创新和深化改革开放为动力，以更高标准保障和改善民生为根本出发点和落脚点，着力提高“四个服务”水平，举全区之力加快建设环境优美、和谐宜居的高科技核心区，初步建成具有全球影响力的科技创新中心，在建设“人文北京、科技北京、绿色北京”中作出表率，为首都打造国际活动聚集之都、世界高端企业总部聚集之都、世界高端人才聚集之都、中国特色社会主义先进文化之都、和谐宜居之都和建设中国特色世界城市作出重要贡献。

“十二五”时期海淀经济社会发展的主要目标，包括经济、科技、民生、环境、社会、国际化等方面。这里，我就三个方面的重要目标作简要说明。

一是关于经济增速。提出地区生产总值年均增长8%左右，充分体现了中央和市委、市政府对“十二五”时期经济发展的总体要求，在保持经济平稳较快发展的同时，更加注重实现发展速度与结构质量效益相统一，为加快转变经济发展方式留有余地、创造条件。

二是关于居民收入。按照积极稳妥的原则，提出城镇居民人均可支配收入年均增长7%-8%，农村居民人均纯收入年均增长8%-9%，略高于“十一五”规划的目标。既体现了处理好经济发展与收入分配的关系，实现城乡居民收入增长与经济发展同步，又体现了逐步缩小城乡收入差距的努力。

三是关于节能减排。“十二五”时期国家和北京市对节能减排的要求更加严格，新增了一些约束性指标。虽然当前我区万元地区生产总值能耗、水耗处于全市较低水平，但随着加快产业结构调整等积极因素推动，节能减排仍有一定空间。只要我们坚持依靠科技、管理、经济等综合手段，多措并举，就一定能够完成预期目标。

（四）“十二五”时期的战略重点和主要任务

《纲要（草案）》对“十二五”时期的科技创新、经济发展、环境建设、民生改善等方面，做了全面部署，提出了明确的任务和政策措施。

一是科技创新引领示范。把科技进步和创新摆在了突出位置，提出围绕“两个批复”精神和建设“四个一批”目标，加快体制机制创新和政策先行先试步伐，着力在激活自主创新潜能、搭建创新发展平台、构筑世界人才高地、建设科技金融中心等方面形成一套行之有效的做法和模式。

二是区域经济协调发展。坚持把经济结构战略性调整作为加快转变经济发展方式的主攻方向，不断激发市场主体活力，发展壮大区域企业力量，将优化需求结构与推动产业深度转型升级结合起来，积极推动四大功能区建设，努力构建高端、高效、高辐射的产业发展格局。

三是统筹城乡发展格局。按照城乡结合部实现城市化、北部地区实现城镇化的工作思路，统筹推进城乡规划建设，推动城乡产业融合发展，促进城乡服务均等化，深化农村体制改革，率先形成城乡经济社会发展一体化新格局。

四是城市环境绿色宜居。建立健全绿色生产、绿色消费和绿色环境体系，重点解决好垃圾、污水处理等问题，改善环境质量，建设绿色屏障，把海淀建设成为秀美、舒适的宜居家园。

五是城市运行智能高效。进一步增强科技创新对城市发展的推动作用，加大信息化基础设施建设力度，不断提升城市智能化管理水平，积极打造智慧城市，建立科学的人口管理和服务机制，为城乡居民提供高效、便捷、安全的工作生活环境。

六是人民生活幸福安康。坚持教育优先发展战略，做好就业促进工作，健全社会保障体系，深化医药卫生体制改革，积极发展文体事业，加强保障性住房建设，加快推进基本公共服务均等化。创新社会服务与管理，积极推进“平安海淀”建设，努力营造良好的法治环境与和谐氛围。

七是提升区域国际影响。适应首都建设中国特色世界城市的新要求，大力实施国际化、差异化发展战略，不断拓展对外开放的广度和深度，努力将海淀建设成为高端企业总部、高端人才聚集之地，全面提升海淀国际影响力。

八是建设服务型政府。深化行政管理体制改革，强化政府公共服务和社会管理职能，加强政府投资管理，优化财政支出结构，健全投资审批决策机制。推进政务公开，健全行政权力运行监督和制约机制，完善政府绩效管理体系，提高行政效能和执行力。

各位代表：2011年是海淀建设具有全球影响力的科技创新中心的关键时期，各项工作任务繁重而艰巨。我们要在市委、市政府和区委的正确领导下，深入贯彻落实科学发展观，进一步解放思想、开拓创新，始终保持昂扬向上的精神状态，全力以赴地做好各方面工作，圆满完成本届政府的各项使命，为开创“十二五”时期海淀经济社会发展新局面而努力奋斗！

规范性文件选载

海淀区建设首都科技金融综合改革试验区三年行动计划（2010–2012）

海政发〔2010〕5号

2010年1月20日

为加快落实国务院和北京市关于中关村国家自主创新示范区及其核心区建设两个批复的指示要求，深化科技金融改革创新试点，积极争取国家重大金融改革和金融创新的政策、措施在核心区内先行先试，建设首都科技金融综合改革试验区，现就2010–2012年海淀区建设首都科技金融综合改革试验区提出如下工作计划。

一、工作目标

科技金融综合改革试验区的远期目标是到2020年，建成具有国际影响力的科技金融中心；中期目标是到“十二五”时期末，建成全国性科技金融中心。科技金融综合改革试验区的主要内容是：着力构建以股权投资机构为主体，以多层次资本市场服务体系为核心，以信用体系建设为基础，综合运用信贷、保险、信托、租赁、风险管理等多种金融工具，形成支持自主创新的科技金融服务体系，带动以中关村为核心的自主创新企业集群的发展。

计划到2012年实现如下目标：

——初步形成全国性股权投资中心。用三年时间，使海淀区成为交易集中、投资规模大、世界知名股权投资机构聚集的地区；使驻海淀区股权投资机构总数达到300家，其管理的基金规模达到3000亿元。

——初步建立多层次资本市场服务体系。股权交易中心初具规模，全国性场外交易市场落户我区，企业上市服务政策措施齐备。

——初步建成富有特色的科技金融改革试验区。在区域内形成银行、证券、保险、股权投资、信用、担保等金融业态多元发展格局，形成围绕科技型中小企业发展服务的金融产品创新、服务创新的中心。驻区金融服务机构总数达到1600家；驻区商业银行中小企业金融服务专营机构达到30家，支持中小科技企业的信贷规模达到100亿元；离岸金融业务试点银行达到2家；企业发债规模达到20亿元；驻区信用担保机构达到100家，担保资金规模达到150亿元；区域知识产权质押贷款规模达到10亿元；驻区典当机构数量达到50家；区域金融信用体系框架初步建立。

二、具体内容

（一）股权投资中心建设

1.拓展股权投资机构的融资渠道。引进和发展各类“基金的基金”，鼓励其投资于股权投资基金。建立政策引导机制，支持大学基金、住房公积金等保障性基金、各级慈善基金和个人逐步投资股权投资基金，扩大股权投资资金供给的渠道。

2.解决外资股权投资机构准入相关问题。与有关部门加强沟通，面向试验区内外资基金加快审批流程，争取审批管理权限下放。研究通过对外资结汇提供“过桥”服务方式，加速外资基金投资的效率。

3.支持和规范投融资平台建设。举办全国性的股权交易会，打造股权投资中心的品牌。建立由投融资中介服务、投资银行、律师事务所、会计师事务所等中介组织为主体的科技金融中介服务联盟。开展“千家领航”计划，对1000家科技型企业的负责人进行股权融资方面的知识培训。搭建企业股权融资信息发布平台，定期向区域股权投资机构发布相关信息。

4.研究制定股权投资机构的相关财政政策。研究制定鼓励天使投资的有关政策。研究股权投资机构实现投资退出后的相关财政奖励政策。争取有关部门支持研究解决股权投资机构中“中外合作非法人制”企业的税收政策问题。

5.培养和集聚股权投资人才。与培训机构合作，对认可的股权投资人才培训机构进行支持。建立股权投资专家数据库，成立高端的海淀区股权投资专家顾问组，举办股权投资系列沙龙。

（二）多层次资本市场服务体系建设

1.促进企业在国内外资本市场上市。建立与证监会、证监局和证券业协会的沟通机制，建立企业上市服务绿色通道。建立海淀区企业上市服务信息系统，集成政策和信息发布、企业上市需求、中介服务和上市进展反馈等内容。

2.服务全国性场外交易市场建设。与证监会及其所属相关机构进行战略合作，参与研究科技型中小企业资本市场参与模式、场外交易市场制度设计、人才培训等问题，并通过环境整治、交通建设、网络铺建等方式为全国性场外交易市场做好准备。配合推进中关村股份转让代办系统的转板制度的建设，促进打通在多层次资本市场上交易、上市和转板的渠道。

3.探索设立中关村股权交易中心。发起设立中关村股权交易中心，以区域非上市非公众公司股权交易为起点，开展股权交易试点，积极争取先试先行政策，充分发挥市场功能。积极吸引股权投资基金、公募基金、保险基金等机构投资者参与中关村股权交易所的交易。支持中国技术交易所开展创业投资业务和知识产权转让业务。积极推动高新技术企业并购重组，利用资本市场做大做强。

（三）多种金融工具综合运用

1.推动信贷机构组织创新和业务创新。配合推进“信贷政策导向效果评估”工作，促进驻区科技型中小企业专营机构和服务部门的审批权适度下移，积极支持信贷机构开展针对中小企业的产品与服务创新。协调监管机构实行差异化的监管，鼓励驻区商业银行建立中小企业金融服务专营机构。鼓励民间资本参与发起设立社区金融服务机构、小额贷款公司等类金融机构。建立引进外地银行的绿色通道，丰富区域范围中小企业信贷机构的种类和数量。鼓励知识产权质押贷款扩大规模。研究硅谷银行的运营模式，探索设立中关村科技银行的可行性。

2.加快完善区域信用担保体系。制定“海淀区促进信用担保业发展的总体指导意见”，指导区域担保业规范发展。建立区属担保机构资本金补充机制，做大做强区属担保机构。引导民间资金投资担保行业，鼓励商业型担保、政策型担保、互助型担保相结合的担保模式的发展。与中关村担保等知名担保公司合作，试行担保股权转换模式，探索开展“桥隧模式”担保业务，引进股权投资机构进行反担保操作。

3.支持区域企业利用债券市场直接融资。建立与银行间市场交易商协会的沟通协调机制，对区内企业发行或打包发行短期融资券和中期票据实行优先审批，并在数量和通道上予以倾斜。支持企业通过可转换债券、抵押担保债券、资产担保债券、附新股认股权公司债券、无担保信用债券等新型债券工具融资。利用打包发债等方式，为中小企业增信，降低融资成本。协调有关部门对申请贴现票据再贴现业务的自主创新企业优先办理。

4.积极利用其它金融工具。协调有关部门，扩大内资企业融资租赁试点范围，鼓励设立专门为中小企业服务的融资租赁公司，开展区属融资租赁基金公司试点，研究出台促进中小企业融资租赁的财政补贴政策。发展服务于中小企业和科技园区的地产物业投资信托基金产品（REITs），支持区内企业开展集合资金信托计划进行融资。探索支持科技保险试点的政府补偿机制，鼓励保险机构在自主创新领域开展业务。争取新设和引进一批典当行，鼓励典当业发展动产抵押业务，为中小企业提供快速融资服务。

（四）信用体系建设

1.完善信用信息共享机制。借助人行征信中心系统，在中关村西区设立征信窗口，面向公众提供信息查询业务，促进商业信用活动开展。在北京市工商部门信用（信息）平台的基础上，汇总财政、税务、工商、质检、商务、科技、法院、环保、海关、金融机构等部门的中小企业基本信息和信用信息，并进一步建立信用信息共享和查询机制。

2.加快建立中小企业守信激励机制。利用信用信息共享机制，定期向有关部门提供信用优良或不良企业名单，把信用情况作为企业享受公共资金支持的基础性条件。完善配套政策，在中小企业发展专项资金、技术改造资金、高新技术产业化专项资金等财政性资金项目中，向信用好的中小企业倾斜。

3.积极培育信用中介机构。培养信用中介机构，通过政府扶持或者政府主导市场参与的方式，集聚一批专业水平较高的信用中介机构。

（五）离岸金融业务培育

1.开办离岸金融业务试点。协调人民银行等金融监管部门，促进招商银行、深圳发展银行、交通银行、浦东发展银行在京分行或其他在京银行总部，在核心区开展离岸金融业务试点。积极争取人民币离岸业务在核心区试点开展。支持相关中介机构开展离岸金融中介服务。

2.探索构建离岸金融市场。积极争取针对离岸金融账户的优惠政策，探索构建离岸金融市场。

三、保障措施

（一）组织保障

由区政府相关部门根据三年行动计划的任务目标出台配套政策措施，以保障计划的具体落实。由区委、区政府督察室对相关任务进行督察。设立三年行动计划核心专家组，对三年行动计划的执行情况每年进行评估。

（二）经费保障

财政部门牵头拟定《海淀区科技金融综合改革试验区三年行动计划财政配套措施》，对三年行动计划各具体措施所需的财政支持和财政配套进行统一管理、统一规划、按期拨付，保障三年行动计划的如期落实。

（三）服务保障

加快政府服务机制建设，大力提升海淀区整体金融生态环境，着力打造高效的政府金融服务环境，提升服务效率。支持金融行业自律和金融服务的社会团体和组织开展服务和活动。

（四）信息保障

完善海淀科技金融网的各项功能，将其作为海淀科技金融改革创新的门户网站，实现与市级金融主管、监管部门的对接和区属各相关部门的互通。打造海淀区科技金融媒体联盟，适时发布海淀区科技金融动态。加强市与区县部门间的协调和沟通，加强信息共享和资料互通。综合税务、工商、统计、财政、监管部门和金融机构的数据，建立集海淀区企业融资信息、股权投资信息、企业上市服务、金融机构数据和信用信息等内容数据为一体的综合信息平台，为三年行动计划的具体落实提供支持和保障。

北京市海淀区人民政府
关于进一步促进产业结构调整的指导意见

海政发〔2010〕19号

2010年4月27日

各镇（乡）政府、街道（地区）办事处，各委、办、局，各有关单位：

为全面贯彻落实科学发展观，促进产业结构优化升级，带动经济结构调整，推进我区经济发展方式加快转变，保持全区经济平稳较快发展，现提出如下指导意见。

一、产业结构调整的基本原则和主要目标

当前和今后一个时期，我区产业结构调整的基本原则是：坚持“质优量大”的原则，坚持在扩大总量的过程中调整优化结构，在发展中促转变，在转变中谋发展，保证结构优化和总量扩张相统一；坚持“长短结合”的原则，立足当前，巩固信息产业、科技服务业等优势产业地位，夯实经济发展基础，兼顾长远，加快发展战略性新兴产业，确保未来综合竞争力的提高；坚持“进退有度”的原则，加强服务，推动一批重点项目落地、支持企业做大做强，带动产业优化升级，通过业态调整和市场手段，限制和腾退劣势产业；坚持“城乡融合”的原则，统筹集约利用城乡土地资源，优化产业布局，建立城乡利益共享机制，促进城乡融合发展。

我区产业结构调整的主要目标是：坚持“高端、高效、高辐射力”的产业发展道路，优先发展智力密集型现代服务业和技术密集型高端制造业，壮大战略性新兴产业，实现一产更精，二产更强，三产更优；实施“合理聚集、特色明显、优势突出、辐射强劲”战略，配置产业空间资源，形成点、带、圈融合发展的产业格局；通过政策集成，改善促进产业结构调整措施的协调性，形成推进产业优化发展的合力，提高产业综合竞争能力，实现经济社会又好又快发展。

二、产业结构调整的重点

产业结构调整的重点是推动优势产业更加突出、战略性新兴产业更具成长性、生产生活服务业更加巩固，资源约束性产业加快转型升级，劣势产业加快退出。

（一）大力发展优势产业

依托区域自身科技、文化、教育优势，以信息产业、科技服务业、先进制造业、金融业、文化产业、教育培训业为先导，大力发展优势产业，全面提升产业技术水平和国际竞争力，促进产业在更高水平上协同发展。

着力发展信息产业。进一步巩固信息产业优势地位，打造“国内高端、国际知名”的信息产业源地。重点支持移动通信产业、软件业、计算机服务业等产业发展。加快完善第三代移动通信产业链，推动芯片、终端、测试设备的产业化。推动物联网、下一代互联网等关键和新兴领域的技术突破，发展信息网络产业。进一步做强软件业，支持基础软件平台、嵌入式软件系统、中间件软件、重点行业应用软件发展，培育大型离岸服务外包龙头企业，促进软件产业国际化发展。大力发展计算机系统服务业，加快培育数据处理行业，支持高性能计算机的研发和产业化。

做强科技服务业。重点发展科技咨询、技术贸易服务、知识产权服务等科技服务业，为科技企业自主创新和国际化发展提供支撑。支持一批标准联盟、技术联盟、产业联盟，鼓励多企业联合创新。支持科技服务平台、专业性科技服务企业和机构发展，为国家、北京市重大创新项目落户做好服务。搭建全国技术产权交易平台，促进产学研用协同创新。

优化发展先进制造业。抓住国际高端制造业转移契机，围绕传统优势支柱产业，形成以总部、研发、设计、营销中心等制造业高端环节为核心的先进制造业格局。加快推进制造业技术改造，鼓励在通信设备制造、电子计算机设备制造、电子元器件制造、通用电子仪器仪表制造等产业领域的核心技术、核心零部件、核心制造环节的发展。

积极发展金融业。以科技金融为重点，以建设首都科技金融综合改革试验区为契机，将我区建设成为全国性股权投资中心。大力实施金融制度创新、组织创新、产品创新和服务创新，建设以股权投资机构为主体，以多层次资本市场服务体系为核心，综合运用多种金融工具支持自主创新的科技金融体系。

加快发展文化产业。树立文化强区理念，打造多元要素渗透的文化产业，推动文化大发展大繁荣。重点发展文化创意产业，大力支持动漫游戏设计、广播影视节目制作及交易、文艺创作和文艺演出、出版发行及版权贸易的发展。鼓励文化政策创新，支持民间资本和社会力量整合开发文化资源，扶持公益性文化事业，繁荣文化市场。

提升发展教育培训业。将教育优势转化为产业优势，使我区成为全国教育培训产业基地。发展以职业技能教育培训、专业资格考试培训等为重点的教育培训业。培育具有品牌影响力的教育培训产业集团，提升教育资源辐射力。发展民办教育和国际教育，鼓励引进和共享优质教育资源，开展面向世界的教育服务。

（二）重点培育战略性新兴产业

瞄准国际科技和产业前沿，以新材料、新能源和节能环保产业、航空航天产业及生物工程与新医药产业为突破口，抢占未来发展的制高点，壮大战略性新兴产业，使其尽快成为区域经济的支柱产业。

加快培育新材料、新能源和节能环保产业。以加快发展绿色经济、低碳经济为切入点，培育新材料、新能源和节能环保产业，加强节能增效和生态环保，壮大循环经济规模，提升城市承载力，建成生态文明首善之区。支持微电子和光电子材料、新型功能材料、高性能结构材料、纳米材料和器件等领域的科技攻关，初步形成具有世界先进水平的新材料与智能绿色制造体系。扶持和引导生物质能、太阳能、风能等以绿色和低碳技术为标志的新能源产业发展，推广一批新能源技术和产品应用。大力促进节能环保技术的研发和成果转化，培育一批引领行业发展的龙头企业。

积极发展航空航天产业。围绕“探月工程”、“高分辨率对地观测系统”、“新一代卫星导航定位系统”等国家重大科技专项，依托航天科技、航天科工等军工集团及其研发机构，发挥国家遥感中心等院校科研资源优势，支持航空航天产业配套设备、卫星通信系统、卫星导航应用系统的科技开发与技术攻关，推进遥感技术在土地资源、城市规划、防震减灾领域的应用。

壮大生物工程与新医药产业。以生物技术及产品为核心，提升生物工程与新医药产业自主创新能力和竞争力。把握生命科学前沿，重点推进生物疫苗、生物芯片、基因工程、诊断试剂、重点疾病治疗药物等科技成果产业化，推动一批高成长性生物工程与新医药企业壮大发展。

（三）巩固发展生产生活性服务业

坚持经济效益与社会效益相统一，以发展商务服务业、旅游业、生活性服务业为主导，夯实生产生活性服务业发展基础，满足多样化的民生诉求，形成新的消费增长点，促进我区城市服务功能提升。

优化提升商务服务业。提升区域整体商务环境，激发城市发展活力，实现商务设施分布与优势产业聚集相一致。发挥高校集中、高层次中介人才聚集的优势，拓展和规范公证、经济仲裁、知识产权保护等法律服务及会计、审计、资产评估等经济鉴证类服务。加强展馆布局规划，鼓励高校、科研院所等会展场所对外开放，提高区域承接国际会议和国际展览的能力，促进会展业发展。加大对写字楼、商务酒店等商务配套设施的规范与引导力度，形成功能完备、水平较高的商务配套设施体系。严格控制中关村西区商业规模。

巩固发展旅游业。充分利用我区旅游资源，发挥旅游业的辐射带动作用，把我区建设成为国际知名、国内盛誉的旅游目的地。加快皇家园林、稻香湖、大西山三大旅游区建设。进一步整合旅游资源，重点打造皇家园林和科教旅游两大特色品牌，深度开发休闲游、生态游、度假游等旅游产品。加强对旅游业单位的规范管理，提高旅游业单位的服务能力与服务水平，促进旅游产业转型升级。

积极扶持生活性服务业。坚持以人为本、服务民生的方针，扶持生活性服务业发展，建设生活服务和谐之区。推进服务规范化和网络化建设，促进便民菜店、家政服务、养老托幼等便民服务功能为一体的多层次、多业态、多元化的生活性服务业发展。稳定发展服装加工、食品饮料等劳动密集型产业，促进产业发展与稳定就业协调推进。推动汽车、家电等高价值消费品市场发展，引进高端商业品牌，满足居民消费需求。

（四）适度发展资源约束性产业

深入实施可持续发展战略，合理开发和保护我区生态资源，适度发展房地产业、现代农业等资源约束性产业，推进资源节约型、环境友好型社会建设。

稳步发展房地产业。在房地产投资平稳增长的基础上，优化市场结构，引导空间布局向北部新区延展，扶持能够满足高技术产业发展的写字楼、孵化器和专业园区项目建设，支持资源节约型、环保生态型住宅建设。发挥政府在政策性住房建设中的主导作用，加快经济适用房、公共租赁房、廉租房、限价商品房建设，引导住房梯级消费。

扎实推进现代农业。转变农业发展方式，加快发展都市农业、精品农业、品牌农业、创意农业，鼓励农民大力培育农作物新品种和特色产业，提高农业附加值。推进一批农业标准化生产基地、无公害农产品生产基地、有机农产品生产基地建设。深度挖掘农业的观光休闲功能，结合西山生态旅游区建设，完善配套设施，开发旅游项目，扶持民俗旅游业发展。

（五）严格限制劣势产业

发挥政府宏观调控职能，运用市场手段，调整、淘汰一批不符合拓展区功能定位的价值链低端产业。对集体产业进行业态调整，各乡、镇和村原则上不再发展工业企业。坚决杜绝“五小企业”，加快淘汰高污染、高耗能、高耗水企业。

三、优化产业空间布局

充分认识产业结构调整与布局优化之间的相辅相成关系。按照“山前地区高端高效、山后地区融合发展”原则，加大产业布局和土地规划调整力度，拓展产业发展空间，促进全区南北协调发展。贯彻“海淀区就是核心区、核心区就是海淀区”的融合理念，打造北部地区和中关村中心区两大产业功能区，使其成为体现我区城市功能定位，最具经济活力、市场竞争力、产业辐射力的战略增长极。重点建设若干特色鲜明、潜力巨大的产业集聚区，优化区域产业空间布局。

（一）全力打造两大产业功能区

北部地区。按照“用地集约、产业集群、设施配套、生态良好、城乡一体”的原则，将北部地区建成研发服务与高新技术产业集聚区。坚持高端化、总部化、集群化的发展路线，合理布局上地软件与信息服务、永丰新材料、新能源与环保、信息通信、生物工程与新医药五大特色产业功能区，实现产业集群化、规模化发展。加强资源整合，优化用地布局，规划产业用地向北清路集中配置，强化沿北清路高技术产业集聚带。发挥政府主导、农民主体的作用，注重政策集成与工作创新，创新土地使用模式，建立健全价值创造与利益分享机制，统筹调配产业发展的空间资源。

中关村中心区。以中关村西区为辐射点，带动中关村科学城、清华科技园、北大科技园等专业园区发展，将中关村中心区建设成为国内外有影响力的人才、技术、资本、科技中介等创新要素聚集区。大力发展科技研发、科技服务、科技金融、科技会展、文化创意等产业。继续深化西区业态调整、资源整合、商业环境治理和公共服务完善，加快区域技术交易市场、产权交易市场、人才市场、信息市场等要素市场建设，促进要素合理流动、配置。按照北京市建设世界城市的目标，高标准做好规划、建设和管理等工作，发挥中心区引领全区科学发展的作用。

（二）重点建设若干产业集聚区

北清路科技创新产业发展带。加快推进北清路两侧空间的拓展及规划建设，将新拓空间与永丰新材料产业基地、环保科技园等现有园区进行整体规划。突出研发孵化、高端生产功能，重点安排符合“四个一批”要求的重大项目。积极发展新材料、新能源和节能环保、生物工程与新医药、航空航天等战略性新兴产业，将其打造成为推动全区经济发展的新引擎。

北三环产业发展带。加快北三环海淀段（苏州桥至马甸桥）沿线两侧空间的拓展及规划。苏州桥至四通桥段将依托人民大学版权贸易基地和文化产业园，利用理工大学、农业科学院等高校和科研院所，建设高校创新产业带，为国际知识创新体系对接交流搭建桥梁。四通桥至联想东桥段以大钟寺商城、当代商城、双安商场等高端商业为依托，建设商业休闲活力发展带。联想东桥至马甸桥段重点发展以影视、知识版权和出版为龙头的产业，逐步形成传媒创意区。

西山文化创意大道。以四季青地区自紫竹院路西段延伸至杏石口路沿线一带（东起车道沟桥，西至五环路）自然聚集起的多个文化创意项目为基础，充分整合和吸纳国内外优秀创意文化资源，重点布局以艺术创作与展示为核心的文化创意产业，使该地区成为彰显创意文化的重要区域。

以商圈为主体的商业集聚圈层。加快推进公主坟等商圈的升级改造，发展上地、甘家口、五道口等地区商业中心，完善社区便民服务体系，提升畅春园食街、香山买卖街、阜成门特色餐饮一条街等特色商业街区，形成区域商圈、地区商业中心、社区商业、特色商业四个层次的商业格局。

四、保障措施

（一）优化产业组织结构

围绕产业发展方向，重点培育和引进符合“四个一批”要求的大型企业，发挥大型企业的规模效应和辐射带动作用，促进产业集聚。完善创业孵化体系和创新服务机制，大力培育和发展“专、精、特、新”的科技型中小企业。积极引导和支持企业承担国家及北京市科技重大专项，大力提升自主创新能力，加快科技成果转化，带动产业规模发展。实施“走出去”战略，鼓励和支持产业龙头企业积极参与国际竞争，通过建立海外研发基地、收购兼并、海外投资等方式开展国际化经营。

（二）健全产业准入和退出机制

结合产业发展重点，综合运用规划、财政、税收等政策措施，建立和完善产业准入机制和产业退出补偿机制。加快出台我区产业结构调整指导目录，明确我区产业发展的主要方向和重点领域。建立健全企业能耗、水耗、土地利用、就业等综合评价体系，严格控制劣势产业增量。统筹设立产业结构调整专项资金，分类指导、推进不符合功能定位要求的产业和企业加快退出。

（三）抓好重大项目建设

科学配置既有土地资源，高标准进行规划建设，促进城市功能与产业空间布局的耦合，优先保证符合产业定位的重大项目土地供应，吸引产业价值链高端部分在我区聚集发展。细化招商引资工作，加快形成由企业、投资机构、科学家、政府部门紧密联系的项目筛选机制。加快建设国防科技产业园，推动知春路航天科技园、杏石口航天信息科技园等重大项目和园区建设。加快项目聚集，推动清华科技园、北大科技园等科技园区建设。加强对重大项目建设的服务管理，完善绿色审批通道、重大项目调度等工作机制，确保重大项目建设进度和质量，促进项目尽快落地形成产出。

（四）完善配套服务体系

切实加强产业政策和经济形势研究，促进财税、信贷、就业、环保、土地、价格等政策与产业政策的协调配合。贯彻落实各项促进产业发展的相关政策，发挥好各类产业发展资金的引导作用。在强化原始创新的同时重视集成创新和引进消化吸收再创新，完善产学研用体系，培育自主品牌，加强知识产权创造、运用和保护，鼓励引进产业尖端技术和领军人才，重视质量和标准建设，优化区域发展环境。

（五）落实责任和加强监督检查

各有关部门要明确任务，落实责任，有计划有步骤地推进产业结构调整工作。各相关部门要根据本意见，尽快出台细化和落实的措施，区政府对部门促进产业结构调整工作进展和成效进行监督检查。

北京市海淀区人民政府
关于支持创新型企业做强做大的实施意见

海政发〔2010〕31号

2010年6月21日

各镇（乡）政府、街道（地区）办事处，各委、办、局，区属各单位：

为全面贯彻国务院《关于同意支持中关村科技园区建设国家自主创新示范区的批复》（国函〔2009〕28 号），执行市政府《关于同意加快建设中关村国家自主创新示范区核心区的批复》（京政函〔2009〕24 号），根据区委、区政府《关于加快建设中关村国家自主创示范区核心区的若干意见》（京海发〔2009〕24号）的任务要求，现就支持创新型企业做强做大提出如下实施意见。

一、充分认识支持创新型企业做强做大的战略意义

支持创新型企业做强做大是打造具有全球影响力科技创新中心的战略重点，事关核心区建设全局，必须充分认识支持创新型企业做强做大的战略意义，加快推进制度创新，不断完善政策体系，进一步优化发展环境，聚焦优势资源，做强做大一批具有全球竞争力的创新型企业，转化和产业化一批国际领先的科技成果，全面提升核心区自主创新和辐射带动能力，加快实现核心区“四个一批”建设目标。

二、支持范围

（一）支持中关村国家自主创新示范区“十百千工程”重点培育企业；中关村国家自主创新示范区核心区重点创新型企业；总部注册在海淀区的境内外科技型上市公司。

（二）支持实施国家和北京市重大科技成果转化和产业化项目的企业。

（三）支持海淀区认定的重点引进企业。

三、支持措施

（一）制定出台支持创新型企业做强做大的系列政策，包括《海淀区促进重点创新型企业发展支持办法》、《海淀区促进重大科技成果转化和产业化支持办法》、《海淀区重点产业化项目股权投资实施办法》、《海淀区重点引进企业支持办法》、《海淀区为重点企业做好服务的实施办法》，并根据创新型企业的实际发展需要，不断优化完善政策体系，研究并适时发布具体落实办法。

（二）海淀区统筹设立支持自主创新核心区企业发展专项资金，每年安排专项资金，通过补贴、奖励、股权投资等方式支持企业做强做大，加速重大科技成果的转化和产业化，提升企业国际化水平。

四、支持重点

（一）支持创新型企业拓展发展空间。整合并有效利用产业空间资源，协调解决核心区重点企业办公、产业化用地等空间需求，对自用生产用地、经营性用地的购置和建设提供支持。

（二）支持创新型企业实施重大科技成果转化和产业化。对实施和承接国家重大科技成果转化和产业化的的企业进行政策扶持，提供项目相关的贷款贴息、股权投资、财政奖励、人才引进等系列优惠政策。

（三）支持创新型企业提升技术创新能力。鼓励和支持企业加大研发投入；鼓励企业与高等院校、科研院所、研发机构进行产学研用协同创新；支持重点企业建设国家工程中心、国家技术中心、国家重点实验室和重大科研设施等。

（四）支持创新型企业上市和并购，为企业提供综合融资支持。对创新型企业在国内外资本市场上市、并购重组提供费用补贴；支持企业利用各种形式进行融资，为企业提供融资贴息和补助；对重点产业化项目进行政府股权投资，促进企业通过资本市场做强做大。

（五）支持创新型企业市场拓展。优先推荐创新型企业自主创新产品和服务纳入国家及北京市自主创新产品目录和“中关村科技园区首台（套）重大技术装备试验、示范项目”；进一步加大政府采购创新型企业自主创新产品力度；为创新型企业承担国家和地方政府重大项目提供融资补贴等。

（六）支持创新型企业引进和激励人才。对创新型企业提供行政事项快捷办理、人才引进、子女就学、劳动保障、医疗健康、商务信息咨询等方面的综合服务。

（七）支持创新型企业拓展国际市场，提升国际化水平。为创新型企业提供国际市场营销、国际合作研发、人才引进等相关优惠扶持政策，鼓励创新型企业以国际化的视野，利用全球资源，提升自主创新能力。

（八）支持创新型企业实施自主创新品牌战略。为创新型企业提供多种形式的媒体宣传渠道，支持企业进行品牌和商标的申请和注册，对企业参加国内外重要会议和展览，提升自主创新品牌形象提供政策支持和奖励。

（九）支持创新型企业推进知识产权战略和技术标准战略。鼓励创新型企业制定知识产权战略，形成核心技术专利技术，引导优质专利中介机构为创新型企业提供高质量专利服务；支持创新型企业参与和制定国际、国家技术标准，鼓励创新型企业承办大型标准化会议和活动。

北京市海淀区人民政府
关于促进高端创新要素聚集优化产业服务环境的实施意见

海政发〔2010〕33号

2010年6月21日

各镇（乡）政府、街道（地区）办事处，各委、办、局，区属各单位：

为全面落实国务院《关于同意支持中关村科技园区建设国家自主创新示范区的批复》（国函〔2009〕28号），贯彻执行市政府《关于同意加快建设中关村国家自主创新示范区核心区的批复》（京政函〔2009〕24号），按照区委区政府《关于加快建设中关村国家自主创新示范区核心区的若干意见》（京海发〔2009〕24号）的任务要求，制定本实施意见。

一、充分认识促进高端创新要素聚集优化产业服务环境对核心区建设的重要意义

高端创新要素聚集是提高企业资源获取效率，加速核心区企业成长和推动产业突破的必要途径，是区域自主创新体系的重要组成部分；优化产业服务环境，是保持核心区竞争力优势的关键所在，是实现“四个一批”目标的有力支撑。必须充分认识其对核心区建设的重要战略意义，提升区域整合资源能力，汇聚国内国际一流创新要素，形成要素活跃、运转良好和功能完备的优质产业服务环境，全面提升核心区自主创新和辐射带动能力。

二、推进高端创新要素聚集，促进企业成长

（一）支持高端创新创业人才的聚集。吸引国内外知名猎头机构和高端人才服务机构入驻。打造面向国际、国内高端人才绿色通道，对高端人才来海淀区创业和工作，在人才引进、子女入学等方面给予支持。建立各类创新人才培养及管理机制，大力培养高端创新创业人才，特别是创新型企业领军人物。建立企业与大学、科研机构合作培养企业创新人才队伍的共建机制，建设校企联动人才基地，促进大学、科研院所与企业的人才对接和流动。

（二）支持金融资本的聚集。推进首都科技金融综合改革试验区和中关村科技金融创新中心建设，探索金融创新服务的新模式，促进科技与金融的结合。深入建设多层次资本市场体系和企业融资信用体系，加快打造专业型股权投资体系，创新金融工具，加强与金融机构的全面合作。

（三）支持科技中介机构集聚与规范化发展。探索和完善管理体制，引导和聚集律师事务所、会计师事务所、审计机构、评估机构、技术咨询机构、技术代理机构、专利和商标事务所、反盗版机构、标准申请等各类科技中介服务组织。鼓励科技中介机构在各专业领域联合社会专业服务机构建设科技中介服务信息平台。加强各中介机构的协作与服务链衔接，建设首都科技中介中心。

（四）支持产业组织建设与发展。以产业链为基础，引导骨干企业联合高等院校、科研院所等各类创新主体，成立标准联盟、技术联盟和市场联盟。引导行业资源整合聚集，培育、建立、壮大一批创新体系建设发展急需的行业协会。推动产业信息的流动配置，促进行业内企业组织的协同发展。

三、充分发挥要素功能，提升产业服务水平

（一）支持交易平台的建设。重点支持全国技术交易中心、中国技术产权交易所的建设。建立新技术和新产品展示、体验、交易中心，促进自主创新技术、产品的推广和交流，加强信息披露度，提高成果转化率。加快国家版权交易中心配套建设，为全国版权提供交易平台。

（二）支持产业培训机构的聚集。引导技术培训机构、从业资格培训机构等资源集聚，鼓励产业培训机构引进和培育高端创新人才。促进企业加强职工知识和技能培训，提高技术素养和能力。

（三）支持信息服务系统的建设。通过整合资源，建立共建共享机制，建设适应企业创新需求的社会化、网络化和多样化的信息系统，为企业提供新产品发布、知识产权交流、融资、技术转让等信息。

（四）支持企业国际化推广。支持企业参与国际化竞争和合作，推荐核心区企业参加高端国际产业论坛等活动，鼓励核心区企业率先融入国际市场、参与国际标准制定、参与国际并购。积极促进国际研发机构与本地研发组织的合作和技术的转移。

（五）支持配套服务的优化与提升。鼓励各类展览展示中心、会议中心、购物中心、酒店、餐饮服务等机构提高服务标准、提升服务质量，培育一批认证服务机构和信用机构，打造优质商务服务环境。

（六）支持要素市场建设与完善。大力发展资本市场、技术市场、人才市场、生产资料市场、土地市场等要素市场，为各类要素市场建设提供政策和资金扶持，促进各类要素有序流动。

四、强化政府公共服务职能，推动产业发展

（一）加快推进政府服务创新和管理创新。优化政府服务流程，实现优质服务、协调运转，提高服务效率。加快“一站式”政务服务平台建设。进一步探索创新政府管理服务机制的新途径，主动适应企业不断变化和增加的对政府公共服务的需求。

（二）加强知识产权保护和应用。完善知识产权保护工作机制，建立健全知识产权服务体系、专利经营体系和正版产品流通示范体系。完善知识产权执法体系，推进知识产权服务平台建设，提高执行知识产权保护和提供知识产权服务的水平。

（三）加强品牌建设。继续办好中关村论坛等国际化品牌交流活动。支持企业制定实施品牌发展战略，打造自主创新产品品牌和企业品牌，提高企业品牌影响力。支持企业开展品牌宣传，建设品牌展示大厅，充分利用公共广告资源，重点宣传具有自主知识产权的民族品牌。

五、完善政策扶持体系，加大支持力度

（一）制定出台促进高端创新要素聚集、优化产业服务环境的系列政策，并根据实际不断完善政策体系，研究并适时发布具体落实办法。

（二）海淀区统筹设立支持自主创新核心区企业发展专项资金，每年安排专项资金用于促进高端要素聚集和优化产业服务环境。

海淀区高层次人才聚集服务实施办法（试行）

海行规发〔2010〕24号

2010年10月10日

为更好地推进中关村国家自主创新示范区核心区（以下简称核心区）、国家高端人才核心区建设，打造具有全球影响力的科技创新中心和人才发展高地，根据区委、区政府《关于加快建设中关村国家自主创新示范区核心区的若干意见》（京海发〔2009〕24号）有关精神，制定本办法。

第一章 总 则

第一条 以服务核心区建设为宗旨，以建设国家高端人才核心区为目标，以企业为主体，以政策和资金支持为主导，以服务为保障，坚持高端引领、项目带动、统筹实施、以用为本的原则，逐步形成完善的人才服务体系，促进海内外高层次人才在核心区聚集。

第二条 本办法适用于核心区范围内的"十百千工程"企业、重点企业和其他高新技术企业，以及入选中央"千人计划"、北京市"海聚工程"、中关村"高聚工程"人员在核心区创办的企业和区政府认定的其他相关企业（以下简称核心区企业）。

第三条 本办法所称的高层次人才是指在各自学科、技术领域做出过突出贡献或具有先进的科研开发和高新技术成果转化能力，符合核心区产业创新发展所需要的高级专业技术人才、高级经营管理人才和高技能人才。其重点对象是：

（一）中国科学院院士、中国工程院院士、享受国务院特殊津贴专家、国家有突出贡献的中青年科学、技术、管理专家；

（二）"新世纪百千万人才工程"、中央"千人计划"入选者和国家重点学科、重点实验室、工程研究（技术）中心、工程实验室的主要专家；

（三）近五年获得国家技术发明一等奖、科技进步二等奖以上和省（部）级科技进步一等奖的主要完成者；

（四）国内外某一学科、技术领域的带头人和掌握核心技术、拥有自主知识产权或具有高成长性项目的专业技术人才；

（五）在国内外知名企业中担任过高级管理职务，熟悉相关领域业务和国际惯例，具有突出经营管理业绩和丰富管理经验的高级经营管理人才；

（六）获得国家级技术能手称号的高技能人才；

（七）核心区紧缺的其他高层次人才。

第四条 设立海淀区人才发展专项资金。每年从区财政预算中安排不少于1亿元的资金，主要用于支持高层次人才创新创业、奖励做出突出贡献的高层次人才和引才单位（个人）、引进和培养高层次人才，为高层次人才提供相关配套服务。人才发展专项资金支出由相关部门制定方案，报区政府审批。本办法资金支持政策如与核心区其他相关政策出现交叉，执行最优惠条款，不重复享受。

第五条 成立核心区人才服务办公室，在区人才工作领导小组的领导下，负责高层次人才认定、信息发布、培养开发、政策研究等工作，协调专项资金管理和使用，协调有关部门为高层次人才在核心区创新创业提供相关服务。

第二章 以政策支撑聚集人才

第六条 加大国内高层次人才引进力度。凡符合核心区人才引进条件的，由企业申请，及时报批办理人才引进手续；对企业确需破格引进的紧缺人才，可采取人才综合评价和个案研究相结合的方式引进。

第七条 大力实施海外人才聚集工程。积极落实《北京市鼓励海外高层次人才来京创业和工作暂行办法》（京政发〔2009〕14号）规定的各项优惠措施，创造条件吸引海外高层次人才到核心区创新创业。

第八条 吸引优秀留学人员来核心区创新创业。积极落实《北京市促进留学人员来京创业和工作暂行办法》（京政发〔2009〕14号）规定的各项优惠措施，鼓励和吸纳优秀留学人员到核心区创业和工作，凡符合核心区人才引进和接收条件的，优先报批办理引进和接收手续。

第九条　加快优秀人才储备。支持核心区企业按政策接收非京生源应届优秀毕业生。通过多种形式，吸引优秀博士来核心区设站企业从事科研工作，鼓励和协调帮助出站博士后继续留在核心区企业工作。

第十条　完善柔性引才机制。鼓励企业采取短期聘用、技术合作、技术入股、合作经营等柔性方式引进国内外高层次人才，对符合《关于实施北京市工作居住证制度的若干意见》（京政办发〔2003〕29号）办理条件的，可为其办理《北京市工作居住证》。

第十一条　探索高层次人才职称评审申报新方式。对核心区有突出贡献的高层次人才在申报高级职称时，探索实行新的推荐评选模式。

第十二条　探索构建高层次人才评价体系。逐步建立以企业和市场为主体、政府引导、社会组织公平参与，以业绩、能力、贡献、潜力等为主要标准的高层次人才引进评价机制（具体落实办法另行制定）。

第三章　以资金支持聚集人才

第十三条　支持高层次人才来核心区创业和工作。对在核心区创业和工作且入选中央“千人计划”、北京市“海聚工程”、中关村“高聚工程”的高层次人才，核心区配套给予个人最高30万元的一次性资金支持。

第十四条　支持以项目实施带动人才聚集。定期或不定期向海内外发布核心区实施的重大科技攻关专项、重大科技成果转化和重点产业化项目急需的高层次人才信息，通过项目实施聚集海内外高层次人才。对通过项目实施引进的具有竞争优势的高层次人才，经相关部门认定，给予个人最高10万元的一次性资金支持。

第十五条　支持引进高层次人才团队。广泛开展与行业协会、社会中介组织、猎头机构的合作，整体引进具备高端研发、产品试制、产业化运作能力及先进技术、管理、营销水平的一体化高层次人才团队。对引进的高层次人才创新创业团队，经相关部门认定，给予最高100万元的一次性资金支持。

第十六条　支持以引进人才带动项目引进。定期或不定期向海内外发布核心区拟重点引进的高端项目目录及高层次人才需求信息，通过引进高层次人才引入高端项目。对高层次人才携带具有自主知识产权或关键技术且市场前景好的高端项目来核心区创业的，经专家组评审，给予高端项目100至600万元的一次性资金支持。高端项目实现产业化后，按照《海淀区促进重大科技成果转化和产业化支持办法》（海行规发〔2010〕3号）相关条款予以支持。

第十七条　支持高层次人才开展科技创新。通过申报，每年确定一批科技研发、科技创新重大项目及重大产业化项目，经专家组评审，在享受《海淀区促进创业型企业创新能力提升支持办法》（海行规发〔2010〕6号）等文件相应支持的基础上，分研发和产业化阶段，对做出突出成绩的项目负责人给予最高50万元的资金支持。

第十八条　支持高层次人才创新载体建设。鼓励核心区重点产业领域的骨干企业组建博士后工作站和青年英才创新实践基地工作站，集成行业高层次人才资源。对新组建的青年英才创新实践基地工作站，给予最高10万元的一次性资金支持，并按实际进站人数每年给予人均最高5万元资金支持；对新组建的企业博士后工作站按照《海淀区促进创业孵化机构和大学科技园发展支持办法》（海行规发〔2010〕7号）相关条款予以支持。

第十九条　本章各条的资金支持不重复享受。

第四章　以奖励激励聚集人才

第二十条　建立健全以政府奖励为主导的人才奖励体系，激发高层次人才创新创业热情。

（一）优先推荐为海淀经济社会发展做出突出贡献或取得显著科研成果和经济效益的高层次人才，参加国家、北京市及海淀区有关人才奖项评选。

（二）奖励在核心区创新创业过程中做出突出贡献的高层次人才。对获得国家级人才奖项的，给予最高10万元的奖励，获省（部）级人才奖项的，给予最高5万元的奖励；对独立承担或作为第一完成人，获国家级重大科技成果奖的，给予最高10万元的奖励，获省（部）级重大科技成果奖的，给予最高5万元的奖励。同时获国家级和省（部）级奖项的，按最高奖项予以奖励。

（三）鼓励核心区企业为做出突出贡献的高层次人才予以相应奖励。

第二十一条　逐步完善高层次人才激励机制，激发各类人才的积极性和创造性。

（一）探索人力资本参与收入分配的政策，进一步健全知识产权、技术、管理等作为资本参股和参与收益分配的办法；鼓励企业对优秀高层次人才实施期权、技术入股、股权奖励、分红权等多种形式的中长期激励措施（具体政策另行制定）。

（二）鼓励有条件的企业按《企业年金试行办法》为各类高层次人才办理补充养老保险。

第二十二条　加大对引才贡献突出单位和个人的奖励。每两年开展一次评选活动，对为核心区引荐高层次人才做出突出贡献的单位或个人，给予最高 20 万元的奖励。

第五章　以优质服务聚集人才

第二十三条　完善高层次人才配套服务措施，创造有利于人才发展的环境。

（一）筹建 1 万平方米左右的“海淀高层次人才公寓”，为引进的海内外高层次人才提供周转性住房。

（二）协调区域内高水平的公立医院作为高层次人才就医定点医院，为高层次人才建立医疗就诊服务绿色通道，并视接诊数量给予定点医院一定补助。

（三）在同等条件下，每年优先安排引进的高层次人才子女在区属优质学校、幼儿园入学、入园；建立国际学校，在部分中小学设立国际班或国际部，为高层次人才子女搭建国际化教育平台。

（四）根据高层次人才配偶个人条件，按照双向选择为主、推荐协调为辅的原则，多渠道、多方式、分层次协助解决其就业问题。

（五）对为海淀经济社会发展做出突出贡献或取得显著科研成果和经济效益的高层次人才，每年组织一次健康体检，有计划组织健康疗养。

第二十四条　创新高层次人才公共服务内容，提升人才服务水平。

（一）搭建国际人才中介服务聚集平台。吸引国内外知名猎头机构、高层次人才中介服务机构入驻，完善高层次人才中介服务体系。对吸引入驻的高层次人才中介服务机构，经审定，可比照《海淀区促进科技中介发展支持办法》（海行规发〔2010〕13 号）予以支持。

（二）建立高层次人才薪酬调查报告制度。通过薪酬抽样调查，每年定期对外公布核心区企业各类高层次人才薪酬状况，引导企业制定合理的高层次人才薪酬制度。

（三）开辟高层次人才社会保险办理绿色通道。设立核心区企业高层次人才社会保险业务专门窗口，为高层次人才办理各种社会保险业务提供一站式服务。

第二十五条　打造高层次人才培训平台。逐步在国内外著名高校、科研机构和知名企业建立高层次人才培训基地，有计划选派优秀高层次人才到上述机构进行专项培训、技术交流；不定期邀请国内外知名专家学者到核心区举办高层次人才专场学术讲座及研修班，提升人才的整体竞争力。

第二十六条　营造聚才的良好社会氛围。采取新颖适宜的多种宣传方式，深入广泛宣传核心区吸引高层次人才创新创业的扶持政策，宣传核心区和谐宜居的创业、工作和生活环境，宣传核心区高层次人才取得的业绩成果，进一步营造尊才、爱才、用才和聚才的良好社会氛围。

第六章　以责任制度保障实施

第二十七条　明确工作责任。实施海淀区高层次人才聚集服务折子工程，细化工作任务和目标，明确各自职责。主责单位负责任务的方案制定、流程设计、组织实施、成果汇总等工作，协办单位主要承担与各自职能相关的工作以及主责单位提出的协办事项。

第二十八条　落实工作目标。由核心区人才服务办公室牵头，每年初制定核心区高层次人才工作目标，并提出任务分解意见，报区人才工作领导小组审定后，交责任单位落实。

第二十九条　强化督查考核。将高层次人才聚集服务工作目标和任务列入相关单位年度工作目标考核范围，并列为区委、区政府督查考核内容，确保工作任务按时完成。

第七章　附　则

第三十条　本办法由区人才工作领导小组办公室负责解释。

第三十一条　本办法自发布之日起三十日后实施。

大 事 记

一月

1 日 自即日起，区政府在全市 18 个区县中率先施行绩效管理考核。

8 日 首都创新人才发展大厦、北京市海外学人中心服务大厅、中关村西区管理委员会同时揭牌。

9 日 北京市委书记刘淇、市长郭金龙先后来到位于海淀区的中国卫星通信集团公司、北京神舟航天软件技术有限公司、中国空间技术研究院进行调研，了解企业自主创新、研发高科技产品情况。并举行市政府与中国航天科技集团合作签约仪式，一批重大项目落户北京。12 日，市长郭金龙到中星微电子、清华同方调研并座谈。

10 日 海淀区被科技部确定为 20 个国家创新型试点城市（区）之一。

11 日 颐和园获赠 2824 件珍贵史料，大部分是清代至民国时期的颐和园影像资料，也涉及圆明园、玉泉山、香山、北海、故宫、雍和宫、北京城等内容，其中老照片约 1300 张。

11 日～14 日 政协海淀区第八届委员会第四次会议召开。

12 日～16 日 海淀区第十四届人民代表大会第五次会议召开。

18 日 圆明园管理处在成都举行《寻找圆明园流失海外文物—美国行》成果发布会，称通过对美国 9 家博物馆的考察，寻找到近 500 张老照片，主要包括圆明园、颐和园、承德避暑山庄的照片和图片，其中以老照片和铜版画最多。

22 日 本市首家社区精神卫生中心在八里庄社区卫生服务中心成立。

26 日 本市首家社区健康管理实验基地在双榆树社区卫生服务中心揭牌成立。

29 日 中共中央政治局常委、全国政协主席贾庆林到海淀区，围绕“增强自主创新能力，加快中关村国家自主创新示范区核心区建设”进行调研，并察看了北京科兴生物制品有限公司、清华科技园和龙徽葡萄酒博物馆。

本月 海淀区首次实施拆违问责制度。

月底 完成自 2009 年底启动的村级党组织换届选举工作，共选举产生 84 名村党组织书记、379 名村党组织委员。

二月

4 日 海淀区农村土地承包仲裁委员会成立。

9 日 海淀区 2010 年文化科技卫生“三下乡”活动启动，包括 16 项重点示范活动。

11 日 市政府召开常务会议，研究中关村国家自主创新示范区研发服务和高新技术产业聚集区（海淀新区部分）规划工作等事宜。规划提出重点做好海淀北部地区，北清路、七北路未来科学城高技术产业化工作，建设城乡统筹发展的典型地区和生态环境一流的城市发展新区。4 月 2 日，市委常委会召开专题会议，研究中关村国家自主创新示范区北部研发服务和高新技术产业聚集区（海淀新区部分）规划等工作，指出：举全市之力，全力以赴、快速推动中关村国家自主创新示范区北部研发服务和高新技术产业聚集区建设。

20 日 市委书记刘淇，市委副书记、市长郭金龙到西北旺镇唐家岭村，就加快城乡结合部建设、推进城乡一体化发展进行专题调研。4 月 26 日，刘淇、郭金龙到中关村，就“实施首都知识产权战略，服务世界城市建设”主题进行专题调研。5 月 29 日，刘淇、郭金龙等市领导到本区就“转变经济发展方式，推进中关村国家自主创新示范区核心区建设”进行专题调研。6 月 5 日，市长郭金龙到海淀就保障性住房建设进行调研，并察看苏家坨镇中心 C02、C03 地块经济适用房配建廉租房项目建设情况。7 月 8 日，刘淇、郭金龙就“转变经济发展方式，促进高新技术企业发展”到海淀区科技财富中心调研。

26 日 北京实创科技园开发建设股份有限公司挂牌成立。

同日 翠微大厦股份有限公司、当代商城、超市发连锁股份有限公司荣膺“北京十大商业品牌”。

本月 海淀区与中国农业银行股份有限公司北京市分行签署战略合作框架协议。农行北京市分行将在三年内向海淀区政府提供不少于人民币 300 亿元的意向性融资额度。

本月 卫生部决定启动第二轮（周期 5 年）全国艾滋病综合防治示范区创建工作，海淀区被确定为中央与省（区、市）共建示范区。

本月 在全区开展综治维稳中心建设。至年底，29 个街道乡镇全部建立综治维稳工作中心，355 个社区（村）、101 个企业建立综治工作站。

三月

2日　财政部、科技部联合印发《中关村国家自主创新示范区企业股权和分红激励实施办法》。

3日　文化部及市有关单位到海淀调研文化建设工作及西山文化创意大道发展情况。

同日　北京市委常委、市城乡结合部领导小组组长牛有成等市领导到海淀区调研城乡结合部重点村改造情况。

4日　海淀区“忆百年妇运·赞时代巾帼”纪念“三八”国际劳动妇女节100周年大会举行。

5日　区委召开深入学习实践科学发展观活动总结暨“双争”活动表彰大会。大会对100个基层党组织、100名共产党员予以表彰。海淀区深入学习实践科学发展观活动于2009年3月6日正式启动，历时一年，共涉及3989个党组织、120026名党员。

16日　《海淀区志（1996～2010）》编纂工作动员大会召开。

17日　海淀区召开城乡结合部市级挂账重点村建设工作动员会，全面启动本区市级挂账重点村改造整治工作，力争用2至3年时间全部完成。

24日　由全国妇联、中央文明办、国家发改委共同主办的全国“低碳家庭·时尚生活”主题活动在海淀区启动。

26日　中关村台资企业资本中心成立。

29日　唐家岭村民回迁楼及多功能产业用地工程举行奠基仪式。

本月　启动“百名博士进海淀”计划，年内共引进驻区高校就读区域发展所需重点专业领域的153名博士生到区属单位挂职锻炼，参与百余项区域经济社会发展调研课题。

本月　国内首只航天产业投资基金落户海淀，总规模50亿元，首期募集30.3亿元。

四月

1日　中关村发展集团成立，注册资本100亿元。中关村北部产业聚集区第一批18个重大产业化项目同时开工，总投资超过100亿元。6月29日，第二批6个重大项目集体开工，总投资近40亿元。

同日　海淀区与中国长江三峡集团公司签署合作备忘录，三峡集团及旗下骨干公司整体进驻海淀。

3日　党和国家领导人胡锦涛、吴邦国、温家宝、贾庆林、李长春、习近平、李克强、贺国强、周永康到位于四季青镇的北坞公园，与首都少先队员一起参加义务植树活动。

同日　海淀区与北京银行签署中关村国家自主创新示范区核心区建设全面战略合作协议，约定300亿元意向额度，主要用于支持核心区基础设施建设、产业园区开发、科技型企业发展等领域。

6日　“共建核心区，奉献在海淀”主题宣传实践活动启动仪式暨首次“核心区建设大讲坛”活动在中华世纪坛举行。活动持续到年底，包括13项活动。

10日　北京首个以奥运为主题的林木群—“北京奥运纪念林”落户圆明园遗址公园“曲院风荷”景区。

13日　在全区各级党组织中启动“基层党建创新示范项目”创建活动，确定52个项目作为全市基层党建创新评选活动备案项目。

15日～7月10日　海淀区举行第八届村委会选举工作，6个乡镇的71个行政村参选，选出村民委员会成员315人，其中“两委”交叉任职的113人。

18日　区委召开创先争优暨党员作风建设年活动动员大会，正式启动以“锤炼党性做表率，创新发展当先锋”为主题的创先争优活动。

19日　海淀区面向全市公开选拔10名副处级领导干部。10月11日，面向全区公开选拔24名副处级领导干部，并首次将“资历与业绩评估”引入干部公选。《人民日报》、《北京日报》等媒体进行重点关注和深入报道。海淀区竞争性选拔干部将实现常态化，从本年起在每年新提拔的处级领导干部中，通过竞争性选拔方式产生的不少于三分之一。

21日9：00　区直机关工委在区政府第一办公区举行哀悼活动，以表达对4月14日青海玉树地震中不幸遇难同胞的深切悼念，区四套班子领导及区直机关的600余名工作人员参加了哀悼活动。

22日　区委区政府决定，海淀园管委会由议事机构调整为区政府派出机构，将海淀园企业工委调整为区委海淀园工委，与海淀园管委会合署办公。

23日　海淀区庆祝“五一”国际劳动节暨劳模表彰大会在海淀剧院召开，大会表彰了4名全国劳动模范、32名北京市劳动模范、27名北京市先进工作者和10个北京市先进集体。

同日　海淀区公布“小升初”政策，7000名来京务工人员子弟享受同城待遇。

23日～6月2日　由区政府主办，区商务委、区饮食服务行业协会承办的第八届中关村国际美食节举行。

29日　街道系统管理体制调整工作会召开，会议决定取消与现实脱节的街道类别划分，加强街道办事处服务区域经济发展、指导社区建设及综合治理、维护稳定等促进和谐城市发展方面的职能。各街道除设置12个必设机构外，允许设置1个自选机构。

五月

2日　胡锦涛总书记给中国农业大学师生回信，勉励中国农业大学的同学们牢固树立远大志向，努力掌握过硬本领，在热情服务“三农”的实践中建功立业，书写美好的人生。

4日　从本日起，全区各中小学校、幼儿园在上（放）高峰期前后一小时，组织专群力量对校园周边实施重点巡控，加强校园安全。

5日　上庄定向安置房及配套基础设施等七项核心区先行启动项目举行开工奠基仪式。

7日　在全区开展市、区两级“群众心目中的好党员”评选表彰活动，共评选出60个先进集体、优秀个人。

21日～23日 中国少年先锋队海淀区第五次代表大会召开，选举产生第五届少工委委员、区少年联合会委员。

27日 “首届中关村国家自主创新示范区核心区区域创新国际研讨会”召开。在“北京，海淀与世界同行”合作仪式上，市委常委、中关村科技园区管委会党组书记、海淀区委书记赵凤桐被授予世界科技园区协会荣誉顾问称号；世界科技园区协会总干事路易斯•桑被聘为海淀园管委会专家顾问委员会委员。区长林抚生做主题演讲。

28日～6月25日 第七届海淀文化节举行。本届文化节以“创新文化年，服务核心区”为主题，参与群众超过50万人次。

本月 温泉镇被授予“全国环境优美乡镇”称号。

本月 海淀区公务员网络培训超市全面运行，这是北京市18区县首家公务员培训超市。

六月

9日 北京市委决定免去贾沫微同志中共海淀区委常委、委员职务，调北京市对口支援和经济合作工作领导小组西藏拉萨指挥部工作。6月22日，海淀区第十四届人民代表大会常务委员会第二十五次会议决定：接受贾沫微同志辞去海淀区人民政府副区长职务的请求。

10日 全市首家流动儿童早教基地—海淀区青龙桥街道水磨社区流动儿童早教活动站通过市教委验收。

11日 科技部授予海淀园“国际科技合作基地”称号。

17日 市委书记刘淇到海淀区，围绕“深入开展高校‘创先争优’活动，推动高校自主创新能力建设”进行专题调研。7月19日，刘淇、郭金龙就“转变经济发展方式，增强自主创新和科技成果转化能力”到北京航空航天大学进行调研。

18日～8月26日 由区政府、市旅游局共同主办的“2010首届中关村科教旅游节”举行，并受到国家旅游局关注。

24日 中央编办、北京市编办到海淀区调研行政管理体制改革工作。

据6月25日《北京晚报》报道，本市高考600分以上考生有5107人，其中海淀区2089人，占全市的41%，比上年增长2.65个百分点。在全市文理科前十名中，海淀区各占5名。

26日 市科委、市农委、中关村科技园区管委会、海淀区政府、中关村发展集团股份有限公司与中国农业科学院共同签署《首都农业高端发展“5+1”战略合作协议》。

30日 市委决定，高祥阳任中共北京市海淀区委员会委员、常委，同意提名高祥阳为北京市海淀区人民政府副区长人选。

七月

1日 海淀区召开“贯彻落实市政府批复精神，加快推进中关村国家自主创新示范区核心区建设大会”，会上发布《海淀区支持自主创新核心区企业政策体系》。当日，海淀区政府与部分园区企业就重点产业化项目股权投资签署意向性协议，7家企业项目入选海淀区首批重点产业化项目股权投资项目。

6日 海淀区域内首个保障性住房项目—清河小营东限价房项目举行开工仪式。项目占地2.1公顷，总建筑面积4.28万平方米。

8日 区委常委会第144次会议决定关成启同志任中共海淀区委政法委员会书记（兼），免去其中共海淀区委统一战线工作部部长职务。决定高祥阳同志任中共海淀区委统一战线工作部部长（兼）、中共海淀区委政法委员会副书记（兼）、中共海淀区人民政府党组成员。决定免去贾沫微同志中共海淀区委政法委员会书记、中共海淀区人民政府党组成员职务。决定免去刘长利同志中共海淀区委政法委员会副书记职务。

14日～16日 共青团北京市海淀区第十二次代表大会召开。

27日 海淀区与北京外国语大学签订培训合作协议，启动全区公务员外语培训工作，从即日起到2012年年底，对全区1.1万名机关干部和相关窗口单位的工作人员进行外语培训。这是本市区县首次对公务员进行大规模的外语培训。

28日 全国首家公益性社区青少年宫—香山社区青少年宫成立并对外开放。

29日～30日 海淀区2010年上半年经济形势分析会召开，会议提出加快建设具有全球影响力的科技创新中心和重点建设四大功能区，即北部研发服务和高新技术产业聚集区，中部研发、技术服务和高端要素聚集区，西北部高端休闲旅游区，南部高端商务服务和文化创意产业区。

30日 中国第一个虚拟现实产业聚集区正式落户海淀。

本月 本市第一座“并网独立”太阳能光伏电站在四季青镇投入使用，首次实现太阳能供电与市电网互换。

本月 建立全国首个基于物联网技术的社区慢性病服务管理平台。

八月

4日 北京市海淀区经济和信息化办公室揭牌成立。

5日 六郎庄新村建设工程奠基，新村占地面积20.8公顷，总建筑面积32万平方米。

7日 中共中央政治局常委、国务院总理温家宝先后登门看望驻区的院士何泽慧（女）、吴文俊、王大珩以及朱光亚。

同日 人大附中举行庆祝建校60周年活动，中共中央政治局委员、国务委员刘延东，教育部部长袁贵仁等领导出席活动。市委书记刘淇给全校师生发来贺信。

9日 中关村热线96181正式开通（24小时服务），为辖区群众和企业提供便捷的公共服务。

15日 区机关举行哀悼活动，以表达对甘肃舟曲特大山洪泥石流遇难同胞的深切哀悼。

同日　在北京市第十三届运动会上，海淀区体育代表团取得总成绩第一、奖牌第一、金牌第一、团体总分第一、输送第一，“奥、亚、全、城”奖励第二名、总成绩排名第一的成绩。

18日　本市首个多领域、专业化的商事调解体系—中关村企业家商事调解中心成立。

同日　海淀区知识产权托管工程启动，中关村软件园孵化器成为首家试点单位。

19日　海淀区启动“文明村庄（社区）”创建行动，在113个自然村、23个城中村推行村庄社区化管理。

31日　本市首个公共租赁住房项目—西二旗公共租赁住房项目正式开工。海淀区政府按5700元/平方米的价格收购，可解决692户群众的住房困难。

本月　海淀区人民武警部作战指挥中心、公安消防指挥中心、公安交通指挥中心项目（简称“三中心”）建成并交付使用。

九月

2日　中关村科学城首批11个启动建设项目签约大会举行。12月3日，第二批15个建设项目集中揭牌。

9日　胡锦涛到中国人民大学及附属中学，看望慰问师生员工，考察学校教育改革发展情况，并在中国人民大学世纪馆亲切接见全国教书育人楷模等教育系统先进模范代表。

同日　海淀区首届文明市民学校艺术节在中关村学院（市民学校总校）开幕。

10日　历经440天修缮、最大限度恢复历史原貌的颐和园谐趣园重新开放。

10日～10月15日　由区政府主办、区商务委、区商联会承办的“2010年北京购物季—海淀汽车文化消费节”举行。由市商务委、市旅游局和区政府主办的2010“上海银行”第六届海淀品牌消费节于9月16日～10月15日举行。

16日　北京市首家少年检察处落户海淀区检察院。

同日　本市首个由街道牵头组织的经济合作组织—万寿路地区经济发展促进会成立。

21日　海淀区第四次政协工作会议召开。

25日　海淀区专家库正式启动，有专家2867人次。

27日～10月31日　圆明园罹劫150周年系列纪念活动举行。圆明园首次展出57类、85件回归石刻和150件修复文物。活动主题曲《不能忘却的纪念》同时发布。10月8日，圆明园罹劫150周年纪念石在正觉寺山门广场落成。10月18日，是圆明园罹劫150周年纪念日，区委区政府在大水法举行“心中的圆明园”纪念圆明园罹劫150周年主题晚会。

30日　市委书记刘淇、市长郭金龙等市区领导出席四季青镇北坞嘉园入住仪式。

同日　北部地区公租房项目联合开工仪式举行。

本月　海淀在北京市率先建立居家养老医疗服务机制。

十月

8日　经过8年的修缮和复建，圆明园正觉寺主体工程竣工。

同日　《海淀北部地区控制性详细规划（街区层面）》获市政府审查通过，按照规划，未来3年，北部226平方公里将建成生态良好、具有全球影响力的“科技绿谷”。

9日　圆明园入选第一批国家考古遗址公园名单。

17日　由区直机关工委、区体育局承办的2010年海淀区级机关系统首届运动会在海淀体育场举行。

20日～22日　“创新中关村2010主题活动”举行。活动包括四项系列发布和五项系列活动。政府采购签约6.5亿元，其中海淀区采购金额达2.1亿元。

22日　本市第一家区政府创业投资引导基金—海淀区创业投资引导基金与首批合作创投机构签约，合作设立三支创投基金，总规模约40亿元人民币，以支持中早期创业型企业发展壮大。

26日　唐家岭地区的两个商品房地块入市交易，最终成交价折合楼面价接近2万元／平方米，收入将用于唐家岭重点村的搬迁和改造。

28日　海淀区召开第二次人才工作会议，发布《海淀区中长期人才发展规划纲要（2010-2020年）》、《海淀区高层次人才聚集服务实施办法（试行）》和《关于进一步加强党管人才工作的实施办法》等文件。

29日　中国银监会主席刘明康率队到海淀区，就中关村国家自主创新示范区建设发展情况进行调研，刘明康要求要进一步引导各银行业金融机构做好中关村中小企业的金融服务工作。

30日～11月2日　北京香山慈幼院校友会与湖南省湘西凤凰县人民政府联合在京举办纪念熊希龄诞辰140周年和香山慈幼院建院90周年活动。

本月　海淀区上庄镇国家级京西稻农业标准化示范区通过验收。

十一月

11日　区总工会与四川省南充市总工会建立全国首个工会劳务对接网络视频试验站点。

16日　北部地区第一所大型公办幼儿园—北部新区实验幼儿园正式开园。

18日　由海淀区、北京电影学院、北京理工大学、中央新影集团、海仕通投资集团、中视典数字科技有限公司共同发起的中国数字虚拟创意产业创新基地在海淀成立。

同日　海淀区率先在全国启动空气质量GPRS远程在线监测系统。

24日～25日　区长林抚生率队参加第十四届京港洽谈会，在京港签约合作的26个项目中，海淀区有普华永道、冠城集团两个项目。

28日　海淀北部先行启动区首期7个项目共150万平方米的农民安置房集中开工，总规划占地136.57公顷，总建筑面积300多万平方米，建成后可提供3.6万套房源。

29日　在第一届全国基层党建创新论坛暨最佳和优秀基层党建创新案例颁奖活动上，海淀园工委提交的《中关村科技园区海淀园在非公高科技知识分子中发展党员工作做法》获得优秀基层党建创新案例奖。

30日　海淀区在本市首次进行公租房摇号配租。

本月　由区政府投资600万元，在海淀北部地区兴建的全市首批4座取水码头竣工。

十二月

3日　广州2010年亚洲残疾人运动会火种在中华世纪坛成功采集。

7日~8日　中共海淀区第十届委员会第十二次全体会议召开，会议审议通过《中共北京市海淀区委关于制定海淀区国民经济和社会发展第十二个五年规划的建议》和《中共北京市海淀区第十届委员会第十二次会议决议》。

13日　市委书记刘淇、市长郭金龙到本区，就“关注民生，优化发展环境，推动重大工程落实”主题进行调研。

18日　本年7月18日启动的唐家岭村腾退搬迁工作于本日完成，比原计划提前12天。截至年底，本区的8个片区市级挂账重点村中的唐家岭地区、后营村、八家村全部完成腾退。

19日　上庄路（含西山隧道）建设工程开工仪式举行。上庄路全长约26.5公里，其中西山隧道全长约4公里。

21日　北京市首家面向科技型中小企业的投、保、贷、孵相结合金融服务平台—北京海淀科技金融资本控股集团股份有限公司正式开业，当日与7家银行签署合作协议。

同日　中共中央政治局常委、国务院副总理李克强到中关村国家自主创新示范区考察，先后察看中关村核心区、软件园、生命科学园，并听取联想、百度、信威等公司和生命科学研究所的情况介绍。

22日　海淀北部研发服务和高新技术企业聚集区产业功能区启动暨中关村壹号等6个重点工程开工奠基仪式举行，总用地规模约27公顷，规划建筑面积约82万平方米。永丰、稻香湖两大产业功能区启动3个地块和6个二级项目，总占地约140.34公顷，总建筑面积约160.8万平方米。

31日　中关村航天科技创新园、中关村航空科技园举行奠基仪式。

本月　海淀区推进股权激励试点工作，区域内有试点单位23家，占全市的52.3%。海淀区组培室成为首家试点的区属科研机构。（钟冷）

中国共产党
海淀区委员会

★ 为提高全员素质，加强干部队伍建设，区委办公室在党委办公系统首次引入“质量认证体系”。图为2010年质量管理监督评审会议。

（区委办 供图）

★ 在2010年区委办公室“寻历史、访前辈、忆传统、树理想、创一流”主题教育活动中，区委办人员与区四套班子离退休老领导、老干部座谈交流学习。

（区委办 供图）

★ 2010年，区直机关系统以“比服务意识、比服务态度、比服务效率、比服务质量、比服务满意，争当优质服务先锋”的“五比一争当”为主题，开展创先争优暨优质服务年、党员作风建设年活动。

（区机关工委 供图）

★ 4月9日，俄罗斯西北公务学院代表团一行到海淀区委党校进行主题为现代公共管理的国际学术交流。
（区委党校 供图）

★ 6月29日，区直机关工委、区委政法委召开庆祝建党89周年暨群众心目中的好党员事迹报告会。（区委政法委 供图）

5月13日，区新闻中心召开“优质服务作表率 科学创新促发展”主题实践活动动员大会。
（区新闻中心 供图）

★ 8月5日，由首都文明办、市市政市容委、市社会建设工作办和海淀区委区政府联合主办的第17个“周四垃圾减量日”暨“绿色社区月”活动走进万科西山庭院社区。

（区文明办 供图）

★ 全区处级领导干部进行《廉政准则》学习测试，以考促学。

（区纪委 供图）

★ 区纪委定期向全区领导干部发送廉政短信，敲响清廉警钟。（区纪委 供图）

★ 区纪委定期组织党员干部到法院旁听庭审，接受警示教育。

（区纪委 供图）

概 述

中共北京市海淀区委员会是中国共产党在海淀区的领导机关，中共北京市海淀区纪律检查委员会是负责海淀区党的纪律检查工作的领导机关。本届（第十届）区委、区纪委是在2006年12月召开的中共北京市海淀区第十次代表大会上选举产生的。

2010年，是加快推进国家自主创新示范区核心区建设的关键之年。海淀区委落实国务院《关于同意支持中关村科技园区建设国家自主创新示范区的批复》和市政府《关于建设中关村国家自主创新示范区核心区的批复》精神，以建设环境优美、和谐宜居的高科技核心区为目标，以科学发展为主题，坚持把科技进步和创新作为加快转变经济发展方式的重要支撑，紧紧围绕海淀的发展定位、产业空间布局、北部地区开发建设、"十二五"规划编制、体制机制改革创新、城乡一体化发展、重大项目引进和科技成果产业化、乡镇产业优化升级、重大基础设施和环境建设、社会管理服务、民主法制、精神文明和党的建设等重点工作，加强决策部署和统筹推进落实。年内召开区委全体会议1次，常委会议50次，专题会议30次。

截至本年底，海淀区共有中共党员132502名（不包括驻区中央和市直属单位、部队单位党员），比上年增加6822人，增加5.2%。其中女党员61744名，占46.6%；少数民族党员5075名，占3.8%；35岁以下党员26192名，占19.8%；大专以上文化程度党员77657名，占58.6%。区委下属的基层党组织：区委派出工委24个，基层党委178个；党组45个，党总支294个，党支部4186个。

党的建设和干部队伍建设 区委坚持贯彻民主集中制，坚持重大问题集体讨论、集体决定。注重调查研究，围绕事关发展全局的战略性、前瞻性问题、围绕工作中的重点、难点问题，围绕社会关注和群众关心的焦点、热点问题，深入基层开展专题调研，完善调研方式，为科学决策提供依据。

按照市委部署，从4月开始，区委2次专题研究部署在全区开展"创先争优"[①]活动，并结合创先争优活动，在党政机关和有行政职能的企事业单位中开展"优质服务年活动"。在全区开展"五比一争当"（比服务意识、比服务态度、比服务效率、比服务质量、比服务满意度，争当优质服务先锋）、"创先争优"标准大讨论、评选"群众心目中的好党员"、机关党组织与农村、企业党组织拉手共建、"2010年海淀区运动会"等活动，涌现出一批先进典型。

贯彻党的十七届四中全会精神，出台《关于进一步加强学习型党组织建设的意见》。推动基层党建工作创新，根据农村、社区、企业、机关以及"两新"组织中党组织的不同特点，加强分类指导，发挥基层党组织在推动发展、促进和谐、服务群众等方面的作用。在全区开展"基层党建创新示范项目"创建活动。加强"两新"组织、流动人口、商业楼宇等领域的基层组织建设，新建商务楼宇党建工作站195个，商务楼宇党组织221个，扩大了党的组织和工作的覆盖面。加强高科技企业党的建设，召开高科技企业党建工作大会，研究制定加强高科技企业党建工作的意见，海淀区推动"科技精英"入党的做法得到中央领导的肯定。海淀园工委获得全国优秀基层党建创新案例奖。

注重加强领导班子思想政治建设。坚持和完善理论中心组学习制度，组织区级理论学习中心组集体学习12次。举办各类干部培训28期，培训处级及后备干部3900余名。

按照《干部任用条例》和中央、市委有关规定，围绕核心区建设对领导班子和干部队伍的要求，坚持德才兼备、以德为先、注重实绩、群众公认的选人用人标准，完善民主、公开、竞争、择优的选人用人机制，提高干部选拔任用工作的科学化、民主化、制度化水平。出台《区委常委会讨论任免区委管理干部实行票决制的实施办法》，并就健全干部人选民主协商规程形成初步办法。就11批139名干部任免进行常委会投票表决，就2名党政正职拟任人选面向区委委员、候补委员征求意见。制定《2010–2013年海淀区党政领导班子建设的规划纲要》和《2010–2020年海淀区党政领导班子后备干部队伍建设规划》。全年共选拔任用处级干部222名，其中提拔处级领导干部74名（正处级领导干部11名），交流处级领导干部112名（正处级领导干部58名）。

开展党风廉政建设和反腐败斗争。严格执行党风廉政建设责任制，整体推进教育、制度、监督、改革、纠风、惩治等各项工作。推动廉政风险防范管理向领导干部和基层"两个延伸"（即党风廉政建设责任制和领导干部廉洁自律工作向基层延伸），强化对权力运行的制约监督。加强对重点工程、重大投资和建设项目落实情况的监督检查，开展对"小金库"、国有资产管理、金融、司法、工程建设领域突出问题的专项治理。贯彻党内监督条例，强化对党员领导干部的监督，加强巡视工作。坚决查处各类违法违纪案件，立案25件，结案12件，给予党政纪处分12人。

[①]在党的基层组织和党员中深入开展创建先进基层党组织、争当优秀共产党员活动。

经济建设　以建设环境优美、和谐宜居的高科技核心区为目标，以科学发展为主题，把科技进步和创新作为加快转变经济发展方式的重要支撑，推动经济实现平稳较快发展。

按照“做大三产、做强二产、优化一产”的思路，坚持高端发展的方向，以提升产业素质为核心，转变经济发展方式，推进产业结构优化升级，加快实施产业功能区带动战略。提出规划建设北部研发服务和高新技术产业聚集区、中部研发技术服务和高端要素聚集区、南部高端商务服务与文化创意产业区和西北部高端休闲旅游区“四大功能区”的战略构想。推动中船重工科技园、彩虹光电创新园、浪潮产业园、国新控股、中国电子科技集团总部、三峡集团总公司、腾讯（北京）、网易研发总部、先声药业、国机集团中央研究院等重大项目引进落地；促进龙芯芯片、激光显示、太阳能电池等产业化项目就地转化。保障重大基础设施、民生和社会公共事业投资需求，完善绿色通道和重大项目调度机制，213个项目进入市级绿色审批通道。公主坟、甘家口社区商业中心改造，翠微广场、大钟寺国际广场等一批大型购物中心开业。完成46项新农村建设折子工程。发展循环经济和绿色经济，开展节能减排“进机关、进社区、进校园”系列活动，推进再生资源利用、建筑节能等一批示范项目建设，万元地区生产总值能耗、水耗分别下降4%和10%以上，荣获首届“节能中国贡献奖”。全年实现地区生产总值2711.2亿元，比上年增长10.8%；区级财政收入190亿元，增长15.3%，区域财政收入首次突破千亿元大关，达到1089亿元，增长17.1%；完成全社会固定资产投资567亿元，同比增长15.8%；完成社会消费品零售总额1184.2亿元，同比增长15.4%。开放性经济取得新成就，实现进出口总额417.5亿美元，同比增长44.8%，其中出口94.5亿美元，同比增长18.2%。合同外资额23.6亿美元，实际利用外资额13.6亿美元，同上年增长6.25%。软通动力等一批企业境外上市，博彦科技等4家企业进入中国服务外包领军企业前十名。城镇居民人均可支配收入33290元，农村居民人均纯收入17800元，分别增长8.5%、11.2%。

政治建设　坚持和完善人民代表大会制度、中国共产党领导的多党合作和政治协商制度，支持区人大常委会和区政协履行职能。贯彻落实全市第三次人大工作会议精神，召开区第三次人大工作会议，制定进一步加强人大工作的意见。贯彻全市第三次政协工作会议精神，召开区第四次政协工作会议，制定加强人民政协政治协商制度建设的意见，推动政治协商、民主监督、参政议政的制度化、规范化和程序化。各民主党派和工商联围绕推动海淀科学发展引进资金、引入项目，举办“统一战线服务核心区建设论坛”，推动设立中关村台资企业资本中心。加强工会、共青团、妇联、科协、文联、侨联、残联、红十字会、慈善总会等群众组织在围绕中心、服务大局中发挥桥梁和纽带作用。推进社会矛盾化解、社会管理创新、公正廉洁执法三项重点工作。实现市委、市政府提出的“无重大重复上访户、无群体性信访事件，重要时期无非正常访”工作目标。开展对社会治安重点地区的集中整治，在12个重点地区建立中心警务站，高发案挂账地区可防性案件同比下降26.3%。完善社会治安防控体系，推进街道乡镇综治维稳工作中心建设。开展安全生产年活动，安全形势总体平稳。加强国防和后备力量建设，争创全国“双拥”模范城（县）七连冠考评工作在全市名列前茅。

社会建设和文化建设　推进以改善民生为重点的社会建设，落实45件惠民实事；完善社区居民自治机制，增强社区的公共服务、公益服务和便民利民服务职能。完成第八届村委会换届选举，推动落实村干部的待遇问题。促进社会管理工作创新，深化城市网格化管理。在113个自然村、23个城中村推行村庄社区化管理，提高对城乡结合部、“两新”组织、互联网的管理服务水平，消除社会管理的盲区和薄弱环节。加强“枢纽型”社会组织工作体系建设，全区各类社会组织达到2228家。建立规范化社区服务站338个，覆盖率达到85%。建立就业援助服务常态化机制，426个社区成为“充分就业社区”，城镇登记失业率0.91%。建立城乡统一的居民医疗保障制度。新型农村合作医疗筹资标准和保障水平，在全市处于领先位置。258家定点医疗机构全部实现“持卡就医，实时结算”，住院费用最高支付额进一步提高。率先在全市出台超转人员医疗费先行支付相关政策。提高城乡低保标准，低保救助5200户9928人，动态实现“应保尽保”。实施保障性安居工程，新开工建设各类政策性住房188万平方米，竣工52.7万平方米。廉租房全部实现实物配租，实现低保户廉租房应保尽保的目标。贯彻落实国家中长期教育改革和发展规划纲要，促进优质教育资源均衡发展，在北部地区启动优质校建设工程。完成义务教育学校教师绩效工资改革任务，成为国家级教育体制改革实验区。完成5条在建轨道线路拆迁任务，8条重点道路建成通车，59条道路大修工程完工。以中关村西区为重点部署科技创安监控系统，引入智能交通指示系统。整合设立中关村热线“96181”，在全市率先建成城市基础数据管理应用系统。加强人口调控管理。加强环境整治和生态建设，开展119个小区垃圾分类试点工作。实现城镇绿化覆盖率47.5%，荣获“全国绿化模范城市”称号。加强公共文化服务体系建设，实施文化惠民工程。举办第七届海淀文化节，启动北坞金山寺等11项文物修缮工程；发展文化创意产业，制定文化创意产业集聚区认定和管理办法，引导文化创意产业集群化发展。

在总结成绩的同时，我们认识到当前工作中存在的主要问题和不足：一是按照建设国际一流园区的目标，我们在思想解放上还不够，在体制机制创新方面还需要不断取得新突破；二是按照世界一流的工作标准，我们在统筹协调、狠抓落实上还不够；三是核心区的创新资源优势挖掘得还不够，资源优势转化为产业竞争优势还需要进一步强化；四是在加快推进重大科技成果产业化和企业做强做大方面还不够，政府的引导推动作用还需要进一步发挥；五是服务核心区建设的环境有待进一步改善，城乡结合部改革发展处于攻坚阶段，违法建设突出、环境秩序脏乱等问题依然存在；六是维护和谐稳定的压力还比较大，切实解决就业、医疗、住房等涉及百姓利益的民生问题还需加大努力。

中国共产党北京市海淀区委员会
地址：海淀区长春桥路17号
邮编：100089
电话：62551614　82579329

区委重要工作及重大活动

【先行先试改革创新】 开展“国家创新型试点城区”建设工作，深化股权激励、政府采购自主创新产品、科技重大专项资金列支间接经费、中关村新型产业组织和民营科技企业参与国家重大科技项目、知识产权质押、信用贷款、社会组织管理、工商登记注册等先行先试改革；以实施“十百千工程”和支持一批“专、特、精、新”高科技中小企业发展为着力点，完善支持企业创新创业、科技与资本结合、高端要素集聚等政策；统筹12亿元专项资金，支持高科技企业发展和重大科技成果产业化。本年新增高新技术企业648家，占全市50%以上；实现高新技术产业总收入7054.74亿元，增长20.6%；实现技术合同成交总额907.8亿元，增长11.2%，占全市的60%；专利授权量1.3万件，增长21.5%；2808个产品被认定为北京市自主创新产品，占全市61.5%；新增股权投资机构132家，总数达到288家；股权激励试点单位达到23家，占全市的52.3%。上市（含挂牌）企业总数达到175，占全市的50%，创业板中的“中关村板块”初步形成。引入普华永道会计事务所、三聚阳光知识产权代理公司等10家知名中介机构；成立中关村台资企业资本中心，引入外资银行6家；新增各类金融机构及其分支机构241家；通过区国有资本经营管理中心平台，完成40亿元企业债券发行工作；与中科院、航天科技集团、中国电子科技集团等22家单位签署26项合作协议；在全市率先出台重大科技研发项目转化支持政策，跟踪促进激光显示、太阳能电池、数字音视频等一批成果转化项目落地。深化行政审批制度改革，承接12个市级职能部门19项审批权限下放，对区属19个职能部门、75项审批事项进行整合，推动“一科制”改革；调整完善海淀园管理体制和内设机构；整合创新园、环保园和永丰产业基地的管理资源和土地资源；成立中关村西区管委会及办公室。

【启动中关村科学城建设】 中关村科学城是中关村核心区的核心，是世界上科教智力资源和高科技企业最密集的区域，是战略性新兴产业的策源地，是首都建设国家创新中心的重要支撑和具有核心竞争力的品牌区域。该地区汇集了以清华、北大为代表的一批国家重点高等院校，以中科院所属院所、航天五院为代表的一批国家级科研机构和以联想、百度为代表的1万多家高科技企业，形成芯片设计、集成电路布图设计和新材料研发等高技术服务业集群发展的态势。中关村科学城的建设按照不新增土地资源、不进行大规模建设的原则，重点建设中关村航天科技园、中关村航空科技园、太极信息产业园、大唐通讯产业园和与清华、北大、人大、北航、北邮、北理工等高校共建新兴产业技术研究院。

【中关村西区建设】 围绕业态调整、要素聚集、环境提升、交通管理、市场整顿和服务设施建设等重点工作，加快推进中关村西区建设。中关村创业投资（PE）大厦、中国技术交易大厦、首都创新人才发展大厦等对高端要素的吸引力进一步增强，一批国内外有影响力的创业投资机构、金融机构、技术和高端人才服务机构落户，聚集了以中国技术交易所、普华永道会计事务所为代表的一批高端中介机构和以中钢集团、中国普天、中国化工、中国机械、中电国际、微软（中国）研发集团、华旗资讯、大北农等为代表的一批企业总部和研发机构，形成高端创新要素、研发机构和企业总部聚集发展的态势。

【启动中关村人才特区建设】 制定区中长期人才发展规划纲要、高层次人才聚集服务实施办法，建立人才发展专项资金。国家留学服务中心入驻西区。设立首都创新人才发展大厦，引入北京海外学人中心服务大厅等人才服务机构。推进核心区人才引进试点工作，为企业引进急需高层次人才 251 人。共有 36 人入选中央“千人计划”，66 人入选北京市“海聚工程”，数量位居全市第一。

【区领导考察高科技企业】 1 月 9 日，区四套班子主要领导分别带队率区处两级领导干部，到中关村软件园、清华科技园、汉王科技股份有限公司、神州数码（中国）有限公司、搜狐信息技术有限公司和创毅视讯科技有限公司参观考察。

【常委会研究有关干部任用事项】 1 月 23 日，区委召开 120 次常委会，会议研究了《海淀区干部选拔任用工作有关事项报告制度》、《海淀区贯彻执行〈党政领导干部选拔任用工作条例〉检查办法》、《海淀区党委（党组）书记履行干部选拔任用工作职责离任检查办法》、《海淀区差额选拔党政领导干部实施办法》（讨论稿）以及其他事项。

（李德平）

【常委会确定全区 2010 年工作要点】 1 月 26 日，区委常委会确定本年全区工作要点：着力提高自主创新能力，促进经济平稳较快发展；统筹城乡建设和管理，进一步提升和完善城市功能；推进城乡一体化发展，进一步提升区域协调发展水平；深化改革创新，提升发展的内在活力和动力；着力保障和改善民生，进一步推进和谐社会建设等几大方面，以完成 2010 年全区经济社会发展的主要目标预期，即地区生产总值和区级财政收入分配增长 10%，万元生产总值能耗降低 3%，城市居民人均可支配收入、农民人均纯收入分别增长 8%，城镇登记失业率控制在 1.5%以内。

（钟冷）

【服务驻区单位工作座谈会召开】 2 月 4 日，海淀区召开服务驻区中央国家机关、高校、科研院所和市属单位工作座谈会暨 2010′ 区域发展高层联席会。区长林抚生通报了海淀区服务中央国家机关、高校、科研院所、市属单位工作情况。区四套班子领导、驻区单位负责人出席了座谈会。

【查处违法建设领导小组第四次全会召开】 2 月 5 日，海淀区查处违法建设领导小组第四次全体会议召开，会议听取了区查处违法建设领导小组办公室和各街道、乡镇关于本地区遏制和查处违法建设“百天行动”工作情况的汇报，审议了《海淀区遏制和查处违法建设工作规划（2010 年–2012 年）》和《海淀区遏制和查处违法建设“百天行动”期间有关政策措施研究任务安排方案》。

（李德平）

【接待深圳市党政代表团】 2月 27 日，广东省委常委、深圳市代市长王荣率深圳市党政代表团到海淀考察中关村国家自主创新示范区核心区企业。

【召开《廉政准则》电视电话会议】 3 月 1 日，海淀区召开贯彻实施《中国共产党党员领导干部廉洁从政若干准则》电视电话会议。会议传达了中央、市委学习贯彻《廉政准则》电视电话会议精神，区委要求全区各级党组织要把学习贯彻《廉政准则》作为当前的一项政治任务，摆上重要议事日程。（钟冷）

【市领导调研重点村改造】 3 月 3 日，市委常委、市城乡结合部领导小组组长牛有成等市领导到海淀，就城乡结合部重点村改造情况进行专题调研，召开工作座谈会，听取海淀关于 8 个市级挂账重点村的整体情况汇报。（李德平）

【召开学习实践科学发展观活动总结表彰大会】 3 月 5 日，区委召开深入学习实践科学发展观活动总结暨“双争”活动表彰大会，市委巡回检查组、区四套班子领导出席会议。会议总结了本区两批学习实践活动取得的六个明显成效，即科学发展观更加深入人心；加快经济发展方式转变取得显著进展；解决了一批民生问题；提升了社会建设管理水平；党的建设全面加强；落实科学发展观的体制机制进一步创新和完善。汉王科技股份有限公司党总支、田村路街道玉海园五里社区党委、苏家坨镇车耳营村党支部负责人作典型发言。大会对万寿路街道复兴路 83 号社区党委等 100 个基层党组织、陈才荣等 100 名共产党员予以表彰，分别授予海淀区“争创科学发展示范点、争当科学发展排头兵”主题实践活动“先进基层党组织”、“优秀共产党员”称号。海淀区深入学习实践科学发展观活动于2009年3月6日正式启动，历时一年，共涉及3989 个党组织、120026 名党员。

（李猛　李德平）

【《北京日报》社专题调研唐家岭村】 3 月 10 日，《北京日报》总编辑率队到西北旺镇唐家岭村，就唐家岭地区城乡一体化工作进展情况进行专题调研。

【启动唐家岭等重点村城市化工程】 3月 17 日，区委区政府召开城乡结合部市级挂账重点村建设工作动员大会，正式启动唐家岭村、八家村、振兴、中坞、六郎庄、肖家河、后营、门头村等 8 个重点村的整治改造工作。确立“尊重历史，面对现实，整体启动，先难后易，重点突破”的整治改造总体思路，坚持政府主导、农民主体、政策创新的原则。由区领导牵头负责，40 多个部门为成员单位，设规划建设、资金保障、就业安置、宣传监督、维护稳定等五个专项工作组，抽调工作人员集中办公；相关乡镇、村也建立相应的工作机构，形成区、镇、村三级分工负责，协调联动的工作格局，推进重点村整治改造。制定完善各项工作方案，建立督查督办机制、检查考评机制、信息反馈机制，启动规划建设、资金筹措、难题协调、群众发动等各项工作。本年，唐家岭地区城市化工程拆迁及安置：参照北坞模式，采取村民自治、宅基地换房的办法，拆迁建筑面积 148 万平方米；回迁安置用房所需规划指标为 35 万平方米，产业用地 20 ~ 30 公顷。综合改造中采取旧村拆除、商品房开发、回迁安置用房及产业项目统一立项，一体实施的建设模式，分五个阶段推进实施。前四阶段工作于

本年底全部完成，第五阶段于 2011 年完成。（李德平）

【区委第三次人大工作会议召开】 3 月 26 日，区委第三次人大工作会召开，会议总结区人大常委会设立近 30 年来，特别是区委第一、二次人大工作会议（第一次召开时间是 2000 年 6 月，第二次召开时间是 2005 年 11 月）以来，本区坚持和完善人民代表大会制度、做好人大工作的经验，对加强新形势下的人大工作进行部署。区人大常委会主任周来升做对《中共海淀区人大常委会党组关于加强和改进人大工作的若干意见》的说明，区委书记赵凤桐在讲话中充分肯定区人大常委会设立以来为海淀区经济社会发展作出的巨大贡献，并就新形势下如何进一步加强和改进人大工作提出意见。会议提出充分发挥人民代表大会制度的优势和作用，为加快建设中关村国家自主创新示范区核心区、推动全区新一轮科学发展提供坚实的制度基础和民主法制保障。

（钟冷　吴向荣）

【市领导调研政法机关服务重点地区整治情况】 3 月 29 日，市委副秘书长、市委政法委常务副书记带队，就政法机关服务、保障城乡结合部重点地区整治建设工作情况到中关村西区、八家村等地区进行专题调研。（李德平）

【开展“创先争优”暨党员作风建设年活动】 4 月 18 日，区委召开在全区开展优质服务年活动动员大会。会议贯彻落实胡锦涛总书记在全党深入学习实践科学发展观活动总结大会上的讲话精神以及中央、市委关于开展创先争优活动的部署要求，并决定从本月开始到党的十八大召开前，在全区基层党组织和党员中深入开展以“创新海淀、科学发展”为主题的创先争优活动。为落实创先争优活动的各项要求，以“共建核心区，奉献在海淀”为主题的“优质服务年”活动同时启动，活动在各级党政机关、行政企事业单位中进行。

“创先争优”活动主要围绕核心区建设，充分发挥基层党组织的战斗堡垒作用和共产党员的先锋模范作用，在抢劫科学发展、促进社会和谐、服务人民群众、加强基层组织的实践中建功立业。活动分三个时段进行，第一时段 2010 年 4 月至年底，以党员作风建设年活动为专题，结合“锤炼党性作表率，创新发展当先锋”主题实践活动的要求开展活动，在“七一”前夕开展“群众心目中的好党员”评选推荐活动，大力宣传先进典型的突出成绩；第二时段 2011 年 1 月至 7 月，以迎接建党 90 周年为专题而开展活动，在“七一”前夕召开纪念建党 90 周年表彰大会，表彰先进基层党组织、优秀共产党员和优秀党务工作者；第三时段 2011 年 7 月至党的十八大召开前，以迎接党的十八大召开为专题而开展活动，在“七一”前后，专项表彰“海淀区 2010–2012 年创先争优”活动先进基层党组织、优秀共产党员以及先进单位。

优质服务年活动的目标要达到进一步增强核心区意识、服务意识、群众意识和发展意识。分三个阶段（启动、实施、总结表彰）四个步骤（查找问题、解决问题、整改落实、典型推进）进行，到年底结束。

上半年，全区各系统、各单位广泛开展“五比一争当”（比服务意识、比服务态度、比服务效率、比服务质量、比服务满意度，争当优质服务先锋）活动，“四讲四创建”（讲服务，创建温馨家园；讲秩序，创建文明家园；讲共建，创建平安家园；讲团结，创建和谐家园）主题实践活动。下半年，自 7 月 1 日开始，在全区开展先进事迹巡回宣讲、创先争优标准大讨论和创先争优示范点建设。活动中，注重加强对全区不同领域、不同行业活动开展的分类指导力度，召开 2 次全区经验交流会和 2 次座谈会，分别召开街道、农村、教育、“两新”（新经济组织和新社会组织）、国企等 8 个系统的现场推进会，并以支部为单位组织开展创先争优标准大讨论[①]1943 场，参与党员近 12 万人，占全区党员总数的 92.3%。

（李猛　李德平　钟冷）

【区四套班子慰问部分党员】 6 月 21 日至 30 日，区领导赵凤桐，林抚生、周来升、彭兴业、关成启、李晓暲、张伟刚、刘鸿、杨志强、杨智慧、李彦来、吴祖安，别看望慰问“群众心目中的好党员”、老党员和困难党员。

【南京市党政代表团来区考察】 6 月 28 日，江苏省委常委、南京市委书记朱善璐率南京市党政代表团到我区考察核心区建设情况。（李德平）

【社会领域党建工作表彰会召开】 6 月 29 日，海淀区召开社会领域纪念建党 89 周年暨党建工作先进集体优秀个人表彰会。会议表彰了 12 个先进集体及 15 名优秀个人。社会领域各基层党组织将“五个好”作为工作标准，力求建立领导班子好、党员队伍好、工作机制好、工作业绩好、群众反映好的基层战斗堡垒。社区党组织以党建促规范、以党建聚人心，成为和谐社区建设的坚实政治保障。“两新”组织将党建工作全面融入组织发展和建设之中。力争初步构建以街道社会工作委员会为核心、社区党组织为基础、商务楼宇党建工作站和驻区“两新”组织党组织共同参与的社会领域区域化党建工作新格局，形成社会领域党建工作分级负责、分层管

[①]创先争优标准大讨论，即通过“学习明方向、讨论立标尺、岗位见行动”三个环节，组织全体党员结合本系统的工作范围、本单位的工作职责、本岗位的工作要求，将先进基层党组织“五个好”、优秀共产党员“五带头”（“五个好”即领导班子好、党员队伍好、工作机制好、工作业绩好、群众反映好；“五带头”即带头学习提高、带头争创佳绩、带头服务群众、带头遵纪守法、带头弘扬正气）的普遍性要求转化为广大党员好理解、好记忆、好评价的具体标准，并广泛开展党员责任区、党员先锋岗、设岗定责、党员承诺等活动，推动党组织、党员在完成中心工作、重点任务中展示先进本色。

理、分类指导的网络化工作体系，实现社会领域党组织和党的工作全覆盖。截至本年，全区创建社会领域党建示范点45个；基本完成商务楼宇党建工作站“三个百”[①]目标，建立商务楼宇党建工作中心站195个，建立党组织221个，选配专职党务工作者113名，初步建立起海淀区商务楼宇党建工作网络体系。（钟冷）

【常委会人事任免】　7月8日，经区委常委会第144次会议研究，决定关成启同志任中共海淀区委政法委员会书记（兼），免去其中共海淀区委统一战线工作部部长职务。决定高祥阳同志任中共海淀区委统一战线工作部部长（兼）、中共海淀区委政法委员会副书记（兼）、中共海淀区人民政府党组成员。决定免去贾沫微同志中共海淀区委政法委员会书记、中共海淀区人民政府党组成员职务。决定免去刘长利同志中共海淀区委政法委员会副书记职务。（李德平）

【文明村庄创建行动推进会】　8月19日，区委区政府召开文明村庄创建行动推进会，传达市开展村庄社区化管理工作推进会精神，部署区文明村庄创建行动，下发《海淀区文明村庄创建行动方案》。（王慧）

【市长调研武博会筹备情况】　8月20日，市长郭金龙到驻区的中国农业大学体育馆、北京友谊宾馆调研北京首届世界武搏运动会筹备情况。

【考察武汉东湖高新区】　9月9日～10日，区委书记赵凤桐率海淀代表团考察武汉东湖高新区。代表团考察了武汉国家光电实验室、烽火科技集团和光谷软件园，了解高新区基本情况和企业、园区建设发展情况，并进行交流座谈。

【区教育工作大会召开】　9月9日，区委召开教育工作大会，对全区的教育工作提出五项要求：建立健全保障教育优先发展、科学发展的领导体制、决策机制和工作责任制；坚持“教育为本”方针，始终把教育摆在优先发展位置；优化结构布局，促进教育协调发展；推进改革创新，增强教育发展的生机活力；加强教师队伍建设，夯实教育科学发展的基础。（李德平）

【召开海淀区第四次政协工作会议】　9月21日，区委召开海淀区第四次政协工作会议。会议贯彻落实市委第三次政协工作会议精神，总结海淀区第三次政协工作会议（2006年8月召开）以来的工作，研究部署新形势下加强政协建设的任务；充分发挥人民政协政治协商制度的优势和作用，为建设具有全球影响力的科技创新中心、推动全区新一轮科学发展提供民主政治保障。会上，区委副书记关成启对《区委关于加强人民政协政治协商制度建设的意见》制定的有关情况和主要内容做了说明，区政协主席彭兴业就全区第三次政协工作会议以来区政协主要工作作报告。区委书记赵凤桐讲话，指出过去四年中，区委不断加强和改进对政协工作的领导，建立了“四长”联席会、区领导碰头会等工作机制，就一些事关全局的重要工作，及时听取政协的意见建议;建立了区委常委会定期听取政协工作汇报的机制、区委重大决策和重要工作部署及时向政协常委会组成人员通报的机制，以及委员提案、建议办理机制等。支持政协开展职责内的相关工作。区政协领导列席区委常委会、专题会和区委区政府重要会议。坚持区委区政府领导班子成员及有关部门负责同志在政协全会、常委会、议政会上，向政协委员介绍区情、通报情况，与委员们面对面协商，听取意见。区委统战部与区政协建立了“经常联系、活动联办、调研联合、经费联用、委员联推”的“五联”工作机制。不断加强政协党组建设，充分发挥政协党组在政协中的领导核心作用。加强对人民政协的学习宣传工作，进一步营造重视和支持人民政协工作的良好氛围。（钟冷）

【圆明园罹劫150周年系列活动】　9月27日～10月31日，由海淀区委、海淀区政府主办，圆明园管理处、成龙中国、神舟传媒承办，中国圆明园学会、中国文物保护基金会等单位协办的、主题为“和平、合作、和谐”的纪念圆明园罹劫150周年系列活动举行。此次系列活动包括学术会议、系列展览、中外文化交流、主题晚会等4个部分、15个项目。主要内容有：出版《圆明园百景图志》、《圆明园园林艺术》和14种《圆明园劫难记忆译丛》黄皮书等专著近20本；举办样式雷建筑图档展、圆明园回归文物展、圆明园出土文物展、张宝成绘巨幅圆明园盛时全景图展、中国国家画院书画特展、傅文俊摄影作品展、中国航天科技成就展等多种展览展示活动；接收捐赠的雨果雕像与新西兰友人返还的文物；举办“心中的圆明园”主题晚会，创作纪念主题曲《不能忘却的纪念》；10月8日，圆明园罹劫150周年纪念石在正觉寺山门广场落成。10月18日，是圆明园罹劫150周年纪念日，区委区政府在大水法举行“心中的圆明园”纪念圆明园罹劫150周年主题晚会。（鲁紫鹃）

【召开服务驻区单位和部队大会】　10月22日，区委召开服务驻区单位和部队大会。会上成立海淀区服务驻区单位和部队协调领导小组，对服务驻区单位工作提出四项要求：坚持区四套班子领导联系中央单位、高等院校、科研院所、重点企业和驻区部队等工作机制，制定服务效果绩效考核办法，加强对全区服务工作联系人、联络员的培训；做好服务科技创新的工作，加大对央企、高校、科研院所等科技成果项目的跟踪力度，利用好政府支持重大科技成果产业化项目资金，吸引世界500强企业在海淀设立地区总部、研发中心和营销中心，

[①]建百个商务楼宇党组织、建百个商务楼宇工作站、配百个商务楼宇党建联络员。

推动航天科技、航天科工、兵器工业、兵器装备、船舶重工、中国机械等中央大企业在海淀发展新项目、新技术、新产品，支持驻区高校院所和高新技术企业组织力量承接国家重大科技专项，支持TDMA、闪联、物联网、云计算等由驻区单位发起的产业联盟的发展；做好服务重大项目建设的工作；提升综合服务的能力。

【海淀区第二次人才工作会议召开】 10月28日，区委区政府召开海淀区第二次人才工作会议，全面总结自2004年海淀区第一次人才工作会议以来人才工作的经验和成绩，部署了当前和今后一个时期的人才工作。会议通过了《中共北京市海淀区委关于加强党管人才工作的实施办法》，发布了《海淀区中长期人才发展规划纲要（2010-2020年）》、《海淀区高层次人才聚集服务实施办法（试行）》和《关于进一步加强党管人才工作的实施办法》等文件。会议明确全区人才工作的重点：确立海淀人才战略布局，提高各类人才资源开发利用水平，推进人才发展的工作统筹。做出关于表彰第二批海淀区“有突出贡献专家”、“优秀青年人才”及首批海淀区有“突出贡献高技能人才”的决定，授予朱毅明等10名同志第二批海淀区“有突出贡献专家”，授予马军等19同志第二批海淀区“优秀青年人才”，授予马景来等19名同志首批海淀区“有突出贡献高技能人才”称号。（李德平　李　猛）

【召开高科技企业党建工作会议】 11月13日，区委召开海淀区高科技企业党建工作会议。市委常委、区委书记赵凤桐强调，要继续推进高科技企业党建工作创新，培育新典型、打造新亮点、积累新经验，在全市乃至全国产生更大影响，形成与国家自主创新示范区核心区相匹配的党建品牌。力争通过2至3年的努力，把海淀建设成为高科技企业党建工作示范区。海淀园工委书记刘永水作了题为《创建高科技企业党建示范区，为建设有全球影响力科技创新中心提供有力保障》的工作报告。区委常委、组织部部长杨智慧宣读《中共海淀区委关于表彰海淀区十佳高科技企业党组织、十佳高科技企业共产党员、十佳高科技企业党务工作者和十佳高科技企业党建之友的决定》。全国先进基层党组织北京启明星辰信息技术有限公司党委、优秀共产党员代表作了典型发言。（张漫）

【天津市和平区党政代表团访问海淀】 11月16日，天津市和平区党政代表团到海淀考察访问。代表团一行到中关村软件园听取了中关村国家自主创新示范区核心区建设及引进扶持企业相关政策的情况介绍，参观了部分园区企业，了解了企业自主创新及产品市场应用情况。在座谈中，双方就区域经济社会合作发展进行了深入交流。（钟冷）

【区委十届十二次全会】 12月7日～8日召开。会议听取并讨论赵凤桐同志受区委常委会委托所作的工作报告，审议通过《中共北京市海淀区委关于制定海淀区国民经济和社会发展第十二个五年规划的建议》。全会指出：全区上下要积极抓住建设中关村国家自主创新示范区核心区和中关村人才特区的重大机遇，进一步增强率先发展、创新发展、加快发展的责任感、紧迫感和使命感。全会强调：“十二五”时期要进一步发挥创新引领作用，深化中关村核心区政策先行先试，力争每年都有新变化、五年实现新跨越，为全国作出示范。要进一步转变经济发展方式，优化产业空间布局，实施功能区带动战略，促进高端产业集群发展，提高核心竞争力。加强以改善民生为重点的社会建设，着力解决好教育、就业、医疗、社会保障、住房等人民群众关心的利益问题。要加快发展公共文化事业和文化创意产业，不断提高海淀文化的软实力。要率先实现城乡一体化发展，促进城乡基本公共服务均等化。加快基础设施和生态文明建设。要大力推进民主法治建设。深化各项体制机制改革，增强市场活力，全面提高对外开放水平。要以更高的标准做好“四个服务”[①]工作；以改革创新精神全面加强和改进党的建设，继续推动党的思想、组织、制度建设和反腐倡廉建设，切实提高各级党组织领导科学发展、加强科学管理、做好群众工作和加强自身建设的能力，为推动全区科学发展提供坚强的政治、思想和组织保证。

【区经济工作会议召开】 12月28日召开。会议提出2011年全区经济工作的总要求是：贯彻中央经济工作会、北京市经济工作会和区委十届十二次全会精神，按照市委市政府对海淀工作的系列指示要求，深入贯彻落实科学发展观，以科学发展为主题，以加快转变经济发展方式为主线，更加注重创新驱动、优化产业结构；更加注重保障和改善民生；更加注重创新社会管理与服务；更加注重城乡一体化建设；更加注重提高城市精细化管理水平；更加注重提高文化软实力；举全区之力加快建设环境优美、和谐宜居的高科技核心区，为建设具有全球影响力的科技创新中心打下坚实基础。

---

① 为党、政、军首脑机关正常开展工作服务，为日益扩大的国际交往服务，为国家教育、科技和文化的发展服务，为市民的工作和生活服务。

区委日常事务

中共海淀区委办公室是区委日常工作部门和区委系统工作协调部门。区保密委员会办公室、区国家保密局对外保留牌子，机构设在区委办公室。2010年区委办公室围绕提高自主创新能力、北部地区开发建设、重大项目引进落地、城乡一体化发展、制定区委“十二五”规划建议等重点工作任务，认真履行参谋助手、综合协调、督查落实、服务保障的职能。区委办公室连续七年在区委系统督查考核中排名第一。

综合协调工作 服务保障中央领导同志重要活动5次、市委市政府主要领导来海淀调研14次。加强区四套班子工作的沟通协调，组织协调区四套班子领导参加各类会议活动1000余人次；召开“四办”主任协调会53次。完善值班工作模式，探索建立“两办”主任联合带班制，与区政府办、维稳办、信访办、机关事务管理处等部门联合建立区机关门口巡查工作机制。全年处理来文来电1500余件,安排带值班人员1460人，接待上访人员34批次、约600人，其中群体访9次，约550人；提供车辆服务3000余次。

文秘工作 起草各类文稿120余篇，制发各类文件297件（其中京海发37件,京海办发89件,海办通报27件,京海报17件，京海办报5件，海办会通53件，会议纪要55件，签报14件，海函1件）。服务保障区委全会1次，常委会50次，专题会、工作会95次；与宣传部配合做好11次区理论学习中心组学习服务；接待市委办公厅党刊室等业务部门来区参观考察4次。

督查工作 完善大督查工作体系，建立区委督查工作基层联系点制度；加大决策督查、专项督查和提案议案办理力度。全年完成500余项督查督办任务。对全区133项重点工作任务、24次常委会88个议定事项开展决策督查，承办专项督办事项14件，跟进督办重点村城市化工程，唐家岭搬迁腾退工作、林萃路问题、七王坟文物保护问题、圆明园建国家考古遗址公园专项件、药植所违建房拆除、北辛庄两处违建、贾庆林批转军工协会来信专项件的督办得到市、区领导的充分肯定。办结区政协八届四次会议党派团体提案20件、委员提案6件。形成《海淀区市级挂账重点村工作进展情况报告》16期，9期在《北京督查》刊登。

信息工作 对《海淀信息》全面改版，创编“领导参阅”、“特刊”等刊物，增设“落实与反馈”、“基层工作通讯”、“调研参阅”、“外埠动态参考”、“经济转型”等栏目。全年编发各类信息刊物416期，编发《普刊》38期、《综合快报》63期、《领导参阅》62期、《专报》253期、《特刊》47期、《业务通讯》13期，总量是2009年的近2倍。上报信息1011条，居全市各区县第1名；被采用的总条数171条，居全市各区县第2名。

机要档案工作 4月，区委机要室更名为中共海淀区委机要局。开展纪念党的密码工作创建80周年主题演讲活动，1人代表北京市参加全国比赛获得第一名；编辑出版《海淀机要》专刊；组织开展机要密码干部宣誓活动。全年收发中央、市、区委机要文件13542份，内部刊物9653份，传阅文件487人次。清退销毁2009年中央、市区委机要文件10174份。征订《中办通讯》3690份，连续四年荣获全市《中办通讯》征订工作特等奖。

保密工作 本年，区保密局建设形成“一个中心、三个系统、五个平台”的保密技术管理、防护、监控、销毁“一条龙”管理模式。累计实施移动通信保密实时检查24000分钟、互联网信息保密检查15000分钟，发现并及时处理涉密移动存储介质违规连接互联网6次，执行涉密存储介质信息擦除31次，容量合计2560G。采取保密工作协作组联合检查形式抽查22家单位，查看各种记录370余项，抽查涉密计算机40余台、非涉密计算机40余台、涉密介质40个、非涉密介质160个。联合开展旧货市场和再生资源集散市场专项检查。开展各项日常保密执法检查。调查处理互联网交易涉密资料案件1起；销毁涉密载体及各类纸张100余吨。制定实施《北京市海淀区涉密载体销毁管理暂行办法》。组织观看《警钟长鸣》等保密宣传片3500余人次；在区属各单位普遍建立计算机及信息系统使用管理台账。本年，区保密局被评为“全市保密系统先进集体”。

服务驻区单位工作 组织召开服务驻区中央国家机关、高校、科研院所和央企工作系列座谈会暨2010区域发展高层联席会议，向驻区单位通报海淀发展和服务工作开展情况，听取意见建议。完善区四套班子领导联系驻区单位的工作机制，细化区领导联系走访驻区单位的工作流程。对驻区单位提出需要协调的40余件事项，召开专题会进行研究，纳入区政府折子工程督办落实。召开4次街道、乡镇座谈会，听取各单位服务驻区单位工作情况的汇报，就相关工作进行协调。服务保障区委与驻区大学、科研机构、高新企业的合作交流；服务保障区委与驻区部队开展在医疗、文化等各领域的深入合作；开展环境整治，帮助驻区单位排忧解难。积极为中央企业发展提供人才智力支持，成立人才引进专项工作小组，制定核心区加快人才引进工作暂行办法。

对外联络工作 服务区四套班子领导国内出访考察学习 10 次，接待中央国家机关、北京市领导及市属各委办局等单位来访 100 余次，参与市区重要会议接待 10 余次。会同区国税、地税等部门完成区领导联系驻区企业、高校、科研院所信息汇编工作。协助筹办海淀区与中国长江三峡公司、海淀区与北京银行签署相关合作协议。接待广西桂林市、黑龙江鹤岗市、江西省吉安市、青海省海西蒙古族自治州、湖南省湘潭市等 5 批次友好城区考察交流活动。服务区领导调研走访驻区重点单位近 50 次，向市外联办报送信息 50 余条，采用 18 条。筹办召开海淀秘书学会第二届理事会第一次会长（扩大）会议。组织举办“学习·感悟·实践”主题征文比赛活动。

协办工作 1 月 12 日，区委办公室设立协办室，主要职能是加强对区委领导调研指示事项、批示事项和区委专题会议议定事项的督促落实。本年办理各类协办件 600 余件，其中市级及市以上来文 37 件，区内非机要公文 190 件，区委专题会议定事项 48 项，来信来函 242 件，落实区委领导指示事项 30 项，共发送《呈送单》263 份，发送《通知单》396 份。办理各类公文 1396 件，撰写纳入协办建议 266 份，其中 374 件纳入协办事项办理。重点督办中国船舶重工周边环境整治工作、研究解决华祥公司待岗职工生活费用问题、协调推进海淀南路五栋居民楼老楼通天然气等问题。办会 56 次，其中区级层面 38 次，市区层面 18 次。与市委协办处共同办会 9 次，协调二级班子参会 400 余次；参与保障区委书记调研 34 次。

（李德平）

组织·干部·人才工作

【**综述**】 中共海淀区委组织部是海淀区党的组织工作、干部工作、人才工作的主管部门。2010 年，围绕加快推进核心区建设的战略任务，积极改革创新，开展各项工作。

开展创先争优活动 按照中央要求和市委部署，做好全区第二批学习实践科学发展观活动和“双争”（争创科学发展示范点、争当科学发展排头兵）活动收尾工作[①]，解决了一批民生问题，建立了一批推动科学发展的长效机制。按照中央、市委的统一部署，在全区党的基层组织和党员中深入开展创先争优（创建先进基层党组织、争当优秀共产党员）活动，并作为巩固和拓展深入学习实践科学发展观活动成果的重要举措以及党的建设的一项重要的经常性工作。活动从 2010 年 4 月开始，到党的十八大召开前，具体分为三个时段进行，第一时段从 2010 年 4 月至 2010 年底，以党员作风建设年活动为专题进行[②]。

结合市委“创先争优、从我做起”主题实践活动，在全区广泛开展“我是党员我承诺”活动，并在北部四镇（西北旺镇、温泉镇、苏家坨镇、上庄镇）各级党组织和党员中开展“创先争优我承诺、建设北部当先锋”活动。参加市委“双学双比双提高”网络宣传教育活动[③]，年内共有 900 余篇报道被采用，信息采用量位居全市前列。

领导班子和干部队伍建设 制定《2010–2013 年海淀区党政领导班子建设规划纲要》、《2010–2020 年海淀区党政领导班子后备干部队伍建设规划》。全年共调整处级干部 255 名，其中提拔 131 名、平职交流改任 124 名，处级领导班子和干部队伍整体结构得到进一步优化。制定《海淀区干部专题培训协调小组制度》和主体班学员考评指标体系，全年共举办各类培训 28 期，培训处级及后备干部 3900 余人次。落实老干部的政治待遇、生活待遇，注重发挥老干部的作用。

修订完善党政机关副处级领导干部提任调研员职务规定，对任职年限较长且符合提前退休条件的科级干部提任副调研员进行试点并形成初步办法。组织召开干部工作专题座谈会 18 次，与 347 名处级领导干部、党代表及市、区人大代表和政协委员进行座谈交流，

[①]海淀区深入学习实践科学发展观活动于 2009 年 3 月启动，历时一年，分两批进行。其中第一批自 2009 年 3 月开始，到 8 月基本结束，主要包括区委区政府各级党政机关和事业单位；第二批自 2009 年 9 月开始，2010 年 3 月完成，主要包括社区、村，中等专业学校、中小学校，区属医疗卫生机构，区属国有企业，新经济组织、新社会组织等。98.5%的第二批单位群众满意率在 90%以上。

[②]第二时段为 2011 年 1 月至 7 月，以迎接建党 90 周年为专题进行。第三时段为 2011 年 7 月至党的十八大召开前，以迎接党的十八大召开为专题进行。

[③]“双学双比双提高”活动于 2010 年 8 月启动，是北京市委在创先争优活动中开展的一项大型网络宣传教育活动。活动以“学习先进基层党组织、学习优秀共产党员，比工作成绩、比岗位奉献，不断提高基层党组织的工作水平、提高党员的素质能力”为主要内容，依托北京市党员干部现代远程教育门户网站——北京长城网为基层党组织和广大党员开设互动专栏，以新闻报道、论坛发贴的形式深入挖掘、广泛宣传优秀党员的典型事迹和先进基层党组织的党建工作经验。

充分听取干部群众的意见建议。

加大后备干部管理力度，扩大后备干部在不同系统、不同单位、不同部门之间的交流使用，全年共提拔后备干部31人，抽调6名后备干部从事信访督导工作，15名后备干部进行机关和基层双向挂职，7名后备干部赴江苏、浙江挂职锻炼，1名后备干部赴青海玉树地区对口支援。举办2期后备干部培训班，通过跟班学习、跟踪考察等方式，强化对后备干部的培养管理。

加强干部选拔任用工作监督检查，出台《海淀区干部选拔任用工作有关事项报告制度》、《海淀区贯彻执行〈党政领导干部选拔任用工作条例〉检查办法》和《海淀区党委（党组）书记履行干部选拔任用工作职责离任检查办法》三项干部监督制度，并抓好贯彻执行。严格干部日常监督管理，对全区领导干部提出“八要八不”的工作要求，并做好本区及区属单位干部选拔任用“一报告两评议”和有关事项报告工作[1]。围绕贯彻落实“七项监督制度”[2]，成立6个检查组，对全区80余家单位《干部任用条例》[3]贯彻执行情况进行全面检查，并对离任的党委（党组）书记履行干部选拔任用工作职责情况进行检查，增强了各单位干部选拔任用工作的规范性。全面清理查核年内反映选人用人问题的信访举报，强化查处问责，并在被调查对象单位中层以上干部范围内通报查核结果。做好干部选拔任用工作中买官卖官专项整治工作。

干部人事制度改革 更加突出以德为先、群众公认的导向，抓好新组建单位和经济管理、工程建设等重要部门以及人财物管理岗位的干部配备，将部分职位在全区正处级以上干部范围内提名推荐。更加突出注重基层、重视实干、重视实际的导向，完善“干事与考试并重”的竞争性选拔机制，首次引入“资历与业绩评估”环节，使干部的贡献、业绩和基层经历成为选拔任用硬指标，年内两次公开选拔副处级领导干部32人。更加突出实践锻炼、岗位成才的导向，加大干部交流挂职力度，全年共接收122名干部到本区挂职，选派36名干部到上海、江苏、浙江等发达地区挂职或在区内街道乡镇和委办局交叉挂职。制定《区委常委会讨论任免区委管理干部实行票决制的实施办法》，全年常委会投票表决任免干部162名。建立与区内各大工委和基层单位的组织工作通报制度，协调各级各类媒体加强宣传报道，提高了组织工作的公开透明程度。

基层党组织建设和党员队伍建设 在全区开展“基层党建创新示范项目”创建活动，遴选并培育100个重点项目，以点带面提升全区党建工作整体水平。完成全区84个村党组织、71个村委会的换届选举工作，村“两委”班子结构得到优化。以楼宇党建为重点推进社区和“两新”组织党建工作，全年新建商务楼宇党建工作站195个，商务楼宇党组织221个，非公高科技企业党组织40余家，党的组织和工作覆盖面进一步扩大。做好党代表的服务管理工作，将基层党代表纳入北京市干部在线学习系统和绿色就医通道，举办党代表培训班和“党代表活动周”活动，推动党代表履职和发挥作用。年内共收到各类党代表提议15件，并按照规定由区委区政府各相关职能部门办理完毕。加强对党员的教育管理和服务，建立流动党员数据库和工作台账，利用“海淀区生活困难党员帮扶专项资金”[4]，投入100余万元帮扶生活困难党员。

人才工作 召开全区第二次人才工作会议，发布《海淀区中长期人才发展规划纲要（2010—2020年）》，明确提出建设世界创新人才发展高地的战略目标。评选表彰“海淀区杰出人才”、“有突出贡献专家”等高层次人才58名。加大政策支持力度，出台《关于进一步加强党管人才工作的实施办法》、《海淀区高层次人才聚集服务实施办法（试行）》，设立人才发展专项资金，每年从区财政预算中安排不少于1亿元的资金，用于支持高层次人才创新创业、引进和培养。牵头推进核心区人才引进试点工作，2009年10月试点工作[5]开展以来，共为企业引进各类急需优秀人才251名，所引进的人才拥有153项专利，参与国家级重点项目、课题139项，具有国内外行业领先水平技术67项。启用首都创新人才发展大厦，引入北京海外学人中心服务大厅、教育部国家留学

[1] “一报告两评议”工作，即地方党委常委会每年向全委会报告工作时，要专题报告年度干部选拔任用工作情况，并在一定范围内接受对本级党委干部选拔任用工作和新选拔任用领导干部的民主评议；有关事项报告工作，即在干部选拔任用工作中有一次性提拔调整干部人数较多、越级破格提拔干部或主要领导即将离任提拔调整干部等情形的，应当书面报告上一级组织（人事）部门，经批复同意后方可进行，或在作出决定前应当征求上一级组织（人事）部门的意见。

[2] “七项监督制度”，即年内中央出台的《党政领导干部选拔任用工作责任追究办法（试行）》、《党政领导干部选拔任用工作有关事项报告办法（试行）》、《地方党委常委会向全委会报告干部选拔任用工作并接受民主评议办法（试行）》、《市县党委书记履行干部选拔任用工作职责离任检查办法（试行）》四项干部选拔任用监督制度和本区出台的《海淀区干部选拔任用工作有关事项报告制度》、《海淀区贯彻执行〈党政领导干部选拔任用工作条例〉检查办法》和《海淀区党委（党组）书记履行干部选拔任用工作职责离任检查办法》三项监督制度。

[3]《干部任用条例》即2002年7月中共中央颁发的《党政领导干部选拔任用工作条例》。《条例》在总结各地经验和完善原来一系列党管干部条例的基础上，对党政领导干部选拔任用工作做出了全方位的实体性和程序性规定，是党政领导干部选拔任用工作必须遵循的基本规章。

[4] “海淀区生活困难党员帮扶专项资金”由区委组织部和区慈善协会于2009年7月设立，每年从区管党费和全区“共产党员献爱心”等捐款中提取100万元资金对生活困难党员进行帮扶。

[5] 2009年10月，北京市以海淀区作为试点，启动核心区人才引进工作。

服务中心等人才服务机构。实施“百名博士进海淀”计划，做好中央“千人计划”、北京市“海聚工程”、中关村“高聚工程”和全市优秀人才资助项目等推荐申报工作。本年新设9个中关村国家自主创新示范区核心区企业博士后工作站。加大宣传力度，中央及市、区各级各类媒体对全区人才工作进行了系列专题报道。

组织部门自身建设　把创先争优活动和深化“讲党性、重品行、作表率”活动有机结合，开展学习王彦生、杜洪英等优秀组工干部活动和“做党性最强的组工干部”演讲比赛。1人在全市演讲比赛复赛中获得三等奖，区委组织部获得全市“优秀组织奖”。继续开展全市组织系统自2008年启动的“讲党性、重品行、作表率”带头创先争优活动，并作为加强部门自身建设的常态机制。推进组织系统“大组工网”建设，在全市率先接入中组部网络系统并第一个通过市委组织部的检查验收。组织干部人才工作的宣传取得新进展，建立组织部门新闻发言人制度，加强与各级各类媒体的沟通合作，加大调研信息工作力度。

2010年，组织工作中存在的问题和不足主要是：领导班子和干部队伍的能力建设、作风建设与核心区发展需要和干部群众的新期待还有差距；后备干部培养机制和干部考核工作机制需要进一步完善；干部教育培训的针对性、实效性有待进一步提高；基层党组织和党员发挥作用的有效途径有待进一步探索；党内民主建设还需进一步加强和改进；推进人才体制机制创新面临的困难还需着力破解。

海淀区党员基本情况

截至时间：2010年12月31日

项目		基本情况				年龄					学历					
	总数	预备党员	女	少数民族	台湾省籍	35岁及以下	36岁至45岁	46岁至54岁	55岁至59岁	60岁及以上	研究生	大学本科	大学专科	中专	高中、中技	初中及以下
总计	132502	1925	61744	5075	3	26192	18130	19254	15943	52983	10862	41143	25652	13432	11679	29734
一、在岗职工	51356	1560	22198	2204	1	23103	14855	10170	3228		9737	27428	9244	1663	1776	1508
二、农牧渔民	3371	59	1099	56		279	646	849	459	1138		209	485	474	627	1576
三、军人、武警	16		1			11	4	1				16				
四、学生	154	52	77	9		154					1		83	2	68	
五、离退休人员	67536	1	33517	2292	2		58	5071	11239	51168	327	10799	13513	10188	7517	25192
六、其他	10069	253	4852	514		2645	2567	3163	1017	677	797	2691	2327	1105	1691	1458

说明：1、“在岗职工”是指党政机关、事业单位工作人员及在公有制、非公有制经济单位任职的管理人员、专业技术人员、工人等。

2、“其他”是指大学生村官、社区工作者、个体工商户、社区居民、待安置或未就业人员、无业人员、自由职业人员、组织关系暂存人员等。

【完成村“两委”换届选举工作】　2009年底，启动村级党组织换届选举工作，共有7个乡镇的84个行政村级党组织参加，至2010年1月底全部完成，共选举产生84名村党组织书记、379名村党组织委员。2010年4月15日，启动第八届村委会换届选举工作，共有6个乡镇的71个村委会参加，至7月底全部完成，选民参选率为93%，共选举产生村民委员会成员315人，其中主任71人，副主任18人，委员226人。本届村“两委”班子文化结构、年龄结构得到优化。

【召开党的建设工作领导小组工作会】　2月26日，区委召开党的建设工作领导小组（领导小组办公室设在区委组织部）2010年工作会。会议通报了调整后的区委党建工作领导小组及办公室成员名单，审议并通过了区委党建工作领导小组2010年工作要点，从建设学习型党组织、深化党内民主建设、加强领导班子和干部队伍建设等8个方面，分30条对加强全年党的思想、组织、作风、制度和反腐倡廉建设等方面工作作了具体安排。

【“八要八不”工作要求】　3月11日，区委常委会对全区各单位党政主要领导干部提出了“八要八不”要求：一要讲学习明确发展思路，不允许底数不清、业务不精；二要保持积极进取的精神状态，不允许安于现状、贻误发展；三要切实提高执行力，不允许有令不行、有禁不止；四要提高工作科学化规范化水平，不允许盲目决策、随意工作；五要团结协作，不允许不讲大局、相互掣肘；六要求真务实，不允许做表面文章、华而不实；七要重规则守规矩，不允许不受拘束、自由散漫；八要注意廉洁自律，不允许贪图享乐、疏于履职。

【启动“百名博士进海淀”计划】　3月，在前几年开展引进优秀人才到区内挂职锻炼工作的基础上，海淀启动“百名博士进海淀”计划，即通过引进驻区高校就读区域发展所需重点专业领域的博士生到区挂职，把在核心区建设中承担重要职责和任务的职能部门作为首要接收单位。年内本区共吸引153名优秀人才到区属单位挂职锻炼（不含接收挂职的党政干部），参与了百余项区域经济社会发展调研课题研究工作，有力地推动相关工作的开展。

【完善区委常委会任免干部票决制】　4月7日，组织部制定出台《关于中共海淀区委常委会讨论任免区委管理干部实行票决制的实施办法（试行）》，进一步健全完善了区委常委会任免干部票决制。该《办法》共十二条，分别从票决制的适用范围、原则、方式、程序、具体要求等方面做出了具体规定。年内对162名干部任免进行了常委会票决。

【启动基层党建创新示范项目创建活动】　4月13日，在全区各级党组织中启动“基层党建创新示范项目”创建活动，通过立项申报、项目审核、项目实施、总结评估等步骤，引导基层从增强组织功能、提升党员素质、深化党内民主、整合党建资源等方面加大探索创新力度，在全区发现、培育、推广一批基层党建工作品牌。在全区基层党组织申报的306个项目中初步确定200个关注项目，确定52个项目作为全市基层党建创新评选活动备案项目。　（李猛）

【公务员培训海淀首开网络课】　4月18日，海淀区2010年“公务员培训超市”启动，全年安排线下培训课程40门，网上培训课程44门，供全区公务员自行选择。线下培训着重提高公务员理论素养能力、科学决策能力和区域发展能力。公务员可根据自身需求，在网络培训中选择感兴趣的课程在线学习。　（钟冷）

【学习贯彻中央四项监督制度】　4月，组织开展为期近三个月的学习贯彻中央出台的四项监督制度和区内三项监督制度[①]工作。按照领导干部熟悉、组织人事干部精通、广大干部群众了解的要求，通过组织中心组学习、辅导报告、学习测试、召开学习贯彻专题座谈会、将制度内容列入各类领导干部培训班次和年度处级党员领导干部民主生活会等方式，抓紧抓好对“七项监督制度”的学习贯彻工作。

【开展“群众心目中的好党员”评选活动】　5月7日，在全区开展市、区两级“群众心目中的好党员”评选表彰活动，共评选出60个先进集体、优秀个人，其中区公安分局张惠领、区国税局刘群英、超市发公司李燕川、汉王公司刘迎建、青龙桥街道陈莘眉、四季青镇玉泉村张泉等6名同志被评为北京市“群众心目中的好党员”。组建海淀区“群众心目中的好党员”宣讲团，分系统举办先进事迹系列报告会，进社区、进农村、进企业、进学校、进园区开展巡回演讲，直接受教育党员近3000人。报告会录像资料和部分优秀共产党员的先进事迹制作成光盘发至各基层党支部，以进一步增强广大党员干部的党性观念和创先争优意识。

【开展《干部任用条例》执行情况检查】　5月中旬至8月底，成立6个检查组，采取听取汇报、个别谈话、知识测试、民主评议、满意度测评、查阅干部档案及有关资料等方式，对全区政府委办局、街道乡镇及企事业单位等80多家单位贯彻执行《干部任用条例》和“七项监督制度”情况进行全面检查，并对离任的党委（党组）书记和无党委（党组）单位的主要领导全面检查任职期间贯彻党的干部路线方针政策情况、选拔任用干部情况、本单位用人风气情况及是否存在离任前突击提拔调整干部等情况。对反映选人用人和处级干部问题的信访件进行了集中清理查核。

【召开干部工作专题座谈会】　5月中旬至6月初，区委组织部召开18次干部工作专题座谈会。座谈会主要围绕对中央四项监督制度和区内“三项监督制度”的学习体会、执行制度过程中可能遇到的问题、对组织工作特别是干部工作的意见和建议等内容开展座谈交流。参加专题座谈会的共有347人，其中正处级领导干部座谈会共11次220人，副处级领导干部共5次97人，党代表、纪委委员1次14人，市、区人大代表和政协委员1次16人。

【中组部调研事业单位考核评价情况】　6月12日，中组部干部一局副局长张希等一行五人到海淀区，开展“制定符合不同行业特点的事业单位领导人员管理办法和综合考核评价办法”的调研。调研组听取了区委组织部、区编办、区教工委、区人力社保局、区卫生局、区公共委、区文化委等有关部门及相关事业单位的汇报，并就事业单位管办分离、事业单位领导人员管理和综合考核评价等问题进行了交流。调研组对海淀区在事业单位改革、人员管理和考核评价等方面工作给予肯定，认为海淀区在事业单位人员管理和考核方面特点鲜

---

① “七项监督制度”，即年内中央出台的《党政领导干部选拔任用工作责任追究办法（试行）》、《党政领导干部选拔任用工作有关事项报告办法（试行）》、《地方党委常委会向全委会报告干部选拔任用工作并接受民主评议办法（试行）》、《市县党委书记履行干部选拔任用工作职责离任检查办法（试行）》四项干部选拔任用监督制度和本区出台的《海淀区干部选拔任用工作有关事项报告制度》、《海淀区贯彻执行〈党政领导干部选拔任用工作条例〉检查办法》和《海淀区党委（党组）书记履行干部选拔任用工作职责离任检查办法》三项监督制度。

明、亮点突出，为调研组起草事业单位领导人员管理办法和综合考核评价办法提供了借鉴。

【开展“共产党员献爱心”活动】 6月18日，组织部组织的2010年“共产党员献爱心”捐献活动正式启动。截至7月9日活动结束，全区共募集捐款425万余元。

【举办海淀区中国延安干部学院处级干部培训班】 7月19~24日，海淀区处级干部培训班在中国延安干部学院举办。培训班以“弘扬延安精神，加快核心区建设”为主题，区委干部教育工作领导小组、区人才工作领导小组成员及有关单位处级领导干部32人参加了培训。参训干部学习了延安精神以及中国延安干部学院在干部教育培训和高端人才培养方面的先进理念和成功经验。

【基层党代表调研】 8月12日，围绕建设中关村国家自主创新示范区核心区和推进城乡一体化等中心工作，组织近百名基层党代表考察永丰产业基地、四季青镇北坞村，并与高科技企业、村党组织负责人就党组织、党员发挥作用的情况进行座谈交流，推动党代表了解区情、倾听民声，更好地建言献策、参与党内决策。

【中组部调研社会组织党建工作】 8月26日，中组部组织二局到本区开展社会组织党建工作专项调研。区委社工委、区委教工委等单位及新社会组织党组织负责人代表介绍了有关情况。

【举办“做党性最强的组工干部”演讲比赛】 9月8日，海淀区“做党性最强的组工干部”主题演讲比赛进行初赛，39名组工干部参加。9月13日，9名选手进行决赛。参赛选手围绕本职工作，用生动具体的事例阐述了对党性内涵的理解和感悟，抒发了对组织工作的热爱和追求，充分展示了组工干部服务保障中关村自主创新示范区核心区建设的决心和风采。在11月11日全市演讲比赛复赛中，1名选手获得三等奖，海淀区委组织部获得市委组织部、市委宣传部联合颁发的“优秀组织奖”。

【首次将“资历与业绩评估”引入干部公选】 4月19日，遴选出10个副处级领导职位面向全市开展市区联动公选；10月11日，遴选出24个副处级领导职位面向区属单位进行公选。首次将“资历与业绩评估”作为一个独立遴选环节，并制定《资历与业绩评估参考标准》，按照“任职经历”、“教育培训”、“工作经历”和“工作业绩”4大项11个指标，通过查阅个人档案和相关证书资料，对考生的教育培训、工作经历、专业素质、考核奖惩、工作业绩等情况进行量化评分，并将笔试成绩、资历与业绩评估成绩和面试成绩按3：2：5的比例计入考生最后总成绩，让干部的贡献、业绩和综合素质作为选拔的硬指标，确保干部平时工作业绩在考试中体现出来。同时重视基层工作经历，进一步放宽专业、年龄、学历限制，不搞年龄上的“一刀切”，充分调动了各方面、各年龄段干部的积极性。这种做法，得到《人民日报》、《北京日报》等媒体的重点关注和深入报道。今后海淀区竞争性选拔干部将实现常态化，且从本年起在每年新提拔的处级领导干部中，通过竞争性选拔方式产生的不少于三分之一。

【举办北京理工大学博士（硕士）课程班】 10月15日，区委组织部委托北京理工大学举办的管理科学与工程专业博士课程班、应用经济学专业硕士课程班开学，43名局处级领导干部及后备干部参加学习。委托区域内高校举办博（硕）士课程班是本区加强领导干部学历学位教育的重要举措，旨在完善领导干部知识结构，提升领导干部专业素养、学历层次以及专业管理与服务能力，为核心区建设培养和储备一批高层次、复合型党政管理人才。自本年开始，海淀区每年都将选派一定数量的处级领导干部及后备干部攻读北京理工大学博士、硕士学位。

【《海淀区中长期人才发展规划纲要》发布】 10月28日，《海淀区中长期人才发展规划纲要(2010-2020年)》发布。《纲要》提出未来十年，海淀区通过实施两大人才重点工程、创新人才工作五大机制、构建人才创新创业发展四大平台，到2020年初步建成世界创新人才发展高地。

【《海淀区高层次人才聚集服务实施办法（试行）》发布】 10月28日，《海淀区高层次人才聚集服务实施办法（试行）》发布，规定设立人才专项资金，每年从区财政预算中安排不少于1亿元，用于支持高层次人才创新创业、奖励做出突出贡献的高层次人才和引才单位（个人）、引进和培养高层次人才。对入选中央“千人计划”、北京市“海聚工程”、中关村“高聚工程”的高层次人才给予个人最高30万元的一次性资金支持；对高层次人才携带具有自主知识产权或关键技术且市场前景好的高端项目来核心区创业的，给予少则100万元、多至600万元的支持资金。同时，每年将拿出最高50万元支持对科技研发、科技创新重大项目和重大产业化项目做出突出贡献的项目负责人。这是海淀区出台的第一部吸引聚集高层次人才的综合性政策文件。

【干部教育培训主体班次学院考评体系】 10月，区委组织部与区委党校联合制定出台干部教育培训主体班次学院考评体系。考评体系采取区委组织部、区委党校、主体班班委等多共同评价与学员互评相结合、定性与定量相结合的结构化计分方式，重点考核学员理论学习、党性锻炼、学风建设、运用科学理论分析和解决实际问题等方面取得的成效，为干部管理部门和干部所在单位考核使用干部提供参考。

【海淀创建高科技企业党建示范区】 11月13日，海淀区召开高科技企业党建工作会议，对中关村国家自主创新示范区核心区的党建工作进行部署。近年来，海淀区采取“独立”、“联合建”、“依托建”、“孵化建”等方式，建立高科技企业党组织，海淀园工委所属高科技企业党组织已由2005年的244个发展到456个，支部总数近800个，党员由1.2万名发展到1.95万名，高科技企业中党组织和党员数量分别占到全区总数的1/9和1/6，园区具备条件的规模以上企业实现了党组织覆盖，近万名员工申请入党，600多名研发、经营和管理骨干被发展成党员。会议要求海淀园高科技企业党建工作要按照区委提出的建设“高科技企业党建工作示范区”的目标，在2–3年内，使具备条件的高科技企业全部建立党组织，党的工作实现全覆盖；绝大多数企业党组织达到“五个好”的要求；创建一批区、市、国家级先进基层党组织，树立一批在全区、全市乃至全国有影响的优秀共产党员形象，培育一批与国家自主创新示范区核心区相匹配的党建品牌，凝聚一批优秀的新社会阶层代表人士，努力把海淀建设成为高科技企业党建工作示范区。会上，发布了《关于进一步加强和改进高科技企业党建工作的意见》，将全额返还企业党组织上缴的党费，用于支持开展企业党组织活动。

【全国新任县级党委组织部长培训班学员到区座谈】 11月23日，中组部举办的全国新任县（市、区、旗）党委组织部长培训班学员，到本区考察中关村环保园、四方电气集团，了解企业发展和开展党建工作情况，并举办非公党建工作座谈会。

【部署区属单位领导班子、领导干部民主生活会】 11月28日，组织区属单位领导班子党员领导干部召开民主生活会。本次民主生活会以“贯彻落实《党员领导干廉洁从政若干准则》切实加强领导干部作风建设”为主题，包括组织学习、征求意见、谈心交流、撰写发言提纲、做好整改落实等步骤。

【开展“党代表活动周”系列活动】 11月，海淀区开展“党代表活动周”系列主题活动。活动围绕“尽职履责进社区，服务奉献促发展—海淀区党代表社区活动日”、“尽职履责进校园，心系未来促发展—海淀区党代表校园活动日”、“尽职履责进西区（中关村西区），建言献策促发展—海淀区党代表西区活动日”三个主题进行。有150余人次党代表进社区、进校园、进企业开展实地调研、义务服务、座谈交流等方式，推动党代表在发挥自身作用的同时，了解本区中心工作推进情况和社情民意，提出涉及社区建设、社会管理、教育发展、核心区建设等方面的提议8件。

【处级领导班子和领导干部年度考核工作】 12月28日，启动本年度区属处级领导班子和在职处级领导干部的绩效考核工作。考核工作以岗位职责管理为基础，以领导干部工作实绩考评、民主测评、民意调查和自我评价为主要方法，运用“二维三线四级五评”[①]评价体系，依托网络考核平台，对处级领导班子和领导干部德才素质、履职情况和群众满意度进行考核评价。

【“讲党性、重品行、作表率”活动受表彰】 12月，市委组织部对全市组织系统“讲党性、重品行、作表率”带头创先争优活动进行评选表彰，全市共评选出12家先进集体、50名先进个人和100个组织工作创新项目，海淀区1个先进集体、2名先进个人、5个创新项目受到表彰。全市组织系统“讲党性、重品行、作表率”活动于2008年启动，并成为组织部门加强自身建设的常态机制。（李猛）

【创新干部培训模式】 “十一五”期间，海淀区不断创新干部培训模式，先后在中国浦东干部学院、中央党校、中国井冈山干部学院、国家行政学院、中国延安干部学院等国家级干部院校举办培训班5期，培训干部171人次。国家级干部院校已成为海淀区培养高素质领导干部的重要平台。（钟冷）

---

① “二维三线四级五评”考核办法即从工作实际出发，针对不同系统、不同职能单位，设置相应的考核指标和权重，将评价主体扩大到上级、同级、下级、民意代表四个层级，采取工作实绩考评、胜任能力测评、民主测评、民意调查、自我评价五种方式，多层次、多角度考核评价干部业绩，最终形成量化考核结果，绘制出每名干部的“二维绩效模型”和“三线对比图”。“二维绩效模型”是将领导干部分管工作得分和工作完成率设定为坐标模型的两轴，将同一单位不同领导干部的考核结果表现为不同的坐标点，每个坐标点对应的横轴数值为分管工作得分，对应的纵轴数值为工作完成率，两轴与坐标点连线形成的面积为干部工作绩效得分。这一模型的建立可以更加直观地展现同一单位每名领导干部的工作实绩。“三线分析法”是指将三类不同评价主体评出的各项考核指标分值，在坐标图中生成三条评价曲线，三条曲线相互对比印证，还原被评价对象的真实表现，提高评价结果的准确度。这是本区2009年开始推广运用于干部考评工作中。

表1　全市组织系统“讲党性、重品行、作表率”带头创先争优先进名单

先进集体	中共北京市海淀区委 海淀园工作委员会组宣部
先进个人	海淀区东升乡党委组织部部长　刁伟梅
	海淀区委曙光街道党工委党建部部长　张振志
组织工作创新项目	“二维三线四级五评”干部绩效考核评价体系
	干考并重的竞争性选拔干部机制
	核心区高端人才引进试点工程
	教育系统名校长、名教师工程
	新经济组织党建“五主体”量化考核评价体系

表2　第六批“北京市优秀青年知识分子”海淀入选名单（9人）

姓　名	职　务
徐　刚	北京四方继保自动化股份有限公司　经理、高级工程师
杨浩涌	北京鑫秀伟烨科技发展有限公司　总经理
黄　磊	汉王科技股份有限公司核心软件部　经理
过晓冰	联想（北京）有限公司研究院　经理
黄正宇	北京蔚蓝仕科技有限公司　高级工程师
赵春娜	首都师范大学　讲师
钟　周	清华大学教育研究院　副教授
宋　薇	清华大学附属中学　教师、中学高级教师
王　莹	海淀区翠微小学　教师、小学高级教师

表3　第三届北京市海淀区杰出人才贡献奖获得者名单（10人）

姓　名	性别	职　务
邓中翰	男	中星微电子有限公司　董事长
尹　超	女	北京大学附属小学　党支部书记、校长
刘迎建	男	汉王科技股份有限公司　董事长
李彦宏	男	百度公司　董事长、首席执行官
时福礼	男	海淀区卫生局卫生监督所　所长
张　泉	男	海淀区四季青镇玉泉村　党总支书记
张朝阳	男	搜狐公司　董事局主席、首席执行官
邵根伙	男	北京大北农科技集团股份有限公司　董事长
柳传志	男	联想控股有限公司　董事长、总裁联想集团　董事局主席
郭　为	男	神州数码控股有限公司　董事会主席、首席执行官

表4 第二批海淀区有突出贡献专家名单（10人）

姓　名	职　务
朱毅明	北京广利核系统工程有限公司　总工程师
刘可钦	海淀区中关村第四小学　党支部书记兼校长
孙曙和	北京格林威尔科技发展有限公司　技术总监
吴　琼	海淀区教师进修学校名师工作站　主任
沈　明	北京市羊坊店医院　院长
张运平	北京市海淀妇幼保健院　院长
周少雄	安泰科技股份有限公司　副总裁兼总工程师
周　平	北京甘家口大厦　党委书记兼总经理
耿　伟	北京利亚德电子科技有限公司　常务副总裁兼总工程师
黄　磊	汉王科技股份有限公司核心软件部　经理

表5 第二批海淀区优秀青年人才名单（19人）

姓　名	职　务
马　军	海淀区人民法院　民事审判一庭庭长
毛　刚	北京北斗星通导航技术股份有限公司　研发中心副主任
过晓冰	联想（北京）有限公司　研究院经理
任宝华	海淀区教师进修学校　化学教研室教研组长
刘　兵	北京思德睿信科技有限公司　总经理
李洪伟	联想（北京）有限公司　高级研究员
李海峰	北京数码大方科技有限公司　开发部副总经理
李德仁	安泰科技股份有限公司技术中心　主任助理
杨贵亮	普天信息技术研究院　副院长
辛　博	北京中科通用能源环保有限责任公司　研发工程师
张利军	北京佳讯飞鸿电气股份有限公司　项目经理
张鲁静	海淀区中关村第一小学　教研室教学副主任
陈　彬	大唐软件技术股份有限公司　副总经理
林　立	海淀区质量技术监督局　无机实验室主任
金　铁	海淀区人民检察院　公诉一处处长
俞开昌	北京碧水源科技股份有限公司　副总经理兼总工程师
贾红梅	北京市海淀妇幼保健院　产科主任
彭　石	海淀区审计局　固定资产投资审计科副科长
谢志毅	北京市海淀医院　危急重症医学部副主任

表6 首批海淀区有突出贡献高技能人才名单（19人）

姓　名	职　务
马景来	中国航天科工集团第二研究院二八三厂　职工
王恩惠	中国航天科工集团第二研究院二八三厂钳工班　班长
冯爱民	北京卫星制造厂　职工
朱忠华	北京长城无线电厂　铣工班班长
向阳朝	神州数码网络（北京）有限公司　研发中心总经理
刘淑英	北京超市发连锁股份有限公司　职工

刘　澜	北京大北农科技集团股份有限公司　技术总监
许建国	北京甘家口大厦永成物业公司　总经理助理兼工程部部长
李文才	北京翠微大厦股份有限公司　配电运行与维修主管
李国胜	中铁六局北京铁路建设有限公司　直属第二项目部副经理
张春光	中国石化润滑油北京分公司　职工
周海燕	北京超市发连锁股份有限公司农科院店　店长
孟增良	北京青云航空仪表有限公司　装配分厂装配一班班长
柯敦健	北京翠微大厦股份有限公司　综合设备运行与维修主管
逄玉娟	北京当代商城有限责任公司　信息部部长
徐林浩	北京北斗星通导航技术股份有限公司　研发部副经理
黄长石	北京友谊宾馆　餐饮总监兼行政总厨
梁中起	北京广利核系统工程有限公司　工程部经理助理兼高级项目经理
翟京才	北京卫星制造厂　职工

（李猛）

中共海淀区委组织部　　邮编：100089
地址：海淀区长春桥路17号　　电话：82510223

宣传思想工作

【综述】　中共海淀区委宣传部是区委负责意识形态和精神文明建设工作的主管部门。2010年，全区宣传思想战线按照“高举旗帜、围绕大局、服务人民、改革创新”的总要求，围绕核心区建设、“创先争优”和“优质服务年”活动、城乡一体化等重点工作和重大主题，为推进环境优美、和谐宜居的高科技核心区建设，实现海淀经济、社会平稳较快发展，初步建成具有全球影响力的科技创新中心，提供强大的思想保证、舆论支持、精神动力和文化条件。

本年，区委宣传部获2008-2009年度北京市宣传系统舆情信息工作先进单位称号。

牵头组织全区“优质服务年”活动　“优质服务年”活动是全区开展创先争优活动的创新载体和抓手。活动由区委宣传部牵头组织，在全区124家党政机关和有行政职能的企事业单位中开展。区委宣传部牵头制定活动实施意见，组织召开领导小组工作会，协调开展多次领导专题调研，举办活动经验交流会，掌握活动进度，促进活动深入开展。各单位围绕优质服务的目标和要求，广泛动员，深入发动，创新载体，查找不足，整改落实，健全机制。在政府OA网设立活动专题，编发活动简报72期。区新闻中心组织区属媒体开展宣传报道工作，在《海淀报》设立“优质服务年”活动专栏，刊载报道140多篇，海淀数字频道播发活动新闻50余条。在全区推广宣传区直机关工委、区委办、区发改委、区人力社保局、紫竹院街道、中关村街道、东升乡、供电公司等单位的好经验、好做法（活动主题突出、特色鲜明、成效明显）。通过开展活动，全区核心区意识、服务意识、群众意识和发展意识进一步增强，各单位服务形式有效创新，服务领域逐步拓宽，服务效率明显提高，服务质量大大提升。

组织开展公务员外语培训工作　从2010年8月开始，海淀区全面开展公务员外语培训工作。区委宣传部作为领导小组办公室，开展外语培训工作的方案制定和组织协调工作，按照“全员参与、分类指导、注重实效”的原则，与北京外国语大学联合办学。开展第一期外语培训试点，在经济运行组、外事旅游组和区直机关组开设23个班，组织814名公务员参加。在窗口单位设立外语服务柜台，组建外语志愿者队伍，服务外语培训工作和核心区建设。

开展“共建核心区、奉献在海淀”主题宣传实践活动　这是由区委宣传部牵头组织协调的一项重点工作，活动于4月6日启动，持续一年时间，以“共建核心区、奉献在海淀”为主题，以宣传教育及文化活动为抓手，涉及全区40多个部门。全年共开展包含核心区大讲坛、“我骄傲，我是海淀人”诗歌朗诵会、“核心区建设与青年责任”电视演讲大赛等13项活动。主要宣传核心区建设的战略意义，提升和增强全区人民对核心区建设的知晓率、参与度、责任心和荣誉感。

统筹学习型党组织建设工作　区委出台海淀区《关于推进学习型党组织建设的意见》，统筹全区学习型党组织建设。以区、处两级中心组学习为抓手，围绕转变经济发展方式、世界城市、人文北京、十七届五中全会精神等主题，举办学习报告会12场。以电视电话会形式开展区、处两级中心组联学8次。与武汉市洪山区理论中心组联学，组织中宣部“时事报告厅”走进海淀专场报告。创办《海淀学习》月刊，全年共编印6期，刊载中央、市、区最新精神、决策和部署，为基层党组织学习提供便利。

理论学习、宣传 在政府OA网上开设“理论学习”专栏，把中心组学习课件、核心区大讲坛视频等学习材料上载，供机关党员下载和在线学习。创办“核心区大讲坛”海淀有线电视节目6讲，邀请中关村知名企业家、科学家走进演播室畅谈创业感受。开展“百姓爱心故事”评选及宣讲活动，全区共征集1000多篇，其中有2篇入选全市“百姓爱心故事”；举办“市百姓爱心故事报告会”2场，编辑出版《海淀好人—百姓爱心故事》。全年举办周末社区大讲堂活动91场，位居全市各区县第一名，涌现出北下关社区市民学校等一批典型，为“人文北京”建设营造出浓厚氛围。

完成《在精神文明建设中不断推进核心区的科学发展—新时期海淀区精神文明建设思路研究》、《海淀区“十二五”期间文化大发展大繁荣研究》、《关于加强海淀区基层宣传文化队伍建设的调研报告》、《关于海淀区学习型党组织建设的调研报告》等理论调研课题。在北京市2010年“丹柯杯”优秀研究成果评选中，海淀共获得一等奖2个，二等奖2个，三等奖6个。

召开区思想政治工作研究会第十一届理事会换届大会，117家单位成为新一届理事单位。

新闻宣传和舆论引导 制定全年核心区宣传方案，在中央、市级主流媒体重要版面和栏目加大核心区建设的专题、深度报道。利用首都机场户外广告牌、北京卫视黄金时段、地铁4号线视频、区属公益广告等宣传阵地，宣传核心区新成就、新形象。重点推出三园重组挂牌、北部产业聚集区奠基、海淀入选国家创新型试点城市、中关村与全球科技创新中心国际研讨会等专题活动进行宣传。召开相关新闻发布会和集体采访40多场次，组织各类宣传活动50余次；《人民日报》、《光明日报》、中央电视台等主流媒体刊登播发稿件100多篇；《北京日报》头版刊登宣传海淀区工作的稿件20余篇，提升了核心区的知名度和影响力。

建立新闻发言人制度，成立覆盖全区的新闻外宣工作队伍，制定《进一步加强和完善新闻发布工作的意见》，进一步规范和完善队伍构成、工作职责和工作流程。建立重大突发事件的信息通报机制和应急处理机制，针对全区发生的各类突发事件，第一时间赶赴现场，及时与上级主管部门和各媒体沟通协调，最大限度降低负面影响，维护海淀的良好形象。

加强区属媒体与宣传阵地建设，海淀数字频道新增《核心区建设》栏目，全年出版《海淀报》146期，《海淀科技园区周刊》48期，《城市周刊》46期，海淀在线信息上载更新5800条（期）。编印《海淀宣传》6期，成为展示全区宣传思想文化战线风采的重要平台。加强信息报送工作，在《海淀信息》综合分数排名位居全区第一。

拍摄播出《文化海淀、创意高地》电视专题片。区文联创建“海淀文学艺术网”，编发《海淀文艺》、《稻香湖》诗刊、《中关村》等杂志，举办各类艺术展览40多次，巩固和扩大了文学阵地。

舆情工作 宣传部出台关于全面加强和改进舆情工作的意见，组建联络员、通讯员、观察员三支舆情工作队伍，实施舆情工作预报、预警、事件三级响应机制，初步形成全区大舆情的工作格局。与专业高科技公司合作，开发应用区网络、媒体舆情监测系统，做到对国内外重要中文网站全覆盖，新闻、论坛、博客、微博、视频全监控，海淀政治、经济、文化、民生、稳定等主要工作领域全纳入，及时、准确掌握涉及海淀区的网络和媒体舆情。创办《海淀舆情》、《舆情快报》、《舆情内参》三种刊物，全年共出刊153期，为区领导提供全面、及时、深度的舆情服务，在服务核心区大局、服务民生、服务突发紧急情况应对、服务维稳工作等方面发挥了巨大作用。海淀区的舆情工作受到中宣部、市委宣传部、区委区政府的肯定，市委宣传部在全市推广海淀舆情工作的经验和做法。

推动文化大发展大繁荣 贯彻落实区委区政府《关于建设海淀文化强区的若干意见》和《海淀区文化发展行动计划（2009－2011年）》，做好全区16项文化发展重点任务的协调落实工作。完成《西山文化创意大道概念规划》的编制工作，加大对西山文化创意大道等优质产业项目的推进工作，被列入北京市“十二五”规划纲要。海淀区文化大发展大繁荣领导小组办公室出台《海淀区文化创意产业集聚区认定和管理办法（试行）》，完成五棵松文化休闲产业集聚区、768创意园等首批7家区级集聚区的申报和认定工作。推进北太平庄影视产业带建设，发起成立“中国数字虚拟创意产业创新基地”。修订《海淀区促进文化发展支持办法》，加强文化发展专项资金的管理工作，区文化专项资金扶持项目70余个，扶持金额5000多万元。开展2009年区文化专项资金支持项目的中期检查和市文创资金2006年—2008年支持项目的审计工作。举办第二届严肃游戏北京峰会；参加第五届中国北京国际文化创意产业博览会，海淀区获得“最佳组织奖”和“最佳展示奖”。2010年，海淀文化创意产业实现总收入2842.8亿元，同比增长19.5%。

广泛开展群众性文化活动，组织海淀区第七届文化节和传统庙会，在第五届北京春节庙会·灯会·文化活动评选中，“百花闹新春”花会踩街荣获春节庙会非遗展示奖，中华世纪坛春节文化庙会荣获北京“十大庙会”称号。开展文化科技卫生“三下乡”活动，举办“我的海淀·我的家”、“先进文化进社区、明星走进百姓家”、“核心区·歌飞扬”等系列文化演出活动，共演出46场。举办《诗经·风》诗歌咏颂会、《名扬四海》百老汇演出、马奈中国画展等高层次文化活动，提升了海淀文化的影响力和美誉度。开展“五月的鲜花”、“文化大擂台”、“惠民电影月”、“周末大舞台”等文化服务活动。北太平庄街道、花园路街道、田村路街道、永定路街道、上庄镇等地区举办的演出活动得到了社区居民的一致好评，丰富了基层群众的文化生活。

宣传思想文化队伍建设 开展基层宣传文化工作专题调研，召开区党委（党组）中心组学习秘书工作交流会，建立区、镇（乡）、村三级新闻发言人网络，开展重点乡镇宣传部长媒体应对培训，召开城乡一体化专题座谈会5次，指导各相关单位做好重点工作的正面宣传。举办全区宣传部长、舆情联络员、文化骨干、新闻发言人等专题培训班。以“大团带小团，专业带业余，明星带群众”为主线，整合区域文化资源，搭建辖区内宣传文化单位、文化名人参与区域文化建设和核心区建设的工作平台。赴重庆市沙坪坝区参加首届京津沪渝直辖市文化区宣传思想工作交流会，赴深圳市参加深圳文博会。组建区文化发展促进中心。

以“创先争优”和“优质服务年”活动为契机，按照做学习的表率、做服务的表率、做工作的表率的工作要求，全面加强部机关建设，改进工作作风，提供优质服务。机关干部通过支部学习、专题会议、主题活动等多种形式，不断提高综合素质、工作水平、精神面貌和对外形象。党支部与东升乡八家村党总支拉手结对。（陈魁）

【宣传思想工作会召开】 1月26日，海淀区2010年宣传思想工作会召开，会议传达了中央和北京市宣传部长会议精神，总结了2009年宣传思想工作，部署了2010年宣传思想工作要点。会议表彰了2009年度42个海淀区思想政治工作优秀单位、42名优秀思想政治工作者。

【“三下乡”活动启动】 2月9日，海淀区2010年文化、科技、卫生“三下乡”活动启动。活动由区委宣传部牵头，区文化委、文明办等单位参与组织，包括演出、赠书、发放宣传资料及展板展示等16项重点示范活动。按照“贴近实际、贴近生活、贴近群众”的要求，努力做到三下乡、多下乡、常下乡，以推动农村地区的改革发展。

【参加首届直辖市文化区宣传思想工作交流会】 4月14日，首届京津沪渝直辖市文化区宣传思想工作交流会在重庆市沙坪坝区召开。北京市海淀区、天津市南开区、上海市徐汇区、重庆沙坪坝区的宣传思想工作负责人参会，并围绕社会主义核心价值体系的普及展开深入的交流研讨。海淀区委常委、宣传部长李彦来在会上做了题为“发挥海淀特色，高扬社会主义核心价值，助推国家自主创新示范区核心区建设”的主题发言。

【文化部调研西山文化创意大道】 3月3日，文化部党组副书记、副部长欧阳坚及市有关单位领导一行，到海淀区调研文化建设工作及西山文化创意大道发展情况，并提出建议。西山文化创意大道从紫竹院路西段至杏石口沿线一带，东起车道沟，西至五环路，长8公里。2005年以来，包括中关村多媒体创意产业园为、马奈草地、坦博艺术中心、中间建筑、创意北京等多个文化创意项目在大道两侧自发落户聚集。2010年，西山文化大道建设正式写入区政府工作报告，未来将规划建设成为以演艺为重点，艺术创作及展示交易、酒店会展、设计创意等为一体的大型、现代、高端、国际化的文化创意产业集聚区。

【吉林省文化厅考察动漫产业】 3月9日，吉林省文化厅厅长一行，到海淀区考察动漫产业发展情况。考察团参观了清华科技园，听取了园区动漫产业发展情况和海淀区委区政府扶持动漫产业工作的介绍，并同网易公司、金山公司等重点动漫企业负责人就如何推动动漫产业健康发展、在人才引进、产业链建设等方面进行广泛交流。

【“共建核心区，奉献在海淀”主题宣传实践活动】 4月6日，“共建核心区，奉献在海淀”主题宣传实践活动启动仪式暨首次“核心区建设大讲坛”活动在中华世纪坛举行，这是由区委宣传部牵头组织协调的一项重点工作。活动以“共建核心区、奉献在海淀”为主题，以宣传教育及文化活动为抓手，持续一年时间，包括13项子活动，涉及责任单位8家，参与单位50多家。

核心区建设大讲坛。由区委宣传部主办，区直机关工委、区新闻中心协办。邀请中关村知名企业家讲述企业自主创新的发展历程，大讲坛采用电视和网络播出形式，全年录制播出6期。

核心区周末社区大讲堂。由区委宣传部、区委办公室、各街道乡镇宣传部负责。大讲堂围绕市里提出的提升人文素质、建设人文北京以及海淀区提出的增强核心区意识、共建核心区这两大主题展开，涉及健康知识、厨艺技能、摄影、书法、防震救援演出练等方面。全年完成44场，听众约5000人次。

“共建核心区 奉献在海淀”区域科技创新资源整合论坛。6月，论坛改名为“中关村国家自主创新示范区核心区论坛”，七位区政协委员及民主党派代表、两位全国政协委员作了重要发言。区政协于7月召开一次专题研讨会，深化对核心区建设重要问题的认识，研究更为科学完善的建言献策意见。

“共建核心区 奉献在海淀”征文活动。由区委宣传部、区新闻中心负责，收到稿件3000多篇。在《海淀报》、《海淀宣传》上刊载。

“共建核心区 奉献在海淀”海淀区职工劳动服务技能竞赛活动。由总工会负责的第四届海淀区商业服务业职业技能风采大赛，在“共建核心区 奉献在海淀”为口号，500多家企业近8万名职工参赛，近300名优秀选手进入决赛。竞赛包括收银、化妆、安全生产、婴儿挖抚触等13个项目。

“核心区·歌飞扬”夏日文化广场演出季暨海淀区“先进文化进社区，明星走进百姓家”活动。由区委宣传部、区文化委、区社会组织联合会负责。组织专业演员、基层文艺骨干、知名文艺专家参与演出。全年演出50场，每场观众都超过2000人。

核心区建设与青年责任电视演讲大赛。由团区委、区新闻中心负责。来自全区各单位及驻区单位、高校、部队的120名青年报名，经过选拔，50选手进入预赛，在进入决赛的11名选手中，评出一等奖一名、二等奖两名、三等奖三名。

“集女性人才智慧，谋自主创新良策”海淀女性发展交流论坛。由区妇联、区科协、区工商联、区侨联、区妇女儿童工作委员会办公室负责，邀请海淀区域内各行业的女性精英对自主创新示范区建设建言献策，同时宣传优秀女性的事迹，鼓舞广大妇女为核心区建设贡献智慧和力量。

“企业家进校园”活动。由区文明办负责，共安排15场宣讲，邀请园区企业家与学生面对面畅谈创业经历和创业感受，引导学生规划未来职业，几万名学生受益。

“我骄傲 我是海淀人”诗歌朗诵会。由区经委、区委宣传部、区文明办负责。活动分为三个阶段，共有112家单位近900名干部参加，150余首诗歌全为原创作品。经过选拔，16个节目进入决赛。

举办“争创优秀服务年、优化发展环境”典型经验交流会。由区委宣传部、区委组织部、区经委负责，活动旨在以“群众心目中的好党员”为榜样，发挥好基层党组织的战斗堡垒作用和党员的先锋模范作用，为建设核心区贡献力量。全区共举办5场“群众心目中的好党员”先进事迹报告会，2000多人参加了报告会。

核心区建设宣传报道工作。在“共建核心区，奉献在海淀”主题宣传实践活动中，区委宣传部共制作2万份宣传海报，协调区市政市容委制作6幅主题活动口号户外广告牌；在区政府一、二办公区张贴主题活动宣传标语；在海淀报、海淀有线电视台、海淀在线开辟专栏，为活动开展树立正确的舆论导向；把所有13项子活动资料制作成VCD宣传光盘，在全区发放。

【自主创作动画电影获国际大奖】 3月14日，由区文化发展专项资金支持的动漫企业北京浩昊科技发展有限公司开发的动画电影《浩昊文字国历险记—智斗谜语城》，参加第十五届国际家庭电影节评选，获最佳外语教育片奖。来自全球19个国家的388部影片参加角逐。

【8个挂账村设新闻发言人】 5月6日，由区委宣传部牵头，在8个重点市级挂账村即唐家岭村、八家村、中坞村、振兴社区、后营社区、肖家河社区、门头村社区、六郎庄设立新闻发言人。新闻发言人将针对本村城乡一体化建设过程中发生的重大事件，与新闻媒体沟通，及时发布相关信息。

【举办新闻发言人专题培训班】 8月3日～6日，区委宣传部联合中国人民大学新闻学院，举办2010年新闻发言人专题培训班。全区各单位担任新闻发言人的处级领导干部60余人参加培训。此次培训班是全面加强本区新闻发布工作和新闻发言人队伍建设的一项重要举措，也是首次以委托专业新闻培训机构代为培训的方式对宣传文化系统干部进行职业技能的最为系统的一次集中专题培训。

【启动“共建核心区，奉献在海淀”文化演出季活动】 8月6日，区委宣传部和海淀艺术团联盟等单位共同举办的“共建核心区，奉献在海淀”暨“核心区·歌飞扬”文化演出季活动启动仪式在中华世纪坛举行。

【参加建设学习型政党理论研讨会】 8月9日，建设学习型政党理论研讨会暨2011年度中央党校报刊工作会议在哈尔滨召开。来自全国30余家省级副省级党校的领导、专家与部分省市组织、宣传、政法系统的百余位代表，就如何建设学习型政党，更好地发挥党校报刊应有的作用等相关议题展开讨论。区委常委、宣传部长李彦来参会并做了题为“发挥海淀优势，争当建设学习型党组织的排头兵”的主题发言。

【天津滨海新区文化交流团到区考察】 9月17日，天津市滨海新区文化交流团一行，到海淀区进行文化交流和考察。交流团先后考察了华旗资讯公司、清华园科技园创意产业集聚区和中海创意动漫孵化器，并就两区的文化创意产业发展进行了交流座谈。

【市舆情信息工作专场经验交流会在海淀召开】 10月21日，市委宣传部在海淀区召开全市舆情信息工作服务大局服务决策现场经验交流会。各区（县）委宣传部、市委各工委及市国资委、市宣传系统各单位等50余家单位负责人参会。海淀区委宣传部部长李彦来在会上作题为“创新载体 拓宽渠道 在服务大局服务决策中全面提升舆情工作的水平”的重点发言，介绍海淀区的舆情信息工作在服务大局服务决策方面所做的工作和经验，即一个主题（服务工作大局、服务领导决策）、两个来源（建立网络舆情监测系统、建立健全舆情工作队伍）、三个载体（《海淀舆情》、《舆情快报》、《舆情内参》）、四个作用（在推动核心区发展建设上发挥作用、在解决改善民生问题上发挥作用、在处理突发舆情事件上发挥作用、在维护社会和谐稳定上发挥作用）。市委宣传部给予高度评价，并决定在全市推广海淀的经验和做法。

【市委宣传部长调研西山文化创意大道】 11月26日，北京市委常委、宣传部长、副市长蔡赴朝到海淀区，就西山文化创意大道建设调研。蔡赴朝指出：海淀在发展文化创意产业中有着独特的区位优势，经过几年的持续快速发展，海淀文化创意产业有了长足的发展，为全市文化创意产业发展做出了重要贡献；希望该项目能做到业态高端、品牌优质、发展精益，实现错位发展。

【上海市杨浦代表团考察文化创意产业】 11月30日，上海市杨浦区代表团到海淀区，参观考察中国人民大学文化科技园、中海创意公司等文化创意企业。代表团听取了海淀区文化创意产业发展情况的介绍，两区就如何推动文化创意产业发展等问题进行了交流。

【参加第五届北京文博会】 11月17日～21日，为期四天（5天）的“第五届北京国际文化创意产业博览会”在北京国际展览中心举行。海淀展区以“文化成为继科技、教育之后推动海淀未来经济社会发展的又一核心驱动力”为主题，集中展示海淀区文化创意产业的成果、39家文化创意企业的107件展品与10个文化创意产业集聚区的相关情况。文博会上，海淀展馆荣获“最佳展示奖”，区委宣传部获“最佳组织奖”。展出期间，海淀区成立了“中国数字虚拟创意产业创新基地”，举行了国家版权贸易基地与央视动画有限公司签订大客户合作协议，与中国文字著作权协会共同启动版权大拍卖活动，与上海国家音乐产业基地签约（启动校园音乐原创版权大赛），吸引文化创意企业在海淀区上亿元投资。

【举办舆情工作培训会】 12月1日，区委宣传部举办2010年舆情工作培训会，全区150余家单位的舆情联络员参加培训。培训会就舆情联络员开展工作的方法和技巧进行讲解，并发布《中共海淀区委宣传部关于全面加强和改进舆情工作的意见》，进一步确立由区委宣传部牵头、全区各单位参与、能够全面及时监控涉及本区的热点敏感舆情、反应快速、应对积极的舆情工作新格局。

【思想政治工作研究会召开换届大会】 12月15日，区思想政治工作研究会第十一届理事会换届大会召开。大会听取了第十届理事会工作报告，表决通过了《海淀区思想政治工作研究会章程》，选举李彦来为第十一届理事会会长，聘请区人大常委会原主任胡桂枝为第十一届理事会名誉会长。

【举办齐白石诞辰147周年纪念活动】 12月30日，区委宣传部、区文联在齐白石墓地共同举办齐白石诞辰147周年纪念活动。活动宣读了海淀区《关于把齐白石墓设为海淀区爱国主义教育基地》的决定，并举行揭牌仪式；区美术家协会代表发出《继承和发扬齐白石绘画艺术　提升海淀美术创作水平》的倡议书。（钟冷）

中共海淀区委宣传部
地址：海淀区长春桥路17号
邮编：100089
电话：82510819
邮箱：hdqwxcb@163.com

纪检监察工作

【综述】 中共海淀区纪律检查委员会是本区负责维护党的章程和其他党内法规，检查党的路线、方针、政策和决议的执行情况，协助区委加强党风廉政建设和组织协调反腐败工作的领导机关，海淀区监察局是负责本区行政监察工作的政府部门。区纪委与区监察局合署办公。区行政投诉中心是负责受理全区行政投诉案件的政府工作部门，设在区监察局。年内，原“区委反腐败查处大要案协调领导小组”调整为“区反腐败协调小组”。

2010年，区纪委、监察局履行纪检监察职责，围绕区委区政府重大决策部署落实情况开展监督检查，查办违纪违法案件，对领导干部开展廉政教育和监督，推进反腐败源头治理和预防工作，纠正损害群众利益的突出问题，加强纪检监察干部队伍自身建设，推进党风廉政建设和反腐败工作。

2月3日召开区纪委十届九次全会暨全区党风廉政建设工作会议。市委常委、市纪委书记马志鹏，市委常委、海淀区委书记赵凤桐等区四套班子领导出席。

监督检查工作　通过区处两级立项监察、设立廉政监察点、常年工作效能巡察等措施，加强对唐家岭等8个重点村城市化工程、违法建设查处、环境综合整治、保障性住房建设管理、中小学校舍安全工程等区级重点任务的监督检查。开展工程建设领域突出问题专项治理，对政府投资的235个建设项目进行检查，及时发现和纠正政策执行、项目实施和工作推进中的问题。全年共组织监督检查52次，发现并督促解决问题63个，提出工作意见建议75条，行政问责正处级领导干部3人。

领导干部廉洁自律　廉政教育。协助区委制定下发《关于贯彻实施〈中国共产党党员领导干部廉洁从政若干准则〉的通知》，采取专题辅导、廉政短信、知识测试等形式，组织全区党员干部学习贯彻《廉政准则》。协调区委党校（行政学院）开展廉政专题培训，全区处级领导、新任处级干部和后备干部1650人参加。会同区检察院举办工程领域和农村干部职务犯罪巡回展。协调各系统党工委和基层单位组织党员干部观看廉政教育片、参观廉政教育基地、参加以廉政为主题的全区诗歌朗诵会，宣传勤廉为民、创先争优、优质服务的先进典型。海淀园非公高科技企业廉洁文化建设创新经验，得到中纪委和市纪委的肯定。

监督工作。解决涉及党员干部廉洁自律的突出问题，调查处理个别领导干部涉嫌利用职务影响大操大办子女婚宴、造成不良影响的问题。制定《海淀区村级干部廉洁自律行为若干规定（试行）》，进一步细化和规范农村基层干部廉洁履职行为。以整治用人不正之风为重点，开展落实干部选拔任用七项监督制度情况的监督检查工作，梳理排查反映选人用人问题的信访举报24件。继续开展巡视工作，对四季青镇、曙光街道和区教委等14个处级领导班子进行巡视。

专项治理工作。从严控制党政干部因公出国（境）团组数量和规模，实行计划管理和经费先行审核，全区自行组团31批158人次，分别是年初计划的75.6%和59.4%。继续开展“小金库”专项治理，组织全区党政机关和事业单位开展“回头看”和重新摸底排查，零申报单位均作出书面承诺。157家国有企业和146家社团法人开展“小金库”及假发票自查自纠工作，自查自纠违规金额370.91万元。

预防腐败工作　协助区委、区政府制定并落实《海淀区2010年廉政风险防范管理工作意见》和《海淀区区级领导班子和领导干部开展廉政风险防范管理工作实施方案》，推进风险防范管理向决策层以及基层权力部门岗位延伸。采取“科技防腐、管理创新”做法，区科委、区环保局、区工商分局、区国税局和青龙桥街道等被评为区级科技防范创新典型。继续推进行政审批制度改革，梳理区属行政职权事项3500多项，进一步简化审批流程和环节。建立"一科制"审批机制，协调33个部门集中到区行政服务中心办事大厅，动态监察办事大厅的行为规范和办事效率等情况。继续深化政务公开，把政务公开、公共事业单位办事公开和全程办事代理相结合，做好依申请公开基础工作。指导基层党组织探索党务公开，区十一学校成为中纪委联系点。规范农村基层民主决策程序，健全村级重大事项决策机制。推进电子监察平台建设，开发监察管理功能模块、科学设置风险监察点、完善预警防范措施，实现对权力运行的全程监控。

案件查办　进一步完善反腐败组织协调机制，将原"海淀区委反腐败查处大要案协调领导小组"调整为"海淀区反腐败协调小组"。严格依纪依法办案，加强审理和申诉复查，确保案件质量。注重查办案件综合效果，通过剖析典型案例，查找发案原因，帮助发案单位及时健全制度。全年共立案28件，结案12件，给予党纪政纪处分11人，移送司法机关8人，复议申诉案件1件，挽回经济损失248.44万元。查处区金融办原主任王歌红受贿案、苏家坨镇综治办原主任沙乃军受贿案等违纪违法案件。结合农村违纪违法案件中发现的突出问题，对新一届"两委"干部进行反腐倡廉专题教育，发挥以查促教、以查促改、以查促建作用。查处上庄镇双塔村党支部原书记门凤启、村委会原主任杨良非国家工作人员受贿案。全区纪检监察组织全年共受理群众信访举报1018件次。

解决突出问题　把社会普遍关注、涉及民生和群众切身利益的突出问题作为纠风治乱和转变机关作风的重点，不断加大整治力度。全年办结行政投诉254件次，对30起涉及群众切身利益的重点投诉进行直接查处。继续治理教育乱收费，联合区发改委、区教委、区财政局等部门对45所中小学校执行收费政策、补课办班、出租房屋、学生食宿等情况进行抽查，纠正违规收费项目5个。调查处理中央电视台《焦点访谈》栏目报道田村中心小学乱收费问题。对公安、卫生、教育等系统58个基层站所进行民主评议，公安系统和区卫生监督所分别提出改进措施281条和30条。建立政府绩效管理监督系统，实时监控各部门绩效计划完成情况。落实行政机关作风和服务型政府建设年终考核方案、政府绩效评估"群众满意度"、"工作效率和质量"考核方案，征集社会监督评估意见，回收社会调查问卷2万张。

干部队伍建设　加强领导班子建设，健全完善区纪委常委会工作规程。开展"学习型、服务型、廉洁型"机关建设活动，改进机关作风和工作作风。继续组织全员培训，首次开办全区纪委书记（纪检组长）培训班，共培训纪检监察干部389人次。

【召开十届九次全会】　2月3日，区纪委召开十届九次全会暨全区党风廉政建设工作会议。市委常委、市纪委书记马志鹏，市委常委、海淀区委书记赵凤桐等区四套班子领导出席，区属单位党政正职领导、区人大区政协各委室主任、区纪委委员、区委巡视组组长、区政府特约监察员、各民主党派主委、工商联会长和纪检监察干部等近500人参加。大会审议了题为《全面履行职责 加大惩防力度 为海淀核心区新一轮科学发展提供坚强保障》的工作报告，通过了《中共北京市海淀区第十届纪律检查委员会第十次全体会议决议》。

（刘梦瑶）

中共北京市海淀区纪律检查委员会
北京市海淀区监察局
地址：海淀区长春桥路17号
邮编：100089
电话：82510354（办公室）
82579350（信访室）
82510164（行政投诉中心）
82579164（传真）

统一战线·对台工作

【综述】　中共北京市海淀区统一战线工作部是负责本区统一战线工作的区委机构。中共海淀区委台湾工作办公室挂海淀区政府台湾事务办公室牌子（简称区台办），是区委、区政府负责本区对台工作的机构，与区委统战部合署办公。2010年，全区统一战线围绕建设具有全球影响力的科技创新中心目标，服务全区政治、经济、民生和社会建设，着力提高服务科学发展成效，着力维护社会和谐稳定，着力推进统战工作创新。

本年，区委统战部被市委统战部评为"2010年度首都统一战线创新工作先进单位"。

服务政治工作大局　贯彻落实中央、市委统一部署，通过开展丰富多彩的教育实践活动，把政治引导与感情交流相结合、坚定共同的理想信念，巩固和发展团结和谐的政治局面。

加强政治引导，夯实共同思想政治基础。率先在全市统战系统开展社会主义核心价值体系学习教育活动。教育活动以加强民主党派思想建设为主线，以支持和引导民主党派开展核心价值体系学习教育活动为重点，以举办社会主义核心价值体系大讲堂为载体，做到了有组织：支持各民主党派成立践行社会主义核心价值体系学习教育活动领导小组，结合各民主党派实际情况和成员特点，研究制定活动方案。有特点：组织报告会、文化讲坛、知识竞赛、特色支部等丰富多彩的活动，使学习教育活动可亲可近、富有说服力，更具感染性。有制度：活动结束后建立和完善了有利于民主党派思想建设的长效机制，如规范学习培训机制，健全宣传引导机制、建立健全民主党派成员思想状况分析机制等。有实践：把学习教育与提高民主党派参政议政能力相结合，参与到全区经济社会建设的实践之中。组织民主党派专家学者、中青年骨干围绕北京市、海淀区热点难点工作调查研究、献计出力。开展民主党派与我区北部四乡镇“手拉手”活动，投身于核心区和城乡一体化建设，使民主党派成员在实践中进一步了解了北部农村、增强了共识、发挥了智力技术优势。各民主党派、工商联组织报告会、文化讲坛、知识竞赛等学习教育实践活动，巩固了团结奋斗的共同思想基础。

推动联谊交友，建立深厚的感情基础。区领导带头落实与党外人士交朋友制度，定期联谊、座谈，听取党外人士的意见建议。下半年开展“党外人士联谊日”活动，区领导每周与党外代表人士就共同关心的话题进行探讨交流。各街道乡镇主要领导加强与地区党外人士结对子工作。每逢传统节日和宗教节日，各级领导必到统战人士家中和宗教活动场所走访慰问。春节期间，举办党外人士新春联谊活动，民主党派、各族各界代表人士400余人齐聚一堂，共话海淀发展成果。

突出热情服务，为统一战线成员办实事 区委、区政府领导先后到清河清真寺、天主教正福寺等处调研，推进解决建设用地、房产归属、环境治理等问题。区工商联协助非公企业申请创新发展资金 1000 万元，并协调相关部门解决非公经济企业在出口退税、注册变更等方面的数十起问题。政府办、民宗侨办、海淀乡等单位认真办理人大、政协的提案建议，协调解决了宗教活动场所的占地补偿问题。民宗侨办为民族餐饮企业申请少数民族经济发展专项资金100余万元。

服务经济社会发展 全区统一战线贯彻落实中共海淀区委对统战工作提出的“从建言献策向出主意、办实事转变”的要求，为本区经济发展出实招、干实事。

为经济社会发展建言献策。在“十二五”规划的制定、城市规划调整等重大问题上与党外人士进行协商，听取意见建议。提出的产业转型带动人口调整、海淀区教育均衡化发展等 30 多条建议被编入“十二五”规划。在“我为核心区建设献良策”活动中，党外人士就提升自主创新能力、产业结构调整和优化升级、人才特区建设等方面提出意见建议 200 余条。党外人士主持多项海淀区重点课题，完成了《关于中关村科技创新专利资助政策调研》、《海淀区城乡结合部重点村改造与发展模式探索研究》、《海淀区物联网产业发展调研》等调研报告 24 篇，其中 9 篇分别获得北京市统战系统、海淀区调研成果评比一、二、三等奖。

拓展服务经济社会发展新领域。举办以“凝聚港澳台海外华侨华人力量，加快推进自主创新核心区建设”为主题的核心区推介活动，邀请港澳台海外朋友近 300 人到海淀参观考察，吸引投资。有百余位企业家与区相关部门建立了联系并洽谈投资合作事宜。与北京市教育工委联合组织北京高校统战工作联谊会，区校双方就发挥高校在人才培养、科研创新、思想文化传承等方面的独特优势，为加快中关村科学城建设，推动产学研用结合，打造世界创新人才高地等方面达成共识。侨联在全区归侨侨眷中开展宣传、建设核心区的“五个一”活动。区工商联与香港工商总会以及新疆、内蒙古、天津等地工商联签订了友好商会合作协议，共同探索企业和地区合作发展新思路。

对台经济交流合作进一步深化。围绕核心区建设，积极争取台资项目落户海淀。密集开展与台湾相关金融机构、企业的交流合作，与台湾创投公会、股权投资协会达成合作共识，成立“中关村台资企业资本中心”。科技金融考察团赴台考察，设计产业考察团在新竹科学园区举办“京台科技论坛设计产业分论坛暨海淀与新竹两地企业合作签约仪式”。全年新增台胞直接投资项目 20 个，累计注册台资企业 608 家，居北京市各区县之首。

形成促进区域经济发展合力。各街乡镇发挥地区统战资源优势，为核心区建设积极贡献力量。万寿路街道成立了北京市首家由个体工商户为成员的经济发展促进会，为引导企业执行政府宏观经济政策、发展绿色低碳经济搭建服务平台。为地区 7 家企业解决了融资和办公用房问题。上庄镇政府邀请民盟专家学者对该镇产业布局、回迁房设计、旅游开发等问题进行论证。民盟与民进区委为上庄镇中心学区联合捐建图书室。苏家坨与民建、九三学社建立“手拉手”关系，并就建设留学生实践基地、养老服务机构等达成初步合作意向。

服务民生 区政府各相关部门聘请数十位党外代表人士作为特约工作人员担任监察员、检查员、审计员、教育督导员等职务。党外代表人士切实发挥参政和监督作用，帮助党委、政府推动解决民生问题 300 余件次，涵盖教育、医疗、就业、交通等与人民群众切身利益息息相关的方方面面。

为解决民生问题出实招、办实事。团区委统战部依托非公经济企业建立海淀区大学生就业实习基地和创业示范基地。归国留学人员创业园的 36 家企业举行 2010 年应届毕业生专场招聘会，为 190 余名应届毕业生解决就业问题。万寿路街道建立环保蔬菜园，按照低于市场 20%的价格，直供给社区居民。

统一战线系统为西南地区干旱灾害和青海玉树地震灾区捐款 350 余万元。民盟区委与民盟中央联合举办医疗卫生讲座。农工党区委组织医疗专家到远郊区县和外省市义诊，300 多名群众受益。民建区委、工商联参加对口支持贵州毕节试验区建设，累计捐款 48 万元。非公经济企业参与社会扩大就业活动，区工商联百余家会员企业 2010 年新吸纳社会就业人员 2000 余人。民宗侨办组织民族宗教侨界开展爱心捐助活动，募集捐款 11.27 万元，救助中央民族大学、农大附中等6所大中学校少数民族学生259人。

民族宗教工作　统一战线积极协助各级党委政府做好群众工作，努力做到以统一战线和谐促进社会和谐稳定。

参与促进社会和谐工作。支持和引导统一战线成员在各自领域、各自岗位发挥自己的专业优势和影响力，协调社会关系，化解社会矛盾，最大限度地把人民群众凝聚在中共周围，巩固扩大中共的执政基础。中共海淀区委坚持“三会一活动”制度，把协商纳入决策程序，重大决策前听取民主党派、工商联的意见，构筑和谐的政党关系。司法机关发挥党外代表人士作用，维护社会公平正义。海淀园组织10余位企业家作为海淀法院的民事调解员，参与调解72例公司诉讼案件。法制办邀请党外人士加入行政复议委员会，参与解决行政争议。司法局引导新的社会阶层代表人士自觉承担社会责任，接受社区矫正人员加入企业，成为“阳光中途服务体系”的中坚力量。青联在统一战线成员中聘请27名社会工作、教育学、心理学等相关专业的兼职社工，参与预防青少年违法犯罪综治工作。律师协会在普及法律知识，预防和疏导社会矛盾中发挥了重要作用。

民族工作。坚持在全区开展多种形式的民族团结进步创建活动。邀请牛街民族团结进步模范事迹宣讲团为各街乡镇干部群众和宗教界人士350余人做先进事迹报告。在全区开展民族宗教知识竞赛活动，收到答卷数万份。参加北京市第八届民族传统体育运动会。举办全区第四届民族社区运动会。马连洼街道梅园社区成为北京农大附中新疆班的校外实践基地。紫竹院街道联合中央民族大学青年志愿者协会开展民族文化宣讲进社区志愿服务活动。

完成宗教领域重点工作。充分发挥统战部牵头协调、宗教部门依法监管、相关部门分工协作、街道乡镇配合管理、社区（村）日常监督的专项工作机制的作用，及时排查民族宗教领域的不稳定因素，出色完成了市里交办的宗教专项处置任务。加强宗教团体建设与队伍建设，累计投入20万元专款用于培养宗教教职人员。区伊斯兰教协会和区基督教三自爱国运动委员会完成换届工作。

拓展维护社会稳定新领域。中共海淀区委提出将社会领域统战工作作为社会管理创新的重要着力点开展工作。区委统战部与区委组织部、区社会工委联合开展调研。与海淀园、司法局等单位就各自开展统战工作情况进行了交流，在建立相关体制机制、发挥统一战线成员作用等方面形成了共识。研究制定了《中共北京市海淀区委关于贯彻落实〈关于加强和改进社会领域统一战线工作的意见（试行）〉的实施意见》。区委统战部与区委组织部、区社会工委联合举办加强新形势下社会领域统战工作培训班，在指导和推动我区社会领域统战工作进一步创新机制，拓展思路等方面进行了积极探索。

对台工作和海外联谊　坚持服务于两岸和平发展、祖国和平统一和区域经济社会发展，对台工作呈现经济科技交流合作发展的新态势。

进一步优化对台工作环境。学习贯彻胡锦涛“12·31”重要讲话精神和市委对台工作部署。开展涉台教育进党校（行政学院）、进校园、进社区（乡镇）活动，举办“中国心·两岸行”主题宣传教育活动。成立“台湾知识教育基地学校”，海协会会长陈云林出席仪式并赠送“敦睦两岸亲情、传承民族薪火”题词。西三旗、花园路、青龙桥等街道组织涉台报告会及群众性涉台教育活动。

加强对台联络工作。注重在对台经济交流合作中培养台商代表性人物，壮大拥护祖国统一、反对“台独”的台商群体。举办“中秋月·海淀情”台商联谊活动，区政府有“区长接待台商日”活动。加强对台胞台属、台生的联络服务工作。完成应对台湾地区“五市选举”专项工作。

深化对台交流交往。全年赴台交流成行项目404项、944人次。与台湾新竹科学园区就园区规划、建设、企业服务等开展交流。区教委组织部分学校赴台交流，育英学校与台湾忠信学校签订结对交流协议。民革、致公、台盟开展了各具特色的对台交流活动，区妇联、红十字会就开展亲子教育、救灾援助等方面与台湾方面进行了合作交流。

做好台商投诉协调工作。发挥区台胞权益保障协调小组、对台经济工作协调办公室作用，妥善处理台胞投诉纠纷十余起，协调服务事项数十件。妥善处理一起旅游台胞发病死亡的突发事件。

统战队伍建设　加强党外代表人士队伍建设，开展全区党外知识分子摸底调查工作，提出本区关于党外代表人士队伍建设的思考和建议。以长期目标与当前任务、理论与实践、继承传统与不断创新、内强队伍与外引资源“四个结合”为原则，加强党外代表人士培训。按照医疗卫生、经济法律管理、自然科学、社会科学四大领域建立了党外人才智库。推荐选拔4名党外副处级干部到科委等部门任职。4名非公经济代表人士被评为“第三届北京市优秀中国特色社会主义事业建设者”，9位党外代表人士分别获得“海淀区有突出贡献专家”、“海淀区优秀人才”称号。

开展创先争优活动，着力强化统战干部“四种意识”，即核心区意识、发展意识、服务意识、群众意识；践行“六种作风”即狠抓落实、雷厉风行、精益求精、知难而进、团结协作和一切服从服务于全区大局的作风。

【市人大常委会检查“台胞投资保护法”实施情况】　1月19日，市人大常委会执法检查组到海淀区，就有关《中华人民共和国台湾同胞投资保护法》贯彻实施情况进行检查。市人大常委会执法检查组认为海淀区在贯彻落实“台胞投资保护法”工作中，高度重视、认识到位，体制落实、措施得力，齐抓共管，成绩显著。检查组实地考察了台资企业威盛电子公司。（王彩虹）

【统战工作会召开】　3月23日，海淀区召开全区统战工作会，会议传达贯彻全国、北京市统战部长会议精神，部署2010年统战工作任务。本年，全区统战工作围绕十个方面开展工作，即加强思想政治引导，树立和践行社会主义核心价值体系；发挥统一战线优势，为核心区建设贡献力量；拓宽参政渠道，加强队伍建设，推动多党合作事业不断发展；围绕核心区建设发展需要，切实加大党外代表人士队伍建设；营造和谐氛围，建立和完善长效机制，做好民族宗教工作；强化服务，坚持创新，继续做好经济领域统战工作；扩大交流交往，进一步做好港澳台海外统战工作；完善统战组织网络，积极推进基层统战工作；加强宣传信息调研工作，进一步扩大统一战线社会影响力；加强自身建设，提高统一战线工作科学化水平。

（钟冷）

【部署社会主义核心价值体系学习教育活动】 4月10日，区委统战部与各民主党派研讨2010年思想建设工作，对开展践行社会主义核心价值体系学习教育活动提出“两个一、四个有”的要求。“两个一”即：以坚持新世纪新阶段加强民主党派思想建设为一条主线，以研究民主党派核心价值体系为一个重点，团结引导广大民主党派成员学习党章、党史，增强作为民主党派成员的荣誉感、使命感，增强对中国共产党领导的多党合作制度的认同感和责任感，不断夯实多党合作的思想政治基础。“四个有”即：一是有组织。二是有特点。三是有制度。四是有实践。

【社会主义学院召开院长办公会】 4月27日，区社会主义学院召开院长办公会，总结2009年工作情况，研究部署2010年培训任务。会议针对新世纪新阶段党外代表人士的新情况，提出“一条主线，四个结合”的培训思路。一条主线，即以支持和帮助党外人士树立和践行社会主义核心价值体系为主线。四个结合，即坚持长期目标与当前任务相结合；坚持理论与实践相结合；继承传统与不断创新相结合；坚持内强队伍和外引资源相结合。

【举办统一战线大讲堂活动】 4月28日，“海淀区统一战线践行社会主义核心价值体系学习教育暨统一战线大讲堂活动”正式启动。社会主义核心价值体系大讲堂邀请专家学者分别就当前经济形势、社会主义核心价值体系、国学与国学热、音乐与和谐社会等内容作专题辅导，全年共举办四次专题辅导，统一战线各界人士1500余人听取了讲座。

【致公党中央来区调研】 5月20日，全国人大常委、致公党中央副主席严以新一行，就当前树立和践行社会主义核心价值体系，加强基层组织建设情况到致公党海淀区委进行专题调研。

【市委统战部来区调研】 6月13日，市委统战部一行，到海淀区调研非公有制经济与自由择业知识分子代表人士队伍建设情况，分别与统战系统各单位、非公经济和自由择业知识分子代表人士座谈。

【第十六期党外中青年骨干培训班】 6月14日，我区社会主义学院举办第十六期党外中青年骨干培训班，民主党派、工商联中青年骨干成员45人参加了培训。培训班综合运用讲授式教学、互动式教学、研究式教学和体验式教学的方法，做到教学与政治理论、与海淀区建设、与参政实践三结合。

【开展与北部四乡镇“手拉手”活动】 8月3日，区委统战部、区委农工委举行“海淀区各民主党派、工商联与北部四乡镇手拉手活动”启动仪式。各民主党派、工商联与北部四乡镇分别签署了合作协议。“手拉手”活动是统一战线服务核心区建设的重要任务之一，各民主党派、工商联与北部将采取多种形式的“手拉手”活动，共同探索海淀区多党合作的新形式，共同促进北部新区建设发展。民盟区委、民进区委在上庄镇中心学区捐建的“手拉手图书室”同时揭牌。

【九区县统战部长联席会在本区召开】 8月9日，北京（西片）九区县统战部长联席会在本区召开。九区县统战部长结合实际，就开展更加广泛深入的合作，促进全市统战工作再创新局面等内容进行了交流。市委统战部对本市统战工作提出了三点要求：要进一步解放思想、创新机制，不断研究新时期统战工作的新情况，解决新问题；各区县统战部门要加强合作，共享资源，建立全市大统战格局；深入扎实有效地开拓统战工作新领域，推进全市统战工作再上新水平。

【区对台工作领导小组会议召开】 9月14日，海淀区召开对台工作领导小组会议，会议传达贯彻中央、市委对台工作有关精神，总结部署全区对台工作。区公安分局、育英学校分别围绕涉台突发事件及案事件处置、台胞服务、涉台宣传教育等作经验交流。

【“中秋月•海淀情”台商联谊活动举行】 9月15日，海淀区举办“中秋月•海淀情”台商联谊活动，市委常委、区委书记赵凤桐出席活动并讲话。区委统战部部长向台商介绍了海淀区新的发展规划。市台办及威盛集团、台积电、联发科等26家台资企业负责人参加了活动。

【举办核心区推介活动】 9月28日，海淀区举办“凝聚港澳台海外华侨华人力量，加快推进自主创新核心区建设”为主题的示范区核心区推介活动。30余个部门的主要领导以及由8个民主党派、工商联、人民团队等统战人士组成的讲解队伍，向海外朋友详细介绍了海淀的资源优势、发展方向及优惠政策支持体系等。港澳台海外朋友200多人参加了活动。

【两岸中学结对子】 9月28日，两岸师生金秋育英嘉年华暨北京育英学校与台湾忠信学校结对交流签字仪式在本区举办。当天接待了来自台湾忠信学校、台南大学附属中学、永仁中学师生一行120人。

【市委统战部听取海淀统战工作汇报】 10月13日，市委常委、统战部部长牛有成，听取海淀区统战工作汇报。牛有成充分肯定海淀区统战工作所取得的成绩，并就结合区域优势，创造性推进统战工作提出三点要求：进一步发挥统一战线的优势，为推进区域经济社会发展汇集英才、凝聚智慧；进一步加强社会领域的统战工作，搭建工作平台，延伸工作手臂，努力实现社会领域统战工作的全覆盖；进一步与区相关职能部门密切合作，携手共同推进统战工作。

【接待台湾创投公会及股权投资协会访问团】 9月27日，台湾创投公会理事长、股权投资协会会长林坤铭一行13人到海淀区考察交流。区委常委、统战部长、副区长高祥阳，区政协副主席、统战部常务副部长刘恪会与考察团一行座谈。市台办副主任王兰栋出席座谈会。高祥阳向考察团成员介绍了海淀区的发展情况及优势，希望推进海淀与台湾在科技金融方面的合作，互利双赢，为两地产业界增加福祉。林坤铭强调，希望能与海淀区密切合作，不仅要实现台湾资本与海淀区高科技产业的结合，更要推动两地产业、技术的对接。考察团在中关村软件园听取海淀区关于发展核心区的规划及投资政策、金融业发展情况及支持股权投资业发展的相关政策。海淀区创业投资与私募股权投资协会配合中关村软件园，组织6家企业以路演的方式举行项目对接会。截至本年8月，海淀区累计注册台胞直接投资企业607家，约占北京市的1/5，入驻的台资企业已形成高新技术企业为主的特点。

【举办民主党派、工商联主副委读书班】　11月19日~20日，海淀区举办以“学习贯彻十七届五中全会精神，共话海淀发展蓝图”为主题的民主党派、工商联主副委读书班。各民主党派、工商联40位主副委听取了十七届五中全会辅导报告和创建学习型组织讲座，区委常委、统战部部长、副区长高祥阳作了“关于社会安全形势”的报告。读书班还进行了谈心活动。

【举办全区统战干部培训班】　11月24日，区委组织部、统战部和社会工委联合举办全区统战干部培训班。各单位主管统战工作的领导和专（兼）职统战干部，以及各街、乡（镇）主管民族宗教工作的领导和分管科长共120余人，对社会领域统战工作进行了专题学习。区委常委、统战部部长、副区长高祥阳作题为“新形势下加强和改进爱国统一战线”的辅导报告。

【举办台湾商品大集属地服务保障工作培训会】　11月25日，区台办、区商务委联合举办“台湾商品大集属地服务保障工作培训会议”。市台办从当前的两岸关系到如何处理好大集中可能出现的问题做了培训，并就商标、新闻媒体等进行了详细讲解。市商务委介绍了台湾商品大集的有关情况。会后，市台办、区台办、区商务委察看大集现场，对发现的一些不符合要求的用语，提出了修改要求，商户当即进行了改正。

【党外人士协商区“十二五”规划】　12月2日，海淀区召开党外人士协商会，就《中共北京市海淀区委关于制定海淀区国民经济和社会发展第十二个五年规划的建议》（征求意见稿）听取党外人士意见。各民主党派、工商联负责人、无党派代表人士和特邀党外专家学者参与了协商。　（王彩虹）

中共海淀区委统一战线工作部
中共海淀区委台湾工作办公室
地址：海淀区长春桥路17号
电话：82510262
网址：www.hdtzb.gov.cn

调查和政策研究工作

【综述】　海淀区曾于1986年8月设立区委调查研究室。1995年1月，区委调查研究室改为区委区政府政策研究室，列入区委系列。2004年6月，研究室撤销，在区委办公室内设调研室。截止到2009年9月，海淀区调查研究工作的组织管理主要由区委办公室内设的区委调研室和区发改委所属的海淀区发展与改革研究中心承担。

中共北京市海淀区委北京市海淀区人民政府研究室（简称区委区政府研究室）于2009年9月30日成立，是承担全区综合性政策研究和咨询服务的区委机构。原区委办公室内设区委调研室承担的相关职责、区政府办公室承担的起草区政府重要文件的职责、区发展与改革委员会所属区发展与改革研究中心承担的全区性、战略性、政策性调查研究职责划入区委区政府研究室。

2010年，按照“围绕中心、服务大局，突出重点、讲求实效”的总体要求，研究室坚持区委区政府主要领导的文字秘书、智囊参谋和决策助手的三大定位，全力提高以文辅政的能力和水平，在服务领导决策、推动科学发展方面取得一定成效。

研究全区性重大问题，提供情况和决策建议　围绕核心区建设、“十二五”规划、城乡一体化、民生改善等全区性重大问题开展研究，共形成重大调研报告32篇，计24万字。其中重要的研究有：围绕谋划海淀未来五年发展，启动了一批课题研究，完成《海淀区建设具有全球影响力的科技创新中心的总体思路》等，为制定“十二五”规划建议和规划纲要奠定了基础。落实区领导批示，启动一批专题调研工作，完成《唐家岭地区城市化改造的探索与实践》、《创新扶持政策体系，支持企业做强做大》、《海淀区基础教育发展研究》、《海淀区低收入家庭基本情况和对策建议专题调研》、《关于倡导绿色出行缓解交通拥堵的调研报告》等调研文稿。

起草重要文件、报告和讲话稿　全年共起草区领导重要讲话稿和区委区政府文件、报告100余篇，计70万字。主要有：一、2010区委常委会工作要点、关于促进高端创新要素聚集的实施意见、关于调整和完善北部地区开发建设体制的意见、关于进一步促进街道乡镇服务经济发展的意见、关于加强和改进人大工作的若干意见、关于加强人民政协政治协商制度建设的意见、关于制定海淀区国民经济和社会发展第十二个五年规划的建议、十二五规划纲要等一批重要文件。二、完成区委书记和区长在2010年上半年经济形势分析会上的工作报告、全区经济工作会工作报告，区委十届十二次全会工作报告，2011年政府工作报告的起草任务。三、完成区委书记在市委市政府理论学习中心组（扩大）会上的发言、全区深入学习实践科学发展观活动总结暨“双争”活动表彰大会上的讲话、在全区农村工作会议上的讲话、在优质服务年活动大会上讲话、在全区人才工作大会的讲话、在区委十届十二次全会上的讲话和林抚生区长在全市城乡结合部建设大会上的发言、在认真贯彻落实市政府批复精神加快中关村国家自主创新示范区核心区建设大会上的讲话、在全区服务驻区单位和部队工作会议上的讲话等重要讲话稿的起草工作。

管理、指导全区调研课题的实施 在全区实行“两级课题管理”制度，区四套班子领导的课题列为区级重点课题，区属单位主要负责人的课题选择性列入区级关注课题。年初，研究室根据区年度工作重点，提出供区领导备选的调研课题和责任单位建议，送领导选题，根据领导意见，会同相关部门修改完善后形成区级重点课题的立项方案。年初由各部门先申报（原则上区属单位主要领导每人一题），研究室初步筛选后，指导相关单位进行修改完善，汇总形成关区级注课题立项方案。将区委、区政府主要领导主持的课题向市委研究室申报列为市级课题。全区2010年完成重点课题26项、关注课题92项，共计118项。

加强调研的组织实施工作。坚持年初有部署、年中有督促、年底有总结。2010年各项课题的结项率均在98%以上。加强对全区调研成果的收集、整理、统计工作。建立了各单位承担课题、发表文章、报告获奖情况、集体与个人荣誉等的数据库。编印《海淀区2008-2009年优秀调研课题报告集》、《2009年海淀区调查研究重点课题集》、《2009年海淀区调查研究关注课题选编》。《以北坞村试点为突破口，推进海淀城乡一体化发展研究》获2008-2009年度北京市级优秀调查研究成果二等奖，《建设中关村国家自主创新示范区核心区研究》获优秀调查研究成果三等奖。组织2008-2009年海淀区调查研究工作先进单位和优秀调研成果的评比，评选出25家先进单位和45篇优秀调研报告。

编辑参考资料、刊物 围绕全区发展大局，加强对国内外具有重要参考价值的信息的搜集、整理工作，形成20多篇调研报告和信息资料，以《海淀研究》、《决策参考》或签报等形式印送领导和相关部门。围绕核心区建设，形成《（挪威、荷兰、美国、英国、加拿大、台湾等）发达国家和地区推动中小企业参与创新网络的经验做法》、《国家科技重大专项有关情况》、《武汉市建设东湖国家自主创新示范区的做法与经验》、《各地开发区管理体制创新的经验与启示》、《海淀区与省会城市经济和社会发展情况比较分析》、《副省级城市与海淀区经济形势比较分析》等成果；围绕行政管理体制改革，完成《（浙江绍兴、广东东莞等）国内部分地区“强镇扩权”改革试点的做法与经验》、《（上海、天津、深圳等）国内部分城市行政区划改革调整情况综述》等报告；围绕着北部开发建设和重点村城市化工程，形成《成、渝、津三地农村集体产业用地流转试点的做法和经验》、《对天津市东丽区华明镇做好群众工作推进城镇化建设的考察报告》等成果。

【《海淀研究》】 《海淀研究》是海淀区调查研究工作的内部刊物，由中共海淀区委、海淀区人民政府主管，由海淀区委区政府研究室主办。刊物立足全区经济、政治、文化、社会和党的建设的研究与实践，以“发布决策信息、展示调研成果、交流工作经验、指导调研实践”为办刊宗旨。《海淀研究》为双月刊，2010年初创刊，全年共编发六期。

（王怡然）

海淀区委区政府研究室
地址：海淀区长春桥路17号
邮编：100089
电话：82510277
邮箱：yjs201@sina.com

区直属机关工作委员会工作

【综述】 中共海淀区委区直属机关工作委员会是负责领导区直属机关党的工作的区委派出机构，领导72个机关基层党组织（含5个机关党委、23个直属机关党总支、44个直属党支部），所属党员7718名，在职党员5956，离退休党员1219。工委下设机关纪工委、机关工会、机关团工委、机关妇工委，下辖50家机关工会分会（小组），工会会员1980名（上年有3000多名会员，本年数量明显减少，原因是区建委和区人力社保局单独成立工会，直接隶属区总工会）；19家机关基层团组织，共青团员452名。

2010年，区直机关工委贯彻落实区委十届十一次全会精神，以开展创先争优活动、优质服务年和作风建设年活动为契机，把服务中心、建设队伍贯穿机关党组织活动始终，积极发挥党组织的协调、监督、服务作用，为本区经济社会发展提供坚强有力的思想和组织保证。

创先争优活动　按照全区部署，区直机关开展了以“比服务意识、比服务态度、比服务效率、比服务质量、比服务满意度，争当优质服务先锋”（简称“五比一争当”）为主要内容的创先争优活动。同时把“五比一争当”活动与市级挂账重点村整治、做大做强驻区企业等全区中心工作紧密结合，确定开展“一二三”系列活动，即创建一批优质服务窗口、推动两项拉手共建活动（“拉手共建城乡党建”、“拉手企业共促发展”）、开展三项凝心聚力工程（学习型机关工程、党内关爱工程、干部健身工程），共推出100余项党建创新精品示范项目。

学习型机关建设　落实党工委中心组、支部学习日、辅导讲座、集中培训等学习制度，组织机关党员干部2000余人听取了6场“核心区大讲坛”，组织了以建设世界城市、推进党建创新为主要内容的系列讲座4次。组织海淀区外语培训工作首批试点班。协助举办“南沙精神”、“海淀区防震减灾科普”等报告会。组织本系统区党代表、机关党组织书记、党务干部开展核心区建设专题现场教学。

基层组织建设　举办机关党组织书记及党务干部培训班。举办党员发展对象培训班，173名党员发展对象参加培训。指导和督促30家党组织的调整和换届选举工作。重点培养入党积极分子187人，发展新党员176人，转正预备党员201人，接转组织关系1026人次。全年党费收缴1552803元，上缴931681元，下拨303230元。

精神文明创建　通过《海淀信息》、《机关党建》等宣传载体，重点宣传各级机关党组织在开展“五比一争当”活动、加强组织建设、解决突出问题、为群众办好事实事等方面的思路、做法、措施、经验。撰写信息材料30余篇，被《海淀信息》刊用14篇。编发《机关党建》优质服务年快报37期，其中被《海淀区“优质服务年”活动工作简报》刊用17篇。完成区直机关系统2010年区级文明单位的申报工作，18家申报单位全部通过区文明单位检查验收组的审查。年底，区直机关工委被北京市委评为“北京市第十届思想政治工作优秀单位”。

反腐倡廉工作　落实党风廉政建设责任制，开展党性党风党纪教育和反腐倡廉教育，发放宣传品；开展廉政风险防范管理工作注重源头治理。给予城管大队许某某、国税局梁某某受贿党纪处分。调查多起举报信访案件。

关爱工程　救助机关特困人员277人，资金70余万元；协助区红十字会向80名困难干部发放慰问品；举办迎“七一”送图书820份。组织“抗旱救灾献爱心”、“抗震救灾献爱心”、“共产党员献爱心”、为青海玉树地震灾区募捐等捐献活动，共募集善款157余万元、图书1万3千余册、衣被1千余件。

主题实践活动　与体育局共同承办“强健体魄、共建核心区，优质服务、奉献在海淀”海淀区2010年运动会，共有120余家单位8000余人参加；开展“锤炼党性作表率，创新发展当先锋，机关党建走前头”活动；举办建党89周年演讲、诗歌朗诵及征文比赛等系列活动，500多人参加。

机关群团工作　机关工会、团工委和妇工委组织了乒乓球比赛、三人篮球赛、扑克友谊赛、香山健身登山、划龙舟比赛、排舞健身培训班等活动，共计1200余人次参加活动。机关团工委完成“海淀区十大杰出青年”推荐工作和2009年青年文明号、五星级团支部、青年岗位能手申报工作；举办“爱情招聘会”活动。妇工委在“三八”节组织100多名机关女干部参观航空博物馆。

（庄立铭）

【召开党建工作会】　3月5日，以“转变作风、强化服务、提高效率、建设队伍”为主题的区直机关党建工作会召开，部署本年区直机关的党建工作。区直机关工委把本年命名为“干部作风建设年”，推进“法律进机关”、“一岗双责”学习教育、核心区建设专题系列讲座等活动，把反腐倡廉教育列入机关党员教育培训计划。

【组织春雨抗旱救灾捐款】　4月9日，区直机关工委在区政府第一办公区举行“春雨抗旱救灾行动”捐款活动，为西南地区遭受历史罕见的特大旱灾捐款，仅半天机关干部的捐款总额就达275880元。

（钟冷）

【哀悼青海玉树地震遇难同胞】　4月21日，区直机关工委在第一办公区举行哀悼青海玉树地震遇难同胞仪式。市委常委、区委书记赵凤桐，区委副书记、区长林抚生，区政协主席彭兴业等区四套班子领导以及第一办公区29家部委办局的领导和全体工作人员600余人参加活动，降半旗，为遇难同胞默哀三分钟。

（庄立铭）

【开展“作表率、当先锋”主题实践活动】　4月28日，组织机关各级党组织和全体党员开展“锤炼党性作表率，创新发展当先锋，机关党建走前头”主题实践活动。按照全区开展的作风建设年和优质服务年的要求，机关工委以加强党性修养为重点，发挥好战斗堡垒作和先锋模范作用，为加快建设核心区提供思想和政治保证；围绕创建学习型组织、推进核心区建设、服务人民群众、维和谐稳定、弘扬清风正气五个方面，重点开展10项活动。

【开展“拉手共建城乡党建”活动】　5月4日，启动以“比服务意识、比服务态度、比服务效率、比服务质量、比服务满意度，争当优质服务先锋”为主题的优质服务年活动。活动全面覆盖了区直机关系统72个党组织，并以“拉手共建城乡党建”、“拉于企业共促发展”的活动为载体，组织13个党组织和党员与8个市级挂账重点村结成“手拉手共建对子”，开展“送政策、送法律、送温暖、送智慧”为主要内容的共建活动。

【举行庆祝建党89周年活动】　6月24日，区直机关工委庆祝建党89周年“五比一争当”演讲比赛暨“共产党员献爱心”活动举行。这是区直机关系统开展“创先争优”暨作风建设年活动的重要内容。来自10个单位的代表参加演讲比赛，活动现场共收到捐款312559元，捐款将用于帮扶困难党员、爱心助老项目、开展助学及应急救助项目。

（钟冷）

【举办专题报告会】 11月19日，举办学习贯彻党的十七届五中全会精神专题报告会，邀请中央党校专家做了题为“十七届五中全会精神与十二五规划战略目标的解读”的辅导报告。区直机关系统区党代表、系统先进人物、直属机关党委、党总支、党支部书记和委员以及新党员400余人听了报告会。

【参加亚残会火炬传递启动仪式】 12月3日，组织200名观众赴中华世纪坛，参加广州2010年亚洲残疾人运动会火种采集、火炬点燃暨火炬传递活动启动仪式。 （庄立铭）

中共海淀区委区直属机关工作委员会
地址：海淀区长春桥路17号
邮编：100089
电话：82510179　82510133
邮箱：hdjggw@sina.com

机构编制工作

【综述】 海淀区机构编制委员会办公室（简称区编办）是海淀区机构编制委员会的常设办事机构，负责本区行政管理体制改革以及机构编制日常管理工作。

机构编制管理 4月29日，启动街道系统管理体制调整工作。此次调整通过规范街道机构与职能设置，取消街道类别划分、重新修订“三定”规定，完成对街道机构管理体制的进一步调整，强化街道服务核心区建设、城市属地管理职能，理顺城乡交叉地区、重点地区管理体制。

进行“一科制”审批制度改革，实现区属19个部门、涉及27个行政科室、5个事业单位、1个执法机构中的75项审批事项的“一科”模式，实现“一个窗口受理，一个机构审批，一个公章办结”。

年内，对海淀园管理机构进行了调整。将海淀园管委会从议事协调机构调整为区政府派出机构，统一领导和协调海淀园建设和管理工作；成立海淀区经济和信息化办公室。三是将海淀区投资促进办公室调整为海淀园管委会职能处室，挂海淀区投资促进局牌子，以区投资促进局名义独立对外开展工作，负责本区招商引资和投资促进工作，推进优化投资环境，协调落实对驻区重点企业的各项服务制度。2010年6月，区委海淀园工委、海淀园管委会的“三定”修订工作全部完成。

经2009年6月30日区编委会研究决定，依据海政办发[2010]56号文，2010年5月21日，撤销区“2008”环境建设指挥部办公室机构建制。12月17日，撤销北京市海淀区市政园林服务中心机构建制。

事业单位管理 全年办理法人设立登记22家，变更登记198家，注销登记17家，年检合格836家，收缴印章30枚，对256家单位履行公告程序。

10月，开展区属事业单位模拟分类工作，通过对事业单位基本情况调查统计并按照市编办确定的标准，事业单位根据社会功能划分为大三类小三类，即行政管理类、生产经营类和公益服务类三大娄，其中公益服务类细分为公益一类、公益二类、公益三类三个小类。通过模拟分类工作，拟定类别，按照划分标准对事业单位进行类别细分；拟定机构，进一步明确事业单位的机构属性。此次模拟分类共涉及区属事业单位589家，其中拟定行政管理类2家，生产经营类15家，公益类541家，混合类暂无法分类的1家，需要清理规范的30家。

【成立中关村西区管理委员会办公室】 1月，根据市编办《关于同意成立北京市海淀区中关村西区管理委员会办公室的函》（京编办行〔2010〕8号），成立中关村西区管理委员会办公室（简称西区办），为区政府派出机构，与海淀街道办事处合署办公，代表区政府统一行使中关村西区的各项管理职能。西区办负责落实西区总体发展规划、专项规划，调整西区产业业态并负责组织协调相关部门提升西区的交通管理、社会治安、综合治理、环境秩序及市容管理水平。

【成立海淀区经济和信息化办公室】 6月，成立海淀区经济和信息化办公室，将区发展改革委承担的工业行业管理职责、区政府办承担的区域信息化工作职责整合划入，对口市经济信息化委，负责本区工业、软件、信息服务业、信息化工作。

【中央编办到海淀调研】 6月24日，中央编办、市编办一行到海淀区调研“政事分开、管办分离”改革试点工作。区公共委汇报了改革的背景、成效、困难等，就进一步深化改革试点工作提出了建议。上地医院和八里庄社区卫生服务中心作为改革试点的基层单位，就“政事分开、管办分离”的具体实践进行总结汇报。中央编办副主任黄文平肯定了海淀的行政管理体制改革试点工作，有许多改革创新的好思路和值得借鉴的好做法，尤其是“政事分开、管办分离”的改革试点，为今后事业单位改革作了有益地探索，对北京市乃至全国都有较强的借鉴意义。并建议海淀进一步加强调研、探索机制，继续推进“政事分开、管办分离”改革试点工作。

【成立示范区展示交易中心】 7月，依据市编办《关于成立中关村国家自主创新示范区展示交易中心的函》（京编办事〔2010〕83号）成立中关村国家自主创新示范区展示交易中心，为区政府直属相当正处级全额拨款事业单位，归口中关村科技园区海淀园管理委员会管理。主要职责是：为中关村新技术、新产品的展示、发布提供服务，展示中关村形象，宣传中关村创新企业文化；承担展示交易中心的接待、讲解、维护、安保等日常管理工作。

【成立核心区发展研究中心】 7月，依据市编办《关于成立中关村国家自主创新示范区核心区发展研究中心的函》（京编办事〔2010〕84）文件精神，撤销中关村科技园区海淀园发展战略研究中心，成立中关村国家自主创新示范区核心区发展研究中心，为区政府直属相当正处级全额拨款事业单位，归口中关村科技园区海淀园管理委员会管理。发展研究中心将为核心区建设的前瞻性、综合性、科学性政策研究提供了体制机制保障。（韩涛）

海淀区机构编制委员会办公室
地址：海淀区西四环北路73号中关村人才发展中心
邮编：100195
电话：88496981　88496982（传真）
邮箱：hdbianban@163.com

老干部工作

【综述】 中共海淀区委老干部局是区委、区政府服务管理全区离休和副处以上退休干部工作的职能部门。下属海淀区老干部活动中心、老龄大学（本年9月挂靠老干部局管理）。截至年底，全区有离休干部963人，易地来京安置离休干部125人，平均年龄82.9岁；副处以上退休干部1058人。

本年，区委老干部局全面落实老干部的政治待遇和生活待遇，不断丰富老干部精神文化生活，重视发挥老干部作用、着力提升老干部服务管理水平。

在全区142个离退休干部党支部和党员中开展创先争优活动，不断加强离退休干部思想政治建设和党支部建设。以“学先进创‘五好’，健身心乐晚年”主题活动为载体，以老干部党校为平台，以社区课堂为依托，举办党支部书记培训班、座谈会、形势报告会和专题讲座，通报区情等多种形式加强离退休干部理论学习和形势教育，全年参加各类学习培训的老同志达1000余人（次）。组织百名处退干部赴重庆、广安等地开展“传承红岩精神，坚定理想信念”革命传统教育，组织部分局级退休干部赴上海参观精彩世博。

引导离退休干部发挥优势作用，就海淀区发展战略、党建问题、民生问题、城市规划与管理、北部新区建设等重大问题召开座谈会，听取老干部的意见和建议。以区老干部理论学习中心组、老干部关心下一代工作委员会成立20周年为契机，开展各种共建交流活动。加强老干部工作通讯员业务培训，通过北京电视台《晚晴》栏目、《北京党建》数字电视、《海淀老干部》杂志、海淀区委老干部局网站等媒介宣传离退休干部的先进典型。继续完善和落实离休干部“三个机制”（离休费保障机制、医药费保障机制、财政支持机制），确保离退休干部安享晚年。探讨建立老干部大病医疗补助机制，以帮助老干部解决医疗方面的实际困难。继续做好老干部各项生活待遇的落实工作，老干部局与区人力资源和社会保障局、区财政局、区公共委、区卫生局两次召开海淀区老干部大病医疗费用的补助问题协调会，形成《海淀区老干部大病医疗费用补助暂行办法》。完成《关于调整离休干部特许经费标准的通知》（京组通〔2010〕13号）等文件的落实工作，离休干部特需经费标准，由每人每年500元提高到每人每年1000元。增加老干部健康检查项目，为全区1665位离休干部及副处以上退休干部进行健康检查。区四套班子领导及全区各单位领导建立与老同志联系制度。做好重大节日、以及对患重大疾病的老干部的走访慰问工作，全区各单位走访慰问老干部3000余人次，送慰问品（金）近320多万元。老干部局重点走访慰问老红军、老八路、四套班子老领导、特殊困难老干部以及部分住院老干部400余人次，送去慰问品、慰问金总计70万元。

推进“四就近”工作（就近学习、就近活动、就近得到关心照顾、就近发挥作用），制定《2010年海淀区老干部社区“四就近”服务工作意见》。万寿路街道开展“结对”活动，深化了“四就近”服务内容，为该地区396名老干部提供更体贴的服务；紫竹院街道在北京市离退休干部社区“四就近”服务工作交流研讨会上作了典型发言。加大老干部党校社区课堂的建设力度，投资10万元为16个社区课堂添置教学设备；新建12个社区课堂，全区社区课堂达到50个。北太平庄街道社区课堂达到9个；中央财经大学与甘家口街道甘东社区课堂开展的世博互动活动受到老干部的称赞。

投入95余万元对老干部活动中心设施进行改造和更新。组织开展迎春游艺会、新春团拜会、五月鲜花文艺汇演、老干部书画摄影展、广场健身舞培训、重阳游园会、老干部运动会等文体活动。组织驻区中央国家机关、部队和市属、区属老同志参加首都老干部“展风采，乐晚年”健身操展示活动。区老干部活动中心各类培训班和社团坚持常年活动，全年到中心参加活动的老同志共计2万余人（次）。区老干部长青艺术团的舞蹈《梦中高原红》在北京市“百家社区”群众性健身才艺汇报演出总决赛中取得第四名，荣获北京市“百家社区”健身才艺大赛三等奖。

在创先争优活动中，老干部局倡导比工作、比学习、比奉献的良好风气，加强工作人员作风建设。举办全区老干部工作人员培训班和局机关工作人员培训班，开展老干部工作政策业务知识在线学习，以提高业务水平和综合素质。建立全区老干部工作信息报送制度，强化工作人员的信息宣传意识。围绕“四就近”、老干部工作创新发展等课题，开展调查研究，完成《关于加强调研工作　努力推动老干部工作创新发展的实践与思考》、《强化意识　凝聚力量　不断加强老干部工作部门自身建设》、《关于海淀区“四就近”服务工作的研究》的调研报告。

本年，区委老干部局获得北京市委组织部、市老干部局老干部工作政策业务知识笔试团体第二名。

【第23次老干部座谈会召开】 2月2日，海淀区第23次老干部座谈会暨“双先”表彰会召开。会议传达了北京市第二十三次老干部座谈会暨离退休干部“双先”表彰大会精神，表彰了海淀区2008-2009年度26个离退休干部先进党支部和70名离退休干部先进个人。区委副书记关成启作了题为《认真学习贯彻党的十七届四中全会精神　全面推进老干部工作科学发展》的工作报告。北京市十一学校离休干部党支部和区侨联退休干部王宏汉代表受表彰的先进党支部和先进个人做了典型发言。

【举办书画摄影作品展】 6月25日，以“学先进创‘五好’，健身心乐晚年”为主题，在活动中心举办2010年老干部书画摄影作品展。共收到摄影作品500余幅，126人参加，42人入选，制作摄影作品56幅；共收到书画作品260余幅，128人参加，90人入选，制作书画作品100幅。

【召开四套班子领导与老领导暑期座谈会】 8月9～11日，海淀区2010年四套班子领导与老领导暑期座谈会召开。四套班子领导和李培山、李书龄等老领导参加会议。会上通报了全区上半年工作情况和下半年工作安排，对市政道路建设、城乡一体化建设、北部地区规划建设、四大功能区建设等方面进行了重点介绍。组织老干部参观四季青北坞新村等地，并听取北部地区规划建设情况介绍。

【承担首都老干部健身操柔力球训练与表演】 8月23日～10月13日，中组部、解放军总政治部、北京市委联合举办首都老干部“乐晚年、展风采”健身操表演大会。海淀区负责第三套柔力球健身操表演，驻区的中直国家机关、部队、部分市直机关以及海淀区属单位共20多个单位的380多名离退休干部参加了训练，队员中年龄最大的72岁，平均年龄60岁。选出61人组成表演方队参加了最后的表演。

【召开区委老干部工作领导小组会】 12月31日，区委老干部工作领导小组会召开。会议通报了2010年海淀区老干部工作情况，讨论并通过《海淀区第24次老干部座谈会工作报告》、《2011年海淀区老干部工作要点》和《海淀区老干部特困帮扶暂行办法》；就开展街道社区老干部工作人员队伍调研的有关问题进行了说明。（王瑛）

中共海淀区委老干部局
地址：海淀区知春东里科南路26号
邮编：100086
电话：62566275
网址：lgj.bjhd.gov.cn

党校（行政学院）工作

【综述】 中共海淀区委党校与海淀区行政学院、海淀区社会主义学院、海淀区社会科学研究所合署办公，是一个机构四块牌子的全额拨款事业单位。党校在中共海淀区委领导下，培养全区党政领导干部和理论干部；行政学院按照海淀区人力资源和社会保障局制定的全区公务员培训计划完成相关培训任务；社会主义学院负责培训海淀区的中共统一战线工作干部和民主党派、无党派干部并开展理论研究工作；社会科学研究所主要承接区委、区政府交办的课题，研究区域发展相关的问题，定期出版内部刊物《海淀社会科学》。

2010年，海淀区委党校进一步深化干部教育培训理念、内容、方式、手段和管理等方面的改革创新。

突出重点，不断完善优化教学布局。抓好以中国特色社会主义理论体系为主要内容的理论教育；抓好以坚定理想信念、增强宗旨观念和改进作风为重点的党性教育；抓好以提高干部整体业务素质为重点的知识教育；抓好以区域特色系列课程为重点的区情教育。

创新教学方式，增强培训的吸引力和实效性。本年，各种班次的培训班都加大了互动教学的比重，每期培训班的案例教学、现场体验式教学、研讨式教学、情景模拟教学比重占全课程的30%左右。首次在中青年干部培训班推出的沙盘模拟演练取得较好的培训效果。公务员培训班开设“院士讲坛”，首次引入拓展式教学和体验式教学。多种教学方法的有效结合，取得了较好的培训效果。

教学管理进一步规范化、制度化。进一步规范了课程设置程序，完善了课程试讲制度，校内教师开设的课程均需经试讲审查合格后才能正式上课；建立学员考勤公示制度，采取课前签到课后公示的方式，大幅度提高了学员的出勤率；加大自主选学力度；优化教学效果评估制度，将教学效果、班主任工作、后勤保障等纳入到评估范围，为教学管理和教学改革提供了第一手资料。

初步探索研究式教学与能力培养、政策咨询的有机结合。探索研究式教学与学员能力培养之间的结合点，将干部的学习过程与研究问题结合起来，使教学过程变为激发思考、分享智慧、提高思维水平和实践能力的过程，形成政策咨询建议。对四川广安、青海海西学员采用有分有合的教学方式，即有些课程单独上，而有些专题课和研讨则分别插入主体班次，既满足了两地个性化的培训需求，又为三地学员相互学习、交流提供了平台。

本年，有8位教师参与了19个班次的教学工作，共计524个课时。教师开展教学调研23次。教师在公开出版的刊物上发表论文10篇，其中核心期刊2篇，在内刊上发表论文11篇；主持课题共11项，其中市级4项，区级2项，校级5项，参与市、区级课题5项；2位教师参与2部著作的编写工作，约8万字。《海淀社会科学》出刊4期，约52万字。在北京市党校（行政学院）系统科研评奖活动中，获得北京市党校系统优秀科研工作组织奖、优秀科研管理者奖，优秀科研成果一等奖1项，二等奖2项，位居十八区县之首；被评为区级课题调研优秀单位。

本年，党校（行政学院）完成各类主体培训班54期，培训学员3992人。

【主体班培训情况】

1、干教联络员培训班，3月15日~3月16日，学员130人。

2、正处级后备干部培训班，3月29日~5月14日，学员32人。

3、2010年春季处级干部进修班，3月30日~4月24日，学员64人。

4、第二十三期中青年干部培训班，3月29日~5月28日，学员42人。

5、四川广安、青海海西培训班，3月29日~4月16日，学员40人。

6、海淀区农村党支部书记培训班，3月30日~4月6日，学员130人。

7、街道乡镇安全生产管理人员专题培训班，4月19日~4月30日，学员34人。

8、海淀区入党发展对象培训班，4月19日~4月23日，学员173人。

9、城市建设与管理专题培训班，4月26日~4月29日，学员47人。

10、社会建设与管理专题培训班，5月5日~5月7日，学员50人。

11、综治干部培训班，5月5日~5月7日，学员91人。

12、党外中青年骨干培训班，5月16日~5月18日，学员43人。

13、反腐倡廉建设专题培训班，5月10日~5月14日，学员45人。

14、高端产业发展专题培训班，5月17日~5月21日，学员48人。

15、自主创新与核心区建设专题培训班，5月25日~5月28日，学员60人。

16、重庆巴南鱼洞街道村（居）干部培训班，5月25日~5月29日，学员36人。

17、第三期北京哲学社会科学教学科研骨干研修班，7月19日~8月6日，学员66人。

18、第四期北京哲学社会科学教学科研骨干研修班，8月2日~8月20日，学员84人。

19、第五期北京哲学社会科学教学科研骨干研修班，8月9日~8月27日，学员72人。

20、第六期北京哲学社会科学教学科研骨干研修班，8月16日~8月27日，学员71人。

21、2010年处级干部进修班，8月30日~9月30日，学员42人。

22、第二十四期中青年干部培训班，8月30日~10月29日，学员52人。

23、四川广安、青海海西培训班，8月30日~9月20日，学员40人。

24、海淀区城乡一体化发展专题研讨班，9月14日~9月16日，学员44人。

25、青海海西州专业技术人员培训班，9月16日~9月25日，学员40人。

26、海淀区第二期安全生产监管业务骨干培训班，9月26日~9月29日，学员33人。

27、第七期北京哲学社会科学教学科研骨干研修班，10月11日~10月29日，学员112人。

28、海淀中小学书记研修班，10月11日~10月22日，学员32人。

29、海淀区公共委医院管理人才培训班，10月15日~10月17日，学员52人。

30、第八期北京哲学社会科学教学科研骨干研修班，10月25日~11月12日，学员105人。

31、安徽省委党校第六期师资培训班，10月25日~10月30日，学员43人。

32、海淀区安全生产与突发事件处置专题研讨班，11月8日~11月5日，学员51人。

33、海淀区新任处正处级干部任职培训班，11月8日~11月12日，学员27人。

34、海淀区新任副处级干部任职培训班，11月8日~11月12日，学员28人。

35、第九期北京哲学社会科学教学科研骨干研修班，11月8日~11月26日，学员123人。

36、海淀区团干部培训班，11月19日~11月20日，学员300人。

37、第十期北京哲学社会科学教学科研骨干研修班，11月22日~12月10日，学员119人。

38、培训班，温泉镇村级两委班子、后备干部、大学生村官培训班，11月23日~11月26日，学员47人。

39、公共服务与政策创新专题研讨班，12月6日~12月10日，学员91人。

40、海淀区西北旺镇中青年干部培训班，12月6日~12月10日，学员49人。

41、“十二五”科学发展与领导力

提升专题研讨班，12月13日~12月17日，学员100人。

42、第二十五期正科级公务员任职培训班，3月8日~4月2日，学员33人。

43、第一期纳入公务员培训班，3月15日~3月19日，学员76人。

44、第二期纳入公务员培训班，3月22日~3月26日，学员101人。

45、第三期纳入公务员培训班，3月29日~4月2日，学员85人。

46、第十八期副科级公务员任职培训班，4月19日~5月14日，学员79人。

47、2009年度第一期军队转业干部培训班，4月12日~4月16日，学员33人。

48、2009年度第二期军队转业干部培训班，4月19日~4月23日，学员70人。

49、2009年度第三期军队转业干部培训班，4月26日~4月30日，学员76人。

50、第四期纳入公务员培训班，5月22日~5月26日，学员114人。

51、2009年度第二期公务员初任培训班，7月5日~7月16日，学员105人。

52、第二十六期正科级公务员任职培训班，10月11日~11月5日，学员55人。

53、2010年公务员初任培训班，10月18日~10月29日，学员195人。

54、第十九期副科级公务员任职培训班，11月8日~12月3日，学员91人。（赵燕）

【区委党校翠微教学实践基地揭牌】 6月29日，北京翠微大厦股份有限公司与海淀区委党校签署合作办学协议，成立海淀区委党校—翠微分校，并揭牌，主要培训党员和入党积极分子以及管理人员。

【首次开设拓展课程】 10月11日，区委党校在第二十六期正科级公务员任职培训班，首次开设拓展式教学课程。本次拓展共设立动感颠球、不倒森林、能量传输线、巧接彩球、协同跳绳五个项目，旨在通过学员间的民主交流和团结协作，培养其统筹意见和团队精神，通过对成败得失的总结提炼实现自我提升与熔炼团队，最终达成学员们决策力与执行力的双重提高。（钟冷）

中共海淀区委党校（海淀区行政学院、海淀区社会主义学院、海淀区社会科学研究所）
地址：海淀区东北旺南路27号
邮编：100193
电话：62985190
网址：www.hddx.org.cn

精神文明建设

【综述】 海淀区精神文明建设委员会办公室是海淀区精神文明建设委员会的常设办事机构，负责本区精神文明建设的组织、协调、指导和督察工作。本年12月28日，成立海淀区关心下一代工作委员会，归口区委宣传部管理，区关工委办公室挂靠区文明办。

2010年，海淀精神文明建设以“做文明有礼的北京人”活动为主线，实施市民素质提升、生态环境改善、社会秩序引导、诚信服务培育、社会文化促进、志愿服务推广、扶危济困关爱、舆论宣传跟进等8大文明行动，加强公民思想道德建设，开展群众性精神文明创建，推进未成年人思想道德建设，加大阵地建设和媒体宣传，提升了市民文明素质和城区文明程度，为助推中关村国家自主创新示范区核心区建设发挥了重要作用。

本年，青龙桥地区义务指路队被首都文明办评为“首都十大品牌文明团队”，海淀区文明引导员大队被首都文明办评为“文明引导品牌团队”。

公民思想道德建设 开展文明礼仪教育引导活动。以文明市民学校、文化大院等为平台，在广大市民中开展争做“文明有礼1234”[1]宣传教育活动，倡导市民从日常生活小节和身边小事做起。以武博会为契机，宣讲观赛礼仪知识，举办“武搏文明大讲堂”3场报告会，组织千余名观众参加“做文明观众，展首都风采”签名寄语活动。在市民中广泛开展“八德文化教育”、“礼仪知识进社区”、“邻里一家亲”等特色教育活动；举办2010海淀区职工文明礼仪大赛和“我骄傲我是海淀人”诗歌朗诵会等活动。

开展“我们的节日”主题实践活动。以春节、清明节、端午节、中秋节等传统节日为契机，指导全区开展“我们的节日”文化活动。春节期间，开展“2010年海淀新春系列文化活动”，世纪坛春节文化庙会、“百花闹新春”等活动，参与人数超过100万人次。清明节期间，开展缅怀先烈和文明祭扫宣传活动。端午节期间，在圆明园启动“端午文化周”活动。中秋节期间，开展“迎国庆，庆中秋，全民健身展风采”、“中秋月·海淀情”台商联谊等活动。重阳节期间，开展以敬老孝亲为内容的系列活动。

---

[1] “文明有礼1234”是首都文明办2010年在全市开展的文明礼仪引导行动，倡导市民在日常生活当中做到“文明有礼1234”——展示一张笑脸；注重两个形象（衣着得体、举止得当）；常说三句文明话（“您好”、“谢谢”、“对不起”）；常做四件文明事（逢人先礼让、困难热情帮、排队讲秩序、垃圾分类放）——养成科学文明的生活方式和文明礼貌的行为习惯。

开展群众性文化体育活动。举办“我的海淀·我的家”系列文化活动，启动“先进文化进社区、明星走进百姓家”活动和“核心区·歌飞扬”文化演出季活动。举办第七届海淀文化节、第十八届职工艺术节活动、“中关村·海淀科技园区青年歌手大赛”、“五月的鲜花”和“惠民电影月”等活动。组织海淀区机关运动会以及篮球、高尔夫球、围棋、龙舟、风筝等10余项大型体育赛事。

开展先进典型评选表彰活动。开展“我推荐、我评议身边好人”活动，有12人入选北京市推荐“中国好人榜”名单，其中青龙桥街道陈莘眉入选“中国好人榜”。开展“孝星评选”活动，评出3000名孝星，并召开“千名孝星感动海淀”表彰活动。开展“百姓爱心故事”征集和宣讲活动，举办“百姓爱心故事报告会”，编辑出版《海淀好人—百姓爱心故事选登》。

开展志愿服务活动。全区28个街道、乡镇都成立海淀志愿者联合会地区分会，以“连锁店”的形式建立117家志愿服务实践基地，形成“资源整合、全民参与、阵地先导、社团运营、规范管理”的“海淀模式”。春节期间开展“保春运讲文明树新风”志愿服务，在西客站疏散客流，引导排队候车，提供服务45万人次。为武搏会提供志愿服务，介绍比赛信息，宣传文明出行、低碳环保、健康生活和传统文化，上岗服务37000余人次。开展重残儿童上门支教、关爱农民工子女的“课后四点班”、“亲情暖夕阳”和无偿献血等志愿服务行动。评选并表彰第四届社区“义工之星”，组织评选“明星志愿者”、十大“明星志愿团队”和十大“明星服务项目”。

群众性精神文明创建　开展群众性的精神文明创建活动。第一，以老旧社区文明创建为重点，深化文明社区创建。制定《2010-2012年海淀区推进老旧社区创建文明社区实施方案》，在老旧社区文明创建试点基础上，形成逐年批次创建的模式。总计投资约7000万元，完成北下关街道大慧寺社区、羊坊店街道西木楼社区等15个老旧社区软硬件环境的升级改造，达到区级文明社区标准。建立和完善文明社区创建台账和文明创建数据库，组织开展文明家庭、文明楼院的评比活动，75个楼院被首都文明委评选为“北京文明示范楼门庭院”。建立文明社区创建台账，加强文明市民学校建设，发挥总校、中心校、分校三级一体教育网络作用；继续开展科教、文体、卫生、法律“四进社区”活动；结合“公民道德宣传日”开展系列纪念活动，展示海淀文明创建20年的成果。

第二，着眼城乡一体化，深化文明村镇创建活动。以“培育新农民，倡导新风尚，营造新环境，建设新文化”为目标，，全面推进文明村镇创建工作。制定《海淀区文明村庄创建行动计划》，加强对村庄集中整治和综合治理。组织对文明村镇的全面复查和重新命名。全面完成农村“五项基础设施”建设、“三起来”工程取得阶段性成果，农村的环境和设施得到改善。温泉镇被授予“全国环境优美乡镇”称号、温泉镇高里掌村被评为“2010年度北京最美的乡村”，海淀区已有1个国家级“环境优美乡镇”、5个市级“环境优美乡镇”和19个“生态文明村”。培养文明健康的生活习惯，培育农村文明新风尚；开展“城乡携手、共创文明”城乡结对共建活动，开展“城乡统筹，文明先行”主题社会实践活动。开展有一个文明指导员、一所文明市民学校、一条文明示范街、一面特色文化墙、一户农家小书屋的“五个一”示范达标活动。开展文化、科技、卫生“三下乡”活动，组织开展“农民艺术节”、“科技进客厅、艺术上炕头”、“百花闹新春花会踩街”等活动，丰富了农村精神文化生活。

第三，深化文明单位创建。组织开展全国级和首都级文明单位复查。围绕核心区建设，发挥社会中介组织作用，以高新技术企业为重点，探索核心区文明创建模式，加大创建的宣传和指导，在园区掀起文明单位创建热潮。加强以职业道德、职业技能、职业礼仪为主要内容的窗口服务行业培训，举办“第四届海淀商业服务业职业技能风采大赛”、“第八届中关村国际美食节”和“第六届海淀品牌消费节”等品牌活动，推进培训成果向优质服务转化，提高公共服务水平。开展“共铸诚信”实践活动，海淀区获北京市“共铸诚信”征文大赛优秀组织奖。开展“诚信示范单位、示范店”评选活动，有135家企业获海淀区首批中关村核心区电子市场“规范经营示范店”称号。开展“城乡统筹，文明先行”主题社会实践活动，全区3个全国文明单位、18个首都文明单位标兵、58个首都文明单位与农村结对共建，结对率达100%。

环境文明和秩序文明　加强市政基础设施建设，开展“春季行动”等专项整治工作。实施绿化美化工程，海淀区荣获“全国绿化模范城”称号。开展“假日文明行动”，在公共场所对随地吐痰、乱扔废弃物等有损市容环境卫生的不文明行为进行劝阻和教育，维护市容环境。围绕实现垃圾减量化、资源化、无害化的目标，推进垃圾源头分类、中间运输、终端处理的体系建设，实施绿化废弃物生物质利用示范工程。

开展“垃圾减量、垃圾分类从我做起”主题实践活动。确定119个小区和13所中小学作为垃圾减量、垃圾分类先行试点单位，配备垃圾减量垃圾分类“绿袖标”指导员716名。组建6支环境文明引导小分队，督促社区开展垃圾减量垃圾分类活动。在102所学校开展“争做垃圾分类垃圾减量环保小卫士”，将垃圾分类减量知识融入中小学生的生活教育中。在全区开展征集家庭低碳生活计划和低碳生活小窍门活动，聘请低碳家庭示范户组建“低碳生活家庭志愿者宣讲团”，传授节能减排技巧，传播低碳生活理念。将垃圾分类减量知识融入中小学生生活教育。在海淀区举行全市“周四垃圾减量日”活动启动仪式，每月突出一个主题，分阶段开展“绿色餐饮活动月”、“绿色旅游活动月”和“绿色社区活动月”等活动。设计制作文化衫、铅笔刀等宣传品6万余件，分发《绿娃在行动—图说垃圾减量垃圾分类》图书10万册。

以“11排队推动日”宣传活动为载体，以公交站台、医院、商场、公园等公共场所为重点，开展秩序文明引导行动。落实“文明交通行动计划”，举办“文明交通万里行暨志愿维护交通秩序上岗仪式”，组织驻军部队开展“关爱生命、安全出行”宣传活动，组织运输单位开展争做“大拇指”驾驶员活动，组织大学生志愿者开展高校交通安全宣传周活动，组织12所小学500名“小交警”举办“少年交警会操”展示活动。制作文明交通系列动画片。制作发放交通安全宣传材料、宣传贴、环保购物袋、光盘等宣传品3万件。本年全区新增加文明引导员228人，累计有文明引导员1025名。倡导区域旅游文明，加强旅游公共文明服务体系建设，本年新建7个旅游文明咨询服务点，全年接待旅游来访者超过10万人次。

未成年人思想道德建设 加强网络环境净化，严格网吧管理和监控，倡导文明办网、文明上网。净化文化市场环境，整治电子游艺场所，严厉查处非法音像制品、电子出版物、游戏软件以及有害“口袋本”图书、卡通画册等非法出版物。加强校园周边环境整治，建立联合检查机制和保护台账，确保学校门口、上下学路段良好的环境秩序。加强未成年人法制保护，成立全国首个少年检察处；设立“全国预防青少年犯罪研究基地”，建立法制校长制度；健全流浪儿童生活、教育、管理、返乡和安置等保障制度，共保护、救助流浪儿童424人。

开展特色品牌活动。以“做一个有道德的人”为主题，推出“企业家进校园”活动，邀请知名企业家走进中小学校，与两万多名中学生面对面“规划人生”；推出“金帆社区之旅”活动，组织在国内外大赛中多次获奖的11支金帆乐团，走进社区和乡镇，举办12场精彩的演出活动；推出“非遗文化进校园”活动，成立北京市首家“少年皮影剧社”。

构建学校、家庭、社会和网络“四位一体”教育体系。以学校为主导，开展“争当四个好少年”[①]等主题教育实践活动，推出“学生快乐学习十条建议”和《阳光总在风雨后—青春期学生危机行为干预指导手册》。以家庭为基础，启动“读经典诗文·建书香家庭”家庭读书活动，向家庭赠送传统文化书籍4千多册。开展海淀区社会大课堂活动，建成全国首家社区青少年宫；组织“社区文明小使者”评选，开展“快乐假期争做社区小主人”、“琴声献爱心、孤老暖心田”等百余项假期社区活动。利用数字德育网对学生进行网络教育，“尚秀云谈法”、“假期视频互动”、“精品书吧”、“网上班会”等栏目贴近学生实际，注重学生参与，深受师生的欢迎。

精神文明阵地建设 针对新时期精神文明建设所面临的新形势和任务，开展调查研究，完成《海淀精神文明工作助推核心区建设》，探索精神文明工作新路径；《2010年海淀市民精神文明指数研究报告》调研课题，为精神文明建设提供决策依据。起草《海淀精神文明建设“十二五”规划》。

完善文明市民学校总校、中心校、分校“三级网络”教育体系，实现文明市民学校在街道、乡镇和行政村覆盖率100%。建立“菜单式精品课程超市”和“市民学校优秀客座教授信息库”，开设20项精品课程，总校举办市民学校校长培训班四期，各中心校和分校开展各类教学活动和多种文化体育活动。本年以“文明绽放，幸福人生”为主题，举办首届海淀文明市民学校艺术节。加强社区、街面的宣传栏、文化墙建设，定期更新宣传内容。

加大对精神文明建设重大成果以及典型的宣传力度，创办开通海淀文明网，在海淀有线台开设《文明新发现》专栏，全年制作播放27期，专栏荣获中国广播电视协会“优秀电视栏目”三等奖、“华彩杯”优秀主持奖等荣誉；在《中关村》杂志开设“文明风范”专栏；在《海淀报》开设“爱首都、讲文明、树新风”专栏。全年编发精神文明简讯118期。通过北京电视台、《北京日报》、《精神文明导刊》以及《海淀宣传》等新闻媒介，扩大海淀精神文明宣传覆盖面，增强宣传工作的影响力。在社区、街面建设一批具有海淀特色的宣传栏和文化墙，弘扬时代主旋律，成为海淀精神文明建设的新亮点。（邹立宏）

【召开老旧社区文明创建协调会】 1月21日，区文明办组织召开海淀区老旧社区文明创建工作协调会。会上成立了海淀区老旧社区文明创建专项工作领导小组，由文明办、人口计生委、市政市容委、文化委、综治办、体育局、残联、科协8个单位组成，制定了《2010—2012年海淀区推进老旧社区创建文明社区实施方案》，确定三年内拟分批创建的老旧社区60个。

【评选精神文明建设最佳活动】 1月26日，区文明办召开2009年度海淀区精神文明建设最佳活动评比汇报会。区直机关工委的“放歌九月迎国庆　科学发展谱新篇”主题演唱会、教工委的“祖国利益高于一切”国庆游园活动等18项活动获“最佳活动奖”，22项活动获“最佳活动提名奖”。

【表彰文明乘车先进】 1月29日，海淀区召开2009年度文明乘车工作表彰大会，对万寿路街道乘车办等7个先进单位，西三旗街道乘车办等8个优秀单位，学院路北口站台等47个文明站台，中关村街道等15个街道的先进领导，15名先进工作者，赵秀萍等157名优秀文明引导员进行了表彰。

【启动海淀文明网】 2月3日，海淀区召开精神文明建设委员会第十八次全会，部署2010年精神文明建设4项工作要点，即广泛开展“爱首都、讲文明、树新风”活动；深入开展群众性精神文明创建活动；扎实推进未成年人思想道德建设；进一步完善精神文明建设工作

① “争当四个好少年”是2009年中国少先队建队60周年之际，胡锦涛总书记对全国少先队员提出要“争当四个好少年”，即：争当热爱祖国、理想远大的好少年，勤奋学习、追求上进的好少年，品德优良、团结友爱的好少年，体魄强健、活泼开朗的好少年。

机制。并启动海淀文明网，作为海淀区精神文明建设对外宣传平台，网址：hdwmb.b jhd.go v.cn。

【“做文明有礼北京人”系列活动】 春节期间，全区广泛开展“做文明有礼的北京人”春节系列文明活动，包括春运文明引导活动、春节文明环境营造活动、“春节一家亲”拜大年活动、文明游园逛庙会活动、春节文明优质服务竞赛活动和争当“社区文明小使者”活动。2月11日，“排队推动日”宣传活动推出“做文明有礼北京人”主题，开展区、街乡两级“迎新春、送温暖”活动。在人民大学南行站设立主宣传站点，另外14个街道分别设立14个分宣传站。

【开展文明祭扫宣传】 清明期间，全区共印制3万张“我们的节日• 清明—做文明有礼的北京人”宣传折页，倡导市民文明祭扫、文明出行、文明踏青。组织全区800余名文明引导员，在金山公墓、温泉苗圃墓园以及香山、植物园、紫竹院、玉渊潭四大公园等周边站台，开展文明祭扫宣传和文明引导服务活动。（崔鹏）

【“企业家进校园”宣讲活动】 4月8日，由区文明办、区教工委、《中关村》杂志社联合主办的“企业家进校园”系列宣讲活动在北京二十中启动，拉开海淀区2010年“做一个在道德的人”主题教育活动的序幕。邀请15位企业家，在人大附中、北大附中、清华附中等10所学校，与高中生面对面沟通创业经历和人生感悟，引导学生规划未来职业，5万多名中学生聆听受益。

（区文明办）

【北京市第1个“周四垃圾减量日”活动在本区举行】 4月15日，作为“做文明有礼的北京人”活动中的重点工作，北京市第1个“周四垃圾减量日”活动在中关村广场举行。“周四垃圾减量日”活动在全市各区县轮流开展，活动倡导市民树立“四种理念”：节约资源、减少废弃；垃圾分类、循环利用；人人参与，从我做起；人与自然和谐发展。8月5日，由首都文明办、市市政市容委、市社会办和海淀区委区政府联合主办的第17个“周四垃圾减量日”暨“绿色社区月”活动走进海淀西山庭院社区。

【开展争做“大拇指”驾驶员活动】 5月18日，为落实本区关于“文明交通行动计划”工作部署，海淀交通支队、区文明办联合在五棵松体育馆南广场举行专业运输单位驾驶人争做“大拇指”驾驶员活动。市交管局、区公安分局、区政府办以及驻区各专业运输单位领导、车管干部和部分专业运输驾驶员代表共600余人参加了活动。

【“共建核心区，奉献在海淀”诗歌朗诵会】 6月29日，由区纪委、区委宣传部和区文明办共同举办的“共建核心区，奉献在海淀——我骄傲，我是海淀人”诗歌朗诵会在北京电视台演播厅举行，来自海淀区第二实验小学、西北旺镇、四季青敬老院等16个基层单位表演了自创的诗歌作品。这是海淀区大力推进党员作风建设年和优质服务年活动的一项重要活动。

【继续开展“金帆社区之旅”活动】 7月2日至8月20日，在2009年试点的基础上，作为未成年人思想道德建设亮点工作之一，本区继续推进“金帆社区之旅”活动，组织11所中小学校的金帆乐团学生深入到11个街道、乡镇举办12场演出，服务社区居民近万人。

【为武搏会营造良好氛围】 7月，为迎接武搏会在北京召开，区文明办制定了社会宣传环境布置方案，从悬挂宣传品、张贴宣传海报、利用大型户外广告宣传、组织3场社区居民大讲堂活动、加强环境绿化美化等五个方面，对赛场和接待宾馆周边的环境进行环境布置，营造喜庆祥和的氛围。

【7人被评为首届“文明北京新市民”】 8月26日，首届“文明北京新市民”评选结果揭晓，海淀区的孙恒、王强、邸红敏、汪勇、张喜忠、暴立勇、朱良玉等7人被评为2010年度“文明北京新市民”。

【海淀区首届文明市民学校艺术节】 9月9日～17日，由区文明办组织的首届海淀文明市民学校艺术节在区文明市民学校总校（中关村学院）举行，艺术节以“文明绽放 幸福人生”为主题，以纪念海淀区开展创建文明居民区（文明社区）工作20周年。艺术节设置手工制作、插花、书法绘画、纵横码输入4个比赛项目，让市民在我参与、我展示、我快乐中提升素质。全区28个街道乡镇组队参加了艺术节。（崔鹏）

【首都文明办复查精神文明建设创建先进单位】 11月3日，首都文明办检查组到海淀区，对温泉镇、万寿路街道、四季青敬老院等全国和首都精神文明创建工作先进单位进行复查。（钟冷）

海淀区精神文明建设委员会办公室
地址：海淀区长春桥路17号
邮编：100089
电话：82510193
邮箱：hdwmbggyx@sina.com

党史研究工作

【综述】 海淀区党史区志办公室（简称区史志办）成立于2001年11月，承担本区地方中共党史、地方志资料的征集、研究、编写、保存、利用工作，负责本区地方史的宣传教育工作。

本年，围绕贯彻落实全国党史工作会议精神以及《中共中央关于加强和改进新形势下党史工作的意见》，主要开展了建立海淀区史志电子资料库、启动《中国共产党北京市海淀区组织史资料（1987—2010）》编纂工作、开展革命遗址普查、举办纪念抗日战争胜利65周年暨“十四年抗日战争名战名将专题展”大型图片展览、启动《海淀赋》编辑；外请专家讲解史学界有关抗日战争中重要观点、重要事件、抗战精神等方面的研究情况，有关“诗词曲赋”写作等几项工作。2010年，区史志办获得北京市党史系统信息工作先进集体称号。

【《海淀赋》编写工作启动】 3月12日，区史志办召开《海淀赋》编写工作启动会。同时，面向全区各界人士，开展《海淀赋》的征稿工作。《海淀赋》采用古典“赋”的形式展现区域历史人物、事件，涉及政治、军事、经济、文化、教育、科技、景观等各个方面。截至年底，共收到稿件100多篇。

【海淀区组织史资料编纂工作启动】 4月1日，区史志办召开《中国共产党北京市海淀区组织史资料（1987-2010）》编纂工作启动大会，17家牵头单位的主管领导参加了会议。此书主要记述1987年10月至2010年12月的地方党组织、人大、政府、政协、地方武装、统战、群团系统副处级以上组织机构、具有副处级行政级别以上双管单位以及区属企业，涉及200多家单位。本年底，完成40余万字的初稿，并对初稿征求意见近300余条，问题上千个。

【举办《组织史资料》编纂培训会】 4月16日，区史志办举办区组织史资料编纂工作培训会，30名撰稿人参加了培训。培训从组织史资料的体例结构、资料收集与编写方法作了讲解。

【启动建立电子资料库工作】 3月，启动海淀区史志办电子资料库建立工作。资料库包括两大类：一是党史研究室资料库；二是地方志编研资料库。内容主要由四部分组成：1.文字类（包括本室出版的公开书籍、内部书籍及内部刊物等）；2.照片类（包括征集抗战时期、中共中央进驻香山、建国前、后与海淀相关的各类资料等）；3.影像类（包括拍摄的各类专题片如《抗战史话》《中共中央进驻香山》以及区、市领导来本室调研工作资料）；4.声像类（包括各类座谈会、采访、工作会录音等）。截至年底，已录入文字1150多万字，照片10万多张；影像类2部；声像类近10套。录入工作还在继续进行中。待全部建成后，电子资料库与区委、区政府内外网链接，实现海淀区史志资源共享。

【革命遗址普查】 5月26日~6月底，对区域内的100多处革命遗址进行普查，确定40处遗址为普查重点，其中革命遗址29处，其他遗址有11处，拍摄照片100余张，文字说明近3万字。并填写了《革命遗址普查登记表》、《其他遗址普查登记表》、《北京市海淀区其他遗址目录》、《北京市海淀区革命遗址目录》、《北京市海淀区革命遗址普查统计表》、《北京市海淀区其他遗址普查统计表》。

【落实全国党史工作会议精神】 7月12日，区史志办传达全国党史工作会议精神以及《中共中央关于加强和改进新形势下党史工作的意见》，并提出五项落实措施：突出党史资料征编，抓好党史研究与成果转化，广泛开展党史宣传教育，深化党史业务指导和管理，加强党史工作队伍建设。

【举办“十四年抗日战争名战名将专题展”大型图片展】 9月2日，由军事科学院、卢沟桥抗战纪念馆、中国人民大学共同策划，海淀区史志办与香山“抗日名将纪念馆”联合举办纪念抗日战争胜利65周年暨“十四年抗日战争名战名将专题展”大型图片展览开展，展出面积2500平方米。展览以1931年9月18日至1945年9月3日期间的著名战斗、战役为线索，以抗战名将、英雄人物为主题，通过3000多张由纪念馆搜集的，以及来自民间捐展的图片和2000余件实物，包括港澳台和华侨的抗战，美国、英国、前苏联的援华照片和实物，弘扬团结抗日精神和爱国主义主核心的中华民族精神为主旋律的十四年名战名将专题展。此展览内容将永久保留在纪念馆。美军太平洋总部前司令、退役海军上将、现任太平洋航空博物馆董事会主席罗纳德-海斯（Ronald-Hays）先生一行参观了“十四年抗日战争名战名将专题展”，并与有关专家学者围绕第二次世界大战时期美国“飞虎队”（即美国志愿航空队）援华抗日作战、中国军民救护美国飞行员等若干历史史实和问题，进行学术交流。抗战名将纪念馆开馆以来，新华社、中国新闻社、北京电视台、北京晚报等国内外数百家新闻媒体进行了采访报道。

【《不可忘记的历史》出版】 8月，《不可忘记的历史—海淀地区日本军国主义侵略罪行调查》一书由中央文献出版社出版，全书近25万字，记录了1937年至1945年八年间，日本侵略军在海淀地区犯下的滔天罪行，重点记录了有资料查证的人口伤亡和财产损失情况。

【抗日名战名将纪念馆】 2005年，抗日军人的后代、海淀区民营企业家訾贵江在北京香山北正黄旗18号佟麟阁将军故居、佟麟阁将军墓所在地，投资两千万元修建佟麟阁将军纪念馆并对外开放。同年，纪念馆被北京市海淀区政府定为爱国主义教育基地。纪念馆通过佟麟阁将军的后人、数次到将军的家乡、生活战斗过的地方以及在社会上广寻等途径，征集到2000多件实物、3000多张图片。佟麟阁将军纪念馆开馆以来，累计接待10多万人次国内外观众。2009年9月19日，在佟麟阁将军纪念馆的基础上，扩建为北京香麓园抗日名将纪念馆，这是全国唯一一家抗战名将纪念馆。纪念馆占地面积2500平方米，分上下两层。2010年3月16日，纪念馆成立抗战文化研究会。本年，纪念馆组织4次纪念活动：清明节与民革市委文史委、29军抗战后裔到河北遵化长城抗战烈士陵园举办祭扫活动；7月7日，与海淀区香山街道办事处到抗战林、抗日战争纪念馆向英烈敬献花篮花圈；在9月2日抗战胜利纪念日组织海淀区文化委、史志办、统战部、香山街道等单位参加纪念活动；10月14日，与海淀区史志办、香山街道办事处召开抗战名将后裔座谈会，筹备编辑出版《抗战名将之后话名将》丛书。开展4次对外交流活动：4月，接待原美国飞虎队队员遗孀范西蒙一行，洽谈合作建立网站事宜；8月，中国远征军将领刘放吾之子、美籍华人刘伟民来馆参观，并向纪念馆赠送《刘放吾将军与缅甸仁安羌大捷》一书以及中央电视台采访刘伟民的光盘；9月，接待原美国飞虎队队员、“驼峰飞行”协会主席温雅德及孙子，飞虎队队长陈纳德的孙女纳莉女士，纳莉向纪念馆捐赠了《陈纳德将军纪念册》以及记录陈纳德在中国生活和战斗的原始纪录片，洽谈了合作意向；9月，接待北京最后一位飞虎队员彭嘉衡的遗孀和儿子，并向纪念馆捐赠了彭嘉衡的遗物，其中包括原美国总统布什和美国参议院议长史蒂文森写给彭的亲笔信原件。2010年，馆长訾贵江被中国文物保护基金会授予中国文化遗产保护年度贡献奖。

（王荣梅）

【粉饰“一二·九”纪念亭】　在“一二·九”运动75周年纪念日到来之前，团市委和北京植物园联合对北京植物园樱桃沟内的“一二·九”运动纪念亭进行重新粉饰。主要对150平方米纪念亭进行整体粉饰，对景区周边50平方米的景观墙进行维修，便于广大市民开展参观教育活动。

（林立）

海淀区党史区志办公室
地址：海淀区长春桥路17号
邮编：100089
电话：82510074

海淀区人民代表大会

★ 11月10日，区人大常委会组织人大代表视察“加快城乡结合部地区改造建设，推进城乡一体化进程”议案办理情况。（区人大 供图）

★ 1月12日~16日，海淀区第十四届人民代表大会第五次会议举行。（李瑞林 摄）

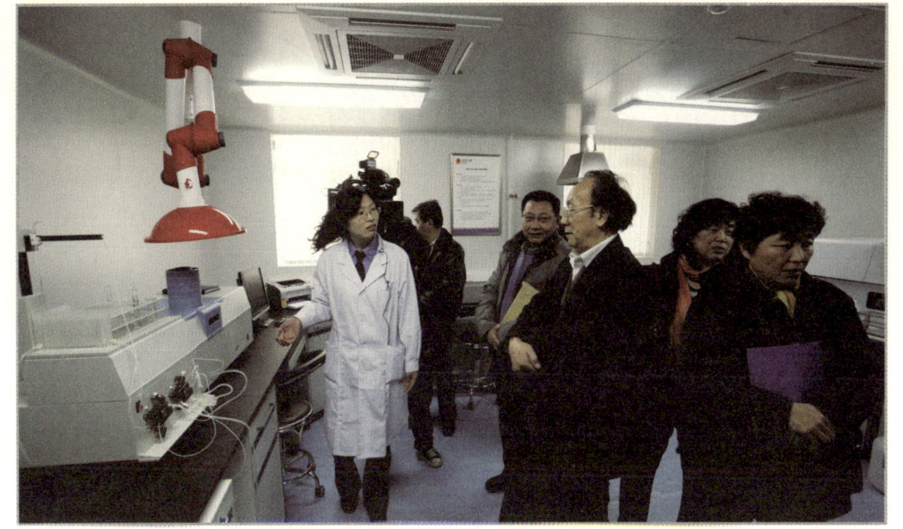

★ 3月24日，北京市工商局海淀分局开放日活动中，人大代表、监督员和消费者代表参观分局“12315”中心，并询问申诉和举报情况。
（周悠明 摄）

★ 6月18日，区人大常委会领导到中科院力学所调研。（区人大 供图）

★ 6月27日，区财政局向区人大财经委汇报工作。
（区财政局 供图）

★ 7月13日，区人大进行老年人权益保障工作专项评议视察。 （区文明办 供图）

★ 区人大代表咨询问政 （李瑞林 摄）

概　述

海淀区人民代表大会是海淀区地方国家权力机关，区人民代表大会常务委员会是区人民代表大会的常设机关。常委会设五委四室：办公室、研究室、代表联络室（人事委员会）、信访室以及城建环保工作委员会、财政经济工作委员会、内务司法工作委员会、教科文卫工作委员会、农村工作委员会。本届（第十四届）区人大常委会于2006年12月组成。

2010年，区人大常委会行使宪法和法律赋予的职权，完善工作方式、提高工作水平，为全区经济、政治、文化、社会事业的发展提供民主法制保障。本年召开区人民代表大会会议1次，常委会会议8次，主任会议14次，听取和审议“一府两院”工作报告27项，并案督办和跟踪督办议案3项，开展执法检查1项，开展专项工作评议1项，作出决议、决定7项，形成审议意见书9份。本年，张双战、周兴国、周灏、赖东4位代表调离海淀区，代表资格依法终止。补选区人大代表3名：鲁为、许彦春、李晓暐。现有区人大代表409人。

依法审议决定重大事项

区十四届人大五次会议听取并审议海淀区人民政府工作报告、海淀区2009年财政预算执行情况和2010年财政预算草案的报告；审议海淀区2009年国民经济、社会发展计划执行情况和2010年国民经济、社会发展计划草案的报告；听取并审议海淀区人大常委会工作报告、海淀区人民法院工作报告、海淀区人民检察院工作报告，通过关于各项工作报告的决议。区人大常委会听取并审议区政府关于“2009年财政决算报告”、“2009年预算执行和其他财政收支情况的审计工作报告”、“2010年国民经济和社会发展计划上半年执行情况和下半年工作安排的报告”、“2010年上半年财政预算执行情况和对本级财政预算做部分调整的报告”等，并做出相关决议；听取并审议区政府关于海淀区国民经济和社会发展第十一个五年规划执行情况和第十二个五年规划制定情况的报告，以及关于核心区建设、城乡一体化建设、义务教育均衡发展、生活垃圾处理等工作情况的报告；听取区政府关于2010年经济形势分析及2011年经济形势预测的情况报告、义务教育阶段教师实施绩效工资、北部地区规划、农村集体资产处置、土地储备情况、农村地区饮水安全、公共事业、档案事业情况的报告等。首次委托审计部门开展对专项资金使用情况的审计，听取区政府《关于海淀科技园区2009年度发展专项资金使用情况审计调查报告》，督促区政府进一步提高专项资金的使用效益。

重　要　会　议

【区十四届人大五次会议】 1月12日至16日召开。会议听取并审议《海淀区人民政府工作报告》、《海淀区2009年财政预算预计执行情况和2010年财政预算（草案）的报告》、《海淀区人大常委会工作报告》、《海淀区人民法院工作报告》、《海淀区人民检察院工作报告》，审议《海淀区2009年国民经济、社会发展计划执行情况和2010年国民经济、社会发展计划（草案）的报告》，通过关于各项工作报告的决议。会议期间共收到代表提出的议案70件，予以立案二案21件，其中孙英等181位代表提出13件议案，主要内容是“抓住机遇，创新机制，加快中关村国家自主创新示范区核心区建设”；孙维约等122位代表提出8件议案，主要内容是“加快城乡结合部地区改造建设，推进城乡一体化进程”。会上收到代表提出的“建议、批评和意见”628件。

【区人大常委会第23次会议】 2月23日召开。会议审议通过区人大常委会2010年工作要点。

【区人大常委会第24次会议】 4月27日召开。会议听取并审议区人民法院关于行政审判工作情况的报告和区人民检察院关于民事行政检察工作情况的报告。

【区人大常委会第 25 次会议】 6月22日召开。会议听取并审议区政府关于海淀区2009年财政决算的报告和2009年度海淀区预算执行和其他财政收支情况的审计工作报告，决定批准区政府关于海淀区2009年财政决算的报告。

【区人大常委会第 26 次会议】 7月27日召开。会议听取并审议区政府关于老年人权益保障工作的专项报告，对区政府老年人权益保障工作进行专项评议。

【区人大常委会第 27 次会议】 9月21日召开。会议听取并审议区政府关于海淀区2010年国民经济和社会发展计划上半年执行情况及下半年工作安排的报告和海淀区2010年上半年财政预算执行情况和对本级财政预算作部分调整（草案）的报告，通过关于批准区政府部分调整2010年本级财政预算的决议；听取区政府关于海淀科技园区2009年度发展专项资金使用情况审计调查报告；听取并审议区人大常委会执法检查组关于《中华人民共和国中小企业促进法》执法检查的报告、区政府关于义务教育优质均衡发展议案"审议意见书"落实情况的工作报告。

【区人大常委会第 28 次会议】 10月25日召开。会议通过了关于许可对区十四届人大代表张军采取强制措施的决定。

【区人大常委会第 29 次会议】 11月23日召开。会议听取区政府关于海淀区国民经济和社会发展第十一个五年规划执行情况和第十二个五年规划编制情况的报告；会议听取并审议区政府关于并案办理代表所提"贯彻落实科学发展观，抓住机遇，创新机制，加快中关村国家自主创新示范区核心区建设"等13件议案的情况报告以及"加快城乡结合部地区改造建设，推进城乡一体化进程"等8件议案的情况报告，并通过这两项报告；听取并审议区"一府两院"办理十四届人大五次会议代表"建议、批评和意见"情况的报告，以及区人大常委会关于十四届人大五次会议代表"建议、批评和意见"办理情况及检查情况的报告；审议通过海淀区人大常委会关于召开海淀区第十四届人民代表大会第六次会议的决定。

【区人大常委会第 30 次会议】 12月17日召开。会议听取并审议区政府关于《海淀区生活垃圾处理情况报告审议意见书》办理情况的报告；听取区政府关于海淀区2011年财政收支预算安排情况的报告，并进行初步审查；听取区政府关于海淀区2010年经济运行情况分析及2011年展望的报告、区人大常委会关于举行区十四届人民代表大会第六次会议筹备工作情况的报告、区人大常委会代表资格审查委员会关于个别代表的代表资格的报告；讨论通过提请区第十四届人民代表大会第六次会议审议的区人大常委会工作报告。

监督工作

对海淀区《中小企业促进法》贯彻落实情况进行执法检查，督促区政府切实转变政府职能，促进中小企业的快速健康发展。以主任会议形式听取区政府关于行政复议工作情况、"五五"法制宣传教育工作情况、城管监察队伍建设及依法行政情况、第八届村委会换届选举工作情况的报告，督促区政府将管理经济社会的工作纳入法制化轨道，不断提高依法行政水平。听取并审议区法院关于行政诉讼审判工作情况的报告、区检察院关于开展民事行政检察工作情况的报告，推动区行政审判工作和民事行政检察监督工作的依法开展。

督办"贯彻落实科学发展观，抓住机遇，创新机制，加快中关村国家自主创新示范区核心区建设"、"加快城乡结合部地区改造建设，推进城乡一体化进程"2项议案，跟踪督办"义务教育均衡发展"1项议案。

本年，常委会组织全体代表以十三个联组为单位，对区政府老年人权益保障工作开展历时4个多月的专项评议活动，推进老年人权益保障机制的完善。

人事任免

区人大常委会继续坚持对拟任命人员进行任前考察和法律知识考试、对新任命的国家机关工作人员实行就职宣誓的做法，不断加强对被任命国家机关工作人员的监督力度，促进国家机关工作人员依法行政、勤政廉政。全年共依法任免国家机关工作人员84人次，依法补选区人大代表3人、市人大代表1人，接受4人的辞职请求。

主要任免事项：4月27日，区十四

届人大常委会第二十四次会议，根据区人民政府区长林抚生的提请，决定：任命古红梅为海淀区商务委员会主任；任命龚宗元为海淀区住房和城乡建设委员会主任；任命苏德琴为海淀区环境保护局局长；任命胡淑彦为海淀区水务局局长；任命陈刚为海淀区社会建设工作办公室主任；任命刘希英为海淀区民族宗教侨务办公室主任。免去王淑侠海淀区商务委员会主任职务；免去张强海淀区住房和城乡建设委员会主任职务。

根据区人民法院院长鲁为的提请，决定：免去黄宝跃海淀区人民法院副院长、审判委员会委员、审判员职务。

根据刘健发、曹宇明的请求，按照《中华人民共和国地方各级人民代表大会和地方各级人民政府组织法》第二十七条规定，决定接受刘健发、曹宇明辞去海淀区第十四届人民代表大会常务委员会委员职务的请求，并报海淀区人民代表大会备案。

6月22日，区十四届人大常委会第二十五次会议，根据贾沫微本人的辞职申请，决定接受贾沫微辞去海淀区人民政府副区长的请求，并报海淀区人民代表大会备案。

根据区人大常委会主任会议的提请，决定：任命曹宇明为区人大常委会万寿路街道工作委员会主任；免去陈国启区人大常委会万寿路街道工作委员会主任职务。

根据区人民政府区长林抚生的提请，决定：任命陈静为海淀区文化委员会主任；免去刘明星海淀区文化委员会主任职务。

7月27日，区十四届人大常委会第二十六次会议，根据区人民政府区长林抚生的提请，决定：任命高祥阳为海淀区人民政府副区长。

9月21日，区十四届人大常委会第二十七次会议，根据区人大常委会主任会议的提请，决定：任命刘佩金为区人大常委会学院路街道工作委员会主任；任命王玉方为区人大常委会花园路街道工作委员会主任。免去刘佩金区人大常委会花园路街道工作委员会主任职务；免去王玉方区人大常委会香山街道工作委员会主任职务。

根据区人民法院院长鲁为的提请，决定：任命林建军为海淀区人民法院副院长、审判委员会委员、审判员。免去王成海淀区人民法院副院长、审判委员会委员、审判员职务。

11月23日，区十四届人大常委会第二十九次会议，根据区人民政府区长林抚生的提请，决定：任命甄蕾为海淀区商务委员会主任；免去古红梅海淀区商务委员会主任职务。

根据区人民法院院长鲁为的提请，决定：任命杭涛为海淀区人民法院副院长、审判委员会委员、审判员。

根据尹丽君的请求，会议决定接受尹丽君辞去海淀区第十四届人民代表大会常务委员会委员职务的请求，并报海淀区人民代表大会备案。

12月17日，区十四届人大常委会第三十次会议，根据区人民政府区长林抚生的提请，决定：任命李殿安为海淀区发展和改革委员会主任；免去李殿安海淀区农村工作委员会主任职务，免去刘伯正海淀区发展和改革委员会主任职务。

根据选举法的规定和市人大常委会的要求，会议补选郑传福为北京市第十三届人民代表大会代表，并将补选结果报北京市人大常委会代表资格审查委员会。

代 表 工 作

加强代表培训工作。组织代表集中学习《中华人民共和国水法》、《中华人民共和国老年人权益保障法》和《北京市信访条例》，开展《选举法》的学法答题活动。继续实行人大常委会街道工委、地区代表小组会前（活动前）学法制度，利用代表邮箱定期发送法律知识学习材料，通过采取通报全区经济社会发展情况、党风廉政建设情况等多种方式不断扩大代表知情知政的范围，提高代表依法履职的能力和水平。

丰富代表活动内容。组织开展“代表联系选民月”活动，共有372名代表参加活动，占全体代表总数的91.4%；开展“深化代表履职‘五个一’活动”，即：“闭会期间自学一部法律、参加一次常委会组织的活动、提出一条有效的建议、安排一次联系选民活动、为选民办一件实事”，不断增强代表履职的责任意识；以推进核心区建设、城乡一体化发展、充分发挥代表主体作用以及纪念常委会设立30周年等为主题，组织召开代表论坛和座谈会；结合常委会重点工作安排，组织代表开展专题视察及调研活动，以提高代表审议发言质量、提出针对性强的建议。

继续坚持代表建议重点督办制度，将与民生密切相关的6件建议确定为常委会主任、副主任重点督办建议，以主任会议形式首次专题听取区政府关于2010年区人大常委会重点督办建议办理情况的汇报；对代表多次提出未予解决的建议以及区十四届人大一次会议以来列入计划解决的建议，设立台账，确保建议办理落到实处；探索建立调研商议机制，对一些代表多次提出、长期未能解决的建议，会同区“一府两院”共同调研，商议解决途径；对2010年度的建议办理情况进行整理汇总，向代表反馈，便于代表了解建议办理情况。

做好海淀团市人大代表服务工作。组织开展海淀团市人大代表向区代表述职活动，共有59名市人大代表向区人大代表进行当面述职，有28名市代表按照要求撰写书面述职报告，述职活动总参与率达到88%；组织“市、区人大代表联系日”活动，组织市代表参加区代表活动，密切市、区人大代表之间的联系；继续举办全国、市、区三级人大代表座谈会。

常委会机关建设

【综述】 落实市委、区委第三次人大工作会议精神。对人事任免范围进行进一步规范，使常委会对政府工作部门的任免范围，与市人大常委会保持一致。同时，进一步畅通人大干部的交流机制，推动常委会组成人员与政府部门干部的交流，有一名专职委员到政府部门任职。

围绕全区工作大局、常委会监督议题、群众关心的热点问题和人大工作的前瞻性问题，由常委会主任和副主任带头开展调查研究。全年共形成调研报告15篇。

加强信息宣传工作。全年共完成《海淀报》人大工作专版11期、海淀有线电视台“人大在线”栏目4期，海淀人大信息48期。进一步完善海淀人大网站建设和机关OA网上办公系统，提高常委会机关网上协同办公水平。

以建设“学习型、创新型、和谐型、服务型”机关为载体，不断提高机关干部的服务意识和办文、办会、办事的能力。把常委会机关干部的培养和使用纳入全区干部工作的总体规划，有两名处级干部赴浙江省挂职锻炼，一名副处级干部到基层进行挂职锻炼。

对22个人大常委会街道工委的工作制度进行统一规范，制定《海淀区人大常委会街道工作委员会工作制度汇编（试行）》，修订《关于开展评选海淀区人大常委会先进街道工委和地区代表小组活动的意见》，使人大常委会街道工委、地区代表小组工作进一步规范化和制度化。依法加强对乡镇人大的联系和指导，进一步提升乡镇人大的工作水平。

开展对外交流。举办全国十二城区人大工作研讨会第39次会议，参加在重庆市渝北区举办的全国直辖市四区人大工作研讨会第8次会议，参加在西安市雁塔区举办的全国十二城区人大工作研讨会第38次会议，提交研讨论文3篇。

【召开全国、市、区三级人大代表座谈会】 2月25日，区人大常委会邀请海淀区全国人大代表及部分市、区人大代表进行座谈。座谈会上，全国、市、区三级人大代表围绕加强中关村国家自主创新示范区核心区建设的政策支持力度，关注和改善涉及民生的房价、教育、就业等问题进行交流。会后，全国人大代表将市、区人大代表集中反映的关于加大核心区建设的政策扶持力度和高房价、义务教育均衡发展、就业难等事关民生的热点、难点问题，在全国人代会上进行反映。鉴于上年三级人大代表信息沟通机制取得良好效果，该项措施已经成为海淀区人大常委会的常态化工作，每年全国人代会召开前定期举行。

【纪念区人大常委会设立30周年】 区人大常委会开展系列活动，纪念常委会设立30周年。主要活动包括：10月13日，召开老领导、老同志座谈会，17位老领导及老同志回顾总结了从事人大工作和担任代表职务的经验和体会，并对进一步加强和完善人大工作、不断推动海淀区民主法制建设提出意见和建议。11月17日，召开市、区人大代表座谈会，出席会议的25名代表结合自身从事代表工作的实际情况，总结和回顾了担任代表职务的经验和体会，并对进一步加强和完善人大工作提出意见和建议。编辑出版《海淀区人大常委会设立三十周年纪念文集》，回顾30年来区人大及其常委会的发展历程，总结人大工作的经验，为人大工作的进一步创新发展提供借鉴。

【举办《中关村国家自主创新示范区条例》专家座谈会】 7月9日，区人大常委会邀请中国社会科学院、北京大学、中国人民大学、中国政法大学部分法律专家、学者和市人大常委会法制办、教科文卫办，市政府法制办，中关村管理委员会，区法院有关负责人进行座谈，征求专家、学者对《中关村国家自主创新示范区条例》的修改意见。

【举办代表论坛】 4月9日、6月29日和9月26日，区人大常委会分别举办三次代表论坛。第一次代表论坛的主题为“如何抓住机遇，加快转变经济发展方式，全力推进核心区建设”，第二次代表论坛的主题为“如何贯彻落实中央、市委和区委精神，加快推进我区城乡一体化发展”，第三次代表论坛的主题为“如何进一步增强依法自觉履职意识，充分发挥代表主体作用”。参加论坛的代表们围绕主题进行探讨，并提出意见和建议。常委会相关工作部门对代表的意见进行认真的整理和归纳，向政府及相关部门转达，发挥人大代表献计献策、促进工作的作用。

【召开2010年党风廉政建设情况通报会】 12月15日，区人大常委会召开2010年海淀区党风廉政建设情况通报会。区纪委、区监察局向与会20多名市海淀区人大代表通报2010年海淀区党风廉政建设情况。代表们对全区党风廉政建设工作所取得的成绩给予肯定，并就如何进一步加强党风廉政建设提出意见和建议。 （吴向荣）

海淀区人民代表大会常务委员会
地址：海淀区长春桥路17号
邮编：100089
电话：82510126
网址：www.hdrd.gov.cn

海淀区人民政府

1 6 5
2
3 4

1. 11月11日，区纪委组织召开全市行政审批制度改革经验交流会。（区纪委 供图）

2. 2月26日，区纪委组织召开政府绩效管理工作培训会 。（区纪委 供图）

3. 3月10日，区长林抚生接待信访群众。（区信访办 供图）

4. 7月1日，区政府正式发布《海淀区支持自主创新核心区企业发展政策体系》。（田峰 摄）

5. 8月4日，海淀区经济和信息化办公室挂牌成立。（李瑞林 摄）

6. 海淀区公务员学英语 （田峰 摄）

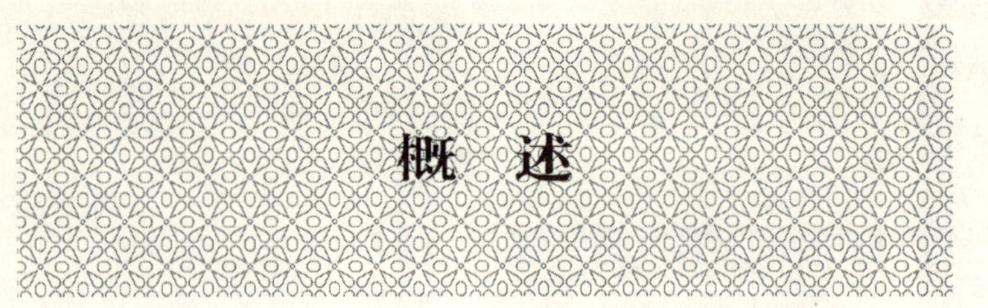

概 述

2010 年是海淀区实施“十一五”规划的最后一年。全区围绕建设具有全球影响力的科技创新中心目标，着力推进自主创新，加快转变经济发展方式，保障和改善民生，促进社会和谐稳定，完成全年目标任务。

本年区政府共召开政府常务会议41次（第129次-169次），区政府全体会议1次（第4次），区政府党组会议2次，区政府专题会议51次，总计95次会议。研究全区经济和社会发展计划、重大项目安排、重要资金使用以及协调日常工作。

经济平稳较快发展 本年7月，对上年制定实施的“1+20”政策体系进行修订，形成“支持自主创新核心区企业发展政策体系”。

实现地区生产总值 2771 亿元，同比增长 13.3%。区域财政收入首次突破千亿元大关，达到 1032 亿元，增长 11.2%；区级财政收入 190 亿元，增长 15.3%。万元地区生产总值能耗下降 12.9%。出台促进产业结构调整的指导意见，推动高端产业发展，三产结构更加优化，第三产业比重超过 83%。实现高新技术产业总收入 7054 亿元，增长 20.6%。工业总产值 1343 亿元，增长 13%。新增各类金融机构和网点 150 个，金融服务业收入增长 20.5%。生产性服务业和文化创意产业分别增长 42.2%、19.5%。加快乡镇产业结构优化升级，以四季青玉泉慧谷、东升科技园为代表的乡镇产业园发展势头良好，农村一、二、三产呈现融合发展新趋势，初步建成“一河十园”、温泉南山产业带等 5 个都市型现代农业带。实现农村经济总收入 201 亿元，增长 8.6%。

实施节能减排十大工程，温柳铸钢厂等“三高”企业退出，北新建材石膏板生产线搬迁；完成 60 万平方米既有建筑和 30 万平方米校舍节能改造；在全市率先开展政府机关能源定额管理和节能考核。本区获首届“节能中国贡献奖”。

坚持政府投资和社会投资相协调，安排区级政府投资项目 195 个，新建京包高速路（海淀段）、温泉体育中心等一批基础设施、公共事业项目。完善绿色通道和重大项目调度机制，推动航天信息股份等 51 个引进项目落地，投资规模达到 155 亿元。拓宽融资渠道，与农业银行等 8 家银行签订战略合作协议，获得 1900 亿元授信额度。完成全社会固定资产投资 567 亿元，增长 15.8%。

改善商业设施和消费环境，甘家口社区商业中心改造基本完成，华联万柳购物中心等一批大型商业设施正式营业。完成 3 家社区菜市场和 6 家便民菜店升级改造，建成 50 家早餐经营示范店。全年开展商品大集等 53 项主题促销活动。完成社会消费品零售额 1184 亿元，增长 15.4%。举办首届中关村科教旅游节等 23 项特色旅游活动，全区旅游总收入突破 212.9 亿元，增长 20.6%。实现进出口总额 417.5 亿美元，增长 44.8%，其中出口 94.5 亿美元，增长 18.2%。合同外资 22.6 亿美元，实际利用外资 13.6 亿美元。发展服务外包产业，软通动力、海辉软件实现境外上市，博彦科技等 4 家企业进入中国服务外包领军企业前十名。加强与密云县、内蒙古科右前旗等地区的合作共建，与英国伦敦哈克尼区等国际友好城市交往更加密切。

自主创新 开展“国家创新型试点城区”建设工作，营造有利于创新创业的发展环境，加快技术创新和重大科技成果产业化，推动区域自主创新能力不断增强。完善并实施支持企业发展系列政策，统筹使用 12 亿元专项资金，落实“十百千工程”，培育 346 家重点创新型企业，支持做强做大一批知名企业和品牌。采取股权投资、小额贷款、担保贴息等多种方式破解中小企业融资难题，支持一批“专、特、精”高科技中小企业发展。以示范应用项目为导向，推动企业在物联网、云计算等领域取得一批关键核心技术突破。涌现出高温超导滤波器等一批重点科技创新成果。新增高新技术企业 455 家。实现技术合同成交额 907 亿元，增长 11.2%，占全市的 60%；专利授权量 13839 件，增长 21.5%。2808 个产品被认定为北京市自主创新产品，占全市 61.5%。启动中关村国家自主创新示范区展示中心建设。广泛宣传柳传志、李彦宏、刘迎建等一批产业领军人才的先进事迹，“鼓励创新、宽容失败”的创新文化氛围更加浓厚。抓住市政府批准建设中关村科技金融创新中心的契机，加快科技金融综合改革步伐。新增股权投资机构 132 家，总数达到 288 家；新增上市（含挂牌）企业 41 家，总数达到 175 家，占全市的一半。12 家科技金融专营机构为 496 家企业贷款 56 亿元。股权激励、科技重大专项资金列支间接经费试点取得新进展，股权激励试点单位达到 23 家，占全市的 52.3%。建立健全以企业为主体的产学研用创新体系，支持建设一批工程中心、技术中心、开放实验室和产业技术联盟。中关村科技创新和产业化促进中心挂牌成立。加强中关村西区要素聚集、业态调整、环境提升工作。引入普华永道会计师事务所、三聚阳光知识产权代理公司等 10 家知名中介机构。成立中关村台资企业资本中心，引入外资银行 6 家。北京软件和信息服务交易所筹建工作基本完成。中关村科学城规划建设启动，与中科院、航天科技集团、中国电子科技集团等 22 家单位签署 26 项合作协议。在全市率先出台重大科技研发项目转化支持政策。跟踪促进激光显示、太阳能电池、数字音视频等一批成果转化项目落地。加大对重点产业化项目股权投资力度，与兆易创新科技公司等 8 家企业签订投资意向协议。贯彻落实国家和首都人才发展规划，加大人才的培养引进力度，中关村人才特区建设获得中央人才工作协调领导小组和市委、市政府的批准。制定区中长期人才发展规划纲要和高层次人才聚集服务实施办法，建立人才发展专项资金。国家留学服务中心入驻中关村西区。设立首都创新人才发展大厦，引入北京海外学人中心服务大厅等人才服务机构。开展核心区人才引进试点，为企业引进急需高层次人才251人。共有36人入选中央“千人计划”，66人入选北京市“海聚工程”，数量位居全市第一。

城乡建设管理　以“生态良好、用地集约、设施配套、产业集群、城乡统筹”为原则，编制北部地区控制性详细规划（街区层面），并获市政府批准。北部地区被规划为首都北部研发服务和高新技术产业聚集区。研究制定北部地区宅基地腾退安置及补偿工作指导意见等系列配套政策，确立“区域统筹、镇村主体、农民参与、两级平衡、两个阶段”的开发新模式。开工建设7个农民安置房项目，启动4个新增用地项目土地开发及相关市政配套建设，龙芯芯片等24个产业化项目开工。北部地区全年完成投资121亿元，增长18%。启动市级挂账的8个片区20个重点村的整治改造。按期完成唐家岭、八家旧村腾退工作，农民回迁房同步开工建设。北坞村试点工作全面完成，北坞嘉园农民回迁房建成入住。

推进农村基础设施建设，稻香湖路北延等道路建成通车，6座垃圾资源站和47座农村公厕投入使用，“五项基础设施”建设全面完工。完成第八届村委会换届选举工作。轨道交通山后线、西郊线和西山隧道建设正式启动，5条在建轨道交通及西外大街西延等3条重点道路拆迁基本完成，8条道路建成通车，59条道路大修工程完工。完成210条道路名牌安装和14条道路便民路灯工程。6个老旧小区停车场完成改造，集中整治12处交通拥堵点。新建、改建8座城市公共卫生间，改造完成20座密闭式清洁站。成立区城乡环境建设委员会，投资3.58亿元，完成118个环境建设项目。开展“春季行动”等专项整治工作，拆除违法建设143.7万平方米，新生违法建设得到有效遏制。完成第十六阶段控制大气污染的各项任务，空气质量二级和好于二级天数达到77%。6项水务工程基本完工，开展119个小区垃圾分类试点，锦绣大地果蔬垃圾资源化处理站投入使用。建成平庄、树村郊野公园，新建、改造绿化面积1286公顷，本区获“全国绿化模范城”称号。整合设立中关村热线“96181”，在全市率先建成城市基础数据管理应用系统。

（张勇　李冰）

全面启动北部地区开发建设　海淀区委、区政府贯彻落实市政府《中关村国家自主创新示范区北部研发服务和高新技术产业聚集区规划》的批复要求，本年全面启动海淀北部地区开发建设。调整完善北部地区开发建设体制，确定开发建设的原则是：生态良好、用地集约、设施配套、产业集群、城乡统筹。总体目标是：加快道路市政基础设施和社会事业项目的建设，三年内完成产业用地土地开发，五年内基本实现新的规划目标要求。产业布局是：坚持高端化、总部化、集群化的发展路线，合理布局“上地软件与信息服务、永丰新材料、新能源与环保、信息通信、生物工程与新医药”五大特色产业功能区，实现产业集群化规模化发展。实施“合理聚集、特色明显、优势突出、辐射强劲”的产业发展战略，形成点、带、圈融合发展的产业格局，实现“自主创新能力示范、产业技术水平领先”的产业发展路径。开发模式是：区域统筹、镇村主体、农民参与、两级平衡、两个阶段。统筹推进安置房建设、宅基地腾退、土地整理、市政基础设施和公共服务设施建设，先行启动区涉及4个镇、17个村的回迁房开工建设。集中开工24个重大项目。

（李德平）

改革创新　实施政府绩效管理，建立以结果为导向的执行模式。市级行政审批权下放本年新增2项。启动19个部门审批“一科制”改革，行政审批科室集中进驻中关村企业服务中心，实现“一个窗口受理、一个机构审批、一个公章办结”。完善海淀园和中关村西区管理体制。规范街道机构与职能设置，理顺城乡交叉地区管理体制。建立鼓励街乡镇服务区域经济发展的新机制。成立农村土地承包仲裁委员会，加强农村土地确权及合同管理，探索集体产业用地使用权流转试点，上庄镇启动土地确权改革试点工作。基本完成全区集体林权制度改革。对涉及7个乡镇和玉渊潭经济合作社的84个单位进行集体产权制度改革，东升、玉渊潭的改革任务全面完成。加大国有企业改革调整力度，参股设立中关村发展集团，组建海淀科技金融集团、海淀置业集团。重组实创股份公司，统筹开发建设创新园、环保园和永丰基地。通过区国有资本经营管理中心平台，完成40亿元企业债券发行工作。

社会建设　城镇居民人均可支配收入、农村居民人均纯收入分别增长8.7%、10.3%。城镇登记失业率0.91%。26556名城镇登记失业人员实现再就业，4476名农村劳动力实现转移就业。426个社区成为“充分就业社区”，华清园社区被评为首批“国家级充分就业示范社区”。累计发放社保卡137.31万张，258家定点医疗机构实现“持卡就医，实时结算”。新型农村合作医疗人均筹资标准和保障水平继续保持全市领先。落实居家养老（助残）“九养”办法，为5万多名老人和残疾人发放养老券、助残券。提高城乡低保标准，低保救助5200户9928人，动态实现“应保尽保”。新开工建设政策性住房189万平方米，竣工53万平方米，新建、收购各类政策性住房13559套，超额完成全年任务。廉租住房实物配租实现“应保尽保”。成立区公共租赁住房发展中心，加大对公共租赁住房的建设、管理和服务力度。实施451户城镇危房户解危工作，完成1.1万户老楼通气任务。完成32所学校校舍抗震加固工程。新建、改扩建10所公办幼儿园，规范幼儿园招生管理，缓解“入园难”问题。委托清华附中、首师大附中等4所名校承办区属中小学。做好来京务工人员随迁子女的就学工作，与本区籍学生享有同城待遇。本区成为国家级教育体制改革实验区。启动医疗改革。在全市率先出台超转人员医疗费先行支付政策，提高住院费用最高支付额、职工门诊和社区就医的报销比例。农民健康体检工作全部完成。实施文化惠民工程，举办第七届海淀文化节，北坞金山寺等 11 项文物修缮工程开工。加强体育设施建设，全民健身行动广泛开展，在市第十三届运动会上创造历史最好成绩。改善 307 个社区的办公和服务用房条件，建立规范化社区服务站 338 个，覆盖率达 85%。依法登记注册的社会组织达 690 家，处于全市领先。规范并提高社区工作者的待遇，选聘 546 名高校毕业生到社区工作。抓好精神文明创建活动，志愿服务蓬勃开展。开展全国第六次人口普查工作。加强国防和后备力量建设，妇女儿童、计划生育、民族、宗教、侨务、对台、民防、防震减灾、气象、档案等工作取得新成绩。着力解决重点疑难信访案件，实现信访“三无”工作目标。加强社会治安综合治理，抓好文明村庄创建工作，全区 113 个自然村、23 个城中村实行村庄社区化管理，建立集综治维稳中心、社区服务中心、新居民服务中心为一体的综合服务管理平台。加强流动人口服务管理工作。严厉打击违法犯罪活动，突出抓好校园及周边安全。开展安全大检查和隐患排查整改，安全生产形势总体保持平稳。应急处置能力进一步提高。

依法行政工作　区政府及工作部门全面执行区人大及其常委会决议和决定，自觉接受监督并报告工作。主动接受区政协民主监督，认真听取各民主党派、工商联、各人民团体和各界人士的意见。全年办理全国、市、区人大代表建议、政协委员提案 855 件，区人大议案 2 件、区政协建议案 1 件。坚持科学民主依法行政，贯彻国务院《关于加强市县政府依法行政的决定》，制发行政规范性文件 25 件，主动公开政府信息 1 万余条。加大普法宣传力度，做好行政复议和调处工作。开展工程建设领域的专项整治，建设“阳光工程”。强化行政监察和审计监督，抓好廉政风险防范管理和反腐倡廉建设，查处违纪案件 12 起。　（张勇　李冰）

北京市海淀区人民政府
地址：海淀区长春桥路 17 号
邮编：100089
电话：62553400
网址：www.bjhd.gov.cn

日常政务

区政府日常政务工作由区政府办公室负责办理。

突发公共事件应急管理　推进专项应急指挥部建设，梳理各专项指挥部工作职责，编印下发《海淀区应急委组织机构工作职责文件汇编》。修订、完善全区各级突发事件应急预案，组织、指导全区各单位开展各类应急演练 400 余场次，初步建成“横向到边、纵向到底、覆盖全区”的应急管理预案体系。依托海淀消防支队组建区综合应急救援队伍，提升全区突发事件应急处置能力。修订《北京市海淀区突发事件总体应急预案》和《北京市海淀区突发事件应急委员会工作规则》，筹备、组织召开区应急委第三次全会，通过并正式发布《北京市海淀区突发事件总体应急预案》和《北京市海淀区突发事件应急委员会工作规则》。推进区“十二五”防灾应急体系发展规划编制工作，截至年底已完成初稿。开展风险排查及风险防范工作，针对存在的安全隐患和风险点，建立风险隐患台账，采取措施逐步消除风险隐患。完成春节、十一等重点节假日、全国“两会”、北京市首届世界武搏会等重大活动期间全区稳控和突发事件处置工作任务。发挥以“红袖标”[①]为主体的防控网络的作用，市民主动参与保障城市安全运行的积极性增强。加强应急信息报送工作，2010 年共编制《区应急管理动态》53 期，上报市应急办信息 53 条，市应急办《应急管理动态》刊登 30 条，每月刊登数量均居全市 18 区县第一。共办理并落实市应急办文件 35 件，草拟并发送文件 21 件。　（徐和盟）

公文处理　本年制发政府公文 632 件，其中海政发 56 件，海行规发 26 件，海政函 298 件，海政报 56 件，海政任 109 件，其他各类政府便函 87 件。制发政府办公文 154 件，其中海政办发 97 件，海政办函 29 件，海政办报 6 件，其他各类政府办便函 22 件。按照政府办全年工作的任务安排、时间节点以及工作的实施主体和开展方法等要素，制定政府办工作手册。以文辅政，发挥参谋助手作用。年内共登记办理公文 7099 件，其中市属文件 2237 件，区属文件 4862 件，含信访 104 件，电子公文 2494 件。完善网上公文处理系统，新增公文查询模块。增强办理深度，提高办理水平，实现机关公文的高效有序运转。收集整理海淀区政府、海淀区政府办公室文件资料，立卷归档 426 卷，其中永久 217 卷，定期 30 年 117 卷，定期 10 年 92 卷。　（张勇　刘蓓蓓　杨阳）

领导调研活动　全年组织区领导调研活动共计 30 余次，加强调研活动的前期沟通协调，中期衔接配合，后期领导决策督办等。　（刘雅彤）

政务信息　本年累计收集、整理信息近万条，为区领导和区属单位各级领导提供信息 1180 条，区领导在《昨日区情》上批示 83 条次。通过市政府办

[①] 是指佩戴“红袖标”的志愿者，主要来自海淀区各居委会，由各社区和各单位内部的职工、治保积极分子、社区义工、流动人口组成。

公厅《昨日市情》向市领导报送信息152条，市领导批示10条（次），1条信息被国务院办公厅采用。信息工作综合考评在市政府系统位居前列。（王煜）

建议、提案办理 本年区政府接收办理全国政协委员提案1件、北京市人大代表建议64件（其中会上48件，平类16件）、北京市政协委员提案11件（会上）、海淀区人大代表建议627件（其中会上590件，平类37件）、海淀区政协委员提案152件（其中会上147件，平类5件），总计855件建议、提案。办理区人大议案2案、区政协建议案1案。本年全国、市级建议提案办复总体完成质量良好，区级建议、提案办复质量均好于上年。（李冰）

督查工作 2010年共督办落实532项任务，全部按时完成。汇编《2010年海淀区政府重要工作折子工程督查任务书》领导版和部门版，按照"围绕中心、带动全局，突出重点、整体推进"的思路，采取督查、督办、督促等不同方式，以核心区建设、重点村整治、政府投资项目等为重点，执行建立台账、制定预案、实地核查、及时反馈的督查流程，严格"周督月查月反馈"的工作机制，推动市区折子和领导批示交办任务的落实。强化督查责任制，多次向区政府常务会、区政府党组（扩大）会和区长专题会汇报督查任务落实情况，在全区形成多层级、全覆盖、无缝隙的闭环责任体系。推进督查工作制度建设，严格项目管理责任制，完善联合督查制度，坚持部门联动机制，以推动各项重大决策的有效贯彻落实。完成全区督查考核工作。

绩效管理 2010年在区级行政机关试行绩效管理。按照"树理念、定制度、建平台"的思路，从动员部署、组织实施、绩效考评等阶段有序开展工作。根据《海淀区政府绩效管理办法（试行）》，制发《2010年度海淀区政府绩效管理工作要点》、《海淀区2010年度政府绩效管理工作实施方案》、《联席会议制度》、《海淀区政府绩效管理指标体系及实施细则汇编》和《2010年海淀区政府绩效管理责任书》，召开区政府绩效管理动员大会，研发政府绩效管理信息平台，组织绩效管理工作培训及专题研讨会，开展年度绩效考评，形成《2010年海淀区政府绩效分析报告》，并针对每个被考核单位形成个性化的绩效综合评价意见，提高政府部门的执行力、公信力和服务力。（赵旭）

养犬管理 本年共办理登记年检犬只85200条，收缴无证犬和流浪犬5305条，警告养犬户880人，查处各类举报285件。发放宣传材料18万份，在世纪金源购物商城、北京大学附属小学等40余个宣传点开展文明养犬宣传活动。（徐和盟）

政府信息公开 2010年，全区共开展7轮业务培训，抽查检查80余次。主动公开政府信息10735条，全文电子化率96.8%。接受公民、法人及其他组织咨询2135人次，政府信息公开专栏访问量达67371次。受理政府信息公开申请279件。其中当面申请276件，占总数的98.9%；通过邮寄方式提交申请3件，占总数的1.1%。主要集中在城市建设、社会规划、房屋权属、拆迁、征地补偿、绿化隔离带等方面信息。在原有7处政府信息公开查阅场所的基础上，本年新增2处，为公民、法人或者其他组织获取政府信息提供便利。按照市信息公开办的统一部署，本区大部分单位已办理政府信息依申请公开收费许可证。（赵振营）

【外事工作】 海淀区人民政府外事办公室（又称区委外事工作领导小组办公室，简称区外办）是本区外事工作的综合归口管理部门，设在区政府办公室，受市外办和区委、区政府的双重领导，以区委、区政府领导为主。

本年采取计划管理、分类指导、经费审核、服务企业等4项措施规范因公出国管理工作。全年共办理因公出国（境）团组158批，407人次；实际成行团组数和人数为145批271人次。其中自行组团31批158人次，分别占计划的75.6%和59.4%。因公护照收缴率100%。

本年共接待外宾12次219人，包括英国伦敦市哈克尼区政府、叙利亚大马士革阿拉伯复兴社会党、芬兰奥卢市政府代表团等友好交流团。截至年底已同亚洲、欧洲、北美洲和南美洲8个国家的14个城市建立友好往来关系。5月，区长林抚生率队访问巴西、阿根廷，并签订友好交流备忘录，进一步深化与南美洲国家的友好交往，并促进本区节能灯项目在南美城市落地。

10月21日，举办海淀园创新企业国际化模式典型案例推介会。为驻区企业拓展海外业务搭建便捷服务平台，完善并加快实施本区APEC商务旅行卡申办管理工作。

坚持"善待媒体"、"积极稳妥"、"低调从速"的原则，妥善处置境外媒体记者采访事件5起。

开展市民讲外语活动和规范公共场所英语标识，统筹各方资源，营造区域浓郁人文气氛和优良语言环境。在全市率先启动覆盖全区党政机关和企事业单位人员、历时两年半的大规模英语集中培训活动。举办以"助力北京世界城市建设，打造核心区国际语言环境"为主题的北京外语游园会分会场活动暨"海淀区外办英文网站 Enjoy Life in Haidian 上线启动仪式"。制定2010年海淀区规范公共场所英语标识工作计划，实行部门联动机制，通过自查、联合检查等多种方式，确保公共场所英语标识内容准确。召开全区规范公共场所英语标识工作会，由区领导带队，多部门组成联合检查组对全区重点地段、重点场所进行英语标识工作检查与验收。

（张焱）

【信息化工作】 北京市海淀区信息化工作办公室（简称区信息办）是海淀区信息化工作领导小组的办事机构，主要负责海淀区以电子政务为主的信息化建设管理工作。2010年1月8日，根据《北京市海淀区人民政府办公室（北京市海淀区政府外事办公室）主要职责内设机构和人员编制》规定，区信息办承担的区域信息化工作职责划归区经济和信息化办公室。区政府信息办承担本区机关、事业单位信息化工作，区经济和信息化办公室主要负责区域信息化工作，指导区政府信息办工作，对口市经济信息化委。海淀区政府信息化工作办公室负责制定本区机关、事业单位信息化工作方案，并组织实施；负责本区机关、事业单位信息化建设中的重大工程审核验收工作；指导本区机关、事业单位的网络安全工作；规划建设本区机关、事业单位公用信息平台、专用局域网和数字宽带网；组织协调本区机关、事业单位信息资源开发和利用；负责本区机关、事业单位信息化领域软课题的立项和验收；指导本区机关、事业单位信息化人才的培训及宣传普及活动；负责本机关办公自动化规划和管理工作。

本年，本区被北京市信息化工作领导小组评为北京市2010年度电子政务工作优秀单位；区政府网站被市经信委评为北京市优秀政府网站；区地理信息共享交换平台获中国GIS优秀工程评选银奖；“北京市海淀区政务办公资源云服务平台”被办公自动化国际学术研讨会评定为第9届OA典型应用系统；区信息化城市管理综合系统被中国信息协会评为“2010中国城市信息化成果应用奖”。

为经济运行服务　推进区政府决策支持与服务系统项目，为区领导、各级部门领导提供高效率、高质量的区域经济决策支持服务。区政府决策支持与服务系统以经济整体运行、财政状况、税源治理、政府投资、行业发展布局、技术创新等业务为重点，加强对关键业务指标的实时监控，通过领导驾驶舱、综合数据查询、决策支持数据挖掘系统，结合各委办局职能分工和政府领导分工，将数据分析结果简洁、直观地展现给各级领导。截至年底，该系统已运行有区总体运行、财政收支、税源管理、政府投资、行业发展、技术创新等6大主题应用，对应建立6个主题数据库、15个业务部门决策支持应用基础数据库、129个决策支持分析模型。

支持自主创新核心区企业发展专项资金网上统一申报平台实现全区各专项资金的统一申报、实时共享以及统一管理，使职能部门掌握全区专项资金支持情况，避免企业重复申报。平台建设有专项项目管理门户、专项项目申报系统、专项项目查重系统、专项项目预审系统、专项项目立项管理系统、专项项目管理库。业务范围涵盖区科委、海淀园、商务委、区委宣传部、旅游局、金融办和发展改革委7个部门12个科室31项专项资金。

围绕税源综合治理、财政收支、政府投资3个主题完成对海淀园管委会、区发展改革委、住建委、财政局、统计局、投促局、国税局、地税局、工商海淀分局、商务委、房管局、质监局等12个部门的业务现状、网络系统现状、业务数据现状、决策主题应用需求调查，共梳理出经济决策需求数据1415项。通过对4大库数据的深入挖掘分析，建设税源综合管理系统，通过各部门数据比对，重点梳理出税源管理重点户，并通过地理信息系统为各街乡镇摸底调查提供支持，保证税源落地。

保障行政权力规范高效运行　2010年，本区协同办公平台建设工作按照“一个平台、两个基础、三大体系”的总体框架，实现统一部署、统一运维管理、统一软件基础服务以及统一软件后台管理，加强全区各部门间公文自动流转、信息互通、资源共享。截至年底，采用集中式部署模式，建成45个部门OA系统。用户数增加到约5000人，系统的应用范围涉及党群系统、政法系统、政府系统、街道系统、乡镇系统、企业事业单位等近150个部门。办理的公文数量增加到每月3000多份，收发文量约为450万人次，200多种信息刊物增加到每月1000多刊次，已成为各个部门每日工作必需的生产型系统。

电子监察政务平台整合区政府各委、办、局、街道、乡镇的办公自动化系统和行政审批管理系统以及信息化城市管理系统、群众事务呼叫中心应用系统等14个应用系统。根据监察事项，设定监察要素，通过预警、督办、统计分析等功能实施全面监察。通过监察平台，使监察工作由人为操作向高科技控制转化，由被动受理向主动出击转化，促进监察工作向各专业部门延伸，实现“在参与中服务，在服务中监督”的目标。同时实现对行政决策权、执行权和监督权的相互协调和制约。建立与政府部门、街道办事处、乡镇政府和与基层纪检监察组织的两级双轨双对接机制，梳理和制定监督工作流程，及时查找到责任部门和责任人员，并通过网上监督中心将纪委监察局督办意见发送给相关单位领导、纪检监察人员或专管人员，在进行互动交流的基础上，由各单位的职能部门和纪检监察部门分别或联合对事件进行督办、协调、查处并及时收集反馈情况，使相关问题得到及时有效的解决。

绩效管理平台覆盖绩效管理的全过程，包括目标要求、执行监督、绩效评价、反馈改善4个环节，形成可以持续优化的闭环。在实际运行中，各委办局可以通过系统编制绩效计划，使每项工作任务都做到“计划在前、节点控制、风险预判”。在工作执行过程中，系统定时提醒各委办局及时上报工作进展及遇见的困难、挑战，以及应对策略等，让上级主管领导和部门及时知晓，从而给予针对性地指导，帮助各委办局最终能够按期完成任务。这种阶段考核、阶段反馈的绩效闭环微分模式，给后进单位改善空间，从而有效地促进了绩效的持续优化改善，让整个区政府在职能履行方面的执行力逐步提升。

创建广泛便捷公共服务环境　推进社区综合服务平台建设。开展以青龙桥街道为试点的社区综合服务平台建设工作，减少居民办事程序，缩短居民办事时间，实现居民事务“一窗式”综合受理。梳理街道21个业务科室上百项公众服务事项，建立规范的公众服务资源。并将梳理后的计生、文教、民政等13个科室共计63项事项放入社区综合服务平台中办理，其中即办事项32项，代办事项31项。通过系统的使用改善内部的工作流程，提高百姓对政府服务的满意度，同时顺畅街道办事处与街道服务大厅的沟通渠道，提高办公效率。

2010年区政府网站面向企业的行政办事服务数量为703件，覆盖程度占总办事服务的44%；区政府网站面向个人的行政办事服务数量为840件，覆盖程度占总办事服务的53%。区政府网站提供35家委办局1578件业务的办事指南公示，开通中关村热线96181，帮助企业及时了解政府的优惠政策，解答企业办理业务时遇到的问题和难题。

以信息化手段提升流动人口管理。区流动人口和出租房屋综合管理系统（一期）于2010年7月正式上线运行。截至年底，系统获取流动人口和出租房屋信息共计160万余条。通过对数据的整理、统计、分析，加强区政府对流动人口和出租房屋的常态化管理与服务，也为区领导决策提供科学、准确的数据依据。系统的运行还支撑区流管系统信息报送、人员管理等日常办公应用，为流管工作实现市、区、街（乡）、社区（村）4级信息化管理模式打下基础。（付海涛）

【政府采购工作】 区政府采购中心（简称采购中心）是承担区属单位集中采购工作的机构。2010年9月，采购中心整建制由区机关事务管理处划归至区政府办。与社会中介招标公司的区别在于其采购活动的社会公益性和采购服务的无偿性。

2010年，采购中心在树立服务意识、坚持依法采购、完善内外监督机制等方面开展大量的工作。全年中心立项项目共计98个，其中2009年延续项目22个，2010年集采目录内项目19个、集采目录外项目57个。完成政府采购项目83个，完成的政府采购项目预算金额31684万元，实际招标采购结果金额21517万元，节约财政资金10167万元，节约率约为32%；采购单位满意率达100%。（常立凯）

【区长接受媒体采访】 1月15日，区长林抚生就核心区建设、城乡一体化建设、交通、民生、政府服务等工作，接受《北京日报》、《北京晚报》、《新京报》、《北京青年报》、城市管理广播及《海淀报》、海淀有线电视等媒体采访。（钟冷）

【党和国家领导人参加全民义务植树活动】 4月3日，党和国家领导人胡锦涛、吴邦国、温家宝、贾庆林、李长春、习近平、李克强、贺国强、周永康到北坞公园参加第26届首都义务植树活动。当天共有中央单位、市属单位、区直属单位43家、1.86万人在海淀区各地参加植树活动，共植树10.17万株。（罗勇）

【行政审批“一科制”办理】 6月1日，正式启用中关村国家自主创新示范区核心区企业服务中心办事大厅。自上年承接市级行政审批权限下放实行“一站式”服务基础上，本年推行“一科制”审批工作机制，即将涉及行政审批权限下放的规划、国土、建委等33个政府职能部门集中办公，75项审批事项集中由一个科室办理，实现“一个窗口受理、一个机构审批、一个公章办结”。审批时限平均缩短50%以上。除为企业提供咨询、受理和发证等服务外，还提供以提高办事效率、满意度，促进创新环境为目的的各种咨询、受理、发证、培训服务以及提升政府服务形象和能力的统计、预测、网络、信息等配套管理体系服务。（代韧 马腾飞）

【核心区建设大会召开】 7月1日，海淀区召开“认真贯彻落实市政府批复精神、加快中关村国家自主创新示范区核心区建设大会”。会议总结一年来核心区的建设情况，并对下一步工作进行部署动员。市级有关领导、中关村国家自主创新示范区领导小组各成员单位有关领导，区四套班子领导出席会议。

会上，区长林抚生作题为《求实创新、锐意进取，加快建设中关村国家自主创新示范区核心区》的工作报告。报告从建立健全组织领导体系、促进创新资源要素聚集、全面启动创新试点工作、大力推动产业结构调整、营造核心区建设的良好环境等方面回顾了核心区建设取得的阶段性重要成果，从“核心区就是海淀区、海淀区就是核心区”的战略定位，诠释海淀正在进行的从科技型园区向创新型城市转变的思考和定位，分析核心区建设面临的新形势、新要求，提出下一阶段要从进一步推进北部研发和高端产业聚集区发展规划调整落实，进一步加快创新要素聚集等方面积极推进核心区建设发展。

会上宣读了北京市人民政府关于同意海淀区加快建设中关村科技金融创新中心的批复，并对《海淀区支持自主创新核心区企业发展政策体系》作了说明。（田颖）

【签署政府采购自主创新产品协议】 7月1日，海淀区政府与园区企业签署政府采购自主创新产品协议。采购总额达到1530万元，项目分别是行政办公、行政服务、医药卫生、政府投资建设项目领域的代表项目。作为全国最具自主创新活力的区域，海淀区自2009年以来积极开展政府采购自主创新产品试点工作，使自主创新产品在核心区发展建设中得到广泛应用。2010年上半年海淀区试点工作取得初步成效。截至5月底，来自海淀区833家企业的2476个产品进入北京市自主创新产品目录（共八批），占全市的62.91%；其中首购自主创新产品27个，占全市49.09%。海淀区实现政府采购自主创新产品5242万元，其中合同采购3320万元、意向采购1922万元，涉及总投资14186万元。

【发布《海淀区支持自主创新核心区企业发展政策体系》】 7月1日，海淀区在上年制定的《关于进一步促进高新技术产业发展的决定》及配套政策（即“1+20”政策体系）的基础上，整合全区支持企业发展资金，制定并出台《海淀区支持自主创新核心区企业发展政策体系》（即“4+20”政策体系）。新政策体系相关配套专项资金总规模本年为12亿，该体系包括“四个实施意见（四大支持板块）、一个管理办法（即支持自主创新核心区企业发展专项资金管理办法）”。四大支持板块为：企业“做强做大”支持板块（含6个办法）、创新及创业孵化支持板块（含2个办法）、科技金融支持板块（含6个办法）、高端创新要素聚集与产品服务环境支持板块（含1个办法）；以及其他支持政策（含5个办法）：

一、《北京市海淀区人民政府关于支持创新型企业做强做大的实施意见》

1.《海淀区促进重点创新型企业发展支持办法》

2.《海淀区促进重大科技成果转化和产业化支持办法》

3.《北京市海淀区人民政府关于修改〈海淀区重点产业化项目股权投资实施办法〉的通知》

4.《海淀区重点产业化项目股权投资实施办法》

5.《海淀区重点引进企业支持办法》

6.《海淀区为重点企业做好服务的实施办法》

二、《北京市海淀区人民政府关于优化创业环境支持创业型企业创新发展的实施意见》

7.《海淀区促进创业型企业创新能力提升支持办法》

8.《海淀区促进创业孵化机构和大学科技园发展支持办法》

三、《北京市海淀区人民政府落实市政府〈关于金融促进首都经济发展的意见〉的实施意见》

9.《海淀区创业投资引导基金管理暂行办法》

10.《海淀区促进信用担保机构开展中小企业贷款担保业务支持办法》

11.《海淀区促进科技型中小企业金融服务专营机构发展支持办法》

12.《海淀区促进股权投资企业发展支持办法》

13.《海淀区促进企业上市支持办法》

14.《海淀区知识产权质押贷款贴息实施办法》

四、《北京市海淀区人民政府关于促进高端创新要素聚集优化产业服务环境的实施意见》

15.《海淀区促进科技中介发展支持办法》

五、《海淀区关于支持自主创新核心区企业发展专项资金管理办法》

16.《海淀区促进旅游产业发展支持办法》

17.《海淀区促进节能减排支持办法》

18.《海淀区促进商业服务业发展支持办法》

19.《海淀区促进文化发展支持办法》

20.《海淀区促进服务外包产业发展支持办法》 （田颖）

【核心区一周年建设情况】 7月1日，海淀区召开“认真贯彻落实市政府批复精神、加快中关村国家自主创新示范区核心区建设大会”，全面总结核心区批复一年来取得的成绩，查找存在的问题和不足。2009年3月13日，国务院批复建设中关村国家自主创新示范区，4月1日北京市政府批复建设核心区，经过一年的建设，核心区取得阶段性成果：第一、建立健全组织领导体系。构建起“1+7”工作体系；编制完成核心区发展规划和实施方案，启动7大类30项重点建设任务；完成对海淀园管理体制、北部地区规划和开发建设体制的调整工作。第二、促进创新资源要素聚集。通过实施14项环境整治工程提升中关村西区整体环境质量，推动西区功能布局和业态调整。第三、全面启动创新试点工作。编制并实施《海淀区首都科技金融综合改革试验区框架方案》和《海淀区建设科技金融综合改革试验区三年行动计划（2010—2012年）》；新引入41家股权投资机构，管理基金总额超过1000亿元。初步实现12个部门19项市级审批权限下放，成立核心区企业服务中心，引入33个单位和部门集中办理审批业务；开通企业事务服务呼叫中心热线（96181），问题及时解决率达到95%。将2234个产品纳入全市自主创新产品目录。第四、大力推动产业结构调整。高新技术产业总收入增长20%；文化创意产业、高技术服务业继续保持全市领先地位；设立发展专项资金10亿元，重点支持高新技术、金融服务、绿色环保等产业发展。一批外部领军企业不断扩大在核心区新建总部投资规模，已进入“十百千亿”工程。第五、营造核心区建设的良好环境。建立健全重大项目调度、绿色审批通道等有效机制，加快项目落户和投资落地；坚决遏制和查处违法建设，加大城乡结合部的改造整治，深入推进城乡一体化发展；改善商业设施和消费环境，不断提高医疗卫生服务能力，全面发展教育文体事业，落实就业、社保等各项惠民举措，深入开展平安海淀创建活动，推动政府职能转变和服务型政府建设。 （钟冷）

【提出“四大功能区”战略构想】 7月29日，区委区政府召开上半年经济形势分析会议。会议主要任务是学习贯彻市委市政府上半年经济形势分析会议精神，总结全区上半年工作，研究部署下半年任务，围绕加快建设具有全球影响力科技创新中心的目标，统一思想，凝聚共识，统筹推进全区各项工作创新发展。会议提出“四大功能区”的战略构想（北部研发服务和高新技术产业聚集区；中部研发、技术服务和高端要素聚集区；西北部高端休闲旅游区；南部高端商务服务和文化创意产业区），明确下半年七项重点工作：抓好科技创新，做大三产、做强二产、优化一产；抓好重大产业功能区建设；抓好人才特区建设；做好城乡建设管理工作；加强社会建设和社会管理；抓好“十二五”规划编制工作；抓好创先争优活动。 （李德平）

法制工作

【综述】 海淀区政府法制办公室是负责本区政府法制工作事务的政府机构，主要负责承办区政府行政复议案件，代理应诉，推进本区依法行政工作，并为区政府决策提供法律意见。

2010年，开展优质服务年活动，按

照《全面推进依法行政实施纲要》和《国务院关于加强市县政府依法行政的决定》及市政府实施意见的要求，围绕区政府中心工作，落实依法行政各项工作制度，发挥行政复议作用，化解行政争议，加强审核工作，加大监督指导力度，服务核心区建设和发展。

全年共审查各部门报送文件120件，提出法律意见建议200余条。区政府全年制发行政规范性文件24件，及时按照要求报送市政府法制办备案。清理规范性文件86件，以区政府、区政府办名义制发的文件确定保留69件，废止17件。全年共审核城管监察大队报送的强制拆除违法建设案件324件，确保拆违工作依法进行。

组织开展2010年度全区行政执法案卷集中评查和执法依据梳理。对34个单位的74件行政处罚案卷和27件行政许可案卷进行评查。在抽取的行政处罚案卷中，优秀卷53卷，占总卷数71.6%，较上年提高5.4%。3月17日，召开全区依法行政暨案例讲评会议，表彰24家2009年度依法行政先进单位和50名法制先进工作者。

对区属行政执法机关行政执法事项进行梳理。其中涉及29个部门的行政许可、行政处罚、行政强制、行政征收、行政确认、行政裁决、行政给付和其他行政执法职权事项，共计3705项。在此次梳理的基础上，于当月对区政府门户网站上公开的执法主体、依据和事项公示的内容全部予以更新。

全年新收行政复议案件161件，审结152件，案件主要集中在社会救助、公安交通、劳动行政、政策性住房管理等领域。共办理调处案件33件，调解成功19件，成功率达58%。制定《海淀区行政调处工作实施办法》，对全区行政调处工作进行整合规范。

本年，区政府法律顾问参与区政府涉法事项处理9件，主要涉及马连洼菊园有关案件提供救助、电子监察政务平台信息化系统建设、行政事业单位公务卡办理、政府信息公开、外语培训工作合作协议、基督教会在海淀购房事宜等事项。直接办理涉法事项调研并提出意见3件，主要涉及八一中学实验楼产权问题、朝歌数码公司上市遗留问题、北师大住宅3号楼解危治理工作等。

4月，在全体党员中开展“优质服务年”活动。开展征文、主题宣讲、组织老干部座谈、开展共建活动等系列活动。制订工作方案，以确保各项活动有条不紊的开展。培养典型，开展“争创先进科室、争当优秀法制干部活动”，营造开展优质服务的良好氛围。加大宣传力度将活动引向深入。

本年，区法制办被北京市防火安全委员会评为“2010年消防工作先进单位”；被评为海淀区“计生工作先进单位”、“工会先进单位”、“二轮修志优秀单位”、“节能降耗工作进步奖”“住房保障工作先进单位”。有11人次获市、区级奖励。

【市法制办调研重点村改造情况】 3月12日，北京市政府法制办公室一行到本区就加快城乡结合部重点村改造情况进行调研。在全市50个挂账重点村中，海淀区共有8个市级挂账重点村需要整体改造，共涉及20个自然村。在推进整体改造过程中，如何依法完善改造实施方案，破解改造任务中面临的实际问题，保护村民权益，已成为保障重点村改造工作顺利进行的关键。市法制办对六郎庄和中坞村进行实地考察，详细询问两个村的人口数量、人员结构、占地面积和改造进展等情况，重点了解本区在实施改造工作中的问题。海淀区政府法制办从全区依据《北京市城乡规划条例》加大乡镇政府查处违法建设工作力度、规范执法程序和完善以村民自治方式实施整治两个方面进行工作汇报。

【行政执法专题培训】 5月5日，区政府法制办牵头组织行政执法专题培训，全区32个行政执法部门、两百名执法人员和法制工作人员参加。培训的主要内容包括行政执法案卷评查和行政处罚执法资格公共法律知识等方面。此次培训旨在加强执法队伍建设，使执法一线人员全面了解掌握实施行政处罚的相关法律规定和实际执法工作要求，提高执法人员的综合法律素质，提高依法履行法定职责的意识和能力。

【参加市政府与市高级法院联席会】 7月23日，区法制办参加北京市政府法制办公室组织召开的市政府与市高级法院联席会，并作题为“探索诉前化解行政争议有效方式”的典型发言，介绍了海淀区政府法制办行政调处接待室运行以来的工作情况以及所取得的经验成绩。得到市领导的高度评价。

【召开赵华信访问题专家分析研讨会】 8月3日，区政府法制办与区信访办牵头召开“赵华信访问题专家分析研讨会”，邀请多位专家学者就赵华、马伟辉二人多年的信访问题进行专题研究。会上，赵华、马伟辉介绍自己多年上访的主要情况和理由，北京市集兴实业公司介绍本案的相关情况背景。参会的专家分别对本案从民事、行政等法律关系方面进行探讨研究。本次研讨会，开辟了一条解决信访问题的新途径，即由政府搭建平台，通过各方当事人的当面陈述论证辩论，进一步理清事实关系；通过专家学者分析研讨，为当事人梳理相关法律关系，保证信访相对人的信息对称、救济能力对称。一方面从法律层面对申请人解决信访问题给予权威指导明确，另一方面也使各相关行政部门更加全面了解整个信访事项，为进一步通过信访途径解决问题，定纷止争奠定基础。

【召开行政复议试点工作一周年座谈会】 8月17日，海淀区政府行政复议委员会办公室组织召开行政复议试点工作一周年座谈会。公安海淀分局、海淀交通支队等7家有复议权的单位参会并介绍本单位的工作情况。会议肯定了海淀区行政复议委员会试点工作取得的成果，介绍了黑龙江省和山东省试点地区的工作模式，传达了市复议委员会的工作计划。提出了下一步加强行政调处及宣传工作的方案，对试点工作的继续开展提出要求。

【牵头清理区行政规范性文件】 8月25日，区政府法制办牵头全面启动全区行政规范性文件清理工作。此次清理主要围绕文件已经明显不适应经济社会发展要求的、文件与上位规定不一致的、文件之间明显不协调的三类问题展开。清理的重点是查找不一致问题，对于规范性文件中存在的涉及行业垄断、地区封锁、限制非公经济发展、同国家节能减排要求不一致、向企业摊派或加重企业负担、规定内容与现行体制不一致、内容互相矛盾冲突等问题也将一并查找解决。清理规范性文件86件，以区政府、区政府办名义制发的文件确定保留69件，废止17件。

【中央新闻单位依法行政采访团来海淀】 9月28日，中宣部、国务院法制办组织人民日报、新华社、中央电视台、中国青年报、法制日报等5家中央新闻单位组成中央新闻单位依法行政采访团，在北京市政府法制办领导陪同下，来本区就行政复议委员会试点工作和行政调处工作开展情况作专题采访报道。 （郝广智）

海淀区人民政府法制办公室
地址：海淀区长春桥路17号
电话：82510417 82570462（传真）
邮编：100089
邮箱：haogz@mail.bjhd.gov.cn

人事管理

【综述】 海淀区人力资源和社会保障局成立于2009年9月，由原海淀区人事局、原海淀区劳动和社会保障局合并组建而成，是负责本区人力资源和社会保障工作的政府工作部门。现有下属事业单位14个（其中负责人事管理的5个）。

公务员管理 截至2010年底，本区科级及以下公务员4255人（不含检察院和法院）。本年录用180名应届毕业生、241名社会人员、19名大学生“村官”为公务员。4529名公务员参加2009年度考核、奖励工作，897人被评为优秀等次，3632人被评为称职等次；2人记二等功，398人记三等功，1568人记嘉奖。

事业单位人事管理 全区共有事业单位603个，编制35308名，其中教委所属事业单位编制18572名，实有15818人；公共委所属事业单位编制6698名，实有4187人。事业单位公开招聘应届高校毕业生111人，面向社会公开招聘87人。全区共有21661人参加2009年度事业单位考核，其中优秀4186人、合格17280人、基本合格19人、未确定等次115人、未参加考核113人。事业单位有专业技术人员19984人，占全区总量的87.8%。其中教委共有专业技术人员14833人，公共委共有专业技术人员3598人，上述两家单位专业技术人员总数占区属单位总数的92.2%。

人才管理 2010年对73家企业的539名毕业生进行薪酬调查，完成《中关村IT企业2009届毕业生薪酬调查报告》，通过《人民日报》等9家新闻媒体发布。全区接收应届毕业生3147人，其中非北京生源应届毕业生2889人。围绕中关村国家自主创新示范区核心区建设目标，按照“企业为主、以用为本、需求出发、服务入手”的总体思路，加强核心区人才引进工作，破解企业人才发展难题，通过探索创新评价机制、改进工作模式、健全人才引进服务机制等，吸引聚集高层次优秀人才。全年为区属单位和高新技术企业引进人才229人，解决夫妻两地分居81人，办理《北京市工作居住证》2744人。

军转干部及随军家属安置 2009年北京市下达海淀区计划安置军转干部390人，实际接收档案179人（其中团职28人，师职1人，营以下及技术级150人），进入公务员队伍104人，安置报到率46%。接收2009年自主择业干部216名，随军家属293人。

人力资源市场建设 2010年按照“创新服务产品、提升服务层级、打造核心竞争力、建设一流团队”的总体思路，加强人力资源市场建设。全年共召开招聘会226场，参会企业达8375家次，参会人员达10.8万。其中举办高级双选会36场，参会企业252家次，匹配中高级人才达6747人次；举办5场专题招聘活动，近千家高端企业参与，提供中高端职位1300余个，需求人数达4300余人，其中毕业生招聘岗位315个，毕业生需求人数1500余人。

（张丽伟）

【第三届“北京市海淀区杰出人才贡献奖”（10名，2010年10月27日批准）】

邓中翰，男，汉族，1968年9月生，无党派人士，美国加州大学伯克利分校毕业，研究生学历，电子工程博士学位，教授级高级工程师，北京中星微电子有限公司董事长。

尹超，女，汉族，1964年3月生，中共党员，北京教育学院毕业，教育管理本科学历，中学高级教师，北京大学附属小学党支部书记、校长。

刘迎建，男，汉族，1953年2月生，中共党员，南京通信工程学院毕业，本科学历，计算机学士学位，研究员，汉王科技股份有限公司董事长。

李彦宏，男，汉族，1968年11月生，群众，美国布法罗纽约州立大学毕业，研究生学历，计算机科学硕士学位，百度公司董事长、首席执行官。

时福礼，男，汉族，1956年3月生，

中共党员，中央广播电视大学毕业，法学本科学历，海淀区卫生局卫生监督所所长。

张泉，男，汉族，1960 年 12 月生，中共党员，高中文化程度，海淀区四季青镇玉泉村党总支书记。

张朝阳，男，汉族，1964 年 10 月生，无党派人士，美国麻省理工学院毕业，研究生学历，物理博士学位，搜狐公司董事局主席、首席执行官。

邵根伙，男，汉族，1965 年 7 月生，中共党员，北京农业大学（现中国农业大学）毕业，研究生学历，动物营养与饲料加工博士学位，讲师，北京大北农科技集团股份有限公司董事长。

柳传志，男，汉族，1944 年 4 月生，中共党员，西安军事电讯工程学院毕业，本科学历，无线电技术学士学位，高级工程师，联想控股有限公司董事长、总裁，联想集团董事局主席。

郭为，男，汉族，1963 年 2 月生，中共党员，中国科技大学毕业，研究生学历，管理学硕士学位，高级工程师，神州数码控股有限公司董事会主席、首席执行官。（刘竹梅）

【新世纪百千万工程（海淀区人选，4 名，2010 年 7 月批准）】

俞开昌，男，汉族，1971 年 12 月出生，研究生学历，高级工程师，现任北京碧水源科技股份有限公司副总经理兼总工程师，同时任清华大学环境科学与工程系膜技术应用与研发中心总工程师，清华大学（环境科学与工程系）-北京碧水源科技股份有限公司联合环境膜技术中心副主任，北京市发改委工程项目评审咨询专家等。

丁冉峰，男，汉族，1964 年 11 月出生，本科学历，高级工程师，现任北京金伟晖工程技术有限公司总工程师。长期从事石油化工的研究与开发工作，是石油炼制工程催化重整及芳烃抽提领域的著名技术专家，并于 2001 年创建了北京金伟晖工程技术有限公司，担任总工程师。他在世界上首次提出"组分炼油"概念。

马光同，男，汉族，1982 年 10 月出生，研究生学历，博士学位，工程师，现任北京美尔斯通科技发展股份有限公司项目经理。从 2005 年至今一直从事超导技术及其在交通和能源领域的应用研究工作，具体的研究内容包括高温超导磁悬浮理论与技术、电磁场有限元数值计算以及直线推进技术。

吴京涛，男，汉族，1970 年 1 月出生，研究生学历，博士学位，现任北京四方继保自动化股份有限公司研发中心副主任。2002 年组织开发 CSS-200 系列动态监测系统，2005 年该系统获中国电力科学技术奖。2003 年至今，长期参与国家《电力系统实时动态监测系统技术规范》国家标准的编制和推广工作，是标准组的核心成员。

【人事考试工作】 2010 年以考试安全为主线，抓好考务管理工作。全年共组织人事考试 12 次近 2500 考场 75000 人次。包括北京地区中央机关及直属机构 2011 年度公务员公共科目笔试，北京市各级机关 2010 年上半年、下半年考试录用公务员公共科目笔试及面试，2010 年度勘察设计考试，2010 年度一级建造师执业资格考试，全国职称外语考试，全国技术职称中级会计考试，全国职称计算机考试 180 场，4800 多人次。

（张丽伟）

海淀区人力资源和社会保障局
地址 1：海淀区新街口外大街 1 号
邮编：100088
电话：62017809　62017809（传真）
邮箱：public@hdlsj.gov.cn
网址：www.hdlsj.gov.cn
地址 2：海淀区西四环北路 73 号
邮编：100195
电话：62615185

下属事业单位（14 个）：

1.海淀区人才服务中心
地址：海淀区西四环北路 73 号中关村人才发展中心
电话：68945136
邮编：100195
网址：www.hdrc.com.cn

2.海淀区干部就业指导服务中心
地址：海淀区西四环北路 73 号中关村人才发展中心
电话：62559523
邮编：100195
网址：www.hdjyzd.gov.cn

3.海淀区劳动监察大队
地址：海淀区西四环北路 73 号中关村人才发展中心
邮编：100195
电话：88506361

4.海淀区社会保险基金管理中心
地址：海淀区西四环北路 73 号中关村人才发展中心
邮编：100195
电话：88506135

5.北京市海淀区劳动服务管理中心
地址：海淀区西四环北路 73 号中关村人才发展中心
邮编：100195
电话：88506521

6.海淀区职业技能鉴定所
地址：海淀区西四环北路 73 号中关村人才发展中心
邮编：100195
电话：88506537

7.海淀区农村社会养老保险办公室
地址：海淀区西四环北路 73 号中关村人才发展中心
邮编：100195
电话：88506511

8.海淀区职业介绍服务中心
地址：海淀区西四环北路 73 号中关村人才发展中心
邮编：100195
电话：88506022

9.海淀区医疗保险事务管理中心
地址：海淀区西四环北路 73 号中关村人才发展中心
邮编：100088
电话：88506333

10.海淀区劳动人事争议仲裁院（12 月新成立）

地址：海淀区西四环北路65号

邮编：100195

电话：88506672

11.海淀区人力资源和社会保障局信息中心

地址：海淀区西四环北路 73 号中关村人才发展中心

邮编：100195

电话：88506551

12.海淀区考试中心

地址：海淀区西四环北路 73 号中关村人才发展中心

邮编：100195

电话：68945516

13.海淀区培训中心

地址：海淀区西四环北路 73 号中关村人才发展中心

邮编：100195

电话：62531175

网址：www.hdpxzx.com.cn

14.中关村人才市场

地址：海淀区西四环北路 73 号中关村人才发展中心

邮编：100195

电话：62531175

网址：www.zgcrc.com.cn

信息化城市管理工作

【综述】 北京市海淀区城市管理监督指挥中心（简称区城管监督指挥中心）成立于 2006 年，是海淀区负责城市管理监督评价和指挥协调工作的区政府正处级行政机构，加挂海淀区非紧急救助服务中心和海淀区视频调度指挥中心两块牌子。

本年，区城管监督指挥中心发挥体系优势，通过网格监督员发现大量城市管理类问题，通过群众举报各类社会管理和城市管理问题。截至年底，全年共受理各类问题 566771 件，其中监督员巡查监控上报及接听企业群众来电，累计受理各类城市管理、社会综合管理及企业咨询问题 539764 件，视频监控图像信息系统共发现处置案件约 27007 件。总体结案率97.79%，及时率88.33%。

信息化城市管理 4 月，中心完成信息化城市管理系统数据采集终端的更新升级，实现“3G”[①]信号在信息化城市管理系统的全面覆盖。

初步建成海淀区城市管理基础数据应用系统。为发挥城市管理基础数据覆盖面广、信息全面、真实可靠的优势，促进长效城市管理，为全区各职能部门及专业部门开展工作提供支持和服务，中心通过走访、收集各街道镇（乡）以及各委办局的相关需求、意见和建议，制定并完善《海淀区城市管理信息基础数据开发利用需求方案》，完成《海淀区城市管理基础数据应用系统》立项、招标等相关工作，由太极公司负责开发建设。完善系统功能 128 项，推动并解决阻碍系统开发的 3 项重要瓶颈性问题；完成对 2009 年部件普查成果中的 1.4 万家权属单位的名称规范和编码规则定义。该系统在区科协的全力配合下，获北京市金桥工程二等奖。

建立城市管理专项处置机制。区城管监督指挥中心在加大指挥派遣、综合协调工作力度的同时，向区财政申请信息化城市管理专项处置经费，用于专项处置无产权单位、无责任主体等无法确定处置部门或需要应急处置的问题。制定《海淀区城市管理专项处置经费使用办法》，规范资金使用程序和流程，并就作业单位进行考察、询价，针对每类问题确定至少 3 家施工作业单位。专项处置经费自 8 月投入使用以来，清理一批久拖不决的无主问题以及存在重大安全隐患或重大影响的应急问题，在实际工作中发挥重要的应急保障和辅助作用。城市管理专项处置经费的投入使用，使得众多无主疑难案件有了“出口”，作为现有处置体系的重要补充，全面覆盖城市管理领域的每个角落。

为确保重点区域的城市管理问题和重点阶段时期内城市管理问题能够做到重点监控、及时发现、快速有效处置，年初启动建立“分类监控、分级处置”的工作机制，完成区域等级“二期（一般时期及特殊时期）四级”划分标准制定、绘制区域等级划分图例，修订相应的立案、结案标准和处理时限，修改调整各项标准，制定重大、紧急事件处置办法等。同时对监督员进行相关培训。

非紧急救助服务 7 月，完成区非紧急救助服务中心升级改造系统建设。该系统被“办公自动化国际学术研讨会”授予全国第九届 OA 典型应用系统荣誉证书。

8 月 9 日，中关村热线“96181”开通。11 月 19 日，海淀区非紧急救助服务中心法律援助工作正式启动，以公益形式引进律师事务所为企业、群众服务。法律援助活动维护驻区企业、辖区群众合法权益，帮助企业、百姓了解更多法律法规，学会用法律武器维护自身的合法权益；使非紧急救助服务中心对于受理的企业、百姓相关诉求中，无能力走司法途径的案件得到必要的法律援助，让驻区企业、辖区群众得到更多实惠。区非紧急救助服务中心定期在相关媒体报纸上刊登涉及企业、百姓切身利益的法律法规常识，以及律师对相关问题的点评，宣传法治理念，增强企业和群众法律意识。

视频调度指挥 继续发挥视频监

[①] 第三代移动通信技术（3rd-generation，3G），是指支持高速数据传输的蜂窝移动通讯技术。

控的作用。在视频监控图像信息系统发现处置的27007案件中，治安防控类245件，城市管理类26361件，突发事件249件，其它案件152件。为公安和交通部门调取录像共1983次、累计5473小时，为调查取证和处理交通事故提供支持。

【启动城市综合管理领域物联网示范工程】 年初，区城管监督指挥中心在上地地区启动物联网示范工程。年内完成创业路（上地三街至四街段）近200个点位的传感器、网关等设备的安装、调试。包括井盖、广告牌、化粪池等城市部件，监控内容涉及井盖丢失或位移、有毒有害气体排放和广告牌倾斜等内容。完成信息采集、网络传输等整体路由线路的调通和试运行，实现从部件监控、状态采集、信息传输、预警提示的全流程。基本完成软件系统平台搭建，能提供部件状态报警地图展示及视频图像调取等。此项工程取得阶段性成果。

【中关村热线"96181"开通】 8月9日，区非紧急救助服务中心召开中关村热线"96181"开通大会，25家单位参会，并设立51个电视电话会议分会场。这标志着海淀区群众事务服务和企业事务服务正式整合成统一的中关村热线。新开通运行的中关村热线被纳入到区非紧急救助服务工作体系中，并沿用"一口受理、一口回复、分拣转办、实时监督"的工作原则，采用"统一平台、分类处置、精细服务"的运行方式。热线将为辖区群众和企业提供便捷的公共服务。热线服务渠道包括96181服务电话、传真、网络投诉平台、广播热线、手机短信等，热线将提供全天候"7×24"的人工在线服务，群众和企业可拨打96181电话进行咨询、建议和投诉举报。

（严岩）

【海淀区被确定为北京市网格化城市管理部件数据库建设试点城区】 9月，北京市市政市容委对海淀区城市管理基础数据建设工作及应用成果调研考察，认定海淀的数据生产过程实、成果质量高、管理机制全、社会效益好，具有较强推广应用价值，决定在海淀区率先开展全市网格化城市管理部件数据库建设试点工作。网格化城市管理部件数据库的建设，可充分发挥数据资源优势，加强政府与公共服务企业之间的有机联动，着力打造高效、便捷的城市管理公共服务平台；可探索建立监控和处置环节末端问题信息数据对接的渠道，为各类城市管理问题特别是紧急疑难问题的快速高效处置提供支撑。

（田颖）

北京市海淀区城市管理监督指挥中心
地址：海淀区长春桥路17号
邮编：100089
电话：82510861

信访和人民建议征集工作

【综述】 海淀区委区政府信访办公室是区委区政府负责本区人民来信来访事务的工作部门，挂人民建议征集办公室牌子。同时负责全区重点人民内部矛盾纠纷排查调处工作、区长信箱邮件的办理工作。2010年，信访工作按照"围绕中心、突出重点、立足预防、全面解决"的工作思路和市信访办提出的"五个着力"[①]的工作要求，创新和完善各项工作机制，妥善解决群众的合理诉求，全面实现市委、市政府提出的"三无"[②]工作目标。本年，海淀区委区政府被评为北京市2006–2010年度信访排查调处工作先进集体。

群众来信来访 2010年，全区共受理信访案件51791件，同比上升7.9%。区信访办受理群众信访7867件（批）。收到群众来信7109件，其中联名信220件、20516人次；受理群众到区来访758批、7107人次，其中集体访214批、6091人次。本区群众越级到市以上集体访58批、913人次，信访形势总体平稳。市长信箱收到信件2616件，区长信箱收到信件2886件。征集人民建议119件。群众到区政府要求复查案件161件，全部办结；协助市复查复核委员会办理47件。全年本区各级领导接访576件，包案312件，化解299件，历史积案逐年减少。区级领导共接待来访96次，其中主要领导参加接待18次；区级领导共接待信访群众217批、2448人次，牵头化解和稳控了鲁艺回迁安置纠纷等一大批重大涉众信访问题。

本年，群众信访中反映的热点难点问题：一是城乡建设问题，占全区信访总量的21.8%。主要涉及土地规划、拆迁安置、违章建设等。二是劳动社保问题，占全区信访总量的17.6%。主要包括拖欠农民工工资、工伤保险、困难救助、企业职工清退补偿、复员军人生活待遇等问题。三是农村问题，占全区信访总量的12.4%。主要涉及农民宅基地拆迁腾退、征地补偿、土地承包、集体资产处置、农转非转工人员生活困难、农村随转人员无社会保障、富余劳动力安置等。四是涉法涉诉问题，占全区信访总量的11.3%。主要涉及认为不服法院判决、胜诉后执行困难、请求政府解决经济纠纷等。五是物业管理问题，占

① 五个着力：着力减少新发社会矛盾，着力化解信访积案，着力加强基础建设，着力应对和妥善处置群体性事件，着力总结推广成功经验。

② 三无：无重大重复上访户、无信访群体性事件，敏感时期无非正常访。

全区信访总量的9.8%。主要涉及业主委员会与物业公司的矛盾，开发商与业主的矛盾，物业的维护与收费等。上述5类问题占全区信访总量的70%以上。

2007–2010年海淀区信访总量变化趋势

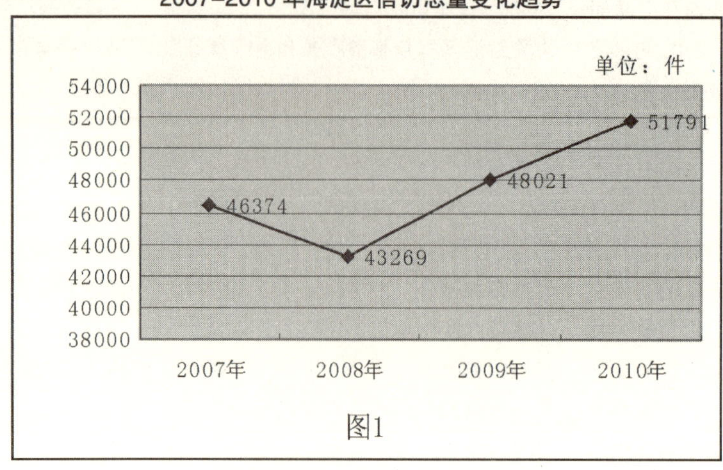

图1

2010年群众反映主要问题分类图

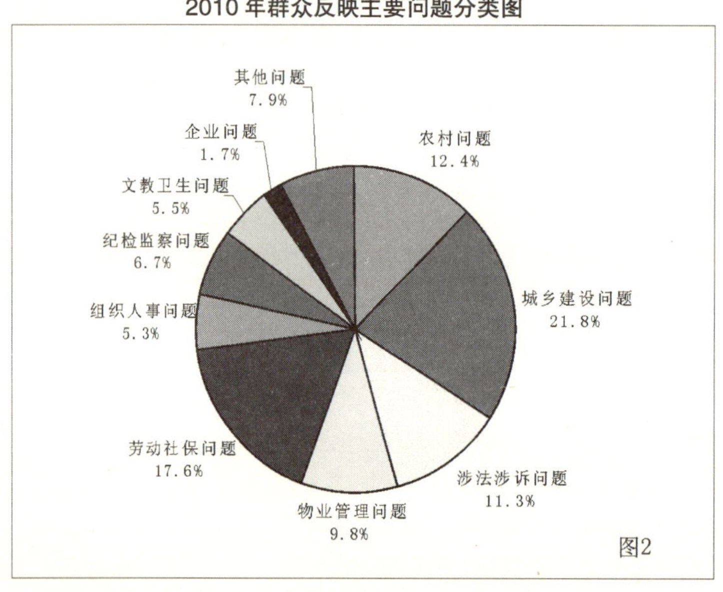

图2

矛盾排查 全年开展2次全区性拉网式大排查和拆迁、劳资、供暖领域3次专项排查，排查各类矛盾纠纷805件，列为区级以上重点矛盾30件，包括地铁10号线二期建设颐源居问题、六里屯垃圾焚烧发电厂建设纠纷在内的80%以上的矛盾纠纷得到有效化解。

信访工作机制创新 推广信访代理工作机制。4月13日，召开信访代理启动工作会议，对信访代理制度的推广做全面部署，并以区委区政府名义印发《关于推行信访代理制度的意见》和《海淀区信访代理工作制度》，实现“变群众跑腿为干部跑腿，变群众诉求为党政干部责任，变一元接待处理为分级分层多元承担化解”的转变。探索矛盾化解的新方法，召开重点信访人信访问题法学专家专案分析研讨会，通过为信访人和相关责任单位搭建一个“面对面”的平台，为信访问题双方当事人提供充分表达意愿的机会，并为其提供法律支持，将研讨会的分析结果告知双方当事人并作为化解该信访矛盾的重要依据，实现“事要解决”的工作目标。落实重大决策和重大项目信访评估机制，及时避免唐家岭、八家拆迁腾退等重大项目工程实施过程中的20余件重大涉众性矛盾纠纷。加强督导工作机制，5月，区委区政府从全区抽调6名处级后备干部，依托信访办成立第二批信访督导组，继续加大对重大信访案件的督查督办力度，指导推动基层单位及时就地化解矛盾。

信访队伍建设 3月，区信访办、区信访督导组会同相关部门成立2个“城乡一体化”信访工作流动调解工作组，按照区域分工划片联合下访，加强对街乡信访工作的指导。

与区综治办联合出台《关于加强安

全稳定基层基础建设，组建安全稳定信息员队伍的实施意见》和《海淀区安全稳定信息员管理试行办法》，按照50至100户1名的标准，在社区、农村建立9000余人的安全稳定信息员队伍。9个街道和所有乡镇落实信访机构建设，编制到位、人员到位，充实信访干部队伍。

全年共举办信访工作培训班、总结交流会5次，累计培训1万余人次。举办安全稳定信息员培训电视电话会，对各街道、乡镇主管领导、信访办主任、综治办主任及安全稳定信息员9200余人做了信访矛盾纠纷排查调处工作培训和社会治安综合治理业务培训。举办全区信访干部培训班，对全区200名信访干部做了信访代理、信访业务知识培训。分口举办半年总结培训班，对全区信访工作主管领导和信访工作人员200余人做了形势通报、来访接待工作培训。分系统举办年终总结培训会，对全区信访工作进行总结。

4月，开展“和谐有序，依法信访”主题宣传活动，全区共设立30个宣传站点，共向群众发放宣传材料7000余件，回答群众各类咨询200余次。订阅《人民信访》、《北京信访》杂志，宣传面覆盖到区四套班子领导，区属委办局、街道、乡镇、社区、行政村。

【重点时期安全保障工作】 3月，在全国两会期间开展领导干部大接访活动，区级党政领导到信访接待大厅接待信访群众。全区各部门、各单位领导深入一线，制定防控措施和预案，保证全国“两会”的顺利召开。在上海世博会、广州亚运会期间，区信访办派遣1名副主任、1名工作人员参加赴沪、赴粤劝返分流工作。在元旦、春节、“八一”等重点时期开展专项排查并启动24小时值班等制度，会同属地街、乡镇、公安等相关部门对各类重点群体和重点人进行疏导、防控，确保重点时期的社会安全稳定。 （杨勇）

海淀区委区政府信访办公室
地址：海淀区长春桥路17号
邮编：100089
电话：82579936
邮箱：yangyong01@mail.bjhd.gov.cn

机关事务管理

海淀区政府机关事务管理处负责区委、区人大、区政府、区政协机关运转的支持保障工作，负责海淀区区属行政事业非经营性国有资产管理、公共机构节能管理、机关职工住房管理、后勤保障管理等工作。管理职能有：国有资产管理、办公用房建设管理、机要通信管理、公共机构节能管理、机关职工住房管理、后勤保障管理、机关幼儿教育管理；保障工作内容有：办公用房保障、物资设备保障（办公家具、办公环境）、公务用车保障、班车服务保障、重大活动保障（包括应急服务保障）等；服务内容有：机关生活服务、机关运转服务（如会议服务、物业、保洁、保安服务）。本年9月，按海淀区机构编制委员会要求（海编委发〔2010〕44号），机关事务管理处所属北京市海淀区政府采购中心整建制划归区政府办。机关事务管理处下设海淀区机关住房管理中心、海淀区机关幼儿园2个直属机构。

截至2010年底，机关事务管理处集中管理和保障服务的办公地区有第一办公区、第二办公区、招商大厦、人才发展中心、土地办公中心、曙光办公中心、综合楼办公区、八里庄一站式服务大厅等多个集中办公场所，共保障着处级单位82家，处级以下单位59家，共计141家，约5200余人的后勤服务工作。负责管理东北旺东馨园1号楼，西北旺春晖园、秋露园公寓，北京大学万柳学生公寓3处机关干部单身公寓。

国有资产管理及财务监管 完成新海大厦（海淀区丹棱街10号楼）房产过户手续；完成区人力资源和社会保障局办公用房第三期（海淀区西四环北路65号楼）购置任务；截至年底，机关事务管理处名下的房产有27处，总面积达41万平方米，账面总资产近30亿元。账面资产主要为：房产、专用设备、办公家具、电子通讯设备、交通运输设备、文艺体育设备、电气设备等。

加强财务监管，落实财务制度。聘请审计公司对11处机关食堂（含幼儿园）收支情况进行内部财务审计，并对食堂物资采购、验收、出入库等环节进行核查。配合区审计局对本处年度财务管理工作进行审计，制定《公务卡使用管理制度》，完成对统计、税务、财政、审计各部门有关资料的申报。

重点工程建设 北京市政策性保障住房重点工程海淀区龙岗路25号公共租赁房建设项目，10月30日开始施工。

公共机构节能管理 本年成立公共机构节能监督管理科，职责主要是承担区属公共机构的节能监督管理工作，制定节能规划、确定节能目标、开展节能宣传、教育和培训，会同有关部门对区属公共机构节能的情况实施监督检查。制定下发《海淀区行政事业单位能源定额管理及节能降耗考核奖励办法（试行）》，纳入能源定额管理的共有103个单位；召开海淀区机关能源定额管理及节能降耗考核工作动员会和培训班，下发能源定额管理工作资料汇编及培训资料470余册。

日常办公保障 机关事务管理处负责全区机要收发机关公务用车工作。截至年底，机要交换站交换箱共有182个，国务院交换站箱1个，双箱2个，已用箱位151个，备用箱位28个。机要收发单位包括第一办公区区委办、政府办、人大、政协、纪检委等31个单位，第二办公区国资委、商务局、海淀园、发改委、公共委、旅游局等19个单位。自取机要文件单位包括检察院、法院武装部、建委、公安局、人事局、劳动局、国土局等 34 个单位，外送机要文件单位包括香山街道、青龙桥街道、北部办、威凯公司、温泉镇、西山农场等 67 个单位。接收、发送文件 25 万 6 千余件，各类文件、信件未出现丢失、错送等问题；全年公务用车 5500 台次，安全行驶 11 万公里。

海淀区政府机关幼儿园总占地面积 4137 平方米，截至年底，共有 8 个教学班，另设亲子班，幼儿 250 多名，40 多名教职员工，一线教师大专以上学历占 100%，师资雄厚，硬件设施齐全，办学条件优越，是北京市市级示范幼儿园，获 2010 年度海淀区幼儿园第三届“童心杯”幼儿素质教育最佳学习型团队、2010 年度海淀区幼儿园规范管理先进集体。（罗军）

海淀区人民政府机关事务管理处
地址：海淀区长春桥路 17 号
邮编：100089
电话：82510733
邮箱：hdxzcbgs@163.com

下设直属机构（2 个）：

1.海淀区机关住房管理中心
地址：海淀区西四环北路 11 号
邮编：100195
电话：82510733

2.海淀区机关幼儿园
地址：知春东里 14 号
邮编：100086
电话：82510733

中国人民政治协商会议
北京市海淀区委员会

★ 1月11日~14日，政协海淀区第八届委员会第四次会议举行。（李瑞林 摄）

★ 6月28日，区政协、区委统战部、全国政协科教文卫委员会联合主办“创新与和谐海淀论坛”。（田峰 摄）

★ 区政协委员咨询问政 （李瑞林 摄）

★ 1月13日，区政协召开专题座谈会。

（李瑞林 摄）

★ 政协海淀区第八届委员会第四次会议上，政协委员就有关事项进行表决 。

（李瑞林 摄）

概　述

中国人民政治协商会议北京市海淀区委员会（简称“区政协”）成立于1981年。2006年12月召开区政协八届一次会议，选举产生第八届委员会主席、副主席、秘书长和常务委员。上年孙金春、吴湘香、李航、李彦来等4人不再担任委员，增补吕东明、吴宝华、赵萍、雷玉梅等4人为区政协委员。1月，八届四次会议选举吴宝华为秘书长，姚绍霞、雷玉梅为常务委员。至年底共有委员356名，其中常委会组成人员53名，比上年增加1名。年内共召开常委会议9次（第23次至第31次），主席会议8次，秘书长会议5次，恳谈议政会1次。

2010年，广大政协委员、参加政协的各民主党派、工商联、人民团体及政协各专门委员会，高度关注核心区建设，结合海淀区经济社会中的重大问题以及人民群众关心的热点难点问题，认真履行政治协商、民主监督、参政议政的职能，全面参与“十二五”规划的编制，促进民生改善与社会和谐，加强政协机关自身建设，完成各项工作任务。形成常委会建议案2项，专委会建议案5项，报区委区政府意见建议185条。

协助区委召开第四次政协工作会议　为贯彻落实好北京市第三次政协工作会议精神，大力推进人民政治协商制度建设，按照区委关于在全市率先、高质量地开好政协工作会议的要求，本年，常委会把协助筹备召开好这次会议作为重点工作来抓，组织专门人员深入细致地开展前期调研，协助区委起草了《中共海淀区委关于加强人民政协政治协商制度的意见》，切实把政治协商纳入重大决策的必经程序，进一步规范了政治协商的主要内容，完善了政治协商的基本程序，推进了政治协商的制度化、规范化、程序化建设，对提高政协工作科学化水平，促进区委、区政府民主决策、科学决策，加强海淀区民主政治建设具有重要意义。

纪念海淀政协成立三十年　本年区政协成立30周年，围绕“三十而立，继往开来”主题，开展“六个一”活动，即：举办一次理论研讨会，编撰一本纪念文集，摄制一部专题片，印制一本画册，制作一组展板，召开一系列座谈会。对海淀政协成立三十年以来的7505件提案进行梳理，评选出70件对区域经济社会发展有重要推动作用的优秀提案。与区委统战部联合举办第22期读书班，以“服务大局共建核心区，建言献策奉献在海淀”为主题，通过专题讲座、委员交流等形式，对海淀政协三十年的成功经验和有效推动核心区建设等问题进行研讨。

对外宣传与交流　在各级媒体广泛宣传政协履职情况和委员风采，刊发各类报道77篇，其中《人民政协报》头版头条以《有的放矢，运筹帷幄——北京市海淀区政协抓住契机创新委员履职机制》对八届四次会议进行报道，以《北京海淀区大魄力推进政治协商制度化建设》对第四次政协工作会议进行报道，在《海淀报》刊登4版专版报道。全年通过政协网站编发政协要闻131篇，发送区情快报162条，编发简报49期。办好《海淀政协》刊物，全年登载委员文章30余篇。完成《2010年建言献策文集》的汇编。就加强政治协商制度建设问题与市政协及部分区县政协开展专题座谈。接待上海市政协、上海市闸北区政协、广东省连州市政协来访。书画摄影联谊会举办海淀政协成立三十年主题笔会，与区社会组织联合会联合开展为期七个月的“服务社区名人大讲堂”活动，举行“新海淀，新建设，新发展”主题书画摄影活动，组织部分会员赴江西开展采风活动。政协之友联谊会召开“三十而立，继往开来”老委员座谈会，组织老委员参观考察房山区新农村建设。出席在山东潍坊举行的全国政协信息联系点第十一次会议和在广东、上海举行的部分市区政协工作交流会，与兄弟地区政协研讨工作经验。

机关建设　以“服务大局，服务委员”为主题，开展“创先争优”暨优质服务年活动。在委员中开展“服务大局共建核心区，建言献策奉献在海淀”主题宣传实践活动，获得全区优秀组织奖。参与市政协开展的委员履职环境调查分析活动，查找在委员服务工作中存在的不足与问题，采取措施改进。围绕委员关注的热点问题，加大手机区情快报的发送频率，方便委员了解区情。通过召开委员座谈会、走访等形式，扩大与委员的联系面。通过全会、常委会、读书班、专题报告会、提案办理协调会、信息工作会和情况通报会等多种渠道，提升委员的履职能力。完善政协网站功能，增加“网上履职”专栏，推动委员网上履职。与中国五矿集团联合开展“手拉手共促发展”的创建活动，广泛征求驻区企业对海淀工作的意见建议。参加区级机关系统首届运动会。

【举办“2010年创新与和谐海淀”论坛】　6月28日，区政协、区委统战部会同全国政协教科文卫体委员会，联合举办“2010年创新与和谐海淀”论坛。论坛围绕中关村的发展前景和定位策略、建设技术创新体系、优化政产学研合作机制、集约利用园区土地资源、创新人才队伍建设、发展文化创意产业和发挥行业协会作用等问题，为核心区建设建言献策。举办“绿色出行，健康生活，低碳环保”网上论坛，召开绿色出行座谈会，向全体委员发出绿色出行倡议书，汇总委员提出的30条意见建议送区委区政府研究参考，经区政府有关职能部门进一步调研后分解为39条具体任务予以落实。

【举办第22期读书班】　7月15日至17日，区政协、区委统战部联合举办以“服务大局共建核心区，建言献策奉献在海淀”为主题的第22期读书班。全国政协理论研究会秘书长就胡锦涛总书记《在庆祝中国人民政治协商会议成立 60 周年大会上的讲话》精神作专题辅导报告；区科委主任、海淀园管委会常务副主任作中关村国家自主创新示范区核心区有关情况通报；区政协相关处室针对提案和社情民意信息工作进行培训；参学人员进行分组讨论、自学和交流发言。

【界别活动月】 9 月，围绕区“十二五”规划开展“界别活动月”活动。以“为‘十二五’规划建言献策，为区域发展献计出力”为主题，各界别活动组组织开展活动 17 次，330 余人次参与活动，围绕“十二五”规划编制工作提出意见建议。9 月 17 日，举办区“十二五”规划编制座谈会暨 2010 年界别活动月启动仪式，听取海淀园管委会关于中关村科技园区海淀园的基本情况以及编制“十二五”期间中关村国家自主创新示范区核心区发展规划、高新技术产业发展规划的总体思路与设想的通报；提出全面参与、全力参与、深度参与“十二五”规划编制协商议政工作的要求。活动期间，侨联界、台胞台属界、少数民族界和宗教界委员围绕区“十二五”规划人口发展和管理专项规划编制进行建议献策；医药卫生界和体育界别委员围绕区“十二五”规划卫生专项规划和体育专项规划编制工作举行协商会；文化艺术界别委员围绕海淀区文化发展“十二五”规划要点和总体思路建言献策；第八界别组参加海淀区检察院职务犯罪侦查、反渎职及少年检察检务公开活动；经济界和特邀界别委员听取区发展改革委和国土分局关于《海淀区“十二五时期政府投资与重大项目规划》和《海淀区十二五时期土地资源保护与开发利用发展规划》的编制情况通报，为这两项规划的编制建言献策。

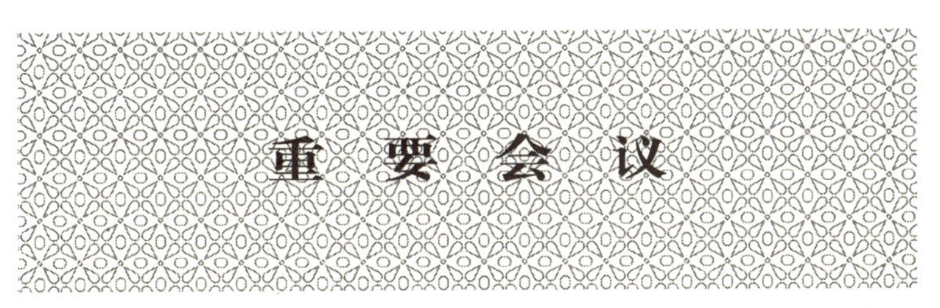

重要会议

八届四次会议 1 月 11 日至 14 日召开会议听取并审议通过常委会工作报告和提案工作报告；听取并讨论区政府工作报告；审议 2009 年国民经济和社会发展计划执行情况与 2010 年国民经济和社会发展计划（草案）报告；审议 2009 年财政预算执行情况和 2010 年财政预算（草案）报告；协商讨论区政府关于八届三次会议以来提案办理情况的报告；选举吴宝华为政协秘书长，姚绍霞、雷玉梅为政协常委；审议通过八届四次会议决议；表彰 2009 年度优秀提案、提案人以及社情民意信息工作先进集体、优秀信息员和优秀信息。

常委会

第 23 次常委会议 1 月 12 日召开，会议研究大会选举办法（草案）；讨论秘书长、常务委员候选人建议名单。

第 24 次常委会议 1 月 12 日召开，会议确定秘书长、常务委员候选人；讨论、确定监票人建议名单。

第 25 次常委会议 1 月 14 日召开，会议听取八届四次会议各小组讨论情况汇报；审议八届四次会议决议（草案）。

第 26 次常委会议 1 月 14 日召开，会议审议通过 2010 年常委会工作要点。

第 27 次常委会议 3 月 17 日召开，会议听取区农委关于海淀区发展都市观光农业产业带工作情况的通报；研究 2010 年区政协常委会重点调研安排；研究纪念区政协成立 30 周年系列活动方案。

第 28 次常委会议 5 月 26 日召开，会议听取区水务局、区信访办公室关于 2009 年区政协常委会《关于我区加强水环境治理建议案》、《关于我区处置和应对群体性矛盾建议案》的办理情况通报；听取中关村科技园区海淀园管理委员会产业规划发展处关于完善产学研创新体系建设工作情况的通报；研究第 22 期读书班、常委会组成人员学习考察有关事宜；听取区政协机关关于开展“优质服务年”活动的通报。

第 29 次常委会议 7 月 14 日召开，会议听取区委宣传部关于海淀区西山文化创意大道建设，促进创意文化产业发展情况的通报；听取区金融办关于海淀区建设首都科技金融综合改革试验区及金融创新情况的通报；听取区民政局关于海淀区贯彻落实北京市“九养”办法，构建社会化养老服务体系情况的通报；听取关于区政协党组开展廉政风险防范工作情况的通报。会议还研究第 22 期读书班和 2010 年常委会组成人员学习考察有关具体事宜。

第 30 次常委会议 9 月 15 日召开，会议对即将出台的《中共北京市海淀区委关于加强人民政协政治协商制度建设的意见（征求意见稿）》进行协商；听取区发展改革委关于海淀区上半年国民经济和社会发展计划执行情况的通报；听取区财政局关于海淀区上半年财政预算执行和预算变更情况的通报；审议通过 2010 年区政协常委会《关于做强做大一批具有全球影响力的创新型企业的建议案》、《关于山前乡镇产业结构调整和优化升级的建议案》。

第 31 次常委会议 12 月 15 日召开，会议协商海淀区“十二五”规划纲要；听取区纪律检查委员会关于党风廉政建设和反腐败工作、区发展改革委关于 2010 年经济发展情况和 2011 年经济形势预测情况、区编办关于行政审批制度改革工作进展情况、区农委关于新农村“五+三”工程[①]建设情况以及区委督查室、区政府办公室关于区委、区政府

[①] 指新农村“五项基础设施”建设工程和“三个起来”建设工程。

办理政协提案情况的通报；审议八届五次会议的议程（草案）、日程（草案）、常委会工作报告和提案工作报告。

主席会

第21次主席会议 1月14日召开，会议审议2010年常委会工作要点。

第22次主席会议 3月17日召开，会议审议通过专门委员会特邀委员的调整决定；听取区发展改革委关于2009年区政协主席会议《关于积极应对危机，促进科学发展的建议案》办理情况的通报。

第23次主席会议 5月14日召开，会议听取区市政市容管理委员会市容办、绿海能公司关于海淀区加快推进垃圾焚烧发电与综合处理等项目建设情况的通报；研究组建区政协"智库"有关事宜；研究专委会特邀委员调整事宜；研究举办第22期读书班及常委会组成人员学习考察事宜。

第24次主席会议 7月2日以网络形式召开。审议通过关于调整2010年常委会建议案审议时间、常委会听取通报安排等事宜。

第25次主席会议 9月3日召开，会议审议2010年常委会《关于山前乡镇产业结构调整和优化升级的建议案（征求意见稿）》和《做强做大一批具有全球影响力的创新型企业建议案（征求意见稿）》；研究2010年度恳谈议政会有关事宜；研究《中共海淀区委关于加强人民政协政治协商制度的意见（代拟稿）》；传达北京市第三次政协工作会议精神，通报区政协学习贯彻落实市委会议精神的安排和拟向区委提出的筹备召开海淀区第四次政协工作会议的建议。

第26次主席会议 11月9日召开，会议学习中共十七届五中全会精神；听取区委组织部关于区法院副院长建议人选情况的通报，就区法院副院长建议人选进行协商；研究八届五次会议召开时间、日程安排等事宜。

第27次主席会议 12月3日召开，会议听取区委区政府研究室关于区委十届十二次全会报告和制订海淀区"十二五"规划的建议起草情况的通报，并对两个文件进行协商；听取区北部办关于北部地区开发建设情况的通报；研究2010年优秀提案及信息表彰、八届五次会议各环节主持人以及委员分组等事宜。

第28次主席会议 12月15日召开，会议就区发展改革委主任建议人选进行协商。

秘书长会

第20次秘书长会议 3月10日召开，会议研究2010年区政协常委会各月工作安排；听取全体委员进入专门委员会的工作通报；研究2010年常委会重点调研有关事宜。

第21次秘书长会议 5月6日召开，会议研究2010年创新与和谐海淀论坛相关事宜；研究举办第22期读书班事宜。

第22次秘书长会议 7月7日以网络形式召开，审议区政协机关承办的委员提案，研究部署2010年恳谈会有关事宜。

第23次秘书长会议 8月25日召开，会议研究2010年度恳谈议政会有关事宜；讨论《中共海淀区委关于加强人民政协政治协商制度的意见》（代拟稿）；研究2010年度常委会《关于做强做大一批具有全球影响力的创新型企业的建议案（征求意见稿）》和《关于山前乡镇产业结构调整和优化升级的建议案（征求意见稿）》。

第24次秘书长会议 11月30日召开，会议研究八届五次会议议程（草案）、日程（草案）和分组建议；讨论常委会工作报告和提案工作报告。

政治协商

在区政协八届四次会议上集中协商政府工作报告、2009年国民经济和社会发展计划执行情况与2010年国民经济和社会发展计划（草案）报告、2009年财政预算执行情况和2010年财政预算（草案）报告、区政府关于八届三次会议提案办理情况的报告等文件，并就提升自主创新能力、加快产业结构调整、创新体制机制、破解城乡结合部发展难题和推进城乡一体化发展等内容进行协商议政，提出70条意见建议。

召开常委会议，对《中共北京市海淀区委关于加强人民政协政治协商制度建设的意见》、区"十二五"规划纲要进行协商。

主席会议围绕中共海淀区委十届十二次全会工作报告、人事任免和推进垃圾焚烧发电与综合处理等事项开展协商议政。

秘书长会议围绕重点调研、建议案审议以及常委会决策事项的推进落实等问题开展了协商议政。

各专门委员会围绕优化产学研合作机制、调整乡镇产业结构、公共服务创新、如何做强做大创新型企业和集约利用核心区土地资源等工作与相关职能部门进行协商议政，推动解决难点、热点问题。

恳谈议政会围绕核心区建设中的北部地区信息化、科技创新专利资助政策、中小企业科技金融创新服务平台、中关村地下共同沟建设和生物医药城发展等问题开展协商议政，提出了意见建议。

民主监督

2010 年，原政协委员、民主党派和工商联代表与区政府领导班子恳谈会更名为恳谈议政会。9 月 10 日，区政协、区委统战部联合举办 2010 年度恳谈议政会。会议听取关于海淀区上半年经济社会运行情况和下半年重点工作的通报；各民主党派、工商联及界别代表围绕核心区建设中的信息化服务、科技创新、中小企业发展、文化创意新产业发展以及教育、医疗、养老等问题，与区政府领导班子成员进行恳谈议政。与会区政府领导结合各自分管工作，就发言中所提出的意见建议同党派团体代表和政协委员进行交流。

围绕社会保障工作体系建设、北部地区规划调整、城乡结合部违法建设拆除、社会治安和法制教育、农村五项基本建设、新生代农民工的社会融入、文化遗产保护、科技金融创新体系建设、保障性住房建设和重点地区环境改造等开展视察；继续跟踪督办常委会往年提出的“垃圾分类”和“水环境建设”两项建议案的落实情况。财政金融咨议小组、核心区建设咨议小组、教育咨议小组、社会发展与资源咨议小组、城乡一体化咨议小组等围绕核心区建设、城乡一体化发展、财政预算编制和执行、反渎职侵权检务公开和村委会换届选举等事项，开展专业监督和协商监督。各地区政协委员活动小组累计开展视察、座谈活动 60 余次，推动辖区内委员深入基层了解区情民意、开展民主监督和为促进区域发展建言献策。

八届四次会议期间，召开核心区建设、城乡一体化发展和环境治理、民生问题等 3 项专题座谈会。委员们围绕区委区政府的中心工作、群众关心的热点问题建言献策。1 月 14 日举行大会发言，区各民主党派、工商联和侨联界、科技界委员代表在大会上作《关于加强海淀区医疗废物处理监管工作的建议》、《关于建立海淀区养老医疗一体化机构试点的建议》、《不拘一格纳人才—突破海淀区高新企业发展中人才引进瓶颈的一点建议》、《关于发展海淀山后地区学前教育的建议》、《海淀区保障性住房发展中的问题与对策研究》、《统筹兼顾、协调推进我区城乡一体化建设》、《提高认识，明确定位，做好服务，引领发展—对中关村国家自主创新示范区核心区建设的几点认识和建议》、《深入贯彻落实科学发展观，人人行动起来共建绿色家园》、《优化创新环境，提速自主创新》、《加快农村信息化建设，促进海淀城乡统筹发展》、《全心全意支持中小企业》等 11 项发言，为海淀经济社会发展献计出力。

2 月 25 日，全国政协教科文卫体委员会应邀到海淀区视察中关村国家自主创新示范区核心区建设工作。视察结束后，全国政协教科文卫体委员会形成《关于支持中关村国家自主创新示范区“先行先试”政策》的专委会提案，并在全国政协第十一届三次会议上提出，得到国务院有关部委的重视和办理。6 月 10 日，全国政协提案委员会和教科文卫体委员会联合召开“支持中关村国家自主创新示范区‘先行先试’”提案办理协商会，邀请提案人与提案承办单位相关部门负责人出席，推动提案办理落实。国家发改委、中国银监会、中国证监会、国家外汇局等国家部委对提案进行了认真答复。

围绕编制“十二五”规划建言献策，将“十二五”规划纲要列为政协全体会议、常委会议、主席会议和各专门委员会重点协商议题，常委会和各专门委员会围绕“十二五”规划纲要框架思路的确定、前期重点问题研究、11 个重点专项规划、25 个一般专项规划和 4 个重点地区发展规划等开展调查研究，为各项规划编制建言献策。5 月 6 日，召开“十二五”规划协商议政工作启动大会。会议通报海淀区“十二五”规划研究编制情况，根据规划编制目录将建言献策的任务分解到 8 个专委会和 31 个界别，提出“早熟悉，早参与，早发力，早献策”的工作要求。各专门委员会围绕各专项规划开展调研，并与相关职能部门进行座谈，为“十二五”规划各专项规划编制建言献策。

围绕核心区建设过程中遇到的突出问题，开展两项常委会重点调研，形成常委会《关于做强做大一批具有全球影响力的创新型企业的建议案》和《关于山前乡镇产业结构调整和优化升级的建议案》；7 月，常委会组成人员赴武汉东湖和上海浦东新区考察调研，形成关于加快核心区建设的考察报告，针对核心区建设提出意见建议。各专委会开展《优化政产学研合作机制，提升区域自主创新能力》、《公共服务创新与优化机构设置》、《北部地区土地集约利用问题与对策建议》、《全面提升海淀区文化产业》、《关于推进绿色出行、缓解交通拥堵的建议》和《互联网时代青少年权益保护模式》等调研，形成专委会建议送区政府有关部门研究办理。各界别开展核心区职工队伍状况、白领女性心理健康状况、留学归国人员工作生活状况、高校台生在海淀创业情况等专项调研，形成调研报告，送区委区政府研究参考。发挥政协在核心区建设中的人才智力优势，成立政协咨询智库。

加强与各党派团体和界别的联系，为区域发展凝心聚力。为各民主党派和无党派人士、各人民团体在政协中发挥作用创造条件。组织各党派团体在政协全会、论坛、恳谈议政会等重要会议上进行发言，协调各党派团体牵头或与专委会联合开展调研活动，协调有关部门认真办理党派团体提案工作，开展各种联谊走访、沟通交流，使各党派团体在政协合作共事的关系更加紧密。加强与各界群众的联系，开展富有界别特点的活动，充分调动各界委员履行职责、为核心区建设献计出力的积极性。

理论研究

11月12日，区人民政协工作理论研究会召开2010年度研讨会，以“三十而立，继往开来”为主题，组织专题报告，开展研讨交流。区人民政协工作理论研究会会员、部分区政协常委、委员、党派团体成员以及区政协机关干部共70余人参加会议。会议邀请北京市人民政协理论与实践研究会常务副会长张平夫就人民政协政治协商理论与实践研究作专题报告，围绕人民政协的创立和发展、对人民政协政治协商理论的认识、对人民政协政治协商实践的认识以及推进人民政协政治协商工作需要从理论和实践上探索解决的问题等进行深入的理论辅导。会议共收到书面论文53篇，7位与会同志做交流发言。2010年，区政协共编印《海淀政协》杂志4期，突出沟通情况、交流工作、服务委员的功能，登载委员文章30余篇。完成《2010年建言献策文集》的汇编工作，集中展示和交流委员理论与实践研究成果。

社情民意信息

结合论坛、恳谈议政会、委员读书班、专题调研和界别活动月等重要会议和活动，不断拓宽信息渠道，挖掘深层次信息。4月1日，区政协召开反映社情民意信息工作座谈会，全国政协办公厅研究室信息局局长朱京生出席，区各民主党派、工商联的信息工作负责同志、专职信息员和信息工作先进单位、先进个人代表共20余人参加座谈。会议总结2009年区政协反映社情民意信息工作，提出做好2010年信息工作的意见，印发2010年信息报送要点。2009年区政协优秀信息员和先进信息单位代表作典型发言，介绍信息工作经验。朱京生介绍2010年全国“两会”期间全国政协信息工作情况，传达2010年信息局的总体部署和工作重点，对区政协的信息工作进行指导。2010年，区政协共编发社情民意信息115件，其中《引进“安珀紧急通告系统”的建议》、《规范政府债务的建议》和《我国驻外外交官随任子女的教育困境及对策建议》等35件信息被上级政协和区委区政府采用，采用率达30%，为各级党政领导决策提供了有益参考。

专门委员会工作

【提案委员会】 提案委员会是在常务委员会和主席会议领导下，负责提案工作的常设机构。每届政协第一次全体会议成立提案审查委员会，负责本次全会中的提案审查工作。第一次会议闭幕后，提案审查委员会依照有关程序转为提案委员会，列入专门委员会序列。

坚持把提案作为发挥政协职能的一项重要工作，本年提案委采取多项措施，努力提高提案质量。加强提案征集工作，年初，向区政府办、区发改委征集提案参考选题，整理汇总后向全体委员提供，并通过政协网并通过政协网站公告、寄发提案征集信、手机短信通知等方式，完成了八届四次全会的提案征集（预告）工作。加强提案复审，在全会提案初审的基础上，加强了会后复审工作，严把立案关。召开了提案委全体会议，对提案进行分析复审，针对转出提案，委托部分市政协委员和市人大代表向市级部门提出。加大培训力度，通过组织学习、以会带训等形式，开展提案撰写培训。在2010年读书班上举办了提案基础知识讲座并进行了经验交流，委员撰写提案的水平不断提高。加强视察调研，使广大委员多知情、深知情。要求提案人对每份提案都要经过深入调查研究，在掌握详细情况的基础上形成。不断提高提案委自身工作水平，全会后及时召开提案委会议，对新进入提案委的委员进行培训；研究分析提案工作面临的形势，查找存在的问题，确定新一年工作任务、改进工作的办法措施；协助区委办、政府办做好提案交办及承办人员的培训。

广大政协委员把群众普遍关注、涉及群众切身利益的流动人口管理、缓解交通拥堵、建设保障性住房、垃圾处理、提高社会保障水平、养老服务、入学难和看病难等问题作为重点，调查研究，提出提案205件，经审查立案187件。其中党派团体提案21件，专委会提案1件，委员提案165件。本年提案有三个特点：一是围绕区委、区政府重点工作；二是围绕社会热点、难点问题；三是关注民生，反映民意。提案涉及经济发展和园区建设的有45件，涉及文化教育卫生体育社会事业的有43件，涉及城市建设和城市管理的有71件，涉及社会建设与民生的有28件。以上立案提案全部办复。其中提案提出的建议被承办单位采纳、问题得到解决或正在解决的占提案总数的57%，提案解决率较上年有所提高；列入工作计划拟解决或拟采纳的占25%；因政策和条件限制暂不能解决而留作参考的占18%。未立案的18件，因涉及的问题超出本区事权范围，转请市有关部门处理或作为信息处理。从提案人对提案办理的反馈意见看，表示很满意的34件，占立案总数的18.2%；满意的135件，占72.2%；基本满意的18件，占9.6%，很满意、满意和基本满意率为100%。其中关于《政协委员及早参与“十二五”规划前期研究和编制过程的建议》得到区委、区政府主要领导的批示。

在实践中探索做好提案工作的新方法、新途径。把提案工作与全局性工作、与各专门委员会工作有机结合，将提案办理工作纳入区委、区政府决策规划、办实事工程，促进提案成果的有效转化。协调各方，加强对提案办理落实情况的监督检查。会同城建城管环保委、教文卫体委员会对提案办理情况进行了督察；会同区委办、政府办检查督促提案办理工作；对一些重点督办或办理有一定难度的提案做到事前分析沟通、事中研究协商、事后总结评议，使提案办理过程成为进一步发挥提案者作用、倾听提案者真知灼见的过程。共召开提案办理协商督办会12次。强化复查补办工作。通过政协网站和向委员发送短信，征集委员对提案办理工作的意见，对委员反馈办理不满意的7件提案逐件分析，提出复查补办的要求，协同政府办及时召开会议，部署复查补办工作，通过复查补办，7件提案的办理均取得新的进展。开展优秀提案评选工作。评选出22件优秀提案进行表彰。

政协提案工作对推进区域发展发挥了重要作用，但仍存在差距和薄弱环节，主要表现在：一般性提案多，提案在加强调查研究，提出具有前瞻性、可操作性建议方面有待进一步加强；有的承办单位对办理工作重视不够，仍存在重答复、轻落实和与提案人沟通欠缺等问题；提案办理落实和跟踪办理工作需进一步加强；提案服务水平有待进一步提高。

【经济科技委员会】 经济科技委员会是在常务委员会和主席会议领导下，组织委员就本区经济、科技领域的有关重要问题开展经常性活动的工作机构。

本年，经济科技委员会承担常委会关于《做强做大一批具有全球影响力的创新型企业》的重点调研，形成2010年常委会建议案。组织开展专委会关于《优化政产学研合作机制，提升区域自主创新能力》调研，部分调研成果纳入常委会《关于做强做大一批具有全球影响力的创新型企业的建议案》中。参与组织全国政协教科文卫体委员会视察核心区活动，并为全国政协教科文卫体委员会代拟《关于支持中关村国家自主创新示范区“先行先试”政策》的提案。随常委会组成人员外出考察并完成考察报告的撰写工作。组织经济科技委员会全体成员考察天津滨海新区。围绕科技金融工作、保障住房建设落实节能减排政策、会展经济项目建设等问题组织开展调研座谈活动。组织委员6次对6项“十二五”规划专项规划的前期研究课题成果进行评估和协商；围绕高新技术产业发展、海淀区商业、海淀区旅游业、城乡一体化发展、北部地区综合发展等方面的“十二五”规划专项规划与有关职能部门进行座谈和对口协商。12月17日，财政金融咨议小组对区“十二五”时期财政发展规划、区2010年财政预算执行情况和2011年财政预算编制情况等进行咨议。

【城建城管和环保委员会】 城建城管和环保委员会是在常务委员会和主席会议领导下，组织委员就本区城市建设、城市管理和环境保护等领域的有关重要问题开展经常性活动的工作机构。

本年，城建城管和环保委员会组织委员开展关于北部地区土地集约利用的调研，形成《海淀北部地区土地集约利用问题与对策建议》的调研报告，以专委会建议的形式送区委、区政府研究办理。就海淀区“十二五”时期政府投资与重大项目、环境保护和建设、市政基础设施和城市环境建设、土地资源保护与开发利用、水资源保护和利用、交通发展建设、住房保障等专项规划的编制工作，与有关职能部门进行座谈沟通，并进行对口协商。组织委员视察学院路、西北旺地区违章建设拆除情况和京藏高速海淀沿线的违法建设情况，提出8条建议，以意见建议专报的形式送区政府研究参考；组织对香山、四王府地区环境改造的视察活动，围绕该地区环境改造规划进行座谈，整理成5条建议送区政府参考；组织委员视察上庄镇三嘉信苑经济适用房施工建设情况，了解该项目周边的交通、医院、学校等配套设施规划建设情况及海淀区保障性住房申请情况。组织委员和专家参与关于北部地区发展、城市环境优化与发展、城乡一体化发展等专题研究。组织对北部地区规划和体制机制调整情况的通报座谈活动，整理出4条建议，以意见专报的形式送区委区政府参考。就2009年常委会关于水环境建议案的采纳和办理，与区水务局进行座谈；对2008年垃圾分类建议案的落实和垃圾处理工作的进展情况进行追踪，组织关于垃圾综合处理的参观考察，听取关于六里屯垃圾处理厂的选址和加强垃圾分类处理的情况通报。

【教文卫体委员会】 教文卫体委员会是区政协在常务委员会和主席会议领导下，组织委员就本区教育、文化、卫生、体育方面的有关重要问题开展经常性活动的工作机构。

本年，教文卫体委员会完成《关于促进海淀区文化产业发展》的调研报告，并形成专委会建议报区委区政府研究参考。围绕“十二五”规划中的教育、文化、卫生和体育等4个专项规划，组织3次对口协商活动；组织对《国家教育中长期发展改革规划纲要》的专项协商研讨；组织部分委员参加西山文化创意大道概念规划的协商座谈会。组织专委会全体委员视察活动8次，视察海淀图书馆、海淀区妇幼保健院、四季青群众性体育活动场馆、海淀区实验中学、海淀区民族小学；组织部分委员视察西山文化创意大道内的马奈草地、中间艺术画家工作坊、坦博艺术馆、中海创意动漫游戏科技孵化器有限公司、龙在天皮影城等。邀请区招生考试中心介绍海淀区义务教育电脑派位新政策，两次组织三级政协委员视察义务教育升学电脑派位工作。在中关村学院文化艺术中心举办2次座谈活动。

【社会和法制委员会】 社会和法制委员会是在常务委员会和主席会议领导下，组织委员就本区社会管理、政法、工会、青年、妇女等方面的问题开展经常性活动的工作机构。

本年，社会和法制委员会承担常委会关于山前乡镇产业结构调整和优化升级的重点调研，完成《山前乡镇产业结构调整和优化升级研究报告》，形成2010年常委会建议案；组织农民参加社会保障体系、互联网时代青少年权益保护模式等专委会调研，形成专委会建议送区委区政府研究参考；组织工会界和妇女界别委员开展职工队伍状况调查和海淀区白领女性心理健康状况等界别调研，形成调研报告送区委区政府研究参考。组织区“十二五”规划专项规划编制座谈会，对“十二五”规划社区建设和防灾应急体系建设专项规划进行对口协商。对海淀区社会保障工作体系、拆违工作、法制教育培训基地和海淀看守所、污水处理工程、路面硬化、老化管网的改造、公厕的建设与改造等“农村五项基本设施”建设情况进行视察。对村民委员会换届选举工作进行监督；组织委员参加区检察院组织的“检务公开—反渎职侵权”活动，并对渎职侵权犯罪查办、反渎职侵权宣传等工作提出意见建议。

【学习和文史委员会】 学习和文史委员会是在常务委员会和主席会议领导下，推动委员进行学习和文史工作的机构。

本年，学习和文史委员会完成区政协成立30周年纪念文集的编印和纪念专题片的制作，如实记录30年来政协委员履行政治协商、民主监督、参政议政职责的情况。纪念专题片在海淀有线、北京电视台和中央电视台等媒体播放。参与组织第22期读书班。组织委员视察上庄曹氏风筝工艺坊和苏家坨东岳庙，就打造精品项目、拓展艺术品市场等提出意见建议，形成关于加强东岳庙文物保护的专委会提案。组织学习全国“两会”精神报告会，邀请全国政协文史和学习委员会副主任卞晋平作辅导报告，介绍“两会”召开情况、大会关注的热点问题以及委员参政议政的情况等。

【港澳台侨委员会】 港澳台侨委员会是区政协在常务委员会和主席会议领导下，组织委员为推进“一国两制”实践和促进祖国和平统一大业，增进与海外人士的联谊，团结和联络港澳台侨人士及其亲属致力本区经济建设和社会发展的工作机构。

本年，港澳台侨委员会承担“凝聚港澳台海外华侨华人力量，加快推进自主创新核心区建设”为主题的大型推介活动的组织工作，向在京港澳台同胞及海外朋友推介核心区建设情况。承担高校台生在海淀创业情况的调研和海外留学归国人员情况的调研，形成《高校台生在海淀创业调查报告》和《海淀区海外留学归国人员情况调研报告》送区委区政府研究参考。组织台胞台属、侨联界委员，围绕海淀区“十二五”规划人口发展和管理专项规划的编制工作建言献策，并进行对口协商。组织委员学习中国侨联八届二次会议精神；参观首都市民生命全周期健康教育基地和台湾会馆；组织视察宏音斋文化发展中心；与城建城管和环保委员会联合视察学院路、西北旺地区违章建设拆除情况和京藏高速沿线的违法建设情况等。以情况通报、组织参观视察等方式，帮助委员了解核心区建设、对台及侨务工作、港澳台侨和留学归国人员子女入学政策的最新情况；利用传统节日，组织港澳台侨界代表人士联谊活动，加强彼此之间的沟通交流。

【民族和宗教委员会】 民族和宗教委员会是区政协在常务委员会和主席会议领导下，组织委员就本区民族、宗教方面的有关重要问题开展经常性活动的工作机构。

本年，民族和宗教委员会从落实民族宗教政策、视察宗教场所建设情况入手，组织视察、参观马甸清真寺、雍和宫、大觉寺等宗教场所，对海淀区宗教活动场所布局情况进行调研，为促进民族团结、宗教和睦、社会稳定作贡献。从做好清真食品供应和保障少数民族群众的生活需要入手，组织视察花园路街道玉兰园社区建设情况、民族大学校区内生活超市、超市发双榆树店清真副食专柜等，监督党的民族宗教政策的贯彻落实。组织少数民族和宗教界女委员前往北京农大附中看望新疆班学生；组织视察海淀区民族小学，对民族小学的工作给予关心和支持；视察宏音斋文化发展中心，对民族传统文化艺术的传承和发展提出建议。　（石峰）

中国人民政治协商会议北京市海淀区委员会
地址：海淀区长春桥路 17 号
邮编：100089
电话：82579050　82510058
网址：www.hdzx.gov.cn

民主党派·工商联地方组织

12月9日，民盟海淀区委与上庄镇“手拉手”活动座谈会召开。（区民盟 供图）

3月26日，区工商联召开八届五次执委会，增补副会长、常委、执委人员。（区工商联 供图）

9月19日~20日，民盟海淀区委举办学习践行社会主义核心价值体系读书班。

（区民盟 供图）

民革区工委领导征求基层支部意见

（区民革 供图）

民建中关村支部参观考察会员企业碧水源科技公司

（区民建 供图）

中国国民党革命委员会北京市海淀区工作委员会

【综述】 中国国民党革命委员会（简称“民革”）是具有政治联盟性质的、致力于建设中国特色社会主义和祖国统一事业的政党，是中国共产党领导的多党合作和政治协商制度的参政党。民革海淀区工委是民革北京市委的派出机构，成立于1990年11月16日。民革海淀区工委现有19个支部、707名党员，其中本年新发展党员34人，转入党员12人，转出2人。党员中有全国政协委员3人，市人大代表2名，市政协委员4名（其中常委1名），区人大代表2名，区政协委员13名。

2月，区工委召开“迎新春”表彰联谊会，11个先进集体，148名先进个人受到表彰。3月，请全国政协委员、民革北京市委副主委汤维建教授传达两会精神，各支部领导认真学习贯彻，调查研究，建言献策，为海淀区经济建设与社会发展贡献力量。4月，组织各支部党员参加区委统战部举办的“社会主义核心价值体系”专题报告会；第七支部党员参加北京晚报读者俱乐部在河北易县举办的公益植树活动；区工委与商丘市工业与信息化局就《商丘市电子政务发展规划（2010–2015）》进行论证；教科文卫委员会与商丘工信局和民丰公司深度合作进行洽谈，将生物有机肥科研以及智能物流系统的实施与农大合作。5月，六名党员参加区统战部举办的“党外中青年骨干第十六期培训班”。40余人参加区委统战部举办的社会主义核心价值体系报告会。参加各党派第二轮修志工作主笔座谈会。民革中央机关总支、民革北京市委、区工委党员共计100余人到海淀区温泉镇开展以“低碳节能、绿色环保”为主题的支部活动。区工委农科院支部到延庆县参观考察。8月，区工委与温泉镇结成“手拉手”对子。9月，区工委参加区政协、区委统战部举办的恳谈议政会，区工委委员刘广利作题为《关于构建北部新区信息服务体系的建议》发言。10月，区工委举行专题报告会，邀请财政部财政研究所专家做《我国目前财政金融政策新动向、新问题》主题讲座，50余名党员参加。11月，区工委祖统委员会成员到武警天安门支队，为即将复员的武警战士举行退伍仪式；邀请民革市委原秘书长吕植中为50余位党员作“纪念孙中山先生诞辰144周年”报告。

本年度主要成果有：在区政协八届四次会上提出《关于加强海淀区医疗废弃物处理监管工作的建议》（提案及大会发言）、《关于海淀区节能减排、大力发展循环经济的调研》（提案），完成区委统战部《国家科技园的创意环境建设》（调研报告）、《海淀区西部山区沟域经济发展现状与对策研究》（调研报告）。

【民革中央联络部到海淀开展专题调研】 9月16日，民革中央联络部副部长杨海燕等来到区工委，就祖统工作开展专题调研。与会人员就两岸五地中华儿女的共同认知，民族归属感，促进经济发展与繁荣，加强底层和民间交流与交往，以及“低调做事，高调宣传”有关政策策略问题，阐述各自见解。

【到温泉镇开展咨询服务活动】 11月16日，区工委法律、医疗小组，共计20余名律师、医务工作者，到温泉镇东埠头村为村民开展咨询服务活动。针对村民提出的土地置换、物权保护、民事调解以及社会保障等问题进行司法解释；为村民普及常见病预防、中老年饮食、运动与健康等知识。

【区工委召开扩大会议】 12月5日，区工委召开扩大会议介绍区情以及中共海淀“区委十二五规划建议”初稿和“区政府工作报告”征求意见稿，要求广大党员，履行职责，建言献策。会议确定2010年表彰先进集体10个，先进个人150人。 （刘林）

中国国民党革命委员会北京市海淀区工作委员会
地址：海淀区西四环北路11号
邮编：100195
电话：88487502 88487501
邮箱：mghd@263.com

中国民主同盟北京市海淀区委员会

【综述】 中国民主同盟（简称民盟）是由从事文化教育以及科学技术工作的高中级知识分子组成的、具有政治联盟性质的、致力于社会主义事业的政党，是同中国共产党通力合作的参政党。1990年11月24日，民盟北京市海淀区工作委员会成立。1999年12月8日，民盟海淀区委员会成立。至本年底，民盟海淀区委下属1个基层委员会、3个总支委员会、48个支部[①]。有盟员1218

① 2010年1月，新成立民盟北京语言大学总支委员会，下设3个支部，在上年年鉴中已体现。3月，民盟首师大委员会由原来的5个支部合并

人。盟员中，有民盟中央委员 4 人（其中常委 2 人），北京市委常委 1 人、委员 6 人；有市人大代表 1 人，区人大代表 6 人（其中常委 1 人）；有全国政协委员 6 人，区政协委员 21 人（其中副主席 1 人、常委 4 人、副秘书长 1 人）。全年共发展新盟员 54 人，转入 12 人，转出 1 人，去世 11 人。

本年，本区委召开主任委员会议 4 次，全体委员会议 3 次，调研课题工作会 4 次。选派 105 名中青年盟员参加各类学习班。全年编发《盟务动态》6 期，编印《风雨同舟 继往开来》纪念册。

盟员、全国政协委员徐世杰出席十一届全国政协第三次会议，并提交 4 件提案；本区委向区政协八届四次会议提交党派提案 2 件，大会发言 1 件，个人提案 17 件。《关于海淀区水资源可持续利用的建议》获 2010 年度区级优秀党派提案，盟员张鼐、谭梁之被评为“2010 年度优秀提案人”。完成《加强产学研合作，促进核心区自主创新体系建设的对策建议》等海淀区调研课题 3 项。全年上报信息 102 条，多条被有关部门采用。本区委获中共海淀区委统战系统信息工作优秀单位一等奖，获海淀区政协反映社情民意信息工作先进集体二等奖，被评为 2010 年度海淀区二轮修志工作先进集体。

本年，民盟海淀区委主要开展以下活动：1 月举办“民盟海淀区委迎新春电影招待会”，近 300 人参加。2 月召开历届主副委联谊会。3 月举办各级政协委员联谊会。6 月召开基层组织座谈会。7 月组织区委委员赴山东学习考察，并与民盟青岛市委进行座谈。8 月召开与上庄镇“手拉手”活动座谈会。10 月组织 60 余名盟员参观奥林匹克森林公园；成立民盟海淀区委青年专委会。12 月，民盟区委领导班子与上庄镇领导座谈，共同推动“手拉手”工作开展。

5 月 29 ~ 30 日，副主任委员邵建国赴上海复旦大学参加中华日本学会第五届年会，当选为中华日本学会常务理事。12 月 6 日，主任委员徐世杰接受华盛顿邮报记者采访。

为 4 个，8 月 25 日中关村科技园支部成立。所以支部总数未变。

【参加区政协八届四次会议】 1 月 11 ~ 14 日，海淀区政协八届四次会议召开，吕大鹏代表盟区委做题为《关于建立海淀区养老医疗一体化机构试点的建议》的大会发言。盟区委提交《关于海淀区水资源可持续利用的建议》等两件党派团体提案和个人提案 17 件。《海淀区山后小流域新农村建设需要关注山地灾害风险》民盟团体提案获区政协 2009 年度优秀党派团体提案，《关于帮助城镇企业大龄失业人员摆脱困境以促进社会和谐的建议》被评为 2009 年度优秀委员提案，张鼐、邵建国、滕立华、王淑侠等被评为“2009 年度优秀提案人”。

【参加区十四届人大五次会议】 1 月 12 ~ 16 日，民盟中央常委、区人大代表梁晓声，民盟市委委员、盟区委副主委、区人大常委张维佳参加海淀区十四届人大五次会议。张维佳受学院路街道和上地街道人大代表的委托，做题为“充分整合辖区科研院所高校资源、全力提升自主创新核心区的品质”的大会发言。

【协办“第二届民生论坛”】 1 月 15 日，由中国人民大学和民盟北京市委主办、民盟海淀区委经济总支协办的“第二届民生论坛”举行。此届论坛以“中小企业发展”为主题，以“促进中小企业健康发展，保增长、保民生、保稳定”为宗旨。民盟中央副主席索丽生、中国人民大学党委书记程天权、全国工商联副主席谢经荣出席会议并讲话。

【举办暑期读书班】 9 月 19–20 日，民盟海淀区委举办以“学习践行社会主义核心价值体系”为主题的暑期读书班。民盟海淀区委委员、骨干盟员等近 50 位参加。民盟北京市委副主委刘玉芳从开展学习践行社会主义核心价值体系的现实意义、主要内容及民盟如何开展社会主义核心价值的学习等方面进行讲解和介绍。海淀区委常委、副区长、统战部部长高祥阳做区情介绍，通报海淀区的经济社会发展情况，就大家关心的社会热点问题进行讲解。与会盟员就民主党派学习和践行社会主义核心价值体系的重大意义；如何将其与继承和弘扬民盟的优良传统相结合；如何为建设中关村国家自主创新示范区核心区献计献策；如何增强履职的责任感和紧迫感，加强履职的主动性和针对性等几方面进行讨论交流。

【成立青年专委会】 10 月 26 日，民盟海淀区委召开青年专委会成立会议，盟区委专职副主委滕立华介绍了成立青年专委会的协商过程和重要作用，希望能够通过青年专委会，为年轻盟员搭建平台，畅通渠道，创造性地开展工作，为民盟的事业发展和后备干部建设做好人才储备。会议选出专委会主任 1 名、副主任 4 名、委员 10 名。

【召开“手拉手”活动座谈会】 12 月 9 日，民盟海淀区委与上庄镇召开“手拉手”活动座谈会，上庄镇介绍了上庄镇各方面的具体情况以及面临的问题和困难，希望民盟发挥人才密集的优势，为上庄镇的产业规划布局和发展定位等方面提出宝贵的意见建议。民盟区委表示将与上庄镇一道共同推动“手拉手”工作的开展，结合上庄镇的具体情况，整合盟内资源，针对上庄镇迫切需要解决的问题开展调研，通过多种形式参与上庄镇的发展建设，共同促进北部新区建设发展。

【民盟海淀区委成立十周年大会召开】 12 月 21 日，民盟海淀区委成立十周年庆祝大会在海淀区工人文化宫召开，民盟中央、民盟北京市委，区政协、区委统战部、区工商联以及民盟北京市各区委区工委等领导出席。民盟海淀区委主委徐世杰做题为《坚定信念，继承传统，积极开创民盟海淀区委工作新局面》的十年工作总结报告。民盟石景山区工委、农工党海淀区委分别代表民盟北京市各区委区工委，海淀区各民主党派、工商联致贺辞，民盟海淀区委副主委孙智昌宣读《民盟海淀区委关于表彰先进基层组织、优秀盟员、有突出贡献盟员、盟龄 30 年以上老同志的决定》。北京市政协副主席、民盟北京市委主委葛剑平肯定民盟海淀区委十年来发挥的承上启下的纽带作用，赞扬海淀区的广大盟员立足本职，勤奋工作，为盟务活动无私奉献，以实际行动树立了民盟良好的形象和声誉，为海淀区的经济社会发展和维护社会政治稳定做出了积极贡献。并对民盟海淀区委的工作提出新的希望。

（张月华）

中国民主同盟北京市海淀区委员会
地址：海淀区西四环北路 11 号（区政府第二办公区）
邮编：100195
电话：88487503　88487505
传真：88487504
邮箱：bjhdmm@263.net

中国民主建国会北京市海淀区委员会

【综述】 中国民主建国会（简称民建）是主要由经济界人士组成的、具有政治联盟特点的、致力于建设中国特色社会主义事业的政党。民建北京市海淀区委员会成立于 1998 年 9 月 28 日，现为第三届委员会，成立于 2006 年 7 月 18 日。截至本年底，有 24 个支部，会员 1108 人。会员中有民建中央委员 4 人（其中常委 1 人），民建市委委员 13 人（其中副主委 3 人，常委 4 人）；国务院参事 2 人，中国科学院院士 1 人；全国政协委员 3 人；各级人大代表 6 人（其中区人大代表 4 人），各级政协委员 35 人（其中区政协委员 25 人），特约职务 53 人。民建区委下属六个专门委员会：组织工作委员会、宣传工作委员会、参政议政委员会、企业经济科技委员会、妇女工作委员会、老年工作委员会。

本年，向区政协八届四次会议提交党派提案 2 件、个人提案 20 件。全年报送信息 312 篇，《建立科学的化工企业反恐防范系统刻不容缓》被中共中央政治局常委周永康批示。申报调研 19 篇，有 5 篇被区委统战部立项，有 3 篇被民建市委立项。《高新企业技术创新制约因素的调查与分析》获海淀区优秀调研成果一等奖。民建海淀区委获海淀区委统战系统信息工作优秀单位特等奖，获民建北京市委优秀信息工作先进集体特等奖，海淀区政协反映社情民意信息工作先进集体一等奖。年底，民建海淀区委参政议政委员会召开 2009–2010 年度优秀调研成果表彰大会，对 23 篇优秀调研成果进行表彰。出版《不懈的努力》，收录三届区委成立以来的 200 多篇优秀提案、调研成果和信息。

12 月 9 日，适逢中国民主建国会清华大学支部成立 22 周年，中国民主建国会清华大学委员会成立。

12 月 16 日，在民建中央举行的庆祝成立 65 周年纪念大会上，海淀民建科二支部获中国民主建国会全国先进基层组织称号，王惠文、王明召、孙国富、周晓曦被评为全国优秀会员。

组织 60 余家会员企业参加关于中小企业融资及创业板上市法律问题的讲座；参与西南旱区、青海震区赈灾，向旱区捐建 8 个水窖；响应“中共北京市委统战部关于组织动员统一战线成员参与毕节试验区建设”号召，12 名会员企业家捐款 8 万元；会员王茂基出资 10 万元成立讲教基金，捐赠江西吉安值夏中学；与苏家坨草场村开展“手拉手”活动。

本年，完成海淀区二轮修志（民建海淀区委部分）的资料搜集工作。

（巨峰）

【民建中央主席来区调研】 7 月 29 日，全国人大常委会副委员长、民建中央主席陈昌智到民建海淀区委视察调研。陈昌智听取了民建海淀区委的工作汇报，并就加强自身建设、调动会员积极性、加强对外宣传工作等问题与会员座谈。陈昌智充分肯定了民建海淀区委的工作成绩，并提出四点要求：加强学习中国特色社会主义理论；认真学习统战理论和统战知识；学习经济知识和经济理论；认真学习民建的会章和会史，继承老一辈的优良传统，坚持中国共产党的领导，坚持中国特色社会主义。

（王彩虹　巨峰）

中国民主建国会北京市海淀区委员会
地址：海淀区西四环北路 11 号
邮编：100195
电话：88487507 88487509
邮箱：hdminjian@263.net

中国民主促进会北京市海淀区委员会

中国民主促进会（简称民进）是以从事教育文化出版工作的高中级知识分子为主的、具有政治联盟性质的、致力于建设中国特色社会主义事业的政党。1984 年 10 月，民进海淀区工作委员会成立。1996 年 12 月 6 日，民进海淀区委成立，是海淀区第一个民主党派区级组织。现为第二届委员会，成立于 2003 年 7 月 26 日。至本年底，共有区属支部 37 个，会员 765 人。本年发展新会员29人，转入会员2人。会员中，有民进中央委员4人（其中常委1人），民进市委委员7人（其中常委3人）；全国人大代表1人，市人大代表2人，市政协委员2人；区人大代表2人（其中常委1人），区政协委员11人（其中常委1人）；各类特约监察员18人;有院士1人，长江学者1人。

本年，本区委召开全体委员会议5次。选派70余名骨干会员参加各级各类学习培训。年初，召开民进海淀区委2009年度工作总结表彰会，表彰16个先进支部、27名优秀会务干部和15名优秀信息员。8月，与上庄镇启动“手拉手”活动，捐赠五万元图书，为上庄镇“手拉手”图书室颁牌。举办“践行社会主义核心价值体系，弘扬民进优良传统”暑期读书班，40余人参加学习。11月，召开区委全委会，进行届中调整，推荐增补吴安春、檀晋轩、芮于明、吴森堂、殷强为区委委员。

本年，完成调研课题《中关村科技金融服务体系建设研究》。完成海淀区委统战部调研课题《海淀上庄义务教育及学前教育学校布局调研》。在区政协八届四次会议上提交《关于发展海淀山后地区学前教育的建议》党派提案。上报信息85条，多篇信息被有关部门采纳。本区委获海淀区政协反映社情民意信息工作先进集体二等奖，获海淀区统战系统信息工作先进集体一等奖。汪萍、夏晓平被评为优秀信息员。

（高亮）

中国民主促进会北京市海淀区委员会
地址：海淀区西四环北路11号
邮编：100195
电话：88487521　88487522
邮箱：hdminjin@126.com

中国农工民主党北京市海淀区委员会

【综述】 中国农工民主党（简称农工党）是以医药卫生界高、中级知识分子为主、具有政治联盟特点、致力于建设中国特色社会主义事业的政党。农工党北京市海淀区委员会成立于2004年6月20日，现为第二届委员会，成立于2006年7月14日。现有支部19个（本年新成立1个），党员401人，年内新发展党员10人，转入4人。党员中，卫生系统占44.2%，科教系统占27.0%。党员中有农工中央委员3人，全国政协委员1人，农工市委委员8人（其中常委2人），市人大代表1人，市政协委员3人，区人大副主任1人，区政协委员13人（其中常委2人、副秘书长1人）；各级监督员11人，北京市人民政府顾问1人，北京市人民政府参事3人，长江学者1人。

3月，召开庆祝“三八”妇女节100周年暨农工党海淀区委妇女工作委员会成立大会。召开2009年度表彰暨联情会，表彰4个先进支部，14名优秀党员，11名优秀信息员。海淀医院支部开展睡眠疾病义诊和咨询活动，共发放有关睡眠疾病的资料100余份。4月，召开农工党海淀区委海淀四支部成立大会。举办第六期学习会。与海淀区房管局就房屋管理规范化召开座谈会。组织老党员到北京植物园踏青。5月，5名党员参加由区委统战部组织的第十六期党外中青年骨干培训班。6月，西苑医院支部举办名老中医系列讲座，每月一期，全年共举办六期。海淀四支部赴四季青镇高庄村考察“家电下乡”政策实施情况。7月4日，海淀区中医医院支部到密云县穆家峪镇进行大型义诊活动。8月，与温泉镇签署“手拉手”合作协议。举办农工党海淀区委第五期暑期干部读书班。12月，组织13人赴广东考察农业新兴产业。

完成《“家电下乡”政策实施情况考察及政策建议》、《中关村核心区人群对医疗需求意向》和《海淀区北部山区旅游资源现状调查》三项海淀区调研课题。《关于加强海淀区保障性住房工作的建议》获海淀区政协2010年度优秀党派提案奖。全年报送各类信息164条，其中《关于加大生物质材料产业力度的建议》得到市委书记刘淇批示，获区政协2010年度反映社情民意信息工作先进集体一等奖。徐凤芹、于德海被区政协评为优秀信息员。

《海淀农工报》出刊3期，累计出刊21期。

2010年，18个支部完成换届工作。

本年，农工党海淀区委被评为海淀区“三八”红旗集体、2010年度海淀区二轮修志工作优秀单位。陈涵、刘平、徐凤芹、夏国悌、段新芳、孙东东被海淀区政协评为2010年度优秀提案人。

【召开提案答复会】 4月21日，本区委召开提案答复会，海淀交通支队就八届四次会议第84017号提案“关于城区设置自行车专用车道和降低停车场收费标准”的办理情况进行答复，海淀区金融服务办公室就第3号提案“利用小额贷款扶持城市失业人员生存型创业”给予答复，5月28日，海淀区房管局就第4号提案“关于加强海淀区保障性住房工作的建议”给予答复。（魏明昭）

中国农工民主党北京市海淀区委员会
地址：海淀区西四环北路11号
邮编：100195
电话：88487517（传真）
邮箱：hdng@263.net

中国致公党北京市海淀区委员会

中国致公党是以归侨、侨眷中的中上层人士、有海外关系的代表性人士及其他方面有代表性的中高级知识分子组成的政党，是中国共产党亲密合作的友党和参政党。1994年3月28日，致公党海淀区工作委员会成立。2002年12月22日，致公党北京市海淀区委员会成立。现为第二届委员会，成立于2007年2月4日。

至本年底，致公党海淀区委有支部16个，党员548名。年内发展党员25名，下拨党员5人，转出党员2人，去世党员1名。党员中，有致公党中央委员7人（其中常委1人），各专门委员会委员41人；全国人大代表1人，全国政协委员6人；致公党北京市委员会委员6人(其中副主委1人,常委1人),各专门委员会委员107人；市人大代表1人,市政协委员3人(其中常委2人);区人大代表4人（其中常委1人），区政协委员12人（其中副主席1人，常委1人）；担任全国、北京市、海淀区各类特邀人员15人。

本年报送信息70条，其中1条被全国政协采纳,3条被致公党中央采纳。向区政协八届四次会议做题为《统筹兼顾、协调推进我区城乡一体化建设》的大会发言，提交《关于加快推进生活垃圾焚烧处理场建设的建议》党派提案。《关于社区建设的几点建议》获2010年度优秀党派提案，顾传强、王继华、王若鹏、张向英被评为优秀提案人。获海淀区政协反映社区民意信息工作先进集体一等奖；《关于种业发展问题的建议》被评为优秀信息，陈绍江被评为优秀信息员。

本年，致公党区委完成区调研课题《关于海淀区垃圾减量化处理及长期出路研究》。《建设功能型支部，开展创新争优活动》被《中国致公》杂志树立和践行社会主义核心价值体系专栏及致公党中央网站刊登。在北京发展论坛上，中科院支部党员、国务院参事、中国科学院可持续发展战略研究组组长牛文元，北京大学支部成员、北京大学中国持续发展研究中心主任叶文虎分别做题为《世界城市的绿色之路》《建设健康城市，走向生态文明》的主题演讲。

致公党海淀区委党员马一德提出《建立中关村知识产权战略研究院》建议，得到中共北京市委书记刘淇等多位市领导的重视，在个人努力和有关单位大力支持下创办中关村知识产权战略研究院。

2010年向致公党市委推荐30名后备干部，向区委统战部推荐34名党员加入海淀区党外人士智库，推荐3名党员参加北京市优秀青年知识分子评选活动。3名党员成为海淀区新一届青联委员。5名党员参加海淀区委统战部第十六期党外中青年骨干培训班，17名党员参加北京市网上社院在线学习。11月26至27日，致公党海淀区委举办中青年骨干学习班，70余名支部骨干和新党员参加学习。组织百余名党员参加海淀区统一战线社会主义核心价值体系专题系列讲座，组织支部骨干参加北京市党派团体每月一次的报告会。区委组织党员参加庆祝致公党北京市委建立30周年、“牢记历史、珍爱和平、开创未来论坛”等征文活动。

致公党海淀区委坚持以“树立践行社会主义核心价值体系，全面推进基层组织建设”主题活动为重点，大力加强基层组织建设，创新工作思路，建设功能型支部，开展创新争优活动。

中国农业大学致公党支部在中央关于鼓励大学生村官政策出台后，认真通过各种会议建言；支部通过网络对大学生村官进行直接提供信息咨询和支持，并与致公党门头沟支部及当地合作单位共同形成对大学生村官的支持辅助体系。

4月17日，第二支部、中央民族大学支部20余名党员到昌平区智光特殊教育培训学校、海淀区上庄敬老院进行捐赠慰问，为智光特殊教育培训学校捐赠10棵果树。5月16日致公党海淀区委10名党员作为志愿者，参加第二十次法定“全国助残日”，联合国儿童基金会和中国扶贫基金会组织的“携手创造未来”爱心公益活动。

5月25～26日，致公党海淀区委一行18人回访天津市委，与天津市委、和平区委分别进行座谈，交流树立践行社会主义核心价值体系，全面推进基层组织建设活动经验。

10月19～24日，致公区委一行16人赴南京，与致公党江苏省委、南京市委进行座谈，交流基层组织建设、学习建立服务型机关经验。

10月16日，第二支部来到詹天佑纪念馆进行爱国主义教育活动。致公党北京市委进行专题调研，提出关于詹天佑纪念馆修缮的提案，促进纪念馆修缮审批。

国家知识产权局支部的工作经验被评为北京市委统战系统十大基层典型工作经验。在致公市委成立30周年表彰中，致公党海淀区委获北京市优秀区级组织称号，第二支部、清华大学支部、国知局支部、中科院支部被评为优秀基层支部，41名党员被评为优秀党员，12名党员被评为优秀干部。在中央基层组织建设年活动表彰中，海淀区第二支部、国知局支部获先进集体称号，李焕、张燕君、孙庚文被评为先进个人。

（李冬妮）

中国致公党北京市海淀区委员会
地址：海淀区西四环北路11号
邮编：100195
电话：88487512
邮箱：zhigonghd@sohu.com

九三学社北京市海淀区委员会

【综述】 九三学社是以科学技术界高中级知识分子为主的具有政治联盟特点的政党，是接受中国共产党领导、同中国共产党亲密合作、致力于建设中国特色社会主义事业的参政党。九三学社北京市海淀区委员会成立于2000年6月13日。本届委员会为第三届，成立于2006年7月16日。现有基层委员会4个，支社（小组）45个（本年新成立1个）。现有成员1406人，本年新发展43人，转入社员9人。成员中有九三学社中央委员4人，九三学社市委委员9人（其中常委1人）；市人大代表5人，区人大代表4人（其中常委1人），全国政协委员5人（其中常委1人），市政协委员6人，区政协委员23人（其中政协副主席1人、常委1人）。有院士4人、长江学者3人。

出版《海淀九三》报2期，组织议政会2次，组织座谈会、研讨会4次。7月开展“我身边的九三人”征文活动。8月举办“我与海淀九三同行”演讲比赛。10月举办基层干部和中青年骨干读书班。11月举办“中国的政党制度与九三学社社史知识”竞赛活动。

向区政协八届四次会议提交《对中关村国家自主创新示范区核心区建设的几点认识和建议》、《关于推动绿色海淀建设的几点看法和建议》、《关于建立海淀区“中关村科技创新博物馆”的建议》及《关于区政协及政协委员尽早和广泛参与海淀区“十二五”规划前期研究和编制过程的建议》党派提案4件，个人提案16件。《对中关村国家自主创新示范区核心区建设的几点认识和建议》被评为优秀党派提案；2件个人提案被评为优秀提案；王彦辉、江毅、朱定真、彭翊4人被评为优秀提案人。

完成调研课题《提升海淀园的国家自主创新示范区核心功能的一些关键问题》、《中关村核心区建设中的创新人才结构优化思考》和《海淀区公共文化服务体系评价》。上报信息137条，其中《建议尽快在全国引进安珀紧急通告系统，严厉打击妇女儿童犯罪》被全国政协采纳。获海淀区政协反映社情民意信息工作先进集体二等奖，海淀区统战系统信息工作优秀单位二等奖。

在九三学社中央纪念建社65周年表彰活动中，共有11名社员被评为优秀社员，有4名社员被评为参政议政先进个人，西苑医院委员会被评为优秀基层组织。

【九三学社海淀区委员会成立十周年庆祝大会】 12月26日，举行“九三学社海淀区委员会成立十周年庆祝大会”。表彰十年来在各项工作中做出突出贡献的先进支社和优秀社员。中国农科院委员会等8个基层组织被评为先进集体，北京交通大学支社等6个基层组织被评为参政议政先进集体，中国农业大学委员会等3个基层组织被评为社会服务工作先进集体。万晋鄂、王连荣等60名社员被评为优秀社员。（赵国春）

地址：海淀区西四环北路11号（区政府第二办公区）
邮编：100195
电话：88487525
邮箱：hdjs@263.net

台湾民主自治同盟北京市海淀区工作委员会

台湾民主自治同盟是由台湾同胞组成的社会主义劳动者、社会主义事业的建设者和拥护社会主义的爱国者的政治联盟，是为社会主义服务的政治力量，是爱国统一战线的组成部分。台盟海淀区工委成立于1998年10月。本届工作委员会为第三届，于2006年7月22日成立。截至本年底有盟员65人，转出盟员12人，自然减员1人，接收新盟员3人。盟员中有全国政协委员2人，市人大代表1人，市政协委员3人，区人大代表1人（常委1人），区政协委员7人（其中常委1人、副秘书长1人）。

本年，台盟海淀区工委完成海淀区调研课题《海淀区居家养老现状调查与思考》。在区政协八届四次全会上提交党派提案2件，其中《节约资源，减轻污染，减少垃圾》被评为2010年度优秀党派团体提案；向市、区“两会”提交委员个人提案11件，代表建议11件。报送信息70篇，获区政协信息工作先进集体二等奖、区统战系统信息工作优秀单位二等奖，1名盟员被区政协评为优秀信息员。《关于处理大型自然灾害或事故的建议》被区政协评为优秀信息。叶莉荣被评为台盟北京市委2009年度参政议政先进个人，盟员周青、谢雨辰、蒋玉桢被评为信息工作先进个人。

本年，台盟海淀区工委召开工作总结表彰会1次，主任工作会4次，工委及扩大会议2次，中青年支部改选会1次，支部主任工作会2次，参政议政工作会议4次。盟员参加各类学习培训34余人次，参加报告会、论坛94余人次。

参加“纪念区政协成立30周年”、“纪念中国人民抗日战争胜利65周年”主题征文活动。4月开展春季义务植树活动。9月参观海淀博物馆。组织盟员参加第二届“同心杯”乒乓球赛；组织赴广西学习考察；在青海玉树地震、舟曲泥石流灾害中，捐款近两万元；六一儿童节前夕，为京郊少数民族乡村儿童送去关爱。

本年，启动二轮修志工作。

（王琪萍）

台湾民主自治同盟北京市海淀区工作委员会

地址：海淀区西四环北路11号

邮编：100195

电话：88487518

邮箱：tmhdgw@126.com

北京市海淀区工商业联合会

中华全国工商业联合会是中国共产党领导的中国工商界组成的人民团体和民间商会，是党和政府联系非公有制经济人士的桥梁和纽带，是政府管理非公有制经济的助手，是具有统战性、民间性和经济性的组织。海淀区工商业联合会的前身是成立于1951年6月的北京市工商联海淀区办事处，为北京市工商联的派出机构。1993年5月，根据市委（1992）12号文件精神，恢复工商联区级组织，更名为北京市海淀区工商业联合会。截至2010年底有会员1374户，本年度发展非公有制企业会员20户，外迁会员企业10户。会员单位法人代表中有全国工商联副主席、全国人大代表1人，全国政协委员1人；市人大代表1人，市政协委员8人；区人大常委1人，区政协副主席1人、常委4人、政协委员44人。有团体会员3个，基层组织分会6个：田村路地区分会、清河地区分会、苏家坨地区分会、留学人员分会、西北旺地区分会、学院路地区分会（本年新成立）。

本年，海淀区工商联贯彻落实北京市工商联和区委统战部工作会议精神，围绕区委、区政府的中心任务，围绕海淀非公有制经济健康发展和非公有制经济人士健康成长主题，完成年度各工作任务。

参政议政，调查研究工作　在区政协八届四次全会上，区工商联主席孙狄做题为《优化创新环境，提速自主创新》的大会发言，对体制机制创新、北部地区规划、扶持重点产业、打造科技金融、加强人才聚集等问题进行系统阐述，为中关村核心区建设提供参考。区工商联向大会提交《用中关村新技术新产品展览交易会替代中关村电脑节的建议》和《关于重视中小企业员工住宿问题的建议》2件提案。

参加区政协常委会调研课题和区政协“创新与和谐海淀论坛”活动。在政协与区政府班子恳谈会上，工商联提出当前中小企业关注的系列问题。在区委区政府各种协商议政会上，区工商联提出发展非公经济和核心区建设的大量建议。全年报送信息30多条。撰写海淀区非公经济发展现状及对策建议论文；配合市工商联走访区有关部门和会员企业，参与非公企业劳动关系、人力资源流动、党建等课题的调研工作。

教育引导和精神文明建设　采取举办座谈会、报告会、专题培训会等形式，组织广大会员学习区委全会、党的十七届五中全会和贾庆林对非公经济人士争当优秀建设者的讲话精神，通报区委区政府主要工作安排和中关村核心区建设进程，引导非公人士树立大局意识、责任意识。坚持每季度主席会、一年一次的执委会和两次常委会以及执常委政治学习培训制度。

学习贯彻中共中央、国务院2010年9月16日下发的《关于进一步加强和改善工商联工作的意见》（16号文件），组织科以上干部和基层分会学习贾庆林电视电话会讲话精神，组织主席班子成员学习讨论。配合区委统战部起草区委区政府贯彻实施中央16号文件的意见稿。

组织主席班子成员走访企业，开展相关主题教育活动，增强工商联的凝聚力。“七一”前夕，组织部分会员深入企业，了解发展中的困难，搭建企业之间互助平台；组织10名非公企业家和10位民营企业党支部书记座谈，讨论非公企业党建工作问题。组织主席班子成员和会员代表参加区委统战部学习班、培训班。组织女会员“三八”节座谈交流活动。

继续在非公企业中开展文明单位创建活动，引导企业两个文明一起抓。全年共复查精神文明创建单位20余家，向市工商联和区文明办新推荐20家企业单位参加评比。截至本年底累计有近100家会员企业被评为北京市工商联系统文明单位、标兵单位和首都文明单位。

参与社会公益事业　组织非公经济参与首都新农村建设工作，参与市工商联组织的与京郊农村结对子扶贫活动。旗舰集团作为粮食加工企业，多年来带动海淀北安河地区和昌平百善镇地区农村1000余人次在家里就业增加收入，每年解决就业在500人以上；在山东等地组织农民就业致富，是北京市新农村建设的企业典型。

组织非公经济参与光彩公益事业活动，青海玉树地震发生后，区工商联在第一时间发起募捐活动，共向区红十字会现场募捐48.80万元。用友软件公司捐款8万元现金，绿伞公司捐款5万元。集美家具集团和艺海集团代表区工商联到市工商联现场捐款30万和10万元。清河和苏家坨地区分会组织本地区企业家代表参加募捐活动。

参加中央关于对口支持贵州毕节试验区建设。20多家企业在短时间内超额完成40万元募捐任务。

区工商联会员企业积极参与社会

扩大就业活动，据不完全统计，区工商联2010年新吸纳社会就业人员2000余人，仅汉王公司就招聘业务人员300多人。很多会员企业长期参与捐资助教、革命老区扶贫开发和兴建希望小学、参与新农村建设以及开展拉手共建活动，已经成为企业文化建设的一个重要组成部分。

各基层分会参与地区街道办事处组织的送温暖活动，清河、苏家坨、西北旺地区工商联分会30多家企业参与慰问地区贫困户家庭、低保家庭和困难企业职工，送去慰问金近5万元。

组织建设　本年成立学院路地区分会，分会总数达到6家。配合区委统战部做好党外人才和党外知识分子基础工作和人才资源储备。按照中央16号文件的要求，探索非公党建调查摸底工作，待条件成熟时拟申请成立工商联联合党支部或非公经济工委，促进非公企业党建工作。

加强工作制度建设。进一步总结近年来开展年终年会总结表彰及新春联谊会的模式，规范关于优秀会员和先进基层组织的表彰办法。

服务企业　与区发改委、科委、质监、环保、商务委、国税、地税、人事劳动等部门加强联系和沟通，定期组织企业到政府部门座谈，让企业了解政府部门运作和政策信息；政府部门听取企业意见，加强双向沟通，受到企业欢迎。

宣传区政府有关核心区建设政策，将海淀区关于扶持中小企业1+20系列政策放到工商联网站和会刊，编发短信通知。组织会员企业申报政府专项资金项目，搭建信息平台。帮助企业牵线搭桥，介绍融资新产品。为会员企业协调解决劳动合同纠纷、变更注册登记、出口退税、广告宣传、技术认证等出现的问题和困难。本年为30多位会员企业办实事40多件。

配合全区招商引资发展经济的任务，联系湖北宜化、山西振东药业、德国贝尔生物制药等大型企业到海淀落户发展，为会员企业发展找房、找地提供信息渠道。

组织会员参加市工商联举行的相关招商经贸活动，组织会员到河北迁西、山东聊城考察。关心会员企业在外地的发展，到新疆阿勒泰地区了解会员企业绿伞化学公司的经营和发展情况。与新疆阿拉善左旗、库尔勒、阿勒泰、巴音郭楞蒙古族自治州地区工商联结成友好商会。

原工商业者工作　原工商业者工作是工商联和统战工作的重要组成部分。2010年，对原工商业者及遗孀进一步摸底建档。全年为原工商业者发放车马费、慰问金、困难补助110人次共计10万元。为困难人员出具手续，配合做好在街道的低保申请工作。做好来访接待工作，协调处理一批历史遗留问题。

本年，区工商联获北京市工商联颁发的参政议政、经济工作和会员组织三项优秀工作奖，是获奖最多的区县之一。

（张雪松）

地址：海淀区丹棱街10号新海大厦四层
邮编：100080
电话：82666491
邮箱：hdgsl@vip.sina.com
网址：www.hdgsl.cn

群众团体

★ 9 月 28 日，区总工会在海淀工人文化宫举办“共建核心区 奉献在海淀”为主题的海淀区第十八届职工艺术节文艺汇演。（张剑 摄）

★ 1 月 22 日，区总工会举行“把北京的问候带回家”送温暖首次慰问活动。（戴轶 摄）

★ 6 月 12 日，区妇联举办 2010 年度家政服务员技能大赛。（李瑞林 摄）

★ 6 月 30 日，团区委牵头组织，太阳园社区接待英国青年代表团一行，并开展体验交流活动。（区团委 供图）

★ 8 月 23 日，区妇联、区机关工委和圆明园管理处在圆明园遗址公园九州景区共同举办“玫瑰之约 牵手海淀——因莲有缘”大型相亲活动。（李瑞林 摄）

★ 11月11日，海淀区总工会与四川省南充市总工会建立全国首个工会劳务对接网络视频实验站点。

（张剑 摄）

★ 9月18日，区妇联举办家庭中秋诗会。

（李瑞林 摄）

★ 武博会志愿者（李瑞林 摄）

★ 团区委开展关爱农民工子女志愿服务活动

（团区委 供图）

海淀区总工会

【综述】　北京市海淀区总工会是海淀区委领导下的职工自愿结合的工人阶级群众组织，是海淀区各企事业单位和机关工会组织的领导机构。1949年7月，北京市总工会在各区县设立了办事处，作为北京市总工会的派出机构，受第十六区区委的领导，1952年4月北京市总工会撤销各区办事处，1953年2月正式成立海淀区工会，2004年更名为海淀区总工会。现区总工会为第十四届委员会（2007年产生），下属海淀工人文化宫、海淀职业介绍所、海淀区职工休养服务部和海淀区技术交流站等4个直属事业单位。本年，基层直属工会有128个。

2010年，区总工会投入资金100余万元为全区基层工会和广大会员办十件实事：职工教育；职工文化阵地建设；职工业余文化生活开展；职工健康知识培训；职工法律知识培训；职介服务；困难职工、困难劳模和待岗职工免费体检；职工法律服务；工会服务网络建设；劳动争议调解等。

本年，区总工会被全国总工会评为全国工会系统“五五”普法先进单位和省报市级财务工作先进单位；被中国职工保险互助会评为2010年度职工互助保障先进单位；被市总工会评为区县工会系统2010年度考核先进单位；被市总工会评为2010年度职工互助保障工作优秀代办处；在市总经审工作规范化考核中，名列区县工会第一名。工会经费收缴同比增长53%，完成市总下达的收缴预算指标数200%。全区获全国劳动模范4名、北京市劳动模范59名、劳模集体10个、海淀劳动奖章获得者20名、海淀劳动奖状获得集体2个。

工会组织建设　本年，区总工会主席惠远霖当选市总工会十二届委员会常委；增补冀国瑞为区总工会第十四届委员会委员、常委、常务副主席；成立“海淀区总工会流动党员服务站”。新建基层工会734家，发展会员2.56万人，区工会会员人数达到15.34万人。本区121家世界500强企业已建会115家，建会率达95%以上；6月成立区民营医疗机构工会联合会；本区19个街道（清华园、燕园、永定路3家街道未计入）、7个乡镇全部成立总工会。建立首个由全国劳动模范鲍凤珍名字命名的“中关村家政服务超市”。全区有工会服务站26家，为每家服务站拨付5000元经费补助，为各街乡分别配备1～5名工会专职社会工作者；按照“随建会、随采集”的信息采集工作要求，对14万名工会会员的信息进行实名采集，占全部会员的91.3%；为7.43万名职工办理“京卡·互助服务卡”，占会员信息采集人数的53.2%。

职工素质教育　全区基层工会举办各类主题教育活动1356场次，组织各类培训2226场次，约30万人次参与；958名职工参加了通识课程培训[①]；近3千名职工参加了网上知识答题活动；开展海淀“知识型职工标兵评比”表彰工作，评选海淀“知识型职工”标兵20名；举办“庆三·八百年，展女工风采”演讲比赛；各级工会组织职工开展“我为企业发展献计”活动，评出经济技术创新标兵150名，经济技术创新成果10项，优秀合理化建议10项；开展职工书屋建设，倡导职工“每天读书学习1小时、每月读好1本书”活动，2家职工书屋获得“全国职工书屋”称号，33家职工书屋获“北京市职工书屋”称号；为基层工会和广大职工举办各类健康知识讲座10余场，约2000人参加。

举办职工艺术节舞蹈大赛、职工艺术节文艺汇演、职工艺术节职工摄影、书法、绘画作品展览、2010年海淀区职工文明礼仪知识大赛等文艺赛事；举办海淀职工台球大赛、十八区县职工台球邀请赛、“共建核心区、奉献在海淀”第二十二届海淀区职工“长春杯”越野赛、第七届职工速度钓鱼比赛等体育赛事。全年各级工会组织举办职工摄影、书画、舞蹈等各类职工文化活动400余场，参与职工近5万人；推进全民健身活动，全区参与工间操活动的职工约12万人次；开展电影下基层活动，放电影50场，观影人数近万人。

全年培训全区基层工会干部300余人。开展财务、经审、信息等专题业务培训，举办相关劳动法律法规培训班19期、培训中小企业人员近600人次；举办主题为“企业劳动用工风险与规避”的企业劳动合同法培训班，举办“12351”职工服务平台网上操作培训和工会会员信息采集网上操作培训学习班；举办2010年海淀区劳动争议兼职仲裁员培训班，对本区19名兼职仲裁员进行《劳动合同法实施条例》和仲裁案例的讲解培训；举办海淀区劳动争议调解工作培训会，对全区26个街道乡镇（清华园、燕园、永定路3家街道未计入）总工会副主席及负责劳动争议调解的人员100余人进行培训。

宣传调研工作　《海淀报》、《海淀新闻》等媒体刊登海淀工会新闻稿80余篇，编发《海淀工会信息》71期，在《工会博览》刊登信息12期；开通海淀区总工会网站。建立常委包片调研基层工会制度，编印《海淀区职工队伍状况调研报告汇编》；对劳动模范和离退休困难劳动模范基本状况进行摸底，起草《海淀区劳动模范生活状况调查报告》；起草《海淀区总工会关于区环卫中心“六·五”垃圾压缩卫生填埋场职工工作环境恶劣的调查报告》。

维权机制建设　区总工会制定《处

---

① 通识课程培训：是指员工工作所需的共同的认识、观念方面的培训，如公司概况及发展史、公司规章制度（行政管理制度、人力资源管理制度、财务管理制度等）、企业愿景与发展战略、企业文化、公司理念及基本政策、组织结构介绍、企业业务及相关知识等等。使员工掌握企业的共同语言和行为规范。

置突发事件应急预案》，建立突发事件预警机制，处理劳动争议事件2起；建立劳动争议调解信息通报制度、会议会商制度和共同解决突发性事件的应急响应机制；建立职工心理疏导长效机制，了解职工尤其是新生代农民工思想动态，开展制度化的心理疏导和行为矫正服务。该机制受到市委常委、海淀区委书记赵凤桐，市委常委、市总工会主席梁伟等市、区领导的肯定。

截至年底，全区已建工会非公企业集体合同签订率达到90%，覆盖企业2419家、职工65178人，其中区域性集体合同55份，覆盖企业2257家、职工41387人；女职工权益保护专项集体合同都已经纳入到各单位区域和单独签订的集体合同；在花园路地区签订本区首份家政服务行业工资专项集体合同，在曙光街道签订餐饮行业工资协议。工资集体协商覆盖企业1686家，覆盖率达到70%。在中关村西区成立本区第二家劳动争议调解中心，并设立律师接待点。为26个工会服务站配备律师志愿者，为街道、乡镇工会服务站提供法律服务100余次；开展普法宣传进工地系列活动30余次，发放工会“五五”普法教材及资料5000余份，提供法律咨询200余人次。区劳动争议调解中心全年共受理案件2000件，结案1430件，调解成功1057件，调解成功率74%。

本年全区共有112家国有、集体及其控股企业建立职代会或其他民主管理形式，建制率和厂务公开推行率达到100%；106家事业单位建立职代会和其他民主管理形式，建制率和厂务公开推行率达到96.3%；已建会的非公企业建立职代会和其他民主管理形式，建制率和厂务公开推行率达到74%。

帮扶工作　全区各级工会组织在“两节”期间向困难职工发放慰问补助金427.16万元；慰问困难职工431户、困难劳模380户、农民工4068人、退休职工2041人、残疾职工169人；为下岗失业人员提供就业岗位380个；通过“金秋助学”活动向困难职工子女发放助学金3.2万元；帮助符合条件的困难职工182人落实相关惠民政策。全年新增职工互助保险会员3809人，会员总数达10.14万人，职工参保率达到30%；收缴保费243万元，同比增长15%；全年受理各种赔付金152万元。组织职工疗休养64批次，2284人次参加。

针对不同群体设置多项送温暖主题，开展个性化服务。开展“把北京的问候带回家”主题活动，慰问外来务工人员1000余人；开展“送健康职工体检”活动，为776名下岗、困难职工免费体检；开展“送清凉”活动，慰问区环卫服务中心、园林服务中心和建筑工地等高温作业职工。

就业援助　在军队系统举办“二炮驻京部队随军家属招聘会”2场、“海军机关随军家属招聘会”1场，受到二炮政治部主任殷方龙、海淀区委书记赵凤桐、区长林抚生等有关部队及区领导的肯定。组织用人单位前往四川什邡、广安、达州，青海西宁等城市开展招聘活动；举办“已建工会组织用人单位招聘会”10场；举办“北京市总工会就业援助送岗位系列活动”专场招聘会10场；启动以“欢迎你，融入海淀城市生活”为主题的万名农民工培训活动。与牡丹江市总工会帮扶中心、四川省南充市总工会签订劳务输出合作协议；与南充市总工会合作建立全国首个“全国工会劳务对接海淀区总工会—南充市总工会网络视频试验站点”，与南充市和所属9区县建立网络视频招聘体系。建立“海淀区总工会招聘会流动党员服务站”。全年共举办综合招聘会111场，参会单位2000余个，参会人数30900人次，提供就业岗位15000个。

社会公益活动　在鄂尔多斯开展“关爱母婴、阳光就业”手拉手工程启动仪式；与宁夏回族自治区林业系统共同开展“宁夏多种一棵树，北京少落一粒沙”主题活动，捐赠人民币10万元；组织各级工会为青海玉树灾区捐款，累计723万元。

【海淀区民营医疗机构工会联合会成立】　6月18日，海淀区民营医疗机构工会联合会通过民主程序正式选举产生。联合会的主要职责是维护同一产业劳动者的共同经济利益，维护行业职工的整体权益，促进全区民营医疗机构工会工作的开展，使工会工作更具针对性和实效性。工会联合会第一批会员单位由12家民营医疗机构组成，有工会会员700余人。

【建立全国首个以全国劳动模范命名的家政服务超市】　8月12日，全国首个由全国劳动模范鲍凤珍命名的家政服务平台——“全国劳动模范鲍凤珍中关村家政服务超市”建立。该超市是由区总工会职工服务（帮扶）中心依托海淀职业介绍所筹建的一家面向社会，主要服务于海淀中关村核心区的家政服务机构。这种以超市的形式开展家政服务在全国尚属首家。

【建立全国首个“工会劳务对接网络视频试验站点”】　11月11日，全国首个工会劳务对接网络视频试验站点“海淀区总工会—南充市总工会网络视频”开通。区总工会向南充市总工会赠送15台电脑和视频设备，并在南充市及其所属9个区县与海淀区总工会职介所建立网络视频招聘体系。两地网络视频的开通，对求职者减少求职费用、规避求职风险、节省求职时间和对招工单位降低招聘成本、扩大选择范围、提高招工质量起到了良好作用。

【北京市劳动模范集体（10个）】

北京市海淀职业介绍所
北京市海淀区供暖和楼房设备经营管理中心收费部
恩济庄派出所
学院路果菜组
北京市海淀区培智中心学校
新兴班
海淀区稽查局检查一科
北京海尔集成电路设计有限公司
软通动力信息技术（集团）有限公司
牡丹园店总服务台

（皮金桃　胡文欣）

北京市海淀区总工会
地址：海淀区长春桥路17号
邮编：100089
电话：82510136
邮箱：hdqzghwz@126.com

网址：zgh.bjhd.gov.cn

中国共产主义青年团北京市海淀区委员会

【综述】 中国共产主义青年团北京市海淀区委员会的前身是1949年成立的"中国新民主主义青年团北京市十六区工作委员会"；1952年11月，成立中国新民主主义青年团北京市海淀区委员会（后改为共青团北京市海淀区委员会）。现为第十二届委员会（2010年选出）。截至2010年年底，全区共有团员51623人，基层团委258个，基层团总支138个，基层团支部2566个。

2010年，海淀团区委坚持"创造新优势，服务促发展"的工作理念，以"团旗飘扬核心区，青春奉献新海淀"为主题，围绕"两个全体青年[①]"政治目标，履行组织青年、引导青年、服务青年和维护青少年的四项基本职能，实现从重大活动向团的常态化建设的成功转型。

本年，团区委被评为"2010年北京青少年主题教育实践活动"先进集体；海淀街道团工委、北京市中关村中学被评为"2010年度北京市五四红旗团委"，海淀区上地街道机关团支部被评为"2010年度北京市五四红旗团支部"，4名团干部被评为"2010年度北京市优秀团干部"，3名团员被评为"2010年度北京市优秀团员"；海淀少工委办公室获"我与祖国共奋进"活动优秀工作项目奖，获"两节送温暖"活动突出贡献奖；团区委基层部被评为"2010年度首都绿化美化先进集体"，1名青年获得"北京郊区青年致富带头人"称号。

青少年理想信念教育 本年，团区委围绕核心区建设这一工作中心，结合工作实际和团员青年特点，将创先争优活动作为引导广大团员青年投身核心区建设的重要载体，精心设计特色鲜明、青年欢迎的活动形式和工作载体，突出实践特色，在全区基层团组织和团员中开展创先争优活动。通过各种评比表彰活动，评选了"海淀十大杰出青年"、"青年师德标兵"、"青年岗位能手"、"海淀区优秀团干部"、"海淀区优秀团员"、"青年文明号"、"五星级团支部"、"海淀区五四红旗团委"、"海淀区先进团委"、"海淀区先进团支部"等先进个人和集体，通过媒体宣传先进事迹。

召开中国少年先锋队海淀区第五次代表大会，开展"小代表走进大海淀"活动计划，组织开展少先队辅导员业务培训，成立全国首支辅导员鼓乐队。开展共青团"倾听"活动，组织区未委会委员、区人大代表、区政协委员、区青联委员针对"互联网与青少年健康成长"、"外来务工青年的社会融入"、"外来务工人员子女入学"等课题进行研讨和座谈，持续关注青少年思想道德建设现状。强化分类引导青年工作，针对不同青年群体思想意识的关键点和成长发展的需求点进行正确的思想引领。

基层团组织建设 2010年7月，召开共青团北京市海淀区第十二次代表大会，选举产生共青团海淀区新一届委员会。全区基层团组织完成换届工作，新建立基层团组织1家（城管监察大队基层分队团支部）。

开展"两新"团建工作。学习借鉴党建工作新经验、新成果，做到"五个同步"[②]，按期超额完成团市委制定的两新建团任务，建团数量1320家，位居全市之首。

推进团建百强街乡创建工作。参与全市"团建百强街乡创建工程"考核方案及标准的研讨与制定，申报10家街道、乡镇为2010年度全市团建百强街乡（镇）创建单位。在创建过程中，团区委建立基层团组织联系点，书记班子成员及每位机关干部联系6至7个基层团组织，定期走访调研，解决实际困难。

推进"社区青年汇"和"乡村青年社"工作。截至2010年年底，海淀区已建立迪欧咖啡厅、中关村图书大厦"书海漫游"、北下关逐鹿茶园、一品香山等社区青年汇10家、乡村青年社4家，每月定期开展活动2次，覆盖青年近5000人。其中6家社区青年汇、2家乡村青年社被评为市级青年汇（社）。

服务青年成长成才 召开海淀区青年联合会七届一次全委会，选举产生海淀区青年联合会第七届常务委员会、主席、副主席，完成青联下设9个界别组的换届工作。

召开驻区高校团委书记联谊会2010年年会，完善"北部新区青年联谊会"和"海淀区卫生系统青年联谊会"等分支，成立"中关村海外学人青年联谊会"等外围组织。

牵头举办主题为"创业海淀、创新中国、创意未来"的2010年核心区青年创业大赛，鼓励并扶持文化创意、生物医药、电子科技、节能环保等前沿重点创业项目；举办第三届核心区青年企业家评选暨青年创业论坛，促进创业计划向创业行动转变。继续开展"青檬夜校"工作，举办第四期培训班，全年共开展课程7次，对青年进行有效的创业咨询和创业指导。完善"定向帮扶、校企合作、专业运作、实时对接、创业带动"等五种模式，在各级企事业单位中建立见习基地，与区内8家青联委员企业和26个街道签订《共青团青年就业创业见习基地协议书》，建立青年就业创业见习基地34个，提供青年见习岗237个。继续开展对上岗青年的跟踪服务，形成完善的见习协议、条件保障和

[①] 两个全体青年：力争使团的基层组织网络覆盖全体青年，使团的各项工作和活动影响全体青年。

[②] 五个同步：组织同步、人员同步、规划同步、职能同步、考核同步

岗前培训制度，并为参与见习并且考核合格的青年发放"见习证"，90%以上在见习基地见习的学生找到工作。

利用教育培训资源，协助区委组织部与驻区高校合作开展博士生挂职工作，为海淀区人才库吸纳优秀人才和创新区域人才工作机制提供经验。开展青年公务员风采展示活动、青年歌手大赛、核心区建设与青年责任电视演讲大赛、青年创业大赛等活动，输送青年人才到党政、企事业单位的重要岗位；举办青年发展论坛，帮助优秀青年企业管理人员参与区域建设。

青少年维权工作　探索青少年利益诉求反映机制，畅通反映渠道，采取走访弱势群体、"共青团与人大代表、政协委员面对面"等形式，帮助青少年解决学习、生活中的困难和问题，发挥人大代表、政协委员在维护青少年合法权益、关注青少年健康成长的作用。继续扩大青少年信访工作服务范围，将各级各类矛盾纠纷的苗头隐患纳入工作视线，力争把矛盾纠纷化解在基层。全年信访工作共接来电、来函、来访计十余次，办结率为100%。

开展《未成年人保护法》和《预防未成年人犯罪法》宣传活动，印发宣传资料20000余份，开展预防青少年犯罪法律咨询服务 2000 余人次。开展青少年"星光自护"教育工作，全年共举办自护教育活动 28 场，活动主题涉及社会与校园安全、意外伤害防范、紧急避险与临界防卫、卫生与健康、法律与心理和网络与电子游戏等，受益人数1660余人。推进"青春红丝带"预防艾滋病项目，全年共举办项目主持人培训会 4 次，开展预防艾滋病同伴教育活动6场，项目团队参与防艾及禁毒活动5次，受益人数 1000 余人。继续开展"法制校长"品牌工作，编辑《法制校长优秀教案汇编》、《2010年法制校长工作手册》、《预防青少年违法犯罪工作论文汇编》，全区中小学法制校长配备率达到100%。为 33 名低保重残青少年提供心理关怀、学业辅导等服务。参与团市委组织的"100365 首善行动"，联系京粮集团向海淀区100名家庭经济困难的中小学生（包括外来务工子女）捐赠食用粮油券，价值10万元。

依托"心灵互动，携手成长"结对服务这一品牌项目，重新整理海淀各社区闲散青少年基本情况，推出专业社工与志愿者相结合的工作思路，开展闲散青少年帮教工作。构建社会帮教网络，对边缘儿童进行心理治疗和行为矫正帮教。

志愿服务事业　聘请市委常委、海淀区委书记赵凤桐担任海淀志愿者联合会名誉会长，修订《北京市海淀区志愿者联合会章程》，在联合会一届二次理事会上选举产生联合会常务理事会；成立志愿者联合会地区分会，在全区 29 个街道、乡镇实现全覆盖，各地区分会由街道乡镇主要领导担任分会会长，区域各有关单位纳入分会成员单位；在公共委系统和海淀园成立专业分会；开展"走进唐家岭，服务新青年"的"三送五进"[①]主题活动，为"蚁族"[②]青年送知识、送健康、送爱心，将医疗义诊、希望图书室、创业夜校、志愿服务站和公益电影送到身边。在唐家岭地区招募青年志愿者。开展"文明交通志愿服务行动"系列活动，在全国"两会"期间组织志愿者在重点路口路段向行人宣传交通安全知识。组织中学生志愿者在校园内外开展"争做文明交通示范员　争当优秀学生好榜样"实践活动；在少先队员中评选"文明出行小旗手"；联合区交通安全委员会办公室开展"驾驶技能大比武"，评选文明交通标兵；开展"关爱农民工子女志愿服务行动"，为农民工子女提供学业辅导、亲情陪伴、感受城市、自护教育、爱心捐赠等服务；启动"同一片蓝天，同一个梦想"重残儿童家庭课堂项目，高校志愿者以上门送教的方式帮助重残儿童开展康复训练。北京首届世界武搏会期间，海淀志愿者联合会在全市率先启动城市志愿服务工作，提供赛事信息、语言翻译和馆外围的观众疏散等服务，站点设置数量和参与服务人数均居全市之首。

【海淀区青年联合会】　海淀区青年联合会成立于 1990 年 12 月 22 日，是以中国共产主义青年团为核心力量的各族各界青年的爱国统一战线组织，由海淀区各民主党派、群众团体以及驻区中央、市属、区属有关单位协商推荐的青年代表组成，工作上接受北京市青联的指导。

海淀青联实行委员制，设有团体会员组、科学教育组、文化体育组、医药卫生组、经济金融组、公共管理组、解放军政法组、民族·宗教·民主党派组、归国留学·华侨·华人组等9个界别组。海淀区青联之友联谊会和地区青年联谊会是海淀青联的外围组织。青联常设工作机构为设在团区委统战部的青联秘书处。海淀青联每届届期三年，现为第七届（2010 年选出），有委员 268 名。青联引导委员、会员参与捐资助学、义诊、植树、城市志愿服务等社会公益活动，提高服务社会能力。

本年，海淀区青年联合会召开七届一次全委会，将全体委员由原来的 10 个界别组调整为现有的 9 个界别组。

【海淀区未成年人保护委员会】　海淀区未成年人保护委员会（简称未委会）成立于 1989 年 3 月，是本区从事未成年人权益保护工作的专门机构，未委会办公室设在团区委权益部，现有成员单位 34 家，街道乡镇未委会 29 家。

本年，海淀区未成年人保护委员会开展"倾听"活动 39 次；开展"心灵互动，携手成长"结对服务活动，组织专兼职社会工作者承担预防青少年违法犯罪工作。开展结对服务活动专项调研，通过发放问卷和个案访谈2种形式，了解社区青少年多方面需求。社工工作得到首都综治委、团市委、区委、区政府领导的充分肯定，区未委会被选为全国三家"闲散青少年教育帮助和预防犯罪试点"之一。

【希望工程北京捐助中心海淀区工作站】　希望工程北京捐助中心海淀区工作站成立于2003年12月。本年，工作

[①] 三送五进：送知识、送健康、送爱心，走进医疗义诊、希望图书室、创业夜校、志愿服务站和公益电影。

[②] 蚁族：指毕业后无法找到工作或工作收入很低而聚居在城乡结合部的大学生，是对"大学毕业生低收入聚居群体"的典型概括。

站继续关注社会热点和青少年弱势群体，共筹资133000余元，资助大中小学生184人次。海淀区工作站被评为北京青少年发展基金会、希望工程北京捐助中心优秀工作站。

【海淀区志愿者联合会】 北京市海淀区志愿者联合会成立于2009年5月4日，是经海淀区民政局核准登记的非营利性社会团体，业务主管单位为共青团北京市海淀区委员会，接受海淀区民政局的监督，办公室设在团区委。

海淀区志愿者联合会是全市第一家区级层面的志愿者联合会，有团体会员304家，囊括驻区高校、中小学、部队、企事业单位、社会团体等类型。截至2010年年底，联合会在全区29个街乡成立了地区分会，并在公共委和海淀园成立了系统分会。

本年，联合会主要开展"永动的蓝立方"、"关爱农民工子女服务行动"、"重残儿童家庭课堂计划"、"文明交通志愿行动"、"共建安全北京城"、"志愿服务连锁店"、服务上海世博会、北京武搏会等活动，全年志愿者累计上岗服务37000余人次，累计服务时间82426小时，服务人数1337170人次。

（吴小平）

【共青团海淀区第十二次代表大会召开】 7月14～16日，共青团北京市海淀区第十二次代表大会召开，会议选举产生共青团北京市海淀区第十二届委员会委员35名、候补委员12名。

【开展"永动的蓝立方"志愿服务项目】 "永动的蓝立方"志愿服务项目是海淀志愿者联合会将奥运会等重大赛事服务的城市志愿者体系逐渐转变为趋于常态化的志愿服务体系的重要成果。通过该项目，继续践行"奉献、友爱、互助、进步"志愿理念，弘扬"志愿真情 爱在海淀"服务精神，推进后奥运时代志愿服务常态化发展，实现奥运志愿服务成果转化。

（刘畅）

共青团北京市海淀区委员会
地址：海淀区长春桥路17号
邮编：100089
电话：82510484
网址：www.hdtw.bjyouth.net

海淀区妇女联合会

【综述】 海淀区妇联成立于1951年1月，是中共海淀区委领导下的海淀区各族各界妇女的群众团体组织，是党和政府联系妇女群众的桥梁和纽带。现为第十一届执行委员会（2007年8月选出）。下属2家事业单位（海淀区妇女儿童活动中心、海淀区三八家政服务公司）和1个法人社团（海淀区家庭教育研究会）。到本年底，全区共有机关工委妇委会、民主党派机关妇委会、民建海淀妇委会、公共委妇委会等4个妇委会，设有区域女性人才联谊会、女领导干部联谊会、女司法工作者联谊会、中小学女校长联谊会、台港澳侨胞姐妹联谊会、女教授联谊会、女村长女书记联席会、女企业家联谊会等8个女性联谊组织。

本年，区妇联以科学发展观为统领，以开展"优质服务年"活动为契机，紧紧围绕核心区建设，努力在党政所急上找准工作切入点，在妇女所需上找准工作着力点，在妇联所能上找准工作创新点，荣获"2010年度全国妇女舆论宣传阵地建设先进单位"荣誉称号。

开展创先争优活动　确定"携手共建核心区，巾帼奉献在海淀"的活动主题，提出"树优质服务品牌，建和谐高效机关"的目标，开展"我是党员我带头"的党员公开承诺和"服务之星"评选等"学政治、比觉悟，学知识、比服务"系列活动。

推动农村妇女参与村"两委"换届选举，为做好换届选举提供政策和组织机构保障。女性参政比例达到27%，同比提高1个百分点；在71个换届的行政村中，村妇代会主任全部进两委。在全区专职妇女干部、社区、农村妇代会主任中开展专题和综合培训，定期组织工作研讨会。

面向各界妇女代表召开征求意见会，广泛征求对妇女工作和妇联组织的意见及建议。开展《海淀区女性自主创业现状与需求调查》、《海淀区乡镇妇女思想生活状况调查分析》、《白领女性心理健康状况调查》以及《海淀区女大学生参政意识调查分析》四项调研。加大家庭教育服务、维权服务、素质提升服务的工作力度，开展送家教公益大讲堂进社区、农村、学校、园区活动，累计受益家长近千人；面向各类女性开展公益培训班1031期，受益妇女23283人次；启动"普法教育进社区、和谐家庭你我创"法律知识进社区活动，送法进社区、进村镇。

家庭文化建设　启动"读经典诗文·建书香家庭"读书活动，送国学书籍进社区，以吟诵、包粽子比赛、传统文化讲座、经典诗文诵读、征文演讲、家庭读书情景剧表演等形式弘扬国学，倡导全民阅读活动；举办家庭读书中秋诗会。启动"绿色环保从我做起"行动，宣传绿色环保生活知识，引导广大家庭践行绿色环保理念；在全区家庭中征集和展示家庭低碳计划、节能小制作，邀请低碳生活示范家庭组建海淀区"低碳生活家庭志愿者宣讲团"；在"5·15"国际家庭日，组织"低碳生活·绿色出行"家庭登山活动；开展"绿色环保公益讲堂进社区"活动，深入291个社区、农村交流节能减排技巧，传播节能减排理念。以"杰出女性活动日"为载体，在各界优秀女性中开展共度妇女节、中秋节活动以及主题歌会、节日慰问、送生日祝福等活动；在新市民中开展手工艺品展评、"我和我的祖国"家庭卡拉OK比赛等系列文化活动。

家庭教育研究宣传行动。通过“准父母学校”、“新父母加油站”等载体定期举办公益课堂，拓展家庭教育服务对象。开设“家庭成长星”儿童假期训练营，设计了帮助小朋友了解中国文化的“和汉字交朋友”学习营，激发想象力、增强协调能力的“奇幻魔术”营以及提升生活情趣的“茗香茶艺”营，受众621人次。

维护妇女儿童权益 举办《北京市实施〈中华人民共和国妇女权益保障法〉办法》知识竞赛，开展《中华人民共和国妇女权益保障法》、《中华人民共和国继承法》、《中华人民共和国婚姻法》等法律知识讲座；举办“远离毒品、预防艾滋、珍爱生命、共创和谐”宣传咨询和防艾“面对面”宣传活动。启动人大女代表、政协女委员“问需于民”活动，向人大代表、政协委员转交《保障妇女儿童食品安全》、《设立家政服务员公益岗位，促进妇女就业》等15个议案。本年在居委会、村委会新建立“家庭方圆驿站”13个，总数达到123个，并设立妇女“心愿信箱”，全年共计化解婚姻家庭问题和邻里纠纷等矛盾2500件，收集妇女各类心愿917条。开通“妇女维权和温馨家园热线62619776”，与律师事务所和心理咨询机构联合，在妇女儿童活动中心设立维权室和心理咨询室，聘请司法工作者、法学和心理学专家等，定期为辖区妇女提供法律、心理咨询服务，为符合条件的妇女提供法律援助服务。依托村级组织和社区活动场所（社区市民学校等）推进“妇女之家”建设，全区591个社区和84个行政村内的675个“妇女之家”陆续挂牌完毕。

促进城乡妇女发展 开展民俗旅游、家政服务、手工艺品制作、厨艺等实用技能培训，并将开展技能竞赛和才艺展示纳入到日常的培训中；邀请专家对农村创业妇女进行技术、经营、管理指导；举办“家庭服务业和商业服务业女职工技能比赛”。开展女大学生、贫困妇女专项就业帮扶活动。将“农村妇女发展促进项目”纳入政府实事工程，争取专项经费30万元；争取市级项目扶持资金130万元，助推农村妇女的发展。举办“妇女就业创业成果展示”，提供学习、交流、宣传的平台；组织女企业家走进新农村，开展城乡互动活动；组织“牵手农家女科技人才指导服务队”深入农村进行技术指导和服务。妇女参与经济建设的能力进一步增强，区域城镇单位就业人员中女性比例为42.28%，城镇登记失业人员中女性就业率为81.33%。在海淀有线电视和《海淀报》开辟专题和专栏，对多年来为海淀经济发展和社会进步做出贡献的优秀女性个人和集体进行报道。举办以“忆百年妇运·赞时代巾帼”为主题的“三八”国际劳动妇女节100周年纪念活动。在基层女性管理者中举办交流会、研讨会和培训班，提升综合素质和推进妇女事业发展的意识；在白领女性中开展“玫瑰之约、牵手海淀”青年联谊活动；举办“健康与我同行”系列活动，为人大女代表、政协女委员、先进妇女代表办理爱心体检卡，免费提供妇科体检；为驻区全国女劳模、北京市“三八”红旗奖章获得者、海淀区“巾帼十杰”开通“海淀医院就医绿色通道”；为区域女性人才发放健身卡；组建巾帼家政服务队，为区域女性人才免费发放家政服务卡。开展关爱企业女性系列活动，送健康讲座进园区、进高新企业，开设“点茶静心、美好生活”茶艺推广活动，举办踏板操、瑜伽班、动感单车、办公室健身操培训。

本年，妇联机关、直属事业单位及各街道、乡镇妇联为青海玉树地震灾区捐款，共募集善款543913.80元。

【海淀区妇女儿童工作委员会】 海淀区妇女儿童工作委员会是海淀区政府负责妇女儿童工作的协调议事机构，负责组织、协调、指导、督促有关部门落实海淀区妇女儿童发展规划和妇女儿童权益保障工作。海淀区妇女儿童工作委员会办公室设在区妇联，由本区41个成员单位组成。

本年妇女儿童发展监测显示，妇女与经济、妇女参与决策和管理，以及妇女儿童法律保护、教育、卫生各领域重要指标基本持平或略有提高：区域城镇单位中女性就业率为38%，城镇登记失业人员中女性就业率为81.33%；女性登记失业比例降低8.5%，城镇登记女性失业人员再就业率达到70.9%。残疾女性的就业率达到35%。参保五大险种的女性人数逐年增加，参加基本养老、医疗、失业、工伤、生育和农村社会养老保险的女性人数分别为53.3万人、89万人、60.3万人、56.5万人、27.1万人和2.7万人，呈逐年上升趋势；生育保险和农村社会养老保险的女性参保人数均超过男性。区党代会、区人大代表、区政协委员中的女代表、女委员分别占42%、33%、31%，分别超过“十一五”既定目标12、3、1个百分点。区委委员、候补委员中女性比例达到17%，高于既定目标2个百分点；区委、区人大、区政府、区政协、区纪委领导班子中均配备了女干部；全区处级女干部比例达到26%；区委、区政府工作部门正职女干部达到21%，高于既定目标11个百分点；镇（乡）、街道领导班子中女干部配备率分别达到100%，正处实职分别占到24%和14%，均高出“十一五”既定目标4个百分点。全区处级女干部比例为26%；处级后备干部中女性占总数的39.2%，高于既定目标9.2个百分点。女性公务员占总数的45.8%；村民委员会成员中女性比例达28.4%，居民委员会成员中女性比例达到82.17%，职工代表大会中女性代表比例占50.8%。推进妇女儿童享有优质均衡教育，参加职业技能培训的女性比例达到38%，农村妇女掌握2–3门农业实用技术的比例达到50%；组织人事部门实施公务员培训工程，参加各类培训女性占48%以上。妇女儿童卫生健康主要指标基本完成，孕产妇系统管理率达到94%，孕产妇死亡率14.3/10万，儿童系统管理合格率率达到90.62%，婴儿死亡率3.56‰，5岁以下儿童死亡率3.99‰，实现“十一五”规划目标。

建立孕产妇保健管理长效机制，推行农村孕产妇住院分娩补助（一至三季度为在我区农村孕产妇住院分娩定点医疗机构分娩的138名农村孕产妇补贴8.82万元）；继续开展全区妇女健康检查工作（2009年7月启动），截至年底共筛查乳腺70066人，宫颈87097人，两癌筛查近16万人次；接种麻疹疫苗243184人，接种率81.5%；开展集体儿童口腔保健工作，免费检查儿童20421人、窝沟封闭牙齿24716颗，分别居全市第一、二位。开展“专家讲堂-分娩方式与母乳喂养”公益宣传活动，向孕妇及家属解读“正确对待自然产和剖宫产”以及“母乳喂养的有效实施”。关心女职工劳动保护和健康，接受中国和北京市疾控中心对海淀区女职工劳动保护和健康监护的督导检查。

政法系统定期召开严厉打击针对妇女的违法犯罪调度会，建立健全“打防控”一体的工作体系，加大对卖淫嫖娼、家庭暴力等违法犯罪活动和侵害妇女儿童合法权益行为的监督、检查和打击力度， 有效降低强奸等严重侵害女性权益的案件数量。成立由公安干警、检察官、法官、律师等专职司法工作者组成的司法工作者志愿服务队，为辖区妇女提供专业的维权咨询服务。开展《未成年人保护条例》和《妇女权益保障法》以及北京实施办法宣传、咨询，参加宣传活动的妇女儿童达2万余人。

探索建立安全学校与安全家庭的教育方法。在学校开展小学生预防伤害观摩课，在社区开展家庭安全预案、“安全就是爱——和爸爸妈妈谈安全”等活动；完成“儿童伤害干预指导手册”社区篇、幼儿园篇、家庭篇的编写任务；组织社区干部、幼儿教育工作者的专题培训3次，培养伤害干预项目工作的骨干力量。

开展“流动儿童读书、写作促进项目”。为3所以接受流动儿童为主的小学赠送图书上万册；为以招收流动儿童为主的学校提供教育用具，组织教师、图书管理员参加培训和经验交流2次；组织流动儿童开展阅读感想征文；与区流管办合作继续实施16岁以下流动儿童登记项目，本年登记的流动儿童总数为55848人，其中女童为23952人。

【海淀区家庭教育研究会】 海淀区家庭教育研究会成立于1982年，由区妇联发起，海淀区从事家庭教育理论研究与实践工作的专家、学者及热心家庭教育的人士和团体自愿组成的社会团体。其任务是开展家庭教育理论研究和交流，指导推动有关部门开展家庭教育工作，开展家庭教育宣传普及，提高家长素质和家庭教育水平。海淀区家庭教育研究会办公室设在妇联，业务主管部门是海淀区教委。

本年，承办第十五届海峡两岸家庭建设及亲职教育学术研讨会、北京市女园长谈早期家庭教育研讨会，开展“家庭教育公益大讲堂”进社区、进农村、进企业活动，举办“活力宝宝”大赛；与区妇幼保健院联合成立“准父母学校”，每周四下午定期向辖区内准父母免费开放，内容包括科学婚育、孕期营养保健及心理调适、新生儿常见病预防及保健、婴幼儿营养健康等。开展普及科学家教知识宣传，发动家庭征订《家庭教育报》5632份。开展“童心迎世博”儿童书画征集评选活动，收到优秀书画作品100余幅；在“六一”国际儿童节开展“低碳生活伴我成长”儿童主题实践活动；以“说写画，中关村的自主品牌，想创作，当核心区新品牌主人”为主题，组织儿童假期实践活动；启动“低碳生活小使者”评选活动，评选出“低碳生活小使者”80名；继续开展“耐克项目”项目活动，组织流动儿童聚集小学开展篮球联赛，并在全市决赛中取得第2名；在暑期开展未成年人德育教育和亲子互动活动，组织全区家庭和儿童参与北京市暑期亲子生活创意大赛征文活动和“与恐龙同行”青少年创意大赛活动，共收到作品100多份，获得市妇联家庭道德实践月活动优秀组织奖。

【中国首批歼击机女飞行员走进海淀】 2月10日，区妇联邀请16名中国首批歼击机女飞行员到本区，与少年儿童共绘心声《我心飞翔》，回顾了女飞行员们在国庆60周年阅兵仪式上的精彩表演。以首批歼击机女飞行员、空军指挥学院副院长刘晓连为代表的新老两代女飞行员代表爱心父母为海淀区贫困儿童代表捐赠了爱心毛衣。

【纪念“三八”国际劳动妇女节100周年】 3月4日，区妇联在海淀剧院举行“忆百年妇运·赞时代巾帼”海淀区纪念“三八”国际劳动妇女节100周年大会。在会上，现场采访了尚秀云、刘彭芝、吴双、高玉红等四位全国、海淀区“三八”红旗手代表。全国妇联、市妇联领导到会并为2009年全国、市、区“三八”红旗手代表颁奖。全区各类先进女性代表和驻区各界别、各行业女性代表1000人参加。

【启动“问需于民”活动】 3月5日，区妇联举办以“倾心服务妇女民生 合力促进社会和谐”为主题的海淀区妇女维权专业化服务行动暨人大女代表、政协女委员“问需于民”活动启动仪式。仪式上区妇联成立心理咨询室、妇女维权室，开通妇女维权和温馨家园热线，并与3家社会专业机构合作，定期为妇女群众提供专业法律、心理主题讲座及咨询服务，为符合条件的维权妇女提供法律援助服务。每周三13:00–17:00，由专业律师提供法律咨询服务；每周二、六9:00–17:00，由专业心理咨询师提供心理咨询服务；每月最后一周的周五14:00–16：00，由海淀区司法志愿者服务队及法学专家提供咨询服务。

【举办“第二届女大学生专场招聘会”】 3月6日，区妇联、区妇儿工委、区人力资源和社会保障局联合举办“海淀区第二届女大学生专场招聘会”及促就业活动，参加现场招聘单位300余家，参加招聘女大学生2000多人次，近1/3的女大学生达成初步就业意向。会上，相关政府部门工作人员和法律专家为女大学生提供就业咨询服务，发放《妇女权益保障法》、健康资料、帮助热线等宣传资料。

【全国“低碳家庭·时尚生活”主题活动在海淀启动】 3月24日，由全国妇联、中央文明办、国家发展改革委共同主办，北京市妇联、海淀区妇联承办的“低碳家庭·时尚生活”主题活动启动仪式在海淀区举行。全国妇联党组书记、副主席、书记处第一书记宋秀岩出席并讲话。著名影视演员、“低碳家庭·时尚生活”主题活动使者周迅宣读了“家庭低碳计划十五件事”，海淀区的全国“五好文明家庭标兵户”代表向广大家庭发出了践行低碳生活的倡议。

海淀区低碳示范家庭进行了低碳家庭生活演示，展示节能作品和废物再利用作品百余件。

【举办女性与自主创新交流论坛】 5月13日，区妇联与区科协、区工商联、区侨联、区妇女儿童工作委员会办公室等5家单位联合举办“集女性人才智慧，谋自主创新良策——海淀女性与自主创新交流论坛”。论坛分为主旨论坛、专题论坛和自由交流论坛三个部分，探讨了“汇聚女性智慧，助力海淀发展”的共识基础、发力导向以及实现途径，各界女性精英120余人参加

【承办第十五届海峡两岸家庭建设及亲职教育学术研讨会】 5月29日，区妇联承办第十五届海峡两岸家庭建设及亲职教育学术研讨会，来自台湾功文文教基金会的代表和北京家教专家、教育工作者以及家长代表等，围绕“阅读习惯启蒙于幼儿，成就于未来”的主题进行了研讨和交流。

【联合举办“第四届海淀区商业服务业、家庭服务业女职工技能竞赛”】 6月25日，区妇联、区商务委、区商联会在区妇女儿童活动中心联合举办“第四届海淀区商业服务业、家庭服务业女职工技能竞赛”。比赛分为化彩妆、婴儿抚触、民俗旅游户厨艺三项内容，来自全区化妆品销售业、家政服务业及民俗旅游业的32名女性选手参加。

【举办《妇女权益保障法》知识竞赛】 9月6～7日，区妇联、区妇儿工委办公室、区司法局联合举办《北京市实施〈中华人民共和国妇女权益保障法〉办法》知识竞赛。全区29支街乡镇代表队和10支委办局代表队参加比赛，区人力保障和社会资源局代表队获第一名。

【675个“妇女之家”全部挂牌】 11月26日，海淀区“妇女之家”挂牌仪式在甘家口街道建设部社区举行，截止12月，全区591个社区和84个行政村内的675个“妇女之家”陆续挂牌完毕。

【完成全国妇联第三期妇女社会地位调查】 在前期调查摸底的基础上，区妇联完成全国妇联第三期妇女社会地位调查工作，6个街乡的18个村、社区参与了调查，被调查家庭270户。

【海淀区妇女参与决策和管理情况】 截至2010年底，区党代会、区人大、区政协中女代表、女委员比例分别为42%、33%、31%，分别高于《海淀区“十一五”时期妇女发展规划》目标12、3、1个百分点。处级女干部比例为26.4%，处级后备干部中女性占39.2%，镇和街道领导班子中女干部配备率均达到100%，女性人才培养纳入区委人才工作折子工程。女性参政指标持平或高于国内同等发展水平地区，且达到国际先进国家水平。（见下表）

指标名称	海淀	朝阳	北京	上海	中国	美国	英国	北欧	日本
	十一五完成目标 / 十二五规划目标					2009年			
人大女代表比例%	33 / 30	32 / 30	30/30	28	21/提高				
政协女委员比例%	31 / 30	29/ 30	31/30	21	17/提高				
女议员比例%（上院或参议院）						15.3	20.0	—	11.4
女议员比例%（众议院或下院）						16.8	19.5	42.1	11.3

数据来源：北京市统计局和国际议员联盟官方网站，选举结果和任命情况截至2010年1月1日。海淀区人大女代表、政协女委员比例与朝阳区、北京市持平，高于上海、全国和美、英、日指标值，低于北欧（平均值）。

【全国“三八”红旗集体】

北京市中关村中学

北京市海淀医院

【海淀区“三八”红旗集体】

北京甘家口大厦

羊坊店街道乔建居委会

西北旺镇农业经济合作经营管理站

桐福敬老院

北太平庄街道红联村社区妇代会

永定路街道四西社区妇代会

紫竹院街道厂洼第一社区居委会

苏家坨镇西小营村委会

青龙桥街道办事处财务科

（赵海彬　唐馨玲）

海淀区妇女联合会

地址：海淀区长春桥路17号

邮编：100089

电话：82510168

邮箱：womenhd@china.com

政法·军事

1

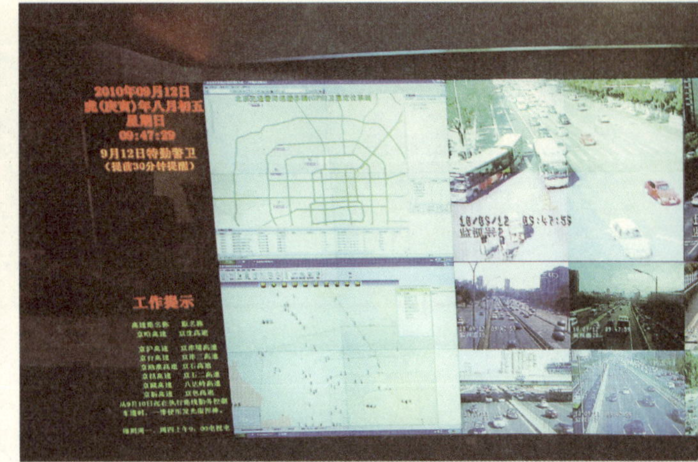

2

3

4

5

7

8

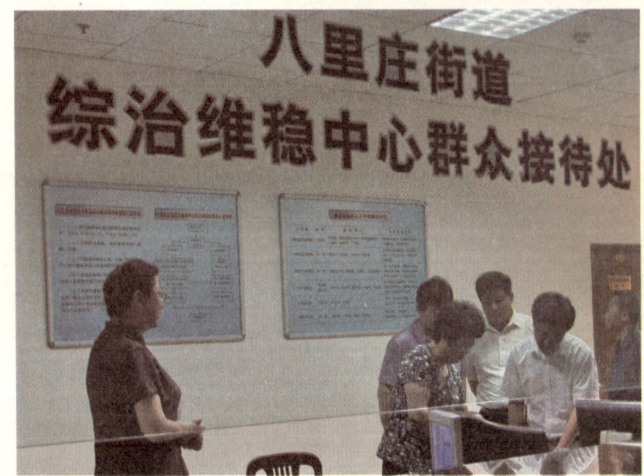

10

6

1. 4 月 28 日，区公安分局开展文明养犬宣传活动。（田峰 摄）

2. 9 月 12 日，海淀交通指挥中心落成。（田峰 摄）

3. 7 月，海淀区开展重点地区黑车整治“脉冲行动”。（区综治办 供图）

4. 8 月 12 日，区公安分局民警向拥有电动自行车的市民免费发放防盗车锁。（李瑞林 摄）

5. 区公安分局开展进校园办理身份证工作（田峰 摄）

6. 6 月 1 日，区法院正式成立未成年人案件审判庭，“全国预防青少年犯罪研究基地”挂牌。（区法院 供图）

7. 区政法系统开展学习推广“李红星工作法”、促进社会矛盾化解专项活动。（区委政法委 供图）

8. 6 月 23 日，区检察院表彰举报有功人员和单位。（田峰 摄）

9. 5 月 4 日，“心手相牵”星光自护教育活动在双榆树消防中队举行，图为消防战士为向东小学的外来务工子弟讲授防火常识。（李瑞林 摄）

10. 4 月 15 日，八里庄街道综治维稳中心成立。（区综治办 供图）

★ 区法院通过执行分段集约改革，争创“无执行积案法院”。图为法官们正在整理案卷。
（区委政法委 供图）

★ 加强校园周边安全一校一警
（李瑞林 摄）

★ 3月7日，位于西苑的万泉河商品市场发生火灾，消防官兵现场进行处置。（郭恒 摄）

★ 6月14日至26日，区武装部在温泉民兵训练基地进行民兵高炮集中训练。（李瑞林 摄）

政法工作概述

中共海淀区委政法委员会是领导全区政法工作的机构，区社会治安综合治理委员会办公室是海淀区社会治安综合治理委员会的常设办事机构，与区委政法委合署办公。2006年12月31日，区维护稳定工作领导小组办公室成立，简称维稳办，为本区维护稳定工作领导小组的常设办事机构，与区委政法委合署办公。2007年5月31日，海淀区流动人口和出租房屋管理委员会办公室成立，为区流动人口和出租房屋管理委员会的常设办事机构，承担区流动人口和出租房屋管理委员会的日常工作，与区综合治理办公室合署办公。

2010年，政法系统各部门围绕核心区建设和城市化建设，坚持打牢基础、提升素质、创新机制，深入推进三项重点工作，为核心区、城市化建设提供了优质高效的司法保障，为推动和促进富裕、文明、和谐海淀做出了贡献。

维护社会政治稳定 每遇重大安保任务，区委政法委、区维稳办、区综治办组织指挥协调督导政法各部门、各街乡镇，及时启动等级防控预案，落实防控措施，确保了全区的社会政治稳定。在全国“两会”、党的十七届五中全会等重大活动、重要节假日和敏感期期间，启动社会面一级加强防控预案，日出动防控力量122750人，实现“大小事不出”的目标。及时跟踪检查督导，区政法各部门成立10多个检查组，坚持对社会面防控情况实施不间断的检查指导，及时进行情报会商、信息通报，维护了社会政治稳定。及时稳控重点人员，通过排查、筛查、核查、访查、协查“五查一体”工作法，稳控重点人2550人，确保不发生漏管失控问题。及时处置敏感事件，处置“袁腾飞”、“刘晓波”、“日本扣押我国渔船船长”等敏感事件30多起。

平复社会矛盾 政法各单位在矛盾纠纷排查化解工作中，注重抓好源头防范，基本实现“一控两减”（控热点、减存量、减增量）的工作目标。

健全“1+x”大联合大调解新机制。以区矛盾纠纷调处中心为依托，整合人民调解、行政调解、司法调解、仲裁调解、各专业协调委员会等机构，实行多管齐下、多种手段联调，使社会矛盾纠纷得到及时化解和有效处置。全区各级调委会调解矛盾纠纷46409件，成功调解43160件，成功率93%；区政府一办公区门前处置室处置围堵事件320余批次，劝离上访群众4500余人。

实施具有海淀特色的“一户一事”化解法。针对矛盾纠纷重点地区、重点乡村、重要事件，组成若干联合协调工作组深入村、户（室），了解分析产生原因，确定化解方法。如对唐家岭拆迁前，区、镇、村联合组成10多个维稳协调工作组，走街串巷，实施“一户一事”化解法，解除了群众顾虑。拆迁时，区委政法委、维稳办领导亲临现场指导，取得明显效果。截至年底，拆迁工作进展顺利，没发生任何影响社会稳定的问题。

把调解工作贯穿办案的全过程。公安分局、检察院、法院在运用简易程序办案的基础上，把调解工作贯穿办案的全过程。自本年6月1日区公安分局开展“民调进所”工作，共受理各类矛盾纠纷案件2750件，成功调解2416件，成功率达87.9%。检察院受理信访案件463件，群众来信来访7528件，80%做到案结事了。法院办理群众来信258封、接待来访870人次，初信初访化解率近91.4%。

进一步完善涉法涉诉救助机制。区委政法委协调公安、检察院、法院、司法局等相关单位，完成中央、市委政法委交办的挂账涉法涉诉案件169件。其中救助涉法涉诉案件20余起，使受害人及时得到救助，从根本上解决了“钉子案”、“骨头案”。

提升社会服务水平 围绕核心区、城市化建设主题，突出四个“开展”，努力提升便捷、高效、优质服务。

开展“文明村庄”创建行动。区综治办、流管办协调有关部门，制定下发《海淀区文明村庄创建行动方案》，在113村、23个社区开展文明村庄创建行动，强化农村的社区化管理。推进城市社区服务站标准化建设，为166家城市、农村社区服务站统配了标准化设备，完善了社区基础服务设施。

开展社会管理机制创新活动。推广群防群治“四四三”[①]工作模式。本年建立12个派出所中心警务站，强化了对辖区的社会治安管理。推进网上警务室建设，及时了解掌握社会治安信息。成立北京市首家独立建制的少年检察处，建立“4+1+n”模式[②]。建立地区人口承载预警机制，提升了社会服务质量和水平。进一步深化村务公开民主管理

[①]依靠“四个依托”招募志愿者。依托镇乡街道治安志愿者工作站招募志愿者，依托社区（村）治安志愿者工作分站招募志愿者，依托沿街门店招募志愿者，依托团区委招募志愿者。开展“四项活动”动员志愿者。一是要求所有享受低保的人员，凡身体健康者，每月参与所在社区（村）治安巡逻不少于3天；二是党员和全区机关公务员每周参与所在社区（村）治安巡逻不少于2小时；三是鼓励离退休国家公职人员积极参与社区（村）治安巡逻；四是号召所有居住在本区的居民，无论是常住人口还是流动人口，“做一天志愿者，承担一份社会责任”，踊跃到居住的社区（村）登记，参与治安义务巡逻。实施“三个整合”聚合志愿者。整合各类协管员，整合社会单位物业保安，组建巡防大队，整合保洁员、停车管理员。

[②]4＝检察一体化。少年检察处整合了批捕、起诉、预防、监所检察的4大项检察业务。1＝专业社工介入。聘请有资质的司法社工介入，对涉罪少年进行品行调查、帮助教育、风险评估等工作，为检察工作注入多元思维和工作方法。N＝政府社会多方联动。4＋1＋N＝＋∞：等于全社会，少年司法保护的效果无穷大。

示范单位创建活动，全区示范村（镇）达标率达85%。

开展科技防范网络建设。在29个街乡镇建立综治维稳中心，把各街乡镇辖区重新划分为若干个巡防网格，建立治安巡防大队，组建平安中心户长队伍，实行互防互巡。为全区中小学幼儿园加装监控摄像，对校园图像联网进行升级改造，组织落实校园周边安全保卫措施，确保了校园周边的绝对安全。

开展多机制协作对重点地区集中整治。综治、流管、公安、城管等单位密切配合，运用多种有效机制，投入各种执法力量93133人次，对重点地区进行860余次清理整治，有效地改善了68个市、区级挂账重点村、治安重点地区和高发案地区治安混乱的面貌。

执法 坚持“司法为民，司法便民，保障民生”的指导方针，提升三个能力，打击各种犯罪，净化了社会治安环境。提升防范打击能力。截至本年底，共立案19850起，同比上升5.9%；破刑事案17520起，同比上升10.3%；刑拘7890人，同比上升2.6%；治安拘留14586人，同比下降0.7%。交通支队围绕“平安北京交通、微笑北京交警”，开展专项整顿220次，纠正处罚各类交通违法行为123.8万余起，维护了区域良好交通秩序。提升刑事检察能力。检察机关贯彻落实宽严相济的刑事司法政策，批准逮捕3710件5212人，受理审查起诉案件4333件5831人，提起公诉3984件5482人。提升审判和执行能力。法院收案件46510件，较上年下降9.4%；审结53052件，较上年上升4.4%。执结执行13110件，同比增长0.3%。

队伍建设 在开展“创先争优”活动中，政法各部门结合实际组织开展“人民满意时刻在我心中”、“青年十佳干警”、“党员先锋岗”等主题实践活动，涌现出一批先进典型。加强能力素质培训，开展院校合作、院企合作，聘请相关领域专家、高校教师担任教员，对政法干警进行多层次、多专业培训，全年共培训300多场次。通过培训，提高了政法干警公正廉结执法的能力和素质。开展学习创建活动。组织政法干警开展争创“学习型机关”、“学习型党组织”，争当“学习型标兵”活动。在区委组织的“我骄傲、我是海淀人”诗歌朗诵中，法院、检察院代表政法系统分别取得第一、第二名。区委政法委制定了《关于加强政法队伍建设重大事项请示报告的规定》等1+8文件[①]，实现了监督规范、管理有序的目标。

【妥善处置谷歌事件】 1月19日，政法系统积极应对、妥善处置因谷歌公司宣布计划退出中国市场、关闭谷歌中国网站（google.cn）所引起的谷歌工作人员在谷歌中国办事处聚集事件，密切关注事态的发展，及时搜集有关情报信息，制定应对由此引发的突发事件的处置预案，采取积极措施稳妥处置突发情况。坚持“及时发现，果断处置，迅速带离，减少影响，坚决不发生规模性人员聚集”的原则，有效地防止事件的进一步发展，维护了区域稳定。

（霍国忠）

【236个正规烟花爆竹点开售】 自2月7日起，海淀区236个正规烟花爆竹销售点开售。为严厉打击非法运输、储存、销售烟花爆竹的违法行为，公安、安监、工商、城管等部门成立联合检查组，在正式开售前重点对农村地区小商店、市场、游商以及货运车辆进行检查，督促八类禁放单位加大看护力度。从年初至2月3日，共查处非法烟花爆竹58箱，治安拘留7人，罚款处罚1人；在繁华地带开展全区性集中宣传活动3次，发放宣传材料2万余份。（钟冷）

【化解军官安置上访事件】 2月8日，区委政法委、维稳办遵照区委主要领导的指示精神，全力以赴，经过56天的工作，终于化解空军后勤部政治部原空军复员军官李东因复员安置问题上访42年、病逝后其家属挟尸向空军索要巨额赔偿一事。

【开展“人民满意时刻在我心中”主题实践活动】 3月～12月，结合“优质服务年活动”和创先争优活动，区政法系统开展“人民满意时刻在我心中”主题实践活动，将“听呼声、走百家、送服务”为民实践活动引向深入，不断推进执法作风和形象建设，进一步增进警民和谐，切实提高群众满意度和司法公信力，努力培养和树立具有海淀特色的政法队建品牌。政法委机关处级以上领导干部与基层单位建立“为民实践”活动联系点，指导推动联系点开展工作。区公、检、法、司四家单位的一把手就如何深入推进“三项重点”工作，深化为民实践活动，接受了区有线电视台采访，并在海淀区新闻播出，收到良好效果。

【成立维稳工作组】 3月19日，在区城乡一体化领导小组办公室架构内，由维稳办牵头成立由18家单位参加的维稳工作组，并建立情报会商等工作机制，开展各项维稳工作。本年，共召开维稳情报会商会30余次，重大行动维稳协调例会20余次，参加村民聚集、拆迁等现场处置20余次，报送城乡一体化维稳信息专刊40余期，保障了东升乡八家村、西北旺镇唐家岭村、海淀乡后营村年度任务按期完成。

【协调处置朱荣凤信访案件】 3月21日，区委政法委与区法院派人赴湖北省荆州市，协调处置中央政法委挂账的朱荣凤信访案件。2002年9月，湖北荆州市沙市区王某考入北京中国农业大学，同年10月被诊断有右肾积水。2005年1月办理退学手续，同年2月被诊断为精神分裂症（偏执型）。自王某患病以来，王某父母及其亲属多次到学校反映问题，要求赔偿，在法院判决驳回王某的赔偿请求后，王某（其母亲朱荣凤）的父母及其亲属就王某患病赔偿问题先后多次到中国农业大学、海淀区法院、市一院、市高院等单位信访，还数次给中央政法委领导同志写信反映问题。在市委政法委、市维稳办的指导、

---

① 《关于加强政法队伍建设重大事项请求报告的规定》，《关于加强党委（党组）中心组学习的若干规定》，《关于开展政法系统党建工作创新活动的实施意见》，《关于建立政法系统处级以上领导干部数据库的工作方案》，《关于建立区委政法委领导与政法部门基层联系点的制度》《关于组建海淀区政法队伍建设特约监督员的工作规定》，《关于加强政法队伍建设信息报送工作的若干规定》，《关于建立政法系统政治部主任工作例会的制度》，《关于进一步加强政法系统政治思想工作的意见》。

协调下，在区委、区政府领导下，海淀区委政法委与市区有关单位相互支持配合，果断采取措施，妥善处置了这起信访人闹访滋事、中央和市委政法委挂账的涉法涉诉信访积案。

【校园安保工作】 3月23日，福建省南平市实验小学门前发生一男性持刀砍伤学生惨剧后，区委区政府召开紧急会议，要求相关部门立即行动，采取切实有效措施，做好全区中小学、幼儿园的安全保卫工作，坚决防止类似事件发生。5月3日，按照中央综治委召开的全国综治维稳工作电视电话会议精神，区委政法委对校园及幼儿园安全防控工作进行再部署。5月13日，北京市召开进一步加强学校及幼儿园安全工作紧急电视电话会议，区委政法委对校园幼儿园安保工作进行第三次部署，强调了八个方面的要求，即提高认识讲政治，摸清底数建立台账，制定具体工作方案，落实校园内部保卫，加强校园周边综合整治，落实周边重点人员控制，加强校园及周边技防，加强安全宣传教育。（霍国忠）

【市委政法委书记到区调研】 4月6日，北京市委副书记、政法委书记王安顺，市委常委、统战部长牛有成等领导，到海淀区调研城乡结合部建设服务保障工作。

【市委政法委书记检查学校周边安全工作】 5月5日，北京市委副书记、政法委书记王安顺到海淀检查学校、幼儿园及周边安全工作。王安顺指出，要加强制度建设、队伍建设和校园周边环境整治，做好安全教育，提高安全意识，保证孩子健康安全成长。（钟冷）

【袁腾飞事件】 袁腾飞，男，1972年出生，群众，中学高级教师、北京市历史高级教师、海淀区历史学科带头人，海淀区教师进修学校教师。2008年，袁腾飞授课的视频被上传到网络，2010年被炒作走红，被誉为“史上最牛历史老师”，产生较大社会影响。本年5月～12月，袁腾飞授课的视频被上传到网络后，因视频中有对社会现象和国家领导人歪曲中伤的内容，产生了较大的社会影响。按照市委、市政府的有关部署，区维稳办开展了一系列工作，有效控制了事件的影响，多次有力处置相关人员借机闹事的群体性聚集，并对袁本人进行多方面的教育转化工作，迅速有力地控制了事态的进一步发展。

【接待湘潭市委政法委代表团】 6月1日，湘潭市委政法委一行10人，来区学习考察海淀区有关奥运、60周年国庆维稳安保工作。维稳办、综治办、流管办等分别介绍了本区在奥运、国庆维稳安保工作中的经验、做法。

【召开清理涉法涉诉信访积案座谈会】 6月2日，召开海淀区政法系统深入推进集中清理涉法涉诉信访积案和“百万案件评查”活动工作座谈会，区政法系统各单位主管领导汇报本单位深入开展集中清理涉法涉诉信访积案和“百万案件评查”活动的工作情况。

【妥善处置民间涉日活动】 9月7日，中日在钓鱼岛附近发生撞船事件，日本非法扣押中国渔船和船员，造成中日两国关系急剧下降，国内民众反日情绪激增，引发国内包括国内的多个城市进行反日、涉日游行。按照中央和市委努力维护中日关系和国内安全稳定两个大局，确保做到“三个坚决不能发生”（坚决不能发生出海保钓活动、坚决不能发生大规模集会游行活动、坚决不能发生有暴力倾向的示威抗议活动）的要求，9月17日，海淀区召开维稳工作紧急会议，传达市委政法委、市维稳办关于涉日工作会议精神、部署海淀安全防控工作。9月18日，在海淀区中关村设立海淀区涉日现场应急指挥组，区委有关领导在区现场应急指挥组坐镇指挥，并冒雨前往中关村海龙大厦及周边地区，就涉日资机构、企业的安全稳定工作进行检查、指导。海淀区妥善处置民间涉日活动，确保了辖区的安全稳定。

【举办社会稳定与公共突发事件处置专题研讨班】 11月3日～5日，区委政法委和组织部联合在区委党校举办区社会稳定与公共突发事件处置专题研讨班，按照区《关于2008—2012年大规模培训干部工作实施意见》，围绕推进城乡一体化建设、维护群众利益、提高矛盾化解能力和应对处置公共突发事件能力等内容进行培训。各街乡镇主管安全稳定工作的副处级干部、区维护稳定工作领导小组成员单位主管领导55人参加了培训。

【召开涉法涉诉总结会】 12月27日，区委政法委召开海淀区政法系统涉法涉诉工作总结会。会议对2010年政法系统涉法涉诉信访积案清理化解工作进行总结，并对2011年涉法涉诉工作进行了动员部署。（霍国忠）

中共海淀区委政法委员会
地址：海淀区长春桥路17号
邮编：100089
电话：82579289　82571154

社会治安综合治理

【综述】 海淀区社会治安综合治理委员会（简称区综治委）是协助区委区政府领导全区行政区域内（包括驻区中央单位、部队）社会治安综合治理工作的常设议事机构。海淀区社会治安综合治理委员会办公室（简称区综治办）是区综治委的常设办事机构，负责全区社会治安综合治理的组织实施、督促、协调、检查、落实以及区综治委日常工作，与区委政法委合署办公。

本年，成立7个专项工作协调委员会，即：8月5日，成立海淀区综治委卫生行业综治工作协调委员会，办公室设在区卫生局；8月12日，成立海淀区综治委住房城乡建设领域综治工作协调委员会，办公室设在区住建委；8月19日，成立海淀区综治委农村综治工作协调委员会，办公室设在区农委；8月30日，成立海淀区综治委交通行业综治工作协调委员会，办公室设在市交通执法第六大队；11月10日，成立海淀区综治委学校及周边治安综合治理工作协调委员会，办公室设在区教委；11月16日，成立海淀区综治委科技创安综合协调委员会，办公室设在公安分局；12月23日，成立海淀区综治委流动人口规模调控及地下空间整治协调委员会，办公室设在区流管办。

2010年，海淀区综治工作以深入推进“三项重点工作”①为主线，以服务“中关村国家自主创新示范区核心区”为抓手，全力推进社会治安综合治理，确保了全区社会安全稳定。本年，海淀区被评为“首都社会治安综合治理先进区县”、“平安铁路示范区县”；区综治办被评为“海淀区消防工作先进单位”、“海淀区文化市场管理暨‘扫黄打非’工作先进集体”、“海淀区未成年人保护工作先进集体”、“养犬管理先进集体”、“海淀区公共机构节能降耗考核节能进步奖”，全年群众安全感列城八区第三名。

流动人口管理新模式　区流管办成立两年多来，探索出一条“以证管人、以房管人、以业管人”的流动人口服务管理新模式。对流动人口和出租房屋信息实行分类分档，采取“集中管理”、“旅居式管理”、“法人管理”等管理方式；实行政府引导、企业投资、社会化运作兴建流动人口公寓，实现流动人口集中居住、规范管理、公平对待、和谐共建；成立“新居民服务之家”，将流动人口融入到社区服务与管理之中。

基层基础建设　区综治委把2010年确定为基层基础建设年，加大力量投入，整合社会资源，完善治安防控体系建设，全区综治基层基础工作不断加强。

年初，区委书记、区长、政法委书记、区综治委主任与29个街道乡镇、41个委办局党政一把手签订《海淀区社会治安综合治理工作责任书》。各镇乡街道与所属社区（村）和属地单位签订综治工作责任书，明确本地区、本系统综治工作任务、目标和责任，强化了社会治安综合治理工作的责任意识。

区综治委制定下发《关于进一步整合基层维稳力量开展综治维稳中心建设试点工作的意见》，在29个街道乡镇建立综治维稳中心。以各街乡治安巡防队为主体，整合辖区单位、物业公司保安成立巡防大队，日常状态下负责本辖区内安保，遇有重大任务时实施跨区域巡逻和增援，共整合力量12000余人。区综治办投入2700万元，招募登记综治维稳信息员8847名。

加强对区、镇乡街道和社区（村）三级综治干部培训力度，利用集中办班、会议等形式，对每名综治干部进行了不少于32小时的培训。培训治安巡防队员、流管协管员、维稳信息员、治保积极分子这4支队伍，极大地提高了预防和处置问题的能力。继承奥运、国庆安保经验，形成“四四三”②治安志愿者工作模式，并在市群防群治工作大会上介绍了经验。组建起一支相对稳定的治安志愿者队伍，截止到本年底，全区共有注册治安志愿者92593人。

健全网格巡防机制，按治安发案、流动人口、地区形势等重新划分巡防网格，实施重点地区重点巡防。确定了14个管辖权交叉的城乡结合部地区的治安管辖权。年初，海淀区综治委下发《海淀区关于深入推进社区安全防范基础建设的实施意见》，采取区、街乡共同投资的方式，由区财政出资800多万元，对559个老旧无主管社区、平房社区、回迁小区人物技防和视频监控设施进行全面规划建设，安装楼宇对讲系统2091套，门禁系统1667套，监控探头4010个。

加强校园安保工作，落实市委常委、区委书记关于“必须迅速扎实细致做好工作，海淀区要绝对保证安全”的批示，立即下发《关于迅速加强学校幼儿园及周边安全保卫工作的紧急通知》和《关于做好学校安全保卫工作的方案》，协调公安、消防、城管、工商、文委等部门和镇乡街道对影响校园周边的安全和秩序问题展开拉网式排查，确保学生人身安全。召开校园周边安全保卫工作动员大会，会上区政府与各镇乡街道和相关委办局签订《2010年海淀区校园及周边安全保卫工作责任书》。投资3528万元，牵头协调区教委、区公安分局和各街乡为全区683所中小学幼儿园（含285未经批准学校）加装摄像机，进行校园图像联网。

继续开展“平安海淀”建设　全年共拆除各类违法建设143.7多万平方米。不断净化文化市场，全年出动执法人员3000人次，1000车次，共检查场所1500家次。立案处理72家，罚没款300460元；收缴非法音像制品10000余张，非法图书8000余册，卫星接收设施2套。加强对各类安全生产监管活动，全年未发生有影响的安全生产事故。强化市场经营秩序管理和周边秩序整治，确保了市场经营的正常开展。加大各类矛盾纠纷排查调处力度，共排查出矛盾纠纷790件，化解556件；其中区级重点矛盾45件，化解28件。不断完善调解网络建设，开展以人民调解、行政调解和司法调解相衔接的矛盾纠纷调解活动，全区各级调解组织共调解纠纷

---

① “三项重点工作”：健全完善大调解工作格局工作、整合基层综治维稳力量工作、开展社会治安重点地区综合整治工作。

②依靠“四个依托”招募志愿者。依托镇乡街道治安志愿者工作站招募志愿者，依托社区（村）治安志愿者工作分站招募志愿者，依托沿街门店招募志愿者，依托团区委招募志愿者。开展“四项活动”动员志愿者。一是要求所有享受低保的人员，凡身体健康者，每月参与所在社区（村）治安巡逻不少于3天；二是党员和全区机关公务员每周参与所在社区（村）治安巡逻不少于2小时；三是鼓励离退休国家公职人员积极参与社区（村）治安巡逻；四是号召所有居住在本区的居民，无论是常住人口还是流动人口，“做一天志愿者，承担一份社会责任”，踊跃到居住的社区（村）登记，参与治安义务巡逻。实施“三个整合”聚合志愿者。整合各类协管员，整合社会单位物业保安，组建巡防大队，整合保洁员、停车管理员。

30612 件，同比增长 49%，调解成功 28469 件，成功率 93%。继续深化社区（村）综治、警务、流管等组织建设，在农村地区建立治安中心户，每十户为一组，实行互防互巡。开展综治工作向企业延伸活动，在中型以上企业推广建立综治工作站。推进“星级平安”创建，由各街道乡镇牵头在社区（村）开展星级平安社区（村）创建；由区教委牵头在校园、区工商分局牵头在商市场、区旅游局牵头在旅游景区、区卫生局和区公共委牵头在医院、区公安分局牵头在内部单位开展星级平安创建，高发案地区数量下降 76%，7 个社区入选北京市“百姓心中最平安社区”。

文明村庄创建 贯彻落实北京市“村庄社区化管理工作推进会”精神和首都综治委《关于在城乡结合部地区实施村庄社区化管理工作的意见》，借鉴大兴区农村社区化管理经验，海淀区投资 2 亿多元，在 113 个自然村和 23 个城乡结合部平房社区开展以“创新农村和城乡结合部地区社会管理体制，提高公共服务管理水平”为目标的“文明村庄（社区）”创建活动。区委区政府成立由区领导任组长、21 家委办局主管领导和 7 个乡镇主要领导为成员的海淀区文明村庄创建工作领导小组，办公室设在区综治办。参与创建工作的镇乡街道成立由党政一把手任组长的领导小组及办公室。8 月 19 日，召开海淀区文明村庄创建工作动员部署大会，部署全区文明村庄创建工作。

按照培育试点、典型带动的思路，确定 16 个区级、15 个镇乡街道级创建工作试点，重点给予培育指导，以引领带动其它村庄（社区）的创建工作。被列为试点的温泉镇高里掌村和白家疃村、苏家坨镇七王坟村、学院路街道双泉堡、北太平庄街道笑祖塔院社区等率先完成创建工作。高里掌村的文明村庄创建工作得到首都综治办、市流管办领导的充分肯定。针对历史遗留问题突出、整治难度大、治安秩序乱的石佛寺村，由区领导带队，多次协调区住建委、区流管办等相关部门和曙光街道、四季青镇以及开发商鲁艺公司等单位召开协调会，研究解决办法、确定责任单位、深入村内明察暗访，检查综合整治效果，使该村的治安秩序和环境秩序得到明显改善，受到村（居）民的广泛称赞。年内，全区文明村庄（社区）创建工作初步完成，共建立“三中心”（综治维稳中心、社区服务中心、新居民服务中心）办公场所 91 个，安装围栏 92386 延米、围墙 14756 延米、治安岗亭 386 个、大门 528 个、监控探头 1255 个，新增巡防队员、保安等 1673 人。

通过文明村庄（社区）创建工作，海淀区率先在全市全部实现农村和城乡结合部地区社区化管理，实现了可防性案件明显下降，公共服务效率明显提高，环境秩序明显改善，群众满意度明显提升的目标。

综治维稳中心建设 从 2 月开始，在全区开展以统筹“矛盾排查化解、城市综合执法、动态信息研判、基层平安创建”为主要内容的综治维稳中心建设。年内，29 个镇乡街道全部建立综治维稳工作中心（由镇乡街道党政一把手共同担任中心主任）、355 个社区（村）和 101 个企业建立了综治工作站。

区综治办负责对各街道、乡镇综治维稳中心建设工作的指导、检查和考核，会同区组织部门，将街道、乡镇综治维稳中心建设情况列入党政领导综治实绩档案和考核内容，作为表彰奖励、晋职晋级的重要参考依据。各街道、乡镇综治维稳中心负责对中心成员单位的检查考核，将考核结果纳入本地区综治委年度考核范围，同时将年终考核评价结果报区综治委，区综治委将其列入全区综治考核，并反馈至中心成员单位的上一级职能部门作为其年度考核的重要依据。

在综治维稳中心建设及运行过程中，区综治委在各成员单位的配合下整合社会治安巡防队员、安全稳定信息员、流动人口管理员、平安建设志愿者和矛盾纠纷调解员（简称“五员”），发挥“六联”（即矛盾联调、问题联治、平安联创、治安联防、工作联动、岗位联勤）工作机制的作用，充分发挥综治维稳中心的作用，实现信息共享，妥善处置和解决各项安全稳定问题，提高了政府的整体合力和职能运行的效率。

排查整治 3 月，按照全国社会治安重点地区排查整治工作电视电话会议精神和北京市《关于进一步加强社会治安重点地区排查整治工作意见》，海淀区将重点地区排查整治工作列入全区经济社会发展总体规划，列入年度重点工作和政府为民办实事“折子工程”，实施专项督办。整治分为城乡一体化建设和秩序整治两方面同步进行，成立海淀区社会治安重点地区排查整治领导小组及办公室；制订《海淀区关于开展社会治安重点地区排查整治工作意见》、《海淀区建立健全社会治安重点地区排查整治经常性工作机制的若干规定》，落实区领导、有关委办局和镇乡街道领导治安重点地区排查整治包片制度。

本年，全区的社会治安重点地区排查整治工作以城乡结合部流动人口聚居村、治安重点地区以及高发案地区三类专项整治为重点，开展排查整治工作。以市、区、镇乡街道三级挂账的 65 个地区（村）为重点（其中市级 19 个：重点村 8 个[①]、治安重点地区 5 个[②]、高发案地区 6 个[③]，以“抓规范、抓试点、抓难点、抓日常”为突破，以公安、交通、城管、工商、卫生、文委等为主力，开展“春季”、“脉冲”、“晨锋”、“秋风”等行动，采取挂牌督战、增加人防力量、加大科技防范投入等方式，对重点地区进行了 862 次清理整治。对列入区政府为民办实事折子工程的 40 个治安重点社区（村），采取进一步强化治安防控责任的做法，由区公安分局牵头，按治安发案、流动人口、地区形势等重新划分巡防区域，落实巡防责任。进一步加强基层组织建设，不断加强和完善 40 个高发案社区（村）综治、警务、流管等组织建设，在农村地区建立治安中心

---

① 八家村、中坞地区、振兴社区、后营社区、肖家河社区、门头村、六郎庄、唐家岭村。

② 颐和园周边、中关村西区周边、公主坟地区、四通桥周边、四道口周边。

③ 恩济庄、西三旗、北太平庄、清河、曙光、四季青。

户，实行互防互巡；在城市社区建立楼门长负责制，强化日常巡控和邻里守望，使高发案社区（村）全年发案率大幅下降。街面治安重点地区每月接报110警情以及城管、工商等部门接报的秩序类问题同比下降27%，治安案件破案同比上升1.6倍，群众对环境秩序满意率达到98%。

拉手共建·城乡党建 6月至10月，区综治办党支部与唐家岭村党支部开展“拉手共建·城乡党建”结对帮扶活动。区综治办党支部14名党员与唐家岭村党支部53名党员结对子、手拉手，以“机关党员受教育、基层群众得实惠、综合整治上水平”为目标，每月组织开展一次主题活动。6月12日，举行“拉手共建·城乡党建”启动仪式；7月，开展七一亲情大走访活动，区综治办党支部为唐家岭村每位党员送去了一本书、一张光盘和一份亲情礼品；8月，与有关执法部门一起开展唐家岭村环境整治活动，对村内侵街占道的无照游商进行劝离，努力达到以整治促拆迁的目的；9月，以“城乡一体化改造中党员如何更好地发挥先锋模范作用”为主题，开展先进党员座谈会，了解基层党员在城乡一体化建设和腾退置换工作中的思想动态，征求他们的意见和建议。

在“拉手共建·城乡党建”活动中，区综治办党支部全体党员参加基层环境整治实践活动，与基层党员交流思想、沟通情感。唐家岭村党支部统一思想，克服困难，耐心讲解，大力宣传，深入细致的做群众的思想工作，手把手的与村民算明细账，带头签订腾退置换协议。通过开展此次活动，双方党员结下了深厚的友谊，为推动唐家岭地区城乡一体化建设做出了贡献。 （王慧）

【召开社会治安重点地区排查整治工作动员会】 3月23日，海淀区召开社会治安重点地区排查整治工作动员部署大会，有关委办局、29个街乡镇主管领导和全区45个派出所主管所长参加了会议。会议传达了全市社会治安重点地区排查整治工作电视电话会议和城乡结合部建设动员大会的主要会议精神，部署全区社会治安重点地区排查整治工作：本年全区的社会治安重点地区排查整治工作以城乡结合部流动人口聚居村、治安重点地区以及高发案地区三类专项整治为重点，开展排查整治工作。对市级挂账的8个城乡结合部流动人口聚居村实行专项整治工作，要努力达到“地区农民妥善安置、流动人口合理安排、区域产业健康发展、绿色空间同步实现”的总体目标。对实行区级挂账整治、尚未列入整体搬迁改造的城乡结合部流动人口聚居村，重点排查违法犯罪线索，严厉打击带有地域特点、行业特点的违法犯罪活动，加强基层基础工作建设，并逐步建立警务站及来京人员和出租房屋服务站，流动人口和出租房屋信息采集登记率要达到95%以上。对市级挂账的治安重点地区和区级挂账的治安重点地区存在的突出问题，按照打防结合原则，重点整治影响社会治安的行为。对老旧社区和农居混居、流动人口聚集的村（社区）将组织开展全面排查，摸清底数，掌握情况，逐个开展挂账整治。对市级挂账的高发案地区和区级挂账高发案社区（村），将组织专业警力开展持续性、不间断的专项打击工作，加大对高发案地区动态环境下社会治安的群防群治力量，实现高发案地区可防性、侵财性案件明显下降。会议还就排查整治工作的例会、情况通报、信息收集等问题提出了具体要求。区委组织部、公安分局等七个单位做了典型发言。 （钟冷 王慧）

【市领导调研唐家岭排查整治工作】 4月22日，副市长刘敬民带领市相关委办局负责人，到唐家岭村就治安重点地区排查整治工作进行调研，听取了海淀区城乡一体化建设、开展社会治安重点排查整治工作进展情况的工作汇报。

【举办综治、流管干部培训班】 5月5日～7日，区委组织部、区综治办、区流管办在海淀区委党校联合举办全区综治、流管干部培训班，区综治委各成员单位主管领导、各街道乡镇综治主管领导和综治部（办）部长（主任）共100余人参加培训。培训班围绕当前北京市和海淀区综治、流管工作的形势任务、主要对策、城乡结合部问题研究、核心区建设发展等专题，对学员进行培训。

【校园安保及周边综合整治工作大会召开】 5月7日，海淀区召开校园安保及周边综合整治工作大会，相关委办局、街乡镇主要领导和各中小学校校长、幼儿园园长参加了大会。区领导与各街道乡镇一把手，区教委与各中小学校校长、幼儿园园长分别签订了《海淀区校园及周边安全保卫工作责任书》。通过层层签订责任书，严格落实校园及周边安保工作委办局主管责任、街乡镇属地管理责任和中小学、幼儿园一把手全面责任，并由区监察局负责督导检查落实。

【市委督查组督导排查整治工作】 5月10日，市委督查组到海淀区督导社会治安重点地区排查整治工作。区综治办详细汇报了全区社会治安重点地区排查整治工作情况，区流管办汇报了区流动人口基本情况，区公安分局汇报了挂账地区刑事案件发案以及开展清理整治、落实打防措施等情况。

【召开综治维稳工作中心建设经验交流会】 7月7日，区综治办组织召开“海淀区综治维稳工作中心建设经验交流会”。会上，八里庄街道、羊坊店街道、紫竹院街道汇报了本地区综治维稳工作中心的建设运行情况。会议对上半年全区综治维稳工作中心试点工作进行了简要总结，对下一步工作进行了部署，并下发《海淀区关于进一步整合基层维稳力量在全区街道乡镇建立综治维稳工作中心的意见》。

【“脉冲行动”部署会】 7月12日，海淀区召开重点地区黑车整治“脉冲行动”部署会。会议下发《海淀区关于开展重点地区黑车整治“脉冲行动”工作意见》和《“脉冲行动”每日工作计划账单》，区委常委、副区长高祥阳要求各相关单位转变思想、严格执法、多部门联动、以督导检查促责任落实。

（王慧）

【市委政法委到区调研】 11月24日，北京市政法委副书记、首都综治办主任李万钧到海淀区，就地区综治工作及文

明村庄建设进行调研，并就海淀区的综合整治工作进行座谈。 （钟冷）

海淀区社会治安综合治理委员会办公室
地址：海淀区长春桥路17号
邮编：100089
电话：82510371 82579172（传真）
邮箱：haidianzzhb@126.com

流动人口和出租房屋管理

海淀区流动人口和出租房屋委员会成立于2007年4月17日，同年5月30日成立其常设办事机构—海淀区流动人口和出租房屋管理委员会办公室（简称区流管办），与区综治办合署办公。

2010年，全区流管工作以开展重点挂账地区整治为突破口，以加强基层基础建设为抓手，以“百日核查”专项行动为基础，以全力推进文明村庄创建行动为契机，以提升流动人口和出租房屋服务管理水平为目标，以加强重要敏感日期社会面防控为核心，推进流动人口和出租房屋服务管理各项工作。

重点挂账地区整治工作 本年，区流管办组织全区29个乡镇、街道，尤其是涉及重点地区整治的单位对市级挂账8个重点地区、周边地区以及拆违地区流动人口展开监测。在整治工作中，建立了定期指导、督查、检查制度，包括定期例会、动态监测、风险评估、总结通报等日常工作制度机制，责任划分、挂账销账、举报奖励、考核评比等促进保障制度机制。这些制度的建立，促进了清理整治工作的制度化和规范化。整治期间，全区管理员共走访巡视出租房屋40.5万户次，检查来京人员200万人次，发放各类宣传材料46万份；工作中发现各种隐患483件，均及时上报采取措施解决；发现各类线索466件，协助公安部门查获各类违法犯罪嫌疑人员79人；共代办暂住证13.6万个，代征个人房屋租赁税6350余万元。

区流管办落实对重点整治地区肖家河社区的包片联系责任，与马连洼街道和肖家河社区建立重点整治工作月联席会制度，通过组织联合执法、听取有关职能部门的工作汇报、开展整治宣传等多种工作形式，帮助街道和社区开展整治工作。以“拉手共建城乡党建”主题实践活动为载体，开展对肖家河社区新居民的关爱和服务活动，组织全体党员以“我为社区整治和社区党建工作建言献策”，通过党建促进整治工作。

流动人口管理新模式 区流管办成立两年多来，探索出一条“以证管人、以房管人、以业管人”的流动人口服务管理新模式。对流动人口和出租房屋信息实行分类分档，采取“集中管理”、“旅居式管理”、“法人管理”等管理方式；实行政府引导、企业投资、社会化运作兴建流动人口公寓，实现流动人口集中居住、规范管理、公平对待、和谐共建；成立“新居民服务之家”，将流动人口融入到社区服务与管理之中。

本年，总结四季青镇、清河街道等8个基层单位在流动人口和出租房屋管理方面的创新做法和经验，主要是：四季青镇推进流动人口及出租房屋精细管理，创立网格化管理模式，通过网格划分、无缝衔接实现辖区内流动人口和出租房屋管理服务的全覆盖。清河街道创立流动人口和出租房屋“四账”“两卡”管理模式，为流动人口和出租屋的管理提供精确的数据基础，从而提高了信息采集率，进一步落实了“以房管人”的措施。羊坊店、学院路、八里庄等街道围绕工作理念、工作机制、工作方法的创新。在全区各街乡推广，并上报市、区，作为领导调研的推荐点。围绕“建立适应首都特点的实有人口管理体系”开展调研工作，确定西三旗街道育新花园社区为样本，通过召开3次座谈会，2次实地调查，发放调查问卷200份，形成调研报告。

本年新增加338名管理员，主要用于补充重点挂账地区管理员力量不足，全区管理员人数达到2198人本年。本年，区流管办举办二期全区乡镇、街道流管办主任培训班，一期信息录入员培训班，对新增加的管理员开展了岗前培训。制定管理员队伍培训三年规划，完善了管理员备案制度、工作月报等制度。

全区管理员共走访巡视出租房屋40.5万户次，检查来京人员200万人次，发放各类宣传材料46万份；发现各种隐患483件，均及时上报采取措施解决；发现各类线索466件，协助公安部门查获各类违法犯罪嫌疑人员79人；代办暂住证13.6万个，代征个人房屋租赁税6350余万元。

结合全市流动人口信息平台二期建设，对全区服务站进行全面梳理，把原有的638个服务站整合建成306个新居民服务中心。加大对社区服务站联网、办公设备等的资金投入，新增计算机70台，投入资金348万元，确保有办公地点、有办公人员、有办公设备、有办公制度、有工作台账，保证基层人员开展日常入户调查和信息录入。

“百日核查”专项工作 按照市流管办流动人口和出租房屋基础信息“百日核查”专项工作部署，8月召开乡镇、街道流管委（办）以及区流管委成员单位会议，部署和动员“百日核查”专项工作。在“百日核查”专项工作中，全区流动人口总量（至2010年10月底）为147万人，出租房屋总量约为13.5万户；“百日核查”专项工作以来至10月，全区流动人口累计新增42.7万人，累计核销45万人，累计迁移7万余人；出租房屋累计新增2.2万户，核销2.6万户。

参与校园安全保卫工作　结合全国校园安全整治工作，区流管办联合区检察院共同推出“校园安全法制教育”系列讲座活动。活动深入城乡结合部的马连洼、肖家河等村镇，覆盖全区16所流动人口学校、近万名师生。5月初，按照区委、区政府关于加强中小学安全保卫的工作部署，进一步开展对打工子弟学校的摸排和安全大检查，区流管办配合有关部门摸清底数，与相关乡镇、街道签订责任书，落实了各项工作措施。

召开全区动员会，印发《关于落实〈海淀区文明村庄创建行动方案〉进一步加强全区流管工作的通知》，对推进新居民服务中心建设、加强管理员队伍建设、落实流管各项工作机制、拓展对流动人口的服务、规范出租房屋管理等五项工作提出明确要求。　（高平山）

海淀区流动人口和出租房屋管理委员会办公室
地址：海淀区西四环北路11号
邮编：100195
电话：88487239
邮箱：hdqlgb@126.com

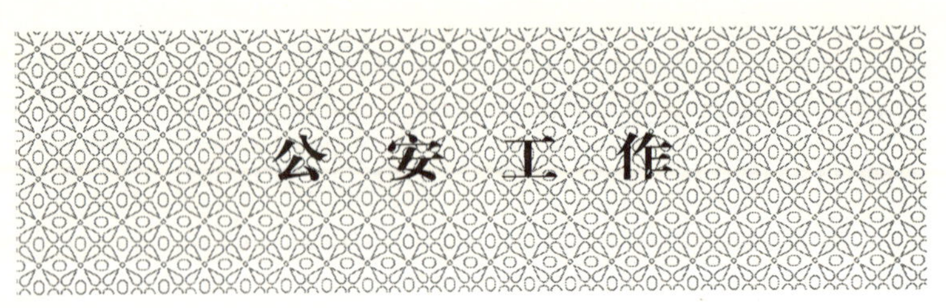

公安工作

【综述】　北京市公安局海淀分局是海淀区负责公安工作的主要职能部门，受中共海淀区委、区政府和北京市公安局双重领导。本年，分局下设22个业务处队，44个派出所，其中户籍派出所34个、治安派出所10个。

2010年，海淀分局围绕市局“三项重点工作”（社会矛盾化解、社会管理创新、公正廉洁执法）和“三项建设”（公安信息化建设、执法规范化建设、构建和谐警民关系）总体部署，根据北京建设世界城市、创建一流警务的目标，坚持下先手棋、打主动仗，有力地维护了海淀区政治稳定和社会安定。

武搏会安保　年内，成立武搏会安保海淀分指挥部，下设办公室、5个场馆及住地安保团队、9个专项工作组，统一领导、分工负责；制定总体安保方案1个、分方案17个；编辑《武搏会安保工作专刊》23期，通报安保工作进展，强化警情会商和分析研判；安检各类人员9万人次，车辆1073辆次，检查物品6.6万件次，确保了赛事及场馆、住地的绝对安全。

维护稳定　维稳工作实现新突破，搜集情报信息25788件，比上年上升62.5%；建立了阶段分析、实时评估、动态跟进、综合研判相结合的工作机制；建立社会矛盾化解采集评估综合应用平台，全年矛盾化解率达到76.6%；建立民调进所机制，在25个派出所推行民调进所，全年受理各类矛盾纠纷案件2750件，成功调解2416件，调解成功率达87.9%；建立信访长效机制，全年处理人民群众来信来访2466件。以治安警务工作室为基础，狠抓突出社会面治安问题和城市秩序问题整治，拘留各类违法扰序人员2665人，依法取缔无照摊位5286个，暂扣各类车辆2634辆，罚款315万余元，确保社会面治安状况良好。

信息化建设　推进虚拟社会防控体系建设。全年搜集编发互联网信息普刊240期；落实网站信息先审后发制度，强化了网站管理者的信息审查能力，各网站有害信息自行筛查能力明显提高，月均删除、过滤有害信息4万余条；在互联网上开通“联网单位备案网站”，将原来必须到分局备案变更为通过网上自行提交申报、后台审核通过的新模式；建立网上警务室121个，发帖2764条，点击量近21万人次，为群众解决各类问题170件，根据群众提供线索抓获违法犯罪嫌疑人5人。

推进信息基础建设。加强对电信诈骗、未成年人违法犯罪、宣传标语印制类行业、物流企业及从业人员、涉嫌招嫖卖淫、出租房屋门店及从业人员等专门信息采集；以打击拎包扒窃、社区清查、网吧检查、公园清整等专项为契机，加强信息核录；全年情报信息中心支撑全局各单位共抓获作刑拘处理嫌疑人412人，比上年增加93.4%。

打击犯罪　年内，全局共破获各类刑事案件17520起，比上年上升10.3%，其中破获当年案件11387起，上升2.9%。共抓获作拘留以上处理的违法犯罪嫌疑人22476人，比上年下降1.3%。全年通过110快反指挥直接抓获作刑拘以上处理的嫌疑人比上年上升3.3%。全区有备案的合法网吧289[①]家，在打击整治黑网吧的专项行动中，共取缔黑网吧147家，治安拘留处理开设黑网吧人员147人，抓获在逃人员92人。

规范执法　推进执法规范水平整体提升，制定了《关于加强执勤执法规范要求的意见》、《关于执法办案报备和看管嫌疑人工作规范》等规范性文件；

[①]区文化委负责网吧的审批，截至本年底，海淀区境内网吧审批数为290家。审批的网吧在区公安分局备案，截至本年底，网吧备案数为289家。

制定了候问人员登记、“三室”外执法报备以及“三室”使用规定，规范了执法的各个环节；对看守所、拘留所开展驻所式督察，强化对监所看管嫌疑人工作落实到位的监督检查，及时发现问题，迅速督促整改；全年出动督察警力200余次，深入派出所70余个次，杜绝不规范行为。

流动人口管理新模式 分局成立流动人口和出租房屋创新管理服务模式领导小组，创新推广“以服务促管理”、“旅店式管理”及“强化房屋中介机构管理”三种流动人口管理模式，主要从以下四个方面开展工作。

在国家机关单位、科研院所、大中专院校集中的地区推广“以服务促管理”的工作模式。各单位摸清单位内部雇佣的流动人口底数，并按照工作要求每周向派出所提交单位内部雇佣流动人口信息；在摸清底数的基础上，派出所对机关单位内部雇佣的流动人口利用各个信息系统进行核录比对，根据比对情况发现重点，分层次进行管控；建立例会讲评机制。每月派出所要会同地区流管办对各单位信息采集、数据报送、日常管理等工作情况进行例会讲评，通报情况。

在地下空间、楼房群租房集中的地区推广“旅店式”管理工作模式。明确经营管理主体的责任，相关单位通过与房屋的直接经营管理者签订治安责任保证书，固化其及时登记租住人员基本信息；进行安全防范宣传；配备安全防范设施；举报反映违法犯罪线索等基本治安责任。对用于出租居住的地下室、楼房群租房，落实物技防安全防范设施，建立安全防范工作规章、制度。对实际居住超过50人的地下空间和大型群租房屋，推广安装“地下空间管理系统”，实现实时登记上传信息、实时碰撞比对的功能，有效强化日常管理。

在高校、医院周边、外国人居住集中的地区推广组织行业协会，强化房屋中介管理工作模式。要摸清房地产经纪机构的情况底数，并纳入民警日常管理工作；组织建立行业协会，配合公安机关强化日常管理；组织社区民警定期会同行业协会开展安全检查，发现问题、纠正偏差、处罚违法。

在流动人口聚居、秩序混乱、案件高发的重点治安复杂社区，继续坚持巩固四级（局领导、业务部门领导、派出所所长、社区警长）定向帮扶、捆绑作战、联勤联动、常量考核的四级联系机制，强化重点防控。

社会治安网格化管理 将全区划分为社区网格、路段网格、单位行业场所网格，将公安、工商、城管、劳动等职能部门力量整合参与到网格责任区域中，建立起以网格民警为牵动，街乡协管员、网格监督员、治保积极分子、社区巡防队员、联防队员、治安信息员、保安员、民事调解员等8种力量共同参与的“1+8”管控模式，形成管控合力。

队伍建设 以思想发动、干部管理、科学用警、形象建设等为抓手，以党和人民利益为出发点和落脚点，以群众安全感和满意度为导向，夯实基层基础、强化机制建设、提高队伍素质、和谐警民关系。结合打击街头犯罪的实际，分批组织22个派出所的便衣探组民警进行“以干代训”形式的技能轮训。提升专业协警在重大安保工作中的作战能力和对客户单位的护卫能力，完成“两会”、十七届五中全会、武博会、国庆天安门广场升国旗仪式、中华世纪坛“广州2010亚残运会火炬采集仪式”等的安保任务，共投入专业协警13048人次；各客户单位均未发生刑事和治安案件，安全护卫率100%，满意率98%以上。完成对局属63个单位、1100余名民警的应急救护培训任务，全体参训民警取得北京市红十字会颁发的初级急救员证书。开展“开门评警”、“核心价值聚警心、群众满意伴我行”等主题实践活动，创建了具有海淀特色的爱民实践活动品牌。2010年，“110”投诉比上年下降46.7%。

分局出入境大厅全年发放出入境证件246413个；继续发放军人身份证。

机关民警为海淀区北京天云听力言语康复中心的孤残儿童捐献现金近万元和300多件衣物、玩具、图书等物品。

本年，接待德国巴伐利亚州内政部、泰国警察代表团、朝鲜人民保安部政工代表团、芬兰内政部代表团等来访，香港第49期警察研修班、香港警务处内地警务研修班、沈阳市公安局考察团、包头市公安局考察团等参观、学习交流。

【专项教育整顿工作部署会】 1月11日，召开专项教育整顿工作部署会。对专项教育整顿工作具体部署，主要内容有4项：重新梳理各单位查摆出的问题，要对应到具体民警；对各单位候问室管理，处置纠纷、伤害案件进行调研，提出工作意见；加强社会综合反应的常量检测，做到每天通报累计、每周综合分析、每月考核评估；明确各类举报投诉的查实标准，确保出警率、提高查实率、增强促改率。（许立）

【中关村出入境证件受理站启用】 1月28日，市公安局中关村出入境证件受理站（位于四季青桥北侧四季青路8号郦城工作区329室）正式投入使用，这是继1月6日金融街、CBD两个出入境证件受理站启用后设立的第三个出入境证件受理站，主要为中关村科技园区海淀园管委会登记备案的企业及人员提供服务。中关村受理站的业务范围包括：受理外籍申请人签证、居留许可申请，受理企业港澳商务登记备案。每周四10时至15时受理相关业务。

（钟冷）

【排查出租房屋】 1月28日晚，开展重点地区出租房屋治安隐患排查专项清理整治行动，涉及28个户籍派出所的34个社区，共核查录入各类人员2906

人，检查出租房屋1889户4450间，清查流动人口聚居大院89个，新登记出租房屋50户136间，登记办证流动人口326人，发放各类宣传材料14953余份，签订治安责任保证书297份，发现消除各类安全隐患56起，检查各类场所150家，查获并作行政拘留处理违法犯罪嫌疑人1人。

【接受公务用枪安全检查】 1月29日，青龙桥、曙光、中大街、花园路、北太、万寿路、翠微、羊坊店、恩济庄9个派出所接受市公安局对公务用枪的检查。检查组从枪库硬件设施运行情况、公务用枪登记情况、枪械维护保养状况等方面现场检查，9个派出所全部合格。

【破获汽车后备箱巨款被盗案】 2月25日，分局接到事主报警称其放在后备箱内装有65.5万元现金的手提袋被盗。3月5日，民警分别在通州区宋庄镇白庙村和海淀区一医院内将嫌疑人武某某（男，1969年8月出生，北京市人）、张某某（男，1988年3月出生，河北省衡水市人）抓获，在武某某的捷达车内起获现金20多万元，以及作案工具等物品。经审，武、张对2月25日盗窃事主后备箱内现金的犯罪事实供认不讳。根据武、张二人的交代，将其同伙秦某某（男，1984年10月出生，山东省武城县人）、汲某某（女，1972年1月出生，山东省莒南县人）抓获，起获被盗现金十多万元。武、张、秦三人于4月7日被依法批准逮捕。

【防范餐酒馆拎扒案件专项工作】 3月1日~7日，组织开展防范餐酒馆拎扒案件专项工作。社区民警对2210家餐饮场所进行逐户宣传，发放宣传材料1.1万份；组织餐饮场所从业人员培训会226个，培训人员2936名；组织1933名辅警力量投入到餐饮场所周边加强巡逻防范。期间共接报餐酒馆拎扒案件9起，同比下降18%。

【破获一起纵火案】 3月7日凌晨2时54分，北京西苑万泉河商品市场摊位着火。经消防部门勘查系人为纵火。海淀分局经工作，于7日11时30分，在海淀区一亩园一网吧内将犯罪嫌疑人吴某某（男，1990年7月，陕西省渭南市人）抓获。经审查，吴某某交代了因被市场辞退保安一职纵火实施报复的犯罪行为。现吴某某于4月8日被依法批准逮捕。

【外籍执法联络员培训班学员来访】 3月16日，由公安部举办的第四期执法联络员培训班，来自东盟成员国及韩国、土耳其、吉尔吉斯、尼泊尔、厄瓜多尔等执法部门26名负责中国事务的执法联络员到分局参观和学习交流。在参观交流中，分局向学员介绍了海淀区和分局的基本情况，以及近年在打击预防犯罪、社会治安管理、110接处警等方面的情况。学员就有关执法方面的问题与分局相关部门进行了交流。

【左利军遗体告别仪式】 3月22日，甘家口派出所因公牺牲民警左利军同志遗体告别仪式在八宝山殡仪馆举行。市公安局领导、区四套班子领导、分局领导以及区委政法委、综治办、甘家口街道领导，局属各单位党政正职、民警代表，左利军同志亲属、生前友好，辖区群众代表共计1000余人参加了遗体告别仪式。

【破获盗销机动车柴油案】 3月23日凌晨3时许，巡逻民警在西四环路定慧寺桥对一辆可疑金杯面包车进行盘查时，嫌疑车逃离。经工作，于3月26日3时，在丰台区和义地区一娱乐城内将犯罪嫌疑人陈某某（男，1984年12月出生，河南省郸城县人）、韩某（男，1987年11月出生，河南省郸城县人）等4人抓获。经审查，嫌疑人交代了自2009年9月以来，在山东省威海市及本市朝阳、海淀、丰台、密云、怀柔等地作案120余起盗销机动车柴油的犯罪事实。现陈、韩二人于4月30日被依法批准逮捕。

【清明节安保工作】 3月25日，分局召开清明节安保工作会议，决定在清明节期间，治安支队会同属地派出所加强巡控，确保祭扫活动的良好秩序；玉渊潭、卧佛寺等公园派出所启动等级方案，做好樱花节、桃花节和群众游园踏青活动的安保工作。

【打击网络赌博】 3月29日，海淀分局根据市局转递本市部分网民频繁登录赌博网站参赌的线索，组织刑侦、治安和相关派出所开展统一行动，抓获10名涉嫌参与境外网站赌博的违法犯罪嫌疑人。

【进高校宣讲法规】 3月30日，海淀分局在北方交通大学举办与管制刀具相关的中国法律法规宣讲活动，来自世界各国的近30名留学生参加了活动。民警采取实物现场演示与法律法规讲解相结合的形式，解说了各类管制刀具的类别以及中国法律对于管制刀具的相关规定和具体要求。这是海淀警方首次进入高校开展管制刀具法律法规宣传活动。

【完成中央领导植树活动警卫】 4月3日，中央政治局全体常委到海淀区，同首都少先队员一起参加义务植树活动，海淀分局圆满完成此次警卫工作。

【举办涉警舆情培训班】 4月8日~9日，海淀分局举办涉警舆情培训班，来自分局37个实战单位的通讯员参加了培训。培训班涉及当前公安机关面临的舆论形势、都市媒体运作模式等内容，参会人员就涉警舆情处置、网络评论员队伍建设等内容进行了座谈讨论。

【开展春季攻势】 4月10日~30日，海淀分局以“控发案、强打击、整秩序、多破案”为主线，开展春季攻势。期间共破获各类刑事案件603起，同比上升30.5%；抓获做拘留以上处理违法犯罪嫌疑人1583人，同比上升41.3%；全区街头刑事警情同比下降14.3%。

【召开思想政治工作暨党风廉政建设工作会】 4月14日，分局召开2010年思想政治工作暨党风廉政建设工作会，学习贯彻市局思想政治工作会议、党风廉政建设会议精神，总结了 2009 年队伍建设情况，提出 2010 年队伍建设要做到“七个强化和七个确保”，即：强化思想教育，确保队伍始终保持争创一流的精神状态；强化干部队伍建设，确保各级领导干部的责任感和执行力明显增强；强化科学规范管理，确保发挥现有警力资源的最大效能；强化教育培训，确保队伍执法能力和整体素质不断提升；强化执法监督，确保群众对海淀公工作的满意度不断提高；强化人文关怀和从优待警，确保民警生活质量和健康水平得以有效改善；强化政工基础建设，确保各级领导队伍管理责任的有效落实。

【清查酒店式公寓】 4 月 14 日～15 日晚，海淀分局对中关村派出所辖区的文津国际公寓和海淀派出所辖区的埃瑟顿公寓进行清查。共摸排出涉外出租房屋 57 户，对 63 名境外人员进行了护照查验，查处未登记人员 6 名。

【全区公安系统悼念玉树地震遇难同胞】 4 月 21 日，海淀分局在机关大楼一层大厅举行悼念青海玉树地震遇难同胞暨“首都公安民警心系玉树地震灾区”捐助活动，全区公安系统共有 3615 人参加，共捐款 22 万元。（许立）

【开展“电信诈骗防范宣传周”活动】 4 月 26～30 日，针对节假日之后电信诈骗犯罪有所反弹的特点，分局开展以“警民携手，共防电信诈骗”为主题的“电信诈骗防范宣传周”活动。民警深入 28 所高校、300 余所中小学校以及写字楼、商市场等进行宣传。此前，分局已开通全国首家防范诈骗专题网站—北京海淀警方预防诈骗专题网。

【唐家岭中心警务站挂牌】 4 月 29 日，唐家岭中心警务站举行揭牌仪式。6 名民警将进站办公，做好巡逻盘查、治安防范、矛盾化解等工作，为村民提供 24 小时安保服务。警务站还配备 20 名保安、15 名治安协管员及一支 10 人社区巡逻队，协助民警做好治安管理工作。本年，海淀区在 12 个重点治安复杂地区建立中心警务站，在治安秩序整治和矛盾纠纷调解任务较重的 26 个派出所全面推行“民调进所”工作机制。警务站主要承担维护地区稳定、开展隐患排查、强化流动人口管理、加强安全防范管理等职责。警务站建立公安海淀分局领导、业务部门一把手、派出所所长和社区警长、社区民警的四级联席工作机制；将通过每月联席会商、每季例会讲评、全年考核排名等形式，加强对 12 个治安复杂地区维稳工作的定向帮扶。（钟冷）

【紧急部署中小学及幼儿园安保工作】 5 月 1 日，分局召开紧急电视电话会，迅速贯彻落实市委、区委政法委关于加强中小学及幼儿园重点时段安保工作会议精神，全面部署中小学及幼儿园安保工作。

【防范电信诈骗集中宣传日活动】 5 月 1 日，分局举行防范电信诈骗集中宣传日活动，当日组织千名民警，对全区金融网点、ATM 取款机进行定点值守，逐一对在银行柜台和 ATM 机前来办理业务的群众进行防诈骗宣传。同时在金源时代购物中心、翠微商场、甘家口大厦和颐和园、香山、植物园、圆明园、紫竹院、玉渊潭六大公园设立宣传展台，发放宣传材料；社区民警全部深入社区开展防范电信诈骗入户宣传。

【破获入室盗窃案】 5 月 1 日 8 时许，海淀分局农大派出所接报警称，中国农业科学院植物保护研究所被盗价值约 2 万余元的电脑零件。经工作，5 月 10 日 11 时许，民警将盗窃嫌疑人李某（男，1992 年出生，陕西省宜川县人）抓获。经审，李交代了自 2007 年以来，在中国农业大学、中国科学院植物保护研究所等地多次实施入室盗窃的犯罪事实。李某于 6 月 17 日被依法批准逮捕。（许立）

【加强学校及周边安全】 5 月 4 日，针对外省市发生的几起影响校园安全的恶性案件，按照全国和北京市的维稳要求，海淀区从本日起，各中小学校、幼儿园在上（放）高峰期前后一小时，组织由公安民警、治安志愿者和学校保安等组成的专群力量对校园周边实施重点巡控。分局派出警力对全区 165 个重点中小学和幼儿园进行全面看护，其他中小学和幼儿园由辅警力量进行看护，街乡镇组织群防群治力量对校园周边实施重点巡控。全年对辖区 426 所中小学、幼儿园安排警力看护，为全区所有公办学校和幼儿园配置专职保安员，配备防护器材，建立起校园及周边安全防范长效工作机制，提升了师生家长的安全感和满意度。（钟冷　许立）

【打掉 4 个制售假发票犯罪团伙】 5 月 13 日，海淀分局在公安部二局的指挥协调下，会同市局经侦处，分别在江苏省东海县和北京市海淀、丰台两区打掉 4 个涉嫌制售假发票犯罪团伙，抓获孙某某（女，1978 年 3 月 16 日出生，安徽省安庆市人）等 30 名犯罪嫌疑人，收缴假发票 43.8 万份，捣毁印制假发票窝点 1 个、假发票囤积窝点 4 个。

【治安、民间纠纷联合调解室揭牌】 5 月 18 日，在西山派出所举行治安、民间纠纷联合调解室揭牌仪式。“民调进所”是构建“关口前移、预防为主、调解为先、促进和谐”的社会矛盾纠纷“大调解”工作格局的载体。西山派出所全年成功调解 58 件纠纷。

【举行应急疏散演练】 5 月 18 日，海淀分局在金源购物中心四层红黄蓝亲子团组织反劫持人质应急疏散演练，旨在提高商市场员工在遇有此类案件时的快速反应能力，确保店内家长和儿童的人身财产安全。分局民警、北京新燕莎铜锣湾有限公司及商场内 8 家幼儿培训机构负责人参加了演练。

【流管服务创新经验推广现场观摩会】 5 月 26 日，按市局部署，在海淀派出所六郎庄社区分会场召开流动人口和出租房屋管理服务创新经验推广现场观摩会。市局、分局领导及部分区县分局负责人、海淀区 8 个重点挂账村和 50 个流动人口聚集村派出所主管领导参加了观摩会。海淀派出所、六郎庄村分别围绕六郎庄中心警务站建设、物技防推广、流动人口管理和群防群治力量整合等工作进行介绍。

【打掉一个号贩子团伙】 5 月，海淀分局陆续接到群众举报，航天桥某医院有人垄断专家号。经工作，6 月 3 日凌晨 4 时许，分局组织 40 多名警力，在该医院内将倒卖医院挂号凭证的近 40 名团伙成员当场抓获。经审查，嫌疑人庄某等人对强行占位置挂号、倒号，对正常排队挂号的群众进行骚扰和殴打的犯罪事实供认不讳。庄某等 13 人被依法刑事拘留，王某等 27 人被行政拘留。

【检查旅馆登记制度】 6 月 14 日，海淀分局组织人员对青龙桥、上地、红山口、苏家坨四个派出所辖区内的 10 家旅馆的旅客验证、登记、上传制度落实情况进行暗访检查，对其中存在问题的两家旅馆经营者及相关从业人员给予了现场批评。治安支队有关领导就旅客验证登记上传制度、详细操作流程及重点环节进行了现场讲解。

【首都综治委检查中小学技防建设情况】 6 月 21 日，首都综治委检查组到海淀区检查中小学及周边监控报警技防系统建设情况。检查组听取了工作汇报并详细了解各校园技防工作开展情况，对十九中学、四季青中心小学、四季青“苗苗”打工子弟小学进行实地检查，对存在的问题提出了改进建议。

【召开社会管理创新工作展示表彰会】 7 月 7 日，海淀分局在海淀工人文化宫举办“青春•创新—海淀分局青年民警推进社会管理创新工作展示表彰会”。为获得 2009 年度市局级青年文明号称号的 7 个单位颁发青年文明号牌匾；向一名一等奖、一名二等奖、二名三等奖获得者颁发奖章和奖杯；向获得优秀奖的 7 名同志颁发证书。会上以视频短片的形式展示分局在市局第六届（2009 年度）青年民警科技创新活动中的获奖作品。同时将分局近年来运用信息化方式破获的经典案例以现场复原、互动问答的形式进行了展示。

【破获一起绑架杀人案】 7 月 29 日 13 时许，海淀区金源时代购物中心地下二层停车场发生一起绑架杀人案，北京纸老虎文化交流有限公司董事长被杀。经工作，于 29 日 14 时在金源时代购物中心地下二层停车场电梯出口消防门后将嫌疑人刘某某（男，1991 年 2 月出生，内蒙古赤峰市人）抓获，起获一把仿真手枪。30 日，又将嫌疑人王某某（男，1985 年 3 月出生，四川省三台县人）、王某某（男，1981 年 6 月出生，陕西省留坝县人）、秦某（男，1985 年 5 月出生，四川省三台县人）等人抓获。经审，刘某某等人对策划、绑架、杀害事主的犯罪行为供认不讳。

【开展人口普查宣传日活动】 8 月 15 日，海淀分局在恩济庄派出所世纪新景社区设立主会场，开展第六次全国人口普查户口整顿和摸底工作宣传日活动。其他 33 个户籍派出所与 27 个街乡镇分别在繁华地区设立分会场。活动当天主会场共设立展板 20 块，横幅 10 条，彩旗 40 面，发放宣传手册、《致调查对象的一封信》、户籍便民卡、防诈骗小常识等 1000 余份，现场解答群众咨询。

【公安部调研警察公共关系建设工作】 8 月 20 日，公安部宣传局领导到海淀分局调研警察公共关系建设工作。在听取了工作汇报后，公安部对分局警察公共关系建设的措施给予充分肯定，希望海淀分局继续总结经验，在公共关系机制体制建设、工作方法等方面继续更深入研究和创新，尤其总结的提炼基层派出所在推进警察公共关系工作中的好举措，进一步加强警察公共关系建设。

（许立）

【八成电信诈骗案发朝海丰】 8 月 24 日，北京警方发布第一期电信诈骗发案通报，朝阳、海淀、丰台三区的发案占全市发案总量的八成，其中银行卡欠费诈骗成为电信诈骗案件的主要手段。8 月 16 日至 22 日，全市共发生电信诈骗案 155 起，造成经济损失 516 万元，其中朝海丰三区共发案 126 起，占全市的 81.3%。在电信诈骗案件中，银行卡欠费诈骗、网络交易诈骗、电话欠费诈骗案件高发。全市发生短信银行卡欠费诈骗案 58 起，朝海丰三区占 89.7%；网络交易诈骗发案 26 起，三区发案数占八成；电话欠费诈骗发案 21 起，朝阳、东城、海淀、丰台发案数占 85.7%。

（钟冷）

【开展网络在线交流活动】 9 月 2 日，海淀分局依托 IT168 网站提供的在线交流平台，开展“网警进网站、交流面对面”活动。通过网警与网民在线视频交流，提供网络警察的日常工作、互联网相关的法律法规、网站备案业务办理和防诈骗宣传等方面的法律法规咨询和相关提示。同时，对网友的提问进行了解答。

【市局党校海淀分校揭牌】 9 月 4 日，海淀分局在机关大楼举行市局党校海淀分校揭牌仪式暨开班典礼。市局党校、区委党校、区委政法委有关领导以及分局党委全体成员出席了揭牌仪式，局属各单位党（总）支部支委以上班子成员共 400 多人参加了仪式。同月 14 日～16 日，市局党校海淀分校在分局培训中心举办第一期基层党支部（总支）组织委员培训班，为 101 名基层支部组织委员就如何深刻认识基层党建工作的重要性、找准组织委员的角色定位以及分局今后一个时期的党建工作思路等方面进行培训。本年，分校共举办 4 期培训班，共培训学员 199 名。

【成立公共关系专家咨询委员会】 9 月 16 日，海淀分局召开公共关系专家咨询委员会成立暨《筑平安》宣传册发行仪式。分局向7位专家咨询委员会成员代表发放了聘书。分局领导与著名法学家、北京大学常务副校长吴志攀、《法治进行时》主持人徐滔、著名书法家米南阳等26位公共关系专家咨询委员会代表进行座谈，共话海淀警察公共关系建设。公共关系专家咨询委员会的职责有3项：即为分局的公共关系建设提供理论支持和实践指导，促使分局公共关系在机制建设、工作开展和工作效果达到一个新的高度；协助海淀分局进一步加强与社会公众的沟通交流，促进公安机关与社会公众的良性互动，改进工作措施，不断提高人民群众的满意度；在处置各类涉警舆情过程中，为海淀分局提供咨询和指导，帮助分局进一步完善处置措施，尽量减少因处置不当引发不良影响。年内，海淀分局搭建起一台（在北京公共频道播出的《警方在线》）、一网（互联网）、一刊（《筑平安》出版物）三位一体的公共关系传媒展示平台，多渠道、多形式、多角度开展宣传和警民互动交流，提高群众对海淀公安工作的正面认识；拓展公共关系建设空间。新华社、北京电视台、北京日报等多家中央、市、区级媒体进行了采访报道。

【参加《警法在线》节目】　9月25日，海淀分局副局长孙涛通过北京人民广播电台《警法在线》节目，就海淀警方开展的防电信诈骗宣传周活动和警察公共关系建设工作与听众进行了交流。节目广播与北京广播网视频同步直播。

【开展监管业务大比武】　9月25日～29日，看守所开展监管业务大比武，对各队监管业务知识、计算机信息应用、监管岗位技能、在押人员四知、危险违禁物品清查、处置突发事件演练等6大项共计16个小项的工作内容进行了考察。

【涉外出租房屋清理检查专项行动】　9月26日晚，海淀分局启动涉外出租房屋清理检查专项行动。分局出入境管理处、人口处会同派出所联合行动，落实"入户、见人、见证"的工作要求，提高全区境外人员临时住宿登记率。分局领导到中关村、东升两个派出所辖区的重点社区指导清理检查工作。此次行动共对全局35个派出所的42个社区进行了清查。

【破获系列盗窃案】　9月26日，分局预审处在审查郑某某（男，1967年3月出生，黑龙江省尚志市人）等9人团伙盗窃案时，经过深挖，该团伙又交代自2009年4月以来，在北京、山东、天津、河北等地网吧，以拍肩膀谎称事主掉钱的方式转移事主注意力，盗窃事主手机作案300余起的犯罪事实。郑某某等5人于10月11日被依法批准逮捕。

【市局领导检查五中全会代表住地安保工作】　10月14日，市公安局局长傅政华到京西宾馆检查十七届五中全会代表住地的安保工作，在羊坊店派出所听取相关职能部门和分局关于安保工作的汇报后，提出四点要求：强化安保各项工作措施落实到位，提升执行力，狠抓跟进；努力提高全警安保责任落实，提高发现能力，提高管事率；强化各级领导责任，注重发现问题，有效堵塞漏洞，确保绝对安全；坚持理性、平和、文明、规范执法，加强首都警察形象建设。

【签订规范法律服务协议】　10月19日，海淀分局与北京市律师协会签订《关于保障律师会见权益、规范法律服务协议书》，以规范律师从事法律服务，监督、查处和杜绝违法、违规从事法律服务行为，依法清理整治海淀区看守所周边非法律师接待场所。

【清理整治律师接待场所】　10月21日，分局联合区司法局、城管对分局北院（苏家坨后沙涧村）律师接待场所进行专项清理整治。共检查律师接待场所16家，抓获嫌疑人2人，下达《责令整改通知书》14份，没收伪造的"律师事务所先进集体"奖牌一块，拆除非法广告牌3块，灯箱3块。同时对非法律师接待场所粘贴的"取保候审"、"法律咨询"等字迹进行清除。

【举办犬伤人突发事件应急处置演练】　10月26日，分局会同区卫生、农委等部门，在永丰海北绿园举办犬伤人突发事件应急处置演练，近百名人员参加。演练分为十二个场景，包括报告疫情、采样检验、封锁消毒、排查免疫、监督验收等内容，完整地模拟了从犬伤人事件的发生到有关部门排除隐患、解除封锁的一系列程序。

【破获"10·22"盗窃案】　10月22日，分局民警根据线索分别在北太平庄一出租房屋和北京西站将两名盗窃嫌疑人木某和苏某抓获，起获笔记本电脑、手机、首饰等大量赃物。经审，两名嫌疑人对钻窗入室进行盗窃的犯罪事实供认不讳。10月28日，海淀分局举行"10·22"盗窃案被盗物品发还仪式，共计发还8台笔记本电脑、3部手机、1部数码摄像机及部分贵重首饰、手表等物，总价值近40万元。

【快速破获故意杀人案】　10月27日零时许，海淀区上地树村发生一起故意杀人案，三名嫌疑人杀害事主后驾车逃跑。1时03分，分局接到市局电台布警后迅速调动巡逻车开展快反布控工作。1时37分，在晋元桥南200米处将嫌疑车辆成功拦截，抓获三名嫌疑人。经审，嫌疑人梁某某（男，1988年3月出生，河北省保定市人）、石某某（男，1979年10月出生，辽宁省林源市人）、陈某（男，1990年7月出生，河北省保定市人）对杀害事主的违法犯罪行为供认不讳。梁某某、陈某被刑事拘留，石某某取保候审。

【开展防爆安检培训】　10月29日，分局开展防爆安检民警培训。曾参加过奥运、国庆安保防爆安检工作，有一定实战经验的民警参加培训。培训涉及安检监管民警在大型活动中的监管职责、任务、分工及防爆安检设备的工作原理、操作方法和使用等方面。

【3名民警赴海地维和】 11月1日，海淀分局刑侦支队玉柱、出入境管理处孟大革、上地派出所王彤林三名同志经过公安部和联合国的严格选拔考核，成为北京公安系统首批组队维和警察中的一员，赴海地执行维和任务。

【破获制售盗版光盘案】 11月12日，民警在海淀区火器营桥附近巡逻时，发现一辆装满游戏软件的面包车形迹可疑，随即进行盘查。根据司机的指引民警在海淀区冷泉村附近一院落内发现一处非法加工游戏光盘的窝点，当场将嫌疑人武某某（男，1982年10月出生，河北省张家口市人）、李某某（女，1990年3月出生，河北省秦皇岛市人）抓获，起获各类游戏软件33773张，其中盗版游戏软件5165张。经审查，嫌疑人交待自2010年6月开始非法制作游戏光盘，并以每套十元左右的价格向外批发的违法事实。武、李二人于12月17日被依法批准逮捕。

【分局物证鉴定所通过现场评审】 11月13日～14日，国家认可委评审组对海淀分局物证鉴定所进行现场评审。评审组通过听取相关工作介绍，参观手印显现、痕迹照相、法医临床和法医病理实验室，审阅鉴定所体系文件以及自2009年1月1日质量体系运行以来的相关记录，考核各位授权签字人等环节，现场通过对物证鉴定所的评审。

【互联网上网服务营业场所等级评定】 12月3日，分局、区文化委联合召开“海淀区互联网上网服务营业场所等级评定启动仪式”大会，全区289家网吧的负责人参会。大会为评选出的第一批15个“一级网吧”授牌。

【成立计算机及互联网安全专家组】 12月23日，分局成立计算机及互联网安全专家组，聘请优势科技CEO俞永福、启明星辰副总裁潘重予、安天科技首席架构师肖新光、多玩娱乐副总裁杨金钰、金山网络CEO傅盛、方正科技副总裁丛有江、北京航空航天大学软件学院教授李舟军等7名专家，为海淀区计算机及互联网安全专家组成员。通过引入专业网络安全公司的技术优势，为本区的群众生活和经济社会发展缔造良好的网上秩序，提供有力的信息网络安全保障。

【市领导调研社区民警驻区制试点工作】 12月28日，市委副书记、政法委书记王安顺到海淀分局调研指导社区民警驻区制试点工作。王安顺对海淀分局推行社区民警驻区制工作所取得成绩表示充分肯定，对下一步工作提出三点意见：第一，要认识到社区民警驻区制贯彻落实中央领导“北京要创造经验、做出表率”、“想长远、办大事、打基础”等指示的具体体现；第二，驻区制社区民警是紧密联系群众的桥梁纽带，通过服务群众的点滴小事，进一步拉近与群众之间的距离，牢牢把握群众工作的话语权；第三，区委、区政府要做好社区民警驻区制的保障工作，优化整合各项社会资源，形成整体工作合力，为推动“平安北京”建设奠定坚实的基础。

【公安信息化应用技能达标测试】 12月28日～30日，分局分9批组织局属各单位现职正、副科级（不含警探长）领导干部进行公安信息化应用技能集中达标测试。在历时3天的达标测试中，实际参加测试的258人（参考率达到89%）。

【围点核录】 12月29日，海淀分局出动警力，对振兴社区的双槐树村、行集寺村，宝山社区的龚村进行围点核录（即核查录入）工作，并开展预防煤气中毒宣传。共排除各类安全隐患10处，检查出租房屋400余户，实时核录500余人，发放预防煤气中毒宣传材料2000余份。

【开展防范诈骗宣传工作】 本年，海淀分局每月组织1000名民警走上街头，定点职守金融网点、ATM取款机，向群众发放宣传材料，现场讲解防骗知识，累计宣传群众70万人次；在10多所高校开展防范诈骗宣传，受宣传大学新生5万余人；加强对金融从业人员指导，建立警银联勤联动快反机制，及时发现并堵截电信诈骗案件115起，为群众挽回损失1177万余元。

【创新社区管理模式】 年内，海淀分局在216个社区进行100名社区民警驻区制试点，明确驻区民警开展群众工作、掌握社情民意、管理实有人口、组织安全防范、维护治安秩序、接处报警求助和提供线索破案等7项职责。在12个治安复杂社区建立中心警务站，强化打防管控工作；在农村地区以文明村庄创建为抓手，推进村庄社区化管理，完成113个自然村、23个平房社区的社区化建设。

【专项整治】 年内，全面加强行业场所管理，重点针对出租房屋以及发廊、足疗、休闲等边缘场所开展清理整治，打击各类涉黄、涉赌、涉毒违法犯罪活动。全年打掉卖淫嫖娼团伙90个，抓获涉及卖淫嫖娼人员1263人，查处发廊、养生馆等违法场所245家；打掉赌博团伙167个，抓获涉及赌博人员1289人，收缴赌资228万余元，赌博机103台。（许立）

下属派出所（44个）：

北太平庄派出所

电　话：62275110　62250011

地　址：海淀区文慧园路66号

甘家口派出所

电　话：68311022　68317516

地　址：海淀甘家口21号楼西配楼

海淀派出所

电　话：82669990　82669991
　　　　82669992

地　址：海淀丹棱街10号（新海大厦）

羊坊店派出所

电　话：68525643　68525644

地址：海淀会城门4号楼

万寿寺派出所
电 话：68419305 68410129
地 址：海淀广源闸 15 号
中关村派出所
电 话：62554600 62554602
地 址：海淀中关村南三街甲 15 号
大钟寺派出所
电 话：62142299 62125881
地 址：海淀皂君庙 16 号
东升派出所
电 话：62311235 62317177
地 址：海淀成府路 21 号
清河派出所
电 话：62948550 62934169
地 址：海淀清河镇三街 101 号
永定路派出所
电 话：68273768 68388076
地 址：海淀西四环中路 43 号
万寿路派出所
电 话：68189819 68189850
地 址：海淀复兴路 59 号
双榆树派出所
电 话：62631994 62550406
地 址：海淀双榆树北路 4 号（本年 7 月 23 日由双榆树西里 29 号迁入）
青龙桥派出所
电 话：62881620 62881666
地 址：海淀二龙闸甲 5 号
花园路派出所
电 话：62014692 62014694
地 址：海淀花园东路甲 9 号
香山派出所
电 话：62591214 62591866
地 址：海淀香山北辛村 56 号
恩济庄派出所
电 话：88110680 88125030
地 址：海淀北洼西里 15 号
西三旗派出所
电 话：82906225 62930305
地 址：海淀西三旗花园三里 75 号楼
田村派出所
电 话：68222685 68228454 转 800
地 址：海淀田村路 89 号
上地派出所
电 话：62961774 62961775
地 址：东北旺南路 27 号
马连洼派出所
电 话：62960065 62960067
地 址：海淀西北旺后厂村路甲 69 号
四季青派出所
电 话：88446110 88449110
地 址：海淀区东冉北街 15 号
西山派出所
电 话：62595573 62599875
地 址：海淀区杏石口路 78 号
西北旺派出所
电 话：62975614 62981116
地 址：海淀土井村
温泉派出所
电 话：62408097 62456622-6888
地 址：海淀温泉镇太舟坞环山村 12 号
上庄派出所
电 话：62479886 62475262
地 址：海淀上庄路 33 号
苏家坨派出所
电 话：62454658 62451116
地 址：海淀苏家坨西小营村
永丰派出所
电 话：62472844 86291003
地 址：海淀永丰中路 123 号
曙光派出所
电 话：88872040 88872041
地 址：海淀蓝靛厂西路 1 号
育新花园派出所
电 话：82901633 82901632
地 址：海淀西三旗育新花园 15 号楼
燕园派出所
电 话：62751331 62558373
地 址：北京大学东门内
红山口派出所
电 话：66764289 66764290
地 址：海淀红山口甲 3 号
农研派出所
电 话：68975164 68919501
地 址：海淀中关村南大街 12 号
农大派出所
电 话：62732363 62892533
地 址：海淀圆明园西路 2 号院
遗光寺派出所
电 话：62881672 66777710
地 址：遗光寺 1 号楼
中关村大街派出所
电 话：82588820 62523043
地 址：海淀苏州街 31 号
翠微派出所
电 话：88212588 88229580
地 址：翠微路甲 20 号
颐和园派出所
电 话：62882646 62881144-381
地 址：颐和园文昌院
香山公园派出所
电 话：62591240 62591709
地 址：香山公园东门内
卧佛寺派出所
电 话：62591341 62591561-2205
地 址：北京植物园西门内
紫竹院派出所
电 话：68422212 68422216
地 址：海淀中关村南大街 39 号
玉渊潭派出所
电 话：88653924 68527749
地 址：海淀玉渊潭公园内
圆明园派出所
电 话：62553476 82883546
地 址：海淀圆明园南门外
大钟寺市场派出所
电 话：62124115 62111851
地 址：海淀四道口路 1 号
西郊机场派出所
电 话：66920472 88432599
地 址：海淀区西郊机场院内

（许立）

北京市公安局海淀分局
地址：海淀区长春桥路 15 号
电话：82519110（指挥中心）
82519067（传达室）
邮编：100089
网址：www.gaj.bjhd.gov.cn

检察工作

【综述】　北京市海淀区人民检察院是海淀区的法律监督机关，依法行使检察权。2010年，区检察院以“强化法律监督、维护公平正义”为工作主题，推进“社会矛盾化解、社会管理创新、公正廉洁执法”3项重点工作。

案件检察　全年批准逮捕3710件5212人，提起公诉3984件5482人；对涉嫌犯罪但无逮捕必要，决定不予批准逮捕251件354人；对犯罪情节轻微，依照刑法规定不需要判处刑罚或免除刑罚的，决定不起诉101人。立案侦查贪污贿赂案件38件40人，大案24件，要案6人；立案侦查渎职侵权案件4件3人。查办北京某单位项目经理王某某贪污公款300余万元等一批有较大社会影响的案件，为国家挽回经济损失近亿元。侦监案件受理量居于全市首位。

受理群众信访案件466件，接待群众来信来访7527人次。发出各类综合治理类检察建议184份。推行繁简分流和轻刑快审工作机制，55.1%的案件通过简易程序办结，7.2%的案件纳入轻刑快审审查机制。知识产权犯罪案件办理工作连续三年获中国外商投资优质品牌保护委员会知识产权保护最佳案例奖，2010年获该委员会颁发的“2000–2010年中国知识产权和质量监督进步杰出贡献单位”。

法律监督　受理立案监督案件23件，发出《要求说明不立案理由通知书》25份，要求公安机关立案6件6人。与区烟草局签订《办理涉烟犯罪案件工作规范》，对证据搜集、鉴定、检察机关提前介入、案件移送等诸多方面作了规范。对严重刑事犯罪应当逮捕而未提请逮捕、应当起诉而未移送起诉的，决定纠正漏捕70人，追诉漏罪613件、漏犯88人。依法改变侦查机关定性68件；对侦查活动违法行为以及玩忽职守行为发出纠正违法通知书11份。建立公安机关移送审查起诉意见书中列明的另案处理人员数据库，加强跟踪监督。对法院一审刑事判决提起抗诉13件，已有4件获改判。针对法院判决类案既未遂认定标准差异、罚金刑影响主刑、迟延送达等典型问题，以及适用简易程序审理的案件加强监督力度。坚持检察长列席法院审委会制度，依法履行诉讼监督职能。全年共受理民事申诉案件129件，行政申诉案件8件。其中不予立案的118件案件，依法提起抗诉19件，法院已改判3件。对在押人员羁押期限、交付执行等情况进行动态检查一万余人次。在例行检查中发现一名社区服刑人员存在违法行为，建议有关部门及时采取措施对其收押执行。

队伍建设　开展“恪守检察职业道德、促进公正廉洁执法”主题实践活动和“反特权思想、反霸道作风”专项教育活动。加强领导班子建设，加大竞争性选拔干部力度。坚持以党建带队建，探索党员承诺制，通过承诺、践诺，增强党员意识；深化党员示范岗活动；探索开展实名推优入党。定期开展检察人员思想状况分析，建立并落实领导干部“六必谈”、“六必访”[1]。加强人才培养和队伍专业化建设，继续深化高层次人才的选拔和培养工作，本年有3名同志入选第二届全国检察理论研究人才，17名入选海淀检察院第三届高层次人才。举办主题为“辉煌历程、薪火相传”的发展论坛暨纪念本院荣获首个全国级荣誉十周年活动，旨在提升队伍凝聚力，激励队伍自豪感和荣誉感，增强服务区域发展的责任感和使命感。实行中层干部竞争上岗，有31人级别得到晋升，67人职务得到晋升，38人初次走上中层领导岗位。与蓝靛厂村开展文明共建、定期慰问孤寡老人等活动。

2010年，海淀区检察院被授予“2000–2010年中国知识产权和质量监督进步杰出贡献单位”奖，系获奖单位中唯一的基层检察机关；海淀区检察院获得“2009年度首都文明单位标兵五连冠”；反贪局被首都精神文明建设委员会评为“2009年度首都文明单位”。金轶被授予“海淀区优秀青年人才”称号，叶衍艳获得第四届全国“十佳公诉人”称号。

【民行检察业务咨询专门委员会成立】　1月22日，海淀区检察院在全市率先成立民行检察业务咨询专门委员会，并举行专家委员聘任仪式，9位专家成为民行检察业务咨询专门委员会委员。该委员会隶属于1995年成立的海淀区检察院专家咨询委员会，它的成立，改变了过去专家咨询委刑事与民事不分的运行模式，分立出民行检察业务咨询专门委员会，集中力量就民行检察重大事项决策、疑难案件处理、工作机制创新以及重点课题调研等方面提供智力支持。

（刘中发　徐芸）

【开通律师介入电话】　2月24日，海淀检察院正式开通审查阶段律师介入

[1] “六必谈”指遇有检察人员行为反常、情绪低落；检察人员之间因工作、学习等原因发生矛盾纠纷；有违法违纪苗头或发生违法违纪问题；岗位交流、调整、退休；合法权益受到侵害；家庭发生重大变故等情况，领导干部必须要及时与之谈心。“六必访”指遇有检察人员家属下岗、生活遇到特殊困难；检察人员及家属患病住院；检察人员出差10天或长期在外地学习交流；检察人员与他人发生重大矛盾纠纷；检察人员办理退休手续回家后；家在外地的检察人员亲属来京等情况，领导干部必须进行家访。

电话（010-82644599）。受委托律师、辩护人可以拨打电话，了解当事人的诉讼进程，预约承办检察官提供有利于当事人的证据材料和没有逮捕必要的材料等。（钟冷）

【制定《关于服务推进城乡一体化发展的实施意见》】 2月25日，本院为全面贯彻落实中央和北京市关于推进城乡一体化发展的重大决策部署，在充分调研的基础上，根据海淀区委、区政府《关于加快推进城乡一体化发展的意见》、北京市人民检察院《关于充分发挥检察职能"保增长、保民生、保稳定"的工作意见》，制定《关于服务推进城乡一体化发展的实施意见》，明确检察机关服务推进城乡一体化发展的指导思想、工作目标、主要任务和基本要求。（刘中发　徐云）

【制定未成年人检察工作规定】 2月底，本院制定《北京市海淀区人民检察院关于安排未成年犯罪嫌疑人的法定代理人、近亲属会见的规定》（以下简称《亲情会见规定》）和《北京市海淀区人民检察院关于未成年犯罪嫌疑人的法定代理人旁听讯问的规定》（以下简称《到场旁听规定》），对未成年人犯罪嫌疑人亲情会见、到场旁听的条件、时间、地点、会见程序以及注意事项等工作内容进行了细化和规范。

【举办"知识产权刑法保护的挑战与策略"论坛】 4月26日，举办"知识产权刑法保护的挑战与策略"论坛。中国外商投资企业协会优质品牌保护委员会负责人、专家学者、区人大代表以及区公安分局、区法院、区工商分局、区烟草局、国际国内知名企业负责人等出席了论坛。海淀检察院介绍了近三年来办理侵犯知识产权刑事案件的总体情况以及遇到的困境和问题。论坛就如何加强知识产权刑法保护工作进行研讨，并在打击知识产权犯罪方面加强合作、形成合力等方面达成共识。

【举办"辉煌历程，薪火相传" 发展论坛】 5月7日，"辉煌历程，薪火相传"海淀检察院发展论坛暨纪念海检荣获首个国家级荣誉十周年系列活动启动仪式举行。自2000年以来，海淀检察院共获得30余项国家级荣誉，150余项市级荣誉。（钟冷）

【美国 DEPAUL 大学及北外师生旁听公诉案件】 5月25日，公诉一处检察员在海淀法院二层大法庭就吴某某盗窃一案出庭支持公诉，50余位美国DEPAUL大学及北京外国语大学师生到庭旁听庭审。

【韩国在华进修检察官、法官代表团来院访问】 5月31日，韩国在华进修检察官、法官代表团一行12人到海淀区检察院访问交流。中韩两国检察官就涉及公诉、侦查监督、民行检察等多个部门的工作，从法律规定、开展工作的方式、履行职能的原则等不同角度进行交流。（刘中发　徐云）

【本市首次批捕"残疾人乞讨"幕后黑手】 6月2日，王×等4人因涉嫌用暴力胁迫、控制盲人在街上乞讨赚钱，被海淀检察院以组织残疾人乞讨罪批准逮捕。这是自2006年刑法新增组织残疾人、儿童乞讨罪名后，北京市首例以该罪名被批准逮捕的案件。2009年9月，王×等人用"去北京挣大钱"的说法把河南老家的3名会拉二胡的盲人骗到北京，并用胁迫、暴力等手段组织上街乞讨，期间共牟利6000余元。（钟冷）

【全市首例收买信用卡信息案】 2009年3月，被告人苏×伙同他人在福建省泉州市通过互联网购买到被害人杨×的招商银行卡（开户行是北京市海淀区招商银行大运村支行）信息资料。同年3月8日，被告人苏×伙同他人利用上述资料，开通涉案信用卡的电话支付功能，进而冒用该卡，通过网络进行消费，造成被害人杨×该账号内资金损失人民币1414.5元。海淀区人民检察院以收买信用卡信息罪依法向海淀法院提起公诉。2010年6月7日，被告人苏×被法院判处有期徒刑一年八个月。

【公诉案件获奖】 7月16日，海淀区检察院公诉部门推荐的"李×、陈×等四人诈骗、非法买卖军用标志、买卖国家机关证件案"及"对法院既未遂认定等问题的审判监督"被北京市人民检察院评为2010年"诉讼监督十大精品案件"及"诉讼监督精品事项"。

【瑞典考察团来院访问】 8月24日，瑞典罗尔瓦伦堡人权与人道法研究所考察团一行4人，在罗尔瓦伦堡研究所国际项目部亚洲地区负责人安德亚斯陪同下到本院参观访问。海淀区检察院回顾了双方过去几年合作所取得的成果，并就双方2011年-2013年的合作项目作了解答。安德亚斯希望双方在新的领域展开全新合作。

【全市首例妨害信用卡管理案】 2009年10月至12月间，被告人王××等五人，使用虚假身份证明骗领信用卡，在海淀区中国农业银行北京知春路支行等银行网点，使用他人的居民身份证，冒用他人名义申请办理银行卡，意图出售牟利。同年11月27日，被告人吴××在北京市双榆树知春里邮局申办信用卡时被当场抓获。后经吴××指认，民警将被告人王××等四人抓获，并在被告人吴××、王××等人的随身物品和暂住地，起获中国农业银行的信用卡十张、中国工商银行信用卡九张、中国建设银行信用卡九张、中国邮政储蓄信用卡八张、招商银行信用卡三张、中国银行信用卡三张和35张居民身份证。2010年8月26日，海淀区检察院提起公诉的被告人王××等五人涉嫌犯妨害信用卡管理罪一案在海淀法院公开审理。该案系北京市首例提起公诉的妨害信用卡管理案件。同年9月2日，海淀法院以犯妨害信用卡管理罪，判处王××有期徒刑2年6个月，罚金3万；吴××有期徒刑1年6个月，罚金1万；陈××有期徒刑2年6个月，罚金3万；陈××有期徒刑2年6个月，罚金3万、苏××有期徒刑2年，罚金2万。

【公诉全国首批非法买卖人体器官案】

2009年12月，海淀区检察院受理了市检一分院交办的三件居间介绍买卖人体器官的非法经营案。该批案件是我国首批非法买卖人体器官犯罪案件，案件的办理引起了社会广泛关注。经审查后，本院认定被告人蔡×等七人的行为构成非法经营罪，实事如下：2009年3月以来，被告人蔡×先后四次在本市某医院等地居间介绍供体与患者进行肾脏移植手术并收取费用共计人民币58万多元。同年4月2日，被告人曾×在本市某医院居间介绍供体与患者朱×进行肾脏移植手术，收取朱×人民币13万元。2009年4至5月间，被告人刘××伙同杨×、刘×、刘×等人，在北京、河南招募非法出卖人体器官的供体，并于2009年5月13日在本市某医院居间介绍供体杨×与患者谢×进行肝脏移植手术，收取谢×人民币15万元。审查终结后，本院将该批案件起诉至海淀法院。法院于2010年4月至7月间先后公开开庭审理了该批案件。同年9月，法院对该批案件集中公开宣判。

【成立本市首家少年检察处】 9月16日，海淀区检察院成立北京市第一个独立建制的少年检察处。新成立的少年检察处受案范围除涉及未成年人外，还延伸至25岁以下在校学生犯罪案件和被害人为未成年人的性侵害、人身权利侵害案件。实行“4+1+N”的工作模式，“4”即整合审查批捕、审查起诉、犯罪预防、监所检察4项检察职能，确立捕诉合一办案机制，创新十四项制度；“1”即依托一支司法社工队伍介入，对涉罪少年进行品行调查、帮助教育、风险评估等工作，为检察工作注入多元思维和工作方法；“N”即政府社会多方联动，联合公安、司法、民政、教委、工青妇等部门以及专业的司法社工，推动建立长效合作机制。截至年底，少检处共受理审查批准逮捕案件89件165人，受理审查起诉案件131件183人。开展社工介入案件的社会调查、再犯可能性评估等工作115件次，依法对52人做出不批捕决定、对36人做出不起诉处理，不捕率和不起诉率分别为31.5%和19.7%。少检处撰写的《外地来京人员中未成年人遭受性侵害案件高发应引起重视》的综合信息受到各级领导关注，最高人民检察院检察长曹建明做出批示。

【修改游戏数据非法牟利案】 2009年3月15日至5月29日期间，犯罪嫌疑人杨×伙同朱×、张×、李×、薛×（薛×参与时间为2009年3月15日至3月27日）通过使用木马等程序，进入位于海淀区的北京金山数字娱乐科技有限公司计算机系统内，修改该公司运营的《剑侠世界》游戏数据，增加网络游戏银两994.83亿（根据游戏点卡数批发价折算成人民币为596.9万元），出售给游戏玩家，共获利310.31万元（薛×参与期间获利共计102.05万元），其中犯罪嫌疑人朱×及张×、李×、薛×负责提供游戏账户及销售游戏银两，犯罪嫌疑人杨×负责修改游戏账户内的银两数量。2010年3月15日，本院向海淀法院提起公诉。同年10月14日，被告人杨×、朱×犯破坏计算机信息系统罪，被判处有期徒刑四年十个月；被告人张×犯破坏计算机信息系统罪，被判处有期徒刑三年；被告人李×、薛×犯破坏计算机信息系统罪，被判处有期徒刑二年。（刘中发　徐云）

【最高检、市检到本区专项调研】 9月1日，最高人民检察院副检察长孙谦、北京市人民检察院检察长慕平一行来到海淀区人民检察院，就北京市人大常委会《关于加强人民检察院对诉讼活动的法律监督工作的决议》在基层实践中的贯彻落实情况进行专项调研。

（钟冷）

【承办北京市检察机关演讲会】 10月15日，由海淀区检察院承办的北京市检察机关“恪守检察职业道德、推进三项重点工作”[①]主题演讲会首场巡演在海淀剧院举行。参加本次巡演的共有来自6个区县检察院的7个节目，均依据真实案例改编以反映主题。来自市检察院，海淀区政法委系统及大中小、和企业的1000余名观众观看了演讲会。

【率先在全市检察系统开通英语广播】 11月8日，“检察官教检察官”系列之海检英语广播在区检察院正式开播，这是全市检察系统首家开通的英语广播。由海淀区检察院英语专业干警主持并录制，每个工作日的8:40-9:00通过院内广播系统播放。该档节目内容包括日常英语对话、实用英语知识以及法律、检察英语等几个版块，采用中英文对照的形式，带动大家一起学英语，掌握英语知识。

【检察长来院调研】 11月18日，最高人民检察院党组书记、检察长曹建明到他的基层工作联系点海淀区人民检察院调研考察，看望慰问了基层检察人员，并与北京市检察机关部分领导干部座谈，征求对检察工作的意见和建议。

【与海淀工商分局签订《查处经济违法行为合作协议》】 12月6日，海淀区检察院反贪局与北京市工商行政管理局海淀分局举行《查处经济违法行为合作协议》签字仪式，决定双方在经济违法行为的信息沟通、情报交换、案件查处等领域建立合作机制。

【制定《释法说理工作实施细则》】 12月，海淀区检察院制定《释法说理工作实施细则》，要求检察官在执法办案过程中充分答疑解惑。同时成立专门课题组，对释法说理工作举措进行专题研究，细化落实。（刘中发　徐云）

海淀区人民检察院
地址：海淀区广洼西路8号
邮编：100089
电话：59554866　59554870（夜间）
网址：www.haijian.gov.cn

[①] 三项重点工作指社会矛盾化解、社会管理创新、公正廉洁执法。

审 判 工 作

【综述】 北京市海淀区人民法院是海淀区的国家审判机关。2010年，以全面贯彻落实科学发展观，深入推进社会矛盾化解、社会管理创新和公正廉洁执法三项重点工作，弘扬公正、廉洁、为民司法核心价值观，积极服务、保障核心区建设，按照“一流的司法理念、一流的管理水平、一流的创新能力、一流的工作效能、一流的司法形象”标准推进各项工作，逐步把海淀法院建设成与环境优美、和谐宜居的高科技核心区发展相适应的一流法院的指导思想为统领，全面改进自身工作，为依法推进区域经济社会和法治建设，为核心区建设提供更加有力的司法保障。

2010年，本院被共青团中央确定为中国预防青少年犯罪研究基地；被最高人民法院确定为全国100个“司法公开示范法院”之一。

2010年，李红星法官荣立个人一等功，被授予“北京市先进工作者”、“北京市人民满意的政法干警”、“北京市政法系统群众心目中的好党员”称号；李盛荣法官被授予北京市“三八”红旗奖章；审判管理办公室被评为“北京市人民满意的政法单位”；22名同志获得区级以上表彰或奖励，13个集体获得区级以上荣誉。

案件审理 2010年，本院全年收案46510件，同比下降9.4%；结案53052件，同比增长4.4%。其中刑事案件收案4387件，结案4411件；民商事案件收案29490件，结案35046件；行政案件收案347件，结案409件；执行案件收案12190件，结案13110件；申诉、再审案件收案96件，比上年的37件上升159.5%，结案76件，比上年的37件上升105.4%。

依法严厉打击抢劫、强奸、绑架等严重暴力犯罪以及贩卖毒品、入室盗窃、信用卡诈骗等严重破坏社会秩序的犯罪。全年判处有期徒刑以上刑罚的罪犯4655人，其中判处五年以上有期徒刑666人，占刑事判决总人数的12%。强化对取保候审被告人的审查。对于有前科劣迹、犯罪后果严重、具有较大人身危险性的取保候审被告人，及时变更强制措施。全年共对134名被公安、检察机关取保候审而不符合判处缓刑条件的被告人依法决定逮捕。加大对轻微刑事案件被告人，特别是未成年人犯罪以及有自首、立功等法定从轻、减轻情节被告人的宽宥力度。

加强行政审判，切实维护行政相对人合法权益，妥善处理群体性和涉市区重点建设工程案件，判处支持行政机关做出的具体行政行为案件301件。开展行政调处工作，协调化解行政诉讼案件70件，协调化解率达17.1%，同比提高了3.6个百分点。促进行政机关提高执法水平，全年为行政单位讲法制课17次，听课人数达上千人次。2010年9月24日，《人民法院报》在头版头条对海淀法院行政审判工作进行了全面报道。

为进一步提高对上级或同级党委、人大、政府、政协、上级人民法院等有关机关或其领导批转信件以及人大代表建议、政协委员提案、特邀监督员意见和当事人来信等的督办工作水平，加大对督办工作的规范管理，3月，本院出台《北京市海淀区人民法院关于督办案件（事项）的规定》。该规定将督办事项（案件）分为上级督办和院长督办两类，并明确了两类督办案件（事项）的具体范围和含义。

机制创新 本年5月，在四个派出法庭设立立案点，负责法庭辖区内普通民事案件的受理工作，方便当事人就近诉讼。各派出法庭诉前调解工作同时启动。启动“完善立案诉讼服务管理机制”试点工作，降低群众诉讼成本。8月，市高级法院将本院作为完善立案诉讼服务管理机制的试点单位之一，重点解决立案质量不高和“送达难”等问题，至年底，本院共对4480件案件进行了程序审查，减少了当事人的不当起诉；完成起诉材料送达2666件、3157人次，缓解了因“送达难”影响审判进程的问题；发现并依法处理滥用诉权、恶意诉讼的行为10例，引导群众依法、理性维权。

提出“属地原则为主、专业审判为辅、全面深化繁简分流”的民商事审判改革新思路，重新调整民事审判庭辖区。妥善审理涉民生案件，全年审结劳动争议、物业、医疗等与群众生活密切相关的案件6567件；组织召开物业暨供暖交接疑难问题专业研讨会；调解审结45名劳动者诉五星啤酒公司劳动争议案，并督促用人单位主动履行了义务。在审判工作中提出“三解五化”[①]社会矛盾化解思路，借助社会力量加强调解工作，构建多元化调解格局：与区劳动仲裁委、人力资源和社会保障局联手，建立重大敏感案件通报、涉案资源共享、业务经验交流等多项机制，共同做好劳动争议案件调解；与北京中关村电子产品贸易商会合作，建立中关村电子市场调解机制，成立中关村电子市场调解委员会，重点解决电子产品贸易行业的纠纷；聘请北京市保险行业协会专职调解员协助开展保险案件的调解；推行婚姻家庭案件立案调解制度，聘请婚姻家庭领域的专家担任特邀调解员，在立案阶段为当事人提供调解服务；完善调解书履行保证条款的适用，该举措被最高法院《关于进一步贯彻“调解优先、调判结合”原则的若干意见》吸纳，向全国法院推行。

[①]“三解五化”社会矛盾化解总体思路：即以“解疑虑、解纠纷、解心结”为目标，以“调解优先化、关口提前化、审理溯源化、主体多元化、效果彻底化”为工作要求，努力实现社会矛盾及时、全面、就地化解。

推出知识产权审判“类案速裁”机制，对性质相近、主体集中、事实及适用法律相对清楚的类型案件进行集中审理，快速审结，全年共审结案件 709 件，占全庭案件数量的 34.7%，其中调撤案件 536 件，调撤率达 75.6%。邀请中国互联网协会、中关村知识产权促进局、中关村软件业协会等社会力量参与重大疑难案件审理。全年判决认定 470 件案件民事侵权成立，审结侵犯知识产权的刑事案件 40 件，判处罪犯 65 人。

继续开展量刑规范化试点工作。作为全国首批确定的 7 家基层法院试点之一，本院连续三年推进试点工作，参与相关全国性规范性法律文件的制定，使法律规定更加严谨，当事人受到的保护更加充分。

推进刑事附带民事调解，探索刑事和解制度，共调解刑事附带民事案件 194 件，被害人得到赔偿款 729 万余元；因当事人达成谅解等原因判处缓刑 636 人，占刑事判决总人数的 11.4%。

建立繁简分流与分段集约并重的执行工作机制。加大涉民生案件的执行工作力度，如执结涉城建四公司的各类型案件 204 件，向该公司职工等相关债权人发还执行款 654.4 万余元。依法对弱势群体开展执行救助，向 102 件案件的 136 名生活困难当事人发放执行救助款 175 万元。争创“无执行积案法院”，全年执行标的到位率 70.1%，发还执行款约 4.1 亿元。用 20 天时间，圆满执结北京世贤研修学院及北京世贤学院附属中学返还校舍及设施设备一案，维护了二里庄社区百姓的合法权益，得到市、区人大代表和当地群众的充分肯定。

高度关注全区 8 个片区、20 个自然村在城乡一体化建设中引发的矛盾纠纷，对重点村案件坚持诉前调解，采取一系列举措，从立案、审判到执行的各个环节进行全面监控，密切注意各类案件的发生、发展趋势并做出预测，同时做好研究工作，提高应对和化解此类纠纷的能力。全年共受理相关案件 135 件，审结 100 件。在立案阶段，特别是对于依据村民自治原则确定腾退搬迁方案引发的纠纷，不是简单地依照《村民委员会组织法》和《民事诉讼法》的有关规定不予受理，而是向前来咨询或寻求通过司法途径解决问题的群众释法析理，引导群众通过正确的方式和途径妥善解决。对于符合立案条件的案件，在审理阶段注意掌握各类情况的发生和发展趋势。定期向区委、区委政法委报送情况，及时反映群众诉求；开展巡回审判，就地化解矛盾。在执行阶段，始终把握工作重点，确保法律效果与社会效果的统一。对八家地区案件的执行过程中，执行法官多次入户向被执行人解释法律，并在采取强制措施的同时向周边群众讲明执行依据、开展法制教育，依法及时执结有关案件，保证了该地区重点工作的平稳推进。

参与社会管理创新，继续完善审判管理、涉诉信访和司法建议等工作。落实市高级法院“万件案件评查”活动，对在 1000 件案件中发现的 22 件差错案件逐一分析原因，并制订和实施有针对性的整改措施；基于审判管理方面的实践和经验，本院中标最高法院“关于审判权与审判管理权科学运行机制的调研”。构建“三分一靠”[①]信访工作机制，全年办理群众来信 258 封、接待来访 870 人次，初信初访化解率达 91.4%，同比提高 1.4 个百分点；化解挂账案件 122 件，同比增长 2 倍以上；全面清理涉诉信访积案，确定 132 件信访积案，逐案制订工作方案，化解率达到 100%，得到市高级法院的充分肯定。注重司法建议的社会引导功能，全年就审判、执行工作中发现的问题向有关部门发出司法建议 76 份，收到回函 32 份，较 2009 年增长 77.8%。

队伍建设 分析本院所处环境、审判任务和队伍状况发生的新变化，归纳持续发展的基本经验，提出海法精神新的内涵。邀请航天英雄杨利伟、空军试飞英雄李中华做事迹报告，号召全体干警学习他们热爱祖国、忠于使命、爱岗敬业、无私奉献、精益求精的精神。继续开展“向宋鱼水同志学习”活动，将“辨法析理、胜败皆服”作为干警不断追求的目标；学习和推广“李红星工作法”，海淀法院将学习推广“李红星工作法”作为提升审判工作水平的主要抓手，要求全院干警坚持能动司法，实现社会矛盾的有效化解；推广科学方法，提升审判质效；以学习推广活动为契机，开展创先争优活动，开展赶学比超，通过每季度开展法官“红星榜”评比活动、建立“李红星调解岗位能手”流动红旗、按月评选“李红星调解岗位能手”等形式，将学习效果落到实处。同时加强青年干警对工作法的理解和掌握，提高青年干警的群众工作能力和应对复杂局面的能力。通过学习推广活动，本院的审判效率大幅提高。2010 年审结的案件数比上年增长 4.4%；未结案件同比下降 79.1%；结案率 96.8%，同比提高 10.8 个百分点。在审判效率提高的同时，未出现近年来常有的集中加班现象，减轻了审判人员繁重的工作压力。二是案件调撤率大幅提高。三是审判质量保持良性运行态势。四是队伍建设取得显著成效，干警化解矛盾的能力得到普遍增强，尤其是青年干警的群众工作能力进一步增强，审判作风和工作作风逐步改善，群众满意度进一步提高。

健全组织机构，2010 年本院共有 9 个部门获得设立批准，尤其是其中三个专业审判庭（劳动争议案件审判庭、未成年人案件审判庭、交通案件审判庭（民六庭）及中关村法庭的成立，进一步提高审判专业化程度，有效减少“同案不同判”现象。16 名助理审判员被任命为审判员，15 名法官助理被任命为助理审判员。

加强人才建设，制定《人才兴院纲要》，纳入本院“十二五”发展规划，力争通过五年的建设，形成结构合理、综合能力强、可持续发展的人才梯队。本院法官全年共撰写论文、调研报告 215 篇。77 名法官到政府、企业和高校授课。在市高级法院与北京日报社共同组织的《法官讲法》栏目评奖中，本院

① “三分一靠”信访工作机制：即通过“分层次化解、分类别化解、分阶段化解”和“依靠党委、协调各方”，实现“案结事了、息诉罢访”的工作目标。

被评为2009年度优秀组织奖，10篇获得单项奖，其中特等奖2篇、一等奖4篇、优秀奖4名，居全市首位。

重新修订部门目标考评规则。一是进行分类考核。将各部门分为审判业务和综合职能两类，分别设置考核指标及其权重，审判业务部门侧重考核审判效率和质量，综合职能部门侧重考核履职情况和满意度，考核结果分别排名。二是区分权重考核。制定15项考核指标，涉及审判、队伍、廉政、信访、调宣、档案、网络、安全等多个方面，基本涵盖了法院的各项工作范畴。每项考核指标设置不同的权重，各项指标既可以分别排名，也可以按照权重系数的乘积计算总分排名。三是综合量化评价。改变以往主要依靠投票评选先进集体的单一模式，而是将考核和测评结合起来，以总分排名为基础，参照院领导测评和群众测评的结果，按照不同的权重计算总分。最终考评结果，既是综合的，也是量化的。四是更新考核指标：明确“一票否决”的几种情形；增加对季度结案率和人均结案率的考核，促进均衡结案，发挥人力资源的效用；增加对工作效果的考核，针对审判部门的调撤率、服判息诉率进行考核，针对职能部门完成党组交给的任务或工作突破进行考核；增加对职能部门满意度的考核，对立案、法警等窗口部门的群众投诉率进行考核，对办公室、机关服务中心等服务部门的干警满意度率进行考核；增加对信访投诉的考核，包括信访发生率、信访事故，以及责任倒查等。

结合社会测评，改进作风。针对2009年在市委政法委组织的社会测评中，群众最不满意的审判作风和工作效率问题，制定了《社会测评调查情况整改措施总台账》，在全院持续开展整改活动。2010年全年接到群众各类投诉238件，较2009年下降68.3%；收到大量锦旗和表扬信。加强廉政预警机制建设，出台《加强对审判工作人员行使审判权和执行权监督的暂行规定》，开展对审判权、执行权的事前、事中动态监督；组织干警旁听本院审理的经济犯罪案件、参观反腐倡廉警示教育基地；坚持在干警上岗、晋级、晋职等关键时刻的廉政教育；严肃处理违反审判纪律的个别干警。

【“海法精神”新内涵】 2010年，海淀区人民法院在坚持“为人民不计功利，想事业甘于奉献”的海法精神基础上，提出海法精神新的内涵，包括无私奉献的精神、自觉创新的精神、团结向上的精神、敢为人先的精神。无私奉献是海淀法院发展的重要基础；自觉创新是海淀法院发展的根本途径；团结向上是海淀法院发展的队伍保证；敢为人先是海淀法院发展的基本追求。

（亢瑞英）

【李红星工作法】 海淀法院法官李红星在自身工作中，充分吸收海淀法院长期形成的社会矛盾和案件纠纷化解经验，逐步形成一套“高效、高质、高化解程度”的办案方式，实现案件纠纷的有效化解。2009年，海淀法院对其进行归纳总结，形成“李红星工作法”，并在全院学习推广。两年来，全国人大内司委、中央政法委、北京市委政法委等单位对“李红星工作法”进行专题调研，并给予高度评价和充分肯定。本年，北京市政法系统全面学习推广“李红星工作法”。

“李红星工作法”的特点和内涵。“李红星工作法”具有“三高三少”的特点，即工作效率高加班少，调解率高上诉少，结案数高投诉少。其基本内涵为“三解七化”，即在现行法律的框架内，围绕“解疑虑、解纠纷、解心结”的“三解”目标，推行“调解过程前置化、法律规则常识化、利害关系明晰化、案件审理溯源化、诉讼能力均衡化、冲突分歧缩小化、事务管理精细化”的“七化”举措，努力实现案件纠纷的即时、全面、就地化解。

“三解”为化解矛盾的三个层次，最终目的是实现“案结事了人和”。“解疑虑”就是以明晰当事人权利义务关系为目的，在司法过程中注重“辨法析理”，引导当事人正确认识自身权利义务，并采取正确的方式实现权利和履行义务。“解纠纷”是以案结事了为目的，通过司法审判，促进案件所涉社会纠纷的有效化解。“解心结”是以案结事了且产生积极影响为目的，在司法过程中既要做到纠纷的有效化解，又要消除当事人的对立情绪，弥合当事人之间的人际裂隙，从而使司法成为修复和构建人与人之间和谐关系的重要手段和力量。

“七化”为化解矛盾的七种方法和手段，即：调解过程前置化，就是把调解当作庭审的必要前提来安排，努力促使社会矛盾的有效化解；法律规则常识化，就是把法官与当事人的充分沟通当作庭审的基调来营造氛围，努力使当事人因信任而息诉服判或愿意接受纠纷解决方案；利害关系明晰化，就是把当事人面对的诉讼风险分析得清清楚楚、明明白白，努力促使当事人做出理性的选择；案件审理溯源化，就是审理案件注重从“源头”上找问题，通过正本清源促进矛盾的有效化解；诉讼能力均衡化，就是通过发挥能动司法的功能，促进社会正义的有效实现；分歧冲突最小化，就是注重从当事人双方的分歧中寻找利益共同点，通过不断缩小双方诉求的冲突点来实现纠纷的有效解决；事务管理精细化，就是通过事务性工作的精细化管理来避免错误的发生。

“李红星工作法”的实践意义。主要表现在五个方面：有助于法官紧扣审判职能定位，真心实意为当事人排忧解难，实现法律效果和社会效果的统一；有助于法官应用科学的管理方法，坚持不懈地提高工作效率；有助于法官营造“诉讼共同体”，积极化解诉讼障碍；有助于法官深刻体察社会变迁对审判方式的影响，努力实现案结事了；有助于法官做到统筹兼顾，恰当处理工作与学习、生活的关系，保持良好心态。

2010年，市委政法委、市高级法院号召全市政法系统深入学习推广“李红星工作法”。海淀区召开推广大会，在全区推广“李红星工作法”。《人民日报》、《法制日报》、《人民法院报》等媒体多次报道李红星的先进工作经验。北京及外地省市法院来院交流学习。李红星多次应邀到国家法官学院、外地法院、首都各基层法院授课，介绍工作法。

（殷华）

【首次受理先予执行两案】 赵××、

赵××、赵××、赵××、赵××、赵××、孙××以及王××的住房位于北坞村路（闵庄路-玉泉山路）道路工程项目的拆迁建设工程范围内，该工程是北京市政府确定的重点城中村改造项目。北京市海淀区房屋管理局针对北京海融达投资建设有限公司与赵××、赵××、赵××、赵××、赵××、赵××、孙××以及王××之间拆迁纠纷作出房屋拆迁纠纷裁决，但在法定期限内上述被拆迁人拒不履行，未将房屋腾空交申请人拆除，严重影响到北坞村路道路工程项目的拆迁建设。为此，北京海融达投资建设有限公司于2009年12月2日向本院申请对上述被拆迁人先予执行。受理后，法院经过协调努力，赵××、赵××、赵××、赵××、赵××、赵××、孙××以及王××最终接受拆迁安置方案，2009年12月28日（北京市法院系统的统计时段统一规定为上年的12月21日至本年的12月20日），申请人北京海融达投资建设有限公司撤诉，最终案件得到圆满的解决。上述两案是本院行政庭首次受理先予执行案件，并且经过努力最终达到“不执而结”，取得良好的政治和社会效果。

（亢瑞英）

【启用电子送达系统】 年初，海淀法院启动使用电子送达系统。该系统基于移送通信运营商提供的短信平台，通过互联网向当事人及其委托代理人的手机号码发送短信，告知案件审理的相关情况。可解决部分联系困难的当事人的送达难题。（钟冷）

【宋鱼水获首届“全国审判业务专家”称号】 1月6日，最高人民院以法〔2009〕377号文件做出《最高人民法院关于授予孔祥俊等45名同志“全国审判业务专家”称号的决定》，本院宋鱼水法官获该项称号，她是北京市法院系统唯一获此殊荣的法官。

【最高法院到本院专题调研】 1月8日，最高法院知识产权审判庭一行七人到本院，就侵犯商业秘密纠纷案件的审判工作进行专题调研。

【工作报告获区人代会全票通过】 1月16日，在海淀区第十四届人民代表大会第五次会议上，本院的工作报告获全票通过。工作报告从围绕“保增长、保民生、保稳定”强化审判执行工作、满足人民群众多元化的司法需求、加强法院队伍建设、自觉接受监督四个方面，总结了2009年的工作，提出2010年工作思路。多名区人大代表对本院法官和工作人员工作压力大的现状给予关注；部分人大代表就廉政建设、人民陪审员管理、法官业务培训、参与社会治安综合治理等问题提出建议。会上，区法院党组书记鲁为高票当选为区法院院长。

【获“北京市先进法院”称号】 3月11日，市高级人民法院、市人力资源与社会保障局在市高院召开表彰会，表彰第六届北京市法院先进集体、北京市法院系统先进工作者、2009年度立功集体和个人。本院被授予“北京市先进法院”称号，行政庭荣立集体二等功，民一庭、民五庭被授予“北京市法院系统先进集体”称号；李红星荣立个人一等功，杨凤新、蔡立、马民鹏荣立个人二等功，张青林、王峰、郭海东、张加文、金川、庞松被授予“北京市先进工作者”称号。

【宋鱼水参加全国人代会提出议案和建议】 3月16日，本院党组成员、副院长宋鱼水参加第十一届全国人民代表大会第三次会议，并积极履行代表职责，就完善著作权法和关于建立健全诉讼与非诉讼相衔接的矛盾纠纷解决机制方面提出议案和建议。一是关于尽快完善《著作权法》，加快著作权集体管理组织建设和发展的议案。《著作权法》颁布已有20年时间，在社会、经济、文化和科技快速发展的新形势下，现行的《著作权法》存在一些亟待解决的问题，如“延伸集体管理”制度、著作权集体管理等。宋鱼水结合这些问题提出了具体的修改建议。二是关于建立健全诉讼与非诉讼相衔接的矛盾纠纷解决机制的建议。现阶段，我国的纠纷解决机制还不能完全满足人民群众的新需要和新期待，行业调解、专家调解等各种民间调解的作用还未充分发挥出来，诉讼与仲裁、调解等各种非诉讼纠纷解决方式之间缺乏协调性，诉讼程序还有待进一步改进，在人、财、物方面的必要保障上仍需进一步加强。宋鱼水认为，建立健全诉讼与非诉讼相衔接的矛盾纠纷解决机制，需要完善有关立法，并对立法形式的选择问题提出了自己的看法。

【启动派出法庭立案工作】 5月18日，本院在山后人民法庭召开“深入推进三项重点工作、加强人民法庭立案工作会议”，正式启动派出法庭立案工作。各派出法庭诉前调解工作同时启动。通过设立人民法庭立案点，全面加强诉前调解、努力化解社会矛盾；通过繁简分流改革，提高案件审理效率。诉前人民调解是诉讼程序与人民调解工作的衔接，能够实现优势互补，促进案结事了，实现法院、当事人、社会的共赢。海淀有线电视台、海淀电视台、《北京日报》、《北京青年报》、《中国企业报》、《中国消费者报》等多家媒体进行了采访报道，中国法院网对会议进行了网络直播。四个法庭全年共立案3373件，结案6412件（含2009年旧存案件）。立案庭和各派出法庭立案点开展诉前调解工作，成功调解案件2006件。

（亢瑞英）

【全市首个“预防青少年犯罪研究基地”落户海淀】 6月1日，共青团中央中国青少年犯罪研究会为海淀法院“全国预防青少年犯罪研究基地”举行揭牌仪式，这是全市首家法院被授予该项称号。区法院未成年人案件审判庭同时成立，主要职责是负责审理未成年人犯罪案件及中学、大学在校青年学生犯罪案件，以及少年罪犯感化教育挽救及相关法制宣传。（钟冷）

【市高院“李红星工作法”研讨暨新闻通报会在本院召开】 6月23日，市高级法院“李红星工作法”研讨暨新闻通报会在本院召开。最高法院司法巡查组干部，市高级法院有关领导及本院有关领导出席会议。李红星法官承办案件的当事人代表、委托代理人代表以及来自中央和地方的数十家媒体记者应邀参加会议。会上，海淀法院院长鲁为简要介绍李红星法官的工作业绩以及海淀法院总结和推广“李红星工作法”的情况和效果。海淀法院副院长宋鱼水以《用心用脑用情司法 科学智慧高效结案》为题详细介绍了“李红星工作法”的基本内涵、司法理念以及实践意义，并结合具体案例重点介绍“李红星工作法”“三解七化”的基本内涵。市高院政治部主任鲁桂任宣读市高级法院党组《关于开展向李红星同志学习的决定》。最后，市高级法院副院长翟晶敏讲话，希望全市法院法官深入把握“李红星工作法”的精髓，继续开拓创新，争做化解社会矛盾的行家里手，为保障首都和谐稳定、实现人民满意做出新的贡献。

【审结国内首个博客著作权案件】 原告李×著有《西方理念是科学，东方思想是宗教》一文，于2009年6月17日发表在其博客“西北风的空间-搜狐博客”和“搜狐网梦幻主场—体育大看台”上。同年8月2日，被告于×在其搜狐博客上发表《如何突破难度与稳定的瓶颈，继续领跑世界跳坛》的文章，该文的第六段整段引用了李×的《西方理念是科学，东方思想是宗教》一文的第五段内容，却未注明作者和出处。2010年1月6日，原告起诉至本院，本院经审理认为：于×的博文已构成对李×博文核心内容的使用，于×的行为违反了《著作权法》的有关规定，构成侵权。6月11日，本院作出一审判决，判决于×立即停止使用《西方理念是科学，东方思想是宗教》的文章内容，并登载致歉声明，赔偿李×经济损失和诉讼合理支出共计1800元。双方当事人均未提起上诉。本案系国内首个形成判决的博客著作权案件，并被评为2010年北京市知识产权诉讼十大案例之一。

【审结世贤学院联合办学合同纠纷案】 2008年11月，区教委将世贤学院诉至本院，称世贤学院未依据双方于1995年4月8日签订的《联合办学协议》约定交纳二里庄学校配套校舍使用费，且存在办学质量低下、擅自将校舍进行转租等情形，故请求法院判令解除涉案合同，并要求世贤学院返还校舍。本院经审理认为：联合办学协议属有效；世贤学院及其开办的世贤中学应将有效完成小区片内义务教育任务作为履行涉案合同的首要和基本义务；世贤中学的教学管理和教学质量方面存在的问题使其难以满足当地学生的就近入学需要，既违反了涉案合同约定之义务，又对义务教育法在该地区的具体落实产生了消极影响；世贤学院将校舍出租牟利，亦与合同目的不符；涉案合同尝试的“国有民办”模式已与现实法律和政策的变化发生了较明显的冲突，改变了公共资源应用于公办学校的使用权属，阻碍了居民公平享有本地义务教育资源的权利，且世贤学院和世贤中学难以满足当地义务教育的实际需求，合同目的已不能实现。本院于2009年12月3日作出一审判决，支持原告的诉讼请求。世贤学院不服一审判决，向北京市第一中级人民法院提起上诉，二审法院经审理驳回了世贤学院的上诉，判决于2010年7月23日生效。这案件是区人大常委会十件重点督办的人大代表议案之一。

【审结延长土地承包期限案件】 2009年9月，西北旺村8户村民将西北旺合作社诉至本院，要求西北旺合作社继续履行双方于1999年3月签订的土地承包合同，将约定的10年承包期限再延长40年。法院经审理认为：土地发包时西北旺合作社既未确定每名村民可承包土地的份额，亦未制定承包实施方案并经民主议定程序表决通过，而由其直接与有承包意愿的农户签约，土地面积的确定具有较大的随意性且远大于该村集体经济组织成员按土地承包法规定的家庭承包方式所能分得的面积，故涉案合同约定的“家庭承包”方式与土地承包法中有关家庭承包方式的规定不符，涉案合同的简单延续不利于保护集体经济组织成员依法平等地行使承包土地的权利、不利于落实人人有份的土地利益分配政策、难以体现村集体土地使用上的公平原则；涉案合同到期后，西北旺村村委会进行了民意调查对涉案合同是否续约广泛征求了本集体经济组织成员的意见，并召开村民代表大会，经表决程序作出了不继续延包土地承包合同的决议。2010年1月5日，本院驳回原告要求延长承包期限的诉讼请求，同时充分考虑原承包户在承包土地上的经济与劳动投入及对承包土地上经济林的预期利益，依法处理地上物补偿问题，且在补偿问题解决以前，从保障原承包户生活来源计，不应单方改变土地使用现状。此判决使得双方激化的矛盾得以缓解。

【审结郭×等十一人诉屈×继承纠纷案】 原告郭×等十一人于2010年3月诉称，位于本区后八家村191号院内现存老北房三间、老西房一间为屈父、屈母所留遗产，两人去世后一直未进行分割，并由被告屈×一直居住使用至今。因八家地区整体改造土地一级开发工程已经启动，191号院内房屋面临拆迁，就继承问题与被告协商无果，故诉至本院，请求法院确认上述四间房屋中任意三间为十一名原告共同继承，享有所有权。本院经审理认为：虽然十一名原告的现有证据尚不足以直接证明屈父原为191号院宅基地所有权人的事实，但基于以下两点理由：1、长女屈甲是事实的经历者，同时与原被告之间具有相同的亲等关系，其亦认可屈父原为191号院宅基地的权利人的事实；2、从宅基地的管理实践看，由于房产的存在，除因原宅基地权利人没有继承人等特殊原因，宅基地并不会因原权利人的死亡而被收回，如果屈父除191号院外还有其他宅基地，而八名子女从未主张相关权利，显然有违常理。因此认定191号院原权利人为屈父、屈母，因二人生前均未订立遗嘱或遗赠协议，故上述遗产应当按法定继承的规定由其子女共同继承，被告屈×分别给付上述十一名原告相应的房屋补偿款。本案涉及八家地区的城乡一体化改造，并且由合议庭巡回审理、于2010年5月31日当庭宣判，判决后双方当事人均没有提出上诉。此案的判决起到示范作用，在此之后，八家地区凡涉及类似本案这样拆迁、继承的案件，大部分都在诉前按照类似的方式调解解决。

【审结刘益×犯罪集团案】 2009年6月16日，北京市海淀区人民检察院向本院提起公诉，指控被告人刘益×、霍

××、孙×、沈×、张×、戚××、马×、吴××、谢××、刘××、常××、孙×、张×、刘××、刘永×犯有寻衅滋事罪；指控被告人刘益×、霍××、张×犯有敲诈勒索罪；指控被告人刘永×、刘××、侯×、贾××犯有故意伤害罪。

公诉书称：被告人刘益×，因其兄刘永×（时任北京某装饰有限责任公司总经理）与被害人赵××、杨×夫妇发生房屋装修纠纷，遂纠集被告人戚××、赵×等中大恒基公司员工，于2002年6月15日伙同其兄纠集的尹×等共约三十余人，到被害人经营的北京宝贝屋动物保健咨询中心，殴打被害人赵××、杨×，打砸店内玻璃、电话机、传真机等物品。经鉴定，被害人杨×的身体损伤程度已构成轻微伤，财物损失共计价值人民币1830元。本案民事赔偿问题已经本院2009年12月4日调解解决，被告人刘益×兄弟赔偿被害人杨×经济损失共计人民币5万元。被告人刘益×于2003年2月4日，因琐事与北京安贞华联股份有限公司安贞分公司（以下简称安贞华联）的工作人员发生纠纷，遂纠集被告人马×等十余名中大恒基公司员工围堵安贞华联南门，并指使被告人孙×用链锁将玻璃门锁上，造成公共场所秩序严重混乱。之后，被告人刘益×以此为由向安贞华联强行索得现金人民币5000元。

被告人霍××，于2004年7月，2005年2月、4月、6月、11月，因其所在的中大恒基公司分别与蓝天新城房地产经纪有限公司发生房源纠纷、与中国大恒（集团）有限公司发生中介费纠纷、与被害人董××发生房屋买卖中介纠纷、与北京置换家园房地产经纪有限公司发生房屋代销纠纷、与北京中天置地房地产经纪有限公司在SOHO现代城为争抢客户而发生冲突。在纠纷发生时，每次指使被告人孙×、张×、谢××等人，纠集三四十名中大恒基公司员工到对方办公地打人、砸东西，造成多人轻微伤害和数额不等的财产损失，且以暴力相要挟，强行向受害人索要中介费和现金共计130000元。

被告人刘永×于2005年6月6日，因工程承包问题与被害人陆××发生矛盾。当日13时许，经被告人刘××授意，被告人刘××纠集被告人侯×、贾××在本市朝阳区北苑家园茉莉园小区对被害人进行殴打，致颅骨骨折、左耳乳突蜂房积血、腰部压缩性骨折、皮肤裂伤（左颞、右耳），经法医鉴定为轻伤（偏重）。本案民事赔偿问题已于2009年12月4调解解决，被告人刘永×赔偿被害人陆××经济损失人民币46000元。

本院经审理认为，被告人刘益×在经营北京中大恒基房地产经纪有限公司过程中，纠集被告人霍××、张×、孙×、戚××、张×、沈×等骨干成员，形成了一个以刘益×自己为首、人数众多、重要成员基本固定的犯罪集团，并通过被告人马×、吴××、刘××、谢××、刘××、常××、孙×、刘××聚集多人营造声势、使用暴力或者以实施暴力相胁迫的手段，在从事房地产经纪业务过程中及日常生活中欺行霸市、逞强耍威，或者随意殴打他人，情节恶劣；或者任意毁损他人财物，情节严重；或者在公共场所起哄闹事，造成公共场所秩序严重混乱，其行为均已构成寻衅滋事罪；被告人霍××、张×在刘益×的指使和纵容下，敲诈勒索他人财物，数额巨大，其行为均已构成敲诈勒索罪；被告人刘永×、刘××、侯×、贾××故意伤害他人身体，致人轻伤，其行为均已构成故意伤害罪。2010年7月15日，本院做出一审判决，判处：被告人刘益×犯寻衅滋事罪，判处有期徒刑四年六个月；犯敲诈勒索罪，判处有期徒刑四年，决定执行有期徒刑八年。被告人霍××犯寻衅滋事罪，判处有期徒刑四年；犯敲诈勒索罪，判处有期徒刑三年六个月，决定执行有期徒刑七年。以犯故意伤害罪、寻衅滋事罪、敲诈勒索罪等不同罪名，判处其他15名被告人一至五年不等的有期徒刑。

【审结因延迟转档要求赔偿损失案】 何×于1979年3月到某出版社工作，其人事档案同时转入该出版社。1980年何×因犯诈骗罪被判处有期徒刑4年，某出版社对其作出了除名的处理。1999年9月16日某出版社将何×的人事档案转移至某科技人才交流中心，该中心人事部在档案材料转递回执中加盖了印章，确认接收了何×的档案材料。某出版社未举证证明其已经及时将档案转移事项告知了何×。何×于2010年2月23日诉至本院，主张由于某出版社延迟转档，办理档案转移后未及时履行告知义务，以上过错行为致使其多年不能就业、无法办理退休享受社会保险待遇，给其造成了重大经济损失，故某出版社应承担延迟转档的损害赔偿责任。本院经审理认为，某出版社对何×作出除名处理后，负有及时为何×办理人事档案转移的法定义务。1980年双方人事关系便已解除，而某出版社直至1999年9月才为何×办理了人事档案转移手续，亦未告知何×人事档案的具体存放地点和保管单位。某出版社延迟办理档案转移手续，未及时履行告知义务的行为，势必会对何×重新择业、办理社会保险等方面造成不利影响。2010年8月4日，本院经审理后支持何×的诉讼请求，判决某出版社向何×支付损害赔偿金3万元。（亢瑞英）

【首例银行实名制纠纷“冒名”储户一审败诉】 9月14日，首例因银行实名制引发的民事诉讼由海淀法院一审宣判，“冒名”储户彭先生因证据不足败诉。彭先生于12年前以“任杰”的名字在农业银行开立活期储蓄存折，并一直使用该存折办理存取款业务。近日取款时忘记密码，遭到农业银行拒兑。彭先生认为自己开立账户时，我国尚未实行个人存款账户实名制，当时其以“任杰”为户名存款，并取得活期存折，现在银行拒兑侵犯了其合法权益，要求银行兑付该存折中的存款1000元。法院经审理认为，彭先生虽然持有户名为“任杰”的活期存折，但无法提供存折密码，且该存折的开户及存取款手续均非其本人办理，无法证实彭先生持有的存折是其本人所有。诉讼请求被驳回后，彭先生提起上诉。（钟冷）

【审结全国首例非法买卖人体器官案】 2009年4月至5月间，被告人刘××伙同杨××、刘××、刘×等人，在北京、河南等地招募出卖人体器官的供体。2009年5月13日，在本市中国人民解放军总医院（301医院）居间介绍供体杨×（化名谢宁宁，男，19岁）与患者谢××举进行肝脏移植手术，收取谢××人民币15万元（包括谢××向医院支付的医疗费用）。被告人刘××与杨××经商议后，决定由刘×在北京联系需要接受人体器官移植的患者，杨××上网发布有偿捐献人体器官的帖子并负责在河南租房解决供体的饮食起居和带领供体前往医院体检，并将体检合格的供体提供给刘××。刘××指使被告人刘×在河南协助杨××进行上述活动、指使被告人刘×负责管理来京供体的饮食起居和带领供体前往医院体检，刘××自己负责向接受人体器官移植手术的患者收取费用。2009年5月27日，被告人杨××被抓获。次日，被告人刘××、刘×、刘×被抓获，冻结赃款90089.44元。2010年3月19日，区检察院向本院提起公诉。本院经审理认为，被告人刘××、杨××、刘×、刘×违反国家规定，从事严重扰乱市场秩序的买卖人体器官行为，情节严重，其行为均已构成非法经营罪。北京市海淀区人民检察院指控4名被告人犯有非法经营罪的事实清楚，证据确实、充分，指控罪名成立。鉴于被告人刘×、刘×在共同犯罪中起次要作用，属于从犯，且二人当庭自愿认罪，故本院对其二人依法从轻处罚。鉴于被告人刘××、杨××当庭自愿认罪，故本院对其二人酌予从轻处罚。2010年9月15日，本院以非法经营罪判处刘××有期徒刑四年，罚金人民币十万元；判处杨××有期徒刑四年，罚金人民币十万元；判处刘×有期徒刑二年，罚金人民币五万元；判处刘×有期徒刑二年，罚金人民币五万元。一审判决后，被告人刘××、杨××向北京市第一中级人民法院提起上诉，二审法院于2010年11月24日裁定维持原判。本案是全国首例以非法经营罪对从事人体器官买卖的组织者及其协助者定罪处罚的案件。

（亢瑞英）

【与昆山市法院缔结友好关系】 10月15日，海淀法院与江苏省昆山市人民法院举行共建友好法院协议书签字仪式，双方正式缔结为友好法院。双方今后将结合各自的区域特点、精神传统和资源优势，在调研信息、法官交流、司法协作等多方面建立合作机制。　（钟冷）

【审结全国首例私家侦探非法获取公民个人信息案】 2009年6月至12月间，被告人原×、拥××以拥的名义办理了“东方摩斯商务调查中心”（系个人独资企业）的营业执照并共同经营，办公地点设在海淀区学院南路38号。其间，二人通过在互联网上发布公司信息招揽业务，接受他人委托进行婚外恋跟踪拍摄，查询银行账户、房产、户籍情况等个人信息，收取费用从中牟利。同年11月，被告人原×接受陈××委托查询“张××”的户籍情况、婚姻档案、房产信息及银行账户并陆续收取报酬4500余元。同年12月28日，原××抓获归案。2010年3月23日，拥××被抓获归案。本院经审理认为，被告人原×、拥××以其他方法非法获取公民个人信息，情节严重，其行为均已构成非法获取公民个人信息罪。北京市海淀区人民检察院指控被告人原×、拥××犯有非法获取公民个人信息罪的事实清楚，证据确实、充分，指控罪名成立。鉴于2名被告人当庭自愿认罪，故本院对其酌予从轻处罚。同年12月16日，本院以非法获取公民个人信息罪，判处被告人原×有期徒刑一年，罚金人民币一万元；判处被告人拥××有期徒刑一年，罚金人民币一万元。一审判决后，2名被告人未上诉，检察院未抗诉。本案是全国首例以非法获取公民个人信息罪对从事私家侦探活动的人员定罪处罚的案件。

【审结患者跳楼自杀家属索赔案】 黄××与陈××的女儿在某医院就诊期间（2009年1月14日至2009年5月10日）坠楼身亡，勘验结果死者符合高坠死亡。黄××与陈××于2009年5月22日向本院提起诉讼，认为女儿在该医院的无菌室进行预处理治疗，不允许外人陪护与接触，也不允许患者走出无菌室，即处于护士全权护理之中。在此情形下无端坠楼死亡，医院没有尽到起码的安全保护义务，要求赔偿含精神损害赔偿金、丧葬费等在内各项经济损失共计648202元。本院经审理认为，医院对患者进行封闭管理，应对病人进行24小时监护和特级护理，而患者在凌晨溜出病房时，竟无人值班发现并加以阻止，导致其跳楼死亡结果的发生，其医疗护理行为存在过错。考虑到医院在发现患者跳楼后及时进行了救治的情节，并考虑本案的其他具体情况，2009年11月17日判决医院赔偿黄××与陈××各项经济损失共计6万元。一审后医院提起上诉至北京市第一中级人民法院，二审法院经审理驳回上诉，维持原判，判决于2010年5月20日生效。

【审结租车被骗索赔案】 年内，本院审结原告刘×诉被告李×委托合同纠纷一案。原被告双方分别于2007年5月10日、2008年3月7日签订委托合同，原告刘×将自己所有的一辆捷达轿车委托被告李×代为出租并提供行驶证、养路费、保险及相关证件。被告李×与承租人陈×于2008年8月17日签订借车协议，其中就禁止抵押进行了约定。之后，李×告知刘×轿车已经被骗走，原告刘×2009年12月17日诉至本院，要求李×赔偿车辆损失及租金差额。2009年本院审结的一起刑事案件已认定陈×采用与16名被害人签订租赁合同方式，骗取被害人汽车抵押给他人，其中骗取被害人捷达轿车一辆，后将该车抵押给张×。经鉴定，该车价值人民币4万余元，刑事判决已责成陈×退赔人民币4万余元给刘×。至本案宣判时该车尚未起获。本院经审理认为，原被告签订的车辆委托合同，并无处理委托事务需支付报酬的约定，被告虽自行留存部分费用，但其无据证明原告对此予以确认，且原告在本案中主张被告支付租金差额，亦表明原告不认可被告应当收取报酬。因此本院认定该委托合同系无偿的委托合同。故在原告未提交有效证据证明被告在车辆被骗过程中存在故意或者重大过失的情况下，本院认定被告已经尽到合理注意义务。因刑事判决已经就原告的车辆损失进行了债权确认，原告就该车辆损失再次向被告主张无事实和法律依据，2010 年 7 月 8 日，本院作出一审判决：对原告主张车辆损失的诉讼请求不予支持。被告应当将其截留的租金，返还原告。当事人双方均未上诉，判决已于 2010 年 8 月 18 日生效。

【审结爱国者商标案】 原告北京某科技公司是“爱国者”注册商标的商标权人，该商标获得诸多奖项，具有一定知名度。被告北京某电路公司未经许可，于 2001 年 9 月 19 日至 2010 年 12 月 14 日期间，在介绍、推广和宣传其研发的数字电视解码芯片产品过程中，在该公司网站上刊登、转载的多篇文章中，出现大量涉及原告商标“爱国者”的表述。原告认为被告的行为构成商标侵权，于 2008 年 6 月 2 日故诉至法院，请求判令停止侵权、消除影响，并赔偿经济损失及诉讼支出共计 3400 余万元。本院经审理认为原告对“爱国者”享有专用权，他人未经许可，不得在同一种商品或者类似商品上使用与该商标相同或者近似的标志作为商品名称。本案中，被告在其解码芯片的商业宣传中大量使用含有“爱国者”字样的商品名称，属于对“爱国者”进行商标意义上的使用。原被告产品属于类似商品，被告将“爱国者”用于类似商品的名称并在宣传中突出或单独进行使用的行为，容易导致相关公众产生双方之间存在产品提供、技术支持等方面的误认，或者产生双方存在有企业合作、关联关系等与事实不符的认识，从而损害原告的合法利益。2010 年 3 月，本院判决被告行为构成侵权，被告赔偿原告经济损失及合理诉讼支出共计 50 万元。一审宣判后，被告提起上诉，在二审审理过程中，双方自愿达成调解协议，2010 年 12 月调解结案。　（亢瑞英）

海淀区人民法院
地址：海淀区丹棱街 12 号
邮编：100080
电话：62697000

下属人民法庭（4 个）：

东升人民法庭
地址：海淀区成府路 45 号
电话：62697948
复兴路人民法庭
地址：海淀区恩济东街 19 号
电话：62697920
山后人民法庭
地址：海淀区西北旺乙 1 号
电话：62697968
上地人民法庭
地址：海淀区上地信息路 28 号信息大厦 B 座 11 层
电话：62697722

司法行政工作

【综述】 海淀区司法局组建于 1981 年，是海淀区政府管理本区司法行政工作的职能部门。下辖 29 个司法所、3 家公证处（北京市海诚公证处、北京市求是公证处、北京市国信公证处）、1 个法律援助中心、1 个法律培训中心，管理律师事务所 294 家（执业律师 3945 人）、法律服务所 16 家（有 110 名基层法律服务工作者）。

2010 年，海淀区司法行政工作总的思路是贯彻中央、市、区有关会议精神，牢固树立“海淀区就是核心区、核心区就是海淀区”的理念，以“平安海淀”建设为载体，全面推进社会矛盾化解、社会管理创新、公正廉洁执法、队伍建设四项重点工作，进一步加强法律服务、法律保障、法制宣传工作，进一步加强基层基础建设和队伍建设，努力提高司法行政工作专业化、规范化、法制化、信息化水平，为建设中关村国家自主创新示范区核心区和富裕民主文明和谐新海淀做贡献。

人民调解　以全国“两会”、上海世博会、广州亚运会等敏感期维稳工作为重点，化解了一批因城乡一体化建设、征地拆迁、拆除违章、物业管理等引发的矛盾纠纷，全年共调处矛盾纠纷 46409 件，比上年增长 131%；调解成功率 93%；围绕唐家岭、八家村等重点村整治改造，集中人民调解员、律师等组成“法律服务团”，走村入户摸排调处不稳定因素，确保整治工作顺利推进；区矛盾纠纷调解中心协助区委、区政府依法接待群众来访近 700 批次，为来访群众解答法律咨询 4400 余件；完成市、区为民办实事项目一项（建立乡镇公益法律服务中心），7 个乡镇公益法律服务中心全部建成。全区 651 家村、社区法律服务室共调解民间纠纷 4723 件，解答群众法律咨询 7779 人次；在学院路街道等流动人口聚集、少数民族群众聚居以及集贸市场集中地区新建 14 个地域性、行业性和专业性人民调解组织（全区调解组织总数达到 221 个）；在全市首家建立海淀区交通事故纠纷调委会和上地商事纠纷调委会。全区共有调委会 1023 个，其中行业性调委会 204 个，企事业调委会 100 个，市场调委会 7 个，形成覆盖全区的立体化矛盾预防化解系统；“三调对接”（即人民调解、行政调解、司法调解对接）机制进一步深化，进一步完善山后四镇司法所与山后法庭、南部 5 个街道司法所与复兴法庭、东升乡司法所与东升法庭的人民调解与司法调解衔接配合机制；26 家联合调解室全年共调解治安纠纷 5427 件，调解成功 4010 件，极大地缓解了公安派出所工作压力；全区三级物业管理纠纷调委会共调解各类物业纠纷 2334 件，调解成功 2094 件；与区总工会联合完善区、街乡镇两级劳动争议调解中心，共调处劳动争议纠纷 3318 件，调解成功 2344 件，为 970 多名职工追讨工资 1815 余万元。继续与区妇联合作，在居委会、村委会开展“家庭方圆驿站”调解工作。

人民调解工作受到市司法局表彰，学院路街道司法所、四季青镇司法所被命名为市人民调解示范司法所，海淀街道友谊社区人民调解委员会等 8 家调委会被命名为六好人民调解委员会，周俊业等 16 名调解员被命名为人民调解工作能手。

社区矫正、安置帮教 在重大节日、重要活动和敏感时段，各街乡镇对“两类人员”（社区服刑人员和刑释解教人员）教育管控工作有安排、有部署、有督查，“两类人员”未发生任何影响首都安全稳定的事件。全年全区新接收社区服刑人员 402 人，解除矫正 331 人，接受社区矫正人员共有 674 人；新接收刑满释放人员 568 人，接受帮教人员达到 2422 人，社区服刑人员重新犯罪率控制在 0.2%以下。推进“阳光中途之家管理服务体系”[①]建设，确立了以海淀区阳光矫正中心为主体、以街道乡镇教育帮扶基地为依托的阳光中途之家“1+X”建设模式。完成阳光中途之家指挥管理协调工作平台建设工作，实现“两类人员”数据综合分析、心理测试、心理矫治、集中教育等功能；建立街道乡镇“两类人员”教育帮扶基地 11 个。加强狱警、协管员等专业力量培训，突出重点人教育转化、帮扶救助措施、协管员队伍管理三个方面内容。

法制宣传 围绕中心工作开展多种形式的普法活动，共组织“打击防范涉众型经济犯罪”巡回展、“樱花节”法律宣传活动、“妇女维权宣传周”、“法制宣传咨询周”、“小手拉大手家庭法律知识大赛”等主题法律宣传活动 200 余场，发放法制宣传品 5 万余份，受教育群众达 300 余万人。发挥和调动机关工委、教委等“八大工委”和住建委牵头的行业战线以及法制办牵头的执法战线“十个普法台柱子”的积极性，形成“纵向到底、横向到边”的“大法宣”格局。组织“五五”普法总结验收工作，在市检查组检查评比中得到肯定。创新普法理念、拓展普法内涵，把“法律六进”[②]延伸至“法律六在”、“法律六驻”[③]，《法制日报》专版报道。实施“高新科技中小企业法律服务保障计划”，提供法务诊断和法务治理等服务，增强高新科技企业应对风险的意识和能力。组建千人“普法志愿团”全方位参与重点项目建设、征地拆迁等工作，引导群众依法合理表达诉求。继续发挥“法律援吧”作用，在香山公园、紫竹院公园为游客提供法律援助和法律宣传。倡导“法律进餐桌”，将 5000 余套法律常识菜谱放在民俗旅游户的餐桌上。开展“法律聊聊透”，针对热点难点问题，组织普法志愿者与群众面对面“聊法”。在海淀安全馆普法基地采取“普法奖牌”、“多媒体答题机”等方式吸引青少年学法，海淀安全馆已成为影响全市乃至全国的青少年普法教育基地。1 月 1 日，海淀区司法行政门户网站改版上线，新网站全面整合了本区司法行政系统的各项服务、办事、信息资源；整合法律服务百姓平台，突出“网上 148”、“办事指南”、“综合查询”、“民意征集”等系统的功能；建设司法所报表系统和站内通知系统，有效提升了海淀区司法行政系统的服务能力和网上办事能力。

律师工作 将促进律师发展作为核心区创新要素聚集的切入点，吸引高端律师事务所和优秀律师来海淀落户，全区律师事务所达到 294 家（比上年增加 18 家），执业律师达到 3945 人。成立海淀律师协会。对律师事务所建设、档案管理、律师遵守职业道德、执业纪律、办案质量、参与公益活动等情况进行全面检查考核，进一步规范律师管理工作。以司法所与律师事务所沟通联系制度为依托，建立党建指导员和联络员制度，实现了党组织在律师行业的全覆盖。在律师队伍中组织开展警示教育等三项教育活动，找准律师行业在执业理念、执业行为、职业道德等方面存在的问题，并有针对性地整改。150 多家律师事务所、近 1500 名律师参与到社会矛盾纠纷化解工作中，共为群众法律咨询 15000 多人次，参与解决涉法信访案件 50 余起，调解各类矛盾纠纷近 2000 件。

2009 年 10 月启动海淀区律师行业学习实践科学发展观活动，2010 年 2 月结束。海淀区所有律师党员学习培训时间达到 40 个学时以上，律师党员贯彻落实科学发展观的自觉性和坚定性进一步增强。强化了基层组织建设，全区律师行业新建基层党组织 16 个，调整党组织 6 个，调整充实党组织班子成员 23 人，新接转党员 59 名；属地司法所与律师事务所共同发展的工作模式初步建立，有 13 家司法所牵头完成成立辖区内律师党员临时（联合）党支部；全区律师事务所有独立党支部 53 个，临时（联合）党支部 13 个。律师事务所为核心区经济发展贡献力量的党建思路初步形成。

公证工作 全区三家公证机构共办理公证法律服务事项 79464 件，其中国内民事公证 22253 件，经济公证 7231 件，涉外公证 49980 件。公证机构积极参与城乡一体化工作，共为搬迁腾退、拆除违章办理现场监督与证据保全公

---

① 该体系是从维护全区和谐稳定出发，着眼创新社会管理，着力破解“社区服刑和刑释解教人员”回归难、接纳难、安置难、就业难等瓶颈问题所实施的一项重要举措。该项工作由区综治矫正帮教协调委领导，由区司法局具体负责建设、管理和运行。其主要功能是对社区服刑和刑释解教人员实施心理测试和心理矫治、社会适应性指导、就业帮助、教育帮扶、过渡安置及公益劳动等方面的管理和服务。构建模式为“1+X”，即以区级指挥服务平台、中途学院、过渡安置基地等机构为中心，积极整合各种资源，以多个街乡镇、教育机构、企事业单位辐射基地作为补充和延伸。该模式符合我区当前经济社会发展和刑罚制度改革的方向，不仅推动了矫正帮教工作质量提高，也为我区特殊人群的管理服务探索出一条新路。

② “法律六进”是中国特色的普法术语，是中宣部、司法部、全国普法办 2006 年提出并布置的为期五年的一项普法工作。具体指通过开展普及法律的活动，使法律进机关、进乡村、进社区、进学校、进企业、进单位。

③ 海淀区在“法律六进”基础上，提出“法律六在”、“法律六驻”理念，即法律在（驻）机关、在（驻）乡村、在（驻）社区、在（驻）学校、在（驻）企业、在（驻）单位。

证69件，涉及面积近6.68余万平方米。继续开展公证法律便民利民活动，公证员到燕园、北下关等街道社区进行现场咨询和公证知识讲座10余次，发放宣传资料4000余册，为困难群众办理公益法律援助公证21件。

法律援助 区法律援助中心提出“六个结合”推进“法律援助便民服务”工作，即注重法律咨询与矛盾化解相结合，运用心理学及社会学的相关知识平衡群众的心理、疏通情绪，起到了化解矛盾、缓解情绪和息诉罢访的目的；注重法律援助宣传与信息媒介相结合，利用网络、广播、报刊等宣传手段，及时宣传法律援助中有影响、有指导意义的工作经验；注重法律援助服务与监督相结合，向受援人和社会公众公布中心的监督电话，安排专人负责案件跟踪回访，促进案件质量的提高；注重法律援助与奖励、惩罚相结合。对于积极承办且办案质量过硬的律师给予表彰，对态度消极、办案质量不高的律师及时反馈到律师协会，给予惩罚；注重服务方式与提高服务效果相结合，注意分析、归纳、提炼咨询中得到的重要情况和苗头及倾向性问题，及时上报党委政府或转达有关部门；注重法律援助与贫弱群体精神帮扶相结合。

区法律援助中心全年共受理法律援助申请744件，“148”法律援助热线共解答群众电话咨询17863人次，接待来访咨询16506人次；动员全区217家律师事务所近1500余名律师参与法律援助工作，为群众挽回经济损失406余万元。强化与区妇联、残联、工会、团委以及公检法等部门的联系，法律援助覆盖面不断扩大，共办理妇女维权案件130件，青少年维权案件131件，老年人维权案件13件，残疾人维权案件10件，农民工维权案件376件。在5个区属单位、26个街乡镇、3个律师事务所、5所大学和45个村（居）委会设立法律援助接待站，建立了600余人的法律援助志愿者队伍，形成具有海淀特色的“法律援助服务圈”。严格落实重大疑难案件集体讨论、办案质量测评、受援人回访等制度，全年共抽查法律援助案卷745件，对643名受援人进行实地和电话回访，受援人满意率100%。

队伍建设 按照区委部署开展“创先争优”活动，并结合司法工作实际开展“牢记党的宗旨，争做群众贴心人”主题实践教育活动，从“抓观念转变、作风整训和岗位专业化”三个方面入手，通过领导带头、风采展示、集中培训、专题报告、交流研讨等多种形式，引导党员干部带着问题学习、联系实际改进，取得明显效果。全年全系统共报送各类调研材料70余篇，在市司法局举办的“三项重点工作”调研评比中，1篇获得一等奖，2篇获得三等奖，30余篇获优秀奖。实施岗位职责量化，做到“所有岗位都有工作标准、所有环节都有程序规范、所有结果都能责任到人”。加大干部交流和后备干部培养力度；信息化工作取得突破，基层单位与区局内网、市局内网实现互联互通。

【与区检察院联合拓展法律援助工作】 1月，区司法局、区检察院签署联合开展法律援助工作的合作协议。协议包括《海淀区检察院、海淀区司法局关于联合开展法律援助的实施意见》、《海淀区检察院、海淀区司法局关于联合开展刑事和解工作的实施意见》、《海淀区检察院、海淀区司法局关于联合开展未成年人询问到场的实施意见》。分别针对审查起诉阶段的刑事和解案件、未成年人刑事案件等，由区检察院承担告知法律援助权利、转交法律援助公函等义务，由区司法局法律援助中心承担审核批准、指派律师提供法律援助等义务，共同为犯罪嫌疑人、被害人等诉讼参与人提供及时便捷的法律服务。

【区司法行政工作会议召开】 1月29日，海淀区司法行政工作会议召开，会议传达了北京市司法行政工作会议和区政法工作会议精神，表彰了区司法系统先进集体、先进个人，确定了2010年全区司法行政工作总的思路以及要重点抓好的五个方面工作：以实现“一控两减”为目标，积极化解社会矛盾；以降低重新违法犯罪率为“首要标准”，扎实做好社区矫正、帮教安置工作；以服务核心区建设为中心，为经济平稳较快发展提供优质高效法律服务；以营造安定团结社会氛围为基调，不断提高法制宣传教育工作的针对性和实效性；以队伍作风能力建设为抓手，不断提升基层司法行政工作水平。

【为全国“两会”安保工作服务】 3月1日起，针对区内有7处全国“两会”代表驻地，区司法局要求各司法所组织排查，特别是驻地外围、行车路线两侧、代表委员涉足场所等重点地区，摸清辖区重点人群的基本信息，注重对潜在的群体性苗头、可能影响全国“两会”的极端行为及重大民生诉求问题的排查；以社区矫正服刑罪犯和安置帮教对象管控为重点，加强重点对象布控，对生活困难、患病和“三无”人员，协调有关部门帮助解决生活中的困难。做好对脱管和下落不明社区服刑罪犯和帮教安置对象的查找工作；加强律师行业监督管理，各司法所对属地律师事务所进行走访，要求各律所在任何情况下都不得支持、参与来访群众越级上访，不得挑词架讼，扩大矛盾，遇有代理群体性敏感性案件时，要及时向律师协会和司法行政机关报告备案；加强应急值守，3月1日至3月17日，全局实行24小时值班和日报告、零报告制度。

【开展“三八”妇女维权周活动】 3月1日，以“关注服务妇女民生，促进社会稳定和谐”为主题，开展“三八”妇女维权周活动。宣传《北京市实施〈中华人民共和国妇女权益保障法〉办法》，继续深化“亿万妇女学法律，家庭平安保和谐”法制宣传教育活动；关怀特殊人群，做好失足妇女的帮教服务。

【“五五”普法验收】 3月，启动“五五”普法验收工作。检查验收分为自查、区级检查和市级检查三个阶段，涉及全区90家委办局、近200所学校和所有区属国有企业及重点高新技术企业。7月7日，市“五五”法制宣传教育检查组到海淀对“五五”普法成果进行检查验收。市检查组检查了普法工作档案，观看普法专题汇报片，听取了海淀区“五五”普法工作组织领导、重点普法对象、围绕中心、普法载体等的简要汇报。市检查组对海淀区“五五”普法工作取得的成绩给予充分肯定。检查组还实地考察了海淀区公共安全馆普法基地。

【东升乡司法所为八家地区拆迁提供服务】 4月16日，八家地区整体改造工作全面启动，东升乡司法所从宣传动员到强制拆除全程参与，为拆迁工作提供法律意见。截止12月底，东升乡司法所共组织开展大型法律宣传咨询活动3场，现场解答法律咨询200余人，发放普法扑克、拆迁宣传口号购物袋等各类法律宣传资料12000余份。共组织开展矛盾纠纷排查72次，接待法律咨询568件，1600余人次，成功调解婚姻家庭、遗产继承等矛盾纠纷243件。还针对八家地区涉及拆迁的13名社区服刑人员和刑释解教人员采取主动措施，宣讲相关法律法规及拆迁政策，13名“两类人员”均签订了拆迁协议。

【成立“重点地区排查整治工作法律服务团”】 4月22日，海淀区“重点地区排查整治工作法律服务团”成立，为本区的8个市级挂账重点村整治督办工作提供全方位的法律服务。法律服务团由31个律师事务所组成，按重点地区划分为东升乡法律服务团、海淀乡（含上地、马连洼）法律服务团、西北旺镇法律服务团、四季青镇法律服务团。法律服务团主要职责为排查整治地区党委、政府和相关部门提供法律咨询和服务、为排查整治地区的群众提供法律咨询和服务。

【二轮修志工作完成阶段性任务】 4月，启动二轮修志工作。年内确定司法行政二轮志篇目为5章、11节，共查阅1996年至2010年间本系统档案2000余卷，抄录有关资料6万余字，全文复印资料15万余字。对1996年–2000年间的文字档案进行数字化扫描，初步搭建资料档案数字化应用平台。完成五章、十一节、三十一目近十万字的资料长编初稿。

【开展“牢记党的宗旨、争做群众贴心人”活动】 4月～12月，区司法局开展“牢记党的宗旨、争做群众贴心人”活动。通过举办诗歌朗诵会、演讲会、座谈会等形式，挖掘组织认可、群众满意的，具有代表性的身边先进典型，营造学先进、找差距、查问题的良好氛围。

【“法制宣传咨询周”活动启动】 5月9日，在玉渊潭公园举行以“崇尚法律 共筑和谐 弘扬法制精神 服务园区发展”为主题的“法制宣传咨询周”活动启动仪式。活动仪式上，来自20家律所的80位律师作为代表参加了“律师普法志愿团”成立仪式。公检法和相关委办局通过摆放展板、发放宣传品等形式进行法律宣传，并为现场群众提供义务法律咨询服务，共发放法制宣传品10000余份，解答群众咨询180余人次。由辖区31个律师事务所的近千名律师组成的“律师普法志愿团”，按重点地区划分为4个组，通过包片、定点，重点为社区、农村和社会治安重点地区的群众答疑解惑，开展法律咨询及普法宣传活动。 （韩晋）

【排查社会治安重点地区】 5月上旬，区司法局会同有关街乡、司法等部门，研究解决城乡结合部的违章建筑、环境整治、矛盾化解等问题。司法局组织31个律师事务所、2个公证处的1000多名法律工作者为排查整治工作服务。此次排查整治的主要内容有：加强对社区矫正和帮教安置对象的教育，进行矛盾大排查、大攻坚、大化解，做好城中村改造拆迁、施工过程中的宣传引导工作，做好拆迁过程中的公证、法律援助、法律服务等。 （钟冷）

【为村“两委”换届选举提供法律支持】 5月中旬～7月10日，区司法局参与全区6个乡镇71个行政村“两委”换届选举工作。一是送法到农村，在温泉镇举办“送法到农村”系列活动启动仪式，赠送法律宣传图书、普法系列光盘、法制宣传资料。依托基层法律服务室以法律咨询、以案讲法等形式，不断加强法律宣传教育力度，满足广大村民需求；二是巡回展出，结合换届选举中涉及的法律法规，以问答形式设计印制了20余块图文并茂、生动活泼的宣传展板，在全区各乡镇巡回展出；三是制作宣传品，将印有“依法选举，推进农村基层民主政治建设”、“搞好村级两委选举，建设富裕民主文明和谐新农村”等口号的法制宣传笔等宣传品发放每个乡镇，让广大村民在潜移默化中树立依法选举理念。

【区首家社区服刑人员公益劳动教育基地建成】 6月21日，海淀区首家社区矫正公益劳动教育基地和矫正帮教过渡性就业安置基地在中科院北京植物科学研究所挂牌成立。该教育基地对矫正对象开展公益劳动与科普教育，突出人性化的管理方式，通过共建活动切实发挥矫正工作的教育改造作用。为解决社区服刑人员和刑满释放人员生活暂时困难，香山街道还在街道保洁中心建立了过渡性就业安置基地。

【劳动争议调解中心中关村西区分中心成立】 7月9日，海淀区劳动争议调解中心中关村西区分中心正式成立。西区分中心在原有三方联动机制的基础上，加入信访和法院两个部门，形成司法、工会、劳动、信访、法院五方联动机制。西区分中心该中心坚持“预防为主，基层为主，调解为主”的方针，通过五方联动，促使基层人民调解组织、企业及区域调解组织充分发挥其化解矛盾、前期调解的作用，努力将劳动争议解决在基层，形成较完善的劳动争议预防、预警机制。

【“香山法律援吧”三年普法过万人】 7月，举行“香山法律援吧”成立三周年庆祝活动。“香山法律援吧”是全国首家设在4A级景区（香山公园）的公益法律宣传、法律服务和法律援助机构。自2007年9月成立以来，共为游客提供免费义务法律咨询服务超过万余人次，免费代书200余件，法律咨询涉及标的近4000万元，发放普法书籍等宣传材料3万余份，发放“国联律师便民服务卡”数千张。设立法律咨询电话，方便群众及时得到国联律师的法律解答。“香山法律援吧”已成为香山公园的一个重要的法律宣传窗口，《法制日报》曾对“香山法律援吧”作过报道”。

【纪念《公证法》颁布5周年】 8月28日，在《公证法》颁布五周年之际，开展主题为“服务民生、力促发展、积极铸造海淀公证品牌”宣传活动。北京市海诚公证处联合中关村司法所，北京市求是公证处联合北下关司法所，北京市国信公证处联合北太平庄司法所、学院路司法所、花园路司法所分别在双榆树公园、大慧寺路口、牡丹园翠微大厦广场同时举行公证法律宣传与咨询活动，发放宣传资料共计2914册，接待咨询人数共计3430人次。

【召开社区服刑人员集中教育会议】 10月14日，区司法局、区公安分局、区检察院联合召开第一次社区服刑人员集中教育会，对7至8月新接收的34名缓刑社区矫正人员进行初始教育。会上向社区服刑人员宣告了社区矫正的相关规定，要求社区服刑人员要严格遵守社区矫正的相关制度，并结合几起社区服刑人员因不服从管理被撤销缓刑、假释收监执行的案例进行警示教育；分别从政策层面和心理层面对社区服刑人员进行辅导教育，强调在社区服刑过程中要特别注意的一些敏感问题，对服刑人员如何调整好心态，重新融入社会，树立自信，建立正确的人生观、价值观提出了建议；向社区服刑人员介绍相关的帮扶救助政策，解答矫正对象提出的一些实际生活问题。

【花园路“黄丝带行动”启动】 10月20日，海淀区“阳光中途之家”花园路黄丝带行动举行启动仪式，“黄丝带之家”、“黄丝带回归港”同时揭牌。“黄丝带行动”由“一家一港”两个实体组成，心理教育层面的“黄丝带之家”，主要借助高校、律师事务所，对矫正帮教对象进行心理矫治与教育引导；作为实践基地的“回归港”，则主要借助企业以及社会力量，为有就业意向的相关人员提供实践培训、过渡性安置。

【整治海淀看守所周边法律服务秩序】 10月底，区司法局联合区公安分局、苏家坨镇城管分队等部门，就看守所周边非法设立的、以律师事务所或律师名义等行为承揽法律服务业务的非法场所依法进行集中清理整顿。对未经批准，擅自在看守所周边设立办公点、接待室的情况，立即向其开具了责令整改告知书，责令其立即停止非法执业，关闭非法办公场所。对上述办公场所的招牌、广告进行收缴和拆毁，同时对其门窗上刑事律师、快速会见、保外就医、取保候审等字样进行了剔除。此次行动共发放责令整改告知书18份，对部分违法违规律师和法律服务人员进行批评教育，并视其整改情况依法做出处理。

【启动“12·4”法制宣传月】 11月4日至12月4日，在全区启动“12·4”法制宣传月活动。11月16日，海淀区法制宣传教育领导小组办公室以“弘扬法治精神，共建和谐海淀”为主题，在东升八家郊野公园开展“12·4”法制宣传月启动仪式暨东升普法休闲广场启用、法制夜校揭牌仪式。活动开始后，市、区两级领导为东升普法休闲广场启用剪彩并为法制夜校揭牌，向普法志愿者代表颁发证书和聘书。“宣传月”期间，各委办局和街乡镇开展系列宣传活动，包括“千名律师社区普法行活动”、“12·4”公共安全馆大型法律宣传活动、新中关广场大型法律宣传活动等。

【建成7个公益法律服务中心】 11月底，作为区司法局2010年承办的第20件实事，分布在海淀北部地区7个乡镇的7个公益法律服务中心全部建成，分别为四季青镇、海淀乡、东升乡、上庄镇、苏家坨镇、西北旺镇、温泉镇公益法律服务中心。公益法律服务中心的职责是为法制宣传教育培训、辖区内矛盾纠纷调解、担任乡镇政府和村经济组织的法律顾问、代理非诉讼法律事务、解答法律咨询等五项工作。每个公益法律服务中心配备两名专职调解员。

【上地企业商事纠纷调解委员会揭牌】 12月8日，中关村企业家商事调解中心与区司法局、上地街道办事处联合成立的“上地地区企业商事纠纷调解委员会”揭牌。企业商事纠纷专业调解委员会主要聘请在地区商界中具有较高知名度和丰富商业运营经验的企业家作为特邀调解员，委托他们对商事案件进行调解。人民调解委员会是依法设立的调解民间纠纷的群众性组织，为上地地区企业自愿选择调解方式解决商事纠纷提供了一个权威性的专业平台，有利于迅速化解当事人之间的争议，节省行政资源和司法资源缓解社会矛盾。

【启动未成年缓刑人员教育矫正活动】 12月10日，区司法局、海淀法院举行海淀区未成年缓刑人员教育矫正活动启动仪式，区法院“法官妈妈”尚秀云被聘为海淀区阳光中途之家专家顾问。当天尚秀云与两名未成年海淀籍缓刑人员开展了一对一的谈心工作，海淀区阳光中途之家的数据综合处理中心对谈话教育活动全程跟踪录像，与会人员对谈话教育通过监控设备进行了观摩，对两名未成年缓刑人员的情况进行了专题分析，制定了教育矫正跟进工作方案。（韩晋）

【海淀区律师协会成立】 12月18日～19日，海淀区召开第一届律师代表大会，会上成立海淀区律师协会。会议选举产生第一届北京市海淀区律师协会理事33名、监事8名、会长1名、副会长8名、监事长1名。律师协会成立后，将为区域重点项目建设、企业尤其是中小型企业、科技型企业等提供全方位的法律服务，为产业结构调整、经济发展方式转变、国有企业改革、金融体制改革、城乡一体化工作等国家重大经济活动及国际国内贸易、投融资等重大民商事活动提供法律服务。同时做好低收入家庭、下岗失业人员、残疾人、老年人、未成年人、农民工等的法律援助工作。协会建立健全律师执业监督体系，增强行业自律管理能力。

（钟冷　韩晋）

【律师事务所实现党建全覆盖】 从2006年开始，区司法局开展联系律师事务所的工作，几年来，区域内律师事务所与司法所联系工作的长效机制已初步形成，形成局党组统一领导、机关统筹安排、基层主抓落实的工作格局。截至2010年，海淀21家属地有律师事务所的司法所全部与律师事务所建立联系，13家地区临时（联合）党支部先后建立，实现律师事务所党建工作全覆盖。

【海淀“五五”普法成果】 本区“五五”普法（2006-2010）取得显著成果：建立32个法制教育基地，编发法律宣传教材和宣传资料800余万册，接待解答咨询20万人次，创建“民主法制示范村”47个，“民主法制示范社区”35

个，实现对全区 210 万户籍人口和 152 万流动人口法制宣传教育全覆盖。组建 2 万余人的普法讲师团、法制宣传员和普法志愿者等 6 支普法队伍，投入资金 3200 多万元，对 2 万多人进行了岗位法律知识培训。发挥学校、家庭、社会“三位一体”青少年法制教育网络作用，以“说、学、逗、唱”新载体模式，促进青少年法律意识和法律素质的提高；加强企业经营管理人员法制宣传教育；加强农民和农民工法律宣传教育，培训农村“两委”丁部 800 多人次，建立农民工夜校 640 余所，培训农民工 12 余万人次。五年来，主要开展几项大的普法活动：围绕北京举办奥运会，开展“人文北京·法治同行”为主题的法制宣传活动，组建了 130 支 1 万余人的奥运法制宣传小分队，在社区、乡村开展普法宣传活动；开展“国庆 60 周年安保”主题法制宣传、“法律聊聊透”和“民主法治示范社区”创建活动；围绕国际金融危机，开展“中小企业法律保障计划”活动，对 64 家创业企业开展企业法律诊断、法律治理、法律档案建立、全年法律跟踪等四方面的“法律面对面”服务；围绕民生，开展依法防治甲流、依法拆除违章建筑、防诈骗等法律法规宣传活动。　（钟冷）

【调解典型案例】

案例一：罗庄西里至中国医药集团地下污水管线维修调解案

2010 年 2 月 2 日，罗庄西里至中国医药集团地下污水管线发生塌陷事故，该管线流向自西向东，西起罗庄西里 11 号楼，至罗庄东里南门向北拐至中国医药集团东北门汇入知春路下市政主管线。沿途涉及众多单位，如不及时修理将影响几万人正常生活。中国医药集团向罗庄东里社区调委会反映，需要调委会出面调解进行维修。

社区调解委员会经过二次调解（2 月 4 日是、3 月 2 日），相关单位达成《罗庄西里至中国医药集团地下污水管线周边单位责任协议书》。在第三次电话调解后，于 3 月 4 日达成《罗庄西里至中国医药集团地下污水管线塌陷维修相关单位出资协议书》，总计 3.1 万元，北京国药物业管理有限公司承担 60%，蓟门物业管理中心、城承物业管理中心、东升物业管理中心、东达物业管理中心、重钢宾馆和巴黎春天六个单位共同承担其余的 40%。调解工作圆满完成，管道进行维修，确保了春节和全国“两会”期间没有出现因污水管道堵塞而影响群众正常生活的情况。

案例二：海淀街道施工扰民调解案例

2010 年 6 月 7 日，海淀街道合建楼社区调委会接到小区 77 号院 2 号楼 5 单元、3 号楼部分居民的反映：苏州街 77 号院的海兴物业将原来的办公楼出租给鑫盛苑宾馆，正在加紧改造施工。施工地点紧邻小区居民楼的 2 号、3 号楼，施工单位用搭建的步行梯装卸运输材料，其噪音、粉尘给居民的日常生活造成了很大的影响和损害，小区居民要求施工方立即停工。为此双方发生纠纷。居民向社区调委会提出三项调解请求，即要求施工单位拆除搭建的步行梯；宾馆要有专用的通道；对受到噪音干扰的居民给予一定的经济补偿。

社区调委会根据居民的请求和事实，初步了解纠纷的原因，并于 6 月 7 日当天请来海兴物业部的负责人进一步了解核实情况，并要求施工单位应提前发布安民告示，采取恰当的措施降低噪音、降低粉尘，取得居民的谅解。物业负责人表示与施工方协商，严格按北京市规定的施工时间进行作业施工，把扰民状况降到最低。6 月 9 日，社区调委会请来鑫盛苑宾馆法人代表，进一步了解纠纷过程。并对施工方解释，此次施工虽不属于补偿范围，但施工现场的噪音、粉尘对居民造成了诸多的不良后果，居民要求得到一定补偿是合情合理的。宾馆一方同意进行补偿。

6月13 日，经过社区调委会的调解，部分居民代表与宾馆方就赔偿问题达成一致，签署补偿协议。由施工方鑫盛苑宾馆一次性交给居委会施工噪音补偿费，由居委会统一发放给苏州街 77 号院 2 号楼 5 单元、3 号楼的居民；宾馆要独立开门，不能与居民区相通。社区居民于 6 月 24 日拿到了补偿费，防止了矛盾的激化。

案例三：海淀区首例对脱管社区服刑人员撤销假释并收监执行案

5 月 25 日，经区司法局申请，北京市第一中级人民法院依法对脱管社区矫正人员那某撤销假释，这是全区首例撤销社区服刑人员假释的案件。

那某，男，满族，1971 年出生，原籍辽宁省凤城县，初中文化，户籍海淀某小区 5 号楼，住海淀区某小区 3 号楼。1989 年 4 月，那某因抢夺被处劳动教养 2 年；1993 年 7 月因犯盗窃罪，被判处有期徒刑 3 年在良乡监狱服刑；1997 年 3 月因盗窃判处 15 年在北京市监狱服刑。2008 年 11 月 11 日于北京市监狱假释出狱（实施社区矫正），假释考验期为 2008 年 11 月 11 日至 2010 年 4 月 30 日。

那某自 2008 年 11 月 13 日至 2010 年两会前夕，基本能够遵守社区矫正的各项规定，按时到司法所报到，定期上交思想汇报。2010 年两会期间，那某没有按要求来司法所报到，手机也联系不上，经司法所会同派出所多次排查寻找，从其母亲口中得知，那某可能因欠债外出打工，也可能去外地，具体情况不明，她也联系不上。后经社区管片民警在网上查询得知，2010 年 1 月 25 日 2 时许，那某在崇文区格林豪泰酒店 8385 房间以烫吸的方式吸食毒品冰毒，后于当日 22 时 50 分许在由由三星快捷酒店 8242 房间被前门派出所民警抓获，崇文公安分局以吸毒对那某行政拘留 14 日，2010 年 3 月 26 日、27 日，那某在四川省渠县有庆镇平滩村 5 组 82 号伍丽华的家中吸食毒品，并于 28 日在重庆市沙坪坝区小龙坎星豪酒店被捉获。2010 年 4 月 13 日，重庆市公安局沙坪坝区分局决定对其强制戒毒二年。

得知此情况，曙光司法所向区司法局请示，启动撤销假释收监程序，经向公安机关提议，北京市公安局于 2010 年 5 月 6 日提出撤销那某假释建议书。北京市第一中级人民法院审理认为，那某在假释考验期限内违反法律规定，吸食毒品并被处以行政拘留处罚，且因再次吸食毒品被强制隔离戒毒，情节严重，依法作出裁定，撤销其假释，收监执行未执行完毕的刑罚。

此案是北京市实施《关于对社区服刑罪犯撤销缓刑、撤销假释、决定收监执行工作的规定（试行）》以及《关于对社区服刑人员考核奖罚工作的暂行规定》（以下简称“两个规定”）以来，海淀区第一例撤销假释收监执行的案件，此案对海淀区的社区矫正工作产生了三个方面的积极作用：有利于正确贯彻宽严相济的刑事司法政策，强化社区矫正监督管理规定的约束力和社区矫正的刑罚执行效力，起到了维护社区矫正的严肃性，确保刑罚顺利实施的作用；有利于促进“两个规定”的贯彻落实，为社区矫正机构严厉打击脱管漏管行为，有效预防和减少社区服刑人员脱管漏管提供了案例借鉴，为全区起到了典型引路作用；有利于增强社区服刑人员的遵纪守法意识，为促进其他社区服刑人员自觉遵守社区矫正监督管理规定提供了“鲜活”的反面教材，对其他人起到了警示教育作用。

【驻区部分律师事务所简介】

北京市邦盛律师事务所　北京市邦盛律师事务所创立于2003年4月，属合伙制律师事务所，总部设在北京，在济南市、深圳市设有分所。拥有“上市快车”、“融资快车”、“民商诉仲”等数个专家团队。主营业务包括产业投资基金、上市融资、并购重组、公司证券、中小企业法务管理、国企改制重组、企业破产清算、房地产、知识产权、劳动人事、资源矿产、中韩法律事务、国际合作、婚姻家庭、交通安全、刑事辩护、民商诉仲、中关村园区企业诉讼仲裁邦盛律师服务团购计划。全所共有执业律师42人（其中兼职2名），工作人员12人。2010年全所共办理诉讼案件、非诉案件共计116件，总收入近1058万元，纳税总额148万余元。2010年，事务所参与政府法律服务工作，主要包括参加唐家岭拆迁改造工程法律援助工作，一名律师参加“1+1”中国法律援助志愿者行动，筹建“海淀夕阳红法律援助中心”，为老年人免费提供义务法律咨询。11月19日，事务所与海淀区非紧急救助服务中心签订法律援助协议，受聘担任该中心法律顾问。

北京市天银律师事务所　北京市天银律师事务所创立于2002年12月，属合伙制律师事务所。主营业务包括企业改制、首次股票发行与上市（A股、B股、H股）、上市公司再融资（增发、配股、可转债）、上市公司收购重组、金融业务、诉讼仲裁等。全所共有执业律师90人，工作人员20人。2010年，全所共办理法律顾问案件46件、民事案件5件、经济案件12件、非诉讼事务202件，总收入共计9691多万元，纳税近1369万元。

北京市汉卓律师事务所　北京市汉卓律师事务所成立于1999年9月16日，属合伙制律师事务所，共设公司、房地产、物业、招商引资、金融、国际、知识产权、劳动、争议解决、能源矿产、社会公益、综合等十二专业法律部门。2009年发起设立汉卓百城律师服务系统项目，至2010年已在全国设立7家分所，与国内外18家律所建立长期合作关系。事务所有执业律师56名、实习律师5名，工作人员40余名。汉卓律师事务所自2006年起参加148政府法律热线工作，连续几年被市法援中心评为“148”先进集体”、“148”专线专业网优秀律所称号。2010年，律所创设“公益法律大讲堂”，创建了法律援助新的平台。2010年，完成海淀区法律援助中心指派的“甘某等33名农民工讨薪案件代理工作，承办其他各类法援案件共40余起。汉卓所荣获2010年度“北京市海淀区优秀律师事务所”称号；韩冰主任荣获“北京市律师队伍警示教育工作优秀律师事务所主任”称号。

北京市昌久律师事务所　北京市昌久律师事务所成立于1996年，属合伙制律师事务所，在昆明设有分所。业务范围包括企业融投资、知识产权保护、企业改制、重组兼并、股票证券、国际贸易、涉外纠纷、房地产以及办理重大、疑难民商事诉讼、执行案件等。多年来，成功办理近20家公司、企业的股票发行与上市及企业重组等业务，为数十家公司、企业提供常年法律顾问服务和专项法律服务，办理多起案值亿元以上的重大、疑难经济纠纷诉讼案件，为企业挽回和避免数十亿元的经济损失。全所有近30名专职律师、1名兼职律师，实习律师、律师助理、行政人员共计40余人。2010年，律所办理民事案件38件，刑事案件3件，非诉案件10件，总收入471多万元，纳税63万多元。律所关注、支持公益事业，承担了为期一年的公益法律咨询志愿工作，2010年10月受到北京律协表彰。组织律师参与海淀区政府矛盾调解中心的信访接待工作，为咨询者提供专业的法律咨询。

北京市国联律师事务所　北京市国联律师事务所成立于1998年9月，属合伙制律师事务所，是以金融、银行、证券、公司事务、房地产、知识产权、涉外、劳动人事、婚姻家庭为主的专业型律师事务所。有注册执业律师70余人，律师助理30余人。2010年全所收入近5千万元，纳税近7百万元。

北京市汉鼎联合律师事务所　北京市汉鼎联合律师事务所成立于2001年12月，属合伙制律师事务所，主营业务为知识产权、公司证券、反垄断、金融、房地产、环境保护、诉讼与仲裁等法律服务领域。全所共有执业律师45名，实习律师8名，行政人员3名。2010年该所共办理各类案件73件，其中刑事案件数量2件，民事案件数量15件，法律顾问案件20件，经济案件23件，非诉讼事务3件，咨询代书10件。2010年业务收入3858多万元，交纳营业税金附加212多万元，交纳合伙人所得税331多万元。

北京市华贸硅谷律师事务所　北京市华贸硅谷律师事务所成立于1994年，由北京市华贸律师事务所和北京市硅谷律师事务所合并而成，是合伙制律师事务所，2010年入选《中国100强律师事务所》。华贸硅谷律师事务所现有执业律师50余名，辅助人员20余名。华贸硅谷律师事务所擅长仲裁和诉讼、外商投资和对外投资、国际贸易（反倾销、反补贴和保障措施）、公司与金融、知识产权、房地产。2010年承办的案件包括民事诉讼21件，非诉业务42件，仲裁业务9件，法律援助5件。全年业务收入1500多万元，纳税200多万元。该所多年来一直担任海淀区政府法律顾问，主要协助海淀区政府领导接待群众来访咨询，协助处理群体性纠纷等。

北京市百瑞律师事务所 北京市百瑞律师事务所创建于2002年5月18日，2005年8月自朝阳区迁至海淀区。本所主要业务范围涉及国内外民事、经济纠纷、房地产、知识产权、税收、国际商贸、反倾销、公司法律事务及金融证券等多个领域。2008年注册成立深圳分所，2010年注册成立济南分所。北京总所有执业律师100余名，实习律师、律师助理及行政辅助人员30余名；深圳分所执业律师40余名；济南分所执业律师30余名。

2010年，承办案件495件，其中民事案件约206件、刑事案件约27件、法律顾问约218、非诉案件20、经济案件24。全年事务所收入4500余万元，缴纳各项税费627余万元。事务所律师担任延庆县政府法律顾问、海淀区政府信访办咨询律师、海淀交通队交通事故调解委员会调解员等。

北京市博景泓律师事务所 北京市博景泓律师事务所成立于1999年10月25日，是一家以房地产、建筑工程、知识产权、商务和公司事务为主营业务的律师事务所。事务所有律师24人、实习律师2人、行政人员4人及其他助理若干人。2010年事务所共办理民事案件70件、刑事案件5件，常年法律顾问单位42家。2010年律所收入1144多万元、纳税155多万元。

北京市王玉梅律师事务所 北京市王玉梅律师事务所成立于2009年05月14日。主营业务包括房地产、知识产权、劳动、经济等诉讼与非诉讼。全所共有执业律师13人，辅助人员16人。2010年共办理民事案件86件、刑事案件7件、非诉案件17件、顾问案件13件、其他3件。全所业务收入共计1171万元，纳税共计164万多元。该所王玉梅主任为海淀区政府行政复议委员会非常任委员，常年参与海淀区信访办公室参与信访接待及区两会咨询工作，受市政府信访研究中心委托完成《北京市涉法涉诉课题研究报告》。该所担任海淀区妇联、清河街道办事处、学院路街道办事处常年法律顾问。

北京赵天庆律师事务所 北京赵天庆律师事务所成立于2005年6月28日，由赵天庆律师个人设立。律所有4位律师、辅助人员6名。主要业务包括金融机构及银行法律服务；企业改制、重组、兼并、收购、上市；公司法律事务；诉讼和仲裁法律事务；房地产法律事务；常年法律顾问业务。2010年共办理案件41件，其中民商事案件37件，刑事案件5件。参与海淀区政府指派的唐家岭拆迁案。2010年律所收入725多万元，纳税102万元。 （韩晋）

【北京市海诚公证处】 北京市海诚公证处原名为北京市海淀区公证处，成立于1981年，是经北京市司法局审核批准设立，并年检注册合格的国家专门的法律证明机构。2007年更名为北京市海诚公证处。海诚公证处现有工作人员36人，其中公证员11人，公证员助理13人，行政人员1人，其他工作人员11人。主要办理国内、涉外、涉港澳的民事、经济等公证事项。2010年接待人次51961人次，办证总量41311件，收费总额1260.6万。其中国内民事10490件，国内经济1629件，涉外29192件，涉台港澳337件。2010年3月7日，北京市西苑万泉河商品市场人为纵火案造成568个摊位受损，北京市海诚公证处为受损商户办理保全证据公证。

地址：海淀区知春路108号豪景大厦A座3层
邮编：100086
电话：62106523 62106275 62106256

【北京市求是公证处】 北京市求是公证处原名北京市海淀第二公证处，成立于1995年，是经司法部批准成立并经北京市司法局注册登记的全国首批公证机关向事业化单位改革的试点单位。2007年更名为北京市求是公证处。求是公证处现有工作人员14人，其中公证员4人，公证员助理5人，其他工作人员5人。主要办理国内、涉外、涉港澳的民事、经济等公证事项，例如合同、遗嘱、继承、委托、财产分割、保全证据等事项的公证证明。2010年接待人次6531人次，办证总量16245件，收费总额518.2万元。其中国内民事5559件，国内经济590件，涉外10096件，涉台港澳86件。

地址：海淀区魏公村中关村南大街24号
邮编：100081
电话：62189143 62189139

【北京市国信公证处】 北京市国信公证处成立于1994年，是经北京市司法局审核批准设立，并年检注册合格的国家专门的法律证明机构。国信公证处现有工作人员32人，其中公证员14人，公证员助理11人，行政工作人员1人，其他工作人员6人。主要办理国内、涉外、涉港澳的民事、经济等公证事项。2010年接待人次33495人次，办证总量21391件，收费总额1169.1万元。其中国内民事6204件，国内经济5012件，涉外10175件，涉港澳94件。2010年北京市国信公证处加入海淀区“重点地区排查整治工作法律服务团”，为重点挂账的唐家岭、八家村等城乡一体化重点地区的搬迁腾退、拆除违建办理公证保全事项。

地址：海淀区北太平庄路甲1号城建大厦C座9层
邮编：100088
电话：82255185 82255186 82255187

【海淀区法律援助中心】 海淀区法律援助工作开始于1997年，原为律师管理部门的一项职责。1999年6月，海淀区成立“148”法律援助专线办公室，承担义务法律咨询及开展法律援助工作。2003年5月正式更名为海淀区法律援助中心，是全市开展法律援助工作较早的区县之一。海淀区法律援助工作呈现出全面发展的趋势：一是形成了以政府为主导，社会广泛参与的法律援助工作格局，建立了“区法律援助中心—街（乡）镇法律援助工作站—社区（村）信息员”组成的法律援助“三级网络”组织体系，方便了困难群众就近申请法律援助；二是建立健全工作机制，创新建立了“边缘性刑事法律援助”机制、

“律师事务所代受理”机制、“联席会议”机制、“网络互动”机制和刑事和解工作机制等新机制；三是降低法律援助门槛，扩大法律援助范围，针对农民工法律援助案件建立“农民工维权绿色通道”，适当放宽老年人、残疾人等案件的经济困难标准，不断加强维权力度。区法律援助中心先后两次荣获“全国法律援助先进集体”，获得“北京市司法行政系统先进集体”，“海淀区文明单位”等称号。中央电视台《焦点访谈》栏目、北京电视台、《法制日报》、《北京日报》等媒体对海淀区法律援助工作情况进行了宣传报道。

海淀区司法局
地址：西四环北路 11 号区政府第二办公区
邮编：100089
电话：88489002　88489003（传真）
邮箱：sfj_bgs@126.com

海淀区司法所名录（29 个）

司法所名称	联系电话	地　　址	邮　编
海淀街道司法所	82669629	海淀区丹棱街 10 号新海大厦 1316	100080
香山街道司法所	62593606	海淀区香山一棵松 2 号	100093
上地街道司法所	62961662	海淀区东北旺南路 27 号	100193
清河街道司法所	62932358	海淀区清河小营西路 20 号	100085
羊坊店街道司法所	88272125	海淀区玉渊潭南路 18 号	100036
万寿路街道司法所	68242868	海淀区永定路西里 11 号楼	100039
八里庄街道司法所	51701148	海淀区北洼路 64 号	100048
紫竹院街道司法所	68712450	海淀区万寿寺北里 5 号楼 4 层	100081
田村路司街道法所	88268359	海淀区玉海园二里 1 号楼 313 室	100143
学院路街道司法所	62399723	海淀区成府路 15 号	100083
甘家口街道司法所	52851250	甘家口小区 25 号居民事务接待大厅 2 层	100037
中关村街道司法所	62627062	海淀区双榆树西里 16 号	100086
北下关街道司法所	62126060-301	海淀区学院南路 47 号	100081
马连洼街道司法所	62813069	海淀区马连洼北路 8 号院街道办事处	100193
青龙桥街道司法所	62875924	海淀区香山路 6 号青龙桥街道办事处	100091
花园路街道司法所	82082010	海淀区牡丹园西里 18 号	100191
西三旗街道司法所	62900173	海淀区西三旗永泰小区 50 号楼三层	100192
北太平庄街道司法所	82210637	海淀区文慧园 68 号	100082
清华园街道司法所	62794215	海淀区清华大学 1 区 65 号院	100084
燕园街道司法所	62753809	北京大学燕东园居委会二楼	100871
海淀乡司法所	62885551-8101	海淀区西苑操场 108 号	100091
上庄镇司法所	62471201	海淀区上庄镇政府	100094
东升乡司法所	82619034	海淀区成府路 45 号东升乡政府	100083
苏家坨镇司法所	62454590	海淀区苏家坨镇北安河路 22 号	100194
西北旺镇司法所	82403903	海淀区西北旺镇后厂村路 69 号	100094
温泉镇司法所	62467354	海淀区温泉镇政府	100095
四季青镇司法所	88460856	海淀区东冉村 449 号	100097
永定路街道司法所	88271517	北京 142 信箱 210 分箱	100039
曙光街道司法所	88866077	海淀区蓝靛厂西路 1 号	100097

（韩晋）

人民武装工作

中国人民解放军北京市海淀区人民武装部是中共海淀区委的军事部，同时是海淀区政府的兵役机关，受上级军事机关和海淀区委区政府的双重领导，挂海淀区人民武装委员会、国防动员委员会、征兵办公室、国防教育办公室牌子。2010年，区人武部党委、机关着眼首都防空作战、反恐维稳任务，以加强基层民兵组织为牵引，以提升机关自身能力建设为抓手，全面加强后备力量建设，武装部机关和基层民兵组织、队伍建设稳步提高。

组织领导 年初，部党委协调区委召开“议军”会，研究全区年度人民武装工作。年内，区委、区政府多次专题研究解决国防后备力量建设，包括年度工作安排汇报、国防动员工作、民兵参与国庆安保工作、基础设施建设等问题。召开全区民兵预备役工作会议，组织各乡镇（街道）党（工）委书记进行党管武装工作述职，总结上年民兵预备役工作情况，表彰先进单位和个人，部署本年度工作任务。

第二季度，进一步扩大民兵组建范围、拓宽编兵渠道、挖掘兵员潜力，不断改进编组方法，对民兵组织结构和布局作了进一步调整。突出作战分队、勤务保障分队、应急分队和其它分队共4种队伍建设，不断提高专业对口率和兵员在位率。以民兵应急专业分队组训为突破口，加强重点应急分队建设，在全区推广曙光重点民兵应急连规范化建设经验，促进了基层民兵工作的开展。

军事训练 按照训练计划以及民兵队伍担负的任务，各基层编兵单位组织民兵分专业训练。6月，组织70名民兵高炮骨干，以首都防空编群为内容，进行为期一个月的集中强化训练；7月，组织专武干部，围绕破解影响和制约后备力量建设重点难点问题，开展为期一周的集训。8月，分两批、组织近千名民兵进行为期四天的轻武器实弹射击。年内，以专武干部网上集训专题辅导提纲为教材，加大民兵政治工作培训力度。

政治教育 按照北京卫戍区下发的民兵预备役政治工作计划，研究制定具体措施，结合整组、训练、执勤和敏感期战备等任务和时节，落实民兵预备役政治工作。组织基层普及订刊用刊，全年订阅各类国防刊物杂志4000余份，以总政编印的“四课”为基本教材，突出职能任务、责任使命、形势战备和法纪法规等内容，开展刊授教育、入队教育、季课教育等。注重集中训练期间、执勤维稳任务中的政治教育和经常性思想工作，不断培育民兵战斗精神。

国防动员 重新统计核实了区域军事设施，协调有关部门对驻军营院周边环境秩序进行整治。第三季度，完成适龄青年的兵役登记工作。做好退伍军人服预备役、专业技术兵员储备区和地方与军事专业对口技术人员预备役登记统计工作，提高预备役人员管理的征、储、用一体化建设水平。参与地方防汛、防震、防疫、防火等公共应急机制建设，修订完善相关方案，组织协调驻区部队和相关基层武装部召开专题会议，区分任务，明确职责，做好应急准备。

国防教育 广泛开展全民国防教育，邀请国防大学、军事科学院以及中央党校、清华大学等高等学府、研究院所专家开办专题讲座80余次，开展国防知识竞赛、演讲比赛100多场次，发放教育宣传画300余套，宣传单10万余份。6月，在全区中小学和驻区部队开展“海洋观教育月”活动，约有4.8万大中小学生和驻京部队官兵受到教育和知识的普及；7月，结合迎接全国和北京市“双拥模范城”评比活动，深入开展拥军优属、拥政爱民教育；10月中旬，组织开展以“铸魂强体，共筑长城”为主题的“2010年海淀区中小学国防教育成果展示和青少年国防教育论坛”，2000多名中小学生进行了汇报表演，受到广泛关注。年底，结合兵员征集工作，采取制作宣传画报、公益广告，利用电视、广播、网络、报刊等渠道，宣传《国防法》、《兵役法》、《国防教育法》等法律法规，引导广大群众认清国防建设的重要地位和作用，激发广大青年的爱国热情和投身军营的政治热情

征兵工作 贯彻国防部关于新兵征集对象主体调整的指示精神，七、八月份，在全区各级各类中学、职高、技校和乡镇、街道中开展兵役登记工作，摸清兵员底数。针对本年兵员征集工作中出现的困难和矛盾，区人武部积极应对，采取给街道（乡镇）政府以压力、给院校以动力的方法，通过加大宣传力度、多次组织上站体检、充分做好一人一事工作等形式，保质保量地完成405名新兵征集任务。

民兵参建参治 广泛发动和组织广大民兵参与区域经济社会全面建设，参加农副业生产，协助公安机关维护社会治安。加强节假日、敏感期值班和情况掌握，组织民兵执勤、备勤2000多人次。“两会”期间，组织318名民兵担负执勤任务，确保了53处守护目标的绝对安全，受到北京市和北京卫戍区的充分肯定。

机关建设 以坚实党管武装基础，提高服务保障能力为目的，不断推进学习型党组织建设。部党委坚持把加强党组织建设作为全年首要政治任务，围绕“讲科学、建制度、抓学习、出成效”的工作思路，做了大量工作。4月，以《中共中央关于加强和改进新形势下党的建设若干重大问题的决定》和《中央军委关于加强和改进新形势下军队党的建设的意见》为主要内容，开展“崇尚学习、增强党性”主题教育，着力推进学习型党组织建设；围绕影响和制约后备力量发展建设重点难点问题，开展特点规律研究工作，有效提升了领导科学化和

破解难题的实际能力。9月，对基地高炮库进行彻底整治，将上万件器材物品重新登记造册，分类存放；完善民兵训练基地配套设施建设，增添电教、网络训练系统，整修道路和体能训练场；为新办公楼加装设备，充分做好入住前的各项准备。10月，在部机关开展党员思想作风教育整顿活动，学习体会胡主席关于加强军队党的作风建设的一系列重要论述，组织召开民主生活会，有效增强了党组织的凝聚力和战斗力，进一步提高了党委班子的执政能力和决策水平。

年内，组织军校和国防生招生政审274人；复转军人预备役登记约1000人；50万字的军事志样书已经付印。

年底，人武部被北京卫戍区评为管理教育先进单位和征兵工作先进单位。

（潘高峰）

海淀区人民武装部
地址：海淀区万柳中路10号
电话：82572633

人民防空工作

【综述】　海淀区的人民防空工作由海淀区民防局负责。2010年，民防局围绕核心区建设，开展创先争优暨“优质服务年”活动，加强人防工程安全监管，进行人防工程管理改革试点，推进人民防空指挥通信、宣传教育工作，组织筹备庆祝人民防空创立60周年系列活动。民防局下属人防工程管理中心、民防指挥中心两个事业单位（本年底，两个事业单位全部纳入规范工资管理）。

2010年，海淀区民防局被国家人防办评为“全国人民防空先进单位”、“全国人防系统宣传报道先进单位”。被北京市民防局评为“宣传报道先进单位”；被区防汛抗旱指挥部评为“2010年度安全迎汛工作优秀单位”。获得“共建核心区奉献在海淀优质服务奖”，“二〇一〇年度海淀区社会治安综合治理先进单位”、“海淀区二轮修志工作先进单位”称号；人防工程管理中心被区防火安全委员会评为“2010年度海淀区消防安全工作先进集体”。康建民局长被国家人防办评为“全国人民防空先进个人”、“全国人防系统通讯报道先进个人”；王喜瑁副局长被北京市民防局评为“宣传工作优秀工作站站长”。

民防队伍建设　组织党员、干部开展创先争优活动，以“锤炼党性做表率，创新发展当先锋”、“优质服务年”、“五比一争当”等系列主题活动为抓手，强化“服务核心区奉献在海淀”的意识。开展全方位、多层次、有针对性的业务培训加强业务素质培养，就人防工程建设规划审批、应急指挥能力提升、严格贯彻依法行政等方面，组织业务培训，提高了人员的综合素质。加强党风廉政建设，加强对高风险点的研判和预防，开展预防职务犯罪警示教育整顿活动。完成《利用人防工程资源，建立民防应急物资储备库》、《关于北下关街道人防工程管理改革试点的调研》、《搭建信息监控系统平台，提高人防工程科技创安水平》、《改革创新、民防为民》、《社区民防志愿者队伍建设初探》、《如何进一步加强党员教育管理工作》等课题调研。

人防工程建设与管理　2010年，北京市民防局按照“与区属各审批职能部门审批权限、范围相一致”的原则，向本局下放中关村国家自主创新示范区核心区10万平方米及以下人防工程建设标准审查审批权限。

做好人防工程建设规划审批。6月，海淀区人防工程建设标准审查工作进入中关村科技园区企业办事中心，按“一科制”原则开展对外窗口服务业务，全年共审查投资项目30件，建设总规模77.3万余平方米。做好人防工程接收工作。完善行政许可“六制度一流程”[①]，简化办事程序，提高办事效率。全年共验收新建人防工程x处、x万余平方米；接收公用人防工程x处、x万余平方米；制作工程认可档案x卷。

人防工程管理改革试点　9月，本局率先在全市开展人防工程管理改革试点。改革的主要内容：坚持人防工程的公益性质，人防工程优先用于公益事业，支持社区建设、社会组织培育；政事分开，分离经营权，将收费人防工程移交区房地中心统一管理；下放管理权限，将人防工程纳入公共管理平台，发挥乡镇街道属地管理优势。

自10月起，全区所有人防工程不再新批出租住人；完成向区房地中心移交收费人防工程事宜，与街道（乡镇）签订《人防工程使用管理授权委托书》和《人防工程安全管理责任书》，并对街道（乡镇）民防干部进行了人防工程管理专业知识培训。12月6日，组织召开“利用人防工程为公益服务经验交流会”，介绍了海淀区人防工程管理改革试点工作和利用人防工程为公益服务的经验。

制订工作方案，开展应急演练。先后制定了“两会”、防汛、“打非”等人防工程安全管理工作方案，完善了《人防工程事故应急处置预案》，组织了以应对突发公共安全事件、防汛、防火、防恐怖袭击为主要内容的研究、训练和演练。

做好人防工程防汛工作。完善《海淀区人防工程迎汛方案》和《海淀区人

---

① “六制度”是指海淀区民防局行政许可公示制度；海淀区民防局行政许可一次性告知制度；海淀区民防局行政许可过错追究制度；海淀区民防局行政许可听证制度；海淀区民防局行政许可监督检查制度；海淀区民防局行政许可统一办理制度。“一流程”是指海淀区人防办行政许可实施程序流程图（申请、受理；审查、决定；送达）。

防工程防汛应急预案》；普查全区在用、闲置、早期人防工程，组织防汛演练，增添防汛设备，补充储备物资，妥善处理突发事件，完成防汛任务。做好人防工程维护管理，全年共完成 x 处、面积 x 万平方米人防工程的维护保养。开展多次专项人防工程安全大检查，全局全年共出动 10910 余人次，检查人防工程 4160 处次。

指挥通信工作　强化应急指挥机构和警报报知系统建设，完成两处高点监控建设；完成全区警报器、多个高点监控系统的维护维修、加电测试等；加强防空防灾警报网的建设和管理，实现全区警报点统一管控和社会化管理；举办全区通信警报设点单位通信警报培训会；装备了野外应急炊事保障车。

启动民防信息数据库和应急指挥综合值班室建设，为空情自动化接收系统、情报信息系统、应急三维电子沙盘系统等配备专门操作人员。

应急工作。完成北坞村拆违、绿化土地平整现场的应急指挥通信保障任务；与四季青镇政府共同举办"2010 年安全生产月暨人防工程防汛抢险、应急指挥"联合行动演练；完成市局指挥通信车报送现场图像信息演练工作；组织跨省应急拉练，共出动 5 台应急车辆，途经河北、天津、山东三省市，行程 1500 余公里；接待国家行政学院应急管理教学、清华大学公共安全研究中心培训班、外省市民防系统的参观学习活动。

防空防灾宣传教育　完成上庄镇八家村宣传教育基地建设和海淀公共安全馆防空防灾展区的升级改造工作；接待国家有关部委、省、市民防系统同行以及国家行政学院等单位（团体）来参观考察、调研交流，共 34 批；北京电视台《平安生活》栏目组专题宣传报道本局利用人防工程开展民防为民情况。

全面推进防空防灾知识"进企业、进农村、进社区、进学校"，在海淀公共安全馆等地多次举办防空防灾宣传教育活动，发放《首都市民防灾应急手册》等近万份宣传资料。充分发挥新闻媒体宣传教育作用。订阅 1001 份《中国人民防空》杂志，宣传面覆盖到区四套班子、各街道乡镇，区属部分委办局、驻区 70 所大学、全区中小学校；在《中国人民防空》等杂志、报纸上发表新闻稿件 46 篇；向《海淀信息》、《昨日区情》报送信息 15 条。

开展庆祝新中国人民防空创立 60 周年系列活动。开办民防主题宣传日活动，筹办一个防空防灾宣教培训基地，制作《海淀民防 60 年》画册、《海淀民防》宣传片、《牢记人防历史，谱写民防新篇》人民防空教学片、《社区紧急疏散演练》教学片。

执法工作　全年对 44 个单位的 56 处人防工程依法实施行政处罚，行政罚款 74.5 万元人民币。关停非法违法使用人防工程 32 处；行政诉讼 1 起，一审二审均胜诉；申请法院强制执行 2 起案件，已执行完毕。全年共接到群众信访 103 件，全部办理完毕。

（臧青　吕晶）

【五环内防空通信警报音响全覆盖】至 5 月底，海淀区完成大中型警报器的安装任务，并在全市各区县率先配备大功率移动升降式警报车，组成有线与无线、固定与机动、地面与地上相结合的警报网络，五环路内防空通信警报音响覆盖率达到 100%。（钟冷）

【人防工程管理改革试点】　9 月，作为北京市唯一的人防工程管理改革试点单位，海淀区率先在全市开展人防工程管理改革试点工作，区民防局制定《海淀区人防工程使用管理改革暂行办法》。改革试点坚持人防工程的公益性质，人防工程优先用于公益事业，支持社区建设、社会组织培育；政事分开，分离经营权，将收费人防工程移交区房地中心统一管理；下放管理权限，将人防工程纳入公共管理平台，发挥乡镇街道属地管理优势。自 10 月起，全区所有人防工程不再新批出租住人；完成向区房地中心移交收费人防工程事宜，与街道（乡镇）签订《人防工程使用管理授权委托书》和《人防工程安全管理责任书》，并对街道（乡镇）民防干部进行了人防工程管理专业知识培训。12 月 6 日组织召开"利用人防工程为公益服务经验交流会"，市民防局、市社会办等领导参加，会上介绍了人防工程管理改革试点工作和利用人防工程为公益服务的经验。（臧青　吕晶）

海淀区民防局
地址：海淀区长春桥路 17 号
邮编：100089
电话：82510060

下属单位（2 个）：

海淀区民防指挥中心
地址：海淀区海淀南路 34 号艾瑟顿国际公寓 25 层
邮编：100080
电话：82652258

海淀区人防工程管理中心
地址：海淀区蓝靛厂东路 2 号 B 区写字楼 1506
邮编：100089
电话：88891665

交　通　管　理

【综述】　北京市公安局公安交通管理局海淀交通支队（简称海淀支队）负责海淀区的交通管理工作，下辖中关村、清河、黄庄、公主坟、温泉 5 个执勤大队。本年，完成海淀交通指挥中心和公主坟大队搬迁工作。至年底，本区机动车保有量 72 万辆，比上年增加 9.7 万辆；

机动车驾驶员 84.4 万人，比上年增加 6.9 万人。

2010 年，海淀支队贯彻落实“科学管理、严格执法、高效服务”的战略思路，围绕“三项重点工作”（社会矛盾化解、社会管理创新、公正廉洁执法）和“创先争优”工作，做好由重大任务牵动向常态化管理过渡，持续开展交通环境整治，积极缓解道路拥堵，深化交通安全宣传，全力做好事故预防工作，完成各项交通保卫任务，保证本区道路交通正常运转。

交通组织管理　通过对 2009 年全区交通事故特点分析，以西北六环路、后厂村等道路为重点，通过施划减速带、新建警示标志、增设防撞筒等措施，有效遏制了亡人交通事故。全年共制定实施交通优化方案 330 个，施划标线 260 余公里，新装交通标志 423 面，新增公交车道 2 条，更换路口信号灯 17 处。

支队成立由 10 名民警和 150 协管员组成的中关村西区警组，负责西区的日常交通秩序管理。调整 5 处路口的交通流线组织，新增护栏 12 公里、电子监控设备 26 套、人行步道桩 528 根，区域交通秩序管理和道路通行能力有了提高，道路交通环境进一步优化。

完善“122”接处警勤务制度，强化路面管控力度，增强应变反应能力。坚持实行“实名制”的工作流程，把任务和责任落实到具体干部和民警。管界执勤大队在勤务路线周边主要路口、进出口设置外围卡口、分流岗，根据道路实际流量适时采取疏导措施，最大限度的提高道路通行能力。支队各级领导全年上路指挥 14600 余人次，发布指挥调度指令 131400 余次，上报路况信息 43800 余次；全年指挥调度室共接各类报警 420000 余起，电话回访报警人 20815 起，群众满意率为 100%；利用电视监控系统直接发现问题 15000 余起，其中事故 6600 余起、车辆故障 4300 余起、拥堵 2200 余起、其他情况 1900 余起。

严格执行“精确测算、立体指挥、交替放行”的警卫工作模式，实现交通警卫与社会交通的协调运转。完成五中全会、全国两会、北京国际马拉松等各项重大交通保卫任务 3785 次，出动警力 12.9 万余人次，保证了中央领导、重要外宾在海淀区出行的安全畅通。

贯彻市政府决定，自 4 月 11 日起，实施工作日高峰时段区域限行交通管理措施。具体措施包括：本市行政区域内的中央国家机关，本市各级党政机关，中央和本市所属的社会团体、事业单位和国有企业的公务用车继续按车牌尾号每周停驶一天（0 时至 24 时），范围为本市行政区域内道路；自 2010 年 4 月 11 日至 2012 年 4 月 10 日，除上述第一条范围内的机动车外，本市其他机动车（含已办理长期市区通行证的外省、区、市进京机动车）继续实施按车牌尾号工作日高峰时段区域限行交通管理措施，限行时间为 7 时至 20 时，范围为五环路以内道路（不含五环路）。根据上述第一、二条规定，按车牌尾号工作日高峰时段区域限行的机动车车牌尾号分为五组即：1 和 6、2 和 7、3 和 8、4 和 9、5 和 0（含临时号牌，机动车车牌尾号为英文字母的按 0 号管理），每 13 周轮换一次限行日。特殊车辆不受上述措施限制。

贯彻市政府决定，自 4 月 12 日起，开始实行错时上下班。具体措施：在京中央国家机关及所属社会团体和企事业单位，学校、医院、大型商场上下班时间不变；本市各级党政机关、社会团体、事业单位工作人员，承担城市运行和服务保障的企业单位管理人员，本市各级国有资产监督管理部门监管的其他企业和城镇集体企业职工，上班时间由 8：30 调整为 9：00，下班时间由 17：30 调整为 18：00；其他企事业单位可根据实际情况自行确定错时上下班时间；适宜网上办公的企事业单位可实行网上办公，适宜弹性工作制的企事业单位可实行弹性工作制。

全年共处理全区道路交通事故 37148 起，与上年的 32588 起相比增加 2319 起，其中民警简易程序处理 36720 起，占事故总数的 98.8%；发生亡人交通事故 79 起、死亡 84 人，与 2009 年同比起数减少 5 起，人数增加 2 人，连续 11 年完成道路交通事故控制指标。年内管界发生重大交通肇事逃逸案件 5 起，破案 5 起，侦破率 100%。

交通执法　局党委对交通秩序综合整治进行总体部署，支队主动联系治安、城管、民政等有关部门执法力量 1.1 万余人次，以复兴路及重点交通干道路口为重点，开展专项整顿 220 次，纠正处罚各类交通违法行为 123.8 万余起，其中纠正非机动车、行人交通违法行为 8.1 万起，比上年同比提高 32.7%；查处酒后驾车 8387 起、非司机驾车 684 起等 12 类违法行为 35.6 万余起；暂扣违法车辆 3.2 万余辆，依法行政拘留交通违法行为人 997 人。

推广使用执法录音笔和摄像机等执法记录设备，制定《海淀交通支队民警执勤执法难点问题处置方法》。以双安商场门前、城乡仓储门前、中关村西区等地区为重点，开拓区政府科技创安监控器监测拍摄功能 230 处，对违法停车行为进行拍摄执法，并通过媒体提前进行公示告知，主动赢得群众理解支持。通过此项措施，重点地区违法停车行为明显减少，道路通行能力提高。

交通安全宣传教育　围绕交通文明行动计划，开展争做“大拇指”驾驶员、用安全呵护明天的希望、文明交通安全万里行等一系列安全教育活动 7 场次，发放安全宣传材料 500 万余份，交通事故警示教育光盘 50 万余张，受教育群众达到 110 万余人次。组织成立 410 个交通安全检查组，检查社会单位 10.2 万余家，检查车辆 5.3 万余辆，发放限改通知书 4063 份，停驶机动车单位 1268 家。

对全区 31 所高校、84 所中学校、116 所小学以及 152 所幼儿园进行全面统计排查，确定 10 所幼儿园、48 所小学、31 所中学为重点，每周出动警力 49 人次、协管员 105 人次，全力做好早晚高峰期门前秩序维护工作。新增移动式红绿灯 4 处，增设人行道 2 处、校园提示标志 122 面，保证校门前通行安全。

【开展交巡警联合执法集中夜查整顿】 6 月 22 日，支队开展交巡警联合执法集中夜查整顿工作。当晚支队共出动警力

380余人，联合巡特警120人，成立检查岗66处。查获各类交通违法行为为712起，其中酒后开车31起、涉牌违法12起、闯红灯27起，货车违法476起，拘留醉酒司机1人、非司机2人。支队领导深入执法一线检查指导夜查岗位安全防护措施和民警规范执法情况。

【妥善处置道路塌陷事故】 7月10日凌晨4时许，海淀区黄土店路口道路发生塌陷，路面中央出现一个直径约3米、深约7米的坑洞，坑下有煤、水、电、气、热五种管线，天然气管线发生断裂。支队迅速出警，果断处置，全力以赴做好抢险施工交通秩序维护工作。在现场成立应急处突指挥部，紧急调集管界清河大队备勤警力赶赴现场及周边路口、路段开展进行疏导分流，并及时与区应急办、燃气、路政、消防等部门取得联系，通报现场信息，协调各相关部门赶赴现场开展处置工作。采取四项措施：开辟施工救援通道和临时停车场，确保消防车、工程机械车及时到达现场处置；在现场周边设置警戒带，安排民警疏散围观群众和社会车辆，确保抢险现场周边秩序良好；在黄土店路口、西三旗桥下等重要路口安排警力，及时采取分流措施，禁止一切车辆驶入危险路段；与北京交通台取得联系，发布相关信息，提醒过往司机绕行。在此次抢险疏导工作中，支队共设置分流疏导岗位10处，安排民警23人、协管员6人。由于组织到位，措施有力，未发严重拥堵情况，最大限度地维护了塌陷现场周边道路交通秩序。

【参与“脉冲行动”】 7月14日至年底，根据市统一部署，支队联合街道、城管、治安等各执法部门参与公安分局牵头的黑车专项整顿行动——“脉冲行动”，主要整治摩的残疾人三轮车违法营运行为。支队抽调18名民警与治安、城管组成3支联合执法队，对军博地铁站、五棵松地铁站、玉泉路地铁站等违法运营突出地区开展专项治理，发放5万余份交通安全宣传单。仅7月14日当天，就出动专门警力40人次，查获摩的残三各类违法行为69起，依法查扣摩的残三56辆。行动期间，支队共出动警力1300余人次，联合城管、治安、街道综治力量2400余人次，查扣摩的、残三、电动三轮车合计702辆。整治重点地区总体秩序保持良好。

【召开交通秩序综合整治动员誓师大会】 8月26日，海淀支队召开道路交通秩序综合整治工作动员誓师大会，大会部署《全面强化路面交通秩序综合整治工作方案》，提出“四个一流”工作要求：切实提升责任意识，展现一流状态；切实抓住重点突出成效，体现一流业绩，最大限度控制、消减非机动车、行人、残疾车、摩的违法行为，全力做好事故预防、静态交通秩序管理、世界武博运动会安保工作，确保各项重点工作有序开展；切实顺应形势发展和民意诉求，提供一流服务；切实加强内务卫生和警营文化建设，保持一流环境。

【海淀交通指挥中心落成】 9月12日，位于西北旺镇后厂村路99号的海淀交通指挥中心举行落成典礼。海淀交通指挥中心由指挥调度大厅、应急指挥决策室、技术保障机房组成，综合集成电视监控、事件检测、流量采集、单兵定位等系统，具有指挥调度、交通控制、岗位管理、检查督导等功能，实现了科技手段集成应用、指挥调度的智能高效。指挥中心总建筑面积16103.8平方米，其中地上面积9019.5平方米，地下建筑面积为7084.3平方米，建筑物基地面积为1588平方米，地上六层。

【完成“9·18”交通秩序维护工作】 9月18日，为预防和处置“9·18”反日抗议示威活动，有效防止辖区内学生、群众在9月18日针对我国渔船在钓鱼岛附近遭日本巡逻舰冲撞并被扣事件进行大规模抗议活动，支队坚持“统一指挥、严密防控、全警动员”的原则，积极采取有效措施，并于9月18日7时在海龙大厦门前设立临时现场指挥所，由支队长、政委负总责，其它班子成员分工负责，抽调20名警力组成现场处突小分队，负责做好突发事件处置期间交通保障工作。

【承担国际马拉松赛交通保卫任务】 10月24日，2010年国际马拉松赛在京举行，支队共承担21.4公里赛程、半程比赛和10公里比赛的交通保卫任务。赛程期间穿插中央领导的特勤警卫任务，又值香山“红叶节”群众游览高峰和成人高考日，交通秩序维护任务异常繁重。赛前，支队多次对勤务路线进行勘察，制定详细的交通保卫方案，确保各项措施落到实处。赛事当天，在海淀黄庄路口设立交通指挥所，在比赛途经的主要路口设立分指挥所、指挥点13处，在勤务路线外围道路设立101处卡口分流岗；在主要勤务路线安排事故勘察车和大吨位清障车，以便及时处置各类突发情况；对赛事路线各岗位民警的工作情况和路面管理情况进行检查，及时查漏补缺，共检查岗位90余处、170余人次。当日，支队共为中央领导特勤任务、马拉松比赛和“红叶节”秩序维护出动警力430人次，保证了道路交通安全有序。

【举办“少年交警会操”风采展示活动】 11月17日，海淀支队联合区教委在北京市十一学校举办海淀区“少年交警会操”风采展示活动。12所小学师生参加表演“少年交警会操”。

【“北京大学生交通安全宣传社会实践日”启动】 12月9日，支队在北京理工大学举行“北京大学生交通安全宣传社会实践日”主会场活动，驻区各高校有关领导和部分大学生代表共计400余人参加了活动。大学生志愿者代表向全市大学生发出积极参与“文明交通行动计划”的倡议；北京电影学院表演系的志愿者们以“珍爱生命，杜绝交通违法”为主题，表演一场因酒后驾车引发的重大交通事故的情景剧，揭示驾驶员交通违法造成交通事故而引人思考的现实问题。与会者在“深入推进文明交通行动计划，关爱生命，文明出行”承诺横幅上签名承诺；会后，与会领导上街慰问执勤的交通志愿者。

【俄罗斯内务部代表团来访】 12月17日，俄罗斯内务部长努尔加利耶夫代表团一行到八一中学，交流中俄两国青少年交通安全宣传教育经验。公安部交管局、市公安局公安交通管理局领导参加了交流活动。支队领导现场指挥八一中学的学生表演少年交警队交通手势操、交通安全宣传品交流等工作，得到俄罗斯代表团及公安部的好评。

（董则艳）

【道路交通事故人民调解委员会成立】 12月21日，作为本市首批9个试点区县，海淀区道路交通事故人民调解委员会在海淀交通支队挂牌成立。该调委会主要调解道路交通事故纠纷，有伤亡的交通事故双方如果对民事赔偿有异议，不仅可以向交管部门申请调解或向法院提起民事诉讼，还可以申请由道路交通事故调解委员会进行免费调解。调委会出具的调解协议书具有法律效力，法院认可，如果有一方不履行，另一方可向法院申请强制执行。如果有一方反悔，也可通过法院起诉的方式进行解决。

（钟冷 董则艳）

北京市公安交通管理局海淀交通支队
地址：西北旺镇后厂村路99号（9月由中关村东路98号迁入）
邮编：100094
电话：68399605

下属执勤大队（5个）：

中关村大队
地址：中关村东路98号
电话：62546296

清河大队
地址：清河小营西路19号
电话：62913445

黄庄大队
地址：蓝靛厂西路1号
电话：68399631

公主坟大队
地址：复兴路29号翠微广场A座（10月由太平路甲23号迁入）
电话：68399641

温泉大队
地址：永丰北清路99号办公区1号办公楼
电话：88313465

消 防 工 作

【综述】 北京市海淀区公安消防支队又称“中国人民武装警察部队北京市海淀区消防支队”，接受北京市公安局和海淀区公安分局的双重领导，海淀区防火安全委员会办公室设在支队。消防支队功能定位为“现役体制，公安管理，政府职能，地方工作”，主要担负海淀区辖区消防行政审批，消防监督检查，灭火救援和反恐处突，重大活动现场消防执勤保卫等任务。支队下属清河、颐和园、采石路（特勤中队）、双榆树、香山、航天城、五棵松、西二旗、首体南路、向阳（本年新设）等10个中队。2010年，支队被授予“海淀区精神文明建设文明单位”称号；双榆树中队被北京市评为“五好党支部”，被市公安局评为“五好党支部”、“拥政爱民先进集体”。全年支队共1个集体、24名个人荣立三等功，214人受到上级嘉奖。

2010年，支队围绕构筑社会消防安全“防火墙”和打造公安消防铁军两个战略重点，以“三项重点工作”[①]为主线，着眼于服务国家自主创新示范区核心区建设，全面提升火灾防控水平、综合应急救援水平、后勤保障水平、队伍建设水平和驾驭复杂局势的水平。全年支队共接处警3841起，其中火警2505起，抢险救援1336起，出动车辆8175车次，官兵53456人次，疏散被困人员2000余人，直接救助被困人员192人，保护建筑面积50万平方米，挽回经济损失2亿元。全年海淀区实际发生火灾717起，火灾造成4人死亡、4人受伤，直接财产损失39.45万元；同比火灾起数下降14.3%，死亡增加1人，伤人净减9人，直接财产损失上升19.8%。全区未发生较大以上火灾事故。

武搏会消防保卫 北京首届武搏运动会于8月28日至9月4日在京举办。消防支队承担了2个比赛场馆、1个训练场馆和4个宾馆住地及周边的消防保卫任务。为确保比赛期间消防安全，支队共开展灭火调研18次，社会面重点单位灭火调研364次，修订完善灭火救援预案376份，开展消防实装实兵演练18次。支队完成对比赛场馆、训练场馆的综合检查3遍，检查重点单位36家，一般单位142家，发现并排查火灾隐患104件，责令当场解决93件，责令限期整改11件，处罚严重违法行为16起，处罚金额13.5万元。武搏会期间，支队全体人员执行二级战备命令，确保人员在岗在位。武搏会期间，全区共接处警56起，实际发生火灾16起，实现场馆、住地及全区社会面重点单位“零火灾”，周边区域无冒烟，全区无突出火情。

区防火安全委员会工作 4月22日，区防火安全委员会召开2010年第一次联席会议，区防火安全委员会全体成员和各委办局、街乡镇主要领导参加会议。会议通报第一季度火灾形势、突出火灾案例，部署2010年海淀区消防工作要点，即围绕贯彻实施《消防法》，全面推进消防工作责任的广泛落实；全力推进落实消防事业发展规划，打牢城市消防安全保障基础；抓住重点区域和薄弱环节，持续实施火灾隐患排查整治；全面强化消防工作宣传攻势，提升全社会消防安全意识及素质；强化装备队伍建设和实战技能训练，切实提高综合应急救援能力。6月，召开构筑消防安全“防火墙”工程工作部署暨防火委第二次联席会，举行全面构筑消防安全“防火墙”工程责任状签订仪式，分管副区长分别与各委办局和街乡镇签订责任状。

建立多元化消防工作新格局 “政府统一领导，部门依法监管，单位全面负责，群众积极参与”的消防工作新格

[①]社会矛盾化解、社会管理创新、公正廉洁执法。

局初步构建。区政府常务会、办公会10余次研究消防工作，区委区政府领导带队检查消防安全 40 余次。巩固完善了区防火委组织机构和联席会议制度，明确细化了政府、部门的消防责任。海淀区连续五年被市防火安全委员会评为消防工作先进区县。

多种形式消防队伍建设取得成效。消防支队按照“因地制宜、多策并举、加强管理、大力推进”的工作思路，加强辖区多种形式消防力量建设。海淀区现有政府专职队 29 个，企业事业专职队 5 个，部队专职队 4 个，村办义务队6 个，合建共管公安消防队 1 个。在全市区县专职消防队比武竞赛活动中，海淀区代表队取得 9 个单项中 5 个第一的成绩，名列参赛的 13 支队伍榜首。

依法行政　全年支队共受理办结消防建审、验收、开业检查、施工现场备案、行政处罚等共计 5086 件，为投资企业解决各类消防技术问题 120 余件，发现并提出合理化建议 170 余条。

社会消防安全“防火墙”工程建设　社会消防安全“防火墙”工程框架体系初步建立，开展社会单位“四个能力”建设（四个能力：检查和消除火灾隐患能力、扑救初起火灾能力、组织人员疏散逃生能力、消防宣传教育能力），推进派出所消防监督工作试点，全面摸排人员密集场所、高层地下、彩钢板等单位和场所的火灾隐患。全年监督检查单位 15000 余家，发现并解决各类火灾隐患 16500 余件，实施消防行政处罚 433 起，罚款金额 225.75 万元。受理回复公众火灾隐患举报 540 件。

打造公安消防“铁军”　全年共开展“六熟悉”[①]调研 936 次，修订、制订灭火救援预案 1402 份，举行各类消防演练 220 次。在市消防局举行的春季体能技能比武对抗赛中，海淀消防支队选派 50 人参加 15 个集体与个人项目，在男子负重攀登楼层、女子组立定跳远等 10 个项目中分别取得前三名的成绩，在新兵个人六项全能的比赛中，支队参赛选手包揽前四名。在海淀区 2010 年运动会上，支队获得团体总分第一名，在十项个人单项中获得五个第一名、七个第二名。在北京市重大灾害事故应急救援综合演练中，海淀支队承担地铁脱轨救援演练科目和部分综合应急救援车辆装备展示、打造公安消防铁军阶段性成果展示科目，支队选派 87 人、7 辆消防车辆参加集训，圆满完成受领任务。

基础设施建设　历时 3 年，投资 2.2 亿元，集“灭火救援力量指挥调度、情报信息分析研判、应急处突协同决策、重大事件新闻发布”等功能为一体的消防指挥中心建成。投入 180 万元改善基层中队办公生活环境，投入 600 万完成 5 个老旧中队营房设施改造。

消防宣传　区政府投入专项资金 100 万元打造消防志愿者队伍，团区委、区教委联合消防部门组织开展形式多样的消防宣传活动，消防支队积极制定相应工作方案，各高等院校和中小学全部组建起消防志愿者应急救援服务队，有 200 余支消防志愿者应急救援服务队（近 3000 人）。海淀志愿者联合会创办的会报《海淀志愿者》本年创刊，全面报道消防志愿者服务工作和消防小常识，扩大消防志愿者队伍的招募，组织开展消防志愿者服务活动。

全年共设立消防宣传站 2000 余个，新装公益宣传栏 1000 余个，发放宣传材料 50 余万份，悬挂横幅 2 万多块（幅），推动全区各单位开展消防宣传培训 2000 余场，组织开展宣传活动近百次，直接受教育群众约 100 余万人。发表网络宣传稿件 1159 篇，中央媒体 145 篇，市属媒体 612 篇，区属媒体 402 篇。

【“冬季防火攻坚爱民服务月”专项活动】　1 月 8 日～2 月 8 日，消防支队开展为期一个月的“冬季防火攻坚爱民服务月”专项活动。活动以“五进”（进学校、进社区、进企业、进农村、进家庭）宣传为模式，以政府职能部门为主力，以弱势务工群体为重点，全面普及消防安全常识；确保消防隐患排查到位；以公共安全展馆、新闻媒体、各类户外广告为平台，营造全民关注消防的氛围；完善灭火预案档案；开辟参观体验消防阵地。1 月 10 日，支队联合区电视台制作的“冬季防火攻坚爱民服务月”专题节目在《海淀新闻》黄金时段播出，当日海淀支队在当代商城设立专门消防知识咨询台，开展消防宣传活动。节目详细介绍了冬季火灾防控常识，火场自救以及初期火灾扑救，火灾隐患排查和可燃物清理等常识，特别针对商场市场等人员密集场所进行提示。

【专项督察】　2 月 8 日，区防火安全委员会专项督察组，对各街乡镇可燃物清理工作进展情况和八类禁放区域、消防安全重点单位和居民社区对烟花爆竹燃放工作的管控宣传情况进行督查。

【举行全国中小学安全教育日启动仪式】　3 月 25 日，海淀区在实验二小举行教育系统 2010 年全国中小学教育日启动仪式。仪式上消防中队进行了消防演练。

【“心手相牵”星光自护教育活动在本区举行】　5 月 4 日，北京共青团关爱农民工子女志愿服务行动暨“心手相牵”星光自护教育活动在海淀消防支队双榆树中队举行。中队官兵通过消防知识讲解、互动参与、逃生演练、火警出动等方式，对农民工子女进行安全自护意识教育。40 名海淀区农民工子弟学校学生、自护志愿者以及有关领导参加此次活动。

【巴黎消防局代表团来访】　5 月 14 日，由法国巴黎消防局克林上校率领的消防代表团一行 6 人，在市消防局副局长李进和海淀消防支队支队长的陪同下，参观了位于海淀区的国家地震紧急救援训练基地，观看了学员作业训练。中法双方就地震灾害救援工作进行了交流和探讨。

【解救三名被困井下作业人员】　5 月 25 日，119 调度指挥中心接到报警，清华大学紫荆学生公寓 17 号楼东侧一地下井内三名施工人员被困，119 调度指挥中心迅速调清河、双榆树中队共 2 部

---

① 熟悉责任区的交通道路和水源情况，熟悉责任区重点单位的分类、数量及分布情况，熟悉责任区内主要灾害事故处置对策及基本程序，熟悉重点单位建筑物使用及重点部位情况，熟悉重点单位内部消防设施情况，熟悉重点单位的消防组织及灭火抢险救援任务分工情况。

消防车、14名消防官兵赶赴现场进行救援。消防官兵克服井下空间狭窄黑暗，不易实施救援等困难，仅十分钟就成功将三名被困人员全部救出，并移交现场999医护人员进行抢救。多家新闻媒体对消防官兵救援过程进行报道。

【唐家岭消防安全隐患排查整治工作】 6月10日，区政府、规划、城管、公安和消防部门组成联合执法组，对挂账隐患村唐家岭地区20000余平方米的违章建筑进行全面拆除。10月28日，区政府、规划、工商、城管、公安、消防等19个部门组成联合执法组，对挂账隐患村唐家岭地区违章建筑董家大院8000余平方米、350间房屋的违章建筑进行强制腾退和拆除。

【村级专职消防队成立】 6月18日，四季青镇振兴村专职消防队成立并举行揭牌仪式。消防队投入资金55万元购置一辆水罐消防车和个人防护装备、常规灭火器材及通讯电台，有6名专职消防队员和30人组成的保安队。仪式后，振兴村专职消防队举行了消防演练。

【开展“四个能力”建设专题检查】 6月23日，为切实加强“防火墙”工程的构建，提高和规范人员密集场所的消防安全管理，督促落实号“四个能力”建设的贯彻落实，海淀支队兵分七路，对全区人员密集场所消防安全“四个能力”建设情况开展专项检查。共检查人员密集场所单位70余家，发现消防安全隐患19处，前期消防安全隐患整改率达到98%。 （张建伟 张敏）

【“暑假青少年自我保护提示发布”仪式举行】 7月9日，由团中央权益部、中央综治办督导室、公安部宣传局、北京团市委联合主办的“2010年暑假青少年自我保护提示”发布仪式在海淀区永泰小学举行。中央综治委、团中央、公安部、北京市委、公安部消防局等单位的领导出席了发布仪式。此次发布会首次向全国青少年推出名为“果果平安假日总动员”的自护提示游戏版，丰富了青少年自我保护提示内容。仪式后，区消防支队官兵对学校师生进行了现场消防安全知识培训，并组织参观、体验各类消防器材。

【消防监督员面向社会述职述廉】 7月20日～22日，消防支队组织召开10场消防监督员述职述廉大会，25名消防监督员面向社会进行了述职述廉。街乡镇领导、辖区派出所民警、重点单位法人代表、受到消防行政处罚单位或个人等共2000余人参加。参会人员不记名填写《消防监督人员述职述廉评价表》，从依法管理、宣传指导、服务群众、综合素质、廉洁自律五个方面对参加述职述廉的消防监督员进行全方位测评。评价结果将作为考核消防监督人员是否胜任本岗位工作及评奖、晋升、调整交流的重要依据。

【成功解救一名轻生妇女】 8月5日18时54分，119指挥中心接到报警，海淀区定慧福里小区1号楼18层楼顶一名年轻女子企图跳楼轻生，迅速调派采石路中队3部消防车21名消防官兵赶赴现场进行处置。公安分局、消防支队领导到场指挥。经过三个小时的努力，成功将轻生女子救回，受到家属的感谢与群众的高度赞扬，区公安分局给予消防支队全体参战官兵通报表扬。

【对物流公司开展消防安全检查】 8月11日，海淀支队联合安监局、工商局、派出所、街道办事处等部门对全区物流公司进行消防安全检查。共发现隐患23处，现场整改12处，下发《责令整改通知书》5份。

【社会单位“四个能力”建设工作会召开】 8月18日，区防火安全委员会在海淀剧院召开海淀区构筑社会消防安全防火墙工程、推动社会单位“四个能力”建设大会。会议通报了海淀区上半年的火灾形势和突出火灾案例，对构筑社会“防火墙”工程及社会单位“四个能力”建设试点工作进行部署，公布了企业、农村、社区、施工工地、人员密集场所等5类场所具体试点推进单位名单，并明确试点工作实施方案及验收考核细则。区相关委、办、局主管领导、各街道、镇（乡）主管领导、派出所主管所长及行政村主管领导、社会单位消防安全责任人和管理人等1000余人参加会议。

【举行大型灭火救援演练】 8月20日晚，海淀支队在北京科技大学体育馆举行大型灭火救援演练。市消防局特勤大队指挥、海淀支队全勤指挥部共计13部消防车、98名官兵参加了演练。

【市领导慰问武搏会消防保卫官兵】 8月25日，中共中央政治局委员、市委书记刘淇，市长郭金龙到北京科技大学场馆调研武搏运动会筹备工作，并慰问正在参加场馆灭火救援演练的海淀消防支队官兵。

【组织参与市“防火墙”工程答题问卷活动】 8月30日～11月15日，市消防局在全市组织开展构筑“防火墙”工程答题问卷和消防口号有奖征集活动。活动期间，区消防支队推动辖区各行业、各系统全面参与此项活动。区防火安全委员会共收集教育系统答题问卷8万余份，其他行业、系统答题问卷5万余份，征集消防口号数百条。

【与中关村软件园结为共建单位】 9月3日，北京中关村软件园发展有限责任公司与海淀消防支队结为共建单位，并举行共建签约仪式。仪式后，消防支队对软件园工作人员进行消防安全培训。

【十七届五中全会消防保卫】 10月15日～18日，党的十七届五中全会在京召开，海淀消防支队超前部署，全体官兵严格执行市消防局二级战备命令，按照实名制检查要求，对涉会场所及周边重点单位进行全方位不间断的消防安全检查巡逻。会议期间，支队共出动警力130人次，共检查单位373家，发现问题230件，下发责令改正通知书18份，当场改正212件；全区共接报警35起，其中火警24起，出动490人次，70车次；实施抢险救援11起，出动112人次，16车次。圆满完成全会期间消防安全保卫任务。

【举行人员密集场所“四个能力”建设试点验收推广会】 11月3日，海淀区在宜禾钱柜（首体店）召开第二十届119消防宣传周启动仪式暨人员密集场所消防安全“四个能力”建设试点验收推广会。推广会上，北京宜禾钱柜有限公司介绍了本单位开展“四个能力”建设的经验、体会。消防支队向试点单位北京宜禾钱柜娱乐有限公司授予“消防安全四个能力建设验收达标单位”牌匾。

【第二十届“119”消防宣传周活动】 在“119”全国消防日宣传活动期间，北京市消防局在全市开展第二十届“119”消防宣传周活动。11月8日，海淀支队在万柳世纪华联广场举办以“全民关注消防，生命安全至上”为主题的、构筑社会“防火墙”工程、打造“消防铁军”成果展示现场会暨第二十届119消防宣传周主会场活动。由500余人组成的教育方队、科技方队、企事业方队、委办局（街乡镇）方队、志愿消防员五个方队参加了主场活动并进行互动体验。会上启动“我是志愿消防员”行动，向“志愿消防员”代表颁发证书，向现场观众发放消防宣传材料，开展宣传展板展示、烟雾逃生、模拟火情处置、互动有奖竞猜等活动。中央电视台、中央人民广播电台、北京电视台、法制晚报、北京青年报、海淀电视台、海淀报等主流新闻媒体对此次活动进行了现场采访。

【全市首批四座消防取水码头竣工】 11月9日，海淀区在区水务局河道二所举行全市首批消防取水码头竣工交接仪式，消防取水码头（一期）工程正式投入使用。消防取水码头工程（一期），由政府投资600万元，于2010年5月19日开工建设，四座取水码头分别位于上庄水库、永丰再生水厂、温泉再生水厂、翠湖再生水厂，全面覆盖山后地区屯佃村、三星庄等32个消防水源薄弱村庄，有效解决消防用水问题。取水码头建有离心泵供水系统，消防车可用自吸泵吸水，一分钟出水量达到5吨，比正常用消火栓加水快2至3倍，一辆消防车3分钟就可灌满水。

【火灾防控“百日会战”工作会召开】 11月18日，海淀区召开冬春季火灾防控“百日会战”工作会。各委办局、街道、镇（乡）政府一把手，各防火安全委员会成员单位、派出所主管消防工作领导，27个街乡镇消防安全重点单位责任人（法定代表人）或管理人，辖区内高校主管消防工作的副校长、施工现场消防安全负责人等共计1000余人参加了大会。会议通报了全国、全市、全区范围内突出火灾情况，及辖区各街乡镇年内火灾数量排名，对火灾原因、起火场所和起火行业性质等进行了详细分析。会议印发《海淀区2010至2011年度冬春季火灾防控专项行动方案》、《海淀区冬季火灾防控“百日会战”消防大检查工作部署方案》以及《关于印发建筑工程施工现场消防安全四个能力建设工作实施方案的通知》等文件。

【火灾案例】

北京科技大学家属楼火灾　2月1日2时49分，119指挥中心接到报警，北京科技大学家属楼37栋716室发生火灾。指挥中心迅速调派海淀支队双榆树中队、朝阳支队亚运村中队共14部消防车、98名消防官兵赶赴现场进行处置。经现场调查，起火部位位于716室东北侧室内，燃烧物为樟木箱，过火面积约20平方米，1人死亡。

万泉河商品市场火灾　3月7日2时54分，119指挥中心接到报警，海淀区万泉河商品市场发生火灾，中心迅速调派颐和园、清河、双榆树、西二旗、首体南路5个中队，24部消防车、100余名消防官兵赶赴现场进行处置。火灾发生后，市消防局、区公安分局、消防支队领导第一时间到达现场指挥并进行火因调查工作。同日上午，区领导主持召开有关委办局和属地政府参加的现场会，部署善后处置工作。经查，市场过火摊位位于北向南21–34排的东区1–16号及西区1–16号，过火面积约600平方米，无人员伤亡。火灾确定为人为纵火，嫌疑人已被警方抓获。

西北旺黑龙潭58号大院火灾　4月27日19时11分，119调度指挥中心接到报警，海淀区西北旺黑龙潭58号大院四海公寓90号发生火灾。119调度指挥中心迅速调派航天城中队共4部消防车、27名消防官兵赶赴现场进行处置。支队领导到场指挥并进行火灾调查工作。经现场调查，起火地点为卧室，过火面积2平方米，一儿童因玩火死亡。

六郎庄园子里1号院爆燃　7月21日14时37分，119指挥中心接到报警，海淀区六郎庄园子里1号院（原六郎庄检测厂1号院）发生爆燃，迅速调派颐和园、双榆树2个中队，7部消防车49名消防官兵赶赴现场进行处置。支队领导到场指挥并进行调查工作。经查，发生爆燃单位为京汉通物流公司，爆炸烧毁房屋50平方米，导致2人死亡。事故原因系违规存放绿先锋消毒剂遇高温爆炸。

清华学堂修缮工地火灾　11月13日1时02分，119指挥中心接到报警，清华大学校园内清华学堂修缮工地发生火灾，迅速调派9个中队44部消防车308名消防官兵赶赴现场进行处置。火灾发生后，市委、市政府、市消防局、海淀区委、区公安分局、海淀消防支队领导到场指挥灭火和火灾调查工作。火灾于1时51分被有效控制，3时15分火灾被全部扑灭，过火面积约800平方米，无人员伤亡。经核实，清华学堂修缮工程于本年8月8日开始施工，施工单位为北京市第三建筑工程有限公司，施工面积4700平方米。

北京航空航天大学南侧临建杂物库房火灾　11月13日4时30分，119指挥中心接到报警，北京航空航天大学南侧临建杂物库房发生火灾，迅速调派5个中队17部消防车130名官兵赶赴现场进行处置。火灾发生后，市消防局、区委区政府、区公安分局、海淀消防支队领导到场指挥灭火和火灾调查工作。经查，起火地点为北京航空航天大学南侧临建杂物库房，过火面积50平方米，无人员伤亡。　（张建伟　张敏）

北京市海淀区公安消防支队
地址：海淀区西北旺3街12号
邮编：100094
电话：82785119　82785005（传真）
邮箱：hdxfzd@163.com

所属中队（10个）：

1.清河中队
地址：海淀区小营西路甲23号
邮编：100085

2.颐和园中队
地址：海淀区宫门前街甲17号

邮编：100091

3.采石路中队

地址：海淀区采石路 2 号

邮编：100143

4.双榆树中队

地址：海淀区北三环西路 30 号

邮编：100086

5.香山中队

海淀区香山红山头甲 1 号

邮编：100093

6.航天城中队

地址：海淀区西北旺镇北清路 26 号

邮编：100094

7.五棵松中队

地址：海淀区复兴路 69 号

邮编：100039

8.西二旗中队

地址：海淀区西二旗大街

邮编：100085

9.首体南路中队

地址：海淀区首体南路 9 号

邮编：100048

10.向阳中队

地址：海淀区西北旺三街 12 号

邮编：100094

中关村国家自主创新示范区核心区

（中关村科技园区海淀园）

★ 4月1日，在中关村示范区核心区环保园举行中关村示范区北部研发服务和高技术产业聚集区重大产业化项目集中开工仪式。（王治华 摄）

★ 5月5日，中关村国家自主创新示范区核心区七个先行启动区项目集中开工。（区北部办 供图）

★ 1月18日，航天产业基金及基金管理公司创立庆典在北京钓鱼台国宾馆举行。（区国资委 供图）

★ 10月22日，由区政府主办、区金融办承办的“海淀区创业投资引导基金首批合作创投机构签约暨第二批合作机构征集发布仪式”在北大博雅国际酒店举行。（李瑞林 摄）

★ 8月10日，区政府主办、海淀园管委会和区商务委承办、区服务外包企业协会协办的“领航服务外包 再铸新的辉煌”——海淀服务外包示范区共建协议签署。（区商务委 供图）

★　11 月 18 日，中国数字虚拟创意产业创新基地战略合作协议签字仪式在中央新影集团发布厅举行。（田峰 摄）

★　12 月 21 日，北京海淀科技金融资本控股集团股份有限公司开业。（区国资委 供图）

★　10 月 21 日，区金融服务办公室举办 2010 中关村论坛主题系列活动之“科技金融创新——企业上市政策发布暨培训专场”。（田峰 摄）

★　4 月 1 日，中国长江三峡集团公司正式入驻海淀区。（李瑞林 摄）

★　4 月 1 日，中关村发展集团股份有限公司成立。（区国资委　供图）

8月18日，“中关村企业家商事调解中心”在海淀法院举行揭牌仪式，这是北京民营企业家协会与海淀区对从理论上寻找诉前调解等多元化调解工作模式的一次创新。
（田峰 摄）

8月25日，第十届海外侨界高新技术人才为国服务志愿团到中关村软件园参观考察。
（于方伟 摄）

2月26日，北京实创科技园开发建设股份有限公司重组揭牌。（冯晓璐 摄）

园区发展概述

中关村科技园区海淀园的前身是1988年国务院批准设立的全国第一个国家级高新技术产业开发区—北京市新技术产业开发试验区（规划面积100平方公里，1997年改称海淀试验区）。1999年6月5日，国务院批复成立中关村科技园区，海淀试验区成为中关村科技园区“一区五园”的核心组成部分，称海淀园。2006年1月17日，中关村科技园区被国务院批准为第五批国家级开发区之一（共20家），并确定“一区八园”（海淀园、丰台园、昌平园、电子城科技园、亦庄科技园、德胜园、石景山园、大兴生物医药基地）的空间布局，后发展为一区十园（海淀园、丰台园、昌平园、电子城、亦庄园、德胜园、石景山园、雍和园、大兴生物医药产业基地、通州园）。2009年3月13日，国务院批复中关村科技园区建设中关村国家自主创新示范区。2009年4月1日，北京市政府出台《关于同意加快建设中关村国家自主创新示范区核心区的批复》（京政函〔2009〕24号），批复海淀园作为中关村国家自主创新示范区核心区。2010年，区委区政府对管委会机构进行调整，将原设的4个处室调整为现在的5个，包括办公室、产业规划发展处、服务体系建设处、国际合作处、企业发展促进处（区经济和信息化办公室）、投资促进处（区投资促进局），另设有企业家咨询委员会和专家顾问委员会。

海淀园规划占地面积133.06平方公里（中关村科技园区规划范围232.5229平方公里），由以中关村核心区为主体的112.24平方公里建成区和以海淀山后专业园为主体的20.82平方公里集中新建区组成，为“一区十园”核心组成部分。海淀园范围内规划建设13个独立专业园区（含2家大学科技园），有15家大学科技园区、34家专业孵化器，有高新技术企业协会、外商投资企业协会、海淀区创意产业协会、信息服务业协会等行业协会和各种产业联盟。

2001年，市政府将原海淀园管理委员会并入中关村科技园区管理委员会。同年12月29日，成立中关村科技园区海淀园“数字园区”管理服务中心。2003年11月14日，市政府决定重新设立中关村科技园区海淀园专门管理机构，由海淀区政府领导。2004年4月30日，中关村科技园区海淀园管委会成立，作为区委区政府统一领导和协调海淀园建设和管理的议事协调机构。2010年4月19日，中关村科技园区海淀园管理委员会由海淀区的议事协调机构，调整为海淀区政府派出机构；中共北京市海淀区委海淀园企业工作委员会调整为中共北京市海淀区委海淀园工作委员会，为区委派出机构。本年成立核心区专家顾问委员会、企业家咨询委员会。截至2010年底，海淀园有注册企业10308家，有规模以上企业3400家。有孵化器34家（北京市76家，海淀区占总数的45%），其中国家级高新技术创业服务中心10家，占北京市的42%（北京市共24家）；有留学人员创业园20家，占北京市的74%（北京市27家）；有大学科技园15家，其中国家级大学科技园11家，占北京市的85%（北京市共13家）。

本年，海淀园贯彻国务院、北京市关于核心区建设两个批复精神，以建设具有全球影响力的科技创新中心为目标，围绕实现“一个中心，四个一批”工作目标，先行先试，创新体制机制、发挥创新资源密集优势、推进政策创新以及重大科技成果转化和产业化，支持创新型企业做强做大。

2010年海淀园主要经济指标

项目	单位	2010	2009 年	2010年较2009年增长%
总收入	亿元	7054.74	5852.07	20.6%
技术收入	亿元	1592.92	1379.57	15.5%
产品销售收入	亿元	2389.17	2137.21	11.8%
商品销售收入	亿元	2538.60	1872.82	35.5%
上缴税费总额	亿元	314.65	283.77	10.9%
出口总额	亿美元	45.93	52.84	-13.1%
利润总额	亿元	533.84	509.66	4.7%

研究与发展经费支出	亿元	–	–	–
新认定三资企业数	个	80	136	-41.2%
实际利用外资额	亿美元	3.97	8.04	-50.6%
从业人员期末人数	万人	60.97	57.92	5.3%
孵化器数	个	34	33	3%
累计孵化企业数	个		4505	
加速器数	个		1	
大学科技园数	个	15	15	—
国家级大学科技园	个	11	11	—
技术合同成交总金额	亿元	1317.39	262.59	401.7%

政策与措施 围绕核心区建设目标，修订完善《核心区中长期发展规划》、《重点引进企业支持办法》和《为重点企业做好服务的实施办法》，制定《核心区 "十二五" 发展规划》和《高新技术产业聚集区产业发展规划》。制订实施《核心区支持创新型企业做强做大工作方案》、《促进重点创新型企业发展支持办法》、《促进重大科技成果转化和产业化支持办法》和《重点产业化项目股权投资实施办法》。对 "1+20" 政策进行重大调整，出台《核心区企业政策体系》。支持重点创新型企业做强做大、拓展空间和重大科技成果、自主创新成果转化和产业化，支持企业创新发展。对核心区 "十百千工程" 重点培养企业和科技型上市公司进行需求摸底调查，协调、推进重大产业项目落地。

人才引进 启动中关村人才特区建设，在股份期权试点、办理外国护照、永久居留证申请等方面先行先试。加强博士后工作站建设，协调解决外地博士后进出站、落户及档案迁出迁入、配偶随迁、子女入学等问题。引入优质科技中介机构。北京三聚阳光知识产权代理有限公司、北京市邦盛律师事务所、北京公正会计师事务所等多家有影响力中介机构已入驻海淀，国家留学服务中心签约入驻中关村西区，创新工场签订协议确定进驻第三极。继续推出千人计划、海聚工程、高聚工程，截至年底，园区共有 32 人入选千人计划，40 人入选海聚工程。园区获 "北京市博士后青年英才创新实践基地" 称号。制定《海淀园行业协会管理办法》。

以开放式孵化器理念吸引创业投资、中介机构等外部资源参与，鼓励各类孵化机构开展多层次合作，完善创业孵化服务链条。修订完善《海淀区促进创业孵化机构和大学科技园发展支持办法》，按照 "孵化+转化+产业化" 的思路，对孵化器、加速器内具有产业化前景的项目发现并输送。支持各类创业孵化机构、大学科技园发展。截至 2010 年底，孵化器总数达到 34 家，总孵化面积 63 万多平方米。推进产学研创新体系建设，制定《核心区产学研创新体系建设行动计划》，探索创新产学研的合作新模式，推动搭建转化医学 "产学研" 合作平台。

核心区建设 承办 "加快推进中关村国家自主创新示范区建设大会"，表彰 2009 年重大科技成果产业化突出贡献单位，公布 "十百千工程" 首批重点培育企业名单。召开核心区建设大会，加快建设中关村科技金融创新中心。举办国际化建设座谈会，讨论《海淀区促进创新型企业国际化发展支持办法》。召开行政审批制度改革试点工作现场会。举办首次中关村发展集团与核心区重点企业股权投资座谈会，启动与中发集团的项目对接。

创建政府支持企业新模式，制定《海淀区重点产业化项目股权投资实施办法》，与部分园区企业就重点产业化项目股权投资签署意向性协议，北京兆易创新科技有限公司等 7 家企业项目入选首批重点产业化项目股权投资项目。

搭建国际合作交流平台。完善《直通中国》传播平台，举办中关村国家自主创新示范区核心区区域创新国际研讨会、北京・海淀 IEEE 企业合作研讨会等国际交流活动。加强与国外大学院所、行业协会以及相关企业交流与合作，全年接待来自美、法、德等 15 个国家 40 批次、678 人次来访。推进品牌建设，在科技日报、中国日报、新华网、凤凰网等媒体开展核心区专题宣传。

1 月 29 日，中共中央政治局常委、全国政协主席贾庆林一行到园区调研，走访并听取了科兴生物海兰信、中文在线、创毅视讯等公司的产品及运营情况。8 月 24 日，赵凤桐等区领导与部分创业板上市企业负责人座谈。

【启动国家高新技术企业认定辅助工作】 2 月 25 日，市科委正式委托海淀园开展辖区内国家高新技术企业认定管理辅助工作，委托范围包括：海淀行政区域内国家高新技术企业认定的政策宣传、培训，认定申报受理及辅导服务，认定评审、复核的辅助组织，以及其他相关与高新技术认定管理相关的辅助工作。

【中关村发展集团成立】 4月1日，中关村发展集团成立。集团由海淀区国有资本经营管理中心等16家单位共同发起，是在中关村“一区十园”建设公司基础上重组成立，注册资本达到100亿元，其中现金出资30亿元。主要任务之一是负责引进重大项目和统筹产业布局。在揭牌典礼上，中关村北部产业聚集区18个重大产业化项目举行开工仪式，标志着中关村示范区北部研发服务和高新技术产业聚集区建设全面启动。项目总投资超过100亿元，建成后预计年产值将会达到600亿元。　（张漫）

【2010中关村高成长企业TOP100】 “2010中关村高成长企业TOP100”评选活动以海淀园统计中心所统计的2007—2009近三年的企业相关数据为依据，以企业年均复合增长率为评价指标。依据国家经贸委企业划分标准，按年销售收入500—3000万元（小型企业）、3000万元—3亿元（中型企业），3亿元以上（大型企业）三个营收区间共筛选出前500家候选企业。并通过企业自主申报、走访调研等途径，对企业数据进行了核实。在此基础上，产生了前150家第二轮候选企业，并向园区管委会、工商、税务、人保、环保、工会等政府主管部门进行报送，对在工商、税务、社保、环保等方面存在重大问题的候选企业一票否决，最后甄选出2010中关村高成长企业TOP100榜单。

在2010中关村高成长企业TOP100榜单的基础上，由评委会、金融专家、媒体、公众投票产生了评委会特别奖3家、最受资本青睐奖、最受媒体关注奖、最受公众喜爱奖各10家，予以隆重表彰。

高成长企业榜单（100家）

1. 北京安博在线软件有限公司
2. 中航网信（北京）科技有限公司
3. 爱协林热处理系统（北京）有限公司
4. 汉王科技股份有限公司
5. 通达耐火技术股份有限公司
6. 北京搜狐新媒体信息技术有限公司
7. 北京林大林业科技股份有限公司
8. 北京航天石化技术装备工程公司
9. 北京神州泰岳软件股份有限公司
10. 北京立思辰科技股份有限公司
11. 北京碧水源科技股份有限公司
12. 北京科锐配电自动化股份有限公司
13. 原子高科股份有限公司
14. 北京启明星辰信息技术股份有限公司
15. 青鸟软件股份有限公司
16. 北京四方继保自动化股份有限公司
17. 首都信息发展股份有限公司
18. 中公高科（北京）养护科技有限公司
19. 北京理贝尔生物工程研究所有限公司
20. 信亦宏达网络存储技术（北京）有限公司
21. 北京邦讯技术有限公司
22. 北京学而思教育科技有限公司
23. 北京华瑞中天科技有限公司
24. 北京瑞风协同科技股份有限公司
25. 北京邦诺存储科技有限公司
26. 北京安达维尔航空设备有限公司
27. 北京国智恒电力管理科技有限公司
28. 北京天一众合科技发展有限责任公司
29. 北京建环科技贸易有限公司
30. 凡客诚品（北京）科技有限公司
31. 幻响神州（北京）科技有限公司
32. 好讯通（北京）科技有限公司
33. 乐视网信息技术（北京）股份有限公司
34. 北京东华合创科技有限公司
35. 北京联飞翔科技股份有限公司
36. 北京恒远志卓科技有限公司
37. 北京朝歌数码科技股份有限公司
38. 北京中搜网络技术有限公司
39. 北京和仁中控数字医疗技术有限公司
40. 北京无限新锐网络科技有限公司
41. 北京海泰方圆科技有限公司
42. 北京合纵科技股份有限公司
43. 北京捷成世纪科技股份有限公司
44. 北京康拓红外技术有限公司
45. 北京山海经纬信息技术有限公司
46. 北京中恒博瑞数字电力科技有限公司
47. 北京北信源软件股份有限公司
48. 北京华力创通科技股份有限公司
49. 北京挑战牧业科技股份有限公司
50. 北京锐安科技有限公司
51. 北京京鹏环球科技股份有限公司
52. 北京科净源科技股份有限公司
53. 新晨科技股份有限公司
54. 北京天诚盛业科技有限公司
55. 北京高能时代环境技术股份有限公司
56. 北京智德典康电子商务有限公司
57. 北京融通高科科技发展有限公司
58. 北京航天赛德科技发展有限公司
59. 北京东大正保科技有限公司
60. 北京易华录信息技术股份有限公司
61. 北京周林频谱科技有限公司
62. 北京佳讯飞鸿电气股份有限公司
63. 北京中科创新园高新技术有限公司
64. 北京旋极信息技术股份有限公司
65. 北京中科泛华测控技术有限公司
66. 北京数码视讯科技股份有限公司
67. 北京华夏电通科技有限公司
68. 北京万集科技有限责任公司
69. 青牛（北京）技术有限公司
70. 浪淘金（北京）科技有限责任公司
71. 北京曼德克环境科技有限公司
72. 北京沃土天地生物科技有限公司
73. 播思通讯技术（北京）有限公司
74. 北京中电达通通信技术股份有限公司
75. 联合永道（北京）信息技术有限公司
76. 极晨智道信息技术（北京）有限公司

77. 北京华通兴远供热节能技术有限公司
78. 北京京师励耘教育科技有限公司
79. 北京数字太和科技有限责任公司
80. 北京妙音动漫艺术设计有限公司
81. 北京拂晓科技发展有限公司
82. 北京创和世纪通讯技术有限公司
83. 卓越信通电子（北京）有限公司
84. 北京精英智通交通系统科技有限公司
85. 北京和升达信息安全技术有限公司
86. 北京量子伟业时代信息技术有限公司
87. 北京亿创网安科技股份有限公司
88. 北京纽曼腾飞科技有限公司
89. 北京捷通华声语音技术有限公司
90. 北京绿色家园环境保护工程技术研究所
91. 北京和隆优化控制技术有限公司
92. 北京神州普惠科技有限公司
93. 北京七维航测科技发展有限公司
94. 北京奥特美克科技发展有限公司
95. 北京安码科技有限公司
96. 北京优纳科技有限公司
97. 北京因科瑞斯医药科技有限公司
98. 北京希尔信息技术有限公司
99. 北京理想固网科技股份有限公司
100. 北京中能环科技术发展有限公司

2010 中关村高成长企业 TOP100 子奖项榜单

评委会特别奖（3 家）

1. 北京启明星辰信息技术股份有限公司
2. 凡客诚品（北京）科技有限公司
3. 北京碧水源科技股份有限公司

最受资本青睐企业（10 家）

1. 北京安达维尔航空设备有限公司
2. 幻响神州（北京）科技有限公司
3. 北京佳讯飞鸿电气股份有限公司
4. 北京康拓红外技术有限公司
5. 北京瑞风协同科技股份有限公司
6. 北京理想固网科技股份有限公司
7. 北京妙音动漫艺术设计有限公司
8. 北京万集科技有限责任公司
9. 北京邦诺存储科技有限公司
10. 北京国智恒电力管理科技有限公司

最受公众喜爱企业（10 家）

1. 北京神州泰岳软件股份有限公司
2. 汉王科技股份有限公司
3. 北京东华合创科技有限公司
4. 北京搜狐新媒体信息技术有限公司
5. 北京四方继保自动化股份有限公司
6. 北京旋极信息技术股份有限公司
7. 北京学而思教育科技有限公司
8. 北京合纵科技股份有限公司
9. 北京高能时代环境技术股份有限公司
10. 浪淘金（北京）科技有限责任公司

最受媒体关注企业（10 家）

1. 乐视网信息技术（北京）股份有限公司
2. 北京纽曼腾飞科技有限公司
3. 北京数码视讯科技股份有限公司
4. 北京捷通华声语音技术有限公司
5. 北京周林频谱科技有限公司
6. 北京立思辰科技股份有限公司
7. 青鸟软件股份有限公司
8. 北京中搜网络技术有限公司
9. 北京科锐配电自动化股份有限公司
10. 北京林大林业科技股份有限公司

（刘畅）

中关村科技园区海淀园管理委员会
地址：四季青路 6 号海淀招商大厦
邮编：100195
电话：88499299
网址：www.zhongguancun.com.cn

园区服务与管理

【综述】　中关村科技园区海淀园产业与企业的管理与服务、各专业园区发展由中关村科技园区海淀园管委会负责。2010 年，海淀园管委会围绕核心区建设的工作重心，加强创业服务体系、创新服务体系、人才服务体系等三大体系建设。

建立健全组织领导体系　协助区编办完成机构“三定”方案，调整各处室人员编制，重新定位发展战略研究中心的职能和机构设置，起草示范区展示交易中心机构设置方案。制定《管委会工作规则》、《主任办公会会议制度》等 12 项规章制度，梳理需要修订的相关制度 40 多项。调整《建设中关村国家自主创新示范区核心区领导小组、工作机构及工作机制》，明确办公室为核心区领导小组牵头单位，负责领导小组的日常工作。协助召开认真贯彻落实北京市政府批复精神加快中关村国家自主创新示范区核心区建设大会和《北京市海淀区支持自主创新核心区企业政策体系》新闻发布会。全年组织召开领导小组全体会 1 次，编发工作简报 29 期，会议纪要 1 期。

办理市、区级收文 1200 余件，累计发文275件，其中办理各部门签报 195 件；执行印信管理，累计审批 1000 余次。办理市、区两级人大建议、政协提案 41 件，其中主办 25 件、协办 12 件、会办 4 件，办复满意率 100%。完成督查督办工作 234 项，其中市区折子工程 34 项。

提升园区信息化服务水平，成果申请“数字海淀”项目，获得支持资金 340 万元。继续加大园区政府信息公开力度，更新《海淀园管委会政府信息公开指南》，全年主动公开政府信息 450 余条。

继续开展园区合同法律审查工作，起草《管委会合同管理办法》，全年审查合同 70 余份。成立“五五普法”检查验收工作组，完成园区所属 8 家企业验收工作。

全年编印《海淀园动态》12期，编发各类信息295条，审核网站通知审核247条。

完善政策支持体系　修订完善《区委区政府关于优化创业环境支持创业型企业创新发展的实施意见》、《海淀区促进创业型企业创新能力提升支持办法》、《海淀区促进创业孵化机构和大学科技园发展支持办法》、《海淀区促进科技中介发展支持办法》等系列政策；组织召开孵化器、中介机构、科技条件平台、产学研等创业创新体系专题会；组织开展2010年度专项资金的申报和评审工作，完成对8个专项、39个支持方向、146个申报项目的评审，对122个项目给予资金支持。

建立园区创业孵化机构统计体系，编制《海淀园科技企业孵化器发展报告》和《海淀园博士后工作站发展报告》；建立项目征集统计体系，定期向园区孵化器等机构征集优秀产业化项目；建立资源调查统计体系，对中关村西区、学院路等7个商圈的空置房产资源进行调查，并按照不同档次、不同价位对空置房产资源进行统计。

建立对外联络工作体系。同市科委、教育部、人事部、科技部等单位建立工作联络渠道，并成功将教育部留学服务中心引入中关村西区。

创业服务体系建设　完善创业孵化体系，为引导创业孵化机构开展股权投资、创业辅导等服务。开展园区重点企业和孵化器的走访调研工作，了解企业建设和发展情况、困难及需求，为制定政策和服务措施提供依据，共走访调研园区27家重点企业及孵化器。针对园区孵化器存在的“孵化孤岛”、“服务模式单一”、“重孵化轻转化不重视产业化”等问题，创新孵化思路，将李开复的创新工场纳入孵化器范畴。推广“金种子计划”、“孵化+创投”、“创业导师制”等一批先进孵化经验。开展股权投资，园区4家孵化器对9家在孵企业投资350万元；筛选“金种子计划”项目20余个，对其中3个项目投资150万元；在17家孵化器建立创业导师团队，全年开展活动80余次，辅导企业1000余家。组织开展国家级孵化器申报工作，辅导符合条件的孵化器4家。完善科技中介服务体系，制定《海淀园行业协会管理办法》，扩展科技中介政策支持范围，将中介行业专业服务支持联盟纳为支持对象。完善“孵化+转化+产业化”链条，加速创业企业产业化进程，将孵化器中具有产业化前景的企业与专业园区对接，促成有产业化前景企业的股权投资。帮助企业解决人力资源问题，全年落实非京生源应届毕业生指标220个。

创新服务体系建设　推动公共服务与政策创新，继续推动行政审批制度改革，梳理改革经验，形成《海淀区行政审批权限下放落实工作方案》、《海淀区行政审批制度改革方案》、《核心区企业服务中心功能布局方案》、《核心区企业服务中心管理机构设置方案》、《海淀区行政审批服务指南》、《核心区企业服务中心企业设立办事程序导引手册》等系列改革材料，主要做法在全市行政审批制度改革经验交流大会上汇报。

优化核心区企业服务中心布局，新引入固定资产链条的11个部门，部门总数增加到33个，实现审批部门集中化办公。

完善产学研创新体系建设。到启明星辰、大北农等园区企业调研，撰写《中关村国家自主创新示范区核心区产学研合作模式初探》和《中关村国家自主创新示范区核心区产学研创新体系建设行动计划》两个报告。推进产学研合作项目，帮助北京依科曼生物技术有限公司筹建中国绿色植物保护应用研发中心，推动北京中孵友信医药科技股份有限公司与中国医学科学院阜外心血管病医院等机构搭建转化医学“产学研”合作平台，推动北京普罗吉生物科技发展有限公司与清华大学生物系合作研发的新型抗肿瘤新药实现产业化。

发挥科技条件平台在自主创新体系建设中的作用，鼓励社会资本投资建设服务平台，支持平台为科技企业提供服务。本年新认定公共技术平台9家，其中中关村游戏动漫孵化基地完成“一库六平台”建设，成为北京市动漫游戏产业最全面、最专业、最完整的公共技术平台之一；北京交大科技孵化器初步建成交通控制技术的测试和实验环境。协调创新工场落户中关村西区，海淀区有首都科技条件平台14个，占北京市总数的67%；有开放型实验室60家，占北京市总数的72%。

人才服务体系建设　完善引进人才政策，支持各专业园区和机构吸引和培养高层次人才。通过对推出千人计划、海聚工程、高聚工程人才的机构给予奖励的方式以及参加国外路演团、“春晖杯”等活动吸引高端人才。组织高层次人才申报，截至年底，共组织千人计划人才申报4批、高聚工程和海聚工程人才申报2批。本年新增入选千人计划人才10人（其中创业类人才9人，创新类人才1人），累计入选千人计划人才32人（其中创业类人才30人，创新类人才2人；其中8人出自海淀园创业中心）；新增入选海聚工程人才5人，累计入选44人；新增入选高聚工程人才14人，累计入选47人。

加强博士后工作站建设。本年新开设分站9家，其中高新技术企业8家、区属事业单位1家，园区博士后工作站分站达46家，居全国同类工作站之首。截至年底，进站的110名博士后参与或主持省部级以上科研项目88个，为企业带来经济效益17.34亿元（人均3468万元）；以第一至第三发明人身份申报发明专利142项，发表论文著述累计221篇，出版学术专著13本。园区博士后获省部级以上奖项8人次，入选享受国务院特殊津贴专家1人。组织37家分站参加全国博士后评估工作。本年30家企业招聘博士后123名；组织分站和博士后参加引荐会、论坛等活动。协调区人力社保局、公安分局帮助园区博士后解决户口、档案等问题。本年，海淀园成为北京市首批5家博士后（青年英才）创新实践基地试点单位之一，被评为首批7个北京市优秀博士后工作站之一；博士后工作站获全国优秀博士后工作站称号；博士后管理办公室工作人员王伟被评为全国优秀博士后管理人员。

构建多层次人才培养体系。通过留学人员创业园吸引高端人才聚集，本年20家留创园共吸引留学人员300余名，累计吸引3200名，创办企业2100家。开展校企联动培养，探索实用型人才培养模式。与北京航空航天大学等12所驻京高校以及大连理工大学等30所京外高校建立校企联动人才培养合作，接受学生报名1129份；与联想集团、金山软件、用友软件等230多家中关村软件企业签订岗位订单约1550个；为新浪网、北大方正、明朝万达等74家中关村软件企业培养输送后备创新人才356名。开展"海淀企业培训大讲堂"项目，组织战略管理、人力资源、市场营销、财务金融、法律法规、管理技能等方面的公益性免费培训全年共举办培训37期，开设课程374门，培训企业6000多家次，培训企业员工17000多人。推进建立中关村高端人才创业大厦工作。引导高校学生到企业实习、创业，参与企业创新实践，本区现有大学生创业实习基地8家，本年共吸纳创业实践团队近100个，提供实习岗位近1000个。加强对创业中心工作的指导，创业中心已成为面积最大、孵化企业数量最多的孵化器。（张漫　刘畅）

【核心区企业服务中心】 建立于1998年，原名中关村科技园区服务中心，主要负责海淀区企业相关行政审批工作。2010年4月，更名为中关村国家自主创新示范区核心区企业服务中心，同时进行布局调整与硬件环境改造，引进固定资产审批服务链条的11个部门进驻。调整后的服务中心集中了包括企业设立审批、固定资产投资审批服务、高新技术企业认定服务、人力资源服务在内的33个单位和部门，基本实现与企业相关审批事项的全业务进驻。服务中心的布局主要按照审批业务进行分类：一层主要是领取营业执照后，办理国地税登记证、代码证书事项等企业设立审批服务链条后端的部门；二层主要是工商注册、外资专项审批、食品卫生专项等企业设立审批服务链条前端的部门；三层主要是高新技术企业双软认定、高新认定服务、人力劳动资源、公安便民服务等高新技术企业服务以及人力资源服务相关部门；四层是固定资产投资审批服务链条相关部门。

【核心区"两区三中心"体系形成】 1月8日，首都创新人才发展大厦、北京市海外学人中心服务大厅、中关村西区协调管理委员会同时揭牌，标志着核心区"两区三中心"[①]建设正式形成规模。首都创新人才发展大厦以服务高端人才为宗旨，"北京海外学人中心服务大厅"将成为全市统一为海外高层次人才和广大留学人员提供专业化、信息化和国际化服务的平台，中关村西区协调管理委员会将通过优化功能布局、业态调整、环境整治等措施，为首都创新人才发展大厦等一大批重点项目提供优质服务，提升中关村西区整体形象。

【海淀园成为全国首批产学研合作创新示范基地试点单位】 1月23日，中国产学研合作促进会与海淀区政府共同召开推进产学研合作创新座谈会，海淀园成为"全国首批产学研合作创新示范基地试点单位"。该示范基地的主要任务是：围绕企业发展和产业核心技术攻关为主线，构建组织保障体系、资金配套体系和信息交流平台三大支撑体系，在合作模式、体制机制、信息沟通、人才培养和政策环境五个方面实现重大突破，以推动中关村国家自主创新示范区整体发展。

【核心区建立人才信用库】 3月6日，中关村国家自主创新示范区核心区人才信用体系启动，来自北航、北理工、北交大的大学生现场宣誓，允诺遵守软件行业的守则和戒规。该体系是中关村国际孵化软件协会在软件行业建立的人才信用体系，是为了促进核心区人才聚集，降低创新企业人才信用风险，在核心区营造诚实守信、良性流动、和谐稳定的产业人才环境。该体系先后在增量人才（即将毕业的大学生）和存量人才（企业在职员工）中宣教，得到企业和人才中认同。该体系已为金山软件、联想集团等74家中关村自主创新企业培养输送有信用承诺、有待业担保、态度积极、可稳定工作8个月的实习生356名。同方股份、华旗资讯、中软国际、东方通科技等12家企业也发起《中关村人才信用公约》，旨在共同建设诚信的、人才稳定流动的和谐中关村软件行业。

【海淀园规划建设管理信息系统通过专家验收】 10月13日，海淀园规划建设管理信息系统通过专家评估和验收。该系统2008年开始启动建设，2009年10月上线试运行，整合了海淀区空间信息资源和园区相关信息资源，具备资源的空间定位、查询、展现、统计以及园区产业发展综合评价等功能。

【海淀园成为市首批博士后创新实践基地试点单位】 10月15日，海淀园成为北京市首批士后（青年英才）创新实践基地建设试点单位；11月26日，基地正式授牌启动。该实践基地是在高新技术开发区、经济技术开发区等经济区域，委托博士后科研流动站代招博士后研究人员，吸引具有博士学位的青年英才开展创新实践活动。其目的在于进一步完善青年英才培养机制，促进北京市高层次专业技术人才队伍建设，建立高等学校、科研院所和企业协同创新的长效机制，推动央地人才一体化发展，构建企业自主创新促进平台，提高科技创新型企业创新能力。主要创新点有打造"产、学、研、用"结合平台，创新青年人才培养模式；服务区域产业发展，拓宽人才吸引、使用渠道；集成现行人才政策，形成政策合力；建立多元投入机制，强化保障措施。

【第三届"海淀科技园区优秀青年企业家"名单（16名，2010年11月评出）】

万宇平　北京望尔生物技术有限公司总经理

于　晴（女）　北京鼎普科技股份有限

---

① "两区三中心体系"：首都科技金融综合改革试验区、首都政府公共服务与政策创新试验区和全国技术创新与成果转化中心，首都创新人才发展中心，首都科技中介中心。

公司 董事长兼总裁

王利群（女） 北京新联铁科技发展有限公司 总经理

田 真 北京京鹏环球科技股份有限公司 董事长

申万秋 北京海兰信数据科技股份有限公司 董事长

关山月 北京佰能电气技术有限公司副总经理

张学军 汉王科技股份有限公司总裁

李 平 通达耐火技术股份有限公司总经理

杨连起 北京翰林汇信息产业股份有限公司 总经理

周 钒 北京周林频谱科技有限公司总裁

俞开昌 北京碧水源科技股份有限公司 副总经理

施瑞丰 北京久其软件股份有限公司常务副总经理

胡雷钧 浪潮（北京）电子信息产业有限公司 副总、技术总监

夏曙东 北京千方科技集团有限公司董事长兼总裁

曾向群（女） 北京汉唐自远技术有限公司 董事兼总经理

赫思佳（女） 北京方正阿帕比技术有限公司 执行总经理

（张漫）

【综述】 2010年，海淀园范围内规划建设的独立专业园区为13个（含2家大学科技园），另有大学科技园15个。

海淀园专业园区、大学科技园统计表[1]

专业园区

序号	专业园区名称	启动建设时间
1	中关村上地信息产业基地	1991
2	中关村软件园	2000
3	中关村永丰高新技术产业基地	2001
4	中关村环保科技示范园	2001
5	清华科技园	1994
6	北大科技园上地园区	2004
7	中关村西区	2000
8	中关村创新园	2006
9	中关村文化教育基地（南部地区）	2006
10	中关村国际教育园	2003
11	中关村创意园（原农林科技园）	
12	中关村科学城	2002
13	中关村多媒体创意产业园	2007

[1] 清华科技园、北大科技园既是大学科技园，同时也是专业园区，但大学科技园的特征更为突出，都分别计入专业园区和大学科技园中。

大学科技园

序号	大学科技园名称	级别	成立时间	认定时间
1	清华大学国家大学科技园	国家级	1994	2001
2	北京大学国家大学科技园	国家级	1995	2001
3	北京理工大学国家大学科技园	国家级	1999	2003
4	北京航空航天大学国家大学科技园	国家级	2000	2003
5	北师大–北中医国家大学科技园	国家级	2002	2003
6	北京邮电大学国家大学科技园	国家级	1998	2003
7	中国人民大学国家大学科技园	国家级	2004	2009
8	中国农业大学国家大学科技园	国家级	2003	2006
9	北京科技大学国家大学科技园	国家级	2001	2005
10	北京交通大学国家大学科技园	国家级	2001	2006
11	北京化工大学国家大学科技园（部分）	国家级		2003
12	首都师范大学科技园	市　级	2000	2003
13	中央财经大学科技园	市　级	2006	2010
14	中关村能源与安全科技园暨中国矿业大学（北京）留学人员创业园	市　级	2007	2009
15	中国政法大学科技园		2007	

2006 年 1 月 17 日，经国务院批准、由国家发改委发布公告予以确定的海淀园规划范围占地面积 133.06 平方公里，由以中关村核心区为主体的 112.24 平方公里建成区和以海淀山后专业园区为主体的 20.82 平方公里集中新建区组成，规划范围内实际用于高新技术产业发展的土地由建成区内 7.94 平方公里的专业园区、北清路沿线 14.86 平方公里专业园区和山后小城镇范围内 4.1 平方公里产业用地组成，共计 26.9 平方公里。

在 112.24 平方公里的建成区内，建设 7 个专业园区，即中关村西区（0.51 平方公里）、清华科技园（0.15 平方公里）、北大科技园（0.25 平方公里）、中关村科学城（3.32 平方公里）、上地信息产业基地（2.32 平方公里）、软件园（1.39 平方公里）、多媒体创意产业园（0.95 平方公里，2009 年批准建立），合计占地 8.89 平方公里。

山后集中新建区 20.82 平方公里（含航天城 1.86 平方公里），实际可用区域由北清路沿线 14.86 平方公里专业园区和山后小城镇范围内 4.1 平方公里产业用地组成，建有中关村永丰高新技术产业基地、中关村环保科技示范园、中关村创新园、国际教育园、中关村创意园（暂定名）和中关村文化教育基地 6 个专业园区，　合计占地 18.96 平方公里。

北京航天城位于上地信息产业基地与软件园北侧，为中国航天技术研发中心和航天员科研训练中心。中关村生命科学园主体位于昌平区，一小部分位于本区境内。

海淀园各专业园区由专门的一级开发公司负责建设、招商及运营管理。专业园区开发企业分为 4 类：一是区属企业开发，如上地信息产业基地、永丰高新技术产业基地、环保科技示范园、中关村创新园等园区；二是市属企业开发，如中关村西区、中关村软件园等园区；三是院校企业开发，如清华科技园、北大科技园上地园区、中关村科学城等园区；四是其他股份制企业开发，如中关村国际教育园、中关村文化教育基地（南部地区）、中关村多媒体创业产业园。

截至 2010 年底，上地信息产业基地、中关村软件园（一期）和清华科技园已全部建成；永丰高新技术产业基地已基本建成；加快发展的有中关村西区、中关村多媒体创业产业园、中关村环保科技示范园、中关村科学城；处于发展中的有中关村创新园、中关村文化教育基地（南部地区）、中关村国际教育园、中关村创意园；北大科技园上地园区处于土地一级开发阶段。从经济规模上可分为 4 类：一是上地信息产业基地、中关村西区等发展成熟、实力雄厚的园区；二是清华科技园、中关村科学城等基础扎实、实力较强的园区；三是永丰高新技术产业基地、中关村软件园等发展迅速、初具规模的园区；四是中关村环保园等初期起步、潜力巨大的园区。

本年，区政府把中关村科学城作为核心区建设重点，并启动科学城首批建设项目。截至年底，13个专业园区中已有7个园区引进企业。在中关村13个专业园区中，海淀园注册企业数量占32.6%，收入占专业园总收入的87.9%。其中海淀专业园区中经济总量排名前三的分别是上地信息产业基地、中关村西区、清华科技园。海淀园的专业园区中，上地信息产业基地以电子信息业为主导，经过多年发展形成应用软件和系统软件两个主导产业，成为海淀园经济增长的重要力量，入驻企业总收入占海淀园的21.1%；中关村西区经济总量仅次于上地信息产业基地，入驻企业总收入占海淀园的14.5%；清华科技园依托清华大学的科技教育资源，发挥产业聚集优势，迅速成长，收入列专业园区第三位。

本年，新成立北京实创科技园开发建设股份有限公司，负责永丰高新技术产业基地、中关村环保园和中关村创新园等园区的开发和建设。

【上地信息产业基地】 位于上地街道，是经国家科委和北京市人民政府批准的、我国第一家以电子信息产业为主导的综合性高科技产业园区，集科研、开发、生产、经营、培训、服务于一体。2001年，基地通过IS014001环境管理体系国际、国内认证。2005年12月土地全部完成转让。2005年5月上地信息产业基地被信息产业部批准为首批国家电子信息产业园，即国家（北京）计算机及网络产品产业园。园区的产业结构为：电子信息产业占70%，光机电一体化占20%，新材料、新能源占5%，生物工程、新医药占5%。基地总规划用地2.32平方公里，分为南区和北区。南区占地1.81平方公里，1991年10月开工建设，总建筑面积230万平方米，绿化率32%，2000年底基本建成；北区占地0.53平方公里，绿化率53%，分为7个地块，为企业提供孵化、研发、办公的现代空间，2000年6月开始建设，总规划建筑面积53万平方米，2009年建成。2009年，百度大厦正式投入使用，标志基地全部建成并投入使用。截至2010年底，已有联想、百度、华为、神州数码、浪潮、北大方正、IBM、FANUC、诺维信等1853家高新技术企业入驻。已成为全国企业和产业聚集显著、经济效益增长迅速、技术创新活跃的区域之一。

本年，基地继续开展园区企业融资需求申报工作；协助市科委、中关村管委会和海淀园管委会开展2010年度北京市科技型中小企业技术创新资金立项工作。年内，基地将雨污水、路灯、上地桥泵站、垃圾楼等市政设施向政府有关部门移交。（孙燕艳）

【中关村软件园】 设立于2000年，分别于2001年7月和2004年8月被国家发改委、信产部、商务部确定为“国家软件产业基地”和“国家软件出口基地”，2006年12月被北京市确定为首批“文化创意产业集聚区”。园区以软件研发为主，集企业孵化、软件成果展示、发布、人才培训和综合管理服务于一体，是全国智力最密集的专业园区之一。园区位于海淀区东北旺，紧邻上地信息产业基地，东至上地西路，南至西北旺南路，西接东北旺苗圃，北临东北旺北路，一期占地面积1.39平方公里，建筑规模约70万平方米。2010年，软件园围绕空间拓展、项目建设、产业服务、招商引资、绿色低碳等任务，推进经济发展方式转变，产业布局更加合理、要素聚集力进一步增强、自主创新特色更加突出、服务体系建设效果更加显著。截至本年底，园区入驻企业216家，其中上市企业17家（2010年新上市公司7家），软件工程师超过2.4万人，实现产值240亿元。园区在国内软件和信息服务领域形成独立软件开发（ISV）产业集群、金融信息服务产业集群、计算机通信与互联网服务产业集群和IT服务外包产业集群等4个具有较强技术主导权的产业集群，集聚一批国际级创新中心和研发中心，包括IBM、甲骨文、汤森路透等中国研发中心，成为国际软件研发和技术创新环节中的重要组成部分；汇集汉王、信威、中科大洋、曙光等一批国内各领域龙头企业，其中国家重点布局的软件企业21家、占全国的12%，全国十大服务外包企业3家。园区入驻企业获国家科技进步特等奖1项，一等奖5项，国际标准2项，拥有各类知识产权2373项，其中专利1004项、商标301项、软件著作权1068项，同比增长近20%。入选国家“千人计划”2人、北京市“海聚工程”4人、中关村“高聚工程”6人、“中国服务外包年度杰出贡献人物”3人。

本年，园区推进二期建设，总规划面积1.2平方公里、总建筑规模120万平方米。引入芬兰最大的实验室系统厂商Mylab子公司——兰博医信科技（北京）有限公司；腾讯及两大国家级高新技术研发中心——国家核电、中国工程物理研究院等3家单位入驻软件园二期；引进中芬金桥（北京）创新中心；与中国软件行业协会教育与培训委员会共同举办2010软件专业实训指导教师研讨班暨实训体系建设产学合作研讨会，介绍产学合作模式，探讨实训平台、实训教材、实训师资、校内实训基地、校外实习实训基地、多层次实训等一体化实训体系新模式；与北京服务外包企业协会共同举办知识产权高峰论坛；承办“低碳园区发展论坛”；举办中关村软件园企业培训项目推介会，近30家软件园人力资源联盟企业代表参加；举办“新三板市场”上市融资政企沟通会。

总结园区建设10年发展经验，编纂《“十年聚变，恒久创新”—北京中关村软件园（2000—2010）十年志书》；撰写完成《2010年中关村软件园软件与信息服务业调研报告》等园区系列发展报告。

本年，园区“国家软件公共服务平台”获“国家软件与信息服务公共服务示范平台”称号；园区入驻企业文思创新信息技术有限公司、博彦科技（北京）有限公司、软通动力信息技术（集团）有限公司获“2010年中国服务外包十大领军企业”称号。（张蕾）

【中关村永丰高新技术产业基地】 其前身是1988年5月设立的北京市新技术产业开发试验区永丰中试基地。位于西北旺镇，东起辛店村，西至崔家窑排水渠，南起六里屯村，北至大牛房村。2001年3月31日开工建设，由国有控股股份制企业北京中关村永丰产业基地发展有限公司从事开发建设。2003年11月24日，永丰产业基地被国家科技部批准为北京市唯一的"国家新材料科技术成果转化及产业化基地"。2007年8月，永丰产业基地获得科技部火炬中心关于"建设科技企业加速器试点单位"的批复。基地一期规划总面积4.5平方公里，总建设用地面积272公顷，规划为四个工业科研区、一个公共服务中心区和一个生活居住区，总规划建筑面积386万平方米，总容积率0.93[①]，绿化率35%。2008年，基地一级开发基本结束，累计完成土地开发建设投资约27.6亿元，占投资计划的70%。基地总体定位是：将基地建设成为具有世界一流水准，引领我国新材料发展方向，代表我国新材料应用研究技术最高水平的集企业孵化、新材料研发、产业促进、产业发展、生活配套服务于一体的综合性科技园区。重点发展新材料和电子信息两大类主导产业，航空航天产业后发势头强劲。2010年，开展前期策划、空间规划、市政规划、产业规划、现状调查、先行启动项目等工作，推进启动区开发建设，制定园区开发理念、园区产业定位初步方案、投资分析报告、园区一级开发思路、一级开发实施方案和园区融资方案。编制完成基地土地一级开发投资计划。完成环境影响报告书、交通影响报告书、地质灾害影响评估报告、文物勘探报告、地质勘察报告、可行性研究报告。截至2010年底，在基地内注册及经营的企业300余家，其中电子信息类企业69家，新材料、新能源和环境科学类企业52家，先进制造技术类企业46家；入驻企业中有收入过亿的大中型企业20家、上市企业8家。

基地入驻企业实现总收入150亿元，上缴税费总额10亿元，从业人员2万余人。入驻企业累计获得专利授权977项，软件著作权241项，国家发明奖55项，国家科技进步奖244项，全国科技大会奖87项，国家重大成果奖6项，省部级以上重大科技成果1242项，国家级企业技术中心3个。基地功能设置辐射北清路周边地区，对区域经济和产业带动作用显著。

本年，基地二级项目建设累计开复工117.3万平方米、竣工81.6万平方米、在施35.7万平方米；其中资源卫星二期工程、钢研总院3#C、4#厂房、用友分销管理软件项目已于4月1日前开工，新开工面积9万平方米。到2010年底，基地各地块基本实现企业入驻及建成投产运营。（谢晔　孙艳燕）

【永丰产业基地（新）】 永丰产业基地（新）为海淀区北部三大产业功能区之一，位于西北旺镇，规划用地面积约419公顷，总建筑面积约337万平方米。共划分A、B、C、D、E、G、H、J、K、L等10个地块。2010年8月区委区政府决定由实创公司负责永丰产业基地（新）的开发建设任务。基地规划建设成为具有世界一流水准、引领我国新材料发展方向，代表我国新材料技术最高水平的集企业孵化、新材料研发、产业促进、产业发展、生活配套服务于一体的综合性科技园区。按照区委区政府确定的北部地区"三年基本，五年完成"建设目标，基地提出三年完成土地一级开发的开发计划。（孙艳燕）

【中关村环保科技示范园】 设立于2001年，位于中关村科技园区发展区内，东至春阳路、西至温阳路，南至京密引水渠、北至北清路，东西长约2.14公里、南北宽约2.09公里，总占地359.77公顷，总规划建筑面积194万平方米。园区是集科研、中试、生产、商贸、技术交易、科普为一体的示范性专业园区，为北京市重点建设项目。园区由北京实创环保发展有限公司负责开发建设，2002年10月启动。2006年，中关村管委会对环保园产业定位进行调整，在原有能源环保产业的基础上，扩充网络通信和文化创意产业，与市政府确定的金融产业后台服务支持体系，合并构成"1+3"的产业框架模式。截至2010年底，土地一级开发已经基本完成，各产业用地地块均已具备招商条件。本年，基地二级项目建设累计开复工54.5万平方米，竣工9.85万平方米。

园区已吸引华为、龙芯、中国人寿、雀巢、中联煤层气、光大环保、国核电力规划设计院、佳讯飞鸿、中科海讯、时代集团、叶隆思根等17家企业签约入驻。其中华为（部分）、雀巢、光大环保、中联煤层气、佳讯飞鸿等5家企业已投产运营，华为、中国人寿、国核、龙芯、中科海讯等5家企业已开工建设。园区入驻企业全年实现总收入150亿元，上缴税费总额5亿元，从业人员3500人。（谢晔）

【中关村创新园】 位于苏家坨镇，东至东埠头排水沟、周家巷沟，西至周家巷沟、稻香湖居住区，北至翠湖南路，南至北清路，规划占地355.9公顷，规划建筑面积192.1万平方米。新园以科技产业的自主创新为主导，构建以信息技术为特征的金融后台支撑产业和产业链相关高科技产业创新基地，发展以IC设计（硬件电路设计）、3G（或更高如4G）、NGI（下一代互联网）、信息安全等与金融服务紧密相关的通用型创新技术产业。2006年开始拆迁。2007年8月，创新园被北京市政府列为重点规划建设的金融后台服务区—海淀稻香湖金融服务区的核心区，主要为中央金融监管部门及国内大型金融机构后台服务。2009年2月，创新园居住及多功能用地和产业用地列入北京市重点工程项目"绿色通道"。

截至2010年底，园区已与中国人民银行现代化支付系统北京数据中心、中国农业银行北方数据中心、国家开发银行数据中心、建设银行北京生产基

---

①容积率：指一个区域的总建筑面积与用地面积的比率。

地、阳光保险集团研发中心等5家企业签订入驻协议。（谢晔）

【中关村国际教育园】 位于苏家坨镇稻香湖地区，北起京密引水渠以西三排并行22万伏高压线及规划稻香湖北路，南至稻香湖，西起温阳路，东至苏家驼镇东界。2003年开工建设，规划用地面积115.72公顷,可建设用地57.09公顷，总建筑面积29.37公顷。国际教育园作为中关村文教基地的国际部，面向中关村各类专业人员接受继续教育服务，也为在华外籍人员、留学归国人员以及北京市高收入人群的子女接受高水平的普及教育服务。本年无进展。

【中关村文化教育基地（南部地区）】位于北安河地区，中关村科技园区发展区内，北起草场村排水沟，南至南安河村南，西起市区铁路西北环线，东至规划的新北安河路。规划用地面积653.09公顷，建设用地501.15公顷，总建筑面积为194.20万平方米。文化教育基地分为文教用地、旅游度假用地和果林农田，规划有科技教育区、专业教育群块、会议展览区、艺术文化区、人文历史区、教育服务区、健康休闲区、生活服务区、步行商业区、医疗服务区等十大服务板块。本年无进展。（刘畅）

【清华科技园】 1994年设立，地处中关村科技园区的核心地带，东起清华南路，西至清华、北大兰旗营教师住宅小区，南至成府路，北与清华大学校园围墙接壤。占地面积14.87公顷，其中建设用地12.87公顷，总建筑面积69万平方米。2000年1月，清华科技园被科技部、教育部选定为15个国家大学科技园试点之一；2001年5月，被科技部、教育部确认为国家大学科技园；2003年10月，被科技部、教育部确认为全国唯一的A类国家大学科技园。2005年，清华科技园全部建成。园区分为科技园主园、留学人员创业园、创业园，建成企业孵化器群、技术研发机构群、高校科技产业群、教育培训机构群、中介服务机构群和配套服务机构群，其中玉泉慧谷分园位于海淀区四季青镇境内，主要发展多媒体创意产业。截至2010年底，主园入驻企业420余家。2000年，启迪控股股份有限公司成立，接替1994年成立的清华科技园发展中心，全面负责开发、建设、经营与管理。清华科技园与13家外国机构建立联系，与美国、英国、澳大利亚、芬兰、德国、日本、韩国、泰国13处外国科技园建立联系。2010年，园区与北京移动、汕头高新技术产业开发区、山东省济宁市政府签署战略合作协议；举办“如何应对美国专利诉讼威胁”讲座；与金科资本联合举办创投沙龙活动。

【北大科技园上地园区】 位于中关村科技园区发展区，东起上地西路，南临北大生物城，北与中关村软件园相望，西侧是永久性城市绿化带。占地面积40公顷，其中建设用地25.03公顷，地上总建筑面积27.7万平方米。2004年园区取得项目土地一级开发立项批复和规划意见书的批复。本年无进展。

【中关村创意园】 位于海淀区西北部的上庄乡境内，距中关村核心地带17公里，与稻香湖金融后台、中关村软件园、中关村环保园等专业园区比邻，总占地面积392. 73公顷。园区被划分为农业科技和产品展示区、商贸服务区、公共研发区、研发单元区和专家公寓五大功能区。本年无进展。

【中关村科学城】 位于中关村科技园区核心区，北至成府路，南至知春路，西起中关村北大街，东至中关村东路，被四环路分成南、北两区。规划用地331.6公顷，其中中科院所属用地188.8公顷；建筑面积320万平方米，其中中科院所属用地250万平方米。区域内有清华、北大等重点高等院校，中国科学院、中央部委所属院所等国家级科研机构，100余家国家重点实验室和国家工程中心，航天科技、联想集团等6000余家高新技术企业，有科技人员16000多人，两院院士523名，约占全国的36%。区域内科研机构和企业参与承担涉及“核高基”、大规模集成电路、新一代移动通讯、“大型飞机”等国家重大科技专项的核心任务，在新能源、新材料、信息技术、生物技术等领域形成了丰富的科技创新成果。2002年4月，中科院将开发的中关村科学城高技术产业创新孵化区命名为“中国科学院科技园”，属于中关村科学城的一部分，并开始建设。中关村科学城定位于知识创新基地、高新技术产业化孵化培育基地和高新技术信息交流中心，2006年开始拆迁和改造建设。2010年9月2日，启动首批建设项目，分别与中国航天科技集团公司、中国航空工业集团公司、中国机械工业集团有限公司、北京航空航天大学、北京理工大学、北京科技大学、北京邮电大学、北京交通大学、中国科学院、清华大学、北京大学等11家单位签署共建协议。

【中关村多媒体创意产业园】 2007年开始建设，位于海淀区西三环紫竹桥与西四环四季青桥之间，占地95公顷，初名“北京多媒体创意产业园”，是北京市首家以多媒体文化创意产业为核心发展方向的文化创意与高新技术相融合的科技园区，由博雅燕园科技企业孵化（北京）有限公司负责建设、运营、管理，截至年底，入驻企业近100家。2009年2月，中关村管委会批复同意园区整合存量资源，建设中关村多媒体创意产业园（《中科园函[2009]11号》）。园区编制完成未来5～10年发展规划，以“多媒体文化创意产业”为主要发展方向，涵盖影视、动画、游戏、创意设计、数字艺术等多媒体领域，定位于建设具有世界影响力的跨媒体园区，北京世界城市跨媒体产业财富和文化新地标。

本年，与北京电影学院动画学院联合举办中关村多媒体创意产业园动漫节，举办“2010中国动漫产业跨媒体发展论坛”，与中国光大银行签署了的战略合作协议。园区获“2010中国最具品牌价值传媒文化产业园区”称号。

（刘畅）

【北京实创高科技发展有限责任公司】北京实创高科技发展有限责任公司其前身是1992年3月经北京市政府批准

成立的北京实创高科技发展总公司，是以科技园区开发、建设、服务和管理为主业的大型国有企业，是上地信息产业基地的总发展商，拥有二级公司2家、三级公司13家，参股企业6家，员工1618人。1999年被国务院批准为国家“520家重点企业”，是其中唯一以科技园区开发建设为主业的集团化公司。2010年12月28日，公司改制为北京实创高科技发展有限责任公司，注册资金71200万元，以科技园区开发、建设、服务和管理为主业。2010年，公司开始承担永丰产地基地（新）的开发建设2010年公司实现总收入25亿元，总资产102亿元，净资产13.78亿元，利润总额2.58亿元，上缴税金3.05亿元。

（孙燕艳）

地址：海淀区上地信息路22号
邮编：100085
电话：62981841

【北京海淀科技园建设股份有限公司】 成立于2000年6月18日，是专业从事中关村科技园区西部区域和海淀北部地区建设的国有控股企业，主要经营一级土地整理、房地产开发、工程建设管理和城市基础设施建设等。公司控股公司有北京德成置地房地产开发有限公司、北京德成兴业房地产开发有限公司、北京盛世翌豪房地产经纪有限公司。2010年，公司主要承担西北旺新村（百旺新城）综合开发、软件园拆迁和海淀拘留所改造、海淀三中心”（区人武部作战、消防和交通指挥中心）、清华附中永丰分校、永丰嘉园九组团安置房等政府重点项目的建设任务以及百旺杏林湾商品房开发建设。公司全年实现收入10.61亿元，完成投资5.8亿元，开复工面积21.61万平方米（其中新开工面积6.27万平方米），竣工面积11.18万平方米，完成房屋销售面积2.52万平方米。实现利润16538万元，公司及控股子公司共实现利润24595万元，上交各种税费12315万元。4月14日，公司及其控股的德成置地公司与西北旺镇及各村签署合作建设西北旺新村补充协议，西北旺新村建设原土地置换开发模式不再实施，彻底解决西北旺新村建设中的历史遗留问题，完成市、区政府重点工程西北旺三期北C地块拆迁任务。11月2日取得市政府关于西北旺新村项目规划调整请示的批复，新增建筑面积约18万平方米（其中商业增加建筑面积9.5万平米，安置房和限价房增加建筑面积8.5万平米）。5月底，永丰嘉园S21农民安置房9600平方米开工建设；西北旺B3安置房4.05万平方米开工建设。三中心”（区人武部作战、消防和交通指挥中心）项目完成复工3万平方米并交付使用。12月10日，区拘留所改造项目交付使用，改造工程总建筑面积9986平方米，其中新建1951平方米（地上911平方米，地下1040平方米）、改造面积7545平方米、拆除680平方米，项目工程建设总工期6个月，政府投资约3400万元。12月22日，清华附中永丰分校开工建设。百旺杏林湾项目开复工面积12.6万平方米，竣工面积3.1万平方米。

（程建华）

地址：海淀区丹棱街16号海兴大厦C座
邮编：100080
电话：82623771 62616742（传真）
网址：www.hkj.com.cn

【北京实创科技园开发建设股份有限公司】 2010年2月26日，由中关村永丰产业基地、环保园、创新园整合重组而成的北京实创科技园开发建设股份有限公司成立。这是海淀加快推进北部地区规划调整、推动高端产业聚集发展的重要举措。重组后的公司主要承担海淀山后地区优质资源的开发建设任务，推动海淀核心区建设整体产业导向、创新要素聚集、重大项目落地、促进产业发展，主要负责中关村永丰产业基地、环保园、创新园等北部产业园区的开发建设。截至2010年底，公司所属北部三个产业园区整体规划面积1169.25公顷，企业数量超过400家，从业人员3.5万人，入驻企业实现总收入350亿元，上缴税费总额15亿元。

本年，公司对所属各产业园区剩余土地资源进行统筹规划，进一步明确梳理产业定位。提高剩余用地土地容积率和建筑控高，加大土地集约利用力度，将北部产业园由原规划建筑面积774万平方米调增至1309万平方米。在园区建设和二级项目建设过程中，融入低碳环保、绿色节能设计理念，推广使用新能源、新材料、新技术，把北部产业园区建设成为生态环保绿色示范园区。推动重大项目落地，促进创新成果产业化，加快产生和转化一批国际领先的科技成果。建立由企业、投资机构、科学家、政府部门组成的项目筛选机制，推动重大科技成果产业化项目，重点吸引大型高科技企业总部、行业内龙头企业、重大科技成果转化项目和快速成长企业入驻，解决不同阶段企业发展所需的产业空间等问题。落实“十百千计划”，加快培育出一批十亿、百亿、千亿元的企业群体。推动产业项目建设招商，建设科技企业加速器[①]系列化产品，将土地招商转变为加速器整体招商，促进上下游快速成长企业聚集，完善产业链、促进园区产业健康发展。建立高新技术企业金融服务平台、科技支撑平台、人力资源服务平台、商务服务平台等4个服务平台，为入驻企业提供全方位服务。

2010年，公司所属三个产业园区开工建设重大产业化项目和配套项目21个，总面积111.7万平方米。其中：4月1日开工项目5个，开工面积18.5万平方米，分别为龙芯产业园、国核电力规划设计研究院、钢研总院3＃C、4＃厂房、资源卫星2#综合保障及科研业务楼、用友分销软件开发基地1＃、2#组团；6月29日开工项目7个，开工面积53.2万平方米，分别为北大维信二期工程、航空材料园一期工程、中国人民银行现代化支付系统北京数据中心、国家开发银行数据中心、中国农业银行北方

[①] 科技企业加速器：是指以吸引快速成长企业为主要目标，通过服务模式创新，满足企业对于空间、服务需求的产业化项目。

数据中心、建设银行北京生产基地、阳光保险集团研发中心；9月30日开工项目3个，开工面积13.5万平方米，分别为永丰高新技术成果转移中心I-22项目、环保园F16科技厂房、航天电子军民用结合产业化基地4#、7#科研楼；12月22日开工项目6个，开工面积26.5万平方米，分别为：爱博精电科技楼、北斗导航产业基地、环保园C02政策性公共租赁用房、创新园C6-09标厂、创新园C6-07标厂。（谢晔）

地址：海淀区苏家坨镇三星庄村创新园办公区

邮编：100194

【百慕高科钛合金制品产业化项目在永丰基地投产】 2月23日，北京百慕航材高科技股份有限公司在永丰产业基地建设的钛合金制品产业化项目正式投产运营，百慕高科企业总部也将随之迁入永丰产业基地。百慕高科是海淀区第二批重点拟上市企业，在永丰产业基地占地2.51公顷，建筑面积28937平方米，是第一批新认定的国家级高新技术企业。（张漫）

【VSHOW2010首场企业融资路演会举行】 3月26日，VSHOW 2010系列企业融资路演会首场活动在中关村软件园举行，来自政府部门、创投机构和创新企业的100余名嘉宾参加。本次活动是由中关村管委会、北京市金融工作局、海淀区政府以及海淀园管委会共同指导，海淀创投协会主办，中关村软件园和海淀资本中心共同承办的。在中关村软件园入驻的博思廷、索为高科、正启源和宽洋创新等四家企业面向IDG、德同资本、汉世纪等30余名创投机构代表进行了融资路演，系统介绍了各自企业的市场前景、产品服务、发展历史、工作团队以及融资需求等，并就创投机构代表关心的问题进行了一一解答。VSHOW是海淀创投协会整合40余家会员机构的优势资源，针对创新企业的需求和特点而提供的融资对接服务，其中包括辅导、挂牌、路演和顾问四个环节，首创于2007年。经过3年多的运作，VSHOW已经成为连结政府部门、投资机构、中介机构和创新型企业的多方互动与交流的合作平台。此次路演会目的是借助VSHOW平台为更多的创新企业解决融资难问题。

【24个重大项目在北部产业聚集区开工、投产】 4月1日，北部产业聚集区首批重大项目开工。此次开工的18个项目总投资超过100亿元，建成后预计年产值将超过600亿元，分布于软件园、环保园和永丰产业基地，覆盖集成电路、光机电一体化、核电等战略性新兴产业领域，其中包括中科院龙芯CPU、中视中科激光显示、曙光超级计算机等项目。6月29日，北部产业聚集区第二批重大项目开工。开工的6个项目包括创新园的国家开发银行数据中心和中国农业银行北方数据中心、环保园的F16地块科技厂房、永丰基地的航空材料园一期、软件园尚东嘉华研发中心和软件园杰伟研发中心，总用地规模26.36万平方米，总建筑面积42.55万平方米。北部产业聚集区第二批重大项目入驻投产的企业7家，包括永丰基地的大洋电机新动力科技有限公司、北京百慕航材高科技股份有限公司、北京水木源华电气有限公司和北京天宇飞鹰微电子系统技术有限公司，环保园的北京泽华化学工程有限公司、竞业达数码科技集团和云南大港旺宝集团有限公司，7家企业总建设面积5.39万平方米。13家开工、投产企业正式投产运营后，预计实现年收入85亿元、税收5亿元、吸纳就业人数8000人。（张漫　刘畅）

【“国家软件出口基地”项目通过验收】 6月29日，由中关村软件园建设的“国家软件出口基地”项目通过验收，标志着“国家软件出口基地”授牌后续工作的完成，出口基地服务体系基本完善。该项目认定于2004年8月，并于2005年10月开始建设，2009年全部完成。该平台包括网上交易平台、国际市场拓展平台、协同开发平台、人才培训与服务平台和面向软件出口的中介服务体系。

【软件园举办首期企业新员工培训班】 8月14日，中关村软件园举办首期企业新员工培训班。来自汉王科技、索浪等企业的200多名新员工接受了软件工程知识体系、软件工程职业道德与规范的专题培训。此次培训的目的是帮助园区企业招聘的应届毕业生快速完成工学转换，使其了解软件工程职业的规范与要求，掌握软件工程职业必备的专业技术知识。

【软件园成为国际科技园协会正式会员单位】 8月，国际科技园协会（又称世界科技园协会，英文全称International Association of Science Parks）正式批准中关村软件园成为其会员单位。加入协会后，中关村软件园将借助其国际化的平台和服务网络，与各国的科技园区加强交流，提升园区服务的国际化水平，为园区入驻企业进一步拓展国际市场合作。（张蕾）

【科学城首批建设项目启动】 9月2日，中关村科学城首批建设项目启动。此次启动项目包括中关村航天科技创新园、中关村航空科技园、北航国际航空航天创新园、北京理工先进技术研究院等11个建设项目，启动时已有5家企业入驻科学城。（张漫）

【软件园举办首届高端云计算培训班】 9月10～12日，由中关村软件园与中国电子学会云计算专家委员会和CSDN网（全球最大IT中文社区http://www.csdn.net/）共同举办首届高端云计算培训班。由中国工程院院士倪光南等资深专家组成的讲师团队向30名位学员就典型云计算平台的核心算法、中国移动大云案例剖析、新一代云存储软硬件平台等内容进行培训。（张蕾）

【北京首个科技企业加速器俱乐部成立】 9月27日，北京第一家科技企业加速器俱乐部在海淀北部产业聚集区永丰产业基地成立。俱乐部由北京中关村永丰产业基地发展有限公司、北京京鹏环球科技股份有限公司、北京科电亿恒电力技术有限公司等10家企业共同发起，为北部产业聚集区企业搭建沟通交流平台，实现企业之间、企业家之间，以及企业与政府、专家服务机构之间对接，是科技企业加速器服务内容的深层次拓展，是深化企业服务、探索科技园区新型服务模式的有益尝试。（张漫）

【环保园公租房项目开工】 9月30日，中关村环保园公租房建设项目正式开工。该项目位于中关村环保园C02地块，占地面积约5.56公顷，建设面积10万平方米，将面向园区入驻企业提供30到60平方米的租赁住房，总数量约2000套，计划2012年建成并投入使用。（刘畅）

【"中国服务贸易促进平台"落户中关村软件园】 10月15日，商务部服务贸易司司务会通过委托北京中关村软件园发展有限责任公司承办建设"中国服务贸易促进平台"项目的决议。12月9日，服务贸易促进平台的相关实施方案正式通过司务会定案，标志着在中关村软件园打造全国服务贸易交易中心这一重要举措的落实上取得了阶段性的成功。"中国服务贸易促进平台项目"采用线上和线下相结合的建设与运营模式，通过搭建线上电子交易市场平台，为广大企业提供多元化在线服务，同时线下将成立"中国服务贸易促进平台服务中心"，全方面开展整体业务的运维工作。总体项目将围绕"一个综合门户、两个应用平台（资源交易平台和市场拓展平台）以及两个保障体系（线下产业服务体系和线下技术支撑体系）"的核心内容进行规划、建设和运营。平台立足于服务贸易行业，重点开展电子商务的交易、行业选择、信用度、运营方式、技术解决方案等各个环节的服务工作，提供一个完整的，满足服务贸易行业的电子商务解决方案，立志成为国内最具权威的服务贸易电子交易平台。（张蕾）

【中国牧工商（集团）总公司入驻中关村环保园】 11月26日，中国牧工商（集团）总公司入驻中关村环保园。集团为畜牧行业唯一一家央企，也是国内唯一一家组织实施国家级科技项目畜牧行业企业。主要业务有动物疫病防控、现代畜牧业服务、现代饲料产业、现代畜牧业科技创新四大板块。公司承担国家"十一五"科技支撑计划新型动物药剂研制与应用项目。（张漫）

产业与企业发展

【综述】 海淀园各专业园区企业所涉产业主要集中在电子信息、计算机软件、集成电路及电子元器件、计算机设备、通信、生物工程与新医药、新材料、新能源、节能环保、先进制造技术等10大领域。本年，园区支持重点创新型企业做强做大，淘汰落后产能，加快培育一批"十百千"企业群体。各领域绝大多数经济指标继续保持不同程度增长，增速较快的产业主要集中在电子信息、计算机软件、计算机设备、通信、新能源、新材料等领域，总收入较上年增长均超过20%，其中新材料、新能源产业成为园区经济新的增长点，均超过25%。园区规模以上企业发展较快，但中小企业发展面临不同程度的困难，各领域企业总数均较上年有不同程度的下降。

2010年海淀园各领域主要经济指标

项目 领域	企业数（家）	总收入（亿元）	实缴税费总额（亿元）	利润总额（亿元）	出口总额（亿美元）	从业人员（人）
电子信息	6781	4369.02	203.07	342.39	24.58	421866
计算机软件	3225	1247.77	92.83	155.44	4.67	211958
集成电路电子元器件	254	132.21	6.41	12.11	5.66	14959
计算机设备	780	1580.91	29.38	49.44	3.64	45943
通信	973	788.96	29.41	45.18	5.00	64439
生物医药	504	118.80	8.99	18.14	0.69	16931
新材料	532	390.85	8.61	17.23	2.88	28759
新能源	561	652.67	19.96	45.87	2.25	25646
节能环保	379	130.19	6.71	11.47	0.14	12432
先进制造	789	305.98	15.77	26.63	6.31	35196

收入规模亿元以上企业在引领园区经济发展中的作用更加突出。电子信息领域是园区经济增长的主力，但所占比例呈略微下降趋势；新能源、通信领域保持相对较快增长，特别是新能源领域同比增速较高；计算机设备领域企稳回升态势进一步加强；集成电路领域、先进制造技术领域总收入出现同比负增长；生物工程与新医药、新材料、节能环保领域总收入保持同比增长态势。

本年，重点围绕大学科研院所成果产业化项目对接、落地和"十百千工程"企业、上市企业、大型央企国企新增业务和产业化项目落地开展促进和服务工作。完成《海淀区重点引进企业支持办法》和《海淀区为重点企业做好服务的实施办法》修改工作。全年接洽投资项目200余个，经评估筛选作为重点推进90项，其中51个项目已实现落户，投资规模约155亿元。

吸引重点项目落地　引入增量企业落户海淀，主要有三峡集团公司、长江电力股份、研祥公司北方总部、宝石电气设备公司、大洋电机新动力公司、深圳茂硕北京公司、中英低碳投资公司、大唐电信国际技术有限公司、开心人网、易橙天下、北京联拓恒芯科技发展有限公司、安防运营服务（中国）有限公司总部等；引入北京三聚阳光知识产权代理有限公司、北京市邦盛律师事务所、北京公正会计师事务所等中介机构；外资方面主要引入丹麦格兰富公司、诚通融资租赁有限公司、"优酷网"的外资母公司。推动美国亚历山大公司、NEC中国总部、迪士尼英语培训公司中国地区总部等项目落户；推进中科院、北大、北科大、北航、清华等5所大学、科研院所重大产业化项目落地。

组织促进大学、科研院所重大产业化项目落地工作组，完善促进项目落地的工作机制，走访5所高校院所，加紧和区内资源对接，促进中科院理化所塑料光纤项目、技术转移中心介绍的碳化硅产业化项目、北京大学数字多媒体所的AVS国家实验室及产业化项目、北科大的云计算产业集群区项目、北航钛合金项目、清华大学参与的欧盟电动车配套研发及总成项目及入驻"北领地"的清华工研院研发及产业化平台项目等尽快落地。

开展北部园区招商工作，引进23家企业落户北部专业园区，配合区发改委确定企业落户的具体地块和面积，总投资138亿元，近期可实现总收入255亿元、形成税收15亿元。

开展定向招商，结合海淀区产业资源特点，围绕电子信息、新能源节能环保、生物医药、高端制造业、文化创意等5大产业领域，梳理出京外重点目标企业500余家，赴江西、深圳、上海等地以及美国开展定向招商，其中已落户5家，正在办理落户3家。

服务存量企业新增投资，推进军工科技产业和国内央企总部新增产业项目落地，配合区发改委等部门推进中船重工、普天、国机、南车等在谈项目尽早成熟落地。引导新引进的科技企业扩大投资，腾讯在软件园二期新投资12亿元建设10万平方米新总部。

宣传核心区发展环境　围绕核心区建设主题，通过各种专业活动，借助各种宣传媒介，重点推介海淀区经济发展情况、核心区建设、投资环境，提升核心区影响力。两次参加上海世博会"北京周"活动。在"北京周"魅力首都经济推介会上，利用展板、图片、多媒体视频、宣传画册、专题片播放等形式集中展示核心区整体情况，取得良好宣传效果；在"北京周"项目洽谈日推介会上，做"海淀北部研发服务和高新技术产业聚集区"主题推介，组织永丰、环保园、东升科技园等专业园区参加项目对接会。

通过"全国知名民营企业北京投资洽谈会"，以宣传手册、视频资料向企业家展示核心区建设情况、投资优惠政策、投资项目等方面内容。通过"投资北京"论坛，重点推介"海淀北部研发服务和高新技术产业聚集区"，组织签约项目9个，投资总额70多亿元，占北京市总签约项目的30%。通过"第14届中国国际投资贸易洽谈会"，以海淀区"建设具有世界影响力的科技创新中心"为主题，结合北京市"建设世界城市"目标，利用"讲、谈、看、展、演"等形式，展示核心区优势资源，重点推介北部研发服务和高新技术产业聚集区、中关村科学城等重点功能区。筹备第14届京港会、北京海外论坛暨经济项目推介会等活动

为重点企业服务　本年，根据2009年企业区级财政贡献情况和区内有关单位推荐意见，确定2010年～2011年海淀区326家重点企业。修订重点企业服务手册、服务卡，组织召开重点企业服务座谈会。制定重点企业走访方案，走访全部重点企业。

解决重点企业高管子女入学，全年收到42家企业79位高管子女入学申报需求，涵盖幼儿园、小学、中学各入学阶段，解决32家企业51名高管子女入学需求。协调区教委扩大优质教育资源名单，由原来的21所学校扩大为38所。

配合区人力社保局完成200余家重点企业核心区人才引进政策宣讲会，为16家重点企业189人完成人才测评；协调重点企业人才引进、应届毕业生落户工作，帮助80余家重点企业进行人才引进申报，引进近新兴产业发展优秀人才200人。

为重点企业提供健身服务。与海淀体育馆协商制定重点企业健身场馆保障措施，安排部分重点企业员工通过羽毛球、网球、篮球、足球等场地开展健身活动，为6000余名重点企业员工提供健身服务；举办首届重点企业趣味运动会，50余家重点企业参加。

为重点企业提供医疗保健服务。协调安排14家28人次，预约挂号专家会诊68人次，健康讲座上门咨询义诊21场。联系解放军总医院为60多家重点企业130多名高管体检，安排专职医疗专家开展健康管理咨询。

通过投资海淀资讯中心、展示中心展示海淀整体投资环境，全年接待来访

参观考察团组84批、近820人次，内部会议56次、200余人次。升级改版“投资海淀”网站，新增视频新闻、核心区建设、北部研发服务和高新技术产业聚集区、对外投资等板块，增强网站全方位信息服务功能。协调区市政市容委安排宝石电气、中科软科等企业按计划使用区公益广告路牌。

与中关村不动产商会合作，对1000多个核心区内写字楼进行调查摸底，对空置面积1000平方米以上写字楼建立数据库，进行动态跟踪。全年为30余家企业提供选址服务。（张漫 刘畅）

【海淀园部分上市企业简介】

联想集团有限公司 其前身是成立于1984年的中国科学院计算技术研究所新技术发展公司，1989年改组为联想集团。1994年在香港上市，2004年收购IBM个人电脑事业部，主要生产台式电脑、服务器、笔记本电脑、打印机、掌上电脑、主机板、手机等产品，有员工26000人。2010年，总销售额约215.94亿美元，净利润2.73亿美元。

本年，启动移动互联网战略，并推出第一代移动互联网终端产品。与中国联通建立战略合作关系。以“移动互联”、“一体台式机”和“云计算”三大主题产品和技术参加第十二届中国国际高新技术成果交易会。

地址：海淀区上地创业路6号
邮编：100085
电话：58868888

神州数码控股有限公司 成立于2000年，由联想集团分拆成立，2001年在香港联合交易所主板上市，是整合IT服务提供商，有员工14000余人。2010年，营业额568.04亿港元，净利润约10.05亿港元。

本年，发布“智慧城市”战略。发行的台湾存托凭证在台湾证券交易所上市。参加全球IPv6[①]下一代互联网高峰会议，获全球认证的IPv6网络及商业商用奖。

地址：海淀区上地九街九号神州数码科技广场
邮编：100085
电话：82707777 82707776（传真）
邮箱：hr@digitalchina.com

同方股份有限公司 其前身是成立于1997年的清华同方股份有限公司，同年在上海证券交易所上市，2006年更为现名。主要经营计算机、数字城市、物联网应用、微电子与射频技术、多媒体、半导体与照明、知识网络、军工、数字电视、环境科技等十大主干产业。2010年，营业总收入约182.57亿元，净利润约4.8亿元。

本年，入选2010年电子信息百强企业，获“全国十大环境气候产业创新促进奖”。

地址：海淀区同方广场清华同方科技大厦A座
邮编：100083
电话：82399988 82399765（传真）
邮箱：600100@thtf.com.cn

紫光股份有限公司 其前身是1988年成立的清华大学科技开发总公司，1993年更名为清华紫光（集团）总公司，1999年设立清华紫光股份有限公司，同年11月在深圳证券交易所上市。公司主要经营三大业务群组（自有品牌产品群组、自有技术应用群组、渠道增值分销群组）和五大板块业务（信息产品、软件集成、数码分销、通讯科技、智能交通）。2010年，营业总收入约44.76亿元，净利润约4436.25万元。

本年，通过2010年度ISO9000质量管理体系监督审核。获IT两会特别贡献企业奖，总裁李志强获2010中国IT年度人物奖。

地址：海淀区清华大学东门外紫光大厦
邮编：100084
电话：62789898 62770880（传真）
邮箱：unis@unis.cn

汉王科技股份有限公司 成立于1998年，2010年在深圳证券交易所中小企业板块上市，主要从事“以模式识别为核心的智能人机交互”技术开发与应用，主要产品有电纸书、人脸通、平板电脑、汉王手写笔、绘图板、文本王等。2010年，营业总收入约12.37亿元，净利润约8776.95万元。

本年，设立“国家认定企业技术中心”。与新东方学校合作设立“新东方-汉王助学金”，向北京大学贫困生捐赠100万元助学金、40万册价值近百万元的电子图书。举办“汉王杯”创意飞翔电脑漫画大赛，收集电脑保存的作品40多幅。获“2010年互联网的榜样”最佳创新奖。

地址：海淀区东北旺西路8号5号楼三层
邮编：100193
电话：82786816 82786786（传真）
网址：www.hanwang.com.cn

用友软件股份有限公司 成立于1988年，2001年在上海证券交易所上市。2002年“用友”商标被认定为“中国驰名商标”，2004年被评为国家“重点软件企业”。公司主要提供具有自主知识产权的企业管理/ERP[②]软件、服务与解决方案。2010年，营业总收入约29.79亿元，净利润约3.01亿元。

本年，参与IBM‘云引擎’合作伙伴计划，发布“S+S”[③]管理软件云战略。参加2010中国IT市场年会，获“2009-2010中国管理软件市场年度成功企业”等10项奖项。

地址：海淀区北四环中路238号柏彦大厦（北京分公司）
邮编：100083
电话：82311588
网址：www.ufida.com.cn

北京四方继保自动化股份有限公司 成立于1994年，创始人是中国工程院首批院士杨奇逊教授。公司主要从事电力系统自动化及继电保护装置、电力系统安全稳定控制、高压直流输电控制、调度自动化、配网自动化、发电厂自动化控制系统、仿真培训系统、电力

---

① IPv6：Internet Protocol Version 6，互联网协议的一种版本

② ERP：企业资源计划系统（Enterprise Resource Planning），是指建立在信息技术基础上，以系统化的管理思想，为企业决策层及员工提供决策运行手段的管理平台。

③ S+S：即软件+云服务。

电子装备、轨道交通、工业自动化及清洁能源利用等领域的研究、开发、生产和销售，为电力行业、公共事业及大型行业客户（石化、铁路、煤炭、冶金、轨道交通等）提供电力及综合自动化整体解决方案、优质产品和服务。2010年，营业总收入约13.48亿元，净利润约1.71亿元。

本年，研发的具有完全自主知识产权的“兆瓦级双馈风力发电机组变流器”在内蒙古辉腾锡勒风电场并网发电。公司研发的国内首个“含多种分布式电源的灵活微网实验系统”在浙江通过电机工程学会的鉴定。承接全球最大的储能系统“南方电网10MW锂电池储能示范工程”。公司被评为“第11届中国电气工业100强”企业及“年度中国电气工业竞争力10强”企业。

地址：海淀区上地信息产业基地四街9号
邮编：100085
电话：62961515　62981004（传真）
邮箱：webinfo@sf-auto.com

北京中星微电子有限公司　成立于1999年，2005年在美国纳斯达克证券市场上市，成为第一家在纳斯达克上市的具有自主知识产权的中国芯片设计企业。公司启动并承担国家战略项目——“星光中国芯工程”，致力于数字多媒体芯片的开发、设计和产业化。2010年，营业总收入1.013亿美元，净亏损830万美元。

本年，发布场景高保真图像处理技术。为上海世博会提供“中星智能视频系统”等技术保障。获准承建“数字多媒体芯片技术”国家重点实验室。

地址：海淀区学院路35号世宁大厦15层
邮编：100083
电话：68948888
邮箱：sales@vimicro.com

北京北斗星通导航技术股份有限公司　成立于2000年，2007年在深圳证券交易所上市。主要业务是基于位置的信息系统应用、卫星导航定位产品供应以及基于位置的运营服务，集研发、生产、销售为一体，服务于导航定位、指挥控制、精密测量、目标监控等军民应用领域。2010年，营业收入约3.29亿元，利润总额约4998.13万元。

本年，举办“十年成果汇报暨北斗产业发展研讨会”。参加中国全球定位系统技术应用协会年会，获“卫星导航定位科技进步奖”以及“卫星导航定位优秀工程和产品奖”两项大奖。公司承担的“北斗卫星海洋渔业安全生产与交易信息服务示范工程”项目获国家高技术产业化示范工程称号。

地址：海淀区上地信息产业基地金隅嘉华大厦A座10层
邮编：100085
电话：62969966　62966646（传真）
邮箱：BDStarDSH@NavChina.com

大唐电信科技股份有限公司　成立于1998年，同年在上海证券交易所上市。主要从事微电子、软件、通信接入、通信终端、通信应用与服务等领域的产品开发与销售，是国内具有自主知识产权的信息产业高科技骨干企业，已形成以智能卡与SoC芯片为核心技术的芯片产业、以运营支撑系统为核心技术的软件产业、以新一代通信接入及其相关业务为核心的通信设备产业、具有一流设计技术和团队的通信终端产业、与微电子、软件、通信终端协调发展的通信应用和服务产业。2010年，营业总收入约40.28亿元，利润总额1.84亿元。

本年，在永丰基地设立科研中心并开始建设。公司“EICS-K煤矿信息通讯系统产业化”项目通过工业信息化部验收。《动态逻辑分区并控制访问权限的IC智能卡及其实现方法》专利获第十二届中国专利优秀奖。

地址：海淀区永嘉北路6号
邮编：100094
电话：58919172　58919173（传真）
网址：dt600198@datang.com

金山软件有限公司　创建于1988年，2007年在香港主板上市，是应用软件产品和服务供应商。主要产品涵盖桌面办公、信息安全、实用工具、游戏娱乐和行业应用等领域，包括WPS Office、金山词霸、金山毒霸、剑侠情缘等系列产品。2010年，营业总收入9.7亿元，净利润3.7亿元。

本年，参加第十四届中国国际软件博览会。到北外等高校开展知识产权宣传保护活动。获中国驰名商标认定。员工李爱华获全国五一劳动奖章。

地址：海淀区小营西路33号金山软件大厦（北京分公司）
邮编：100085
电话：82334488　82325655（传真）

文思信息技术有限公司　成立于1995年，2007年在美国纽约证券交易所上市，经营软件外包行业。公司主要提供企业解决方案、质量保证和测试、应用软件开发与维护、本地化与全球化和业务流程外包等服务，涉及高科技行业、金融服务业、制造业、零售与分销业、电信业等领域。2010年，营业总收入2.116亿美元，净利润2990万美元。

本年，推出人才长期教育计划。为国泰航空建立离岸研发中心。公司被评为IDC[①]中国面向欧美服务提供商第一名，入选IAOP[②]“2010全球外包100强”。

地址：海淀区中关村软件园8号楼3层
邮编：100193
电话：82825266
邮箱：hr_beijing@vanceinfo.com

北京科兴生物制品有限公司　成立于2001年，2003年在美国证券交易所上市，2009年转版到纳斯达克交易所，是第一家在北美上市的中国疫苗企业。公司主要经营人用疫苗及其相关产品的研究开发、生产和销售，为疾病预防控制提供服务。2003年参与承担国家“十五”863计划“SARS灭活疫苗的研制”项目。2010年，营业总收入3340万美元，净亏损850万美元。

本年，开始建设新疫苗产业基地。

---

① IDC：即互联网数据中心（Internet Data Center）

② IAOP：国际外包专业协会（International Association of Outsourcing Professionals）

公司入选北京高等学校市级校外人才培养基地。被评为 2010 福布斯最具潜力中小企业，获中国药学会科学技术奖一等奖。

地址：海淀区上地西路 39 号北大生物城

邮编：100085

电话：82890088　62966910（传真）

邮箱：sinovac@sinovac.com

百度公司　成立于 2000 年，2005 年在美国纳斯达克交易所上市，为互联网核心技术型企业。公司主要经营网络信息服务业务，包括功能性搜索、社区搜索、垂直搜索、Mp3 搜索以及门户频道、IM 等，全面覆盖中文网络搜索需求，在中国搜索份额超过 70%。2010 年，经营总收入 79.15 亿元（约合 11.99 亿美元），净利润 35.25 亿元（约合 5.341 亿美元）。

本年，对首页进行改版，新增“地图”、“百科”链接。新增百度输入法，开通“百度身边”资源平台。

地址：海淀区上地十街 10 号百度大厦

邮编：100085

电话：59928888　59920000（传真）

邮箱：mbaidu@baidu.com

搜狐公司　成立于 1998 年，2000 年在美国纳斯达克交易所上市，为新媒体、通信及移动增值服务企业。公司主要提供媒体资讯、无线增值、互动沟通扩展到产业服务、搜索引擎、网络游戏和生活服务等领域的服务。2010 年，营业总收入 6.128 亿美元，净利润 2.268 亿美元。

本年，开展“2010 搜狐 WORLD”活动。在门户网站业界中率先拓展团购业务。开展自律专员培训。

地址：海淀区中关村东路 1 号院搜狐网络大厦 7-15 层

邮编：100084

电话：62726666

邮箱：Webmaster@contact.sohu.com

新浪公司　成立于 1998 年，2000 年在美国纳斯达克交易所上市，为在线媒体及增值资讯服务企业。公司主要业务有新浪网（SINA.com）、微博（Weibo.com）、新浪无线（SINA Mobile），包括地区性门户网站、移动增值服务、微博、博客、影音流媒体、相册分享、网络游戏、电子邮件、搜索、分类信息、收费服务、电子商务和企业电子解决方案等服务。2010 年，营业总收入 4.026 亿美元，净利润 1.139 亿美元。

本年，拓展网络广告业务。继续完善微博建设，截至年底，微博注册用户突破 1 亿。（刘畅）

地址：海淀区北四环西路 58 号理想国际大厦 20 层

邮编：100080

电话：82628888　82607166（传真）

邮箱：webmaster@vip.sina.com

【示范区展示交易中心开建】　成立于 2010 年 7 月，为海淀区政府直属相当正处级全额拨款事业单位，归口中关村科技园区海淀园管委会管理。

12 月，中心正式开工建设。项目位于海淀公园北侧，主要由展馆和会议中心两部分组成，总建筑规模约 44411 平方米，其中展示中心总建筑面积 26236 平方米（地上 17636 平方米、地下 8600 平方米），会议中心总建筑面积 18175 平方米（地上面积 9975 平方米、地下面积 8200 平方米），项目总投资约 4 亿元人民币。

地址：海淀区新建宫门路 2 号

邮编：100080　（袁玲）

【北京中关村国际孵化软件协会】　成立于 2004 年 5 月 24 日，是中关村管委会领导下的行业协会，负责制定中关村软件行业发展规划，评选软件行业创新示范百强企业，建设行业公共服务平台。宗旨是：建政产学研用桥梁，为企业发展服务。服务理念是：“共建、共享、共赢、共荣”。口号是：“建平台、分资源”。协会主要服务项目有“校企联动人才培养”、“贫困大学生就业帮扶”、“中关村软件人才信用体系”、“中关村软件行业创新示范百强企业评选”、“中关村软件行业联合校园招聘”、“产品信用服务”等。2007 年，协会会长于滨撰写的《沉重的翅膀》收入《中关村地方志》，该文促使国务院 18 号文件出台，软件企业增值税由 17%降为 3%。

本年，协会承担“海淀区 2010 年在直接关系群众生活方面拟办的重要实事（第 44 件）”和“2010 年区人才工作领导小组重点折子工程”——“校企联动，人才培养”，为神州数码、千橡集团等 112 家中关村企业培养输送来自全国 46 所高校的后备创新人才 804 名。启动软件行业人才信用体系建设。携手华胜天成、京东世纪等近 200 家软件企业到北京理工大学等 10 所高校宣讲和软件专业定向招聘。举行“中关村国家自主创新示范区核心区软件行业创新示范企业发布会”，评选自主创新示范企业 50 家、服务创新示范企业 10 家。举办“全国软件学院就业工作研讨会暨中关村软件人才峰会”并为“中关村软件学院”揭牌。组织市场营销、高新技术企业认定、项目管理等培训，整理政府支持企业发展专项资金，向相关部门反映企业诉求。

搭建政府和企业间的桥梁，组织《中关村国家自主创新示范区条例》征求意见会；协助海淀区政协征集“关于核心区发展企业的建议”，协助海淀园国际合作处征集“关于促进企业品牌建设和国际化发展专项资金的建议”。本年，协会被评为区社会组织先进单位。（张颖）

地址：海淀区学院路 35 号北航世宁大厦 407

邮编：100191

电话：82318300-22

邮箱：zhangying@zsoft.cn

【北京市闪联产业协会】　北京市闪联信息产业协会是孵化于中关村、立足于中关村，辐射全国乃至全球的标准组织和产业联盟，致力于制定和推广信息设备资源共享协同服务标准（Intelligent Grouping and Resource Sharing，简称 IGRS 标准，中文简称闪联）。2003 年 7

月 10 日，信息设备资源共享协同服务标准工作组在信息产业部支持下成立。工作组同时发布“闪联”联盟品牌，并于 2005 年 7 月发布闪联产品品牌标识。2005 年 5 月，闪联信息产业协会成立，成为闪联中立的法人实体。IGRS 标准于 2005 年 6 月正式获批成为国家推荐性行业标准，成为中国第一个“3C 协同产业技术标准”。2007 年 2 月，IGRS 标准被建设部采纳为建筑及居住区数字化技术国家标准。2010 年 2 月，IGRS 标准由国际标准组织（ISO）中央秘书处正式发布，成为全球 3C 协同领域的第一个国际标准。闪联信息产业协会始终坚持“公平、开放和兼容”的合作模式，与国内外重要标准组织建立联系和合作，推动 IGRS 标准的国际化步伐。闪联以产业化为驱动，以市场化为导向，是国内标准建设中产业化步伐进展最快、取得成果也最多的标准组织。闪联已经拥有发明专利 200 余项。到本年，闪联成员企业已推出闪联电视、电脑、笔记本、投影机、打印机、手机、DMA 等二十余款基于 IGRS 的产品。闪联产业协会涵盖中国信息和家电产业链上下游的重要企业，形成产学研一体化的组织，国际影响力日渐增大，台湾、日本、韩国、美国、以色列等企业申请加盟，截至 2010 年，会员已发展到 140 余家。（王银行）

地址：海淀区知春路甲 48 号盈都大厦 B 座 10 层
邮编：100098
电话：58732555　58863977（传真）
网址：www.igrs.org
邮箱：fuchen@igrs.org

【首个“软件架构新技术国家重点实验室”在东软设立】 1 月 26 日，全国首个“软件架构新技术国家重点实验室”在东软集团股份有限公司设立。这是国家科技部通过的第一个在软件架构方向上建设的国家重点实验室。实验室围绕“软件架构定义及描述方法、主技术架构和面向特定应用场景的参考架构、企业应用软件产品线开发方法、企业应用统一架构平台、软件架构评估及验证方法”五个研究方向，基本涵盖软件架构研究领域中的前沿科学问题和共性、关键技术，侧重软件架构对实际软件开发支持的研究与实践。（张蕾）

【10 家毕业企业获中国留学人才归国创业腾飞奖】 3 月 18 日，海淀创业园 10 家毕业企业获第一届中国留学人才归国创业腾飞奖。该奖项由欧美同学会中国留学人员联谊会和中国留学人才发展基金会主办，旨在树立留学归国创业的榜样，打造留学归国人才创业成就的最高奖项，落实中央人才强国战略。这十家企业为：北京启明星辰信息安全技术有限公司、北京奥瑞金种业股份有限公司、北京六合万通微电子技术股份有限公司、北京美髯公科技发展有限公司、北京密安网络技术股份有限公司、德威华泰（北京）科技有限公司、北京中孵友信医药科技有限公司、北京邦诺存储科技有限公司、阿尔特（中国）汽车技　术有限公司、北京时代翰堂科技有限公司。北京启明星辰信息安全技术有限公司总裁严望佳、北京奥瑞金种业股份有限公司董事长韩庚辰入选腾飞奖十大杰出人物。（张漫）

【7 家企业获中国中小企业信息化与成长力奖】 7 月 8 日，在中国信息协会举办的“2010 中国中小企业信息化与成长力推进高峰论坛”上，海淀园 7 家企业获 2010 年度中国中小企业信息化 8 个奖项。用友畅捷通软件有限公司获突出贡献企业奖，北京企商在线数据通信科技有限公司、北京联杰汇佳信息科技发展有限公司、航天信息股份有限公司获最佳提供商奖，北京讯鸟软件有限公司、北京中正鸿远科技有限公司获最佳解决方案奖，北京中正鸿远科技有限公司、北京用友软件技术有限公司获最佳产品奖。

【中关村云计算产业联盟成立】 7 月 9 日，由联想、用友、金山、百度、赛尔网络、神州数码等单位发起的北京云计算产业联盟在中关村成立，该联盟以服务产业为导向、以共享资源为主线、以攻关技术为核心，将联合北京云计算领域重点企业和研究机构，争取政府产业政策支持，汇聚产业链上下游资源，促进云计算领域产学研合作，带动全国云计算产业发展。联盟将培育行业龙头企业，形成一批自主知识产权产品和集成应用解决方案，主导和参加国际、国家或行业标准制定，使北京中关村成为中国云计算研究中心和产业基地。

【中国第一个虚拟现实产业聚集区落户海淀】 7 月 30 日，中国第一个虚拟现实产业聚集区落户海龙大厦。该聚集区由海淀高技术产业促进中心和海龙集团共同打造，计划入驻企业 100 余家，约占全国开展虚拟现实产业业务企业的 60%，中心可为企业提供展示体验虚拟现实技术和产品的平台，有近 20 家企业进驻，并有 4 家入驻企业签约，项目总值近千万元。中心启用当天，展示了 3D 电影拍摄和播放技术、模拟高尔夫系统、虚拟演播室等虚拟现实尖端成果。

【357 家企业列入示范区“瞪羚计划”】 8 月 20 日，海淀区 357 家企业入选首批“瞪羚计划”，占全市 525 家企业的 68 %，其中电子信息类企业 246 家、能源环保类企业 28 家、生物工程与新医药企业 27 家、先进制造企业 51 家，新材料企业 5 家。该计划是由市发改委、市科委、市经济信息化委和中关村管委会联合发起，旨在重点培育一批创新性强、增长速度快、发展前景好的企业，并在创业融资、人才引进和激励、市场开拓等 15 个方面给予企业重点支持。

【设计产业与首都经济发展论坛在海淀举行】 9 月 19 日，由市科协、市科委主办，中关村科技园区海淀园管委会和北京数字科普协会承办的“设计产业与首都经济发展论坛”在海淀区举行，此次论坛是 2010 年北京科技交流学术月的一项学术交流活动。与会专家围绕“设计产业与城市建设”、“设计产业与结构调整”和“设计产业与自主创新”议题，就如何科学认识设计产业，如何延伸首都产业结构调整的深度和广度进行探讨。

【中星微获准承建国家重点实验室】 9月，中星微电子获准承建“数字多媒体芯片技术”国家重点实验室。该实验室主要任务是开展产业前沿技术研发并不断追求研发深度，在数字多媒体芯片技术领域培育和积累自主知识产权；建成一支产业前沿技术研发团队，为我国数字多媒体芯片产业健康发展提供技术和人才支撑；制定我国数字多媒体技术标准，打破国际技术与标准垄断；不断完善产学研有效结合新机制，为国家“以企业为主体”创新体系建设做出贡献。 （张漫）

【搜狐率先在国内开展自律专员培训】 10月19日，搜狐开展自律专员培训。本次培训在于让自律专员深入了解搜狐产品以及网络信息安全体系，便于在日常监督和配合中建立配合联动机制。这也是国内首家针对自律专员展开的专项培训。 （刘畅）

【空天信息网络技术联合研究中心成立】 10月20日，由北京信威通信技术股份有限公司（简称“信威公司”）与清华大学合作设立的清华大学信威通信“空天信息网络技术联合研究中心”成立。中心旨在服务国家战略利益需求，拓展信威公司全球服务能力，面向天地一体化网络建设，研制小卫星及空间载荷，实验技术、实现应用，使中国的通信水平真正实现跨越式发展。

【海淀园企业服务上海世博会】 2010年上海世博会期间，海淀园多家入驻企业为世博会提供服务。北京启明星辰信息安全技术有限公司提供办公区信息安全管控和园区外围（上海城域内）安全监控以及应急响应等保障，包括千兆入侵检测系统（IDS）、防火墙、统一安全威胁与管理平台（UTM）、安全审计产品（CA）等20多台网络安全产品，并设立本地备机库，各设备连续稳定运行1年半。北京捷通华声语音技术有限公司提供公共广播系统服务，覆盖80%以上馆区。 （张蕾）

经济信息化工作

【综述】 2010年8月4日，海淀区经济和信息化办公室（简称区经信办）正式挂牌成立。与海淀园企业发展促进处合署办公。根据“三定”职能，区经济信息化办主要负责工业、软件和信息服务业行业管理，区域信息化推进和无线电管理，中小企业和园区高新技术企业促进等工作。此前由海淀区发改委承担的工业行业管理和中小企业促进职责，以及海淀区政府办公室承担的区域信息化工作职责划入海淀区经济和信息化办公室。新成立的海淀区经济和信息化办公室主要职责为：贯彻执行国家和北京市关于工业、软件和信息服务业、信息化方面的法律、法规、规章和政策；研究拟订海淀区工业、软件和信息服务业、信息化发展规划并组织实施，推进产业布局调整和产业结构优化升级；负责落实国家和北京市促进中小企业发展的政策措施；会同有关部门拟订促进海淀区中小企业发展的相关措施，协调解决有关重大问题；负责推进海淀区信息化工作，统筹协调海淀区信息化基础设施的规划和管理；负责海淀区无线电管理工作。

本年软件和信息服务业保持高速增长。2010年园区信息传输、计算机服务和软件业实现主营收入2141.8亿元，同比增长15.3%，主要集中在基础软件、嵌入式软件、集成电路设计、应用软件、互联网信息服务等领域。

完成区经济运行分析平台的建设方案，制定工业、软件和信息服务业、园区高新技术企业等相关信息采集、检测、分析指标体系和经济运行监测模型。完成编制海淀区十二五时期信息基础设施和信息化、工业、软件和信息服务业等发展规划的前期准备工作。

信息基础设施建设 落实《北京市信息基础设施提升计划》，按期完成北京市新农村建设关于农村信息基础设施建设的折子工程等信息基础设施提升任务，区经信办、信息化办共同建立区信息基础设施建设“政府统筹、企业参与”的推进工作协调机制，并对全区开展市级信息化试点村等相关工作进行部署。协调20M家庭用户宽带接入、3D基站和管道建设，建立双进入工作协调机制。

调整完善区通信保障和信息安全应急指挥工作。区通信保障和信息安全应急指挥部从区政府信息化办公室调整到区经济和信息化办公室。《海淀区通信保障和信息安全应急指挥部及办公室调整方案》，经第157次区政府常务会审议通过后，已报区应急委正式发文。

开展无线电管理宣传工作。制定《海淀区2010年无线电管理宣传月活动方案》，与市无线电管理局共同举办无线电管理咨询日户外现场宣传活动，在29个街道乡镇及3家高科技专业园区部署。在使用无线电台的重点领域，如建筑工地、小区物业、宾馆饭店、商场超市、娱乐场所、社区内开展系列宣传活动，普及无线电知识。

扶植企业 研究落实创新企业扶持政策，重点实施重大产业化项目股权投资工作。

开展股权投资的探索和实践工作，创新政府财政资金支持企业发展的新模式。为推进重大自主创新成果产业化，发布《海淀区重点产业化股权投资实施办法》及相关细则；对首批 27 家申报企业进行初审，对 11 家企业进行尽职调查和专家评审。开展对中国科学院计算所所属中科龙芯公司的股权投资工作。国家自主研发的龙芯中央处理器（CPU）是国家信息化应用的基础器件，具有重大战略意义，经信办完成对中科龙芯项目实施股权投资的前期工作，作为海淀区重点产业化股权投资项目，已出资 2500 万元。完成意向签约 24 个重大产业化股权投资项目，涉及电子信息、生物医药、节能环保等战略性新兴产业领域。

开展国家高新技术企业认定和自主创新产品认定工作。全年新增国家高新技术企业 400 余家；共组织高新技术企业认定培训会 20 场，培训人次超 2400 人次。组织企业申报 2010 年北京市第八批、第九批、第十批自主创新产品认定工作。新增海淀区企业 178 家的 345 项北京市自主创新产品，新增采集 131 家企业的 268 项自主创新产品信息，完善海淀区自主创新产品网络展示平台建设工作。

加大区内企业申报国家、北京市相关项目和资金的工作力度。配合北京市有关委办局对海淀园企业 11 个已获得中关村科技园区首台（套）重大技术装备示范项目相关优惠政策的落实工作。组织园区企业申报“十二五”国家鼓励发展的重大环保技术装备工作，共向市经信委推荐 22 家企业的 36 项重大环保技术装备项目。组织园区企业申报“十二五”国家鼓励发展的重大节能技术装备工作，共向北京市经信委推荐 19 家企业的 22 项重大节能技术装备项目。向市经信委申报信息基础设施提升专项资金项目、工业基金项目、中小企业专项资金项目近 200 个。

加强企业标准化、专利支持和技术合同登记工作。完成海淀区 2008 年以来标准化专项资金项目验收的相关工作。共验收 2008 年海淀园标准化资金支持的项目 19 项，其中国际标准 2 项，国家标准 13 项，行业标准 4 项。支持资金 162 万元，带动社会投资 2300 多万元。全年组织申报标准化项目 60 项，其中国际标准 4 项、国家标准 17 项、行业标准 39 项，支持资金 500 万元。完成海淀区 2007 年专利专项资金项目验收的相关工作，共验收 2007 年度专利实施资金专项 31 项，同时启动海淀区 2008 年专利专项资金项目验收的相关工作。组织园区企业申报 2010 年度北京市专利试点工作，共有 64 家企业申报 2010 年度北京市专利工作试点单位，这 64 家企业拥有 215 项专利授权、申请 664 项专利，认定登记技术合同 11278 份。认定登记成交总金额 515.98 亿元，同比增长 63.18%；其中技术交易额 205.01 亿元，同比增长 13.65%，继续保持在全市技术市场的领先地位。

经济和信息化工作存在的问题 区域经济总量低，与国内发达地区相比差距明显。五年来，工业的缓慢发展导致，海淀区第二产业比重逐步下降。软件和信息服务业企业总体上规模偏小，缺乏核心技术，与国际企业存在较大差距。战略性新兴产业培育不足，尚未形成新的支柱产业。除电子信息产业外，其它战略性新兴产业，如新能源、新材料、生物医药、节能环保等产业规模不足，经济比重偏小，未形成支撑区域经济的新增长点。信息化基础设施相对滞后，社会信息化和企业信息化应用水平有待提高，信息安全形势严峻。

（何建吾）

【“十一五”期间经济信息化发展概况】 “十一五”期间，海淀区信息化建设在信息基础设施建设、信息技术应用、信息产业发展等方面取得长足进步，完善了“一个平台、两套体系、三大领域”的区信息化总体框架，信息化整体水平在全国居于领先地位。

信息基础设施显著提升。全区的信息基础设施综合水平全国领先。截至 2010 年底，宽带接入用户数达到 59.9 万户，其中 FTTH（光纤到户）用户达 29 万户，平均接入能力达 20M，城区平均接入宽带达 2M。3G（第三代移动通信技术）覆盖率超过 90%，其中五环内覆盖率达 100%，3G 用户超过 60 万。广电有线电视网络积极推进双向改造，高清交互式数字电视覆盖绝大部分家庭。

信息技术应用全面深化。1、电子政务。电子政务基础设施基本完备。政务骨干网络覆盖全区 134 个节点，政务机房实现 126 类核心信息化应用系统的统一管理和运维，建成政务信息共享交换平台。政府行政办公信息化应用延伸到 150 个部门，网上服务事项总数达 1578 项，构建起城乡一体化城市管理基础数据和应用系统，管理包括 7 大类 102 小类的 128 万个城市部件。中关村热线 96181（海淀非紧急救助中心热线）开通运行。

2、企业信息化。应用信息技术已成为海淀区多数企业进行研究开发、生产制造、市场营销与内部管理的基本手段。企业普遍建立了局域网、办公自动化系统和互联网网站，并普遍使用计算机辅助设计（CAD）、企业资源计划（ERP）、客户关系管理（CRM）、供应链管理（SCM）等信息系统。涌现出一批以用友、中软等为代表的企业信息化服务领军企业。

3、电子商务。电子商务交易规模始终保持高速增长势头。区电子商务发展所必须的身份认证、支付环境、企业信用等基础条件日益完善。商业企业通过网络实现的商品销售活动日益频繁，网上销售额逐年扩大。B2C 模式代表“新浪网上商城”以及 C2C 模式代表“百度有啊”都坐落在海淀区，IT 分销龙头神州数码推出“神码在线”对 B2B 模式进行了辐射性的扩展。

4、社会事业信息化。教育信息化整体水平居全国领先地位，区内所有学校均建立了校园网，各学校之间实现了信息资源互联互通；全区基本实现了卫生管理信息化；“村村通”工程联村到户。海淀区利用市、区、街三级劳动力市场信息网络系统建立了包括社会保险信息、劳动力市场信息、社会保障信息等各种综合服务信息平台。完成了社区联网。

信息产业发展引领全市。“十一五”期间，海淀区信息产业快速增长，成为支柱产业，在全区经济格局中处于主导地位。截至 2010 年，在全球各类资本市场上，海淀区信息产业上市企业达到 97 家，占全区总体上市企业的 55%。

电子信息制造业居于全市领先地位，以集成电路及电子元器件业、计算机设备业、通信行业等最为突出，集聚了联想、大唐、方正等一批具有代表性的企业和品牌，产生了一大批原创性、国际领先的创新产品和技术标准。

软件和信息服务业体现出产业规模较大且保持快速发展势头，是国内最大软件产业集群地，在互联网信息服务、信息安全、系统软件、嵌入式系统、移动互联网、行业应用软件等高端领域保持国内领先的竞争优势。软件外包业务已从信息服务扩展到金融、咨询、人力资源和研发等多个领域。 （田颖）

海淀区经济和信息化办公室
地址：海淀区四季青路 6 号招商大厦 6 层
邮编：100195
电话：88498837

国际合作与交流

【综述】 海淀园国际合作、交流及对外宣传等工作主要由海淀园管委会下属的国际合作处负责。2010 年，完成“1+20”政策体系中对促进企业国际化发展及促进企业品牌建设等相关政策的调整，协同区质监局、区工商局完成企业申报资金新政策的制定。牵头完成《“十二五”期间提升海淀区国际影响力的战略、重点和措施研究》课题。

合作与交流 增强与国际知名组织的合作，召开核心区创新国际研讨会，举办“首届中关村国家自主创新示范区核心区区域创新国际研讨会”、“北京·海淀 IEEE 企业合作研讨会”、“创新中关村 2010 主题活动”、第十三届“中关村电脑节”，召开第二届“严肃游戏（北京）创新峰会”。增进国际交流，促进海淀园企业与加拿大、哥伦比亚、阿根廷、美国、葡萄牙、新加坡、韩国、法国、菲律宾等国家的 20 多个商会、协会、学术机构、咨询机构间的交流和接触并建立联系。继续推动国际化向深层次、深度融合方向发展，为探讨新形势下高新区的国际化转型发展，实现中关村核心区与国家科技部国际合作资源对接机制，解决中小企业做强做大的发展途径先行先试。完成世界各地来访团（组）的接洽活动，全年共接待来自美、法、德等 16 个国家的来访者 47 批次、809 人次。

对外宣传 借助重大活动开展宣传，完成核心区大会、新政策体系新闻发布会、创新中关村 2010 年主题活动等的宣传工作。在《中国日报》、《中国科技产业报》、《科技创新与品牌》杂志、《中国高新技术产业导报》、《北京商报》、《中关村》杂志等媒体开展核心区专题系列宣传报道。在两会、夏季达沃斯论坛等重要时段，开展政府、企业、相关机构、专家共同谏言献策专题宣传活动。在文博会期间，组织中央电视台新闻联播对海淀文化创意产业的采访报道。全年各主流媒体关于核心区报道近 600 篇。拓展形象宣传渠道，继续在北京电视台、地铁 4 号线开展核心区形象宣传。制作带有文字解说的宣传片在创新中关村 2010 主题活动中试映并受到好评。设计制作核心区宣传册。继续与凤凰卫视合作完善《直通中国》传播平台，发挥该项目在欧洲展示海淀园高新技术企业的品牌作用，得到加拿大、阿拉伯等境外媒体的好评，并提出合作意向。

品牌建设 落实《中关村国家自主创新示范区核心区品牌建设工作实施方案》，实现具有全球影响力的科技创新中心目标，以“提升自主创新能力、促进科技发展、构建中关村特色区域自主创新体系”为主线，打造中关村国际品牌形象，加快推进中关村国家自主创新示范区核心区品牌建设工作，与世界知名企业 interbrand 的框架合作协议已经草拟完成。完成园区 3-5 年核心区品牌建设规划课题。

完成《“十二五”期间提升海淀区国际影响力的战略、重点和措施研究》课题。该课题通过国际典范借鉴、各层面政策解读、区域诉求解构，剖析了海淀发展现状及海淀的重要地位，对于海淀的国际化战略解决提出具体措施和步骤。对海淀建设具有全球影响力的科技创新中心的目标，特别是对未来拓展国家化视野具有重要指导作用。

【举办首届核心区区域创新国际研讨会】 5 月 27 日，首届中关村国家自主创新示范区核心区区域创新国际研讨会召开。会议以“共建奉献”和“Linking the Best”为主题，来自国际科技园协会及英国、西班牙、加拿大等科技园区、全国各地的科技园区及创新区域建设领域的代表和波兰、匈牙利、法国、俄罗斯、罗马尼亚、捷克等国家的科技、商务官员 150 人出席。大会对未来世界科技园区的转型和探索科技园区“从城市中的科技园区”到“创新型城市”的发展等问题形成共识，对中关村核心区提出的建设“全球科技创新中心”的目标给予积极建议。会上，世界科技园区协会授予北京市中关村国家自主创新示范区领导小组副组长、海淀区委书记赵凤桐“世界科技园区协会荣誉顾问”证书；中关村科技园区海淀园管委会为世界科技园区协会总干事路易斯先生颁发海淀园专家顾问委员会委员聘书。

【海淀园国际科技合作基地】 6月11日，科技部授予中关村科技园区海淀园“国际科技合作基地”称号，海淀园成为被授予称号中唯一一个国家级高新区。

【国际技术转移交互式工作系统通过验收】 6月18日，海淀园承担的《海淀园国际技术转移交互式工作系统》项目通过北京市科委、科技部火炬中心、北京技术交易促进中心以及专家验收。该系统从政府服务理念、服务模式到实施平台都实现了创新突破，对发展科技产业、推动科技进步具有重要的作用，是政府在协助科技企业、咨询机构、专家个体进行国际化交流的一种有益尝试，对进一步推动和支持我国科技型企业“走出去”参与国际竞争、与国际接轨等方面提供了强有力的平台支持。

【召开国际化建设座谈会】 8月13日，海淀园管委会召开海淀园国际化发展座谈会，来自联想集团、汉王科技、清华科技园、信威通信、雷力集团、易路联动科技、博彦科技、信维科技、网御神州、维泰凯信和中关村国际孵化器协会的企业家和高层管理人员讨论中关村科技园区国际化发展之道以及《海淀区促进创新型企业国际化发展支持办法》并提出建议。企业希望海淀园管委会能搭建平台，对接使馆资源和当地商会资源，协助企业了解行业信息，扩大海外联系渠道，组织行业企业，共同开拓海外市场，并能够关注企业的国际化，关注区域国际化步伐和程度，希望建立区域国际化评价体系和企业国际化评价体系。（张漫）

【创新中关村2010主题活动】 10月20日，创新中关村2010主题系列活动启动，活动主要包括：全球创新技术发布活动、海淀园创新企业国际化模式典型案例推介、中关村创意产业创新产品（技术）发布会、科技金融创新系列活动、产学研协同创新洽谈会等。启动当天，有6个单位签署战略协议，签约额6.5亿元，其中海淀区签约额2.1亿元。“科技金融--上市企业”培训专场中，首批获得促进企业上市补助资金的26家公司、158家拟上市公司、46家金融机构和20多家上市中介机构参加。产学研协同创新洽谈会共集中来自69家科研单位的254项科技成果，签署产学研合作意向32项。全球创新技术发布活动中，12家美国和以色列科技企业来华进行发布、交流与洽谈，与数家园区企业达成意向合作。园区创新企业国际化模式典型案例推介活动中，网秦天下科技有限公司等4家企业介绍了海淀园国际化发展经验以及国际化发展模式、规律及趋势。中关村创意产业创新产品（技术）发布会上，有13家园区文化创意企业发布19项产品和技术，意向性签约项目10多个、签约金额近2000万。

【第二届严肃游戏（北京）创新峰会】 10月27–28日，第二届严肃游戏（北京）创新峰会开幕。此次峰会以“引导游戏产业健康发展开辟‘寓教于乐’新市场”为主题，包括推广绿色游戏、促进“严肃游戏”作品在中国的开发、以具有科普教育意义的作品占领游戏市场、抵制有害游戏对游戏市场的不良影响、开辟新的游戏市场，引导游戏产业健康发展。

【第十三届中关村电脑节】 10月，第十三届中关村电脑节开幕。此次活动以搭建IT领域交流平台、传递中关村创新精神、交流行业经验、为中关村自主创新示范区建设与发展提供智力支持为目的，内容包括中关村IT零售终端高峰论坛、卖场科普系列活动和“创新中关村”电子产品市场发展论坛等。（刘畅）

园区投融资发展

【综述】 **完善政策体系** 本年，制定鼓励科技金融发展的政系列策。针对金融业自身发展，发布《落实〈关于金融促进首都经济发展的意见〉的实施意见》；针对帮扶企业克服金融危机，发布《海淀区促进中小企业融资临时性补贴措施》及配套实施细则；针对股权投资业的发展，发布《海淀区促进股权投资基金业发展的落实措施》，修订《海淀区创业投资引导基金管理暂行办法》和《海淀区促进股权投资企业发展支持办法》；针对专营机构，制定《海淀区促进信用担保机构开展中小企业贷款担保业务支持办法》和《海淀区促进科技型中小企业金融服务专营机构发展支持办法》；针对促进企业上市，发布《海淀区促进企业上市支持办法》。

修订“1+20”政策体系，建立“科技金融”独立政策板块。编辑《科技金融政策文件汇编》、《企业上市服务手册》和《中小企业融资服务手册》，向企业发放。

营造投资环境　促进科技金融要素特别是股权投资机构聚集中关村西区，在服务、空间、资金等方面均给予倾斜。优化服务体系，发布《中关村PE大厦招商方案》和“一站式”服务方案，建立跨部门行政审批事项快速办理制度和投融资项目对接机制。营造投资空间，截至年度，中关村PE大厦已入驻股权投资机构60余家；在鼎好电子城设立“中关村台资企业资本中心”。引导企业发展，选出和谐爱奇、启迪创投和深创新三家机构为海淀区创业投资基金首批合作机构。

推动企业上市。走访拟上市企业30余家，对50多家处于辅导期和培育期的企业进行摸底调研，初步掌握区上市企业和重点拟上市企业情况。修订《海淀区促进企业上市支持办法》，缩短企业开具各项证明文件的时间。鼓励企业互动，召开首次企业上市培训会，600多位企业高管参加；举办上市企业和拟上市企业沙龙交流活动。

推进重点企业发展　改革创新政府资金使用模式，引入市场化资产管理机制，加快推进重大自主创新成果的转化和产业化，扶持战略新兴产业发展，设立专项资金开展重点产业化项目股权投资，确定首批意向股权投资企业7家，15家企业准备申请第二批股权投资。

设立促进重大科技成果转化和产业化专项资金，受理项目33个，其中25家企业的25个项目获立项，支持资金超过4000万元。获立项企业中包括“十百千工程”重点培育企业6家，项目包括国家科技进步一等奖项目1个、国家科技进步二等奖项目5个、中国专利金奖项目1个、国家“863”项目9个、国家科技支撑计划项目6个、国家重大科技专项1个、国家广电总局科技创新一等奖项目1个、国家发改委产业化项目1个。

设立促进重点创新型企业发展专项资金，31个产业化项目获立项，支持资金超过7000万元。支持企业包括“十百千工程”重点培育企业12家，支持项目涵盖节能环保、新一代信息技术、生物医药、高端装备制造、新能源、新材料等领域。

本年，园区企业共获国家星火计划、火炬计划及重点新产品计划立项项目125项，其中国家星火计划2项，占中关村示范区立项数的95%，占北京地区立项数5%；国家火炬计划项目49项，占中关村示范区立项数的70%，占北京地区立项数的53%；国家重点新产品计划项目74项，占中关村示范区立项数的65%，占北京地区立项数的55%。园区7家企业获得2010年中国中小企业信息化与成长力奖。

创新型金融机构　海淀区入驻创新型金融机构包括科技型中小企业金融服务专营机构、小额贷款公司和外资银行营业网点等三种模式。科技型中小企业金融服务专营机构凭借本系统业务优势，获得较好业绩，形成了各具特色的科技支行经营模式，截至年底，入驻的12家机构为496家企业提供贷款56亿元。小额贷款公司坚持“小额分散”原则，发挥灵活创新特点，尝试知识产权制押贷款、股权质押贷款、保理业务贷款、信用贷款等融资模式，在短时间内解决中小企业流动资金短缺问题，截至年底，有3家小额贷款公司入驻海淀区。外资银行国际化和本土化并举，截至年底，入驻的9家外资银行共开设网点12家，其中中关村西区有网点7家。

（刘畅）

【政府资金入股重点项目】　7月1日，海淀区政府与部分园区企业签署重点产业化项目股权投资意向性协议，开创政府支持企业的崭新模式。海淀区政府设立重点产业化项目股权投资专项资金，对一些重大项目以股权的形式进入，以“参股不控股”原则，激励企业推进重大自主创新成果产业化，支持符合核心区产业发展导向并具有一定社会效益或国家战略性意义的项目，优先支持海淀区重点企业、重大项目。在企业认为合适时，政府无偿退出股权投资资金，退出后本金及分红将纳入专项资金循环使用。北京兆易创新科技有限公司等7家企业项目入选，行业涉及电子信息技术、生物医药、节能环保，研发成果涉及芯片设计、新一代网络终端、新药创制、高效节能电池领域，技术水平均达到或超过世界先进水平。

【核心区获100亿元人民币融资支持】　7月6日，海淀区政府与中信银行签署战略合作协议，获100亿元人民币融资支持。中信银行为海淀园设立科技型中小企业金融服务中心，支持核心区企业在国内外资本市场、资金市场、票据市场获得低成本资金，该中心是中信银行在北京首次设立的中小企业金融服务专营机构。

【“海淀中关村板块”初具规模】　2010年底,中关村的上市公司总数达175家，占北京市的一半，其中沪深主板上市企业40家，中小板企业17家，创业板企业11家，“三板”持牌企业54家，香港上市企业22家,境外上市企业31家，中关村IPO[①]融资总额超过1500亿元，“海淀中关村板块”初具规模。

（张漫）

【股权投资成为科技金融新标杆】　2010年底，入驻海淀区的股权投资机构288家，比去年增加132家，管理基金规模近1700亿元。其中中关村PE大厦聚集股权投资机构60余家，为驻区金融机构提供融资路演等一系列个性化服务。

（张漫）

[①]IPO：首次公开募股（Initial Public Offerings）。

中关村西区

【综述】 中关村西区于2000年6月20日启动建设，2006年规划占地面积51公顷，2009年调整为95公顷，东起中关村大街，西至苏州街，北起北四环路，南至海淀南路，公共建筑（写字楼）规模约250万平方米。中关村西区驻有鼎好数码广场、海龙电子城和中关村E世界等3家电子市场，市场营业面积14.5万平方米，占海淀区电子市场营业总面积的76.3%。西区内共有道路27条，分别与北四环、中关村大街、海淀南路、苏州街相连，有40多条公交线路聚集在西区周边。中关村西区的功能定位是：以技术创新与科技成果转化和辐射为核心，以科技金融服务为重点，以高端人才服务、中介服务和政府公共服务为支撑的创新要素聚集功能区。

2009年12月12日，海淀区委批准成立中关村西区协调管理委员会（以下简称管委会），2010年1月8日正式挂牌。1月20日，召开管委会第一次全体会议，成立产业管理组、综合治理组、环境建设管理组、市场秩序管理组、规划监督组等5个专项工作组和中关村西区管理委员会办公室（简称西区办）。西区办为海淀区政府正处级派出机构，是代表区政府统一行使中关村西区各项管理职能的政府工作部门，与海淀街道办事处合署办公。西区办主要职责：负责按照国务院、市政府关于中关村国家自主创新示范区和核心区建设的有关要求，落实西区总体发展规划、专项规划；负责调整西区产业业态，落实产业规划；负责组织协调相关部门提升西区的交通管理、社会治安、综合治理、环境秩序及市容管理水平；负责对有关部门在西区的日常管理工作进行监督检查；负责联系、指导西区行业协会和其它社会自律组织的工作；承办区政府交办的其他事项。

本年，西区办承担区委区政府重点工作任务1项，上报决策督查材料16件；受理并办理政协委员提案1件，满意率100%。全年上区政府常务会的议题1个，区委常委会议题2个。

制定政策 发布《中关村西区管理办法》、《中关村西区业态管理办法（试行）》、《关于为入驻中关村西区股权投资机构做好服务的实施办法》、《北京市海淀区电子市场主办单位经营管理规范（试行）》、《关于规范中关村西区电子商品市场经营导购行为的指导意见》、《中关村西区安全生产管理办法（试行）》、《中关村西区电子市场偷税漏税专项整治工作方案》、《中关村西区电子市场违法组装、违法回收电子产品专项整治工作方案》和《中关村西区户外广告设置规划落实工作方案》等规章制度；编制中关村西区环境整体规划、中关村西区业态发展规划、中关村西区园林绿化专项规划、中关村西区户外广告设置规划等4项规划。

调整业态 3月1日，西区办接管西区业态调整前置审批工作，设立专门的审批窗口和咨询台，完善业态审批管理流程，全年共受理企业入驻申请1083家，并对其中1036家企业开具入驻意见书，其中高技术服务业类公司628家、占60.6%；科技金融类公司143家、占13.8%；创新要素类公司183家、占17.6%；图书类（海淀图书城）公司32家、占3.1%；其它50家、占4.8%。完成《中关村西区业态调整规划》（2011年–2015年），梳理西区产业结构现状，提出业态调整方案，《规划》通过区政府常务会审议。

聚集创新要素 形成以中关村PE大厦和中关村台资企业资本中心为核心的科技金融要素聚集区，聚集明石投资、德同优势投资、汉世纪国际投资、纽约太平洋资本、方亚资本投资等40多家国内外知名PE/VC[①]机构和中国银行、北京银行、澳新银行、东亚银行等33家中外银行；形成以首都科技中介大厦为核心的科技中介服务区，通过向周边大厦辐射聚集了普华永道会计师事务所、三聚阳光知识产权公司等10多家科技中介机构；形成以中国机械工业集团、中国化工集团、中钢集团、中国普天集团、中电国际、微软亚太研发集团等科技企业总部为核心的科技型企业总部聚集区；形成以中国技术交易大厦为核心，通过向周边大厦辐射的创新产业聚集区，聚集华旗资讯、新浪网、腾讯科技（北京）有限公司、大北农科技集团、“创新工场”等100多家创新产业；形成以海龙大厦为代表，向周边大厦辐射的新技术新产品交易及展示区，中国首家虚拟现实体验展示中心已落户海龙大厦；形成以首都创新人才发展大厦、辉煌时代大厦、中国技术交易大厦为核心的高端人才公共服务区，聚集海外学人中心服务大厅、教育部留学服务中心、国家“千人计划”绿色通道办公室、中国博士后基金会、北京大学国家数字版权研究基地等20多家高端人才服务机构。

综合环境治理 整合西区管理资源，将道路、绿地清扫保洁交由区环卫中心负责，共移交道路16条，面积37210平方米；治安管理交由中关村大街派出所负责；公共绿化交由区园林绿化局负责。

---

① PE/VC:PE指私募股权基金（Private Equity Fund），VC指风险资金投资（venture capital）

协助区园林绿化局制定公共空间及二级地块园林绿化提升方案并实施绿化工程，共种植银红槭 48 株、银杏 324 株、悬铃木 233 株、元宝枫 16 株、异形油松 7 株、馒头柳 6 株、王族海棠 90 株、玉兰 15 株、腊梅 2 株、碧桃 51 株、早园竹 388 墩、色带 9 万余株、花卉 5000 株、冷剂型草 1300 平米；改造路面铺装 2210 平米，更换树池及篦子 280 套。对西区 43 个大厦的二级地块绿化提升落实情况进行督促核查，完成对各大厦的改造提升现场检查验收工作。制定《关于加强中关村西区牌匾标识设置管理规定》、《关于加强中关村西区户外广告设置管理规定》，对西区内路侧广告设施进行先期整治工作，共拆除路侧广告设施 260 块，其中政府相关部门广告 64 块、北科建广告 105 块、其他企业单位路侧及通风亭广告 91 块。

加大交通整治力度，召开西区黑出租问题记者见面及工作部署会，研究黑车整治工作；实现信号灯绿波控制；完成西区及周边 70 个科技探头用于交通违法取证技术对接工作，第一批公布的 23 个探头已投入使用，共取证违法停车 1500 余条；购置 2 辆警用清障车，共拖车 300 余辆；2010 年 4 月，西区停车诱导系统工程竣工，共安装数据屏 132 块，其中数据采集系统安装 91 套（停车场 65 套+环廊通道 26 套）、二级诱导屏 41 处。

加大对各种违法违章行为的整治力度，有针对性地对周末摆摊设点、少数民族游商聚集等违规行为开展专项集中整治活动，重点打击街头黑导购、盗窃非机动车、黑车违法运营等行为。

服务与管理 搭建专家咨询平台、企业主体平台、政府服务平台等三大平台。聘请专家对中关村西区规划建设、管理及环境规划等重要事项建言献策；成立西区物业联席会，建立各大厦企业信息台账；5 月 25 日，开通中关村西区信息网，截至本年底，内容更新 21 次、更新信息 140 条；制作完成中关村西区三维地理信息系统（简称 3DGIS）。

6 月 29 日，召开中关村西区第一次新闻发布会，全面介绍西区发展情况。与海淀新闻中心建立新闻报道常态机制，在《海淀科技园区周刊》第一版开辟报道专栏。印发《国家自主创新示范区核心区标志性区域文件汇编（中关村西区部分）》、《中关村西区宣传手册》及物业通讯手册，印制汇编和手册各 1000 套。全年制作政策宣传展板 21 块、印制政策宣传页 3000 张。

（王洋　郭佳）

【中关村西区信息网开通】 5月25日，中关村西区信息网开通。该网站由“走进西区”、“新闻动态”、“政策法规”等 6 大功能板块组成，集合了中关村西区详细介绍、最新新闻、政策法规、企业办事流程及相关文件等资料，为企业办理相关业务提供便利。网站还内嵌中关村西区三维地理信息系统（简称 3DGIS），西区内各楼宇大厦位置、主要道路分布等信息一目了然。（刘畅）

中关村西区管理委员会办公室
地址：海淀区丹棱街 10 号新海大厦 9 层
邮编：100080
电话：82669828
网址：zgcxq.bjhd.gov.cn

园区党建和精神文明建设

【综述】 中共北京市海淀区委海淀园工作委员会（简称海淀园工委）其前身是成立于 1988 年的中共北京市海淀区委海淀园企业工作委员会，2010 年 4 月 22 日，调整为中共北京市海淀区委海淀园工作委员会，为中共海淀区委派出机构，负责园区企业党建工作和机关党建工作，与海淀园管委会合署办公。2010 年，海淀园工委所属基层党组织共有 467 家，其中党委 13 家、党总支 15 家、独立党支部 439 家，管理党员 1.95 万名，中关村科技园区海淀园工作委员会联合党委和中共北京市海淀区人才服务中心委员会覆盖企业 3200 多家。

2010 年，海淀园工委围绕中关村国家自主创新示范区核心区建设，根据机构职能调整变化，分析研究面临的新形势新任务，健全体制机制，进一步加强机关、企业党的先进性建设，扩大园区高科技企业党建工作影响，为促进核心区建设做出贡献。

领导班子建设 制定《海淀园工委委员会会议制度》、《海淀园管委会中心组理论学习制度》、《海淀园管委会民主生活会制度》等系列制度，建立调整海淀园法律工作领导小组、海淀园国家安全保密工作领导小组等 12 个专项工作领导小组。召开“以运用信息手段实现科技风险防范管理”等方面的研讨会，全年共组织理论中心组学习 12 次。开展党政领导干部大讲堂活动，园区班子成员分别就分管工作对全员进行 9 个专题业务辅导。制定工委委员会议制度，健全和完善领导班子议事规则，全年召开工委会议 7 次。研究班子建设、廉政建设、干部工作，拓展民主渠道，主动征求党代表、企业对园区发展建设的意见建议，解决各种热点、难点问题，推进领导班子决策民主化、科学化和规范化。开展领导干部谈心活动和述职述廉，形成班子成员工作上互相支持、生活上互相关心、思想上互相交流、政治上互相信任的良好氛围。

干部队伍建设 培养干部综合业务能力，对 16 名机关干部进行轮岗调整；派出 4 名处级干部赴江苏和中关村管委会挂职锻炼，接收7名干部挂职锻炼。重视干部继续学习教育，推荐干部参加博士硕士进修班，做好干部在线学习培训，鼓励干部到大学院校在职学习，提升干部的业务素质和工作能力。编印《海淀园贯彻干部选拔任用工作七项监督制度学习读本》，接受区干部任用工作检查组对园区任用干部和七项监督制度贯彻情况的检查。依托籍贯党委组织开展创先争优活动，举办“我骄傲、我是园区人”诗歌朗诵会、“情系海淀、奉献核心区”摄影比赛，开展“手拉手、心连心、促发展”活动、优质服务年大讨论。

党风廉政建设　制定《海淀园2010年党风廉政工作要点》、《海淀园行政投诉办法》，完善园区纪检监察工作制度和程序；组织领导干部学习《中国共产党党员领导干部廉洁从政若干准则》，组织园区副处以上干部29人参加全区测评考试，组织科级以上干部28人参加海淀园测评，优秀率100%。组织开展党风廉政教育课程，观看防腐倡廉宣教光盘。领导干部层层签订《党风廉政建设责任书》，园区处级以上领导干部共签订责任书42份。联合海淀园管委会、区法院和区检察院等单位发行“预防胜于惩治，风险止于智者”法律光盘，推出卡通形象“法宝”作为法律宣传员。贴近企业需求开展廉洁文化建设，针对园区企业知识产权频遭侵犯的情况，在企业党员中开展“倡廉洁、守法纪、做表率”主题实践活动；与区法院、区检察院联合制作“保护知识产权，防范侵权风险”教育系列动漫光盘；与区文化委共同开展“网上网下止版君子”活动，征集10000名公众“红指印”，承诺“维护正版、抵制盗版”。通过主题活动教育和号召党员自觉遵守法纪，提高保护知识产权意识，廉洁从业，带头维护企业利益，营造廉洁自律的良好氛围。

组织建设　本年，海淀园工委把扩大企业党工团组织覆盖面作为加强企业党建的基础工作，不断创新扩大覆盖面工作的模式，对园区企业的党工团组织情况和党员分布情况进行摸底调查，指导符合条件的企业建立党工团组织。本年新建党组织82家；建立工会组织40家；新建团组织36家；培训入党积极分子409人，新发展预备党员170人。推进二级平台建设，以楼宇和行业协会为依托，注重联合性质党工团组织建设，已建立中关村软件行业联合党委，永丰产业基地、环保园、理工科技园和北师大科技园联合党组织，闪联联盟联合团委等。下发《关于试点推动企业党建纳入企业绩效考核工作的指导意见》，选取20家企业试点推行党务工作纳入企业绩效考核，探索有效的党组织监督激励机制。协助区委召开海淀区高科技企业党建工作会议。起草《中共北京市海淀区委关于进一步加强和改进高科技企业党建工作的意见》，制定“2011–2013”三年总体工作目标。召开党建工作会议，总结多年高科技企业党建工作经验，完成《创建高科技企业党建示范区、为建设有全球影响力科技创新中心提供有力保障》工作报告，编印《海淀园高科技企业党建工作经验材料汇编》，表彰高科技企业“十佳党组织”、“十佳党务干部”、“十佳优秀共产党员”和“十佳党建之友”。

针对园区企业党务工作者任务重、人员变动频繁、均为兼职特点，每月召开以学习交流、培训为主要内容的企业党组织书记例会；组织企业党工团组织负责人业务培训；在网站开设空中讲堂，对工会干部进行网络培训。全年累计培训园区企业党工团干部近5000人次，基层干部的综合素质和工作能力得到提高。

创先争优活动　以“强化自主创新，促进科学发展”为主题开展创先争优活动，要求园区企业党组织和党员创建“五好”党组织、争做“五带头”优秀共产党员，实现“推动科学发展、促进园区和谐、服务企业和员工、加强基层组织”目标，制作下发“党员先锋岗公示牌”，推行党员公示制度，激发党员的荣誉感和责任感，促使党员发挥模范带头作用；开展“爱园区、爱企业、做贡献、促发展”献计献策活动，动员更多党员群众参与，进行评比表彰奖励，鼓励党员在企业发展中创先争优；加强先进典型培养，涌现出新奥特、康辰亚奥、多思科技等一批创先争优先进典型，协助区委组织部推广典型经验。

人才推荐和培养工作　开展园区2010年北京市优秀人才资助申报、高层次人才引进需求申报、新世纪百千万人才工程市级人选推选、北京市第六批优秀青年知识分子申报、北京市享受政府特殊津贴人员选拔等工作，累计推荐参评人选212人次。团结园区新的社会阶层代表人士①，组织召开新的社会阶层代表人士座谈会、“三·八”节女企业家和留学归国女创业者座谈会、“海之月”圆明园中秋晚会，组织第一期新的社会阶层代表人士理论研修班，20余人参加。

精神文明建设　编写《海淀园文明单位创建工作指导手册》，指导企业创建文明单位；开展“核心区文明礼仪大赛”、“创建学习型企业活动成果展示会”等活动，推进2010年度创建学习型企业工程；完善职工书屋建设，在园区企业建立工会“职工书屋”示范点16个、企业“青年书屋”13家以及工会网站电子阅览室，与海淀图书馆合作在日资企业瑞萨半导体公司建立“图书流动站”，丰富2500名公司职工文化生活。

开展两节特困职工信息采集及走访慰问活动，为340名特困职工募集温暖包17万元；对园区内低收入劳模进行摸底调查，并发放差额退休金3000余元；做好职工互助保险工作，新增互助保险会员1577人，保险理赔16人次，理赔金额17382.52元。开展以“当好主力军、建功十一五、创新促发展”为主题的群众性经济技术创新工程和“企业爱职工，职工爱企业”双爱双评活动，提出合理化建议2294项，实施1032项，创造效益1699.6万元，技术革新279项，发明创造197项，获国家专利249项，推广先进操作法186项，建立职工技术

---

①新的社会阶层代表人士：党的十六大报告指出，在改革开放和发展社会主义市场经济过程中产生的新的社会阶层，包括以下六个方面的人员，即民营科技企业的创业人员和技术人员，受聘于外资企业的管理技术人员，个体户，私营企业主，中介组织从业人员，自由职业者等。

协会 30 家；建立以劳动模范和科研领军人物命名的“职工创新工作室”四家，推荐评选全国劳动模范 1 名，北京市劳动模范 5 名。开展“让青春在中关村国家自主创新示范区核心区建设中闪光”主题活动，评选第三届“海淀科技园区优秀青年企业家”，举办园区青年公益大讲堂、青年企业家创意论坛；开展文艺文化进企业活动，举办第五届中关村海淀园青年歌手大赛，组织园区企业第二届网络运动会以及企业羽毛球联赛、国际山地徒步走大赛、第六届足球联赛、留学生体育比赛和电影消夏晚会；关心企业员工婚姻问题，举办联谊活动 7 次，近 1500 名青年参加。

建立由 72 名企业人力资源干部组成的海淀园工会劳资委员会，开展劳动争议仲裁庭审观摩活动；建立劳动关系三方联席会议制度、与党政联系及时预报制度、定期通报分析制度，协调处理灵图软件公司 400 人拖欠工资群访案件；全年接待、咨询劳动争议 300 余人次，处理劳动争议案件 10 件，涉及职工 400 余人。

宣传工作 全年编发《园区党建动态》22 期，编发《纪检信息》41 期，编发《统战工作信息》36 期，为 27 家企业制作党建宣传展板，实时反映园区党建工作动态和企业活动的信息；向人民日报、北京支部生活杂志、北京日报等媒体报送信息，累计刊登 50 多篇。北京电视台对园区北斗星通公司董事长、党支部书记周儒欣的先进事迹做专题报道。

探索高科技企业党工团建设 在深圳富士康、本田事件发生后，园区工会迅速反应，对园区 20 个重点企业的 22361 名职工进行思想情绪状况排查，形成分析报告，引起市、区政府的高度重视，《北京信息》、《海淀信息》均以专刊的形式全文刊载；完成《关于扩大海淀园企业党组织覆盖面问题的研究》课题，在北京市党建研究会《执政党建设研究》全文刊发。全年撰写《探索非公企业党建规律 提升党建科学化水平》等调研报告 17 篇，其中《中关村科技园区海淀园在非公高科技知识分子中发展党员工作做法》获全国优秀基层党建创新案例奖。本年，工委被评为北京市思想政治工作优秀单位。

工作中存在的问题和不足：机关干部队伍建设有待进一步加强；机关党组织、党员的作用需进一步发挥；企业党工团组织覆盖面有待进一步扩大；企业党工团组织工作状况不平衡，部分企业党工团组织作用发挥不够明显，党员的先锋模范作用发挥得还不够；工委对基层党组织的工作指导力度需进一步加强。

【中关村科技园区海淀园联合党委】 前身是 1990 年建立的北京新技术产业开发试验区联合党支部，是我国科技园区领域成立最早的联合党组织之一，2001 年改为联合党委。联合党委于 2000 年创建的网站——红色中关村党员信息管理平台，是我国第一家基层党组织电子党务网站。2010 年，联合党委下设 6 个总支部、70 个支部，管理党员 5000 余名。

本年，开展 2009 年度先进基层党组织、优秀党务工作者、优秀共产党员评选活动，表彰优秀党务工作者 18 人、优秀共产党员 30 人、先进基层组织 1 个。开展中关村就业希望工程，帮助 200 名贫困大学生就业。开展“共建核心区，奉献在海淀”征文活动，评选出一等奖 10 名。举办联合党委第一届羽毛球联赛，6 个总支组队参加，第二党总支获冠军。五总支党员李辉入选上海世博会 A 类志愿者，A 类志愿者全北京市共 5 名。 （吴丽芸）

【“倡廉洁 守法纪 做表率”主题活动】 4 月 23 日，海淀园工委启动“倡廉洁、守法纪、做表率”主题活动。活动围绕建设中关村国家自主创新示范区核心区中心任务，加强对园区企业党员遵纪守法教育，增强企业党员责任意识，营造“以廉为荣、以贪为耻、诚实守信、依法经营”的创新、创业、从业良好氛围。 （张漫）

【启动“网上网下正版君子”主题活动】 4 月 26 日，海淀园工委与区文化委共同启动“网上网下正版君子”国际知识产权日主题活动，通过征集 10000 名公众的“红指印”的形式承诺“维护正版、抵制盗版”。活动当日有 3000 余名网友利用微博的方式庄严承诺维护正版，《人民日报（海外版）》、英国 BBC 环球广播等 27 家媒体对“红指印”征集情况进行报道。 （刘畅）

【开展“优质服务年”活动】 5 月 12 日，海淀园机关 “优质服务年” 启动活动。活动以“争当服务核心区建设先锋”为主题，重点加强行政效能建设、提供优质高效服务。目标是要达到“四个增强”，即核心区建设者意识进一步增强、服务意识进一步增强、创新意识进一步增强、发展意识进一步增强，形成“我是服务核心区建设的主力军、我是服务核心区建设的先锋队”两个共识，把园区机关建设成“勤政、廉洁、务实、高效”的服务型机关。 （张漫）

【举办第一期新社会阶层人士理论研修班】 11 月 22–24 日，海淀园工委与北京市社科院合作举办第一期新社会阶层人士理论研修班，来自各个领域的新社会阶层人士代表 20 余人参加。研修班围绕首都经济发展新战略、国际政治经济形势与中国外交、新社会阶层人士地位作用等进行授课辅导，以提高海淀园新的社会阶层代表人士政策水平和参政议政能力，选拔培养新阶层代表人士。

【2010 年海淀区十佳高科技企业党组织】

北京启明星辰信息技术股份有限公司党委
四方电气（集团）有限公司党委
北京新奥特集团有限公司党委
海淀园联合党委
汉王科技股份有限公司党总支
海淀区人才服务中心党委第一总支
北京佳讯飞鸿电气股份有限公司党支部
北京北斗星通导航技术股份有限公司党支部
北京恒泰实达科技发展有限公司党支部
北京科立信控制技术有限公司党支部

【2010 年海淀区十佳高科技企业共产党员】

王　伟　北京华力创通科技股份有限公司部门经理
石洪峰　北京亚控科技发展有限公司开发部经理

孙中华（女） 北京明朝万达科技有限公司项目经理
刘晓波 北京东方灵盾科技有限公司标引部经理
吴建伟 北京派得伟业科技发展有限公司总经理助理
余晓建 北京数码视讯科技股份有限公司主任工程师
杨柏崇 谱尼测试科技（北京）有限公司高级经理
郑立博 北京永新视博数字电视技术有限公司项目经理
张丽清（女） 英特力光通信开发有限公司北京研发中心经理
张　涛 北京四方继保自动化股份有限公司技术总监

【2010 年海淀区十佳高科技企业党务工作者】

于　滨 海淀园联合党委第一总支书记、中关村国际孵化软件协会会长
王　芳（女） 海淀区人才服务中心党委第一总支书记
王绪昭 四方电气（集团）有限公司党委书记、总裁
刘迎建 汉王科技股份有限公司党总支书记、董事长
张式俭（女） 北京新奥特集团有限公司党委书记、副总裁
肖　航 北京科立信控制技术有限公司党支部书记、董事长
周儒欣 北京北斗星通导航技术股份有限公司党支部书记、董事长
赵武进 北京启明星辰信息技术股份有限公司党委书记
钱苏晋 北京恒泰实达科技发展有限公司党支部书记、董事长
韩江春 北京佳讯飞鸿电气股份有限公司党支部书记、副总裁

【2010 年海淀区十佳高科技企业党建之友】

文一波 北京桑德环保集团有限公司董事长
王文京 用友软件股份有限公司董事长兼总裁
王雷雷 空中（中国）有限公司董事长
李　东 北京永新视博数字电视技术有限公司总裁
李彦宏 百度在线网络技术（北京）有限公司首席执行官
严望佳（女） 北京启明星辰信息技术股份有限公司首席执行官
郑海涛 北京数码视讯科技股份有限公司董事长
林　菁 北京佳讯飞鸿电气股份有限公司董事长兼总裁
郑福双 新奥特（北京）视频技术有限公司董事长
费振勇 京北方科技股份有限公司董事长

（吴丽芸）

中共海淀区委海淀园工作委员会
地址：海淀区四季青路6号海淀招商大厦
邮编：100195
电话：88497131

综合经济管理

★ 1月14日，北京市副市长程红（前排中）到国家商标局驻中关村办事处调研。（施维 摄）

★ 药监海淀分局国庆期间市场巡查 （区药监分局 供图）

★ 区发展改革委委固定资产投资项目立项审批入驻核心区企业服务中心“一站式”办公大厅 （刘佳 摄）

★ 8月6日，区国税局开展稽查检查工作。 （胡庆生 摄）

★ 区工业公司下属的北京第一机床电器厂职工参加劳动竞赛 （区工业公司 供图）

★ 8月11日，由中关村西区管理委员会办公室、工商海淀分局、北京中关村电子产品贸易商会联合组织的“中关村西区电子市场守法诚信经营责任书签订仪式”在中关村广场举行。（田峰 摄）

★ 5月13日，区审计局召开优质服务年活动动员会。（王蔚 摄）

★ 3月18日，区国资委企业签订2010年度经营业绩考核责任书。（区国资委 供图）

★ 8月12日，海淀区街道乡镇财政及税源建设工作会召开。（区财政局 供图）

★ 区工商分局对汤圆进行食品安全检测　（田峰 摄）

区工商分局在鼎好电子大厦挂消费提示牌　（田峰 摄）

3月26日，区工商分局中关村西区整治小组根据消费者投诉，查封位于亿世界电子城地下一层的诺基亚手机专柜。　（周悠明 摄）

经济社会发展与经济调控

【综述】　海淀区发展和改革委员会（以下简称区发改委）组建于2004年7月。根据《北京市海淀区人民政府办公室关于印发北京市海淀区发展和改革委员会主要职责内设机构和人员编制规定的通知》（海政办发〔2010〕2号）规定，区发改委是负责本区国民经济和社会发展统筹协调、经济体制改革综合协调的政府工作部门。下设海淀区发展与改革研究中心、海淀区价格认证中心2个全额拨款的事业单位。本年1月，由海淀区发改委承担的工业行业管理和中小企业促进职责划归新成立的区经济信息化办公室。

本年，区发展改革委承担市、区布置的各项折子工程29项；同时作为海淀区的76个领导小组的成员单位，承担上级部署的临时性、应急性工作。年内受理人大建议、政协委员及党派团体提案49件，其中主办24件，协助办理25件，建议、提案办理满意率达100%。全年共接到区领导的各类批示件505件；上报区政府决策性督查件184件次；参加各类会议1300余次；上会议题47个，其中区政府常务会28个，区委常委会13个，区人大常委会3个，区政协常委会3个。

国民经济和社会发展指标计划和完成情况　本年，全区国民经济和社会发展的总体要求是：贯彻落实党的十七届三中、四中全会和中央经济工作会议精神，按照市委十届七次、区委十届十一次全会的决策部署，以科学发展观为指导，深刻认识和把握新形势下的新规律、新需求，解放思想，注重实效，争创一流，以促进自主创新为出发点，以调整产业结构为主线，以优化空间布局为手段，以环境宜居和民生改善为目标，稳增长、调结构、促改革、惠民生，深入践行“创新海淀、科学发展”，推动全区走上“创新驱动，内生增长”轨道，实现经济社会平稳较快发展，为建设具有全球影响力的科技创新中心创造良好条件。

全区国民经济和社会发展的预期目标是：地区生产总值增长10%；全社会固定资产投资总额增长15%；社会消费品零售总额增长15%；地区进出口总额力争有所增长；区级财政收入增长10%；城镇居民人均可支配收入和农村居民人均纯收入分别增长8%；城镇登记失业率控制在1.5%以内；万元GDP能耗降低3%；空气质量与北京市保持同步改善。

2010海淀区主要经济指标预期列表

海淀区主要经济指标	2010年预期数额	2010年预期增长率
地区生产总值	2530亿元	10%
全社会固定资产投资总额	552亿元	15%
社会消费品零售总额	1150亿元	15%
区级财政收入	181.28亿元	10%
城镇居民人均可支配收入	33146.28元	8%
农村居民人均纯收入	17015.4元	8%

国民经济和社会发展的主要任务和措施：一是积极扩大内需，实现增长动力新转变；二是增强自主创新能力，发展科技领先新优势；三是强化结构调整，促进发展方式新突破；四是以北部地区建设为重点，形成城乡统筹新局面；五是加强环境设施建设，推动城市承载力新提高；六是创新体制机制，激发改革发展新活力；七是更加注重改善民生，完善政府公共服务新模式；八是科学编制“十二五”规划，制定持续发展新战略。

2010年，全区实现地区生产总值2771.6亿元，同比增长13.3%。社会消费品零售额1184.2亿元，同比增长15.4%。全社会固定资产投资567亿元，同比增长15.8%。区级财政收入190.94亿元，同比增长15.9%。城镇居民人均可支配收入33351.3元，同比增长8.7%；农村居民人均纯收入17660.9元，同比增长10.3%。万元生产总值能耗下降12.9%，北部地区化学需氧量和二氧化硫排放量分别下降14%和5%。城镇登记失业率0.91%。

2010 年海淀区主要经济指标列表

海淀区主要经济指标	2010 年实际数额	2010 年增长率
地区生产总值	2771.6 亿元	13.3%
社会消费品零售额	1184.2 亿元	15.4%
全社会固定资产投资	567 亿元	15.8%
区级财政收入	190.94 亿元	15.9%
城镇居民人均可支配收入	33351.3 元	8.7%
农村居民人均纯收入	17660.9 元	10.3%

海淀区 2009、2010 年四项经济指标

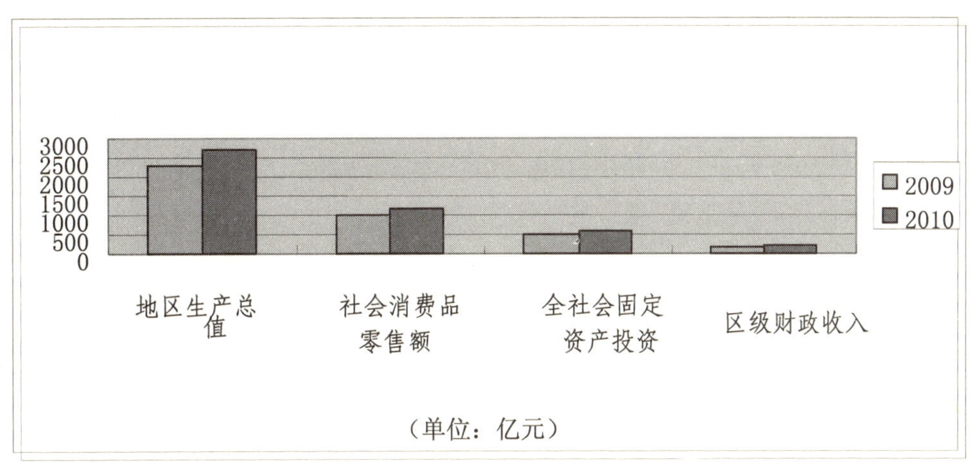

经济体制改革与服务企业发展　制定《北京市海淀区关于 2010 推进重点改革任务的指导意见》，对重点改革任务重新梳理和分工。申报国家级服务业综合改革试点，形成《海淀区申报国家创新型服务业综合改革试点方案》。启动海淀区医改工作。对《“十一五”规划纲要》、《改革专项规划》中涉及的改革工作进行评估，形成两个评估报告。协助区委宣传部申报市级文化创意产业集聚区、功能区。

53 个 2009 年中小企业发展专项资金支持项目结转至 2010 年，年内完成对 42 个扶持项目的资金拨付工作。向市经信委推荐 61 个中小企业项目申报专项资金。办理各类企业服务类行政事项 191 项，其中外商投资项目核准 10 项；进口及国产设备免税 2 项；上市企业项目备案 84 项；专项备案 95 项。办理核准批复外商独资企业一家、进口设备免税企业 2 家，为 2 家企业协调市发展改革委进口设备退税问题。协调三峡集团公租房、赛迪集团科研楼、爱国者研发总部、研祥公司总部、邮储银行电话银行及软件中心、航天信息产业园、中关村航天创新园等市区重大项目落地工作，牵头召开项目协调会 72 次。编写并经区政府常务办公会审议通过《海淀区贯彻实施〈中华人民共和国中小企业促进法〉情况的专项报告》。完成落实《海淀区为重点企业做好服务的实施办法》的实施细则的制定工作。以区政府名义印发《关于进一步促进街道乡镇服务经济发展的意见》、《海淀区重点企业与重大项目评估办法》。编写《海淀区 2009 年投融资工作总结和 2010 年工作思路》和《海淀区重大项目资金需求平衡情况的报告》。

固定资产投资管理　2010 年海淀区政府投资正式项目安排共计 195 项，区级总投资 346.11 亿元，同比增长 22.79%；当年安排区级投资 97 亿元，其中续建项目 113 项，区级总投资 239.32 亿元，当年安排区级投资 43.66 亿元；新建项目 82 项，区级总投资 106.79 亿元，当年安排区级投资 53.34 亿元。当年完成区政府投资 79.20 亿元，占当年安排资金的 82%。储备库项目 176 项，总投资估算 385.90 亿元。

办理全社会固定资产投资事项 264 项，其中立项核准批复 69 项，备案 56 项，上报市发展改革委及区政府请示 73 项，发送规划、国土、环保函 79 项。全年新受理土地一级开发项目 6 项，总占地面积 2030999 平方米，总投资 476051 万元。

开展对辖区内重大投资项目的调研和协调服务工作，共梳理重点项目 110 个，其中重点建设项目 74 项，总投

资509.2亿元；重点推进前期项目36项，总投资213.0亿元。通过上门服务、进度跟踪、任务分解、加强协调等措施，全年重点项目完成投资约102.5亿元。继续完善重大项目调度机制、绿色审批通道机制，加快项目和投资落地。全年共有187个项目进入绿色审批通道，其中市级通道项目61个，总投资203亿元；区级通道项目126个，总投资370.6亿元。

税源建设 出台《关于进一步促进街道乡镇服务经济发展的意见》，完善税源建设领导体系，明确各职能部门、街道、乡镇税源建设工作目标和任务；出台《海淀区重点企业与重大项目评估办法》。协助区财政局出台《海淀区关于进一步促进街道乡镇服务经济建设工作的财政支持措施》等支持措施。召开海淀区2010年街道乡镇财政与税源建设工作会。对2010年新引入和异地回迁企业名单进行审核，新增税源企业414家。会同海淀园管委会、区投促局等部门梳理拟落户企业、项目124个，针对36个较为成熟的项目，组织召开项目评估会和区投资促进与税源建设领导小组办公会，最终确定腾讯、联想、爱国者、曙光信息等31个重点企业、项目通过用地评审，并给予约186万平方米的产业空间支持。

对口支援与区域合作 为内蒙古科右前旗巴拉格歹办事处社会主义新农村农业设施建设项目拨付120万元扶贫资金。制定《海淀区与密云县2010年合作发展任务书》，与密云县在产业共建基地合作、医疗、教育方面按计划开展合作，扶持设备及资金投入总计16万余元。

价格监督管理 本年，围绕“保增长、调结构、重效益、惠民生、保稳定”，以民生价格检查为重点，完成全区涉农涉企收费、行业协会收费、教育收费、H1N1流感疫情相关商品、医疗收费、化肥、成品油、机动车停车收费、居民基本生活消费品、景点门票收费、水资源、农资和农机服务收费、农产品等领域的价格监督检查。对区内集贸市场的肉禽蛋、粮、油、液化气等重要民生商品价格的波动情况进行跟踪监测。

全年累计检查各类企事业单位2363户，同比下降48.7%，其中商品生产、经营单位739户，服务收费行业1385户，国家行政机关10户，集贸市场、个体工商户及其他行业229户。查处各类价格违法案件13件，经济制裁总金额51.61万元，其中没收5.85万元，退款27.77万元，罚款17.99万元。在查处的13件违法案件中，涉及明码标价的10件，经济制裁金额为0.13万元；涉及教育收费、医疗药品价格的3件，经济制裁金额为51.47万元。全年价格协调退款322999.19元。受理价格咨询和举报1771件，同比减少471件，下降21%，其中商品类的价格咨询和举报416件，占总量23.48%，同比减少247件；机动车停车的价格咨询和举报669件，占总量37.76%，同比减少131件。价格咨询和举报热点是商品类与机动车停车，共1085件，占总量的61.26%，同比下降近4%。

年内完成全区行政事业性收费年审工作，年审率100%，未发现违反行政事业性收费政策的行为。截至年底，经区发展改革委核发收费许可证总数为1093个，其中正本数256个，副本数837个；依法取消3项行政事业性收费，注销收费许可证445个（户）。完成对370所民办非学历收费标准备案工作。对新增收费项目及新核发“收费许可证”的31户单位进行收费公示的辅导。

开展“春节”、“十一”等节假日及“两会”期间的市场价格监管共8次。联合有关部门对本区2个一类地区20家路外露天机动车停车场、非露天机动车停车场、占道机动车停车场明码标价牌统一编号管理工作的落实情况进行巡查和规范。组织实施香山红叶节期间13家机动车停车场计次收费工作。解决富力桃园、美丽经典、西山林语小区机动车停车收费纠纷问题。开展房地产在售项目价格检查，共检查房地产在售项目16家，检查房产经纪公司10家。针对上半年绿豆等杂粮价格异常波动和7月份以后以农产品为代表的居民生活必需品价格呈现普遍增长趋势，从11月22日起开展为期3个月的农产品专项价格检查，检查区内各类农产品市场。

联合区有关职能部门2次对中关村西区鼎好、科贸等电子市场进行重点检查，重点查处不执行明码标价规定等价格违法行为。与海淀工商分局召开联席会议，双方协调配合，共同推进电子市场明码标价规范工作。区发改委共接到海龙、鼎好、e世界三家中关村西区电子市场价格投诉和咨询162件，同比下降44%。

对480户机动车停车收费标准进行核定。对中关村西区、翠微商圈内43户机动车停车场的收费标准进行重新认定和审核。完成“阳台山风景区公园门票”、“凤凰岭自然风景区公园门票”的价格调整听证程序，予以批复。整顿和规范海淀区旅游参观点的门票价格。

价格监测。对26户（包括本年新增的4户旅游景点）、13大项、200多个品种，以日报、旬报、周报、月报、年报及节假日报等形式，开展全天候不间断的价格监测和上报工作。在重点时期，对辖区内集贸市场的肉禽蛋、粮、油、液化气等重要民生商品价格的波动情况进行跟踪监测，为政府价格决策提供依据。上半年，继续围绕涉及甲型H1N1型流感疫情的部分商品开展应急价格监测的工作，监测种类一是卫生防护类用品，监测的品种有：“84消毒液”、“滴露”消毒液、体温计和口罩等主要相关防护用品的价格及销售量监测；二是应急食品的监测，如方便面和瓶装水等。做到每日按时上报监测结果。

价格认证。全年共受理刑事案件价格鉴定5655件，同比增加231件，增幅4.26%；鉴定金额7484.21万元，同比减少534万多元，降幅6.66%。其中假冒商品鉴定金额为511.56万元，占总鉴定金额的6.84%，同比下降84.28%。按照价格鉴定操作规范完成已故北京大学教授季羡林朗润园旧居失窃案的价格鉴定。

节能减排 海淀区2009年万元GDP能耗为0.307吨标准煤，2010年万元GDP能耗为0.27吨，同比下降12.9%。“十一五”累计实现万元GDP能耗下降27.59%，提前两年完成市下达的20.82%的节能任务指标。制定海淀区能评工作实施方案和节能评估工作流程，开展固定资产投资项目节能评估工作，年内共办理节能评估25件，节能登记282件。完成西三旗街道、海淀街道等10个街道、乡镇274幢楼13333户老楼通气工程相关处理上报工作。开展32家年耗能5000吨标准煤以上重点用能单位能源审计工作。能源信息平台已上线运行，实现12家单位能耗在线监测。在全区5家用能单位开展建筑节能管理系统能耗监测试点协调工作。依托北京节能监察大队对全区29家重点用能单位实施监测检查。完成4家企业资源综合利用认证工作、37家煤炭企业换证工作。编制完成海淀区2010年下半年节能降耗预警调控方案。出台《2010年海淀区促进节能减排支持办法申报指南》，组织项目申报、评议、评估等相关工作，对124个项目给予总计4344万元的资金支持。开展循环经济和节能减排宣传工作，继续开展海淀区节能减排“进学校、进机关、进社区”活动，活动在政府机关、学院路六道口社区、二里庄社区、北京大学、首都师范大学附属小学开展；开展节能宣传周活动，制发《海淀区2010年节能宣传周活动安排》。参加第十三届科博会中国能源战略高层论坛。

开展专题研究，完成“十二五”前期研究课题—海淀区人口资源环境综合承载力研究和“十二五”前期研究课题—海淀区转变经济发展方式建设低碳海淀研究。编制《海淀区加快发展发展循环经济建设资源节约型环境友好型城区2010年行动计划》，分解为60项任务落实到各单位，各项任务基本完成。编制《海淀区促进节能减排支持办法》。

电力行业管理　制定2010电力迎峰度夏工作方案和电力应急方案。坚持“逢节必查”制度，组织区安监、城管等相关部门开展元旦、春节、两会、五一、端午节期间电力设施安全大检查。对两会期间涉及海淀区建筑类7处隐患进行整治。协调市电缆公司、路灯管理中心、海淀供电公司完善相关台账，组织电力有限空间大检查。推进实施老旧小区电力设施改造工作，年内基本完成1个老旧小区电力设施改造项目，启动2个老旧小区电力设施改造项目。协调海淀供电公司进行电力应急演练。协调组织相关单位，拟定“海淀地区电网十二五规划”，已通过中期评审。与北京市同步进行对重载变电站有序用电调控用户执行错、避峰限电措施。全区限电指标为1.5万千瓦，涉及用户10户，完成2010年电力迎峰度夏工作任务。协调区安监局、区园林绿化局、区城管监察大队、北京市输电公司、百望山森林公园等相关单位，对百望山树线纠纷等进行整治，确保电网安全稳定运行。全年办结电力信访案件211件。

调研工作　承担“十二五”规划前期重点课题的研究管理工作和规划纲要起草工作，完成《“十二五”期间北部地区发展研究》、《“十二五”期间海淀区城乡接合部综合治理和统筹发展模式研究》和《“十二五”期间制约海淀区经济社会发展相关问题研究》三个课题的合作研究任务。完成区级重点课题《促进山前乡镇产业结构升级扶持政策研究》和关注课题《北部地区园区建设与乡镇集体经济融合发展的思路、模式与对策研究》。完成本单位重点课题《海淀区城乡一体化进程中农业人口转居成本测算》、《海淀北部公共设施地理信息现状与建设研究》、《海淀区社会组织对产业发展作用的调查研究》、《海淀区中小型科技企业创新能力研究》、《海淀区在社会转型背景下高速发展过程中的短板问题研究》、《海淀北部地区引进产业的水耗分析研究》。

全年发行4期《海淀发展与改革研究》（季刊）。编辑出版《决策参考》特刊第18期（总第30期），发表《推动北部地区快速发展的几点思考》。

本年，1人被评为2010年度北京市帮扶企业应对国际金融危机协调小组先进个人；2人被评为2010年度北京市节能先进个人；1人被评为北京市2010年度消防工作先进个人。

【全面启动医改工作】　年初，海淀区正式启动医改相关工作。5月，成立医改工作领导小组，下设医改工作领导小组办公室，设在区发改委。6月出台《2010-2011年海淀区深化医药卫生体制改革工作方案》，7月召开全区医改动员大会。完成《海淀区基本医疗保障体制改革实施方案》、《海淀区卫生人才引进及培养办法》、《海淀区公共卫生服务体制改革实施方案》、《海淀区医疗卫生体制改革实施方案》、《海淀区公立医院改革实施方案》、《海淀区卫生系统绩效考核办法》、《海淀区卫生投入机制及其实施方案》、《海淀区集中采购药品日常监督管理办法》、《海淀区卫生信息平台建设方案》，并在此基础上汇总形成《实施方案》。《实施方案》经政府常务会、区委常委会审议通过并于11月正式印发。

【海淀区获2010节能中国贡献奖】　5月27日，本区参展第十三届科博会中国能源战略高层论坛，通过专题影像和展板介绍，全面展示本区循环经济和节能减排工作成果。区长林抚生在论坛上做主题发言，并获2010节能中国十大先进人物奖；海淀区被授予2010节能中国贡献奖。

【编制海淀区“十二五”规划】　6月10日，海淀区“十二五”规划编制领导小组办公室（设在区发改委）正式印发《关于海淀区“十二五”专项规划编制及分工安排的通知》，标志着区“十二五”专项规划编制工作全面启动。《北京市海淀区国民经济和社会发展第十二个五年规划纲要（2011-2015年）》经过多轮广泛征求意见形成送审稿；专项规划体系已正式发布，41个专项规划编制工作稳步推进。

【成品油上涨】　成品油是政府定价的资源稀缺产品。2010年，根据国际市场油价变化，综合考虑国内外经济形势、国内市场供求情况，按照成品油价格形成机制，国家发展改革委分别于4月14日、6月1日、10月26日、12月22日零时对国内成品油进行4次价格调整，其中一次下调，三次上调。自年初至年底，国内汽、柴油每吨分别上涨630元和620元，90号汽油和0号柴油的最高零售价均价由调价前的7900元/吨和7160元/吨上涨至8530元/吨和7780元/吨，涨幅分别为7.97%和8.66%。

（张倩）

海淀区发展和改革委员会
地址：海淀区招商大厦八、九层
电话：88497066　88494156（传真）
邮编：100195
网址：www.hddrc.gov.cn

下属事业单位（2个）：

1.发展与改革研究中心
地址：海淀区招商大厦西九层
邮编：100195
电话：88496715

2.价格认证中心
地址：海淀区招商大厦西八层
邮编：100195
电话：88497258

金融业服务管理

【综述】 海淀区金融服务办公室（以下简称区金融办）成立于2008年6月，是负责本区金融服务工作的政府工作部门（正处级），挂靠在区发展改革委，2009年底单独设立。2010年8月，区机构编制委员会批准金融办成立北京市海淀区促进企业上市服务中心，为相当正科级全额拨款事业单位，主要职责是：承担宣传国家、市、区政府有关鼓励和支持企业上市政策工作；搭建企业上市沟通平台，协调各类中介机构为企业提供服务；承担组织开展上市企业培育和培训工作，收集企业上市相关基础信息并进行动态维护。

本年，区金融办承担市、区各项重点任务29项，其中主办21项，协办8项；受理并办理人大建议、政协委员提案11件，主办10件，满意率100%。承办区领导各类批示件190件，上报决策性督查50余件，参加各类会议458次；全年上区政府常务会议题5个，区委专题会议题1个，区政协会议题1个。

本年，全区金融机构数量快速增加，行业效益稳步增长，区域贡献保持稳定，产业聚集形成态势，发展推力显著增加，基本形成以股权投资、财务公司、证券、信贷、保险机构为特色，包括担保、典当、科技型中小企业专营机构、小额贷款公司、金融后台机构等多种业态，传统型和新型金融机构并肩发展的多元化金融业格局。

海淀区驻区金融业一览表

序号	行业	个数（家）	序号	行业	个数（家）
1	银行业	658	10	财务公司	13
2	股权投资业	288	11	基金公司	12
3	保险业	177	12	融资租赁业	7
4	担保业	173	13	信用卡公司	4
5	资产管理业	116	14	信托业	1
6	证券业	94	15	小额贷款公司	3
7	典当业	27	16	金融控股业	2
8	资信与信用管理业	24	17	其他产业	7
9	期货公司	13	总计：1619家		

截至年底，各类金融机构及其分支机构共1619家，同比增加241家，增长17.5%。其中法人金融机构567家，同比增加95家，增长20%；在法人金融机构中，股权投资机构增加50家，占法人金融机构总增加数的一半以上。担保业、资产管理分别增加12家和24家，成为本区第四和第五大金融行业[①]。全年驻区法人金融机构资产总计52294.8亿元，增长10.9%；营业收入416.6亿元，增长33.4%。6月29日，国家开发银行数据中心、中国农业银行北方数据中心开工建设。7月7日，北京市参股设立国家新兴产业创投计划首批创业投资基金揭牌暨签约仪式举行，首批4家创业投资基金均落户海淀

[①] 第一、二、三大金融行业分别为：银行业、财务公司和证券业。

区。中关村兴业（北京）投资管理有限公司、北京启明创元创业投资管理有限公司、启迪创业投资管理公司和北京富汇合力投资中心等4家企业作为首批合作创投机构。

全区金融业总税收完成301.59亿元，同比增长3.48%，占区域财政收入的29.2%。其中银行业纳税总额280.14亿元、财务公司10.33亿元、证券业8.51亿元、保险业1.37亿元，因受国家保险政策调整，保险准备金计提基数比例提升，造成保险业税收同比下降86%。区级收入12.46亿元，同比下降10.35%，占全区区级收入总额的6.5%，扣除保险政策调整和农业银行上市影响，金融业仍是本区税额增长较快的行业之一。

本年，区域期末[①]银行存款余额13000亿元，同比增长13%。其中企业存款5353.7亿元，同比减少22.6%；储蓄存款3541.9亿元，同比增长13.2%；农业存款176.6亿元，同比减少7.3%；其他存款3927.8亿元，同比增长210%。区域期末银行贷款余额4057.1亿元，同比增长22.8%。其中短期贷款1450.8亿元，同比增长17.4%；中长期贷款2587.7亿元，同比增长26.7%。

本年，海淀区企业获得创业投资案例89个，同比增长27.14%，占北京市的34.90%，占全国的7.54%。新增股权投资机构132家，在区内注册的投资机构达288家，同比增长66.78%。其中中关村PE大厦作为股权投资机构的重要承载空间，已聚集鼎晖投资等70余家投资机构。

制定金融政策 将企业利用资本市场做大做强作为全区实现“四个一批”[②]的重要手段，7月1日，区政府发布《海淀区促进信用担保机构开展中小企业贷款担保业务支持办法》、《海淀区促进科技型中小企业金融服务专营机构发展支持办法》、《海淀区促进股权投资企业发展支持办法》和《海淀区促进企业上市支持办法》。

7月1日，在中关村国家自主创新示范区核心区建设大会上，海淀区获得北京市政府授予的“中关村科技金融创新中心”称号。10月21日，北京市政府下发《关于推进首都科技金融创新发展的意见》，批准在海淀区建设中关村科技金融创新中心。该《意见》明确建设中关村科技金融创新中心的目标与任务，提出用5年时间，初步形成以多层次资本市场为核心，以科技金融服务机制为支撑，以创新型金融机构为主体，以股权投资、证券、信贷、保险等金融业务综合并用为特色的科技金融创新体系；用10年左右时间，基本完成涵盖高科技企业生命周期的区域科技金融资源配置体系建设。把海淀建设成为与具有国际影响力的科技创新中心地位相匹配的科技金融创新中心。

本年区金融办完成《海淀区金融产业发展报告（2010）》、《海淀区股权投资行业发展蓝皮书》，成为全市第一本探索股权投资行业发展的正式出版物。完成《上海市杨浦区金融业考察报告》、《第十四届京港洽谈会工作报告》等课题报告。3月12日，央行营管部致文区金融办，就《关于推动离岸金融业务在北京地区开展的请示》（代拟稿）征求意见，区金融办在前期研究的基础上反馈相关意见，同时着手进一步研究本区离岸金融业务的需求情况。

政府与企业融资 与金融机构开展合作，拓宽政府融资渠道。分别与中国农业银行北京分行、中国建设银行北京分行、中国工商银行北京分行、北京银行、中国民生银行总行营业部、华夏银行北京分行、中信银行北京分行等7家银行签订战略合作协议，共获得1900亿元人民币授信额度，保证区域基础设施建设、三农、生态环境、创意文化产业、中小企业融资等领域的资金供给。

区域企业利用资本市场融资获得快速发展。区金融办加大对企业上市的服务力度：建立海淀区促进企业上市联席会议制度，发布促进企业上市服务手册，与各有关部门形成良好的合作促进企业上市机制，建立起促进企业上市服务体系框架。共为企业协调解决上市过程中遇到的困难和问题52件次；召开促进企业上市培训、辅导会议10余次，参加人数2000人；对60多家辅导期和培育期企业进行摸底调研，对1000多家企业开展问卷调查；对170多家上市公司进行数据分析，初步掌握本区上市企业和重点拟上市企业的基本情况。截至年底，在海淀区注册的各类上市企业（含挂牌）达175家，同比增长41家，上市企业总量占北京市的一半。其中在沪深主板上市的有40家，中小板17家，创业板11家，在国外（主要是美国）上市的31家，在香港上市的22家，在中关村代办股份转让系统（简称三板）挂牌的有54家。

本年已经开展经营的12家中小企业金融服务专营机构共为692户企业发放贷款84.69亿元，其中为海淀区319户中小企业发放贷款29.2亿元。开展小额贷款公司试点工作的本区3家小额贷款公司——北京市中关村小额贷款股份有限公司、北京农投诚兴小额贷款股份有限公司、北京市鑫泰小额贷款股份公司，为科技型中小企业发展提供融资新渠道，截至年底共为334家中小企业发放贷款15.7亿元，数量和金额居全市各区县第一位。

北京海淀科技企业风险担保中心2010年担保余额1.8亿元，全年担保增加额0.8亿元，担保放大倍数1.8，代偿率为0。北京市中关村担保有限公司2010年担保余额83.33亿元，全年担保增加额102.08亿元，担保放大倍数9.64，代偿率为0.02%。

截至年底，本区累计入驻股权投资机构总数达到288家，管理基金规模近3000亿元。创投引导基金与和谐爱奇、启迪创投和深创新等3家机构合作设立创投基金，吸引社会资本近40亿元。PE大厦股权投资机构聚集形成规模和影响力，科技金融展厅投入使用，为驻区金融机构提供项目对接、融资路演和宣传展示等一系列个性化服务。在优化企业入驻流程方面，与工商、国地税、西区办等部门建立协调机制，处理股权投资机构在资金募集、设立、投资、退

---

① 指银行计算周期的末期，一般是指年底。

② 四个一批是指：吸引和培植一批具有国际影响力的创新型企业，掌握和形成一批具有自主知识产权的先进技术和标准，培养和聚集一批世界级企业领军人才，培育一批国际知名品牌。

出和税收等方面的相关问题。

服务区域经济发展和民生 完成区政府与普华永道会计师事务所的战略合作协议和落户事宜，在辅导本区企业转型升级及投融资（上市）等方面开展全方位合作。与股权投资业内知名服务机构清科集团签署战略合作协议，在行业研究、数据库建设、股权融资服务平台等方面开展合作。

配合市金融工作局开展三通（一卡通、一费通、一网通）工程海淀区布点工作，截至年底，已布放大众型自助缴费终端 1300 余台，开通缴费业务共计 50 余项，居民通过刷卡即可完成水、电、燃气费、固定电话、有线电视、手机充值、卡卡转账以及网购付款等多项业务，有效地解决了区内居民公共事业缴费难问题。 （宋玉成）

【2010 年海淀区新上市企业名录（41 家）】

序号	股票名称	公司名称	上市板块
1	华力创通	北京华力创通科技股份有限公司	创业板
2	北京科锐	北京科锐配电自动化股份有限公司	中小板
3	汉王科技	汉王科技股份有限公司	中小板
4	太极股份	太极计算机股份有限公司	中小板
5	联信永益	北京联信永益科技股份有限公司	中小板
6	海兰信	北京海兰信数据科技股份有限公司	创业板
7	合众思壮	北京合众思壮科技股份有限公司	中小板
8	大北农	北京大北农科技集团股份有限公司	中小板
9	碧水源	北京碧水源科技股份有限公司	创业板
10	数字政通	北京数字政通科技股份有限公司	创业板
11	三聚环保	北京三聚环保新材料股份有限公司	创业板
12	数码视讯	北京数码视讯科技股份有限公司	创业板
13	四维图新	北京四维图新科技股份有限公司	中小板
14	广联达	广联达软件股份有限公司	中小板
15	启明星辰	北京启明星辰信息技术股份有限公司	中小板
16	中国智能交通	中国智能交通系统（控股）有限公司	香港主板
17	柯莱特	柯莱特信息系统有限公司	纽交所
18	安博教育	安博教育控股有限公司	纽交所
19	乐视网	乐视网信息技术（北京）股份有限公司	创业板
20	嘉事堂	嘉事堂药业股份有限公司	中小板
21	环球天下教育	北京环球天下教育科技有限公司	纳斯达克
22	学而思教育	北京学而思教育科技有限公司	纽交所
23	学大教育	学大教育科技（北京）有限公司	纽交所
24	福星晓程	北京福星晓程电子科技股份有限公司	创业板
25	易车	北京易车互联信息技术有限公司	纽交所
26	优酷网	合 信息技术（北京）有限公司	纽交易所
27	软通动力	软通动力信息技术（集团）有限公司	纽交所
28	世纪瑞尔	北京世纪瑞尔技术股份有限公司	创业板
29	四方股份	北京四方继保自动化股份有限公司	上海主板
30	中科国信	北京中科国信科技股份有限公司	三板

序号	股票名称	公司名称	上市板块
31	工控网	工控网（北京）信息技术股份有限公司	三板
32	金山顶尖	金山顶尖科技股份有限公司	三板
33	南北天地	北京南北天地科技股份有限公司	三板
34	维信通	北京维信通科技股份有限公司	三板
35	纬纶环保	北京纬纶华业环保科技股份有限公司	三板
36	赛亿科技	北京赛亿科技股份有限公司	三板
37	首都在线	北京首都在线科技股份有限公司	三板
38	亿创网安	北京亿创网安科技股份有限公司	三板
39	中讯四方	北京中讯四方科技股份有限公司	三板
40	国基科技	北京国基科技股份有限公司	三板
41	道隆软件	北京道隆华尔软件股份有限公司	三板

【《海淀区建设首都科技金融综合改革试验区三年行动计划（2010–2012）》发布】 1月初，《海淀区建设首都科技金融综合改革试验区三年行动计划（2010–2012）》正式发布，并初步拟定任务分解方案。该行动计划提出，用3年时间，使海淀区成为聚集世界知名投资机构的全国性股权投资中心，要成为全国股权投资机构密集、交易集中、投资规模大的地区，到2012年，驻海淀区股权投资机构总数将达到300家，其管理的基金规模达到3000亿元。同时，还要初步建立多层次资本市场服务体系，初步建成富有特色的科技金融改革试验区。在区域内形成金融业态多元发展格局，形成围绕科技型中小企业发展服务的金融产品创新、服务创新的中心。驻区金融服务机构总数达到1619家；驻区商业银行中小企业金融服务专营机构达到30家，支持中小科技企业的信贷规模达到100亿元；离岸金融业务试点银行达到2家；企业发债规模达到20亿元；驻区信用担保机构达到100家，担保资金规模达到150亿元；区域知识产权贷款规模达到10亿元；驻区典当机构数量达到50家；区域金融信用体系框架初步建立。

【召开海淀区创投引导基金首批申请合作机构专家评审会】 2月25日，召开海淀区创投引导基金首批申请合作机构专家评审会。来自政府部门、投资机构和中介机构的6位专家按照《海淀区创业投资引导基金管理暂行办法》和《海淀区创业投资引导基金评审办法》的要求，对大唐投资、中关村兴业等8家首批申请合作机构进行评审。

【召开“驻区金融机构引进高层次人才需求座谈会”】 3月12日，为加强海淀区高层次金融人才队伍建设，支持驻区金融机构发展，区金融办召开“驻区金融机构引进高层次人才需求座谈会”，人民人寿保险、中邮基金、海航财务、IDG、德同和英菲尼迪资本等10家金融机构代表参加会议。

【中关村台资企业资本中心揭牌】 3月26日，中关村台资企业资本中心签约及揭牌仪式在鼎好电子大厦举行。海淀区政府与鼎固地产就设立中关村台资企业资本中心签署合作备忘录，并举行揭牌仪式。中关村台资企业资本中心的设立，是继中关村PE大厦之后，海淀区建设中关村国家自主创新示范区核心区和首都科技金融综合改革试验区的又一重大举措，为区域高科技企业开辟一个新的投融资服务平台。

【中国股权投资基金发展论坛】 5月21日，由市金融工作局等主办，海淀区政府协办的2010中国股权投资基金发展论坛举行。市、区政府领导、两岸三地的PE机构领导参加，此次论坛主要展示海淀区建设科技金融改革创新试点的相关成果，宣传海淀区促进股权投资业发展的相关政策。

【拨付创业投资企业补贴资金】 6月10日，2009年海淀区创业投资企业资金补贴申请经区政府常务会审议通过，决定给华汇通创业投资企业等12家创业投资企业补贴资金791.725万元，其中本年拨付2009年度补贴金额586.715万元。

【发布《关于为入驻中关村西区股权投资机构做好服务的实施办法》】 6月，发布《关于为入驻中关村西区股权投资机构做好服务的实施办法》，研究在中关村西区设立股权投资机构集中办公区，提出建立跨行部门行政审批事项快捷办理制度、投融资项目对接机制和股权投资行业统计制度，为入驻中关村西区股权投资机构做好服务。

【海淀区金融安全宣传周】 9月3日，北京市金融局、海淀区政府主办，区金融办承办的“海淀区金融安全宣传周”活动在新中关二层大厅举行。活动通过多种形式向市民宣传金融安全知识和海淀区科技金融创新成果。

【参加第六届北京国际金融博览会】 11月4日，第六届北京国际金融博览会在北京展览馆举办。海淀区以“创新海淀、科技金融”为主题参展。位于2号馆的海淀展区面积近200平方米，通过“科技金融”、“企业上市”等八个板块，系统、全面介绍了海淀区推进首都科技金融综合试验区改革，建设中关村科技金融创新中心的最新进展。

【举办金融知识宣讲及企业资金运作知识讲座】 11月30日，区金融办和永丰基地联合举办“海淀区金融知识宣讲及企业资金运作知识讲座”。会上，区金融办向参会企业介绍了海淀区金融科技发展情况及相关支持政策。专业律师事务所介绍了企业所处不同阶段适合的融资渠道与方式、企业在融资过程中应注意的具体事项以及企业的上市流程规范等知识。

【首次试行企业上市“一站式”咨询服务机制】 12月2日，区金融办首次试行企业上市“一站式”咨询服务机制，每周四集中受理企业上市申报材料，并邀请国内外知名中介机构免费提供各项咨询服务。 （宋玉成）

海淀区金融服务办公室
地址：海淀区四季青路6号海淀招商大厦
邮编：100195
电话：88494588
邮箱：jinrong8849@163.com

统 计 工 作

北京市海淀区统计局、国家统计局海淀调查队、北京市海淀区经济社会调查队（以下简称海淀区统计局队）是负责全区国民经济统计和国民经济核算，完成国家、北京市下达的各项统计调查任务的政府工作部门。下设10个派出机构。2010年，区统计局队在全市政府统计系统综合评比中获优秀等次；在全市统计执法工作考核评比中，获“六连冠”；在区委组织的“学习型机关”评选中，获“海淀区创建学习型组织示范单位”称号。在全市统计系统第四届文化艺术节中，获优秀组织一等奖；在全区首届运动会上，取得团体总分第二名。全年共获海淀区调查研究工作先进单位、依法行政先进单位、信息化工作先进单位、双争主题实践活动先进基层党组织、全区文明单位等集体荣誉20多项；获个人荣誉达百余人次。

统计体制改革 在局队OA内网开设“三局建设大讨论”①主题论坛，广泛征集意见建议。提出“三步走”②发展战略，用五年左右时间，全面建成区域数据中心、监测评价中心、信息咨询与发布中心，提高统计生产能力、统计数据质量和统计公信力。

设置数据中心及业务巡查办公室，探索改革两级管理分工模式，成立专业分析调研队伍，加大对执法人员的培训力度，开展数据采集岗位能手测评，机构、人员等内部资源的率先调整，为“三局”建设的深入推进提供有力的组织保障和人员支撑。

统计服务 成立中关村西区统计调查所，建立中关村西区统计调查制度。首次开展中关村西区企业发展状况调查，对西区60多座楼宇中的入驻单位数量及地域规划情况进行全面调查，为区委、区政府了解西区发展情况及发展动态提供数据支持。

建立核心区监测统计指标体系；启动四大功能区监测；完成海淀区商圈划分及总部企业、世界500强企业的名录提取工作；开展346家重点创新型企业及71家示范区“十百千工程”企业监测；组织对12个专业园区、15个大学科技园区的统计监测；撰写专业园区、中关村科学城等多篇监测报告，为全面了解核心区现状及发展进程提供有效信息。

分别开展核心区与美国硅谷、日本筑波等8个世界一流高科技园区，与昆山、无锡等6个国内发达城市、全国54个国家级高新技术产业园区的对比分析。通过比较研究，形成一批分析报告，为核心区建设与发展提供经验借鉴。其中《海淀园与国内发达地区高新技术产业园比较分析》，获得区委书记批示。

成立课题研究分析小组，开展包括经济分析、业务建设等在内的课题和专题30多项。创新经济形势分析会形式，会议内容由常规专业分析改为深入、具体、应时研究，提升会议质量。

全年共发放各类统计分析报告129篇，其中4篇信息被评为区优秀信息，11篇分析获区领导批示。在全市的统计分析评比中，选送的5篇文章全部获奖，其中一等奖1篇，二等奖1篇，三等奖3篇。在全市优秀统计科研成果评比中，选送的课题荣获三等奖。信息对外报送工作在全区及全市统计系统排名均居前列。创新信息公开形式，增加统计调查和数据公报两大数据发布板块，全年在政府信息公开平台主动公开信息345条。

在《区情手册》、《统计年鉴》、《海淀统计》杂志等现有产品基础上，继续丰富统计服务产品系列。分3期推出《核心区建设系列研究报告》，编印《海淀区情手册（街道、乡镇分册）》、《数说十一五 铸就新辉煌》、《数据

---

① “三局”建设目标：宏观经济监测情报局、数据质量管理执法局、经济社会发展信息服务局。

② 一是调整部署阶段，二是深入推进阶段，三是巩固提升阶段。

解读2009》、《价格连着你和我》等多种产品，全方位、多角度反映核心区现状和建设成果。

统计基础建设　全年共召开9次数据会商会议，推进专业间数据的匹配衔接，强化数据异常变动的预测预警；制定《年定报及相关工作考核办法》，实行科所间双向考核；完成金融综合统计调查、海淀园重点企业调查等4个调查项目的制度审批；制定《海淀区部门数据共享工作实施方案》，为强化部门间资源、推进区域数据中心建设提供基础保证。

完成全区11809家单位的R&D[①]资源清查工作，在国家统计局质量抽查检验中获得肯定；开展海淀区低收入家庭生活状况调查，调查报告获得区委书记批示；完成住户调查大样本轮换工作，该项工作被评为国家级先进。开展非公经济及中小企业发展状况、中加经济统计项目调查等十几项调查。

统计保障能力　采取形式多样、点面结合方式，推进“普法六进”活动；采取逢训必考方式强化新法知识和执法技能培训，增强统计干部运用法言法语开展工作的能力；以联合执法大检查为契机，对区内85个部门和1080多家企业进行执法检查，扩大统计法的社会影响力；公开曝光一起违法案件，实现“执行一案、教育一片”的社会效果。

完善年定报“网络布置系统”，提高视频录制效果，加强网上工作布置的互动性和可视性，缓解对全区1万多家企业进行现场培训的困难。推行调查户的网上记账，推出全新的自动化语音催报系统，极大地提高了数据采集效率。

围绕中心工作，开展主题宣传。在《中国信息报》发表《围绕建设科技创新中心开展统计工作》；在《数据》杂志发表《心曲和谐舞蹁跹》记录局队融合发展；全区“十一五”经济社会发展成就在《海淀报》刊载；在《海淀报》发表《新〈统计法〉实施后我区开出首张罚单》。

第六次全国人口普查工作　全国人口普查是最重要的国情国力调查之一，每十年开展一次。本年全国以2010年11月1日零时为标准时点进行第六次全国人口普查，海淀统计局队完成海淀区第六次全国人口普查工作。

组建普查领导小组，从统计、公安、人口计生等部门抽调30名工作人员组成领导小组办公室。全区近两万名普查工作人员开展工作。

在综合试点阶段，探索以市场化调查模式开展人口普查的可行性。在区域划分阶段，对拆迁、“三不管”、“飞地”等特殊地区进行重点核实。通过户口整顿摸底，摸清普查对象底数，为防止出现人口漏登现象打下基础。

发挥各类媒体优势，紧盯关键节点，组织主题宣传活动数次。在全市开展的普查知晓率调查中，海淀人口普查知晓率为98.8%，居全市之首。

制定数据质量控制制度和督查督办制度。强化内部培训、强化业务指导，确保普查工作质量，通过全国和北京市人普办的综合质量验收。

海淀区统计局（国家统计局海淀调查队、北京市海淀区经济社会调查队）
地址：海淀区西四环北路11号（海淀区政府第二办公区）
邮编：100195
电话：88487161
网址：www.hdtjj.gov.cn

下设派出机构（10个）：

1.第一统计所
辖区：八里庄街道、香山街道、田村路街道、曙光街道、四季青镇
地址：海淀区四季青路6号海淀招商大厦
邮编：100195

2.第二统计所（执法所）
地址：海淀区西四环北路11号（海淀区政府第二办公区）
邮编：100195

3.第三统计所
辖区：万寿路街道、羊坊店街道、永定路街道、甘家口街道
地址：海淀区阜外亮甲店1号恩济西园10号楼西2门3层
邮编：100036

4.第四统计所
辖区：北下关街道、紫竹院街道
地址：海淀区广源闸5号广源大厦7层
邮编：100081

5.第五统计所：
辖区：海淀区街道、燕园街道、清华园街道、海淀乡（万柳地区）
地址：海淀区颐和园路12号（海淀体育馆院内）区政府综合楼2层
邮编：100080

6.第六统计所
辖区：北太平庄街道、花园路街道
地址：海淀区知春路14号国家计生委西配楼4层
邮编：100083

7.第七统计所
辖区：学院路街道、中关村街道、东升乡（东升地区）
地址：海淀区东升大厦5层501B
邮编：100083

8.第八统计所
辖区：青龙桥街道、马连洼街道、上地街道、清河街道、西三旗街道
地址：海淀区东北旺路32号（区政府上地办公中心A栋6层）
邮编：100094

9.第九统计所
辖区：温泉镇、西北旺镇、上庄镇、苏家坨镇
地址：海淀区北清路99号德成公寓
邮编：100094

10.第十统计所（执法所）
地址：海淀区西四环北路11号（海淀区政府第二办公区）
邮编：100195

（曲丽岩）

[①] 为英文Research and development的缩写，意即研究与开发。

质量技术监督

【综述】　海淀区质量技术监督局隶属于北京市质量技术监督局，是海淀区域内标准化、计量、质量、特种设备的行政主管部门，依法行使综合管理和行政执法职能。下属3个事业单位。

本年，本局获北京市质量技术监督系统先进集体、海淀区“争创科学发展示范点、争当科学发展排头兵”主题实践活动先进基层党组织等称号。

质量综合管理　推进品牌建设基础工作，打造“品牌海淀”。开展品牌调研、培训及宣传、推介工作，加强与国际品牌顾问公司的沟通、协调。出台《核心区品牌建设工作方案》和《海淀区促进品牌建设支持办法》，确定核心区品牌建设自主创新与国际化并重、统筹兼顾、科学推进的原则，建立企业主体、政府统筹、全区参与、第三方评价的工作机制；明确品牌发展规划目标，即力争用10年左右的时间培育一批具有全球竞争力的国际品牌企业和产品，使核心区成为一流品牌展示聚集的舞台；强化宣传，集中推介，营造品牌建设良好的舆论环境。

推进标准创新，发挥技术标准在核心区建设中的支撑和引领作用。联合海淀园管委会等部门制定《海淀区促进创业型企业创新能力支持办法》等相关政策，加大对企业标准化工作的扶持力度，增加对获得“中国标准创新贡献奖”企业的奖励额度。截至本年底，由中关村企业主导的国际标准已达20多项，由中关村企业牵头主导、参与制定或修订的国际标准已达100余项。鼓励和引导企业申报各类标准创新贡献奖励和补助，全区16家单位获2010年“中国标准创新贡献奖”，包括3个一等奖，4个二等奖和9个三等奖，一等奖获奖数占全国的30%，居全国第一；35家单位的59个项目获2010年北京市技术标准制修订补助，居全市首位。

中关村国家级高新技术产业标准化示范区通过验收，三年建设成果显著。自2006年以来，与海淀园管委会等部门联合推出《海淀区促进非公有制经济及中小企业发展专项资金管理办法》、《海淀区鼓励企业提升自主创新能力实施办法》等多项有针对性的产业政策，不断提高企业参与标准化活动和开展标准创新的积极性，初步实现“科研标准产业同步化、自主创新技术标准化”的目标。以海淀园为首的中关村产业联盟和企业共参与、承担3大类共约146项国家重大科技项目，如：“长征”系列火箭、“神舟”飞船等重大工程，并涌现出一大批具有制定国际标准能力的龙头企业以及闪联、TD-SCDMA等产业联盟。

加快推进农业标准化和服务业标准化工作。上庄京西稻国家级农业标准化示范区通过验收，上庄京西稻成为国家级品牌，3年经济效益增长166万元，示范区有效带动周边地区开展京西稻的标准化生产，辐射面积达到2000亩。引导全区服务业向规范化、专业化、品牌化发展，圆明园国家级人文景观服务业和四季青敬老院国家级养老服务业2个标准化示范区的标准体系已初步建立，通过中期评估。这2个国家级示范区的建成有利于海淀区环境保护和旅游资源的永续利用，推动海淀现代服务业提档升级。

作为北京市质监系统行政许可标准化试点单位，推进相关工作，加强统筹，组织业务培训，定期召开工作协调会，主动协调市局各处室，解决业务信息流转不对称等突出问题。全年集中受理行政许可事项累计达3258件，总数居北京市质监系统首位。

执法监督　本年共完成执法活动2117起，查处案件95起，结案率100%。全年无行政复议和诉讼案件。为51843家单位办理组织机构代码证书。本区未发现重大区域性、规模性造假活动。

加强风险管理，提升产品和食品质量监管的有效性。对全区104家食品生产企业进行分析、评估，划分风险等级，并确定加严、重点、一般和正常4个监管层次，分别实施不同频次的动态监督检查。开展市、区两级食品质量监督抽查210批次，合格率96.7%，高于全市平均水平。开展食品添加剂、乳制品、“发光肉”、“地沟油”、一次性塑料餐具和密胺餐具、蜂蜜、酱油、植物油等8大类产品的专项整治，通过督促各企业自查自纠、清理整顿和规范巩固，有效遏制食品生产领域的违法行为。健全工业产品质量监督机制，建立有效的目录管理体系，完善全区114家工业产品生产企业的生产许可证年审工作制度，规范生产许可证管理各个环节，推进管理工作制度化。针对伪钞鉴别仪、集成电路卡读写机、眼镜验配等消费热点行业，召开质量分析会，重点关注产品质量安全等重要性能指标，并对抽查情况进行分析评价。

继续贯彻实施《食品安全法》，落实食品生产企业质量安全主体责任，通过对风险较高的乳制品、糕点、桶装饮用水、化妆品等4个行业的43家企业共90余人次开展专题培训和召开行业分析会，帮助其查找质量安全风险点，提高企业对生产过程的控制水平。

实施分类监管，治理特种设备安全隐患。完善3级监管网络，强化特种设备安全责任体系建设，与安监部门共同研究强化乡镇街道特种设备日常监管工作。培训全区29个街道乡镇的50余名安全管理人员，联合对特种设备使用单位进行全面排查，督促企业落实隐患整改。将清理超期未检设备与安全大检查有机结合，全年共清理超期设备1000余台。探索辖区内不同地域的分类监管模式，以重大危险源和人员密集场所为主，确定120家重点监察单位，设立专职监管负责人，推进企业自查，并根据自查结果开展集中整治，对隐患进行限时整改。集中检查商场、宾馆饭店、公园景区等 183 家次，发现各类隐患 23 项，下发《特种设备监察指令书》18 份，均已完成整改。

以建设核心区诚信计量体系和培育一批诚信计量示范单位为目标，加强对全区集贸市场、加油站、医院、餐饮业和商店等重点场所的计量监督检查。全年共检查各类计量器具 1500 余台件。抽查定量包装商品 12 批次，合格率 100%。开展回头看专项检查，巩固全区 31 家集贸市场计价秤统配统管的工作成果，研究建立长效监管机制。在全区 20 家加油站推进诚信计量自我承诺活动，公开接受社会监督。

推进能源计量，服务循环经济发展。对全区 27 家能耗在 5000 吨标煤以上的重点用能单位开展能源计量现场检测，提出十余项节能建议，促进各用能单位加强能源计量管理和完善节能管理制度。对 2009 年完成节能检测的 17 家重点用能单位进行回查和跟踪管理，确保整改工作落实到位。

推进电梯安全信息监测平台建设，选取 5 家维保试点单位，对 20 部电梯的日常安全运行、维保状况及故障报警进行实时传输和数据统计，提高突发事件快速反应、及时救援的能力。对 53 部电梯开展隐患评估和预警，提出更新、改造、修理的指导意见。

自身建设 坚持依法行政，落实执法责任制。通过开展执法大比武、聘请法律顾问、参加行政诉讼庭审和案例分析等方式，提升执法监督能力。全局干部职工层层签订党风廉政建设责任书，发挥特约监察员的作用。开展“创先争优、作风建设年暨优质服务年”活动。评选表彰 21 名“群众心目中的好党员”，发展党员 3 人。全局干部职工支援青海玉树和甘肃舟曲灾区，捐赠款物共计 35000 元。推进“拉手企业共促发展”主题实践活动，与北京大北农科技集团开展合作共建，促进企业提高自主创新能力。坚持强调公文管理、科务会、考勤、着装等一系列规章制度，每月从严从细考核。推进精神文明建设，3 个技术机构获海淀区精神文明单位称号。

【国家食品质量安全监督检验中心】 国家食品质量安全监督检验中心的检测能力和管理水平在全国食品检测行业居于领先水平。本年，中心完成 14523 批次监督抽查任务。承担《我国食用淀粉种类的鉴别技术研究》等 4 项国家质检总局科技项目并通过验收，其中自主研发的“不同种类食用淀粉的鉴别方法”达到国际先进水平，填补国内空白。《食品用洗涤剂中有害物质检测标准方法的建立》获国家质检总局 2009 年度“科技兴检奖”二等奖。参加弗帕斯组织的 11 项国际比对项目，均取得最佳成绩。在各种重要科技刊物发表论文 50 余篇。每月发布食品安全预警信息，全年累计搜集、整理信息约 6000 条；提交“食品中天然存在的毒素”等 12 份预警应急报告，为上级政府决策提供依据。国家化妆品质量监督检验中心全年检测样品 200 余批次，检测能力居全国领先水平。 （何昊东）

海淀区质量技术监督局
地址：海淀区北四环西路甲 27 号
邮编：100083
电话：82371098 82386611（总机）
传真：62347296
邮箱：hdj@bjtsb.gov.cn
网址：www.bjhdqin.gov.cn

下属单位（3 个）：

1.海淀区产品质量监督检验所（国家食品质量安全监督检验中心、国家化妆品质量监督检验中心）
地址：海淀区永丰产业基地丰德东路 17 号
邮编：100094
电话：82479300\11\22\33
传真：62348045
邮箱：cfqs@cfqs.org

2.海淀区计量检测所
地址：海淀区双清路 68 号
邮编：100083
电话：62324427
传真：62324097
邮箱：jls@hdj.bjtsb.gov.cn

3.海淀区特种设备检测所
地址：北京市海淀区双清路 68 号
邮编：100083
电话：62324731
传真：62324730
邮箱：tjs@hdj.bjtsb.gov.cn

安全生产监督管理

【综述】 海淀区安全生产监督管理局成立于 2004 年 4 月，为区政府主管安全生产的工作部门，加挂北京市海淀区安全生产委员会办公室牌子，负责全区的安全生产监督管理工作。下属事业单位：海淀区公共安全馆。

本年，以遏制重特大事故、防范群死群伤事故、全力压减一般事故为目标，以开展“安全生产年”活动为主线，以安全生产基层基础工作为保障，以提升安全生产标准化和信息化水平为支撑，以推进隐患治理常态化、专项整治规范化、执法检查精细化、宣传教育社会化和应急管理一体化建设为重点，抓好“三个突出”①，全面做好“三个加强”②，促进全区安全生产形势持续平稳，完成全年目标任务。

本年，本局被评为 2010 年度海淀区安全迎汛工作优秀单位，被区委、区政府评为 2010 年度海淀军转安置工作

①三个突出：突出预防为主、突出加强监管、突出落实责任。

②三个加强：加强宣传教育和队伍建设，加强安全基础工作，加强组织协调。

先进单位。党总支被评为海淀区“争创科学发展示范点、争当科学发展排头兵”主题实践活动先进基层党组织。办公室被评为海淀区“三八”红旗集体。

年内，全区共发生安全生产死亡事故101起，同比增加1起、上升1%；死亡107人，同比增加3人、上升2.9%，占全年控制考核指标114人的93.9%。其中交通肇事死亡事故78起，同比减少4起、下降4.9%；死亡83人，同比增加1人、上升1.2%，占全年控制指标85人的97.6%。火灾死亡事故3起、同比持平；死亡4人，同比增加1人、上升33.3%，与全年控制考核指标持平。生产安全死亡事故20起，同比增加5起、上升33.3%；死亡20人，同比增加1人、上升5.3%，占全年控制考核指标（25人）的80%。全年各项指标均未突破市安委会下达的控制考核指标，未发生较大以上和有影响的安全生产事故。

执法监察 在全区重点行业和领域持续开展非法违法生产经营建设行为、有限空间、楼宇安全、烟花爆竹、粉尘与高毒物品危害治理、工业企业预防粉尘爆炸、危险化学品、冬季安全生产大检查等集中专项整治行动20余次，解决一批安全隐患问题。

开展严厉打击非法违法生产经营建设行为专项行动。共检查建筑施工、交通运输、危险化学品、民用爆炸物品、人防工程等行业（领域）生产经营单位10393家，发现各类违法违规行为6511起，处罚6472起，停业整顿6家，关闭取缔13家，行政罚款652.28万元。

联合相关行业主管部门，分别对建筑施工工地、消防控制室、地下空间、社会福利机构、非法开办的托幼场所，外来务工人员子弟学校等人员密集场所，重点地区的有限空间作业情况进行专项执法整治，共检查有限空间作业单位1552家，查处隐患和问题947项，下达行政执法文书266份，停业整顿企业1家。

严格烟花爆竹安全监管。围绕选址布点、培训考试、经营许可、监督检查、回收撤点等重点环节，强化教育培训基础工程，严把资格考试、许可审批关2个准入条件，签订与烟花爆竹零售网点负责人、街道乡镇安办、危险化学品生产经营单位3个层面的责任书，落实联合检查、专项检查、街乡普查和企业自查4级全覆盖检查机制。共受理烟花爆竹申请252家，发放烟花爆竹经营许可证236家。五环内162家，五环外74家。其中大型连锁超市10家，街乡镇大型销售网点27家，供销社、熊猫、逗逗等直销网点140家。全年销售烟花爆竹79493箱，同比增长7.2%，销售金额3272余万元，同比基本持平。

在家具和印刷行业开展粉尘和高毒物品危害治理专项行动，印制《职业安全健康有关法规汇编》，多次开展职业安全知识和法规培训。对家具和印刷企业进行全覆盖检查复查，共检查企业87家，下达执法文书41份，罚款6.5万元。

全年共检查生产经营单位2559家次，组织联合检查100余次。查处各类隐患和问题3663项，下达执法文书1066份，行政处罚147起，罚款234万余元。注重用事故教训推动安全生产工作，按照“四不放过”[3]原则，建立健全事故约谈、现场会和事故通报等工作制度，严厉查处事故，严肃事故责任追究。调查处理生产安全事故24起，对13家事故责任单位和18名事故相关责任人进行经济处罚。查处举报隐患165项。

截至年底，海淀区有职业危害的企业979家，涉及作业场所4427处，有涉危人员18353人。

安全生产标准化建设 制定海淀区工业企业开展安全生产标准化活动实施方案和考评标准，印发《海淀区工业企业开展安全生产标准化活动指导手册》，确定从本年起，用3年时间分3批全面实现全区工业企业安全生产标准化建设。下半年，对第一批120家规模以上工业企业逐个进行隐患排查，共排查隐患586项，下达责令改正指令书25份。

开展加油站百分验收评比活动，印制工作手册和光盘发送每个企业。通过调查摸底、动员部署、自查自改、督促检查、组织验收、总结表彰等6个阶段，全区83座加油站，除有5座加油站因施工改造未参加外，其余78座加油站都参加百分验收活动。中石化京林加油站等25座加油站被评为海淀区加油站规范化建设优秀单位，占总数的32%；合格53家，占总数的68%。

以“百分验收”工作为载体，在商业零售、餐饮、星级宾馆、文化娱乐场所、体育运动项目经营单位等5类人员密集场所全面开展安全生产标准化建设。组织培训班24次，培训企业1400余家，企业负责人和管理人员2000余人次，全区人员密集场所达标验收企业已达1000余家。

安全生产宣传教育 以提高安全素质、强化监管能力为着眼点，实施全区安全生产监管人员教育培训工程，建立培训教育长效工作机制。举办2期街道乡镇安办主任和街乡、委办局一线执法检查人员脱产培训。从2008年起，连续3年累计投入260余万元，为全区612个社区配备安全应急柜，举办大型公开课、安全影视巡演等群众性宣教活动。以“坚持安全发展，落实安全责任，服务核心区建设”为主题，开展安全生产月活动。开展安全生产月咨询日活动，设立1个主会场、4个主题会场和25个分会场。安全月期间共发放宣传材料70余万份，受众40多万人次。组织安全执法周专项行动，会同消防等10个部门对7个重点行业和领域的18家生产经营单位进行联合执法检查。组织应急演练周专项活动，开展7大行业专项系列应急演练，全区共组织500多次应急演练。

开展《国务院通知》精神宣传贯彻活动，召开全区贯彻落实《国务院通知》动员部署千人大会，并举办宣传周、宣传日、“大宣讲”等系列活动。

机关建设 以加强行政效能建设、提供优质高效服务、提高履职能力、推动安全发展为重点，开展作风建设年和优质服务年活动。以“创建为民务实清廉安监机关，争做海淀安全发展忠诚卫

---

[3]四不放过：事故原因没有查清不放过，事故责任者没有严肃处理不放过，广大职工没有受到教育不放过，防范措施没有落实不放过。

士”为载体，组织开展“我为海淀核心区安全发展献一策”、“进千家企业、除安全隐患、促和谐发展”、“我参与、我承诺、我奉献”主题党日实践、党员示范岗和“送宣传、送培训、送服务”等活动。加强党风廉政建设，学习贯彻《廉证准则》，推进廉政风险防范管理工作向领导班子和领导干部延伸，向执法科室和关键岗位延伸。

北京市海淀区安全生产监督管理局
地址：海淀区颐和园路12号政府综合办公楼
邮编：100080
电话：82611220　82614464（传真）
安全生产举报电话：82611220
网址：www.hdsafety.gov.cn

【海淀区公共安全馆】 位于北京市西北四环万泉河桥西北角，由海淀区政府筹建，2005年6月正式投入使用。2008年进行升级改造，2009年2月26日重新开馆，是一个综合性公共安全教育基地。是全国首批“为了明天——全国青少年自我保护教育基地”、“国家防震减灾科普教育基地”、“全国消防科普教育基地”、北京“红十字安全教育基地”、“海淀区青少年自我保护基地”和“海淀区创新品牌”。2010年，在市科委和市科协评选的127家科普教育基地中，安全馆被评为“2010年市优秀科普教育基地”。

海淀区公共安全馆总面积8100平方米，包括交通安全、社会治安、消防安全、地震灾害、安全生产、人民防空、水安全、生命全周期、卫生健康、普法教育等10个展区以及4D动感影院、穹幕影院、幻影剧场等功能区。展馆运用球幕成像、幻影成像、红外识别、语音识别、VR互动等多项高科技展示手段，采用观看类、互动类、体验类三种不同性质的展示方式，融入100多个典型案例，有150多个展项，融知识性、趣味性、互动性、科技性为一体，力争达到“一次体验，经久难忘，终生受益”的教育效果，让观众学习各种不同灾难发生时正确的逃生知识和自救互救技能。

本年4至5月份闭馆，进行市财政、海淀计生委投资的新增展项建设。市财政投资新建的“航空模拟体验舱”、“楼宇烟雾走势”、人防展区《天幕》3个展项下半年展出运行。市财政资金建设的另一个项目——安全馆网上科普平台建设，一期建设工作已基本完成，处于测试阶段，以期最大程度的利用网络为安全知识的普及建立便捷的平台。海淀计生委投资建设的项目——生命全周期展项建成，这是第一次尝试把计生工作与儿童成长安全、青春期成长安全、婚育安全、老年夕阳红健康安全等生命全周期的安全以一条生命线的形式展示给观众。

定期更新室内外3块LED显示屏的信息，不断更换员工走廊上的14块板报，做好对内宣传。尤其是室内外LED显示屏在公布馆内动态、国内外安全动态、不同主题活动的宣传、来馆的重要团体等方面，给予全馆人员以及观众及时的公布和通告。有近30余家媒体对馆内组织的不同活动进行宣传报道。

组织系列节假日主题活动。如：春节安全知识有奖竞猜活动，“欢乐中秋节 幸运猜猜猜”活动、“六·一”儿童节有奖竞猜活动、安全生产月宣传活动、消防宣传周活动、法制宣传日等活动。与区未成年人保护委员会办公室、团区委合作，在馆内开展6期星光自护、假日讲堂活动。6月，举办“关爱生命 伴你成长---学生健康安全教育行动关爱计划”启动仪式暨海淀公共安全馆建馆5周年庆祝活动。9月，配合区计生委开展首都市民生命全周期健康、安全教育基地启动仪式，在仪式上被市计生委正式命名为“首都市民生命全周期健康教育、安全教育基地”。

本年共接待观众17万余人次，其中散客11万余人次，团体（约700余个）6万余人次。团体主要包括海淀区教委安排的学生团（近60个）1万余人次、美国加利福尼亚州等不同州的安全专家团、国家安监总局市局级领导培训班、中央办公厅老干局、市十八区县的人大领导团、全国各地综合实践教育专家团等30多个。

地址：海淀区新建宫门路2号
邮编：100080
电话：62880050　62887787（传真）
邮箱：safetychina616@sina.com
网址：www.safechina.cn

【高处坠落致人死亡】 3月7日22时40分左右，在西五环香泉环岛东北角发生一起高处坠落事故。北京路捷通公路养护有限公司雇佣的北京华欣兴业市政有限公司1名工作人员，在利用20吨汽车起重机进行溶雪剂吊装作业中，被摆动的溶雪剂包击中胸部，导致其从溶雪剂洒布车上坠落至路面。后经北京三博脑科医院抢救无效死亡。事故造成直接经济损失人民币60万元。

【施工现场触电致人伤亡】 9月22日11时50分左右，在海淀区复兴路甲9号中华世纪坛功能完善及公共文化活动中心项目（二期）装修改造工程施工现场，发生一起触电事故。1名木工在安装地下车库吊顶时，触碰到外漏的照明电源线发生触电，经抢救无效死亡。事故造成直接经济损失人民币138万元。

（张敏）

财政工作

海淀区财政局成立于1958年11月，在海淀区政府和北京市财政局的领导下，主要负责全区财政性资金和区属行政事业单位非经营性资产的管理工作。本年，北京市海淀区预算编审中心和北京市海淀区财政局绩效考评中心参照公务员法管理。

本年，不断调整和优化财政支出结构，推进财政科学化精细化管理，推动全区经济社会的可持续发展，财政收支预算执行情况基本正常。

全年区级财政收入累计完成190.94亿元，为年度预算的105.3%，同比决算数增加26.13亿元，增长15.9%。全区财政总支出完成276.62亿元，为调整预算的117.6%，同比增长32.4%。其中区本级财政支出完成259.11亿元，同比增长33.8%；乡街级财政支出完成17.51亿元，同比增长14.5%。剔除市下达专项、基本建设等一次性因素的影响，区本级财力安排一般性预算支出158.94亿元，同比增长19.1%。

支持经济建设　整合区级财政用于支持企业发展的全部资金，总规模达12亿元，推进自主创新。创新支持方式，通过拨付创投引导基金1.3亿元吸引社会资本近40亿元，安排股权投资基金1亿元支持多家重大自主创新成果产业化。初步实现预算安排、支持方向、申报平台、审批权限和管理流程“五统一”。

制定《海淀区关于进一步促进街道乡镇服务经济建设工作的财政支持措施》，建立街乡财力与区域经济发展的挂钩机制，促进街道乡镇服务区域经济建设。完善区对乡镇财政管理体制，2010年区对街道乡镇体制补助达17亿元。

多渠道筹集资金，确保北部地区开发建设和重点村整治等城乡一体化工作资金平衡，制定促进北部地区发展的财政支持措施。拨付北部4镇20亿元开发启动资金，安排15亿元财政借款缓解唐家岭整体改造资金周转压力。安排支农专项及新农村“五项基础设施”建设资金7亿元。

财政管理与监督　完善财政预算管理，修订《海淀区财政预决算编制及审批管理办法》，简化和规范审批流程，提高资金拨付效率。设立区级预算稳定调节基金，规范超收收入使用。预算绩效评价取得新进展，2010年评价资金规模达到4.4亿元，为上年的6倍。评价覆盖逾百家项目单位，其中大额专项支出所占总评价资金规模比重达61.3%。

加强预算执行管理。全面推行公务卡改革，涵盖全区301家单位，累计开卡1311张，累计消费达到1651万元。扩大国库集中收付范围，将2个乡镇纳入国库改革试点。加强额度结余资金管理，逐步减少结余资金存量。严格审核政府采购预算的执行及采购方式，对达到限额的项目全部实行公开招标。制定采购代理机构管理方案、考核标准及办法，加强对采购代理机构的管理，进一步规范政府采购行为。

控制行政成本和“三公”消费。制定行政事业单位能源定额管理及节能降耗考核奖励办法，开发能耗动态监控系统，监控范围扩大到全区104家行政事业单位。建立因公出国（境）联动审批制度及经费使用情况统计备案制度。在2011年部门预算中，各单位经常性专项零增长，出国（境）费、车辆购置及运行费、公务接待费三项费用零增长。

履行财政监督和依法行政职能，提高财政监督成效，完成2010年监督检查计划。组织开展治理“小金库”回头看相关工作，完成全区“小金库”及假发票自查自纠，自查违规金额370.91万元，完成对44家国有及国有控股企业、社会团体和行政事业单位小金库及假发票的重点检查，发现企业存在设立小金库2个，发现存在假发票单位34家，涉及金额1727万元。

编写《海淀区行政事业单位领导干部财务管理手册》和《海淀区行政事业单位会计人员工作手册》。组织完成2010年度会计从业资格和初级会计技术资格考试。

机关建设　以“创先争优”和“五比一争当”活动为龙头，开展党建创新。执行干部选拔任用条例和7项监督管理制度，坚持公开公正选任干部、科学配备干部。

制定廉政风险防范管理实施细则，并依托质量管理运行机制开展检查评估，促进廉政建设与实际工作更好融合。完成行政执法职权梳理，配合全区电子监察系统建设要求，实现政府采购、财政支出2个模块与区电子监察平台的数据共享。（顾辰菩）

海淀区财政局
地址：海淀区西四环北路9号
邮编：100159
电话：88488422
网址：hdcz.bjcz.gov.cn

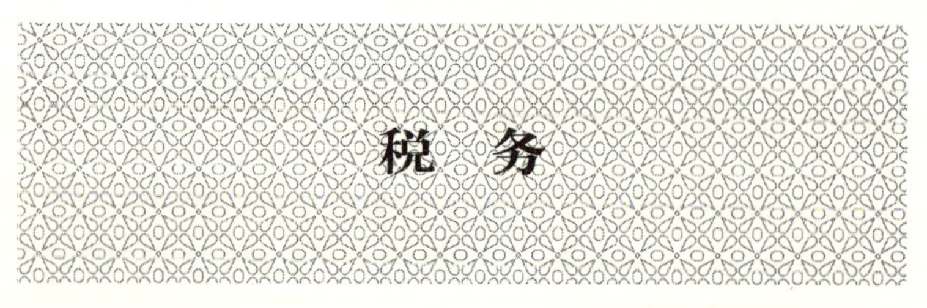

税　务

国家税务

【综述】　海淀区国家税务局组建于1994年8月30日，是由北京市国家税务局垂直管理的，在海淀区行政区域内实施国家税收征收管理的行政管理机关。负责中央税收、中央与地方共享税收和部分地方税收征管和稽查工作，主要包括增值税，消费税，企业所得税，铁道、中央金融企业营业税，出口产品退税和储蓄存款利息所得个人所得税、车辆购置税及个体工商税收等税种。下设直属机构2个、事业单位3个、派出机构12个。

截至年底，区国税局累计登记纳税人176332户，同比2009年的166911户增加9421户，增长5.64%。2010年，处于开业登记状态的纳税人130078户，占全市727348户的17.89%，停业状态的纳税人25户，处于非正常及非正常注销状态纳税人46229户（其中处于注销状态的纳税人 22807 户），筹建期状态纳税人 0 户；处于开业登记状态的纳税人中，含内资企业 107185 户，外商投资企业 3142 户，港、澳、台商投资企业 1228 户，个体经营 18127 户，非企业单位 396 户。

纳税人状态分类示意图

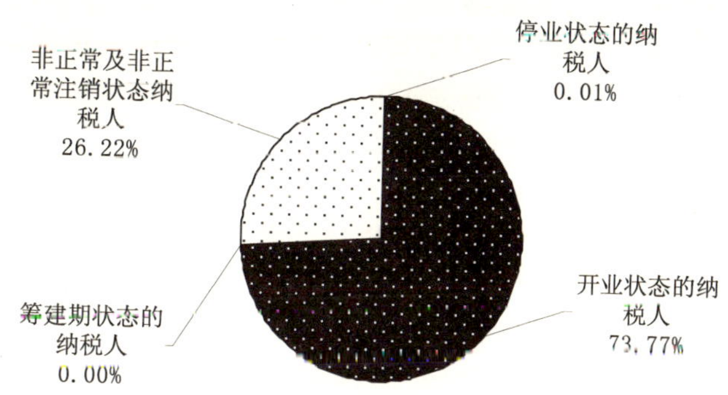

开业状态纳税人分类图

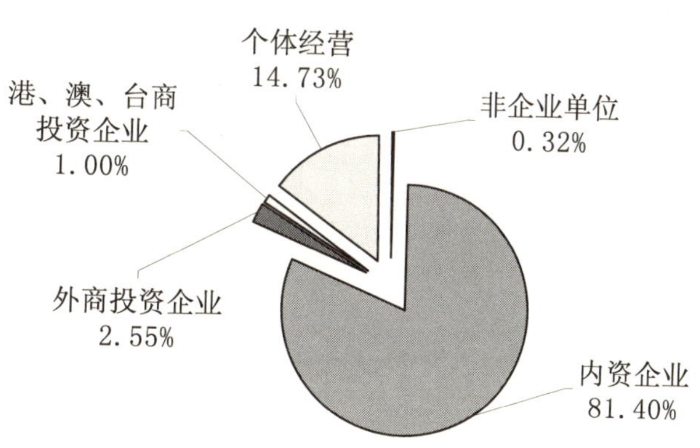

2010 年，组织各项收入 6513417 万元，同比增收 209478 万元，增长 3.3%。在各项收入中，税收收入完成 6478370 万元，同比增收 206320 万元，增长 3.3%。其中不含所得税中央固定收入税收完成 3942695 万元，同比增收 48412 万元，增长 1.2%，完成计划的 93.2%；共享收入完成 2534410 万元，同比减收 124542 万元，下降 4.7%。地方级收入完成 966893 万元，同比增收 113337 万元，增长 13.3%。其中组织区级税收收入 491847 万元，同比增收 55185 万元，增长 12.6%，完成计划的 102.4%。

增值税完成 1402947 万元，同比增收 182689 万元，增长 15.0%；消费税完成 18773 万元，增收 7051 万元，增长 60.2%；营业税完成 1114434 万元，同比增收 103827 万元，增长 10.3%；企业所得税完成 3663396 万元，同比减收 137774 万元，减幅 3.6%；个人所得税完成 19022 万元，同比减少 12591 万元，减幅 39.8%，完成计划的 108.7%；城市维护建设税完成 57421 万元，同比增加 4873 万元，增幅 9.3%。

税收管理 完善增值税专用发票审批后续管理检查机制，完成原直属分局 185 户各类型企业的跨区整体迁移和普通发票简并票种，新、旧版发票的过渡工作。继续开展小规模纳税人税控收款机推行工作，已推行该项业务的企业纳税情况明显改善，2010 年缴纳税额共计 1.53 亿元，同比增长 53.19%，增值税各月平均有税率为 62.3%，同比提高 13.07%。加强发票销售管理，全年共受理购票 263024 户次。增值税平均申报率 99.36%，同比增长 0.04%，增值税平均入库率 99.88%，同比增长 0.35%。全年发票发售 26.3 万户次，共发售增值税专用发票 706.13 万份，增值税普通发票 545.44 万份，普通发票 38.39 万本。通过发票自助发售系统累计售票 3.3 万户次，发售发票 89524 本。

流转税管理。加强国家结构性减税政策的效应分析。将固定资产的抵扣情况和备案库纳入征前审核系统，2010 年共实行增值税转型改革固定资产抵扣 13402 户次，税额 39444 万元；实施新的增值税一般纳税人认定管理办法，完成一般纳税人认定 4543 户。在此基础上进行税源的深度挖掘，个别分析，重点评估。完成 7604 户企业全国税收资料普查的信息采集和审核工作。开展软件即征即退“一票两用”核查，发现问题企业 27 户，问题发票 263 份，补缴税款 147 万元。开展机动车销售维修企业及家具制造业企业的评估工作。其中机动车企业补缴增值税 527 万元，调整进项税额转出 70 万元；家具制造业企业补缴增值税 112.7 万元。1 月，开发软件退税监控系统，其创新项目《科技+服务：为海淀核心区软件退税提速》获北京市国税局改革创新奖。

企业所得税管理。开展 2009 年度企业所得税汇算清缴工作，定期召开汇算清缴重点税源企业征询会，并将征询会常态化，制度化，搭建起税企之间的交流平台。完成汇算清缴企业 74145 户，同比增长 2.8%，申报率达到 99.37%，同比增长 0.05%，应纳所得税额 355.67 亿元，同比增长 8.91%；对入库所得税款超过 100 万元的纳税人，推行按月据实预缴税款制度；开展审批备案工作，审批减免税 39 户，受理减免税备案 1341 户，受理 172 户非营利组织的免税资格认定申请；开展高新技术企业专项清理整顿，补征入库税款 1001 万元；开展核定征收企业政策自查和清理，认定核定征收企业 6355 户；开展资产损失审批，受理 126 户，审核批准 121 户，申请金额 27 亿元，批复金额 25.14 亿元；落实分类管理办法，做好对小型微利企业的审核工作；完善亏损企业管理措施，控制企业亏损面。

大企业和国际税收管理。优化售付汇管理模式，加强非居民管理，拓宽税源。严查外资企业股权转让，通过网络、报刊、企业宣传等外部媒体信息，挖掘非居民税源；制定并试行大企业服务与管理税收工作指引、重点联系企业服务与管理工作联系制度，提升大企业服务与管理水平，引导和帮助定点联系企业建立健全税务风险内部控制体系，提高纳税遵从度；完成 2009 年度企业关联申报，开展同期资料审核和反避税工作。2010 年非居民企业所得税入库 152413 万元，同比增加 61496 万元，增长 67.64%；办理退税 4 户次，税款 1300 万元；审核售付汇资料 1862 份，对外付汇金额 148.28 亿元；审批办理非居民享受税收协定待遇 108 份，减免税额 5898 万元。

进出口税收管理。全面推行出口退税管理员制度，整理出口退税审核要点，梳理出口具体业务评估流程，规范入户核查规程，利用电子审核系统严格监控重点核查商品、特别关注企业。2010 年共审核审批退（免）税 95 批次，平均每月 8 批次；共审核审批出口退税企业 7669 户次；出口退税额 33 亿元，免抵税额 2.68 亿元。

车辆购置税管理。对国家相关政策和油价调整等外部因素对征收进度影响进行重点分析，做好车辆类型的结构分析，提高平均单车征税额指标；对 2005 年 1 月 1 日以后的 41 万辆车辆购置税档案通过扫描的方式实现电子化，并将应留存的档案原件集中装箱留存备查；走访辖区内的大机动车经销企业，以加强税企沟通，共建和谐的征纳关系；采取增加绿色通道窗口以提供更加快捷的纳税服务、适度延长工作时间方便纳税人及时完税、与各大汽车经销商建立起联系并加强信息沟通等措施；受理新车纳税申报 142138 辆，同比增加 6968 辆，增幅 5.15 %；2010 年受理新车 142138 辆，组织收入 20.3 亿元，完成年度计划的 131%，提前 71 天完成收入任务。办理车辆变动业务 15038 个，核定最低征税 160 辆，实地验车 80 辆。

个体集贸税收管理。加强个体工商户日常管理，完成个体工商户的计算机重新定额核定工作，实现本局个体工商户原农商行批扣缴税转划为税库银批扣税缴税的方式；继续推行集贸市场代开发票税控系统，加强发票验旧审批，加大税收票证管理使用情况自查力度，实现“以票控税”；2010 年，全区个体集贸市场全部使用代开发票税控系统。

税收执法 加强重大税务案件审理和重大税务行政审批力度，共审理重大税务案件 30 件，追缴税款 1.1 亿元，审议重大税务事项 18 件；落实重大税务案件审理和重大税务事项管理，全年审结重大税务案件 6 件，追缴税款 1800 余万元，罚款 17 万元，共计审议重大税务行政审批事项 73 件。对税收执法情况开展全面自查和重点检查，对本辖区 2009 年度高新技术企业所得税优惠政策执行情况进行全面检查；建立执法联席会议制度，形成资源共享、问题共议、相互学习、相互提高的工作机制。

深化“一级稽查”[①]体制改革，总结成功经验，开展辅导自查。严厉打击制售假发票违法犯罪活动；逐步摸索形成具有海淀特色的分析检查法，编写既可宏观全面评估企业财税状况，又可微观进行针对性检查的检查操作指南，提升稽查办案能力。2010 年，实现稽查补税收入 70257 万元，提前 4 个月完成全年稽查组收计划。

基础管理工作 全面分解落实税收收入计划，实行税收目标责任制。加强税收分析和预测，建立大额入库退库信息报告和重点税源企业预测制度，定期对重点税源企业、区域重点行业、重点区域及上市公司进行税源调查，及时了解税源变化，对企业的税收增、减变化情况做到分析及时、准确，提高收入规划预测水平，使预测误差保持在 3% 以内，掌握组织收入主动权。落实重点税源梯级管理要求，加强重点税源企业分类化监控管理，提高重点税源数据质量，数据上报质量居于全市前列。

加强初始税务登记环节对潜力税源的评价，建立大额注册资金企业入区快速服务机制，提高税源管理和服务的关注度。采取有效征管措施，集中整治中关村西区电子市场。举办 12 场共计 2500 人次参加的“税法课堂进西区”宣传活动。开展零税负、低税额企业自查和辅导自查，发放自查表 1710 份，收回 1601 份，收回率 93.63%，补缴税款 92.11 万元。制定《海淀区电子市场管理办法》，提高全区电子市场管理水平。

清理税源，核实税基，加强欠税管

① 这是北京市稽查局实行的稽查制度创新，由原来的区县级稽查局自己立案侦查改为部分案件由市稽查局下放。

理，2010年共清理欠税3079.24万元，其中清理新欠1712户次、入库税款2651.72万元，清理陈欠286户次、入库税款427.52万元，清理呆账0户次。

优化办税环境，提高纳税服务质量。制定海淀区国税局2010–2012年纳税服务工作规划和服务核心区建设工作方案，制作大户入区快速服务启动报告表。在上市辅导期内，对拟上市企业进行一对一的入户纳税辅导，并出具内容统一、格式一致的涉税保密信息告知书。加强政策调研，强化政策效应分析，建立税企快速沟通反应平台，了解企业税收政策需求，及时反馈政策执行中存在的问题。对自助售票机原有功能进行改造，增加一般纳税人自助验旧功能，提高发票购票效率；将多功能办税终端引入办税服务厅；开通税银库银行端缴税、银联卡缴税业务，减少纸质缴款书的使用，提高税款核算环节工作效率。

推进税收征管信息化建设。引入现代化办税终端，提高征管信息化水平。深化数据应用，推进信息管税，1月，自主开发出退税监控系统软件，10月完成涵盖登记、申报、发票信息的12张数据表以及12套所得税汇算清缴电子台账、申报企业关联信息查询、惩防平台二期等一系列系统开发。2个创新项目获北京市国税局改革创新奖。

开展税收宣传月活动和发票宣传月活动，举办大企业纳税服务征询会暨税收宣传月启动仪式，举行“国税50强”企业授牌暨“绿色通道”、“税企之星”证书颁发仪式，举办“俯瞰京城发展，共建和谐税收”、“规范发票使用，维护市场秩序”主题宣传活动，承办市局税收志愿服务工作启动仪式。举办为期1个月的中介机构进办税服务厅无偿为纳税人提供税务咨询活动。

继续执行局长接待日制度、信访工作联席会议制度和信访案件通报制度；落实督查督办，加大税收调研力度；加强固定资产管理、消防安全防范、餐饮、物业管理、节油节电、节能减排等项工作。

队伍建设 开展创先争优暨党员作风建设年、优质服务年活动。以深入学习实践科学发展观为主题，以完成税收收入、服务核心区建设为中心，以争创“五个好”[①]党组织和争做“五带头”[②]党员为标准，将创先争优、作风建设、优质服务这三项活动有机结合，举办大型主题展览，组织大走访、大讨论、大座谈，举办专题报告会、主题演讲比赛、最佳主题党日、送文化下乡等系列活动，提升纳税服务水平。

建立党风廉政建设分析会制度，完善惩治和预防腐败体系管理平台，实现对税收执法权的全程监督。开展“党风廉政宣传月”活动，举办“树廉洁勤政之风，创阳光海淀国税”主题展览，举办“清风杯”廉政主题辩论赛，构建廉政“大宣教”、“大预防”格局。

完成科级领导班子考核和科级领导干部转正考察工作；成立专业化骨干人才培养选拔工作领导小组，择优培养选拔德才兼备、爱岗敬业、开拓进取的优秀人才，为完成各项税收任务提供人才支持和组织保证。组织科级领导干部、业务骨干和青年公务员培训，提高青年公务员业务素质与岗位技能。加强对离退休老干部的关心与服务。

【获2项市国税改革创新奖】 1月，海淀区国家税务局开发软件退税监控系统，其创新项目《科技+服务：为海淀核心区软件退税提速》获得北京市国税局改革创新奖。

10月，海淀区国税局完成了涵盖登记、申报、发票信息的12张数据表以及12套所得税汇算清缴电子台账、申报企业关联信息查询、惩防平台二期等一系列系统开发。围绕数据应用，开发分析平台所确立的创新项目《引进智能报表工具，创新数据应用方法，开创信息管税新局面》获得北京市国税局改革创新奖。

[①]五个好：领导班子好，党员队伍好，工作机制好，工作业绩好，群众反映好。

[②]五带头：带头学习提高，带头争创佳绩，带头服务群众，带头遵纪守法，带头弘扬正气。

（张清华）

海淀区国家税务局
地址：海淀区万柳中路8号
邮编：100089
电话：82573400 82573473（传真）
网址：haidian.bjsat.gov.cn

下设机构（5个）：

1.稽查局（直属）
地址：海淀区万泉庄22号
邮编：100089
电话：62570335

2.车辆购置税征收管理分局（直属）
地址：海淀区万泉庄路28号万柳新贵大厦七层
邮编：100089
电话：58720056

3.信息中心
地址：海淀区万柳中路8号
邮编：100089
电话：82573470

4.机关服务中心
地址：海淀区万柳中路8号
邮编：100089
电话：82572852

5.票证中心
地址：海淀区万柳中路8号
邮编：100089
电话：82573406

下设派出机构（12个）：

1.第一税务所
地址：海淀区万柳中路8号
邮编：100089
电话：82573418

2.第二税务所
地址：海淀区阜外亮甲店1号恩济西园10号楼（玲珑路西，距西四环路400米，路南侧）
邮编：100036
电话：88151267

3.第三税务所
地址：海淀区四季青路6号招商大厦一层、二层
邮编：100195

电话：88498505

4.第四税务所

地址：海淀区万泉庄22号

邮编：100089

电话：82520809

5.第五税务所

地址：海淀区上地电子信息产业基地10号楼（硅谷亮城）

邮编：100085

电话：82349010

6.第六税务所

地址：海淀区阜外亮甲店1号恩济西园10号楼（玲珑路西，距西四环路400米，路南侧）

邮编：100036

电话：88151022

7.第七税务所

地址：海淀区万柳中路8号

邮编：100089

电话：82573417

8.第八税务所

地址：海淀区四季青路6号招商大厦一层、二层

邮编：100195

电话：88498987

9.第九税务所

地址：海淀区上地电子信息产业基地10号楼（硅谷亮城）

邮编：100085

电话：82349018

10.第十税务所（2008年12月调整后空编）

11.第十一税务所（2008年12月调整后空编）

12.第十二税务所（2008年12月调整后空编）

地 方 税 务

【综述】 海淀区地方税务局组建于1994年8月31日，隶属于北京市地方税务局，负责海淀区地方税收征管工作，对22个税费种类进行征收管理，主要包括营业税、企业所得税、个人所得税、城市维护建设税、房产税、车船使用税、土地增值税、印花税、固定资产投资方向调节税、城镇土地使用税、教育费附加、城市房地产税、车船使用牌照税、文化事业建设费、城市集体服务事业费、三资企业场地使用费、耕地占用税、契税等。下设15个职能科室，1个稽查局、18个税务所、1个后勤服务中心（事业单位）和税务学会（社会团体）。

全年办理开业税务登记18890户，截至年底累计管户达到157666户，同比增加3173户。其中正常纳税户150569户，非正常纳税户6277户，登记状态纳税户820户。

区地税局全年累计实现各项收入409.72亿元（不含残保金），同比增加75.05亿元，增长22.43%。其中累计完成区级收入135.66亿元（不含残保金），同比增加19.55亿元，增长16.84%。全年实现地方一般预算收入301.71亿元（不含残保金），同比增加47.58亿元，增长18.72%。

在三大主体税种中，营业税入库166.88亿元，同比增加21.90亿元，增幅15.11%;个人所得税入库128.03亿元，同比增加28.97亿元，增幅29.25%;企业所得税入库31.66亿元，同比增加11.03亿元，增幅53.47%。本年全区房地产行业缴纳税款合计42.0亿元，同比增加4.3亿元，增幅11.5%。

税收管理　征管评查方式实现新的突破。配合楼市、土地、信贷新政，利用严查土地增值税调控楼市，本年共计清算项目21个，入库税款1.68亿元；通过纳税信誉等级D级评定等措施加大清欠力度，本年累计追缴欠税3652万元；落实机构性减税政策，办理各项减免税、退税、审批、核定、备案等10191份，退税金额3.06亿元；集中开展专项评估，确认税款、滞纳金、罚款6361.8万元。

加强对西区的税收整治力度。对位于中关村西区生产经营的1053户纳税人就近转入属地税务所统一管理。此举实现“所街对应”的税务管理原则，促进了中关村西区地区的联合管理。

加强税源建设工作力度。委托街乡代征出租房屋相关税费，与24个街（乡）签署委托代征协议，累计代征房产税8254万元；与区投促局、国税局等部门联合，将工作重点放在对异地纳税户的清理上。联合街道逐户走访异地纳税企业，摆政策、送服务，使其回归海淀纳税；与区建委配合，开展对房地产业的源头控管。对原来登记在册的183个房地产项目进行进度分析，重新统计未完工房地产开发项目，并印制《海淀区在建（在售）房地产项目分布图》。

推动现代金融业不断发展。联合区国税局、统计局在每季度末汇总整理符合企业最低上市标准（三板和创业板）的新增企业名单，传送给区金融办。与区金融服务办公室协作，联合为股权投资基金公司和上市及拟上市公司提供税收政策支持，辅导400人次。

通过创新服务手段，完善服务机制，提升纳税服务工作的针对性及有效性。成立纳税服务科，出台《窗口工作人员纳税服务行为规范》、《办税场所环境设施规范》和《咨询电话接听规范》等纳税服务制度；制定并试行《关于为重点纳税企业做好纳税服务工作的实施办法》，针对重点纳税人的服务需求，建立重点纳税企业畅通沟通、预约服务、“绿色通道”等10项服务制度，提升对重点纳税人的服务水平；听取纳税人需求，建立全面纳税服务工作评价机制；开展网上“权益保护调查”活动，收集问卷1万余份，全年召开各类专题纳税人座谈会35次，现场收集纳税人满意度调查问卷220份，委托第三方对纳税人进行电话满意度问卷调查500份；委托第三方对各税务所进行纳税服务暗访，并定期统计和公示全局各单位

纳税服务投诉数量。建立集纳税人满意度调查、纳税人投诉统计、纳税服务暗访检查为一体的纳税服务评价机制。

提高税务依法行政水平。做好每月的税收分析及预测，下户走访了解区域税收、重点企业税收情况，并及时向全局各部门通报，加强科室间沟通协调，共同做好征收工作；开展优化业务流程精简涉税资料工作。成立领导小组，梳理各项业务流程，精简涉税资料，减轻纳税人负担，提出反馈意见百余条，并结合实际编制《海淀地税局落实税收业务流程工作指导手册》，为政策执行工作提供依据；探索复议工作新模式，设立行政争议调处办公室，避免税企矛盾升级。全年调处案件9件，成功5件。

税务稽查执法　2010年立案稽查结案129件，其中有问题户123件，有问题率95.35%；检查补税入库3749.93万元，查补入库滞纳金385.04万元，查补入库罚款466.11万元，全部稽查收入共计4.13亿元。其中立案检查查补50万元以上重大案件15件，无移送公安机关的税收违法案件。

严厉打击制售发票违法行为，清理整顿中关村电子市场。缴获各类发票52万份，捣毁制售假票的窝点7个，抓获犯罪嫌疑人199人，作案设备21台，公章482枚，刑拘184人。

在5·12专案中，会同海淀国税局、海淀公安分局协调，江苏公安，在北京和江苏连云港两地同时行动，捣毁一个跨省制造、销售、非法开具发票的犯罪团伙，共抓获犯罪嫌疑人30人（北京23人，江苏7人），刑拘15人，缴获各类真假发票45万份（其中北京12万份，江苏33万份），制售假票窝点5个，制作假票设备7台（江苏），开具假发票设备14台（北京），已开具发票的存根联159份。

基础管理工作　在全局开展反腐倡廉专题教育活动，围绕“做国家利益的忠诚卫士”主题，开展中心组学习、廉政谈话、参观警示教育基地、廉政诗歌朗诵比赛；开展“创先争优做标兵，岗位奉献展风采，暨纳税服务标兵专项评选活动”。共有3130余人次参加专题活动，座谈会发言930余人次，撰写心得体会400余篇次。

开展税收法制宣传教育。利用“北广传媒”、“分众传媒”等公交车移动电视和楼宇电视等移动媒体平台宣传税法知识；与市地税局联合主办首都税收知识竞赛；推出新版“卡通形象代言人”；与区国税局、区公安分局联合举办以“严厉打击发票违法犯罪，维护首都社会经济秩序”为主题的宣传活动；开展“我骄傲，我是海淀人”诗歌朗诵会等系列宣传活动。

海淀区地方税务局
地址：海淀区西苑操场乙3号
电话：62886269
网址：haidian.tax861.gov.cn

下设派出机构（20个）：

1.海淀区地方税务局第一税务所
地址：海淀区阜石路67号
电话：68465830
邮箱：haidian_dys@nsr.tax861.gov.cn

2.海淀区地方税务局第二税务所
地址：海淀区知春里27号楼
电话：62550265

3.海淀区地方税务局第三税务所
地址：海淀区阜外亮甲店一号恩济西园10号楼东一号
电话：88125796

4.海淀区地方税务局第四税务所
地址：海淀区阜外亮甲店一号恩济西园10号楼东一号
电话：88128008

5.海淀区地方税务局第五税务所（原涉外税务所，4月更名）
地址：海淀区西四环云会里金雅园4号楼
电话：51633524
邮箱：haidian_sw@nsr.tax861.gov.cn

6.海淀区地方税务局科技园上地税务所
地址：海淀区上地环岛嘉华大厦E座三层
电话：82778141
邮箱：haidian_sd@nsr.tax861.gov.cn

7.海淀区地方税务局永定路税务所
地址：海淀区田村路37号（8月由四季青东冉村449号迁入）
电话：88466968
邮箱：haidian_ydl@nsr.tax861.gov.cn

8.海淀区地方税务局知春里税务所
地址：北京市海淀区知春里27号楼
电话：62627101
邮箱：haidian_zcl@nsr.tax861.gov.cn

9.海淀区地方税务局翠微路税务所
地址：海淀区普惠南里14号
电话：68162849
邮箱：haidian_cw@nsr.tax861.gov.cn

10.海淀区地方税务局青龙桥税务所
地址：海淀区上地环岛嘉华大厦E座三层
电话：62868835
邮箱：haidian_qlq@nsr.tax861.gov.cn

11.海淀区地方税务局清河税务所
地址：海淀区月泉路南逸成东苑9号楼一层西侧（3月由海淀区北四环中路283号迁入）
电话：62396694
邮箱：haidian_qh@nsr.tax861.gov.cn

12.海淀区地方税务局学院路税务所
地址：海淀区消夏东里3号楼
电话：82014609
邮箱：haidian_xyl@nsr.tax861.gov.cn

13.海淀区地方税务局科技园税务所
地址：海淀区四季青路6号海淀招商大厦
电话：88494317
邮箱：haidian_kjy@nsr.tax861.gov.cn

14.海淀区地方税务局四季青税务所
地址：海淀区西四环云会里金雅园4号楼
电话：88471607
邮箱：haidian_sjq@nsr.tax861.gov.cn

15.海淀区地方税务局温泉税务所
地址：海淀区温泉镇杨家庄东口
电话：62466027
邮箱：haidian_wq@nsr.tax861.gov.cn

16.海淀区地方税务局羊坊店税务所
地址：海淀区阜成路73号裕惠大厦B座4层（7月由海淀区西三环中路10号望海楼迁入）
电话：88028926
邮箱：haidian_yfd@nsr.tax861.gov.cn

17.海淀区地方税务局中关村税务所
地址：海淀区知春里27号楼
电话：62630471
邮箱：haidian_zgc@nsr.tax861.gov.cn

18.海淀区地方税务局北下关税务所
地址：北京市海淀区西直门外大柳树路2号
电话：51893183
邮箱：haidian_gtjm@nsr.tax861.gov.cn

19.海淀区地方税务局稽查局
地址：海淀区苏州街49-1号（税务违法案件举报中心，地址：海淀区西苑操场乙3号）
电话：62873413
邮箱：jcj@nsr.tax861.gov.cn

20.机关后勤服务中心
地址：海淀区西苑操场乙3号
电话：62868938
邮箱：haidian_fwzx@nsr.tax861.gov.cn

（房洁）

【北京市海淀区地方税务学会】 成立于2006年4月，主要负责组织和联系地方税务、财政、经济、教育和学术界开展相关地方税收政策、理论、制度和管理方式的研究和探讨；开展与税收工作相关的社会服务工作；总结地方税收管理的经验，组织评议税收学术研究成果等。截至本年底，参与完成海淀区地方税务局调研30余篇。2006年9月—2009年创办《秋实》杂志，成为税务干部职工工作交流、展示的平台。

（董妍）

地址：海淀区田村路37号
电话：88524692
邮箱：haidian_swxh@nsr.tax861.gov.cn

审计工作

【综述】 海淀区审计局成立于1983年11月。在海淀区政府和北京市审计局的领导下，负责海淀行政区域内的审计工作。本年，本局坚持“依法审计、服务大局、围绕中心、突出重点、求真务实”的工作方针，依法履行审计监督职责。在审计工作定位上，由过去重在发现问题、处理问题向建立制度、完善机制、重在预防转变。

本年，共完成各类审计和审计调查任务32项，完成市、区领导和有关部门临时交办的审计事项5项。审计和延伸审计单位近120个。查出违规及管理不规范资金资产211083万元，其中已上缴财政资金346万元，要求被审计单位纠正金额46524万元。提交审计信息、审计专报等75篇，被各级信息部门采用75篇次。

本年，本局获中国审计报社颁发的2010年度通联宣传工作先进单位称号；被北京市审计局评为“2010年计算机审计案例报送优秀组织单位”；获，北京市审计机关第八届职工运动会广播体操组织奖；获海淀区直机关“五比一争当”演讲、征文、诗歌朗诵比赛优秀组织奖海淀区级机关系统首届运动会精神文明风采奖。

预算执行审计 把握审计重点，深化审计内容，审计工作着重贴近当前经济发展形势。把关注财政资金的使用效益放在更突出的位置，加强对重大财政改革和宏观调控政策的落实情况、重大政府投资项目的管理和建设情况以及涉及民生政策落实情况的审计监督。除对区本级财政2009年度预算执行进行审计外，开展对政府债务情况、转移支付资金管理使用情况、养老保险基金运行情况等审计调查。通过审计反映出当前区级预算执行和财政改革进程中存在的问题，并从政府合理控制债务规模、防范和控制财政风险、规范投资行为、完善管理调控方式等方面提出建议。6月，本局代表区政府向区人大所做的工作报告得到人大代表的肯定。

专项审计 针对本区教育资金占财政支出比重大、使用单位分散的现状，把社会关注度高的教育资金管理使用情况作为审计工作重点内容，对20所中学2009年度财务收支情况进行审计。重点审计学校财务收支、资产管理、债权债务及教育收费等内容，关注各项教育政策的落实情况以及教育资金管理使用过程中涉及政策制度、管理体制、运行机制等方面的问题。对个别学校账外私设小金库的严重违规违纪问题已移送纪检部门处理。根据审计结果加强综合研究分析，提出完善教育资金管理的意见和建议，促进各项教育政策的贯彻落实，促进学校加强对资金、资产、资源的规范管理、合理配置和有效利用。

对2009年本区下划资金管理使用情况进行审计。重点审计市下划资金的管理规模、分配使用的合规性及效益性，还对科技、文化、农业等项目实施单位及其业务主管部门进行重点检查。经审计，2009年全区收到各类市下划资金9.74亿元，主要用于科技、文化、社会保障和就业、医疗卫生、教育基础设施建设、城乡社区事务管理等事项，当年的使用率达98%。区下划资金基本纳入到区综合预算管理并能够按规定的用途进行使用，确保资金使用的及时和有效，为完成市级工作任务提供资金保障，推动区域各项社会事业的发展。

经济责任审计 受区委组织部的委托，对海淀园管委会、区北部办、住建委等单位的14名党政领导干部以及海科建等5家企业领导人员开展任期经济责任审计工作，对区司法局、紫竹院街道2家单位领导干部开展任中审计。推动审计关口前移，变事后监督为事前、事中监督，加强对领导干部的经常性监督。在审计过程中，除抓好被审单位的财政财务收支审计外，还注重对领导干部在廉洁自律、重大经济事项决策等方面进行审计，为区委区政府使用干部提供参考依据。在已审结的项目中，共查出管理不规范金额 157632 万元。针对存在的问题，向被审计单位提出整改意见，对存在问题依法做出审计处理决定。

做好玉树抗震救灾资金物资审计。组织力量分阶段对赈灾款物进行跟踪审计。重点审查民政部门、慈善协会、红十字会接收捐赠的各类款物总体规模、拨付使用情况和结存分布情况。审计过程中加强与民政等相关部门的沟通，帮助健全救灾款物的管理制度，规范管理程序。

政府投资审计 为加强和完善政府投资项目管理、规范建设资金使用、节约政府投资，组织力量，协调社会审计机构，加强对政府投资项目的竣工决算审计和跟踪审计，为政府重点工程建设提供监督服务。截至年底，共完成 26 个项目审计工作，送审金额 6.84 亿元，审减金额 4750.09 万元，审减率约 6.9%。正在实施的投资审计项目 280 个，总投资约 289.87 亿元。

做好城乡一体化建设项目及资金使用情况的监督与服务。作为市级挂账重点村，唐家岭和海淀乡搬迁建设项目的社会关注度高、影响大，且建设内容多、资金量大。为强化管理，确保各项工程按计划依法实施，本局对唐家岭等 4 个重点村的项目建设和财政性资金管理等事项进行全程跟踪审计。深入施工现场，与相关拆迁单位共同研究拆迁中涉及的政策、法规等问题，及时向区政府报告唐家岭村腾退搬迁改造拆迁过程中部分补助项目与现行政策存在差异的情况。

年内将专项检查与日常监督相结合，加强领导、明确重点、分段实施，组织开展重点投资项目和土地管理专项检查，全面启动工程建设领域突出问题专项治理工作。对 2008 年以来政府投资和使用国有资金项目进行梳理和汇总，在各相关单位自查的基础上，对 2010 年在施的轨道交通等重点项目的程序、质量、安全、进度和资金进行全面监督，揭示出个别建设项目在招投标程序履行、建设资金管理等方面存在的问题。区政府据此要求建设单位立即整改，说明情况。截至年底，相关单位正在比照问题，组织整改。

开展土地储备开发、校舍安全等重点项目的全程跟踪审计，重点审查八家地区整体改造、温泉 F 地块等 4 个项目土地开发、拆迁资金补偿的真实性及项目开发程序的合规性；8 号线二期、9 号线、10 号线二期等 3 条地铁线路海淀区段的建设情况；校安工程的建设进度、资金筹集分配使用及项目建设管理情况，并抽查部分已完工项目的结算情况，审计资金总量达 52.17 亿元。针对揭示出的部分项目存在招投标管理不规范、拆迁补偿制度不健全、建设程序履行不完整等问题，提出具体意见和建议，督促有关问题的整改，促进项目规范运行。

审计调查 做好农村集体经济组织资金管理使用情况审计调查。与海淀区农经站协同对四季青农工商总公司等 3 个单位的财务管理、资金存量、资产处置、工程建设项目、专项资金管理等情况进行审计调查，揭示出农村集体经济组织存在的资产底数不清、集体资金支出缺乏有效监管等问题。专项调查报告引起区领导高度重视，截至年底，各相关部门正在着手研究制定、完善集体经济资产的管理办法。

接受区人大常委会委托，对 2009 年度中关村科技园区海淀科技园发展专项资金的管理使用情况进行审计调查。摸清专项资金的规模、投向和结构，重点审查项目立项程序的规范性、资金分配的合理性、拨付的及时性及使用的合法性，并对部分企业专项资金的使用效果进行延伸。揭示出科技资金在项目管理和资金使用方面存在的管理制度不健全，资金使用监管不严等问题，提出完善管理体制、健全监督机制的建议。调查结果得到区人大、区政府的重视，要求有关部门采取有效措施切实整改到位。

审计信息化建设 区审计局以自主开发为主，完成以联网审计为核心、集审计办公平台、审计项目管理为一体的审计机关整体信息化系统，在全市审计系统率先实现审计部门与财政管理部门之间高度、无缝隙的信息共享，使审计监督关口前移，增强审计的预警作用。作为全国 3 家行业标准编制成员单位之一，区审计局参与国家财政审计数据规范的行业标准制定工作。区审计局共有 14 项计算机审计案例入选北京市审计局专家经验库，其中 6 项获国家审计署表彰。

【完成 2010 年国际注册内部审计师报名工作】 7 月 7～13 日，完成 2010 年国际注册内部审计师（CIA）海淀区考试报名点工作。考生总数 728 人，较上年增幅 3.7%，其中新考生 424 人，较上年 335 人增幅 26.6%。

【举办内审人员后续教育培训班】 11 月 15～16 日、19 日 按照审计署《内部审计人员继续教育规定》的要求，海淀区内审协会与北京市内部审计协会联合举办为期三天的海淀区第五期内审人员后续教育培训班，全区街乡和企业系统共有 351 名内审人员报名参加培训。

（乔捷）

海淀区审计局
地址：海淀区西四环北路 11 号
邮编：100195
电话：88487213
传真：88488981
网址：www.hdab.gov.cn

国有资产监管

【综述】 北京市海淀区人民政府国有资产监督管理委员会（简称区国资委）成立于2004年7月16日，根据区政府授权履行区属国有资产出资人职能，按照管资产和管人、管事相结合的原则，对区属经营性国有资产进行监管，对区属城镇企业进行指导监管。

2010年，区国资系统围绕中关村国家自主创新示范区核心区建设，深化企业改革发展，加强国资监管，创新国企党建，企业经营实力进一步增强。

区属国有企业主要从事商业服务业、投资管理业、园区建设业、房地产开发业、基础设施建设及科技金融服务业等。截至年底，海淀区国有及国有控股企业资产总额552.20亿元，负债总额394.35亿元，区属国有净资产125.35亿元，同比增长6%。全年累计实现营业收入188.43亿元，同比增长29.66%；实现利润总额14.17亿元，同比增长33.38%；上缴国有资产收益7192万元，上缴税金13.27亿元，同比增长2.93%。

国有企业经营发展 2010年区属国有商业企业零售额达到100.6亿元，同比增长24.02%。翠微清河店、翠微广场购物中心正式开业，翠微股份公司初步形成百货连锁经营格局。当代商城持续创新服务模式，为顾客提供特色服务。甘家口大厦结合商圈改造，挖掘利用内部潜力空间，扩大3000平方米经营面积。超市发连锁公司新开直营店8家，加盟店30家，扩大市场占有率。

区属国有企业做好北部地区新增24.97平方公里规划用地的开发建设。实创总公司推进新增6.5平方公里永丰新材料功能区建设，启动3条次干路前期工作和部分地块土地一级开发工作。实创股份公司统筹开展创新园、环保园、永丰基地的开发建设工作，做好新增11.57平方公里用地的开发工作，吸引央企优质资源，促进北部园区的高端产业聚集、重点项目的落地，总规划建筑面积70万平方米的中关村壹号项目开工建设。威凯公司启动新增6.9平方公里用地的开发工作，实施北部577公顷土地征地拆迁和118万平方米政策性住房的开发建设，2010年住房竣工面积8.1万平方米。海开集团承担唐家岭项目工程管理工作，50万平米住宅已开工建设。

区属国有企业在轨道交通建设、垃圾终端处理等领域取得进展。海融达公司全年完成投资33.41亿元，完成8条道路建设任务，推进区域内所涉6条轨道线的拆迁工作。绿海能公司研究制定六里屯地区和大工村地区垃圾终端处理设施建设方案，推进大工村项目环境评价征求群众意见等工作；推进六里屯垃圾综合处理厂、建筑垃圾处理厂等项目的筹备工作。

海淀置业集团做好中国技术交易大厦（原第三极大厦）、原区建委大楼等房产资源整理及运营工作，中国技术交易大厦吸引中国技术交易所等一批单位入驻，入驻率已达99.3%。西山农场发展凤凰岭旅游产业，凤凰岭公园被正式批准为国家4A级旅游区。昊海公司实现资质增项，形成“两项总承包为基础，五项专业承包为补充”的资质结构。

4月，海国投公司下属三级企业三聚环保公司在深交所创业板挂牌上市，发行股票2500万股。翠微股份公司于12月向证监会上报国内A股市场首次公开发行股票并上市的申请材料。

中海投公司下属中海纪元公司以定向增资方式与北京光码软件有限公司进行整合重组。实创总公司联合温泉、苏家坨等乡镇共同出资组建北部园区物业服务公司。区国资中心出资5亿元与航天投资控股公司等单位共同发起设立航天产业投资基金，主要投向航天技术应用产业、航天服务业及相关产业。

12月，区国资中心成功发行40亿元企业债券，募集资金主要用于北部园区保障性住房及城市道路等建设项目。

国有企业改革调整 通过区属国有资本整合调整，做大做强一批国有企业。通过整合区属国有金融服务资源，联合乡镇企业，共同投资组建注册资本15亿元的海科金集团，搭建投、保、贷、典、孵相结合的综合金融服务平台。

将物资公司、外贸公司、中海拓公司等3家一级监管企业整体划转并入超市发国资公司，重组后更名为海淀置业集团有限公司，注册资本增至10亿元。

区国资中心出资26亿元参与组建中关村发展集团，成为中关村发展集团的第一大股东，首期3亿元现金出资于2010年3月到位。

通过股权转让、清算注销等方式实现一批劣势企业有序退出，压缩管理层级，优化企业投资结构。对一级监管企业龙海苑公司进行清算注销。

国有资产监管 2月，出台《关于区国资系统在核心区建设中充分发挥作用的意见》，引领区属国有企业在园区开发、基础设施、北部新区建设、以及融资保障、要素聚集房源保障等方面发挥作用。

超市发国资公司、实创总公司、甘家口大厦、威凯公司等4家企业完成公司制改造，建立起现代企业制度。海国投公司、海开集团改制工作正在进行。至此，18家直接监管企业中共有11家企业按照《公司法》的规范要求运行。

指导、督促监管企业开展梳理、修订企业章程及投资参控股企业章程工作。推进企业董事会建设，加紧研究董事会建设指导意见等制度，开展外部董事选派工作。建立企业高管人员培训机制，逐步推进监管企业董事和负责人培训工作。加强企业监事会建设，规范职工监事设置，加大监督检查力度，促进监督检查成果转化运用。

利用信息平台技术等手段，做好统计评价、企业财务决算、业绩考核、产权登记、资产评估监管等各项基础管理工作。与区财政局共同研究制定《海淀区国有资本经营预算管理办法》和《海淀区企业国有资本收益收取管理暂行办法》。加强国有资本经营预算管理，组织做好预算收支工作，着重支持企业加快推进核心区建设、拓展经营、解决遗留问题及改造安全设施等。开展企业购置公务用车、对外捐赠赞助等事项审批。开展监管企业国有房屋出租情况专项调查工作，促进提高房产资源使用效率。组织开展企业负责人年薪管理专项审计工作，规范核发企业负责人年薪。高度重视安全生产和维护稳定工作，全年未发生责任性重特大安全事故和重大上访、群访事件。（白二平）

海淀区人民政府国有资产监督管理委员会
地址：海淀区四季青路6号海淀招商大厦10层
邮编：100195
电话：88489382

【北京市海淀区国有资产投资经营公司】 北京市海淀区国有资产投资经营公司成立于1992年12月，是经海淀区政府授权对国有资产行使出资权力的国有独资企业，注册资本7.8亿元，拥有全资、控股、参股及托管企业30家。公司投资涉及高科技、金融、房地产、水务、旅游服务业、公共基础设施等领域，形成了以高科技、房地产为支柱产业，资本运作为纽带，具有规模化、多元化特色的产业运作体系，资产总额由成立之初的2560万元发展到本年的210.92亿元，实现战略性、跨越式的发展，已具备国有控股公司的经营规模和资本实力。公司受海淀区国资委监管。11月23日，公司出资人由“北京市海淀区人民政府国有资产监督管理委员会”变更为“北京市海淀区国有资本经营管理中心”。

区国有资产投资经营公司成员企业一览表

	企 业 名 称	所属行业	企业性质	持股比例
全资企业[①]（7家）	北京皇苑大酒店	旅游饭店	全民所有制	100%
	北京市海淀区海阔咨询公司	服务业	全民所有制	100%
	北京市海安房地产开发中心	房地产开发	全民所有制	100%
	北京信茂房地产开发有限公司	房地产开发	有限责任公司	100%
	北京常兴海广会展有限责任公司	服务业	有限责任公司	100%
	北京海淀水务有限责任公司	自来水生产和供应	有限责任公司	100%
	北京香颐鑫源经贸有限公司	贸易	有限责任公司	100%
控股企业[②]（6家）	北京海淀科技发展有限公司	科技及房地产开发	有限责任公司	40%
	北京海淀科技园建设股份有限公司	房地产开发	股份有限公司（非上市）	31%
	北京稻香湖投资发展有限责任公司	旅游饭店	有限责任公司	74.76%
	北京海国投物业管理有限公司	物业管理	其他有限责任公司	80%
	北京八大处房地产开发有限公司	房地产开发	其他有限责任公司	51%
	北京华海讯通信设备销售有限公司	通讯设备销售	有限责任公司	60%
参股企业	北京银行股份有限公司	金融	股份有限公司（上市）	0.76%

① 由上年的9家变更为7家，即北京海淀科技企业风险担保中心更名为北京海淀科技企业风险担保有限责任公司，11月无偿划转至海淀区国有资本经营管理中心。北京市海国机电技术公司已于11月注销。

② 由上年的7家变更为6家，即11月，北京鑫泰小额贷款股份公司委托海淀科技金融资本控股集团股份有限公司管理。北京龙海苑开发建设有限责任公司已于5月注销。

	企 业 名 称	所属行业	企业性质	持股比例
（15家）	北京国翔资产管理有限公司	金融	有限责任公司	6.87%
	北京科技风险投资股份有限公司	投资	股份有限公司	10.75%
	北京锦绣大地农业股份有限公司	农业	股份有限公司	2.73%
	中科软科技股份有限公司（原中科软件股份有限公司，2003年9月更名）	科技	股份有限公司	20%
	北京市绿化隔离地区基础设施开发建设有限公司	公用事业	有限责任公司	12.80%
	北京天润典当有限责任公司	金融	有限责任公司	15%
	北京海迪创新技术资产投资中心有限公司	投资	其他有限责任公司	20%
	北京地铁四号线投资有限责任公司	公用事业	有限责任公司	19.62%
	北京地铁十号线投资有限责任公司	公用事业	有限责任公司	3.33%
	北京海开房地产股份有限公司	房地产开发	股份有限公司	14.90%
	北京绿海能环保有限责任公司	公用事业	有限责任公司	40%
	北京中关村科技创业金融服务集团	金融	有限责任公司	24.19%
	北京鑫泰世纪置业投资有限公司	房地产开发	其他有限责任公司	30%
	北京海淀科技金融资本控股集团股份有限公司（7月新设立）	金融	股份有限公司	20. 6667%
托管企业（2家）	北京鑫泰小额贷款股份公司	金融	股份有限公司（非上市）	28%
	北京市海淀区钢管厂	制造	全民所有制	100%

本年，公司加大企业战略性调整力度，强化企业经营效益管理，发挥资源优势、拓展金融服务功能，打造独具特色的国有资本投融资平台。主要经济指标大幅增长。公司系统按合并报表口径计算，资产总额210.92亿元；实现收入总额 57.34 亿元；主营业务收入 46.02亿元；实现利润总额7.88亿元，完成年计划135.8%，同比上年的5.35亿元增幅47.3%；实现净利润2.33亿元，完成年计划178.88%，同比上年的1.494亿元增幅55.95%；净资产收益率19.57%，同比增长36.38%(按区国资委业绩考核口径)。公司本部实现收入总额6.16亿元，完成年计划 116.3%；实现利润总额14.87亿元，完成年计划281.1%，同比上年的1.526亿元增幅89.4%；净利润2.33亿元，完成年计划141.4%，同比增幅77.86%；上缴税费1.49亿元，完成年计划114.5%，同比增幅198.3%；上缴利润 2466 万元，完成年计划 100%，同比增幅194%。

本年，以公司为贷款主体的政府贷款余额为13.01亿元。自1999年起至今，公司累计为区基础设施建设融资164.9016亿元。

公司参与中关村国家自主创新示范区建设，调整发展战略和产业投资结构，拓展金融服务功能。全资企业北京海淀科技企业风险担保有限责任公司实现担保总额2.32亿元，累计为中小企业提供担保总额5.8亿元。控股企业北京鑫泰小额贷款股份公司5月正式开业至年底，发放贷款42笔，放款金额2.06亿元。提出组建海淀科技金融控股集团的设想、参与组建工作。将公司持有的北京海淀科技企业风险担保中心的净资产、北京鑫泰小额贷款股份公司28.57%股权划归区国资中心持有入资海科金集团，以现金出资1.1亿元参股20.67%组建海科金集团。公司与中国华融资产管理公司北京办事处正式签署《全面战略合作协议》，双方已就信托业务、融资业务先行展开合作。

深入基层企业，围绕“产业发展、公司定位、企业具体规划”开展调研论证，各子企业结合各自行业特点制定本企业分战略、各职能部门建言献策、细化公司子战略，共同编制完成《国投公司“十二五”战略规划》。

公司系统所属各企业调整经营战略、拓宽经营思路。八大处公司通过整合资源实现由项目公司向房地产投资控股集团的转变，取得国家房地产开发企业一级资质，全年实现营业收入 10亿元，实现利润2.39亿元；公司开发建设的“亦庄荣华国际”项目及托管的“天津会展中心”项目正按规划组织实施。

北京海淀科技公司开发的徐州“豪绅嘉苑”项目一期 10 万平方米售罄，

实现销售收入近 4 亿元。“中农资源”项目已基本达成收购意向，股权转让工作即将完成。全年按合并报表实现收入 4.3 亿元，净利润 1300 万元。该公司的子企业三聚环保成功登陆深证创业板，公开发行股份 2500 万股，融资 8 亿元。截至 12 月 31 日，股价 44.05 元，为企业发展开辟新的融资渠道，股权投资实现大幅增值。另一子公司海科融通自主建设、开通运营的增值服务平台，实现由终端设备供应商向平台服务运营商的战略转型。企业增资扩股工作将于近期实施。

水务公司针对水位下降致水浑、水源水含沙含气量超标等严重问题，启用未受影响的水源井并网供水等应急措施，确保安全供水。全年完成供水总量 150 万立方米，实现收入 714 万元。

稻香湖投资公司通过采取餐余和生活垃圾处理系统、废水处理系统、园林垃圾处理系统等举措，打造生态型低碳酒店。全年实现营业收入 8700 万元。本年，稻香湖景酒店获首都绿化美化花园式单位、中国绿色饭店（五叶级）、中国低碳节能优秀企业奖等荣誉。稻香湖温泉馆年内建成，稻香湖北区改扩建项目正按规划组织施工。

皇苑大酒店通过优化组合、节能减耗、品牌创新等举措降低人工、费用成本，全年实现营业收入 4348 万元。根据市、区批示精神，酒店整体转让工作正在洽商中。

本年，公司收购香颐鑫源、中科软公司部分股权，完成华鑫正泰、地能热源、担保中心股权转让及海国机电公司的清算注销工作。

公司在本部及系统企业开展《公司章程》修订、自查工作。为建立企业所有权制约机制、依法完善企业法人治理结构，公司改制工作全面启动。公司组织 3 年一次的中层岗位竞聘上岗工作，共有 8 个职能部门的 13 人受聘。公司在用友致远 A6 协同软件基础上研发的“国投公司办公自动化系统”于 9 月投入使用。全面落实安全生产责任制，全年组织开展系统企业的安全检查 56 次，对所属企业的安全生产、在建工程、外包单位的安全交底等方面存在的问题和安全隐患逐一排查，从源头加强对重大危险源的监管工作。在市局 2010 年度单位内部保卫工作评比中，公司安保部获集体三等功。 （李蕴元）

地址：海淀区西四环北路 9 号鑫泰大厦
邮编：100195
电话：88488300
网址：www.hgt.com.cn

【北京中海投资管理公司】 公司成立于 1993 年，原名为北京市新技术产业开发试验区国有资产投资经营公司，2004 年更为现名。注册资本 8500 万元。公司是中关村科技园区海淀园管委会发起设立、并由海淀区国资委出资和监管的国有独资企业。主要业务：创业咨询、创业投资、产权经纪、电子政务、生物医药孵化器经营、投资担保、资产经营和管理等。

本年，公司资产总额 55676 万元，同比增加 5985 万元，增长 12.14%；所有者权益 36700 万元，同比增加 1938 万元，增长 5.58%；国有资产保值增值率 100.32%。资产负债率 30.37%；净资产收益率 0.33%；收入总额 7117 万元；实现总利润 439 万元，上缴各种税费 119 万元，全面完成国资委下达的经营指标。

推动金融及相关产业的布局调整。本年路演[①]中心入驻海淀科技大厦，共为 30 个省市的 212 家上市公司举行路演，为中关村代办系统的 4 家中小企业上市公司举办挂牌敲钟仪式。路演及挂牌敲钟仪式数量占深交所全年路演总量的四分之三，成为海淀科技企业在深交所上市融资的平台和通道，也是核心区金融及相关产业布局的重要标志。

推动文化创意产业的布局调整。公司控股企业中海创意公司落实有关支持政策，为入驻企业提供优质服务。截至 2010 年底，累计吸引动漫企业 35 家、员工数 800 余人，销售收入超过 1 亿元，同比增长 172%。2010 年获国家动画产业基地、中国移动（北京）开发者俱乐部、中国移动创业孵化基地、海淀区动漫游戏产学研示范基地、海淀区动漫游戏创业实习基地以及海淀区创意产业集聚区等称号。

落实中关村西区业态调整。将“一号楼”重新规划拟设立为中关村工业设计中心。截至年底，已将“一号楼”地上 3–8 层清理完毕，收回所有权。针对“一号楼”另一家产权单位所拥有 1、2、9 层的情况采取其他解决方式。拆除楼外设立的非法广告，年底前完成大楼外围的围挡搭建工作。

探索企业资本化运营模式，提速信息化产业发展。本年公司控股的中海纪元公司与北京光码软件有限公司并购工作基本完成。完成“数字海淀”中“海淀区统一专项资金申报管理平台”及“海淀园中小企业服务平台”等项目的相关工作。电子政务中标国务院新闻办公室“国家外宣品出版物电子信息管理系统”采购项目，实现公司电子政务业务在国家部委级的零突破；中标西城区行政服务中心“行政服务呼叫中心平台”采购项目，实现公司电子政务软件业务首次进入北京市其它区县市场；中标海淀区政府绩效管理系统项目和中关村西区三维电子地图项目，为公司电子政务业务拓展新的应用领域。7 月，中海纪元获工业和信息化部颁发的计算机信息系统集成二级资质证书。11 月，中海纪元被评为“2010 中国科技创新型中小企业 100 强”。购买位于海淀区地锦路 7 号 14 号楼（中关村环保科技示范园 A 区 J–03 地块），总面积 3346.99 平方米，用作公司研发基地，推动信息化产业发展。

发挥政府资金杠杆功能，引导社会资本注入核心区建设。本年公司受托管

---

① 路演是国际上广泛采用的证券发行推广方式，指证券发行商发行证券前针对机构投资者的推介活动，是在投、融资双方充分交流的条件下促进股票成功发行的重要推介、宣传手段，促进投资者与股票发行人之间的沟通和交流，以保证股票的顺利发行。

理海淀区创业投资引导基金，出资 1.3 亿设立子基金 3 家，吸引社会资本近 40 亿。截至年底子基金已出资 2.15 亿投资 10 家企业，其中 3 家为海淀企业，拟投资意向企业 10 家。海淀区创投引导基金到账金额 201393133.21 元，取得利息 149263.17 元，总计 201542396.38 元；已完成首批合作机构出资 6017468 元，支付 2010 年管理费、托管费 85 万元，资金余额为 194674928.38 元。2010 年海淀区引导基金获得 CLPA（中国有限合伙人协会）“最佳政府引导基金 TOP10”称号。

集中资源重点扶持园区产业化项目，培养未来支柱产业。公司受托管理海淀区重点产业化项目股权投资专项资金，总规模 3 亿元。在海淀园的指导下完成《海淀区重点产业化项目股权投资实施办法》草稿的撰写，编制《专项资金内部会议规则》、《投资运作流程》、《尽职调查流程》等内部管理规范草稿。协助海淀园产业规划处征集首批项目并对项目进行初步筛选，完成首批 11 家公司进行立项尽职调查和专家评审工作，并提交《综合投资建议》。

开展创投业务。中海投资控股的中海创投公司，通过开展多种资源渠道对项目进行搜集和筛选，年度累计接触项目 200 个，其中立项 20 个，开展尽职调查项目 10 个，有 6 个项目获得区国资委同意投资批复。中海创投和海淀园创业服务中心共同实施“金种子”计划[①]，已投资易路联动和依科曼等项目；全景赛斯、东方博盾、喜安妮项目已签署投资协议；完成凯恩度、斯凯瑞利等项目的立项工作；为中孵友信新三板挂牌提供咨询服务。

提升产权交易业务，做好高技术服务产业平台工作。中海投资控股的中海源公司对 60 家高新技术企业项目进场交易以及 53 家科技部立项的创新基金项目提供咨询和监理工作。

出资参股海科金集团，首期出资 5267 万元；出资总额 6000 万元参股设立“中国技术产权交易所有限公司”，首期完成入资 1500 万元。

贯彻安全生产，保障海淀科技大厦等创新要素聚集平台的正常运行。中海投资控股的国投物业管理公司为保证公司资产安全运营，开展安全培训教育，改造安全设施，杜绝安全隐患。对大厦的消防监控设备进行大修更换，配备新的火灾报警设备、烟感、温感探头，提升大厦的火灾报警系统。对各岗位人员的职责提出明确要求，做到强化安全意识，责任到人。本年公司通过 ISO9000 认证。

公司党支部举办题为“中海投资为核心区建设做贡献”的主题报告会，加深员工对中海投资在“核心区”建设中的自身定位和发展目标的共识。参与创先争优活动，组织全体党员开展“纪念建党 89 周年”、“共产党员争先创优”、“共产党员献爱心”等系列活动；公司党支部提出以保持“文明单位”的荣誉为动力，推动建立健全各项制度、进一步规范有关工作流程，完善落实奖罚机制的建议和目标。公司获 2010 年度“区级文明单位”称号；落实开展“党风廉政建设”教育工作，学习贯彻有关“党风廉政建设”的政策规定，制定和实施一系列相应的措施，采取“学习宣传、岗位把关、责任到人、定期考核”等方式，推动和加强“党风廉政建设”工作；组织开展“献爱心”活动。举办主题为“中海投资全体员工与灾区人民心连心”的为灾区捐款活动，共 130 余人参加，捐款 10160 元。

本年度工作的不足：主营业务仍需强化；保障机制需要创新；服务意识及能力有待提高。（蔡莹）

地址：海淀区中关村南大街 3 号海淀科技大厦 11 层
邮编：100081
电话：68947179

【北京海淀科技金融资本控股集团股份有限公司】 2010 年 7 月，海淀区委、区政府研究决定重组设立北京海淀科技金融资本控股集团股份有限公司。通过整合区属金融服务资源，搭建区域科技金融服务与实施平台，采取政府引导、市场化运作的方式，形成创业投资、担保、小额贷款、典当、孵化等相结合的综合运营模式，促进科技与资本的有效对接，为中小企业发展提供更好的科技金融服务。12 月 8 日，北京海淀科技金融资本控股集团股份有限公司（以下简称海科金集团）在北京市工商行政管理局注册，12 月 21 日正式挂牌成立。海科金集团由海淀区国有资本经营管理中心、海淀区国有资产投资经营公司、中关村科技园区海淀园创业服务中心、北京中海投资管理有限公司、北京市海淀区玉渊潭农工商总公司、北京兴泉置业开发建设有限公司、北京市东升农工商总公司等 7 家单位发起设立。是北京市首家面向科技型中小企业的集投、保、贷、典、孵相结合的金融服务平台。注册资本金人民币 15 亿元。

集团下属子公司包括北京海淀科技企业风险担保有限责任公司、北京鑫泰小额贷款股份有限公司、北京中海创业投资有限公司、北京中关村上地生物科技发展有限公司、北京海汇典当有限公司（筹建中）。（肖琳娜）

地址：北四环西路 66 号中国技术交易大厦 2005 室
邮编：100080
电话：82488580

[①] 2008 年，中海创投与海淀园创业服务中心（简称创业中心）合作推出“金种子”计划，创业中心以自有资金委托中海创投管理，对孵化器（北京市留学人员海淀创业园下设的留学人员创业园、留学人员发展园、中关村生物医药园这 3 大孵化基地）内企业进行投资，并整合外部投资及服务资源，形成对企业的持续投资及孵化。旨在让每一个进入孵化器的企业都成为一粒金色的种子。

出入境检验检疫

中华人民共和国海淀出入境检验检疫局（以下简称“海淀局”）于 2007 年 5 月 16 日正式挂牌办公，隶属于中华人民共和国北京出入境检验检疫局。

海淀局负责北京地区出入境医疗仪器设备、进口涉及医疗器械的压力容器以及壁挂锅炉的检验检疫工作；负责海淀区、昌平区和延庆县范围内进出口商品检验、出入境动植物检疫及其产品检验检疫、出入境卫生检疫、出入境食品检验检疫和监督管理工作。

全年共检验检疫出入境货物 16876 批，同比增长 15%；货值 12 亿美元，同比增长 35%。检验进出口工业品 14826 批，货值 11 亿美元，其中进口医疗器械 7915 批，货值 6.4 亿美元；进口工业品 2280 批，货值 2.96 亿美元；出口工业品 4631 批，货值 1.59 亿美元。检出进口工业品不合格 31 批，货值 82.7 万美元。检验检疫进出口农产品 2050 批，货值 1 亿美元，其中出口食品 1563 批，7240.7 万美元；出口动物产品 266 批，259.4 万美元；出口植物产品 221 批，2914.2 万美元。检出出口食品不合格 1 批，货值 6.4 万美元；检出出口饲料不合格 1 批，货值 5700 美元。出具换证凭单 307 份，换证凭条 3849 份，通关单 2525 份，出口证书 2573 份，出具进口证单 9275 份，归档证单档案 16876 批，入境货物口岸稽查分单 957 批次，进口口岸转单 7533 批次。

抓好进口医疗器械的监管工作。建立进口医疗器械质量状况分析制度，定期召开北京地区进口医疗器械产品质量分析会。深化风险评估机制和企业诚信管理，推进分类管理工作。成立北京地区进口医疗器械监督管工作小组，就医疗器械的产品特点、风险评定方法、相关技术法规、产品的社会关注度、贸易方式及收货人的信用等级等因素进行分析，确定进口医疗器械检验监管的总体思路。由海淀局起草的北京地区进口医疗器械检验监管工作规范性文件已初步定稿，编写《进口医疗器械检验鉴定作业指导书》。

开展食品专项整治活动，狠抓食品安全监管工作。海淀局学习领会《国务院办公厅关于印发 2010 年食品安全整顿工作安排的通知》和国家质检总局《关于印发〈进一步加强 2010 年食品安全监管工作的意见〉的通知》精神和要求，按照北京市政府和北京检验检疫局的有关部署，落实《北京检验检疫局 2010 年进出口食品安全整顿工作任务分解表》的内容，结合海淀辖区的实际，通过食品专项整治活动，强化监管能力建设，监督企业落实食品安全主体责任，完成进出口食品安全监管工作的各项任务。对乳制品生产企业进行专项检查；开展打击违法添加非食用物质和滥用食品添加剂专项整治工作；制定《海淀检验检疫局出口食品生产企业监督管理工作方案》，对出口食品生产企业施行集中统筹监管，规范出口食品生产企业监督管理工作，确保出口食品生产企业监督管理工作的有效实施；改进出口熟制禽肉的检验模式，提高检验监管的针对性和有效性。

在海淀区政府的领导下开展“双打”[①]专项行动，制定《海淀检验检疫局“双打”专项行动实施方案》并组织实施。促进辖区经济发展，利用检验检疫的技术和信息优势，向辖区企业及时提供国外最新的技术法规和最新要求，指导企业采取相应措施，提高产品的国际竞争力，促进企业出口。深化检验监管模式改革，探索建立将风险评估、诚信管理、分类管理、重点布控等环节有机结合的检验检疫新模式，依据不同的风险程度，根据不同对象、不同产品、不同企业，分级、分类、分别采取相应的检验检疫监管措施，提高把关成效。

贯彻落实国家质检总局工作会议精神，巩固和扩大“质量和安全年”活动成果，开展“质量提升”活动[②]。围绕“提升质量安全水平，服务经济平稳较快发展”主线，成立质量提升活动领导小组，制定质量提升活动计划，提出提升服务发展水平，科学监管水平和基础保障水平的具体措施。通过宣传培训，“质量提升进万企”，“对比提升”，“质量安全月”等活动，使“质量提升”活动落到实处。通过“五提升”、“五促进”[③]，开展文明窗口创建活动。

加强机关文化建设。海淀局开展向全局干部职工征集机关文化理念活动，经广泛征集、汇总和凝练，形成以“忠诚、创新、廉洁、奉献、和谐”为核心价值观的海淀检验检疫机关文化理念，并确立海淀局机关文化建设的总体目标和主要内容。

本年，撰写并发表各类信息 69 条，对本局检验检疫监管服务等方面工作进行宣传。

本局获北京检验检疫局“食品安全监管突出贡献奖”、“产品质量监管突出贡献奖”、“安全保卫突出贡献奖”，被评为“北京检验检疫局 2010 年先进集体”。局检务窗口被国家质检总局授予“以质取胜 创先争优”文明服务窗口称号。局党支部被评为“北京检验检疫局 2010 年度先进学习型党组织”。海淀局单位内部安全保卫工作受到北京市公安局嘉奖。　（赵全生）

---

① 打击侵犯知识产权和制售假冒伪劣商品专项行动。

② 努力提升服务发展的水平，增强推动经济又好又快发展的有效性；努力提升科学监管的水平，防范区域性、系统性的重大质量安全事故发生；努力提升基础保障和基层建设的水平，提高全系统履行职能的综合能力。

③ 提升服务能力，促进检企和谐；提升业务质量，促进检务职能；提升内部管理，促进工作效率；提升人员素质，促进监管能力；提升基础设施，促进方便快捷。

海淀出入境检验检疫局
地址：海淀区德政路10号
邮编：100094
电话：58648700
网址：www.bjciq.gov.cn
邮箱：zhaojsh@bjciq.gov.cn

药品监督

【综述】 北京市药品监督管理局海淀分局负责对海淀辖区药品、医疗器械、保健食品、化妆品（以下简称“三品一械”）的生产、流通、使用进行执法监督、行政监督和技术监督。下属2个单位：海淀区药品稽查办公室和海淀区药品检验所。

截至年底，海淀区监管相对人共计9322家，其中药品生产企业22家，药品经营企业632家，医疗器械生产企业376家，医疗器械经营企业2962家，保健食品生产企业78家，保健食品经营企业1442家，化妆品生产企业7家，重点监管的化妆品经营企业2800家，医疗机构1003家。

执法监督 受理各类案件226件，其中受理群众举报投诉68件，接市局批转67件，受理其他类案件共91件，案件办结率95.2%。全年立案查处“三品一械”违法行为36件，当年结案29件，下达行政处罚决定29件，撤案5件。全年没收违法所得共计人民币21万元，罚款共计人民币12.9万元。

坚持重点区域重点巡查的原则，会同卫生、公安、工商等相关部门，保持联合执法长效机制，对辖区诊所实行全覆盖巡查，依靠各街道、乡镇和计生办、流管办等基层组织开展联合执法工作。开展打击非法行医行为、整治医疗机构周边非法收售药品、严查成人保健店的非法售药、打击互联网邮售药品违法行为等专项行动，全年参加联合执法共计29次，现场取缔“黑诊所”、“黑药店”共86家。

整顿和规范“三品一械”市场秩序，加强日常监管，实现对“三品一械”生产、流通、使用环节的全覆盖监管。全年开展各种专项整治工作26次。

行政监督 贯彻落实“五办理、一加强”[1]的工作措施，承担27项行政许可事项。全年受理行政许可事项共3842件，答复公众咨询800余人次，均做到“许可有审批、服务有结果、咨询有答复”，无超时、无拖延。

全年办理《药品经营许可证》核发92家，变更68家，换证151家，注销28家，完成药品经营企业GSP[2]认证149家；《药品生产许可证》换发13家；《医疗器械经营企业许可证》核发526家，变更251家，换证655家，注销90家；《医疗器械生产企业许可证》核发21家，变更48家，换证110家，注销43家；《保健食品经营卫生许可证》核发259家，注销92家，延续167家；《医疗机构制剂许可证》换证检查6家。

技术监督 全年完成辖区内药品抽验719件，抽验合格率99.2%；保健食品抽样125件，化妆品抽样45件，抽验合格率均为100%；医疗器械抽样40件，抽验合格率97.5%。

加强对基本药物的质量监管，从生产、经营、使用各个环节确保药品的质量安全。初步建立起药品安全责任体系。

继续实行药品生产企业派驻监督员制度。对辖区内二家甲型H1N1流感疫苗生产企业——北京科兴生物制品有限公司、北京天坛生物制品股份有限公司的疫苗生产进行质量监管，未发生生产质量事故。

[1] 即：及时办理、并联办理、豁免办理、快速办理、上门办理，加强日常监督管理。

[2] GSP：英文“Good Supply Practice”的缩写，指药品经营质量管理规范。

机关建设 开展优质服务年活动及机关作风建设年活动。制订开展优质服务年活动实施方案，举办优质服务年暨作风建设年活动启动仪式，倡导加强服务意识，把服务与日常监管工作有机结合起来。参加区直机关举办的“比服务意识、比服务态度、比服务质量、比服务效率、比服务满意度、争当优质服务先锋”的“五比一争当”主题演讲比赛，获个人二等奖和优秀组织奖。

继续开展党风廉政风险防范管理体系建设。逐级签订党风廉政建设责任书，开展党风廉政风险防范管理“回头看”活动，以廉政文化活动为切入点，整体推进廉政风险防范管理体系建设。举办“防范廉政风险 促进依法行政”为主题的演讲比赛。

开展基层站所评议工作，制定工作方案，以群众反映的热点、难点问题为重点，以群众满意为标准，以彻底整改问题、促进药监工作为目的，坚持“有错必纠、有错必改”的原则，查改结合，对实际工作中存在的问题进行整改，兑现政风行风建设承诺，促进分局各项工作的开展。

年内，开展“健康北京人——知己健康行动”、“坚决打击非法收售药品行为，确保人民用药安全”为主题的药品安全月活动、“安全用药家庭行动”等现场宣传活动，全年共发放各种宣传材料上万册，受众达8000余人。

制定分局《政务信息工作制度（试行）》，全年共编发信息160篇，刊发《药监信息》16期。全年累计主动公开信息610条，依申请公开信息2件。

承办区人大代表关于“谁来回收过期药品”建议的答复工作，建议答复得到代表的肯定。

【电子监管系统试点】 9月1日，海淀辖区基本药物配送企业——北京嘉事堂药业股份有限公司作为北京市电子监管系统试点单位之一，率先实施基本药物流通过程电子监管设备改造工作，并实现基本药物电子监管码读取、核注、核销与预警处理功能。

【构建药品安全监管网络】 9月9日，海淀区药品安全责任体系启动大会召开，标志着"地方政府负总责，职能部门各负其责，企业是第一责任人"的药品安全责任体系初步建立。成立区药品安全工作领导小组，领导小组办公室设在药监海淀分局；以区政府、乡镇街道、社区村委会三级药品监管为支撑，实施主体统筹、区域负责、分片管理、综合监管、行业自律、社会监督的安全监管体系；将29个乡镇街道划分为5个药品安全责任区，统一组织协调，实行分片管理；乡镇街道药品监督员协助区相关职能部门，并指导社区、村（居）委会做好药品监管；制定《海淀区药品监督员、药情信息员管理制度》，对全区药品监督员和药情信息员开展业务培训。11月1日，药监海淀分局召开药品责任体系部署暨千百万工程启动会议。会议介绍了"药品安全百千万工程"建设主要工作内容。为海淀区药品千百万工程以后各阶段的具体实施奠定基础。

【聘任特约监督员】 9月19日，药监海淀分局召开特约监督员聘任仪式，向受聘的8位特约监督员颁发聘书。

【开展居民废弃药品回收工作】 11月，在对居民废弃药品回收工作试点的基础上，在辖区各街（乡镇）全面开展此项工作，并纳入海淀区药品安全责任体系。分局制定《海淀区居民废弃药品回收、处置管理办法》，明确药品回收和宣传工作职责，规范居民废弃药品回收、处置行为；举办废弃药品回收工作启动仪式；与具有废弃药品回收资质的单位接洽，就回收、运输、销毁的各个环节进行规范。本年度完成辖区所有社区废弃药品回收箱布点工作，共放置674个回收箱。对741名药品监督员和药情信息员进行"三品一械"业务知识培训。截至年底，已回收废弃药品约1000公斤。

【基本药物监管】 2010年，分局对辖区内基本药物的生产、经营、使用单位进行严格监管，从各环节上确保药品的质量安全。一是加强对生产企业的监管。坚持将基本药物生产企业的监督检查与GMP跟踪检查、专项检查、驻厂监督有机结合，对在产基本药物全品种抽验，全面实行《质量授权人制度》；掌握辖区内基本药物中标品种和生产企业情况，建立生产企业和品种数据库；推进生产企业电子监管，辖区6家基本药物生产企业全部纳入药品追溯系统；开展生产企业处方和工艺核查工作。二是加强对经营和使用单位的监管。严格对辖区基本药物配送企业和零售药店的药品购进、验收、运输、养护等重点环节的监督检查；加强对企业经营资质、购销渠道、储运销售、冷链运输、库房设备设施，电子监管系统运用等情况进行监督检查，确保经营环节基本药物的质量安全。对辖区156家社区卫生服务中心和服务站进行拉网式检查，做到"全覆盖、无遗漏"，确保医疗机构基本药物的使用安全。三是做好不良反应监测工作。督促辖区基本药物生产企业完善不良反应监测体系，加强基本药物不良反应的报告、调查、处理等工作，及时上报不良反应和异常信息。对药品零售企业基本药物的不良反应监测工作进行专题培训，截至年底已有142家零售药店开通药品不良反应上报网络账户。（张晓楠　李璀）

北京市药品监督管理局海淀分局
地址：海淀区蓝靛厂西路1号曙光办公中心四层
邮编：100097
电话：88863121

下属事业单位（2个）：

1.北京市海淀区药品检验所
地址：北京市海淀区志新村小区8号
邮编：100191
电话：62398343

2.北京市海淀区药品稽查办公室
地址：海淀区蓝靛厂西路1号曙光办公中心四层
邮编：100097
电话：88863163、88863167

烟草专卖与管理

【综述】 北京市海淀区烟草专卖局成立于1996年10月，其前身是成立于1994年9月的北京市烟草专卖局海淀分局。管理体制上受北京市烟草专卖局和海淀区人民政府双重领导，主要负责海淀区卷烟市场的监管以及烟草专卖零售许可证的审核、发放和监督工作。北京市海淀烟草有限公司成立于1998年8月，2003年4月改制为北京市海淀烟草公司，隶属于中国烟草总公司北京市公司，是独立核算、自负盈亏的法人企业，是海淀区域内唯一合法的烟草制品批发企业。北京市海淀区烟草专卖局与北京市海淀烟草公司合署办公，是两块牌子一套机构，实行"统一领导，垂直管理、专卖专营"的经营管理体制，下设市场稽查支队和10个市场检查队（1月，新成立第九、第十执法所）。截至年底，北京市海淀烟草公司资产总额为74634.32万元，比上年增长17.89%；净资产为72205.03万元，比上年增长22.3%；固定资产为8603.77万元，流动资产为66030.55万元。

烟草专卖经营　落实国家烟草局和市烟草局（公司）关于宏观调控的各项措施，围绕国家烟草局"卷烟上水平"的基本方针和战略任务开展工作，经济运行质量和效益稳步提升。全年共销售卷烟574206.47万支，同比增加20569.99万支，增长3.72%；其中一类烟销量为88420.84万支，比上年67064.05万支增长 31.85%；二类烟销量为 27747.00 万支，比上年 16600.44 万支增长 67.15%；三类烟销量为 235523.28 万支，比上年 208282.52 万支增长 13.08%；四类烟销量为 163209.72 万支，比上年 183103.40 万支下降 10.86%；五类烟销量为 59287.38 万支，比上年 78552.74 万支下降 24.53%；无价类卷烟[①]销量为 18.25 万支，比上年 33.33 万支下降 45.24%。销售地产卷烟 82571.36 万支，比上年 80737.7 万支增加 1833.66 万支，增长 2.27%；销售低档卷烟 59287.38 万支，比上年 78552.74 万支减少 19265.36 万支，降低 24.53%；销售全国性重点骨干品牌卷烟 461803.71 万支，比上年 434642.84 万支增加 27160.87 万支，增长 6.25%；全国性重点骨干品牌占总销量的 80.42%，同比提高 1.91 个百分点。全年实现税利 53630 万元，比上年 42260 万元增加 11370 万元，增长 26.9%，其中实现税金 21648 万元，比上年 17761 万元增加 3887 万元，增长 21.89%；单箱销售额达到 23153.95 元，比上年 20062.13 元增加 3091.82 元，增长 15.41%。

作为北京市订单供货流程调整工作的试点单位，在贯彻落实市烟草局（公司）相关要求的基础上，从学习文件精神、制订实施方案、开展市场调研、加强宣传培训等多方面入手，按照“五统一”[②]的思路，进行营销管理体制改革。年内完成供货流程调整。为推进网上订货，3 月和 5 月开展 2 次专题调研，基本摸清海淀辖区符合网上订货条件的零售客户基数，并有针对性地制订实施方案，加大对所选网上订货客户的培训和指导。9 月，在全区范围内全面推行网上订货，截至年底，网上订货客户已有 2002 户，占辖区实际经营客户总数的 50.7%。开展卷烟社会库存、卷烟零售价格、零售客户需求预测、零售客户服务满意度和获利满意度等专项调研活动 20 余次。

烟草市场监管 坚持“端窝点、断源头、破网络、抓主犯”的总体要求以及“大打、打大”的工作方针，保持卷烟打假高压态势，确保卷烟市场有效监管。年内共查获各类违法案件 1416 起，同比增加 4 起，其中一般程序案件 326 起，简易程序案件 1090 起。查处 5 万元以上大要案 124 起，同比增加 59 起，其中 5 万元至 10 万元以下大要案 114 起，10 万元至 20 万元以下大要案 5 起，20 万元至 50 万元以下大要案 3 起，50 万元至 100 万元以下大要案 1 起，100 万以上大要案 1 起。查获各类违法卷烟 1028.99 万支，其中假冒伪劣卷烟 656.82 万支，走私卷烟 21.38 万支，非渠道进货卷烟 350.79 万支。查获各类卷烟窝点 124 个，其中贩假窝点 6 个，囤烟窝点 89 个，其他窝点 29 个。加大与公安司法机关的执法协作，独立破获 1 起符合国家烟草局标准的销售假烟网络案件。向公安机关移送涉烟案件 124 起，移送涉烟案件当事人 16 人，案件移送率达到 100%；公安机关依法刑事拘留涉烟案件当事人 16 人，处以刑事处罚 9 人；向检察院报送涉烟犯罪案件抄备函 14 份，案件抄备率达到 100%；全年实现罚款 35.37 万元，变价款 0 元。创新市场监管方式，深化专销一体化服务机制，发挥专卖、营销部门在市场监管方面的协调和互补作用，提升市场监管水平。营销部门共向专卖部门提报存在异常经营行为的零售客户 777 户。经专卖部门实地核查，共查处违法案件 129 起，先行登记保存违法卷烟 1177.8 条。

加强行政许可管理，年内补办许可证 2 户，停业 39 户，歇业 118 户，恢复营业 7 户，注销许可证 291 户。全年共办理行政许可事项 881 起，其中新办行政许可 776 起，延续行政许可 43 起，变更行政许可 62 起。截至年底，全区有效持证户共计 4584 户，比上年 4078 户增加 506 户，许可证有效率达到 100%。

加强内部监管，全年共处理异常预警 2691 起，异常预警处理完成率达 100%，流程调查办理规范率达 100%。

开展零售客户普法宣传教育活动，引导零售客户做到“三不卖”，即不卖假烟、不卖走私和非渠道卷烟、不低于零售指导价卖烟。年内开展 3 批次卷烟零售客户集中培训，新办证零售客户和违法经营零售客户培训率达 100%，其他零售客户的轮训率达 100%。

加强执法队伍建设。年内共开展法律法规和业务技能培训 16 次，培训时间累计达 180 学时，参训人员超过 960 人次。

基础管理工作 按照市烟草局（公司）的部署和要求，于 3 月至 4 月开展“三项检查”[③]迎检工作。在自查和复查活动中，共形成自查报告 4 份，查出在物资采购、宣传促销和工程投资项目中存在的问题共 297 项，并制定 12 项整改措施。4 月 21 日，通过国家烟草局“三项检查”工作组的重点抽查。

推进质量管理体系贯彻标准。7 月 13 日，召开质量管理体系文件宣传贯彻大会，并分科室开展体系文件宣传贯彻活动。对于市烟草局（公司）质量管理体系第一次内部审核中发现的问题，分析原因，制订纠正措施，强化人员责任，明确完成期限，加以整改落实。

启动创建优秀区县局和创建优秀区县公司活动，制定实施方案和推进计划，出台相关的配套制度，并于 6 月 12 日召开全体员工动员大会。年底，对“双创优”活动进行总结和自查，并通过市烟草局（公司）组织的检查验收。

8 月 7～9 日，在国家烟草局举办的第一届卷烟商品营销职业技能竞赛（省级二类竞赛）中，本局 3 名同志分获第一、第二和第五名，分别被授予“省级烟草技术能手称号”。8 月 25～27 日，在国家烟草局举办的第二届烟草行业卷烟产品鉴别检验技能竞赛中，本局 1 名同志参加市烟草局（公司）代表队进行竞赛并被北京市烟草专卖局授予“北京烟草技术能手”称号。

【联合破获 1·30 销售假烟网络案】 1 月 30 日，在市烟草专卖局统一协调下，海淀、公路、昌平、朝阳区烟草专卖局以及海淀公安分局甘家口派出所、昌平

---

① 2010 年起，烟草行业对卷烟属性的界定进行了调整，将原来的雪茄烟从一类烟调整为无价类烟。

②即统一客户管理，统一品牌培育，统一库存管理，统一供应策略，统一营销管理。

③ 是指烟草系统内对物资采购、工程投资和宣传促销项目开展的专项检查。

公安分局经侦队、朝阳公安分局东风派出所执法人员，查获假冒卷烟379.9万支，涉案标值729万余元。查扣涉案违法运输假冒卷烟车辆4部，捣毁囤假窝点7个，抓获涉案人员8人，刑事拘留犯罪嫌疑人3人。

【破获6·29销售假烟网络案】 6月29日，在市烟草专卖局专卖处、北京市公安局治安总队的协调指导下，房山、密云、通州、丰台、海淀5区（县）局联合北京市公安局海淀分局治安支队、西北旺派出所，破获以林某为主犯的假烟销售网络。此次行动共出动警力40余人、烟草专卖执法人员80余人，捣毁假烟窝点9个，查扣涉案车辆5辆，起获假烟244.5万支，标值416万元，抓获涉案人员15名，刑事拘留3人。

【破获10·13销售假烟网络案】 10月13日，在市公安局治安总队、市烟草局打网办的统一指挥下，丰台、大兴、海淀、延庆局统一行动，捣毁以福建籍曾某为首的销售假烟网络案件。共查获各类违法卷烟223.6万支，涉案金额456.18余万元，捣毁窝点6个，抓捕涉案人员5人，刑拘5人，查扣涉案车辆3台。（杨亮）

北京市海淀区烟草专卖局
北京市海淀烟草公司
地址：海淀区四季青路8－1号
邮编：100195
电话：88495656
举报电话：88497070　12313

工商行政管理

【综述】 北京市工商行政管理局海淀分局（以下简称分局）是北京市工商行政管理局在海淀区的派出机构。主要职能是：依法确认海淀区各类经营者的主体资格，监督管理各类经营市场，依法规范市场交易行为，保护公平竞争，查处经济违法行为，取缔非法经营，保护正常的市场经济秩序。分局根据职能所设立的执法科室主要有：企业登记科、企业监督管理科、市场监督管理科、经济检查科、商标监督管理科、广告监督管理科、合同监督管理科、消费者权益保护科、食品安全综合科和食品质量监督管理科；下设14个工商所、1个市场执法检查队；挂靠机构两个：海淀区消费者协会和海淀区私营个体经济协会；海淀区食品安全委员会办公室设在本局的食品安全综合科。

本年，区工商分局以"为区域经济发展，建设良好的市场生态环境"为工作中心，强化监管与服务并重理念，推进基础工作寻求突破创新。根据市局提出的建设良好"市场生态环境"的要求，坚持监管关口前移，在批发、仓储、运输等环节实现全过程、无缝隙监管，推行商品交易市场食品流通配送管理制度；探索新型电子商务监管模式，建立分局级网络监控实验室，初步实现科技化、远程化、电子化的商务网站监管；推进电子商务行业自律，保护未成年人网购权益；推行《海淀分局商场超市食品经营管理规范》，严格食品准入制度，完善退市机制，杜绝不合格商品返流；通过对市场信用分级分类管理，延伸售后服务体系，落实售后回访制度；在科贸、海龙、鼎好、e世界电子市场推进电子产品销售备案制度，使4大电子卖场使用统一、规范的《诚信经营、守法经商、销售备案协议书》和《电子产品销售备案配置清单》，降低消费投诉量。

本年，全区市场主体存量201891户，其中内资企业存量130515（包括私营企业）户，外资企业存量5047户，个体工商户存量64488户，外商代表机构1841户。

行政执法　本年共核审通过一般程序案件5129（其中个人独资企业吊销1426件）件，罚没款4358.2万元。罚没合计在10万元以上案件为35件，罚没款1870万元，占全局罚没款的43%。其中30万元以上案件15件，50万元以上案件8件，100万元以上案件3件。组织召开案审会15次，听证会12次，代理行政复议案件15件，代理行政诉讼案件46件；核审案卷415件，受理出证200件次，咨询指导7105人次。本年共结案83件，罚没款1095万余元，向公安、卫生部门移送案件5件，完成行政指导案件28件。共查办30万元以上案件4件、100万元以上案件3件、500万元以上案件1件，传销线索20余件。办结的大要案件占案件总数的36%。办案领域涉及电信、环保、电子、医药、家居、房地产等行业的传销、虚假宣传、商业贿赂、侵犯商业秘密、商标侵权、虚假广告、虚假出资、无照经营等违法行为。

开展治理商业贿赂专项工作，对涉嫌商业贿赂行为立案26件，结案7件，罚没款277万余元。开辟治贿新领域，关注外资企业的商业贿赂行为，共查处6家外资企业，并办结案件。办结电信行业贿赂案件3件，均为案值30万元以上的大要案件。接到涉嫌传销的投诉举报28件，取缔涉嫌窝点11个，清查教育遣散人员400余人次。组织开展专项宣传活动2次，重视直销监管，通过定期和不定期的执法巡查和法规宣教，引导直销企业规范经营，多次对玫琳凯、李锦记等直销企业开展行政指导，并对其举办相关活动的备案书进行审查。

开展案件核审工作，在一般案件的核审中发现办案单位所忽视的案件线索，指导办案单位及时调整案件查办方向。针对复杂、疑难和大案、要案开展专案指导，将核审关口前移，提前介入案件查办。通过召开案情分析会，对办案单位进行业务指导，为案审会提供核审意见；开展听证、行政复议、行政诉讼的召开和代理工作，加强与区人民法院和区政府法制办的工作沟通。完成市局“五五”普法调研，组织部署法制宣传周活动。

针对行政执法工作中突出存在的“重实体、轻程序”和自由裁量标准适用范围以及复杂疑难、大案要案查处难等问题，加强行政执法监督工作力度，完善并拓宽业务指导。组织4次行政处罚案件评查。以无照经营案件执行结果和为无照经营提供场所两种类型案件为评查重点，对各行政执法单位自核案件进行抽查；注重行政执法动态掌握与分析，对行政执法工作情况定期统计、分析，及时将行政处罚工作动态、查办大案要案结果、案审会会审案件情况、召开听证会和代理行政复议、行政诉讼案件情况，以及影响依法行政工作水平的各类因素加以汇总、分析、研究，呈报市局法制处和分局党组；通过网络为行政执法工作提供规范高效的法制保障。全年共下发《执法监督业务工作指导》11期、《法制工作信息》11期，并及时上传到分局网站，方便执法单位查询；提高对政策文件的执行力和对辖区市场经济秩序的控制力，使用新的行政执法文书。继续加强《行政执法案件管理系统》有关事项“网上审批”力度，把对网上审批的规范率和高效率作为考核的重要内容，特别是对自由裁量标准适用及从轻、减轻、从重处罚审批，案件查办时限、延期结案审批，以及销案审批作为重点规范内容；组织2次限时查办的执法检查，对2009年之前的案件进行清理。配合区政府案卷评查工作，对办案单位自核案件进行抽查，加强对实施行政执法检查、行政强制措施的检查力度。在行政执法和实施行政强制措施的过程中，做到“六个注意”[①]。

坚持突出区域特色，创造为区域经济发展服务的助成性行政指导[②]的工作思想，联络海淀金融服务办公室，为企业上市融资做好服务和引导。在商标富农、食品监管、消保维权等方面，主动了解企业需求和困难，牵头相关单位，推进助成性行政指导的深入。树立大局观念，提高政治敏感性，避免激化矛盾，以教育规范为主，以罚款为辅，确保依法行政与履职到位。针对复杂疑难、重大或者久拖不结的案件、信访等不稳定情况，加强协调与沟通，避免激化矛盾。针对听证、行政复议、行政诉讼案件数量较多的现状，提升依法行政水平，确保作为合法、行为适当。

本年共实施行政指导141221次，其中行政提示7646次、行政告诫811次、行政约见194次、行政建议63次、失信披露2次，助成性行政指导126909次，调停性行政指导74次，责令改正5522次。

企业、个体登记注册　本年，共办理名称登记58357户，设立登记25093户，变更登记65205户，注销登记12985户。共办理内资企业设立登记16645户、变更登记41970户、注销登记2705户；办理个体工商户设立登记7952户、变更登记21547户、注销登记10134户；办理外资企业设立登记496户、变更登记1688户、注销登记146户。

实施多项措施解决登记高峰期间办事人员电话预约等候时间过长的问题，确保电话预约等候时间在5个工作日内。一是利用电话预约系统，建立电话预警机制，当电话预约等候时间依次接近3、4、5个工作日时，分别发布黄色、橙色、红色三级预警，预警级别每增加一级，每天受理岗位工作人员增加1人，从而缩短电话预约等候时间。一旦预约等候时间超过6个工作日，则通过周末加班开设登记专场方式缩短预约时间。二是保障登记高峰期间全员在岗。三是增加后备力量，加强对新调入人员的培训和考核，使每个非受理岗位人员都具备受理能力，后勤、发照等后台人员随时可以抽调支援前台。四是利用临时工作人员做好辅助工作，分解前台人员的工作压力。

完善网上登记工作，在网上登记服务系统增加外资企业登记和股权出质登记功能，在《网上登记标准化审查手册》中添加外资企业登记和股权出质登记网上审查标准，方便网上登记人员审查人员查阅，提高审查效率。加大网上登记宣传力度，引导企业进行网上登记，提高网上登记比例。本年通过网上登记服务平台累计处理名称申请105025份，设立登记20389份，变更登记56154份，注销登记3316份。

加强登记和监管机制联动，遏制虚假登记，建立《疑似虚假登记企业台账》，对日常登记工作中涉嫌虚假登记的企业情况记录在册，将企业材料或登记信息移交监管科室和管辖工商所。全年共移交案件58起，其中涉嫌虚假出资14起、虚假地址42起，虚假签字、公章2起。根据属地工商所提供的预警信息，加强对易出现虚假登记地址的核实，共对17处地址进行实质性核查，发送核实地址的《登管事项传递单》近800份。要求各工商所在年检期间不再强制企业限期换照，此措施实施后，换照企业数量同比减少近1/3，节省近两千个电话预约资源，缩短登记高峰期间电话预约等候时间。

协助市局和北京市工商局中关村分局推进登记制度改革。撰写《当前集

---

① 即：注意依法履行程序：包括权利义务告知、出具执法证或者《检查通知书》；注意执法行为“留痕迹”：要对依法作为过程进行固化，要善于运用视听资料或者申请公证，确保行为合法；注意涉案证据财物的合法取得与保管：要严格依照程序进行涉案证据财物的实施（或者解除）强制措施行为，及时进入公物仓进行保管；注意审批程序：对实施（或者解除）行政强制措施行为的，必须严格按照相关规定进行逐级请示、汇报，确保审批工作的及时、完整；注意当事人的动向：在实施行政执法检查特别是实施行政强制措施的过程中，要做到合法、合理、合情，执法行为要做到有理、有利、有节，防止出现过激行为；注意相关部门的协调配合：在依法定职权作为的前提下，请公安、卫生、城管等相关职能部门予以配合，必要时及时向政府汇报，在和谐稳定的基础上，利用联合执法、案件移送等手段使违法行为能够得到及时、有效查处，隐患问题能够得到解决，或者使有关部门能够准确掌握。

② 指行政机关提供私人信息，并进而助成私人活动之行政指导。

体所有制企业组织形式转换过程中遇到的主要障碍及解决途径》、《初探商事登记制度及商事主体统一之前景》等多篇调研报告，为企业转换组织形式、商事登记制度统一工作的开展提供思路和意见。对《中关村国家自主创新示范区企业登记管理办法》提出2次修改意见、对《企业组织形式转换登记办法（初稿）》提出3次修改意见，编制《企业组织形式转换登记申请需提交的文件、证件》等规范性文件。

按照先行先试、改革创新的原则，对符合示范区发展规划要求的新兴行业、新兴业态进行实地调研，同时就登记注册中遇到的问题与市局、示范区分局沟通、协调，对新兴行业、新兴业态的登记注册给予大力支持。通过电话回访、实地考察，跟踪了解企业发展动态。5月12日，北京首家以加速器为名称的企业“北京东升科技企业加速器有限公司”注册成功。截至年底，已入驻加速企业15家。开展股权激励、债权转股权登记试点，为股权激励、债权转股权登记企业开通“绿色通道”服务。全年为股权激励、债权转股权企业提供咨询26人次，办理股权激励企业登记注册3户。

落实市政府《关于建立制止和查处违法用地违法建设联动工作机制的意见》，根据区政府下发的《关于暂停办理北部地区范围内房屋新建等手续的通知》要求，采取多项措施暂停北部地区西北旺镇、温泉镇、苏家坨镇和上庄镇4镇范围内的工商登记工作。要求上述地区工商所暂停办理各类市场主体营业执照，二、三级平台受理、核准人员在前台接待中做好相关解释工作。通知在国家自主创新示范区核心区服务中心的区卫生局、区环保局、分局食品科等相关前置许可部门暂停办理前置许可。向区政府报送《关于执行“北京市海淀区人民政府关于暂停办理北部地区范围内房屋新建等手续的通知”过程中有关问题的请示》，提请区政府对现存登记中存在的问题予以指示，避免矛盾发生，减少信访、投诉和行政诉讼案件。与区北部办协调，在做好农民宅基地和其他集体建设用地暂停工商登记的同时，保障北部4镇范围内的已按规划实施的地区、予以保留的地区、市场等地区的正常登记工作。开辟“绿色通道”，为重点企业等提供便捷服务。对区政府下发的《2010–2011年度重点企业名单》中的326户重点企业登记情况进行梳理，确定企业的登记管辖权，并将登记权属北京市工商局登记的重点企业名单送达市局登记处，协调市工商局做好海淀区重点企业的服务工作，为重点企业提供“申请优先、受理优先、审批优先”的一站式绿色通道服务；为重点企业登记提供全程指导，帮助重点企业制作登记注册相关文件、协助企业解决登记难题、提供政策指导等。对于不在区政府下发的重点企业名单中但属区委、区政府等确定的重点招商引资项目、持有区金融办、投促局等部门“快办单”的企业，按重点企业提供服务，协助企业落户海淀。全年共为区重点企业及区重点招商引资项目办理各类登记134户，咨询近200次。

继续实行支持大学生自主创业服务措施，深入高校开展助成性行政指导，支持大学生自主创业；与高校合作开展“大学生自主创业咨询与指导课堂”、与北下关工商所合作开展大学生自主创业流动宣传车进校园等系列帮扶指导。发放《大学生自主创业登记指导服务手册》，为大学生提供相关工商登记注册政策法规的咨询服务；与北京交通大学合作举办大学生创业项目选拔大赛，为比赛优胜团队举办咨询专场、登记专场，大赛优胜团队办理企业注册10户；在登记注册大厅开设大学生自主创业服务窗口，为拟设立企业的大学生提供一对一的一站式绿色通道服务；为拟设立个体工商户的大学生自主创业者开展全程登记指导，并加强对三级登记平台的业务指导，责成管辖工商所为其提供登记注册绿色通道服务。

继续做好中关村西区业态调整工作，与海淀园产业规划发展处、西区办等单位建立联动衔接机制，在做好政策宣传和准入工作基础上，开展实地调研，对中关村亿世界业主办照问题、各类分公司入驻西区等问题进行实地调研，并向区政府上报发现的问题和矛盾隐患。

按照区委区政府落实行政审批制度改革工作专题会精神，编制《海淀区企业设立行政审批办理程序服务指南》，在分局网站上公布，方便办事人员查阅、接受社会监督。根据工作开展情况，向创新工作小组报送《落实行政审批制度改革工作执行情况汇报》及《市级审批权限下放落实统计表》，汇报市级审批权限下放的各项行政审批业务的办理情况、政务公开情况、取得的成效、存在的问题，为行政审批制度下一步工作提供参考依据。上半年，加强市场主体登记注册信息的分析和对经济运行形势的跟踪监测，编制《月市场主体统计分析报告》。该报告已成为区政府月、季经济形势分析会的主要研究和讨论的内容。完成《海淀区2009年市场主体情况分析及2010年展望》、《海淀区2007年—2009年注销企业情况分析》、《海淀区2010年1季度迁出企业情况分析》、《2010年上半年海淀内资分析》、《2010年上半年个体统计分析》等专题报告并上报。

企业与个体工商户监管 根据国家工商总局《关于支持中关村科技园区建设国家自主创新示范区的意见》，制定“盘清底数、扎实基础”的2009年度中关村示范区海淀园高新技术企业的报备制年检工作目标，对属于高新技术且未列入重点审查的企业试行报备式年检。分局根据各工商所在报备制年检中遇到的各类问题（如有些企业已经不具备高新技术企业资格，有些企业已经注销或被吊销，还有部分高新技术企业注册地实际不属于海淀园），有针对性地推行6项措施：一是把海淀工商学会主办的《海淀工商论坛》作为宣传阵地，通过在刊物上的介绍讲解，解决工商所对“报备制年检”概念和操作流程不清的问题；二是举办报备制年检培训讲座对各工商所年检审核人员进行专项培训，帮助年检审核人员分解和理清报备制年检工作环节、审核注意事项；三是设置“两看两审”[①]的报备制年检工作程序。只有通过“两看两审”确认的海淀园的高新技术企业，才采取“报备制”的方式通过年检；四是在工商所服务平台开设专门的示范区高新企业报备制年检申报窗口；五是为便于企业申报，分局将海淀园四至范围及区域图挂在网站对社会公示。统一制作海淀园区地图和四至范围展板，放在所有工商所服务平台的明显位置，供企业对比、查找和填报；六是根据年检期间企监科开办的《年检工作日日通》等业务指导文件，跟进和回答工商所在年检过程中遇到的问题。

建立督导机制夯实基础工作，促进网格责任人完成基础巡查任务、摸清辖区市场秩序问题的存量。注重消除由于未及时清理而产生的监管责任风险，通过强化日常监管与风险监管对接，加大对应吊、应清主体的清理力度，建立基础工作月统计月公示制度。每个月 25 号左右，统计各工商所主体认领描点情况、巡查情况，并在分局范围内公示，作为月度考核的重要组成部分；利用网格监管系统开展工作，强化网格监管系统专项整治台账和无照经营模块的应用，通过挂账监管盘清重要问题的底数，落实工商所无照经营的管理痕迹；加大经济户口虚数清理力度，对未清理主体的合理性开展跟踪考核。指导督促工商所强制注销执照超期 6 个月的个体。开展应检未验主体成批吊销和个案吊销工作，成批吊销个体 2873 户、企业 8707 户，采取个案吊销个独企业 1470 户；通过专项整治，摸清监管重点和风险点。在专项整治中，制定“积极行动、摸清底数、查找风险、排查隐患、疏堵结合、留有痕迹”的监管方针；强化网格责任人对写字楼监管工作的指导与督察，使写字楼物业部门成为工商部门监管工作的抓手。本年查处写字楼内违法行为 417 起，罚没款 426.55 万元，同比增长 24%；通过培训提升网格责任人业务素质。依托网格监管系统在线考试模块对网格责任人进行业务技能摸查考试，工商所根据分局考试结果，对成绩较差的网格责任人进行职业技能的再培训。

把增强市场秩序控制能力，改善市场生态环境作为工作目标。加大行政执法力度，进行事后纠正，加强行政指导，进行事前防范。全年办理企监类案件 2167 件，罚没款 1829.02 万元，同比增长 13.26%。其中查办擅自变更登记事项类案件 446 件，同比增加 90%，罚没款同比增加 23%；查办注册资本类案件 49 件，同比增加 44%，罚没款同比增加 18%。查处涉外案件 71 件，其中涉及登记事项的外资案件（不包括逾期年检）15 件，罚没款 162.3 万元。

针对辖区企业经营状况，继续开展股权出质、出资登记工作。共办理股权出质登记 374 户，股权出质数额为 19.03 亿元，被担保金额 142.10 亿元。股权出资的企业共有 25 户（占全市总量的 28.1%），股权出资金额为 30.06 亿元。

2010 年，全区内资应参检企业 121869 户，实际参加年检企业 110079 户，年检率 90.32%，申报率 92.3%。其中应参加年检的一般类型内资企业 112884 户，实际参加年检 103178 户，年检率为 91.4%，其中申报率 93.27%；参检企业注册资本（金）总额 4383.82 亿元，资产总额 16532.76 亿元，负债总额 10430.81 亿元，净资产总额 6101.95 亿元。应参加年检的个人独资及合伙企业 8985 户，实际参加年检 6901 户，年检率为 76.8%，同比降低 7.59%，其中申报率 78.79%；参检企业注册资本（金）总额 68.59 亿元，资产总额 43.74 亿元，负债总额 18.13 亿元，净资产总额 25.61 亿元。外资企业参检的 4267 户，100% 为网上年检，年检率 96.25%。个体验照 59419 户，验照率 87.75%，其中网上验照率 97.15%.

商标监管　3 月 1 日至 6 月 30 日，向辖区 273 家商标代理组织发放《海淀区知识产权（商标）代理机构调查表》和季度报表，走访商标代理组织 80 余户，对 10 户存在问题的企业下发《责令限改通知书》。整理汇总《海淀区代理机构调查及联系表》和《辖区工商所代理机构分布管理表》，对商标代理市场进行集中清理、整顿；落实商标授权经营制度，以巩固有形市场的商标授权经营制度为基础，择机适时在电子商务领域推行商标授权经营制。4 月初联合海淀工商所指导京东网上商城建立供应商资质管理体系，将该企业销售的近 3000 种产品纳入管理体系；向企业宣传商标境内外注册、保护等相关信息，共计发放《商标国内注册流程》58000 份、《境外注册指南》（书）190 本。针对企业普遍存在商标国际注册、保护意识不足、海外维权活动资金紧张的情况，分局于 3 月向区政府呈报《关于鼓励海淀区企业进行商标国际注册和海外维权的若干建议》；将商标质押贷款与闲置商标盘活工作结合起来，通过培训宣讲、走访调查，总计协助爱国者、绿伞、清研利华 3 家企业获得 3400 万元商标质押贷款；分局商标网上维权投诉平台自 2009 年运行以来，累计有 25 家商标权利人或代理机构进行 124 件商标信息登记备案，受理 56 起投诉，其中 21 起投诉是由包括上海、广州等外地商标权利人或代理机构提出的。经过初步核实，查处假冒诺基亚手机、苹果 MP3 播放器等侵权案件。引导青牛软件、北大先锋等多家申报北京市著名商标的企业提高争创意识，指导辖区企业建立完善商标发展战略，共指导 26 户企业复审、28 户企业申报北京市著名商标。以帮扶涉农品牌建立商标战略作为商标富农工作切入点，联合北下关工商所重点指导辖区内新疆在京企业——北京沙迪克商贸中心建立商标战略，扩宽销售渠道，将该公司出产的优质新疆水果引入翠微大厦、当代商城、双安商场、甘家口大厦、锦绣大地市场、家乐福超市和沃尔玛超市，并在搜狐网、京东商城进行网上销售。4 月 19 日至 4 月 26

① “两看”是先看企业填报示范区企业的属实性，后验看企业提供的高新技术企业证书；“两审”是先审核示范区内小区域名称填报的属实性，后审核高新技术证书是否在有效期内。

日组织开展以“创造·保护·发展”为主题的“4·26保护知识产权宣传周”系列活动，设立咨询服务台现场答疑，为市场主办方、经营者和消费者讲解法规政策等。

全年出动执法车辆45次，执法人员95次，检查29个市场，386户商户；组织开展宣传活动17次，悬挂、张贴各类宣传标语、挂图、横幅80多幅，接待群众咨询3100余次，向1600多户企业发放宣传材料2300份。共查处各类商标侵权案件55起，罚款金额总计113.88万元。移送案件5起，移送犯罪嫌疑人6人，案值200余万元。

广告监管 针对广告监管中的难点、热点问题，创新监管方式，把监管与服务结合起来，促进广告业健康发展。对399家媒介单位的798个杂志完成分级分类监管；13个工商所建立媒介分级分类监管级别的台账。130个媒介单位被评为一级监管单位，665个媒介单位被评为二级监管单位，3个媒介单位被评为三级监管单位。广告监管人员均通过广告监管培训教育（北清路所除外）。各所监管杂志基本能够在规定时间内录入数据，监测的报纸广告监管数据基本是当天录入数据。对被评为一级监管单位，工商所对其发布的广告进行一般审查、备案，对被评为二级监管单位，工商所对其发布的广告进行一般审查、备案；广告科不定期进行抽查监测；对被评为三级监管单位，工商所对其发布的广告进行重点审查，定期通报监测情况，广告科根据监测情况，进行复查监测，并对其及时通报监测情况，督促改进。组织2次工商所媒介互查，涉及30种期刊。协调、配合药品、卫生监督管理部门开展违法药品、医疗器械、保健食品、医疗广告的整治工作2次，检查户外广告150次，审批登记户外广告3块，建立户外广告基本信息台账；查办网上发布的“性药品”和“性病治疗”广告案件4次；建议通信管理部门依据工商部门的处罚决定，关闭违法网络广告经营者开办的网站；对企业自设的户外广告在日常巡查中加强监管，解决自设性户外广告内容不规范问题；做好辖区户外广告登记工作，拓展广告监管“进社区、进学校、进医院、进网络、进楼宇”的“五进”工作，提升广告监管效能。加强对印刷品广告的日常监督管理，对15个固定形式印刷品出版单位进行检查，完善备案审查制度。截至年底，共查办广告案件192件，罚没款182万余元，其中医疗、药品、保健食品等虚假违法广告32件。

合同监管 利用工商所网格监管，在宣传推行示范文本的同时，引导市场主办单位建立健全“事前预防、事中控制为主，事后补救为辅”的合同管理制度。制定美容美发行业预付消费交易合同核心条款草拟稿，并参加市局组织的加强合同核心条款研讨，并对购货凭证出具方式、会员卡有效期、客户信息保存期限、退卡余额计算方式、违约金比率等核心争议条款提出修改意见。指导工商所做好宣传、举办合同示范文本专题宣传活动，在四季青工商所、北太平庄工商所、甘家口工商所、海淀工商所举办房屋租赁合同、家庭居室装饰装修合同、建材买卖等合同示范文本的推广宣传活动。

完成《新形势下探索、尝试合同行政指导新举措》、《北京市市场场地租赁合同示范文本使用情况调查》、《海淀区拍卖企业调查报告》、《北京市美容美发行业预付费交易行为调研》调研报告4篇。继续开展北京市汽车陪练合同的调研，草拟示范文本。继续开展有形市场场地租赁合同示范文本使用情况的调研，制作、发放并收回400余份调查问卷。进行有形市场场地租赁合同示范文本使用情况的数据归集、梳理、统计、分析，为规范有形市场场地租赁行为提供决策。针对辖区拍卖行业发展迅速的现状，对辖区内拍卖企业进行摸底排查，制作、发放并收回40余份市场调查问卷，组织召开拍卖企业座谈会，将近年来全市查处的拍卖违法案件向企业进行通报，规范其经营的行为；进行拍卖会备案144次，成交金额52.088848亿元。查处拍卖企业违法行为2件，罚没款1.5万元。针对近年来电子市场内出现的各种欺诈消费者行为，与中关村工商所联合在中关村科贸电子城试行电子市场销售合同备案制度。强化对房地产经纪人的日常监管，共查处经纪人违法案件29件，罚没款13.6万元。截至年底，全区共有经纪企业1864户，备案率83%。在保持传统意义上经纪人监管方式的同时，探索开创经纪人监管新方式，工商所以年检为契机，对未备案企业及时在信息系统内进行区别标注，按季度下发《经纪人监管工作指导》和未备案企业名录表，督促经纪企业按照相关要求备案，统计辖区内未备案企业情况；在企业登记注册或变更登记时，下发《经纪人备案通知书》，告知经纪人备案的法律法规依据、所需材料和相关办理手续，建立经纪执业人员现场备案新模式。为北下关地区未备案的经纪执业人员讲解备案手续和注意问题，对符合备案条件的10余户经纪人企业现场办理备案。针对以气化炉、电动遮阳棚、空调蚊账等形式从事违法特许经营活动增加的趋势，加大打击力度，完善合同签约风险预警机制，通过分局外网和其他媒体向社会做出预警提示。开展动产抵押登记工作。帮助科技、电子、汽车销售、印刷、医疗、融资租赁等行业，解决融资难题，共办理登记58件，促进企业融资22.812397亿元。截至年底，共立案查处各类合同违法案件179件，罚没款232.01万元，解决合同调解纠纷83件，挽回经济损失71.23万元。

电子商务和有形市场监管 本年，依托市局电子商务监控平台和分局调度指挥中心，建立集网站基础数据库、网上巡查工作督导、网上违法线索分派等功能为一身的分局级网络监控实验室，初步实现科技化、远程化、电子化的商务网站监管模式。网监实验室配备电子证据分析、硬盘分析以及移动电子证据采集固化等仪器设备，基本解决了困扰已久的电子证据应用问题。5月，在查处的一起侵犯商业秘密案中，通过移动电子证据采集分析系统，破解当事人电脑的开机密码，获取已被当事人删除的近7G容量的商业文件。经过核实，为当事人窃取他人公司的商业秘密。针对新闻媒体对百度为假药网站提供推广便利、谋取暴利的报道，区工商分局对曝光内容以及百度竞价排名体系进行了解，对百度公司进行行政约见，提出百度公司的经营机制存在缺陷，要求其尽到社会责任。百度表示认识到自身失误，进一步完善管理制度和经营机制。

1月，国家工商总局下发《关于充分发挥工商行政管理职能作用深入推进未成年人思想道德建设的通知》，对保护未成年人合法网购权益提出明确要求。由于网上购物实名制并未实行，如何督促监督企业将未成年人保护工作落到实处成为难题。为此，3月至5月，通过召开三次辖区内电子商务企业座谈会，听取企业对保障未成年人合法网购权益的意见和建议，起草《海淀区诚信企业联盟保护未成年人消费权益承诺书》，企业就经营活动中如何保护未成年人的消费权益做出7项承诺，内容覆盖《未成年人保护法》、《反不正当竞争法》、《消费者权益保护法》等多个部门法，具有较强的可操作性。5月20日，召集辖区内新浪、百度、京东商城等20余家知名电子商务企业向社会公开承诺，保障未成年人合法网购权利。承诺仪式后，新浪、搜狐、凤凰网等多家大型门户网站以及北京电视台、京华时报等多家媒体对承诺仪式进行报道。截至年底，全区参与承诺的企业达到100家。全年共立案调查涉网案件202件，结案190件，罚没款金额383.53万元。案件涉及24种违法行为，其中虚假宣传案件141件，其它案件49件。

创新年检工作思路，简化年检办事手续。利用数字服务平台及时为年检企业提供有关信息；成立年检核查组，实地勘查与现场指导相结合，分批次对市场实施年检，同时纠正商户占道经营、市场检测记录不全等问题。共为135个市场办理年检，其中正常经营的市场117个，空壳、歇业、待注销、待转型等市场18个。落实交易市场食品检测制度，对55个农副产品市场食品检测室检测制度的落实情况进行复查，检查农副产品批发市场、农副产品零售市场最近3个月的检测记录。对11个市场食品检测室的升级改造工作进行现场指导，对专业检测人员对进行培训；对检测试剂过期的市场，要求购买新的检测试剂；对市场提出的检测技术方面的有关问题，第一时间予以讲解。抽检工作除以鲜肉为重点外，加强对蔬菜的检测力度，对食品添加剂进行专项整治。共完成抽检样品1991个，鲜肉427个，调味品403个，粮油制品352个，蔬菜252个，其他557个，其中不合格102个，合格率94.88%。推进市场升级改造，完善市场信用分类分级监管机制。将全区117个市场，进行严格的级类划分（A类的26个，B类的65个，C类的26个）；分步骤推动商品交易市场信用分级分类复核工作。累计投资165万元提升市场的软硬件设施，2个市场通过市工商局、市商务委升级改造验收；截至年底，共有37个农副产品市场通过市级验收，20个按照区标完成升级改造。全区农副产品市场改造总投资4.88亿元，改造面积78940平方米，改造摊位数7641个，共获得市财政支持和区财政奖励200多万元。

以市局提出的“优化投资环境、维护交易公平和保障消费安全”3大任务为中心，按照“坚持做到监管关口前移、延伸，在批发、仓储和运输等环节实现全过程、无缝隙监管”的要求，通过加强批发市场食品配送管理，强化食品流通的安全监管、科学监管和全程监管，对重点食品实行双向备案管理；在备案的基础上，对食品配送专用车辆实行统一公示和加贴专用标志；对批发商的重点食品仓储设施实行备案管理，建立健全商品交易市场食品流通配送的闭环式管理机制。这一制度，已从对锦绣大地鲜肉批发的监管，向全区水产品、粮油和食盐批发类市场扩展。在5个建材家装市场进行售后回访试点，通过对市场信用分级分类管理，延伸售后服务体系，为市场开展售后回访制提供帮助。推进电子产品销售备案制度，在鼎好、海龙、亿世界、电子科贸4家电子市场试点《电子市场电子产品销售备案清单制度》，完善《诚信经营、守法经商、销售备案协议书》和《电子产品销售备案配置清单》。在中关村西区电子市场试行合同文本，制定《进驻中关村西区电子市场联合办公工作方案》，于3月1日牵头区文化委、区公安分局正式进驻海龙、鼎好、亿世界3个电子市场联合办公。制定《北京市海淀区电子市场主办单位经营管理规范（试行）》、《中关村电子市场保护知识产权措施》。在联合打击电子市场违法经营行为的同时，以倡导诚信文明经商为主题，引导市场主办单位开展创建“规范经营示范店”评选活动，要求参选商户统一对外公开承诺，保障消费者合法权益。

3月25日，联合区种子管理站、区种子商会共同举办2010年度红盾护农知识讲座暨种子经营企业经理培训班，200余人参加。9月28日，联合区农业、公安等部门开展节日农副产品食品安全和农资商品质量安全执法大检查。

在市场监管工作中，坚持行政指导为主，行政处罚为辅，查处大案要案；执行进货验收制度和索证索票制度，检查经营者的台账，把不合格商品杜绝在门外；强化市场主办单位管理和责任意识，严格执行各项规章制度；树立风险意识，主动查找市场内存在的问题，开展行政指导工作。本年对市场主办单位共实施行政指导2167次，其中口头行政提示2101次，行政告诫134次，行政约见20次，行政建议262次，下发预警警示通知书份数20份，下发责令改正通知书67份。共查处违法案件230件，同比减少80件，下降25.8%；罚没款113.46万元，同比增加64.88万元，增长133.55%。

支持市场商户党建和星级商户评比工作。发挥商户党员的带头作用，鼓励党员商户参加市场管理人员的党员活动。采取帮扶措施，对家乡受到地震、泥石流灾害的商户，与市场主办方协商，减免商户费用，号召其他商户捐款捐物，开展送温暖、献爱心活动。参加优秀商户、星级商户评比的商户占每个市场的20%左右。其中中关村电子市场选出“规范诚信经营示范店”50余户。

食品质量监督管理 发挥食品快速检测对食品市场的动态控制作用，对重点地区、重点食品实施重点监控，加大对消费量较大、风险较高食品的快速检测。对问题食品实行强化检测，提高发现问题食品的能力和准确率，对执法中发现的涉嫌不合格食品及时采取临时控制措施，控制食品安全事件的危害和风险。本年共抽检食品样品5340个，其中快检样品3417个，不合格样品293个，合格率为91.4%；完成区食品办监测任务600个，完成食品处监测任务414个，完成市局技术中心的监测任务1169个。通过对检测数据的分析，发现山楂糕中铝超标、无糖月饼中含量标注混乱、淀粉制品检出亚硝酸盐残留、部分猪肉产品中沙丁胺醇超标等问题。开展辖区食品安全监测、分析和调查评估工作，发现辖区流通领域高风险的食品种类和问题。在年初的乳制品专项整治行动中，利用3天时间对188个乳制品样品进行监测，全部合格；7－8月对294个含乳食品的监测，所有样品全部合格。

完善商场、超市自检实验室建设，强化各商场、超市及食品经销企业为食品安全第一责任人意识，完善流通环节食品安全自检体系，增强流通环节食品安全监控能力。指导帮助超市发、城乡仓储、麦德龙、美廉美4家超市建立自检实验室，在家乐福中关村店、物美清河店、物美海淀店、翠微大厦、欧尚超市5家超市建立三级自检室；坚持对自检室的指导，建立业务指导机制、定期培训机制、数据交换机制、企业自检室责任人机制等。健全食品安全长效监管机制，加大对商场、超市、食杂店的证照管理，查处无证照食品经营行为；加强对食品经营者的行政指导，引导食品经营单位建立食品安全管理制度，落实食品质量管理、进货查验、冷藏销售、信息公示、食品退市、应急处置、从业人员健康管理等管理责任；重点检查食品经营者索证索票落实情况、购销台账建立情况、许可备案情况、QS[①]标贴落实情况等；监督食品经营单位按照《食品安全法》和《北京市工商行政管理局流通环节食品安全监督管理规定》的有关要求，查验所销售食品的合格证明、检验检疫票据，查验食品生产日期、保质期、感官品质、包装和标签等，严把食品质量入市关，对不执行食品安全管理制度的食品经营者依法严肃处理；督促食品经营单位以消费者投诉、举报多或销售量大的食品品种为重点，加大自行检测或送检力度。指导商场、超市对其经营场所内的现场加工制售食品行为加强规范管理；完善不合格食品的退出机制，加大对食品经营者依法履行不合格食品退市义务的检查，健全食品下架信息公示制度。针对没有系统的下架退市制度或管理规范，以及食品下架退市监管比较薄弱情况，在总结多年食品安全监管经验的基础上，制定《北京市工商行政管理局海淀分局商场超市食品经营六项管理规范（试行）》；通过建立允收期制度，临近保质期限食品销售专区制度、食品退市合同制度、食品销毁制度，食品质量监督员制度、销售台账制度，完善食品下架退市管理，做到“把好入口，管好出口”。该规范已在全区70余家大中型超市中全面推行。

完善日常应急处理机制，制定流通领域食品安全突发事件应急处置预案，完善应急处置措施，提高应急能力。全年开展2次应急演练。在“春节”、“五一”等重要节日、“全国两会”、“武博会”等重要活动时期进行专项执法检查。对消费量大、投诉举报多以及节日性、季节性食品开展专项执法检查，严厉打击制售假冒伪劣食品、违法添加非食用物质和滥用食品添加剂的违法行为。针对部分乳制品三聚氰胺超标问题，开展专项整治。在7–8月的“‘小神童’、‘绿色情人’等乳制品三聚氰胺超标问题开展的乳制品专项整治行动”中，出动执法人员1136人次，检查市场外食品经营户1667家，市场内食品经营户495家，下架退市问题含乳食品32.64公斤。加强酒类市场监管工作，以规范酒类市场秩序为重点，日常巡查与重点检查、执法部门打假与联合酒厂打假相结合，部门监管与群众举报、社会监督相结合，开展有针对性的酒类打假活动；在上半年开展的酒类专项整治行动中，共检查70余家大型餐饮企业、超市、烟酒专卖店及娱乐场所，共查处涉嫌假冒“五粮液”、“剑南春”、“贵州茅台”等10多种品牌假酒507瓶，涉案总值约50余万元。其中高新芝销售假酒一案中，由于数量案值较大（各类假酒90瓶，案值5.8万元），已依法移交给公安机关处理；12月25日至26日，开展红酒专项整治行动，以烟酒专卖店、食杂店、市场为主要检查对象进行拉网式排查，严查假冒伪劣红酒。共出动执法人员551人次、执法车辆184车次，检查葡萄酒经营主体1345户，查处涉嫌销售侵犯“长城”、“华夏”等知名商标葡萄酒的经营主体25户，查获侵权葡萄酒469瓶。全年共开展9次食品安全专项整治行动，查处食品违法案件869件，罚没款353万元。

完善食品流通许可制度，执行食品流通许可现场核查标准，加强证、照承办人员之间的业务沟通和交流，避免出现证照办理标准不统一的问题。简化程序，加强与相关食品安全监督管理部门的协调配合，实现食品流通许可的规范化、程序化、便民化管理目标，提高许可办理效率和提升公共服务水平。截至年底，共受理食品流通许可证申请6538户，核发6364户。加强食品安全宣传、普及食品安全知识、提高公众食品安全意识。在全局范围内对执法人员开展

---

① 根据国家质量监督检验检疫总局《关于使用企业食品生产许可证标志有关事项的公告》（总局2010年第34号公告），企业食品生产许可证标志以“企业食品生产许可”的拼音“Qiyeshipin Shengchanxuke”的缩写“QS”表示，并标注“生产许可”中文字样。与原有的英文缩写QS（quality safety 质量安全），表达意思有所不同。

《食品安全法》等相关法律法规及业务培训6次。通过企业联谊会、培训会等形式，对经营单位开展《食品安全法》、《流通环节食品安全监督管理办法》和《食品流通许可证管理办法》等法律法规的培训12次。面向消费者开展食品安全和维权宣传，通过发放资料、开设宣传栏、现场咨询等形式，加大宣传力度，鼓励群众参与食品安全管理，普及食品安全知识，将食品安全知识带进社区、街道、军营和学校。截至年底，共开展食品安全知识培训34次，发放宣传材料2万余份。

队伍建设 通过“以老带新”的方式加强法制部门人员培训。加强对各执法单位法制员的日常指导和专业培训，及时就日常执法中发现的问题组织交流研讨。

组织分局第三届“十佳办案能手和优秀法制员”的评选活动，评选出办案能手和优秀法制员各10名；通过多种形式对执法人员，特别是行政执法单位领导及法制员进行培训教育。年初分别组织行政执法培训班、法制员培训班，进行法制员上岗资格考试，邀请市局法制处领导、海淀区人民法院法官授课，拓宽执法人员办案思路、增强依法行政意识；年中，邀请法制处领导对行政执法单位法制员和办案骨干进行刑事立案追诉标准的集中培训，避免“以罚代刑”等行政执法风险；8月，组织全局持有《工商行政管理执法证》的人员近600人参加行政执法与刑事司法衔接工作的考试；年末，结合组长选任工作，邀请法院行政庭的法官和检察院侦查监督处的检察官对全局125名业务组长进行培训。

合理配置人力资源，完善干部选拔任用方式，深化绩效考核，探索激励机制。对优秀事迹和先进人物进行表彰，共对107名先进人物进行宣传表彰；指导各单位开展经常性思想政治工作，帮助干部解决困难，关心干部的身心健康。

深化绩效考核，建设资源体系，创新激励机制：梳理岗位职责，建立分层分类的绩效考核体系。根据职务差异，分为正科级领导干部、副科级领导干部、组长和一般干部4个层次，考核内容各有侧重；根据岗位差异，一般干部考核又分为综合岗和业务岗2个类别，设定不同的权重系数；将年度考核优秀指标的分配数量向一线倾斜。部门考核结果将与年度考核“优秀”指标的分配挂钩。关爱离退休干部和劳务派遣人员，落实分局离退休人员的政治生活待遇，加强离退休人员党支部建设，定期召开党支部会，组织离退休党员开展活动；了解离退休干部的思想生活情况，照顾好离退休干部的晚年生活。制定《海淀工商分局劳务派遣人员管理办法》，着重加强对劳务派遣人员工资发放、社会保险缴纳等事项的监督，维护劳务派遣人员的合法权益、规范劳务派遣公司的行为、维护分局劳务派遣人员队伍的总体稳定。

1月，分局机关党委办公室重新恢复建制。机关支部由10个调整为16个，分局调整为31个党支部。团总支于4月完成换届选举。组织完成入党积极分子参加2010年度党课培训和15名党员的年度发展工作。为西南旱灾地区、为玉树地震灾区、为分局1名重病党员捐款20余万元。组织参加国家工商总局春节文艺汇演，市局红盾文化节节目汇演等项活动。

加强民主集中制建设，推进党风廉政建设责任制。以规范“人权”、“财权”、“事权”为重点，建立健全权力运行机制。对涉及党风廉政建设工作内容逐一分解，落实谁主管谁负责的责任制。采取分局考核组检查、监察科不定期抽查、督察督导组暗查等形式，加大监督检查力度，纠正各类不规范行为。做好“两个风险”[①]防范管理工作，以规范和制约权力运行为主线，突出防控重点，在风险监控网络“全覆盖”的基础上，抓好“两个延伸”[②]，加强对涉及人事任免、行政审批、财务管理等重点部门、关键岗位的风险防控，规范和监督权力行使。探索廉政风险项目化管理模式，将廉政风险较大的部分重点工作确定为高等级风险点防范管理项目，全程进行效能监察和风险监控。（陈铁柱）

① 是指监管风险和廉政风险。

② 风险防范管理工作向领导班子和领导干部层面延伸、向拥有公共权力的部门和关键岗位延伸。

北京市工商行政管理局海淀分局
地址：海淀区倒座庙9号
邮编：100080
电话：82692011（值）
咨询信箱：zixun@hdgsdj.sina.net
企业注册登记网上平台：
www.hddjbaic.g ov.c n

派出机构（15个）：

1.执法队
地址：海淀区万泉河路甲56号（北京八一中学西门外）
邮编：100080
电话：62526067

2.北太平庄工商所
地址：海淀区西土城路甲11号（蓟门小区学院路中学旁）
邮编：100088
电话：82020230 62013537

3.海淀工商所
地址：海淀区芙蓉里小区西区甲1号(小区院内)
邮编：100080
电话：62634240 62636188

4.万寿路工商所
地址：海淀区翠微东里
邮编：100036
电话：68264815 68264818

5.中关村工商所
地址：海淀区中关村北二街甲2号
邮编：100084
电话：62531946

6.四季青工商所
地址：海淀区四季青东冉村449号（乡政府西侧）
邮编：100089
电话：88430872 88439901

7.北清路工商所
地址：海淀区西北旺镇皇后店村南（平房）

邮编：100094

电话：62471770

8.清河工商所

地址：海淀区安宁庄西路西三条（2007年12月由清河小营西路清河大厦二层迁入，2008年1月正式对外办公。）

邮编：100085

电话：62950590－19（值）
62950590－39

9.甘家口工商所

地址：海淀区甘家口小区25号楼

邮编：100037

电话：68366123

10.温泉工商所

地址：海淀区温泉镇杨庄

邮编：100095

电话：62456882（值）　62450176
62404933

11.紫竹院工商所

地址：海淀区厂洼街23号（北京外语大学西院西边）

邮编：100089

电话：68483356 88510536

12.学院路工商所

地址：海淀区塔院小区西门

邮编：100083

电话：62016306

13.北下关工商所

地址：海淀区大钟寺13号（大钟寺博物馆对面路南胡同）

邮编：100086

电话：62169858

14.八里庄工商所

地址：海淀区五棵松路81号永金里小区

邮编：100039

电话：88229551 88229129

15.青龙桥工商所

地址：海淀区农大南路96号（万霖商场南侧）

邮编：100084

电话：82791799

【海淀区食品安全综合管理】　区食品安全委员会是海淀区综合管理全区食品安全的机构，主要负责领导、组织、协调本区食品安全工作，部署食品安全专项整治等重大活动，统筹、协调、解决食品安全工作中的重大问题；完善、推进食品安全长效监管机制建设，检查、督促相关部门食品安全监管责任的落实；定期通报食品安全总体情况，分析食品安全形势，听取各有关部门工作汇报，制定和完善政策措施，布置食品安全管理工作任务。成员单位包括：区政府办、社会办、财政局、安监局、卫生局、商务局、质监局、监察局、农林委、建委、教委、文化委、工商海淀分局、药监海淀分局、公安海淀分局、规划海淀分局、城管监察大队、海淀检验检疫局等。区食品安全委员会办公室设在工商海淀分局，承担日常工作。

本年，海淀区食品安全委员会制定印发2010年《海淀区食品安全整治工作方案》，按照“环节监管、主管部门为主、相关部门配合”的原则，在重点环节、重点领域、重点项目方面开展食品添加剂专项整治、一次性餐饮具和鲜肉制品专项整治、生猪屠宰专项整治、地沟油及餐厨废弃物专项整治以及夏季食品安全隐患防控等工作。各部门和地区全面开展隐患排查和针对性的专项整顿。通过食品监测抽检、专项抽检和快速检测相结合，强化专项整顿措施。截至年底，全区共出动执法人员25289人次，检查食品生产企业400余次，检查农产品基地69次，检查工地食堂1031次，检查学校食堂700次，检查民俗旅游村133户次，检查餐饮企业14377户次，检查市场超市1772户次，责令改正324户，立案328起，查处无照经营406户，查处无照餐饮单位19个，取缔无照游商4622处，罚没款41万余元。本年，共查办食品安全案件3048件，罚没款394万余元，发放各类许可7876件。

完善和利用“三级”监管网络[①]和监测体系，强化“从农田到餐桌”的全过程监控，各级领导实地检查、调研、督查学校食品安全和专项整治等食品安全工作，解决存在的实际问题。区政府投入6011万元改造16所学校学生食堂，解决近万名师生的就餐问题，逐步消除吃配送餐存在的安全隐患。

增设区疾病预防与控制中心、区新闻中心为区食品安全委员会成员单位，成员单位达20家，完善食品安全组织体系建设。加强对食品安全工作的批示和督办，强化部门和地区食品安全责任制的落实，区领导共批办涉及食品安全内容的批示27件。年初和7月份，组织有关部门对问题乳粉进行彻查。成立由主管副区长任组长，区监察局、农委、工商分局、质监局、卫生局、公安分局等部门主管领导组成的问题乳粉清查工作领导小组。共出动执法人员4758人次，监督检查奶牛饲养单位、乳制品生产企业、使用乳制品的生产企业、商场（超市）、市场、食品店、餐饮单位共计8480余个；在生产加工、养殖、流通、消费等环节抽检乳制品原料、乳制品样品、生鲜乳样品、奶牛饲料样品以及奶粉、鲜奶、酸奶、奶糖、乳饮料等样品335个，进行三聚氰胺检测，335个样品全部合格。

年初，海淀区食品安全委员会制定《2010年海淀区食品安全统一监测及监督抽检计划》，细化检测指标，确定全年监测和监督抽检数量。组织有关部门在全区240个监测点开展对种植养殖、生产加工、流通和消费环节的食品安全统一监测抽检，并通过对检测结果进行分析，要求各部门针对发现的问题进行研究，采取措施加强监管，确保全区食品安全合格率保持在较高水平，使各类风险隐患进一步降低。通过监测和监督抽检，共抽检样本3429个，合格样本3354个，全区食品总体合格率97.81%，6大类食品合格率96.85%，均达到全市规定的食品总体合格率稳定在96%以上的要求。

区教委和区卫生局联合制定《海淀区中小学校食品安全管理办法（试

---

① 是指北京市工商局、各区县工商分局、工商所三级。

行）》，实行“三个统一管理”[①]。规范学校食品安全的工作原则、硬件建设的标准、日常操作制度、日常监管的要求及培训教育，将学校校长明确为食品安全第一责任人，实行食品安全管理责任制。区工商分局制定并推行《商场超市食品经营六项管理规范》和《商品交易市场食品流通配送管理制度》，强化流通领域食品安全监督管理，加强对商场超市和农副产品市场的监管。通过在商场超市建立食品收货允收期制度、临近保质期限食品专区制度、食品退市处理合同制度、不合格食品现场销毁制度、食品质量监督员制度和食品批发企业产品销售台账制度等6项管理规范，将食品安全流通监管从运动式向常态化推进，实现“制度管理”和“全方位管理”。在农副产品市场重点食品配送监管工作中，通过实行“挂钩”、“备案”、“公示”等措施，达到食品安全可追溯的目的。

区农委加强源头监督管理，加强“三品”（即无公害、绿色和有机食品）基地认证的管理。获得认证的有 38 个无公害农产品企业，涉及 71 个产品。5 个绿色食品基地，涉及 56 个产品。10 个有机食品基地，涉及 15 个产品。对农产品生产基地、大型农产品批发市场和农业投入品生产经营企业进行食品安全质量监督抽检，重点监测蔬菜农药残留、动物产品中瘦肉精、水产品中氯霉素和孔雀石绿。共抽检样本 1298 个，全部合格。开展农药产品、蔬菜产品、饲料质量安全、生鲜乳、兽药及兽药残留、水产品、“三品”产品、农产品批发市场和农资打假 9 项专项整治。通过加强检验监测、查处曝光、督导整改、制度建设和指导服务，提高农产品、农业投入品的质量安全水平和监管能力。共组织执法检查 713 次，出动执法人员 2081 人次，查处案件 36 件，罚款 7 万余元。建立生产基地生产档案，实行标准化生产管理。全区共建设各级农业标准化生产示范基地 62 个，从生产档案、制（修）定标准、基地硬件建设与管理、企业宣传和贯彻标准等方面进行检查、指导。区质监局加强食品生产加工环节的质量监管，严格落实各项制度，提高食品生产监管的有效性。针对辖区企业规模小、产品杂、风险高、设备简陋等特点，建立“三大系统”[②]，提高食品安全监管效能。加大对企业食品添加剂使用情况的监督，强化对添加剂使用情况的日常监管。加强含乳食品专项检查，落实监管责任。加强对企业原材料进厂、生产过程控制、产品出厂这 3 个重要环节的监管。创新“四项制度”[③]，提高监管能力，强化食品质量监管。共检查食品企业 466 家（次），出动执法人员 934 人次，对糕点、肉制品、桶装饮用水、乳制品等 27 大类食品进行监督抽查，共抽查食品 210 个批次，不合格的食品为 9 个批次，抽查合格率为 95.7%。查办案件 19 件，罚没款 13 万余元；区工商分局加强对食品经营者的监管，加大执法检查和食品抽检的力度和频次，加大对高风险食品的监管力度，开展专项抽检检测和分析，提高食品安全风险控制能力。共抽检食品样品 5215 个，其中快检食品样品 3341 个，不合格样品 283 个，合格率为 91.5%，通过全市下架 47 个批次。发挥海淀食品安全监控分中心的作用。加大日常监督管理力度，健全食品安全长效监管机制。加强对农副产品市场、商场、超市、食杂店的证照管理，查处无证照食品经营行为，完善不合格食品的退出机制。加强农副产品市场的食品安全监管。强化食品准入与流通环节抽检，全面掌握辖区农副产品市场食品安全现状，实现关键点控制，提高对辖区农副产品市场食品安全的控制力。引导市场进行硬件升级改造，提高市场的软件管理水平，强化市场开办者、进场经营者的食品安全意识。采取整治措施，进一步引导和监督食品经营者建立和落实各项规章制度，打击销售假冒伪劣食品的违法行为，及时排查食品安全隐患，全年共开展酒类等 9 次食品安全专项整治。对于数量、案值较大的涉嫌假冒“五粮液”、“贵州茅台”等品牌假酒案件，移交公安机关处理。加大食品违法案件的查处力度。重点查处假冒注册商标、食品成分不合格、食品标签不合格、虚假广告等类型案件。截至年底，共查处食品违法案件 869 件，罚没款 353 万元。

区卫生局加强对送餐企业、学校、工地等集体食堂、团队聚餐等高风险环节的监管，重点对冷荤、凉菜等食品及餐具进行检测抽查，共完成食品安全抽检食品及用品 35 类，共计 853 件，已出结果 787 件，合格 748 件，合格率为 95.04%。继续推行量化分级工作，加强级别动态管理。全区共有餐饮服务单位 7306 个，对餐饮服务单位累计监督 17116 户次、监督覆盖率平均 97.74%，平均监督频次 2.30 次。开展食品专项整治，为大型活动提供保障。通过派驻人员监督，落实保障职责，完成 11 项大型活动的保障任务。开展新学期学校食堂和营养餐专项监督检查、工地食堂专项整治、学校食堂专项整治等各类食品安全专项整治 17 次，有重点地对食品安全隐患单位进行强化监督检查。快速检测食品 4220 件，合格 4195 件，合格率 99.4%。共接到食物中毒疫情举报 19 起，涉及人员 170 人，最终认定食物中毒 8 起，中毒人数 82 人。推进餐饮单位进货索证工作，规范食品原料溯源管理，重点规范大型餐饮企业和宾馆饭店的进货渠道，严查索证索票，查禁非法购进等违法行为，强化被监督单位的食品安全责任。

区药监分局通过加强保健食品经营行政许可、抽检、市场巡查，开展打击在保健食品中违法添加非申报成分专项整治等工作，强化对保健食品的监管；区检验检疫局加强对出口乳制品、含乳食品企业专项执法检查、开展打击

---

① 即统一学校食品安全管理模式、统一食品安全管理内容、统一食品安全管理制度。

② 即食品安全精细化管理平台，完善食品安全三级监管网络，落实食品生产企业质量安全主体责任。

③ 企业信息报送制度、企业人员培训制度、企业出厂检验能力比对制度、不合格产品通报召回制度。

违法添加非食用物质和滥用食品添加剂专项整治工作，完成辖区内动物源性食品监控任务。区商务委加强对盐业市场和酒类流通市场的监管力度，打击涉盐违法活动。区城管大队加强重点点位、重点地区和要害部位的监控，结合环境综合整治，开展联合执法，加强对校园周边、工地周边的无照经营进行取缔，查处露天烧烤 510 起，查处各类无证照经营食品违法案件 6465 件，罚款 24 万余元。区住建委加大对建设工地食堂卫生的检查力度，实施建设工地网格化的食品安全管理模式，落实责任制，加强宣传教育工作，共对 485 个建筑工地食品安全进行监督，消除食品安全隐患 1500 余次。各街道、镇（乡）加强组织协调和领导力度，开展食品宣传培训、专项整治和综合治理等工作，落实属地责任。

海淀区食品安全委员会，利用报纸、宣传专栏、电视和相关网站加强《食品安全法》及其实施条例等法律法规的宣传、教育培训，增强对经营者的培训频次，强化第一责任人意识。加大对消费者的宣传力度，提高食品安全意识。强化监督管理部门依法行政的意识。全年共培训授课 15000 余人次，发放宣传材料 15 万余份，制作宣传展板 1200 余块，通过海淀有线电视制播《食品安全视线》栏目 22 期。

【信息档案中心】 截至 2010 年底，共库存文书档案共 1042 卷、4904 件；经济执法案件档案 61611 卷；会计档案 3184 卷；企业档案 123980 户，注、吊销企业档案 127247 户；注吊销个体档案 78182 户。完成文书档案归档 327 件、会计档案 120 卷、案件档案 4392 卷、照片档案 206 张、实物档案 29 件、电子档案 56 盘。编写档案检索目录 13 本，编录档案检索条目 4718 条。接收、整理、扫描、入库新增内资档案开业材料 15483 卷，变更材料 39385 卷，注、吊销材料 6029 卷，行政处罚决定书 929 份；迁入企业 1184 户，迁出企业 1955 户，接收工商所个体注、吊销档案 3745 户，年检材料 113407 份。整理扫描外资企业开业档案 457 卷、变更 1437 卷、注销 124 卷，吊销 127 卷，并移交市局档案中心。新建档案库房标志标识、档案管理制度、工作流程。完成档案工作信息、论文和大事记撰写，档案查询实现计算机检索。实现文书档案数字化管理与电子借阅，完成档案的双套制管理。

对档案室室藏档案全面清点，共清点文书档案 5946 卷（件）、声像档案 2738 件、会计档案 3184 卷、案件档案 61400 卷、实物档案 559 件。配合“二轮修志”提供近十年的归档文件目录和编研成果三十余件。加强编研与信息开发，编写工作总结汇编、组织机构情况汇编、领导干部任职文件汇编、档案利用实例汇编、分局大事记汇编、干部撰写的调研汇编等 6 种档案专题材料；为企业提供档案查询服务，查询窗口共接待外部档案查询 35102 人次，档案库房接待公检法机关及鉴定机构笔迹鉴定 61 人次。

为食品科、登记科、锦绣大地办公点加装网络专用线路，改善网络运行环境；加强对内网的监控，重大节假日安排值班，保证分局内外网络、中心机房和工商所机房、业务应用系统及近千台计算机设备的稳定运行；制定数据管理实施办法，核实问题数据 1559 条，提高数据完整率、准确率；向各单位反馈数据信息，从源头加强数据质量管理；加强对数据的分析，从数据中发现监管问题，掌控辖区经济运行和工商监管规律，加强市场监测、预警和信息引导；做好 OA 办公系统和公共服务平台系统用户维护；定期对数据库备份、压缩，清理邮件，对退休、调出、调入单位变动的人员及时维护；加强数据综合利用，为海淀区和中关村国家自主创新示范区核心区建设服务。建立信息交换渠道，为海淀区金融办、对外联络中心、海淀园管委会产业规划发展处、海淀区商务委等单位提供数据信息；组织 45 名统计人员参加市局新统计法培训，25 名兼职统计人员参加 2010 年统计从业资格考试报名、培训；完成统计月报 264 张、季报 82 张、半年报及年报共 121 张，分析 22 篇。

【工商行政管理学会】 高校企业工商顾问工作深入开展，召开高校企业负责人、理事单位关于“核心区市场生态环境建设”征求意见座谈会。4 月 26 日和北京大学联合召开“北大产业海淀工商共促发展座谈会”，征求北大企业对北京市工商行政管理系统开展的关于市场生态环境大讨论的意见和建议，提出名校名称保护规范，对登记注册、年检、技术入股、市场退出等问题做出解答。8 月 12 日，召开海淀区工商学会成立十五周年纪念座谈会，探索工商行政管理发展的基本规律、基本范畴和基本理论。会刊《海淀工商论坛》围绕分局中心工作，增设“我为核心区市场生态环境献一计”、“如何加强流通领域商品质量监管，建立长效监管机制”、“二轮修志”、队伍建设、食品安全、营造良好市场生态环境大讨论等新栏目。开展我为核心区市场生态环境建设献一计、如何加强流通领域商品质量监管，建立长效监管机制和如何进一步推动行业自律，促进企业履行社会责任征文活动，收到征文 120 多篇；成立工商分局二轮修志领导小组，编辑部设在工商学会。制订并下发二轮修志资料收集工作的指导意见，从收集范围、内容、方法、职责等方面提出规范意见。

【海淀区私营个体劳动者协会】 海淀区私营个体经济协会以落实“为会员要办的十二件实事”为核心，搭建、完善融资贷款、商贸洽谈、文体活动、教育培训、维权自律、信息发布、配送中心等服务平台。从第二季度开始，围绕“营造良好市场生态环境”，以高新技术企业为主，围绕履行合同约定、产销商品高质、返还信款守时、缴纳税款足额、劳动就业保障、公益事业六个方面，开展“海淀区民营高新技术企业信用状况报告”专题调研，探究高新技术企业在经营活动中是否达到良好市场生态环境的评估标准，为政府决策和社会信用体系建设提供参考资料。5 月 14 日和 10 月 22 日分别举办“营造良好市场生

态环境 讲文明展风采共建核心区”五月诵诗会和协会的第一届文化节合唱比赛。协会会员单位——北京科源轻型飞机实业有限公司自主研发的蓝鹰200W 外贸型反恐无人机参加第三届中国无人机展览会。6 月 9 日，组织区精神文明单位、党员代表 140 余人赴北京军博参观第三届中国无人机展览会。6 月 18 日，组织 50 余家区精神文明单位，到“北京众生平安医药科技有限公司”建在平谷的生产基地考察学习。9 月下旬举办“诗书画”迎中秋联谊会，10 月中旬组织开展“金秋登山”友谊赛。10 月 20 日组织市场个体会员近 200 人在凤凰岭举行“激扬青春风采 弘扬计生国策 倡导协会文化 践行创先争优——金秋登高友谊赛”。组织会员进行健康体检，2800 人参加。

根据市局制订的《关于进一步加强私营个体经济协会私营个体经济指导服务中心组织建设的意见》，推进协会组织体系建设，成立“海淀区私营个体经济协会万寿路地区分会”和“海淀区私营个体经济协会青龙桥地区分会”。拓宽与金融机构合作领域，继邮政储蓄银行后，与北京银行、建设银行、民生银行、农业银行、工商银行、海淀科技风险担保中心建立为非公企业提供稳定、便捷、快速的融资项目和渠道的长期合作机制。组织私营企业参与北京市“中小企业金融贷款项目推介会”、“首都非公经济金融服务周”、“银协企”交流对接会等活动 30 余次，近 2000 家会员单位参加。邀请银行机构、担保公司为中小企业介绍“短贷宝”、“科技型中小企业金融贷款”、“三方联保”、“个人商务贷款”等金融贷款项目。协会共推荐 302 户中小企业进入贷款环节，为 137 户企业贷款 7942 万元。3 月 22 日，组织高新技术产业、电子与电器工业、新能源与再生资源、机械设备制造业、农业及食品加工业、生物医药等行业的 40 余户企业参加“投资泰国，放眼亚洲”研讨会暨一对一洽谈会。6 月，组织 25 家会员单位参加第十三届科博会。7 月，组织 10 家会员企业参加在北京展览馆举办的承德招商推介会；10 月初，组织 5 户会员企业参加上海“中欧经贸洽谈会”。9 月，与“北京集佳知识产权代理有限公司”签署合作协议，为海淀中小企业建立商标与专利支持平台。本年，协会被海淀区人力资源和社会保障局授牌为“劳动人事争议调解中心”。

青海玉树县发生 7.1 级强烈地震后，协会党总支发动私营个体党员、会员共向灾区捐款 7 万多元。（陈铁柱）

【国家工商总局商标局驻中关村国家自主创新示范区办事处】 国家工商总局商标局驻中关村国家自主创新示范区办事处（以下简称办事处）成立于 2009 年 11 月 5 日，是总局 1978 年恢复工商建制以来，在省市设立的第一个派出机构。开展有关商标注册申请受理及高新产业商标战略研究、商标咨询、服务等工作。本年，办事处推进示范区商标战略实施，创新工作机制，“走出去”为企业送服务。

贯彻《国家工商行政管理总局关于支持中关村科技园区建设国家自主创新示范区的意见》，落实国家工商总局商标局《关于贯彻实施总局支持中关村示范区文件和总局领导对办事处指示、批示的若干意见》，开辟中关村示范区企业商标办理“快速通道”。全年共受理各类申请 13508 件，其中商标注册申请 6602 件，当场向申请人发放申请受理通知书 3945 件。

办事处 2010 年受理商标申请量图示

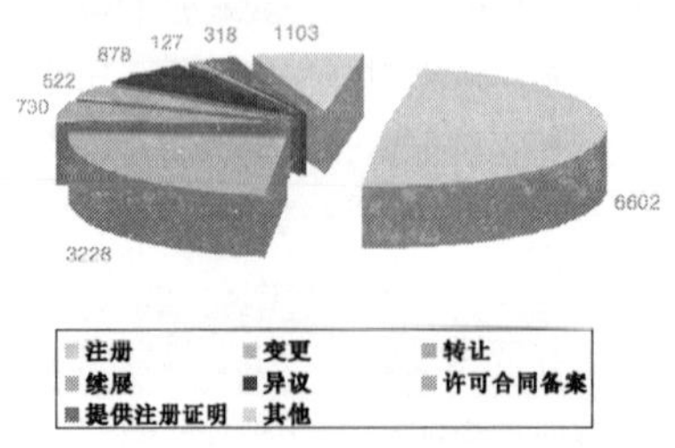

办事处实施“走出去”战略，提升服务方式，推进商标战略实施。采取座谈、开办宣传讲座等多种方式，深入中关村示范区一区十园开展商标战略宣传，全年共参加各类宣传、座谈活动 35 次。“4·26 世界知识产权日”前后，围绕“创造、保护、发展”的主题，深入海淀区、丰台区、东城区、石景山区、延庆县等多个区县开展商标战略宣传，期间参加各类宣传活动 7 次。

为企业搭建发展平台，提升企业实施商标战略的能力，推进示范区创新发展。走访北新建材集团有限公司、北京路浩知识产权代理有限公司等企业和代理组织，进行一对一的服务，及时了解并努力解决企业在商标战略实施中遇到的实际困难和问题。

盘活商标无形资产，拓宽企业融资渠道。支持具有商标品牌优势的企业依法以商标质押获得贷款，实现商标无形资产资本化运作。为北京科美东雅生物技术有限公司、北京旗舰食品有限公司等 9 家企业（个人）办理商标专用权质押登记，出具商标专用权质押登记证 9 件，共质押商标 37 件，质押价值合计近 8758 万元。

加强马德里商标国际注册工作指导，鼓励和支持示范区企业到境外申请注册商标，尤其加强对出口型企业商标国际注册的培训。针对企业、代理机构、基层工商干部等不同对象多次举办关于马德里国际注册的宣传和培训，为企业量身定制国际注册方案，办事处全年受理国际注册申请、国际变更申请等共计 24 件。（施维）

地址：海淀区倒座庙 9 号（北京市工商行政管理局海淀分局二楼注册大厅）

邮编：100080

电话：82690863 转 35、36

82691395（传真）

网址：www.ctmo.gov.cn

sbj.saic.gov.cn

【北京市工商局中关村国家自主创新示范区分局】 北京市工商局中关村国家自主创新示范区分局（简称市工商局中关村分局）正式成立于 2009 年 11 月 5 日。主要职责是：负责示范区内由国家工商总局授权的内资企业、外商投资企业登记注册、名称远程预先核准、变更等管理工作；负责研究、拟定示范区内市场主体登记注册有关政策和具体办法，并组织实施；负责规划、指导示范区内工商行政管理创新、试点工作；研究落实示范区内商标专用权保护机制和商标事务处理快速通道建设等工作；研究拟定示范区市场监督管理制度，指导信息共享和企业信用建设，创新监管方式，提高执法效能。

2010年，市工商局中关村分局对中关村示范区高新技术企业2009年度年检试行报备式年检。示范区内的企业年检贯彻信用监管原则，登记机关根据企业信用及日常监督管理等情况，对无不良记录企业的年检实行报备式，免予审查。3月1日至7月31日，示范区开展持有科技部或中关村管委会高新技术企业证书的企业年检工作，共受理年检企业8216户，其中符合条件参加报备式年检的企业7630户。9月10日，市工商局通过首都之窗、中关村管委会和市工商局网站对参加报备式年检企业进行年检信息公示。截至年底，公示信息未收到社会投诉或举报。

5月6日，国家工商总局下发《关于公布国家商标战略实施示范城市（区）示范企业名单的通知》，北京市中关村国家自主创新示范区被确定为国家商标战略实施示范区。北京爱德发科技有限公司为国家商标战略实施示范企业。

9月6日，市工商局出台《公司债权转股权登记管理试行办法》（京工商发[2010]第93号）和《中关村国家自主创新示范区企业股权激励登记试行办法》（京工商发[2010]第94号）。前者允许公司债权人将其对公司享有的合法债权转为出资，增加被投资公司注册资本和实收资本，为企业提供新的融资渠道。该办法将在中关村国家自主创新示范区内“先行先试”。后者是市工商局中关村分局为配合中关村示范区股权激励改革试点工作，立足工商登记职能出台的政策性配套文件，旨在从登记职能出发履行确认激励对象股权的职责，保障激励对象的合法权益。

12月23日，出台《中关村国家自主创新示范区企业组织形式转换登记试行办法》（京工商发[2010]第131号），旨在满足示范区企业在转换行业、扩大规模、资产重组过程中跨组织形式发展的迫切需求，助力示范区企业发展。同日，颁布实施《中关村国家自主创新示范区条例》，多项条款涉及工商部门企业登记和监督管理工作，主要包括：项目筹建登记；股权激励；集中办公区；企业组织形式转换；支持投资人以债权、股权以及知识产权等非货币财产出资；支持中国公民兴办外资企业；简化企业验资手续；支持创业孵化服务机构发展；驰名、著名商标保护；简化企业年检程序；完善企业信用体系等政策措施等。（林影）

地址：北京市工商局中关村示范区分局
海淀区倒座庙9号6层612室
邮编:100080
电话：82690920-26（传真）
邮箱：zgc@baic.gov.cn
网址：www.baic.gov.cn/zyfj/sfqfj

【蓝景丽家擅自发布户外广告案】 1月20日，海淀工商分局接到电话举报，称北京蓝景丽家大钟寺家居广场有非法发布广告和无照从事餐饮等违法行为。经查，北京蓝景丽家大钟寺家居广场市场有限公司（下称：蓝景丽家）的经营范围为：承办北京蓝景丽家大钟寺家居广场市场，上市商品为：建材、家具、家庭装饰。2007年6月14日，海淀区市政管理委员在《关于蓝景丽家家居广场户外牌匾标识设置规划的意见》中规定：建筑物共设置牌匾标识10处，设置内容为单位名称和标志，不应含有商业内容，有效期一年等。而蓝景丽家未到工商行政管理机关进行相关登记，于2009年1月开始在蓝景丽家大钟寺家居广场室外楼体外墙和市场内的墙体上、柱体上为众多企业发布有偿展板广告和灯箱广告。依据《户外广告登记管理规定》（2006年 国家工商管理总局令第25号）第十八条规定。蓝景丽家在客观上从事发布室外广告业务收取费用，超出经营范围，且未依照规定申请户外广告登记，并在海淀区市政管理委员会批复的《关于蓝景丽家家居广场户外牌匾标识设置规划的意见》（2007年6月14日批复，有效期1年）有效期之后，继续擅自发布户外广告，具有明显的主观故意性。且蓝景丽家发布广告内容未经有关执法部门审批，导致工商部门对广告的内容无法实行有效的监管，极易造成商业欺诈、虚假宣传和损害消费者权益等违法情况的发生，有损政府的公信力。蓝景丽家在不具备发布经营性户外广告资格时，与商户签订户外广告发布合同，并收取费用，给商户造成损失。根据《北京市户外广告设施规划标准》和《北京市户外广告设置使用权招标投标办法》等相关规定，三环路周边属于设置商业广告控设区范围，蓝景丽家未经登记擅自发布户外广告的行为，损害了北京市形象，损害了具有经营资格的同行业的经营者的公平交易权益，扰乱了正常的社会经济秩序。蓝景丽家2009年发布户外广告面积581.92平方米，符合《北京市工商行政管理局相关违法行为行政处罚裁量权执行标准》第二百二十条第（二）项规定的未经登记擅自发布60平方米以上户外广告的情形。海淀工商分局依据《中华人民共和国公司登记管理规定》第七十三条和《户外广告登记管理规定》第十八条的规定，于2010年5月17日做出处罚决定：限期蓝景丽家30日内补办户外广告登记手续，罚款30000元、没收违法所得1646746.52元的行政处罚。举报涉及的无照从事餐饮经营活动移交海淀区卫生局处理。

（陈铁柱）

【北京城建长城装饰工程有限公司虚报注册资本案】 2月1日，海淀工商分局接市局移转匿名举报：北京城建长城装饰工程有限公司有虚报注册资本的违法行为。经核实举报内容基本属实，于当月9日立案调查。经查，2009年1月23日，北京城建长城装饰工程有限公司经北京市工商行政管理局海淀分局核准，变更注册资本和投资人，注册资本由 1000 万元增至 2000 万元（货币资金增资），股东变更为李某出资 878 万元，占公司注册资本的 43.9%；北京申海投资有限公司出资 678 万元，占公司注册资本的 33.9%；北京城建集团有限责任公司出资 200 万元，占公司注册资本的 10%；6 名自然人各出资 34 万元，分别占公司注册资本的 1.7%；2 名自然人各出资 20 万元，分别占公司注册资本的 1%。经查证：北京城建长城装饰工程有限公司于 2008 年 11 月决定将公司注册资本由 1000 万元增至 2000 万元，由于公司资金紧张，除北京城建集团有限责任公司外的各股东委托公司法定代表人李某筹集增资资金，李某于 2008 年年底联络北京昌盛广华投资顾问有限公司，商议由其垫付出资一事，后北京昌盛广华投资顾问有限公司又与北京荣垚捷讯科技有限公司和北京创源信邦科技发展有限公司达成一致，由三家公司共同为北京城建长城装饰工程有限公司股东垫付增资款 1000 万元，2009 年 1 月，上述三家公司将垫付出资款打入北京城建长城装饰工程有限公司各股东账户，北京城建长城装饰工程有限公司据此于 2009 年 1 月 23 日在海淀工商分局办理增资和变更股东的变更登记。2009 年 2 月 4 日，北京城建长城装饰工程有限公司以借款的名义将垫付出资款 1000 万元分别打回北京昌盛广华投资顾问有限公司、北京荣垚捷讯科技有限公司、北京创源信邦科技发展有限公司账户，至此北京城建长城装饰工程有限公司注册资金由 1000 万元变更至 2000 万元，公司账目内记录其他应收款 1000 万元。海淀工商分局认为，北京城建长城装饰工程有限公司的上述行为属于《中华人民共和国公司法》第一百九十九条规定的虚报注册资本行为。依据《北京市工商行政管理局案件移送办法》的规定，本案于 2010 年 4 月 27 日移送北京市公安局海淀分局，公安分局表示由于该公司虚报资本行为没有造成后果，故此案无法受理。2010 年 4 月 27 日，海淀工商分局依据《中华人民共和国行政处罚法》第二十七条和《中华人民共和国公司法》第一百九十九条之规定，责令北京城建长城装饰工程有限公司于 180 天内将新增注册资本金补足，并给予其罚款 500000 元的行政处罚。（王京）

【阿曼度假村擅自从事经营活动案】 阿曼度假村管理有限公司（AMAN RESORTS MANAGEMENT B.V.，住所:荷兰阿姆斯特丹 Strawinsky laan 1725，P.O.Box7241；法定代表人:Greg Sirois，以下简称阿曼度假村公司）未经注册登记，于 2008 年 5 月 28 日与北京颐和园宾馆有限公司签订《管理合同》，承包经营北京颐和安缦酒店。依据《管理合同》约定，阿曼度假村公司管理费收入分为基本管理费和奖励管理费，基本管理费为营业收入的 4%，奖励管理费是在酒店盈利的前提下根据利润占收入的百分比计算。自 2008 年 9 月 27 日酒店开业至 2010 年 2 月 28 日，北京颐和安缦酒店累计营业收入人民币 44812018.51 元，且一直亏损。因此阿曼度假村公司累计应取得管理费收入人民币 1792480.73 元，扣除北京颐和园宾馆有限公司为阿曼度假村公司代扣代缴的所得税人民币 47010.58 元和营业税人民币 23505.29 元，阿曼度假村公司实际应取得管理费人民币 1721964.86 元。该笔管理费收入记录在北京颐和园宾馆有限公司账目“其他应付款”会计栏目中，尚未支付。后经查明，阿曼度假村公司在全球范围内进行品牌推广和市场营销，累计支付人民币 8505163.23 元，本案涉案酒店北京颐和安缦酒店按照其客房间数占当事人管理的全部酒店客房间数分摊该笔费用，分摊比例为 6.2%，金额为人民币 527320.12 元。因此，阿曼度假村公司实际非法所得为 1194644.74 元。海淀工商分局认为，阿曼度假村公司的上述行为，违反了《关于外国（地区）企业在中国境内从事生产经营活动登记管理办法》第三条第三项的规定，已构成未经核准登记，擅自开业从事经营活动的违法行为。2010 年 7 月 1 日，海淀工商分局依据《关于外国（地区）企业在中国境内从事生产经营活动登记管理办法》第十七条和《中华人民共和国企业法人登记管理条例施行细则》第六十三条第一款第一项的规定，责令阿曼度假村公司停止经营活动，并给予其没收非法所得 1194644.74 元，罚款 30000 元的行政处罚。

【怡莲礼业公司侵犯注册商标专用权案】 2 月 23 日，海淀工商分局根据“创能”“懒汉锅”注册商标权利人的投诉，对北京怡莲礼业科技发展有限公司（以下称怡莲礼业科技公司）位于北京市海淀区中关村南大街 17 号 3 号楼 1001 室的办公场所进行检查，发现该公司在销售“创能”“懒汉锅”产品，怡莲礼业科技公司承认其在产品上使用“懒汉锅”字样没有得到第 3386004 号商标权利人许可。海淀工商分局认为，怡莲礼业科技公司涉嫌侵犯第 3386004 号注册商标专用权，遂于当日立案调查。

经查，当事人北京怡莲礼业科技发展有限公司，核定使用商品第 21 类，包括成套的烹饪锅、钝锅；烹饪锅；非贵重金属厨房用具等，注册有效期限为 2004 年 11 月 7 日至 2014 年 11 月 6 日。再查，怡莲礼业科技公司于 2008 年开始委托永康市佳惠厨具制造厂生产带有“创能”商标的“懒汉锅”产品，2008 年 9 月 20 日开始销售给代理商并对外销售，截止到 2010 年 2 月 13 日，怡莲礼业科技公司共销售“创能”“懒汉锅” 32308 只，销售总金额 5620587.2 元。怡莲礼业科技公司库房内尚有 39 只未销售，且多为残次品及半成品。怡莲礼业科技公司的非法经营额共计 5620587.2 元。怡莲礼业科技公司在产品上使用“懒汉锅”作为商品名称，没有得到商标权利人许可，侵犯了注册商标专用权。在海淀工商分局调查的过程中，怡莲礼业科技公司与商标权利人达成和解协议，商标权利人表示不再追究怡莲礼业科技公司的侵权责任，怡莲礼业科技公司也承诺立即停止侵权行为并改换包装，主动消除违法行为。根据《中华人民共和国商标法》第五十二条第（五）项和《中华人民共和国商标法实施条例》第五十条第（一）项之规定，海淀工商分局认为，怡莲礼业科技公司的上述行为已构成侵犯注册商标专用权的行为。2010 年 8 月 16 日，海淀工商分局依据《中华人民共和国商标法》第五十三条和《中华人民共和国商标法实施条例》第五十二条之规定，决定给予怡莲礼业科技公司罚款 10 万元行政处罚。（王京）

【太极计算机公司营业执照被吊销后继续从事经营案】 4 月 1 日，海淀工商分局对太极计算机股份有限公司进行检查时，发现北京东方太极环保设备有限责任公司（下称：太极环保）有涉嫌无照经营的行为。经立案调查得知：太极环保因未在规定的期限内接受工商局的年度企业年检，也未在北京市工商行政管理局公告规定的截止日期（2007 年 7 月 16 日）以前补办年检手续。其行为已违反《中华人民共和国公司登记管理条例》和《企业年度检验办法》。海淀工商分局于 2007 年 11 月 23 日作出行政处罚决定，决定吊销当事人营业执照。该处罚决定已于 2007 年 11 月 26 日进行公告送达。太极环保于 2006 年 7 月 10 日与太极计算机股份有限公司签订合同，为北京乔波冰雪家园消防工程及弱电工程提供劳务分包服务，2008 年 5 月该合同启动。截至立案时，太极环保通过为北京乔波冰雪家园消防工程及弱电工程提供劳务服务，收取劳务费用 5913000 元，其中违法所得为 5745522 元。据此，太极环保的上述行为已构成被吊销营业执照后，擅自继续从事经营活动的无照经营行为。依据《无照经营查处取缔办法》第十四条第一款的规定，参照《北京市工商行政管理局相关违法行为行政处罚裁量权执行标准》第二十九条第（二）项第 3 点的规定，鉴于当事人在明知连续多年未参加企业年检的情况下仍然承揽工程劳务分包，主观故意明显，且违法所得数额超过 20 万元。海淀工商分局于 2010 年 6 月 28 日做出处罚决定：没收违法所得 5745522 元、罚款 200000 元，共计 5945522 元。（陈铁柱）

【北京句芒多媒体公司未办理变更登记案】 北京句芒多媒体技术有限责任公司（以下简称句芒多公司），成立于 2008 年 1 月 9 日，注册资本 1000 万元，其中股东崔某货币出资 550 万元、袁某货币出资 225 万元、张某货币出资 225 万元。公司设立登记时由崔某货币出资 500 万元，剩余资金公司章程约定于 2010 年 1 月 8 日前到位。自 2008 年 1 月 9 日至 2010 年 5 月 14 日，公司注册成立已超过两年，剩余 500 万元未能按章程约定期限缴足，且公司也未办理变更登记。

海淀工商分局认为句芒多公司的上述行为，违反《中华人民共和国公司法》第二十六条第一款以及《公司注册资本登记管理规定》第二十三条之规定，属于公司成立两年后公司股东未足额缴付出资且公司未办理变更登记的行为。根据《中华人民共和国公司登记管理条例》第六十八条和《北京市工商行政管理局行政处罚裁量权执行标准》第第六十八条第四项的规定，海淀工商分局于 2010 年 5 月 26 日依法向公安机关办理移送手续。但公安机关认为，根据最高人民检察院公安部 2010 年 5 月 7 日颁布的《关于公安机关管辖的刑事案件立案追诉标准的规定（二）》第三条第二项规定，对该案予以拒收。海淀工商分局考虑到句芒多公司未在约定期限内缴足注册资本并非主观故意，并立即召开股东及董事会议，承诺于 90 日内缴足注册资本或者进行减资，有积极改正的意识和行为。2010 年 7 月 10 日，依据《中华人民共和国行政处罚法》第二十七条第一款第（一）项及《中华人民共和国公司登记管理条例》第六十八条的规定，工商分局责令句芒多公司 90 日内改正违法行为，并予罚款 10 万元的行政处罚。（王京）

消费者权益保护

【综述】 北京市工商局海淀分局是依法对消费者进行权益保护的行政执法部门。海淀区消费者协会是依法维护消费者合法权益的社会团体。

本年，海淀分局配合中关村西区治理工作开展专项整治。

增加对网上购物和电视购物等新兴业态的监管，增强消费者参与度、倡导诚信自律，加快信用工程建设。开展电脑配件和通讯器材类的商品质量监测工作，共抽取样品 30 组，占辖区总监测量的 9.1%。对上年度抽检合格率最低的电动自行车开展专项整治，通过北京电视台、京华时报等新闻媒体进行全程报道。建立政府监管、企业自律、舆论监督、消费者参与的“四位一体”消保维权网络工作机制；印制 2 万册《北京市流通领域商品质量监督管理工作的意见》单行本，在大中型企业、中关村西区商户中发放。在甘家口大厦、当代商城、翠微等大型商业企业和中关村电子市场举办消费者权益保护方面的培训 23 次，300 余户经营者参加。完成儿童服装、通讯器材、计算机配件、日用化工产品等 23 大类 368 组的抽检任务，反馈结果335组，其中合格238组，不合格97组，合格率为71.04%。

3月1日，分局牵头成立中关村西区整治工作组，联合公安、文委进驻鼎好、海龙、亿世界电子市场开展治理工作。从提高消费者的防范和经营者的规范意识入手，3月8日，会同市场主办单位在11个电子市场的显著位置，张贴200张消费提示牌，对消费者购物的各个环节以“三字经”的形式进行归纳提示。为确保中关村西区消保维权工作的开展，以专刊形式及时向北京市工商局消费者权益保护处汇报工作，编报专刊22期。引导和发挥市场诚信自律，通过规范电子市场投诉档案、在市场各楼层增设消费纠纷调解室，工商分局驻场人员实时监控电子市场的申诉受理情况。针对部分经营者忽视消费者权益的失信的经营行为，实行例会制度，根据市场提供的投诉数据，每月召开2次高投诉经营者例会，进行集体性的行政提示和告诫指导，驻场工作组48次对近千户/次经营者做出行政提示和告诫。加大对欺诈、虚假宣传、侵犯注册商标专用权等违法行为的查处力度，办理欺诈、虚假宣传等类案件21件。在全国“两会”保障工作中，组成2个巡查组，对电子市场实行重点巡查。10月至11月，由分局、海淀区消费者协会、中关村电子产品贸易商会共同举办“海淀区中关村电子卖场倡导诚信经营演讲比赛”，11个电子卖场的37名选手参赛，获奖的6名选手在海淀区“中关村核心区规范经营示范单位表彰活动暨倡导诚信经营演讲大会”上进行演讲。建立商品监测长效机制，对电子产品、通讯器材以及其他重点商品开展持续监测。中关村电子市场全年投诉总数为346件，同比减少317件，下降48%；举报数84件，同比减少45件，下降35%。从申诉举报数量的分布上看，1–2月投诉数量较高，3月工作组进驻后稳步下降，其中4月份申诉量同比下降58.18%，5月举报数量同比下降85%，之后保持在稳定的水平。

本年新建9个固定的消费维权工作站、21个网上消费维权工作站、1个流动消费维权工作站。截至年底，全区固定工作站已达100个，网上工作站50个，流动工作站2个。固定工作站做到“五个一”[①]，流动工作站做到“一牌、两员、三坚持”[②]，网上工作站做到“一员三及时一保障”[③]。继续建立和完善联络站，在原有108家联络站的基础上，经过审查新建联络站25个。并定期召开联席会，对联络站工作进行指导。

分局依托消费者投诉电话12315，监测申诉、举报、商品质量，共检查各类经营单位150余家，立案案件36件，结案35件，罚没款31.41万元；虚假宣传案件5起、侵犯注册商标专用权案件2起。节日期间，针对商业企业促销活动中出现的虚假宣传行为进行专项整治，重点查处中关村家乐福和统杰法宝超市的虚假宣传行为，分别罚款10万元和5万元。结合3·15国际消费者权益日、《北京市流通领域商品质量监督管理工作的意见》宣传、“12·4”普法等活动主题，开展活动167次，发放宣传资料8万余份，受益消费者近2万余人。

发挥科所联动机制，分局综合运用年检标注、行政指导等监管手段，建立全区预付费企业台账，共登记美容美发、洗车、洗浴等5大类预付费企业609户。加大对预付费消费纠纷的调解力度，妥善处置诗婷美容院因撤店导致的群诉纠纷，为消费者挽回经济损失，其中一名消费者获得退款70000元。对京东商城在6月4日因技术原因导致菜刀被疯抢1万余把的事件进行行政指导，要求京东商城对网站进行技术处理，对订单进行妥善处理，既要确保消费者满意，又对大宗订单进行跟踪，防止成为社会安全隐患。入冬后，分局与有关单位开展民用炉具的检测工作，发放宣传画1000余册，签订《销售合格炉具责任书》30余份，立案查处销售不合格炉具经营户1家。

分局以12315系统为基础，以工商工作站为延伸，构建海淀区消费环境系统。对工商所12315平台人员采取集中培训、以干代训、实时指导等培训方式，提升平台干部的业务素质。对工商所接到的申诉、举报进行实时监督，发现问题及时给予指导；规范中关村西区电子市场申诉受理标准，制发统一格式的投诉登记表，督促电子市场在各楼层增设消费纠纷调解站，指导电子市场负责人和工作人员开展工作。加强热点问题行政指导，重视潜在群访群诉风险点的消除，通过年检标注、行政约见等方式，对9家高投诉商户开展行政指导。对潜在问题进行预防性指导。修订《北京市工商行政管理局海淀分局消费争议快速解决绿色通道制度》，规范绿色通道单位的申报、审批、建档、退出；制定《消费争议快速解决绿色通道建设方案》，对申报建立绿色通道的单位实行工商所、消保科、分局三级审批，绿色通道档案专人管理，退出绿色通道社会公示的严管方案。新建绿色通道12家，使总数达到53家。根据电子商务发展迅速导致消费纠纷突增的问题，邀请市局12315中心到京东商城进行指导，组织售后服务部门进行培训。京东商城获准成为海淀区首家电子商务绿色通道成员单位。武博会期间，督促赛场周边敏感区域的国美、大中、苏宁等电器卖场高度关注商品质量，处理好家用电子电器类商品纠纷。

---

①即“一卡”：工商所与社区居民联系卡；“一员”：确定一名干部（或网格责任人）作为与社区工作站的联系人；“一栏”：在社区设立宣传工商法规及有关政策的宣传栏；“一簿”：建立社区工商工作站记录本；“一沟通”：建立与社区沟通的机制。

②即“一牌”：在有条件的活动站点悬挂“工商工作站”标志牌；“两员”：指定一名工商干部负责流动工作站工作，在村镇、市场等地聘请一名联络员；“三坚持”：坚持定期活动、坚持热情服务、坚持高效廉洁。

③即“一员”：确定一名信息专业技术素质强的干部负责维护工商网站的正常运行；“三及时”：及时更新信息、及时处理投诉、及时回复咨询。“一保障”：信息化部门要做好网站技术保障工作。

本年，工商海淀分局共接到消费者投诉6155件，月平均投诉量560件。其中商品类投诉2632件，服务类投诉3523件，办结6124件，办结率99.49%。受理4369件，调解成功4351件，为消费者挽回经济损失470.53万元。接到群众举报3223件，同比减少407件，下降11.21%；办结3223件，其中属实1506件，立案1404件，罚没款735.03万元。从投诉数据看，申诉自录率为32.61%，同比提高9.7%，调解成功率99.62%，同比提高1.46%，申诉转立案率5.81%，同比提高3.6%；举报自录率48.43%，同比提高7.72%，属实率46.86%，立案率95.74%，同比提高8.82%。

本年，海淀区消费者协会（以下简称区消协）共受理消费者投诉5965件，为消费者挽回经济损失达4919858.23元，电话及咨询服务15877人次，收到锦旗6面，表扬信24封。对投诉中发现的突出问题，以调研、消费提示、警示等形式，通过媒体、上报等方式，向相关政府部门提出建议、向消费者做出提示；利用多种媒体开展消费教育工作，对预付费、教育培训、快递、维修、保健品消费、电器退货收取包装费等问题，通过爱家广播“消费全知道”讲解典型案例、发布消费提示65则，报纸、杂志发布消费提示53则，电视媒体发布消费提示10则。开展调研工作，撰写调研报告12篇。成功调解英国人健身卡退卡投诉、匈牙利共和国驻华大使馆外交官租房押金投诉等案件。成功调解考研培训班上课地点、教学内容与协议出入较大的投诉，投诉金额达64350元，经调解返还消费者54350元。在美容院办卡收巨款后关门走人导致12人群防群诉案件中，经区消协调解，分期分批为消费者退还余款。

围绕“消费与服务”主题，消费者协会在全区开展“讲诚信、促消费、营造良好的消费生态环境”3·15主题宣传系列活动122次，其中社区27次，商场/市场69次，学校19次，村镇5次，景区2次。悬挂主题横幅122条次，摆放展板162块，接待咨询15685人次，发放宣传材料42900份，环保袋33450份，解决投诉69起，举办消费教育课堂9场次，参加的工作人员256人次，志愿者478人次，印制4万册自编的《消费维权手册》和4万个环保购物袋，印制发放10万本《北京市工商行政管理局流通领域商品质量监督管理的意见》手册。在北京电视台生活频道“快乐生活一点通”节目及“搜房网”进行维权知识宣传。为消费者提供电话及咨询服务15877人次，发布消费提示128条，开展消费教育“七进”[①]活动162次。3月10日，在翠微大厦举办消费教育课堂。3月15日，区消协联合北京市场协会电子卖场分会、中关村电子产品贸易商会等行业协会，在中关村市场开展“诚信品牌节”活动，发布《创建规范经营示范店计划》。3月27日在圆明园遗址公园开展“品质伴您行 满意在北京”全国旅游服务质量提升年北京地区宣传咨询日活动。参加由中国消费者协会、中国消费者报社和北京市消费者协会联合主办，上汽集团南京依维柯汽车有限公司和中国消费网协办的“汽车消费教育万里行——‘温馨360’南维柯大讲堂”系列活动。对网站进行较为系统的改版升级，设置走进消协、维权观察、维权援助、维权助力、诚信点将、消费导航、消费调查等栏目，在首页设置市工商局企业信用查询链接，方便消费者对企业信息进行查询；转载食品安全信息及示范合同文本，在首页突出位置显示消费警示、消费提示，引导消费者安全消费，设计在线咨询、针对“中关村电子市场规范”、“霸王条款征集”等进行的消费调查栏目，实现与消费者的互动，访问量近4千。

4月28日，北京运通时代科贸有限公司、北京神州天海科技有限公司与区消协签订先行赔付协议，向消协交纳先行赔付保证金3万元，期限为两年。10月至11月，由海淀工商分局、海淀区消费者协会、中关村电子产品贸易商会3家单位共同举办“海淀区中关村电子卖场倡导诚信经营演讲比赛”。中关村11个电子卖场的37名选手参加。

【中关村电子市场消费提示揭牌仪式】 3月8日，海淀工商分局、海淀区消协中关村电子市场消费提示揭牌仪式在鼎好电子城举行。11个电子市场主办单位参加，共制作200块提示牌，在11个电子市场张贴。向电子市场主办方发放《北京市工商行政管理局流通领域商品质量监督管理的意见》手册。

【举办中关村诚信月活动】 3月12日，区消协与中关村品牌1+1工程的各主办方在鼎好电子城举办中关村诚信月启动仪式。活动以“诚信·服务·公益”为主题，会上公布“中关村十大诚信流通企业”，正式启动“中关村爱心仓库”。还举办“第五届中关村暑促节”、“中关村市场峰会”、人大代表与中关村诚信流通企业座谈、支持中关村公益平台发展、支持中关村采购平台发展等活动。

【首次评选“诚信服务”示范单位和中关村电子市场“规范经营示范店”】 本年，区消协首次评选“诚信服务”示范单位以及中关村电子市场“规范经营示范店”。遵循科学、公开、公平、公正原则，坚持企业自愿申请、社会认同、严格审查、慎重确定的标准，所有入选企业经工商12315系统、工商法制部门以及外网的严格审查，在工商分局网站及《海淀报》公示。11月30日，对评选出的36家海淀区首次年度“诚信服务”示范单位和100多家中关村电子市场“规范经营示范店”进行表彰。

（陈铁柱）

---

① 即：“进社区、进农村、进景区、进军营、进工地、进学校、进商场/市场”。

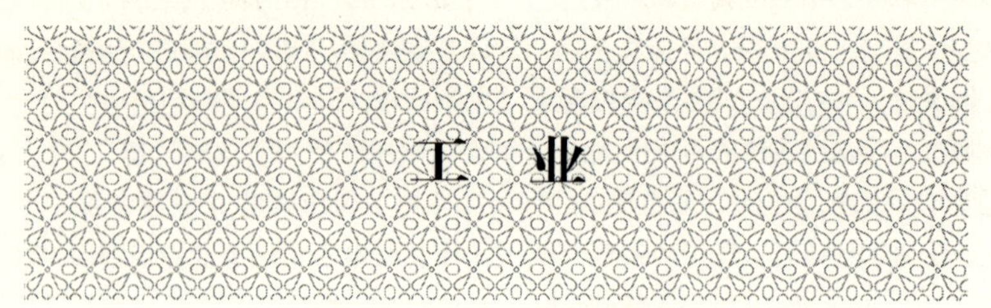

工业

【综述】 本年，全区工业经济平稳运行。2010年本区规模以上工业企业实现总产值1343.2亿元，同比增长13%，保持快速增长势头。其中电子计算机制造业实现308.4亿元，增长12.3%；电机制造业实现205.1亿元，增长33.6%；通用仪器仪表制造业实现49.9亿元，增长10.2%。工业销售产值实现1310.2亿元，增长12.9%，产销率达97.5%；工业出口交货值实现81亿元，增长6.6%。“十一五”期间，全区规模以上工业企业共实现总产值5666.1亿元，是“十五”时期的1.7倍；年均增速为9.6%，低于“十五”时期1.2个百分点。

制定《海淀区加快退出高污染、高耗能、高耗水工业企业实施方案（2010-2012）》。建立区“三高”企业退出机制，明确2010年到2012年的指导思想、目标任务、组织领导、工作职责、主要工作、进度安排和保障措施等。完成333家需核查的“三高”企业名单的初步核查，初步确定54家有待进一步核查的企业名单。完成对列入《2010年北京市退出“三高”企业计划》的区内企业——北京市温柳铸钢厂的退出预验收工作。该企业停产后，每年大约可减少综合能耗54.2吨标准煤、新水消耗1500吨，减少废气排放253万立方米、废水排放1200吨、固废排放5吨。

工业规模不足，增速较慢，比重偏低。2005-2009年五年间，海淀区地区生产总值平均增长速度为16.68%，而工业总产值平均增速只有8.88%，落后于地区生产总值增速，导致工业和第二产业在三产中的比重逐步降低。

（何建吾）

【海淀区工业公司】 海淀区工业公司前身为海淀区工业局，始建于1957年7月15日。1981年更名为海淀区工业公司，为独立的国有企业法人单位。2004年7月13日，工业公司由海淀区经济委员会划入北京市海淀区人民政府国有资产监督管理委员会（简称区国资委）管理，兼有行使政府管理和为企业服务的双重职能。工业公司所属企业18家（本年温柳铸钢厂退出市场），在职职工数1525人，离退休职工4031人。

海淀区工业公司所属企业一览表

序号	企业名称	企业性质	企业人数	企业状况
1	北京砂轮厂	国有	14	停产
2	北京市海佳利企业管理中心	国有	8	停产
3	北京市海淀区铸钢厂	国有	2	停产
4	北京市海淀区水泥厂	国有	1	政策性关闭
5	北京中安电子集团	集体	6	正常运营
6	北京第一机床电器厂有限公司	有限公司	154	正常运营
7	北京领先饮食品工业公司公司	国有与集体联营	98	正常运营
8	北京风机二厂	集体	111	正常运营
9	北京第二皮鞋厂	集体	108	租赁经营
10	北京长城节能锅炉厂	集体	197	正常运营
11	北京市华都换热设备厂	集体	90	正常运营
12	北京市海淀区机电设备厂	集体	14	租赁经营
13	北京汽枪厂	集体	11	租赁经营
14	北京市工控计算机有限公司	有限	19	正常运营
15	北京海淀电子医疗仪器厂	集体	2	停产
16	北京国有实业总公司	集体	5	租赁经营
17	北京市雪花冷冻箱厂	集体	123	租赁经营
18	北京西门子西伯乐斯电子有限公司	中外合资	530	正常运营
	总计		1052	

2010年，工业公司围绕全年工作重点，应对困难，不懈努力，着眼促发展、力争保稳定，较好地完成了各项任务。工作公司的经营呈现出以下特点：

一、经营先抑后扬，下半年快速回暖。2010年上半年继续受金融危机影响，市场形势严峻，订货、产能受到制约，6月份后，经济启动增速，各企业抓住时机，调整生产结构和销售策略，企业订货合同大幅度增长，扭转和弥补了上半年经济运行迟缓的态势，逐步进入良性运转的轨道，主要经济指标（销售收入、实现利润）趋稳上升。

2010年工业公司主要经济指标完成情况

项目	实绩（万元）	完成年计划（%）	比上年增长（%）
工业总产值	34548	121.7	37.2
增加值	15358	254.1	26.3
销售收入	55856	116.3	5.9
实现利润	2385	711.9	55.5

二、产品研发起促进作用。面对严峻的市场形势，企业更加注重基础工作和产品研发工作。尤其是以质量管理体系认证审核、产品和行业认证、争创名牌产品为标志的活动对推动经济运行、确保产品质量起到积极作用，同时也使职工干部得到教育培训。

三、改制企业经济效益显著。已改制企业的经济规模和效益均有较大幅度提高。表现为生产型企业主动出击，在受市场冲击影响大，产品竞争加剧，销售价格降低等不利因素影响下，克服诸多困难，不仅扭转被动局面遏制亏损，而且销售收入、实现利润大幅增长，对全公司经济运行起到较大的支撑和推动作用；以物业管理和第三产业经营为主的企业适应客户需要，调整经营策略，增加服务项目和设施，凝聚客户群，使客房或写字楼的出租率接近100%。

列入区国资委考核的八一湖旅社、领先饮食品工业公司等企业克服诸多困难，实现保销售收入增长、保国有资产保值增值目标。

（徐虹　李华　王殿文）

地址：海淀区东王庄小区33号楼
邮编：100083
电话：62319244
邮箱：gygszgb@sohu.com

【海淀区工业公司重点骨干企业简介】

1、北京市华都换热设备厂　成立于1970年9月24日，成立初期隶属海淀区建工局，后划转到海淀区工业局，即现在的海淀区工业公司。2002年4月28日与永丰高新技术产业基地签订搬迁协议，2003年整体搬迁到大兴区黄村镇芦城工业区，2004年8月恢复正常生产经营。

2010年主要工作：（1）销售工作采取多步走策略：由经销商、业务员和相关厂家合作共同开发市场；厂领导率队去外省市开发市场。较好地完成了企业年初制定的经济指标。（2）开发H200-0.6、H200-0.8免粘非对称的板式换热器模具两套，新产品现已投放市场，客户反映良好。公司新的H型板换产品种类已增加到现在的15种型号，给工厂带来较好的经济效益。（3）注重质量管理基础工作，严格按照质量体系的要求，做好每一个环节的工作，严把质量关，做好合格供方的评审工作，严禁使用次品、不合格品。通过企业进行的内部审核，做到及时发现问题，及时解决、整改。8月，通过质量体系的外部审核工作。

地址：大兴区黄村镇芦城创新路9号
邮编：102612
电话：61208519

2、北京市风机二厂　成立于1958年9月，1999年5月由北京市机械工业管理局划转到北京市海淀区工业公司。1992年12月进行企业改制，企业职工参股。1996年10月召开职工（股东）代表大会，根据有关规定对企业的性质由集体所有制修改为“股份制（合作）”。

2010年主要工作：（1）完善企业组织架构，建立健全部门责任制考核，大力加强员工岗位知识、技能和素质培训，加大企业内部人才开发力度，建立健全岗位聘用和干部聘用制度。（2）加快新产品开发速度。把开发目标锁定在电站、冶金、石化、通用、环保等行业中技术含量高、附加值高的专用风机上，开发出新型混流风机系列、三出风口钢制屋顶风机系列、简易轴流屋顶风机系列等；完成混流风机模型机图纸设计任务，其中8号风机正在试制销售中。（3）计划整体出租。厂区拟实施整体出租的方案经厂职代会通过，新厂址进入选址、考察阶段。

地址：海淀区西三旗东路
邮编：100096
电话：82901118

3、北京领先饮食品工业公司　成立于1993年10月。

为开发利用海淀区水泥制管厂（1992年海淀区水泥厂申请兼并该厂）的闲置厂房，安置富余职工，海淀区水泥厂、山东鲁荣综合服务商社（该商社是受民政部下属八家优抚医院委托，由山东省荣军总医院成立的一家商社，作为八家优抚医院出资的主体）、广西玉林市益宝饮料厂（集体所有制）三方于1992年12月共同投资成立北京益宝天然保健饮食品工业公司，1993年10月经海淀区工商局批准注册，变更为北京领先饮食品工业公司。

由于北京领先饮食品工业公司联营合同2008年到期，2009年经区国资委批准，工业公司筹备对北京领先饮食品工业公司结构进行调整，2010年4月、6月委托北京昊海东方会计师事务所有限责任公司，对北京领先饮食品工业公司进行2次财务审计工作，9月委托北京中立华资产评估有限责任公司对企业资产进行评估。

2010年主要工作：（1）质量管理及企业管理制度得到健全完善。8月，企业分别进行ISO9001：2008国际质量管理体系复评、ISO22000：2005食品安全管理体系监督审核，并全部审核通过； 10月，海淀区质量技术监督局组织海淀区内所有饮料生产企业在企业召开质量管理现场观摩与经验交流会，介绍公司的质量管理经验，对领先公司的质量管理有效运行与持续改进工作给予充分肯定。（2）主营业务稳定，企业运转正常。10月，由于与其合作的小红帽网络公司机构调整，业务项目发生变化，原有小红帽水站转由领先公司接管。（3）注重安全生产，加大安全投入。进行电站增容改造施工。

地址：海淀区温泉镇太舟坞408号

邮编：100095

电话：62489507

4、北京市海淀区机电设备厂 成立于1954年1月1日，成立初期隶属海淀区建工局，后划转到海淀区工业局，即现在的海淀区工业公司。未改制。

2010年主要工作：主营收入是房屋租赁收入。企业“抓大”不“放小”。不仅对租赁的“银丰大厦”（“大”）加强服务和管理，也注重“海淀写字楼”（“小”）的出租服务。采取较为灵活、方便客户的管理方法，并提供各种力所能及的服务，比如：安装局域网、复印、传真、收发、饮水等服务。“银丰大厦”出租收入稳定提高，“海淀写字楼”出租率也基本达到百分之百，经济效益比较显著，企业的综合效益稳定提高。

地址：海淀区海淀南路11号楼

邮编：100080

电话：62551548

5、北京中安电子集团 1989年3月，中国消防安全工程总公司与海淀区工业公司共同投资，成立北京中安电子设备联营厂，1994年11月更名为北京中安电子集团。1995年瑞士西伯乐斯公司投资，与中安集团共同成立北京中安消防电子有限公司，中安集团占40%股份。

随着消防电子产品市场的竞争恶化及自身存在的经营问题，中安集团出现严重亏损，资金及经营都遇到极大困难，到1999年累计亏损达1000万元。2000年5月，北京中安消防安全总公司与海淀区工业公司终止联营协议，退出中安集团，北京中安电子集团成为海淀区工业公司的独资公司。此时有2000万贷款到期无力偿还，为扭转困境，中安集团决定出售合资公司的20%股权，资金周转困难得到缓解，并先后关闭几家亏损严重的子公司，中安集团现已逐渐由生产型转变成管理型企业。

2010年主要工作：中安集团公司本部的主营业务是合作代理进口再生资源，在国内销售。受报关政策调整，成本、税收大幅增加，使得收入、利润小幅增长。下属公司业务量与往年相比有所增加，尤其是合资公司规模和效益有了突飞猛进的增长。中安集团今年完成销售收入4.39亿元，完成计划的108%，实现利润2127万元，完成计划的330%，完成产值2.69亿元，完成计划的121%；实现增加值1.03亿元，完成计划的373%，对工业公司整体经济起到重要作用。

地址：海淀区东王庄小区33号楼

邮编：100083

电话：62347462

6、北京长城节能锅炉厂 成立于1970年7月1日。成立初期隶属海淀区建工局，后划转到海淀区工业局，即现在的海淀区工业公司。因圆明园恢复建设需要，2001年北京长城锅炉由原址迁出，与北京节能锅炉厂合并，成立北京长城节能锅炉厂。企业集体所有制性质不变。

2010年主要工作：（1）继续加强质量管理体系的建设。完成质量管理体系由ISO9001-2000向ISO9001-2008版转换；（2）不断完善老产品，研发新产品，提高产品核心竞争力。根据新标准完成了对DZL58MW大型水火管热水锅炉进行重新报批，并编制58MW锅炉制造、焊接工艺及材料预算。继续完善DZL1.4链条炉排设计工作；对WNS2锅炉进行强度计算校和；完成1.4MW真空相变炉修改方案；还编制锅炉、压力焊接工艺卡等，并通过ISO9001监督审核。（3）及时制定、调整销售政策，争取客户，使得当年订货回款及时有保证。

地址：海淀区苏家坨镇柳林村

邮编：100094

电话：62462048

7、北京市第二皮鞋厂 成立于1958年5月16日。1961年企业党政关系统一归北京市皮革皮毛工业公司和第二轻工业局领导，隶属于北京市第二轻工业总公司。1999年5月划转到海淀区工业公司。未改制。

2010年主要工作：（1）不断拓宽销售渠道，主动跑市场寻找客户，提高应变能力。2010年先后与几家大的宾馆、物业公司、餐饮有限公司、医院订下工作鞋、生活鞋、绝缘鞋及护士鞋、舞蹈鞋等2000余双，销售1982双，产销衔接良好。（2）加强对出租单位管理和服务。对重点部位及易燃易爆物品如网吧、歌厅、酒店等人员密集场所加强管理和监督，严格落实责任制。

地址：海淀区新街口外大街文慧园南路2号

邮编：100082

电话：62250863

8、北京市海佳利企业管理中心（原海淀佳利机械厂） 始建于1956年，原注册地为海淀区倒座庙36号，现注册地变更为海淀区车道沟南里小区A楼一层。原厂名为海淀区农机厂，1970年更名为海淀区气缸套厂，1984年更名为海淀佳丽食品机械厂，1993年6月更名为海淀佳利机械厂，后因办公地址和注册地不一致，于2010年6月变更为北京市海佳利企业管理中心，注册地变更。海淀区印刷厂隶属于区工业公司，由于企业与中安公司联营，原企业退休人员和其他剩余人员共计213人无法安置。1996年5月合并于佳利厂，共有退休人员243人，在职人员142人。

2010年主要工作：（1）企业在面临着诸多困难情况下不懈努力，解决多年来困扰的"营业执照注册地址和办公地址不一致"的问题，新注册企业名称，为每年营业执照年检提供方便，节省资金。（2）对出租房屋进行全方位检查，分别与承租房公司或个体经营户签订租赁、消防、安全协议等，明确责任，确保安全。（3）筹备解决企业所属的海淀南路16号职工宿舍楼楼顶多处连年漏雨问题。

地址：海淀区车道沟南里A楼

邮编：100089

电话：68437833

9、北京市砂轮厂 成立于1956年。1999年5月划转到海淀区工业公司。原由十一家私营小厂合并为公私合营企业，厂名为"启新油石砂轮厂"，隶属北京市建筑材料工业局建筑材料总厂。1958年起隶属北京市海淀区工业局；1961年起隶属北京市机电工业局；1963年改为公私合营北京砂轮厂；1965年起隶属北京市机械局机床工具总厂；1966年改为北京第一砂轮厂；1969年改为北京砂轮厂；1978年起隶属北京市机械局工业公司；1999年起隶属北京市海淀区工业公司。

2001年，按照《海淀区工业公司深化企业改革总体方案及实施意见》，进行改革。在厂扶持下，由该厂解除劳动合同分流职工出资组建一个磨料磨具销售经营有限责任公司和一个股份合作制劳务服务中心，该厂宿舍区（包括供暖锅炉房、居民供电）管理工作委托给该劳动服务中心管理。成立一个由该厂职工、解除劳动合同分流职工出资86万元（占86%股份），企业出资14万元的有限责任公司，该公司承租该厂大部分固定资产继续从事砂轮生产制造。按该厂人员分流安置方案共分流安置308人，其中解除劳动合同补偿分流安置188人，厂内部退养分流安置120人。改革采取租赁经营方式，未涉及国有资产转让退出。

2010年根据《北京市土地储备和一级开发暂行办法》（京国土市〔2005〕540号）文件规定，经市政府专题会议审议通过，本厂在通州台湖地区的生产车间厂址已纳入台湖生态镇二期土地开发储备范围，收储台湖工业用国有土地事宜得到海淀区区长办公会批准。

2010年主要工作：因通州区台湖镇征地等影响，砂轮厂通州厂区于2010年3月停产，企业面临极大困难。企业与工业公司商讨对策，解决职工各项保险费和离休干部医疗保险费，确保职工队伍稳定，未出现群体访等过激行为。

地址：丰台区高楼村49号立元办公楼

邮编：100073

电话：62913755

10、北京汽枪厂 成立于1954年1月1日。1999年5月划转到海淀区工业公司。未改制。

2010年主要工作：（1）打造好的服务软件、投入部分资金将闲置的房屋改造成设施配套的房间，并对公寓上下床进行更新。（2）根据租赁居住行情，调整租金，（3）对部分老旧电、水管线进行维修改造，安装及更新部分水、电表。（4）加强对资源的管理和合理利用、投入资金对供暖锅炉和厕所设施进行更新和改造，全方位提升企业的服务设施和竞争优势，为租住人员提供较好的环境，以适度灵活的方式将闲置的房屋进行出租，保证企业全年指标的完成。

地址：海淀区青龙桥西街67号

邮编：100091

电话：62881823

11、北京市海淀八一湖旅社 成立于1984年11月15日。未改制。

2010年主要工作：（1）创收保稳定。由于旅社面临的拆迁问题至今无果，无法进一步做出安排，住宿客源几乎全部来自附近租住农民房屋的小商贩，旅社客房只能降价出租。旅社在克服困难中坚强维持，收入较上年有一定增长。（2）投入资金为租户安装感温感烟报警器，使安全生产从制度、责任制等软件建设到灭火器配备、报警器安装等硬件安装全方位把控，全方面覆盖，保护企业安全和财产安全。

地址：海淀区东钓鱼台甲1号。

邮编：100037

电话：68583012

12、北京雪花冷冻箱厂 成立于1971年7月，1999年5月划转到海淀区工业公司。未改制。

2010年主要工作：（1）因债务官司被法院查封，克服困难，争创收入。实现年收入300万元。（2）在为职工交纳五险等社保费用的前提下，将下岗职工生活费上调到每月680元。（3）加强对市场安全的监督、检查，建立安全检查和监督管理制度。按照年初企业与市场、市场与每个商户都签订的安全责任书，层层落实，月月检查，天天巡视，发现隐患及时解决。

（徐虹 李华 王殿文）

地址：海淀区阜外半壁店77号

邮编：100039

电话：68211075

非公经济和中小企业概况

海淀区非公经济和民营中小企业[①]在科技创新、做大经济总量、拉动投资增长、对外贸易、增加财税收入、扩大就业及履行社会责任等方面做出很大贡献，已成为区域经济活力的重要支撑。

中小企业总量情况　2010 年海淀区登记各类市场主体总量为 198023 户，同比增长 3.8%，其中 19 万户以上为中小企业。新设立市场主体注册资本 338 亿元，同比增长 27.5%。按企业性质划分，内资企业存量单位数 28927 户，占总量的 15%，同比减少 1.2%；私营企业存量单位数 102905 户，占总量的 52%，同比增长 10.8%；个体工商户 66191 户，占总量的 33%，同比减少 3.5%。

按企业性质划分情况图示

个体工商户：66191户，33%
内资企业：2892
私营企业：102905户，52%

总计:198023户

三产中，非公有制及混合所有制单位数占 80%左右；实现收入占三产收入的 60%左右。2010 年新设立私营企业注册资本额 271.7 亿元，是 2009 年的 1.2 倍。

私营企业行业分布表（单位：户）

行业	2010 年	2009 年	增长%	所占比例%
农、林、牧、渔业	167	150	11.3	0.16
工业	1078	1056	2.1	1.05
建筑业	1449	1305	11.0	1.41
交通运输、仓储和邮政业	726	715	1.5	0.71
信息传输、计算机服务和软件业	1512	1428	5.9	1.47
批发和零售业	17183	14772	16.3	16.70
住宿和餐饮业	2433	2210	10.1	2.36
房地产业	1846	1539	19.9	1.80
租赁和商务服务业	14463	12747	13.5	14.05
居民服务和其他服务业	1774	1605	10.5	1.72
卫生、社会保障和社会福利业	209	188	11.2	0.20
文化、体育和娱乐业	7602	6801	11.8	7.39
其他	52463	48384	8.4	50.98
合计	102905	92900	10.8	100

从私营企业行业分布看，增幅前三位的分别是房地产业，同比增长 19.9%；批发和零售业，同比增长 16.3%；租赁和商务服务业，同比增长 13.5%。

私营企业数量增幅前三位的行业图示（单位：户）

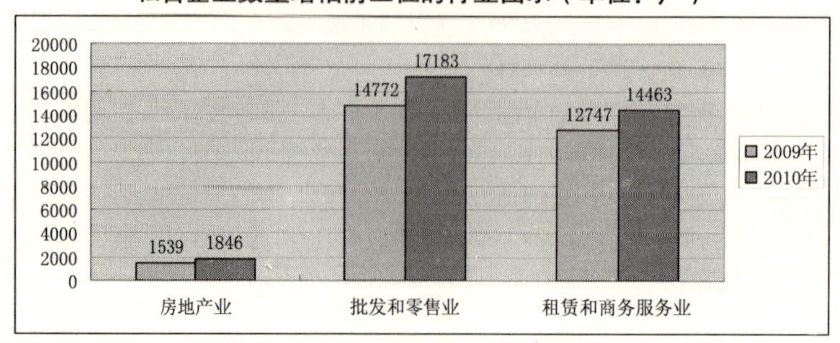

① 按照国家有关部门统计口径，国家对大中小型企业划分标准：企业员工 2000 人，销售额 3 亿元，固定资产 4 亿元以上的企业为大型企业，其他企业都为中小企业。故从全国和海淀区来看，99%以上的企业为中小企业。而 99%中小企业为非公有制经济和民营企业。所以，中小企业概念往往就代表着非公经济和民营企业。

中小企业税收情况　根据区地税局对海淀区 69194 户中小企业税收统计，2010 年共缴纳税款 70.18 亿元。中小企业户数占行业总户数的 98.81%，缴纳税款额占总行业税款额的 76.38%。

部分中小企业分布情况统计表（单位：万元）

行业	户数情况			税款情况		
	中小企业户数	行业总户数	占总户数的比重	中小企业税款	行业总税款	占总税款数的比重
工业	3424	3445	99.39%	151566.46	165627.25	91.51%
建筑	2116	2124	99.62%	152177.91	173736.67	87.59%
交通运输业和邮政业	630	633	99.53%	23111.66	28685.21	80.57%
零售业和批发	56673	57431	98.68%	198533.51	337677.88	58.79%
住宿、餐饮	6351	6391	99.37%	98087.75	110592.36	88.69%
合计	69194	70024	98.81%	623477.29	816319.37	76.38%

中小企业吸纳就业、履行社会责任　至 2009 年，海淀区个体经济、私营主体海淀区个体、私营主体就业人数估计为 121.2 万人，从 2003 年至 2009 年，年均增长 7.38%。2010 年就业人数 130 万左右。

海淀区中小企业在扶贫开发、光彩事业、公益和慈善事业等方面作出贡献。2008 年四川汶川大地震，据不完全统计，海淀区工商联会员企业通过红十字会、慈善协会等各种渠道累计捐款捐物超过 2000 万元。青海玉树地震发生后，在募捐现场，一小时内 30 多家企业捐款 50 万元。非公企业响应中央和市委统战部、市工商联关于对口支持贵州毕节试验区建设的号召，捐款额达 40 万元。（区工商联）

农业·水务·气象

6月12日，第二届大西山（苏家坨镇）旅游采摘节开幕。（田峰 摄）

太舟坞南果种植的枇杷（区农委 供图）

4月28日，北京市首届鲜蘑菇美食节在上庄镇举行。（李瑞林 摄）

防汛储备物资（区水务局 供图）

10月28日，东升乡博展股份社召开第一届股东代表大会第一次会议。 （区农委 供图）

增雨火箭 （李瑞林 摄）

区水务局与区卫生局开展村镇安全供水检查 （区水务局 供图）

农　业

农业与农村经济概述

2009年，海淀区农林委员会取消，设立北京市海淀区农村工作委员会（区农委），挂北京市海淀区动物卫生监督管理局（简称区动物卫生监管局）牌子，与区委农村工作委员会（简称区委农工委）合署办公。区委农工委是负责本区农村工作的区委派出机构。区农委（区动物卫生监管局）是负责本区农村发展、农村经济工作和农业行业监督管理的政府工作部门。根据1月13日中共北京市海淀区委办公室、北京市海淀区人民政府办公室关于印发《中共北京市海淀区委农村工作委员会北京市海淀区农村工作委员会（北京市海淀区动物卫生监督管理局）主要职责内设机构和人员编制规定》的通知，区委农工委、区农委（区动物卫生监管局）设9个内设机构，即办公室、组织人事科、宣教科（纪工委、监察科）、法制科、村镇建设科、社会管理科、经济管理科、农业产业化科、动物卫生监督管理科。机关行政编制40名，工勤事业编制2名。下属行政执法单位1个，行政执法编制29名；下属8个全额拨款事业单位，事业编制131名。

2010年，海淀区“三农（农业、农村、农民）”工作围绕核心区建设，全面推进城乡一体化，城乡结合部城市化建设、北部新区建设和新农村建设扎实推进，产业发展、就业和社会保障、公共服务、社会管理和体制机制改革等各项工作完成年度任务。本年，农村经济总收入突破200亿元，增长8.6%；农村居民人均纯收入17660元，增长10.3%。

农村产业与乡村旅游业　2010年建成上庄国家级水稻标准化农业生产基地并通过验收。初步形成四季青“一河十园”（一河指位于四季青镇域内的旱河，十园指分布于旱河路两侧的十个农业观光园，即果林所观光园、御林观光园、御香观光园、香山绿色果品观光采摘园、双新观光园、京香绿谷观光园、西山采摘观光园、玉泉观光园、振兴观光园、西洼采摘观光园）、西北旺京包路、温泉南山、上庄翠湖、苏家坨大西山等5个都市农业产业带。投资6082万元，在各乡镇和西山农场完成占地1157亩的设施农业建设，引进南方水果等新品种9个。内保温式温室初试成功，设施农业创造产值3193万元。全区有一定接待规模的区级农业观光采摘园71个，其中获得市级农业观光示范园称号8个。各观光采摘园在传统观光采摘的基础上，赋予园区休闲、娱乐、餐饮、健身、文化等功能。在推进都市型现代农业建设的同时，提升农产品品质，发展有机农业，通过有机认证的规模果园已达10个，建设农业标准化基地62个。形成上庄食用菌、京西稻、四季青樱桃、百旺冬枣等多个农产品品牌。加大政策性农业保险覆盖范围，提高农业抵御自然风险的能力。推广标准化、有机化技术，发展生态循环农业。启动“东升花园中心”建设，引导农业向高端、高效、高辐射方向发展。完成与中国农科院“5+1”（北京市科委、北京市农委、中关村管委会、海淀区政府、中关村发展集团与中国农科院）院区合作工作，签订院区合作协议。11月17日，4个“双百对接”[①]项目签约，包括：市科学技术研究院轻工业环境保护研究所对接上庄镇李家坟村党支部的“上庄镇蘑菇废弃物的堆肥化处理和应用技术研究”项目；市农林科学院林业果树研究所对接四季青镇香山村党支部的“日光温室草莓基质栽培技术优化与示范”项目；市农林科学院植环所对接西北旺镇土井村党支部的“设施蔬菜主要病虫害生物生态防控技术体系研发与应用”项目；区组培室对接苏家坨镇柳林村党支部的“柳林村设施园艺新品种引进及栽培示范”项目。探索农超对接，创新农产品销售模式。举办樱桃节、草莓季、冬枣节、“农情绿意”秋实展等多项节庆活动，组织参加市农博会、国际农交会开展推介活动，树立区域农业品牌。2010年，北京佰信蓝图信息技术有限公司对本区农田种植面积及流转面积进行核查，并按照核查面积落实农田种植保护和流转补贴政策资金3700余万元。10月，四季青镇御林观光采摘园的太阳能光伏发电电站与照明系统建设项目通过验收，该电站采用蓄电池型并网发电方式。

采取措施减少果树冻害损失。2009年–2010年冬季是60年来极端寒冷的冬季，且2010年第一场降雪时间过早，果树尚未落叶，养分不及回流，对果树越冬造成不利影响，持续–20℃以下的极端低温，超过大部分果树的低温临界点，致使果树遭受严重冻害。3月12、13、16日，区农委组织市、区有关专农业家对农业冻灾情况进行实地调查，调查结果表明：果树冻害严重，部分果品可能绝产；冬小麦冻害严重。2009–2010年冬季冻害造成本区农业直接经济损失逾4000万元。区农委组织协调将“低温冻寒害”纳入本区政策性农业保险；筹集支农资金对生产自救的农资等进行补贴。区农业专家提出铺黑色地膜加快地温回升，涂抹加石硫合剂原液的涂白剂保护树干不受病虫害侵染，对受冻严重的树体加重修剪减少生长负荷，加强肥水管理加快树体恢复等应对措施，尽可能保护树体，减小灾害损失。

[①] “双百对接”活动是北京市科学技术委员会推出百家科普基地对接百家科普社区活动。

果品生产情况统计表

单位：亩、吨、万元

海淀区	合计	鲜果												干果
		小计	苹果	梨	桃	葡萄	鲜杏	柿子	李子	樱桃	枣	红果	其它	小计
总面积（亩）	43682.3	40065.7	2064.5	1282.2	7746.44	313.3	4637.61	314.9	980.12	12330.5	6616.6	13	3766.5	3616.56
总产量（吨）	8786.58	8671.14	873.3	238.07	4042.27	159.08	1917.74	148.7	297.97	639.03	259.3	0	95.688	115.44
总收入（万元）	4958.19	4941.19	539	74.5	678.1	56.5	329.65	36	77.7	2276.54	433.5	0	439.7	17

2010年本区乡镇企业有3682家(其中个体工商户1709家)，吸纳就业人员56435人。乡镇企业年营业收入120.4亿元，增加值31.8亿多元，利润83657万元。

乡镇企业主要经济指标表

单位：个、人、万元

指标名称	企业个数	从业人员年末数	增加值	总产值	营业收入	利润总额	上交税金	劳动者报酬	资产总额	负债总额	固定资产原价
总　　计	1973	52519	303925	980734	1146692	74710	59562	119692	3885127	2271035	1208756
一、按登记注册类型分组	0	0	0	0	0	0	0	0	0	0	0
1.内资企业小计	1972	52441	303411	977190	1141664	74635	59419	119500	3881657	2270592	1208029
其中:⑴集体企业	368	24669	187089	373634	434488	39800	34795	72485	2994242	1829665	909222
⑵股份合作企业	40	1763	12999	47367	51790	7064	3153	5763	92637	76538	22622
⑶联营企业	1	6	145	316	1427	55	102	30	386	176	445
⑷有限责任公司	128	4949	28205	145352	162259	6602	6319	12374	337353	197829	118151
⑸股份有限公司	8	837	6770	24610	29494	2113	2006	2509	21486	10636	8092
⑹私营企业	1427	20217	68203	385911	462206	19001	13044	26339	435553	155748	149497
2.港、澳、台商投资企业	0	0	0	0	0	0	0	0	0	0	0
3.外商投资企业	1	78	514	3544	5028	75	143	192	3470	443	727
二、按国民经济行业分组	0	0	0	0	0	0	0	0	0	0	0
1.农业企业	38	1345	3258	7787	9583	1208	106	1756	30333	9916	6543
2.工业	373	11507	65521	265149	285640	17081	11583	27175	498754	281717	242172
其中：采矿业	0	0	0	0	0	0	0	0	0	0	0
制造业	373	11507	65521	265149	285640	17081	11583	27175	498754	281717	242172
电力、燃气及水的生产和供应业	0	0	0	0	0	0	0	0	0	0	0
3.建筑业	77	4025	19171	118246	132037	3259	4797	9225	112382	67136	26471
其中：资质等级企业	4	1801	6334	32047	38207	285	897	4142	36266	29695	8137
4.交通运输仓储业	198	696	2875	7859	9048	258	375	1824	4528	3228	7497
5.批发零售业	578	5472	28830	187940	240483	3256	7272	11076	378359	181732	55779
6.住宿及餐饮业	121	10620	50593	94515	101861	5624	9562	18301	354545	290179	270248
其中：餐饮业	16	337	1582	6270	6417	616	141	809	2259	1229	1518
7.居民服务、其他服务业和娱乐业	260	16282	118617	284466	327654	42037	24342	44402	1685500	1055009	359400
8.其他	328	2572	15060	14772	40386	1987	1525	5933	820726	382118	240646

乡镇企业主要经济指标表附报资料

指标名称	计算单位	指标值	指标名称	计算单位	指标值
1.个体工商户户数	个	1709	14.本年末全部企业从业人员中女性人数	人	10919
其中:工业	个	36	15.本年末全部企业中大专及以上文化程度的人数	人	4283
2.个体工商户从业人员年末数	人	3916	16.本年末全部企业中中专及技校文化程度的人数	人	2818
其中:工业	人	396	17.本年末全部企业中具有高级技术职称的人数	人	255
其中:女性职工人数	人	1650	18.本年末全部企业中具有中级技术职称的人数	人	1177
3.个体工商户注册资金	万元	2490	19.本年末全部企业中具有初级技术职称的人数	人	2738
4.个体工商户营业收入	万元	57316	20.乡镇企业职工培训机构数	个	1
其中:工业	万元	18057	21.乡镇企业职工培训人数	人	76
5.个体工商户上交税金	万元	715	22.乡镇企业职工培训取证人数	人	36
6.个体工商户利润总额	万元	8947	23.本年末已建立的技术创新中心和研发机构数	个	1
其中:工业	万元	3193	24.本年支农建农及补助社会性支出总额	万元	3000
7.个体工商户增加值	万元	14273	25.本年乡镇企业与外商合资合作新签协议项目数	个	0
其中:工业	万元	5207	26.本年外商协议投资额	万美元	0
8.个体工商户劳动者报酬	万元	6017	27.本年外商实际投资额	万美元	0
其中:工业	万元	557	28.本年乡镇企业与港澳台商新签协议项目数	个	0
9.全部出口企业单位数	个	2	29.本年港澳台商协议投资额	万美元	0
其中:年出口交货值500万元（含）以上企业位数	个	2	30.本年港澳台商实际投资额	万美元	0
10.全部出口企业出口交货值	万元	9724	31.本年金融机构贷款总额	万元	13599
其中:年出口500万元（含）以上企业出口交货值	万元	9724	32.本年末金融机构贷款余额	万元	13599
11.本年固定资产投资1000-5000万元的项目	个	4	33.乡镇企业各类园区数	个	1
固定资产投资5000万元-1亿元的项目	个	2	园区内年末实有企业数	个	5
固定资产投资1亿元（含）以上的项目	个	0	园区内年末从业人员数	人	340
12.本年止境外办企业单位数	个	0	园区内企业总产值	万元	16002
13.本年止境外办企业累计投资额（人民币）	万元	0			

规模以上企业主要经济指标表

单位：个、人、万元

指标	企业个数	从业人员年末数	增加值	营业收入	利润总额	上交税金	劳动者报酬	资产总额	负债总额	固定资产原价
合　　计	143	15060	108262	452969	14052	22010	46258	973287	681734	514915
1.农业企业	3	158	836	3105	84	78	484	3425	1782	1560
2.工业	50	5687	35915	160584	5609	6555	16148	254033	158977	104761
其中：采矿业	0	0	0	0	0	0	0	0	0	0
制造业	50	5687	35915	160584	5609	6555	16148	254033	158977	104761
电力、燃气及水的生产和供应业	0	0	0	0	0	0	0	0	0	0
3.建筑业	20	1156	8431	65976	2084	2942	3364	55131	28156	12911
其中：资质等级企业	0	0	0	0	0	0	0	0	0	0
4.交通运输仓储业	1	12	458	902	24	49	64	954	650	1362
5.批发零售业	16	588	5974	96597	733	1879	2748	89068	73312	16922
6.住宿及餐饮业	11	2666	20364	36996	1272	3505	7479	196995	156376	171629
其中：餐饮业	0	0	0	0	0	0	0	0	0	0
7.居民服务业、其他服务业和娱乐业	41	4561	36205	87373	5235	6900	15313	367104	255606	200133
8.其他	1	232	79	1436	-989	102	658	6577	6875	5637

推进旅游开发建设，增强旅游业与农业的融合性。完成大西山风景长廊工程和红楼梦源文化旅游带一期项目建设工程。策划推出大西山精品旅游线路，举办“第二届大西山金秋旅游登山节”。推进上庄镇滨水休闲旅游带开发工作。调整提升南部乡镇产业结构，明确南部乡镇产业在核心区中的定位，制定重大项目建设工作方案。以四季青玉泉慧谷、东升科技园为代表的乡镇产业园发展良好。

乡村旅游经济数据统计表

项目		全区合计
较具规模的农业观光采摘园	个数	71
	从业人员数（人）	1354
	接待人次（万人）	37.5862
	观光农业总收入（万元）	5359.5
民俗旅游接待	民俗旅游接待户	72
	从业人员数（人）	31
	接待人次（万人）	4.0136
	民俗旅游总收入（万元）	227.8

农业行政管理和执法　2010年，全区有猪场4个、养猪户72户，总存栏20118头；有牛场3个、养牛户53户，总存栏3735头；现有养羊户155户，总存栏3798只；养禽场6个、养禽户465户，总存栏153522只。海淀作为城

市功能拓展区，将在5年内逐步退出畜牧养殖业。全区畜禽重大动物疫病累计免疫270万头（只）次，其中高致病性禽流感149万只次，口蹄疫15万头(只)次，猪高致病性蓝耳病10万头次，猪瘟11万头次，鸡新城疫80万只次，犬狂犬病5万条。完善《海淀区突发重大动物疫情应急预案》，重大动物疫病强制免疫率100%。10月26日，区应急办、区养犬管理办公室、区重大动物疫情应急指挥部办公室联合组织“海淀区突发犬伤人事件应急处置演练”。

对全区水产养殖情况进行调查，建立养殖档案。区内有水产养殖户数76户、养殖水面1295亩、共有池塘233个、年产量61万公斤。2010年市农业局为本区配套增氧机23台，市扶持资金17135元。

畜禽养殖基本情况表

乡镇	生猪				羊				牛				家禽					水产	
	总存栏（头）	年出栏（头）	规模场数	散养户数	总存栏（只）	年出栏（只）	规模场数	散养户数	总存栏（头）	年产奶量（吨）	规模场数	散养户数	总存栏（只）	年出栏肉禽（万只）	年产蛋量（吨）	规模场数	散养户数	养殖面积	场户数
苏家坨	8718	12773	2	20	1431	893	0	79	1195	1226	1	18	58656	22.65	99	2	227	422	16
温泉	1000	2351	0	8	213	162	0	10	259	29.4	0	6	64499	0.49	15.3	0	46	90	4
西北旺	506	341	0	12	251	323	0	15	92	142.2	0	16	2770	15.18	14.2	0	16	269.5	32
上庄	9114	10671	2	22	808	589	0	30	2338	11951.6	2	12	55845	6.03	255.1	2	42	405	20
四季青	0	0	0	0	675	0	0	21	19	0	0	4	4139	0	0	0	113	5.45	2
海淀	0	0	0	0	0	0	0	0	0	0	0	0	0	0	0	0	0	103	2
合计	19338	26136	4	62	3378	1967	0	155	3903	13349.2	3	56	185909	44.35	383.6	4	444	1294.95	76

备注：规模场指生猪存栏500头、羊存栏100只、牛存栏50头、家禽存栏3000只以上。

开展深化农产品质量安全专项整治行动，制定《海淀区深化农产品质量安全整治方案》以及农药产品、蔬菜产品、饲料质量安全、生鲜乳、兽药及兽药残留、水产品、“三品”产品[①]、农产品批发市场和农资打假九项专项整治分方案。通过加强检验监测、查处曝光、督导整改、制度建设和指导服务，全面提高农产品质量安全水平和监管能力。7月份，按照全国食品安全整顿办公室和市、区食品办针对问题奶粉紧急部署，开展对奶畜养殖、生鲜乳收购和运输环节以及饲料生产经营企业的专项检查。

对农产品生产基地、大型农产品批发市场和农业投入品生产经营企业进行食品安全质量监督抽检，重点监测蔬菜农药残留、动物产品中瘦肉精、水产品中氯霉素和孔雀石绿。共抽检样本1298个，其中蔬菜、果品、水产品和动物产品等农产品1101个，饲料、兽药等农业投入品197个；按照任务来源不同分：农业部和市级抽样417个，区食品办400个、区农委抽样481个；按生产基地和市场分：生产基地728个、农产品批发市场570个，结果全部合格。

全年受理各类行政许可1431个。组织执法检查713次。做好行政许可和行政执法事项梳理工作。

农村经济管理和改革 继续推进集体经济产权制度改革，完成五渊潭、东升乡的改革任务。东升乡直属单位改建成立博展、新东源、海升3个股份经济合作社，全区累计成立新型集体经济组织13个。全面启动北部乡村改革工作，制定《关于北部地区农村集体经济产权制度改革中界定成员身份的指导意见》。规范农村土地承包政策，制定《关于做好当前农村土地承包工作的指导意见》。成立农村土地承包仲裁委员会，加强仲裁庭、仲裁员队伍建设。制定征地补偿费使用管理、集体经济合同管理等方面的指导意见。全年审计镇村集体经济组织100个，培训农村经济信息员300多人次，全区75%的托管办实现电算化记账。 （许相明）

[①] 所谓“三品”产品，是指绿色、有机、无公害产品。

农田数据调查表

单位：亩

乡镇	合计	含沟渠田间路面积	耕地面积			园地		草地	林地	其他农用地	
			水田	水浇地	旱地	果园	可调整果园	其他草地	苗圃	设施农用地	田坎
上庄镇	21998.90	22878.85	1978.78	5229.91	4261.71	3919.73	317.02	212.94	4625.54	1453.29	
苏家坨镇	28535.35	29676.77	132.29	679.87	4506.51	17812.78	1692.36	280.46	1983.66	1447.43	
温泉镇	3286.97	3418.45	214.46	198.23	174.07	1482.80		26.25	934.84	256.34	
西北旺镇	16851.75	17525.82	317.61	411.72	3181.82	7870.54	896.84	120.63	2005.12	2047.47	
西山农场	3667.14	4228.19		9.56	138.26	3152.01	98.88	0.45	42.96	225.02	414.36
总计	74340.12	77728.07	2643.13	6529.29	12262.37	34237.86	3005.10	640.73	9592.11	5429.54	414.36

中共北京市海淀区委农村工作委员会
北京市海淀区农村工作委员会（北京市海淀区动物卫生监督管理局）
地址：海淀区东北旺南路 27 号上地办公中心
邮编：100193
电话：82785212

下属行政执法单位（1 个）：
海淀区动物卫生监督所
地址：海淀区东北旺南路 27 号上地办公中心
邮编：100193
电话：82785155

下属事业单位（8 个）：

1. 海淀区农业信息中心
地址：海淀区东北旺南路 27 号上地办公中心 A501 室
邮编：100193
电话：82785240

2. 海淀区农业科学研究所
地址：海淀区海淀镇草桥七号
邮编：100080
电话：62544097

3. 海淀区植物保护站
地址：海淀区海淀镇草桥七号
邮编：100080
电话：62544097

4. 海淀区种子管理站
地址：海淀区清河四街南口一号（种子市场院内）
邮编：100085
电话：62927798

5. 海淀区植物组织培养技术实验室
地址：海淀区新建宫门（北京 992 信箱）
邮编：100091
电话：62882862

6. 海淀区农业机械研究所
地址：海淀区颐和园新建宫门路 4 号
邮编：100094
电话：62876866

7. 海淀区水产技术推广站
地址：海淀区苏家坨镇聂各庄村
邮编：100095
电话：62454207

8. 海淀区动物疫病预防控制中心
地址：海淀区东北旺东馨园小区南 419 总站内
邮编：100091
电话：62967242

【北京市西山农场】 北京市西山农场位于海淀区西北部，是海淀区国资委监管的全民所有制企业。11 月 2 日，西山农场隶属关系由北京市海淀区国有资产监督管理委员会变更为北京市海淀区国有资本经营管理中心。农场占地面积 18525 亩（1235 公顷），其中平原 8918.1 亩、山地 9606.9 亩。拥有北京凤凰岭自然风景公园等 7 家直属企业和 2 家合资企业。

西山农场产业结构以旅游业为龙头，涵盖一、二、三产业。2010 年，农场累计实现主营业务收入 6056 万元，利润 754.4 万元。2010 年农场围绕建设西北部高端休闲旅游区的功能定位，以“旅游业带动其他行业发展，农场带动地区发展”为主题，推进旅游与农业、文化等产业的融合，推动地区各行业的标准化经营管理，带动地区经济整体发展。

发展旅游业。编制完成《北京市西山农场“十二五”时期企业发展战略规划（2011——2015 年）》。制定《凤凰岭地区旅游资源业态提升标准》，《凤凰岭地区旅游资源业态分类》。9 月 17 日，国家旅游局批准凤凰岭公园为国家 4A 级旅游景区。举办以“浪漫春天，相约凤凰岭花季”为主题的凤凰岭第十届杏花节。开展春季植树活动和水果采摘活动，统一辖区内樱桃等水果的包装；举办海淀区鱼眼摄影家协会凤凰岭创作基地授牌仪式；举行以救援灯杆为主题的大型应急救援演练；龙泉寺开展各种法会活动，吸引众多佛教信徒和游客。

加强凤凰岭生态农业示范园的建设和管理，实施生态示范园提升项目，铺设 1800 平方米的停车场，建设 250 平方米的水果销售和游客休闲亭。对园区进行规划分区，完成 7 个、总面积 4000 平方米的中高档日光温室的建设，进行三安超有机农业[1]的实验推广，科烨隆的蓝莓设施栽培项目初见成效。投资 130 万元完成凤凰岭生态农业观光示范园提升项目工程，包括樱桃示范园提升、樱桃标准化基地、樱桃有机示范园等项目。

加大基础设施建设力度，完成凤凰岭南线景区防火道水泥路面工程；砌筑凤凰岭中线 1、2、3 号停车场南面和 3 号停车场东面护坡，平整场地；投资 90 万元，完成凤凰岭公园景区北线六号坝下游北岸岁修工程；投资 98.67 万元完成凤凰岭“七彩凤凰”绿化提升工程之杏林香洲片区建设，对片区人行道路按照规划进行设计施工；投资 93.3 万元，完成敬老院污水处理站工程；投资为 608.73 万元，完成农场职工宿舍区上下水改造工程，包括污水收集管网、老化管网改造和“一户一表”三项，该工程涉及聂各庄家属院、四队宿舍区、凤凰岭公寓和凤凰岭小区。

---

[1]即无农药残留、无兽药残留、无有害化学物品残留的农业模式。

根据年初制定的“基础管理建设年”目标，本着“适用的留下、不完善的修订、不适用的废止”的原则，对农场现行的规章制度进行梳理，形成五大类（财务管理、党务工作、人力资源管理、行政管理、工会）共 49 项基本制度；出台《西山农场车辆管理规定》和《西山农场重大项目安排和大额资金使用监督管理办法》。更新完善档案工作的设施设备，加强档案工作的检查和培训；召开安全工作会议，层层签订安全责任书，进行多次全场性的安全检查，全年未发生重大安全事故。

2010 年度，根据职工在农场工龄长短分段确定的原则，在现有工龄工资发放办法不变的情况下，实施工龄分档补贴制度，保证职工收入稳步提高；在春节前夕，开展“心系职工情，温暖进万家、专项解困难，合力促和谐”为主题的送温暖活动，慰问 69 人次，发放慰问金、慰问品共计 41000 余元；对全场退休农民工工资进行调整，人均月增长 105 元；退休农民工按参加工作年限调整养老金，每满 1 年增加 8 元；全年为退休工人办理报销医疗费用手续 600 人次总金额达 60 多万元；组织开展重阳节退休职工爬山活动；为在职职工和退休职工 589 人进行健康检查；开展培训工作，提高职工整体素质。

开展创先争优活动，争创“四强四优”[①]。农场党委将党员“一带几”活动延伸为“一带 X”活动，形成“党员一帮一”、“党员一带三”、“党员带科室”、“党员带班组”、“机关带基层”、“党员带技术”、“支部带周边”等，取得一定成效。

地址：海淀区聂各庄路 34 号
邮编：100194
电话：62459661　62452800（传真）
邮箱：fhlzs@163.com

直属单位（7 家）：

1. 北京凤凰岭自然风景公园
地址：北京市海淀区苏家坨镇凤凰岭路 19 号
邮编：100194
电话：62455933　62459492（传真）
网址：www.bjfhl.com
邮箱：bjfenghuangling@yahoo.com.cn

2. 北京市海淀区西山公墓管理处
地址：海淀区台头村路 23 号
邮编：100194
电话：62459603

3. 北京市西山果林公司
地址：海淀区凤凰岭路（346 路终点站）
邮编：100194
电话：62455523

4. 西山农场物业管理中心
地址：北京市海淀区聂各庄乡台头村西庙平房
邮编：100194
电话：62459482

5. 北京长建西山建筑工程公司
地址：海淀区聂各庄路 24 号
邮编：100194
电话：62459613

6. 北京市海淀区聂各庄敬老院
地址：346 路聂各庄南站西行 100 米
邮编：100194
电话：62459608
网址：www.ngzjly.com

7. 西山孵化设备厂留守处（该单位现已无实体经营场所）
联系电话：62459509

合作单位（2 家）：

1. 北京市长安园骨灰林
地址：北京市海淀区凤凰岭台头村路 19 号
邮编：100194
电话：62487741　62487741（传真）
网址：www.bjcay.cn
邮箱：changanyuan@sina.com

2. 中外合资北京小西保健食品有限公司
地址：北京市海淀区凤凰岭路 18 号
邮编：100194
电话：62459620　62465801（传真）
网址：www.xiaoxibaojian.com　（程霈）

【朝海丰退出畜牧养殖业】 1 月 18 日，市农业局对外公布，为尽可能减少畜牧业污染，本市将城市功能拓展区、城市发展新区、生态涵养保护区中的城乡建设用地划为限养区，区内已有的畜牧养殖业将逐步退出。朝阳、海淀、丰台三区作为城市功能拓展区，将在今后 5 年内逐步退出畜牧养殖业。三区的生猪存栏量约 2 万余头、肉禽存栏 6 万余只、蛋鸡 25 万余只、奶牛 1000 头左右。

【海淀区与中国农科院签署合作协议】 6 月 26 日，市科委、市农委、中关村科技园区管委会、海淀区政府、中关村发展集团股份有限公司与中国农业科学院共同签署《首都农业高端发展“5+1”战略合作协议》，六家单位本着“真诚合作、互利共赢、共同发展”的原则，在共同推动首都农业科技创新体系建设、推动农业科技成果产业化、打造特色农业产业链、建设国家农业科技城、推动首都籽种产业创新发展、促进设施农业发展、促进首都农产品安全生产 7 个方面达成合作意向。（周勇）

【大农业低碳循环园获得成功】 海淀区在本市第一个成功进行大农业低碳循环经济的农业科技试验。近两年建立的海淀科润维德千亩低碳循环农业园，以创新沼气新装置技术为龙头，辅助多项新技术，成功进行 7 项农业经济以及生活消耗低碳大循环，本年该项目通过区科委的验收。据区环保部门测算，大循环使本应排放 600 吨二氧化碳的千亩农业园，不仅实现净值（零排放）排放，而且其果林、生态林吸收的二氧化碳达到 300 吨，农业园实现碳的负排放，节省的煤炭、电、水、化肥，以及碳交易金额总计达到 100 万元，使大农业污染的负担变为清洁环境的资源，成为碳汇大农业，为工业发展提供了环境空间，又实现了工农业碳循环，为海淀北部地区发展规划提供了按比例发展低碳循环大农业的新思路。

【海淀樱桃年产百万公斤】 海淀区樱桃种植面积 10000 余亩，占北京市种植面积的 1/4；产量近百万公斤，占北京市樱桃总产量的 60%以上，是北京市鲜食樱桃的主产区。为进一步提高樱桃果品质量，海淀区制定樱桃有机生产地方标准，推进樱桃有机化生产，已有 4 个樱桃园通过有机认证，80%的樱桃园不施用化肥，通过病虫害综合防治技术，减少化学农药的施用量，提高樱桃果品品质和安全性。海淀区樱桃销售的主渠道是观光采摘，有四季青果林所樱桃园、御香观光园、双新观光采摘园、大周末樱桃园、温泉樱桃园、绿苑

[①]国有企业党组织争创“四强”的目标要求：政治引领力强、推动发展力强、改革创新力强、凝聚保障力强。“四优”的目标要求是：政治素质优、岗位技能优、工作业绩优、群众评价优。

樱桃园、科烨隆观光园等高标准的樱桃观光采摘园44个。（许相明）

农村经济管理

【综述】 海淀区农村合作经济经营管理站（简称区农经站）和海淀区农村经济与集体资产管理办公室（简称区农资办）实行一套机构、两块牌子，合署办公。主要职责是依法承担本区7个乡镇、一个农工商总公司、92个村级集体经济组织的资产和财务管理、农村经济统计管理、农村信息化管理、农村土地承包合同管理、农民负担监督管理、农民专业合作经济组织管理等工作。

2010年是"十一五"规划的最后一年，农村经济总收入从"十五"末的144亿元增加到201亿元，增长39.6%，平均年递增8.7%。"十一五"期间农民劳动所得总额从2006年的15.2亿元增加到2010年的19.7亿元，增长29.6%。从公有经济获得的收入占劳动所得总额的比重逐年上升，从私营企业获得的收入逐年下降，家庭经营所得保持平稳。2006年到2010年农村集体资产总额从294亿元增加到526亿元，增长79.1%。

2010年，海淀区农村合作经济经营管理站围绕加快中关村国家自主创新示范区核心区建设和推进城乡一体化建设开展工作。

农村集体经济产权制度改革 本年，农村集体经济产权制度改革以"完善制度、强化民主、科学管理、加大监督"为整体思路，以民主化为特征、以制度化为保障、以信息化为手段。农村集体经济产权制度改革工作在7个乡镇全面展开。截至年底，全区共有84个单位开展此项工作，涉及农村集体资产总额81亿多元、人员9万余人。84个单位进展不同，第一种是已经完成改制工作的单位，包括玉渊潭、东升乡的大钟寺、太平庄、清河、塔院、八家、马坊、小营及3个直属公司，苏家坨的北庄子、三星庄，西北旺镇的西二旗、安宁庄、小辛店、马连洼三队和东北旺一、二、三、四队等21个单位。其中玉渊潭、东升乡的大钟寺、太平庄、清河、塔院、八家、马坊、小营及3个直属公司，西北旺镇的安宁庄、马连洼三队等13个单位已经成立股份经济合作社，实现由传统集体经济组织向新型集体经济组织的转变。第二种是改制工作正在进行的单位，包括海淀乡的西苑、肖家河、树村、青龙桥、万泉庄、六郎庄、海淀乡直属公司，以及西北旺的唐家岭、土井、西北旺、韩家川、六里屯、屯佃、亮甲店、永丰屯、东玉河、西玉河、皇后店、大牛坊、小牛坊、冷泉村和东北旺5、6队等23个单位。第三种是正在进行改制前期工作的单位，包括苏家坨镇的17个村，温泉镇的杨家庄、高里掌，上庄镇的20个村和四季青镇等40个单位。

本年，区农经站指导海淀乡进行清产核资的后续工作，制定改制工作方案；指导上庄镇、苏家坨镇、温泉镇做好改制准备工作，帮助制定关于健全完善村经济合作社社员代表大会的有关文件；指导玉渊潭农工商总公司制定《玉渊潭股份经济合作社章程》、成立玉渊潭股份经济合作社，并为其办理注册登记；对四季青镇开展农村集体经济产权制度改革工作进行调研；组织未改制单位的50名领导干部和工作人员参加市经管站组织的产权制度改革培训班；完成《海淀区全面推进农村集体经济产权制度改革的意见》（征求意见稿）；制定《关于北部地区农村集体经济产权制度改革中界定成员身份的指导意见》，对北部地区成员身份的界定标准做出具体规定；对北部地区7个重点推进村和2个挂账村的40多名工作人员进行产权制度改革实操培训；完成《城乡结合部地区在城市化进程中进行产权制度改革的模式探讨》课题；举办海淀区农村集体资产处置及集体经济产权制度改革征文比赛，编印《海淀区农村集体资产处置及集体经济产权制度改革文集》，内容涉及农村集体资产处置及集体经济产权制度改革的先进经验、理论探讨，并宣传改革中的先进人物和典型事迹。其中《太平庄股份社推行成本控制的调研报告》等8篇论文被评为一等奖。

农村土地确权及合同管理 落实《农村土地承包法》，进一步完善农户土地承包经营确权工作，推进和规范土地承包经营权的流转，利用"农村土地流转信息平台"，提升农村土地流转规模和质量。根据各乡镇填报的《土地承包经营情况统计表》，应确权土地总面积105766亩，已确权土地面积105766亩。已确权面积中，确权确地的22093亩，占应确权面积的22%；确权确利的55129亩，占应确权面积的52%；确权确股的27239亩，占应确权面积的26%。

土地确权面积及类型（单位：亩）

单位	应确权面积	已确权面积			
		小计	确地面积	确利面积	确股面积
合计	105766	105766	22093	55129	27239
山前小计	24096	24096	0	0	24096
四季青	15926	15926	0	0	15926
海淀	2464	2464	0	0	2464
东升	5706	5706	0	0	5706

山后小计	81670	81670	22093	55129	3143
苏家坨	26953	26953	4455	22498	0
温泉	10998	10998	0	9693	0
西北旺	18177	18177	9570	5464	3143
上庄	25542	25542	8068	17474	0

本年，全区各乡镇“乡镇集体经济组织、村集体经济组织、农民专业合作组织”进行登记并发放证书，对登记发证的合作社和农民专业合作组织办理证书年检手续。截至年底，共办理年检手续 68 个，其中乡镇集体经济组织 4 个，村集体经济组织 61 个，农民专业合作经济组织 3 个。

建设农民专业合作社示范社 按照“北京市农民专业合作社示范社建设行动计划”，开展建设农民专业合作社示范社。主要是在提高专业合作社经营能力、保证产品质量安全、增强带动能力、规范内部管理、提高社会效益等方面做工作。力争到 2012 年，使区农民专业合作社达到：标准化生产率 100%、主要生产资料统一购买率达到 80%以上，产品统一销售率达到 80%以上，商标注册率达到 100%，生产生鲜农产品“农超对接”比例达到 50%以上。用开展建设示范社活动推动农民专业合作组织发展，增加农民收入。辖区内在工商部门注册登记的农民专业合作组织有 32 个，其中专业合作社有 6 家，主要从事花卉、果蔬、水稻等种植业，带动农户 989 户，年销售额 850 万元。

农村财务管理 开展农村集体财务管理规范化示范乡镇创建工作，指导温泉镇做好市级考核验收工作。西北旺镇屯佃村、温泉镇白家疃村、四季青镇门头村、东升乡清河村获得“北京市农村集体财务管理规范化试点村”称号，温泉镇获得“北京市农村集体财务管理规范化试点乡镇”称号。全区村账管理采取 3 种方式：托管、自管、双审。其中村账托管村 51 个，村账自管村 22 个，双审村 11 个村。

本年，区农经站完成温泉镇东埠头、温泉、太舟坞 3 个村经济合作社，西北旺镇东玉河、东北旺、六里屯 3 村，东升乡清河、北太平庄 2 个股份经济合作社的财务检查。检查中发现个别村存在会计核算及会计基础工作薄弱，资金使用效益偏低等问题。

进一步在全区推广会计电算化，指导温泉镇托管办实施会计电算化。全区 75%的托管办实行电算化记账。全区实行会计电算化村 46 个，较上年增加 6 个（温泉镇新增 6 个村实行会计电算化），占全部的 54.8%，截至年底，温泉、苏家坨两镇各村全部实现会计电算化。

继续做好各乡镇村集体征地补偿款监督，保障资金安全。起草《北京市海淀区人民政府关于进一步规范农村集体经济组织征地补偿费使用管理的指导意见》。《海淀区城乡一体化进程中征地补偿费使用管理的探讨》课题结项。截至年底，全区村级组织土地征地款累计收入 167.1 亿元，累计支出 63.0 亿元；发生征地补偿款 54.5 亿元，支付 17.2 亿元。

开展审计监督和审计服务。完成 7 个乡镇农工商总公司与 1 个经济合作总社的审计任务，审计金额 120.99 亿元，比上年增加 32.34 亿元，查出问题 19 条，提出建议 22 条。审计结果显示，各乡（镇）农工商总公司和经济合作总社在财务管理和会计核算方面比较规范，财务审批手续和内部控制制度基本健全，但在个别单位仍存在一些问题：如大额现金支付；原始票据管理不严；债权债务类科目长期挂账；购入固定资产不入账等。指导各乡镇对 2009 年度村级组织正常运转专项补助资金的管理使用情况进行审计，共审计村级组织 84 个，审计金额 972.6 万元。委托审计 2 家，审计金额 17.82 亿元。

全区有 43 个村完成村务公开触摸屏建设。

农民负担监督管理 开展春秋两季农民负担执法检查。通过执法检查，全区各村级组织能够按照市农工委等部门下发的《村级报刊订阅费用限额控制制度》标准限额订阅，订阅报刊以党报党刊为主。根据市减负办《关于严禁向村集体经济组织摊派农村教育经费》的文件精神，采用双向检查的方法分别对村级组织、农村中小学进行检查。对农民建房、计划生育、办理身份证、结婚登记等方面的乱收费问题进行专项检查，未发现乱收费现象。全区七个乡镇 84 个行政村享受的村级公益事业专项补贴资金共计 672 万元，已全部拨到村级组织。

农村信息化管理 完成本年度农村管理信息化系统数据资料更新工作，共采集有关人口、劳动力、收入、合同、收益分配等资料 43 张报表近 800 万条数据。数据通过收集、核查、汇总，并上传。整理完成《2009 年度海淀区农村经济数据汇编》。《2009 年度海淀区农村经济数据汇编》录入区农业人口基本情况、劳动力情况、经济运行、农村资产、农林畜果生产、新农村建设等内容共 13 部分 58 张报表，涉及各类数据 8000 余条。

海淀区农村合作经济经营管理站
地址：海淀区东北旺路 27 号上地办公中心
邮编：100193
电话：62562423
网址：www.hdnj.gov.cn

【农村土地承包仲裁委员会成立】 2 月 4 日，成立由 12 个部门和村民代表组成的海淀区农村土地承包仲裁委员会，召开第一次全体成员会议。会议通过《北京市海淀区农村土地承包仲裁委员会章程》及《海淀区农村土地承包经营纠纷仲裁委员会仲裁员聘任方案》；选举产生仲裁委员会主任一名，副主任二名。首批聘任仲裁员 15 名。区农经站承担农村土地承包仲裁委员会的日常工作。在全区各乡镇开展《中华人民共和国农村土地承包经营纠纷调解仲裁法》知识竞赛，发放竞赛试卷 500 余份。投资 46 万元改建区仲裁庭的庭审大厅，并配备办公设备。

【审计村级组织正常运转专项补助资金】 3 月，采取村级上报、区乡两级复核方式，对 2009 年村级组织正常运转专项补助资金的管理使用情况进行审计，共审计 84 个村级组织，审计金额 972.6 万元。重点监督 2009 年村级组织正常运转资金、生态林补偿资金、粮食直补补贴资金、政府投入新农村建设等各项专项资金的发放与使用情况。通过乡镇审计表明：海淀区村级组织正常运转专项补助资金基本都能足额到位，能够做到专款专用，未发现挪用挤占现象。

【村级统计试点】 本年，选定常青、清河、肖家河、西小营、双塔、东埠头、永丰屯七个村作为试点，开展农村村级统计试点工作。投入资金 40 万元，培训基层普查员 120 名，印制报表 5000 份，制定统计指标 1000 多个，涉及劳动力、征地补偿款收支、集体资产、农民专业合作组织、新农村建设资金使用、企业情况等 11 项内容，由基层普查员入户进行数据采集，确保数据的真实。 （陈子权）

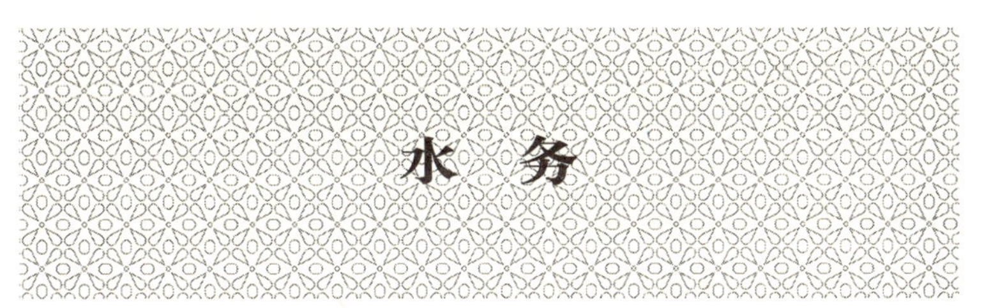

【综述】 海淀区水务局是海淀区政府主管水务事业的行政职能部门，下属 5 个事业单位：区节约用水事务管理中心、区水利工程质量监督站、区水政监察大队、区河道管理所、区排水管理所。海淀区防汛抗旱防治地质灾害指挥部是领导本区防汛抗旱的机构，由 32 个成员单位组成，办公室设在区水务局和国土资源海淀分局，下设 58 个分指挥部。

2010 年，区水务局以“让美水靓景拥抱核心区”为主题，加大对河道生态治理、水环境建设、截污和再生水回用、雨洪利用、节水灌溉等工程建设。有区属河道 9 条，即：田村明沟、万泉河、北旱河、北长河、北沙河、西双紫支渠、南旱河、金河和南沙河。全年水务工程建设项目 54 项，其中水务基建项目 30 项，水利支农项目 24 项；总投资 10.383 亿元，其中区投资金 9.874 亿元，市投资金 5090 万元。

水资源管理 开展 3 次村镇供水安全隐患排查，共消除、缓解村镇供水隐患 37 处。在重大节日、灾害性天气时期，组织各供水单位加大检查、监测频次，有针对性采取错峰、增温等应对措施，实行村镇供水“零报告”制度，保障特殊时期的供水安全。成立应急抢修队 7 支，抢险人员 278 人，配备应急供水车 19 辆，并准备水管、水泵、锹镐、切割机等备用物资。

本年，编制《海淀北部地区供排水初步方案》和《海淀北部地区水资源综合利用方案》，为北部地区涉水专项规划提供技术支撑。根据 2007 年完成的《海淀区水资源调查评价》，海淀区多年平均山区地表水资源量为 912.3 万立方米，平原地表水资源量为 3620.9 万立方米，山区地下水补给量为 3804 万立方米（山区地下水资源量即为山区降水入渗补给量），平原地下水补给量为 14282 万立方米，河川基流量为 425 万立方米，降水入渗补给量形成的河道排泄量为 0，地表、地下水资源重复计算量为 3229 万立方米。海淀区多年平均水资源总量是 19390.2 万立方米。

继续做好 46 处人工地下水位点的观测工作，全年共收集整理观测数据 2587 条。7 月至 8 月联合各乡镇地下水观测管理单位，对 15 处具有代表性的人工观测站点进行巡检、复测，及时掌握观测井周边用水情况及数据变化原因，编制《地下水动态》12 期。做好 22 处自动地下水位监测点的运行管理，配合市水文总站挪移市级监测设备 1 次，巡查维护区级地下水位监测点 2 遍，维护升级系统 2 次。

加强水资源费征收力度，共征收地下水资源费 1496 万元，污水处理费 420 万元。严格执行取水许可和水资源论证制度，限制新增取水设施，优先采取集中供水模式，鼓励再生水、雨洪水等非常规水源的使用。全年共铺设透水砖 72166 平方米，封闭式蓄水池 2200 立方米，敞口蓄水池 40100 立方米，年设计可收集雨水 16 万立方米。

继续加强社会单位用水定额管理，推广节水技术和节水型器具，鼓励再生水和雨水的利用，全年共审核发放 253 户总计 4095 万立方米用水计划，其中生活、工业和公共服务用水计划为 3795 万立方米，农业用水计划为 300 万立方米。

水事执法监督 全年共处理水事违法案件 200 余起，其中违法凿井案 36 起；未按规定取水、不规范用水案件 142 起；河道保护范围内违法案件 29 起；其余各类案件 7 起，查处各类举报案件 40 余起。上缴财政罚没款 8 万元。

加强学习培训，组织干部职工参加行政和民事案件审理旁听，组织全体人员参加公共法律和水行政法律法规知识学习和考试，增强依法行政意识。

3 月 22 日，以纪念第十八届“世界水日”、第二十三届“中国水周”活动为契机，在远大路金源时代广场举办以“严格水资源管理，保障可持续发展”为主题的大型水法宣传咨询活动。

贯彻水利部、市有关水利工程质量管理的规定，履行政府对水利工程实行质量监督的职能，本年监督工程共8项，其中新开工程2项，续建工程6项。

2010年共完成市区人大建议13件，政协建议案1件、党派提案1件（均为主办）的回复办理工作。共受理区信访办转来信访件7件、市水务监督热线93件，通过非紧急救助服务系统转来区群众事务呼叫中心案卷238件，区城管监督指挥中心发来涉水案件657件，群众来信、来电433件，市长信箱、局外网举报 17 件，所有案卷均在规定时效内得到处理和回复。

7月至10月初，全区范围内开展“打击盗采砂石、整治非指定区域游泳、钓鱼和违规洗车”百日行动。通过整治，辖区内非指定区域游泳、钓鱼、占道洗车现象基本消失。全区没有发生非指定区域游泳溺亡事件。

防汛工作 海淀区多年平均降水量为 558.1 毫米，其中山区为 561.0 毫米，山前平原为 570.5 毫米，山后平原为 546.1 毫米。选择山区的香山站、山前平原区的海淀站和山后平原区的上庄站作为典型代表站进行降雨年内分配情况分析，海淀区多年（50年分析）平均最大四个月降水均集中在6–9月。本年汛期(6月～9月)降雨279.8毫米，比上年同期的286.4毫米少6.6毫米，基本持平。汛期内共发生强降雨过程6次。本年的降雨总体偏少且平稳，没有造成明显的汛情、灾情。降雨具有汛期少、两头多（汛期前后多），并且单次降雨量大的特点。2010年汛期发生积水的路段7处，因降雨直接造成房屋漏雨、地下室进水共计17处，路面积水21次，社区积水7次，地面塌陷2处。

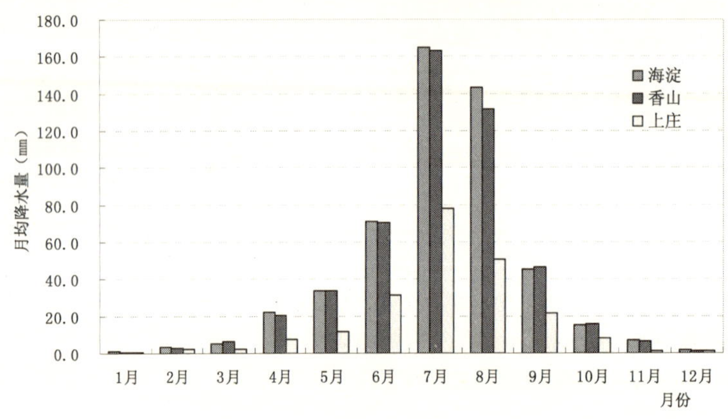

海淀区代表站降水量多年平均年内分配图

全区各指挥部全面落实责任制、预案、队伍、物资及避险措施。共落实抢险队伍177支,抢险人员7000人,储备水泵421台、草袋8000条、麻袋1.3万条、吸水麻袋5000条、桩木575立方、砂石与块石5300立方、运输车辆267辆、发电机60台、大型作业灯70个、铲（吊）车43辆。汛期内共出动2700人次进行道路的巡视抢险，出动车辆570台次，水泵270台次，保证雨中道路的交通畅通及居民出行安全。

水环境治理 2010年，水环境工作继续按照“水质：不黑、不臭、无水华，有水则清、无水则绿；环境：有水河道水面无漂浮物，无水源河道保持整洁、无垃圾、生态自然；社会反映：无负面舆论报道，无群众举报反映”开展工作，完成水环境的日常保障。全年清运垃圾8.7万立方米，打捞漂浮物共计3.5万立方米，投放药剂4080吨，种植水生植物840平方米，除草1833万平方米。全区有再生水厂4座，即永丰再生水厂、温泉再生水厂、太舟坞再生水厂和翠湖再生水厂。有31座新农村污水处理站。

新农村污水处理站建设统计表

序号	乡 镇	处理站	处理（吨/日）
1	苏家坨镇	柳林村	400
2		徐各庄	300
3		北安河苏家	900
4		梁家园	250
5		西埠头	200
6		管家岭	100

序号	乡镇	处理站	处理（吨/日）
7		周家巷	900
8		西小营	400
9		车耳营	500
10		七王坟	100
11		草场	500
12		聂各庄村	2000
13	上庄镇	双塔村	600
14		西辛力屯村	250
15		梅所屯村	400
16		皂甲屯村	600
17		南玉河村	150
18		北玉河村	150
19		西闸村	100
20		李家坟村	100
21		八家村	150
22		下家坟	100
23		上庄路西	300
24		上庄路东	400
25		白水洼	500
26		上庄小区南	2500
27		上庄小区北	1500
28	河道管理所	上庄水库南	150
29		上庄水库北	150
30	西北旺镇	西玉河	500
31	温泉镇	秀山	300
	总计	31	15450

【2010年重点水利工程】

上庄镇中水回用工程　工程于12月11日开工，12月30日完工，总投资369万元，包括建设灌溉管道总长9573米，其中干管1086米；新增离心泵2台，配套电机2台。

【海淀被评为全国优秀节水试点第一名】　10月，海淀区在水利部开展的节水型社会建设评估中，被评为全国优秀节水试点第一名。近5年，海淀区实施节水建设工程达200多个；力推节水型社会建设措施近百项，2009年万元GDP用水量仅为12.15立方米，成为100个全国节水型社会试点单位万元GDP用水量最低的单位。（周勇）

海淀区水务局

地址：海淀区小南庄怡秀园甲1号

邮编：100089

电话：82635936

邮箱：hdslj@163.com

下属事业单位（5个）：

1. 海淀区河道管理所

地址：海淀区上庄镇上庄路68号

邮编：100089

电话：82474970　82474970（传真）

2. 海淀区节约用水事务管理中心

地址：海淀区西北旺镇春晖园11号

邮编：100089

电话：62819293

3. 海淀区水利工程质量监督站

地址：海淀区西北旺镇春晖园12号

邮编：100089

电话：62812871

4. 海淀区水政监察大队

地址：海淀区苏家坨镇

邮编：100095

电话：62480833

5. 海淀区排水管理所

地址：海淀区三星庄南口

邮编：100089

电话：62480603　（李娜）

气　象

【综述】　北京市海淀区气象局（站）前身是北京农业气象试验站。1974 年 4 月 1 日，北京农业气象试验站更名为北京市海淀区气候服务站。1991 年 5 月 1 日，北京市海淀区气候服务站更名为海淀区气象局（站），局站合一。北京市海淀区气象局承担海淀区行政区域内的气象服务和气象管理职能，下设办公室、业务科、人工影响天气办公室、综合科、研究室 5 个科室，建有气象测报、人工影响天气、避雷装置安全检测 3 个专业队伍。2010 年 1 月至 3 月市气象局避雷检测中心为加强管理，统一收费标准，将四城区避雷装置安全检测站收到市局，至 3 月底完成整合，海淀区气象局停止海淀区避雷安全检测工作，由北京市避雷检测中心承担海淀区避雷安全检测工作。

海淀区的自动气象观测站有 14 个，分布在海淀、大学生体育馆、紫竹院、车道沟、玉渊潭、凤凰岭、北安河、香山、箭亭桥、上庄、永丰中学、青龙桥、闵庄、温泉等地，观测项目包括气温、降水、风向、风速、相对湿度、气压等六要素。

气象业务　1 月 8 日，根据京气预函〔2010〕2 号文件《关于调整降雪加密观测有关规定的通知》要求，冬季降雪加密观测改为有降雪时每小时进行一次加密观测、并发报。1–3 月份降水加密观测日数共 14 天，发报次数 81 次。

完成海淀区气候资料服务器项目，对海淀站 1959–2009 年的历史资料进行整理、录入、校对，形成电子文件，自主研发气象资料查询数据库软件，提高气象资料服务质量和效率。

6 月 1 日进入主汛期服务，保持地面观测仪器设备合格，人员到位，24 小时监视天气，全员执行汛期服务流程和应急处理流程。

11 月 1 日启用“中国气象观测系统运行监控平台”，每天网上汇报本区自动气象站的监测、维护情况，具体故障通过电话详细汇报。加大科技创新力度，在城区拓展公共气象服务领域工作列全市前列。本年对全区自动气象观测站进行调试、升级，为 7 个自动站加装电子显示屏。海淀区自动气象观测站的调研和规范化水平在全市处于领先地位。

人工影响天气工作　上半年，海淀 7 个高山基地作业点共增雪作业 11 次，195 炉次，耗用烟条 1165 根。三个人工影响天气试验基地（海淀区香山人工影响天气试验基地、北安河人工影响天气试验基地、凤凰岭人工影响天气试验基地）共防雹增雨作业 5 次，用炮弹 503 发，火箭弹 33 枚。以上作业安全有效，各作业点和基地全年运行安全，无事故。

行政管理　全区施放气球行政审批 360 卷，审批施放气球 2727 个；进行气象执法安全检查 26 次，检查单位 33 家。没有气象行政违法案件发生；没有气象行政违规投诉发生，没有气象行政复议诉讼，没有气象行政败诉。

加强安全排查力度，对人员、车辆、物资等加强管理，全年无安全事故。

全年预算支出及政府采购按照市局计财处要求，严格制定和执行年度、季度计划，合理增减，保障全局工作需求，无纰漏。

对本站 1974 年 4 月 1 日–2004 年 12 月 31 日的气薄–1、气簿–2、气温自记纸、气压自记纸、湿度自记纸、EL 型和 EN 型风自记纸的原始资料进行整理、重新装订、打包，2 月 8 日移交平谷气象局档案馆，完成历史资料的移交。

气象宣传“3·23”世界气象日，气象局上街宣传气象，发放气象科普手册和法规读本，回答市民提问。开展公共气象服务调查，形成调查报告，为公共气象服务发展提供需求依据。《气象灾害防御条例》于 4 月 1 日起正式施行，配合减灾日宣传活动，印制气象防灾减灾宣传手册，免费向市民发放。北京市气象局委托清华媒介调查实验室所做的《北京市不同阶层人群气象科普认知及需求调查》显示，海淀区受访人群气象科普认知度普遍好于其他区县。

【2010 年海淀区重大气候事件】　1 月 2 日夜间至 3 日夜晚，海淀区出现明显降雪天气，降雪量 12.4 毫米，最大雪深达 26 厘米，为历史最大值。1 月 6 日海淀观测站的最低气温刷新历史纪录，零下 20.2℃。1 月 15 日，北京地区发生食分 0.8 的日偏食。初亏发生在北京时间 15 时 32 分，食甚时刻是 16 时 52 分，带食日落。3、4 月份气温持续偏低，树木发芽时间较常年明显偏晚，花期推迟，果树收获期推迟，进入气象意义上的春季明显较晚。7 月 9 日 ~ 10 日出现强对流天气，降水造成部分路段出现少量积水。2010 年除夏季外，其它季度的降水与常年同期和 2009 年同期相比均偏多，农业干旱较上年偏轻。夏季海淀站高温日数为 16 天，比常年同期（5.7 天）明显偏多，比 2009 年同期（18 天）偏少。

【2010 年海淀区气候概况】　2010 年本区主要气候特点是：年平均气温 12.3℃，与历年平均气温（12.3℃）相同。春季气温偏低，其它三季气温比常年偏高。极端最高气温 41.2℃，出现在 7 月 5 日，年极端最低气温为–20.2℃，出现在 1 月 6 日。全年总降水量 483.4 毫米，比常年（580.6 毫米）偏少近 2 成。夏季降水偏少，其它三季降水均偏多，由于海淀区全年降水主要集中在夏季，因此全年降水仍总体偏少。一日最大降水量为 59.1 毫米，出现在 7 月 10 日，海淀区 7 月 9 日–10 日出现强对流天气，最大降水量出现在箭亭桥地区为 111.8 毫米。日照接近常年。春季平均气温为 12.3℃，比常年平均值（13.1℃）偏低 0.8℃，降水量为 107.1 毫米，比常年平

均值（67.2毫米）偏多近6成；夏季平均气温26.5℃，比常年平均值（25.0℃）偏高1.5℃，降水量为252.9毫米，比常年平均值（428.0毫米）偏少4成以上；秋季平均气温12.7℃，比常年平均值（12.2℃）偏高0.5℃，降水量为107.4毫米，比常年平均值（77.2毫米）偏多近4成，冬季气温平均气温为-2.9℃，比常年平均值（-5.5℃）偏高2.6℃，降水量为16.0毫米，比常年平均值（8.2毫米）偏多9成以上。

（李春玲　陈晓光）

【全国气象科普教育基地落户北理工附中】 3月22日，中国气象局、中国气象学会正式授予北京理工大学附属中学“全国气象科普教育基地”匾牌。这是“全国气象科普教育基地”首次落户北京校园。（周勇）

【为首届世界武搏会提供气象服务】 首届世界武博会期间（8月28日~9月4日），区气象局启动Ⅳ级气象服务应急响应。气象局全程进入响应状态，行政值班领导带领值班人员全程留守，带班领导参加当日天气会商，值班业务人员提前检查各种仪器，加强巡视频率，关注本地区天气演变趋势和实况。

气象局应急指挥部平台运行顺畅，对市局Ⅳ级应急响应期间工作进行提前部署；加强内部值班检查，促进工作人员对各项制度、应急预案的熟悉和具体操作流程的熟练；组织对车辆、网络的检查，未发现隐患，同时强化日常检查和维护环节，确保安全有效。设置专用车辆，保障自动站日常维护工作。

气象局及时和海淀区委、区政府、农委、防汛办和应急中心取得联系，提前做好准备工作，保持通讯连接和互动。根据天气实际情况，监视天气状况，及时向海淀区各个乡镇政府提供天气发展趋势和天气实况分析服务产品，共发布3期气象服务专报，为武搏会提供气象保障。（李春玲　陈晓光）

【海淀生态质量情况】 据市气象局最新的生态质量气象评价显示，2009年度北京植被覆盖度处于中等水平、降水正常，生物多样性一般。各区县生态质量等级均属一般类，其中排名前三位的分别是密云、平谷和怀柔。密云生态质量等级接近良好类，城八区中海淀区生态质量超过昌平、大兴、顺义和通州。

（周勇）

北京市海淀区气象局
地址：海淀区新建宫门路2号
邮编：100080
电话：62553507　62822481（传真）
网址：www.hd121.com

商业服务业·对外经济贸易

6月26日，翠微广场开业。（田峰 摄）

7月3日，商务部在北京正式发布“中国·中关村电子信息产品指数”。（中关村电子贸易商会 供图）

11月30日，"中关村核心区'规范诚信经营示范单位表彰活动'暨'倡导诚信经营'演讲大赛"在海淀剧院小剧场举行。（中关村电子贸易商会 供图）

6月12日，由国家商务部、甘肃省政府、北京市政府支持，甘肃省商务厅、北京市商务委员会主办的"甘肃商品大集"活动在北京金源燕莎购物中心启动。

（区商务委 供图）

海淀品牌消费节商业服务进社区　（田峰 摄）

10月29日，金泰恒业海淀分公司金泰体育专卖店北蜂窝店试营业。
（金泰恒业 供图）

当代商城 15 周年店庆　（李瑞林 摄）

在海淀区职业技能大赛中，翠微集团（翠微大厦）共获 2 个一等奖、3 个二等奖、5 个三等奖和 1 个团体项目二等奖。图为翠微百货服务技能大赛展演。　（韩云 摄）

商业服务业

【综述】　区商务委原名区商务局，2004年7月由原区商委和区外经委合并组建，2009年更为现名，是区政府主管本区国内外贸易和对外经济合作的工作部门。下属事业单位2个：海区商业网点管理处（北京市海淀区流通信息中心）、中国国际贸易促进会海淀支会（中国国际商会海淀分会）。

2010年，区商务会围绕建设自主创新示范区核心区和打造国际商贸中心的工作大局，促消费、保增长，开展争先创优和优质服务年活动，全区商务环境进一步提升，外资结构不断优化，社区商业服务体系逐渐完善，内外贸易实现平稳发展。全区有餐饮企业5000家，20万从业人员。全区社会消费品零售额（法人在地口径）比上年增长15.4%，达到1184.2亿元；其中吃类商品224.6亿元，增速为6.2%；穿类商品72.8亿元，增速为11.9%；用类商品实现842.1亿元，增长16%；烧类44.8亿元，增长89.8%。实际利用外资13.6亿美元，进出口总额360亿美元。

重点项目建设　甘家口社区商业中心改造建设基本完成，成效初步显现，仅超市发连锁甘家口店9月5日完成升级改造，销售额平均每天在13万元以上、增长30%，客流量增加25%，客单价从29元增加到35元。按计划推进公主坟商圈改造建设；启动五道口社区商业中心区改造调研规划工作。

推进特色街区发展，提出海淀区促进消费聚集区发展的意见。协助做好五棵松商业街前期规划调研工作，对海淀图书城特色商业街业态调整可行性进行调研，继续培育畅春园食街、魏公村民族餐饮一条街、阜石路美食街、花园路美食街的发展。

完成海淀区“十一五”时期商业发展、现代服务业发展、物流业发展和商务发展环境等规划的总结评估工作。完成海淀区“十二五”时期商业服务业发展规划、南部高端商务服务区发展规划（初稿）、昆玉河沿线商业发展规划的编制，以及区级重点课题《高端消费聚集区规划建设与品牌引进》及关注课题《海淀区商业网点布局规划研究》的调查研究。

社区商业工作　开展菜篮子体系建设，完成3家社区菜市场升级改造，新建6家便民菜店。全面推动放心早餐便民服务网络建设工作，2010年共计50家早餐经营示范店通过验收，全区累计（2009年11月启动至今）88家早餐经营网点获得北京市早餐经营示范店称号，社区商业服务体系逐渐完善。

推进农村商品配送体系建设，超市发连锁公司在苏家坨、北清路、韩家川等地区新建5个超市网点。不断完善社区便民商业设施建设，对IT维修服务进社区等项目进行资金扶持。推进全区再生资源回收体系建设，新增20个社区回收网点，完善韩家川分拣中心综合分拣加工功能，完成海淀区电子废弃物回收与处理体系调研报告，指导锦绣大地安装餐厨垃圾就地处理设备。

行业促销　制定并落实《2010年海淀区商业服务业拉内需促增长系列促销活动的方案》，做到全年有安排、每季有策划、月月有活动。围绕节日、汽车、餐饮、农村四个重点领域，开展53项主题促销活动。举办第八届中关村国际美食节、第六届海淀品牌消费节和第二届海淀汽车文化消费节。汽车节期间，海淀区25家参节汽车企业共实现销售13.34亿元，同比增长53.99%；海淀品牌消费节期间，海淀区18家参节商业企业共实现销售额18.21亿元，同比增长19.62%。

保障北京各地商品大集活动。15期各地商品大集共实现销售收入实现近9800万元，签约金额12亿元。作为承办地点的金源燕莎MALL平均客流达到每天3万人次，比平日增长50%以上。

落实家电下乡、家电以旧换新和汽车、摩托车下乡政策。共审批家电下乡销售网点101家；销售家电下乡产品10078台，实现销售金额4601.94万元。共审核家电以旧换新销售票据13711单；销售家电以旧换新产品36.65万台，实现销售金额15.1亿元。销售汽车、摩托车下乡产品4410辆，销售金额1.58亿元。

企业促进工作　落实市、区两级流通企业发展资金支持政策，修订《海淀区促进商业服务业发展支持办法》和《申报指南》，向市商务委申报2批20个项目，共申请专项资金4275万元。海淀区支持商业服务业发展专项资金项目评审完毕，相关资金及时拨付完毕。

建立大型商业设施建设及招商进展跟踪服务制度，协调解决企业在广告设置、工商注册登记等方面的困难。本年，翠微广场、华熙乐茂的主力店太平洋百货、成龙影院及翠微百货清河店、嘉茂购物中心、华联万柳购物中心、大钟寺国际广场开业，引进一些国际品牌如巴宝莉（BURBERRY）、古奇、阿玛尼、杰尼亚等。

提升商业服务业环境　推进中关村西区电子卖场业态调整和商业规模调整工作，出台《IT卖场行业规范》并在各电子卖场推广，配合工商海淀分局开展核心区建设环境综合整治工作。协调“好麦道公司”入驻中关村西区，进行海淀图书城改造为文化休闲街区的可行性研究。

组织18家企业完成无障碍设施改造，2家企业完成大型商业设施停车引导系统改造，32家服装干洗行业开启式干洗机进行更新改造，指导4家商场、超市和3家餐饮企业完成节能改造项目申报组织工作。

加强消夏露天餐饮经营规范管理，

制定《2010年海淀区消夏露天餐饮经营场所管理工作方案》，进一步明确举办消夏露天餐饮经营的范围、条件、要求、办理流程等。

生活必需品应急保障 加强对应急供应网点和投放网点库存变化的监测，确保市场稳定。根据新修订的《北京市海淀区突发事件总体应急预案》，进一步修改完善海淀区生活必需品应急供应预案。完成粮食企业年报表和海淀区2009年度粮食供需平衡调查报告、2009年度食用植物油供需平衡调查报告。

商务综合执法 梳理国家和北京市各项法规，开展商务领域综合执法工作，将商务行政执法检查工作覆盖到促销、酒类流通、特许经营等多方面。。区商务分的ISO9001质量体系认证工作再次通过审核。

制定“海淀区商务委2010年行政执法工作安排”、“海淀区商务委2010年度行业安全监管工作计划”、“海淀区2010年度商务行业安全生产隐患排查治理工作方案”等29个工作方案、计划。做好重大节日、重要活动期间安全生产工作，出动执法人员4000人次，检查各类企业2000余家次，纠正隐患问题500多个，收缴行业安全监管罚款25000元、酒类管理罚款250元、食盐管理罚款3600元，全部上缴国库。

开展创先争优活动 从4月开始，委党组两次进行专题研究，制定活动实施方案。通过开展“五比一争当”、“创先争优”标准大讨论、评选“群众心目中的好党员”、参加“2010年海淀区运动会”等活动，形成学习先进、争当先进、赶超先进的良好氛围。在全区诗歌朗诵及“我为核心区建言献策”活动中，获优秀组织奖；在征文比赛中分别获三等奖1名、优秀奖1名。

年内，完成9件人大代表建议和3件政协委员提案的办理工作，满意率100%。多项工作和多人受到国家和市、区的表彰，获北京国际美食盛典最佳组织奖、各地商品大集特别贡献单位，市、区先进个人3人次。

工作中存在的困难和不足：第一、主要经济指标的完成依然有不小压力。社会消费品零售额增长速度放缓，利用外资缺乏体量大、利润高、产业前景好的大项目，作为海淀区进出口支柱产业的高新技术产品出口所占比例较低，没有发挥出应有的资源优势，给区域经济增长带来一定压力。第二、服务外包产业发展竞争压力逐步增大。其他基地城市纷纷加大了服务外包产业的服务力度，并把海淀区的服务外包企业作为招商引资的主要对象，给服务外包产业发展带来冲击。第三、重点项目推进中存在一些困难。商圈及特色街区改造管理机制尚未完全理顺，商圈改造和特色街建设任务仍很繁重。

海淀区商务委员会
地址：海淀区四季青路6号招商大厦
邮编：100195
电话：88496768
网址：www.hdboc.gov.cn

【海淀区商业联合会】 北京市海淀区商业联合会成立于1999年9月。2005年3月，中国贸促会海淀区支会、中国国际商会海淀区分会和海淀区商业联合会的工作进行整合，合并办公。商联会会员分为会长单位、副会长单位、常务理事单位、理事单位和个人会员五个级别。商联会会员由不同所有制、不同业态的民营企业、外资独资企业、中外合资企业、高新技术企业构成，基本涵盖了海淀区大中型各种所有制的零售企业，现有会员单位近200家。

根据“政府指导、协会合作、商会搭台、企业唱戏”的原则，海淀区商业联合会为会员招商引资、沟通交流及与政府对话提供服务和平台。本年，与中国人民大学合作，举办商业企业中、高层管理人员研修班；承办第四届海淀区商业服务业职业技能风采大赛”、“第六届海淀品牌消费节”；进行“海淀区高端消费聚集区规划建设与品牌引进”的课题研究。 （李强）

【北京市海淀饮服行业协会】 成立于2000年5月，原名北京市海淀区饮食服务行业协会，2010年6月29日更为现名。下设餐饮、洗浴、美容美发、旅店、清真、彩扩摄影、洗衣等7个专业委员会。

2010年，协会在餐饮住宿业开展了国家绿色餐饮（饭店）的创建活动，通过培训、贯标，把“安全、健康、节能、环保”渗透到企业管理中，从而为企业在降低成本、增加效益、创造价值等方面提高了市场竞争优势。海淀区首批26家餐饮企业通过“国家级绿色餐饮企业”的认定。启动学习型社团的创建活动，以“提高员工素质、提升行业形象、促进行业发展”为活动目标，通过制定学习制度，建立学习保障机制等一系列措施，推动学习型社团创建活动的开展。2010年底，协会通过海淀区创建学习型组织示范单位的评审。

本年，与区商务委共同承办以“中关村·新食尚”为主题的第八届中关村国际美食节。美食节期间（4月23日~6月2日），组织开展“精品宴席展示展示”、“百家风味，特色美食体验”、社区居民包饺子比赛等活动以及京城餐饮总厨创新大会暨年度健康时尚菜品的发布。5月25日，协会组织召开餐饮企业社会责任报告年会”，全区100余家大中型餐饮企业负责人参加。会上，海淀饮服行业协会在京城餐饮行业首度发布“告爱心餐饮企业白皮书”；北京湘鄂情股份有限公司，北京新世纪金悦酒店管理公司，净雅食品股份有限公司和直隶会馆，分别通过企业社会责任报告，介绍了在践行企业社会责任方面所取得的经验积累和体会。7月16日，协会召开第三届会员代表大会第一次会议，选举产生新一届协会会长、副会长、秘书长和监事长。 （姜哲）

地址：海淀区西四环北路11号
邮编：100195
电话：88472791 88472792
微博：www.hdyfxh.com
邮箱：hdyfxh@sina.com

【北京京海联实业开发总公司】 公司前身为1979年成立的海淀区城市生产服务合作联社、海淀区城市生产服务总公司（一套人马两块牌子）。1996年转为经济实体，成立京海联实业开发总公司。2000年，经区经委审定为独资城镇集体企业。

至本年底，公司有下属企业两家（新海学金属制品中心、北京海地兴物资供应站），控股股份制企业一家（万泉源物业管理公司）。总公司及下属企业、控股企业现共有在职职工（含下岗职工）45人，离退休职工225人。资产总额1363万元，为上年同期的93%；净资产1107万元，为上年同期241%；总收入475万元、为上年同期72%；实现利润0.1万元[①]。

公司近数年来以房屋场地出租为主要收入来源。其中最主要的承租人是新东方学校。（郑珊）

地址：海淀区苏州街12号西屋国际公寓E座
603、604室
邮编：100080
电话：82872675（传真）

【海淀区物资回收公司】 成立于1958年2月。公司下属4个全资子公司：北京市开源技贸总公司、北京市颐顺达物资经营公司、北京市魏兴贸易公司、北京市五棵松物资收购站（本年从开源技贸总公司独立出来），并持有北京市开源物业管理股份有限公司43.78%的股权。

2009年–2010年物资回收公司经营情况（单位：万元）

项目	业绩2009	2010	比上年增长（%）
总收入	4236.2	4616.8	8.98%
净收入	2315.8（物业收入1800）	2493.1	7.66%
费用支出	2075.9	2274.6	9.57%
利润	534.9	547.2	2.30%
净利润	413.4	430.2	4.06%
税金	486.9	625.1	28.38%
投资收益	172.3	168.5	–2.21%
资本保值增值率	103%	101%	–1.94%

备注：1.统计指标中不含公司对回收业的地租和人工支持资金170万元。
2.总收入下降原因：收入占公司较大比例的羊坊店收购站于本年3月份停业。
3.利润、净利润、上缴税金比2008年大幅增加，原因是2008年的这三项统计未包含公司持股的北京市开源物业管理股份有限公司的数据。
4.增值税较上年上涨较大原因是：增值税税收政策调整，回收业无进项税额抵扣，全额征收17%税率，返还50%，但与之征收的城建税教育附加不返还，增加企业负担。

本年，公司确定“规范管理、狠抓效益、促进企业稳步发展”的工作思路。制定和完善《中层经营管理人员选拔任用工作暂行规定》、《会计主管岗位责任制》、《消防安全管理制度》、《资产资金管理暂行办法》等19项规章制度，涵盖了企业中层干部薪酬分配、目标责任制管理、企业资产管理、财务资金管理、安全生产管理、中青年培养考核制度等。公司新一届职代会审议通过《假期管理暂行规定》、《劳动合同管理暂行规定》。公司管理制度体系初步形成。

公司作为回收体系产业化建设主体运营企业，本年调整了回收业租地补贴、一线职工补贴政策，实行按回收数量给予每吨20元补贴的方式，引导企业调整回收业经营策略，鼓励企业发展再生资源回收经营，促使再生资源产业化发展。与区环卫中心一队签订万泉河桥下场地使用协议，将社区回收中心和家电以旧换新项目部搬至韩家川分拣中心，增加15万元。韩家川分拣中心本年新建经营货场1700多平方米，增加了有色金属、废钢回收承包商户，全年购销废钢600多吨。调整物流车租赁费价格，增加收益12万元。继续负责海淀、石景山、门头沟、房山、昌平、延庆6个区县的家电以旧换新工作，共上门回收旧家电1600多户，回收旧家电2211件，向北京市危险废物处置中心发送旧家电9365件。参加并配合市区商务委、市区市政市容委等单位组织的“再生资源回收日”活动和社区垃圾分类宣传活动，本年新开展社区垃圾分类示范小区网点建设，全年共建30个；新建社区回收网点12个，回收网点总数达到392个。全年回收饮料瓶罐83350个。完成282家单位的国有资产报废工作，回收报废资产325吨。通过投标成为北京市“家电以旧换新”回收企业，承担海淀、石景山、昌平、门头沟、房山、延庆5个区县的家电以旧换新工作。

本年，公司成立物业经营部。双清路综合楼规划验收过程中存在的职工宿舍拆迁问题，通过诉讼程序胜诉，完成了楼房规划验收，并交付承租单位使用。西苑物业楼改造装修工程完成。

公司围绕“坚持安全生产，落实安全责任，服务核心区建设”的主题，做好企业各项安全稳定工作，全年未出现各种安全责任事故和聚众上访事件。

为巩固深入学习实践科学发展观活动成果，开展创先争优活动；落实党风廉政建设责任制，完善“三重一大”决策程序；扩大公司党委理论中心组学习范围，将中层经营者的正职领导纳入学习范围；组织公司中青年经营管理骨干培训班，参加人员30人。

公司工会召开第五届会员代表大会和第六届职工代表大会，完成工会换

[①]2005年以前，京海联公司持有北京银行股权405833股，于2009年全部抛售，共获得人民币金额664万元，计入当期股权收益。因此造成2010年利润急剧减少。

届工作，建立了新一届工会组织和职工代表大会。组织职工参加了区机关工会运动会并获得最佳风尚奖。（肖洁）

地址：海淀区西苑一亩园21号
邮编：100091
电话：62883134

【北京翠微大厦股份有限公司】 北京翠微大厦股份有限公司是北京翠微大厦于2003年1月改制而成，是以百货零售为主的大型现代化集团式企业，下属7家分公司和4家子公司。本部翠微店位于西长安街延长线翠微商业中心，占地面积2.3公顷，建筑面积11.7万平方米，营业面积3.8万平方米。

2010年，公司全年实现销售收入43.42亿元，同比增长24%；上缴国家税金23930万元，同比增长11%。

本年，换届产生第三届董事会和监事会，新设立董事会战略委员会、提名与薪酬委员会、审计委员会三个专门委员会；建立独立董事制度，修订完善公司章程、议事规则、管理制度等22项治理文件。

围绕"商品精致、环境精美、服务精心、管理精细"的品牌店建设目标，2010年,公司各店新引进供应商158家，新增品牌421个，实现销售业绩持续稳定增长。全年共策划主题营销活动22次，举办52场体验型和引领型消费课堂。公司的第十三届购物节实现三个突破：店庆日均销售超过1亿元；翠微店单店单日销售超过1亿元；牡丹园店、龙德店、清河店各自创出销售新高。4天店庆平均单日销售额同比上升57%，4.18亿元的销售额创造了全国大商场店庆活动的销售新纪录；142个品牌创造了该品牌全国大商场单日销售纪录。围绕建设资源节约型、环境友好型的"两型"企业，完成翠微店内外环境装饰美化，翠微广场及清河店设施改造等16项工程；继续开展节能降耗技术改造。公司荣获"北京市节能减排先进集体"称号。

完成2008版质量管理体系升级换版工作，新版质量管理体系通过内外部审核。设计开发的档案电子管理系统于11月底进入试运行阶段。翠微商标通过北京市著名商标的复审，取得了"北京市著名商标"证书。

成立"翠微明星导购员俱乐部"，这是全市大商场中第一个明星导购员俱乐部。在由《新京报》举办的首届商业高峰论坛及商业风云榜上，翠微"家人式"服务获"年度最人性化服务奖"。

注重对职工素质的培训和提高。3月，与北京城市学院合作办学，成立"翠微商学院"，这是京城首家商场与大学联合办学。开展专科和本科班学历教育和专业技术职称、技能教育。首批148名员工参加北京市成人高等教育统一招生考试，134名员工被会计、工商两个专业本、专科录取。6月，与海淀区委党校联合创办"翠微党校"，为公司发展培养高素质骨干队伍。公司举办第四届职业技能服务风采大赛，近3000名员工参与技能练兵，选出783名选手参加119个项目的技能竞赛。在区级职业技能服务竞赛中，公司共获得一等奖2个、二等奖3个、三等奖5个和团体二等奖1个。65名员工参加了市、区组织的展示活动。

在全区开展的"创先争优"活动中，翠微大厦党委坚持"四个结合"推进争先创优活动，即：结合服务企业中心工作争先创优，确立以"坚持科学发展，强化企业管理，提高质量效益，做强做大企业"为主题，在党员中开展"带头提升素质，争当学习先锋"、"带头秉公用权，争当廉洁奉公先锋"、"带头创造佳绩，争当岗位先锋"为主要内容的"四带头、四争先"活动和"我服务、我快乐"为主题的系列职业服务竞赛活动；结合建设学习型党组织争先创优，作为全国商业和北京市唯一的"创建学习型组织标兵单位"，公司创新教育培训模式，与高校、区委党校合作办学，对员工开展专业技术技能培训；结合党建创新示范项目争先创优，公司把创先争优作为加强党建的经常性要求，开展党建创新示范项目工程评定活动，15个支部共推出16个创新示范项目；结合本职岗位党员模范带头争先创优，以党员的创先争优带动员工的创先争优，公司涌现出150余名先进个人。

公司通过全国文明单位的复查工作。向灾区捐款21万元，教育奖学金20万元，向贫困地区的孩子寄去1118个爱心包裹。

2010年，公司获得的国家级荣誉：

全国"绿色商业创新发展示范单位"；"全国商业顾客满意企业"；"全国（行业）顾客满意十大品牌"；翠微店超市收银部、牡丹园店三层体育休闲部、龙德店三层收银部被评为"全国商业顾客满意明星班组"。3名员工获"全国商业服务品牌"称号。

市级荣誉：

"2009—2010年北京商业最佳行业推动力企业"；"北京十大商业品牌"；翠微店总服务台获"首都维护消费者权益突出贡献奖"；牡丹园店总服务台被评为北京市模范集体。董事长张丽君当选"2009年—2010年北京商业风云人物"。（史旭光）

北京翠微大厦股份有限公司
地址：海淀区复兴路33号
邮编：100036
电话：68210092
传真：68167760
网址：www.cwjt.com

下属分公司（7家）：

北京翠微大厦股份有限公司牡丹园店
地址：海淀区花园路2号
邮编：100083
电话：62053045（总服务台）
传真：62028599

北京翠微大厦股份有限公司龙德店
地址：昌平区立汤路186号
邮编：102218
电话：84811317（总服务台）
传真：84818880

北京翠微大厦股份有限公司翠微广场
地址：海淀区复兴路25号
邮编：100036
电话：88239629（总服务台）

北京翠微大厦股份有限公司清河店
地址：海淀区清河嘉园东区甲1号
邮编：100085
电话：62953578（总服务台）
传真：82818108

北京翠微大厦股份有限公司惠丰堂饭庄
地址：海淀区翠微路22号
邮编：100036
电话：68271507（前台）
北京翠微大厦股份有限公司创景惠丰堂饭庄
地址：海淀区首体南路38号创景大厦B座二层
邮编：100036
电话：58892118　58892177（前台）
北京翠微大厦股份有限公司自行车销售中心
地址：海淀区翠微路22号南门面房（平房）
邮编：100036
电话：68167752
下属子公司（4家）：
北京翠微家园超市连锁经营有限责任公司
地址：北京市海淀区复兴路33号
邮编：100036
电话：68210626
北京翠微可晶摄影器材有限责任公司
地址：海淀区复兴路33号
邮编：100036
电话：68163445
北京翠微园物业管理有限公司
地址：海淀区复兴路33号
邮编：100036
电话：68167716
北京普澜斯国际商贸发展有限公司
地址：海淀区复兴路29号
邮编：100036
电话：88239667

【北京翠微集团】 1996年12月30日，由原隶属于华奥集团的翠微路百货商场、超市发集团的翠微路副食商场、饮食服务公司的惠丰堂饭庄和照相馆、修理公司的翠微工贸公司等单位组建北京翠微集团（北京翠微集团翠微大厦），主营百货零售。2000年4月，成立北京翠微国有资产经营公司，北京翠微集团隶属于北京翠微国有资产经营公司。2006年2月，区政府决定撤销北京翠微国有资产经营公司，组建新的北京翠微集团（以下简称翠微集团），受区国资委领导，经营公司所投资企业（包括北京翠微大厦股份有限公司、北京甘家口大厦、北京市当代购物中心建设公营服务公司）划归翠微集团管理。2007年3月北京市当代购物中心建设经营服务公司从翠微集团划出，2008年北京市甘家口大厦划归区国资委直接管理。翠微集团属于全民所有制，持有北京翠微大厦股份有限公司76.36%的股份。

北京翠微集团按照投资控股与经营管理权分离的原则，促进企业实现规模经营，积极推进资本运营；加强企业安全生产管理。

翠微集团2010年经营情况

项目	2010	与2009年比（%）
总资产（万元）	317128	↑41.7
负债（万元）	219628	↑64.5
净资产（万元）	89573	↑7.4
少数股东权益（万元）	7927	↑17
销售额（亿元）	43.42	↑24
利润（万元）	17856	↑5.31
国有资产保值增值率（%）	105	

（孙小亭）

北京翠微集团
地址：海淀区复兴路33号
邮编：100036
电话：88239190
网址：www.cwjt.com

【北京海淀置业集团有限公司】 北京海淀置业集团有限公司（原北京超市发国有资产经营公司）是海淀区政府授权经营的国有独资企业，组建于2000年4月，2010年11月改制更名为北京海淀置业集团有限公司，改制后公司类型为有限责任公司。

截至本年底，公司资产总额48.03亿元，比上年增长4.3%；负债29.61亿元，净资产16.47亿元，净资产收益率2.42%；利润6879万元，比上年增长22.7%；少数股东权益1.9亿元。

本年，公司为促进公司建立现代企业制度，完善管理模式，以转换经营机制为核心，实施改制工作。经区政府和国资委批准，8月开始启动更名改制工作，11月初完成更名改制，公司名称由“北京超市发国有资产经营公司”变更为“北京海淀置业集团有限公司”，注册资本从2亿元增加到10亿元；设立公司董事会、监事会、经理层，依法制定议事规则，12月16日召开集团成立大会，更名改制工作的完成。

根据区政府和国资委安排，以扩大经营规模为目标，推进企业整合重组，以6月30日为基准日，将北京市海淀区物资总公司、北京市中海拓科技发展总公司、北京市海淀区对外贸易公司三家企业整体划转并入公司。7月底交接工作全部按计划完成。9月，经国资委批准，三家企业开始改制工作，名称更为“北京海物博科贸有限公司”、“北京中海拓科技发展有限公司”和“北京国控经贸有限责任公司”。

本年，公司以实施战略规划为主导，调整优化组织机构，与管理咨询公司合作，统筹谋划公司发展战略、管理体系、制度流程、薪酬绩效和企业文化体系，初步完成公司“十二五”时期发展规划。根据公司发展战略规划，重新设置职能部门和业务部门，调整重点是以集中优势资源，发展公司主业为导向，按房产类型对业务部门进行细分。调整后，公司设6个业务部门（运营管理部、写字楼经营部、商铺经营部、小企改经营部、中技大厦经营部、图书城特色街区营管理中心）和16个管理部门（财务部、审计部、战略发展部、投资管理部、法律事务部、信息管理部、安全管理部、产权管理部、基建工程部、拆迁办公室、行政管理部、人力资源部、退休离岗人员管理服务中心、党群工作部、老干部服务中心、工会）。

本年，公司以服务核心区建设为中心，开展主业经营，中技大厦全年新增出租面积5.32万平方米，累计出租面积6.8万平方米，出租率从年初的27.28%增长到99.3%，中国技术交易所、腾讯科技、北京标准化交流服务中心等知名企业入驻。3月初正式接收建委办公楼，更名为“中关村知识产权大厦”，随即开展运营规划、以及面向知识产权代理机构、评估机构等相关机构的招商洽谈工作。

根据区政府加快推进中关村西区业态调整指示精神，公司筹备图书城二期改造工作，对图书城的商业经营情况进行调查摸底，为图书城二期改造规划搜集并提供基础资料。

公司规范房产土地权证管理，继续落实中技大厦其他物业收购工作，已累计收购258套，占应回购总面积的83%；办理完成五道口大厦产权证和土地证；完成建委办公楼产权证过户。全年落实四项重点房屋（甘家口南平房、京西宾馆五十六号院、新外大街乙5号和西苑胖嘟嘟美食城）的拆迁腾退，大部分房屋已完成拆除移交，个别房屋因涉及改制职工安置及商户转租问题，正在采取措施继续推进。

加强安全生产管理，签订安全生产责任书，完善安全保障体系；通过安全检查和隐患整改，杜绝安全生产事故；举办安全生产知识讲座，开展安全生产合理化建议征集活动，组织安全管理员参加全国注册安全工程师职业资格考试。年底启动“两节两会”百日安全竞赛活动，采取安全管理技能培训考核、安全检查评比、安全生产知识竞赛及综合评审方式，评选出安全管理先进集体、先进个人和示范单位，创新了安全管理方式。

妥善解决信访上访问题，全年共接待信访上访14例，29批次，累计174人次，协调解决人大代表建议4件。矛盾较为突出的菊园小区62户居民办证问题，是历时10余年的遗留问题，通过履行法律程序，公司与相关部门沟通，找到解决问题的途径，正在逐步落实，有望彻底得到解决。

公司热心社会公益事业，关心职工生活，4月份，用原定举办公司成立十周年庆典仪式资金10万元建立大病特困职工帮扶基金；12月，工会代表职工与企业签订《集体合同》，并由企业每年出资30万元建立“送温暖工程基金”，健全困难职工救助机制。七一前组织开展“党员献爱心捐献活动”，310名党员、入党积极分子和群众为慈善事业捐款21635元；关心特困职工生活，重视离退休老干部工作，全年共走访慰问特困职工、劳动模范、老干部及去世离休干部遗属1325人次，累计发放慰问金及慰问品51.5万元。

公司以加强团队建设为先导，推动企业文化建设。围绕学习型组织建设，开展《战略管理新思维》、《职位设计与工作分析》、《打造一流的集团管控体系》、《企业文化讲座》等系统培训，提升管理人员的综合素质和专业技能。建立中层后备人才储备库，加强对后备人才的储备和培养。调整薪酬绩效制度，引入宽带薪酬，导入平衡记分法，增强绩效考核的可操作性和激励作用。

举办公司成立十周年系列宣传活动，在海淀电视台播出宣传短片，在《海淀报》刊发宣传专版，设计制作宣传画册，组织员工征文、摄影比赛等活动，宣传公司形象，提升企业知名度。组织员工开展文体活动，成立业余摄影协会等群众组织，活跃员工文化生活。编制企业文化手册，推进企业文化建设。

（高炳波）

地址：海淀区成府路150号四层
邮编：100084
电话：62551178
网址：www.haidianzhiye.com

【北京超市发连锁股份有限公司】 前身是成立于1977年的北京市海淀区副食品管理处，1980年8月，成立北京市海淀区副食品公司，1992年8月由海淀区副食杂品采购供应站与海淀干鲜品采购供应站合并成立北京市海淀区副食品购销公司。1994年11月19日，海淀区副食品购销公司与海淀区菜蔬公司合并组建北京超市发商贸集团。1996年9月4日，原购销公司与双榆树商场合并成立北京超市发购销公司。1997年7月24日，伍富连锁总店、购销公司、果菜配送中心合并成立北京超市发连锁经营公司。1999年10月，公司完成股份制改造，更为现名，公司是以商业零售为主的大型连锁企业，是唯一一家区属零售连锁企业之一。

本年，超市发实施“加速拓展北京及郊区县市场”的战略规划，海淀区的市场拓展重点山后城乡结合部，采取直营、加盟等形式，在山后新开北清路店、前沙涧店、韩家川店、上庄店、台头村店5家连锁店，经营面积累计达万余平方米。本年新开连锁店38家，其中直营店8家、加盟店30家；新增面积3.2万平方米。截至本年底，公司总经营面积达到公司总经营面积达到16万平方米，连锁店总数达到111家（其中北京市连锁店56家，外埠店15家，加盟店40家），全年实现销售32亿元，同比增长22.3%，位居中国连锁百强排名第81位，销售增长率在北京市商超行业排名第13位。各项税金缴纳额每年平均以30%的幅度递增，名列北京市商业流通连锁业前茅。

2010年，公司获得的国家级荣誉：

在中国连锁经营协会首次举办的“CCFA2010年度中国零售业员工最喜

爱的公司”评选活动中，超市发荣膺榜首。

中国商业联合会授予公司全国商业顾客满意企业称号、全国商业质量管理优秀企业称号、全国商业质量效益型先进企业称号、全国商业3·15荣誉企业称号；获得全国商业质量奖。

中国连锁经营协会授予公司2010零售创新奖。

中国酒类流通协会授予公司全国酒类优秀营销商称号。

中国商业联合会、中国商报社授予李燕川2009—2010中国零售业年度人物称号；中国商业联合会、中国财贸轻纺烟草工会授予李燕川2008-2009年度全国商业服务业十佳经营者称号。

总裁李燕川当选为中国连锁经营协会食品安全委员会第一任内资企业委员会主任。

公司获得的市级荣誉：

北京市商务委员会授予公司2009北京市促消费贡献突出单位称号、2009年度北京市重点流通企业市场监测工作先进单位称号；授予公司北京各地商品大集优秀采购商称号；北京市十大商业品牌评审委员会授予公司2009年度北京十大商业品牌。北京市妇女联合会、北京市总工会、北京市人力资源和社会保障局授予李红英北京市“三八”红旗奖章荣誉称号。

经营管理　2010年，超市发坚持“创新、突破”的原则和“做深 做细 做扎实 创新 创先 创业绩”的主导思想，做到了管理上有突破、经营上有创新、行业内树典范。

坚持农超对接，加快超市化菜市场的成长，持续强化生鲜果蔬经营。除原有开发的赣南脐橙、广东云浮砂糖桔、福建琯溪蜜柚直采外，本年新开发乌珠穆沁羔羊肉和锡盟羊肉作为自有品牌羊肉片，引进山东荣城花生、陕西嘎啦苹果、红香酥梨、河北红梨等地方名优果品以及哈尔滨红肠、新疆大枣、杭州手剥笋、青海牦牛肉干等地方特色商品。超市发在全国建立的商品直采基地达到74家，形成严格的管理标准和一定的规模，降低了采购成本和销售价格，生鲜、果菜销售增长70%。

将四季饮食纳入《健康膳食手册》，开展“教吃教做”以及“营销主题月”活动，适时推出科技促销、互动促销、美食促销、安全促销和文艺促销，尝试创新生鲜商品营销模式。在中国连锁经营协会主办的第十二届中国连锁业会议上，超市发再次荣获“零售创新奖”。

超市发在行业内率先将《GB/T22000-2006食品安全管理体系》标准纳入到安全管理工作中，建立起以“体系保障、完善制度、重点落实”为主要内容的长效机制和各层级监管体系，完善食品准入体系和食品安全检测体系，从商品引进、销售、存储、运输等环节对食品安全工作实行标准化。在建立由社区代表组成的“义务监督员”和由供应商代表组成的“特约观察员”基础上，特聘8名“特邀食品安全视察员”，以监督食品安全。

按照卓越绩效管理模式，初步搭建起质量、食品安全、职业健康“三标一体”的综合管理体系，实现了管理上“事先预见，预前控制”，流程上“有计划、重结果”，操作上“有标准、重检核”，最大程度地降低或排除经营管理的潜在风险。

本年，聘请15名供应商特约观察员。每个季度召开一次领导层的专项会议，定期召开重点供应商节供会议，及时掌握市场动向和商品价格变化情况。推出网上供应商对超市发的满意度调查，供应商可匿名提报意见和建议，以促进超市发工作的改进。

继续推出“亲情式”营销活动。利用“春节、‘6+7月’、金九银十”三期竞赛、“元宵节、端午节、中秋节”传统节日和“鲜肉节、果蔬节、购物节”三个自创节日串起全年的促销活动。其中“果蔬节”将基地直采作为宣传点，果蔬销售额同比增长15.19%；尝试买断经营，元宵、汤圆销售额同比增长8.43%，粽子销售同比增长52%。组织“四川食品节”、“新疆美食节”等专题商品促销活动。7月31日，与密云县商务委、农委共同承办的“密云县特色农产品展卖活动周”启动，在3个月的展卖期间，每月都推出密云的10多种农产品。

服务创新　“定位在社区，服务为居民”是超市发的营销定位，在对连锁店的调整改造中，重心由关注硬件设施转移到注重目标顾客的需求和对商品结构的调整。全年共改造连锁店8家，在卖场布局、设备、装饰、环境等软硬件方面进行调整。作为甘家口商业服务区整体规划的配套项目之一的超市发甘家口店于9月5日重装开业，三层卖场实行统一管理，形成“菜市场+社区超市+生活馆”的整体购物空间。

各连锁店均增加微波炉、免费提供开水的服务项目；12家综超连锁店增加轮椅服务；7家社区店增加“拉卡拉”便民服务项目；月季园店开展“网购”服务；在12家连锁店设置规范化清真食品专柜，专柜数量占海淀区的60%，占北京市的7.8%。超市发90%以上连锁店可使用银联卡、公交卡、瑞祥卡、薪福卡、银宝通卡进行消费。“贴心人”服务队常年服务在社区，超市发服务的空巢老人、特困人群达百余户。

企业文化建设　倡导“以人为本”的“家”文化，努力打造社区居民的和谐之家、企业员工的成长之家。2010年提出新的文化理念：

■　企业愿景——根植于社区的一流零售商

■　企业使命——引领绿色消费共创幸福家园

■　企业价值观——顾客需要是我们努力的方向 顾客满意是我们追求的目标

■　企业精神——至诚至勤 尽善尽美

■　服务宗旨——千方百计服务千家万户

■　员工信念——超市发为我创造机会 我为超市发奉献才能

■　管理理念——天下大事　必做于细

党建工作　超市发党委围绕全区“创先争优”主题，开展丰富多彩的党建创新活动。开展党员考评活动，组成优秀党员事迹报告团，在各连锁店进行循环演讲；针对重点岗位人员制定“十不准”，规范党员的行为，此项工作获得海淀区“党建创新示范项目”，并被推荐到北京市委申请党建创新成果。

超市发党委开展创建“四型团队”（学习型、创新型、成果型、廉洁型）活动，加强基层党组织建设。开展志愿者在行动活动、总部党员下一线、一线党员进社区，开展义务劳动。

（胡丽红）

地址：海淀区双榆树东里15号
邮编：100086
电话：82125291
邮箱：csfbgs@bjcsf.com.cn
网址：www.bjcsf.com

【北京海龙资产经营集团有限公司】 前身是1992年成立的北京市海龙商贸总公司，2002年更为现名，2005年其资产所有者由海淀区供销社变更为北京市供销合作总社。公司的核心业务是海龙大厦电子城（1999年开业）和物业管理。

2010年，海龙集团加强经营管理，全面提升卖场管理品质。继续实行以“五统一”（即统一小票、统一工卡、统一标价、统一收银、统一会员）为核心的服务管理提升工作；开展流动红、黄旗制度，推广“争做服务规范商家”评比活动；加大投诉工作管理，在商户中建立诚信联盟，签订《诚信服务体系联盟协议》；扩大统一收银工作的辐射面，稳定参加统一收银的商户；设立正版体验区，开展知识产权保护工作。提升客户服务水平，从会员服务切入，增加对消费者的服务内容，提升对消费者的服务水平；通过多种渠道招募会员，2010财年招募会员12109人，其中包含企业会员298人；与厂商售后合作开展“消费者课堂”联合活动；增加通过商户连接卖场与消费者的沟通渠道。探求卖场经营管理创新，在市场一层开设移动互联终端产品经营区，尝试新的管理模式推进。本年，集团投资建设的地铁联通通道开通，进行写字间改造、广场改造、地下一层加装电梯等。

2010年，海龙集团销售额和贸易额分别达到51.6亿元和103.4亿元，比上年增长19%；贸易总额以20%的份额居中关村电子卖场第二位。

2010年7月3日，由商务部主办、中关村电子产品贸易商会承办、北京海龙资产经营集团有限公司协办的“中国·中关村电子信息产品指数”发布会，商务部正式发布“中国·中关村电子信息产品指数”（简称“中关村电子指数”）。中关村电子指数正式纳入商务部市场指数管理体系，是商务部市场指数体系的重要组成部分，由商务部统一管理和发布。

7月30日，由中关村科技园区海淀园管理委员会、海淀高技术产业促进中心和海龙集团共同打造的、中国第一个虚拟现实产业聚集区正式落户中关村海龙大厦12层，这代表着海龙大厦业态调整进入实质阶段。有水晶石、新奥特、世纪和有为等近20家企业进驻虚拟现实聚集区，当天有4家入驻企业成功签订总价值近千万元的项目合同。

2010年，“海龙”品牌以23.69亿元的品牌价值列入2010年度中华电子企业品牌价值排行榜。获得“北京商业最佳行业创新力企业”奖、“中国电子市场十大品牌”奖、“中国IT市场价格指数—北京中关村监测站”称号；北京海龙资产经营集团有限公司董事长鲁瑞清获得“中国电子市场经营大师”称号。

（林琳）

地址：海淀区中关村大街1号
邮编：100190
电话：82663877
网址：www.hilon.cn

【北京华奥商厦有限责任公司】 华奥商厦有限责任公司是北京市实行现代企业制度的试点单位。1996年10月正式设立，公经营范围广泛，是海淀区多年的利税大户。2005年做为海淀区国有资产退出的试点单位进行二次改革，于当年11月停业装修改造。

在停业装修期间，公司成立了留守处，主要负责公司延续运转工作及处理各种对内对外关系。2009年，公司职工所持的全部股份转让给中关村文化发展股份公司。2010年，除几名留守人员外的全体职工进入失业状态（待岗、内退）。2010年是企业矛盾激增的一年：房屋补贴无法支付、供暖费无法支付产生了大量的矛盾和纠纷；留守员工无法提高工资、待岗和内退的员工只能拿到基本生活费所产生的生活压力使职工怨声载道；公司无法营业职工上岗无望使企业不稳定因素的不断上升。尽管留守处设法借助工会的帮助解决了部分特困人员的体检和困难补助问题，为劳模争取到基本待遇。但是，一个知名企业几百名员工的生活未来究竟如何，应成为海淀区民生问题的焦点而引起关注。

（赵森）

地址：海淀大街27号
办公地址：万泉河路58号
邮编：100080

【北京甘家口大厦有限责任公司】 其身是2000年1月9日开业的北京甘家口大厦，是一座以购物为主，集餐饮、娱乐、休闲、金融、服务、写字楼为一体的现代化购物中心，建筑面积10.3万平方米。2008年年初成为区属一级企业。2010年改造后商业经营面积达到3.06万平方米。

2010年大厦完成改制，12月28日正式更名为北京甘家口大厦有限责任公司。

2010年全年实现销售6.6亿元，同比增长10%；实现利润2243.47万元，同比增长10%；上缴税金3360.13万元，同比增长31%。

本年，按照区委、区政府关于甘家口商圈改造的部署，大厦进行升级改造，其中超市由传统超市向精品超市转变。对回购的六层美食城进行装修，扩大经营面积2600平方米，引进主题餐厅6个，功能性主题摊档4个，快餐品牌6个，形成中西结合、多元发展模式。

大厦加大对外拓展步伐，2010年11月12日，大厦与北京顺鑫佳宇房地产开发有限公司签订合作协议，打造新的商业模式，探索创新盈利新模式。与浙江义乌国际贸易城开展商业咨询项目，进行输出管理，国际贸易城于11月开业。

4月，大厦开展干部选拔任用工作七项监督制度的自查工作，对2006年以来的干部选拔任用工作进行自查，并按照选拔程序提拔中层管理人员两名。6月，以党员作风建设年活动为专题，开展创先争优“四强四优”活动。开展“群众心目中的好党员”评选推荐工作。组织“走革命路，忆革命史”党员专题日活动，通过参观爱国主义教育基地，使党员接受深刻的革命历史和爱国主义教育。对2个先进党支部、20名优秀共产党员进行表彰，大力宣传先进典型的突出事迹，并通过主题征文活动在进一步营造学先进、做先进的浓厚氛围。

本年，甘家口大厦荣获“全国商业顾客满意企业”、“全国3·15荣誉企业”、“全国商业质量效益型先进企业”、“全国商业质量管理优秀企业”、“全国商业服务业先进企业”等三十余项称号；被评为北京市“服务标准化示范单位”（是全市首家获得此称号的企业单位）。

（王帆）

地址：海淀区三里河路17号
邮编：100037
电话：88392480　88392481（传真）
网址：www.gjkds.com.cn

【北京当代商城有限责任公司】 北京当代商城有限责任公司（原名北京当代商城实业公司），于1995年9月23日开业，2007年12月18日由“全民所有制与全民所有制联营”企业改制为海淀区全资国有企业，并更名为“北京当代商城有限责任公司”。商城建筑面积61800平方米，其中商业经营面积28000平方米，是一座以商品经营为主，集餐饮、休闲娱乐、商务公馆于一体的大型高档百货店。2010年7月8日，商城转让所持北京当代丰泉物业管理有限责任公司30%的股权。11月16日，当代商城完成出资人变更手续，出资人由海淀区国资委变更为海淀区国有资本经营管理中心，企业性质由国有独资变为法人独资。

2010年，商城本店全年实现含税营业收入总额135274万元，增幅8.27%；实现利润总额7430万元，增幅21.33%；上交税金7333.53万元（两店合并）；净资产收益率10.31%，每平方米效益1904元。鼎城店尚处于培育期，全年实现含税营业收入总额26918万元。

本年，在北京市提出“建设世界城市、打造国际商贸中心城市”、海淀区倡建中关村国家自主创新示范区核心区的政策背景下，商城以全力打造“示范区的示范店，核心区的核心店”为工作重点，调整修订《当代商城总体发展战略规划（2010–2014）》，并编制出品牌规划、人才规划、企业文化规划、服务管理规划、信息化建设规划、公益慈善规划等8项子规划，全面升级商品、服务、环境、便捷、安全五大商业元素。

拓宽营销思路，开展以“欢沁好礼低碳新年”“浓情冬日 蜜意新春”为主题的营销活动，推出“碳排放计算器”，向广大消费者推荐低碳商品，传播低碳理念。3月27日，当代商城响应由世界自然基金会WWF倡导的“地球一小时”活动，开展“地球一小时”烛光购物活动。晚八点三十分，卖场灯光熄灭，消费者在电子蜡烛熠熠闪烁的购物环境中享受低碳购物的乐趣，中央二台《早间新闻》、北京电视台《晚间新闻报道》《首都经济报道》《特别关注》栏目、《北京晚报》《北京青年报》等20余家媒体对活动作了报道。3月，上海世博会特许产品经营店在当代商城一层落户。8月1日，商城推出品类管理系统，此系统可实现按品类进行供应商、进销存、综合毛利等各种明细及汇总的查询操作。

1月18日，网上商城与北京中邦新业经贸有限责任公司签订网上商城国际代购合同，使当代商城的国际代购业务范围增加欧洲渠道。

为提升顾客购物的便捷度与舒适度，商城于7月推出停车场会员卡系统，该系统通过与商城ERP、客户关系管理系统集成整合，通过扫描车号、读取会员卡实现自动计费，缩短了顾客停车交费的时间。商城与银行、信息系统开发公司合作，推出国内首家移动POS收银系统，该系统整合了商品信息、折扣额度、会员资料等数据信息，首次实现了国内商家销售数据系统与银行交易数据系统的集成。移动POS收银系统的电子开票功能有效地降低了手工开票的差错率，店内刷卡结算减少了顾客往返于收银台与品牌之间的时间。该项目的运用为缓解购物高峰时期收银台交款压力提供了可行范本，同时避免了伪造消费小票、骗取商品的恶意消费行为。

当代商城石景山鼎城店开业近两年，逐渐打开市场局面。在品牌建设、商品管理、服务提升、营销推广等方面总结积累经验，开展适合周边潜在消费者的会员活动及营销活动，8月1日，鼎城店举办为期17天的“低价袭来 夏日狂扫”营销活动，实现销售1194.6万元，完成鼎城店预定销售计划的98%；10月28日，鼎城店周年庆当天实现销售3500万元，创造了北京百货业内同期开业企业单日销售最高纪录。

商城不断加强人力资源的开发和建设，在实行定岗定编的基础上，优化人才结构、完善人才评价和激励机制。不断完善培训体系，塑造一支业务水平高、创新力强、作风过硬高素质人才团队，构建学习型商业企业。7月，举办“服务与管理”品牌店长交流培训会，进行“如何做好员工培训”的培训；邀请专业律师对相关部门进行以“经营者面对消费过程中侵权纠纷的法律风险及防范”为主题的法律专题知识培训。7月，商城1491名员工参加海淀区商业服务业职业技能风采大赛技术练兵活动，在参加的59项技能比赛，获得2个一等奖、6个二等奖、2个三等奖。在中国银联北京分公司等单位联合举办2010年第四届“银联杯”北京市商业服务业收银员银行卡知识、技能竞赛中，3人获优秀个人奖二等奖；3人获优秀个人奖三等奖。8月11日，组织中高层管理人员参加“从优秀到卓越—商业企业如何导入卓越绩效模式”培训讲座，培训从卓越绩效核心价值观及评价准则入手，通过分享各行业成功案例，就如何调整发展结构、优化管理方法、降低管理成本、制定发展战略等问题进行探讨。

商城热心社会公益事业，商城工会在春节期间向在北京务工的外地农民工赠送总价值20000元的春节慰问品，并通过“暖”2010爱心互助大型义演向北京市温暖基金会捐款30000元。

举办当代商城十五周年成就展、"花感十五载 情动当代人"1995年~2010年感动当代人物颁奖典礼、当代商城"相约当代 感谢有你"店庆十五周年联欢晚会、当代商城开业十五周年庆典仪式一系列店庆文化活动，编辑《企业文化手册》、《跨越》，拍摄完成商城2010版宣传片，展示商城在企业文化建设、经营业绩、科学管理、精神文明等方面取得的突出成绩。

2010年，商城获得"北京十大商业品牌"、"首都文明单位标兵"、"全国商业3·15荣誉企业"称号、"2010年度北京质量奖"、"全国商业质量奖"。"一站式退换货服务"获得"全国商业企业管理现代化创新成果一等奖"和"北京市企业管理现代化创新成果一等奖"；营销策划部、一站式退换货受理处、鼎城店第一商场食品烟酒部被授予"北京市三八红旗集体"称号；商城信息部部长逄玉娟被海淀区委、海淀区人民政府授予首批"海淀区有突出贡献高技能人才"称号。鼎城店保卫部和商城保卫部被市公安局分别授予北京市集体二等功、三等功。 （何崇岭）

地址：海淀区中关村大街40号

邮编：100086

电话：62696666 62562607（传真）

网址：www.modern-plaza.com.cn

【北京金泰集团有限公司海淀分公司】 成立于1963年4月，始称北京市海淀区煤业建筑器材管理处，1973年3月改称北京市海淀区煤炭管理处；1984年11月更名为北京市海淀区煤炭公司；2000年3月15日更名为北京海淀园煤炭经营中心，成为独立法人单位，所属六家企业完成股份制改造正式启用冠名"汇源"的企业营业执照；2002年9月党组织关系和干部人事关系从海淀区整建制转入北京市金泰恒业有限责任公司（原北京市煤炭总公司），实行垂直管理；2006年4月18日更名为北京金泰恒业有限责任公司海淀分公司（简称海淀分公司）；2007年10月海淀分公司所属六家经营单位冠名"金泰"，成为金泰恒业公司一人有限公司；2007年11月海淀分公司与原北京金泰恒业有限责任公司富地分公司合并重组；2009年11月更为现名。

2008年5月至2010年5月，根据金泰恒业公司关于对其控股、参股企业股权调整的有关要求，结合海淀分公司各托管公司的实际情况，金泰恒业晟通商贸有限公司相继完成对北京富地投资有限公司、北京金泰天德商贸有限责任公司、北京金泰双聚商贸有限责任公司、北京金泰富通物业管理有限公司4家企业的吸纳合并工作。合并后，由金泰恒业晟通商贸有限公司承继被合并方的债权债务。同时，海淀分公司托管单位北京金泰天德商贸有限责任公司、北京金泰双聚商贸有限责任公司以及原富地分公司托管单位北京富地投资有限公司、北京金泰富通物业管理有限公司进行工商注销。

海淀分公司以房屋租赁、物业管理、宾馆饭店、餐饮、超市经营业务为主，一直受托管理5家有限公司。2010年，公司实现经营收入11310万元，各项成本费用支出8621万元，实现利润2251万元。煤炭销售1213吨，调入型煤783吨，库存民用煤169吨。

年内，分公司制定"2011-2015"发展规划。聘请"超市人"公司，引进管理协同机制，改善、调整超市的经营方略与管控方式。同各权属经营管理单位签订了经营管理目标责任书、党风廉政责任书和安全管理责任书。针对新兴业态的经营，采取"保底、增效、提成"的分配机制，并将全员20%的绩效工资纳入考核之中，实现效益与收入的有机结合，人均调增绩效工资210元/月。

分公司以基建开发、网点改造为先导，通过经营结构调整，餐饮、超市两个业态取得突破性进展。3月15日，金泰国际大厦员工餐厅开业；4月18日，金泰体育品牌服装农大店开业；7月8日，跨区域经营第一家餐饮连锁店—位于朝阳区的万寿苑食府弘张开业；8月31日，收购首航超市蓝旗店，改装后的金泰超市蓝旗店于9月2日重张开业；10月29日，金泰体育用品北蜂窝店开业；12月15日，万博苑食府完成ISO9001的质量认证工作，为金泰餐饮公司的标准化经营奠定了基础。

围绕调整发展布局，将廉政风险防范管理工作纳入企业内控体系。制定《企业薪酬管理办法补充规定》、《经营管理业绩考核办法》等10余项管理制度，完成企业《工作流程图》共计8章147项。建立和完善了6章115项专项规章制度。首次在合作单位聘请5名安全监督检查员，确保分公司出租房屋资产安全。

培育专业人才，提高职工素质，拟定了《职工教育管理办法》、《职工教育经费使用管理办法》等文件；制定分公司《2010—2014年人才培养规划》。对经营管理人员进行新知识、新理论、新方法、新技术的"四新"教育，培训关键岗位职工209人次。

公司开展向青海玉树地震灾区捐款活动，383人共捐款14730元。

本年，海淀分公司经理助理、海淀分公司权属单位北京金泰恒业餐饮有限责任公司经理刘利克同志荣获"北京市劳动模范和先进工作者"称号。

分公司还存在着制约企业发展的瓶颈，其主要表现在以下几个方面：在经营结构和经济增长方式上，传统产业收入占总收入的70%以上，"两翼"的创效能力有待提升；组织结构有待进一步调整；企业领军人才严重不足，有待引进和培养；思想解放程度同客观环境的要求不相适应，商业运行模式需要创新，在协调发展相互关联上有差距。

海淀分公司受托管理单位（5家）：

北京金泰宏远商贸有限公司

地址：海淀区太平路40号

邮编：100039

电话：68241776

北京金泰恒业餐饮有限责任公司

地址：北京市海淀区万寿寺93号

邮编：100081

电话：68464087

北京金泰恒业超市连锁有限公司

地址：北京市海淀区双清路69号

邮编：100085

电话：62959198

北京金泰恒业晟通商贸有限公司

地址：北京市海淀区甘家口街道增光路24号

邮编：100037

电话：88380412

北京金泰集团有限公司富地分公司

地址：海淀区安宁庄西路9号院29号楼

电话：82833279

邮编：100084 （王承娟）

北京金泰集团有限公司海淀分公司

地址：海淀区阜石路83号

邮编：100049

电话：82329427 82319913（传真）

邮箱：hddangban@163.com

【北京中关村电子产品贸易商会】 成立于2003年8月1日，主要负责政策宣传、专题调研、专业培训、信息交流以及新技术新产品的推广、咨询，配合政府部门和社会各界的沟通与交流，承办相关活动等。2010年，商会主要在以下几方面开展工作：发布中关村电子贸易行业白皮书，为行业发展提供指导，为政府决策提供依据；开展“中关村IT卖场诚信品牌节”活动、“4·26知识产权保护日”宣传活动、全面参与中关村电脑节的组织和筹办工作等；开办《IT卖场行业从业人员资格培训》课程，以提升卖场从业人员自身素质及卖场服务水平；向会员单位提供各类经管、管理方面的培训机会、政府采购信息，使政府、卖场、经销商三方沟通顺畅；开展预防结核病宣传活动、严禁非法组装回收专项整治、配合海淀法院工作并成立商事调解委员会等。截至2010年底，商会有会员单位155家（本年新发展会员2家），囊括IT产业链各端厂商企业代表。

2010年，中关村地区有电子卖场11家，电子产品实现销售总额约410亿元人民币、贸易总额约1000亿元人民币。根据GFK数据调研公司统计，中关村地区2010年整机类产品（笔记本、台式机、DIY整机）在销售额、贸易额均排在第一位，占中关村销售总额和贸易总额的40%左右。配件类产品排名第二位，除传统的显示器，CPU呈现良好的增长趋势；其他类配件占销售总额和贸易总额的比例分别为13%、8%。以数码相机和数码摄像机为代表的大数码产品市场增长迅速，销售额占比升至9%左右，排名第三位。智能手机类增长迅速，销售额约占总额的6%。耗材和外设产品作为中关村的传统优势项目，仍有很强的增长潜力，销售额占总额的8%。2010年，中关村IT卖场电子产品销售总额、贸易总额比2009年有明显的增长，保持着良好的增长势头。

（丁旭）

地址：海淀大街3号鼎好电子商城一期（B座）8层807室

邮编：100190

电话：62523765 62526127（传真）

邮箱：mishuchu@bjzetc.org

网址：www.bjzetc.org

【驻区主要网上商城】

京东商城：1998年6月创立，2001年成为光磁产品领域最具影响力的代理商，2004年进入电子商务领域，京东多媒体网开通。截至2010年底，京东商城在天津、苏州、杭州、南京、深圳、宁波、济南、武汉、厦门等近60个城市建立城市配送站，为用户提供物流配送、货到付款、移动POS刷卡、上门取换件等服务。拥有1500万注册用户，1200家供应商，在线销售家电、数码通讯、电脑、家居百货、服装服饰、母婴、图书、食品等11大类数万个品牌30余万种商品，日订单处理量超过12万单，网站日均点击量超3500万次。2010年1月，京东商城获得老虎环球基金领投的总金额超过1.5亿美元的第三轮融资，是金融危机爆发以来中国互联网市场金额最大的一笔融资。2月，在由北京日报报业集团和北京市商业联合会主办的“北京十大商业品牌”评选中，京东商城获“2009年度北京十大商业品牌”称号。3月，位于成都的京东商城西南分公司成立，标志京东以华北、华东、华南、西南四大物流中心为基础覆盖全国的销售网络形成；京东商城“211限时达”极速配送正式推出。4月，推出“售后100分”服务承诺——自京东售后服务部收到返修品并确认属于质量故障开始计时，在100分钟内处理完一切售后问题；在上海市推出家电以旧换新业务，消费者可通过京东享受家电以旧换新补贴。6月，开通全国上门取件服务，解决网购售后之忧。8月，在北京推出家电以旧换新业务，成为首批入围家电以旧换新销售和回收双中标的电子商务企业。商城网址：www.360buy.com

赶集网：2005年3月创立，是中国目前最大的分类信息网站，分网络版和手机版，为用户提供免费的信息发布交换平台，登载房屋租售、二手物品买卖、招聘求职、车辆买卖、宠物、票务、教育培训、同城活动及交友、团购等本地生活及商务服务类信息。网站总部位于北京，在上海、广州、深圳设有分公司，在全国343个城市开通分站，服务遍布人们日常生活各领域，日均80余万人发贴，1400多万人浏览。2010年1月，赶集网登上《互联网周刊》“生活服务类网站实力排行榜”榜首。3月，在由工信部举办的首届“中国优秀手机网站100佳”评选中，赶集网名列百佳和生活类网站10强；推出团购服务“赶集团”，团购内容从食品到服装，从美食到时尚，从妇婴用品到家居必备；面向全国范围的区域合作与渠道招商计划启动并与千龙网、北方网、东方网、丁丁网、南方网、大洋网、深圳新闻网、奥一网、华龙网、四川在线等网站达成战略合作。4月，在由百度与和讯共同发起的“2010年亿万网民心目中的十大最具创新力网站”评选中，列十大创新网站之首。5月，获得诺基亚成长伙伴基金与蓝驰创投近2000万美元联合投资。9月，赶集网在分类信息网站中率先推出覆盖全平台的手机客户端，实现与诺基亚、三星、索爱、宇龙酷派、联想等品牌的深度内置合作，为移动互联网用户提供更优质的生活信息服务。12月，入选《创业帮》杂志“2010中国年度创新成长企业100强”。公司网址：www.ganji.com （王鑫）

【市商委下放外商投资审批权限】 1月初，市商委下发《北京市商务委员会关于做好中关村国家自主创新示范区外商投资企业合同章程及变更事项审批工作的通知》，将在核心区设立的投资总额在一亿美元（含）以下的鼓励类、允许类外商投资企业合同、章程及其变更事项的审批权限下放至海淀区。

（钟冷）

【第二届“鼎好顶尖品牌颁奖典礼”举行】 1月6日，第二届“鼎好顶尖品牌颁奖典礼”在鼎好电子大厦举行。有200余家IT厂商、经销商及媒体参加。此次评比结果是依据历时一个月对消费者进行的问卷调查，回收有效问卷2004份。问卷分外设DTY类和整机数码类两种，共设计28个产品，囊括400多家IT品牌。54家IT厂商获得了“鼎好顶尖品牌”称号，其中国产品牌表现出色。（丁旭）

【区商联会组织会员北大学习】 1月21日～24日，区商联会组织30余位会员企业代表，参加与北京大学民营经济研究院合作举办的“首届北京大学民营经济新年论坛”。论坛以“民营经济：复苏时期的变革与发展”为主题，就“非公经济36条颁布5年来的民营经济发展”、“新形势下，国企与民企如何携手共赢”、“中小企业的融资与发展之路”、“朝阳产业：新生与困惑”四个问题进行研讨。（钟冷）

【当代商城参加天津百货业发展趋势论坛】 1月22日，受天津百货协会邀请，当代商城总裁金玉华赴天津参加2010年天津百货业发展趋势论坛，并作题为《基于顾客价值创造、经营模式创新的百货店可持续发展之路》的演讲，围绕怎样从产业链的上下游两端突破，即顾客价值和商品供应两个方面实现效益，对百货店如何创造顾客价值和创新经营模式进行阐述。（何崇岭）

【翠微清河店开业】 1月30日，翠微大厦股份有限公司第四家店—翠微百货清河店开业，经营面积2.8万平方米，定位于成熟名品百货店，集百货、超市、餐饮于一体。（史旭光）

【春节期间全区销售增长节节高】 2010年春节期间，据北京商业信息中心海淀分中心市场监测数据，81家监测企业（141家门店）实现销售额5.3亿元，同比增长18.6%，接待人数达250万人次。其中10家监测百货企业实现销售额3.4亿元，同比增长22.3%；10家监测连锁超市（70家门店）实现销售额1.8亿元，同比增长12.6%；61家监测餐饮企业实现销售额1044万元，同比增长11.5%。

【三企业再度荣膺“北京十大商业品牌”】 2月26日，由市商联会和北京日报报业集团创办的“北京十大商业品牌”揭晓，海淀区的翠微大厦股份有限公司、当代商城、超市发连锁股份有限公司再度荣膺此称号。

【公安、工商、文委进驻西区电子卖场】 自3月1日起，区公安分局、工商分局、文化委分别向中关村西区的海龙、鼎好、中关村e世界三家电子卖场派驻工作人员，联合办公，主要职责是维护市场秩序稳定，有效遏制侵权行为，净化卖场环境，重点整治导购拉客、价格忽悠、商品转型销售等欺骗消费者的行为。

【“各地商品大集”开幕】 3月2日，江西商品大集在金源新燕莎开场，拉开了为期十个月的“各地商品大集”的序幕。“各地商品大集”系列活动由商务部主办，持续到12月，每月举办1～3期，每期邀请一个省（市、自治区）参加，本年已有20多个省市确认参加大集。（钟冷）

【第六届中关村诚信品牌节】 3月15日，北京市场协会电子卖场分会、北京市海淀区消费者协会、北京中关村电子产品贸易商会、北京中关村自主品牌创新发展协会、北京市海淀区商业联合会等共同举办第六届中关村诚信品牌节。本次活动的主题是“提升卖场诚信水平，推动中关村核心区建设”，旨在深入推动中关村电子市场行业诚信体系建设、提升市场诚信经营水平。活动还在中关村主要电子卖场内设立分会场，联合知名IT厂商、经销商开展一系列科普互动活动。（丁旭）

【当代商城参加第八届中国百货业高峰论坛】 3月26日，由商务部支持、中国百货商业协会举办的第八届中国百货业高峰论坛举行，国内知名零售企业、品牌商，来自日本、韩国、美国等国家及台湾地区的商会、商业机构及企业代表近300人参加。当代商城总裁金玉华出席并作“经营模式创新，要向自营要出路”主题演讲，在演讲中分析了现有经营模式的历史原因以及联营经营模式的弊端，提出百货店提升盈利需增加自营比例和开发自营品牌两大路径，同时指出实现自营所面临的问题。

【“T+X”[①]结算模式推广说明会在当代商城召开】 4月8日，北京市商业领域“T+X”结算模式推广说明会在当代商城召开。2009年，当代商城作为京城首家试点企业，成为全市商业领域中榷行全新零供结算方式的成功范本。市商务委、海淀区政府相关领导以及区商务委、当代商城负责人，合作单位北京电子商务协会、北京富基标商流通信息科技有限公司、上海浦发银行，160余位供应商代表出席推广说明会。会上，当代商城总裁金玉华介绍了商城一年来试行“T+1”结算模式的情况，以及对这一项目的认识和体会。供应商代表作了发言，认为这种结算模式加快了资金周转效率，对解决资金困难，提高采购、生产、供货能力，拓展新的零售终端，都起到促进作用。10家供应商现场签订“T+X计划”[②]，多家供应商就具体事宜进行咨询。（何崇岭）

【中关村电子市场调解委员会成立】 4月8日，北京中关村电子产品贸易商会与海淀法院共同举行“中关村电子市场调解委员会成立大会暨特邀调解员聘任仪式”，调解委员会办公室设在海龙电子城。会上，向第一批16位调解员颁发聘书，任期一年，海淀区人民法院将指派法官对调解员进行定期培训和指导。调解员的职责是在当事人自愿原则下，本着合法诚信、公平公正、中立保密的原则开展调解工作。调解案件

---

① T+X结算方式中，银行在即交易后的第X天向供应商结算货款。在结算账期（第n天）期满后，由零售商和银行进行清算。

② “T+X计划”在供应商、零售商、银行之间建立起新型合作关系，将促使整个社会的资金链更加通畅。同时，零供之间结算方式的变革将进一步促进当前商业经营模式的转变，优化首都商业环境，保持北京全国零售市场的领先地位。

的范围包括海淀人民法院管辖内的与电子产品贸易相关的各类合同纠纷以及票据纠纷等民商案件。全年共调解案件28起，成功调解案例17起，成功率61%。（丁旭）

【手机版京东商城推出】 4月12日，手机版京东商城（m.360buy.com）推出，用户可在手机上通过搜索功能，搜寻目标商品的价格、库存等信息，还可以随时随地查询订单的配货、出库、配送等即时状态，有利于用户摆脱电脑限制。（王鑫）

【开展“4·26”知识产权保护日宣传活动】 4月21日，北京中关村电子产品贸易商会开展中关村IT卖场“4·26知识产权保护日”活动，活动主题是“保护版权、鼓励创新，我们在行动”。中关村各大卖场与部分知名软件生产厂家签订了“保护版权，推广正版”的倡议书，号召中关村经销商尊重知识产权，保护版权鼓励创新。各卖场设立知识产权咨询服务台，发放宣传品，进行保护版权、推广正版的宣传和咨询。在海龙电子城推出“正版产品展示体验区”，向消费者展示部分厂商自主创新方面的产品成果。（丁旭）

【第四届商业服务业技能风采大赛举行】 4月27日，由区政府主办，区商务委、区饮服协会等10家单位承办的第四届海淀区商业服务业技能风采大赛举行启动仪式。本届大赛历时4个月，分初赛、复赛、决赛，包括笔试、口试、演讲、实际操作等环节，设有岗位技能练兵、专业知识学习、特殊才艺表演、体育专项比赛、标兵能手评比、观摩交流切磋等形式。比赛项目除原有的以外，本次新增店长竞赛，在理论考试中加入绿色低碳商品相关内容。500余家商业企业的8万多名职工参加。（钟冷）

【e世界数码广场通过质量管理体系认证】 4月，中关村e世界数码广场通过GB/TI9001-2008/ISO9001：2008质量管理体系认证。中关村e数码广场总营业面积6万平方米，自2006年7月开业以来，以“规模大、品牌多、品类全、价格优惠、服务优质、环境优雅”著称。（陈秀英）

【举办商业企业高层管理人员研修班】 2009年12月30日至2010年5月7日，由海淀区与中国人民大学商学院合办的、以“海淀区商业企业新经济环境下的经营管理对策”为主题的海淀区商业企业高层管理人员研修班举行。研修班由区商联会和中国国际商会海淀区商会联合组织，共10期，课程围绕零售业的市场环境，分为顾客行为、企业法律风险防范、商品体系管理、服务营销、财务管理、管理心理学、传统文化与企业管理者修养等方面。来自区域大型商企的50余名高层管理人员参加了第一期、为期10天的研修班，内容包括企业管理者素养、零售业店面管理、服务管理、品牌营销、商品体系管理、财务管理、人力资源管理、顾客行为与心理分析等。（钟冷）

【鼎好电子商城获中国电子市场十强称号】 5月6日，由中国电子商会主办，沈阳市浑南新区承办的2010（第十届）中国电子专业市场年会在沈阳召开。这是中关村鼎好电子商城继2009年4月获此称号后再次获得“中国电子市场十强”称号。（丁旭）

【当代商城出资组建典当公司】 5月14日，北京市海淀区国资委下发《关于同意北京当代商城有限责任公司出资参与组建典当公司的批复》，同意当代商城、超市发国有资产经营公司、北京翠微集团3家公司出资100万元参与投资组建北京鑫泰典当有限责任公司。（何崇岭）

【金泰海淀分公司两次调整蜂窝煤、料价格】 5月15日，根据京泰财发[2010]63号文，金泰集团海淀分公司把蜂窝煤零售价格由每块0.95元（每吨760元）调整为每块1.10元（每吨880元）。蜂窝煤料调拨价格由原来的每吨640元调整为每吨760元；型煤调拨价格由原来的每吨730元调整为每吨850元。7月15日，根据京泰财发[2010]107号文，分公司再次把蜂窝煤零售价格调整为每块1.20元（每吨960元）。蜂窝煤料调拨价格由原来的每吨760元调整为每吨840元；型煤调拨价格由原来的每吨850元调整为每吨930元。（王承娟）

【举办第十四期中关村创业讲坛】 5月21日，由中关村管委会主办、北京中关村电子产品贸易商会承办的第十四期中关村创业讲坛在国家图书馆举办。讲坛主题为“中关村是创业的热土”和“互联网的创新之路”。（丁旭）

【e世界数码广场获五星级电子产品市场称号】 5月，e世界数码广场获得由电子信息产品交易市场资质评定委员会评选的中国电子产品星级市场—五星级电子市场称号。（陈秀英　丁旭）

【居民吃上放心菜】 截至6月初，海淀辖区58个农贸市场全部配备了农药残留自检室，主要对入市蔬菜、水果的有机磷、氨基甲酸酯类农药残毒含量进行检测。按工商部门要求，各批发市场自检室每天抽取样品量不少于十个，社区菜市场等零售市场每天抽取样品量不少于五个。一旦查出不合格蔬菜，将进行无害化处理，居民可放心到正规的农贸市场购买。（钟冷）

【中关村电子产品贸易行业竞争力大会召开】 6月18日，由海淀区科委与北京中关村电子产品贸易商会共同主办的“2010中关村电子产品贸易行业竞争力大会暨白皮书新闻发布会”在鼎好电子商城召开。会上发布由商会和国际权威数据公司IDC共同调研产生的《中关村电子产品贸易行业报告》，2010年，中关村地区电子产品销售总额约410亿元人民币，贸易总额约1000亿元人民币。其中中关村IT卖场销售总额约280亿元人民币，贸易总额约520亿元人民币，比2009年分别增长27.3%和26.2%。（丁旭　马媛媛）

【鼎好电子商城蝉联中关村双料冠军】 6月18日，由北京中关村电子产品贸易商会和国际权威数据公司IDC共同调研产生的《中关村电子产品贸易行业报告》正式发布。2010年，鼎好电子商城销售总额达到92.2亿元人民币，贸易总额达到159.2亿元人民币，比2009年分别增长22.4%和22.5%，蝉联销售额与贸易额双料冠军。这也是鼎好连续第五年蝉联销售总额冠军，第三次夺得贸易

总额冠军。（丁旭）

【建立中关村电子卖场结核病监测网络】 6月23日，由海淀区疾病预防控制中心与北京中关村电子产品贸易商会共同举行的“中关村电子卖场结核病监测网络建立启动会”在E世界数码广场召开。会上，疾病防控中心的专家详细介绍了结核病的危害、控制措施等有关知识，以便更多的人了解“早期发现”模式，更好的解决流动人口集中区域肺结核等传染疾病的扩散。以定期监测监督网络为保障，及时沟通减少传染。中关村各电子卖场成立监测领导小组，按月上报有关资料。截至年底，中关村卖场共有7人被确诊为结核病，并接受治疗。（丁旭）

【翠微广场开业】 6月26日，经过半年的试运行，位于翠微大厦东侧的北京翠微大厦股份有限公司第五家店—翠微广场购物中心正式开业，这是公主坟商圈首家奢侈品购物中心，营业面积2.1万平方米。定位为集购物、休闲娱乐、餐饮、酒店、办公、综合服务功能为一体的尊贵、时尚购物中心，主要经营国际一线、二线高档品牌，引进Burberry、Boss等25个国际一、二线品牌，国内知名、成熟品牌作为补充。（史旭光）

【当代商城参加中印消费论坛】 7月2日，当代商城总裁金玉华参加由耶鲁大学中印消费研究中心和清华大学经管学院零售研究中心联合举办的中印消费论坛，作“中国百货店核心竞争力的新思考”主题发言，分析了中国百货店当前所面临的挑战，从创造顾客价值和创新经营模式两个方面阐述了如何重塑百货店的核心竞争力。（何崇岭）

【中关村电子指数正式纳入商务部市场指数管理体系】 7月3日，国家商务部在北京发布“中国•中关村电子信息产品指数”（以下简称“中关村电子指数”），中关村电子指数正式纳入商务部市场指数管理体系，成为商务部市场指数体系的重要组成部分，由商务部统一管理和发布。中关村电子指数于2008年8月试运行，2010正式运行，以中关村海龙、鼎好、E世界、科贸四大电子卖场的450家经销商的实际成交价为基础，采用销售量加权的合成指数方法编制而成，包括价格指数和景气指数两个部分，随时更新，每月一发布。中关村电子指数可为电子信息产品的生产者、经营者、政府决策者、采购者以及个人消费者提供及时可靠的市场信息。有助于促进产销衔接、供需平衡，实现市场的平稳运行和产业的健康发展；助于增强政府部门制定电子信息行业政策和发展规划的科学性、合理性，提高决策与管理水平；有助于促进商户诚信经营，提升市场的诚信水平；有助于实现采购的透明化，降低政府采购成本。（郭旭）

【华联万柳购物中心开业】 8月12日，经过半年试营业，北京华联万柳购物中心正式开业。中心位于地铁10线巴沟站南面，占地面积11万平方米，是华联集团和北京万柳集团本年在北京西部开发的重点购物中心项目，进驻知名品牌130余家，主力店有BHG百货、BHG超市、影院、大型电玩城及中高档餐饮。（钟冷）

【北京电子产品经济发展循环联盟成立】 8月13日，北京电子产品循环经济发展联盟成立仪式暨第一次成员大会在中关村海龙大厦举行。全国人大环资委、工业和信息化部、市经信委、市科委、市环保局、市商务委等部门领导以及26家发起单位出席了会议。大会通过联盟章程、表决选举出理事单位和联盟领导。北京电子产品循环经济发展联盟将从释放电子产品的剩余价值入手，结合生产企业的绿色设计和清洁生产理念以及回收、检测、鉴别与处理的关键技术研发，整合产业链资源，共同推动北京电子产品循环经济体系建设。（丁旭　马媛媛）

【当代商城与高校建立“校企联合”】 8月16日，当代商城与北京政法职业学院在大兴校区举行“校企合作”签约仪式，商城正式成为该校学生的就业实习基地。2010年，商城共接收北京政法职业学院26名在校学生到商城实习。（何崇岭）

【中关村企业家商事调解中心挂牌】 8月18日，本市首个致力于多领域、专业化的商事调解体系--中关村企业家商事调解中心成立。这是在海淀法院与北京民营科技实业家协会于2007年2月启动的“企业家商事特邀调解员制度”基础上成立的，企业家商事特邀调解员制度是由法院从协会的会员企业中选择具有较高知名度和丰富商业经营经验的企业家作为特邀调解员，委托他们对商事案件进行调解，法院对调解协议进行审查和确认。商事特邀调解员参与调解的案件累计71件，成功率达80%。这是海淀摸索对从理论上寻找诉前调解等多元化调解工作模式的一次创新。调解中心在电子产品贸易领域成立第一个分会—中关村电子市场调解委员会。（钟冷）

【开展中关村IT卖场行业从业人员资格培训】 8月30～31日，由中国电子商会与北京中关村电子产品贸易商会联合举办的“中关村IT卖场行业从业人员资格培训”在海龙大厦举行开班仪式。培训开设《行业发展与研究》、《法务知识》、《行为规范》、《销售技巧》、《企业规定》五门课，经考试合格者发给《IT卖场从业资格证书》。

（丁旭　马媛媛）

【中关村科贸电子城地铁商业街开业】 9月1日，中关村科贸电子城地铁商业街开业。地铁商业街充分利用地铁四号线中关村站出入口人流密集的特点，把收益较低的车位改造为商业店铺，，成为集美容、美发、休闲购物、银行服务等生活服务专区，弥补了单一电子市场的不足。（周国翠　丁旭）

【当代商城举办十五周年店庆系列活动】 9月6日，当代商城举办十五周年成就展揭幕仪式。通过实物、文字及图片等形式，从企业文化、经营业绩、科学管理、精神文明等6个方面回顾了当代商城15年的发展历程，展示了商城在各方面取得的成绩及当代人自强不息、奋发向上的精神状态。9月23日，举行当代商城开业十五周年庆典仪式。9月23日店庆当日，商城以4376万元的销售额创出开业15年以来的单日销售新高。编印出版《企业文化手册》和《跨越》两本书，《企业文化手册》是第一本详细记录企业文化的宣传材料，规范了商城的核心理念、员工行为，明确了企业发展愿景，并宣传了企业先进人物；画册《跨越》从发展历程、领导关怀、崛起当代、和谐文明、辉煌成就、星光璀璨及展望未来7个方面回顾了当代商城成立十五年来的重要工作。（何崇岭）

【大钟寺中坤广场开业】 9月16日，大钟寺中坤广场主力店—HQ 尚客开业，标志着该广场正式对外营业。广场总建筑面积约43万平方米，总投资40亿元，是“北京市60项重点工程”之一，是三环内最大的综合性商业地产项目。广场率先开启以休闲体验娱乐为主、购物餐饮互动的国际领先“第四代商业模式”。（钟冷）

【2010海淀汽车文化消费节】 9月16日，由市商务委、市旅游局和海淀区政府主办的，由区商务委、区商联会、北京商业信息咨询中心和北京资和信担保集团承办的2010北京季—海淀汽车文化消费节暨第六届海淀品牌消费节在翠微广场启动。本届购物季的主要特点是市、区（县）联动促消费。消费节的主题为“绿色消费 低碳海淀”，包括购物中大奖、购物主题周、名车商场行、首届车模商场巡展、中关村自主创新产品推介、海淀商业服务社区行、低碳小屋巡展、低碳主题论坛、低碳商品推介、低碳海淀一日行等主会场活动和企业配合主题的多项分会场活动等20余个板块。设立9月16日为“海淀商业低碳日”、海淀商业企业联合签署《低碳宣言》。汽车文化消费节以“绿色消费 快乐出行”为口号，通过北京秋季汽车展重点推介自主品牌和低排放车型，举办“二手车置换”，推动循环利用。据北京商业信息中心海淀分中心的数据监测，9月16日至10月14日第六届海淀品牌节期间，海淀18家参节企业（80个门店）共实现销售额18.21亿元，同比增长19.62%；其中10家大型百货（45个门店）实现销售额12.85亿元，同比增长19.62%。9月10日至10月14日汽车文化消费节期间，海淀区25家参节企业共销售13.34亿元，同比增长53.99%，其中4S店销售车辆4147台，销售额6.7亿元，专业市场销售额6.64亿元。（钟冷）

【第六届海淀品牌消费节】 9月30日，由海淀区商业联合会和北京中关村电子产品贸易商会联合主办的第六届海淀区品牌消费节举行启动仪式。本届消费节主题为“魅力中关村、时尚新活力”。此次活动借助中关村海龙科普广场，以主题促销、现场推介、商品销售等系列活动为主导，为消费者提供了解新产品的体验平台，以拉动消费。（丁旭　马媛媛）

【“十一”黄金周消费特点】 9月30日至10月5日，海淀饮服协会对部分餐饮企业抽样调查显示：区内23家餐饮企业销售额累计1275.97万元，同比增长16.8%；人均消费同比增长8.53%；接待的家宴同比增长30%左右。节日期间，客流量明显向大型商场和购物中心集中，据北京商业信息中心海淀分中心提供的市场监测数据显示，10月1日至7日，海淀区20家监测企业（82个门店）实现销售额4.78亿元，同比增长19.53%。节日消费呈现出多元化、品牌化特点，餐饮市场人气和消费指数不断攀升，特色餐饮、品牌餐饮备受青睐，绿色、健康消费成为时尚。在房屋买卖调控政策影响下，消费热点转向黄金珠宝等高档消费品市场。（钟冷）

【饮服行业协会开展餐饮业高层管理者培训】 10月19日~11月30日，海淀饮服行业协会与清华大学继续教育学院共同开办“中国餐饮产业高级职业经理研修班（海淀班）”。研修班共安排餐饮企业管理沟通、连锁经营管理、营销战略、人力资源管理等7个专题讲座，全部课程围绕餐饮企业的管理运营，结合经典案例分析、参观研讨等方式，从科学、专业、务实的角度提高餐饮企业中、高层管理者在实际工作中的决策能力。（姜哲）

【创新中关村电子信息产品市场发展研讨会召开】 11月12日，由北京中关村电子产品贸易商会主办的第十三届中关村电脑节暨“创新中关村”电子信息产品市场发展研讨会在翠宫饭店召开。来自全国各地主要电子卖场代表、知名厂商代表和行业专家参会，围绕中国电子产品市场的现状与未来展开讨论。中关村电子卖场建立、电子专业市场的创新和革命与深化合作、共赢终端三个方面成为与会者讨论的热点。（丁旭　马媛媛）

【设立翠微奖学金】 11月18日，“翠微百货助学金颁发仪式暨翠微集团第十三届购物节开幕式”举行，分别向海淀区翠微中学、翠微小学各颁发10万元助学金。两校近百名“德、智、体”全面发展的优秀学生将获得“翠微相伴成长卡”奖励。翠微大厦将成为两校学生劳动锻炼、体验社会的课堂，翠微大厦的全国劳动模范、全国服务明星将成为两校学生的“课外辅导员”。让学生接触社会，参加劳动、体验生活，培养尊重劳动、热爱生活的习惯。

【翠微店庆创3项全国纪录】 11月18~21日，以“翠微的生日，消费者的节日”为主题的翠微集团第13届购物节暨翠微13周年店庆活动举行。4天店庆实现销售4.18亿元，创造全国大商场店庆活动销售纪录；店庆当日，翠微百货翠微店销售1.01亿元，创造全国大商场单店单日销售纪录；店庆当日，142个品牌创下该品牌的全国大商场单日销售纪录，63个品牌创造该品牌的北京大商场单日销售纪录，翠微成为品牌销售创造全国纪录最多的大商场。店庆四天，翠微创下三项全国纪录。（韩云）

【当代商城员工获国家专利】 11月24日，当代商城员工于双立发明的堵漏钳技术获得国家知识产权局授予的实用新型专利证书。堵漏钳的发明，解决了漏水修理过程中的难题，可迅速将喷淋头堵住，具备极强的节水功能，具有推广价值。（钟冷）

【全市首家职工创新工作室挂牌】 11月25日，全市首家职工创新工作室—翠微大厦股份有限公司刘可晶创新工作室正式挂牌，成为北京市总工会、北京市科委在全市开展的创百家职工创新工作室活动中第一个挂牌的“创新工作室”。工作室由翠微可晶摄影器材公司、翠微可晶图片社、翠微可晶摄影俱

乐部组成。（史旭光）

【核心区“规范诚信经营示范单位表彰活动”举行】 11月30日，“中关村核心区‘规范诚信经营示范单位表彰活动’暨‘倡导诚信经营’演讲大赛”在海淀剧院举行。会议对75家“中关村核心区电子市场规范经营示范店”进行表彰和授予匾额，电子市场经营者代表进行了“讲诚信、树形象”的主题演讲。（马媛媛）

【海龙电子城举办首批“规范经营示范店”授牌仪式】 12月15日，海龙电子城评选出首批21家“规范经营示范店”，并举行授牌仪式。

（丁旭　马媛媛）

【启动岁末购物节】 12月22日，由区商务委、区商联会主办的、为期两个月的“海淀岁末购物节”启动，购物节以“来时尚海淀，带实惠回家”为主题，跨圣诞节、元旦和春节。购物节分为“狂欢PARTY、圣诞板块”、“普天同庆、元旦板块”、“卯兔迎春、春节板块”三部分，包括主题促销、店庆促销、时段促销、庙会活动等内容。（钟冷）

【八家煤厂拆迁】 12月27日，海淀分公司与海淀区八家嘉苑房地产开发有限公司、北京市土地整理储备中心海淀分中心，分别签订关于分公司所属八家煤厂拆迁的补偿协议。拆迁土地面积3178.28平方米，经营用房面积2324.94平方米。（王承娟）

【翠微百货成为北京商业金字招牌】 自1997年成立以来，在13年的发展中，翠微从国有企业到股份制企业，从单店经营到拥有5家单店营业面积2万平方米以上的现代百货连锁店；年销售额由7.12亿元到43.42亿元，连续6年单店销售在北京百货商场排名第一；累计销售额超过230亿元，利润年均增长172.8%，累计上交税金超过13亿元。13年挣出46个新翠微，“翠微百货”已成为北京商业的一块金字招牌。

（钟冷）

【中关村电子指数得到社会各界广泛关注】 自2010年中国·中关村电子信息产品指数（以下简称“中关村电子指数”）运行以来，已得到广泛应用，并取得了积极成效，同时在服务政府、服务行业发展和服务消费者等方面发挥了积极作用。中关村电子指数运营机构已与中共中央直属机关采购中心、中央国家机关政府采购中心、解放军总后勤部、国税总局、北京市政府采购中心，广东省政府采购中心、内蒙古自治区政府采购中心、辽宁省政府采购中心等建立了合作关系，为政府部门提供政策建议和数据服务，并逐步成为政府采购招投标基价标准和政府制定采购的预算标准，有利于坚持低价优先、价廉物美的原则，加强价格评审管理，采购人员可以了解中关村市场价格整体走势，市场景气度，热销产品类型，选择合适的时机入场采购。中关村电子指数已成为中关村电子卖场处理消费者价格投诉的重要依据，该指数运行以来，带动中关村卖场整体价格投诉数量下降40%。

（郭旭　丁旭）

【网络团购盛行】 网络团购，是指一定数量的消费者通过互联网渠道组织成团，以高低不同的折扣价格购买同一种商品的全新电子商务模式，始创者是美国的Groupon（中译高朋网）。2010年，国内网络团购盛行，团购网站迅速增加至上千家，团购商品以生活用品（衣物、家居用品、化妆品）、娱乐休闲场所门票、餐饮消费券为主，网络团购的主要消费人群集中在25岁至35岁的年轻团体。影响较大的团购网站有：团322、24券、拉手网、汤谷团、糯米网、麦圈网，葡萄美，一起呀、星800,、乐家网、佳家网、菲乐团、美团网、找折网、爱帮团、团火网、Yoka优享网、聚齐网、喜团、窝窝团、团宝、满座、乐拼、酷团、可可团、饭统饭团、Like团、团购地带、F团爱赴团、58同城、36团、恩多团、心心团、有一团、购物狂、指南针团购网等。

团购分开团和跟团两种，开团者称为团长，是组织团购的一方，跟团者称为团员，是参加团购的一方。除团长和团员以外，还有提供商品的一方为商家。团购的购买流程是：首先是团长开团：1.团长找到开团的商品，确定团购要求人数、商品品牌、型号及商品团购的价格等。2.召集团员。可以在网上发布信息寻找，也可以找周围的亲戚朋友等。3.团员人数达到团购要求的人数后，团长就会组织向商家进行统一购买，团购结束；如果团员未达到团购要求，则开团失败。网络团购具有价格低于产品市场最低零售价、降低消费者交易成本等优势，但法律法规监管措施不到位，具有一定的风险性。（王鑫）

对外经济贸易

【综述】 2010年，新批外商投资企业246家（不含海淀园，以下同）。海淀区进出口总额417.54亿美元，同比增长44.8%。其中进口额323.09亿美元，同比增长55.0%；出口额94.45亿美元，同比增长18.2%。提前三个月完成全年300亿美元的进出口总额任务。全区合同外资额23.6亿美元，比上年增长71%；实际利用外资额13.6亿美元，比上年增长6.3%，新批项目299个，同比增长6.4%。

本年有803家企业取得外贸经营权，全区有外贸经营权的企业累计达到6654家。

企业审批 进一步推进“一科式审批”，全年共接待43289人次，其中电话咨询29298人次，办理变更1344项，新批项目299个，同比增长6.4%。审核加工贸易合同205个，验厂33个，初审新设境外企业72家、变更18家，对外贸易经营者备案登记803家，酒类备案登记1091家，办理外商来华邀请函105人次，洗染经营者备案33家，汽车以旧换新737辆、黄标车淘汰479辆。全年窗口服务0投诉。

服务外包业　2010年，新批项目299个，同比增长6.4%；离岸服务外包收入为8.03亿美元（本年，统计口径发生变化，收入中不含境内转包收入），同比增长29.34%，占北京市的52.24%。在全市6个服务外包示范区综合评比中，位居第一。全区服务外包企业超过200家，居全市之首。

8月，海淀区创新性提出“政府、协会、企业”共建服务外包示范区的新兴产业发展模式。区商务委、海淀服务外包企业协会与博彦科技、海辉软件、软通动力、文思创新、瑞友科技等15家重点服务外包企业代表签署“领航服务外包 再铸新的辉煌”—海淀服务外包示范区共建协议。制定《关于海淀区促进服务外包产业发展支持办法》，重点支持服务外包领军企业和成长型企业发展、给予年度贡献人物资金奖励、支持骨干型企业发展以促进离岸外包收入增长、鼓励企业并购。支持协会发挥产业促进作用。为海淀区服务外包企业申请扶持资金共计1.16亿元，其中申请商务部人才培训资金3975.3万元，申请商务部贴息资金4148万元，申请北京市服务外包资金1801.34万元，申请海淀区服务外包扶持资金1716.183万元。

本年，海淀区4家企业入选“2010年中国服务外包十大领军企业”，11家企业被评为“2010年中国服务外包100强成长型企业”；4人入选“2010年中国服务外包年度杰出贡献人物”。

总部经济　做好跨国公司在京地区总部认定的咨询及资金申报工作，引导现有投资性公司申报跨国公司地区总部认定。2010年，日电（中国）有限公司和联想（北京）有限公司被北京市商务委认定为跨国公司在京地区总部，海淀区跨国公司在京地区总部总数达到4家。　（李强）

【北京国控经贸有限责任公司】　前身为成立于1979年的北京市海淀区对外贸易公司。2010年7月，公司归于海淀置业集团（原超市发国有资产经营公司）管理，并更名为北京国控经贸有限责任公司。公司下属企业1家：北京赛格工贸公司。

公司主要经营五金制品、石材、化工产品、机械产品、铸造锻造产品、防火材料等商品的出口业务，以及有关产品的进口业务，已成为以外贸进出口为主、多方位发展的，具有一定经济实力的国有企业。公司生产的镀锌铁钉、铁丝、防火涂料等产品销往美国、日本、韩国及东南亚等十多个国家与地区。与20多个国家建立了良好的贸易关系。

在国际贸易竞争和风险加剧的形势下，公司进一步加强成本核算，加快资金周转，加强安全生产的管理力度，完成区国资委下达的资产保值增值任务和相关经济指标。2010年，公司资产总额5257万元，净资产3313万元；商品销售收入4000万元；进出口贸易额6260万元，其中自营出口额4000万元；代理进出口额2260万元；利润总额10万元，国有资产保值增值率为0.31%。2010年流动资金周转次数1.48次，每美元出口成本5.84元，比上年同期减少0.65元。上缴各项税金及附加70万元。

年初，根据区纪委、区国资委纪委《关于做好2010年企业效能监察选题立项工作的通知》精神，确定公司2010年效能监察项目：监督完成国资委下达的2010年工作任务，把效能监察与国有资产的管理紧密结合起来，加强对投资决策、项目管理、财务资金管理和重大资产处置等情况的监督检查，建立国有资产的预算制度，强化内部监督和风险控制，保证国有资产的安全运行和工作任务的完成。公司全年经营情况正常，费用严格控制在预期的标准范围内，完成效能监察任务。　（吴立竹）

地址：海淀区知春路113号银网中心B座三层
邮编：100096
电话：82950061

旅游业

9月20日，由区政府主办，区旅游局、苏家坨镇政府承办的“乐行西山·绿动生活”2010第二届大西山金秋旅游登山节在阳台山景区开幕。（李瑞林 摄）

百望山（区旅游局 供图）

翠湖湿地公园　（区园林绿化局 供图）

凤凰岭金刚石与金刚石塔
（区旅游局 供图）

国务院国有资产监督管理委员会石化机关服务中心1月份捐赠，由西城区北新华街112号回归圆明园的石狮。
（李瑞林 摄）

稻香湖酒店 （稻香湖酒店 供图）

鹫峰 （区旅游局 供图）

10 月 8 日，位于正觉寺山门广场的圆明园罹劫 150 周年纪念石落成。 （李瑞林 摄）

7 月，树村郊野公园正式对外开放。 （田峰 摄）

1 月 23 日，由区农林委、旅游局和四季青镇主办的第三届香山草莓文化节开幕。 （田峰 摄）

颐和园 （顾学礼 摄）

海淀区文物古建

（区文化委供图）

觉生寺

海淀彩和坊24号院

大觉寺

大慧寺

景泰陵

法华寺

广仁宫

恩慕寺

恩佑寺

蓟门烟树碑

法海寺遗址

圆明园遗址

摩诃庵

龙王圣母庙

静明园

怡贤亲王祠

妙云寺

碧云寺

燕京大学未名湖区

清河制呢厂办公楼

滦州起义纪念塔

团城演武厅

吴佩孚墓

真觉寺

万安公墓

三·一八烈士公墓

辛亥滦州起义纪念塔

颐和园

李大钊烈士陵园

鹫峰山庄

元大都遗址

齐白石墓

鹫峰地震台

梅兰芳墓

熊希龄墓

佟麟阁墓

马连良墓

皂君庙

梁启超墓

四王府小学

清华大学二校门

清华大学大礼堂

【综述】 海淀区旅游局是海淀区政府主管区域旅游业的行政职能部门，下设旅游咨询服务中心、旅游培训中心两个事业单位。海淀区旅游区建设管理领导小组是领导本区旅游区建设的专门机构，领导小组由本区部分委办局及相关街道、乡镇组成，办公室设在区旅游局。2010年9月27日海淀区旅游局由3个科室增编为5个科室（本年新增市场促进科和财务统计科）。

2010年，海淀区实现旅游综合（包括食住行游购娱）收入212.9亿元，同比增长20.6%；旅游接待人次4470.8万人次，同比增长8.9%。其中民俗旅游收入5587.3万元，同比下降9.5%；旅游接待人次41.6万人次，同比下降34.2%。全区旅游从业人员5.69万人。

截至年底，区域内共有旅游企业1212家。其中住宿业1060家（星级饭店106家），旅游区（点）26家（A级景区15家），民俗旅游接待户52家，旅行社74家。绿色饭店52家，占区域106家星级饭店的49.1%，占北京市264家绿色饭店总数的19.7%。完成A级景区复核15家。被评为“首都文明旅游景区”的景区13家。截至年底，海淀旅游行业协会有分会137家（本年新发展　家），其中饭店分会68家，旅游景点暨科教分会43家（景点20家、观光采摘11家、科教旅游12家），旅店业分会26家。有6个咨询点（本年新成立2个）。

旅游规划编制 年内完成《海淀区“十二五”时期旅游业发展规划》编制。完成《海淀区旅游用地规划》编制工作，并作为单独章节纳入《海淀区土地利用总体规划》。完成《海淀区大西山旅游区发展规划（修编）》编制工作，并将结合西北部高端休闲旅游区规划，进行调整合并。完成“梦幻圆明主题乐园”策划及动画演示方案制作。完成《上庄镇滨水休闲旅游带开发实施方案》及《温泉镇红楼梦源文化旅游带二期项目开发实施方案》编制。9月，启动《海淀区西北部（海淀西山）高端文化休闲旅游区规划》编制工作。10月至12月，安排旅游专项资金500万元支持上庄滨水休闲旅游带旅游环境建设（一期）项目、西山风景长廊综合服务配套设施（南端综合服务区、管家岭村门区）及百合谷景区门区等项目建设。

旅游秩序整治 开展非法“一日游”专项治理工作，联合区公安分局等部门，对重点地区进行非法“一日游”联合执法，共出动240余人次，检查正规导游80余人，纠正违规导游17人；检查旅游大客车43辆，查处黑车33辆；取缔无照经营5起，取缔散发小广告30余起，没收小广告2000余张；取缔非法运营三轮车3辆，查处黑导1起。完成“春节”、“清明”、“五一”、“端午”、“中秋”、“国庆”假日旅游和全国“两会”期间各项保障工作。协调做好樱花节、桃花节、杏花节、玉兰节、荷花节、红叶节期间的旅游市场秩序整治工作。各节假日期间对A级景区和部分住宿企业进行数据监测。组织完成第十届世界旅游旅行大会、第十三届中国北京国际科技产业博览会和2010年北京首届世界武搏运动会期间的安全保障工作。联合交管部门在海淀北部地区主要道路设立37面旅游交通指示牌。完成创建星级旅游景区和A级平安景区创建工作。开展“安全生产月”活动，制定《安全生产月活动方案》，指导旅游企业对安全月活动方案和应急预案进行修订，组织旅游企业进行安全生产月宣传活动，在花园饭店进行安全月消防演练。

组织开展户外登山安全培训和应急救援演练，6月22日在凤凰岭公园举行“凤凰岭公园应急救援演练”，针对北京市山地景区面积较大、景点分散的特点，以“游客按路标指示游览迷路”、“游客在登山过程中受伤”等多发的安全事件为主题进行演练。10月27日至29日，区旅游局与区应急办在凤凰岭自然风景区联合举办200余人参加的户外登山安全培训暨应急救援演练。7月初，在西山实创培训中心举办乡村旅游从业人员培训班，邀请专家针对海淀区乡村旅游业发展实际，从乡村旅游特色业态、民俗接待、食品卫生和接待安全等方面进行授课辅导。

宣传推介工作 开展旅游咨询“五进”（即进农村、进社区、进工业园区、进景区、进大学校区）工作，在民俗专业旅游村车耳营村、西三旗街道所属的大型社区育新花园小区、工业园区龙徽葡萄酒有限公司、凤凰岭自然风景公园、清华大学等组织旅游咨询宣传活动，共计接待游客5000余人次，发放各类旅游宣传资料万余份。5月25日，在北京国际饭店举办的第十届世界旅游旅行大会暨北京旅游产业项目推介会上，对“西山脚下的未来城”——西埠头地块项目进行重点推介。首次推出《海淀旅游护照》共计5万册，内容包括40多家景区游览、住宿、餐饮、购物等多方面的优惠活动，以旅游拉动消费，尝试商旅结合，形成产业联动，促进区域经济协调发展，为广大游客在饮食、观光等方面提供便利。6月9日至10日，携手延庆县旅游咨询服务中心在颐和园同庆街旅游咨询站举办城乡手拉手旅游咨询宣传活动，发放宣传材料1万余份，接受现场咨询4000余人次。端午节期间，组织咨询站参加朝阳区高碑店地区古典家具旅游节宣传活动，接待游客200人次，发放宣传资料1000余册。9月28日至10月7日参加第二届北京西部旅游文化广场宣传活动，接待游客1000余人次，发放宣传材料2000余册。

9月，区旅游局与凤凰岭自然风景公园、北京汇通诺尔狂飚乐园、阳台山自然风景区等三家景区签署合作协议，共同组织开展大西山自行车骑游活动。10月19日与香山公园、紫竹院公园和凤凰岭景区签署《旅游咨询站合作协议》。与景区合作开办旅游咨询站，开启旅游咨询服务进景区的常态化工作模式。12月27日，在市旅游咨询中心组织的全市咨询中心业务技能大赛中，海淀区旅游咨询服务中心获得2010年度北京旅游咨询业务技能大赛冠军。

由北京市旅游局、北京市商务委员会等单位联合举办的、主题为“游不尽的北京城、品不够的京味年”的“2010北京请您来过年—春节十大系列群众评选活动”中，海淀区被评为“最具旅游人气的区县”；“大西山旅游登山节”获2010最受公众关注文化节庆。圆明园咨询站在全市110个咨询站评比中获得年度优秀咨询站称号。由北京市外宣办和北京市旅游局联合举办的、主题为“畅游北京、玩转北京—老外推荐十大旅游攻略评选结果”9月2日在京揭晓，玉渊潭公园→中央电视塔→太平洋海底世界精品线路获得一等奖，颐和园、北京植物园→香山→买卖街分获二等奖和最佳性价比线路。“虎虎生威，拳猜天下英雄汇—中塔首届‘京探杯’石头剪刀布PK擂台活动”、“紫竹院公园迎新春北京运动游园会”被评为“最受喜爱的十大景区节庆活动”；梅地亚中心、金龙潭大饭店等14家酒店、餐馆被评为“最受喜爱的年夜饭”；北京金源时代购物中心（MALL）、海淀图书特色商业街被评为“最受喜爱的十大购物街区”；畅春园食街、阜成路餐饮美食街被评为“最受喜爱的十大餐饮街区”；北京西山美庐观光采摘园被评为“最受喜爱的民俗户”。

海淀区旅游局

地址：四季青路6号海淀招商大厦五层西侧

邮编：100195

电话：88494709　88494729（传真）

网址：www.hdtour.gov.cn

海淀区旅游行业协会

地址：四季青路6号海淀招商大厦三层东侧

邮编：100195

电话：88497049　88494159

网址：www.hdtour.gov.cn

北京市海淀区旅游咨询服务中心

地址：中关村大街40号当代商城客服中心大堂

邮编：100086

电话：82622895　62568061（传真）

网址：www.hdtour.gov.cn

北部访客中心

地址：北清路永丰基地商业服务中心A座一层

邮编：100095

电话：58711888　58711900　58711903（传真）

网址：www.hdtour.gov.cn

圆明园咨询站

地址：海淀区清华西路28号（圆明园遗址公园南门西侧）

电话：62566911　62568061（传真）

同庆街咨询站

地址：颐和园公园正门（东宫门）东侧

电话：62877801

北京西站咨询站

地址：北京西客站北广场西侧钟楼下沉广场

邮编：100055

电话：63982337　62630606（声讯）

凤凰岭自然风景公园咨询站

地址：凤凰岭自然风景公园东门

电话：62459492

紫竹院公园咨询站

地址：紫竹院公园北门

电话88412894

香山公园咨询站

地址：香山公园北门

电话：62591155-7246

2010年海淀区星级饭店、旅游区（点）统计表

旅游星级饭店	数量	旅游区（点）	数量
五　星	10	5A	1
四　星	26	4A	7
三　星	42	3A	4
二　星	26	2A	3
一　星	2	1A	
		未评A	11
合　计	106	合计	26

【海淀区26家旅游景区（点）名录】

1. 颐和园（5A）
2. 圆明园遗址公园（4A）
3. 北京植物园（4A）（内有曹雪芹纪念馆、卧佛寺）
4. 香山公园（4A）（含碧云寺）
5. 中央电视塔（4A）
6. 玉渊潭公园（2010年升为4A）
7. 紫竹院公园（2010年升为4A）
8. 凤凰岭自然风景公园（2010年升为4A）
9. 太平洋海底世界（3A）
10. 鹫峰国家森林公园（3A）
11. 百望山森林公园（3A）
12. 西山大觉寺（2A）
13. 北京龙徽葡萄酒博物馆（2010年新增加并评定为3A）
14. 北京电影旅游城（2010年评为2A）
15. 汇通诺尔狂飚运动休闲乐园（2010年评为2A）
16. 中华世纪坛
17. 军事博物馆
18. 海淀公园
19. 北京艺术博物馆（万寿寺）
20. 大钟寺古钟博物馆
21. 团城演武厅（又名健锐营演武厅）
22. 北京石刻艺术博物馆（五塔寺）
23. 阳台山自然风景区
24. 药用植物园
25. 元土城遗址公园
26. 中科院植物所北京植物园

红色旅游景点：李大钊烈士陵园　军事博物馆（2010年新评定）

市级民俗旅游接待村：苏家坨镇车耳营民俗旅游村　（常玉舟）

【颐和园】　颐和园位于北京西北郊，主要由万寿山和昆明湖组成。公元1750年，建成清漪园。公元1860年，清漪园被英法联军焚毁。公元1886年重建，并于1888年改园名为颐和园。1900年，颐和园又遭到英、美、德、法、俄、日、意、奥八国联军的抢掠和破坏，1903年重新修复。

颐和园总面积300.59公顷，其中水面占四分之三。1998年12月2日，颐和园列入《世界遗产名录》。颐和园是全国第一批重点文物保护单位，是全国文明风景旅游区和国家5A级旅游景区。

2010年，颐和园全年游客量1287.4万人次，共接待内事任务115次，外事任务75次，其中完成奥地利总统海因茨·菲舍尔、波黑总理尼古拉·什皮里奇、爱尔兰总统麦卡利斯、列支敦士登摄政王储及列支敦士登首相、斐济总统埃佩利·奈拉蒂考、意大利总统纳波利塔诺等一级外事6次以及二级任务4次、三级任务21次。完成第三届世界奥林匹克城市联盟峰会北京市长招待会暨峰会闭幕式活动接待服务。3月1日至18日，完成两会代表接待工作。8月16日，在上海世博会北京馆，颐和园配合北京市公园管理中心完成“收藏精彩世博 相约北京公园”——北京皇家园林文化节暨第五届北京公园节上海世博推介行动启动仪式。8月18日，北京市公园管理中心主办的“北京皇家园林文化节暨第五届北京公园节”开幕式在颐和园举行。10月30日，2010北京国际友好人士环昆明湖长走活动在颐和园举行，来自全世界93个国家和地区的700余名选手参加，颐和园获得“特别支持奖杯”。完成国庆黄金周接待工作。中秋期间(9月22日至24日)，颐和园共接待购票游人10.71万人次，比2008年（执行中秋小长假的第一年）增加38.97%；游人总数14.56万人次，比2008年增加71.71%。国庆期间10月1日至7日，全园共接待购票游人59.03万人次，比2009年增加64.31%；总游人量69.56万人次，比2009年增加42.61%。

年内编制完成《颐和园十二五事业发展规划》初稿，完成《颐和园文化发展规划》、《颐和园商业企业发展规划》和《颐和园科技发展十年规划》；完成国家文物局明清建筑（颐和园部分）十二五保护规划、颐和园建筑和颐和园周边环境十二五保护规划和景观照明保护规划；完成《颐和园数字化建设总体规划（2011-2015）》初稿和《赅春园遗址保护性展示规划》初稿；向北京市文物局、国家文物局、世界遗产委员会提交中英文版《颐和园文化保护计划》。进行《颐和园古建筑油饰彩画监测及工艺技术研究》等六个课题的研究工作，协助国家文物局利用三维扫描技术对佛香阁进行扫描和保护性监测。

完善公园建设和管理工作。年底环湖路二期改造工程竣工，颐和园环湖路东起八方亭码头，西至北如意门，连接绣漪桥、西堤与耕织图等景区，是环昆明湖游览的主游览线，也是颐和园重要的消防通道，整体改造总面积24571.4平方米，改造采用传统建筑材料（花岗岩和青砖）替代水泥方砖。建立72棵百年古桂的数据档案资料，利用高温萌发侧枝技术培育新品种，低温处理技术控制桂花花期；继续增加古树复壮中的科技含量。完成万寿山喷灌设施改造工程，实现万寿山全自动化喷灌。加强病虫害的综合防治，推广病虫害生态调控管理模式，尝试无农药控制病虫害新方法，将团城湖水源保护地作为有害生物无公害模式初步摸索的试点，采用多种生物和物理防治措施，改进施药方式，保持区域的生物多样性和植物的景观质量。强化电子档案建设管理，颐和园1949年至今的所有文书档案均实现电子化管理。加强文化建园，配合皇家园林文化节和公园节，分别开展专题展示、文化展陈和群众性活动。开展第十三届生物多样性保护科普宣传月、第五个中国文化遗产日宣传等一系列文化活动，在仁寿北殿举办“颐和园历史图籍展”，重新布展文昌院聚珍厅。发挥舆论宣传的正面引导作用，组织各类专题及新闻报道600篇。与中央电视台合作拍摄的大型电视纪录片《颐和园》于年底在中央电视台1套晚间黄金时段播出。召开四大部洲文物保护修缮工程新闻发布会，完成世博宣传片、中宣部国庆宣传片、清漪园老照片专题片等拍摄工作，与北京电视台各栏目联合制作特别节目。

开展九项免费公共服务，向游客提供电子显示屏视频资讯、药箱、针线盒、轮椅、厕所免费提供手纸、洗手液、在游客中心提供游览咨询、宣传材料、清洁饮水。增添文昌院售票处银联刷卡系统；完成丁香院、松堂等3处免冲环保厕所的升级改造；增设北宫门和新建宫门2处讲解服务亭，新增西班牙语讲解服务，增加节日期间讲解线路；招募社会讲解员，与本园讲解员、大学生志愿者讲解服务相结合，逐步满足广大游客对游园讲解服务日益增加的需求。

（杨华）

地址：海淀区新建宫门路19号
邮编：100091
电话：62881610，62881077（传真）
网址：www.SummerPalace- China.com

【北京香山公园】 位于北京西郊，占地面积160余公顷，主峰海拔575米，是一座具有山林特色的皇家园林。香山早在公元1186年（金大定二十六年）就出现人文景观，时称永安寺。元、明、清三朝皇家均在此建离宫别苑，为皇帝游幸驻跸之所。乾隆皇帝在原有建筑的基础上进行大规模的营造，形成二十八景，并更名为静宜园，香山静宜园成为京西“三山五园”中的一山一园。公元1860年、1900年香山静宜园先后遭英法联军、八国联军的破坏。民国时期，香山被军阀显贵占为私人别墅，多处封闭，禁止游览，但是也有些社会团体在这里办一些公益事业，如香山慈幼院。1956年5月辟为香山公园并向公众开放。

碧云寺、双清别墅、静宜园（香山）先后于1957年、1979年、1984年被列为北京市文物保护单位，2001年被国家旅游局评为AAAA景区，2002年被评为北京市精品公园，2004年通过ISO9001国际质量管理体系和ISO14001国际环境管理体系认证。全园有各种树木20余万株，其中古树5800余株，约占北京城近郊古树总量的1/4。10万株黄栌，每到秋季，丹霞一片，形成著名景观——香山红叶。

2010年共实现园林收入5798.65万元，接待游客524.86万人次。完成市委书记刘淇、市委宣传部、北京市残疾人运动协会、国民党马尼拉支部及菲律宾中山学会“溯源之旅”访问团、台湾行政院法规会主委陈德新的接待任务。本年公园完成公园总体规划和文保规划的制定，完成文化、商业、科技、环境、安全等五个专项规划的制定。公园“十二五”规划初稿编制完成，并确立“提升三力、实现两升”[①]的规划总目标。

全年完成工程建设项目24项，共投资3657.48余万元。包括恢复历史景观：启动以昭庙修缮和三泉水系一期——玉乳泉改造工程为代表的景观建设工程。昭庙完成琉璃塔、琉璃牌坊修缮。玉乳泉工程完成原有古道及四座石桥的恢复。基础设施建设：完成香炉峰高压配电系统改造工程、研药亭至豫泰门生态景观路改造、南山架空线路入地工程；新建无害化垃圾处理站一座；启动新建水源井项目。绿化景观建设：开发出金莲花、玉华早桂、碧云晚梅等历史植物文化景观，继续扩大“红叶黄花自一川”景观效果，做到特色植物四季有景，闻香赏花相得益彰。继续深化三项典范工程：香山红叶品牌保护典范工程，以“植育并重”的思路，提高红叶养护的科技含量。山林防火安全典范工程：启动消防水系生态环境改造工程（一期），增加高喷27处、雾喷2处；完成香雾窟牌坊防雷设施改善；出台《香山公园山林消防管理规范》。索道安全运营典范工程：公园索道获得中国索道协会颁发的《客运索道安全服务质量》4S星级索道证书，成为国内第一条获此荣誉的固定抱索器吊椅式索道；自主研发的“移动式手自一体液压移位仪”项目获市公园管理中心2010年度技术革新奖。

承担的北京市公园管理中心的两项科研课题《绿化废弃物堆废处理的应用研究》和《绿色垃圾肥关键技术研究》结题，并获北京市公园管理中心科技进步二等奖。实施古树复壮工程，主要是对古树复壮、树洞检查修补、缠麻和井盖更换，以及古树有害生物的监测、预防和防治。古树复壮工程共完成灾后38个区1641株古树修剪。实施黄栌保育工程，在森玉笏西侧山沟至中路区域内种植黄栌7000株。举办世界环境日科普宣传、端午节科普宣传、迎国庆科普宣传、第十三届生物多样性科普宣传等活动；组织古树绿地认养活动，认养单位及个人已有42家，认养树木105株、草坪2000平方米。《香山公园导览》出版，全书共计六部分，7万余字，265幅图片。

举办第五届春节文化活动、第八届山花节、暑期“红色经典路、绿色低碳游”、以“秋染香山 红叶传情”为主题的第22届红叶文化节等文化活动。开展“强化安全意识、消除火灾隐患”主题教育活动、“消除火灾隐患，构建和谐社会”119消防宣传活动、安全培训、职工安全生产知识考核、安全生产知识竞赛。与香山六号院社区开展“做文明有礼北京人”的宣传实践活动，围绕“微笑的香山 满意的您”，组织全园职工、社会化工作人员等进行各类培训和劳动竞赛。开发“香山红叶”和“静宜园二十八景”两套纪念扑克；启动《香山碑帖集》等书籍及《香山研究》刊物的编辑工作；研发红叶黄花宴、三清茶、花草茶、金莲花茶等文化餐饮项目。10月20日，公园北门游客中心揭牌。

年内，与旅游卫视《请跟我来》栏目组合作拍摄《香山碧云寺》专题宣传片。开通新浪微博并通过认证，成为北京第一家“微博公园”。开展香山法律援吧创建三周年普法宣传活动。

本年，公园获北京市公园管理中心突出进步奖、北京市交通安全先进单位、北京市校外教育先进集体、北京市“安康杯”竞赛优胜单位、第五届北京公园节优秀组织奖、北京皇家园林文化节及第五届北京公园节群众文化活动健身操比赛三等奖、第二届北京月季文化节月季造景大奖和插花比赛金奖、海淀区森林防火先进单位、海淀区先进人民武装部；被园林绿化局登记为北京市注册公园；中国盲人协会赠予“牵手相助 共建和谐”匾。 （李国红）

地址：海淀区香山买卖街40号
邮编：100093
电话：62591264，62599886（传真）
邮箱：xsgyghb@sohu.com

【圆明园遗址公园】 圆明园始建于1707年，由圆明园、长春园、绮春园三园组成，历经清朝康熙、雍正、乾隆、嘉庆、道光、咸丰五代帝王，历时150余年的不断营建，面积达5200余亩（352.13公顷）。圆明园盛时被誉为“万园之园”，“一切造园艺术的典范”。被毁后历经磨难，但完整的山水园林框架，独一无二的断柱残雕、建筑基址为主的遗址特色，丰厚的文化内涵和特殊的历史教育意义形成以古典皇家园林遗址为基础，以历史教育、爱国主义教育为主题，以遗址展示、自然景观环境为特色的供游客观光游览、休憩娱乐的遗址公园。

1976年11月，圆明园管理处成立，为海淀区区属差额拨款事业单位，是圆明园遗址公园的管理单位。1988年6月29日，圆明园遗址公园正式对外开放。2000年和2001年，国家文物局与北京市人民政府分别批复《圆明园遗址公园规划》。此后完成征地转居，住户搬迁及驻园单位腾退，修复圆明园内外围墙16000余延长米，实现“搬出去，圈进来，管起来”的目标，基本恢复圆明园盛时的地域规模。经过多年的保护、整修和建设，现已基本形成以西洋楼遗址为主的遗址凭吊区，以长春园为主的荷花观赏区、绮春园景区、圆明园福海景区、九州景区等五大景区。1988年，圆明园遗址被国务院公布为全国重点文物保护单位；1996年，被国家六部委命名为“全国中小学爱国主义教育基地”。

[①] 十二五规划中制订公园“三力两升”的发展目标，即通过提升公园硬实力、提升公园软实力、提升公园影响力，最终实现香山的两大升级，即从市级文保单位向全国文保单位升级、从国家重点公园向列入世界文化遗产名录升级。

2009年，圆明园遗址公园被评为“新北京十六景”之一和AAAA级旅游景区。2010年10月9日，圆明园遗址公园被国家文物局评为全国首批国家考古遗址公园之一。

2010年，共接待游客517万人次，同比增长56.7%；门票收入4100万元，同比增长24.2%；综合收入5300万元，同比增长28.2%。

2010年，圆明园大遗址保护工程项目取得新进展，圆明园绮春园宫门西侧正觉寺内的三圣殿、天王殿、转角房、五佛殿等复建主体工程历经八年修缮和复建，10月8日竣工;澄心堂管理用房修缮工程和环卫设施改造工程竣工并投入使用；西北景区环境整治工程完成施工招投标；西洋楼景区展览馆改造工程进行施工和监理招投标；派出所房屋修缮工程正在施工。《圆明园周边地区环境整治实施方案》得到市文物局批复，规划范围约125.26公顷，分为西南、东南、东北三个片区，拟建设圆明园主题公园、宫门广场、综合服务区、停车场地等配套服务设施。与天津大学合作，在2000年《圆明园遗址公园规划》基础上，推进三个规划（考古发掘、山形水系整修和古建复建三个专项）的修编、报批工作。

开展文化遗产保护与展示活动。与中国文物保护基金会合作，举办“文物保护，我们携手——圆明园文物修复大型公益活动”。与中国文化遗产研究院合作完成三块石质文物标本的清洗保护实验，并编制实验报告;开展狮子林遗址保护科研项目；征集北新华街112号圆明园石刻文物13件；完成《中国圆明园遗址申报世界遗产前期论证》报告，并通过专家论证；完成2009年全国重点文物保护单位记录档案的编纂工作；编发《圆明园研究》4期。以展代销，与天津远东百货有限公司合作举办“圆明园兽首国宝展”；与南京市下关区政府合作举办“圆明园·静海寺历史记忆联展”。《梦回圆明》旅游文化项目获得北京市文化创意产业项目专项资金支持；召开“梦幻圆明园”项目方案策划评审会。

2月10日至2月20日，举办首届圆明园皇家庙会。7月1日至8月31日，举办第十五届荷花节，荷花节期间接待游客141万人次，比上年同期（105万人次)增长34.2%;门票收入1220万元，比上年同期（1080万元）增长13%。举办第十五届踏青节、端午文化周、中秋文化周、皇家冰雪节等文化活动，探索旅游活动新模式。第十五届踏青节被市委宣传部列为“我的北京我的家”2010年清明节系列文化活动之一。

开展国家级人文景观服务标准化试点创建工作，标准化体系已经过专家论证，进入试运行阶段。继续开展食藻虫引导圆明园水体生态修复、水华预警监测系统、人工湿地生态系统、圆明园水系生态治理的后续维护及资源化利用技术等科研项目的调研、申报、研究工作。在九州景区保洁社会化试点基础上，2010年实现全园保洁社会化改革目标。圆明园管理处作为区属单位代表北京市接受国家档案局的综合评估。

（鲁紫鹃）

地址：海淀区清华西路28号
邮编：100084
电话：62657910　62543673（传真）
邮箱：ymy@yuanmingyuanpark.com
网址：www.yuanmingyuanpark.com

【北京植物园】 北京植物园隶属于北京市公园管理中心。1956年经国务院批准建立，面积400公顷，是以收集、展示和保存植物资源为主，集科学研究、科学普及、游览休憩、植物种质资源保护和新优植物开发功能为一体的综合植物园。2000年1月，北京植物园被评为首批国家AAAA级旅游景区，是北京首批精品公园之一，首批国家重点公园之一。2010年3月，北京植物园被中国科学技术协会命名为2010–2014年全国科普教育基地。

植物园已建成开放区200余公顷，由植物展览区、人文古迹区、自然保护区和科研区组成。引种栽培植物62万株，10000余种（含品种），铺草100万平方米。植物展览区包括观赏植物区（13个专类园）、树木园、温室花卉区、盆景园。热带植物展览温室被评为北京20世纪90年代十大建筑之一。人文古迹区由卧佛寺、曹雪芹纪念馆、樱桃沟、“一二·九”纪念亭、梁启超墓地、隆教寺遗址等组成。盆景园主要展示国内各流派盆景的技艺与作品。6月1日，蝴蝶园试开放。

2010年，公园举办几十项展览和文化活动，主要有：第二十二届北京桃花节暨第7届世界名花展、第六届北京兰花展、精品梅花展、传统民俗文化展、第五届艺术压花展暨标本画展、“低碳减排、绿色家园”儿童绘画展、荷花展、北京首届中韩插花花艺交流展、首届“爱市花、爱北京”中小学生月季绘画优秀作品展、向日葵主题文化展、2010中国生态旅游与生物多样性科普展、中秋植物文化展、秋实秋叶展、“低碳生活之少开一天车”主题展、番杏科植物展、“倡导低碳生活 共建绿色森林”主题展、中国园林博物馆方案征集成果展、“自然如画”—儿童环保绘画展及启动仪式、第二届北京月季文化节、第二届北京菊花文化节、西山卧佛寺银杏节、第47届国际风景园林行业论坛、中塔友谊植树活动、“视野内珍稀植物”主题科普活动、第五届“探索绿色奥秘”科普夏令营、首届黄叶村曹雪芹文化艺术节开幕式、“生物多样性之北京植物园之旅”主题活动、“我爱北京植物园”知识竞赛、“生物多样性保护科普宣传月系列活动”启动仪式。

本年，公园新栽植从美国、荷兰、日本等国家引种驯化成功的垂枝梨、‘哨兵’银杏、‘地图’白蜡、红花七叶树、红柄白鹃梅等新优植物76个品种160株，丰富专类植物的品种和多样性。从云南引入3种独蒜兰1140盆、2种杓兰1010芽、3种兜兰381苗；从贵州引种杏黄兜兰303盆、硬叶兜兰273盆，引入少量麻栗坡兜兰、紫纹兜兰，紫点兜兰等珍稀拖鞋兰种类。11月，公园古树复壮和保护工程通过专家验收。

本年公园对“一二·九”纪念亭进行整体粉饰，对景区周边景观墙进行维修。12月22日，北京植物园承担的“手机科普导览系统”项目通过市科委专家验收。《桃花新品种特异性、一致性和稳定性（DUS）测试指南》项目通过国家林业局审定。

本年，公园获第12届全国梅花腊梅展插花银奖、景点铜奖。获“2009年首都文明单位标兵”称号。在第二届杭州（国际）多浆花卉博览会上，北京植物园选送的“帝王丸”和“灯泡”分别获金奖和特等奖。获第九届中国赏石展暨国际赏石展两枚银奖、一枚铜奖。“国庆60周年花卉环境布置”、“道路铺装工程（雨虹利用）”、“第七届花卉博览会科技馆布展”三项工程获得市公园管理中心颁发的2009年度优秀工程奖。月季园在第二届北京月季文化节评比中获北京最美月季景点。温室“京华秋韵”菊花花坛在北京第二届菊花文化节评比中获“最美菊花景点奖”。被北京市科学技术委员会、北京市科学技术协会评选为2010年北京市优秀科普教育基地。9月，在北京公园绿地协会仙人掌多浆植物专业委员和北京世界花卉大观园联合举办的第二届新奇特仙人掌精品展上，北京植物园职工送展的“姬龙舌”和“白星”均获得三等奖。

（林立）

地址：海淀区香山卧佛寺路北京植物园
邮编：100093
电话：62591283
网址：www.beijingbg.com

【紫竹院公园】 紫竹院公园位于北京西直门外白石桥迤西，因园内西北部有明清时期庙宇“福荫紫竹院”而得名。全园占地47.35公顷，水面约占三分之一，南长河、双紫渠穿园而过，有三湖两岛一堤，是一座以竹为景的自然式山水园。

2010年，公园全面启动ISO9001质量管理体系、ISO14001环境管理体系和GB/T28001职业健康安全管理体系的建立与实施工作，并通过认证。完成《紫竹院公园文化发展规划》、《紫竹院公园商业发展规划》的编制。紫竹院公园被批准为全国首批50家“全国低碳旅游试验区”之一。

春节期间，与北京横渡张健体育发展有限公司和中华全国体育基金会运动员基金会联合举办紫竹院公园首届“迎新春健身游园会”，接待游客约2000人次。活动期间，举办“老北京传统体育健身竞赛”，开展跳绳、踢毽、旱冰车、抖空竹、推铁环、拉洋车六个项目的比赛。紫竹院首届“迎新春首届健身游园会”参与“2010北京请您来过年—春节十大系列群众评选”活动。7月举办第十七届竹荷文化展。

5月31日，配合紫竹院街道办事处在公园东门外广场开展“关爱健康，远离烟草”为主题的宣传活动。活动通过展板展示、讲解说明、发放宣传材料、调查问卷、纪念品等形式宣传烟草的危害。

向国家工商行政管理总局（商标局）申请适宜公园的商标使用范围共计七类41项，涉及产品包括：办公用品、文化用品、印刷刊物、服饰、布料及纺织等。并向国家工商行政管理局提交商标注册申请表。（王丽辉　魏娜）

地址：中关村南大街35号
邮编：100048
电话：88412802/88412805
网址：www.zizhuyuangongyuan.com

【凤凰岭自然风景公园】 凤凰岭自然风景公园位于海淀区西北部苏家坨镇境内，总面积10.62平方公里（本年重新测定），享有“京西小黄山”之美誉，“奇峰”、“怪石”、“林海”、“神泉”为其天然景观。佛教、道教、儒教等宗教文化以及古老的东方养生文化遗址、遗迹众多。景区分南、中、北三条风景线，可观景点40余处。公园1996年4月正式开园，是隶属于北京市西山农场的国有企业。2010年9月被评为国家AAAA级旅游景区。从2010年5月1日起取消原有淡旺季门票收费标准，实行25元/人/次的全年统一门票价格。全年接待游客60万人次，旅游总收入562.5万。

公园制定和完善《凤凰岭公园通用管理标准》、《凤凰岭公园安全管理制度汇编》及《凤凰岭公园部门管理手册》等规章制度。对各类基础设施进行改造，完善游客中心各类设施；改造生态停车场；小环境改造1400余平方米；完成公共信息图形符号的建设；完备卫生设施，完善废弃物设施；维修各类牌示和救援灯杆等；在凤凰岭旅游咨询服务中心成立海淀旅游咨询中心；结合温泉工商所“工商职能进社区”的工作，在公园合作建立工商工作站。完成凤凰岭形象宣传片和风光片的拍摄工作。投资98.67万元完成凤凰岭公园杏林香洲建设项目工程。

4月，举办凤凰岭公园第十届杏花节，活动包括杏花节开幕式、杏花科普展、龙泉寺祈福、杏花摄影作品展和龙泉寺法会等活动。6月，公园举行海淀区鱼眼摄影家协会凤凰岭摄影创作基地授牌，11名摄影家被授予“北京凤凰岭自然风景公园摄影创作基地顾问”。6月22日，举办以救援灯杆为主题的应急救援演练。（沈琳）

地址：海淀区凤凰岭路19号
邮编：100194
电话：62455933 62459492
网址：www.bjfhl.com

【中央电视塔】 中央电视塔为国家AAAA级旅游景区。景区以“科学、时尚、极限、欢乐”为品牌文化内涵，以“攀登中央电视塔大赛”、“中塔空中观景旋转餐厅”、“电视文化”主题大厅、“中塔草坪婚礼”等品牌项目为特色，成为集旅游观光、餐饮娱乐、婚礼庆典、商品销售、物业租赁为一体的综合性旅游景区。2010年接待游客320万人次。“十一”黄金周，景区登塔人数较上年同期增长41%，单日最高登塔人数创历史新高；门票收入同比增长105%，旋转餐厅平均上座率达161%。

在中央电视塔238米高的露天观景台，设有高倍望远镜，可俯瞰首都全景。座落在塔楼上221米高的360°旋转餐厅，是京城最高旋转餐厅。中央电视塔宽阔的栈桥与塔座重檐式结构及圜丘形退台广场形成高低错落、方圆合璧的巨型广场，曾举办“同一首歌”、“公益义演”以及多种类型的大型活动、仪式等。中央电视塔夜景灯光效果以宫灯造型为主体，红色为主色，呈现中国传统文化的内涵与精髓。

2010年，中央电视塔在京城婚庆场地市场首次推出草坪婚礼个性环节“喜从天降送信物”。5月1日，中国象棋自由擂台赛暨大型现场赛程真人秀在中央电视塔棋盘广场举办。9月，中央电视塔与国家体育场（鸟巢）、国家游泳中心（水立方）、国家大剧院达成合作，联合推出“北京地标旅游”四地套票。9月22日—10月10日，中央电视塔旋转餐厅推出“螃蟹总动员，激情美食盛典”——第二届螃蟹美食节。10月31日，举办“2010第十六届攀登中央电视塔大赛”。

2010年，中央电视塔空中观景旋转餐厅“登高祈福除夕宴”获得“北京最受喜爱的年夜饭”称号。中央电视塔空中观景旋转餐厅获“五叶国家级绿色餐饮企业”称号。中央电视塔景区获得北京市“最佳游览环境单位”称号。推出的“虎虎生威 拳猜天下英雄汇——中央电视塔首届石头剪刀布PK大擂台”被评选为春节期间“北京最受喜爱的十大景区节庆活动”。在北京市新闻办公室与北京市旅游局联合主办的“畅游北京玩转北京”老外推荐十大旅游攻略评选活动中，以中央电视塔为主景点的线路获一等奖。（于倩雯）

地址：海淀区西三环中路11号
电话：68450715
邮编：100142
网址：www.ctvt.com.cn

【北京太平洋海底世界博览馆】 北京太平洋海底世界博览馆有限公司由新加坡北京海底世界私人有限公司投资注册，于1996年2月成立，注册资本600万美元。博览馆总投资约2亿人民币，建筑面积约8300平方米。于1997年2月动工，1998年4月完工。是以展示七大海洋活性生物为主的，集科普、观赏、娱乐于一体的现代化综合性博览馆。太平洋海底世界由海底隧道、小池区、表演区、企鹅馆、海豹池、动感影院、礼品店、快餐店、水母馆等组成。

2010年9月，礼品店建成营业，为游客准备来自澳洲和新加坡的各式与海洋有关的纪念品。10月，海洋精品展区落成，主要以展示海洋奇特生物为主，展缸中展示海洋无脊椎类动物及腔肠类动物，使游客了解到海洋中有不同的鱼类，更有不属于鱼类的动物。（袁燕波）

邮编：100142
电话：68714695
网址：www.buww.com.cn

【百望山森林公园】 北京市海淀百望山森林公园成立于1992年9月，占地200公顷，位于颐和园北三公里处，主峰海拔210米，森林覆盖率达95%以上，刻有宣传绿化、生态、环保的碑刻1000余块。

2010年共接待游人80余万人次，比上年增长14%。老年优待卡和残疾人等实施免票人数达14万多人，年内举办“百望山山花节”、“百望山红叶节”。

年初对山顶古建房屋进行粉刷和油漆彩绘，粉刷房屋706平方米，油漆彩绘341平方米。山上道路维修更换石板台阶等420平方米，新建石凳10个，新购置生态垃圾桶20个。新植花灌木2万余株，移栽树木30余株，移栽黄杨25米，制作竹围栏杆101米，义务植树192株，仿真草坪142.5平方米。五一、国庆摆花17337盆。投资近70万元，安装视频监控设备，实现视频监测全园覆盖95%以上，确保重点部位24小时监控。元旦、春节、清明、五一、十一、红叶节等重点时段，临时聘用保安、在校大学生，加强巡护，使重点时段专、兼职护林员达到60多人，平均50亩1人。

做好禽流感和林木病虫害的防治工作。百望山针对美国白蛾多次发生，进行网格化管理，及时发现，及时处理，防止蔓延成灾。加大对大油松毛虫、双条杉天牛、黄栌跳甲、桃潜叶蛾、黄栌黄萎病的监测与防治。坚持每日观察禽类动态，全年监测范围内未发现异常。截至10月底，共监测雁鸭类620只、鹭类7929只、小鸟类687223、猛禽类4227只。（佟思平）

地址：海淀区黑山扈北口19号
邮编：100094
电话：62884508

【北京龙徽葡萄酒博物馆】 北京龙徽葡萄酒博物馆是北京首家以葡萄酒文化为主题的博物馆，是全国工业旅游示范点之一。北京龙徽葡萄酒博物馆以明清建筑为主体风格，包括地上展厅、地下酒窖、红酒会所三大部分。2008年北京龙徽葡萄酒博物馆被北京市教育委员会批准成为北京市青少年校外教育实践基地。1月，北京龙徽葡萄酒博物馆运营管理公司——北京龙徽文化发展有限责任公司成立。6月8日，北京龙徽葡萄酒博物馆上级单位北京龙徽酿酒有限公司在人民大会堂，举行龙徽公司百年华诞主题晚会。2010年6月，被评为国家3A级旅游景区。8月，被授予中关村科教旅游接待单位。4月，被北京市政府授予“北京市先进集体”称号。（张巍）

地址：海淀区玉泉路2号
电话：88635695　88635061
网址：www.dragonseal.com

【北京汇通诺尔狂飚乐园】 北京汇通诺尔狂飚乐园运动休闲有限公司坐落于海淀区苏家坨镇，位于大西山旅游带内，占地面积约6000亩，建有近千亩采摘园。有居士茶楼、红冠狂飚食府、汇泽湖垂钓池、乡村竹廊、越野汽车摩托场地、高尔夫练习场、卡丁车场地、TZ模型车场地及大型停车场等设施。越野摩托车场地占地面积30000平方米，是国家体育总局汽车摩托车比赛训练基地。场地赛道长1200米，为专业的越野的摩托车赛道，场地采用会员制管理。是全国唯一一家集商务会议体育休闲娱乐健身为一体的综合性生态环保园，能够承办多项大型体育赛事及培训和观光游览。

5月，举办第九届全国越野摩托车比赛。6月，由北京旅游局，旅游卫视，紫禁腾传媒联合在狂飚乐园推出大型强档真人秀旅游栏目《请跟我来》，在旅游卫视播出。7月底，汽车安全驾驶培训中心在北京汇同诺尔狂飚乐园汽车运动场地开班。此次活动是国内首次采用运动驾驶与特行驾驶双结合训练形式，特聘警察学院与中汽联认证运动协会的教练对学员进行人车合一的指导与教学。12月中旬在狂飚乐园举行海淀首届冰雪节，雪场面积约50000平方米，雪具大厅2000平方米，雪地摩托专用道长800米，雪场开发初级雪道、中级雪道及儿童戏雪道，在冰雪嘉年华期间推出冰雪嘉年华摄影大赛、雪夜圣诞狂欢、冰雪庙会、冰雪情人节、寒假期间少年滑雪冬令营等雪上运动项目。成功举办第九届全国越野摩托车比赛、第一届全国TZ越野模型车大赛。

（杨海龙）

地址：海淀区南安河一号
邮编：100095
电话：62455588
网址：www.bjkbly.com

【北京市团城演武厅】 团城演武厅始建于清乾隆十四年（1749年），是北京地区集城池、殿宇、亭台、校场为一体的武备建筑群，原为清代皇帝操练和检阅健锐云梯营的场所。其主要建筑有团城、演武厅、东西朝房、西城楼门、碑亭、放马黄城（已毁）等。

辛亥革命后，军阀混战，团城演武厅荒废一隅。抗战期间，日军占领北平，在西山一带圈地兴建华北农事试验场，演武校场改作农田。新中国成立后，团城演武厅由市农场局管辖。1979年团城演武厅收归北京市文物事业管理局，同年被公布为市级重点文物保护单位。1988年，成立北京市团城演武厅管理处。1992年正式对外开放。2002年下半年闭馆进行整修。2004年重新对外开放。2006年被公布为全国重点文物保护单位，定名为“健锐营演武厅”。同年7月，被公布为免票试点博物馆。2008年3月，团城演武厅被北京市公布为33家免票开放博物馆之一。

本年，完成《团城演武厅2011-2015年发展规划》。协助国家文物局进行“文物调查及数据库管理系统建设”工作，完成团城演武厅珍贵文物数据录入及信息采集。完成现代军事展区建设，完成北京军区捐赠的三件现代武器即59式100毫米高射炮、54式122毫米榴弹炮、62式轻型坦克的运输吊装工作，配合武器展示制作相关展览内容。对古建隐患进行整体排查检测，对团城北城楼门窗及西配殿部分木梁开裂进行修缮。对馆藏清代弓箭进行修缮，共修复四张清代角弓，三十一支清代羽箭。到炮司考察实胜寺碑保存现状，炮司内实胜寺碑被移至门头村新景点。

完成临展两项。与北京博睿中天文化发展有限公司及中国人民解放军坦克博物馆合作，在国庆前夕推出大阅兵系列展览项目《大阅兵-车骑篇》，介绍中国古代车兵骑兵发展历史及现代战车-坦克在中国的发展历史。年底推出《中国古代知名战马展》，介绍中国古代战马的历史及战马故事。

推出多项巡展。配合“博物馆里过大年活动”，联系海淀博物馆巡展《海淀文化之旅》到馆进行展览；配合5·18博物馆日活动，参与北京师范大学“博物风华——5·18国际博物馆日系列活动”，完成《中外军事建筑展》到北京师范大学、民族大学的巡展工作；将《东西方英雄人物展》运至海淀博物馆、辽金城垣馆进行巡展；配合10月北京市敬老月活动，联系海淀博物馆及智化寺，将《魅力海淀之旅》展览及《北京博物馆采风》两项展览巡展到北京香山爱暮家国际养老院。

开展志愿者工作，联系首钢工学院志愿者团队为博物馆服务。在首届北京市志愿者表彰大会上，团城演武厅两名志愿者获得优秀志愿者称号，首钢工学院获得优秀志愿者团队称号。（张巍）

地址：海淀区香山南路红旗村1号
邮编：100093
电话：62591609　62594750（传真）
邮箱：tcywt@yahoo.com.cn

【海淀公园】 海淀公园位于西北四环万泉河立交桥的西北角，东起万泉河路，西至六郎庄路，南到北四环路，北至新建宫门路，地跨畅春园、西花园及泉宗庙等皇家园林遗址，西邻颐和园，东邻中关村科技园区。公园于2003年4月开工建设，9月建成开园。2007年1月1日，划归海淀区市政园林服务中心管理。同年4月成立海淀公园管理处。2010年4月15日，海淀公园管理处划归海淀区园林绿化局。2010年，接待游客90万人次。

2010年，海淀公园加强文化建园，培育一系列具有海淀公园特色的文化活动，全年举办各类活动64个。自主文化品牌——“海淀公园音乐季”系列活动成功举办，其中“中关村核心区青年歌手大赛”吸引核心区50余家高科企业参与，“海淀公园2010音乐街”吸引100多支高校和社会乐队参与以及5000余名观众。传统的“插秧节”、“收割节”活动突出“乐品民俗文化、乐享开心稻田”、“收获爱、传递爱”等主题，将文化传承与公园景观紧密结合，取得成功。协助区属有关部门承办第二届海淀风筝节、第七届海淀文化节开幕式、“百姓周末大舞台”、“中关村科教旅游节”体验游、中关村核心区青年鹊桥会、“海淀公园杯”中小学生跳绳比赛等活动。承接迷笛音乐节、摩登天空音乐节、耐克放肆跑等多个商业活动，其中迷笛音乐节、摩登天空音乐节参与观众近10万人次。本年，公园被北京市文化局定为“定点露天演出剧场”及“阳光体育教育基地”，成为北京市室外大型文化活动场所之一

加强绿地养护和基础设施建设。采用播种、封闭养护等措施保障大草坪，绿化覆盖率达到90%以上。铺设青石板道路228米，改造道路2条，增加铺装152平方米，制作挂风筝专用支架以方便游客。从翠湖湿地公园引进黑天鹅、海鸥、绿头鸭等多种水鸟。10月1日，坐落在稻田景区一侧的琴溪源茶社对社会开放。10月2日，游乐场建成试营业，每周末开放2天，累计接待游客约10000人次。

地址：海淀区新建宫门路2号
邮编：100080
电话：62850569

【翠湖湿地公园】 翠湖湿地公园位于

上庄镇。2003年7月，北京锦绣大地农业股份有限公司立项建设翠湖湿地公园，土地以租赁方式处理。2006年5月，北京海融达投资建设有限公司作为工程实施主体，全面负责翠湖湿地公园建设。2007年10月12日，区政府专题会议决定，公园建成后的管理运营由海淀区市政园林服务中心负责，公园整体建成后所有权落户到区市政园林服务中心。2008年3月1日，区市政园林服务中心正式接管翠湖湿地公园。同年5月31日，成立翠湖湿地公园管理处。同年10月27日，翠湖湿地公园建设主体变更为区市政园林服务中心。2010年4月15日，翠湖湿地公园管理处划归区园林绿化局。

翠湖湿地公园规划总面积约272公顷。其中水库北岸157.62公顷，水库南岸91.75公顷。翠湖湿地公园是以人工湿地景观特色为载体的公园，具有科研科普、生态宣传等功能，可满足人们休闲、游览和观光的需求。公园尚未开放，处在封闭保育阶段。

翠湖湿地公园的动植物生物多样性逐年丰富，水质不断得到提高。翠湖湿地公园共观测到鸟类16目48科149种，其中湿地鸟类80种，占全园总鸟类的53.69%，分别占全国和北京湿地鸟类的29.52%和61.54%。（全国湿地鸟类271种，北京湿地鸟类130种）。其中国家Ⅰ级保护鸟类6种（黑鹳、金雕、遗鸥等），国家Ⅱ级保护鸟类21种（白琵鹭、大（小）天鹅、白额雁、鸳鸯、鹗、普通鵟、鸢、白尾鹞、红脚隼、燕隼、灰鹤、雕鸮和东方角鸮等）；北京市一级保护鸟类11种，北京市二级57种。

翠湖湿地公园共记录到高等植物285种，分属于61科170属。其中湿地高等植物189种，占总植物数的66%，分别占全国和北京湿地植物的8%和30%（中国湿地高等植物2276种，北京湿地高等植物626种）。

年初，公园管理处开展对公园生态系统的观测工作。对公园小气候、鸟类活动、水质变化、水位变化、水循环情况、景观变化、游人情况、维护作业情况等八大项29个指标因子进行单项数据采集、汇总及分析。每周将气候变化情况如气温、降水、辐射量等观测项绘制成曲线变化图；每日观鸟后在平面图上标注鸟类活动区域、种类、数量、共栖动物、生境特征等；每日观测水位变化情况，记录水泵开启水循环情况；每月送检水样；每周两次定点拍照，记录公园景观变化情况；每日记录作业人员在公园内活动情况。观测数据采集后，每周进行周综合汇总分析，年底将全年观测数据分析汇编成册。翠湖监测站可在线自动监测水质、水位、土壤温湿度、局部小气候等内容。

年内，公园管理处组织多项大型科普宣传活动。2月2日在中关村广场、海淀公园、紫竹院公园进行世界湿地日科普宣传；4月“爱鸟周”与海淀公园联合举行“生物多样性宣传活动”。公园管理处与区农林委联合在公园进行区农委渔业资源增殖放流活动。公园管理处与中国林科院湿地所、首都师范大学、北京师范大学等单位联合开展生态、水质等研究工作，公园在水华治理、人工湿地污水处理系统的运营及水生植物景观管理方面取得一定成效。

7月，公园两只西非冠鹤产下第1枚蛋，7月13日和7月19日再度产下2枚，且有1只健康存活。

地址：海淀区上庄镇

邮编：100194

电话：62481552

【长春健身园】　长春健身园位于长春桥东北昆玉河畔，东起万柳西路，西至蓝靛厂北路，南接长春桥区，北至万泉庄路，占地面积8公顷，是10公里昆玉河生态走廊“一水（昆玉河）、两路（蓝靛厂南路、北路）、五桥区（八里庄、车公庄、车道沟、长春桥、火器营）、五个公园（玲珑公园、鲁艺文化园、长春健身园、巴沟山水园和金源娱乐园）建设的重要节点之一。

公园是由海淀区政府投资2000余万元在旧有苗圃上建成的。2006年底完成树木移植、换土上土、堆筑地形等前期工作。2007年春季完成绿化种植、节水设施、土建附属、亮丽照明等部分，5月向公众开放，是2007–2008年度海淀区为北京市献礼的重点工程，获北京市园林绿化精品工程称号，2008年被评为北京市精品公园。建成以来为区域景观环境提升和昆玉河沿岸绿化美化起到重要作用，为周边居民提供优美的环境和游憩场所。

长春健身园以绿色休闲健身为主题，定位为邻里公园、生态屏障。配置有4个网球场、1个整场篮球场、4个半场篮球场以及健身区、儿童活动区、老年人活动区。园内植物种植设计以自然形式培植为主，共有植物70余种，其中常绿乔木1070余株，落叶乔木1400余株，落叶灌木21700余株，常绿灌木17700余株，各种花卉及观赏草3200平米，草坪5万余平方米。栽培植物层次丰富，从高到低形成植物群落。配合高差分明的地形处理，使健身园形成一幅立体的植物景观画卷。

公园以服务周边居民和单位日常游园为基础，立足社区少而精地开展游客集体活动，提供适用性强有亲和力的公园服务。2008年举办科技大篷车系列活动，2009年开展社区老年人书法交流活动，2010年与海淀区少年宫合作开展爱护鸟类主题青少年活动，活动形式生动参与感强，受到游客好评。

地址：海淀区万柳西路1号

邮编：100089

电话：62537730

【马甸公园】　马甸公园位于海淀区北三环马甸立交桥以北、京昌高速公路以西，北临北土城，西临冠成园小区，总面积8.6公顷，是三环附近最大的以运动为主题的休闲公园。马甸公园建成于2003年，包括中心动感广场、亲水广场、欢乐谷、趣味活动区、场地活动区、器械活动区等多处活动场所。

公园中的绿植花卉种类繁多。树种及花卉有国槐、栾树、银杏、垂柳、丁香、木槿、碧桃、连翘、月季、迎春等。针叶树种有油松、云杉、桧柏等。林下种植耐阴灌木和地被，如珍珠梅、金银木、沙地柏及丹麦草等，以隔离噪音。

公园内的植物挂有名牌，方便游人识别。

每年4月的第一周，公园举办树木认养活动，向市民宣传种植树木的重要性，在活动中对市民传达爱鸟知识，呼吁市民一起保护地球环境。近几年，为花园路街道老年人运动会提供场地支持，并协助安全管理，为周围市民提供休闲场所。（罗勇）

地址：海淀区北三环马甸桥西北角

邮编：100089

电话：62537730

【北京市皇苑大酒店】 由海淀区政府投资兴建，上级单位为海淀区国有资产投资经营管理公司，原为1990年8月开业的三星级涉外饭店，2005年4月28日酒店重张开业，聘请北京六合兴饭店管理公司经营管理，总面积为33004.89平方米，总投资近1.3亿元，2006年12月评定为四星级涉外饭店。酒店拥有各类房间244套，有容纳20人–280人的会议室5个，另有美容美发、台球厅、健身房、游泳池等娱乐设施。

本年，酒店根据旅游市场动态调整经营方针和策略，整合销售队伍，将客房销售与餐饮销售合并。依据酒店的管理架构，采取人力资源重新优化组合，精细化管理等措施。酒店全年共接待大中小型会议、团队及婚宴594个，宾客53404人次。完成市政府、区委、区政府及各部、委、公司的服务接待任务。其中接待：国务院驻军办北京市人力社保局调研工作会议、国家行政学院会议、北京首届武博会、北京市委办公厅会议、北京市信访办会议、北京市组织部会议、区政协中关村国家自主创新示范区核心区建设论坛、中关村管委会接待南京市副市长一行座谈会等。

2010年3月，皇苑大酒店党总支召开新一届总支部换届选举大会。党的工作由中共北京市海淀区人民政府国有资产监督管理委员会划归中共北京市海淀区国有资产投资经营公司委员会领导。（赵利）

地址：海淀区西三环北路厂洼19号

邮编：100089

电话：68413388

【北京稻香湖投资发展有限责任公司】 于2004年1月注册登记，注册资金为4.4亿元人民币。2010年12月增资扩股至5.62亿元人民币。公司的主要任务是依托现有自然资源，形成新的北京西部地区旅游度假中心。公司的宗旨是“开发海淀文化旅游资源，提高海淀旅游服务质量”。

2010年，公司根据“围绕并服从于中关村核心区的规划与建设，以和谐发展为主题，以营造生态型酒店为重点，进一步发挥资源整合的优势，向服务质量和管理质量要效益”的指导思想，抓制度建设、队伍建设和企业信息化建设，进一步完善质量管理体系并通过ISO9000质量管理体系认证。全年接待各种大型商务会议500余批次。公司被评为“公共场所卫生信誉度（旅店业）等级公示A级”和“金盘奖”、“精品宴席展示金奖”、“住宿业卫生A级单位”。

2010年公司增加新的经营亮点——温泉馆。为配合公司营造生态型酒店的目标，温泉馆从建设到装修一直坚持围绕“节能、低碳、质朴、健康”的理念进行管理，年底竣工交付使用。

2010年公司继续以保护环境，倡导绿色消费为宗旨，营造生态型低碳酒店，围绕生态文明建设，关注企业的节能减排工作。成为“北京市生活垃圾‘零废弃’试点单位”，获得“中国低碳节能优秀企业奖”、“中国五叶级绿色饭店”“首都绿化美化花园式单位”等称号。（李强）

地址：海淀区苏家坨镇稻香湖路28号

邮编：100194

电话：58710307

网址：www.nirvana-resort.com

【颐和园获赠2824件历史资料】 1月11日，颐和园获赠2824件历史资料。这批资料由地图、门票、档案、老照片、明信片、宣传画、广告画和中外书籍报刊等组成，大部分是清代至民国时期的颐和园影像资料，也涉及圆明园、玉泉山、香山、北海、故宫、雍和宫、北京城等内容。（杨华）

【圆明园寻到500张老照片】 1月18日，圆明园赴美国寻找流失海外文物资料工作组在成都举办成果发布会，纪念圆明园罹劫150周年图片展同日开幕。2009年11月29日至12月17日，工作组考察了华盛顿弗利尔美术馆、华盛顿大学医学院、华盛顿国会图书馆、波士顿美术博物馆、哈佛大学图书馆、哈佛大学福格艺术博物馆、纽约市艺术博物馆、纽约纳尔逊艺术博物馆、纽约大都会博物馆等9家博物馆，寻找到近500张老照片，其中以老照片和铜版画最多，照片主要包括圆明园、颐和园、承德避暑山庄的照片和图片。此行还收集到丰富的文献资料，包括中西方历史文献以及现当代与圆明园有关的西方文献等。圆明园管理处把此次活动定位于民间文化交流，希望促成文物善意持有人捐赠和开展文化交流。（周勇）

【贾庆林到北京龙徽葡萄酒博物馆调研】 1月29日，中共中央政治局常委、十一届全国政协主席贾庆林、北京市市长郭金龙等一行到北京龙徽葡萄酒博物馆调研，对龙徽葡萄酒博物馆在文化创意产业领域中所作出的成绩给予高度评价。（张巍）

【第六届北京兰花展】 2月9日至2月20日，北京植物园举办主题为“气候变化与兰花”的第六届北京兰花展。通过“诺亚方舟、消融的冰山、中世纪花园、2089海底世界、兰花世界”等五大展区展现人类与自然的关系，展出各类兰花近300个品种2万余株，其中包括首次经人工促成栽培的大花杓兰和50多个品种的国兰精品。同时举办虎年生肖植物展，“虎刺梅”、“虎尾兰”等十余种名字中带“虎”字的植物与游客见面。（林立）

【首次运游会在紫竹院公园举行】 春节期间（2月14日至19日），由北京市职工体育协会、北京体育大学体育教育学院、北京市海淀区体育局、中国民族报、北京晨报等单位共同主办的“京味”运动游园会正式落户北京紫竹院公园，拉洋车、抖空竹、踢花毽、推铁环……这些北京人喜爱的传统体育成为“迎新春北京运动游园会”的主题活

动。 （周勇）

【传统民俗文化展】 3月20至4月25日，北京植物园在卧佛寺举办传统民俗文化展。通过十二块展板展出春分、清明、谷雨三个传统节气、节日的知识、相关诗歌、民俗传说等，从科普的角度诠释传统文化。

【第22届北京桃花节】 4月1日至5月15日，北京植物园举办第22届北京桃花节暨第7届世界名花展。花展以"福虎迎春"为主题，在景观布展上突出"两点、两线、两面"，分为球根花卉、草本花卉、立体花坛三个展区。总布展面积约2万平方米，共栽植展示7大类球根花卉65个品种、456300余株；一年生草本花卉46个品种、约88000余株；大型花坛5个，共选用五色草、金叶景天、四季海棠等花卉约12万余株，其中南门、东南门、温室前花坛分别寓意为"福虎迎春"、"心手相连"、"瑞鼓报春"。本届桃花节共接待游客100.82万人次，比上年同期减少16.99%。其中购票59.79万人次，比上年同期减少15.56%。门票收入498.65万元，同比去年减少16.28%。游人量下降主要原因是气温回暖较晚，花期延迟近20天，错过游人高峰期。植物园通过增加安保力量和售检票人员等有力措施，花展期间园内游览秩序正常，车辆控制良好，商业网点有序。 （林立）

【科教旅游节旅行社代理商大会召开】 5月10日，由海淀区旅游局主办，世纪明德教育科技有限公司、中国国际旅行社等6家旅行社承办，26家科技企业、高等院校和科研院所以及景区景点共同参与的科教旅游产品专题推介活动—"2010中关村科教旅游节"旅行社代理商大会在清华紫光国际交流中心举行。大会以"友好、合作、互惠、共赢"为主题，邀请全国24个省、市近130家旅行社代理商以及新闻媒体共计200多人参会。这是海淀旅游以独立的科教旅游目的地形象，与国内专业的知名旅行社代理商进行深度合作的首次尝试，也是科教旅游从资源优势向产业优势转变的重要举措。会上区旅游局宣传推介了八条海淀科教旅游精品线路。同时，首批33家科教旅游合作单位共同签署了科教旅游合作意向。 （常玉舟）

【第二届北京月季文化节】 5月30日至6月20日，第二届北京月季文化节在北京植物园举行。由市园林绿化局、市公园管理中心、市文化局、市旅游局、北京花卉协会、中国花协月季分会等单位联合主办。本届文化节以"绿色北京，让美好走进生活"、"温馨月季，把幸福带回家"为主题，包括月季造景、月季插花、月季绘画比赛、盆栽月季评比等16项主题活动。6月4日，举办"北京月季产业发展论坛"，来自中国科学院植物园、中国农业大学等单位的专家学者和南阳月季基地的企业代表参加。论坛就北京月季产业的发展，月季的育种目标，资源利用，中国月季的文化特征等主题展开讨论。世界月季联合会主席西瑞·哈里斯女士出席论坛并就世界月季协会的发展情况做了简要介绍。文化节期间，评选出北京月季栽培大师3名，北京最美月季景点10处，及盆栽月季和插花月季金、银、铜奖多名。

【微末红楼书法作品捐赠仪式】 6月1日，微末红楼书法作品《葬花吟》捐赠仪式暨微末书法创作研讨会在北京植物园举行。《葬花吟》长24米共361个字，是陕西书法家微末时隔20年后的再次创作。红学界、书法界、文学界、教育界的20余位专家学者和中央电视台、北京青年报等多家新闻媒体参加捐赠仪式。

【北京植物园蝴蝶园试开放】 6月1日，北京植物园蝴蝶园试开放。该园由植物园与中国林业科学院资源昆虫蝴蝶研究所合作布展，分为放飞馆、科普馆、蝶艺馆三个展馆，展示蝴蝶20个品种2000余只。布置蝴蝶写真图片24幅，蝴蝶科普知识展板33块。栽种龙船花、萼距花等植物25种5000余株。 （林立）

【2010中关村科教旅游节】 6月18日，由海淀区人民政府、北京市旅游局共同主办的"2010中关村科教旅游节"在中关村广场开幕。期间发放5万册《海淀旅游护照》。本届科教旅游节在旅游与科技、教育产业融合发展方面进行探索和尝试，清华大学、北京体育大学、华旗资讯、汉王科技、新东方等15家科技、教育单位作为海淀区首批"科教旅游接待单位"参加活动，北京市6家知名旅行社参与科教旅游市场开发；华旗资讯、汉王科技、新东方等驻区高科技企业首次面向团队游客开放参观。本届中关村科教旅游节共推出四个精品科教游主题产品："游海淀，学科技—动感科普游""爱北京，励人生—修学励志游""赞祖国，品历史—历史文化游""爱环保，倡低碳—地球生物游"。8月26日，首届中关村科教旅游节闭幕，海淀区旅游行业协会旅游景区暨科教旅游分会同时成立，"中关村科教游绿色发现者"等六项大奖揭晓。据不完全统计，活动期间六家旅行社共接待来自全国各地的游客4.4万人次，营业收入接近5000万元；参与活动的各传统旅游景区累计接待游客980万人次，同比增长9%，实现收入2.35亿元，同比增长15%。 （常玉舟）

【凤凰岭应急救援演练】 6月22日，由北京市旅游局主办，海淀区旅游局、西山农场承办的以救援灯杆为主题的大型应急救援演练活动在凤凰岭公园举行。此次活动主要针对游客迷失类突发事件，通过应急灯杆做出及时有效的应急救援措施，确保游客安全。活动以公园的监控系统为载体，假设游客迷失事件发生，凤凰岭公园立即启动应急救援预案，集合应急救援队伍，在第一时间组织对迷失、受伤游客的救援。此次救援演练活动，检验了公园处理突发事件的能力和应急救援队伍的素质，向登山爱好者宣传了救援灯杆的用途。

（沈琳）

【皇家园林发展保护战略合作协议签约】 8月18日，皇家园林发展保护战略合作协议签约仪式在北京植物园举行。北京植物园分别与参加北京皇家园林文化节的英国爱丁堡皇家植物园、澳大利亚悉尼皇家植物园代表签订合作协议。

【中韩插花花艺交流展】 8月18日至22日，北京植物园科普馆举办北京首届中韩插花花艺交流展。此次活动是北京皇家园林文化节系列活动之一，由北京植物园、北京插花协会和中韩经济友好协会联合举办。21位韩国插花师和55位国内专业插花师的73件作品参展，展示东方传统式插花、中国现代花艺及韩国式插花等不同风格的花艺作品。（林立）

【海淀旅游线路获国际游客推荐一等奖】 9月，由北京市外宣办和北京市旅游局联合举办的、主题为"畅游北京玩转北京"——老外推荐十大旅游攻略评选结果揭晓。海淀区获多个奖项，其中"玉渊潭公园→中央电视塔→太平洋海底世界→北京城乡华懋商厦"推荐线路获得唯一的一等奖，颐和园和"北京植物园→香山→买卖街"推荐线路分获景区二等奖和最佳性价比线路。本次活动从3月持续到8月底，通过向关注北京的外籍旅游爱好者征集北京旅游攻略文章和北京风情图片、视频等，以外国网民在线投票和活动组委会专家评选的形式，最终产生北京十大人气旅游线路。（周勇）

【首届曹雪芹文化艺术节举行】 9月17日至10月16日，首届黄叶村曹雪芹文化艺术节在北京植物园温室举行。全国政协常委、经济委员会副主任胡德平，中国红学会顾问李希凡和新闻媒体记者近百人参加9月17日的开幕式。期间举行红楼作品捐赠仪式和红楼梦鼓曲表演。该活动是北京皇家园林文化节系列活动之一，活动内容包括雅士文玩展、传统文化图书展、专题讲座、红学家图书签售和文艺演出。同时举办世界首个红楼植物文化展，展示红楼植物100余种。（林立）

【第二届大西山金秋旅游登山节】 9月20日至10月24日，由海淀区政府主办，海淀区旅游局、苏家坨镇政府承办的"乐行西山·绿动生活"2010第二届大西山金秋旅游登山节在阳台山举行。此次登山节包括：开幕式暨趣味健走活动、心灵之约—印象西山发现之旅、生生不息—养生西山美食之旅、祈福纳福—禅宗西山文化之旅、激情加速—现代西山运动之旅、闭幕式暨乐活西山总动员等系列活动。活动中，区旅游局联合中国旅行社总社、北京军燕假日旅行社和北京永利国际旅行社合作推出"西山文化科普游"、"民俗体验休闲游"、"悦动怡情动感游"三条大西山精品旅游线路，共接待游客1.19万人次，营业收入389.4万元。参与活动的大西山旅游企业累计接待游客近17万人次，同比增长51.3%，实现收入452余万元，同比增长47.8%；其中苏家坨镇民俗旅游累计接待游客2.2万人次，实现收入110.2万元；采摘园累计接待游客1.19万人次，同比增长23.3%，实现收入43.8万元，同比增长30.8%。各旅游景区累计接待游客13万人次，同比增长61.6%，实现收入172.12万元，同比增长62.4%。（常玉舟）

【2010中国生态旅游与生物多样性科普展览】 9月21日至27日，北京植物园举办2010中国生态旅游与生物多样性科普展览。该活动由国家环保部、国家林业局、中国生态学会和中国旅游协会等单位共同主办，北京植物园为主会场。主题是倡导生态旅游、保护生物多样性、建设城乡生态文明活动。展览通过展板、牌示、照片等多种形式向游客介绍生物多样性保护的相关知识。

【第二届北京菊花文化节】 9月24日至10月24日，北京植物园举办第二届北京菊花文化节。以"京华秋韵"为主题，主要展示大型塔菊、龙菊和大立菊20盆、独本菊130个品种1200余盆，栽植多头菊和小菊10000余盆。在东南门外设置具有北京特色的京剧脸谱立体造型。东南门以手牵手的人群剪影墙为基础，配置卡盆菊、球菊和小菊，体现"金菊迎宾"主题。南门区以中国结为主体，在轴线上布置龙菊和菊花花柱，表现"盛世华彩"主题。主要游线两侧布置多处花境、花带等景观，共栽植各色小菊及各种草本花卉10000余盆。（林立）

【圆明园首次展出回归文物】 9月25日，纪念圆明园罹劫150周年系列活动之一——圆明园回归文物展向游客开放。据统计，圆明园流失在国内外的文物有150多万件，从上世纪70年代至本年，国内特别是北京地区的单位和个人对圆明园文物的回归工作给予了极大的支持，很多石刻文物最终得以回"家"。此次展出的57类、85件石刻文物都是单位和市民捐赠。（周勇）

【曹雪芹纪念馆举办多场讲座】 国庆期间，北京植物园曹雪芹纪念馆举办多场讲座。邀请终南山佛教学会副会长慧曼、原海淀区副区长张宝章、白山出版社总编辑董志新、中国戏曲学院教授赵建伟等多位专家做主题讲座，题目涉及如何正确看待风水、京西皇家园林与海淀、毛泽东派红学知识谱系、曹寅《续琵琶》的历史解读等多项内容，同时举办签名售书活动。（林立）

【香山公园第22届红叶文化节】 10月15日至11月14日，香山公园举办第22届红叶文化节。采用多种花坛形式，设置"和谐使者"、"情醉枫林"、"情传知音"、"秋天的童话"、"秋水依情"等六大主题景区，突出低碳环保及以人为本的理念。针对特殊纪念日，举办千手相助工程"同一片红叶同一片情"盲人登香山赏红叶大型公益活动，让盲人通过触觉、嗅觉感受红叶。通过"情系山林，低碳环保登香山"、"红叶传情"、"四季香山"、"香山红叶情"等主题活动，增强文化活动的可参与性。红叶文化节共接待游客110万人次。

【香山单日游客破21年纪录】 10月30日（星期六），香山公园赏红游客达10.15万人，创下自1989年举办红叶节以来单日游客量新高。（周勇）

【第十六届攀登中央电视塔大赛】 10月31日，由北京市体育局主办，北京市体育竞赛管理中心和中央电视塔中塔有限责任公司承办、安利（中国）日用品有限公司协办的"2010第十六届攀登中央电视塔大赛"开幕。2010年大赛首次吸引2010年攀登台北101大厦比赛的男女冠军选手以及来自中央电视塔、上海东方明珠广播电视塔、天津广播电视塔、黑龙江广播电视塔、四川广播电视塔、石家庄电视塔的14名选手。来自天津电视塔的选手刘建海以10分03秒30的成绩，获得精英组挑战赛第一名。（于倩雯）

【参加"2010年全国植物园学术年会"】 11月5–8日，北京植物园参加在厦门召开的"2010年全国植物园学术年会暨海峡两岸植物多样性保护及园林植物资源交流与共享学术研讨会"，共有来自全国70多个植物园、大专院校和研究所的300多名代表参加。植物园园长赵世伟、原任园长张佐双和王康博士分别就"植物园与世界城市建设的关系"、"极端气候与植物引种"和"白蜡属植物的收集与保护"等专题做大会发言；张佐双、胡东燕应邀在本届年会首次创办的"未来园长培训班"上分别以"关于植物园科学发展的思考"和"从桃花节谈桃花品种的收集展示和研究"为题做讲座。（周勇）

【"倡导低碳生活 共建绿色森林"主题展】 11月20日至2011年2月，"倡导低碳生活 共建绿色森林"主题展在北京植物园科普馆开幕。该展览由中国林学会和北京植物园合作举办。展览通过25幅直立型可移动式展板，以漫画形式介绍30种低碳生活方式，用生动的语言阐述森林与碳循环的相关知识。号召全社会广泛参与，保护森林，转变传统生产方式和消费方式，为应对气候变化做出自己的贡献。（林立）

【《桃花新品种DUS测试指南》通过审定】 12月，北京植物园《桃花新品种特异性、一致性和稳定性（DUS）测试指南》项目通过国家林业局评审专家组验收。该项目对以观赏为主要目的桃花品种性状进行了统一的规范化描述，严格界定了各个性状的分级标准，构建了符合桃花研究现状和未来发展方向的新品种测试指南。

【圆明园首届皇家冰雪节】 12月22日，圆明园首届皇家冰雪节开幕。雪面活动主要在绮春园西部的小南园地区，而冰面活动则集中于从绮春园宫门沿主干道两侧的湖面。本次冰雪节还原了部分皇家冰雪活动，同时汇聚种类齐全的现代冰雪项目以及冰雕与冰灯展。（周勇）

【"手机科普导览系统"通过验收】 12月22日，由北京植物园承担的"手机科普导览系统"项目通过市科委专家验收。该项目是国内首家基于掌上设备、无线互联网和地图应用的园区自助科普导游系统，涵盖了园区主要植物和景观的科学常识介绍、参观者游览时需要的全部资讯和帮助信息。使用者可通过互联网或园内的下载站获得客户端软件，实现信息查询、导游图浏览、科普咨询等功能。（林立）

【权威刊物刊载大花杓兰保育成果】 《兰花综述》是英国皇家园艺学会的权威兰花刊物。英国皇家植物园邱园教授菲力普·西顿在第118期中撰文，介绍北京植物园科研小组拯救濒危花卉"大花杓兰"取得的研究成果，本期杂志还以植物园的大花杓兰照片作为封面。（林立）

【"喜从天降 送信物"个性婚礼受热捧】 本年，中央电视塔在京城婚庆场地市场首次推出草坪婚礼个性环节"喜从天降送信物"，通过对婚礼中新人互换信物环节的包装，将新人互换的信物由中央电视塔最高旅游厅层露天观景台"空降"至草坪婚礼现场。自推出以来吸引众多追求时尚、浪漫的消费群体，成为在中央电视塔举办草坪婚礼的新人必选服务项目和中塔草坪婚礼业务的特色。（于倩雯）

【海淀区区属公园名单】

	公园名称	建成时间	所在街道	所属单位
1	圆明园遗址公园	1900年1月	青龙桥街道	海淀区政府
2	会城门公园	1956年1月	羊坊店街道	海淀区园林绿化局
3	元土城遗址公园	1965年1月	花园路街道	海淀区园林绿化局
4	玲珑公园	1988年1月	八里庄街道	海淀区园林绿化局
5	碧水风荷公园	1991年7月	清河街道	海淀区园林绿化局
6	上地公园	1994年1月	上地街道	上地街道办事处
7	阳光星期八公园	2003年9月	万寿路街道	海淀区园林绿化局
8	海淀公园	2003年9月	万柳地区	海淀区园林绿化局
9	马甸公园	2003年11月	花园路街道	海淀区园林绿化局
10	百旺公园	2005年9月	马连洼街道	海淀区园林绿化局

11	长春健身园	2007年5月	海淀街道	海淀区园林绿化局
12	温泉公园	2007年5月	温泉镇	海淀区园林绿化局
13	玉东郊野公园	2008年5月	四季青镇	四季青镇政府
14	丹青圃郊野公园	2008年5月	四季青镇	四季青镇政府
15	东升八家郊野公园	2009年4月	东升乡	东升乡政府
16	金源娱乐园	2009年7月	曙光街道	海淀区园林绿化局

（罗勇）

城乡建设

★ 11月28日，北部地区150万平方米农民安置房集中开工建设。（区北部办 供图）

★ 10月28日，拆除唐家岭董家大院。（区委政法委 供图）

★ 5月14日，位于中关村南大街科贸、海龙门前的中关村南站双侧公交站台，经过加长、扩容改造后正式启用。（李瑞林 摄）

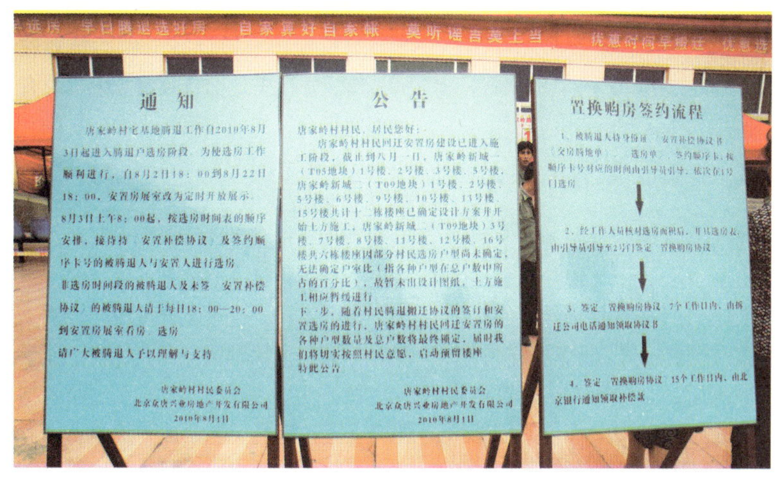

★ 唐家岭宅基地房屋置换（李瑞林 摄）

★ 新修建的北坞村南路（海融达公司 供图）

概 述

北京市海淀区住房和城乡建设委员会（以下简称区住房城乡建设委）是海淀区城市建设的行政主管部门。原名北京市海淀区规划建设管理委员会（1978年—1990年）、北京市海淀区城乡建设管理委员会（1991年—2001年10月）、北京市海淀区建设委员会（2001年10月—2009年8月）。2009年8月海淀区机构改革时更名为现名。

区住房城乡建设委内设9个科室，下属北京市海淀区住房城乡建设委建筑行业管理处、北京市海淀区建设工程质量监督站、北京市海淀区建设工程发包承包交易中心3个事业单位。2009年9月，原由北京市住建委负责的房地产开发企业暂定资质延续和四级企业的核定职能统一下放到各区县。2010年5月，区属龙海苑开发建设有限责任公司获工商部门批准注销。

本年，区住房城乡建设委以深入开展优质服务年、作风建设年活动为载体，增强机遇意识、竞争意识、创新意识和服务意识，推进道路交通、政策性住房、城乡一体化等重点工程项目建设。（韩金生）

海淀区住房和城乡建设委员会
地址：海淀区万泉庄路28号万柳新贵大厦A座701（1月由海淀南路甲12号迁入）
邮编：100080
电话：62553025　62525753（传真）
网址：www.hdjw.gov.cn

规 划 工 作

【综述】 北京市规划委员会海淀分局（以下简称本局）是北京市规划委的派出机构，其前身是成立于1987年4月的海淀区规划管理局，2002年1月1日更名为海淀区规划局，2003年3月1日划归北京市规划委员会垂直领导，更名为北京市规划委员会海淀分局。主要职能：负责办理一般项目、绿化隔离地区项目的《建设工程规划许可证》和《建设用地规划许可证》；负责办理一般城市基础设施项目和市政工程项目的《建设工程规划许可证》和《建设用地规划许可证》；负责办理危改项目、科技园区内产业项目的“两证”和《规划意见书》。下属海淀区建筑设计所、北京市规划委员会海淀分局机关服务中心2个事业单位。

规划编制与规划实施 加快海淀北部地区、中关村科学城地区规划调整和实施，做好中关村国家自主创新示范区核心区规划工作。开展《中关村国家自主创新示范区北部研发服务和高新技术产业聚集区（海淀北部地区）规划（2010-2020年）》、《海淀北部地区控制性详细规划（街区层面）》的编制工作，并获市政府批复。该规划按照“生态良好、用地集约、设施配套、产业集群、城乡统筹”的原则，充分集约使用土地，沿北清路形成5大新兴创新研发功能板块，同时兼顾农民利益；配合北部规划调整，对北部地区现状道路与各项市政基础设施系统进行梳理，并研究交通组织规划；配合北京市规划委对“中知学”（中关村、知春路、学院路）沿线重点单位进行调研，摸清地区存量资源和产业需求，编制完成《中关村科学城规划》并上报市政府。

推进香山、圆明园周边等重点地区规划实施和环境整治。配合北京市规划委将《香山地区控制性详细规划》报市政府，并完成网上公示和修改完善等工作。协调相关部门开展香山地区市政交通基础设施专项规划编制工作。开展圆明园周边环境整治规划编制工作，组织完成《圆明园遗址公园墙外区环境整治实施方案》并于4月报市规划委审查。

继续加大土地储备工作的规划服务力度，扩大土地储备投资规模。与有关部门配合，加强对储备土地的结构、布局、土地投放时序、投放效果的研究，引导土地储备中住宅和产业用地的布局和结构合理化发展。开展安河桥、如意门、玲珑巷等一大批重点地区的土地整理储备工作，通过优化城市功能和布局，为城市发展预留空间。

做好重大项目的规划选址和规划服务，为大项目、大企业尽快落地创造条件。开展对中国航天科工集团等9大军工在海淀项目、软件园18个先期开工项目、中关村国家自主创新示范区核心区7个先行启动项目等一大批重大项目的规划选址和服务工作。

推进城乡一体化建设，与相关部门配合，以八家村、中坞村、振兴社区、后营社区、肖家河社区、门头村社区、六郎庄村、唐家岭村8个市级挂账村为重点进行综合整治，进一步改善城乡结合部环境面貌。制定重点村整治改造规划方案，并在编制村庄整治改造规划、方案设计、住房建设和产业发展过程中，坚持以实现、维护和发展农民利益为根本出发点和落脚点，确保农民长远生计有保证，确保城市长远发展目标能实现。编制完成海淀区8个重点挂账村农民安置用房规划方案并报市政府批复同意。完成唐家岭、土井等5个农民安置用房规划意见书及相关建设用地规划许可证的审批工作。

全面开展绿隔地区“一村一策”整治改造方案编制工作。完成常青、香山、宝山、京香、曙光、双新、田村、西山、兴业、玉泉、远大、振兴、树村、西冉、通达等15个村“一村一策”规划方案编制工作。对城乡结合部地区进行梳理和研究，对京昌路楔形绿地的整体改造工作进行重点研究，提出调整方案。

推进新农村规划实施，促进新农村建设。开展并完成傅家窑、青龙桥等2个村庄新农村规划编制工作，10月获区政府批复。牵头开展农村地区建设管理办法的研究，科学引导规划未实施前农村地区的建设和发展。经多方征求意见已形成相关管理办法建议稿，并报区政府审查。

规划审批 本年办理各类建设工程项目185件。其中办理《规划意见书》50件，核定用地规模275万平方米，核定建筑规模198万平方米；办理《建设用地规划许可证》21件，许可用地规模270万平方米；《建设工程规划许可证》104件，许可建设规模252万平方米；《乡村建设工程规划许可证》9件，许可建筑规模16万平方米；《乡村规划意见书（条件）》1件。规划意见函复18件；规划意见复函69件；建设工程延续9件。

办理市政类工程行政许可272件，其中市政类《建设用地规划许可证》5件、《建设工程规划许可证》267件。审批市政道路28条，桥梁4座；审批市政类建筑（施工暂设）1处，建筑面积共计833平方米；审批各类市政管线共计约172公里。审批居住区地名4个、道路名称35条、建筑物名称9个、建筑物更名1个。

核发绿色通道项目84件。

加快推进政策性住房的规划研究、规划审批以及市政配套工作，协调对温泉C地块、上庄C14地块、辛店组团地块、上庄农场N28、N34地块、环保园C02地块等项目进行规划调整，并完成唐家岭公租房、六郎庄拆迁定向安置房、八家村改造定向安置房等项目的规划审批服务。

着力解决社区居委会办公用房及服务用房困难，推进学院路街道办事处社区服务中心、东升乡社区服务中心、羊坊店街道吴家场老年公寓社区服务中心等项目建设。支持温泉镇中心医院、中关村医院住院楼、五道口文化娱乐项目、苏家坨A地块中小学、清河公共租赁房项目敬老院、幼儿园等公益性项目建设，做好相关项目规划审批服务。

规划监督检查 本年，对54件、166项、104万平方米批后建设工程进行验线；对131件、381项、240万平方米建设项目进行竣工验收。

与相关部门配合，开展地区环境整治。完成违法建设认定870处、21万平方米。完成市政府卫星查处违法建设核查267处，发现违法建设79处。在日常巡查中发现10起新建违法建设、3万平方米。牵头开展主干路两侧遗留项目拆迁及整治工作，对8处项目做出远期和近期规划及整治工作。

为改善区域交通环境，开展路网、停车位、公交场站调查工作；对西郊线的规划方案及现状调查、拆迁安置方案进行研究，加快推进工程建设；做好轨道交通的选线、交通接驳及规划设计审查工作；协调轨道建设临时占地、交通导改等相关工作，配合地铁进行地下空间开发研究，做好五路居车辆段方案调整、双榆树站交通接驳、黄庄站地下空间开发利用等车站周边市政管线改移的审查工作；配合研究海淀区垃圾处理问题，开展垃圾焚烧厂及餐厨垃圾处理站的选址工作。

机关建设 完善党风廉政责任制，全局干部职工分层次签订党风廉政建设责任书；继续深化廉政风险防范管理，做好向领导班子、向基层拥有公共权力岗位的“两个”延伸，并建立监察机制，聘请内部和外部廉政监察员各10名。通过“典型案例每月一讲”的经常性警示教育、专题报告等专题警示教育活动，引导党员领导干部树立正确的权力观、利益观、政绩观。

采取五项措施开展创先争优活动。一是增强服务意识，围绕优质服务年目标，开展“我服务、我奉献、我快乐”优质服务大讨论活动；二是提高服务态度，修订完善礼仪规范及相关奖惩制度，规范礼貌用语和文明服务行为，创造整洁有序的服务环境，树立优质服务形象，接受群众监督；三是提高服务效率，推动行政审批制度改革，变“绿通”为“普通”，建立更加全面、便捷、扁平化的行政审批模式；四是提高服务质量，按照疏堵结合的原则，牵头开展农村地区建设管理办法的研究，科学引导规划未实施前农村地区的建设和发展。五是提高服务满意度，强化“海淀无小事”的观念，主动排查矛盾纠纷，完善《主动约访制度》，做好化解工作。

【海淀北部地区规划调整方案获市委常委会审查通过】 4月2日，市委常委会专题研究由海淀区、市规划委共同编制的中关村自主创新示范区研发服务和高新技术产业聚集区（海淀新区部分）规划调整方案，并原则通过。会议强调，加快中关村国家自主创新示范区北部研发服务和高新技术产业聚集区建设，要倍加珍惜宝贵的土地资源，探索租赁、入股、合作等多种方式供地，做好土地利用规划，加快产业升级、腾笼换鸟，切实做到节约集约用地；要加快城市化步伐，力争使海淀北部平原地区基本实现城市化；在城市化进程中控制好区域人口规模，处理好人口、资源、环境之间的关系，在城市化进程中实现人口结构优化；要加快农村集体产权制度改革，做到产权清晰、股权明确，切实维护好农民利益，集体产权制度改革要与城市化同步推进。要下定决心，调动资源，克服困难，全力支持，确保园区建设顺利推进，成为带动区域经济结构调整和经济增长方式转变的强大引擎。

【制订圆明园遗址公园墙外区环境整治实施方案】 4月，由区规划分局委托清华大学规划院编制的《圆明园遗址公园墙外区环境整治实施方案》由海淀区政府报市规划委审查。该方案规划范围约125.26公顷，分为西南、东南、东北三个片区，拟建设圆明园主题公园、宫门广场、综合服务区、停车场地等配套服务设施，并将以遗址保护为核心，采取分步实施、分批整治。整治方案的实施将彻底清理与遗址公园功能不一致，与环境不协调的项目。

【《北京市城乡规划条例》实施一周年专题宣传咨询活动】 10月30日，本局开展贯彻《城乡规划法》、《北京市城乡规划条例》实施一周年专题宣传咨询活动。活动现场布置有宣传条幅和规划管理知识简介、海淀城市空间发展战略规划等主题展板，向驻区群众发放《北京市城乡规划条例》等有关材料共10种、5000余份，现场解答市民提出的有关城乡规划的咨询，听取意见和建议。

【2010年审批地名、核准建筑物名称、居住区名称情况】

居住区命名(4个): 白家疃尚峰园、白家疃尚水园、白家疃尚品园、白家疃尚居园

道路命名(35个): 稻香湖北路、帘青路、瑞府路、龙背村路（延长）、道公府路、双槐树路、畅春园西路、承泽园路、大成坊路、朗润园路、篓斗桥路、清溪书屋路、扇子河路、蔚秀园路、西苑医院路、西苑操场路、翠湖北路、二里庄环巷、云会里南街、冠城园北路、南坞路、麦钟桥西街、铁家坟路、七贤村一巷、七贤村二巷、七贤村三巷、皂甲屯路、上庄中路、上庄家园西路、南沙河西路、南沙河东路、前章村西路、翠湖南路、丰滢西路、渌水亭北路

建筑物命名(9个): 泰兴大厦、亿城北旺雅园、悦摩码大厦、广源大厦、悦锡林间会馆、颐玺中心、玲珑天地中心、倚山庭苑、北科祥云大厦

建筑物更名(1个): 双清红杉国际公寓

（代韧　马腾飞）

北京市规划委员会海淀分局
地址：海淀区中关村东路100号
邮编：100190
电话：82175700
网址：www.hdghfj.gov.cn

下属事业单位：

1.海淀区建筑设计所

地址：海淀区中关村东路100号
邮编：100190
电话：82175805

2.北京市规划委员会海淀分局机关服务中心

地址：海淀区中关村东路100号
邮编：100190
电话：82175730

土地管理

【综述】 北京市国土资源局海淀分局（简称“市国土局海淀分局”）成立于2005年5月31日，为北京市国土资源局的派出机构，在北京市国土资源局领导下，按照管理权限，负责组织实施本行政区域内土地、矿产资源行政管理工作。下设7个事业单位。

土地资源概况 根据2010年第二次全国土地调查数据，海淀区土地面积为430.77平方公里。海淀区2010年各地类规模和本年度各地类变化情况见下表：

2010年海淀区各类土地面积对比表（单位：公顷）

地类	年初数	比例%	变更流量	年末数	比例%
合计	43076.87	100%	0	43076.87	100%
耕地	2239.74	5.20%	–56.6	2183.14	5.07%
园地	2831.30	6.57%	–106.23	2725.07	6.33%
林地	10984.84	25.50%	–154.95	10829.89	25.14%
草地	55.48	0.13%	–2.8	52.68	0.12%
城镇村及工矿用地	23315.07	54.12%	284.06	23599.13	54.78%
交通运输用地	1402.73	3.26%	91.32	1494.06	3.47%
水域及水利设施用地	1766.73	4.10%	–31.24	1735.48	4.03%
其他土地	480.98	1.12%	–23.56	457.42	1.06%

1.耕地　年初耕地总量为2239.74公顷，占全区土地总面积的5.2%；年内减少56.60公顷，无新增耕地；年末耕地总量为2183.14公顷，占全区土地总面积的5.07%。

2.园地　年初园地总量为2831.30

公顷，占全区土地总面积的 6.57%；年内减少 106.23 公顷，无新增园地；年末园地总量为 2725.07 公顷，占全区土地总面积的 6.33%。

3.林地　年初林地总量为 10984.84 公顷，占全区土地总面积的 25.50%；年内减少 154.95 公顷，无新增林地；年末林地总量为 10829.89 公顷，占全区土地总面积的 25.14%。

4.草地　年初草地总量为 55.48 公顷，占全区土地总面积的 0.13%；年内减少 2.8 公顷，无新增草地；年末草地总量为 52.68 公顷，占全区土地总面积的 0.12%。

5.城镇村及工矿用地　年初城镇村及工矿用地总量为 23315.07 公顷，占全区土地总面积的 54.12%；年内增加 303.29 公顷，年内减少 19.23，净增加 284.06 公顷；年末城镇村及工矿用地总量为 23599.13 公顷，占全区土地总面积的 54.78%。

6.交通运输用地　年初交通运输用地总量为 1402.73 公顷，占全区土地总面积的 3.26%；年内增加 113.17 公顷，年内减少 21.84 公顷，净增加 91.33 公顷；年末交通运输用地总量为 1494.06 公顷，占全区土地总面积的 3.47%。

7.水域及水利设施用地　年初水域及水利设施用地总量为 1766.73 公顷，占全区土地总面积的 4.10%；年内增加 0.12 公顷，年内减少 31.37 公顷，净减少 31.25 公顷；年末水域及水利设施用地总量为 1735.48 公顷，占全区土地总面积的 4.03%。

8.其他土地　年初其他土地总量为 480.98 公顷，占全区土地总面积的 1.12%；年内增加 23.64 公顷，年内减少 0.08 公顷，净减少 23.56 公顷；年末其他土地总量为 457.42 公顷，占全区土地总面积的 1.06%。

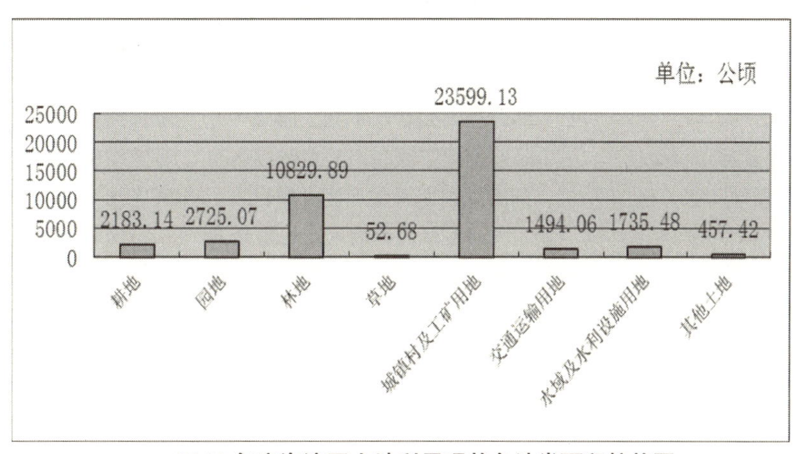

2010 年度海淀区土地利用现状各地类面积柱状图

土地行政管理　2010 年计划全年申请供地项目共 89 个，用地 830.8717 公顷，其中基础设施用地项目 24 个、425.9566 公顷；保障性住房项目 9 个、90.4621 公顷；园区用地项目 29 个、133.282 公顷。其他类用地项目 27 个、181.171 公顷。年内有 42 个建设项目办理土地供应手续，供地面积 156.2324 公顷。其中划拨项目 11 宗，供地面积 93.386 公顷，占全区总供地量的约 60%；出让项目 31 宗，供地面积 62.8464 公顷，占全区总供地量的约 40%。按照审批权限划分，由市政府批准的 41 宗，供地面积 144.5057 公顷，占全区总供地量的 92.49%；由区政府批准的 1 宗，供地面积 11.7297 公顷，占全区总供地量的 7.51%。

2010 年海淀区储备开发计划项目共计 46 个（结转项目 34 个，新增项目 12 个），其中储备中心主体 9 个（结转项目 7 个，新增项目 2 个）。计划投资共计 53.65 亿元（结转 49.65 亿元，新增项目 4 亿元）。2010 年底全区储备开发项目投资共计 61.01 亿元，完成 2010 年度投资计划的 113.7%；其中储备中心主体项目投资 48.67 亿元，企业主体项目投资 12.34 亿元。推动区政府确定的重大工程项目建设。推进中关村国家自主创新示范区的建设，按照"一企一策"的方式提供用地服务。参与重大项目投资落地工作，促进航天信息、研祥北方总部、华旗资讯、东方光大集团、中船重工等项目投资落地。

2010 年度海淀区共审批通过建设项目用地预审项目 171 件，同比增加 11%，用地总量约 943 公顷，同比增加 28%。其中农用地约 285 公顷，农用地中耕地 164 公顷。其中由国土海淀分局审批的建设用地预审项目共 110 件，总用地面积 747 公顷。其中储备项目 7 件，用地面积约 202 公顷；工业项目 3 件，用地面积约 11 公顷；基础设施项目 49 件，用地面积约 268 公顷；科教文卫项目 34 件，用地面积约 38 公顷；住宅项目 14 件，用地面积约 216 公顷；商服及其他项目 3 件，用地面积约 12 公顷。

全年办理完成征地项目 18 件，用地总面积 381.7582 公顷，其中农用 263.9438 公顷。完成征地公示、公告 38 件，办理征地结案 15 件。召开海淀区征地补偿区片价听证会。

办理划拨土地建商品房上市补交地价款 8 件，办理出让合同变更，完成补充协议 9 件，办理地价核实手续 3 件。

年内完成国有土地入市交易 7 宗，供地面积共计 51.6 公顷，成交金额共计 1092950 万元。分别是东升乡居住、商业项目，北蜂窝商业金融项目，清河406#商业金融项目用地，小营二类居住用地（土地面积17.61公顷），小营居住项目（C1–C5地块），西北旺北C1地块居住项目用地（唐家岭地区整体改造资金平衡项目），西北旺镇中心C3地块居住、托幼及中学用地用地（唐家岭地区整体改造资金平衡项目）。

年内海淀区共办理完成土地登记业务1708件，土地总面积488.82公顷。其中大业主登记业务275件，土地使用权面积483.95公顷，小业主土地登记业务1433件，土地使用权面积4.87公顷。办理土地抵押登记业务1116件，抵押土地总面积202.23公顷。其中大业主抵押设定登记251件，抵押土地面积199.23公顷，小业主抵押设定登记865件，抵押土地面积3公顷。

在6324宗城镇国有土地使用权中，共有2460宗需要发证。截至年底，已发证2028宗，发证率为82.44%；在3428宗集体土地使用权中，已发证199宗，发证率为5.8%；570宗集体土地所有权尚未发证。

拟定《北京市海淀区农村土地确权登记颁证试点工作实施方案》，确定上庄镇东小营村、东升乡小营村为试点村。上庄镇东小营村宗地设定情况为国有土地使用权9宗、集体土地所有权11宗、集体建设用地使用权18宗；东升乡小营村宗地设定情况为国有土地使用权40宗、集体土地所有权25宗、集体建设用地使用权54宗。

土地储备开发　2010年海淀区土地储备分中心负责推进的具体项目主要有：八家地区整体改造土地一级开发项目、学院路北端项目、凤凰岭一期、二期项目、温泉K项目、紫竹院小学项目、温泉镇太舟坞三定三限项目、永丰新材料功能区4–1街区A、E区地块一级开发项目、西北旺三期北C地块、玲珑巷地区改造项目、中关村国际教育园文教基地项目、翠湖科技城A1、A2地块一级开发项目共11个项目。

推进八家重点村改造，这是2010年海淀区8个市级重点挂账村的第一个改造项目，截至年底，已签订腾退协议院落数1244个，占总院落数的89%。前后召开12次土地储备资金监管小组会议，并通过10批1076份拆迁补偿安置协议，拨付住宅拆迁款75356.32万元，拨付集体企业拆迁款19533万元。

做好区县土地利用规划修编工作。在土地利用总体规划修编中期成果的基础上编制完成《海淀区土地利用总体规划（2006–2020年）规划大纲》。按照国务院对中关村国家自主创新示范区核心区的批复精神，对海淀区土地利用总体规划方案进行多轮调整，对北部地区土地利用进行新的定位和空间布局安排，与北部新区规划进行良好对接。推进乡镇土地利用总体规划编制。联合中国人民大学编制完成《海淀区“十二五”时期土地资源保护与开发利用发展规划（2011–2015年）》初稿，明确“十二五”时期土地资源利用的总体战略和目标，列出规划期间重点建设项目表。

制定《海淀区北部地区土地整理开发建设模式》、《海淀区农村集体建设用地使用权出让和转让办法》、《海淀区关于在中关村国家自主创新示范区核心区（海淀北部地区）开展集体产业用地土地使用权流转试点的方案》、《海淀区征地补偿区片价标准》等多个文件，为推动北部研发服务和高新技术产业聚集区建设提供政策支持。

土地执法监察　推进2009年度卫片和遥感二号卫片执法检查工作。2009年度卫片涉及海淀区违法用地100宗，占地683.4亩，含耕地115.64亩，处罚（理）到位率95%。遥感二号卫片一季度违法用地共61宗，1391.4亩，其中耕地293.9亩。违法案件已移交查违办处理。

制定部门联动机制，遏制违法建设增长。本局配合相关部门查处违法建设占用耕地情况，对各类卫片、巡查等途径发现的一般违法用地行为交由其它部门处理。全年共移交110宗。

加强动态巡查力度，全年累计巡查210天，出动巡查人员700人次，其中一级巡查区域巡查85天，出动巡查人员280人次，二级巡查区域巡查70天，出动巡查人员245人次，三级巡查区域巡查55天，出动巡查人员175人次。并对发现的16宗违法用地行为进行有效制止。

矿产资源管理和地质灾害防治　海淀辖区内共有矿泉水开发企业6家，共收缴2009年度矿产资源补偿费40余万元。采矿权人均按要求上报年检材料，在实地核查中未发现违规行为，参检单位均通过年检。海淀区共有北京大学、裕龙大酒店等8家地热开发利用单位，地热采矿权人均按要求上报年检材料，在实地核查中未发现违规行为，参检单位均通过年检。

成立国土海淀分局汛期突发性地质灾害应急领导小组，下设办公室、应急调查队、后勤保障组及通讯信息组4个工作部门。开展海淀行政区域内的汛期地质灾害隐患再排查行动工作。配合苏家坨镇、四季青镇，填写并发放地质灾害防灾明白卡70余份。

法制宣传　4月22日世界地球日，海淀分局以“珍惜地球资源、转变发展方式、倡导低碳生活”为主题，在甘家口大厦进行现场宣传咨询，发放宣传折页、小册子、报纸500余份，张贴宣传画4张、展板6块，并送发宣传纪念品。

6月25日“全国土地日”，海淀分局首次在中关村环保科技园举行“依法管地、集约用地、促进发展、走近园区—6·25土地日宣传”活动，邀请中关村环保园、永丰基地内的各大入驻企业参加，就园区建设中加强土地保障和管理工作展开座谈。本局与北京实创科技园开发建设股份有限公司现场签订“手拉手”企业共建协议。

工程领域重大问题专项治理　按照区治理办和市局治理办的要求，2009年8月开展工程领域重大问题专项治理。本年，对海淀辖区内第一、二批511个的项目进行自查和排查，经查，涉及土地管理工作的项目共17个，其中未办理农用地转用和土地征用手续的问题项目8个，存在土地闲置问题的项目9个。经过多次督促整改，有9个项目完成整改，占问题整改项目的52.94%；发送责令限期整改通知书可作为已整改的项目有8个，占问题整改项目的

47.06%。（郝建颖）

【国土分局行政办事大厅入驻海淀园企服中心】 6月1日，国土分局行政办事大厅正式入驻海淀园企服中心。

【90公顷土地建保障房】 本年，海淀加大保障性住房的土地供应，计划的政策性住房供地面积达到90.4621公顷，比上年增长一倍。新开工建设的各类政策性住房达到150万平方米。在计划供应的政策房用地中，35.662公顷用于经济适用房的建设，15.38公顷土地用于两限房的建设，32.0801公顷土地用于定向回迁安置住宅，7.34公顷土地用于公共租赁房的建设。（田颖）

北京市国土资源局海淀分局
地址：海淀区甘家口12号楼
邮编：100037
网址：hd.bjgtj.gov.cn

下属事业单位（7个）：

1.土地权属登记事务中心
地址：海淀区甘家口12号楼
邮编：100037
电话：88360816

2.土地利用事务中心
地址：海淀区甘家口12号楼
邮编：100037
电话：88360819

3.土地整理储备分中心
地址：海淀区甘家口12号楼
邮编：100037
电话：88360832

4.执法队
地址：海淀区甘家口12号楼
邮编：100037
电话：88360795

5.国土一所
地址：海淀区甘家口12号楼
邮编：100037
电话：88360813

6.国土二所
地址：海淀区甘家口12号楼
邮编：100037
电话：88360815

7.国土三所
地址：海淀区甘家口12号楼
邮编：100037
电话：88360817（郝建颖）

房地产开发及市政基础设施建设

【综述】 海淀区住房和城乡建设委员会是海淀区房屋及市政设施建设的行政主管部门。

行政管理 在海淀区注册的施工企业有898家，本年新增85家，在海淀区注册的房地产开发企业有343家，本年新增26家，其中一级资质企业16家，二级资质企业24家，三级资质企业23家，四级资质企业148家，暂定资质要求企业132家。

2010年共办理新申办的建筑施工企业资质89个，对26家新成立的房地产开发企业进行资质备案工作，对68家四级房地产开发企业进行资质重新核定，对8家房地产开发企业进行暂定资质延续核定，对9家房地产开发企业资质变更进行核定，对21家房地产开发企业资质等级进行重新核定初审。

截至年底，共办理招标备案和直接发包备案659项，投资总额约100.93亿元。

全年完成商品住宅项目的建设方案备案8项，总建筑面积134.36万平方米，涉及公共服务配套设施及市政公用设施19.27万平方米。其中包括幼儿园4600平方米，社区卫生站812平方米、社区服务中心641平方米、社区居民委员会用房1287平方米。共协调相关部门接收公共服务设施32442平方米。其中小学1所5200平方米，幼儿园8所18745平方米，卫生站2674平方米，社区管理及服务用房2257平方米，托老所及老年活动站3566平方米。按照市政府为民办实事折子工程要求，本年计划完成57.6万平方米既有居住建筑节能改造，实际完成59.98万平方米的既有居住建筑节能改造。

办事大厅开具二级建造师初始认定证明共71项，涉及建筑业企业71家共292人次。自6月1日起，建设工程施工许可证核发业务办理移至中关村国家自主创新核心区示范区办事大厅。全年共完成工程监管注册打印工程单体回执单共174份；办理质量注册、安全备案219项，收件80份。办理建筑工程竣工备案189项。办理建筑材料供应备案涉及建材企业共14家。受理建筑材料采购备案20项。受理房地产开发企业升级共22家。办理起重设备使用登记备案505项。办理起重设备登记备案177项。办理拆除工程备案3项。

全年共办理施工许可证183项，其中房建工程84项，建筑面积162万平方米；装修工程68项，建筑面积80万平方米；市政工程31项，道路及各种综合管线总长120公里，其中含2座过街天桥。工程总投资49.7亿元，办结率达100%。截至年底，收到工程前期准备意见书的申请71项，办理58项，其中房建工程45项，建筑面积662万平方米，市政工程13项，长度60公里，有5项工程已经补办施工许可。实施行政处罚10起，建筑面积38万平方米，处罚金额428万元。另有4起已立案，正在处罚过程中。撤销施工许可证1项。

继续实施重大工程项目审批绿色通道办法。实行审批联动，将工程质量监督注册、施工安全监督备案、建筑节能设计审查备案和建设工程施工许可证核发等四项审批事项整合为一项。精简审批程序，缩短审批时限，将工程审批总时限由10个工作日缩减为5个工作日。

全年共进行竣工备案261项，单体项目共计763个。其中住宅77项，公建117项，装修45项，市政22项，总面积578万平方米。市政造价17606万元。对美和园、温泉镇F11地块、苏家坨A4地块A5地块、北坞嘉园等11项政策性住房进行备案，共计67个单体，总面积35.2万平方米。

2010年新注册房建工程616项，建筑面积460万平方米；截至年底在监房建工程1457项，建筑面积1357万平方米（其中不含保密工程和协办单工程，此两项合计约300万平方米）；竣工房建工程488项，面积542万平方米；新注册市政工程70项，在监市政工程200项，投资133086万元，完成竣工验收24项，投资17699万元。

截至年底，海淀区共有施工现场530个，总建筑面积达1828万平方米。其中一般建筑工程475个、建筑面积1763万平方米；地铁工程14个标段、建筑面积65万平方米；市政工程41个、45万延长米。在施工程314个、建筑面积1305万平方米；停工47个、建筑面积85万平方米；完工169个、建筑面积438万平方米。

监督管理　强化对重点工程的质量安全监督管理，对城乡一体化项目、保障性住房项目、校舍加固等全区性重大民生项目制定质量安全监督实施办法，明确专人专组，并通过签订人员责任书的方式，强化人员责任意识。加强工程监管，行政处罚立案27起，结案24起，罚款数额59.2万元（未结案3起处罚金额约12万元）。加大对施工现场的执法检查力度，全年共检查施工现场17120个/次，发现并责令施工企业整改各类隐患29431条、下发停工整改通知书127份、限期整改通知书287份、行政处罚87起、处罚金额175.77万元。其中安全处罚79起、金额161.37万元；劳务处罚9起、金额14.4万元。

全年共完成行政处罚126件、罚款687.54万元。行政处罚案件数量同比增加24件，增长23.5%；罚款金额较同比增加343.23万元，增长99.7%。

开发建设　2010年全社会固定资产投资额完成567.0亿元，同比增长15.8%。房地产开发施工面积994.5万平方米，同比下降16.56%。新开工面积253.4万平方米，同比增长3.05%。房屋竣工面积227.4万平方米，同比下降43.66%。完成房地产投资246.9亿元，同比下降3.74%。

本年，市政府向海淀区下达的指标是：开工建设和收购各类保障性住房8763套，其中限价房6387套、公租房2376套；开工建设定向安置房不少于10000套；竣工交付使用政策性住房2224套。截至年底，实际开工建设定向安置房10418套，完成任务的104%；开工建设各类保障性住房9334套，其中限价房开工6948套，完成任务的108%；公租房开工2386套，完成任务的100%。保障性住房竣工2439套，完成任务的110%。

2010年海淀区重点项目共110项，其中重点建设项目74项，重点推进前期项目36项。截至年底，74项重点建设项目年度完成投资102.5亿元，完成年度计划的63.42%。74项重点建设项目完工或收尾9项，在建或在拆40项，办理前期手续25项；36项重点推进前期项目正在办理前期手续。

做好重点项目推进的服务工作，中国人民银行北京重点库是市、区两级重点项目，是人民银行迄今为止建设规模最大、现代化程度最高的现金存储和处理中心，项目的建成将带动海淀以及全市金融后台服务业的发展。通过协调相关单位和开发商，为其解决地上物拆迁、树木补偿、绿化手续办理、燃气集资费、电力集资费等多种难题，为项目8月份通气、通电、通车提供保障。协调推进中国第一历史档案馆新馆、京西宾馆和展示中心等重点项目。

2010年，列入区财政投资正式项目的市政基础设施项目共55项，除地铁4号线资本金、地铁10号线资本金、海融达拆迁周转房项目、轨道交通建设新线项目资本金等4个项目外，剩余工程实体项目51个。在51个实体项目中，轨道交通项目8个，5个已基本完成拆迁；市里建设区里拆迁的项目8个，3个处于收尾阶段；区里拆迁建设的项目35个，完工或收尾的项目14个，在施或在拆的项目15个，剩余6个项目有4个处于招投标阶段，有2个处于立项阶段。

地铁10号线二期工程、五路停车场、地铁8号线二期、地铁九号线、地铁昌平线、地铁六号线一期工程的拆迁工作基本完成。截至年底，共完成地上物的拆迁34785平方米，完成拆迁投资约6.9亿元。

保障性住房监督　海淀区在施的保障房项目共计17个，包括苏家坨A2、A4、A5、C02、C03地块廉租房和经济适用房、五道口北大教师经济适用房、上庄B09、B06、B07、B19地块经济适用房、中关村甲4号配建廉租房、花园北路35号1号住宅楼（配建廉租房）、吴家场经济适用房、西三旗公租房、清河小营东经济适用房等。

2010年，共组织专家联合执法检查政策性住房工程项目30项、检查施工单位40个、检查单体工程110个次，发现的质量问题均落实整改。通过专项检查，分别对苏家坨镇中心区经济适用房A5地块10、14、15号楼工程，苏家坨镇中心区经济适用房A4地块14、15、16号楼工程，上庄B09地块14号经济适用房工程三个项目的施工单位存在的违反强制性标准条文的行为进行行政立案处罚。

截至年底，清河小营美和园18#经济适用房、温泉镇F11地块农民回迁安置用房、苏家坨镇中心区A4、A5地块已完成竣工验收。苏家坨C02、C03地块廉租房、上庄B09地块经济适用房等正在准备办理竣工验收。

城乡一体化建设工程　北坞村回迁楼工程是市区两级政府的民生工程，其中A地块34栋住宅楼于9月13日通过竣工验收，9月30日市政府向北坞村村民发放新房钥匙。北坞嘉园小区周边市政道路工程完工，小区电力、热力、雨污水管线等配套市政工程全部完成。北坞嘉园B地块的12栋住宅楼已经结构封顶，进入室内外装修阶段。其中有10栋住宅楼已经完成室外装修，进入室内装修收尾阶段。

唐家岭、土井安居工程是北京城乡一体化建设重点项目之一，于8月动工。唐家岭新城安置房项目 35.33 万平方米、土井嘉园安置房项目 15.55 万平方米。

八家嘉苑回迁楼项目是北京城乡一体化建设重点项目之一，是市、区、乡、村各级领导密切关注的民心工程和政府形象工程，总建筑面积46.9万平方米，回迁房建筑面积33万平方米，4月开工建设。

2010 年，海淀区民生工程共有 17 个工地、总面积 975369 平方米。包括自2009年结转的工地9个、面积480599平方米。其中经济适用房工地6个、面积 344481 平方米；廉租房工地 3 个、面积 136118 平方米。2010 年新开工地8个、面积494770平方米。其中经济适用房工地 4 个、面积 267866 平方米；两限房及廉租房工地 1 个、面积 48689 平方米；公租房工地3个、面积 178215 平方米。

挂账村及代建项目 12 月 18 日，唐家岭地区1153个村民院落、140余万平方米建筑全部拆除，29栋回迁楼全部开工建设。

截至年底，挂账村八家地区 1397 个院落全部完成拆迁，回迁安置房全面开工建设，其中 15、18、19、20 号楼等均已施工至 10 层以上。后营村有 98 个院落，其中 86 个院落签订拆迁补偿协议。后营和六郎庄的回迁安置房项目“六郎庄新村”在推进之中。

代建项目主要有区委党校教学楼、三中心和菊园 29 号楼等 3 个项目。区委党校教学楼于 2009 年年底竣工并交付使用。该项目总投资 2.65 亿元，审计结算为 2.52 亿，节余 1252 万元。三中心于 2010 年 6 月竣工并交付使用。菊园29号楼在2010年10月20日完成工程全部验收及竣工备案工作。

信访与信息公开 2010 年共办理信访件 803 件。其中群众事务呼叫中心 336 件，市长信箱 4 件，城市管理指挥中心转办件 316 件，区长信箱 1 件，群众来信和上级转办纸质信访件 106 件，接待来访 40 余次。

全年共向区委、区政府、区人大等部门报送信息 116 条。把区住房城乡建设委的重点工作及时通过海淀报、电视台等媒体进行宣传。

（韩金生 刘雄斌）

【北京市海淀区建筑行业协会】 北京市海淀区建筑行业协会成立于 1998 年 12 月 4 日，截至 2010 年底有会员单位 122 家。协会设有理事会、常务理事会和监事会。下设办公室、培训部、财务部，2010 年底增设专家办公室、劳动人事争议调解中心、法律咨询服务部。

2010 年度，协会以“服务企业、服务政府、服务社会”为宗旨，围绕促进企业发展，加强行业服务、推动行业自律、开展行业协调、反映行业诉求的基本任务，发挥桥梁纽带作用，拓展工作领域，扩大服务范围，完成各项任务。本年度被海淀区社会组织联合会评为创新品牌服务奖、被海淀区社团管理办公室评为海淀区社团先进单位。海淀区建筑行业协会从 2001 年起连续 11 年获得市、区社团先进集体、最佳社团、突出贡献社团、先进民间组织等称号。

为企业做好服务。年初向会员单位寄发征求意见函，征求协会改进工作、服务企业的建议。在听取意见的基础上，围绕企业需求开展多项服务活动。

开展送文化（电影）进工地活动。6 月，启动送文化（电影）进工地活动，并向建设工地员工赠送书籍，为区内施工工地安排放映活动近 50 场，丰富企业文化生活。

开展协调活动，为企业排忧解难。为多家会员单位调解法律纠纷，协调企业与地区关系，解决公司办公用地，争取政府扶持等问题，依法维护企业的合法权益，促进企业发展。

开展上门培训活动，促进企业安全生产。在安全生产月和安全生产年活动中，协会派人上门服务，为航材百幕、北方世纪公司等单位进行安全生产知识培训，促进企业安全生产。

组织秋季登山比赛，为企业沟通交流、增进友谊提供平台。10 月中旬，举办第九届秋季登山比赛，近 400 名企业员工参加。

组织开展 2009 年度诚信企业申报评定，推进行业诚信体系建设。在做好咨询服务、材料审核的基础上，深入多家企业进行考核。经考评推荐诚信企业 17 家，并一次性通过社会公示和专家评审，全区建筑施工诚信企业达到 53 家。8 月，召开海淀区诚信企业表彰大会，170余家企业的1200余名项目领导和管理人员参加。

推动中关村杯优质工程评选活动，促进行业质量建设。协会针对评杯活动中出现的新情况、新问题，深入企业调研，召开专家研讨会听取意见，协调区住建委研究深入开展评杯工作的措施，制定推动“中关村”杯优质工程评选活动的工作意见。调整和充实区质量工程评审工作领导机构，补充海淀区建设工程质量专家库专家成员，增加轨道交通、市政工程专业的专家；扩大“中关村”杯优质工程的评审范围，理顺项目评选的申报程序。本年共评定“中关村”杯优质工程 28 项，全区获杯工程项目累计达到 101 项。

组织开展教育培训。全年举办各类培训班 22 期，培训施工企业安全管理人员、建设工程专业管理人员、技术岗位管理人员，危险化学品、城市燃气、加油站、烟花爆竹等专业安全生产经营管理人员 4608 人。配合参与市建筑业联合会所承担的北京市十二五时期住房和建设行业人才队伍与协会发展规划的编制工作。

组织开展社会公益活动，引导企业积极履行社会责任。青海玉树地震后，组织开展“伸援手，献爱心”捐款活动，协会以及协会工作人员捐款共计 1.17 万元，会员单位累计捐款 171.7 万元。

（温德成）

北京市海淀区建筑行业协会
地址：海淀区海淀南路甲 21 号
邮编：100080
电话：82615651
邮箱：hdjx2007@sina.com

【北京昊海建设有限公司】 2002 年 3 月 15 日，由原海淀区建筑工程公司、海淀区第二建筑工程公司、海淀科力建筑工程公司、北京市盛安建筑工程有限公司、海淀区信远建筑工程公司、海淀区振海建筑工程公司、海淀区清田建筑工程公司7家企业改制组建。是具有房屋建筑施工总承包一级资质、园林古建筑专业承包一级资质及部分专业承包资质的大型国有建筑施工企业。2009年6月，公司实现对二建公司的“吸收式合并”、重新修订企业章程，完成董事、监事和股东的变更。

本年1月22日，公司资质增项获得批准，公司资质增项为：建筑装修装饰工程专业承包一级资质、建筑幕墙专业承包三级资质。从而形成“两项总承包为基础，五项专业承包为补充”的资质结构，公司工程承包业务的横向布局、纵向价值链条得到延伸。6月10日将公司注册资本金从8497.13万元增至1亿元人民币，增加国有股权。

本年，按照“解放思想讲市场，开阔视野看市场，创新观念闯市场”的工作思路，规避全球金融危机的冲击、克服国家对房地产市场宏观调控的困扰，新签合同额超过9.5亿元，超额完成全年开发任务。公司企业总资产（资产总额）为3.36亿元（其中国有资产3.31亿元）；总负债（负债总额）为2.28亿元（其中国有资产总负债2.25亿元），资产负债率提高3.7%；净资产（所有者权益）为1.09亿元（其中国有资产净资产1.07亿元），国有资产保值增值率102.09%。偿还银行贷款200万元；上缴国有资产占用费19万元；实现总利润316万元，完成计划的211%，增长额166万元，增长率111%；上缴各种税费1100万元，完成计划的110%，比上年的1005.52万元增长近100万元，增长率10%。

2010年度昊海公司经济指标完成情况表

序号	2010年计划目标/指标		2010年1～12月份完成情况			
			完成额	完成率	增长额	增长率
1	开复工面积	30万平方米	40万平方米	133%	10万平方米	33%
2	建安总产值	2.5亿元	2.9亿元	116%	4000万	16%
3	实现工程收入	2.2亿元	2.6亿元	118%	4000万	18%
4	上缴税金	1000万元	1100万元	110%	100万	10%
5	偿还银行贷款	200万元	200万元	100%		%
6	利润总额	150万元	300万元	200%		100%

本年，新开工程主要有：徐州中汉佳苑工程，海淀区苏家坨锅炉房工程，天津大唐电信工程，海淀区八家地区回迁安置房工程，海淀区苏家坨镇中心经济适用房工程、永丰嘉园S16号楼工程、同福雅悦厂房改造工程等。竣工工程主要有：百旺新城A4地块3#办公楼工程、稻香湖整治及相关设施工程、菊园29#楼工程、三星庄融雪剂搅拌站工程等。

本年，公司完成区重点项目八家地区回迁安置房项目（总面积14万平方米）和苏家坨经济适用房项目（总面积3.6万平方米）的基坑降水、护坡和土方开挖。北京区域直营承建业务稳步推进，陆续完成三房中心、盛唐饭店改造、紫竹院派出所、建委办公楼装修、北京宽沟四合院装修改造、海淀三星庄融雪剂搅拌站、永丰嘉园幼儿园、门头沟妙峰山碳厂文化活动中心、海淀温泉镇新农村市政改造、温泉生态办公区EOD工程、稻香湖二期为代表的10多项工程。外埠施工的甘肃嘉峪关5.6万平方米东湖不夜城项目基本竣工。江苏徐州铜山中汉地产签订中汉佳园6万平方米住宅和酒店项目年底完成结构封顶。与天津大唐电信签定的在天津空港加工区的9万平方米公建项目进行基础施工。

坚持“质量第一”和“安全第一，预防为主、综合治理”的方针，把质量管理和安全生产管理贯穿施工生产过程始终。通过与各单位和各负责人签订“安全生产责任书”，开展“创优质工程”、“创建市安全文明工地”、“安全生产月”活动，强化各单位和人员的质量和安全生产责任意识。对工程管理人员定期进行教育培训和现场指导，监督检查各单位工程质量、安全保证体系运行情况，及时发现问题。全年未发生人员伤亡和重大财产损失事故。

发挥总公司、分公司和项目经理部三级的积极性，对保护环境和开源节流、降低成本等几大环节加大实施和控制力度，维护一级总承包资质“平台”。在经营管理中执行“建筑企业实施动态监管试评条例”，把实施和监管工作做深做细。在执行“项目管理规范”的基础上，按照法律法规要求配备管理人员，尤其是项目经理、项目技术负责人、安全员、质检员等关键岗位，要求是持证上岗的具有较高资质层次的企业自有人员，以提升项目管理水平。为防止项目管理失控，引导项目进行成本预算、成本核算、成本控制，有效规避风险，提高自控能力。

公司以江苏徐州铜山中汉地产签订中汉佳园6万平方米住宅和酒店项目

施工合同为支撑，与甲方共同成立以昊海公司为核心的“项目代建管理班子”共同完成该项目可行性研究、项目策划决策阶段、项目准备阶段、项目实施阶段、项目竣工验收和总结评价阶段全过程项目代建管理，为公司培养和创造上游产业链所需人才和业务拓展积累经验。

推进国有企业资产重组，与其他公司探讨参股的可行性，加强与高科技民营企业合作的政策规定、合作项目、合作经营模式的研究。

公司的对外门户网站于 2009 年 7 月注册试运行，2010 年初正式开通。网站设置人力资源招聘通道。下半年通过网站，参加现场招聘会，在各大院校网站发布招聘信息等渠道，招聘各专业技术人才和应届毕业生 20 多名，专业结构合理、年龄层次适当的人力资源结构逐步形成。

组织实施《昊海廉政风险防范管理实施方案》；完成年度领导班子成员个人收入和廉洁自律情况申报；公司与项目经理签订 2010 年度党风廉政建设责任书；继续开展效能监察工作，制订《公司效能监察实施方案》、《专项监察立项申报表》和材料并组织实施。对影响稳定的热点问题，加强形势任务教育，及时解疑释惑，做好政策解释和思想工作，全年无上访事件发生。

职工收入及福利增长显著。公司与区工会联合组织公司为 5 名市区级劳动模范和 50 多名企业待岗、内退、工伤职工进行健康体检。两节期间，公司筹措资金 25 万元，对全公司 800 多户退休职工进行慰问，对离、退休干部和重大病退休职工及劳动模范，上门走访慰问，送去粮油等慰问品和慰问金。

全体员工分别为玉树灾区捐款 32390 元，为舟曲灾区捐款 14970 元。

5 月，公司获全国“安康杯”优胜企业称号。7 月，公司承建的“百旺新城 A4 地块 3#办公楼工程”获北京市工程结构领域的最高奖“结构长城杯”工程金质奖和北京市“安全文明工地”称号。

本年，公司被北京市残联评为“扶残助残先进集体”。董事长总经理红勇同志被北京市政府授予北京市劳动模范称号。（唐志安）

地址：海淀区清河毛纺路 11 号（2009 年 9 月 27 日由清河街道朱房迁入）
邮编：100085
电话：62844165
邮箱：bj_hao_hai@263.net
网址：www.bjhhjs.com

【北京海开房地产集团公司】 是区属国有房地产开发企业。1982 年 5 月 14 日，撤销区统建办公室成立区城市建设开发公司。1984 年 11 月 28 日改为区房地产经营开发公司，1993 年 3 月 20 日更名为房地产经营总开发公司。1994 年获得建设部资质、资信一级企业，2000 年 1 月 18 日，由海开房地产集团公司控股的海开房地产股份有限公司正式挂牌。2010 年 8 月，海开房地产集团公司、股份公司将办公地点由海淀南路 21 号迁至稻香湖路 36 号。9 月，海开集团公司和股份公司大部分部门实现合署办公。年底与中国电子为华实业发展有限公司签署海开大厦房屋租赁协议，与海开倚源物业公司签署海开大厦物业管理解除及委托租赁解除协议。

本年实现开复工 104 万平方米（含代建工程），其中新开 75.8 万平方米，竣工 16.2 万平方米;共实现销售收入 5.4 亿元，代建管理费收入 349 万元。海开集团公司共实现利润总额 5103 万元，超额完成国资委下达的 5000 万元的指标。净利润 3783 万元，其中归属公司所有者的净利润 3524 万元。承担的经营任务指标比上年翻一番还多。

2010 年，苏家坨公租房、经适房项目共实现开复工 32 万平方米，其中一期 C02 地块 6.1 万平方米公租房已完成四方验收工作，完成正式强电、弱电的发电工作，确保正式电和楼体交付使用。已就该部分公租房与区房管局签署《房屋收购协议》，回购总金额 2.9 亿元，完成项目物业管理公司的招标确定工作。二期 12 万平方米经适房大部分已实现结构封顶并通过结构验收。文体用房、幼儿园工程已完成初装，用于二期配套工程的配电室已完成结构施工；三期公租房、经适房已全部开工建设。其中 C03 地块 6.5 万平方米公租房已实现政府收购，总金额为 2.8 亿元。

海淀区清河龙岗路 25 号公共租赁住房项目为代建项目，10 月 30 日正式开工建设，开工面积 11.8 万平方米，包括 1–5#5 个单体楼座及一个地下 3 层的地下车库。截至年底，1#、3–5#完成土方开挖及边坡支护，2#楼完成土方开挖、边坡支护及 CFG 桩施工；地下车库基本完成护坡桩及水管井施工。该项目被列为海淀区重点项目之一，用于改善公务员住房条件。

褐石园二期代建工程项目本年 6 月 30 日交付使用，年底大部分业主办完入住手续。

唐家岭代建项目工程管理。6 月，公司受区委、区政府委托，承担唐家岭项目工程管理工作。公司党委、经营班子编制项目招标文件，签署唐家岭新城及图景嘉园 2 个项目的工程管理委托合同。该项目共设 5 个标段，共有 5 个单位同时进场施工。截至年底，50 万平方米住宅施工到地上 1–3 层，实现年底达到结构正负零的进度目标。前期手续已全面启动，正办理林地报批手续；取得唐家岭新城、图景嘉园的《建设用地规划许可证》。

开展集团公司改制工作。年底已完成公司名称预核准工作，改制方案及章程修改草案已上报区国资委等待批复。

（何春媚）

地址：稻香湖路 36 号温泉 EOD 生态办公区（8 月迁至）
邮编：100080
电话：62522033
邮箱：Hechunmeiy@126.com

【北京市威凯房地产开发经营公司】 成立于 1994 年，是区属国有房地产开发企业，现有注册资金 5 亿元。公司原名北京市海淀区危改小区开发经营公司，1997年11月更名为北京市威凯房地产开发经营公司，隶属于海淀区国土资源和房屋管理局，2004年3月公司与海淀区国土资源和房屋管理局分离，隶属于海淀区房屋土地经营管理中心。2005年1月，取得房地产开发企业一级资质。同年6月，公司与海淀区房屋土地经营管理中心分离，列为海淀区政府直属企业。公司现有全资子公司北京市羲和物业管理中心、北京市威凯体育文化发展有限公司和拥有98%股权的北京富利房地产开发有限责任公司，拥有80%股权的北京市科迪实验中学。

截至年底，公司资产总额52.6亿元，同比增长39%；负债总额45.39亿元；所有者权益7.2亿元，同比增长41%；净资产7.19亿元；完成投资20.1亿元，同比增长95%，其中政策性住房建设完成投资8.46亿元，土地一级开发完成投资9.58亿元，市政设施工程完成投资2.06亿元。2010年，公司实现营业收入4.1亿元，同比增长28%；全年经营业务资金回收9.5亿元，利润849万元，净利润675万元；净资产收益率1.10%，国有资产保值增值率101.53%，主营业务利润率11.19%。缴纳国有资产占用费134万元，上缴各项税金3942万元。

2010年，公司开发建设项目共36个，包括北部117公顷土地的征地拆迁、43条市政道路（总长72公里）、9.5万平方米社会事业项目和118万平方米的政策性住房的开发建设，累计可解决约3.86万人的住房问题。

本年，公司实现开复工面积88.6万平方米，比上年增长150%；新开工面积68.8万平方米，比上年增长586%；竣工面积9.5万平方米。

主要项目：吴家场经济适用房项目B1、B4楼年底完成结构验收；上庄B地块定向安置房项目5月开工建设，6座楼栋和配套小学年底结构封顶。辛店A地块安置房项目10月完成控规调整，年底全面开工。温泉F地块定向安置房项目进行控规调整审批。苏家坨A地块安置房和经适房项目四期9.5万平方米的住宅及配套公建提前2个月全部竣工并交付使用，10月业主入住。11月九期工程3.6万平方米开工，12月底五、六期4.8万平方米建筑进入竣工验收阶段。

配合市、区住保办为260个经济适用房家庭办理入住手续，共完成安置房签约391套，安置面积约3.3万平方米，集中入住率达100%。

2010年公司完成117公顷征地拆迁工作，签订17.1亿元的征地、拆迁、地上物补偿合同。完成苏家坨A地块经济适用房项目拆迁工作；完成上庄B08、B18、B19地块安置房项目及周边道路征地协议和建设用地范围内95%的补偿工作；完成西北旺辛店居住组团项目征地协议和建设用地范围内70%的补偿工作，辛店A、B08完成100%的补偿工作；完成温泉C地块土地一级开发项目集体土地征地补偿、C07、C08地块林木移植和土地平整任务。

3月，苏家坨临时公交场站通车；苏家坨A地块的五条道路和苏家坨C地块周边配套道路工程全部完工；上庄B地块周边配套道路工程，3条路已完工，2条路正在实施；温泉镇安阳南路与杨家庄路联络线工程完工，名人居西路工程道路、综合管线、绿化工程已全部完成。年底，公司承接总投资达100亿元的20个市政工程项目的建设任务，开展前期咨询和申报工作。

公司以公益回报社会，发展文化体育事业，赞助举办第三届北太平庄地区“威凯杯”社区乒乓球比赛和温泉运动会；协办第七届“威凯杯”全国象棋一级棋士赛和海淀区机关“威凯杯”乒乓球赛；组织北京威凯体育象棋队与温泉镇、苏家坨棋迷进行100盘车轮表演赛交流活动；冠名赞助的北京威凯象棋队囊括本年所有全国级的赛事冠军。

本年，公司被北京市国税局、北京市地税局联合评为纳税信用A级企业；被评为2010年度首都文明单位、海淀区国资委系统“先进基层党组织”、海淀区建委系统“五五”法制宣传教育先进集体。（孙静）

地址：海淀区甘家口甲12号
邮编：100037
电话：62492341　62492317（传真）
网址：mail.weikai.com

【北京海融达投资建设有限公司】 北京海融达投资建设有限公司（以下简称海融达公司）成立于2005年6月28日，注册资金3200万元人民币，是海淀区政府直接投资组建的国有独资企业。主要职责是承担市、区两级政府确定的基础设施建设任务以及道路相关资源的开发，是具体实施的项目法人单位。

2010年，共承担市、区政府下达的基础设施建设项目54个，其中续建项目31个，新建项目23个。其中新开工项目共4项：中关村一号桥人行过街天桥，永引北侧路、阜石路北一街（甘家口商圈市政工程）、北四环南辅路拓宽疏堵工程。完工项目共8项：稻香湖北延、永引北侧路、北坞村南路、茶棚路、沙阳路污水工程、前屯南路、阜石路北一街（甘家口商圈市政工程）、北四环南辅路拓宽疏堵工程。

年初市、区政府下达的项目建设计划投资额为28亿元，下半年计划调整为34.7亿元。根据项目计划建设任务，全年完成项目建设投资33.46亿元，其中征地拆迁投资31.88亿元，工程投资1.58亿元，完成年度任务的96.4%，超额完成年初任务。年内共拆迁居民87个产权人，居民拆迁面积1万平方米；拆迁单位29个，单位拆迁面积4.2万平方米。完成划拨及征用土地共1820亩（121公顷）。完成道路里程达13.6公里。（郭欣）

地址：海淀区二龙闸路甲5号
邮编：100091
电话（传真）：62555864
邮箱：hairongda01@sina.com

【海淀区2010年竣工的重点工程项目(9项)】

工程类别	序号	项目名称	建设单位	建设地点	建设规模及内容	总投资(万元)	竣工时间
道路工程(4项)	1	北坞村市政道路	海融达公司	北坞村回迁楼周边	北坞村回迁楼周边配套市政	100188	2010年9月
	2	甘家口商圈改造(道路部分)	海融达公司	主要为阜成路北一街改造	交通疏堵项目	500	2010年12月
	3	稻香湖路北延	海融达公司	稻香湖培训中心至北庄子北街	长0.7千米,红线宽30米,城市次干路。	7334	2010年12月
	4	人行北京重点库外部大市政项目	中国人民银行营业管理部	四季青镇	金融基础设施	39661	2010年8月
住宅(1项)	5	北坞嘉园A地块回迁房	北京颐泉房地产开发有限公司	北坞村路西侧	回迁房34栋住宅,3处公建,占地10.5万平米,建筑面积205500平米。	65000	2010年9月
社会事业设施项目(4项)	6	海淀拘留所改造	区公安分局	苏家坨镇后沙涧村	公安业务用房,建筑面积10300平米。	2926	2010年12月
	7	西北旺三期北(唐家岭)项目	海淀区土储	东至西北旺东路,南至西北旺南路,西至京密引水渠,北至东北旺北路	土地收购储备	53500	2010年10月
	8	创新园110千伏输变电工程	北京市电力公司	中关村创新园东北侧,屯佃村。	为创新园提供可靠用电	26706	2010年11月
	9	甲骨文科研大楼	甲骨文(中国)软件系统有限公司	北至启明星辰,西至软件园三号路,东至人工湖,南至中核能源,曙光科技。	软件研发楼,建筑面积28889平米。	23765	2010年12月

(韩金生)

【西二旗公租房试点土地年租制】 5月,海淀区西二旗公共租赁住房项目获批。该项目由北京市安达房地产开发公司开发建设,建筑控制规模为50963平方米,建设内容为住宅及居住公共服务设施。西二旗公共租赁房项目开发建设确定试点土地年租制,即不再通过招拍挂的土地出让方式出让土地(一次性交纳70年土地出让费),而是通过年租制租赁土地。

【成立住房城乡建设领域协调委员会】 8月12日,海淀区综治委住房城乡建设领域协调委员会正式成立,协调委员会主要负责城乡建设领域拆迁、劳务、房地产市场监管、房屋租赁、物业等方面的综合治理工作。(田颖)

【稻香湖路北延】 8月15日完工。工程于2009年10月开工,南起稻香湖培训中心西门,北至北庄子北街,全长710米,规划红线宽30米,道路处于现况湖面施工范围内采取桥梁结构形式,其中在现况南沙河桥以南段为半路半桥形式。南沙河桥桥梁南岸上部结构形式为现浇预应力连续板梁,北岸上部结构形式为预制空心板梁。随路敷设雨水管线,并同步实施交通、路灯和绿化工程。稻香湖路北延道路桥梁工程是纪检监察学院交通出行的重要道路之一,同时也是山后地区一条重要的南北向交通通道,是该地区交通组织系统中的重要组成部分。该项目由海融达公司建设,北京市龙泰设计咨询开发公司设计,北京城建二建设工程有限公司施工,北京市四方工程建设监理有限责任公司监理。

【永引北侧路】 8月15日完工。工程于2010年5月开工,西起巨山路,东至巨山东路,全长570米,道路等级为城市支路,红线宽30米。该道路为优化巨山路周边交通环境提供有力的市政条件,同时完善了周边路网。随路建设(由北向南)污水、上水、电力、燃气、雨水、电信管线。该项目由海融达公司负责管理协调,中交公路规划设计院有限公司设计,北京市城远市政工程有限责任公司施工,北京致远工程建设监理有限责任公司监理。

【前屯南路】 9月15日完工。工程于2007年8月开工,该项目是海淀区北部地区内一条规划为东西走向的城市主干路,位于八达岭高速公路的现况小营环岛与西三旗东路之间。道路起点为规划前屯西路,终点为规划西三旗东路。本工程为城市主干路,道路红线宽度40米,道路全长412.78米。该项目由海融达公司建设,北京市龙泰设计咨询开发公司设计,北京市市政管理处施工,北京市四方工程建设监理有限责任公司监理。

【北坞村南路】 9月15日完工。工程于2009年6月开工，北坞村南路规划为城市支路，西起茶棚路，东至金河路（颐和园西门），红线宽30米，一幅路，路面宽16米，全长约1.471公里，随路建设雨水、污水、电信管线工程，并同步实施路灯、交通、绿化等配套工程。该项目由海融达公司建设，北京市市政工程设计研究总院设计，北京西亚市政公司施工，北京市高速公路监理有限公司监理。

【茶棚路】 9月15日完工。工程于2009年6月开工，茶棚路规划为城市次干路，北起北坞村南路，南至闵庄路，红线宽30米，一幅路，路面宽16米，全长约0.858公里，随路建设雨水、污水、电信、燃气管线工程，并同步实施路灯、交通、绿化等配套工程。该项目由海融达公司建设，北京市市政工程设计研究总院设计，北京市常青市政工程公司施工，北京致远工程建设监理有限责任公司监理。

【沙阳路污水工程】 10月15日完工。工程于2008年9月开工。沙阳路污水工程西起上庄西路东至上庄东路，全长4公里。上庄西路向东至跃通水泥构件厂，长1公里，管径为500–600毫米，明开槽施工；从跃通水泥构件厂向东至上庄西路，长3公里，管径为1550毫米，采用机械顶管施工。该项目由海融达公司建设，北京国道通公路设计研究院设计，北京中宣市政公司施工，北京致远工程建设监理有限责任公司监理。

【阜成路北一街环境整治】 12月15日完工。工程于2010年8月开工，位于甘家口西侧，首体南路东侧，是一条南北向道路，南起甘家口街（增光南路），北至增光路（百万庄路），道路全长160米，红线宽20米。对现况阜成路北一街进行加宽处理，加宽后主路变为7.5米宽；并将现况架空杆线进行入地改造，以实现更好的通行能力和环境美观。该项目由海融达公司建设，北京市市政专业设计院有限责任公司，北京时代市政工程有限公司施工，北京致远工程建设监理有限责任公司监理。

（郭欣）

【上庄路（含西山隧道）建设工程开工】 12月19日，上庄路（含西山隧道）建设工程开工。工程规划南起杏石口路，向北经南旱河路，穿越植物园、西山，沿上庄路，北至六环路双横路立交，全长约26.5公里，香泉环岛至黑龙潭路段规划为城市城市快速路，其它路段为城市主干路，双向六车道，设计时速为60–80公里/小时，其中隧道长约四公里。

（田颖）

【北四环南辅路拓宽疏堵工程】 12月26日完工。工程于2010年11月20日开工，该项目为道路拓宽疏堵工程，西起海淀中街，东至中关村1桥，全长420米，并与现况海淀中街及中关村大街等道路接顺。道路拓宽后新增一条机动车道，加宽人行步道至5米，非机动车道宽4米。工程建成后，将缓解该道路的交通拥堵，改善交通出行条件。该项目由海融达公司建设，北京市市政工程设计研究总院设计，北主易成市政工程有限责任公司施工，北京逸群工程咨询有限公司监理。

（郭欣）

海淀北部地区建设

【综述】 海淀北部地区包括西北旺镇、温泉镇、苏家坨镇和上庄镇以及上地、马连洼2个街道的部分地区，区域面积226平方公里，占全区总面积的53%。根据《北京城市总体规划（2004–2020年）》，海淀地区是中心城整体发展的重要组成部分，是北京高新技术研发与创新的重要基地和城市西北部重要的旅游区。海淀北部地区开发建设工作由北部地区开发建设委员会（简称北部委）统筹领导，北部委包括45个成员单位和18个扩大单位，由区相关政府职能部门及北部4镇、各开发企业组成，分别负责北部地区相关行政社会管理事务和项目推进。北部委下设办公室（2004年3月26日成立），作为北部委的办事机构（简称北部办），负责统筹协调和督促推进北部地区开发建设工作。

本年，海淀北部地区涉及开发建设项目共77个，全年共完成开发建设投资121.42亿元，同比增长18.33亿元，增幅为18%，创下历史新高。全年共有65个项目开工建设，14个项目竣工或完工，1个项目挂牌上市。农民定向安置房项目新开工160万平方米，竣工8万平方米，24个产业化项目分2批开工建设，已有7个项目实现投产。

调整开发建设体制 贯彻落实市政府《中关村国家自主创新示范区北部研发服务和高新技术产业聚集区规划》的批复要求，全面启动北部地区开发建设。本年，区委区政府召开2次北部委全体（扩大）会议和30余次北部地区专题会议，从北部地区开发建设领导体制、运行机制、开发建设模式、工作流程、配套政策、开发建设计划、责任分工、重点任务、项目推进等各方面作出全面调整、部署和安排。4月19日召开北部委第七次全体（扩大）会议，正式下发《区委、区政府关于调整和完善北部地区开发建设体制的意见》，理顺北部地区管理组织架构，加强北部办的相关职能，落实北部4镇的主体责任，成立由各行政职能部门牵头的4个审批工作组，开辟行政审批绿色通道；确定北部地区开发建设的原则：生态良好、用地集约、设施配套、产业集群、城乡统筹；总体目标是“三年基本完成基础设施和公共配套服务设施建设，五年初步形成产业功能区的整体形象”，明确10项重点任务和责任分工。10月20日，召开北部委第八次全体（扩大）会议，按照政府主导、镇企联动的原则，研究确立由北部委统一领导、北部办统筹协调、北部4镇落实村庄搬迁腾退、区属公司负责产业功能区土地开发及配套设施建设的“区域统筹、镇村主体、农民参与、两级平衡、两个阶段”的开发建设新模式，进一步对北部地区先行启动区建设进行部署和安排。

规划编制 本年，编制完成《海淀区“十二五”时期北部地区建设发展规划》，完成北部地区新版规划的调整。《海淀北部地区控制性详细规划（街区层面）》获市政府正式批复，供水、热力、燃气、供电、电信、环卫、有线电视、雨水、污水、中水、河道等11个市政专项规划初步方案全部编制完成，并进行报审。

项目建设 城镇开发项目中，温泉镇C地块土地一级开发完成征地；温泉镇F地块“三定三限三结合”项目处于规划调整阶段，新拆迁户的选房工作已完成；西北旺镇辛店项目正在办理主体授权；苏家坨镇中心区A地块项目四期已入住，五六期进入竣工收尾阶段，拆迁工作已结案；唐家岭安置房项目完成92%的拆迁，安置房全面开工建设；苏家坨C02地块公租房完工，经济适用房结构施工中，C03地块经适房全部开工；上庄C14限价商品房地块完成土地一级开发；温泉镇D1地块商品房全部竣工，D2地块商品房项目全面开工建设。园区产业项目完成总投资41.87亿元，与上年同期相比一、二级开发投资额均有大幅增加，共增加23.8亿元。社会事业项目中，温泉体育中心处于施工建设阶段；拘留所改造项目竣工；苏家坨医院处于立项核准中；永丰中学取得规划工程许可证；温泉文化中心项目立项报审中。风景旅游项目中，西埠头旅游配套设施项目实现挂牌上市；翠湖湿地项目取得规划工程许可证。道路基础设施项目中，稻香湖路北延工程完工具备通车条件；翠湖北路正在进行征地补偿工作；温泉镇配套名人居西路完工。

政策制定 组织开展北部地区相关配套政策研究，与区相关职能部门联合制发《关于北部地区宅基地腾退安置及补偿工作的指导意见》、《关于全面落实北部地区规划建立利益平衡机制的指导意见》和《关于促进北部地区发展的财政支持措施》3项政策文件，并以北部办名义制发《关于发布海淀区北部地区征地补偿区片价（暂行）的通知》以及几个相关的实施性文件，从规划实施、任务包干、征地补偿、拆迁腾退、利益平衡、财政支持等方面都作出明确规定，构成指导北部地区开发建设工作的“1+3+X”配套政策文件体系，为北部开发建设工作提供政策措施保障。开展完善北部地区体制机制的政策研究，配合区委、区政府制定《关于调整和完善北部地区开发建设体制的意见》，完成《核心区发展战略下的北部地区开发策略研究》等6项课题的研究工作。同时借鉴大兴、朝阳、西城、丽泽、昌平等兄弟区县的发展经验，针对征地拆迁、城乡一体化建设、政企合作模式、园区应用新技术新理念等问题起草完成5篇调研报告，报送区领导。

宣传工作 全面启动北部地区形象宣传工作，制作并发布北部地区战略发展规划宣传画册和形象宣传片。对温泉展示中心进行装修改造，完成北部地区规划展示沙盘模型，作为未来北部招商引资及各类商务考察接待的重要宣传展示窗口。沿北部地区主要道路和周边区域设置多块户外平面广告牌，提升社会各界对海淀北部地区的关注度和认知度。创刊《北部地区开发建设信息专报》，作为向全区各部门展示北部地区开发建设总体情况的主要渠道。

【7个先行启动项目集中开工】 5月5日，中关村国家自主创新示范区核心区7个先行启动项目集中开工奠基仪式在上庄镇B地块举行，这是本年北部地区开发建设体制调整以来集中开工建设的第一批重点工程项目，包括上庄B地块安置房项目、西北旺B3地块安置房项目、海淀拘留所改造工程、海淀区（温泉）体育中心项目、苏家坨C地块经济适用房项目周边道路工程、北大维信二期工程、翠湖北路道路工程，总建筑面积约26万平方米，计划总投资近20亿元。其中农民安置房18.3万平方米，可安置2000余户；翠湖北路及苏家坨C地块配套道路总长约6.3千米；北大维信二期工程占地面积2.77万平方米，建成后将实现年销售收入15亿元，计划期内实现营业利润31.3亿元。

【《海淀北部地区控制性详细规划（街区层面）》获批复】 10月8日，《海淀北部地区控制性详细规划（街区层面）》获市政府审查通过（以下简称《海淀北区街区控规》）。《海淀北区街区控规》规划面积约226平方公里，涉及温泉、苏家坨、上庄、西北旺4个镇，规划总建设用地规模约69平方公里，总建筑规模约4600万平方米，可安排居住人口约30–38万人，就业岗位约45–62万个。北部地区按照“用地集约、产业集群、设施配套、生态良好、城乡一体”的规划原则，打造“一心、一带、多组团”的空间结构，形成软件与信息服务、新材料、新能源与环保、信息通信、生物工程与新医药五大产业板块，未来将建设成为具有全球影响力的科技创新基地、城乡统筹发展的典范地区和生态环境一流的城市发展新区。《海淀北区街区控规》作为《中关村国家自主创新示范区北部研发服务和高新技术产业聚集区（海淀北部地区）规划（2010年–2020年）》的深化落实，为北部地区统一规划管理和实施提供法律依据，也为该地区发展提供完善的规划保障，标志着北部地区进入到大规模、实质性推进阶段。

【北部地区先行启动区建设】 《海淀北部地区控制性详细规划（街区层面）》获批后，区委、区政府确定将北部先行启动区作为率先启动开发建设的重点区域。先行启动区范围包括稻香湖、永丰两大产业片区新增约1465公顷的用地以及所需安置房项目5个和主次干道项目7个，土地整理和一级开发涉及4个镇17个村、约300万平方米宅基地、近270万平方米乡镇企业用房腾退和3.2万人的安置。截至本年底，首批150万平方米农民安置房、3个新增产业用地项目和6个园区二级建设项目集中开工和启动。先行启动区建设完成后，将形成1141

万平方米的产业建筑规模，和现状产业区规模连接成片，在北清路沿线形成总计2600万平方米建筑规模的综合性产业功能区，为海淀核心区建设提供新的发展空间。

【北部地区150万平方米农民安置房集中开工】 11月28日，北部地区150万平方米农民安置房开工建设，项目包括西北旺镇大牛坊、辛店和六里屯、温泉镇太舟坞和F地块、苏家坨镇前沙涧、上庄镇C02共7个项目，规划总占地136.57公顷，总建筑面积约300万平方米，可提供安置房源约3.6万套，优先解决17个村的农民安置问题。

【北部产业功能区重点工程集中开工】 12月22日，海淀北部研发服务和高新技术产业聚集区产业功能区启动暨二级重点产业项目开工奠基仪式在中关村壹号项目地块举行，涉及永丰、稻香湖两大产业功能区的3个新增产业用地启动土地开发，6个二级产业项目启动建设。3个地块包括翠湖科技园的A地块项目和永丰新材料功能区的A地块、E地块及市政配套道路工程建设项目，总占地约140.34公顷，总建筑面积约160.8万平方米。集中开工的6个二级产业项目为位于永丰产业功能区的中关村壹号项目、航天电子项目、爱博精电项目、佳讯飞鸿项目、北斗航项目和清华附中永丰分校，总用地规模约27公顷，规划建筑面积约82万平方米。项目建成后，预计年产值将达到320亿元，成为中关村高新技术产业发展新的增长极和推动海淀经济发展的新引擎。 （韩晶）

【中关村壹号开工】 12月22日，中关村壹号建设项目正式开工。该项目位于永丰信息产业基地，总用地面积20公顷，拟规划建筑面积约70万平方米。项目分A、B、C三个地块，其中A地块将建成核心总部聚集区，拟建科研中心、展示中心；B地块为快速成长企业加速区，拟建设5000至20000平方米的加速器项目；C地块为产业服务配套区，拟设独栋研发楼宇和商务配套设施，作为科技企业办公配套服务设施。项目建成后，将有200多家大型科技企业和快速成长企业入驻，就业人数2万人，入驻企业总收入240亿元至300亿元。 （刘畅）

海淀区北部地区开发建设委员会办公室
地址：海淀区温泉路1号
邮编：100095
电话：59732160　59732158（传真）
邮箱：bbkfb@126.com

城乡结合部市级挂账重点村建设

【综述】 **建设背景** 加快城乡结合部重点村改造，推进城市化发展是解决民生问题的重点工程，也是为中关村国家自主创新示范区核心区营造良好环境，推进“人文北京、科技北京、绿色北京”和世界城市建设的重要行动。海淀区总体上已进入从基本现代化向发达新城区迈进的新阶段，但是长期以来，城乡二元结构没有从根本上改变，在发展建设中，问题最大、矛盾最多、各方面反映最为强烈的就是城乡结合部建设问题。这些地区由于种种原因，基础设施落后，脏乱现象严重、流动人口管理困难、社会治安问题日益突出。加快城市化发展，当务之急就是尽快解决城乡结合部地区的问题。

重点村概况 从2010年开始，北京市全面启动城乡结合部50个重点村的城市化工程。其中海淀区共有8个，也是8个片区、涉及20个自然村。8个片区总占地面积约998.36公顷，其中宅基地占地面积约195.9公顷，总建筑面积235.36万平方米。常住人口2.9万人，流动人口约21.18万人。

海淀区市级挂账重点村名录

序号	所属乡镇	8个重点村（片区）	涉及范围（20个自然村）
1	东升乡	八家村	八家村
2	四季青镇	振兴社区	柴家坟、双槐树、行集寺、十王坟
3		门头村社区	南河滩、魏家村、胆家坟、牛碌坟、贾家坟
4		中坞村	中坞、船营、后窑、东关长
5	海淀乡	六郎庄村	六郎庄村
6		肖家河社区	肖家河村
7		后营村	后营村
8	西北旺镇	唐家岭村	唐家岭村、土井村、邓庄村

面临的问题 8个片区地处中关村国家自主创新示范区核心区产业基地的周边，大量外来人口聚集，违法建设大量出现，由此带来治安、交通、环境、消防等一系列问题，安全隐患突出。同时集体经济经营模式简单，吸引就业不

足。村民创收途径狭窄，且大多以房屋出租或以违法建设的房屋出租为主要经济来源，与经济社会发展方向不匹配。以唐家岭为例，近年来随着海淀城市化进程的加快，以及科技园区的发展，促使大量流动人口聚集，“瓦片经济”发达，村内近90%的村民将房屋出租作为重要收入来源，从而刺激违法建设的增长。为赚取更多的房租，楼越盖越高，越来越密，有限的空间被不断挤占。唐家岭的村民宅基地面积与违法建设面积比例达1：2，户籍人口与流动人口比例达1：10以上，水电气热等市政设施不堪重负，停水停电时有发生，卫生环境恶劣，交通压力巨大、治安案件多发，消防等安全隐患突出，直接影响群众的生命财产安全。要解决根本问题，就要按照城市化发展的思路进行彻底的整治改造。

全区重点村建设面临着以下问题：

1.各重点村历史悠久。区内的重点村村史据可考资料宋代即已形成，最短的也为清代以前，距今也有300百年。长年生活在此的村民在房产、宅基地等多方面形成错综复杂的关系，在推进旧村腾退中矛盾更为突出。

重点村村史列表

所属乡镇	村名	始建朝代（距今年代）	典故
西北旺镇	唐家岭	宋代，1000年	佘太君在此盼杨六郎，原为疼儿岭，后变为唐家岭
	土井村	宋代，1000年	
东升乡	八家村	明代，500年	明代时此地只有八户人家，因此得名八家村
海淀乡	树村	明代，500年	明正德年之前形成，清雍正在此设圆明园八旗护军营。此地古时多古柏而得名
	六朗庄村	宋代，1000年	传北宋杨六郎在此与辽兵交战，此周边还有挂甲屯也与杨六郎有关。此地宋代叫牛栏庄
	肖家河	元代，800年	元代，鞑靼曾聚居于此，此地形成了骚子营的名称（现与肖家河邻）清代为正黄旗营房
四季青乡	玉泉村	明代，600年	明代刘伯温建北京城时高亮赶水的典故发生地
	门头村	宋代，1000年	乾隆四十一年平定大小金川叛乱后，抓回苗族189名工匠看押在此地，门头也是海淀区唯一的民族村。红楼梦中的馒头村即此地。
	振兴村	清代前，300年	清代以前，此地有记载的十王坟，因葬有康熙皇帝第十子“允䄉”而得名。

2.受周边环境影响大。区内中央、军事、文物单位众多，玉泉山、颐和园、圆明园、西郊机场等重点限建区对周边的建设高度、规模都有一定限制。在回迁安置房选址、建设上受到影响。

3.资金需求量大。区内重点村建筑密集，人口较多，地上物补偿、人员周转、回迁安置等费用巨大，初步估算完成8个重点村建设工作资金总需求近350亿元。

工作推进情况 为贯彻落实市委市政府部署，依据区县负实施主体责任的基本原则，区委区政府确定整体启动、先难后易、重点突破、全面推进的工作思路，全区建立区级层面的领导指挥机构，由区委副书记任组长，2名主管副区长任副组长，40多个部门作为成员单位，统筹领导8个重点村的整治改造工作。领导小组下设办公室以及规划建设、资金保障、就业安置、宣传监督、维护稳定等专项工作组，相关乡镇政府和行政村也成立组织机构，形成区、镇、村三级分工负责，协调联动的工作格局。

在借鉴和推广北坞村试点成功经验的基础上，坚持政府主导、农民主体、政策创新的工作原则，探索出适合区情的重点村建设“四种模式”。重点村建设中涉及的市政基础设施、配套学校、幼儿园等公共项目全部纳入政府投资，项目建设与回迁安置用房同步竣工，为回迁群众提供良好的公共服务保障。在保持安置用房、产业用地的总建筑面积与原规模基本持平的情况下，将腾退出绿化面积140公顷，为清华、北大等中央单位建设、南水北调工程腾出建设用地120公顷，促进土地集约利用。

改造的四种模式 一、“北坞模式”：按宅基地面积1：1腾退换房，农民就近上楼，预留集体产业用地，旧村实现绿化。唐家岭村、六郎庄村、后营村依照该模式组织实施。

唐家岭

唐家岭村改造涉及唐家岭、土井、邓庄3个自然村，东临京包快速路，南倚中关村软件园，西靠永丰产业基地，北邻航天城，行政区域面积670公顷，其中农业用地440公顷，建设用地98

公顷(其中宅基地55公顷)。总户数2099户，户籍人口4816人，其中农业人口1326人，非农业人口3490人。村内约有流动人口4.73万人，其中约1.7万人是在科技园区、航天城等工作的大专以上毕业生。唐家岭各类建筑密集、人口集中、社会关注度高，是重点村建设中的重点，市、区、镇、村多次研究，采取“宅基地腾退，农民就近上楼，预留集体产业用地，集体经济发展与园区建设统筹”的工作思路。所需资金通过西北旺新村三期北C地块收储上市解决。

截至2010年12月18日，唐家岭地区腾退工作提前12天完成，腾退1153个村民院落共2099户，宅基地建筑总面积95万平方米、非住宅单位94家，建筑总面积53万平方米，4816名村民妥善周转安置。工作中未发生影响稳定的重大事件，未发生重大安全生产事故。镇、村正实施回迁安置用房及配套项目，力争让腾退村民尽快回迁。

六郎庄、后营

六郎庄村占地面积53公顷，其中宅基地及集体产业建筑面积约52万平方米，户籍人口4641人。由于受颐和园限建区影响，将整体搬迁至后营安置。后营现状占地20.08公顷，其中宅基地占地面积3.5公顷，建筑面积5.85万平方米，户籍人口400人。后营规划总用地面积约20.08公顷，其中回迁安置用房占地面积14.13公顷，建筑面积28.26万平方米。绿隔产业用地面积1.2公顷，建筑面积3万平方米。

六郎庄村、后营腾退搬迁及回迁安置房建设所需资金约48亿元。一是海淀乡自筹部分建设资金。二是将海淀乡部分集体产业用地调整规划指标后上市交易，收回部分资金。

截至年底，后营旧村村民宅基地腾退工作全部完成，腾退100个村民院落，宅基地面积4.5万平方米、非住宅单位12家，建筑面积12万平方米，400名村民妥善周转安置，后营村村民搬迁至已建成的万树园小区和紫城嘉园小区。六郎庄新村建设工作已启动。

二、市区土地联储模式：以市区土地储备中心联合作为项目主体，按8:2比例共同筹资，授权农村集体经济组织为实施主体，采取农居民就地上楼、集体企业留地安置等方式。八家村依照该模式组织实施。

东升乡八家村主要任务是改善八家地区整体面貌，并为清华大学腾退建设用地。八家村占地58公顷，其中宅基地占地面积23公顷，建筑面积29.7万平方米，户籍人口4692人。八家村规划总用地55.95公顷，其中清华大学用地19.55公顷，农民回迁及集体产业用地16.03公顷，以及其他用地。

八家村总资金需求为55亿元。所需资金由3部分组成：一是政府投入市政道路和配套小学校的征地拆迁费。二是商品房用地上市收入。三是清华大学支付的土地费用。

截至年底，八家村旧村已全部拆除，腾退1397个村民院落共2704户，宅基地建筑面积27万平方米、非住宅单位206个（包括11家乡外单位），建筑面积18万平方米。4692名村民妥善周转安置。正在实施回迁安置用房建设以及向清华大学交地工作。

三、重点工程带动搬迁改造模式：以重点工程项目为载体，整合地区资源，借重点工程建设之势，对重点村实现整体搬迁和集中安置。肖家河社区、中坞村依照该模式组织实施。

肖家河　肖家河现址是北京大学肖家河住宅项目预留地，占地面积近50公顷，其中宅基地及集体产业建筑面积约20余万平方米。户籍人口约2800人。海淀乡与北京大学于2009年12月签订合作开发协议。规划建设规模为56万平方米，其中17万平方米用于村民回迁安置用房，6万平方米商业面积用于发展集体经济，33万平方米用于北京大学教师住宅建设。主要资金来源为向北京大学符合条件教工提供住宅所收回的房款。

为推进肖家河重点村建设，区委区政府与北京大学多次研究，共同成立协调指挥机构，由北京大学副校长和区政府副区长任总指挥，负责肖家河全面指挥调度工作。下设综合协调、规划建设、政策研究、腾退动员、维稳法务、资金管理等6个工作组。

中坞村　中坞村隶属四季青镇玉泉行政村，是北京市重点工程南水北调团城湖调节池建设用地。占地面积约35.7公顷，其中宅基地占地面积约24.45万平方米。户籍人口5119人。中坞村腾退搬迁及回迁安置用房建设资金在南水北调工程中统筹解决。待资金到位后开展工作。

四、“一村一策”模式：从重点村实际情况出发，尊重历史，尊重村民意愿，建设方式因村制宜，分类改造，实现自主搬迁、自主建设、自主管理。门头、振兴社区依照该模式组织实施。

振兴社区占地36.94公顷，其中宅基地占地面积20.64公顷，建筑面积11万平方米，户籍人口2994人。振兴村在行集寺原址上调整出6.7公顷作为回迁用地，位于四季青宝山村范围内的一处规划货场用地调整为居住用地，用于振兴村的资金平衡。

门头社区占地43.34公顷，其中宅基地占地面积25.3万平方米，建筑面积19.09万平方米。户籍人口3590人。按照规划方案，将原青科产业园2.8公顷用地产业用地调整为回迁用地，将五环路东原10.55公顷产业用地调整为回迁用地，将用地北侧15米规划道路及规划绿地约1.98公顷调整为回迁用地。将香山南路东侧12.8公顷规划绿地调整为平衡资金用地。

工作措施　成立民主评议机制。根据重点村的实际情况和村民反映的问题，发挥民主评议机制的作用，按照以人为本的原则，灵活运用政策，维护村民合法利益，帮助村民“解顾虑、算好账、下决心”。

加强宣传。在推进重点村建设过程中加强宣传力度，营造社会舆论氛围，由区委宣传部门牵头，统一对外宣传工作；适时制作重点村整治改造工作进展新闻通稿；在各相关乡镇、重点村分别建立新闻发言人制度，做好媒体应对准备，正确引导舆论。唐家岭、八家等推进较快的重点村分别创办重点村建设专刊，将政策措施、工作动态、热点问题等情况及时向群众公布，打消群众顾虑，赢得理解和支持。区监察局邀请人大代表、政协委员作为特邀监察员进驻重点村，随时听取群众意见。

加强监督。区监察、审计部门向重点村派驻监察审计工作组，对重点村中旧村腾退、回迁楼建设等全过程进行全程跟踪。设置监察投诉箱。运用奥运成功经验，建立监察、督查、检察三位一体的监督检查机制。发挥群众监督作用，在宅基地的评审评估、补偿额度及安置面积的认定、施工建设、材料采购等方面让群众参与监督工作。区监察、督查和区城乡一体化领导小组办公室联合对各重点村工作情况进行检查，了解工作进度和存在的问题，及时协调相关部门推进各项工作。

强化维稳工作。重点村整治改造工作进入关键阶段时，各种矛盾、问题突显，区政府要求各级领导干部要加强领导，靠前指挥；把工作能力和责任心强的同志充实到一线，加强力量；分层次、分群体做好腾退户工作，避免群体性事件发生，对不稳定因素提前分析和研判，做好预案。

主要经验 市委市政府组建专门的领导机构，区、镇、村分别设立指挥机构，各级领导坐镇指挥，各部门协调联动，为重点村建设工作提供组织保障。

依靠群众，发动群众。在制定腾退工作方案中，坚持从群众中来到群众中去的工作原则，切实维护村民切身利益，为顺利开展腾退工作奠定坚实的基础。同时发挥村民主体作用，组成民主评议机构，确保腾退工作中公开、透明。

党员干部带头，以身作则。重点村建设涉及宅基地面积多、人口多，工作难度大，党员干部和基层组织切实发挥先锋模范和战斗堡垒作用，带头腾退，为旧村腾退打开突破口。很多党员干部是土生土长的“村里人”，他们坚持原则，秉公办事，主动做亲属工作，没有让自己的亲友多拿一分钱，多得一平米，为村民树立榜样。

部门配合，同心协力。以镇村为主体全力推进重点村建设中，市、区各有关部门关口前移，主动服务，为建设工作提供政策、管理保障，维护社会稳定，确保重点村建设的平稳有序。结合创先争优活动，区直机关系统的党组织与村党支部开展拉手共建活动，取得良好效果。

【市城乡结合部建设领导小组与区政府签订目标责任书】 5月30日，北京市城乡结合部建设领导小组与海淀区政府签订目标责任书。东升乡八家村、四季青镇中坞村、四季青振兴社区、海淀乡后营村、海淀乡肖家河社区、四季青镇门头社区、海淀乡六郎庄村、西北旺镇唐家岭村为全市城乡结合部城市化工程的重点村。目标责任书要求按照各重点村的建设实施方案及倒排工期计划，确保用两年的时间基本完成重点村的建设任务。截至 2010 年底，按照目标责任书要求，唐家岭村、八家村、后营村在规定时间内完成旧村腾退工作，并通过北京市城乡结合部建设领导小组的验收。 （普云燕）

海淀区城乡一体化办公室
地址：海淀区长春桥路 17 号
邮编：100089
电话：82510433
邮箱：hdcxyth@126.com

城市管理与服务

★ 10月9日，由中科院老科协主办、区科协协办的“调整空气质量标准研讨会”召开。（李瑞林 摄）

★ 中关村西区（区园林绿化局 供图）

▲ 10月13日，来自英、法、德、日等9个国家的“萨尔斯堡全球论坛”学术考察团对西山庭院小区垃圾分类工作进行考察和参观。（马连洼街道 供图）

▲ 2月13日，环卫工人除雪作业。（区环卫中心 供图）

▲ 道路新工艺——洗地作业（区环卫中心 供图）

▲ 9月20日，区城管大队海淀分队开展“靓丽京城喜迎国庆”清洁日行动，与城管志愿者共同清除非法张贴的小广告。（区城管大队 供图）

5月6日，十九中召开防震减灾科普校现场会。▶（王光辉 摄）

▲ 8月30日，区城管中关村分队在中关村一小开展“城管法规宣传进校园活动”。（区城管大队 供图）

▲ 8月9日，环保人员对山后西六砖厂排污进行检查。（区环保局 供图）

▼ 6月2日，上地街道办事处、上地城管分队与实创、联想、百度等14家高科技企业联合开展“大城管”环境保障联合行动。（李瑞林 摄）

▼ 为使道路景观绿化带冬季免遭融雪剂伤害，11月3日，区园林绿化局绿化三队工人首次使用新材料——全塑胶防盐板为长春桥路的600多米绿植做防护墙。（李瑞林 摄）

▼ 3月10日，区城管大队永定路分队检查施工工地。（区城管大队 供图）

京藏高速海淀段彩叶工程　（区园林绿化局 供图）

绿化后的北坞郊野公园（区园林绿化局 供图）

10月10日，由中国红十字会总会、中国邮政、中国红十字会世博爱基金联合主办，索贝国际机构独家承办，以“用梦想筑成我们新的长城”为主题的“百年世博，十年创想”大型主题文化活动暨未来邮局启动仪式在京举行。每个怀揣梦想的人都可以向十年后的自己、亲人、朋友等书写一封亲笔信，在活动专设的“未来邮局”封存十年，2020年再次寄出。（海淀区邮电局 供图）

概　述

北京市海淀区市政市容管理委员会（加挂北京市海淀区城乡环境建设委员会办公室牌子）原名北京市海淀区市政管理委员会，成立于1983年12月。是负责本区城乡环境建设综合协调、城市综合管理协调和相关市政公用事业、市容环境卫生管理的政府工作部门。2009年8月更为现名。下辖海淀区市政设施监察所、海淀区个体出租汽车行业管理处、海淀区渣土管理所、海淀区养路队（本年4月15日划入）4个事业单位。

2010年1月8日，区政府办印发“海政办发【2010】10号”即《关于印发北京市海淀区市政市容管理委员会（北京市海淀区城乡环境建设委员会办公室）主要职责内设机构和人员编制的规定》，区市政市容委城区绿化办职责划转给区园林绿化局，增加查处违法建设工作任务和目标的部署、督促和统计工作，固体废弃物处理和资源再利用工作，强化综合协调，督促落实本区城乡环境建设、市政设施建设、环境整治秩序职责。4月14日经区编委会研究决定，撤销海淀区“2008”环境建设指挥部办公室机构建制。4月15日，按照《海淀区机构编制委员会关于划转区市政园林服务中心下属事业单位的通知》（海编委发〔2010〕5号）精神，养路队划归市政市容管理委员会，负责区属道路、排水管线、桥梁养护监察管理和道路、排水管线市政工程建设。12月16日，区市政市容委加挂北京市海淀区交通委员会牌子（简称区交通委），新增交通管理方面的职责。

本年，城市管理和城市环境质量引起各级人大代表、政协委员和市民的普遍关注，区市政市容委全年共办理市、区人大建议、政协提案102件，占全区人大建议、政协提案855件的12%。区市政市容委按照规定的时限已全部办结，市、区人大建议代表所提问题已经解决或已列入计划解决的比例达到88.14%；市、区政协委员所提问题已经解决或已列入计划解决的比例达到90%；代表对办理结果表示满意或表示感谢的比例达到94.92%，委员对办理结果表示满意或表示感谢的比例达到90%，本年区市政市容委被评为海淀区政府提案建议办理先进单位。接收市、区信访件385件，同比增加126件，增长48.65%，接收群众事务呼叫中心1410件。

本年，区市政市容委获2009年度海淀区信访排查调出先进集体、2009年度海淀区消防工作先进单位、首都全民义务植树先进单位、2010年度北京市城区市容环境卫生“问题评价”第三名、海淀区级机关系统首届运动会精神文明风采奖。

海淀区市政市容管理委员会（海淀区城乡环境建设委员会办公室、北京市海淀区交通委员会）
地址：海淀区西四环北路11号
邮编：100195
电话：88487200
网址：szsr.bjhd.gov.cn

下属事业单位：

1.海淀区市政设施监察所
地址：海淀区西四环北路11号
邮编：100195
电话：88472698

2.海淀区个体出租汽车行业管理处
地址：海淀区西四环北路11号
邮编：100195
电话：88472878

3.海淀区渣土管理所
地址：海淀区东北旺南路27号上帝办公中心B座
邮编：100193
电话：82785458

4.海淀区养路队（本年4月由区市政园林服务中心划入）
地址：海淀区云会里金雅园4号楼
邮编：100097
电话：51506881

（吕瑞清）

公用事业和市政设施管理

【综述】 区市政市容管理委员会负责本区的公用事业和市政设施管理工作，协调区域内邮电、交通、电力、路政等市政设施建设与管理。

监管与维护市政设施 年内，区市政市容委完成各类日常养护面积50万平方米，共计投资735万元。清掏排水管道30814.55米，其中雨水管线16225.75米、污水管线7288.7米、合流管线7300.1米（各类检查井1257座，雨水口1129座）。恢复掘路面积35328平方米；雨水箅子22块；雨水口13座；路缘石579米；路面坑洼处理1635平方米；检查井4座；支线管19米；整修路肩10896延米。

道路大中修工程总投资9800万元，以打造无障碍示范街、提升绿化景观效果、改善行人出行、优化静态交通、改善道路交通微循环等为重点，共完成58条、总长度33公里、总面积42万平方米的道路大修工程。协调市路灯管理中心，完成11条道路的便民路灯工程。

市政设施巡视里程14万公里，巡视面积141.6万平方公里。巡查各类雨水管线31公里，检查雨水口1140座，井口64座，巡视养护桥涵24座。将491条道路分片到组、分路到人，确保市政基础设施的安全运行。参与海淀区基础设施建设，以“施工精细化、便民人性化、服务无痕化”的要求，共完成市政建设工程51项，涉及道路工程面积近16万平方米，步道面积6万多平方米。接管上地地区17条道路、共计30万平方米。

掘路和占道审核工作，通过完善监管机制，加大批后监管力度，规范施工作业。利用网络和现场发布公示，向监管单位发放施工通知书，实行批后监管区、街联动，打击违章私掘道路行为。全年核准占道掘路事项35件次，面积9103平方米。组织实施对纳入全区招标养护76条、共计150万平方米道路的监管工作，完善各种报送文件和工作流程，通过控制资金量、工程量、养护质量来监管养护单位的养护作业。共完成道路养护作业面积2.3余万平方米。

完善市政设施应急抢险制度，投入60余万元购置应急工作站、高压管道清洗机、发电机、高架照明灯等设备，在温泉、厢红旗等路进行防汛抢险演练5次。全年进行应急抢险12次，处理面积10428平方米。

全年完成210条道路、1076面路名牌的安装。架空线入地专项整治工作中确定的阜成路（航天桥–三里河路2100米）、玉渊潭南路（普惠桥–三里河路1800米）2条道路、3900米的通信线缆的入地工作，11月15日前完成管道建设任务，年底完成通信线缆入地。

对中关村西区地下设施检查井井盖沉降、破损等情况进行排查，协调组织相关专业权属单位开展自查与修复处置工作，共修复井盖周边破损、地井沉降、井盖弹响、松动等各类设施检查井井盖问题176件。组织相关单位、部门的126人次到地下管线施工现场检查、执法、指导。协调城管执法大队出动896人次、224车次到现场查处擅自挖掘道路11起，督促权属单位修复破损井盖4起。制作宣传横幅29块、宣传展板60块、宣传册3000份。协调处理井盖热线、群众事务呼叫中心及城市监督管理指挥中心等途径反映的井盖运行故障问题，共处理井盖热线497件、城市管理平台井盖类问题1641件，群众事务呼叫中心井盖类316件。接收信息化城市管理平台案件3256件，非紧急救助服务中心案件1330件。案件完成率100%、及时率99.62%，年终总评优等。

渣土管理 年内共办理渣土行政许可11份、渣土消纳证340张，渣土消纳总量为120万吨。对全区485处建筑工地进行8次普查，尤其是在渣土管理集中整治阶段：组织联合抽检工地28次，抽检建设工地85个，有43个不合格的工地要求限期整改，不合格率51%；组织夜查28次，检查车辆982台次，暂扣不合格的420台，暂扣率为42.8%；组织安排环卫中心等单位清运渣土3000余吨。完成渣土管理集中整治工作，控制本区内的建筑渣土的乱倒乱卸和道路遗撒。

公用事业管理 停车场行业管理。年内共受理新增停车场备案1113个，全区备案车位累计达290134个。其中路外公共停车场567个，停车位125160个；居住区停车场476个，停车位161229个；临时占道停车场70个，停车位3745个。

中关村西区停车诱导系统工程自2009年11月开工建设，于2010年4月竣工，完成相关设备采购、安装、调试等工作，系统运行正常。其中数据采集安装91套（停车场65套+环廊通道26套），二级诱导屏建设41处，共计122块屏。原设计在北四环辅路建设2处一级诱导屏，因辅路拓宽工程，暂缓建设。年内对二里庄、光明村、八宝庄、花园路丙28号院、翠微北路及翠微南路等6个老旧社区进行停车环境改造，改善小区居民停车难的现状。共完成铺装1.54万平方米，增加停车位75个，拓宽消防通道3900平方米。

中保洁厕所、报刊亭管理。年内6次向中保洁公司及报刊亭公司下发《安全大检查通知》，要求公司加大检查巡查力度，尽快解决存在的问题，确保节日期间的安全稳定。对本区168座移动公厕进行安全大检查，通过检查彻底摸清移动公厕的设置位置和经营活动，更新基础数据。组织海淀区城管监察大队，各街道、乡镇召开报刊亭、移动厕所管理工作会，报刊亭及中保洁公司相关负责人介绍公司的基本情况，并就加大对报刊亭及中保洁的管理力度进行沟通并达成共识。就中保洁移动公厕回购事宜与中保洁公司谈判，初步达成共识。处理投诉移动厕所案件56起，区政协委员提案1件，现场协调中保洁移动厕所挪移、投诉5起。处理报刊亭投诉案件22起，现场协调处理3起，配合市市政市容委在地铁1号线增设报刊亭4座。全区现有邮政报刊亭448座。

户外广告管理工作。全年共受理牌匾标识申请110份，其中出具建议书70份，整体规划建议书10份。共受理标语宣传品许可41份，审批34份；信息平台共处理11份，群众呼叫中心共处理26份。发布公益画面46项、更换227次、面积52755平方米。其中政府部门26项、更换148次、面积32004平方米；重要节日、纪念日20项、更换79次、面积20751平方米。

个体出租管理。共管理个体出租车90辆，司机139名。年内为11名司机办理报废更新车辆手续，办理增加小帮手[1]17人、撤销小帮手9人。接受60余起电话投诉问题，对6封从执法队转来的投诉信，核实情况，协同执法队处理问题，加强对司机的批评教育。为乘客

[1] 是指出租车司机为保证正常工作请其他人员临时代班。

查找、送遗忘物品70余次。

燃气管理 7～9月，对全区的液化气供应市场进行整顿，打击无证游商，净化辖区的液化气供应市场。全区现有9家企业均办理了“燃气经营许可”，安全水平和运行能力得到提高。2009年市政府下达老楼通气“折子工程”任务28468户，分两年完成。本着能通则通的原则，经过规划设计、施工和通气等一系列工作，海淀区涉及20个街道乡镇，共完成通气562栋、31254户（其中2010年完成249栋、13308户），超额完成2786户。

供暖工作 负责辖区内城镇居民住宅锅炉供暖管理、协调指导辖区各住宅锅炉供暖单位的供暖工作。截至年底，海淀区有供暖单位394家，供暖锅炉房612座。根据北京市专业气象台预报，北京市3月中旬有一次雨雪降温天气，为确保北京市居民平稳度过此次降温，市委市政府决定2009-2010年居民采暖结束日由3月15日延至3月22日。本年度协调解决各类政策咨询、供暖投诉等共计5276件，其中区供暖值班热线电话1798个，市信息平台转来3148个，区群众事务呼叫中心288个，市市政市容委转来市民信箱2个，市长信箱30个，区政府信箱10个。

（吕瑞清　穆笛）

【建成苏家坨临时公交场站】 北部地区新建苏家坨临时公交场站以方便百姓出行，增加就业岗位。公交场站由威凯公司于2009年11月25日开工，2010年1月20日竣工。项目位于苏家坨地区翠湖北路北侧，场站总面积约10660平方米，场站周围用砖砌铁艺挡墙围砌，高度2.8米；在南侧新建一座10米宽铁艺大门场站出入口；场站南侧建面积413平方米二层彩钢房；在场站南侧新建变压器一组（用电量按100KW/h考虑），向场内供电，场站四周新建12盏照明灯，拆移电信管线，铺油面积9584平方米。新开公交线路902路，从苏家坨至一亩园。（聂世剑）

【海淀新增59处交通电子眼】 4月8日，北京市交管局公布本市在海淀区新增59处“全能”电子眼，使本市电子眼数量达2316个。与过去的“专职”电子眼不同，这59处电子眼可以动态摄录各种交通违法行为。本次新增的59处电子眼分别位于北三环、北四环、中关村大街和万泉河路等主要大街，翠微大厦等停车费上调地区周边以及一些停车秩序乱点处。新增电子眼位置：海淀大街银科大厦东北角、海淀大街与彩和坊路交叉口天创大厦西北角、彩和坊路天创大厦西南角、善缘街与彩和坊路交叉口1+1大厦西北角、丹棱街与彩和坊路交叉口1+1大厦西南角、海淀北一街与海淀西街交叉口泰鹏大厦东北角、彩和坊路泰鹏大厦西南角、海淀北一街与海淀中街西侧理想大厦东南角、海淀北一街与海淀中街东侧普天大厦西北角、善缘街新东方大厦南门、海淀大街与善缘街交叉口中钢大厦东北角、海淀北一街首创拓展大厦西北角、中关村一号桥恒昌IT广场东南角、中关村大街四通大厦东北角、中关村大街E世界东南角、中关村大街中关村大厦东南角、海淀南路3号楼前、海淀南路凯德华门口、海淀南路亿方大厦西南角、三环路四通桥西过街天桥、四环路中海电子市场东南角、万泉河路城乡仓储超市东北角、万泉河路城乡仓储超市东南角、万泉河路城乡仓储超市前过街天桥南侧路东、万泉河路城乡仓储超市前过街天桥北侧路东、三环路联想东桥、三环路双榆树消防中队门前、三环路超市发门前天桥、三环路科学院南路南口西侧、中关村大街中关村一号桥南、四环路中关村二号桥北侧、四环路中关村二号桥南侧、四环路中关村三号桥南侧、中关村大街科贸大厦门前、成府路华清嘉园北门前、小营西路二十中门口、文慧园北路金典东门北侧、文慧园北路金典东门南侧、花园北路大唐电信北门西侧、花园北路北医三院急诊门前、圆明园西路肖家河桥过街天桥、四环辅路沙窝桥亚泰食府门前、四环辅路金沟河桥东侧、复兴路五棵松路口东南角、四环辅路301医院西门前、四环辅路南沙窝桥北西南饭店门前、西翠路沙窝路口东北角、复兴路与翠微路口西北角、复兴路翠微大厦正门、复兴路京西宾馆西门、香山路植物园南门、香山路香泉环岛西侧、香山路植物园东南门西侧、三环辅路万寿寺路西口、三环辅路苏州桥西南角、三环辅路苏州街邮局、四环辅路空军指挥学院北门、四环辅路武警16支队口、蓝靛厂路人大附小。

【4号线中关村站新开两个出口】 4月，地铁4号线中关村站两个地下出入口A2口（A口西北口）及E口（车站西侧）开放，4号线乘客不用出站，可直接从地下通往鼎好电子商城、海龙电子商城购物及中关村购物中心等中关村地区主要购物、休闲场所。出入口开放时间为9时至22时30分。（田颖）

【市政道路大中修工程（35项）】 **上庄海事站路大修** 4月3日开工，4月21日竣工。位于上庄镇，东起上庄路，西至上庄水库北岸，全长317米，宽6米，面积1902平方米。铺装防滑渗水砖长597米，宽0.4-2米，面积737平方米。

美丽园路大修 4月4日开工，4月22日竣工。位于八里庄街道，道路东与美丽园小区，西与西四环北路相接，全长207米，宽9.5-12米，面积2416平方米。

大慧寺北路大修 4月6日开工，4月25日竣工。位于北下关街道，南起大慧寺路，北至学院南路，全长581米，均宽7米，面积4403平方米。

又一村路大修 4月5日开工，5月3日竣工。位于八里庄街道，东起北洼路，西至蓝靛厂南路。全长256米，宽5-9.5米，铺沥青砼1895平方米。铺装步道砖长450米，均宽2.8-3.5米，共计1440平方米。铺装盲道砖长19.5米，均宽0.4米，共计78平方米。

政协报社南门道路大修 4月11日开工，5月4日竣工。位于八里庄街道，南起八里庄路，北至报社门前，全长147米，均宽5.5-9米，面积1664平方米。步道砖长233米，宽1.5-1米，面积366平方米。

二里沟路大修 4月8日开工，5月11日竣工。位于甘家口街道，南起车公庄大街，东至三里河路。全长458米，宽5-8.2米，铺沥青砼3304平方米。

铺装步道砖长430米，均宽2.5–3.5米，共计1290平方米。铺装盲道砖长160米，均宽0.4米，共计64平方米。

温泉村支路大修 4月8日开工，5月12日竣工。位于温泉镇，南起北安河路，向北至温北路，全长357米，宽7米，面积2673平方米。铺装步道砖均长680米，宽0.8–3米，共计1488平方米。

圣化寺路 4月18日开工，5月14日竣工。位于海淀街道，南起泉宗北路，北至万泉庄路。全长269米，均宽12米，面积2875平方米。步道全长452米，宽3.5–10米，共计3512平方米。

高辛路大修 5月18日开工，6月12日竣工。位于温泉镇，南起京密引水渠，北至高里掌村西。全长523米，宽4米，铺沥青砼3153平方米。铺装步道砖长523米，均宽0.4米，共计209平方米。

晾果厂路大修 6月12日开工，7月8日竣工。位于羊坊店街道，南起玉渊潭南路，北至军事管理区大门。全长262米，宽10米，铺沥青砼2896平方米。铺装步道砖长115米，均宽0.9–2.2米，面积132平方米。

中关村南四街路大修 6月10日开工，7月15日竣工。位于中关村街道，南起星规路，北至中关村东路。全长624米，宽6–11米，铺沥青砼4918平方米。铺装步道砖长1125米，均宽0.8–7.2米，共计1808平方米。铺装盲道砖长60米，均宽0.5米，共计24平方米。

友谊路南段改造 5月31日开工，7月25日竣工。位于西北旺镇，南起邓庄南路，向北至北清路，全长1652米，宽16–23米，面积32471平方米，步道长2682米，宽4.5米，面积11390平方米。盲道长3098米，宽0.5米，面积1549平方米。

文慧园西路南段大修 6月14日开工，7月28日竣工。位于北太平庄街道，北起学院南路，南至二环路。全长530米，宽9–12米，铺沥青砼6687平方米。铺装步道砖长462米，均宽2.5–6米，共计2498平方米。铺装盲道砖长378米，均宽0.4米，共计151平方米。

龙背村路大修 6月13日开工，7月30日竣工。位于马连洼街道，南北走向，起点北与颐和山庄路相交，终点南至地铁龙背村站。道路全长909米，均宽16米，面积17101平方米。两侧铺装防滑渗水砖均长1765米，均宽3.3–4.2米，共计6806平方米。

常润路大修 6月15日开工，7月30日竣工。位于四季青镇，南起杏石口路，北至东冉北街。全长1132米，宽7米，铺沥青砼7915平方米。铺装步道砖长1048米，均宽1–12米，共计2466平方米。

八宝庄路大修 6月11日开工，8月10日竣工。位于八里庄街道，西起东翠路，东至蓝靛厂南路。全长733米，宽3.8–6米，铺沥青砼5178平方米。铺装步道砖长1213米，均宽0.5–7米，共计3046平方米。

马连洼西路大修 7月18日开工，8月18日竣工。位于马连洼街道至西北旺镇，南起黑山扈路，北至马连洼北路。铺装步道砖长2525米，均宽0.5米，共计1250平方米。

上地开拓路大修 6月13日开工，8月20日竣工。位于上地街道，南起上地四街，北至上地八街。全长1079米，宽7米，铺沥青砼10048平方米。铺装步道砖长2158米，均宽2.5米，共计8523平方米。铺装盲道砖长2246米，均宽0.5米，共计674平方米。

银燕小学门前路中修 8月10日开工，9月1日竣工。位于曙光街道，西起蓝靛厂路，东至蓝靛厂北路。全长341米，宽6米，铺沥青砼2200平方米。铺装步道砖长611米，均宽2.5米，共计1580平方米。铺装盲道砖长230米，均宽0.4米，共计92平方米。

马坊中路南段大修 8月15日开工，9月8日竣工。位于上庄镇，南北走向，起点南与马坊路相交，终点北至常乐村牌坊。道路全长408米，均宽7米，面积2972平方米。步道砖均长120米，均宽0.9–3.5米，共计310平方米。

永泰园北路大修 9月1日开工，9月11日竣工。位于西三旗街道，西起京藏高速东辅路，东至永泰园小区。全长108米，宽6.2–10米，铺沥青砼1237平方米。铺装步道砖长80米，均宽2.5米，共计200平方米。铺装盲道砖长80米，均宽0.5米，共计40平方米。

香山碧云寺路大修 9月1日开工,9月20日竣工。位于香山街道，西起碧云寺村，东至香山公园。全长533米，宽4米，铺沥青砼2506平方米。铺装步道砖长750米，均宽0.5–2米，共计668平方米。

清河四街大修 9月10日开工，10月3日竣工。位于清河街道，南起双清路，北至清河。全长1135米，宽5.6–14米，铺沥青砼6530平方米。

永定路东街大修 10月14日开工，10月25日竣工。位于万寿路街道，西起永定路，东至枣林路。全长188米，宽6–7米，铺沥青砼1308平方米。铺装步道砖长201米，均宽1.3–2.5米，共计245平方米。

蔬菜研究所门前路大修 10月15日开工，10月26日竣工。位于八里庄街道，北起彰化路，南至蔬菜研究所门前。全长148米，宽5米，铺沥青砼1152平方米。铺装步道砖长273米，均宽0.2–3米，共计279平方米。

上地七街大修 10月8日开工，11月11日竣工。位于上地街道，西起上地西路，东至上地东路。全长580米，宽21米，铺沥青砼10259平方米。铺装步道砖长976米，均宽2.7米，共计2315平方米。铺装盲道砖长1076米，均宽0.5米，共计538平方米。

朱房地区八条路大修 8月24日开工，11月15日竣工。位于清河街道，朱房居民小区内。全长2344米，宽2.4–6米，铺沥青砼11059平方米。铺装步道砖长1864米，均宽2.5–6.5米，共计5501平方米。

采石南路大修 9月28日开工，11月15日竣工。位于万寿路街道，北起北太平路，南至太平路。全长387米，宽12米，铺沥青砼5131平方米。铺装步道砖长775米，均宽3米，共计1696平方米。铺装盲道砖长805米，均宽0.5米，共计464平方米。

大钟寺北路大修 10月26日开工，

11月20日竣工。位于中关村街道，西起中关村东路，东至照相机厂路。全长221米，宽6米，铺沥青砼1435平方米。铺装步道砖长376米，均宽0.5–2米，共计655平方米。

颐慧佳园西侧路大修　10月15日开工，11月25日竣工。位于八里庄街道，北起彰化南路，南至颐慧家园南侧丁字路口。全长274米，宽6米，铺沥青砼2050平方米。铺装步道砖长416米，均宽2米，共计1032平方米。铺装盲道砖长500米，均宽0.4米，共计200平方米。

四道口路北段大修　11月7日开工，11月27日竣工。位于北下关街道，北起西三环北路，南至学院南路。全长500米，宽7–10米，铺沥青砼4817平方米。

玉带南路大修　9月26日开工，11月28日竣工。位于青龙桥街道，起终点均为玉泉山路。全长821米，宽3.5–5米，铺沥青砼3782平方米。铺装步道砖长516米，均宽2米，共计1425平方米。

万柳中路步道大修　10月10日开工，12月3日竣工。位于万柳地区，南起长春桥路，北至巴沟路。铺装步道砖长3322米，均宽3.5–7米，共计17658平方米。铺装盲道砖长3032米，均宽0.5米，共计1516平方米。

南马坊路大修　8月24日开工，12月5日竣工。位于西三旗街道，西起东升文体公园，东至东升文体公园。全长200米，宽5.4米，铺沥青砼1430平方米。铺装步道砖长375米，均宽1–3米，共计1137平方米。

明光西路大修　10月10日开工，12月16日竣工。位于北太平庄街道，南起学院南路，北至三环。全长713米，宽10米，铺沥青砼7690平方米。铺装步道砖长1387米，均宽4米，共计4608平方米。铺装盲道砖长650米，均宽0.5米，共计260平方米。

（孙旺达　穆笛）

城乡环境建设

本年全区的城乡环境建设项目共计138个，主要包括7个重点大街环境整治项目、73个老旧小区环境整治项目、4个校园周边环境整治项目、5个河湖两侧环境整治项目、2个公园风景名胜周边环境整治项目、39个城乡结合部公共区域环境整治项目、1个铁路沿线环境整治项目、2个科技园区周边环境整治项目、2个商圈环境整治项目及3个方便市民休闲娱乐的新设施、新景观环境整治项目。为调动街道乡镇对需求分析、设计审查、投资控制和合同管理的主动性与积极性，本年继续按照海淀区市政市容委作为项目建设主体、街道乡镇作为项目实施主体的模式开展建设，环境建设资金由区市政市容委全部承担调整为区市政市委与街道乡镇按照2:1的比例配比投资。区市政市容委具体负责实施3个项目，即公主坟商圈、甘家口社区商业中心区及中国纪检监察学院周边环境整治项目。

全年共完成建筑物内外墙粉饰38.6万平方米，雨污水管线6713米，甬路修复9.2万平方米，公共照明371套，更换公共走廊外窗294平方米，围栏及防盗护栏油饰2.6万平方米，临街商铺牌匾更换400平方米，安装自行车架100米，围挡墙修复或新建766米，护坡修葺2087平方米，垃圾渣土清运2.8万立方米，安装导示牌13块。

环境秩序整治，全年组织各部门及街道乡镇共查处各类违法案件17577起。其中取缔无照经营11825起；露天烧烤350余起；查处非法洗车330余起；查处违规施工工地458家，处罚184起；查处黑车233起，处罚黑车84辆；查处无证运输952起；检查门店16554家，处理违反门前三包规定1418家；查处非法张贴散发小广告581起，清理和收缴小广告81618张；查处违法广告牌及灯箱724起，拆除广告牌匾526块；取缔和规范夜市排档621起；清理脏乱点85处、清运垃圾650余吨。收缴非法出版物及盗版光盘5480份；拆除违法建设878817平方米。完成重大活动环境保障工作30余次。

编制1条道路景观规划及2条道路公共服务设施设置规划。完成翠湖北路城市景观规划道路建设工程，进入养护期阶段，完成景观绿化53050平方米，补栽乔木815株，种植色带5466平方米。完成北四环、昆玉河、长安街延长线3条夜景照明运行维护公开招投标，确定3家维护单位，以保证建成景观效果。广告共巡视66天，出动594人次，车辆198辆次，巡查总里程约9000公里；夜景共巡视36天、出动432人次、车辆108辆次，巡查总里程约2000公里。

全年共完成100户居民的拆迁工作，涉及14个城中村环境整治项目，拆迁房屋面积约4500平方米。

编制《海淀区遏制和查处违法建设工作规划（2010年–2012年）》，实施“352工程”，即2010年为全面展开阶段，计划拆除违法建设存量375万平方米的30%，约113万平方米，力求做到遏制新生违法建设“零指标”的工作要求；2011年为纵深推进阶段，计划拆除违法建设存量375万平方米的50%，约187万平方米；2012年为巩固提高阶段，计划拆除违法建设存量375万平方米的20%，约75万平方米。

开展专项整治。2009年11月至2010年3月开展“百天行动”[①]，重点清理多年遗留的批后未执行违法建设

[①]大干100天，掀起遏制和拆除违法建设新高潮行动”的简称。

案件共计 182 处，47840 平方米。2010 年开展 4 个阶段的专项整治：3 月至 5 月为春季行动阶段，重点对城乡结合部地区和农村地区村民在宅基地上翻建、扩建、加盖房屋以及侵占集体土地建房及重点大街、重点道路两侧擅自设置棚亭阁等新生违法建设进行防控，同时，拆控并举、以拆促控。6 月至 8 月为夏季行动阶段，在春季行动的基础上，把工作的重心调整到全面拆除违法建设任务上来，力争拆除年度上账任务的 80%以上。9 月至 10 月为秋季行动阶段，对前两个阶段工作中，尚未拆除的违法建设上账任务进行集中攻坚。11 月至 12 月为冬季行动阶段，继续保持对各类违法建设高压态势，巩固拆违成果，防止反弹。“百天行动”拆除违法建设 178 处、占总数的 98%，拆除面积 41498 平方米、占总量的 87%。拆除账外违法建设 91519 平方米。拆除新生违法建设 141 处、45219 平方米。“百天行动”期间，共拆除各类违法建设 178236 平方米。

2010 年，全区共计拆除各类违法建设 143.7092 万平方米，其中拆除已有违法建设 135.1240 万平方米，拆除新生违法建设 8.5851 万平方米。

（吕瑞清　穆笛）

交通运输监督与管理

北京市交通委员会运输管理局（简称市交通委运输管理局）是具体承担本市交通运输行业管理和通航水域水上安全监督管理工作的政府部门。北京市交通委员会运输管理局海淀管理处（以下简称海淀处）是其在海淀的派出机构。前身是 1993 年市运输管理处与汽车维修管理处合并后成立的北京市交通局海淀管理处，成立初期为自收自支的事业单位。2006 年 1 月 16 日，经北京市编制委员会办公室批准，更名为“北京市运输管理局海淀管理处”，由自收自支改为全额拨款。2009 年 9 月 25 日，更名为“北京市交通委员会运输管理局海淀管理处”。

北京市交通委员会运输管理局海淀管理处的职责是：1、依照法律、法规和市运输局有关行业管理的规范性文件的规定，承担本辖区内交通行业管理的具体工作；2、负责辖区内公共交通、公路和水路运输业户的开业、歇业、变更等事项的审查、报批、备案等管理工作；3、办理辖区内公共交通、公路和水路运输业户的经营许可证、车辆营运证；4、负责辖区内公共交通、公路和水路运输业户的经营资格和从业人员资格的年度审验；5、负责辖区内公路运输管理费的征收；6、负责辖区内公共交通、公路和水路运输票证和票据的统一发放；7、负责辖区内公共交通、公路和水路运输营运站点的管理；8、负责辖区内交通行业各种数据信息的统计、管理工作；9、负责辖区内客运、货运市场的调研、培育和管理工作；10、负责辖区内本行业从业人员的职业道德教育和行业精神文明建设；11、承办运输局交办的其他事项。

2010 年，海淀运管处在做好行政监管工作的同时，转变职能，以“建设规范型、集约型、服务型的政府窗口单位”为目标，努力为企业、经营者、交通运输从业人员提供服务，为海淀区的交通运输服务行业树立服务表率。

截至本年底，全区有交通企业 1739 家，车辆 10740 辆，停车场 77 个，车位数 7504 个，从业人员 8136 人。

服务企业　全年累计出动检查 2511 人次。在细化工作方案和企业自检自查的基础上，入户检查企业 1100 次，检查车 / 船 20577 辆 / 艘(车辆 4880 辆、船 9169 艘，停车设施 6528 个)，采取行政措施 58 次，发放整改通知书 53 份(客运 23 份、货运 3 份、汽修 19 份、水运 1 份、停车 7 份)，发放注销通知书 4 份（货运 4 份)，发放吊销通知书 1 份（货运 1 份)，保障行业稳定和规范合理的运营秩序。

完成辖区日常业务受理工作。全年受理量 3248 件，审批量（含许可和不予许可数量）3137 件(含上年受理本年批准的)，承办中为 213 件(其中 96.6%以上为从业人员申请事项)，现场咨询 9547 件，共发放各类证件 22038 个。评议数 2458 件，评议使用率为 78%，满意率为 100%。

2010 年海淀区生产经营类交通业务量分类列表

项目		客运	货运	维修	停车场	从业人员	合计
受理量		294	2159	114	86	595	3248
办结业务量	许可（备案）	289	2155	94	86	504	3128
	不予许可（备案）	1		8			9
	合计	290	2155	102	86	504	3137
在办量		3	6	3		201	213
完结率		98.6%	99.8%	89.5%	100%	84.7%	96.6%

完成2010年度旅游准运证换发，应换发1011个，实际换发998个，其余13辆车为待更车不予换发，完成率100%。6月底前完成出租营运证换发，应换发3064辆车（指标车数中有4辆为失控车，不发营运证），实际换发3057辆，待更车3辆。为344家企业进行届满换证（货运260户、修理21户、旅游3户、出租31户、租赁29户）。为6家旅游企业发放旅游监督卡971个，占上岗人数的91%，工作完成率100%。对4家企业的69个停车场进行年度备案，4个企业7个停车场进行变更。为5家企业进行货运行业备案咨询，1家企业完成货运行业备案。开展机动车维修从业人员考试受理工作。制定《关于机动车维修技术人员从业资格考试的相关通告》于十一前进行公示，共受理8件。

全年领取证件28816个，发放22038个。领取文书5800份。全年各类许可（备案）案卷，共立卷、归档3137份。在市运输局第一、二、三季度的许可案卷评查工作中，共抽取5份案卷，案卷评查良好卷达到100%。

行业管理　开展专项整治工作。7月，开展客运行业安全大检查，成立专项检查组，要求辖区各客运企业继续全面彻底的开展自检自查。共出动72人次，对辖区轨道交通各站、公交企业及枢纽场站、旅游企业进行抽查，其中轨道交通共出动54人次共检查27站次；公交企业及枢纽场站共出动6人次；旅游企业共出动12人次对4家旅游企业进行抽查。9月25日至12月18日，进行火灾隐患排查，共出动检查人员439人次，对8户不符合防火要求的企业下达停止使用通知书7份，下达停业整顿通知书1份。

加强防控与应急工作。重新修订防汛应急预案，重新确定迎汛应急运输保障单位8家，有150部车辆和机械设备。5月底前，对8家承担防汛保障企业进行检查，共检查车辆100部，与各企业签订"安全迎汛责任书"。汛期共发布3次暴雨黄色预警。全年进行28次应急演练，水运27次，货运1次。辖区各游船单位全年开展水上救生演练27次，参加人员600余人次，出动各类船只170余艘。6月23日，北京绿源达清洁燃料汽车技术发展有限公司进行危险货物运输应急处置演练，海淀处组织23家危险货运企业观摩。

开展道路货物运输企业质量信誉考核工作，强化行业的诚信意识。全年共有67家货运企业参加考评，共评出AAA级企业55家，AA级企业11家，A级企业1家。开展的士之星评选工作，从辖区31家企业（含海淀个体）中共评选出22名爱岗敬业、规范服务、表现突出的优秀出租车驾驶员。开展海淀区2009年机动车维修企业质量信誉考核。海淀区共有机动车维修企业502家，获AAA级机动车维修企业的一类企业2009年为55家，同比2008年的53家增长3.8%。未参加考核的企业由2008年的110家下降为2009年的96家，同比下降12.7%。开展旅游行业质量信誉考核工作，向各企业主管领导及时传达工作精神并提出要求，各企业进行初评。

开展化学危险品货运企业安全评价结果核查。辖区7家危险货运企业中，6家单位已进行安全评价，督促1家单位按期进行安全评价并对其安全评价结果进行逐项核查。对已完成安全评价的6家单位，对照评价报告，逐项核查评价结果是否与实际相符，未发现评价结果与实际状况不相符的情况。4月底，督促化学危险品运输企业完成车辆GPS的数据转换和接口开发工作，实现与市平台的实时连通。7家化学危险品运输企业的238台车已联通GPS网络197台，未联通41台，经调查未联通车辆为停用车辆。

落实《关于加强本市重点地区占道停车管理工作方案》的通知，保障本区重点区域差别化停车收费政策方案的实施。共涉及3家停车企业，7个停车场，431个车位。3月，对以上3家企业的7个停车场进行复核。组织辖区5家停车企业共30余人参加小教员培训参加局组织的培训。4月1日，对翠微商业区海安达停车公司所属的翠微大厦停车场、城乡停车场等3个停车场进行检查，并将相关信息及时反馈局停车处。4月初至5月中旬，对中关村西区、翠微商圈等重点区域共出动检查9次，22人次，累计检查39个停车场的777个停车泊位。针对公联顺达公司苏州街路侧占道停车场存在的承包经营引发的问题，签发《限期整改通知书》，责令其停业整顿15天。　（时磊）

北京市交通委员会运输管理局海淀管理处
地址：海淀区西四环北路10号
邮编：100097
电话：88434623
邮箱：shilei@bjysj.gov.cn

房屋管理

【综述】　海淀区房屋管理局成立于2008年12月，负责本区房屋行政管理、住房保障和住房制度改革工作。本年度以开展"优质服务年"活动为契机，完成房屋登记、产权交易、住保、拆迁、物业、安全等房屋行政管理的各项工作任务。下辖11个事业单位。

2010年共办理预售许可证初审40个，预售许可证延期55个项目；预售商品房注销登记2400套；完成现房销售确认 150 个；完成现房注销登记 340 套；出具在建工程抵押查询证明 10 个；在建工程抵押注销登记 300 套。

初始登记补录 32 个；无权利楼盘新建 800 笔；无权利楼盘变更、维护 120 笔；抵押登记 428 个；现楼盘反馈查询 1680 人次；消费者变更业务 70 笔；房地产开发企业资质会签 55 个。

存量房和已购公房上市办理 18031 件。

根据《北京市商品房预售资金监督管理暂行办法》的规定，自 2010 年 12 月 1 日起对申请商品房预售许可的项目执行该办法，对全区商品房预售资金监管政策的具体实施给予指导、协调。

受理各类房屋权属登记 109653 件，其中新建商品房登记 22853 件，同比下降 9.17%；二手房登记 21073 件，同比 2009 年的 25296 件下降 16.7%；房屋抵押登记 22575 件，同比上升 11.26%；其他各类登记 43152 件，同比上升 66.18%；全年受理遗失补证 532 件，同比增长约 8.35%。

2010 年全区共发放房屋权属登记证书、登记证明 90940 本：其中房屋所有权证 62630 本，他项权利证 28023 本，其他登记证明 287 份。本年房屋登记中心新建档案 49012 件，变更（包括调房）40638 件。

共为 201 个中央单位、104 个市属单位办理房改售房备案，为 30 个区属单位的房改售房及支取售房款办理批复手续，共为 43 户购房人办理安居住房的确权、审核、备案工作。

开展“换证工作走进社区”活动，组织人员到 32 个社区开展换证宣传、受理活动。为行动不便的老人、患者、残疾人、孕产妇等提供上门服务，共入户受理业务 80 余次。受理批量换证业务 12218 件，占全部业务量的 29.8%。根据群众需求及时调整换证工作点的设置及人员结构，在办事大厅设立 3 个固定受理窗口，实行一级审核制，即时受理、即时发证，缩短换证时限。一级受理换证业务共计 3578 件。2010 年全年共换发新版房屋所有权证书 41482 本。

年内提供存量房网上签约服务 4275 件、完成存量房买卖合同 4275 份。

截至 2010 年底，档案室库存档案总数为 900614 卷。其中本年新增档案 97074 卷，同比增长 7.6%；全年共接待档案查询 12533 人次，协助司法机关查封房屋 1472 件，完成遗失补证 526 件，调房 1292 件，调取物理档案总数 47391 件，完成档案扫描 97074 卷。档案清点 55230 件。

推进全区机关事业单位住房补贴发放工作。截至年底，全区已完成离休职工、无房新职工、退休无房职工的住房补贴发放工作，退休未达标职工住房补贴工作正在进行中。全年共审核 82 个单位、1385 名无房新职工房补申请，涉及发放资金 2111 万元；审核 79 个单位、373 名退休无房职工的房补申请，涉及发放资金 5589 万元；审核 122 个单位、7170 名退休未达标职工的房补申请，涉及发放资金 2.3 亿元。

做好支取房改售房款、售后公有住宅专项维修资金的审核服务工作。全年共审核 25 家单位支取售房款资金共计 1386.2 万元，其中 166.2 万元用于老旧楼房设备改造；1220 万元用于为职工发放住房补贴。审核 29 家单位利用售后公有住宅专项维修资金 690.4 万元用于老旧楼房屋面防水、电梯维修、设备更新等。

加强房地产经纪机构管理及备案，有针对性地做好社会治安重点地区房屋租赁经纪机构排查整治工作，共检查经纪机构 369 家，其中对存在问题较多的 48 家经纪机构做出限期整改处理，对违规的中介机构及时立案查处，全年对经纪机构的执法处罚共 22 件。加强房地产经纪人的资格审查，规范分支机构的设立，本年海淀区共有房地产经纪机构 309 家，分支机构 657 家。2010 新增经纪机构 69 家，变更(续期)220 家；新设立分支机构 295 家，变更(续期)217 家。

完成 2010 年度房屋安全普查工作，共查房屋总面积 6075 万平方米，电梯 5155 部，水泵 4704 台，避雷系统 6253 个。其中：查自管房 3159 万平方米，电梯 1726 部，水泵 1613 台，避雷系统 2149 个；查物业 2838 万平方米，电梯 3429 部，水泵 3091 台，避雷系统 4104 个；查私房 5588 户，52251 间，78 万平方米。

继续实施 2010 年度海淀区“无城镇危房户”工作，对全区的直管房屋、单位自管房屋、城镇私房进行安全检查及危房筛查工作，针对农村私房的现状进行调查摸底。经区房屋安全鉴定站鉴定，2010 年危房总数为 451 户、824 间、面积 13026 平方米，危房鉴定通知书已全部交送到房屋所有人。2010 年危房的解危工作前期准备工作基本完成。2010 年汛期未发生严重漏雨、房屋倒塌及各种安全责任事故。

建立完善普通地下室的清册，加强对普通地下室的管理。全区普通地下室有 3399 处，总建筑面积 7162729 平方米；其中非央产 2314 处，建筑面积 5773512 平方米；央产 1052 处，建筑面积 1332038 平方米；部队 33 处，建筑面积 57179 平方米；用于生产经营（非央产）的地下室 713 处，建筑面积 1513695 平方米。全年检查普通地下室 3700 余处次。发现无消防证明的 131 家，无卫生证明的 162 处，证照不齐全的 159 处，居住人员超标的 69 处，发告知单 1067 份，向消防、卫生、公安部门发放协查单 382 份，向管理单位发整改通知 150 份，关闭地下室 1 家。

完成住房保障工作目标，全年共受理限价商品房申请家庭 15700 户，通过市级备案申请家庭 10100 户；受理经济适用住房申请家庭 5510 户，通过市级备案经济适用申请家庭 4020 户；受理廉租住房申请家庭 530 户，通过市级备案家庭 501 户。实现开工各类保障性住房 19784 套，其中公共租赁住房 2385 套，限价商品房 6981 套，安置房 10418 套，超出市政府下达工作目标责任书 18763 套的 5.4%。通过公开摇号配租配售，落实 2009 年底前保障房轮候住房困难家庭的解困房源。廉租住房实物配租实现“应保尽保”。全年全区累计投放资金约 12 亿元用于廉租房、公租房的建设、收购等工作。完成海淀区“十二五”时期住房保障发展规划初稿。

在市“租赁突破、保障优先”工作思路的指导下，发展公共租赁住房，在供应结构上逐渐实现由“以售为主”向“租售并举、以租为主”的转变，实现公共租赁住房“全覆盖、大投入、多渠道、多模式、多元化”。除政府组织建设外，还鼓励中央在京企业、高校、科研院所等社会单位利用自用国有土地建设公共租赁房，鼓励产业园区建设公共租赁房向园区内企业职工出租，鼓励农村集体经济组织利用存量建设用地建设租赁房。采取与大型国有企业合作建设、通过趸租农民富余定向安置房等方式筹集公租房房源。

加强协调解决拆迁遗留问题，推进拆迁滞留项目清理工作。加大对拆迁现场的监管，做好拆迁矛盾化解工作。年内清理完成18个滞留项目，结案6个项目，完成拆迁总量2074户；共办理暂停公示11个，新审批项目6个，共计户数1548户。

健全物业管理工作机制，严格执行物业服务企业资质审批和管理制度。督促物业服务企业规范服务，提高服务水平，维护社区和谐。截至年底，全区共累计注册物业服务企业652家，其中一级资质企业23家，二级资质企业54家，三级资质企业525家，三级暂定资质企业50家。在市住建委组织的2010年北京市物业项目星级考评工作中，全区通过四星、五星的大厦、小区、工业园区物业项目有26个，占全市的26%。

2010年海淀区重点建设项目的平改坡第一阶段工作基本完成，共有36栋楼房完成平改坡。另有30栋老旧楼房平改坡和甘家口商圈改造中的10栋楼房平改坡实施方案已完成，区发改委已批复，正在进行设计、施工、监理的招投标工作。

本年共处理信访案件2488件，其中区人大交办5件；接待来访群众90余次，190多人，总量同比增加630余件。妥善处理对中介机构的投诉，共接到网上投诉696件，已全部办结。

（史玉来）

【暂停办理北部地区6项手续】 自6月9日起，在北部地区的西北旺镇、温泉镇、苏家坨镇和上庄镇镇域范围内暂停办理6项手续：1.新批宅基地和其他建设用地；2.审批新建、改建、扩建房屋；3.办理入户和分户，但因婚姻、出生、回国退伍军人转业、经批准由外省市投靠直系亲属、刑满释放和解除劳动教养等原因必须入户、分户的除外；4.核发工商营业执照；5.房屋、土地租赁；6 改变房屋、土地用途。以上各项手续暂停办理期限为5年。

（代韧　马腾飞）

【完成苏家坨保障房项目拆迁工作】 该项目是本区的第一个保障房项目，2007年办证后基本停滞。在北部地区无相对统一的安置补偿价格和模式、其他拆迁项目无法推进、农村情况比较复杂的情况下，拆迁难度非常大，拆迁工作于2009年6月重新启动，房管局加强业务指导，与乡镇村沟通，通过行政裁决、预谈话、加强与被拆迁方代理律师沟通等方法，于2010年10月完成山后地区第一个农村宅基地项目的拆迁，清理了拆迁前三年滞留的81户，保证该项目的施工。

【为唐家岭、八家拆迁服务】 房管局作为唐家岭村腾退指挥部的成员单位，派专人到腾退现场开展入户工作，向被腾退人讲解搬迁腾退补偿安置方案。在唐家岭、土井的腾退工作中，继续安排专人盯项目，现场指导，配合项目主体单位宣讲政策，为群众答疑解惑。八家地区腾退从启动到项目结束，本局专人负责、全程跟踪，加强前期方案指导，全力参与协商工作，在八家地区拆迁过程中充分体现政府主导、属地管理、村民自治的原则，充分保障村民利益，拆迁工作总体效果明显，奖励期内完成走户80%以上。在后期，及时启动裁决和强拆程序，首次确定裁决实体为安置房的裁决方式，进一步保障被拆迁户的居住权利，是近几年行政裁决工作中的一次重要创新。在区属各部门的配合下，12月完成全部搬迁任务。

海淀区房屋管理局

地址：海淀区东北旺南路27号上地办公中心（1月17日由海淀南路甲21号迁入）

邮编：100080

电话：62525739　62523300（传真）

网址：www.hdjw.gov.cn

邮箱：haidianfgj@163.com

下属事业单位（11个）：

1.证件交易所

地址：双榆树北里甲22号

邮编：100086

电话：82618150

2.档案管理中心

地址：双榆树北里甲22号

邮编：100086

电话：82618185

3.住房保障服务中心

地址：双榆树北里甲22号

邮编：100086

电话：62558072

4.房屋安全鉴定站

地址：海淀区东北旺南路27号上地办公中心

邮编：100193

电话：62525745

5.第一房屋管理所

地址：甘家口21号商务楼

邮编：100037

电话：68365354

6.第二房屋管理所

地址：翠微南里7号办公楼

邮编：100036

电话:68156135

7.第三房屋管理所

地址：索家坟小区8号楼西侧

邮编：100082

电话：62216049

8.第四房屋管理所

地址：北坞村路甲25号静芯园F座208室

邮编：100095

电话：88857216

9.第五房屋管理所

地址：志新村志新小区14号楼

邮编：100083

电话：82371809

10.第六房屋管理所

地址：东北旺南路 27 号上地办公中心
邮编：100193
电话：82785461

11.第七房屋管理所

地址：东北旺南路 27 号上地办公中心
邮编：100193
电话：82785464　　　　（史玉来）

【北京市海淀区房屋土地经营管理中心】 北京市海淀区房屋土地经营管理中心是从区国土资源和房屋管理局脱离出来，于 2004 年 3 月 19 日正式成立的区属自收自支事业单位。主要负责海淀区授权直管公房的保值、租赁、租金收缴、冬季供暖、雨季防汛抢险以及房屋修缮；直管公房及设备设施的修缮、维护；开展房地产交易、测绘等多种经营。下属 10 个事业单位。

直管公房管理服务 区房地中心直管公房面积 162.9 万平方米；实收租金面积 40.8 万平方米,同比减少约 1.8 万平方米。严把修缮资金审核关，明确修缮项目，加强有限空间安全作业，加强房屋安全管理工作督查，做好公共维修资金使用管理。有效监督和控制直管公房租金的收缴，进一步规范直管公房租金收缴程序。完成 2009–2010 年度直管公房售房，包括办理 383 套 2009 价售房的所有相关手续。完成部分住人人防工程的停用停租工作。协助区房管局实施 2010 年危房解危前期工作和平改坡工程。对空鼓[1]较为严重的永定路 109 楼、永定路 1 号院和乔建里 10 号楼进行抢修处理。完成苏州街 77 号院暖气管线维修。更新二里庄 3 号塔楼电梯两部。

房屋及设备安全普查 作为房屋管理和安全的基础性工作，高度重视安全普查，着力加强对普查情况的检查指导，对需要大中修缮的项目进行周密部署安排，并要求严格落实相关整改措施。2010 年普查工作共出动 17 个查房小组，合计 58 人。实际查房（包括代管房）169.37 万平方米，房屋检查率达 99.95%，其中完好和基本完好房屋占实查房屋的 79.4%。做好高层住宅楼房设备设施运行服务。区房地中心共直管高层住宅电梯 86 部，代管 1 部，泵房 25 处，二次供水水泵 97 台和 42 幢高层住宅楼房的消防设备。实查电梯 86 部，完好等级 54 部；检测水泵 97 台，完好等级 49 台，检查率均达 100%。

防汛工作 修订完善防汛工作要点及防汛预案等文件，增强预案的针对性、科学性和可操作性，确保防汛工作职责明确、指挥到位、防范有效、反馈及时。5 月 11 日，在香山普安店 3 号院进行防汛应急演练。汛期，海淀辖区内共有 13 次局部或全区范围内的较大降雨过程，区房地中心累计出动 1021 人次现场查房，检查平房 3261 间次、楼房 1062 幢次，查出平房 19 间次、楼房 36 幢次漏雨和 5 处地下室倒灌并及时抢修疏通。本年，区房地中心获“海淀区安全迎汛先进单位”称号。

供暖工作 本中心直管供暖面积 252.41 万平方米，管理锅炉房 30 处。本年，按照“安全、质量、成本”的工作方针，完成海淀区直管公房冬季供暖工作，获“北京市供热先进单位”称号。克服 2009–2010 年度供暖季严寒期较长的困难，提前购置、储备充足的供热燃料，确保各种资源的有效调配运用，各锅炉房在严寒期均满负荷运行。供暖期间加强供暖运行和设施设备状况的检查，杜绝安全隐患，保证供暖。根据 4 月 1 日起实施的《北京市供热采暖管理办法》，正式启动供暖收费改革[2]。有针对性地调整人员配置、工作程序、考核奖惩及安全保障等方面的制度规范，加强业务培训，确保收费率稳定，截至年底,已与 12000 多名采暖户签订新的《居民采暖合同》。

物业经营管理 区房地中心是唯一负责海淀区直管公房物业小区管理的单位，所属 7 个物业管理企业，采用自主经营、自负盈亏的经营管理模式。实现月季园小区封闭式物业管理，进一步消除安全隐患，小区发案率下降 70%。

节能改造 9 月，开展直管普通住宅节能改造工程，该工程是区政府投资改造项目，涉及 38 栋住宅楼，45 万平方米，总投资约 1.1 亿元。针对冬季施工对工程质量和进度的影响，要求各施工单位倒排工期，重新组织施工方案，在确保安全、质量的前提下，增加施工机械和人工，加快施工进度，保证整体工程按期完成。12 月，全面完成节能改造工程。据统计，改造后冬季楼房室内温度比改造前平均提高 3–4 度，供暖锅炉房燃气消耗量较改造前下降约 20%，临街楼房噪音明显减少。

开展供暖系统节能改造。应用室外管网水力平衡调节和二次循环水泵变频等技术手段，对牡丹园锅炉房和蓟门里锅炉房进行节能改造。在 2010–2011 年度冬季供暖运行中，对两处改造后的锅炉房采用合同能源管理的方式，努力实现风险共担、利益共享的市场化运营机制。

应急工作 完成永泰园新地标小区物业管理本年度的应急接管任务，小区居民基本生活环境得到保障，社区整体状况稳定，物业服务工作有序开展，新业主委员会于 10 月成立。加强安全管理，完成供暖运行、高层电梯、消防及二次供水设备的服务管理和维护。由于夏季北京连日高温，住户用电量激增，多处用电线路及开关出现严重故障，涉及吴家村 10 号院小区、知春里 21 号楼、双榆树东里 18 号楼等处，区房地中心维修人员均加班加点进行抢修，并与供电等部门及时协调，妥善解决问题。

内部管理 共编写《信息简报》20 期，其中业务刊 14 期，专刊 6 期。本年主动公开信息 30 条，处理并答复信息依申请公开 9 件。向《昨日区情》、《海淀报》等区级媒体投稿 33 篇，被采用 24 篇次；向《海淀组工动态》报送信息

---

[1]空鼓一般是指房屋的地面、墙面、顶棚装修层（抹灰或粘贴面砖）与结构层（混凝土或砖墙）之间因粘贴、结合不牢实而出现的空鼓现象，俗称“两层皮”。

[2] 新《北京市供热采暖管理办法》中缴费主体和收缴方式都有了很大变化，由原来单位整体付款变为全部对户收费。如果发生供热纠纷，可以由北京市市政管理部门协调解决，当事人也可以直接依法提起诉讼或申请仲裁。

25篇次，被采用25篇次。

全年共办理信访件167件，人大建议3件，政协提案1件。

区房地中心下属单位海房物业管理中心张建滨被评为2010年“北京市先进工作者”，区房地中心下属单位供暖和楼房中心收费部获2010年“北京市模范集体”称号。

存在的问题　市场竞争日趋激烈，政策不确定性增加，可经营性资源逐步减少，保持区房地中心经济平稳较快发展的难度加大；随着社会建设进程的加快，直管公房及设施、设备的修缮及所需更新改造费用大幅增加，资金压力及相关安全隐患等问题急需破解；区房地中心下属基层单位技术、维修人员短缺问题凸现，社保“补差”费用仍然负担很重，随着人工成本费用的增加，日常开支加大；地下空间的出租经营面临政策性调整。（徐意）

地址：海淀区甘家口12号楼
邮编：100037
电话：88366613　68359755

北京市海淀区房屋土地经营管理中心下属单位（10个）

序号	单位名称	单位地址	电话	邮编
1	北太平庄分中心	海淀区新外大街文慧园1号	62273753-8024	100088
2	甘家口分中心	海淀区甘家口20号	68325258	100037
3	海淀分中心	海淀区苏州街77号院锅炉房	62656818—204	100080
4	双榆树分中心	海淀区双榆树东里甲20号楼	62101580	100086
5	志新分中心	海淀区牡丹园西里1号楼3门101	82082451	100083
6	海淀区供暖和楼房设备管理中心	海淀区志新西路14号	62323502	100083
7	北京惠恒基物业管理中心	海淀区吴家村路10号院10号楼一层	63421379	100073
8	海淀区测绘队	海淀区双榆树东里15号	82115634	100086
9	海淀区房地产交易所	海淀区双榆树北里甲22号楼306	62639722	100086
10	北京海房物业管理中心	海淀区甘家口12号楼	88361595	100037

（徐意）

城管监察执法

【综述】　海淀区城市管理监察大队（以下简称城管大队）是本区城市管理综合行政执法机关，成立于1998年12月1日，行使14个方面、285项行政处罚权和6项行政强制措施。下设32个分队，其中直属分队4个、地区分队28个。

2010年，城管大队围绕履职效率、管理效能、服务效果和创新创优“三效一创”，增强服务意识，创新执法模式，加强市容环境管控，加大拆违工作力度，全区环境脏乱点逐步减少，城乡环境品质不断提升。据市城管执法局对96310城管热线受理情况的统计，海淀区的群众举报量同比下降14.2%，回访群众满意率同比上升28%，达76%，实现“一降一升”。

9月至12月，城管大队在开展的街面环境秩序“百日整治行动”中，发挥牵头组织的作用，在市城管执法局和区委区政府的强力推动下，初步建立“政府组织领导、部门依法监管、公安强力保障、城管大力作为”的城市管理工作新格局，实现“三个转变”，即由少数部门单打独斗向多部门协调配合、齐抓共管的转变，由事后整治向事前预防、事中控制、事后分析、强化源头管理的转变，由整治的短期行为向建立机制、长效管理的转变。

监察执法　城管大队实行端口前移，提前制订工作方案，全力做好春节、五一、十一等重大节日、全国“两会”等重大任务、北京首届武搏会等重要时期的环境秩序保障，全区尤其是复兴路沿线等重点地区的环境秩序保持良好。开展夏季市容环境集中治理行动、百日专项治理黑车“脉冲行动”、街面环境秩序“百日整治行动”，解决一批群众反映的突出问题。针对全市50个挂账整治治安重点地区海淀区所涉及的颐和园周边、中关村西区周边、公主坟地区、四通桥周边、四道口及金五星市场5处治安重点地区，以及科贸大厦周边、五道口城铁周边、五棵松、军事博物馆周边、世纪金源大饭店周边5处区级挂账重点整治地区存在的无照经营、非法营运、非法小广告等违法行为进行治理；对全市城乡结合部地区50个挂账整治流动人口聚居村（点）海淀区所涉及的八家村、中坞地区、振兴社区、后营社区、肖家河社区、门头村、六郎庄、唐家岭村等8个流动人口聚居村存在的环境卫生等方面的突出问题进行综合治理，各类违法行为得到有效控制。强化“人盯车巡”长效管理机制，加强对市城管执法局挂账的公主坟、五棵松、玉泉路、海龙大厦、中国人民大学东门、颐和园等6处重点监控点位，以及大队确定的100余处重点点位的治理与监控，遏制无照经营反弹势头。创新工作方式，加强对城市道路、公共设施、园林绿地等范围内的暴露垃圾、乱倒渣土、非法张贴小广告、白色污染等问题的监管，以“建议函”形式督促区市政市容委、环卫中心、园林绿化局等有关部门及时落实清扫保洁管理责任。根据季节特点，适时开展违规施工工地、道路遗撒、非法小广告、城市节水、显亮式户外广告、霓虹灯断亮、校园周边环境秩序、高中考环境秩序保障、中小餐饮企业燃气安全、清理盲道、擅设地锁、废旧物资回收、冬季供暖等专项执法月、执法周活动70余次。针对年内大风、降雪等恶劣天气多而集中的情况，适时启动应急预案，开展扫雪铲冰和防白色污染、防扬尘污染工作。全年共查处各类违法行为46323起、罚款6221358元，其中查处无照经营23132起；查处非法张贴、散发小广告13664起，查处小广告窝点397个，收缴非法小广告223万张；录入非法小广告电话号码48086个，移送停机6319个，处罚457个；查处各类“黑车”875起、违规运输渣土车辆1888起、违规施工工地323起、违反城市节水管理规定423起、违反公共停车场管理规定41起、违反燃气管理规定98起、违反“门前三包”管理规定3454起。治理脏乱点365处，清理垃圾渣土7350吨；收缴盗版、淫秽光盘23170张。救助流浪乞讨人员235人。

继续开展拆违“百天行动”，拆除2009年批后未执行台账任务30处、2932平方米。开展拆违“春季行动”、“夏季行动”、“秋季行动”和“冬季行动”，拆除2010年台账任务964处、657615平方米。拆除马连洼北路中国医学科学院药用植物研究所院内违法建设71498平方米；完成2009年度“土地卫片”温泉镇白家疃新建别墅、上庄镇经济适用房售楼处2处违法建设的查处等。全年拆除账外违法建设166处、278934平方米。以遏制新生违建为重点，坚持以拆促控、拆控并举，清理侵街占巷堆物堆料267处、建筑材料2392吨。发挥区查违信息平台和大队指挥中心信息平台的作用，全年拆除新生违建591处、151602平方米。通过消除既有、遏制新生，全年共拆除违法建设1751处、1091084平方米。

继续聘请中国政法大学教授为大队的法制专务；联合区政府法制办对城管系统常用的41部规章进行清理；有重点地对重大行政处罚案件进行回访；主动应对行政复议、诉讼案件，做好案前化解工作；实行大队领导出庭应诉制；全年各分队上报一般程序案卷5005卷，其中重大行政处罚案卷1318卷，参评案卷初审和评查优秀率逐月上升，继续在市城管执法局案卷评查中保持先进。

“公众城管”建设与服务民生 加强政府信息公开工作，在大队网站公开信息317条，在区政府网站公开信息109条，依申请公开信息4件。在市级以上媒体刊发、播发新闻659条，在区级媒体刊发、播发新闻176条，播发《城管视点》26期，印发《城管》杂志12期；利用社区、高校、企业局域网络、宣传栏、校报等媒介资源，让群众及时、全面了解城管工作动态。以“护卫城市蓝天，强化扬尘管理”为主题组织开展“城管热线开放日”活动。开展“城市文明加油站”活动，利用节假日及双休日在繁华商业区、旅游景区开展“假日文明行动”，发动城市志愿者参与纠正不文明行为。动员组织社会单位开展扫雪铲冰等活动。鼓励市民参与治理非法张贴、散发小广告，市民清理、上交非法小广告305.58万张。

办理市、区级人大代表建议、政协委员提案99件、人大议案1件，办结率98%。办理市区各级领导批办件、区委区政府督察室督办件92件，办结率100%。接收、办理各类热线、系统案件335928件，其中区信息化城市管理系统案件265596件,办结率99.26%；96310城管热线44903件，办结率92.45%；城市管理广播市民热线172件，办结率100%；区非紧急救助服务系统6420件，办结率99.86%；城管大队热线18837件。办理市长信箱、市信访信息系统、市城管执法局信访信息系统、区长信箱、区转信访件共1518件；办理大队长信箱、群众来信来电494件；接待群众来访69批次、91人次，做到件件有回音。

队伍建设 加强全员管理教育，开展“发扬优质精神，争当服务先锋”优质服务年活动，开展“公正廉洁、创新执法、勇于奉献、服务群众”主题实践活动；组织开展各类培训27个类别、89期，培训人员7089人次；完成调研论文120篇、调研报告25篇；继续开展“聚心工程”，注重人文关怀和心理疏通，开展文体活动，举办城管论坛。开展百日作风纪律教育整顿活动，开展宗旨、规范、纪律、形象等四大专题教育，重点整肃政令不畅、执法不规范、自身形象不好等三类问题。加强政风行风建设，开展政风行风测评，开展政风行风测评；继续推行情况通报制、“黄牌”警示制，实行工作问效和责任倒查。

加强党风廉政建设，层级落实党风廉政建设责任制；结合廉政风险防范，重点规范自由裁量权、罚缴分离等工作，推进各级领导干部及全员廉政风险防范工作；发挥所聘142名党风廉政监督员的作用。运用区电子监察政务平台，对区政府重点工作任务的落实情况、违法建设的查处工作、城乡结合部市级挂账重点村的环境整治情况，以及政务公开等实行专项效能监察。

【全市“城管热线开放日”在海淀举行】 5月19日，全市城管系统“城管热线开放日”在海淀城管大队指挥中心举行。开放日的主题是“护卫城市蓝天，强化扬尘管理”，9位市民代表观看反映市区城管发展历程及海淀城管视点专题片，听取96310城管热线工作流程、工作标准、工作机制介绍，观看、旁听接线员受理群众来电全过程，并到上地一家施工工地现场观摩执法。当日的“城管热线开放日”活动在“首都之窗”和市城管执法局的官方网站进行网络直播。

【开展夏季市容环境集中治理行动】 5月26日~10月20日，城管大队按照首都环境建设办要求开展夏季首都市容环境集中治理行动。行动分组织宣传、集中治理、巩固提高3个阶段，督促临街“门前三包”单位和各类市政设施权属单位落实市容环境卫生责任；加强对主要大街、重点地区无照经营问题的治理和管控；治理张贴、喷涂、散发非法小广告，加强对非法小广告发布者通讯号码的停机工作，配合公安部门深挖非法小广告窝点；加强对夜市大排档的规范，清理占道经营，坚决取缔露天烧烤行为；加强施工工地和运输车辆管理，落实扬尘污染防控工作措施，查处夜施扰民问题；加强对城乡结合部、农村地区暴露垃圾、乱倒渣土、白色污染等环境脏乱问题的治理；开展城市河湖、夜景照明等其他专项执法工作。此次行动共查处各类违法行为15000余起，治理脏乱点140处、清运垃圾1500吨，解决一批群众反映的突出问题。

【上地100名城市管理员上岗】 6月2日，海淀城管上地分队与上地高科技园区的辉煌国际、实创、联想、百度等十几家企业签订协议，共同维护园区市容环境秩序。由十几家企业组成的100名城市管理员统一佩戴红色袖标在园区巡逻,督促检查各企业单位做好“门前三包”管理工作，劝阻占道摆摊无照商贩、随意散发小广告、破坏环境卫生等影响市容环境的违法行为。对于规劝无效的违法行为，城市管理员上报城管分队，由分队及时予以查处。

【参加整治黑车“脉冲行动”】 7月14日~12月31日，城管大队与交管、交通等部门，参加区公安分局牵头的百日专项治理黑车的“脉冲行动”。此次行动坚持“打防并举、疏堵结合、源头治理、加强监控”的原则，分调查摸底、专项整治、检查验收三个阶段，运用并完善各部门间的联动机制，实施挂账管理，针对领导关注、群众反映强烈的军博地铁站口、五棵松路口、玉泉路路口、上地城铁站、西二旗城铁站等重点部位的“黑车”问题，连续14个波次开展专项治理，共查处黑三轮”、“黑摩的”、机动车非法营运等各类“黑车”684辆。

【“堡垒行动”】 7月~9月，城管大队海淀分队开展“堡垒行动”，以解决中关村西区环境秩序存在的突出问题。强化人员岗位责任制，加强“门前三包”基础管理，实行执法工作“实名制”，落实人盯车巡长效机制，完善联勤联动执法模式；发动各界群众和商家、企业广泛参与；实施定时巡查、错时整治、集中执法，对无照经营、非法小广告、“黑车”等5类违法行为进行大规模、连续式、高强度的专项整治。共查处无照经营行为1828起，暂扣售货机动车、三轮车776辆，没收非法营运“黑三轮”152辆；查处非法张贴、散发小广告382起，收缴非法小广告2.65万张，录入小广告停机系统7179条。

【“百日整治行动”】 9月12日~12月31日，城管大队按照市委、市政府“百日整治行动”的工作部署，针对5类地区（政治敏感地区，人流密集重点地区，重点旅游景区景点，全区中小学、幼儿园周边地区，各属地街道、乡镇根据辖区实际情况确定的重点整治地区）存在的5类违法行为（无照游商街面扰序，未经准许、占道经营的夜市大排档、露天烧烤，非法散发、张贴小广告，非法销售盗版光盘和非法出版物，制贩假文凭、假证件、假公章），分3个阶段（部署动员、摸底调查、宣传发动阶段，统一行动、集中整治、大力推进阶段，检查验收、巩固成果阶段）牵头开展街面环境秩序“百日整治行动”。建立全区210个重点整治点位台账、410人重点相对人信息库，对突出问题进行情况摸排和执法风险评估；查处无照经营23650起，查处机动车、马车售货642起；查处露天烧烤217起；规范大排档125处；查处非法张贴、散发小广告664起；查处非法销售盗版光盘和非法出版物42起；公安机关拘留无照游商、制贩“三假”等五类违法人员872人，五道口地区无照经营聚集等一批痼疾顽症得到解决，城管热线群众举报量环比下降71.2%，回访群众满意率达到80.9%。

【治理五道口地区环境秩序】 9月12日~12月31日，城管大队在开展街面环境秩序“百日整治行动”中，在五道口城铁南侧桥下建立5000余平方米、500余摊位的疏导区，以满足勤工俭学大学生、残疾人、低保人员等群体的经营需求；将华清嘉园周边无照经营聚集的2处机动车停车场、1处自行车停车场进行封闭改造，增补华清嘉园门前原有绿地及绿化隔离带，挤压无照经营存在的空间；加装监控摄头，对环境秩序及治安动态做到时时监控。经过摸底排查，组织6个分队、3个街道、2个派出所、1个交通大队的执法力量，采取宣传引导、定点监控、联勤联动等措施，对无照经营等行为进行集中整治和定点盯守。通过疏的方式、堵的措施、控的手段、治的举措，五道口地区存在的严重影响市容环境秩序，引起各级领导关注和群众强烈反映的无照经营等突出问题得到有效控制，涉及该地区无照游商扰序的 110 警情明显下降，96310 城管热线群众举报量与上年同期相比下降 68.1%。

【自制“爱心引导图”方便香山游客】 10 月 16 日–11 月 22 日，香山红叶节期间，城管大队香山分队的执法人员和志愿者在香山公园门前城管宣传服务站及游人较为集中的卖买街、煤厂街等处，向游客发放自制的“爱心引导图”卡片，为中外游客提供咨询服务。红叶节高峰期，香山公园每日接待中外游客平均达到 4—5 万人次。“爱心引导图”标有香山公园各公交站点的位置、公交车的线路及分队的联系电话，以方便游客在出行和遇到困难时第一时间与城管部门取得联系。共服务游客 1 万余人次，发放“爱心引导图”卡片 1.9 万余张。

海淀区城市管理监察大队
地址：海淀区东北旺南路 27 号上地办公中心
邮编：100193
电话：82785803

下设地区分队（28 个）：

1.永定路分队
地址：海淀区永定路 57 号院 210 号楼北侧
电话：68760347—600

2.万寿路分队
地址：海淀区万寿路西街 8 号
电话：68160516

3.羊坊店分队
地址：海淀区北蜂窝中路甲 2 号
电话：63283804

4.甘家口分队
地址：海淀区阜成路 8 号院内航天西招
电话：68767791—8206（昼）、8216（夜）

5.八里庄分队
地址：海淀区玲珑路恩济西园 7 号楼
电话：88131371

6.紫竹院分队
地址：海淀区万寿寺北里 5 号楼
电话：68413478

7.北太平庄分队
地址：海淀区明光北里甲 3 号
电话：62276965

8.北下关分队
地址：海淀区双榆树南里华侨公寓西北侧
电话：62149630

9.海淀分队
地址：海淀区苏州街 75 号院内
电话：62553227

10.中关村分队
地址：海淀区知春路甲 49 号
电话：62542671

11.学院路分队
地址：海淀区志新西路 16 号
电话：82386206

12.清河分队
地址：海淀区清河三街 72 号
电话：62913473

13.青龙桥分队
地址：海淀区西苑一亩园
电话：62881370

14.香山分队
地址：海淀区香山路甲 1 号
电话：82593165

15.西北旺镇分队
地址：海淀区西北旺镇屯佃村千秋花园北侧
电话：62479171

16.四季青镇分队
地址：海淀区四季青镇东冉村 29 号
电话：88430592

17.田村路分队
地址：海淀区田村路 41 号
电话：88629705

18.海淀乡分队
地址：海淀区西苑操场 108 号
电话：62887478

19.上地分队
地址：海淀区马连洼北路 9 号院
电话：62983293

20.花园路分队
地址：海淀区花园北路 35 号
电话：62044063

21.西三旗分队
地址：海淀区清河龙岗路 6 号
电话：62905195

22.马连洼分队
地址：海淀区农大南路万树园小区西侧
电话：62987474

23.高校分队
地址：海淀区清华大学照澜院 15 号
电话：62783893

24.东升乡分队
地址：海淀区成府路甲 45 号
电话：82673817

25.苏家坨镇分队
地址：海淀区苏家坨镇苏家坨路
电话：62404510

26.温泉镇分队
地址：海淀区温泉镇温泉路杨家庄加油站南侧
电话：62400115

27.上庄镇分队
地址：海淀区上庄镇八家村 80 号
电话：82473991

28.曙光分队
地址：海淀区蓝靛厂西路 1 号曙光办公中心
电话：88874543

（乔东升）

邮 政

【综述】 北京市海淀区邮电局是北京市邮政公司（以下简称市公司）直属的二级邮政通信企业，担负着东至东小口，南至又一村，西至北安河，北至沙阳公路的404平方公里的邮政通信服务工作，覆盖海淀区的大部分辖区。截至2010年底，区局下属市场部、大客户服务部、邮政业务档案中心3个经营机构，下属18个邮电局、73个邮政所，另有报刊发行零售分局、邮票公司、商函局等3个专业经营部门。

企业经营[①] 2010年，本局继续围绕“保存量，创新发展促增量”的发展战略开展工作，完成全年各项经营任务指标。全局共实现业务收入43046万元，完成年计划的100.63%，同比增长9.4%；实现高效收入35284万元，高效收入率达到81.97%，同比增长10.64%；实现邮政业务成本费用29824万元，完成年计划的100.39%，同比增长10.13%；实现收支差额12728万元，完成年计划的100.05%，同比增长16.79%。函件、集邮、储蓄、速递4大业务重点分别占整体收入的比例为30.5%、19.4%、17.5%、12.1%，共同支撑全局79.5%的收入。

函件业务以创新发展为突破口和着力点，设计出系列创新项目和产品，与索贝国际广告有限公司合作“我的2020年梦想”项目，推出“未来信”贺年卡，成功开发工商银企对账单和基金对账单业务。在区局和支局组建双级BIU[②]营销团队，并利用市公司收复失地政策，重点加强客户走访和维护力度，做好客户回流工作，拉动函件业务发展。全年实现函件专业收入14512万元，同比增长9.56%。组织海淀区邮电局直邮知识竞赛，并组成海淀直邮营销团队参加市公司直邮知识竞赛，获得冠军。

速递物流业务。制定相关管理和奖励考核办法，开展阶段性竞赛活动，从政策上对支局业务发展进行引导和支持。抓好中关村西区和校园两大关键市场，开发协议客户，发展“E邮宝”和“经济类速递”等新业务，寻求速物专业发展的新增长点。在各专项礼仪营销活动中，建立定时通报制度、协调机制和培训机制，解决营销过程中遇到的各种问题，提高员工的综合素质和业务能力，发挥人脉关系及固有大客户资源优势，做到窗口营销与大客户营销双管齐下。全年实现速递物流专业收入1260万元，同比增长4.64%。

金融业务。围绕“调结构，促发展；带队伍，促经营”的工作思路，组织并参加各类专业竞赛活动，做到季季有竞赛，季季有考核，并拨出专项营销奖励资金，促进各支局对金融项目的深度挖掘与开发。创新管理方式，强化员工责任心。一方面引入保险公司的管理理念，丰富培训内容，组织开展5期保险业务特训营及大规模保险业务培训；另一方面改变理财经理固有工作模式，设置区域综合柜员，可最多管理2–3个网点，提高网点的现场管理能力和窗口营销能力。全年实现金融专业收入11120万元，同比增长6.65%，其中大理财业务完成23860万元，完成预算的158%，完成进度列4城区第一位；保险业务保费完成16187万元，同比增长59.71%，保险收入完成650.17万元，同比增长87%，增幅列4城区第一位，获保险代理局二季度专业经营管理评比二等奖。全年办理入账汇款业务44.8万笔，实现业务收入463.78万元，同比增长9%。

集邮业务。以专业项目拉增长促发展为工作核心，通过生肖贺岁、后国庆经济和各类节日主题营销活动，寻求业务发展的新增长点。借助“两会”、上海世博会和广州亚运会，发展“会展经济”；针对青少年邮驿站和高校的各类社团、新生入学、老生毕业等群体，以校园个性化业务为突破口，发展“校园经济”；以集团消费群体为重点公关对象，针对党政机关、军队院校推进集邮定制型社会文化产品、公关礼品的开发，实现“军队市场”的突破，开发制作《缔造者》、《江山如画》等邮票纪念册。全年实现集邮专业收入9222万元，完成预算的143.98%，同比增长13.42%。

报刊发行业务。在做好日常收订和2010年度一次性大收订工作的基础上，拓展私费订阅潜能，借助“青少年邮驿站”项目和校园市场网格化营销工作，实现报刊订阅流转额72万元；通过图书馆一体化项目的开展，为18家大学图书馆提供个性化服务，全年累计投送期刊10万余册，报刊订阅流转额达到160万元；拓展第三方订阅市场，开发积分兑换业务，一次性实现订阅流转额40万元；中标国家图书馆2011年度报刊采购项目，标的额达120万元。全年实现报刊发行专业收入3501万元，完成预算的100%，同比增长13.98%。

包裹业务。依托“爱心包裹”项目的常态发展，重点加强对北京包裹、家乡包裹、大学生包裹和退伍军人包裹等市场的开发力度，实现包裹业务的稳定发展。全年实现包裹专业收入1801万元，同比增长6.63%。

电子商务业务。在全市率先筹建便

---

① 根据上级部门的统计要求，每年业务收入的统计标准不同，不能与上年数据类比。

② 商业智能化团队（Business Intelligence Unit）的缩写。

民服务站，在国际关系学院组织召开“邮政服务进社区”座谈会，提高社会公众对邮政服务及各类业务的认识。重点加强机票业务协议客户的开发力度，在市公司开展的暑期“师生特价机票”活动中，销售机票238张，全市排名第一；推出6款具有海淀特色的自邮一族产品，全年发展自邮一族会员 3725 户和加盟商104户。分局短信业务已成为电商专业收入的重要来源和主要增长点，全年实现收入 304.5 万元，完成预算的 116%，在市电商的短信业务竞赛中，前3个季度综合得分均列小组第二；全年销售世博会门票51725张，占全市销量的30%，销量排名全市第一；全年实现电子商务专业收入725万元，完成预算的105.88%，同比增长75.8%。

完成全国“两会”服务。制作“两会”邮品目录、致“两会”代表的一封信和“‘两会’专供邮品”腰封。“两会”服务期间全局共收寄各类邮件 33034 件，销售各类纪念封、邮折、邮册78890枚/册，流动服务198人次/129车次，实现业务收入307余万元。

基础设施建设　接收金尚嘉园（150平方米），颐慧佳园（150平方米），西二旗领袖新硅谷（250 平方米）3 处统建配套局所。对北太平庄局等9个邮电局所进行装修改造，改造面积 6328 平方米，总投资为890万元。

完成 2010 年度资产清查和邮用衡器检定工作，报废处理635台达到报废标准的设备，上缴资金 5.5 万元，做好“我的2020年梦想”项目、“爱心包裹”项目及大学生包裹收寄设备的配备协调工作。利用互联网推广视频会议网络系统。

企业管理　围绕《海淀区邮电局2010 年法制宣传教育工作要点》，加大法制教育培训力度，完成“五五”普法测试工作及总结上报工作。加强与律师的沟通与合作，严格审批合同，以防范经营风险，全年共签订合同308份，标的额达到 1540 余万元。本局作为市公司法制管理优秀单位，参与集团公司对市公司的合同检查。

规范财务管理，加强成本费用管控，提高企业抗风险能力。将全部成本费用予以细化、分解，做到每项成本费用都有具体的责任部门和责任人，建立成本费用审批制度，对各单位成本费用使用及预算执行情况进行严格监控、分析，对发现的问题提出整改措施。加大对成本费用考核力度，每季度对未完成收支差额进度的单位进行考核，从整体上提高企业的抗风险能力。

完善损益核算工作，提升企业运行质量和效益。制定营业网点损益核算实施方案，通过引用损益核算对网点开办和迁址等进行效益评估，保证营业网点损益核算工作可以实际操作。根据绩效考核办法对各单位损益核算各项工作的落实情况进行监督与考核，并分别采取引导发展高效、有现金流的业务及创新人员配备、作业工时排班等方法解决企业资金压力大、固定成本高等实际问题，提高企业效益。

强化管理岗位执行力，完善《管理岗位人员考核办法》。对全局所有管理人员按照岗位和工作职责的不同，分别制定考核标准。各支局、专业公司、市场等部门的领导以本单位收入完成情况、升位晋级情况等量化指标作为考核依据；机关科室部门领导和一般管理人员根据岗位职责由直属领导和基层单位进行评分，作为考核依据。加大管理岗位人员奖励考核力度，对绩效考核不达标的人员适时进行述职，实行末位淘汰制，予以调整岗位。

优化人力资源配置，试行跨支局备员制。结合市公司双定工作，深入各支局开展调查研究，全面掌握各经营单位业务量和台席忙闲规律，根据不同情况动态调整劳动力资源配置，尝试建立跨支局备员制，解决各单位临时性缺员问题。

整合网点资源，提升网点形象。调整部分支局、所营业时间，规范统一各网点的局所名称牌、营业时间牌、营业厅需公示的7种宣传品及4种公众服务用品，提升邮政网点对外服务形象。

创新管理模式，规范通信生产。全面推行模块管理工作，即按模块管理、按模块规范、按模块检查，使各级管理人员全面掌握邮政业务知识及相关管理规定。规范班组管理工作，强化“两岗”履职内容，开展班组互查及交流活动，要求各级管理人员必须按规定的内容落实监督检查和管理工作，规范填写相关报告书并及时上报，提升各级管理人员的能力，保证全局各营业网点通信生产逐步实现规范化、标准化。

全年市公司检查本局各类出口邮件共计238220件，合格235908件，综合合格率为99.01%，来验有责验单共计185件，同比减少253件。

推进品牌建设。深化“外学东四，内学北太平庄”活动，开展各类业务及服务专项评比工作，并通过互查、交流等活动在各单位间形成比、学、赶、帮、超的良好氛围，促进整体服务和管理水平的提高。全年共收到“11185”表扬236件，同比增加75件，服务满意度达到90.17分，同比提高0.22分，全年无重大投诉和媒体曝光现象发生。

加强安全管理，全年完成 22 个部门共计 1700 具消防器材的维修保养，投入5万余元改造中关村支局、学院路支局、北太平庄支局、上地支局的消防系统；组织全局 34 处局所与护卫员协同进行金融安全防抢预案演练，建立护卫员之家；开展各类安全和特种设备的检查活动，检查局所200余次，下发安全隐患整改通知书 21 份。落实交通安全责任制，签订交通安全管理目标责任书，加大对车辆安全的监控和管理力度，确保邮运车辆的运行安全。

特色经营　强化营销体系建设，提高市场拓展能力。组建营销团队逐步推进网格化营销。以“研究地域经济、深挖客户资源”为指导思想，将服务区域划分成网格，以网格作为市场开发的重点区域，以营销团队为单位，对市场营销工作进行推进。成立中关村西区、大客户中心、大宗邮件处理中心和机关4大营销团队及支局层面47个营销团队。4大营销团队全年实现业绩2880.64万元；47个营销团队全年实现业绩7948.22万元。

加强大客户管理。在区局和支局2个层面建立客户管理平台，通过实行对客户的分等、分级、分层梳理，形成客户等级管理机制，有效对客户相关信息及管理情况进行监控，形成各单位协调运作的整体局面，杜绝客户流失，提高客户稳定率。在413户协议客户中，有1户500万元以上钻石级客户、7户100万元以上白金级客户、8户50万元以上黄金级客户、240户1万元以上贵宾级客户。

完善人工成本调控机制。修订并完善人工成本挂钩管理办法，采取不同挂钩指标比例，将本单位劳动生产率完成进度等指标与人工成本挂钩，发挥人工成本的激励作用；制订低本高效业务发展奖励办法，引导支局重点发展低本高效类业务，促进企业整体经营工作良性发展。

创建邮文化创意工作室，3大主题营销项目显成效。初步成立中国邮文化创意工作室，组建“动漫邮局”、“未来邮局”、“卡酷邮局”、“太空邮局”、“开心邮局”等主题邮局，抓住市场热点，融合社会各类活动，将文化创意内涵引入传统邮政产品，创新、创意策划等系列项目。

“我的2020年梦想”主题书信文化活动。抓住市场热点，融合上海世博会相关主题，策划“我的2020年梦想”主题书信文化活动，并创建“未来邮局”及设置101010专属邮政编码。该活动通过邮政网点销售、企事业单位定制方式，面向社会各行各业、全国公众提供无限专题的邮政服务，通过与索贝国际广告有限公司签订合作协议，已实现业务收入1500万元。

卡酷“愿望真豆”贺卡项目。根据卡酷动画春晚的“爆豆”主题与卡酷动画卫视联合推出卡酷“愿望真豆”贺卡，该产品内容包括：春晚新年贺卡信封、密码拼图贺卡内件、愿望真豆豆种、卡酷动画春晚个性化明信片和中国航天基金会赠送的太空豆种。卡酷愿望真豆贺卡包含“三大互动、三次抽奖、三重大奖”，且该贺卡为2011年卡酷动画春晚唯一互动渠道，卡酷愿望真豆贺卡配合卡酷动画卫视的强大宣传，已实现全国销售。

“熊猫潘迪大礼包”项目。本局代表中国邮政与北京卡酷动画传媒有限公司及北京亿商传媒投资有限公司3方达成战略合作协议，依托卡酷邮局，结合3D动画影片《熊猫总动员》推出“熊猫潘迪大礼包”项目，其设计内容涵盖中国邮政3大板块的多种业务，整合中国邮政全网资源进行运作，创建三大板块联动、新型合作模式；该项目通过“邮乐中国”电子商务平台进行跨地区综合销售，满足世界各地“熊猫潘迪迷”的礼品需求。

开发校园市场。与市报刊发行局和海淀区教委共同策划“青少年邮驿站”项目。此项目将本局多种业务以组织活动的方式融入到校园中，抢占中小学校园市场。已进驻24所中小学校，实现集邮专业收入3.2万元，函件专业收入2.4万元，报刊流转额72万元，代发工资代发额48万元。“北邮校园一卡通”项目是将在校师生的各类证件、餐卡、钱包、存折等归集于一卡的校园服务新模式。协同市公司代理业务局、信息技术局、邮储银行北京分行共同与北京邮电大学达成战略合作，经市公司出资，进行此项目的启动、开发、设备采购、平台搭建等工作。在该项目系统完成后，在拥有该校师生原有邮储网点存款余额外，还将实现其他一切消费资金的有效圈存；通过不断完善此项目推动邮电大学的对公业务开办进程，锁定校园资金，创造邮储余额增长的新渠道。

不断开发庆典经济、节日经济、政府经济及中小企业等专项市场，开展网络营销、事件营销和品牌营销活动。“我的2020年梦想”主题书信文化活动获市公司2010年度“营销创新奖”；中国西电装备电力定向邮品项目、石景山区政府礼品项目、中关村邮局代理保险项目、长城人寿保险股份有限公司纪念邮册项目、二炮航空机票项目、海淀区委第三方订阅项目、爱协林幸运封项目、北京邮电大学企业年册项目和二炮《铸就辉煌》邮册项目分获市公司2010年度“市场开发成果奖”。

人才队伍建设 建立后备人才和青年人才选拔机制，把好后备人才入关口，加快人才培养锻炼步伐，有计划地安排多个岗位锻炼。开展员工职业生涯规划工作，加强对员工职业生涯管理，让员工掌握职业生涯发展规律，激发员工的自我激励能力，促进企业和员工共同发展。通过智联招聘等人才网站招收4名全日制研究生参与项目的营销策划和设计。

强化培训力度，提高队伍素质。以注重实际、实效和实用为培训工作策略，形成培训方式多样化、培训手段信息化、培训管理规范化的发展趋势，调动员工学习业务知识、提高综合素质和技能水平的积极性。在市公司组织的各类抽测考试中，本局获邮政营业员业务知识抽测第3名、客户经理业务知识抽测第2名、支局长和储蓄业务员抽测第4名。

精神文明建设 以加强企业党风廉政建设为中心，贯彻落实“三重一大”制度[①]，开展对治理账外账“小金库”和清理废旧物资设备等工作的效能监察；开展廉政风险防范管理工作，查找出风险点219个，制定防范措施219条，

[①]2010年7月，中共中央办公厅、国务院办公厅印发《关于进一步推进国有企业贯彻落实“三重一大”决策制度的意见》中规定：凡属重大决策、重要人事任免、重大项目安排和大额度资金运作(简称“三重一大”)事项必须由领导班子集体作出决定。

并对基层离任和新任领导干部进行离任监察和集体廉政谈话。开展廉政教育月活动，为各级领导赠送廉政电子贺卡，建立廉洁文化宣传园地，在全局营造倡新风、树正气、构和谐、作表率的廉洁文化氛围。

工会工作。围绕企业中心工作，开展“发展杯”、“创新杯”和“安康杯”3项劳动竞赛活动。评出第二届9名首席员工。开展以“爱岗敬业，勇于创新、超越自我，追求卓越”为主题的班组创新风采展示活动，激发员工的创新激情和潜能。

以“廉洁文化进小家”为主题开展“让爱住我家”特色小家建设活动。有步骤地为职工小家硬件设施进行升级，职工小家满意度达95.94%。

通过工会组织帮扶，集体结对帮助，全年慰问困难员工694人，发放慰问品24.58万元。

举办自救互救初级急救员培训班、员工乒乓球大赛和羽毛球比赛等文体活动，开展“全民健身日”和“巾帼志愿点燃豪情，海邮女工绽放光彩”的志愿者服务活动。

利用《海邮快讯》、《党委工作信息》、《海邮信息》、OA管理系统宣传经营活动、创新项目、先进典型及推出的新举措、新措施。全年在社会各新闻媒体共刊发稿件300余篇。 （郝建秀）

北京市海淀区邮电局
地址：海淀区圆明园西路49号院
邮编：100091
电话：62872282

【2010年海淀区境内的邮电支局、所】[①]
（18个邮电局、72个邮电所）

序号	局所名称	所号	营业时间	休息日	邮政编码	经办业务	地址	备注
1	中关村邮电局	80	9:00-18:00		100080	邮政	中关村大街9号	本年7月9日调整时间
2	西大街邮电所	351	9:00-17:00		100080	邮政、储蓄	西大街31号图书城内	
3	北京大学邮电所	352	9:00-17:30		100871	邮政、储蓄	北京大学院内	
4	科学院邮电所	353	9:00-17:00		100190	邮政、储蓄	中关村科学院17号楼	
5	青年公寓邮电所	554	8:30-16:30	六、日	100190	邮政、	中关村东路80号青年公寓服务楼二号楼一层	
6	中钢国际广场邮电所	590	9:00-17:00	六、日	100080	邮政、	海淀区中钢国际广场A座	
7	左岸工社邮电所	380	9:00-17:00	六、日	100080	邮政、	海淀区北四环西路68号B2层	本年10月13日调整时间
8	融科资讯中心邮电所	399	9:00-17:00	六、日	100190	邮政、	科学院南路2号融科资讯中心A座B1层	
9	中关新园邮电所	560	9:00-16:30	六、日	100871	邮政、	中关村北大街126号中关新园9号楼	
10	魏公村邮电局	81	9:00-18:00		100081	邮政、	中关村南大街17号	本年3月30日调整时间
11	理工大学邮电所	598	9:00-17:00		100081	邮政、储蓄	中关村南大街5号理工大学学生宿舍楼15号	
12	中央民族大学邮电所	559	9:00-17:00		100081	邮政、储蓄	中关村南大街27号中央民族大学院内	
13	皂君庙邮电所	558	9:00-17:00		100081	邮政、储蓄	海淀区皂君庙14号院9号楼	
14	文慧园西路邮电局	82	9:00-18:00		100082	邮政、储蓄	海淀区文慧园15—16号楼底商楼	本年3月30日调整时间
15	明光村邮电所	363	9:00-16:30	六	100082	邮政、	西直门北大街甲11号	
16	文慧园邮电所	365	9:30-17:00		100082	邮政、储蓄	文慧园路18号	
17	小西天邮电所	367	9:30-17:00	六	100082	邮政、	学院南路2号	
18	学院路邮电局	83	9:00-18:00		100083	邮政、	成府路17号	本年3月30日调整时间
19	北京航空航天大学邮电所	369	9:30-17:00		100191	邮政、储蓄	学院路37号	
20	北京医科大学邮电所	370	10:00-17:00	日	100191	邮政、储蓄	学院路38号	
21	花园东路邮电所	371	9:30-16:30	日	100191	邮政、储蓄	花园东路8号	
22	塔院邮电所	372	9:00-17:00	日	100191	邮政、	塔院迎春园8号楼	

① 海淀区邮局下属的农机学院邮政所在朝阳区，故不列入本表。

序号	局所名称	所号	营业时间	休息日	邮政编码	经办业务	地址	备注
23	林业大学邮电所	373	10:00–17:00		100083	邮政、储蓄	清华东路35号	
24	语言学院邮电所	552	10:00–17:00	日	100083	邮政、	学院路15号	
25	二里庄邮电所	565	9:00–17:00		100083	邮政、储蓄	二里庄53号	
26	科技大学邮电所	570	9:00–17:00	日	100083	邮政、储蓄	学院路30号	
27	同方广场邮电所	589	9:00–17:00	六、日	100083	邮政、	王庄路1号	
28	世宁大厦邮电所	586	9:00–17:00	六、日	100191	邮政、	学院路35号	
29	大运村邮电所	585	9:00–17:00	日、一	100191	邮政、	知春路29号7号楼一层	
30	学清路邮电所	553	9:00–17:00	日	100083	邮政、	海淀区清华东路2号	
31	北京奥运大厦邮电所	359	9:00–17:00	六、日	100083	邮政、	北四环中路267号奥运大厦内	
32	清华大学邮电局	84	9:00–17:30		100084	邮政、储蓄	清华大学院内	本年4月10日调整时间
33	体育大学邮电所	375	9:00–11:30 13:00–16:30	日	100084	邮政、储蓄	体育大学校内	
34	紫荆公寓邮电所	357	9:00–16:30		100084	邮政、	清华大学紫荆公寓服务楼内	
35	清河邮电局	85	9:00–17:30		100085	邮政、	清河三街90号	本年4月10日调整时间
36	双泉堡邮电所	378	9:30–16:00		100192	邮政、储蓄	双泉堡甲2号	
37	空研大院邮电所	393	9:30–16:00		100085	邮政、储蓄	西三旗空军研究院内	
38	安宁里邮电所	571	9:30–17:00		100085	邮政、储蓄	安宁庄路100号	
39	永泰邮电所	574	9:00–17:00		100192	邮政、储蓄	清河永泰小区	
40	清上园邮电所	583	9:00–17:00		100085	邮政、储蓄	清河三街126号	
41	宝盛里邮电所	591	9:00–17:00		100192	邮政、储蓄	宝盛里3号楼一层六号	
42	双榆树邮电局	86	9:00–18:00		100086	邮政、储蓄	双榆树东里37号	本年3月30日调整时间
43	人民大学邮电所	354	9:00–17:00		100086	邮政、储蓄	中关村大街59号院内	
44	科学院南路邮电所	376	9:00–17:00		100086	邮政、储蓄	科学院南路73号	
45	友谊宾馆邮电所	551	9:00–17:00	六、日	100086	邮政、储蓄	中关村南大街1号	本年9月13日调整休息日
46	北太平庄邮电局	88	8:30–18:00		100088	邮政、	北三环中路35号	
47	蓟门里邮电所	362	9:00–16:30	六	100088	邮政、	北三环西路甲5号	
48	师范大学邮电所	364	9:30–17:00		100875	邮政、储蓄	新外大街19号师范大学综合楼	
49	健安西路邮电所	366	8:30–16:30		100088	邮政、储蓄	健安西路32号	
50	金五星邮电所	556	9:00–17:00		100088	邮政、储蓄	学院南路29号	
51	牡丹东里邮电所	596	9:00–17:00		100191	邮政、储蓄	花园北路乙28号院内	
52	罗庄邮电所	597	9:00–17:00		100088	邮政、储蓄	罗庄西里13楼	
53	邮电大学实习支局	599	8:30–17:00		100876	邮政、储蓄	西土城路10号邮电大学院内鸿通楼	
54	苏州街邮电局	89	9:00–18:00		100089	邮政、	厂洼街2号楼	本年3月30日调整时间
55	车道沟邮电所	358	9:00–17:00		100089	邮政、储蓄	车道沟10号宿舍楼	
56	颐和园邮电局	91	9:00–17:30		100091	邮政、	圆明园西路49号	本年4月10日调整时间
57	西苑邮电所	381	9:00–16:30		100091	邮政、储蓄	西苑100号	
58	中央党校邮电所	382	9:00–17:00		100091	邮政、储蓄	大有北里100号	
59	厢红旗邮电所	383	9:00–17:00		100091	邮政、储蓄	厢红旗1号楼总参三部外	
60	国防大学邮电所	384	9:00–16:30		100091	邮政、储蓄	红山口国防大学院内	
61	玉泉山邮电所	396	9:00–16:30	一、二	100091	邮政、	娘娘府1号	
62	邮电疗养院邮电所	397	9:00–16:30		100091	邮政、	西苑挂甲屯5号	

序号	局所名称	所号	营业时间	休息日	邮政编码	经办业务	地址	备注
63	天秀花园邮电所	580	9:00–16:30		100091	邮政、储蓄	天秀花园小区 22 号楼 7 号底商	
64	颐阳路邮电所	388	9:00–16:30	日、一	100091	邮政、	海淀区黑山扈甲 17 号	
65	上地邮电局	92	9:00–17:00		100085	邮政、	上地信息路 19 号	
66	香山邮电局	93	9:00–17:00		100093	邮政、	香山北辛村 55 号	
67	四王府邮电所	386	9:30–16:00		100093	邮政、储蓄	四王府路中街 15 号	
68	红旗村邮电所	387	9:30–16:00		100093	邮政、储蓄	香山红旗村甲 3 号	
69	西北旺邮电局	94	9:00–17:00		100094	邮政、储蓄	西北旺付家窑 36 号	
70	农业大学邮电所	389	9:30–16:30		100193	邮政、储蓄	圆明园西路 2 号	
71	上庄邮电所	390	9:30–15:00	日、一	100094	邮政、	上庄村商业街	
72	韩家川邮电所	391	9:30–15:30	日、一	100094	邮政、	韩家川大院内	
73	颐和山庄邮电所	563	9:30–16:00		100094	邮政、储蓄	亮甲店永丰中路 99 号颐和山庄小区	
74	航天城邮电所	593	9:30–16:00	六、日	100094	邮政、	永丰乡辛店 1 号	
75	温泉邮电局	95	9:00–17:00		100095	邮政、储蓄	温泉路 96 号	
76	北安河邮电所	394	9:30–15:30		100095	邮政、储蓄	北安河 4 街 3 号	
77	冷泉邮电所	395	9:30–16:00		100095	邮政、储蓄	环山村 46 号	
78	育新花园邮电局	96	9:00–17:30		100096	邮政、	育新花园小区内	本年 4 月 10 日调整时间
79	龙乡邮电所	392	9:30–16:00	一	100096	邮政、储蓄	西三旗龙乡小区院区内	
80	育新南区邮电所	582	9:30–17:00	一	100096	邮政、储蓄	育新花园小区 61 号楼	
81	建材城西路邮电所	584	9:30 – 17:00		100096	邮政、储蓄	建材城西路 12 号	
82	世纪城邮电局	97	9:00–17:30		100097	邮政、	世纪城小区烟树园 1 号楼	本年 4 月 10 日调整时间
83	世纪金源邮电所	398	9:30–17:00		100097	邮政、储蓄	海淀区远大路 1 号	
84	闵航路邮电所	579	9:30–17:00		100195	邮政、储蓄	海淀区闵航路 2 号	
85	金雅园邮电所	557	9:30–16:30		100097	邮政、储蓄	海淀区云会里金雅园 6 号楼 104 室	
86	太阳园邮电局	98	9:00–18:00		100098	邮政、	大钟寺居民区 168 号	本年 3 月 30 日调整时间
87	中关村东路邮电所	578	9:00–17:00		100098	邮政、储蓄	中关村东路 118 号	
88	万泉庄邮电所	561	9:00–17:00		100089	邮政、储蓄	万泉庄 12 号楼底商	2009 年批复后本年 8 月 18 日开业
89	莱圳邮电所	562	9:30–16:00	一、五	100192	邮政	东升乡小营莱圳家园 4 号楼	本年 4 月 15 开业
90	郦城邮电所	568	9:00–17:00		100097	邮政、储蓄	海淀区四季青路 8 号	本年 8 月 18 日开业
91	量子银座邮电所	587	9:00–17:00	六、日	100191	邮政、	知春路 23 号	本年 6 月 9 日撤销
92	中关村大厦邮电所	356	8:30–16:30	六、日	100080	邮政、	海淀区中关村大街 27 号四层 418 室	本年 7 月 25 日撤销
93	空军指挥学院邮电所	360	9:30–16:00	日、一	100097	邮政、储蓄	空军学院院内	本年 8 月 20 日撤销
94	新都邮电所						建材城东路 11 号	暂停营业

（郝建秀）

电 信

【综述】 海淀区境内固定电话、移动电话、网络主要由中国移动通信集团北京有限公司海淀分公司（以下简称北京移动海淀分公司）、中国联合网络通信有限公司北京市分公司（以下简称北京联通）和中国铁通北京分公司（简称北京铁通）经营。

【中国移动北京公司海淀分公司】 中国移动通信集团北京有限公司海淀分公司（以下简称分公司）成立于 2006 年 12 月，截至 2010 年底，共有 37 个自有营业厅（包括 12 个高校动感地带品牌店），基本覆盖全区主要街道、商业区和居民网点。基于海淀区高等院校、高新技术企业集中的地域特点，分公司秉承“客户为根，服务为本”的理念，致力于服务品质的持续提升，开展全方位工作，为海淀区的客户提供优质的移动通信服务。

助力政府　2010年，分公司通过各种信息化的服务方式参与海淀区各级政府、协会等组织的各类大型活动。

1月28日，助力区政府建设苏家坨镇信息化示范村，促进海淀区农村信息化建设工作。2月13日–19日，与海淀区文委在世纪坛联合举办大型春节主题文化庙会，以“畅想10年科技发展 畅享移动新生活”为主题，宣传“移动改变生活”的各项应用。4月23日至6月28日，与海淀区商务委、海淀区饮服协会联合举办“第八届中关村美食节”，为海淀区餐饮企业外来务工人员提供现场服务，助力餐饮企业提升信息化水平。6月，助力海淀卫生监督系统基于物联网应用的综合无线执法创新项目二期签约，覆盖更多监督执法企业，提升区卫生系统的信息化管理水平。9月16日，2010年北京购物季暨第六届海淀品牌消费节活动在翠微广场隆重开幕，切合“绿色消费、低碳海淀”的活动主题，宣传推广国家自主知识产权的TD业务。9月20日，助力“大西山金秋旅游登山节”，移动400热线宣传海淀旅游特色，成为海淀旅游新名片。10月20日至22日，由北京市发改委、经信委、科委、财政局、金融局、中关村科技园区管委会和海淀区人民政府联合主办的“创新中关村2010主题活动”在世纪金源大饭店举行，分公司携手合作伙伴，采用现场发布、互动体验等方式展现中国移动北京公司助力政府打造无线城市、推动物联网发展的规模化发展能力。11月18日至21日，分公司在海淀区委宣传部邀请下参加第五届文博会，以“移动物联 智慧城市”为主题，展现6大行业共8项业务的物联网成果。分公司物联网展区在活动期间入选国家领导人重点参观项目。

与高校合作　2010年，分公司整合资源，为大学新生提供多项优惠、便利服务，帮助贫困大学生。助力高校信息化建设，提升高校信息化管理水平，在23所驻区高校推广无线校园网络建设。

与科技园合作　2010年，分公司加快并深化与海淀各专业园区的战略合作，与4家科技园企业签订框架合作协议或达成合作意向。

本年，中国移动北京公司五棵松营业厅在全国“安康杯”竞赛组委会办公室组织的“全国班组安全建设成果展示活动”中获特等奖。

北京移动海淀分公司营业网点列表

序号	名　称	地　址	营业时间	电　话
1	公主坟营业厅	海淀区西三环中路19号国宜通讯广场二层	9:00–19:00	63989276
2	北太平庄营业厅	海淀区北三环中路35号二层	8：30–18：00	62018102
3	学清路营业厅	海淀区学清路38号金码大厦B座1层A2区	9:00 – 19:00	82837926
4	中关村西区营业厅	海淀区彩和坊路8号天创大厦一层底商北侧	9:00–19:00	62698951
5	紫竹桥营业厅	海淀区紫竹院路1号人济山庄D栋101号	9:00–19:00	88554892
6	西翠路营业厅	海淀区西翠路5号今日家园6号楼苏宁电器内	周一至周五10：00–19：00，周六、日9：30–19：00	88284168
7	联想桥营业厅	海淀区中关村东路118号	9:00–19:00	82122688
8	北洼路营业厅	海淀区北洼路29号（苏宁电器内）	10：00–19：00	68413816
9	保福寺营业厅	海淀区中关村路10号	8:30––18:30	62800908
10	北下关营业厅	海淀区大柳树富海中心2号楼101室	9:00–19:00	62128853
11	万柳东路营业厅	海淀区万柳东路9号106室底商	9：00–19：00	82551306
12	科大营业厅	海淀区北京科技大学内3号宿舍楼一层	9：00–19：00	62313550
13	清河营业厅	海淀区清河龙岗路35号锋线阁	9:00–19:00	13601111413
14	复兴路营业厅	海淀区复兴路甲36号百朗园105号中复电讯商场内	9：30–17：30	13601292425
15	五棵松营业厅	海淀区西翠路12号	9：00–19：00	68175381
16	增光路营业厅	海淀区增光路44号院102底商	9:30–17:30	88586819

序号	名　称	地　址	营业时间	电　话
17	公主坟城乡营业厅	海淀区复兴路甲 23 号北京城乡贸易中心股份有限公司 5 层	9:30–19：00	68225200
18	魏公村光大国信营业厅	海淀区中关村南大街 11 号光大国信大厦一层	9：00—19：00	68713500
19	上地科实营业厅	海淀区信息路甲 28 号 1 楼 1 层 F	9:00–19:00	82772595
20	中关村海兴营业厅	海淀区丹棱街 16 号海兴大厦 A 座一层	09：00–19：00	82606610
21	北大科技园营业厅	海淀区白颐路北端北大科技园创新中心写字楼一层	9:30–17:30	62750517
22	永定路营业厅	海淀区永定路乙一号乐府江南乙 1–20 号底商	9:30–17:30	58977572
23	北理工营业厅	海淀区中关村南大街 5 号院 5 区 323 栋（北京理工大学职消社超市二层）	9:00–19:00	18811035126
24	北师大营业厅	海淀区新街口外大街 19 号 9 区教 3 楼南侧	9:00–19:00	58806030
25	明光村营业厅	海淀区西直门北大街 1 号	9:00–19:00	62235313
26	首享科技大厦营业厅	海淀区学院路 51 号首享科技大厦一层	9：00–17：30	62309015
27	远大路营业厅	海淀区远大路 22 号 12 号楼(婚庆购物中心 1 层）	9：00–19：00	88875274
28	清华文津 TD 展示厅	海淀区中关村东路 1 号院 5 号文津酒店一层 109 商铺	9：:00–17:00	18811037020
29	北邮动感品牌店	海淀区西土城路 10 号(邮电大学西门内)	9:00 – 19:00	62286851
30	清华动感品牌店	海淀区清华园街道清华大学 16 区	9：00–19：00	62770891
31	民大动感品牌店	海淀区中关村南大街 27 号中央民族大学西门内 100 米	9：00–19：00	68930876
32	林大动感品牌店	海淀区清华东路 35 号北京林业大学校内信息楼东侧	10:30–18:30	62341299
33	北大动感品牌店	海淀区海淀路 5 号北京大学内 10 区 23 号楼地下一层	9:00–19:00	62745200
34	交大动感品牌店	海淀区交大东路 18 号院 9 号楼一层	9:00–19:00	51466077
35	锦秋国际动感品牌店	海淀区知春路 6 号锦秋国际大厦一层 A102	9：00–19：00	82800220
36	人大营业厅	海淀区中关村大街 59 号中国人民大学餐饮管理部一层	9：00–19：00	62511255
37	首师大营业厅	海淀区西三环北路 105 号	9：00 – 17：00	68905990

（余继兴）

中国移动通信集团北京有限公司海淀分公司

地址：海淀区学院路 51 号首享科技大厦 5 层

邮编：100191

电话：52186699–76000 82838080（传真）

网址：www.chinamobile.com

【中国联通北京市分公司】 中国联合网络通信有限公司北京市分公司（以下简称北京联通）隶属于中国联合网络通信有限公司，是 2008 年 5 月 24 日在融合原北京网通和原北京联通基础上组建的北京地区全业务电信运营商，在全市范围内为公众客户、商企客户和政府机构等客户提供包括固定电话、移动电话、数据传输、互联网、宽带接入等基础电信业务和增值电信业务，以及与上述业务相关的行业应用、系统集成、技术开发、技术服务、信息咨询、工程设计施工等相关服务。公司的固定电话客户、移动电话客户、宽带客户超过一千万。

北京联通下设 6 个市区分公司，其中二区、三区、八区分公司为海淀区提供服务。二区分公司位于北京城西北部，服务面积 400 平方公里，含海淀区大部分地域以及西城和朝阳部分地域，办公地点设在皂君庙通信大楼，下辖10个分局。

八区分公司办公地点设在海淀区茂林居甲14号，下辖7个分局，其中五棵松局、紫竹院局、茂林居局、四季青局等4个分局在海淀区界内，紫竹院局和四季青局全部属地在海淀区界内。服务面积87.5平方公里。

三区分公司在海淀区的服务范围较小，在南部地区的东南角。

发挥固移融合优势　发挥固移融合优势，通过对移动办公、无线传输、视频监控、无线定位等业务的推广，为客户制定行业全业务通信解决方案。举办“和谐天地人，联通你我他－3G行业应用”推介会，邀请30多个集团客户参会，为深化3G在集团客户的行业应用打下基础。利用公司单位担保优惠购机政策，梳理名单大客户及127家央企名单，有针对性地推广。发展教育、文艺、体育、金融、IT等行业具有影响力的客户入网，发挥名人效应，带动更多高端客户入网。

本年开展校园“厅、店、点”的建设，北京邮电大学、北京科技大学校园营业厅以自有营业厅的方式建设并开业；北京师范大学、中国地质大学校园营业厅以合作营业厅的方式建设；其他近10家学校以代理店的方式建设，并已基本确定代理店的位置。完善渠道，拓展校园渠道建设；有序开展网格化工作。9月，中央民族大学校园营业厅作为北京公司第一个校园营业厅正式开业。有序高效地完成网格化营销体系建设的初期要求，网格内三大销售经理全部配置到位，已初步搭建网格管理架构。

拓展市场空间　组建海淀新区项目组，对新区项目进行系统划分，针对海淀新区的开发性质（部分为开发商开发，部分为镇政府开发）策划相应的拓展策略。与武警北京总队利用3G通信技术，合作研发并实施动态勤务指挥管控系统。此系统建成后可使武警临时勤务管理实现可视化、智能化，初步解决武警部队动态勤务的远程指挥控制问题，在武警执勤信息化上迈出一大步，填补武警部队勤务管控的一项空白，截至年底，项目还在实施过程中。

推进移动业务行业应用。加强新业务的宣传、推介，介绍行业应用的解决方案，推进VPDN组网、3G/2G IVPN组网业务，提高客户质量和收入质量。成立以分公司总经理为总指挥的中小企业信息化推广组，进行专业化市场信息推广工作。

提升服务管理水平　开展服务“零容忍”问题综合整治工作，严格自查自纠，强化服务规范落实，没有发生客户“零容忍”投诉，获得总公司2010年“服务提升风雷行动”优质服务单位。组织开展十佳服务明星、风雷行动优胜单位、明星营业员、客户经理评选表彰活动。

优化服务质量监控数据，加强服务个案分析，提高分析预警能力和投诉处理能力。围绕客户感知，加强营业厅台服务督察检查力度，通过实施窗口服务“零容忍”、“流程穿越”、“联通为您而变”3项服务持续改善计划专项活动，从营业环境、销售、服务、管理4个方面改进营业厅台服务质量，提升各类客户满意度。

重视网络安全，完善各类应急预案，通过演练，提高应对突发事件的综合管理水平和应急处置能力，保证应急通信指挥调度工作迅速、高效、有序进行。

完成嫦娥二号、北京市移动电子政务管理平台开通、“两会”、3·15、防汛以及党政军等各类重点通信保障工作。完成对国家质量技术监督局、中科院等32家各类集团客户进行的46次536条电路的重要保障任务。

移动VIP客户维挽工作　启动移动VIP客户维挽工作，按照总公司的统一要求，率先做到场地、人员、装备三落实。主动将移动集团客户子用户纳入系统，分配客户经理进行维系；将新入网3G合约用户纳入维系范围，提高用户入网感知；启动向3GVIP客户寄送会刊服务；向钻、金卡客户赠送生日礼品等回馈服务；组织VIP俱乐部活动7次，290名客户和60名客户家属参加俱乐部活动。

移动网络建设　根据公司移动网络建设的整体规划，持续进行网络优化和补盲，重点进行写字楼室内覆盖建设。在宽带数据专业方面，配合市政府做好基础设施建设，全力打造以光纤入户为主的固定接入网。

客户服务电话：

10010：为使用中国联通业务的客户免费提供7×24小时的业务咨询、信息查询、投诉建议、业务办理等人工与自助的综合服务。

10011：为中国联通客户提供全国“一卡充”充值服务。

海淀辖区内北京联通营业厅名单

分公司	序号	营业厅	地址
二区分公司	1	清河营业厅	海淀区清河镇毛纺路清河电话局内
	2	北太平庄营业厅	海淀区北三环中路33号
	3	皂君庙营业厅	海淀区皂君庙9号
	4	中关村营业厅	海淀区海淀路54号
	5	二里庄营业厅	海淀区志新路11号
	6	中关村东路营业厅	海淀区清华大学东口紫光大厦一层

分公司	序号	营业厅	地址
区分公司	7	厢红旗营业厅	海淀区香山路 108 号
	8	温泉营业厅	海淀区温泉镇太舟坞村温泉电话局内
	9	西三旗营业厅	海淀区西三旗建材城东路 28 号
	10	上地营业厅	海淀区上地电话局
	11	苏州街营业厅	海淀区苏州街 55 号名商大厦一层
	12	上地信息路营业厅（1 月新设立）	海淀区农大南路 1 号院 2 号楼 B104A
	13	西直门营业厅（9 月新设立）	西城区西直门外大街 1 号院 1 号楼首层大堂北侧
	14	西土城路营业厅（12 月新设立）	海淀区西土城路 10 号综合楼一层
	15	中关村南大街营业厅（12 月新设立）	海淀区中关村南大街乙 12 号院 1 号楼 1 层 1–17
三区分公司	16	莲花桥营业厅	海淀区什坊院 6 号
	17	西客站营业厅	海淀区羊坊店路 9–1 号
八区分公司	18	四季青营业厅	海淀区昆明湖南路 12 号
	19	五棵松营业厅	海淀区复兴路 65 号
	20	茂林居营业厅	海淀区茂林小区甲 14 号
	21	紫竹院营业厅	海淀区西三环北路昌运宫 1 号
	22	田村营业厅（8 月重装后开业）	海淀区永定路乙 1 号院 8 号楼 6 单元 101
	23	远大路营业厅（3 月升级为全业务沃品牌店）	海淀区远大路 1 号北京金源时代购物中心 1 层 1077 号

（陈育红）

北京市二区分公司
地址：海淀区皂君庙 9 号
邮编：100081
电话：62160010

北京市八区分公司
地址：海淀区茂林居甲 14 号
邮编：100038
电话：68363508

【中国铁通北京分公司】 中国铁通集团有限公司的前身是铁道通信信息有限责任公司,成立于 2000 年 12 月 20 日。2004 年 1 月 20 日，经国务院批准，由铁道部移交国资委管理，更名为“中国铁通集团有限公司”（以下简称“中国铁通”），作为国有独资基础电信运营企业独立运作。2004 年 6 月，被国资委列为董事会试点企业，是全国第一家可向用户提供市话详单的电信运营企业。2008 年 5 月 23 日，中国铁通集团有限公司并入中国移动通信集团公司，成为其全资子公司。2009 年 12 月 15 日，铁通公司将铁路通信业务、人员移交铁道部。铁路通信专网剥离后，铁通公司继续作为中国移动的全资子公司，从事公众通信业务，仍保持相对独立运营。

中国铁通北京分公司成立于 2001 年 2 月，是中国铁通集团有限公司下属省级分公司，是北京地区第二大固网运营商，网络接入能力基本覆盖全市。北京分公司实行属地化管理，分为东、西、南、北、朝阳等 11 个分公司。北区分公司作为北京铁通的下属公司，负责海淀区阜成路以北、昌平区的市场发展。本年 4 月，北区分公司下属的门头沟支局划归西区分公司。12 月，新成立昌平特区支局。由于所辖地区是高校、高新技术产业、商业、服务业集中地区，业务规模和收入位列北京铁通第一。北区分公司下属 10 个经营部，其中在海淀区境内 6 个。经营部主要负责业务咨询、业务申请、安装、售后服务、缴费等。

本年 8 月，北区分公司从海淀区交大东路 31 号迁址到海淀区北坞村甲 25 号（静芯园）。

在北京铁通分公司组织的冠军联赛中，北区分公司在“AD/TD①冠军杯超级联赛”中获得冠军。竞赛期间，北区宽带业务获得空前的发展。

本年，北区分公司加强与海淀移动公司的协同工作，探索全业务经营模式，不再单纯依靠固网业务应对市场竞争，推动固网业务和移动业务的融合发展，提供综合信息一体化服务，从根本上解决发展的困境。公司把与海淀移动和昌平移动的协同工作作为一项重点工作，以期逐步实现业务上捆绑、管理上对接、资源上共享、文化上融合。

中国铁通北京北区分公司在海淀区境内下属的经营部（6 个）：

1.西直门经营部
地址：海淀区北滨河路 2 号

2.中关村经营部
地址：海淀区科展公寓 B 座 20 号

3.清华经营部
地址：海淀区五道口城铁西北角 200 米

4.四季青经营部
地址：海淀区世纪城远大园 3 区 7#4 单

① AD、TD 均为通信业务简称，AD 指电路里面的模拟信号转换为数字信号。TD 为 TD-SCDMA 的简写，是中国提出的第三代移动通信标准。

元 B1B

5.百旺山经营部

地址：海淀区永丰中路 54 号

6.五路经营部

地址：海淀区永定路甲 4 号

中国铁通集团有限公司北京北区分公司

地址：海淀区北坞村路甲 25 号

邮编：100195

电话：51866526　51866264（传真）

免费客服电话：10050　（梁宏业）

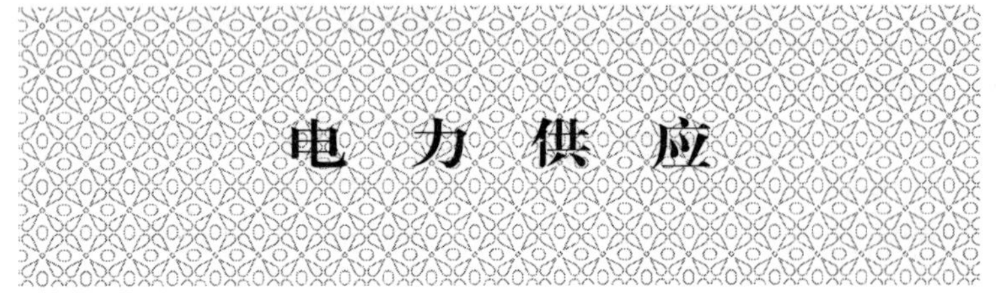

电力供应

北京市电力公司海淀供电公司（以下简称公司）成立于 1987 年，是北京市电力公司的直属供电企业，负责海淀地区的电力供应、销售和变电、配电设施的建设、运行及维护，肩负着区域内国家党、政、军机关，大专院校和高科技产业及首都政治活动和全区近 300 万常住人口的安全供电任务。负责 110 千伏及以下电网规划和电网建设工作；负责 110 千伏变电站运行维护工作；负责 10 千伏及以下架空线路、电缆线路和开闭站、配电室、箱变的调度、运行、检修及事故处理；负责全区所有电力客户的用电检查和客户高、低压报装、接电及 65 万客户（其中居民户数 62 万户）抄核收工作。

企业经营　本年完成各项资产经营指标情况：110 千伏及以下考核口径售电量 106.06 亿千瓦时，同比增长 9.57%，按行业分类分析:增长较大的是依次是信息传输、计算机服务和软件业，交通运输、仓储和邮政业，公共事业及管理组织。售电均价完成 700.7 元/兆瓦时，超指标 5.9 元/兆瓦时；线损率完成 7.11%，低于指标 0.05 个百分点；电费回收率 100%；应收电费余额 0 元，低于指标 890 万元。完成 19 项工程的竣工决算，竣工决算率 100%，决算金额 3.66 亿元。截至年底累计安全生产长周期达到 1600 天，创历史最好成绩。完成政治供电任务 196 项，完成全国“两会”、“嫦娥二号”、北京首届武搏会等重大供电保障任务，累计保电天数达到 329 天。

推进新能源项目建设，航天桥、万泉河、岳家楼电动汽车充电站外电源工程如期发电。按照国家电网公司加强电力客户电能信息采集系统建设的要求，完成 1600 具试点国网智能表的更换和调试工作。严控欠费风险，警企联合打击窃电行为，为企业挽回经济损失 627.802 万元。地区所辖变电站全部联网，实现公司信息网络全覆盖。

电网建设　编制完成《海淀电网“十二五”规划》。完成海淀北部地区电力专项规划。首次将地区电网规划纳入市政规划中，为地区电网规划的实现提供制度保障。完成市属重点项目配套的北坞村、西二旗等重点输变电工程的选址工作，确定后八家、宝盛里、五路居等输变电工程站址。2010 年度电网建设项目达到 18 项，全年 110 千伏投产主变容量 20 万千伏安，新增电缆线路 2.4 公里。2010 年，海淀区政府批复财政资金 2.5 亿元用于支持海淀地区 110 千伏重点输变电工程项目以及关系百姓民生、解决居民终端用电问题的 10 千伏项目和低压项目，推动地区电网发展。

截至年底，公司管辖 110 千伏变电站 29 座、35 千伏变电站 1 座，主变压器 94 台，总容量 4783 兆伏安；有 10 千伏开闭站 91 座，小区配电室 624 座，配电变压器 4924 台，10 千伏电缆线路长度 3384.6 公里，10 千伏架空配电线路 1463 公里。

电力服务　做好发电服务，挖掘报装结存容量潜力，加快报装接电速度，拓展增量市场。2010 年海淀地区受理新装增容报装 18493 户，容量 178.6160 万千伏安，较同期增加 59.1332 万千伏安，同比上升 49.49%；完成接电 15388 户，接电容量 64.5549 万千伏安，较同期减少 20.1024 万千伏安，同比下降 23.75%；年累计结存 102.4835 万千伏安，较同期增加 91.9265 万千伏安。开展“笑容常在，满意 100”等多种主题宣传活动，建立优质服务学习日、优质服务主题周等常态学习机制。开展“服务之星”、“服务志愿者”评选活动。建立统一规范的客户服务口径，编写服务手册，完善典型实践库。制作完成“营业窗口服务规范”电教片，建立窗口服务的常态化、低成本培训模式。加大服务管控力度，建立健全优质服务巡检组工作制度，完善监督评价机制，初步建立起“以市场为导向、以客户为中心”的利益共同体服务文化。在海淀区开展的“优质服务年”活动中，公司提出“一融入、两确保、三主动”的理念①，并在全区经验交流会上作典型发言。

结合政府主导的“生态村”、“文明村”、“示范村”新农村建设等工作，继续实施农电大型技改和专项技改等工程，海淀农村地区供电服务水平得到全面提升。建成新农村电气化乡（镇）6 个，电气化村 36 个。共增设售电网点 7 个、抢修网点 4 个。

在中国电力报社举办的“中国最美供电所”评选活动中，苏家坨西区供电

① 将电网规划融入地方发展规划，确保政治保电和重大活动保电万无一失，主动服务政府、主动服务重要客户和科技文教单位、主动服务广大百姓。

所榜上有名。（刘明昆）

北京市电力公司海淀供电公司

地址：海淀区双榆树南里二区八号
邮编：100086
电话：62150384（总值班室）
传真：63129907
电力服务热线：95598

环境保护

【综述】 海淀区环境保护局（简称区环保局）是区政府负责环境保护的行政主管部门，其前身是1978年成立的海淀区环境保护办公室，1984年10月更名为海淀区环境保护局，下设海淀区环境保护监测站、机动车排放管理站（2008年7月30日增设）2个事业单位。2008年10月22日，增设辐射环境监督科。

本年，区环保局实施并完成大气污染治理、区域污染减排、生态环境保护等各项工作任务。全区污染物总量持续削减，区域空气质量明显提升，水环境质量保持稳定；声环境质量继续保持平稳；环境基础设施建设进一步加快，全区生活污水和生活垃圾处理率继续高于全市平均水平；辖区固体废物无害化、资源化、减量化的消纳处理能力持续增加。整体环境质量进一步优化。

本年，全区环保投资总额达608404.69万元，占上年地区生产总值的2.49%。全年共接收群众信访1600件（其中大气类720件，噪声类864件，其它15件），信访查处率、办结率均达100%；承接人大建议、政协提案和党派团体提案共22件（其中人大建议13件，政协提案6件，党派团体提案3件），办结率和满意率均达100%。

重点加强建设项目环评和“三同时”[①]的全程监管，建立“审验一体”[②]的工作机制，提高建设项目竣工环保验收率，从源头上加大污染防治力度。为提高环保审批的科学性，在全市率先成立“环境专家咨询委员会”，并设立“环境影响咨询专家库”。2010年，环保审批窗口[③]接待各种咨询15249人次；办理建设项目环保许可1723件，审批办结提前率72%；建设项目环保验收502件，验收办结提前率100%。

大气污染防治 贯彻实施《海淀区第十六阶段控制大气污染措施》，投入资金累计5310万元，全年共改造燃煤锅炉20台112蒸吨；排查加油站、印刷、家具、汽修等排放挥发性有机气体的企业230余家；对全区餐饮业油烟排放进行专项治理，下发治理通知6000余份；32家干洗企业在限期内更换了全密闭式干洗机；对全区检查86家加油站和驻区油库进行定期排查，累计查处超标排放案件51件。截至年底，全区二氧化硫排放总量为6711吨，比2005年底削减2902吨，下降30%，超额完成北京市下达的“十一五”末全区二氧化硫排放总量控制在8200吨以内的目标。

全年开展工地扬尘污染联合执法检查30余次，检查工地366个次，查处移送问题工地52个次。检查机动车21万余辆，查处违规车辆1908辆，黄标车淘汰和机动车污染治理取得成效。全年共淘汰黄标车2869辆，通过核查举报、路检夜查、遥感检测、入户检查等方式对28万辆机动车排放进行监管。本年本区大气环境中可吸入颗粒物浓度为0.123毫克/立方米，同比上年0.127毫克/立方米下降0.004毫克/立方米；二氧化硫0.038毫克/立方米，同比上升0.003毫克/立方米；二氧化氮0.059毫克/立方米，同比上升0.004毫克/立方米；降尘7.7吨/平方公里·月，同比上升0.4吨/平方公里·月。除首要污染物可吸入颗粒外，其他各项污染物的浓度均低于国家规定的大气环境质量Ⅱ级标准限值及国家推荐的参考标准值。全区空气质量二级和好于二级天数达281天，占全年总天数的77.0%，同比增加5天，提前19天完成市政府下达的73%的蓝天任务，空气质量连续11年持续改善。

地表水质监管 本年监测河流10条段，由于小月河、万泉河的断流，有效检测河流8条段，总长度64.10公里，其中达标河段3条，即京密引水渠、昆玉河和长河，达标河流长度32.8公里，占总有效监测河长的51.17%；土城沟、

[①] 《中华人民共和国环境保护法》第四章第二十六条中明确指出：建设项目中防治污染的设施，必须与主体工程同时设计、同时施工、同时投入使用。简称“三同时”制度。

[②] 为加强建设项目竣工环境保护验收工作，根据局党组安排，自2010年1月起，将建设项目和燃烧装置项目验收工作并入管理科，实现建设项目和燃烧装置项目审批和验收集中在环保审批窗口办理。

[③] 建设项目环保审批窗口在1998年10月海淀企业服务中心成立之初就开始入驻，最初只负责接待企业咨询。中关村科技园区服务中心成立后，2001年7月2日海淀区环保局审批窗口随之迁入海淀区阜成路甲67号，并于当年7月9日正式受理区属建设项目的环保审批业务。2010年1月初，建设项目环保验收业务正式并入中关村企业服务中心环保审批窗口，实现各类审批、验收业务均通过建设项目网上审批系统进行申报，经网上审查通过后，窗口人员进行受理，经办人员进行现场勘察，待审查无误后交窗口人员办结，真正做到一口进一口出，方便企业不留死角。

永引上段、南沙河、清河上段和清河下段水质均未达到相应水质目标要求。南沙河出境断面监测点水质较上年有所改善，河流水质综合达标率为 50.0%。辖区内监测湖泊 6 个，水域面积 4.27 平方公里，占北京市近郊水域面积的 41.28%。6 个监测湖泊中团城湖、昆明湖、福海和紫竹院湖常规监测项目指标达标；湖泊营养级别属于中营养～中度富营养。不达标河湖的主要污染物指标为耗氧有机物、氨氮、总磷和总氮等。原因是长期得不到天然水体的补充更新，导致水质逐渐恶化。

2010年海淀区各级空气质量天数分布

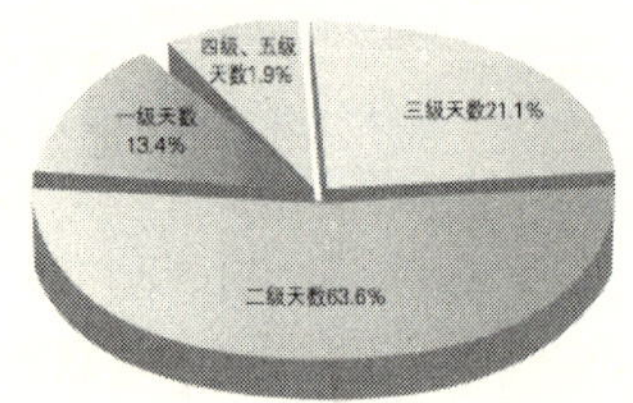

2006年至2010年的二级和好于二级天数统计

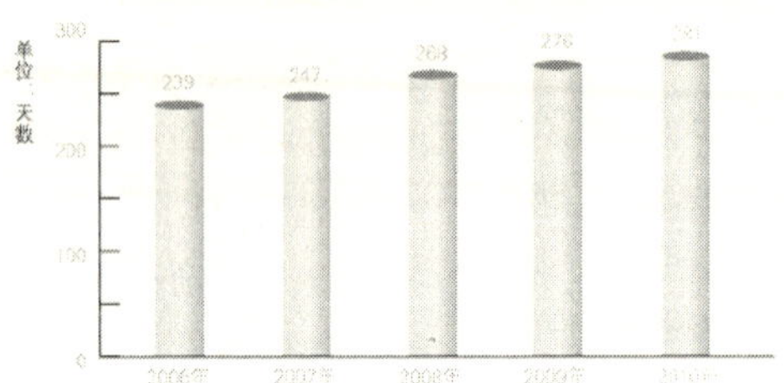

2010年主要大气污染物年均浓度值

项目 年份	二氧化硫 mg/m³	二氧化氮 mg/m³	可吸入颗粒物 mg/m³	降尘 吨/平方公里·月
2010年	0.038	0.059	0.123	7.7
2009年	0.035	0.055	0.127	7.3
变化率（%）	+8.6	+7.3	−3.1	+5.5
国家标准	0.060	0.080	0.100	13.9

2010年海淀区河流水质状况

河流名称	目标水质类别	2010现状水质类别
京引	Ⅱ类	Ⅱ类
永引上段	Ⅲ类	劣Ⅴ类
昆玉河	Ⅲ类	Ⅱ类
长河	Ⅲ类	Ⅲ类
土城沟	Ⅳ类	劣Ⅴ类
南沙河	Ⅳ类	劣Ⅴ类
清河上段	Ⅳ类	劣Ⅴ类
清河下段	Ⅴ类	劣Ⅴ类

2010年海淀区河流水质现状

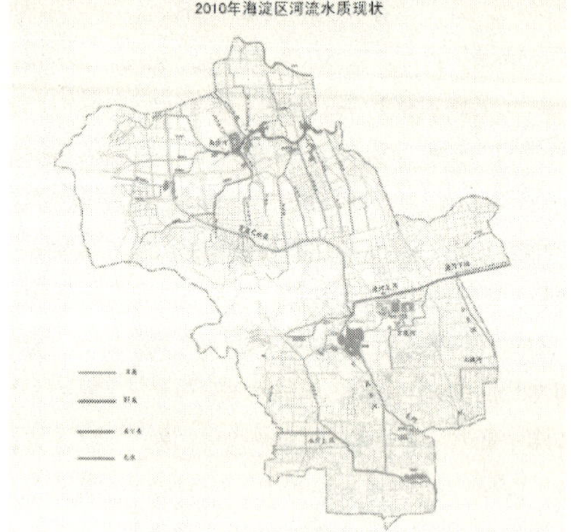

环境噪声监测　本年对区内 136 个噪声区域、60 条交通干线和 1558 余社会单位进行噪声监测。其中区域环境噪声平均值为 54.0 分贝，达到国家标准，但同比上升 0.3 分贝，70.1%的人口生活在 55.0 分贝的国家标准之内，与上年基本持平。环境噪声主要为人群活动、商业经营等生活性噪声，交通噪声次之，由工业生产、建筑施工而引发的噪声所占比例很小。全年受理各种噪声环境信访 750 余件，妥善处理噪声扰民的敏感问题。开展中、高考期间噪声专项整治。全区道路交通干线监测路段 60 条，累计长度达 150.17 公里。道路交通噪声平均计权等效声级 69.9 分贝，同比上升 0.8 分贝，全区平均值达到国家标准。有 41.7%的路段测试值超过 70 分贝限值，同比上升 10.0%。

暴露在不同等效声级下的人口分布图

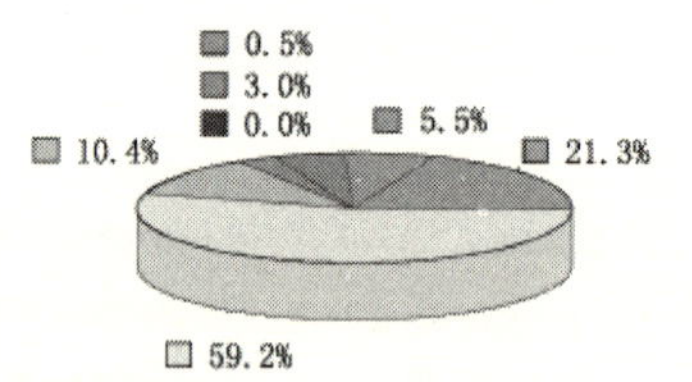

固体废物与辐射监管工作　继续强化对涉源单位隐患排查和监督管理，截至年底，海淀区有涉源单位 71 家，放射源 712 枚，其中Ⅰ类 131 枚，Ⅱ类 143 枚，Ⅲ类 4 枚，Ⅳ类 27 枚，Ⅴ类 322 枚，其他 85 枚；射线装置单位 322 家，射线装置 1050 台，其中Ⅱ类 103 台，Ⅲ类 947 台。全区全年工业固废产生量为 7.35 万吨，固体废物综合利用率为 98.76%，重点工业企业危险废物年产生量 914.9 吨，处置率 100%。全区产生生活垃圾 90.70 万吨，全部进行卫生填埋无害化处理，生活垃圾无害化处理率达 100%。

生态保护与建设　本区生物丰度、植被覆盖度较高，水网密度较大，生态环境质量逐年提高。海淀区 2007 年获“国家级生态示范区”、2009 年首批通过“全国生态监察试点区”验收。2010 年，温泉镇获“国家级环境优美乡镇”命名，苏家坨镇和海淀乡创建“国家级环境优美乡镇”已通过初审，等待正式验收。5 个乡镇和 23 个村分别被命名为市级“环境优美乡镇”和“郊区生态村”，38 个小区被评为市级“安静小区”，151 个社区被评为“绿色社区”，70 所学校被评为“绿色学校”，其中北京印象社区、101 中学分别获“绿色社区”和“绿色学校”称号。在全市率先组织开展农村地区环境保护规划工作，落实《北京市海淀区农村环境保护规划》的编制单位，编制完成规划大纲并通过专家组的评审，编制工作稳步推进，截至年底已完成《规划》初稿，进入征求意见阶段。六·五世界环境日，组织开展以“低碳生活·绿色海淀”为主题的宣传活动、以“参与垃圾分类，建设绿色北京”为主题的中小学环保演讲比赛和以“我的低碳生活”为主题的北京市第七届“自然与生命的瞬间”环保摄影比赛等一系列环保宣教活动；全年累计发放各种宣传材料5000余份。

全年共监测噪声、污水、油烟、锅炉等各类污染源1000余次、出据水样监测数据11000余个，加大对全区废水重点源排放企业、11家污水处理厂、六里屯垃圾填埋场废水排放及六里屯地下水观测井的监测监管力度。对辖区内涉铅、镉、汞、铬和砷等重金属污染企业，特别是对电镀、污水处理厂、垃圾填埋场等行业进行全面排查。持续加大以北部地区11家畜禽养殖场、7个食品加工企业为重点的污染源监管检查力度，督促企业开展污染治理工作，加大对违法企业的查处力度。促进“两高一资”企业调整，高污染排放的北新建材石膏板生产线搬出海淀。

本年，区环保局获“北京市2009–2010年黄标车淘汰工作先进集体”称号，获得首届北京环境监测人员技术大比武团体三等奖；被区委区政府授予“督查考核先进单位”、“依法行政先进单位”称号。

【成立环境专家咨询委员会】 11月24日，海淀区在全市首家成立“海淀区环境专家咨询委员会”,聘请28名专家，建立环评专家库，以提高决策的科学性，推进环境影响评价科学、客观、公开、公正。

【海淀区“十二五”时期环境保护与建设规划通过专家评审】 7月，海淀区启动《十二五时期环境保护与建设规划》编制工作。通过数据核查、调研走访、与区内各委办局交换意见，形成初稿。11月，区政协听取编制情况汇报并提出修改意见。12月，海淀区组成专家评审组对《规划》进行全面审定并通过评审。《十二五时期环境保护与建设规划》结合北京市“十二五”环境保护基本思路和海淀区“十二五”经济建设发展方向，确立海淀区“十二五”时期的环境保护目标，对“十二五”时期环境保护与建设工作具有重要的指导作用。（韩冰）

海淀区环境保护局
地址：海淀区光大家园2号楼
邮编：100089
电话：82571513
邮箱：hdepb@sina.com

下属事业单位（2个）：

1.海淀区环境保护监测站

地址：海淀区光大家园2号楼
邮编：100089
电话：82571531

2.机动车排放管理站

地址：海淀区东北旺南路27号上地办公中心A座
邮编：100193
电话：82785336

园 林 绿 化

【综述】 海淀区园林绿化局（海淀区绿化委员会办公室）成立于2009年8月14日，是负责本区园林绿化工作的政府工作部门。根据2010年2月10日下发的《北京市海淀区人民政府办公室关于印发北京市海淀区园林绿化局（北京市海淀区绿化委员会办公室）主要职责内设机构和人员编制规定的通知》（海政办发〔2010〕32号）,接转原区农林委员会（绿化委员会办公室）承担的林业管理职责、原区市政管理委员会承担的有关园林绿化管理职责和原区农林委员会（绿化委员会办公室）、原区市政管理委员会承担的与林业、园林绿化管理有关的安全（监管）管理职责；转变的职责：加强推进本区园林绿化城乡统筹发展、保护和合理利用林业资源的职责，加强对本区园林绿化的科学规划、统一管理，加强本区园林绿化行业管理，强化政策措施、管理标准的制定以及执法监督等职责。主要职责：（1）贯彻落实国家和北京市关于园林绿化工作的方针政策、法律、法规和标准规范；制定本区城乡园林绿化建设的中长期发展规划、年度工作计划和管理标准，并组织实施；会同相关部门组织编制本区城市绿地系统规划；负责核准公共绿地、城市道路绿化方案。（2）按照批准执行的规划、标准，提出本区园林绿化方面的公共服务事业经费预算方案，代表区政府购买园林绿化方面的公共服务；负责区级园林绿化建设及养护项目专项资金使用的监督工作。（3）组织实施本区城乡绿化美化、园林设施管护、植树造林和封山育林等工作；组织、指导本区防沙治沙和以植树种草等生物措施为主的防治水土流失工作；负责园林绿化重点工程的监督检查工作；组织、指导生态林、绿化隔离地区的建设、保护和管理；组织、协调重大活动的绿化美化及环境布置工作。（4）负责监督、考核本区园林绿化工作；指导街道、镇（乡）园林绿化工作；组织辖区内园林绿化的普法教育和宣传工作。（5）承担管理和保护本区绿化资源、森林资源的责任；负责绿化资源、森林资源的调查评估、动态监测、统计分析等工作；负责城市绿线管理、林地林权登记管理工作，依法处理林权争议；承担保护本区陆生野生动植物的责任；依法组织开展生物多样性保护和林木种质资源保护工作。（6）承担组织、指导和监督检查本区森林防火工作的责任，组织拟订森林防火规划和森林火灾扑救应急预案；指导森林防火基础设施建设和扑救队伍建设；负责本区森林公安工作；依法查处破坏森林资源的案件。（7）依法负责本区园林绿化方面的行政执法。（8）提出本区林业产业发展的有关政策，拟订相关发展规划；负责林果、花卉、蜂蚕、森林资源利用、林木种苗等行业管理。（9）拟订本区园林绿化科技工作的发展规划和年度计划，并组织实施；组织科技项目的研究开发、技术推广和科普宣传工作；负责园林绿化信息化的管理；负责本区园林绿化行业统计工作。（10）承担区绿化委员会办公室的日常工作。（11）安全监管（管理）职责：组织拟订本区园林绿化行业有关安全方面的规章制度，组织具有行业特点的安全宣传教育工作，督促本行业各单位建立安全管理制度和应急预案，落实安全防范措施，消除事故隐患，在权限范围内监督检查本行业各单位贯彻有关安全法律、法规的情况，发现违法行为，在职责范围内依法进行处理，超出职责范围的及时告知有关部门处理，并承担相应的管理责任；组织指导和监督检查本区森林防火工作，并承担相应的管理责任；负责本区园林绿化行业监督管理，组织指导本区林木、绿地有害生物的监测、检疫和防控工作，并承担相应的管理责任；在履行法律、法规规定的行政许可职责中，对涉及安全的有关事项严格按照有关规定审查把关，对已批准的行政许可事项和未经批准擅自从事有关活动的，依法承担相应的监管或管理责任；负责本机关及所属单位的安全工作，并承担相应的领导责任。（12）承办区政府交办的其他事项。

根据2010年4月13日下发的《海淀区机构编制委员会关于成立北京市海淀区园林绿化服务中心的批复》（海编委发〔2010〕13号）、2010年4月15日下发的《海淀区机构编制委员会关于划转区市政园林服务中心下属事业单位的通知》（海编委发〔2010〕5号）和2010年12月27日下发的《北京市海淀区人民政府办公室关于撤销海淀区市政园林服务中心机构建制的通知》（海政办发〔2010〕96号），海淀区园林绿化局下辖8个事业单位：区园林绿化服务中心、区绿化队、区绿化二队（保留名称）、区绿化三队、区海淀公园管理处、区翠湖湿地公园管理外、区园林工程设计所、区林业工作总站（区林业保护总站、区林业种苗管理总站、区生态林管护中心），撤销区市政园林服务中心和市政园林职业技能培训中心机构建制，区养路队划归区市政市容管理委员会。

本年，区园林绿化局围绕建设具有全球影响力的科技创新中心目标，按照“生态良好、环境优美、和谐宜居”的标准，统筹城乡发展，推进城乡绿化美化建设，加快重点工程建设，加强森林资源保护和林木绿地管护，推动兴绿富民产业，完成年度目标任务，区内生态环境质量得到持续改善。4月，海淀区获“全国绿化模范城市”称号。

全年投入15092万元，完成绿化建设1772.03公顷，其中新增绿化面积117.83公顷，绿化改造面积1654.2公顷。其中人工造林1587.77公顷，新增面积24.72公顷，改造面积1563.05公顷。城区完成绿地建设184.26公顷，新建绿地93.11公顷，改造绿地91.15公顷；完成公园绿地78.93公顷、道路绿化51.45公顷、居住区绿化12.33公顷、单位庭院绿化36.26公顷、屋顶绿化6082平方米；栽摆花卉425万株（盆），种植各类苗木191.81万株，铺种草坪99.35万平方米。全区森林覆盖率35.39%、林木绿化率42.25%、绿化覆盖率47.47%、绿地率45.53%、人均绿地47.40平方米、人均公共绿地13.20平方米。

义务植树　全区组织以“绿化美化海淀，建设低碳城市”为主题的第26个全民义务植树日活动，开展义务植树、绿地养护、绿化宣传、认建认养等各项活动，9万人参加植树日活动，植树8万余株，养护树木70万株，清扫绿地520万平方米；设立宣传咨询站101个、出动宣传车63辆、发放宣传材料7.7万份。9月，启动全区义务植树登记工作。全年参与植树市民达77万人次，完成义务植树536.6万株。继续指导和推动绿化美化创建工作，八里庄街道世纪新景园社区被评为“首都绿化美化花园式社区”，四季青镇振兴村、苏家坨镇柳林村被评为“首都绿色村庄”，中船重工科技研发大厦等14个单位被评为“首都绿化美化花园式单位”。

生态体系建设　绿化隔离地区绿地管护。加大对城市绿化隔离地区2412公顷有林地、“五河十路”[①]绿色通道448.9公顷绿地和二道绿化隔离地区1735.3公顷绿地的养护管理力度，落实集体生态林补偿机制政策。开展枯死树清理、防洪排涝等工作，组织乡镇进行养护管理自查，兑现各项政策资金7250.77万元。全年纳入集体生态林补偿机制政策管理面积7169公顷，核定生态林管护员岗位7539个，兑现政策资金10611万元，其中生态林占地补偿4491万元、管护人员工资6120万元，其中市补助2489.4万元、区补助8121.6万元。

郊野公园建设。推进41.7公顷北坞公园的建设，完成公园地形堆垫、绿化种植总量的70%，土建附属总量的70%，喷灌总量的80%，土方总量的92%，照明总量的30%，清运土方38万方，栽植苗木9300余株，实现“面上见绿”目标。青龙桥郊野公园规划方案获北京市园林绿化局审批。完成43.8公顷平庄郊野公园和37.3公顷树村郊野公园建设，调整及新植乔木、小乔木及灌木17.63万株，铺设地被及草坪30.32万平方米，铺装道路、活动广场和停车场6.89万平方米，安装给水管1.57万平方米，铺设电缆0.83万米，安装太阳能庭院灯及草坪灯317盏，建管理用房和小卖部

[①] 根据《北京市人民政府关于进一步推进本市绿色通道建设的通知》（京政发〔2001〕30号），“五河十路”即永定河、潮白河、大沙河、温榆河、北运河；京石路、京开路、京津塘路、京沈路、顺平路、京承路、京张路、五环路、六环路、京九铁路、大秦铁路。

2处3050平方米、生态厕所4个400平方米，6月30日免费向社会开放。完成玉东、丹青圃和八家郊野公园的工程量结算、资金决算审计及八家公园管护任务的移交。启动翠湖湿地公园二期工程建设。截至年底，全区已投入使用并向市民免费开放的有八家、玉东、丹青圃、玉泉、平庄、树村等6个郊野公园。

彩色树种造林工程建设。完成凤凰岭森林公园北线桃园观周边彩色树种造林工程66.67公顷，种植黄栌、元宝枫、火炬等彩叶苗木7万株，扩大西山地区彩色树种种植区。

太行山绿化工程。完成绿化任务1553.3公顷，新增补植补造946.7公顷，栽植各种乔灌花木28.4万株，四季青镇香山地区和苏家坨镇大西山地区生态林质量明显提高。

六环路绿色通道建设。完成绿化345.6公顷，并通过北京市园林绿化局的专业验收。工程涉及苏家坨镇、温泉镇和西山林场，种植各类苗木12.32万株，拨付建设费908万元。在六环路海淀段形成绿不断线、景不断链的景观大道。

街坊路绿化。实施李家坟村等街坊路绿化106公顷，栽植各类乔灌花木89万株,完成北京市下达的建设任务。

播草盖沙。采取在林下空地铺种地被植物的方式防沙固土,完成种植面积1000亩，其中温泉镇770亩、上庄镇80亩、西北旺镇150亩，播种板兰根、二月兰种子2477公斤，植被盖度均达85%以上。

生态林管护。全年纳入集体生态林补偿机制政策管理的生态林10.7万亩，其中平原生态林5.9万亩、山区生态林4.8万亩，区与乡镇签订租地合同542份，招收管护人员7539人，组建管护队143支。兑现集体生态林补偿资金10611.2万元，其中管护费6120.2万元、占地补偿费4491万元。采取有效措施加强管护，对景观生态林2.7万亩进行树木修剪、树干涂白，浇灌冻水2.3万亩，做防寒支架0.3万亩，补植柳树、槐树、侧柏等乔灌花木2万株，整理排洪沟5.4万延米，清除林地枯枝落叶等杂物8000吨，林地施肥300余吨；对山区生态林1.2万亩强化抚育，修防火隔离带50万延米。多种形式强化管护技能培训，开展生态林抚育、修剪等技术培训班3次，培训400余人次，提高管护队员生态养护管理技术与病虫害防控等技能。落实生态林养护管理制度，加强管护工作检查，保障管护工作有序进行。

城市绿化美化　城市道路绿化。对重点大街、重点地段实施绿化改造提升，完成中关村西区1公顷道路绿化提升、北坞村路绿化景观提升、中关村大街地铁占地恢复、京藏高速（海淀段）彩叶植物试验工程等47条城市道路绿化建设和改造，完成城市道路绿化面积51.45公顷,其中新建道路22条绿化面积17.10公顷，改造道路25条绿化面积34.35公顷。

公园绿地建设。加强海淀公园二期、温泉公园、巴沟山水园（北区）等公园的建设改造，完成绿化面积32.36公顷，推进常乐村苗圃、五棵松地区代征绿地、甘家口商圈环境改造等绿化建设，完成绿地46.57公顷。共完成公园绿地建设78.93公顷，其中新建53.24公顷、改造25.69公顷。

居住区绿化。全年完成居住区绿化建设64项，绿化面积18.48公顷。

社会单位绿化。全年完成庭院绿化建设64项，绿化面积36.26公顷。

停车场绿化。全年完成停车场建设2处，分别为中国人民解放军总医院金沟河干休所、中国科学院行政管理局--科行大厦停车场工程，绿化面积7500平方米。

屋顶绿化。全年完成屋顶绿化3项、绿化面积6082平方米，其中东陶机器（北京）有限公司简式屋顶绿化3650平方米、双紫小区简式屋顶绿化315平方米，百度大厦复式屋顶绿化2117平方米。在北京市园林绿化局、首都绿化委员会办公室组织的2010年度屋顶绿化评比中，东陶机器（北京）有限公司、百度在线网络技术（北京）有限公司获“2010年北京屋顶绿化先进单位”称号，6人被评为“2010年北京屋顶绿化先进个人”；北京中经大厦公寓楼屋顶绿化工程、百度大厦屋顶绿化工程、东陶机器（北京）有限公司、中关村西区楔形绿地屋顶绿化工程被评为“2010年北京屋顶绿化优质工程”。8月，以街道办事处管辖区域为基本单位，对全区范围内的既有建筑进行可实施屋顶绿化资源普查，约有7.5万平方米的屋顶绿化潜在资源。

街道自管绿地养护监理。推行绿化养护监理机制，通过实行科学化、标准化、程序化、制度化、规范化的监理服务模式，强化考核管理，从制度上保障各街道提高绿化养护水平。全年开展园林绿化养护质量专家评估、园林绿化养护技术培训及3次园林绿化养护检查，10月底完成对各街道自管绿地的养护等级评定工作。年内评估总地块为369块，计203.65公顷，其中特级绿地16块、一级绿地234块、二级绿地111块、三级绿地8块。取消地块12块，计85085.78平方米，其中一级6块、二级5块、三级1块。

重大活动和节日环境花卉布置。在首届世界武博运动会、“五一”、“十一”等重要时期，本着“规模适度、主题突出、色彩丰富”的原则，组织全区专业绿化队、各街乡镇及驻区单位，在复兴路、中关村大街、学院路、阜成路、长春桥路、二环路、四环路等城市主干路及桥区，军博广场、西客站北侧、中关村西区、玲珑公园、海淀公园、圆明园公园等主要城市广场、公园进行环境花卉布置，运用平面地栽与立体花坛、花钵、灯杆垂吊花球等多层次花卉布置形式，通过点、线、面相结合的布置手法，累计形成有特色景点百余处，地栽花卉5.5万平方米，摆放花坛、花钵60余个，栽摆花卉约425万株（盆）。“十一”期间，组织主题为“共建核心区、和谐在海淀”的首届国庆花卉评比活动，12个单位的16个项目分获一、二、三等奖。组织街乡及相关单位参加“北京最美菊花景点”评选活动,圆明园园内花卉布置、中关村街道菊花布置名列2010年度北京12处“最美菊花景点”行列。

资源安全保障建设　森林防火。完善森林防火组织体系，健全落实制度机制，加强宣传工作，持续推进基础设施和队伍建设，森林火灾防控和扑救能力显著增强,全年未发生森林火灾。强化防火责任制，实行每日火情零报告制度和高火险天气值班抽查制度,全区各级森林防火机构共签订森林防火责任书5000余份。多种形式宣传森林防火，利用防火虎威威卡通形象宣传《森林防火条例》,开展森林防火宣传“四进”活动(进机关、进单位、进社区、进校园)。针对元旦、春节和清明节等重点节日开展移风易俗和消防安全知识宣传,发放各种宣传材料5万份，在重点地区和进山入林路口设置宣传牌200多块。加强防火基础设施建设，投资325万元升级改造区森林防火指挥系统，新建13座水窖,对11座瞭望塔加装避雷系统。投资500万元新建四季青镇扑火应急队伍1支，启动凤凰岭消防中队建设，依法治火、科学防火、预警响应、应急处置和基础保障等森林防火“五种能力”明显提高。全年共查处林区违章用火224起，消除火险隐患11处。

林木有害生物防控。坚持“预防为主、科学防控、依法治理、促进健康”的方针，抓好以美国白蛾为重点的林木有害生物防控工作。全区设立美国白蛾等林木有害生物监测测报点1530个、其它危险性林木有害生物监测测报点90个、果树病虫害监测测报点42个,初步形成区、街乡、社区（村）三级林木有害生物监测测报体系。全年组织3次以美国白蛾幼虫为主的林木有害生物普查和普防工作，累计普查面积100万亩、普查株数5000万株，投入防治队伍150余支，出动车辆1300余车次，使用药剂75吨。开展3次飞防，共飞行210架次，累计防治面积12.6万亩；释放周氏啮小蜂15.5亿头，累计防控面积10万亩。在29个单位（街乡、林场、中心），363个社区（村、点）发现美国白蛾成虫6764头，发现幼虫危害树木4377株，监测诱杀美国白蛾成虫6764头，有效减少美国白蛾发生基数,有效遏制病虫害危害。加强检疫执法工作，全年共检疫苗木56.3万株、种子115公斤、花卉107.7万株（盆），检疫木材加工厂1家；复检新疆、河北、上海、山东等地调入苗木17批次，1.9万株（盆）。

林政资源管理。森林公安指挥中心全年共接报警25起，其中火情报警8起、涉林报警12起、野生动物4起、救助报警1起;林业行政案件立案1起、刑事案件1起，行政处罚1人，刑事拘留、逮捕4人；查处、制止非法粘鸟行为2起，清理占用林地行为2起，救助野生动物1起。破获“11·16非法出售、收购珍贵濒危野生动物”案，抓获犯罪嫌疑人4人，查获国家一级保护野生动物东北虎皮一张，涉案金额达48万元。规范完善林地征占用审核审批程序和林木（树木）伐移管理基本程序，严格征占用林地和林木（树木）采伐移植审核审批，推进市、区绿色审批通道项目。全年办理9个重点项目，林地总面积45.6公顷，办理林木伐移手续163起、林木移植手续28起，办理树木移植许可49件、树木砍伐许可事项18件。对369株弱势或濒危古树进行复壮，针对每株古树制定专项复壮措施，并邀请专家讨论通过，整个过程实行监理制，确保复壮工程质量。加强野生动植物保护，强化疫源疫病监测，组织“爱鸟周”、“野生动物保护宣传月”的主题宣传活动，全年5个监测点共监测鸟类70种近120万只，未发现疫源疫病；落实野生动物救护及造成损失补偿的专项政策资金15万元。严格发放林木种苗生产许可证和经营许可证，累计发放生产许可证58份、经营许可证79份，生产许可证办证率60%，经营许可证办证率100%。全区苗圃总面积17097亩，有苗木生产单位95家、经营单位79家，注册生产面积12429亩，全年共核发生产许可证12份（其中续办10份、新增2份），注册生产面积3382亩，核发经营许可证12份。在上年试点基础上，本年全面启动集体林权制度改革，按照“试点先行、有序推进”的思路，建立健全组织机构，组织宣传动员、法规培训、技术指导、制定方案、外业勘界、确定权属、纠纷调处、梳理合同、登记发证等各项工作,完成全区5个乡镇8.3万亩林权制度主体改革任务,共发放林改宣传资料5000余份，完成林权勘界面积67847亩，发放股权证6576本，调处林权纠纷8件面积12028亩。

林业产业 花卉产业发展。全区注册花卉生产企业10家，从业人员117人。年内各类花卉种植面积18.58公顷，产值1176.65万元,销售额827.56万元。

蜂业发展。加强乡镇林业站、农服中心技术人员和养蜂专业户的技术培训。截至年底，全区有蜂群777群,其中新发展蜂群65群；从事养蜂生产的有33家养殖户，年蜂蜜产量13270斤，蜂王浆产量1145斤,蜂花粉产量495斤，蜂胶产量61.5斤，蜂腊产量695斤，总收入18.42万元。

林下经济建设。林下经济种植面积58.7公顷。广泛开展林业实用技术培训，在板蓝根种植业的基础上，探索发展林下花卉、林下菌类、林下禽类等产业项目。

森林旅游。全区森林公园、风景名胜区共接待游人121.3万人次，旅游收入近799.8万元。

生物质利用。投资60万元在上庄苗圃建成海淀区首个绿化废弃物处理站，占地约4000平方米。该项目将发挥绿化垃圾堆肥的优势，将园林绿化废弃物变废为宝，是落实低碳、环保、可循环发展理念的尝试。

【新建、改造绿化工程（7项）】

北坞村路绿化工程 工程东起闵庄路口，西至玉泉山，全长约2040米，绿化面积为2.82公顷，包括绿化工程（中央隔离带、主辅隔离带、道路外侧）、节水灌溉工程。工程于3月23日开工,5月30日竣工,主要栽植毛白杨、白蜡、紫叶李、醉鱼草等。

巴沟山水园 工程以古典园林的造园手法，勾勒出曲径通幽的绿化效果,绿化面积约3公顷,包括绿化工程、土建附属工程、亮丽工程、喷灌工程，总投资约530万元。工程于3月26日开工，6月30日竣工。

中关村大街地铁占地恢复工程 工程南起白石桥，北至清华西门，全长6.2公里,绿化总面积27303.75平方米，包括土方工程、地形堆筑、绿化种植、土建铺装、喷泉喷灌、排水及亮丽等工程项目。工程于4月5日开工，6月5日竣工，共栽植落叶乔木536株、常绿乔木249株、常绿灌木4320株、落叶灌木696株、绿篱19770株、铺设草坪15828平方米、铺装1000平方米。

京昌路彩叶树种试验工程　工程为北京市绿化局2010年重点“彩叶植物试验工程”之一，南起小营桥，北至西三旗桥，绿化改造总面积54900平方米。工程于4月20日开工，5月10日竣工，共栽植乔木1378株、灌木3033株，草坪20000平米。运用彩叶植物达21种，包括绚丽、雪坠、王族、印第安魔力等新优海棠品种，红针栎、银白槭、银红槭、青竹复叶槭、彩叶豆梨、加拿大红樱、火焰卫矛、金叶榆等为首次运用。

温泉郊野公园二期工程　工程位于温泉镇中心区与中关村环保科技示范园之间，西起名人居东路，东至杨家村路，北临安阳路，南至安阳南路，总面积约9公顷，包括绿化工程、庭院工程、喷灌工程、亮丽工程及园林附属工程。工程于2009年4月22日开工，2010年5月5日竣工。

中关村西区景观提升工程　工程为西区内道路（苏州街、丹棱街、海淀大街、彩和坊路等）绿化提升工程，绿化改造面积1.6公顷，投资1400万元。包括绿化种植工程、土建附属工程，主要将原有长势差、效果不好的行道树更换为大规格的银杏、法桐，种植银红槭、海棠-红巴伦等彩叶植物，增加立体花钵、悬挂花卉种植槽，在原有步道上增加行道树种植池等。工程于5月15日开工，12月底基本竣工，增加西区的绿化覆盖率，保证中关村核心区一年四季的景观效果及绿地生态效应。

甘家口商圈提升工程　工程改造面积3.4公顷，分别为甘家口商场广场、增光路休闲广场、三里河街头广场、三里河路沿街景观带、增光路道路绿化带等5个区域，包括绿化工程、庭院工程、喷灌工程、亮丽工程及园林附属工程。工程于7月14日开工，除增光路热力施工占地地段无法实施外，其余工程12月底全部竣工。

海淀区园林绿化局（海淀区绿化委员会办公室）
地址：海淀区万柳东路18号
邮编：100089
电话：62555018

下属事业单位（8个）：

1. 海淀区园林绿化服务中心
地址：海淀区万泉庄路28号万柳新贵大厦
邮编：100089
电话：58720038

2.海淀区林业工作总站
地址：海淀区凤凰岭路25号
邮编：100194
电话：62489791

3.海淀公园管理处
地址：海淀区新建宫门路2号
邮编：100080
电话：62850569

4.翠湖湿地公园管理处
地址：海淀区上庄镇
邮编：100194
电话：62481552

5. 海淀区园林工程设计所
地址：海淀区万泉庄路28号万柳新贵大厦
邮编：100089
电话：58720102

6.海淀区绿化队
地址：海淀区圆明园东路二河开21号
邮编：100084
电话：62537730

7. 海淀区绿化二队（保留名称）

8. 海淀区绿化三队
地址：海淀区八里庄北里3号
邮编：100142
电话：88111303

（罗勇）

【北京市西山试验林场】　北京市西山试验林场（简称西山林场），地跨海淀、石景山和门头沟3个行政区，是市属驻区事业单位，直属北京市园林绿化局、首都绿化委员会办公室领导，为生态公益型国有林场。西山林场下设6个科室，8个林业单位，2010年底林场共有职工351人，其中在职职工205人、离退休职工147人。

2010年，林场落实建设“生态园林、科技园林、人文园林”的发展理念，坚持“场园一体”的发展战略，以生态建设为中心，以森林公园建设为重点，制定措施，各项工作稳步推进。着力解决广大职工关心的问题，注重提高职工生活水平，使发展的成果惠及大众。做好增加职工收入、解决生活问题，改善生活条件等工作，为职工谋福利，共享改革发展成果。本年，林场获首都精神文明建设委员会颁发的首都文明单位先进标兵，北京市人民政府和首都绿化委员会颁发的首都绿化美化先进单位，海淀区人民政府海淀区人口和计划生育工作先进集体等称号。梁莉获中国建设职工政研会风景园林行业分会颁发的2009-2010年度优秀政研工作者，北京市妇女儿童工作委员会、北京市人力资源和社会保障局联合颁发的北京市妇女儿童工作先进个人称号。

生态体系建设　第二道绿化隔离地区绿化建设工程。2010年是林场开展二道绿化工程的第四年，建设任务1000亩，作业区位于福寿岭分场、黑石头分场和魏家村分场，工程建设类型全部为景观生态林。工程于2009年11月开始整地，2010年5月栽植完成，栽植侧柏、油松、元宝枫、栾树、白蜡、黄栌等苗木26个品种共52740株。为提高造林成活率，购置水泵4台，铺设输水管线6100米，修建林间道路950米。

六环路绿色通道建设工程。2010年六环路绿色通道建设工程主要在门头沟段，位于西山林场的二家店分场范围内，绿化建设任务为4620亩，建设模式为低效益林分改造，工程于4月开始进行整地栽植，共栽植黄栌、侧柏、元宝枫、栾树、山杏等苗木151494株，并对原有林木进行修枝、修树盘，灌溉、清杂等抚育工作。

古树名木保护管理。年内与各古树名木管护责任单位签订《古树名木管护责任书》，加强日常管护的责任和义务，做到目标明确，责任层层落实，管护责任到位，确保古树正常生长。对生长环境受到威胁的古树采取保护措施，主要是安装避雷针2处，树体修补2棵，截至年底已经通过专家鉴定。

京津风沙源治理封山育林工程。2010年度的京津风沙源治理工程地点在东北旺分场，建设任务5000亩，实施时间为3月至11月。本次围封区域为百望山森林公园，远景效果、彩叶效果尤为重要。通过封山育林的措施来改善西山封育区的景观效果，能有效改善景观，进一步改善北京西郊旅游区的生态环境。

国家重点公益林管护。林场有国家重点生态公益林面积8.92万亩。按照公益林管理规定，与市园林绿化局签署《国家重点公益林管护协议书》。林场安排专职护林员87名，落实管护责任制。制定护林员管护职责和奖励处罚办法，严格出勤考核，建立巡山记录和护林员工作日记，并定期进行检查；制定林场“中央森林生态效益补偿基金实施方案”，切实做到资金严格管理。在重点进山路口、村镇等设立宣传板面、发放宣传材料、悬挂森林防火宣传横幅、标语等，教育和警示全社会加强防火管理，保护森林资源。

西山林场魏家村生态游憩林项目建设。该项目为市财政项目，主要对魏家村分场高密度阔叶林进行疏伐、修枝、更新幼苗保护等措施；在疏伐后的刺槐和黄栌林内进行补植补造；对油松和栓皮栎林分进行近自然单株木经营；释放生物天敌防治美国白蛾，全面提升魏家村森林景观。

西山林场森林可持续经营项目。项目区位于卧佛寺分场樱桃沟小流域，作业面积3591亩。对该区域高密度侧柏和元宝枫林分进行密度调整、修枝、更新幼苗保护、释放生物天敌、增设游憩辅助设施（凳、椅、垃圾桶、秋千椅）等可持续经营措施，以提升该区森林生态游憩功能。

“燕山太行山生态交错带旅游区生物措施治理水土流失试点”西山项目。项目实施地位于林场魏家村分场和卧佛寺分场，该管辖区域内主要为大面积人工纯林，由于林分结构单一，造成林木生长缓慢，林下植被层发育不良等问题，森林生态系统的安全性和稳定性无法得到保障。通过该项目的实施，森林多功能可持续经营技术的应用，将提高北京地区森林多功能效益的发挥，巩固首都绿化造林成果，促进北京市林业可持续发展。项目实施内容包括森林抚育示范区面积445.3798公顷；土壤健康经营示范区面积16.6公顷；有害生物防治示范区面积184.67公顷；生物多样性保护小区示范区面积170.36公顷。

开展林业科研，提高森林经营管理水平。2010年度完成“北京市低山区景观型生态公益林抚育技术模式示范与推广”项目的申报工作，本项目选取北京低山区具有代表性的5个类型林分，运用国家林业局重点科技项目“北京山区生态公益林抚育技术试验示范成果(项目编号：2003-018-L18)”开展生态疏伐、景观疏伐、修枝、可燃物管理、林下植被保护、幼苗保护、补植补造等技术的推广。年内完成5个类型林分样地的选取，并有针对性地制定推广技术措施和效益评价方案，对样地进行调查，评估林分现状，核实推广技术措施，项目拟从林分结构、美景度、抗逆性、生物多样性、碳汇增汇等多方面对林分进行综合效益评价。推广样地面积1225.5亩。

林业低碳经济综合试点与示范项目建设。为推广低碳林业的发展模式，国家林业局造林绿化管理司与北京市园林绿化局合作，在北京市西山试验林场开展林业低碳经济综合试点，总结经验和相关做法，以便在全国推广，并与国际同行进行交流合作。项目的开展将结合林场定位和林场发展实际需要，将建成森林经营抚育示范、森林病虫害防治示范等9个示范项目。

中国石油规划总院、中国共青团中央、中央民族学院分别到卧佛寺分场、魏家村分场和东北旺分场义务植树基地参加春季义务植树活动，共500人参加义务植树，栽植苗木1500株。

产业体系建设　2010年，林场继续按照市局“场园一体”的发展战略，把森林公园建设作为林场发展的重点，加大森林公园建设和经营管理力度，努力把西山建设成生态良好、景观优美、设施完善、内涵丰富的森林公园。

继续建设和完善植物景区。植物景区建设是公园景观建设的重点和亮点。春季共栽植银杏、山桃等各类乔灌木1000余株，使门区景观更加丰富。在“梅园”景区实施道路铺装及建筑小品施工，共铺设石板路1000余米，广场600平方米，建设古建六角亭1座，使该景区设施更健全，功能更加完善。在门区附近新开辟40亩牡丹观赏景区，铺设石板道路500余米，栽植牡丹8000株，芍药3000株。

完成小水系建设，突出森林公园水景特色。年内对苏家坟南侧自然山沟进行处理，结合自然地形、植被建成以“花溪”为主题的景观水系，全长480米，该工程主体已完成。小水系全部建成后与门区假山水系贯通，成为核心景区一道靓丽的风景线，突出公园的景观特色。

加强管理和服务设施建设。2010年林场重点完成门区旅游厕所、值班室、小票房和检查服务站的建设。旅游厕所位于公园入口附近，建筑面积约160平方米，功能完备，符合旅游厕所五星级标准。在公园正门外建设30平方米简洁型票房一座，与广场内售票室共同承担售票业务。

加强公园道路系统和围封建设。年内完成昌华景区的交通主路，各级旅游步道成为道路建设的重点。公园围封工程继续推进，年内完成红山头入口部分450米的围墙建设。

加强公园经营管理工作。4月，成立西山国家森林公园的园容绿化科、经营管理科、保卫科、办公室等4个科室并正式办公。

园林绿化产业水平和经营效益不断提升。林场园林绿化产业以北京丹青园林绿化公司为龙头企业，不断提高园林设计、工程、苗木培育等全方位综合实力。丹青公司实现经营收入5401.5万元。

生物防治产业实力增强。2010年，生防中心完成主要天敌生产及销售经营工作美国白蛾病毒销售量27.6吨；周氏啮小蜂生产销售 24 亿头；肿腿蜂生产销售 126 万头；瓢虫生产销售 19 万头。完成原有天敌产品的繁育工作及技术完善；进一步完善抗根癌菌剂、抗根结线虫菌剂及昆虫病原线虫的生产工艺；大唼蜡甲工厂化技术已经成熟，并推广使用；花绒寄甲繁育工作顺利进行；完成舞毒蛾人工饲料筛选试验。

安全保障体系建设 2009-2010 年度森林防火期林场共投入 406.87 万元，全年未发生火情，实现“确保不发生重大森林火灾，确保不发生人员伤亡”的目标。高标准、高质量地完成由市发改委全额投资的西山林场防火道路一期建设工程；香峪大梁森林防火阻隔系统工程的招投标、水土保持评价、环境影响评价、占用林地及树木移伐手续等前期手续工作已全部完成，年底施工工作全面展开，主要进行土方施工。探火雷达监控设备经过长期测试、试验、升级、改造，已初步投入使用。作为林场防火公路的配套部分，申请市财政专项建设资金建设 7 处森林防火检查站，完善森林防火体系的建设。

林木有害生物防治工作继续坚持以森林健康理论为指导，以有效保护森林资源为目标，贯彻“预防为主、科学防控、依法治理、促进健康”的防治方针，落实林业有害生物防治责任制，重点加大对美国白蛾的监测和防治力度，全年在全厂范围内共设美国白蛾监测点 9 个，共检测美国白蛾成虫 216 头、幼虫网幕 558 个，释放周氏啮小蜂 4 亿头，以防治美国白蛾。做到“早发现、早报告、早防治”，防控工作成效良好，未爆发大面积白蛾灾害。

基础设施建设 西山森林公安派出所和专业消防队管理用房工程，年底全部竣工。10 月 13 日，卧佛寺分场危房装修工程正式开工，年内完成主体建设。

精神文明建设 开展“创先争优暨党员作风建设年”活动，以“加强学习促转变，完善管理促发展”为主题，加强全场党员的作风建设。落实“一岗双责”，加强党风廉政建设，制定《西山林场 2010 年党风廉政建设责任书》。与场属 13 个基层单位和 6 个职能科室签订党风廉政建设责任书；开展《廉洁从政若干准则》的专题学习和宣传，通过讲党课、收看辅导录像、知识答卷、制定宣传展板等形式，深化学习教育效果。

11 月 3 日，林场党委召开第十次全体党员大会，选举产生第十届党委和纪委。

西山林场场属林业单位表

序号	单位名称	住　所
1	西山林场福寿岭分场	北京市石景山区模式口甲 28 号
2	西山林场魏家村分场	北京市海淀区西山试验林场魏家村造林队
3	西山林场黑龙潭分场	北京市海淀区温泉乡黑龙潭造林队院内
4	西山林场黑石头分场	北京市石景山区黑石头南街 51 号
5	西山林场三家店分场	北京市门头沟区三家店西街 137 号
6	西山林场卧佛寺分场	北京市海淀区卧佛寺
7	西山林场东北旺分场	北京市海淀区黑山扈 19 号
8	北京市生物防治研究推广中心	北京市海淀区香山普安店 206 号

（蒋薇）

北京市西山试验林场　邮编：100093　网址：bjxs.com.cn
地址：海淀区香山旱河路 6 号　电话：62598489

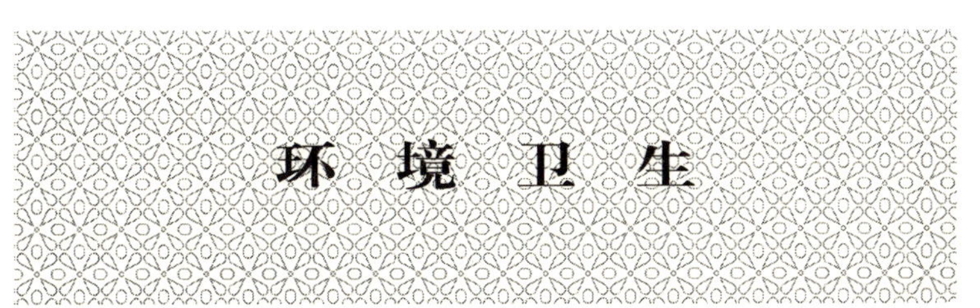

【综述】 海淀区市政市容管理委员会负责归口管理海淀区环卫服务中心并综合协调各街道、乡镇开展环境卫生工作。海淀区环境卫生服务中心是负责本区环境卫生技术性、服务性、事务性工作的区政府所属相当正处级全额拨款事业单位，归口市政市容委管理。所属基层单位 14 个，除油站为自收自支单位外，其它均为全额拨款事业单位。截至年底，全中心共有职工 4228 人，其中正式职工 1600 人，编外职工 2628 人。

年内，海淀区环卫工作以生活垃圾减量化为重点，加强垃圾管理和资源化工作，推进建立市容环卫管理的长效机制。

全区清扫保洁道路共 1252 条，总长度 1667 千米，总面积 3630.82 万平方米（其中机扫道路 311 条，长度 471.56 千米，面积 1345.9 万平方米；机械保洁 272 条，长度 426.32 千米，面积 1236.82 万平方米），市场化运作保洁面积达 360 万平方米（年内新增市场化保洁面积 80 余万平方米）。全区清运处理垃圾 90.6984 万吨，无害化处理率 100%。拥有环卫车辆 1152 辆，公厕 1516 座（其中二类以上 408 座，达标 386 座，三类及以下 722 座）。密闭式清洁站 292 个，环卫从业人员达 9562 人。

区环卫服务中心本年新建 8 座公厕。完成 119 个小区的垃圾分类收集、分类运输、分类处理的系统化建设工作，119 个试点小区可回收物的收运处理的普及率和规范性得到完善。

农村地区建设垃圾资源化处理站 6 座，配备农村垃圾分类桶 12 万只，建设公共厕所 177 座，配备垃圾运输机动车 23 辆，三轮车 2800 辆，建设农村垃圾分类回收仓库 8 间，约 3000 平方米，垃圾打包设备 6 套，有毒有害垃圾贮存间 6 间。为 245 座公厕安装导向牌。全区主要大街两侧 70%的公厕都有导向标志。在现有的生活垃圾收集运输系统基础上进行系统优化组合，与渣土所编制《海淀区生活垃圾收集运输系统提升改造工作实施方案》。对由 269 座密闭式垃圾清洁站、182 个垃圾箱站、351 个垃圾桶站、五路居垃圾转运站及 444 辆垃圾收集运输车辆构成的生活垃圾收集运输系统实施整体提升改造，实现全区生活垃圾收集运输系统的分类、压缩、称重和环保功能。

本年，海淀环卫中心道路清扫保洁面积为 1690.6 万平方米，机扫面积为 920.9 万平方米，机扫率达 93.87%，道路冲刷面积为 531.06 万平方米，喷雾降尘面积为 50.95 万平方米，冲洗面积面积 479 万平方米，机械化保洁面积为 887.4 万平方米，机械保洁率达 90.5%。环卫中心产权公厕为 706 座，其中二类以上公共卫生间 322 座，达标公厕 304 座，三类公厕 80 座；全年粪便作业量 40.15 万吨，粪便集中处理率达到 100%。全年清运垃圾 91.05 万吨（未含厨余垃圾），垃圾密闭化运输率和无害化处理率均为 100%;全年共承办区城市管理监督指挥中心案件共计 1.5 万件左右，结案率达到 100%，在全区名列前茅。

按照市、区统一部署，海淀环卫中心制定厨余垃圾清运管理细则和工作流程，并对相关职工进行系统培训，完成与海淀区 119 个垃圾分类试点小区的厨余垃圾对接和清运工作，全年清运厨余垃圾 1050 吨。

海淀环卫中心共清理乱倒垃圾渣土 667 次，共出动 4192 人次、2895 车次，清理垃圾渣土 7043.2 吨，保障市民出行安全。

截至年底，海淀环卫中心共有机扫车、喷雾降尘车、除雪车、洗地车、小广告冲刷车、垃圾清运车、垃圾转运车、粪便清淘车等各种车辆、机械设备 928 部，大大提高海淀区环卫作业机械化、现代化水平和工作效率。

环卫基础设施建设　2010 年底海淀环卫中心完成的新、翻、改建 3 座密闭式清洁站、8 座公共卫生间被区委区政府列为为民办实事折子工程。海淀环卫中心完成 18 座密闭式清洁站改造。三星庄粪便消纳站于 7 月 26 日完成工程试运行与设备验收，9 月正式投入使用，处理量每日 160 吨左右；三星庄融雪剂搅拌站于 7 月 8 日竣工，并通过验收，开始试运行。

治理六里屯垃圾卫生填埋场　海淀环卫中心采取 8 项措施加大对六里屯垃圾卫生填埋场的治理力度，努力把对周边环境的影响降到最低。一是增加移动除臭设施，加强对作业面臭味的抑制，并在重点时段，加强喷洒生物药剂除臭；二是将作业面积控制在 2000 平米以内；三是二期覆膜 23 万平方米，使雨水分流效率达到 80%左右，截留雨水约 10 万立方米；四是采取措施加大垃圾渗滤液的处理力度；五是新增两座火炬，提高填埋气的处理能力，全年共处理填埋气 221.76 万立方米；六是对排洪渠进行改造；七是完成护坡面积约 2.1 万平方米；八是召开 2 次填埋场运行管理特邀代表会议，进一步了解周边居民、群众对六里屯填埋场工作的要求。

推广新工艺作业　海淀环卫中心加大推广道路清扫保洁新工艺作业力度，对中关村西区、复兴路等重点地区开展道路清洗、机械道路冲刷作业，规范、完善快速保洁、机械清掏果皮箱、步道冲刷作业,提升干路作业质量。海淀环卫中心拥有洗地车辆 32 部，果皮箱清掏车辆 20 部，电动保洁三轮车 160 辆;干路清洗面积达 408 万平方米、步道冲刷面积 71 万平方米；对中关村大街、北清路、香山路等 42 条道路增加清扫保洁频次，由一扫增加至一扫一保、原一扫一保增加至一扫两保，大幅度减少污物停留时间。

扫雪铲冰工作　2010 年，海淀环卫中心组织扫雪铲冰工作 3 次（包括 1 次暴雪、2 次小到中雪），3 次道路除雪作业共出动 23544 人次，出动车辆 7985 车次（其中除雪车辆 850 车次，其他辅助车辆 7135 车次），使用融雪剂 2730 吨。同时调运补充融雪剂，做好除雪作业车辆设备维护，合理安排除雪作业人员备勤，保障本区雪后道路交通的畅通。

安全工作　2010 年，海淀环卫中心继续加强对安全工作的管理，一是全力做好冬季安全生产工作，对取暖的场所进行拉网式检查，排除隐患，发放宣传材料等 855 份，受教育人数达 2780 人，签订预防煤气责任书 909 份；二是做好重要节日、重大活动期间安全保障工作，在“两节”、“两会”等重要节日、重大活动期间加强安全检查工作，与基层各单位签订了治安消防安全责任书和交通安全责任书；三是认真落实有限空间安全生产治理工作，制定下发《海淀环卫中心有限空间安全生产专项治理工作方案》，加强对相关工作进行指导、监督，并对环卫行业存在的有限空间安全作业方面进行学习。

队伍建设　2010年，海淀环卫中心在推进队伍建设方面有新举措，制定《2010年职工素质提升工程工作台账》，并抓好落实。举办副科级干部培训班、行政干部培训班、党务领导干部培训班、工会主席培训班等多个培训班；组织质量管理体系、计生、档案、公文、有限空间管理、车辆修理等专项培训，培训面覆盖全体职工，培训人次达到1万余人次。各基层单位采取“请进来，走出去”的方式，制定并落实本单位的培训计划。

5月，海淀环卫中心举办第二届职工运动会，设比赛项目37项，共843名职工报名参加。

全中心有3171人为玉树地震灾区捐款总计93769元。

做好二轮修志工作，年内完成篇目设置、收集资料、制作卡片以及资料长编整理工作共计19.9万字，开始初稿撰写工作。

本年，环卫中心被评为“2010年度北京市人口和计划生育先进单位”，环卫中心二队新兴班被评为“北京市劳模先进集体”；环卫中心工会图书室被北京市总工会评为优秀“职工书屋”。环卫二队被评为“2010年度海淀区人口和计划生育先进单位”。环卫中心和环卫二队被 评为“海淀区流动人口计划生育工作示范企业”称号。环卫中心工会被评为“海淀区先进基层工会”。环卫中心团委被评为“海淀区2010年度五四红旗团委”。职工赵兰晓、编外职工张明英、陈书迁被评为“北京市先进工作者”；张俊成被评为“2010年度北京市人口和计划生育先进个人”；四队职工聂建防荣获海淀劳动奖章。6人被评为“海淀区经济技术创新标兵”。机扫队职工邢锁柱“自带破袋装置可移动漏斗项目”被评为“海淀区经济技术创新优秀成果”。

【全国“两会”环境卫生保障工作】　3月3日～14日，全国“两会”期间，环卫中心负责“两会”代表驻地京西宾馆周边的复兴路、羊坊店西路等路段的环境卫生保障任务。海淀环卫中心采取六项措施，确保全国“两会”召开期间海淀区市容环境卫生干净整洁，一是成立由党政一把手为组长的迎保“两会”工作领导小组，负责全中心业务工作的统一部署、指挥协调和监督落实；二是制定迎保“两会”环卫中心业务工作方案；三是两会期间实行领导24小时带班制，加强管理，全面落实责任制；四是两会前夕做好车辆、人员、工具落实工作，力保两会业务质量；五是加强对代表驻地进行每日巡回检查，发现问题及时处理，并做好每日检查记录；六是对代表驻地、重点地区及沿线道路等重点地区适当延长工作时间，充分发挥机械作业优势，加强机械清扫、喷雾降尘作业，着重对代表驻地周边及沿线环卫设施加强管理，对小广告进行及时清除。

【参与西苑早市火灾扑救】　3月7日凌晨3点30分，环卫中心接到区政府值班电话：海淀区西苑早市发生火灾，火灾现场火势凶猛，情况紧急，急需环卫水车支援，协助消防部门灭火。环卫中心接到指令后迅速作出反应，在最快时间内调配8名作业人员、3部水车火速赶赴现场，迅速投入到救火工作中。在消防队员和环卫中心作业人员的共同努力下，大火于清晨七点半被扑灭。

【开展擦亮城市志愿服务活动】　4月24日，环卫中心在中关村西区开展以清理小广告为内容的擦亮城市志愿服务活动，环卫中心的青年志愿者和中央民族大学的哈萨克族的学生志愿者们以实际行动引导环境文明，26名志愿者参加此次活动。

海淀区环境卫生服务中心
地址：海淀区海淀南路36号
邮编：100080
电话：62551555　62633150（传真）
邮箱：hdhwzx@yahoo.com.cn

下属单位（14个）：

1.海淀区环卫中心一队
地址：海淀区银丝沟1号
邮编：100080
电话：62555618

2.海淀区环卫中心二队
地址：海淀区阜外八宝庄133号
邮编：100142
电话：88117407

3.海淀区环卫中心三队
地址：海淀区苏家坨镇三星庄南
邮编：100194
电话：62485509

4.海淀区环卫中心四队
地址：海淀区北洼西里23号
邮编：100089
电话：68716302

5.海淀区环卫中心五队
地址：海淀区郑王坟35号
邮编：100097
电话：88438457

6.六五垃圾压缩卫生填埋场
地址：海淀区郑王坟甲37号
邮编：100097
电话：88442510

7.海淀区环卫中心垃圾转运堆放管理站
地址：海淀区清河后八家于庄子
邮编：100085
电话：62938588

8.海淀区环卫中心机械清扫队
地址：海淀区郑王坟37号
邮编：100097
电话：88437913

9.海淀区环境卫生科学研究所
地址：海淀区双榆树东里19号楼一层
邮编：100086
电话：82130796

10.海淀区环卫中心修理厂
地址：海淀区郑王坟37号
邮编：100097
电话：88430242

11.海淀区环卫中心基建维修站
地址：海淀区郑王坟37号
邮编：100097
电话：88468084

12.海淀区清洁车辆场
地址：海淀区郑王坟37号
邮编：100097
电话：88469781

13.海淀区环卫中心油料供应管理站
地址：海淀区清河后八家于庄子

邮编：100097
电话：62911150
14.海淀区环卫中心粪便管理处
地址：海淀区北洼西里23号
邮编：100089
电话：88422933

（刘嘉俊　吕瑞清　穆笛）

【北京绿海能环保有限责任公司】 北京绿海能环保有限责任公司成立于2006年7月10日，由北京海融达投资建设有限公司和北京市海淀区国有资产投资经营公司共同出资设立，注册资本金2000万元。绿海能公司负责海淀区垃圾终端处理设施的建设和运营。本年根据区国资委《关于开展区国资委监管企业章程自查工作通知》要求，公司在对原章程进行自查和调整，征求区国资委和海融达、海国投两股东单位意见后，10月14日完成章程变更登记备案工作。

3月1日，公司召开深入学习实践科学发展观活动总结大会，对公司开展学习实践活动情况进行了全面总结，并就下一步如何巩固和扩大学习实践活动成果、建立科学发展长效机制进行安排部署。5月31日，公司召开创先争优“四强四优”[①]活动动员部署会，成立以书记为组长的争创“四强四优”活动领导小组，并向全员下发《北京绿海能环保有限责任公司关于深入开展创先争优“四强四优”活动的实施方案》，创先争优“四强四优”活动全面启动。

9月2日公司根据《海淀区国资委系统国有及国有控股企业“小金库”专项治理工作计划》要求，成立小金库治理工作领导小组，制定《北京绿海能环保有限责任公司“小金库”专项治理工作计划》，全面开展自查自纠工作。

按照区国资委《关于区属国有企业开展“十二五”时期发展规划编制工作的通知》要求，公司在收集资料、组织调研、开展讨论、征求各相关部门意见的基础上，于11月29日完成公司《“十二五”发展规划》编制工作，并上报区国资委备案。

北京市海淀区循环经济产业园再生能源发电厂。项目拟建厂址位于海淀区苏家坨镇大工村地区，总占地面积约32公顷。项目拟处理海淀区经源头分类收集并经中转站压缩后的可燃垃圾和经海淀区循环经济产业园固废综合处理基地分选的筛上物，日焚烧处理生活垃圾1800吨，年处理垃圾60万吨。项目拟建3台往复式机械炉排炉配2台20MW的凝汽式汽轮发电机组。所发电量除本厂自用外，多余电能送入附近电力系统。项目配套设计灰渣填埋区，库容约160×10^4立方米。

7月11日区委召开会议，对海淀区垃圾处理工作进行专题研究，公司汇报了六里屯地区和大工村地区垃圾终端处理设施建设方案，区有关领导明确了下一步工作重点，要求加快推进垃圾终端处理设施的前期手续，做好垃圾终端处理设施建设。根据区委会议精神，公司针对垃圾焚烧发电项目前期论证等项工作制定工作安排，并上报区有关部门。11月9日第162次区政府常务会通过《关于海淀区生活垃圾终端处理设施建设的工作方案》，拟在苏家坨和六里屯地区建设垃圾终端处理设施，并将项目名称正式确定为北京市海淀区循环经济产业园再生能源发电厂、固废综合处理基地和餐厨资源化中心，公司负责项目的建设运营。

本年公司与区市政市容委、项目咨询单位多次实地调研，确定项目前期各项工作。6月完成《垃圾焚烧发电厂项目1#地块、2#地块、3#地块建设用地地质灾害危险性评估报告》，8月完成《垃圾焚烧发电厂项目初步环境咨询报告》，9月完成《再生能源发电厂工程项目建议书》，并于9月30日上报区发改委、市政市容委。10月14日向区发改委报送《关于申请海淀区循环经济产业园再生能源发电厂工程立项的请示》。10月21日取得区环保局《关于海淀区循环经济产业园-再生能源发电厂工程环保意见的复函》。11月10日取得北京市国土资源局海淀分局《关于海淀区循环经济产业园-再生能源发电厂工程建设项目用地预审意见》。

公司开展项目环评第一次公示工作，编制《大工村垃圾焚烧发电项目环评工作时间进度安排》和《海淀区垃圾处理设施建设项目环境影响评价公众参与工作预案》并于9月25日上报区市政市容委。成立海淀区生活垃圾终端处理设施工作领导小组。先后到苏家坨、温泉镇调查环评范围内所有军事单位情况并进行走访。与市、区文委落实文物保护等问题。先后组织项目建设地区周边村委会主任、村民，环评工作领导小组成员单位、北京日报、法制日报记者等，参观考察国内垃圾终端处理设施建设情况。11月16日在海淀区政府网站发布北京市海淀区循环经济产业园再生能源发电厂项目环评信息公告，并于海淀区苏家坨镇设立环评公众参与集中接待办公室，接待群众来电来访。11月29日第一次公示结束，共接到公众来电69次，单位来电4次，新闻媒体来电3次，收到电子邮件77封，接待来访群众3次共计6人次。

海淀区循环经济产业园固废综合处理基地和海淀区循环经济产业园餐厨资源化中心。北京市海淀区循环经济产业园固废综合处理基地，拟建厂址位于海淀区西北旺镇六里屯，总占地面积约8.9公顷。项目拟处理海淀区混合收集的生活垃圾和经源头分类收集的厨余垃圾，总处理规模1600吨/日，年处理垃圾58.4万吨。海淀区循环经济产业园餐厨资源化中心拟建厂址位于海淀区西北旺镇六里屯，总占地面积约2.5公顷，总投资约2.1亿元。拟处理海淀区产生的餐厨垃圾，资源化处理量400吨/日。本年公司继续办理前期各项手续，确定中国科学院生态中心为项目环评咨询报告编制单位，并且根据项目规模、工艺、用地位置的调整情况，与城市建设研究院和北京市市政工程设计研究总院一同对项目建议书进行修改，10月初向区发改委提交固废综合处理

[①]是指：争创政治引领力强、推动发展力强、改革创新力强、凝聚保障力强的“四强”党组织，争做政治素质优、岗位技能优、工作业绩优、群众评价优的“四优”共产党员。

基地和餐厨资源化中心《项目建议书（代可行性研究报告）》。11 月 30 日向区发改委报送《关于申请海淀区循环经济产业园餐厨资源化中心工程项目立项的函》和《关于申请海淀区循环经济产业园固废综合处理基地工程项目立项的函》。12 月 30 日取得固废综合处理基地和餐厨资源化中心项目用地预审意见，区国土局同意通过用地预审。

固废综合处理基地和餐厨资源化中心项目于 11 月 22 日在海淀区政府网站发布环评信息公告，并在海淀区西北旺镇皇后店村设立环评公众参与集中接待办公室，接待群众来电来访。12 月 3 日第一次公示结束，共接到公众来电 138 次，收到电子邮件 234 封，接待来访群众 3 次共计 18 人次。

建筑垃圾处理项目。本年公司根据海淀区建筑垃圾处理项目要求，对海淀区建筑垃圾的产量及组分进行调研和数据分析，详细了解当前建筑垃圾处理技术工艺、设备、环保措施、产品市场等情况，形成《建设海淀区建筑垃圾处理厂的方案建议》上报区市政市容委。开展项目选址工作，在征求区国土及区规划部门意见后，原则确定选址辛力屯地块，并将选址方案分别报送区国土及区规划部门。与区市政市容委渣土所密切配合，委托中冶京城咨询公司编制建筑垃圾处理项目可行性研究报告。

等离子垃圾处理技术示范工程。公司拟定等离子体垃圾处理技术示范工程建设方案，并在北京市市政市容委组织召开的等离子垃圾专题会上汇报。7 月 8 日，区政府召开等离子垃圾处理技术示范工程专题会，公司根据会议精神，多次与中科院力学所交流、研究，对项目运营成本进行测算，制定建设方案，并通过北京市市政市容委组织的两次专家论证会，12 月正式上报市政市容委。　　（丁尧）

地址：海淀区西北旺镇后厂村路 69 号
邮编：100094
电话：82401833
传真：82401610
邮箱:lvhaineng@sina.com

防震减灾工作

【综述】 海淀区地震局依法负责全区防震减灾工作。1975 年 3 月，海淀区成立地震办公室（相当科级事业单位）。2001 年调整为区政府所属相当正处级全额拨款事业单位。2007 年 3 月 28 日，区地震办公室更名为海淀区地震局，人员编制由 10 名增至 13 名，2010 年 2 月编制增至 14 名。本年，本局以服务核心区建设为主线，提升防震减灾能力，开展各项工作。区地震局获国家地震局颁发的 2009 年度全国市县防震减灾工作综合评比优秀奖、2009 年度全国市县防震减灾工作综合评比防震减灾社会动员单项奖，北京市 2010 年度区县地震监测预报工作先进单位称号、北京市 2010 年度区县防震减灾工作综合评比一等奖。

监测预报 截至年底，海淀区共建成前兆监测台站 9 个、宏观观测站点 8 个，设置农村基层观测员 86 人。前兆监测台站分别是：47 中监测台、永丰水电站监测站、19 中学监测站、明光小学监测站、上庄二中监测站、东北旺中心小学监测站、首师大二附中监测站、八一中学监测站、57 中监测站。宏观观测站点分别是：海北绿园观测站、苏家坨观测站、海淀乡观测站、永定路观测站、马连洼观测站、动物园观测站、首师大二附中观测站、海淀外国语实验学校观测站。配合北京市地震局在全区建成强震观测台 24 个，分别是：北安河台、师达台、香山台、西北旺台、林大路台、金沟河台、青龙桥台、稻香湖台、西三旗台、海淀政府台阵、苏州街台、明光台、首体台、农大台、体大台、东北旺台、五棵松台、凤凰岭台、北大台、羊坊店台、首师大台、理工台、航大台、小营台。布设流动测震台 2 处，分别是八一中学台和西三旗台。全区形成“南、北、中”布局的监测网。

编订《海淀区 2010 年震情跟踪方案》,编写《震情简报》32 期。4 月 16 日、11 月 1 日，组织街道、乡镇防震减灾助理员及地震宏观观测员骨干进行培训。

震害防御与应急救援 起草《海淀区关于贯彻落实全国和北京市会议精神加强防震减灾工作的实施方案》，经第 154 次区政府常务会议审议通过并印发全区执行。6 月 1 日，正式入驻核心区企业服务中心，设立专门窗口和 1 名工作人员，为区固定投资项目开通绿色审批抗震设防咨询服务。制定《海淀区推广地震安全示范社区建设方案》，5 月 28 日召开全区地震安全示范社区建设工作座谈会。本年共建成 13 个地震安全示范社区。协助创富大厦和航天精密大厦物业公司制定地震应急预案，划定应急疏散路线和避难场所；指导创富大厦开展企业地震应急演练。配合区教委、住建委对全区 32 所学校、46 栋楼，共计 15.47 万平方米的校舍进行抗震加固排查；在中小学校舍加固改造中进行安评监督，协助区教委完成对区属 279 所需要做抗震加固的学校进行危险性分析。为北部城镇控制性详细规划提出《加强防灾应急体系建设，预留几处大型应急避难场所的意见》。年内新增北坞新村即北坞嘉园地震应急避难场所，并设置地震应急避难场所标志牌和小区应急疏散导向标识。截至年底，全区累计建成 53 处应急避难场所，设置 351 套场所指示牌和道路指示牌。

防震减灾宣传　区地震局立足于为核心区企业服务，与创富大厦、海龙高科、中电大厦等10多家企业联合召开以“提高意识学好知识，保护自己救护他人”为主题的防震减灾工作座谈会，普及防震减灾知识，增强防震减灾意识，提高中关村西区企业地震应急工作能力。5月11日，区地震局和区直机关工委在区政府第一办公区联合举办“海淀区防震减灾科普报告会”，81家企业代表、29个街乡镇和机关干部共计500人参加报告会。地震局会同西北旺镇政府在唐家岭村开展主题为“防灾始于村镇，减灾重在宣传”的“5·12”汶川地震两周年宣传纪念活动。全年发放《防震减灾实用手册》、《地震知识百问百答》、《公众地震应急避险要诀》等宣传材料2.5万份。在29个街道和乡镇开设社区防震减灾课堂，累计讲课23次，受众人数达1000余人。

【处理两起地震谣传事件】　4月14日青海玉树发生地震后，4月15日和20日，在人大附小和马连洼地区出现两起地震谣传事件。区地震局立即启动应急预案，到事发地进行调查核实，紧急通知各单位关注舆情并加强信息沟通，通过海淀报、海淀有线电视台、网站等多种渠道播发信息及时辟谣。

【召开防震减灾科普示范学校现场会】　5月6日，“国家防灾减灾日”前夕，区地震局与区教委联合在北京市第十九中学召开海淀区防震减灾科普示范学校现场会，在全区推广十九中创建防震减灾科普示范学校的经验，以推进全区防震减灾科普示范学校的创建工作。会上播放了十九中创建全区防震减灾科普示范学校专题片《用知识守护生命》。十九中全校2300多名师生参与地震应急疏散演练，500余名其他学校的师生进行观摩。

【2010年海淀区震情】　2010年，全区范围内共发生小震26次。分别是：1月4日05时18分，震级2.2级；1月4日05时18分，震级0.7级；1月5日20时22分，震级0.8级；2月9日21时26分，震级1.4级；3月9日02时27分，震级0.4级；3月10日01时10分，震级0.8级；3月15日05时14分，震级0.6级；3月17日19时29分，震级1.1级；3月19日23时06分，震级0.4级；3月21日09时09分，震级2.0级；4月25日18时31分，震级1.1级；5月13日18时13分，震级0.7级；5月23日10时20分，震级1.4级；5月24日23时37分，震级0.8级；5月30日07时42分，震级1.1级；7月16日14时00分，震级1.4级；7月19日13时45分，震级0.8级；8月7日02时12分，震级0.5级；9月1日19时40分，震级0.9级；9月18日12时44分，震级0.4级；9月22日07时19分，震级1.3级；10月13日05时07分，震级0.8级；10月26日18时18分，震级2.0级；10月29日03时14分，震级0.6级；10月30日13时55分，震级0.4级；12月8日22时16分，震级1.5级。

【2010年海淀区“地震安全示范社区”（13个）】

1.曙光街道怡丽北园社区
2.西北旺镇亮甲店社区
3.田村街道玉海园二里社区
4.西三旗街道枫丹丽舍社区
5.八里庄街道世纪新景园社区
6.北下关街道广通苑社区
7.海淀街道阳春光华枫树园小区
8.马连洼街道农科三所社区
9.四季青镇常青园社区
10.万寿路街道翠微西里社区
11.北太平庄街道今典花园社区
12.清河街道领秀硅谷社区
13.甘家口街道航天社区　（黄健）

海淀区地震局
地址：海淀区长春桥路17号
邮编：100089
电话：82510366（传真）
邮箱：hddzb100@yahoo.com.cn

文化

12月24日，区文化委员会、区文化馆在海淀剧院举行“我的海淀我的家——2010年文化大擂台”颁奖典礼。此次文化大擂台活动共有26个代表队参加，由初赛、周擂主复赛、总擂主角逐三场比赛组成。

（毛重渝 摄）

2月9日，海淀区2010年文化科技卫生“三下乡”活动启动仪式在温泉镇举行。图为区文化馆组织的文艺演出。

（区文化馆 供图）

4月3日，“第二届海淀风筝节暨风筝放飞活动”在海淀公园举行 。

（区文化馆 供图）

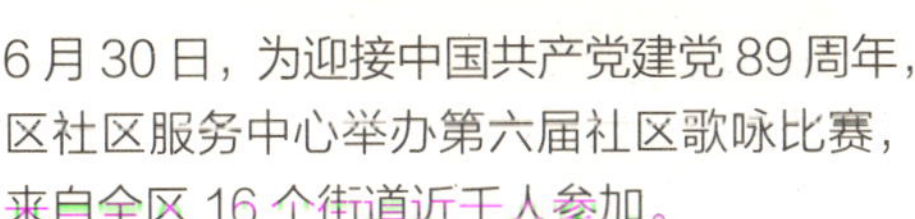

6月30日，为迎接中国共产党建党89周年，区社区服务中心举办第六届社区歌咏比赛，来自全区16个街道近千人参加。（李瑞林 摄）

9月9日，“2010年海淀区首届文明市民学校艺术节”开幕。（李瑞林 摄）

12月22日，区史志办在政府和城建城管组现场会上展示二轮修志阶段成果。（刘畅 摄）

第五届中国北京国际文化创意产业博览会海淀展台（李瑞林 摄）

海淀区部分非物质文化遗产项目

（区文化委供图）

▲ 怯音乐

▲ 北京面人郎

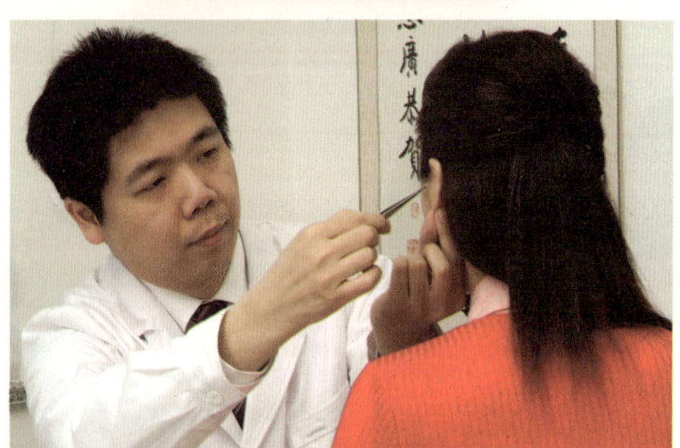

程氏针灸 ▲

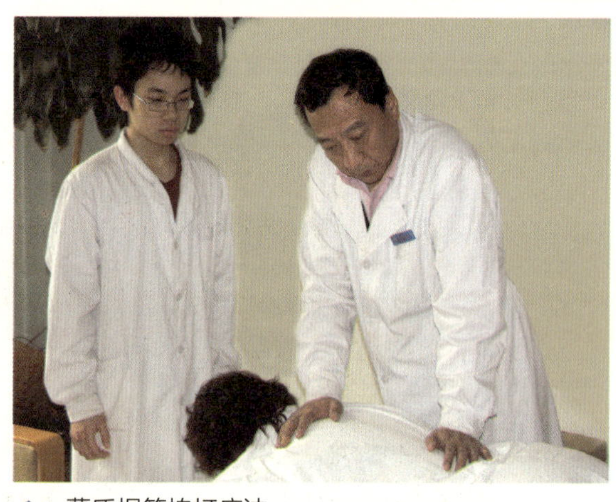

▲ 葛氏捏筋拍打疗法

纪式太极拳法 ▼

▼ 花样空竹表演技法

屯佃中幡

吴氏太极拳

传统弹弓术

六郎庄五虎棍

南安河武松打店棍会

▲ 北京绢人

▲ 彩塑京剧脸谱 盔头制作技艺

▲ 平刻微雕

▲ 王冠琴——绣花鞋

▲ 传统插花

▲ 哈氏风筝工艺

▲ 团花剪纸

▲ 西北旺高跷秧歌

概 述

海淀区文化委员会（以下简称区文化委）是负责海淀区文化事业、文化产业发展及区内文物和非物质文化遗产保护的政府职能部门。下属海淀区文化行政执法队（副处级编制）及3个事业单位：电影管理处、海淀剧院、海淀评剧团。从2009年年底起代管文化馆、博物馆、图书馆3家单位。

本年，区文化委以促进文化大繁荣、大发展为契机，扩大区域品牌文化效应，延长文化惠民活动周期，构筑基层文化活动阵地，创新知识产权保护宣传模式，加快全国文物普查工作。

本年，区文化委获第一届北京奥运城市体育文化节优秀组织奖、北京市安全生产月活动“优秀组织奖”和最佳实践活动奖、年度北京新闻出版工作先进集体、年度首都国家安全工作先进集体、北京市“扫黄打非”暨文化市场管理工作先进集体、2010年文物安全和执法工作先进集体等7项北京市级奖励；获海淀区首届运动会优秀组织奖、区第二十四届老干部文艺比赛组织奖等荣誉。（蒋海涛）

海淀区文化委员会
地址：海淀区中关村大街28-1号
邮编：100086
电话：51601028

文化事业

【综述】 本年，海淀区的文化事业发展情况见下表。

2010年海淀区文化事业一览表

项目	单位	总计		
		2008年	2009年	2010年
电影放映				
营业性电影放映单位	个	17	17	19
#电影院	个	17	17	19
放映场次	场次	7277	9802	137217
观众人次	人次	720000	980000	6036969
文化市场				
歌舞娱乐场所	家	252	201	218
电子游艺厅	家	11	11	11
网吧	家	288	290	290
书店	家	1688	1742	1277
音像制品零售、出租店	家	590	360	370
字画店	家	34	34	36
报纸、报刊零售	家	480	482	482
印刷企业	家	142	216	155
文化站	个			

项目	单位	总计		
		2008年	2009年	2010年
个数	个	28	28	29
从业人数	人	102	159	163
街道级社区文化站	个	20	20	22
乡镇级文化站	个	7	7	7
组织文艺活动	项	851	760	1288
举办展览	次	224	194	209
举办业余培训班	班次	661	1025	1871
训练班结业人数	人次	40528	60502	122353
文物保护				
文物保护单位	处	69	69	69
国家级	处	16	16	16
北京市级	处	21	21	21
区级	处	32	32	32

（蒋海涛）

【海淀区文化馆】 海淀区文化馆是海淀区政府设立的从事群众文化工作的全额拨款事业单位，是海淀区群众的文化艺术活动中心。主要职能是：面向全区组织辅导群众文化活动、培养艺术人才、收集整理民族民间文化遗产、普及科学文化知识、进行业余文艺创作。艺术培训部常年对外开放，面向社会开办各种艺术类培训班（舞蹈、声乐、器乐、书法、美术、摄影等），并设有海淀老龄艺术大学，每年培训学员2万多人次。

本馆位于海淀黄庄十字路口东北角，建筑面积6700多平方米。馆内设有专业的琴房和练功房以及适合各种培训的教室；有能够提供演出、放映、展览和会议的多功能厅、小剧场和演播厅。

2010年，区文化馆与中关村科技园区海淀园建立联络机制，向园区介绍文化馆的功能、职责和能够为核心区提供的公共文化服务项目，听取对核心区文化建设的意见，了解园区文化需求。在海淀文化节中（5—6月），区文化馆推出精品演出进企业和名家讲座进企业的活动；配合海淀园开展核心区青年歌手大奖赛。本馆11月在航天部502所建立艺术培训示范点，提供免费艺术培训。

承办“我的海淀我的家—2010年海淀春节系列文化活动启动仪式”。举办本馆一年一度的“新春大观园”活动；与有关部门共同承办第二届海淀风筝节暨海淀公园“风筝放飞活动”；承办第二届海淀端午诗会；在中秋节配合区文委举办“海之月”圆明园中秋赏月晚会。与区文委共同主办庆八一建军节慰问、联欢演出。

2010年，共完成农民艺术节、五月的鲜花、文化科技卫生三下乡、海淀文化节、京剧票友赛、优秀摄影作品展、夏日文化广场等各类文化活动160多场，其中演出110多场，展览6场，比赛20多场，其他活动20多场。在海淀文化节期间（5-6月）推出“文化大擂台”，改变文化馆传统的比赛形式，除专业比赛之外，增加基本功和才艺比赛环节，使得活动的趣味性和观赏性大幅度提高；将过去一次性比赛完毕的形式，改变为每周一次擂台赛，最后决出总擂主的形式，为业余文艺团队提供更多的展示和学习交流机会。“大擂台”比赛共举办15场，决出总擂主4个，周擂主11个。

做好非物质文化遗产保护工作，全年共完成各类非遗项目的调研调查57项，完成项目材料的完善补充整理工作51项。组织参加春节期间金源购物中心的市非遗展览（7天）和中国农民艺术节非遗展示活动；举办中秋节圆明园非遗展示展览展演（7天）；文化遗产日展览展示活动及代表性传承人评审和授牌仪式以及传承人收徒仪式等。

全年共举办免费培训班120多次，培训人员5000余人次。完成馆内培训4700课时，培训学员8387人。无偿接待团队及基层排练活动22608人次。

（王爱民）

地址：海淀区中关村大街28—1号海淀文化艺术大厦4、5层
邮编：100086
电话：51601622
网址：hdqwhg.com

【海淀区博物馆】 海淀区博物馆成立于2003年5月，属全民所有制事业单位。自2005年8月起隶属海淀区政府公共服务委员会，2005年12月26日正式开馆，2006年7月1日起免费对外开放，2010年1月起隶属海淀区文化委员会，是一座

新建的地志性综合博物馆。位于海淀区中关村大街28-1号黄庄路口东北角，海淀文化艺术大厦地下一层，博物馆建筑面积1631平方米，展厅面积754平方米。2006年5月，海淀区博物馆成为北京校外教育协会会员单位；2007年11月，成为海淀区第一批青少年校外教育实践基地；2008年4月，成为北京市科普教育基地；2009年2月，成为北京市中小学社会大课堂海淀区首批资源单位。

海淀区博物馆集文物征集、收藏、研究、展示于一身，以保护各类历史文物，弘扬本地区历史文化，加强地区间的文化交流和促进精神文明建设为宗旨，致力于保护本地区出土和收集的文物，同时开展文物的科学保护和学术研究工作，并通过举办基本陈列和专题陈列等方式，向国内外公众展示与宣传中华民族的伟大历史进程与辉煌文化，介绍海淀区的历史变迁和社会发展。不定期地举办国内外各类艺术展览。海淀区博物馆现有馆藏文物5000余件（套）[①]，文物藏品在年代上涉及新石器时代、战国、两汉、三国、唐、宋、元、明、清及近现代等各个时期，藏品类别遍及瓷器、金银器、玉器等十多个门类。展览区域分为展廊和展厅两个部分：展廊展出地上文物图片展，展示海淀区境内以三山五园为代表的各级地上文物保护单位的风貌；展厅又分为海淀区历史文物展和馆藏文物精品展两个部分。海淀区历史文物展以“心灵与历史的对话”为题，由“溯源探古”、“古韵沉香”、“丹棱撷贝”三个部分组成，共展出馆藏文物230余件（套），向观众讲述海淀区从新石器时代起，一直延续到明清，乃至近代曾经发生过的一切；馆藏文物精品展集中展示馆藏珍贵文物中的精品，青花携琴访友图罐、磁州窑白釉黑彩婴戏图瓷枕、钧窑胆式瓶等都是馆藏精品中的代表。

2010年获得区财政拨款204万元。全年共接待观众3.1万人次，其中对集体参观的16家团体提供免费讲解，博物馆网站访问量达13209人次。举行4场文化专场讲座，2次邀请北京市文物鉴定委员会专家对馆藏文物进行鉴定。

本年，海淀区博物馆被北京青少年学生校外教育工作联席会议办公室、北京校外教育协会评为“2010年度北京校外教育网站信息宣传工作先进单位”。海淀区博物馆志愿者服务队被北京市文物局、北京市志愿者联合会、北京博物馆学会评为“首届北京博物馆优秀志愿者服务队”。

2010年海淀区博物馆陈列展览概况

展览名称	主办单位	展品数量	起止日期	展出地点
心灵与历史的对话 ——海淀历史文物展	海淀区博物馆	230件套	基本陈列	海淀区 博物馆
数字博物馆建设成果展	海淀区博物馆	32块展板	2010-2-9至3-14	海淀区 博物馆
身边的数字生活——家用数字技术巡回展	海淀区博物馆	32块展板	2010-3-16至4-2	海淀区 博物馆
我们的节日——清明节展	海淀区博物馆	32块展板	2010-4-3至5-2	海淀区 博物馆
中外军事人物展	海淀区博物馆	32块展板	2010-5-4至6-11	海淀区 博物馆
我们的节日——端午节展	海淀区博物馆	32块展板	2010-6-12至9-18	海淀区 博物馆
“北京博物馆采风”展	海淀区博物馆 北京文博交流馆	60块展板	2010-6-12至9-29	海淀区 博物馆
我们的节日——中秋节展	海淀区博物馆	32块展板	2010-9-19至10-24	海淀区 博物馆
“青之韵·花之舞” 明代青花瓷展	海淀区博物馆	7件	2010-10-1至10-31	海淀区 博物馆
“明代玉带板”展	海淀区博物馆	7套	2010-12-15至2011-1-14	海淀区 博物馆

[①] 博物馆藏品整理、鉴定、建账工作正在进行中，尚未完成。

2010年海淀区博物馆巡展情况

时间	活动名称	参与人数	备注
2010-4-29至5-30	“海淀建设成就展”走进农科院社区	3000	
2010-5-17至5-18	“魅力海淀之旅”展走进中央民族大学	3000	
2010-5-18至5-19	“海淀的古塔”展走进北京师范大学	6500	
2010-5-31	《盛世红妆——大唐宫廷女性面面观》讲座	60	
2010-6-1至7-22	“海淀建设成就展”海淀医院巡展	6000	
2010-06-11 2010-06-12	《中华民族的起源与多民族国家的形成》讲座	120	
2010-7-22至2010-9-10	“海淀建设成就展”中关村医院巡展	5500	
2010-10-15至10-22	展览走进爱暮家敬老院	1200	

海淀区博物馆发表学术论文情况

作者	题目	刊物（出版社）	发表日期	备注
焦晋林	丹棱撷贝——京西出土文物品鉴	学苑出版社	2010.1	专著
焦晋林	“天启通宝”金币	《北京日报》2010年7月11日第14版品藏副刊	2010.7	
焦晋林	唐邢窑白釉碗	《北京日报》2010年7月25日第14版品藏副刊	2010.7	
焦晋林	磁州窑婴戏图枕	《北京日报》2010年8月8日第14版品藏副刊	2010.8	
焦晋林	明代太监符牌	《北京日报》2010年8月15日第14版品藏副刊	2010.8	
焦晋林	宋钧折沿盘	《北京日报》2010年8月22日第14版品藏副刊	2010.8	
焦晋林	清乾隆青花“太平有象尊”	《北京日报》2010年10月5日第14版品藏副刊	2010.10	
焦晋林	元青白釉梅瓶	《北京日报》2010年10月10日第14版品藏副刊	2010.10	
焦晋林	御诗扳指	《北京日报》2010年10月17日第14版品藏副刊	2010.10	
焦晋林	清“红楼故事”子刚牌	《北京日报》2010年11月7日第8版品藏副刊	2010.11	
焦晋林	“卍”字纹铜镜	《北京日报》2010年11月28日第7版品藏副刊	2010.11	
王承浩 姜英鎏	海淀区博物馆校外教育资源汇总及案例分析	第三届北京校外教育理论与实践研究论文评选	2010.12	三等奖

开放时间：周二到周日9：00—16：30，16：15停止入馆，周一休息。

（王承浩）

地址：海淀区中关村大街28-1号　电话：51601325　51601326　邮箱：hd126@sina.com
邮编：100086　传真：51601326　网址：www.haidianmuseum.com

【海淀区图书馆】 是区级综合性公共图书馆，隶属海淀区文化委员会、海淀区政府公共服务委员会领导。2010 年 1 月，被北京市公共图书馆评估定级工作组授予一级图书馆称号。

区图书馆建筑面积 5200 平方米，总藏量 70 多万册（件），阅览座位 500 席。藏书 60 万册、期刊 387 种、报纸 140 余种，为读者提供报刊阅览、期刊外借、图书外借、资料查询、课题服务、上网、自习、培训、讲座、展览、读者活动等服务。阅览部、流通部全年无休。

馆内对外部门设置有：流通部（负责到馆读者的图书借还，负责集体外借、区机关分馆、图书流动车）、阅览部(包括阅览室、期刊外借室、自习室)、特色文献部(包括资料室、装饰艺术、地方文献、古籍、石景宜书屋、盲文图书)、少儿部、合作协调部、计算机部。有 38 个基层分馆、20 个图书流动车服务站点。

本年，全馆共办理读者证 3938 个。全年外借图书 274898 册次，借阅 142344 人次，自习 2 万人次，解答咨询 24542 人次。接待读者 17 万余人次，同比增长 13%。借阅书刊 58 万册次，同比增长 28%。流动图书车年行驶 4141 公里。全年共编写二次文献 14 期，分编加工新书 14507 余种，42256 余册，记到新刊和报纸共计 3.2 万余份。面向市民举办免费读者活动 102 次，讲座 42 场，共计 24436 人参加。

本馆地方文献专题数据库网站“海淀叙录”年中进行改版升级，截至年底，网站点击率已达 20 万次。

9 月，组织编纂的地方文献专著《关于海淀》出版。继续加强对 38 家（含 20 家一卡通）基层分馆的辅导工作，全年累计辅导达 50 次；为花园路街道社区图书馆，香山街道社区图书馆等 5 家单位分编图书 4060 种、4621 册；利用区文化委划拨的基层采购经费 50 万，为 38 家基层分馆采购图书 12500 余册；为社区、村、企业、部队等单位捐送图书 11 次，累计 12000 余册；为西三旗轮胎厂、羊坊店西木楼等 5 个社区图书室选配图书 1500 册。启动医学数字图书馆建设，建立海淀区医学资源数据库。

海淀图书馆全程参与全区行政村益民书屋[①]的建设工作。截至年底，本区有益民书屋 84 家，实现全区所有行政村全覆盖，并实现区级中心文化资源与村基层单位的有效对接。

与瑞萨半导体（北京）有限公司、北京启明星辰信息安全技术有限公司签署图书流动站协议，向 2 家公司提供 6000 余册图书，无偿用于职工借阅。

4 月 13 日，承办海淀区“我的书屋、我的家”阅读演讲比赛。在海淀文化节和“拥军月”活动中承办多场公益文化讲座，讲座受众涵盖街道居民、打工子弟学校师生，部队官兵指战员共计 4000 余人次。配合开展北京市红领巾读书活动，举办讲故事比赛、征文比赛、知识竞赛、科普剧比赛、读书小状元评选等活动，吸引区内近万名少年儿童参与，并获多个奖项。

地址：海淀区丹棱街 16 号海兴大厦 C 座 1–4 层
邮编：100080
电话：82605290
流通部续借电话：82605257
期刊外借续借电话：82605258
海淀图书馆网址：www.hdlib.net
海淀叙录（地方文献专题数据库）
网址：www.hdxulu.com

海淀区图书馆基层分馆名录（38 个）

1. 八里庄街道核二院社区图书馆
2. 八里庄街道美丽园社区图书馆
3. 八里庄街道世纪新景园社区图书馆
4. 北太平庄街道社区图书馆
5. 北太平庄街道太月园社区图书馆
6. 甘家口街道阜北社区图书馆
7. 海淀街道社区图书馆
8. 海淀农业图书馆
9. 海淀乡树村万树园社区图书馆
10. 海淀乡图书馆
11. 花园路街道社区图书馆
12. 马连洼街道社区图书馆
13. 青龙桥街道 61046 部队图书馆
14. 青龙桥街道 61195 部队图书馆
15. 清河街道社区图书馆
16. 上地街道社区图书馆
17. 上庄镇图书馆
18. 曙光街道诚品建筑社区图书馆
19. 曙光街道社区图书馆
20. 四季青镇门头村图书馆
21. 四季青镇曙光村图书馆
22. 四季青镇西冉村图书馆
23. 四季青镇香山村图书馆
24. 苏家坨镇北安河村图书馆
25. 苏家坨镇聂各庄村图书馆
26. 苏家坨镇苏一二村图书馆
27. 田村路街道社区图书馆
28. 万寿路街道社区图书馆
29. 温泉镇航材院社区图书馆
30. 温泉镇图书馆
31. 西北旺镇唐家岭村图书馆
32. 西北旺镇图书馆
33. 西三旗街道社区图书馆
34. 香山街道社区图书馆
35. 学院路街道柏儒苑社区图书馆
36. 羊坊店街道社区图书馆
37. 紫竹院街道社区图书馆
38. 海淀乡裕隆新村图书馆

海淀区图书馆图书流动车服务站点（20 个）

1. 61606 部队团部　　四王府
2. 66397 部队步兵连　　海淀区厢红旗
3. 66397 部队二连　　海淀区厢红旗
4. 66397 部队三连　　海淀区厢红旗
5. 66397 部队团部　香山普安店甲 12 号

① 2005 年至 2007 年，按照市领导的要求，北京市开展读书益民工程建设，在全国率先大规模建设益民书屋。建立一整套管理制度，做到有目标、有标准、有计划、有评价；构建一条有效信息沟通渠道；设立专家委员会，指导选书、回访和调研，反馈农民群众的需求和意见。

6. 66397部队一连　杏林山庄
7. 66397部队五连　韩家川61046部队院内
8. 财政局　海淀区西四环北路9号
9. 海淀交通支　知春路海关大楼北侧
10. 黄庄中队　海淀昆明湖南路96号
11. 清河中队　小营西路
12. 上地东里社区　上地东里7号楼
13. 上地实验小学　上地东里
14. 上地医院　农大南路
15. 区体委　海淀区西苑操场
16. 万寿路医院　翠微中里13号
17. 温泉中队　北清路永丰屯路口
18. 西二旗社区　清河西二旗小区
19. 玉泉山中队　玉泉山大柳树1号
20. 中关村中队（挂甲屯）　海淀区西苑操场

（向华）

【海淀剧院】 海淀剧院是海淀区文化委直属的自收自支事业单位，是海淀区电影、音乐、话剧及群众文化活动的重要场所。

2010年，海淀剧院共演出246场，电影放映5017场，会议73场，接待观众219986人次。营业收入1157万元，同比增长12.67%。本年，延续上年每周二全天优惠价电影活动；新推出夏季惠民电影月、青少年电影公益放映活动，1万余群众和学生得到实惠，低价、免费观看大片。

剧院本年投入40多万元，购置两台3D放映设备，投入4万多元更换服务器，改善观影效果。投入近10万元对舞台机械设备、放映设备和消防设施进行维护、更换和保养；投入20万元对剧院的座椅、卫生间设施和剧院外部广场进行更新改造。全年3D电影票房收入150万元。

全年共为残疾人演出提供场地12场，优惠20多万元；为儿童剧提供场地20场，优惠30多万元；公益性演出提供场地31场，优惠40多万元。

话剧《麻花》全年在海淀剧院演出近百场，突显优秀话剧的魅力，为海淀剧院创新品牌增效益打下良好的基础。

（刘洪）

地址：海淀区中关村大街28号
邮编：100086
电话：62555898

【北京市海淀区电影管理处】 北京市海淀区电影管理处的前身是“北京市电影队海淀分队”，成立于1955年；1957年5月命名为“海淀区电影队”；1958年至1964年海淀区电影队更名为“海淀区电影修配站”；1965年至1969年初，受“文化大革命”影响，电影放映基本停止。1969年3月，电影修配站的全体人员参加区毛泽东思想宣传队，主要放映当时的批判电影。1972年成立“海淀区电影工作站”，仍是原来的组成人员。1980年，海淀区电影修配站更名为海淀区电影发行放映公司。1990年，海淀区电影发行放映公司更名为“海淀区电影管理处”。

电影管理处属自收自支事业单位，负责全区各街道、乡镇的公益性电影放映工作。2010年，以抓好社会群众性公益电影建设为主线，重点落实市区两级政府的折子工程。通过电影放映基础设施建设、电影放映队伍培训、电影放映设备升级、更新和加快节目周转节奏等措施，使海淀区公益性电影放映质量、数量和满意度明显提高。

按照北京市“十一五”规划，加强海淀区农村村级数字电影厅建设，2010年新增村级数字电影厅6个。截至2010年底，海淀区共建设村级数字电影厅65个，全部验收合格并投入使用，完成市政府计划海淀区村级数字电影厅覆盖率78%的目标。培训数字电影放映人员50人。截至本年底，海淀区街乡镇拥有电影放映人员230人。

组织大型公益电影放映宣传主题活动。在“看电影过大年”电影放映活动中，印制“我的海淀，我的家—看电影过大年”宣传横幅70条，发到农村和影院放映点悬挂，并配合区文化馆“新春大观园”电影放映活动。配合市文化部门开展“电影惠民暖人心”放映活动，在6月1日至7月30日期间，共计放映1193场，观影人次约5万人。8月，举办“北京奥运城市体育文化电影周”电影放映活动，在国家体育场连续放映《筑梦2008》等奥运题材影片22场，以此纪念奥运会成功举办两周年。组织海淀第七届文化节“光影的盛宴—电影展映月”活动，制作横幅94条，发放文化节宣传画1000张。组织儿童片展、爱情喜剧片展、传统影片展、最新外国数字片展、科普影片展等5大类主题影片展。组织“海淀区惠民电影月”电影放映活动。国庆节和“惠民电影月”期间，在北京新影联院线公司的大力支持下，组织驻地有条件的街乡镇居民观看《第一书记》、《唐山大地震》等影片20余场。海淀区2010年公益电影放映达到9031场，受益观众90余万人次。场次、报告和专项资金管理做到准确无误。

本年，电影管理处党支部制定和申报“城乡党员结对互助”项目，凡涉及海淀区域内电影放映、技术支持等问题，各乡镇可直接联系对应互助的责任人。

（张伟）

地址：海淀区中关村西区丹棱街16号，海兴大厦西门四层
邮编：100080
电话：82605866

【北京市海淀区评剧团】 是海淀区全额拨款事业单位，成立于1959年。前身是文化部直属的中国评剧院第三巡回演出队。

1958年初，中国评剧院从第一、第二队中抽调部分中青年演员组成新的演出队，主要任务是下基层厂矿、农村、送戏上门，为群众服务。1958年底，北京市文化局、中国评剧院和海淀区委商定，演出队一行46人调归海淀区领导。1959年1月，海淀评剧团正式成立，为全民所有制国营剧团，隶属于区文教

局，业务上接受市文化局和中国评剧院的领导。

建团之初，评剧团重点为海淀区服务，以排现代戏为主。从1959年至“文革”前，剧团每年演出场次最多为450场，最少为330场，其中为海淀区演出的场次均占当年演出场次的50%以上。《人民日报》1964年曾报道过海淀评剧团热心为农民演出，减轻群众负担的事迹。

1969年，在“文革”冲击下，海淀评剧团被迫停止业务活动，全体演职员下放到海淀区西山“五七”干校劳动。1975年，经北京市革命委员会批准，海淀评剧团正式恢复，剧团地址为八一学校大观园内。1983年3月，剧团迁入现址。1989年5月，海淀区指示海淀评剧团“工资照发，业务暂停”，“限制发展，维持现状”。1994年3月，剧团恢复业务活动，4月进行首场演出。2003年2月，海淀区文化委要求剧团“停止业务，等待改革”。

2005年，在海淀区事业单位改革中，海淀评剧团被定为撤销建制单位，但撤销建制程序未启动。2006年，在实际改革程序没有启动的情况下，海淀区编制部门停止为海淀区评剧团进行事业单位年审。2009年3月，海淀区评剧团根据上级工作部署，开始进行事业单位岗位设置工作。同年5月底，海淀区文化委叫停此项工作。2010年3月，海淀区编制部门重新开始为海淀评剧团进行年检，确定海淀区评剧团事业单位法人身份，并将年检工作纳入常态。2010年6月，区评剧团重新启动岗位设置工作。（马达）

地址：海淀区高梁桥斜街甲30号
邮编：100081
电话：62236922　62265812（传真）
邮箱：HP.30@163.com

【北京市海淀区摄影家协会】 北京市海淀区摄影家协会成立于1983年，是一个民间文化社团组织，成立时会员仅有10多人，且相对松散。1984年，摄协更名为海淀区鱼眼摄影协会。1989年归属区文联领导，1989年至2007年摄协是区文联领导下的非法人社团；2007年摄协被区社团办注销。2008年，摄协重新注册法人社团，注册资金10万，上级业务主管单位为区文化委。2010年8月，摄协正式更名为北京市海淀区摄影家协会，有会员180人。

摄协设有理事会、活动部、市场部、教学部、创作部、组联部、《海淀文艺-摄协专页》编辑部等部门。其职能是：不定期组织会员开展摄影创作和交流（包括摄影采访、观片会、月赛季赛、影展）等活动；为海淀区机关企事业单位策划、实施各种影赛和影展；针对海淀区内的院校、乡镇基层组织举办摄影讲座和摄影公开课；组织协会最优秀的会员团队参与国家（省市）级的各种摄影比赛。

多年来，摄协组织会员配合区有关部门承办多种主题的摄影采风活动，在海淀区的农村乡镇文化服务中心先后举办近60场摄影文化讲座，农民群众参加摄影培训和摄影活动人员达1800人次。不定期在紫竹院街道办事处、中关村学院、海淀老龄大学等单位开办摄影艺术培训班，参与培训的市民多达500人次。

2009年9月海淀乡政府决定出版《海淀乡：城乡一体化进程》大型画册，委托协会组团对海淀乡进行实地拍摄，截至本年底，该项目正在进行中。2009年10月，摄协协助海淀区“创建全国绿化模范城市”工作汇报材料拍摄配文照片，2010年1月，精选2000多张图片编入申报材料《绿色北京翠在海淀》画册；5月，海淀区园林局拟出版“翠湖湿地”大型画册，特邀请海淀区摄影家协会作为特约摄影团队在湿地进行为期一年的摄影艺术创作。

年初，北京市委宣传部、北京市政府新闻办联合推出“人文北京”群众摄影文化活动，摄协会员以及摄影爱好者积极参与，在全市417幅获奖作品中，海淀区的获奖作品达93幅，占获奖总数的22.5%。协会获“人文北京”群众摄影文化活动组委会颁发的“最佳组织奖”奖。

2010年6月11日海淀区摄影家协会在区文委和区文联的支持下，在苏家坨镇创建本区第一个摄影创作基地“凤凰岭摄影创作基地”。基地常年举办摄影讲座、摄影知识长廊、群众摄影文化交流等活动，贴近百姓的文化休闲生活。

海淀区摄影家协会主要困难：无经费来源，开展季赛所需的奖金和评委费无法保障。（崔伟立）

地址：海淀区文化艺术大厦5层
邮编：100086
电话：51601668
邮箱：yysyxh@126.com

文化活动

【综述】 丰富节日文化，开展节庆系列文化活动。开展以中华世纪坛春节文化庙会、金源燕莎室内庙会和“百花闹新春”山后4镇民间花会踩街、新春大观园为主要内容的“2010年海淀新春系列文化活动”，参与人数超过100万人次。开展第二届风筝节暨海淀公园“放飞春天”风筝放飞活动，共计3000人参加。举办第二届立夏习俗活动、“中华魂·2010端午诗会”以及“海之月”——慰问核心区企业家圆明园中秋晚会。

打造品牌文化，5月28日至6月25日举办第七届海淀文化节。此次文化节包括“广场盛典——第七届海淀文化节开幕式；文化光芒·照亮科技征程——企业与文化互动；文化交融·传递发展共识——中外文化交流；文化盛世·书写和谐篇章——文化活动荟萃；华彩乐章——第七届海淀文化节闭幕式”五大板块、32个精品活动项目、300多场活动（包括基层群众文化活动），群众参与广泛的项目达22项，占69%。

活跃基层文化，开展各类文化活动。开展“五月的鲜花”群众文化系列活动，共计演出28场。举办首次“文化大擂台”活动。开展“惠民电影月”活动，在惠及普通社区居民的基础上，首次面向院士、高校大学生、高新企业员工、部队官兵，受益人次1万余人。开展公益性演出活动，举行星火文艺演出和“周末大舞台”文艺演出。开展“我的书屋我的家”读书演讲比赛，并在全市比赛中获1个一等奖，2个二等奖，所获奖项居全市之首。开发文化市场管理软件并上线运行；指导网吧行业协会开展首届电子竞技大赛，指导娱乐协会开展第二届歌唱祖国比赛；推进禁毒、艾滋病防治、双语标识等工作。

【启动区文化委二轮修志工作】 3月29日，成立区文化委《北京市海淀区志（1996-2010）》（文化委部分）编纂工作领导小组及办公室，下设编纂工作编写领导小组办公室，编写组办公室成员包括机关各科（室）、执法队和所属事业单位各一名同志。截至年底，完成文化委1996至2010年的资料搜集、整理，制作成1000多张卡片，形成15万多字的资料长编（含附件8件）。

（蒋海涛）

【“海淀区2010年保护知识产权宣传周”系列活动】 4月21日至5月4日，区文化委组织开展“海淀区2010年保护知识产权宣传周”系列活动。活动以核心区企业、员工为重点对象，以网络版权为重点内容，由“网上网下、正版君子”万人“红指印”承诺行动、“保护版权、鼓励创新，我们在行动”和“保护知识产权 防范侵权风险”动漫光盘首发仪式三部分组成。征集10000个“红指印”，并将印满红指印的画轴送交海淀博物馆收藏。印制有本次活动主题的2000张海报在全区范围重点地段张贴。与搜狐网合作，开通“网上网下、正版君子”互动平台，利用最新最热的“微博”[①]进行承诺接龙，并在搜狐网开辟保护知识产权宣传专题。截至4月30日，共有近4000名网友参加微博接龙。

4月26日，在汉王科技举办“网上网下、正版君子”万人“红指印”承诺行动启动仪式，此项活动历时14天，在中关村西区、中关村软件园、环保园、永丰基地、迷笛音乐节现场等地开展，直接参与的企业近100家，直接参与的人数逾3万人。有58家媒体报道，其中报纸媒体24家、电视媒体3家、网络等媒体31家。新华社、人民日报（海外版）、中国日报、中国新闻出版报等均在显著位置刊发报道文章，搜狐开辟宣传活动专题和专题微博，英国BBC对征集指印活动进行现场采访。各类媒体共播、发新闻稿件120余篇。

【“舞燃情”杯国标舞、交谊舞全国邀请赛】 6月14～15日，由北京文化艺术活动中心、海淀区文化委员会主办，海淀区文化馆和北京“舞燃情”国际舞俱乐部承办的第七届海淀文化节之“舞燃情”杯国标舞、交谊舞全国邀请赛在北京大学生体育馆举行。来自内蒙古、黑龙江、安徽、河南、河北、陕西、山西、山东、云南、天津、江西等12个省市以及北京国标舞交谊舞爱好者近500对选手参与比赛。

【举办大型活动策划与组织培训班】 8月3日～5日，海淀区文化馆举办大型活动策划与组织培训班。通过业务理论学习、案例辅导和实际操作等方式，对全区各街道乡镇群众文化专业干部进行活动策划、节日编排、舞美设计的技能培训。

【举办首届北京奥运城市体育文化节】 8月11日，区文化馆在鸟巢奥运城市文化广场举办首届北京奥运城市体育文化节——“情洒中关村”文艺晚会。晚会以“情”为基线，谱写出时代的强音；以共建核心区为目标，展现出海淀人的共同愿望。（王爱民）

【“我为海西州捐本书”活动】 9月7日，区文化委、区直机关工委、海淀区图书馆向全区各机关单位发起“一本书、一份爱”——我为青海省海西州海淀图书馆捐本书活动。截至9月30日，海淀区图书馆共接收社会各界捐赠图书、报刊近26270册。整理后于10月7日正式移交给“海西海淀图书馆”。

（向华）

【十一黄金周系列讲座】 10月4日～6日，由海淀区文化委主办，海淀区文化馆承办的“十一黄金周系列讲座”在海淀区文化馆多功能厅举行。对各街乡文艺骨干在化妆造型、形体与塑身、合唱的演唱气息运用和各声部间的配合方面进行培训。（王爱民）

[①] 微博，即微博客（MicroBlog）的简称，是一个基于用户关系的信息分享、传播以及获取平台，用户可以通过WEB、WAP以及各种客户端组件个人社区，以140字左右的文字更新信息，并实现即时分享。最早也是最著名的微博是美国的twitter，根据相关公开数据，截至2010年1月份，该产品在全球已经拥有7500万注册用户。2009年8月份中国最大的门户网站新浪网推出“新浪微博”内测版，成为门户网站中第一家提供微博服务的网站，微博正式进入中文上网主流人群视野。

文化产业和文化设施建设

【综述】 改造农村多媒体活动室。完成海淀乡六郎庄村，西北旺韩家川村，苏家坨镇南安河村、后沙涧村，上庄镇李家坟村等多媒体活动室改造工作。

建设数字影厅。为6个行政村安装固定数字影厅放映设备，改善当地群众的观影条件。截至年底，全区共有65家村级固定数字影厅，占全区村庄数量的78%。

社区（农村）文化阵地建设。完成甘家口街道4个社区文化活动室设施配套工程、青龙桥街道文化活动广场改造工程、温泉镇太舟坞村委会露天剧场项目、四季青镇地域内文化大院改建扩建项目，获北京市文化引导专项资金460余万元支持，提升地区文化生活。新建益民书屋44家，全区益民书屋数量达到84家，覆盖所有乡镇。截至年底，全区基层共有文化站29个，文化室638个（社区560个，村78个），文化广场70个，业余文艺团队703个，社区、农村图书馆（室）123个，农民自办文化项目142家。组织文艺活动1288场次，投入142万元为71支业余文艺团队配备演出设备。 （蒋海涛）

2010年，全区申报的41个文化创意产业项目获得市文化创意产业发展专项资金支持4978余万元，在全市区县中最高。与上年相比，获得支持的项目数量将近翻一番，获得支持的资金数额增幅达36%。 （区文化委）

【建立“北京联合大学演艺人才校外培养基地”】 5月11日，海淀区文化馆与北京联合大学举行共建“北京联合大学演艺人才校外培养基地”揭牌仪式。北京联合大学的学生将参与海淀区文化服务活动、公益性文艺演出，参与海淀区“公共文化服务体系”的实践活动，同时作为“大学生文化志愿者”到基层文化单位参与群众文化辅导工作。

（王爱民）

【全国最大电影院落户海淀】 5月25日，耀莱国际影城管理有限公司正式注册成立五棵松电影院分公司，并在五棵松体育馆北侧华熙乐茂商务中心第五、六层设立影城。该影城拥有17个放映厅，其中有14个普通放映厅、两个VIP厅、一个600人超大厅，为全国最大的电影院。影城6月16日正式对外营业，截至年底累计缴纳各种税费92410.19元。

【国图首开少儿图书馆】 5月31日，国家图书馆少儿图书馆正式开馆，为6岁至15岁的少年儿童提供免费借阅服务。小读者们只要出示学生证或学生卡就可以免费办理一张借阅卡，持卡可在阅览室里浏览、借阅。国图少儿数字图书馆网上服务同时开通。 （田颖）

【海淀首开版权“网上商城”】 11月19日，由中国人民大学国家版权贸易基地创办的国家版权交易网www.copyrightmall.com）在中国国际展览中心举行正式开通仪式。国家版权交易网于2010年8月底上线试运行，是国内外作品类型最齐全的版权交易网上平台。其核心功能包括为著作权人或代理宣传推广作品，实现版权价值最大化；为作品使用或传播者寻求优秀作品，顺利获得版权授权。通过国家版权交易网促成交易的两部作品在现场正式签约，网站的主办单位与央视动画有限公司以及国家音乐产业基地（上海）分别签订大客户合作协议和战略合作协议。网站试运行两个月以来，发展来自近20个国家的会员1000多名，挂牌交易项目1699项，挂牌总额超过12亿元。国家版权交易网的正式开通标志着“中国首届版权拍卖大会”正式拉开帷幕。活动正式启动后，进行为期半年的作品征集和版权拍卖活动。 （钟冷）

【海淀区命名首批“文化创意产业集聚区”】 12月3日，海淀区政府正式命名中关村东升文化创意产业园、五棵松文化休闲产业集聚区、768创意园、中海动漫游戏孵化基地、清华科技园、中关村软件园、中关村创意产业先导基地等7个单位为首批“海淀区文化创意产业集聚区”。 （田颖）

文化市场监管

【综述】 加快推进审批制度改革。完成行政许可窗口的升级改造，进一步完善审批流程，增加行政许可透明度，完成行政许可材料和流程的梳理，印制完成《行政许可事项办理指南》。全年，共办理行政许可项目590项，其中图书、电子出版物经营单位设立和变更306家，音像制品经营单位设立和变更86家，歌舞厅设立和变更55家，网吧设立和变更33家，有线电视安装企业设立和变更10家，文艺表演团体设立和变更3家，营业性演出97项、600余场次。在各类项目中，花园温莎KTV、爆米花KTV包间均超过100间，温莎达到109间，为全区最大；北京耀莱集团五棵松分公司影厅达到17个，为全国最大已营业的影院；《开心麻花》话剧、迷笛音乐节等观众均爆满。

开展娱乐场所、网吧、电子游艺经营单位、出版物经营单位、广播电视设计安装单位、营业性表演团体、电影放映单位等7大行业换证工作，换证对象超过2000家。

加强行业监管。全年出动执法人员2600人次、800车次，共检查场所1200家次。全年立案处理68家，罚没款300460元，非法音像制品10000余张，非法图书8000余册，卫星接收设施2套。

规划电游产业发展。对海淀区游艺娱乐场所发展进行规划，拟定《海淀区游艺娱乐场所总量与布局规划意见（2010年–2012年）》，经区政府同意后上报市文化局获批准。9月，在全区游艺娱乐场所开展清理整顿，并对合法的游艺娱乐场所进行重新登记审核；加强安全生产意识宣传，部署安全生产百分验收。编辑制作《海淀区文化娱乐场所安全生产指导手册》，制作卡通安全生产展板20块，在安全月集中宣传活动、6·18文化市场安全日活动等场所集中展览，召开大型培训会5次。

整修线路，确保广播电视信号传输安全。2月，制定《2010年海淀区广播电视安全传输工作计划》，修订应急预案，调整应急总队和应急分队成员。两节、两会及世博会开幕等重要时段，完成广播电视传输零事故的任务。11月，联合西北旺镇，开展保护广播电视设施大型宣传活动。

继续加强版权保护。4月21日至5月4日，组织开展“海淀区2010年保护知识产权宣传周”系列活动。9月16日至17日,召开服务核心区企业版权保护工作座谈会，驻区30余家机构、企业负责人参加。根据核心区建设实际情况，结合国家版权基地已在本区运营的事实，经7月24日区政府150次常务会议研究决定，同意调整《海淀区2010年重点工作任务分解》第16项“引人国家版权贸易基地项目”重点工作折子内容为“推动国家版权贸易基地与中国技术交易所进行战略合作”。11月，开展版权大讲坛活动。

规范行政许可和行政处罚行为。启动听证程序20起，对20家申请设立歌舞娱乐项目的经营单位及其利害关系人送达《听证告知》并在拟设立地张贴公告；受理听证申请2件，撤销1件，对1件提出听证意见。对未提出听证申请的许可项目，均提出办理意见。本年涉及行政诉讼案件6件，已审结一审案件4件，区文化委均胜诉。2件案件正在审理中。　（蒋海涛）

【“陆凯制售政治性非法出版物”案】 2009年3月，市文化执法总队、海淀区文化委员会会同公安海淀分局刑侦支队、香山派出所，组成专案小组，经过长达一年的时间，通过大量调查取证，最终查获在海淀西北部地区以陆凯为首的专门组织非法印刷、销售政治性非法出版物的犯罪团伙。自2008年以来，陆凯一伙印刷和销售的“涉政”非法出版物和内部资料42种，合计印刷27万余册，涉案金额320万余元。在其仓库和书店查缴非法出版物5000余册，传唤审查涉案人员37人，刑事拘留1人　（杨帆）

【制作《海淀区文化娱乐场所安全生产指导手册》】 5月，区文化委编辑印刷《海淀区文化娱乐场所安全生产指导手册》2000册，免费提供给企业。手册集安全生产法律法规、制度建设和考核标准于一体，对普及安全生产相关法律法规、指导企业健全安全生产制度、开展安全生产百分考核工作具有实际意义，这在全市尚属首次。　（蒋海涛）

【市第六个文化市场安全日活动在本区举行】 6月18日，由北京市文化局、海淀区人民政府联合主办，海淀区文化委、区安监局和区消防支队联合承办的北京市第六个文化市场安全日活动在海淀区北京花园温莎娱乐有限公司举行。此次活动以“落实安全责任，坚持安全发展”为主题，以文化娱乐场所消防应急演练、现场会两部分为主要内容。这是自2005年市政府将6月16日确定为北京市文化市场安全日以来，为检验安全生产工作，集中开展安全生产教育，普及安全生产知识，提高应急处置能力开展的一次活动。市委宣传部、北京市文化局、市安全监管局、市消防局、市文化执法总队、市公安局治安总队及各区县文化委，海淀区相关职能部门负责人、市部分文化娱乐场所安全生产责任人等共约100余人参加了此次活动。 会后发布《北京市文化娱乐场所经营单位编制安全生产管理制度导则（试行）》及《海淀区文化娱乐场所经营单位安全生产指导手册》。

（张建伟　张敏　田颖）

文物和非物质文化遗产保护

【综述】 通过安全检查及文物执法，对各文物保护单位的室内用火、用电等细节进行监督，从消防、避雷、古建防护设施建设等方面督促各单位及时清理周边环境，配备安全设施，加强监管。争取市文物局财政资金170余万元用于安装醇亲王墓和妙云寺的避雷设施和消防设施。对存在重大安全隐患的文物建筑单位，加大居民搬迁腾退和抢修加固工作的力度，消减安全隐患。责成各有关单位调动乡镇街道的积极性，在进行“城中村”整治和新农村改造建设中，加强对文物及周边环境的保护、拆违和腾退。

文物古建修缮。争取市文物资金局150万元开展北坞金山寺（中殿）、北坞关帝庙修缮项目；申请区财政近800万元完成古建修缮招投标项目北坞金山寺、北安河北庙、白塔庵塔、静福寺山门、老虎洞席棚商铺、梅所屯古建房、护国寺戏台、肖家河延福庵、南辛庄关帝庙、法海寺山门、东小营菩萨庙等共 11 项文物修缮工程。截至年底，以上市区级文物修缮工程均正式开工。对区内的田野石刻采取安装护栏或集中保护措施。

落实第三次全国文物普查工作的指示精神，对全区文物进行普查，完成复查 262 处，新发现 102 处，已消失 42 处。

对区级以上非遗项目举行授牌、拜师收徒仪式。开展文化遗产日宣传活动，6 月 12 日至 18 日，在中华皮影城举行以“非遗保护 人人参与”为主题的大型宣传活动。 （蒋海涛）

【2010 年海淀区境内文物保护单位（69 个）】

国家级文物保护单位（16 个）

编号 名称	公布时间
1.颐和园	1961-3-4
2.圆明园	1988-1-13
3.觉生寺	1996-11-20
4.真觉寺	1961-3-4
5.景泰陵	2001-6-25
6.碧云寺	2001-6-25
7.清华大学早期建筑	2001-6-25
8.原燕京大学未名湖区	2001-6-25
9.十方普觉寺(卧佛寺)	2001-6-25
10.大慧寺	2001-6-25
11.元大都城墙遗址	2006-5-25
12.大觉寺	2006-5-25
13.静明园	2006-5-25
14.健锐营演武厅	2006-5-25
15.万寿寺	2006-5-25
16.辛亥滦州起义纪念塔	2006-5-25

市级文物保护单位（21 个）

编号 名称	公布时间
1.双清别墅	1979-8-21
2.静宜园	1984-5-24
3.慈寿寺塔	1957-10-28
4.摩诃庵	1995-10-20
5.“三一八”烈士纪念碑	1984-5-24
6.黑龙潭及龙王庙	1984-5-24
7.李大钊烈士陵园	1984-5-24
8.旭华之阁及松堂	1984-5-24
9.钓鱼台养源斋	1984-5-24
10.乐家花园	1984-5-24
11.达园	1984-5-24
12.醇亲王墓	1984-5-24
13.孚郡王墓	1984-5-24
14.魏太和造像	1957-10-28
15.定慧寺	1990-2-23
16.广济桥	1984-5-24
17.梁启超墓园	2001-7-12
18.碧霞元君庙	2001-7-12
19.清河古城遗址	2001-7-12
20.上庄东岳庙	2003-12-15
21.孙岳墓	2003-12-15

区级文物保护单位（32 个）

编号 名称	公布时间
1.西禅寺	2001-11-01
2.孙传芳墓	2001-11-01
3.齐白石墓	2001-11-01
4.怡贤亲王祠	2001-11-01
5.周云端塔	2001-11-01
6.贝家花园	2001-11-01
7.龙王圣母庙	2001-11-01
8.法华寺	2001-11-01
9.立马关帝庙	2001-11-01
10.紫竹院行宫	2001-11-01
11.妙云寺	2001-11-01
12.承泽园	1999-1-27
13.彩和坊 24 号四合院	1999-1-27
14.北坞金山寺及戏楼	1999-1-27
15.香山八旗高等小学	1999-1-27
16.广源闸及龙王庙	1999-1-27
17.马甸清真寺	1999-1-27
18.金仙庵	1999-1-27
19.鹫峰山庄遗址（含响塘庙、秀峰寺、地震台）	1999-1-27
20.升平署	1999-1-27
21.龙泉寺	1999-1-27
22.瑞云庵明照洞	1999-1-27
23.上方寺遗址	1999-1-27
24.香岩寺	1999-1-27
25.熊希龄陵园	1999-1-27
26.蓟门烟树	1981-2-13
27.普照寺	1981-2-13
28.高梁桥	1981-2-13
29.白塔庵塔	1981-2-13
30.清代碉楼	1981-2-13
31.恩佑寺	1981-2-13
32.恩慕寺	1981-2-13

（高二跃）

【海淀区入选国家第二批非物质文化遗产名录】（3 项，2008 年 6 月 14 日）

面人郎面塑艺术

传统插花艺术

北京哈氏风筝制作技艺

【海淀区入选北京市第一批非物质文化遗产名录】（共 2 项，2006 年 11 月 19 日）

海淀扑蝴蝶

北京（曹氏）风筝制作技艺

【海淀区入选北京市第二批非物质文化遗产名录】（共 9 项，2007 年 6 月 20 日）

颐和园传说

圆明园传说

香山传说

西北旺少林五虎棍

面人郎面塑艺术

传统插花艺术

哈氏风筝工艺

绣花鞋工艺（王冠琴）

北京戏曲盔头制作技艺

【海淀区入选北京市第三批非物质文化遗产名录】（共 16 项，2009 年 8 月 25 日）

曹雪芹（西山）传说

凤凰岭传说

六郎庄五虎棍

苏家坨太平鼓

高跷秧歌

太平歌词

踢石球（蹴球）

珍珠球

口技

孙式太极拳

吴式太极拳

彩塑京剧脸谱

颐和园听鹂馆寿膳制作技艺

宏音斋笙管乐器制作技艺

程氏针灸

葛氏捏筋拍打疗法

【海淀区第一批非物质文化遗产名录】（共 5 类 15 项，2007 年）

民间文学：颐和园传说

圆明园传说

香山传说

传统舞蹈：海淀扑蝴蝶

西北旺少林五虎棍

传统杂技与竞技：蹴球
花样空竹表演技法
传统美术：面人郎面塑艺术
传统插花艺术
颖拓艺术
传统技艺：北京戏曲盔头制作技艺
曹氏风筝工艺
哈氏风筝工艺
绣花鞋工艺（王冠琴）
彩灯工艺（小灯张）

【海淀区第二批非物质文化遗产名录】（共10类36项，2009年）

民间文学：曹雪芹（西山）传说
凤凰岭传说
民间气象谚语
传统音乐：北京怯音乐
传统舞蹈：蓝靛厂少林棍
六郎庄五虎棍
苏家坨太平鼓
南安河武松打店棍会
高跷秧歌
传统戏剧：京西皮影戏
曲艺：太平歌词
传统杂技与竞技：传统弹弓术
珍珠球
纪氏太极拳法
口技
宋氏三皇炮捶拳
孙式太极拳
吴式太极拳
屯佃中幡
传统美术：团花剪纸
金属锻錾
彩塑京剧脸谱
面塑（潘大洪）
北京绢人（齐聪颖）
面人汤面塑（海淀分支）
平刻微雕
传统技艺：惠丰堂鲁菜制作技艺
京西水稻种植技术
颐和园听鹂馆寿膳制作技艺
宏音斋笙管乐器制作技艺
绣花鞋制作技艺（蒋丽娟）
传统医药：蔡氏脉象
程氏针灸
葛氏捏筋拍打疗法
民俗：喜轿习俗
苏家坨立夏习俗

（缪炜）

【海淀区非物质文化遗产项目介绍（51项）】

民间文学（6项）

1.颐和园传说（北京市级、海淀区级非物质文化遗产名录）　颐和园坐落在北京西郊，是全国现存古建筑规模最大、保存最完整的一座皇家园林。“颐和园传说”中的故事主要产生于清朝乾隆和光绪年间，伴随着历史的发展，内容不断丰富，情节里有不同程度的虚构性，但它反映了劳动大众的真实情感。经过世代相传，故事情节更富有传奇性、趣味性和知识性，具有较高的历史和文学艺术价值。

2.圆明园传说（北京市级、海淀区级非物质文化遗产名录）　圆明园坐落于北京西郊海淀，清康熙年间建园，是一座风光秀丽的皇家园林。1860年被英法联军焚毁。“圆明园传说”包括：表现劳动人民的聪明才智，反映皇室的生活侧面，颂扬中国人民奋力反抗侵略者的民族精神等内容。由于圆明园曾有过的辉煌与屈辱的历史，使圆明园传说不仅留下许多珍贵的文史资料，而且具有较高的文学艺术价值。

3.香山传说（北京市级、海淀区级非物质文化遗产名录）　香山位于北京西郊，这里文物古迹众多，历史文化气息浓郁，自古以来就流传着许多美丽动人的传说故事。香山传说主要包括景观传说、历代帝王传说、历史人物传说、神话传说、满族故事、佛教文化传说等内容。它具有题材广泛、语言通俗、情节曲折、寓意深刻等特点。这些脍炙人口的民间文学作品，具有较高的文学艺术价值，也是不可多得的文史资料。

4.曹雪芹（西山）传说（北京市级、海淀区级非物质文化遗产名录）　伟大的文学家曹雪芹曾在海淀生活、著述，留下了许多脍炙人口的故事与传说。这些资料数量众多，内容丰富，涉及面广，包含曹雪芹的个性、身世、经历、亲戚、朋友、居所以及他如何写作《红楼梦》，如何扶危济困等。曹雪芹在海淀的历史资料，不仅是海淀优秀文化的重要组成部分，也是当今“红学”研究的重要参考资料。不论是从学术研究，还是从非物质文化遗产保护方面来说，都是重要的不容忽视的文化遗产资源。

5.凤凰岭传说（北京市级、海淀区级非物质文化遗产名录）　凤凰岭，位于北京海淀区西北部大西山东麓，占地973公顷。在这片土地上，遍布着大量的文物古迹名胜，人文历史、文化底蕴非常丰厚，特别是流传已久、数量众多、异彩纷呈的民间故事和传说，更给这片土地增添了靓丽迷人的色彩。这些传说和故事脍炙人口，精彩动人，既有歌颂真、善、美的，又有鞭挞假、恶、丑的，集中体现了百姓的美好、善良愿望和对幸福生活的向往追求，具有重要的文学价值。

6.民间气象谚语（海淀区级非物质文化遗产名录）　中国气象谚语源远流长，追根溯源，现有“籍”可查的是从《尚书大传》等孤本善书延续至本世纪的各类民间流传谚语。自古以来，社会各界就以各种方式来关注它、记录它，并在日常生活中应用它、发展它，进而形成数千年来世代相传、丰富多彩的民间气象谚语。它言简意赅，是炎黄子孙长期实践的产物和智慧的结晶。它对研究中国气象文明的形成与发展有着重要的价值。

传统音乐（1项）

7.怯音乐（海淀区级非物质文化遗产名录）　“怯音乐”是与京城智化寺音乐并生并存的民间佛乐。自清中叶张氏先祖形成风格，经民国流传至今，已有近三百年历史，张佳艺为第十代传承人。怯音乐的演奏风格独具，区别于智化寺音乐的演奏方式，独创大管演奏，表现力更加丰富，气韵洒脱豪放。怯音乐的曲目中，无论唱诵、器乐，都保留了大量与佛教音乐相通却又极富民间色彩的丧葬歌调和曲目，有着重要的艺术价值和文化价值。

传统舞蹈（7项）

8.海淀扑蝴蝶（北京市级、海淀区级非物质文化遗产名录）　“海淀扑蝴蝶”源于1894年慈禧太后60大寿庆典上表演的一支民间歌舞，此舞被后沙涧村一个叫李五的拉洋车人看到后，回村组织村民编排而成。传承至今已有100多年历史。“扑蝴蝶”的表演形式有歌有舞，一般以十至三十人参加为宜。舞者分为“捻蝶”、“扑蝶”和“舞鞭”三种角色，舞蹈形式活泼，具有一定的艺术价值。

9.西北旺少林五虎棍（北京市级、海淀区级非物质文化遗产名录）“西北旺少林五虎棍”创始于清光绪二十四年，至今已有100多年历史。该舞蹈以少林武术为基础，充分展现了自古燕赵地区刚毅古朴、勇敢尚武的侠义之风，是当地老百姓非常喜爱的一种舞蹈形式。其表演形式完整、套路多变、技艺高超，故事情节紧张激烈、节奏明快、扣人心弦，整个表演过程极具观赏性和自娱性，也是一种具有强身健体功能的体育活动。

10.六郎庄五虎棍（北京市级、海淀区级非物质文化遗产名录）

海淀乡的“六郎庄五虎棍”又名“忠孝童子棍会”,大约起源于康熙时期,到光绪时期最负盛名。表演中将宋朝赵匡胤、郑恩见义勇为，打败恶霸董家五虎的故事编排成对打、群打套路。走会时，文场在前，武角儿在后，场面壮观、气势恢宏。其表演形式雅俗共赏，独具特色，对发展民间艺术，了解民俗文化，研究民俗民情都有很大的价值。

11.苏家坨太平鼓（北京市级、海淀区级非物质文化遗产名录）

太平鼓源于一种教派的祭祀仪式活动，出现于隋唐时期，至清朝开始在民间盛行，是北京地区民间优秀的代表性舞蹈。苏三四村的太平鼓活动已有300多年历史，它是在每年农闲时的一种娱乐活动，表演套路丰富，鼓点明快，队形变化多样，男女老幼都可参加，女性动作小巧而妩媚，男性动作刚劲有力。不仅有一定娱乐性，还有较高的历史文化和艺术价值。

12.高跷秧歌（北京市级、海淀区级非物质文化遗产名录） 西北旺万寿无疆万寿秧歌成立于清嘉庆六年（1801），传承至今已有二百余年。相传村民郝大篙向关老爷发愿而承起。光绪二十四年（1898）承差颐和园，受封皇会。此后又传承八代，目前会众五十余人。御赐的龙旗至今保存，在北京各会档中十分罕见。这档高跷会属于文跷，共有十二个角色，据传他们分别由十二个精灵转化而成。以扭、逗、走阵图、摆山子等表演动作为主，间以一些个人技巧。表演形式可分为：走街、大场、小场三种表演形式。表演时给人以人文静、优雅、和谐之感。该会现存秧歌唱曲五十余首，曲调高亢，腔韵悠长，具有一定的欣赏价值。

13.蓝靛厂少林棍（海淀区级非物质文化遗产名录）“蓝靛厂少林棍”又名“蝴蝶少林会”、“同心合善五虎少林会”，是为数不多的幸存“皇会”之一。它始创于清乾隆初年，发展至今已有200余年的历史。表演内容以历史故事为主，共有八个不同的人物角色，摆出红脸、黑脸等阵势。表演形式有技击、散打、对打、单打、群操等，凸显出紧张激烈、快速多变、节奏清楚、扣人心弦的特点。该项目在民间舞蹈、民俗学等方面具有一定的研究价值，也是研究中国哑剧史的“活化石”。

14.南安河武松打店棍会（海淀区级非物质文化遗产名录） “南安河武松打店棍会”又名“善缘老会”，建于光绪二年，创会是由本村赵、李、魏、张、冯等数家姓氏人自筹资金、自发办会，经几代人的传承已有百余年的历史。当初表演的内容以宋代水浒中十字坡“武松打店”的情节设计为主，套路有：毛毛郎围城、武松打店、武松过桥、长短棍围城、链子棍围城、三人的小围城、单人出操等，具有较高的艺术价值与文化价值。

传统戏剧（1项）

15.京西皮影戏（海淀区级非物质文化遗产名录） “京西皮影戏”，又名“皇家宫廷皮影”、“王家班皮影”，经王炳义（1850–1910）至王丽娟五代传承，已有100多年的历史。其表演细腻、形象逼真、演唱精湛、动作配合默契，保留了浓郁的宫廷皮影特色。在皮影雕刻艺术上，也独树一帜，具有较高的艺术价值。

曲艺（1项）

16.太平歌词（北京市级、海淀区级非物质文化遗产名录） 太平歌词是表演者手持玉子，用北京方言进行演唱的一种曲艺形式。民国初期，太平歌词的艺人们创作了大量的曲目，有民间传说故事、劝世文和文字游戏三种。王本林是数代传承人中唯一以唱太平歌词为主，相声为辅的演员，其子王双福，自幼从父学艺，传承了这一曲种。该项目用独特的艺术形式，记录下了老北京的文化历史，有着重要的艺术、文学和人文价值。

杂技与竞技（10项）

17.踢石球（蹴球）（北京市级、海淀区级非物质文化遗产名录）

“蹴球”在我国已有五千多年历史，它的名称始自明代，清代叫“踢石球”，尤其在满、蒙、回等民族中盛行，深受北京人民的喜爱。“蹴球”的比赛是在一块10×10米的正方形平整场地上分上、下两局进行。队员通过脚掌将球向前蹴出或挤出，使之碰击对方或本方球，据此计算得失分，以两局总分多者为胜。蹴球运动具有健身、娱乐、教育、表演、竞赛等五大功能，充分体现了中华民族传统文化和谐的主题。

18.珍珠球（北京市级、海淀区级非物质文化遗产名录） “珍珠球”源于古代满族人民的采珍珠游戏，在民间广为流传，俗称“踢核”、“采核”、“扔核”，根据《清朝文献通考》的记载和其他考证，距今已有三、四百年的历史。随着满族的不断南迁，采珍珠这项满族民间游戏也逐渐流传到了北京、内蒙古等北方地区。现“珍珠球”已成为少数民族运动会的正式比赛项目。

19.口技（北京市级、海淀区级非物质文化遗产名录） 二十世纪五六十年代，以天桥老艺人成月川的传人成氏五兄妹为核心的“成家班”杂技，在京城名享一时。成月川之孙成加强，是成氏家族的第三代传人，在铁道兵文工团杂技团从艺30多年并任副团长。他能模仿八十多种声音，惟妙惟肖。他模仿的唢呐独奏《百鸟朝凤》全曲，做到了“口技”与音乐的完美结合，使这个传统节目达到了一个新的高度，受到观众及业界的好评，具有很高的艺术价值。

20.孙式太极拳（北京市级、海淀区级非物质文化遗产名录）　“孙式太极拳”由孙禄堂（1862—1933）创始后经四代传承，已逾百年历史。孙式太极拳的特点是：高架活步，进退相随，开合相接，转换简捷。第三代传承人孙永田（1948—）和周世勤（1941—）和第四代传承人周梦华（1987—）积极为“孙式太极拳”的传播和发展做出的巨大的贡献，并且多次获奖。

21.吴式太极拳（北京市级、海淀区级非物质文化遗产名录）　“吴式太极拳”源于全佑（1834—1902），形成于王有林（茂斋）其子爱绅（吴鉴泉 1870—1942）。任达文追随第四代传承人王培生先生习练该拳法，为其推广做出了很大贡献。吴式太极拳特点是以柔化为主，以柔克刚，以静制动，极柔软而后极坚刚，呼吸采用腹式呼吸，气沉丹田，呼吸与动作相配合，故保健效果极佳。

22.花样空竹表演技法（海淀区级非物质文化遗产名录）空竹的历史悠久，流传至今已有600多年，玩空竹以北方最为盛行。刘振钰根据多年空竹表演活动而积累的丰富经验，编写出《花样空竹技法》一书。该书介绍了几十种花样空竹的个人表演技法，深受空竹表演爱好者的欢迎。花样空竹表演集游戏性、娱乐性、健身性、竞技性于一体。它能锻炼四肢、健脑益智、舒筋活络、增强心肺功能和身体协调性，是群众喜闻乐见的传统体育项目之一。

23.传统弹弓术（海淀区级非物质文化遗产名录）　弹弓术是中国武术的一项古老技艺。北京体育大学教授门惠丰少年习武，师从吴子珍（1891-1970）习练弹弓技艺，已有五十余载。他为了使民族优秀传统文化得以传承，成立北京体育大学武术学院弹弓代表队，并在弹弓术竞赛的规范化方面作了积极的探索。“传统弹弓术”不仅在心法上强调心静气定，而且在技法上要求稳、准、美，具有传统性与民族性、健身性与竞技性、观赏性与娱乐性有机结合的特点，是一项优秀的非物质文化遗产。

24.纪氏太极拳法（海淀区级非物质文化遗产名录）纪氏太极拳法是专供晚清皇家善扑营的“布库”（跤手）演练的一套内功拳法，是善扑营布库吸纳太极拳的内功拳技法，并将其与固有的满族掼跤技术有机结合的产物，经过三代人传承至今已有120余年的历史。纪氏太极拳法全套动作108式，整体要求“中正安舒”、“凝神用意”、“松顺自然”、“柔缓轻灵”、“贯续不断”、“圆活无滞”，集中体现了老北京所谓“把式跤”的真正含义以及善扑营掼跤“近摔远打”、“摔打并重”的实战特点。

25.宋氏三皇炮捶拳（海淀区级非物质文化遗产名录）　清朝中叶，宋迈伦大师把“宋氏三皇炮捶拳”带到北京，依托“京都会友镖局”经历了六代传承至今，具有重要的历史价值。第六代传人张成仁对该拳法的传承与发展，做出了极大的贡献。该拳法是以“天皇、地皇、人皇”，即“天、地、人”、“天人合一”的易学理论为基础，是以“磨转千遭脐不动”为要领，以“夫子三拱手”为主要技击方法。其拳势勇猛，劲似发炮，具有技击防身和修命养生的功能。

26.屯佃中幡（海淀区级非物质文化遗产名录）　西北旺镇的“屯佃中幡”始创于清乾隆五十五年(1731)，既能健身又是娱乐活动。近90岁高龄的中幡老艺人梁文海先生不辞辛苦的收徒和整理资料，为恢复这一传统项目做出了巨大的贡献。该项目的表演者需要具备扎实的基本功、极强的臂力和反应力以及良好的精神面貌。整个表演套路有26个动作，其表演风格独特、形式多样，表演时场面惊险、扣人心弦，深受人们喜爱。

传统美术（10项）

27.北京面人郎（国家级、北京市级、海淀区级非物质文化遗产名录）　“北京面人郎”经过创始人郎绍安以及家族几代人传承至今已有100多年的历史，在创新发展、广采众长中逐步形成了具有浓郁北京地域特色的面塑艺术派别。它集美术、雕塑、服饰、化妆及造型艺术为一体，其作品题材广泛、造型生动、形象逼真、装饰简洁、技艺精湛。尤其是表现戏曲人物和北京民俗风情的作品独具特色，具有较强的艺术价值、民俗价值和收藏价值。

28.传统插花（国家级、北京市级、海淀区级非物质文化遗产名录）“传统插花”萌芽于春秋战国时期，距今已三千多年。它在形成过程中，受传统的哲学、文学、绘画、造园、民俗等因素的影响，形成了崇尚自然、富于诗情画意、擅长线条造型、多用不对称式构图形式等独特的风格与特征，极具中国传统文化特色，并对日本花道及近现代西方插花产生了深远的影响。

29.彩塑京剧脸谱（北京市级、海淀区级非物质文化遗产名录）

杨玉栋，男，1943年生于北京。从小在京城一个老戏园子里长大，钟爱京剧脸谱艺术。六、七岁起开始搜集有关京剧资料，并多次观看梅兰芳、裘盛荣等名家的演出。1960年，考入北京工艺美术学校，学习了“泥人张”的泥塑艺术。其作品独到之处在于脸谱色彩层次丰富，不拘泥于传统，并成功制作了“武生”、“丑角”等各种行当的脸谱，深受人们喜爱。

30.颖拓艺术（海淀区级非物质文化遗产名录）“颖拓艺术”脱胎于唐宋以来的中国传统拓片艺术，能将器皿雄浑优美的艺术造型和花纹、铭记惟妙惟肖地在纸上呈现出来，既可供人欣赏，又是古代文物的临本，是一种罕见的艺术形式。清末民初，由姚华先生创立后，经五代人传承至今已有100多年历史。宋致中先生得前人真传，其作品韵味独特，立体效果强，作品深受藏家喜爱，具有较高的艺术价值和收藏价值。

31.团花剪纸（海淀区级非物质文化遗产名录）　剪纸是我国传统的民间艺术形式，它工具简单，制作方便，题材广泛，在民间流行甚广。“团花剪纸”传承人张凤琴，1956年生于北京，自幼随奶奶学习剪纸。她的作品精细秀美，常以团花、动物及各种传统的吉祥物为创作题材，具有浓郁的民间艺术风格。代表作品《前程似锦》、《福满乾坤》等曾多次在国际剪纸艺术展上获奖。在剪纸艺术的教学普及工作中，张凤琴硕果累累，取得了可喜的成绩。

32.金属锻錾（海淀区级非物质文化遗产名录） “金属锻錾”是以金、银、铜等金属为材料，采用锻打、錾刻等大小近 40 道复杂工序来制作艺术品的技艺。靳增明自幼受家庭熏陶，制作了包括《清明上河图》、《虢国夫人游春图》等大量精美的铜版作品，受到了各方的关注。该项目的作品以前主要用于古代宫廷生活和宫殿建设装饰中，在历史文化、艺术、民俗等方面都具有一定的研究价值。

33.面塑（潘大洪）（海淀区级非物质文化遗产名录）面塑源于民间的祭祀和节令风俗活动，是由“花供”演变过来的。“花供”是用各种彩色面粉捏制成的带有寓意的仙佛人物，花鸟鱼虫及各种动物形象的面食品，至今还在黄河流域盛行。潘大鸿自幼喜欢面塑。师从于山东济南面塑艺术大师何晓铮先生，其作品风格以卡通形象为主，追求民间、民俗的装饰特点，喜欢标新立异、别具一格、不拘泥于形式。

34.北京绢人（齐聪颖）（海淀区级非物质文化遗产名录）绢人是美术人形的一种类别，民间玩具的“针扎”、“彩扎”等手工艺品都和它有着密切的关系。其制作流程包括雕划、彩绘、缝纫、道具服装、头饰整理等几十道工序。齐聪颖，1963 年进入北京绢人厂，师从宋翠珍、葛敬安、张琴等老一辈艺术家。她的作品有历代仕女、戏曲人物、菩萨、京剧脸谱等，具有做工精细、形象逼真的特点，多次在国内外获奖，具有较高的艺术、欣赏和收藏价值。

35.面人汤面塑（海淀分支）（海淀区级非物质文化遗产名录） 面塑艺术历史久远，早在汉代迎神赛会的傩舞上，便有用面团塑成的鬼怪头部形象。面塑的材料以面粉和糯米粉为主，在面粉中加入化学成分添加剂，使之起到防腐作用。其制作简单、快速,深受人们的喜爱。 “面人汤面塑”创始人汤子博先生（1882—1971），在传统的签举式面人基础上，创制了托板式面塑。第三代传人冯洁秉承“以形传神，精益求精”的创作理念，将“面人汤”面塑艺术继承发展创新。她的作品不仅多次获奖，而且被各大博物馆收藏。

36.平刻微雕（海淀区级非物质文化遗产名录） 微雕的微刻艺术，是指在发丝、米粒、象牙等材质上进行精雕细刻的技术，被誉为“鬼斧神工”。它是通过写、划、擦、推、拉、点、挠、挖等技法，再经过 10 多道工序细致加工后完成的。该技艺经历了凭借眼力、放大镜、显微镜、纳米技术四个时期发展至今。陈小林先后师从启功先生学习书法，师从陈石品先生学习象牙微刻，形成了见刀有笔、二者相间的风格。他的作品被多家国外博物馆收藏，具有较强的收藏价值和观赏价值。

传统技艺（10 项）

37.北京风筝哈制作技艺（国家级、北京市级、海淀区级非物质文化遗产名录）“北京风筝哈制作技艺”是我国著名风筝流派之一，经过家族四代人传承至今已有 160 多年的历史。它囊括扎、糊、绘、放四艺并有所创新发展。其作品骨架精巧牢固，轻盈考究，构图饱满，色彩艳丽，工致典雅，达到技术与艺术的完美结合，其中的“大沙燕”具有鲜明的北京地方特色，微型的风筝不仅是高档的馈赠艺术品而且可以放飞。哈亦琦作为传承人，其作品不仅多次在国际比赛中获奖，还被多家国内外博物馆及国家元首收藏，具有很高的艺术、审美和收藏价值。

38.曹氏风筝工艺（北京市级、海淀区级非物质文化遗产名录）“曹氏风筝工艺”是金福忠的《宫廷风筝图谱》与孔祥泽 1943 年抄录的曹雪芹的《南鹞北鸢考工志》两部书结合后，形成的风筝流派之一。它融民间文化、宫廷艺术、南北扎制的精华于一体，其扎、糊、绘、放的制作流程具有独到之处，保存了 21 首扎制口诀及 20 种制作技法，其中拟人化的扎燕凸显了北京特色。它集观赏性、科学性、娱乐性、健身性于一身，并极具研究和收藏价值。孔家三代人为其传承和发展倾入了毕生的精力。

39.绣花鞋制作技艺（王冠琴）（北京市级、海淀区级非物质文化遗产名录） “绣花鞋制作技艺（王冠琴）”经家族四代传承至今已有 100 多年的历史。王冠琴在继承传统技艺的基础上，采取刺绣与缀饰相结合的手法，结合古代绣鞋的各种风格，使其作品具有富贵典雅、造型别致、构思巧妙、配色协调、做工细腻的特点，具有一定的历史、文化、艺术欣赏和收藏价值。

40.京剧盔头制作技艺（北京市级、海淀区级非物质文化遗产名录） “京剧盔头制作技艺”是自清朝以后，随着京剧的发展而逐步形成的。盔头是戏曲剧装的道具之一，根据戏剧中不同人物的身份、性别、年龄与性格特征设计而成。该项目借鉴吸收了我国传统绘画、雕塑、书法、刺绣等艺术，其造型各异，种类达数百种之多。尤其与脸谱艺术的有机结合，使作品色彩更加艳丽、生动鲜明。张月兰在继承父亲张连城技艺的基础上不断改进，其作品极具艺术欣赏及收藏价值。

41.颐和园听鹂馆寿膳制作技艺（北京市级、海淀区级非物质文化遗产名录） 在原清朝御膳房师傅的帮助下，颐和园听鹂馆以寿膳膳单为基础，挖掘整理恢复了当年作为清朝帝后的寿诞宴，也是内廷大宴之一的“万寿无疆席”的寿膳制作技艺。听鹂馆一直以接待国内外政要及贵宾为主，在这里用餐的中外政要已达 100 多位，接待政府代表团 200 多个。它不仅保持了中国传统饮食的精髓，而且体现了深刻的敬老、孝老的文化内涵。

42.宏音斋笙管制作技艺（北京市级、海淀区级非物质文化遗产名录）吴文明（1908—1988）祖居北京房山县，系清朝贵族后裔，自幼在家庭的影响下，学习乐器演奏。1937 年进京挂牌制作民族乐器，随后与其子吴仲孚在北京宣武门东市场创办“宏音斋乐器店”。吴景馨在继承的基础上不断革新，使乐器更加系列化和科学化。产品选材考究、做工精良、音色优美、造型美观大方，具有较高的音乐欣赏和艺术收藏价值，在民族乐器的发展史上也具有一定的艺术研究价值。

43.彩灯工艺（小灯张）（海淀区级非物质文化遗产名录） 彩灯，是具有老北京民俗特点的工艺品之一。它集各种技艺为一体，作品样式有大有小，为了便于旅游时携带方便，还有拆装式彩灯，既有观赏性和收藏性，又有一定的民俗、艺术价值。清末民初年间，北京人张长顺（人称“小灯张”）制作的小方灯和小宫灯，小巧别致、物美价廉，深受群众喜爱，在东四牌楼、地安门一带享有盛名。其子张双志继承父亲技艺并努力创新，他制作的九莲灯、大型宫灯等作品独具特色，受到国内外人士的好评。

44.惠丰堂鲁菜制作技艺（海淀区级非物质文化遗产名录）　“惠丰堂鲁菜制作技艺”是以经营山东福山风味菜肴为主的老字号餐馆，以“扒”、“烩”、“爆”见长，始建于清咸丰八年（1858），由山东省福山县人朱九在前门外大栅栏观音寺街开业经营。从专门承接婚丧嫁娶、喜庆宴会等包席生意的“冷庄子”，到开设散座、零吃零点的“热庄子”，到如今，惠丰堂是老北京经营山东风味菜肴的“八大堂”中仅存的一堂，其历史、社会价值可见一斑。

45.京西水稻种植技术（海淀区级非物质文化遗产名录）　北京西郊种植水稻，始于三国曹魏时期，至今已有1700多年历史。京西水稻作为专供宫廷的贡米始于清代。据《永宪录》记载：康熙时“其供御膳，曰御稻米，出京师西山”。这种在万寿山、玉泉山周边地带生产的优质粳米型稻米具有米粒圆润，清香适口的特点，尤宜熬粥。用这种稻米熬出的粥汁液澄滑、清香四溢，为海淀区所独有。

46.绣花鞋制作技艺（蒋丽娟）（海淀区级非物质文化遗产名录）绣花鞋即鞋面绣有图案的鞋，又称“绣鞋”、“扎花鞋”，色彩艳丽，绣法多样，图案多表现人们对幸福生活的企盼。传承人蒋丽娟，10岁起学刺绣，四十多年来从事工艺布鞋的研究制作，尤以工艺童鞋见长。她的绣鞋男孩多为老虎鞋，前为夸张的虎头，侧有生风的虎足，后有竖翘的尾巴。女孩鞋的前脸饰以含有吉祥、欢乐寓意的花鸟图案，深受国内外人们的欢迎，并多次获奖。

传统医药（3项）

47.程氏针灸（北京市级、海淀区级非物质文化遗产名录）　“程氏针灸”源自我国著名中医针灸学家，中国针灸界第一位中国工程院院士，中国针灸国际培训事业的开拓者之一，被誉为中医针灸泰斗的九十岁高龄的程莘农教授。该项目以家族传承的方式经程红锋、程凯传承至今，强调理、法、方、穴、术的结合，每个环节上都有独特的认识与经验，具有丰富的学术内涵和极高的学术价值。

48.葛氏捏筋拍打疗法（北京市级、海淀区级非物质文化遗产名录）　“葛氏捏筋拍打疗法”源于清朝山东蓬莱，创始人葛献宝。“捏筋疗法”是凭着医者的双手，利用捏、揉等16种不同手法，在患者身体的一定穴位、脉位和肌肉筋腱上进行治疗，以达到治病强身的目的。“拍打疗法”是利用获得国家专利的“少林达摩易经拍”，作用于患者的十二经络和十二皮部上，进行轻重不同而有节奏的拍打，从而达到治疗疾病的效果。传承人葛凤麟继承和发扬了这一祖传绝技，不仅积极出书授徒，还多次为国内外政要治疗，享有较高的声誉。

49.蔡氏脉象（海淀区级非物质文化遗产名录）　中国脉相准确可靠，可对人体的心脑、呼吸、消化、泌尿、生殖系统以及运动器官、脏腑功能、遗传基因等50余种疾病进行预测。常见的高血压、糖尿病、癌症等疾病信息也可以及早地寻找到。它针对医学诊断的局限性，将人体的遗传基因与人一生的疾病、事业顺逆全面清楚地推断出来，全方位全视角的进行预测，实用价值与历史保存价值非常珍贵。传承人蔡新长从小随父亲行医，经40余年的不断实践验证，形成了自己独特的风格。

民俗（2项）

50.喜轿习俗（海淀区级非物质文化遗产名录）　据史料记载，轿子是东汉时的交通工具，后延用在结婚时新娘子坐喜轿嫁娶，在唐代逐渐普及。明清时期，老北京把姑娘坐喜轿出嫁视为明媒正娶的标志。因此，当时的喜轿行业最为兴旺，四九城都有专门向外租赁花轿、锣鼓、执事和彩衣的轿子铺。李连生师从徐场（1921—2007）、李顺（1926—2009），系统掌握了有关喜轿的全套婚俗礼仪，他的喜轿集众家之所长，并富有现代气息，深受老百姓喜爱。

51.苏家坨立夏习俗（海淀区级非物质文化遗产名录）　每年的5月5日前后是我国民间的传统立夏节。熬立夏粥风俗从明末清初开始在苏家坨地区兴起，历史最早的为北安河、西小营等村庄，至今已有100多年的历史。每年立夏这一天，在苏家坨镇各村一般是以家族为单位，或三五户，或十几户，由家族中年纪较高有威望的人负责组织筹办，目的是图个吉利祛病灾，同时化解邻里之间的矛盾，营造和谐的氛围。据老人说，凡在立夏这一天吃立夏粥可保一年平平安安、无病无灾。　（缪炜）

【大慧寺文物房产移交工作】　1月，海淀区博物馆接收海淀区文化委员会移交的大慧寺文物，1月5、6日开展文物清点工作，共清点大殿1座、配殿2座、石刻（雕）文物784件、壁画10铺、殿内塑像34尊、树木9棵。1月15日，海淀区博物馆完成大慧寺产权移交工作。　（王承浩）

【颐和园谐趣园修缮竣工】　9月10日，谐趣园修缮工程竣工。此次修缮历时440天，修缮面积总计2226平方米，占总面积的五分之一，囊括园内所有古建，其中建筑15栋，游廊115间，石桥4座。修缮中遵照不改变文物原状，不破坏文物价值、最小干预的修缮原则，最大限度保留原建筑的历史痕迹，将谐趣园恢复为光绪时期的历史原貌。修缮后的谐趣园以半封闭管理模式免费向游客开放，并将其中的涵远堂作为文化展陈的固定场所，定期组织专题文化展览。　（杨华）

【圆明园正觉寺主体修缮完工】　10月8日，历经八年修缮和复建，圆明园正觉寺内的三圣殿、天王殿、转角房、五佛殿等主体工程竣工。待油饰和彩绘后正式对外开放。位于绮春园宫门西侧的正觉寺建于清乾隆三十八年（1773年），占地14300平方米，是圆明园的皇家佛寺，俗称喇嘛庙。　（鲁紫鹃）

【颐和园四大部洲建筑群整体修缮】 11月17日，颐和园四大部洲建筑群开始封闭整体大修，这是自1980年以来的首次大修，总投资2292万元。颐和园四大部洲建筑群位于万寿山后山，是一组庞大的藏式宗教建筑群，以香岩宗印之阁为中心，包括四大部洲、八小部洲、日月台等19座古建筑。

【圆明园文物千万元拍出】 12月4日，保利秋拍现场两件圆明园文物上拍，其中一件《幽壑听泉图轴》因为拍价低于底价而流拍。另一件《四春图册页》最终以1050万元人民币成交。 （周勇）

海淀区文学艺术界联合会

【综述】 海淀区文学艺术界联合会是在中共海淀区委领导下，由本区文学艺术团体和文学艺术工作者、爱好者组成的群众团体，成立于1986年。区文联下属作家协会、书法家协会、美术家协会、摄影家协会、京华印社、香山诗社、稻香湖诗社、京昆协会、《中关村》杂志社、四香书画院、晚香诗书画印社等11个协会，共有会员5000人。

本年，《海淀》文艺双月刊出版8期，《稻香湖》诗刊出版8期，《中关村》杂志出版12期，发行范围包括国航、东航和北京150家四星级以上酒店的每个房间，年度发行量70余万册，名列全国主流杂志前茅。《中关村》杂志承办第12届深圳高交会中国高新技术国际论坛暨创新中国评选推介等20多项活动。在第三届中国传媒大会上，《中关村》杂志获“2009-2010中国期刊品牌10强”称号。

海淀文学艺术网站继续建设“文联简讯”、“海淀文化”、“海淀文艺家”等20个版块，成为海淀文学艺术的一个新展示平台。

2010年，海淀文联共举办各类艺术展览40余次，文学艺术活动20余次，主要有：

1.1月20日和12月25日，由中共海淀区委宣传部和海淀区文学艺术界联合会主办，北京凤凰岭美术馆和《中关村》杂志承办的“传承下的思考——龙瑞迎春山水画展”、第二回“程大利山水画作品展”第三回“写生范扬作品展”、第四回“卢禹舜域外写生作品展”系列雅集活动，在凤凰岭美术馆举行。

2.1月28日至2月28日，由区文联、区文明办和中关村杂志联合主办“科技进客厅，艺术上炕头”文明新春系列活动。海淀美协、书协、京华印社、四香书画院等300多位艺术家参加，分别到车耳营、西北旺、苏家坨、四季青、北下关、双榆树等农村和社区，送艺术、送科技，受到农村、社区群众的欢迎。

3.3月，海淀文联书画系列展和当代商城画廊系列展，分别每半月举办一次，集中展现海淀区艺术界的新人新作。

4.4月，在北京书画院举办“丹青映艳——田世光花鸟画精品回顾展”。此次展览是“二十世纪中国美术大家系列展”之一。由海淀区文联和中国人民对外友好协会、中央文史馆研究馆、中国美术家协会、中央美术学院、清华大学美术学院、北京画院共同主办。展览精选海淀区中国当代工笔画大师田世光在上世纪创作的艺术精品六十余幅，是首次比较全面的个人回顾展，部分作品首次向社会公开展示。

5.4月8日，由区文明办、区教委和《中关村》杂志社开展为期一年的“企业家进校园”活动，邀请14位中关村知名企业家到海淀区部分中学，做了十几场“成长、成才、成功，创业、创新、创造”的演讲。

6.5月27日，在北京人民大会堂、钓鱼台国宾馆、北京中关村皇冠假日酒店举行“北京科博会中国高新企业发展国际论坛暨第四届中国自主创新评选颁奖典礼”，活动由第十三届科博会高新企业论坛组委会、《中关村》杂志、新浪网主办。活动评选出“中国自主创新杰出贡献奖”、“中国自主创新卓越品牌奖”、“中国自主创新产品新锐奖”、“中国自主创新科技企业奖”、“中国自主创新领军人物奖”、“中国自主创新绿色贡献奖”、“中国低碳节能优秀企业奖”、“中国复兴十佳企业奖”等8大奖项。7月，北京诗词学会、海淀区委宣传部、海淀区文联、香山诗社、《中关村》杂志联合召开纳兰性德学术研讨会筹备会。会后启动该项活动，在相关报刊刊登征文启事，收到海内外来稿100多篇。年内共召开2次专家、学者小型研讨会。

7.8月12日，由海淀区文联与海淀区美协共同举办“田添、刘小刚、吴占春三人行美术巡回展”，先后在北京大学、亚运村、爱家收藏以及上海、苏州、珠海、重庆等城市举办巡回展览。

8.10月22日，由海淀区文联、海淀书协共同举办的“海淀书协30年书法作品展”在海淀区军事博物馆举行。此次展览共展出85件海淀书协会员的作品。11月2日与广西贺州举行联展，并与贺州市书法家协会签订长期交流合作协议。 （王锐）

【《中关村》跻身中国期刊品牌十强】 11月12～16日，在张家界召开的第三届中国品牌媒体高峰论坛上，《中关村》杂志获“2009-2010年中国品牌媒体百强—期刊品牌十强”。此项评选活动由中国人民大学、复旦大学、武汉大学等10所院校联合主办。《中关村》杂志以“新经济、新科技、新文化”和“宣传中关村业绩，弘扬中关村精神，传播中关村文化，推崇中关村时尚”为办刊宗旨，持续深入地报道了中关村一大批创新典型，并策划出版了中国第一部手机可以阅读并进入书店排行榜的《中关村创新谱》等书籍。 （钟冷）

北京市海淀区文学艺术界联合会
地址：海淀区颐和园路12号（区政府综合楼三层306）
邮编：100080
电话：62563693
邮箱：wangrui304@sohu.com

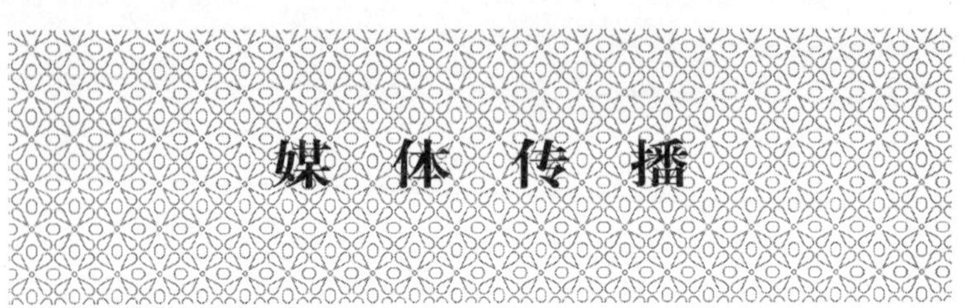

媒体传播

1957年7月1日，海淀区人民政府广播站建立。1974年，成立海淀广播事业科。1986年3月，成立海淀区广播电视局（属政府处级单位）。1995年5月1日，成立海淀有线电视台。2001年11月，海淀区广播电视局改为海淀区广播电视中心。2006年2月28日，由原《海淀报》社、原海淀区广播电视中心、海淀在线网以及全区的对外宣传工作合并成立海淀区新闻中心，是隶属于区委区政府的正处级全额拨款事业单位。中心的主要职能是：利用本区广播电视、报刊、网络等媒体宣传党和国家的路线、方针、政策和法律、政令，发挥舆论导向作用。负责新闻宣传队伍建设、区属媒体产业的规划、建设、管理，本区有线电视的联网工作，保障广播电视节目的安全播出等。做好对外宣传工作，主要是配合区委宣传部做好新闻宣传工作。区新闻中心下属海淀区有线广播电视网络信息中心（加挂北京市海淀传媒中心牌子）1个事业单位。

本年，新闻中心获首都精神文明建设先进单位、北京新闻界“闽龙杯”乒乓球赛团体第六名、海淀区“争创科学发展示范点、争当科学发展排头兵”主题实践活动先进基层党组织称号。

报纸　《海淀报》以报道区委区政府中心工作为主、《海淀科技园区周刊》聚焦中关村国家自主创新示范区核心区建设、《城市周刊》则侧重面向社区大众、反映百姓生活。

《海淀报》是海淀区委、区政府的机关报，其前身《海淀新闻》创刊于1992年9月25日，1993年更名为《海淀报》，初为每周一期，1999年10月改为周二刊，2002年改为周三刊，即周一、周三、周五出版。2002年4月，《海淀报》增办《中关村科技园区周刊》，每周四出版。2005年4月，《中关村科技园区周刊》更名为《海淀科技园区周刊》。《城市周刊》由海淀区新闻中心与购物导报合办，于2007年9月25日创刊，每周二出版，共16版，是一份面向市民、服务大众，以“引领都市生活”为宗旨的综合类对外公开发行的周报。

《海淀报》、《园区周刊》和《城市周刊》3份报纸2010年共出版240期，采写、刊发各类文章1.8万余篇、1100余万字、图片3200多张。报纸发行量比中心成立时翻了两番。配合宣传部做好对外宣传工作，有多篇稿件在市级以上新闻媒体刊载。

电视　电视频道2个，一个是歌华有线802海淀数字频道，全天播出18个小时；一个是北京电视台公共频道海淀时段，每天播出4个半小时。频道定位“立足海淀、面向首都”，以树立海淀形象、报道海淀区情的新闻、专题为主，同时关注国内国际，每天自办节目时长3个小时。另外引进一些专题节目和电视剧，专题内容涉及科技、教育、公益、环保、人文、健康、旅游、时尚等方面。

本年，将海淀新闻时长由每期15分钟延长为25分钟，实现新闻日播，做到当天事当天播，同时增加来自兄弟区县的报道和国内国际新闻。电视全年采编、播发海淀新闻6000余条，编辑、播发国际国内新闻3500余条，制作并播出自办与合办专题栏目550期。拍摄各类新闻资料230多小时，制作各级各类汇报片50余部。安全播出各类节目8212小时（其中北京—9播出1642小时，802数字频道播出6570小时），全年播出无事故。中心多条新闻被市级以上电视台采用。

网络　网络中心主要负责区域内电视传输网络的建设、维护以及海淀在线（www.hdonl.cn）网站[①]的更新。海淀在线以报道区域新闻为主、兼顾国际国内。新闻中心每天刊发、播出的报纸、电视内容都能在网站上看到电子版，实现多媒体联动。

网络中心重点致力于北部地区“三网融合”，2006年完善山后插播体系，扩大海淀网络资源的覆盖面。通过对媒体资产管理系统的引进和搭建，初步完成中心内部电视新闻节目制、播、存三网互联互通的数字化网络建设。通过完善安全防范体系，确保现有管辖区域的有线电视网络安全传输和非法信号插播零纪录。

2010年，对原来的海淀在线网络进行改造，建立海淀新闻中心门户网站，实现海淀新闻同网络的实时连接，突破新闻传输的时间和空间的局限性。

对外宣传　除了保证报纸、电视内容每天实时上网外，海淀在线全年完成区政府网站《海淀要闻》等信息更新3000余条、首都之窗海淀区信息上载更新4000余条、海淀在线信息上载更新5800余条、区政府内网信息公开《海淀新闻》和《海淀报》1500余条。

配合区委区政府以及有关单位完成各类会议、活动的全程录制42次，培训基层记者站、实习生97人次，接待各单位借阅、复制各类资料2000余人次，为区内各单位提供照片1000余张，复制音像资料4000余条。（江亚红）

海淀区新闻中心
地址：海淀区西四环北路11号（区政府第二办公区）
邮编：100195
电话：88437116、88487250（传真）
网址：www.hdonl.cn

① 成立于2002年。

下属事业单位：

海淀区有线广播电视网络信息中心（加挂北京市海淀传媒中心牌子）

地址：紫金庄园

邮编：100089

电话：51994630

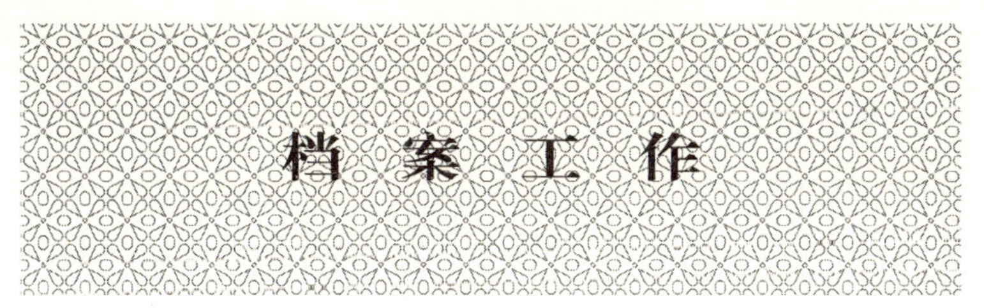

档案工作

【综述】 海淀区档案局是海淀区政府主管全区档案工作的行政管理机构，依法对全区档案工作进行行政管理和业务监督指导。海淀区档案馆是地方综合性档案馆，是集中管理档案的文化事业机构，负责接收、整理、保管和提供利用全区范围内的档案。海淀区档案局、档案馆成立于1986年1月，局、馆合署办公，为区委、区政府直属正处级事业单位，业务受北京市档案局指导。

2010年，区档案局（馆）以中关村国家自主创新示范区核心区、城乡一体化建设为主线，加快实现全区档案事业的科学发展，努力为海淀区核心区建设服务,全面完成“十一五”档案事业规划任务。代表北京市十六区县档案局馆接受国家档案事业发展综合评估组对北京市区县级档案事业发展的综合评估。海淀区档案局馆承办由北京市档案局馆主办的“创建国家级综合档案馆经验交流会”并在会上做经验介绍。

档案执法管理 制定《2010年度海淀区档案行政执法检查标准》，对全区47家单位进行执法检查。继续贯彻国家档案局8号令，监督指导新成立和职能变更单位进行文件材料归档范围和保管期限的制定、修订工作。依法办理一例行政许可。加强村级档案的规范化管理，将村级档案管理情况列为对乡镇年度档案工作考核的重要内容，财政继续投入专项资金35万元，完善村级档案室设施、设备，经验交流材料《做好城乡一体化进程中新农村档案工作》在全市区县档案工作业务研讨会上做典型经验交流发言。加强对国有撤并企业档案监管，协调解决国有撤并、资产重组企业档案归属与流向。依法将北京实创科技园开发建设股份有限公司、北京市威凯房地产开发公司纳入档案局监管。与区园林绿化局联合转发“《北京市园林绿化局、北京市档案局关于印发〈北京市集体林权制度改革档案管理办法〉的通知》的通知”，部署林改档案工作，明确林改工作文件材料归档范围和档案保管期限，规范管理乡镇、行政村林改档案。作为区领导小组成员单位，以“两办”名义出台《重大活动档案管理办法》。邀请区属8家重点单位召开重大活动档案接收座谈会，规范重大活动档案接收工作。妥善办理两例政府信息依申请公开案例。

档案信息化建设 本年，海淀区档案局与区政府信息办联合成立档案信息化工作领导小组，完成立项可研报告，将档案信息化建设纳入《海淀区“十二五”时期电子政务专项规划》。规划在信息化建设方面，建立档案信息化管理三级架构（区级–委办局、街乡镇–企事业单位、村居、学校、医院等），涉及4个领域（行政管理、业务流程、教育培训、电子文件归档），服务3个层面（党和政府、群众、社会档案信息需求）。在全区推行统一的档案管理软件，用统一的标准规范管理档案工作。

档案信息资源建设。在海淀区政务网上开通档案信息网络查询服务，开展有安全权限的全文、目录级检索。通过网络实现目录共享。截至年底，共发布案卷级182245条，文件级目录394638条，文书档案原文数据库案卷级目录5671条，文件级目录83133条，原文页数270556页，开放档案目录14169条。本局门户网站 “档案检索”栏目为公众提供招工档案、规划审批档案和开放档案的检索服务，截至年底，共发布招工档案225828条，规划审批档案14010条，开放案卷14169条。

规范馆藏档案数字化工作。制定《馆藏纸质档案全文数字化工作方案》，梳理馆藏档案数字化工作流程，建立各环节台账，明确档案数字化进度安排及基本要求，按“利用优先”的原则，确定优先数字化的范围。完成140余万页、16000张照片档案数字化成果的核对工作。

加大信息化标准规范建设。重新修订完善各类《档案数据库标准和著录细则》、《档案数字化质量要求与验收标准》。本馆与区信息办联合制定《海淀区档案馆电子文件接收办法》（暂行办法）和《海淀区数码照片归档与管理办法》(暂行办法)，以加强和规范海淀区电子文件、数码照片的管理。

网站建设。为提高档案馆网站的安全性、规范性，利用区政府网站建设现有资源，申请参与政府网站群的整合、规范工作，将局馆门户网站从本局机房迁移至区政府网站统一建设平台。

业务指导培训 全年举办培训班31期，累计培训1450人次。举办档案业务培训班，对全区110名档案工作者进行业务知识培训。对全区档案行政执法员及执法联络员举办依法行政工作的培训。对区教委核算中心、区环卫服务中心等单位进行16次专题业务培训。对街道、乡镇举办5次社区档案专题培训，共71个社区居委会、约100余人参加。全区有162人参加网上继续教育。对长盛基金管理公司、中国进口图书纸张公司等企业的专兼职档案人员进行培训。

档案征集利用 2010年，制定完成《海淀区档案馆接收范围修改工作计划》,接收进馆档案12062卷/7385件（其中文书9078卷、664件；会计127卷；专门492卷；科技2365卷；照片6665张；实物24件；图书资料32件）。全年共征集各种载体的档案、资料1226件，包括全国及北京市劳动模范及先进人物材料、往届世博会照片、著名画家娄师白给香山慈幼院的赠画、香山慈幼院校史等一批珍贵的历史档案资料及燕京大学校友会资料。加强口述历史档案的征集，对新中国第一代警卫冯挚亲身经历的中共中央进驻北平的整个过程进行记录，形成口述历史资料1万余字。走访近十位香山慈幼院老校友，对香山慈幼院历史进行口述采录，形成口述历史资料16000余字以及声像档案资料。结合全区城市环境改造建设工作，及时留存城乡旧貌影像资料。以“两办”名义印发全区《关于加强城市改造影像档案留存工作的通知》，对唐家岭、北坞村、六郎庄等地区拍摄照片284张，录像90分钟。完成区政协八届四次会议、区十四届人大五次会议、中关村发展集团成立大会、“中关村国家自主创新示范区北部研发服务和高新技术产业聚集地（海淀北部地区）农民安置房开工奠基仪式等活动的拍摄。

拓展服务民生的新途径，结合局馆开展的“作风建设年暨优质服务年”活动，设立局（馆）长接待日，从5月1日起，局（馆）长每周二在利用大厅接待利用者查阅档案，为群众答疑解难。增加查档热线语音电话服务，向社会各界提供更加便捷、及时、人性化的查档利用咨询服务。

本年，随着政府各项惠民政策的不断出台，百姓利用档案维护自身利益的意识不断增强，档案利用量日益增长，同时配合《北京市海淀区志（1996–2010）》、《海淀区组织史》的编写，全年共接待利用10008人次，创1986年建馆以来最高纪录；接受电话代查及咨询3800余人次，出具档案各类证明7900份，复制档案资料22134页。因公利用档案2416人次，占总利用人次的24%，因私利用档案7584人次，占总利用人次的76%，其中民生档案利用率居高，婚姻档案、房产档案、招工档案、知青档案等利用人次占总利用人次的84%。婚姻档案的利用量仍居首位。2010年共接收7批政府公开信息文件2088份，累计接收17批政府公开信息文件，共计约7560份，接待利用60人次，查阅文件30份。

本年对《海淀新闻汇编》进行全面改版，全年共编辑21期、《海淀网络新闻》2期、《参考消息》2期、《网络参考信息》1期。编写《2009年海淀区大事记》、区主要领导《领导政务活动汇编》11册、《北京志·档案志》（海淀）、《海淀区志（1996–2010）》（档案工作）、《2009年北京海淀年鉴·档案工作》、《海淀区档案局组织史》等。向各宣传部门和新闻媒体上报稿件77篇，刊稿39篇。其中在国家级报刊（《中国档案报》）上发表4篇，市级刊物（《北京档案》、《北京档案工作信息》）上发表24篇，出版12期《海淀档案工作》简报。

宣传教育 在10月16日“档案馆日”、“12·4”法制宣传日活动中，设立档案法制咨询台，陈列法制宣传展板、发放法制宣传材料，宣传《档案法》。全区各单位结合本单位实际开展档案法制宣传活动。甘家口大厦、西山农场等单位利用内部档案刊物刊登档案法律、法规和档案工作实用技能知识，提高全员档案法制意识和档案管理水平。香山街道利用OA网宣传档案工作，将《刘义权同志事迹》发布到街道OA网的交流平台，供全体人员学习与交流。海淀街道在机关和事业单位开展“档案法律法规知识答卷活动”并在街道局域网建立档案知识学习园地，提高机关干部和所属社区居委会档案员档案法制意识。制作《永远的香慈》专题展览及网上展览，纪念熊希龄先生诞辰140周年。本馆作为海淀区首批校外教育实践基地，参加“海淀社会大课堂牵手行动资源联盟成果展示暨中小学生体验实践博览活动”，接待北京师范大学历史系师生“国家大学生创新性实验计划”活动，全年共接待参观人数近万人次。举办以“追寻北京记忆，感受档案魅力”为主题的第二届“档案馆日”活动。开展档案展览、家庭档案、宣传咨询、特色文化等系列活动，500余人参加。

档案开放鉴定 2010年，为切实提高区档案馆馆藏档案开放鉴定工作水平，使馆藏档案更好地服务全区各项社会事业，海淀区档案馆制定《北京市海淀区档案馆开放档案办法（修订稿）》，成立档案开放鉴定工作委员会，负责本馆馆藏满三十年档案的开放鉴定工作。委员会本着确保档案内容安全及最大限度公开的原则，对馆藏1980年形成的到期应开放档案，共计69个全宗3524卷进行鉴定划控。最终确定应开放1265卷，占35%；延期开放2295卷，占65%。

【参加“十一五”档案事业发展综合评估】 8月25日，海淀区档案局馆代表北京市十六区县档案局馆接受国家档案事业发展综合评估组对北京市区县级档案事业发展的综合评估。评估主要对海淀区“十一五”期间档案依法行政工作、档案馆基础业务建设、档案信息化建设、科研等工作开展情况进行实地检查、测评。抽查并实地考证了圆明园管理处的档案工作。北京市以最高分获得全国档案事业综合评估先进单位。

【接收香山慈幼院校友捐赠】 9月27日，海淀档案馆举办香山慈幼院成立90周年、熊希龄先生诞辰140周年纪念活动，由香山慈幼院旅台校友常锡桢之子常乃麟先生向海淀档案馆赠送台湾版《北平香山慈幼院院史》（中华民国七十二年七月版）及旅台校友会关于编印出版事宜的会议记录等珍贵的文史资料十余件。

【建立“大事记”退回制度和通报制度】 11月1日，“四办”组织召开区属各单位办公室主任例会，全区130个单位近200人参会。会议就如何加强海淀区大事记的编写及编写中存在的问题等提出具体措施，将各立档单位“大事记”的编写、报送工作纳入全区档案工作综合考核评估的内容，建立“大事记”退回制度和通报制度。

【召开新馆建设专家论证座谈会】 12月6日，海淀区档案局馆召开新馆建设领导、专家论证座谈会，就海淀区档案馆新馆建设的设计方案进行研讨。座谈会由设计方对新馆外观设计方案和设计理念进行阐述，各位专家结合自身丰富的档案馆建设经验，从新馆建设面积、安全性能、“五位一体”功能及如何体现海淀区域人文、科技特色等多个方面进行深入讨论，并提出许多建设性的意见。（马薇冬）

海淀区档案局、档案馆
地址：海淀区万泉河路81号
邮编：100089

电话：62523717　　网址：www.hdda.gov.cn

地方志编纂

【综述】 海淀区党史区志办公室（区史志办）成立于2001年11月，负责海淀区地方志书编纂和地方史志资源保护开发利用工作。

二轮修志 本区启动海淀区二轮修志工作，于3月16日召开海淀区二轮修志工作动员大会，全面开展《海淀区志（1996-2010）》编纂工作。成立海淀区第二届地方志编纂委员会，编委会办公室设在区史志办。同时组建编辑部。制定下发《<海淀区志（1996-2010）>编纂工作实施方案》，将全区129家牵头承编单位、承编单位划分为12个编纂协作组，明确相应的工作职责。协调各承编单位组建领导小组、创造办公条件、成立写作班子。

继续向各承编单位征集篇目设置的意见并修改，邀请市地方志办专家对新修订的篇目进行研讨和论证。

4月，举办二轮修志业务培训班，全区129家承编单位的200余人参加。培训班就二轮修志的业务知识进行了讲解，分8个小组进行研讨。向各承编单位发放《海淀区志》、《改革开放三十年》、历年《北京海淀年鉴》、大事记等资料和书籍2000余册。

8月下旬至9月中旬，二轮修志编委会办公室和编辑部组成4个检查组，历经20余天对全区二轮修志工作进展情况进行检查，了解各承编单位的入志资料收集和填写资料卡片等工作的开展情况，共检查承编单位100余家。

全年共召开14次编辑部全体会议。印发指导性文件9个，编印工作简报12期。至年底，129家承编单位完成组建领导小组和写作班子、岗位业务培训、制定和修改篇目设置等工作，基本完成资料收集及资料卡片填写。全区共收集资料7000多万字，填写资料卡片55000余张，二轮修志工作取得阶段性成果。

年鉴工作 1月，《北京海淀年鉴（2008）》在中国出版工作者协会年鉴工作委员会组织的第四届全国年鉴编纂出版质量评比活动中，获区县年鉴综合三等奖、条目编写二等奖、装帧设计二等奖。

本年，做好《北京海淀年鉴·2009》发行工作，共计发放1000余册。范围涉及北京大学图书馆、清华大学图书馆、中国人民大学图书馆等高校图书馆和国家级、市级、区级图书馆，京、沪、广、宁、桂、鄂、陕等省市年鉴编纂单位、各区属单位、部分驻区单位和社会各界的史志爱好者。

3月30日至4月2日，召开2010年海淀区年鉴工作分组会，全区各单位及驻区部分单位参加培训。编辑出版《北京海淀年鉴·2010》，分24个一级类目，近86万字，79张图片，36页彩页，全面记述2009年度海淀区域各方面的发展状况。

【《海淀史志》】 全年共出版《海淀史志》4期，发表文章47篇，图片160张，共计24万字。共发放杂志4期、约1800多本，范围涉及区领导、区各委办局、街道乡镇，北京市上级业务指导机关、北京市各区县其他兄弟单位，以及若干全国尤其是北京的海淀史志爱好者。

（田颖　刘畅）

海淀区党史区志办公室
地址：海淀区长春桥路17号
邮编：100089
电话：82510074
邮箱：bjhdnj@sina.com

教育

有“小奥运”之称的北京语言大学运动会　（北京语言大学 供图）

5月9日，在首届北京市大学生科学研究与创业行动计划成果展示与经验交流会上，“北京交通大学绿色动车组”受关注。（北京交通大学 供图）

北京理工大学附中茶艺教室　（区教委 供图）

5月19日，联合国教科文组织总干事伊琳娜·博科娃访问一零一中学。（区教委 供图）

5月12日，在翠微小学金帆音乐厅举行“让爱传出去——翠微小学红领巾爱心基金”启动仪式。图为翠微小学的同学在操场上举行义卖。
（李瑞林 摄）

1月15日，团市委“两节送温暖”之“和谐北京，温暖之都—校园关爱行动”启动仪式在海淀前八家小学举行。石油附小的学生为前八家小学的来京务工人员子女、打工子弟学校的孩子们送上新年礼物。

（李瑞林 摄）

3月13日，北大附小武术队参加第八届“獬豸杯”香港国际武术节。取得八个第一，六个第二，三个第三和团体第三的成绩。

（区教委 供图）

中国农业大学科研项目“吉林玉米丰产高效技术体系”获国家科技进步二等奖

（中国农业大学 供图）

9月16日，中华儿慈会媒体志愿者走进海淀外国语学校看望就读的青海玉树儿童，图为玉树的儿童自己尝试做月饼。

（区教委 供图）

4月17日，北大、北理工和北工大校园开放日。其中北工大举办本市最大的一场校园开放日活动，有60余所高校参加。北大校园开放日以现场咨询和网络咨询相结合的方式呈现。4月18日，清华、北邮、北林大、北科大、外经贸和首医大等驻区也举办校园开放日活动。

（李瑞林 摄）

地方教育发展概述

海淀区是中国教育和教育经济最发达的地区之一。2010年，海淀区域内共有幼儿园152所、普通中小学校（部）193所、全日制高等院校37所、1家成人高等教育院校、18所具有招生资格的民办非学历高等教育机构、中等职业学校16所、特殊教育学校3所、工读教育学校1所、各类社会力量办培训机构504家。有16所北京市级示范幼儿园、41所区级示范幼儿园；一级以上幼儿园100所，占本区幼儿园总数的66%。有11所北京市示范性高中。全区有特级教师189人（在职111人），其中中小学185人、职业教育学校1人、特殊教育学校3人。以中关村社区学院为龙头的三级社区教育网络，包含1所社区教育学院，15个社区教育中心（挂牌数），655所市民学校。全年区级地方政府教育支出383379万元，占地方财政支出的14.1%。

海淀区教育委员会是负责本区地方教育事业的行政职能部门，中共海淀区委教育工作委员会是负责本区教育系统党的建设、思想政治工作和干部管理工作的区委派出机构。区教委与区教育工委合署办公。区教育督导室由区政府授权对本区的教育工作实施督导。海淀区学习型城区建设委员会办公室设在区教委。

2010年，全区教育系统以总结“十一五”、规划“十二五”教育发展为主线，全力推进公办幼儿园建设、绩效工资改革、校舍抗震加固工程，加强队伍建设，深化教育改革创新，全面提高教育质量，服务核心区建设。

地方教育事业管理 制定《海淀区“十二五”时期教育发展规划》，明确“两个率先”和“教育整体质量、教学基础设施、师资水平和教师待遇全国一流，创办国内领先、世界水平的海淀教育”的发展目标。制定“十二五”教育人才发展规划、北部地区教育发展规划。落实《海淀区2010－2015年政府办园建设计划》，制定学前教育发展三年行动计划。制定《海淀区国家级教育体制改革基础教育项目实施方案》，明确“义务教育均衡发展、城乡教育一体化发展、基础教育办学体制改革、基础教育课程教材改革、拔尖创新人才培养、高中特色发展”等6项国家级基础教育改革项目及实施举措。

继续扩大学前教育资源规模，新开办5所、改扩建5所公办幼儿园，新增学位400多个，有效缓解“入托难”的压力。制定《海淀区小区配套幼儿园承办暂行办法》，规范小区配套幼儿园接管和承办工作。制定《海淀区支持和奖励公办园建设与发展暂行办法》，投入3000万元，对非教育行政部门举园给予支持。新增4所区级示范园、5所一级一类幼儿园、8个市区级早教基地，全区优质园占总数的65%以上。普及社区早期教育，着力提高早教指导的科学性和专业性。

提升义务教育优质均衡发展水平，委托首师大附中承办育强中学、清华附中承办永丰嘉园配套中学，与首师大共同建设四季青中心小学，由中关村一小合并北宫门小学。认定第三批18所小学素质教育优质校，66%的小学生在优质校就读。结合小学规范化建设工程和第二轮初中建设工程，实施“校长教学领导力”等项目研究。投入1.14亿元，落实“两免一补”等减免和各类资助政策。推进城乡一体化改造中学校拆迁及学生安置工作，按照“公办为主，就近分流”原则，解决8291名来京务工人员随迁子女平等接受义务教育问题。将随迁子女纳入“小升初”招生管理，4770名借读生享受本地户籍学生同等待遇，在本区就读的非京籍学生总数达60533名。投入40万元，为2所已批准自办校配备多媒体设备。

推进高中多样化、特色化发展。探索高中校自主排课和学制改革，开展普通高中教育培养体制改革和促进学生自主发展的教育方法改革等试点工作，高中文科实验班、科学实验班试点工作进展顺利。开展首批区级示范性普通高中评估验收，认定北京市立新学校、北京农业大学附属中学、北京市第十九中学、北京育英中学校等4所学校为首批区级示范性普通高中；考察评估13所申报第二批区级示范性高中的学校。

成立特殊教育中心，建成资源教室10个。加强随班就读辅导教师专业培训，完善送教上门等特教服务保障体系。

培育职业教育区域特色，加强职业学校与园区合作，与驻区12家企业签订联合办学协议。3所职业学校首批进入北京市“以工作过程为导向”的专业课程改革实施阶段。1所学校被评为北京市现代化标志校。

加大对民办普通教育的支持力度。开展民办非学历培训学校复评，重新认定新东方等4所示范校。新批民办培训机构9所。4所民办培训学校在美国上市。

推进学习型海淀建设。在全市率先出版社区教育教材。重点扶持5个社区教育中心建设。完善社区教育学校管理办法和评价标准，规范社区教育行为。以社区教育学校为中心，初步形成社区教育培训体系。本区获全国社区教育成果展一等奖；2个社区教育培训项目被评为市级农民教育培训优秀项目，2所院校被评为北京市创建学习型学校先进单位。

完善重大教育行政事项决策制度，规范行政许可受理审批程序，完善办事流程，提高行政效能。成立学校后勤管理中心，探索学校后勤社会化改革。基本完成义务教育绩效工资制度改革，开发建立本区义务教育阶段工资统发工作平台、流程及相关配套制度。按照"限高、稳中、补低"原则，对区属50所义务教育学校工资实施补低。完成对区属各义务教育学校绩效工资实施方案的审核并正式实施。对46所非义务教育单位工资收入情况进行调研分析。

推进人事分配制度改革。完成所属事业单位的机构设置和岗位设置，建立岗位腾退制度。实施岗位绩效管理，完成全区教师绩效考核。专项投入7.6亿元，落实义务教育学校教师绩效工资，做好非义教学校教师绩效工资改革的准备。

加强教育合作与交流，成立国际交流与合作办公室，实施中外合作办学项目、开展对外交流、考察学习、聘请外籍教师等，引进国外先进办学理念。参加北京国际教育博览会。推进二十一世纪实验学校更名为国际学校的工作。通过支教、挂职学习、实物援助等形式，对口支援内蒙古、新疆、青海等地教育发展。

坚持依法治教，规范行政执法程序。总结教育系统"五五"普法成效。依法收回二里庄小区配套教育设施，举办区属公办小学。启动将北部地区小学设立为独立法人单位的工作。依法查办信访案件，各类信访件比上年下降20.6%。制订《民办幼儿园审批工作办法》。基本完成公办校与所举办培训机构"脱钩"工作。完成民办教育机构年检工作。加强对未经批准自办（园）校的规范管理，取缔2所未经批准自办校。

做好国家安全和保密工作，及时处理涉及国家安全的重点人和重点事件。以中高考试卷保密为重点，开展保密宣传和检查。区委教工委荣获"2010年首都国家安全工作先进集体"称号。

实施素质教育　着力提高青少年思想道德素质和人文科技素养，广泛开展养成教育、公民教育、民族教育和传统文化教育。加强班主任基本功培训。加强校园文化建设，开展校歌、校徽、校训征集评比活动。召开中学德育工作会。在信息管理学校建成未成年人思想道德建设基地。推进文明校园开放日、文明单位创建活动，评选"海淀区文明单位"142家。举办企业家进校园、"爱心一元捐"活动，组织学生参观武搏会。投入2490万元，支持体美科技和校外教育特色校发展。举办学生科技节、艺术节和国防教育论坛。加强社会大课堂建设，新增10家资源单位，建成社会大课堂创新基地3个。启动综合实践教育基地建设。民族小学被命名为北京市民族团结教育基地。

深化课程改革，成立海淀区校本课程开发管理与特色课程建设研究课题组。召开"以课题研究促进校本课程建设"专题研讨会；完成"海淀区三级课程整体推进与学校特色发展研究"、"海淀区普通高中新课程方案实施与管理研究"等课题研究项目。

落实《海淀区中小学校本课程开发与管理指导意见》，关注常态课，提高课堂教学的有效性；召开2010年中小学教学工作会，分析教学质量，完善学生综合素质评价办法；开展教学和管理创新奖评选，鼓励干部教师创新教育教学方式；加强中学毕业年级课改专题研究。坚持"专题推进，重点攻坚"思路，稳步推进高中课改。建立高中通用技术课程基地校制度，在7所高中校设立通用技术课程基地。

坚持教科研为课改服务的思路，新申报5项国家级课题和22项市级课题。推进中英校合作项目和可持续发展教育等项目，启动个性化教育、爱生学校和变异教学等新一轮教科研项目。开展办学特色研究，推出"一校一品"栏目，引导学校特色发展。3所学校被评为北京市基础教育课程建设先进单位，88篇论文获北京市第九届基础教育课程教材改革实验论文一等奖。

开展德育工作。制定分年级养成教育目标，引导学校开展养成教育和青春健康教育。对"青少年异常行为"进行专项调研，编写《阳光总在风雨后－青春期学生危机行为干预指导手册》。开发中华传统教育系列动画短片《中国传统节日》，与区文明办、《中关村》杂志社合作启动"企业家进校园"活动。组织开展"小代表走进大海淀"、"红领巾论坛"等活动。建立和发展中小学生志愿服务体系，开展红领巾志愿服务、中学生成人预备志愿服务。

继续推进"1+X"体育特色[①]，开展阳光体育运动。举办海淀区第四届中小学生"健康风采"大赛和本区自创的"海式躲避球"体育运动项目比赛。承办"首届全国体育与健康课程改革论坛"。在北京市第四届国家学生体质健康标准测试比赛中，本区一零一中学获初中组第一名。完善传染病防控预警系统。在全市率先试运行中小学生网络化体检。建成体检中心。开展青春期教育和心理健康教育，举办第四届心理健康教育活动周。加强学生危机行为干预与矫治。

开展美育、科技和校外教育。本年，全区有各类校外教育单位601个，有市级科技示范校13所，市级艺术教育特色校29所，金帆艺术团23个，金鹏科技团5个，金帆书画院实验学校12个，各项数量居全市各区县之首。整合区域教育资源，举办"北京海淀牵手行动资源联盟成果展示博览会"，建立16家资源联盟，逐步实现资源单位间的"五个

[①]海淀区教委于2001年提出中小学体育工作"1+X"的构想，要求每个学校根据学校自身场地和师资特点，重点发展一个适合自身的体育特色项目，围绕这个"1"，再积极开展其他若干项体育活动。最终目标是让每一个学生能掌握一项体育专长，在此基础上积极参与其他多项体育活动。

一”[①]合作模式。至年底，本区市级社会大课堂资源单位达70家，区级资源单位50个，其中科研单位、大学及教育机构占80%。协调大学在中小学建立特色后备人才培养基地。举办以“低碳，我们在行动”为主题的2010年海淀区学生科技节。继续开展“金帆社区之旅”活动。

科技、艺术和体育比赛中继续保持全市领先优势，在各类比赛中，获33各国际金奖、206个国家级一等奖、500多个市级一等奖，其中科技类项目，获国际大奖10项，全国一等奖108项，17所学校获北京市中小学金鹏科技奖。在第30届北京市青少年科技创新大赛上，本区2名学生获科技创新市长奖，3名学生获市长提名奖，占全市获奖总数的一半。在25届全国青少年科技创新大赛中，3所学校获“科技教育创新十佳学校”（北京市共4所）。艺术类项目，获国际大奖10项，全国一等奖11项，北京市金帆奖23个，北京市银帆奖58个，16所学校荣获北京市中小学金帆艺术奖，占北京市获奖总数的51.6%。在全国第三届中小学生文艺展演活动中，获8个一等奖，占北京市一等奖总数的一半。体育类项目，获国际金牌20块，国家级金牌57块，市级金牌109块。在北京市第48届中学生田径运动会上，包揽所有组别的冠军，领先优势突破历史记录，金牌数居全市之首。在北京市首届高中田径运动会上，荣获团体总分冠军。在北京市第十三届运动会上，由本区中学生组建的海淀区体育代表团荣获团体总分冠军。在北京市中小学体育量化评估中，以总分3300分、领先第二名1600分的成绩获总冠军。

2010年，海淀区中考总及格率、总优秀率分别高于北京市7.42和11.82个百分点。高考录取率91.67%，创历史新高。文理科前10名中本区各占5人，北京市6名理科数学单科成绩满分获得者均为本区考生。600分以上考生2089人，占全市40.9%，比上年增长2.65个百分点。

服务保障与办学设施建设 投入3951万元，保障困难家庭、弱势群体子女、进城务工农民子女接受义务教育，其中3336万元用于免除义务教育阶段学生的杂费、书费和借读费。为2所已批准流动人口自办学校3000余学生进行免费体检，将4848名非京籍小学毕业生纳入初中入学统一管理。

投入4.18亿元，对全区校舍进行抗震检测，完成32所学校15.5万平米校舍抗震加固工程。制定2011年校舍安全工程改造计划，并启动前期准备工作。完成10所、启动14所学校食堂改造，农大附小教学楼等工程竣工。

投入5736万元，提升海淀教育信息化水平。继续推行学生卡、直播点播系统、互动教室应用试验，研发建设第二、三代互动教室。

落实《海淀区学校幼儿园安全工作实施方案》，开展消防、交通等安全教育。投入3503万元，建成校园安全视频监控系统并实现全区联网。将每校址保安人数增至5人并提高保安人员经费标准，配齐安保设备，提高人防、物防和技防能力。依法推进校园查违拆违工作，开展校园周边综合治理。

制定《海淀区中小学校食品安全管理办法》，在全市率先编辑《学校食品安全管理规范与操作规程》。推进食堂食品安全示范工程建设。开展食品从业人员分类培训，提高综合素养。

加强财务、资产和工程监管。规范集中核算流程，完善核算会计工作管理制度。加大对自筹资金、捐资助学款的统筹监管力度。开展小金库、假发票等专项整治。加强对学校“两免一补”等政策执行情况的检查，清退不合理收费，全年安排农村地区学校专项补助9060.71万元。迎接国家和北京市的教育收费专项检查。继续做好修缮工程结算审计、校产测绘和土地确权工作，坚持工程建设监理会制、校长首责制和项目督查制。

干部教师队伍建设 制定《海淀区中小学校长任期制管理办法》，对16位新任中小学校长进行试用期满一年考察，交流调整学校党政正职88人次。将单位法人经济责任审计结果作为干部任用的重要参考指标，探索实施《学校副职和中层干部的管理办法》。启动干部人才库系统建设，对182名副校级干部和630名中层干部进行关键能力素质测试；严格领导干部述职制度和网上测评，组织176所中小学开展网上干部民主测评，形成《海淀区中小学网上民主测评情况分析报告》。开展校长轮岗和交流，调整学校党政正职71人、交流17人。

加大干部培训力度，制定《海淀区中小学校级干部研修制度》，利用区委党校资源统筹各类培训，初步建构具有海淀特色的干部培训体系。组织书记校长研修，开展教育部《规划纲要》远程培训，举办新任书记校长培训班、中小学书记培训班、中青年干部培训班，开展中小学中层干部轮训。完善“学院式、基地式、拓宽式和专题式”四位一体的青年干部培养模式。选派20位中学校级干部赴美国休斯顿开展境外培训，选派22名小学校级干部参加与北师大合作的小学校长提高培训班，选派16名中小学校级干部前往广州、厦门、宁波及新加坡等地开展境内外异地挂职锻炼，选派10位中小学书记校长参加全国及市级书记校长高研班，选派3位校长参加中英联合校长领导力高级研修班。继续举办后备干部培训班和党务干部培训班。建立大规模轮训机制，针对学校中层德育干部、行政管理干部、教学干部开展分层次培训。扩大6所优秀校长基地培训范围。完成新闻发言人培训工作，推行“持证上岗”制度。召开

[①] “五个一”合作模式：培育一个特色项目、培育一个资源平台、培育一个研究课题，培育一个专业社团，培育一套实践课程。

中国七城市中小学校长培训协作体联席会，完成北京市“十一五”干部培训检查验收。

召开“共享优质教育资源，促进教师专业发展”小学教师培养研讨会；举办中学“教师队伍建设”校长论坛。举办骨干教师研修班，引进教育高端人才10人；更新海淀名师库。推广骨干教师培养的“一团五室”[①]经验，实施小学教师培养421工程[②]。开展教学展评、教学管理创新奖评选、班会展评等活动。举办“变异教学理论与实践”、“学校教科研组织与管理”、“基于教师需求的教育科研设计”等专题培训。总结《海淀区提升中小学教师基本能力的行动计划》第一轮实施效果，组织全区教师基本功展示活动。在北京市小学教师新课程教学基本功培训和展示活动中，本区69名参赛教师全部获奖，其中40人、93件课件获一等奖。

教研科研工作。创新课题研究方式，设立校长、特级教师、学科带头人、科研带头人、班主任带头人、教研组等专项委托课题。完成新一轮科研课题申报、立项工作，确定本区委托课题、重点课题和一般课题共计960项，其中有5项获全国立项，22项获北京市立项。北京市教育科学“十一五”规划重点课题“促进海淀区教师专业化发展策略研究”结题。召开“英语说唱校本课程开发与实施”成果展示交流会。开展第七届教育科研创新成果奖评选。推进中英学校发展计划合作项目，形成《学校自我评估能力建设的研究与实践》报告。召开可持续发展教育创新实践成果交流会，组织22所学校参与中央教科所与英国使馆文化教育处的气候课堂合作项目。“高中中等生课堂学习效率提高策略研究”、“促进骨干教师专业发展的名师工作站工作模式及运行机制研究”等国家及市级重点课题进展顺利。启动“进城务工人员子女复原力状况调查及干预的实施”和“积极心理健康教育背景下中小学生健全人格培养的实践研究”等课题。引进并启动个性化教育、爱生学校和变异教学等科研项目。

开发“高层次人才管理系统”，实施人才信息化管理。举办市级学科带头人研修班，出版《海淀区名师工作站校本研修成果集》。探索“主题引领，研训一体，三维互动”培训模式，组织开展“激扬情绪，成长心灵”参与体验式心理培训。

推进创新人才培养模式改革。统筹区域教育资源，加强后备人才培养基地和创新人才培养基地建设，实施创新人才早期培养千人计划，初步拟定项目和课程纲要1000多个，顾问专家团队50个，实践基地（创新工作室）100个。以社会大课堂建设为载体，完善校外教育“大中小学联动”培养长效机制。

加强师德建设。组织学校、学区之间德育规范化管理交流研讨，召开中学德育工作会。通过召开市级师德先进个人事迹报告会、新任教师“走进培智学校，学习师德先进”等主题教育活动，增强教师责任感和使命感，表彰18名市级、250名区级师德先进标兵和个人。评选海淀区首届小学“十佳班主任”，总结探索优秀班主任成长规律，《中国教师报》予以系列报道。开展高三年级班主任全员培训，探索建立班主任岗位区级教研模式。举办首届海淀区中学团委书记技能大赛。区委教工委被评为“海淀区思想政治工作优秀单位”。

完成区教委所属181个事业单位的机构设置和岗位设置工作，兑现岗位工资3077万元。建立岗位腾退制度，实现“岗变薪变”。

本年，2人获“北京市优秀青年知识分子”称号，15人获“北京市师德先进个人”称号，3人获“北京市师德标兵”，8人获“北京市劳动模范”称号，北京市海淀区培智中心学校获市级模范集体。

党的建设与精神文明建设　启动“优质服务年”工作，在机关开展“三步走”[③]、“两个亮出”[④]活动，举办“应知应会”[⑤]培训。建成教师活动中心；建成教育信息技术培训基地。探索实施“双挂职”工作；开展“示范科室”和“排头兵”评选活动。

牵头举办首届京津沪渝四城区教育党建研讨会、召开系列党建座谈会、建立党建工作通报制度。制定《关于进一步加强海淀区教育系统党的建设工作的若干意见》，提出8个方面27条任务和措施。总结学习实践科学发展观活动，从干部队伍建设、基层党组织建设等方面查找影响海淀教育科学发展问题，强化三种意识和“三色”理念，明确了加强学校党的组织建设、发挥政治优势、提升党组织领导海淀教育科学发展能力的党建目标。

完善区校两级中心组学习制度，将机关科长和直属单位正职纳入中心组，以学习型党组织建设和干部选拔任用工作七项监督制度为重点，开展中心组学习13次。《海淀教育》在“第十四届中国行业电视节目展评”中获专栏节目一等奖。

继续推行《区委教育工委基层党组织工作实用手册》，建立党建协作组活动制度。完善《关于推进海淀区教育系统学习型党组织建设的实施意见》，开设学习型党组织建设专题研修班，提高党务干部抓好学习型党组织建设的能力。制定学习型党组织达标标准。将北部地区34所农村小学党组织关系转入

---

① “一团五室”研修模式：西苑学区成立的1个导师团和语文、数学等5个名师工作室，以加快全区青年教师专业成长为重点。

② 小学教师培养421工程：即特级教师至少带4个徒弟，市级学科、骨干教师至少带2个徒弟，区级学科骨干至少带1个徒弟。

③三步走：走出去、走下去、走进去，为机关“优质服务年”活动组成部分。

④两个亮出：亮出身份、亮出责任，为树立党员先锋模范活动组成部分。

⑤应知应会培训：指教师应该了解、知道、掌握的基本知识和应该会做的基本技能相关培训。

教工委。在全系统开展“双培养”[①]活动，加大在青年教师、骨干教师中发展党员的力度。2010年共发展党员302人，其中35岁以下青年教师237人、占78.5%，学生131人、占43.4%，教学一线教师127人、占42.1%，骨干教师占56.9%。开展创先争优暨作风建设年活动，开展党建创新示范项目评选。落实《海淀区建立健全惩治和预防腐败体系2008—2012年实施办法》，实施高风险项目化管理，启动第二轮140个单位的廉政风险防范管理工作。开展党建创新示范项目活动，努力实现“一校一亮点”。十一学校“阳光党务”示范项目成为中纪委基层党组织党务公开试点项目。

加强党对群团、老干部和统战工作的领导。将中学生业余党校纳入教育党校培训体系。召开区第五次少代会，成立全市第一支少先队辅导员鼓号队。组织离退休干部联谊等活动，落实离退休教职工待遇。在育英学校成立本区第一所“台湾知识教育基地校”。加强共青团员意识教育，推进基层学校团组织建设。加强中学生业务党校示范校建设。在信息管理学校设立海淀区教育系统未成年人思想道德建设基地。举行“节约用水·传递关爱”海淀区教育系统“甘霖爱心”行动，向北京青少年发展基金会捐款156.8万元。

教育督导　完成年度教育执法检查。完成教育部义务教育监测和北京市义务教育实施与均衡发展情况监测统计工作，内容包括学校经费、办学条件、学生和教师变动等情况，涉及项目300项、数据10000多个。完成对70所中小学和部分幼儿园、职高全面实施素质教育情况的督导。启动小学规范化建设工程学校验收。开展教育督导专题培训。开展教育督导评价实效性研究，完成普通高中教育多样化发展与现代督导制度建设调研工作。

召开教育督导工作会，研讨教育督导信息化建设、小学规范化建设工程验收、新一轮综合督导对策和督导工作实效性。接受针对中小学体育卫生工作开展的国家专项督导检查，检查中小学10所。开展第三轮素质教育督导工作，联合督导中学7所、小学10所，发放学生、家长、教工、干部四类问卷8000份，随堂观课932节次；随访督导普通中小学校22所，随堂观课150节次。指导并参与11个小学学区督评组对29所小学全面实施素质教育情况综合督导评价工作。开展辖区幼儿园年度督导自评工作，随访督导六一幼儿院。落实《海淀区实施〈北京市中等职业学校全面实施素质教育评价指标体系〉细则（试行）》，随访督导信息管理学校。

工作中存在的问题和不足：由于生源激增，基础教育阶段“有学上”和“上好学”的双重需求将长期并存；北京市行政区划调整后，为本区教育发展带来较大的竞争压力；抗震加固和城乡一体化建设过程中学校拆迁、分流任务艰巨，教室周转和课时调整难度较大；课程改革对实施素质教育的导向作用需进一步加强，人才培养模式尚不适应时代要求和学生成长需要，中小学生课业负担依然较重。

中共海淀区教育工作委员会
海淀区教育委员会
海淀区教育督导室
地址：海淀区西四环北路11号（区政府第二办公区）
邮编：100195
电话：88487372（教工委）
88487306（教委）
88487353（教育督导室）

区教委直属事业单位名单（14个，不含各类学校）：

北京市海淀区教师进修学校
北京市海淀区教育科学研究所
北京市海淀区教育信息中心
北京市海淀区学校后勤管理中心（新增）[②]
北京市海淀区教育委员会中小学体育卫生研究中心
北京市海淀区青少年活动管理中心
北京市海淀区青少年素质教育培训中心
北京市海淀区招生考试中心
北京市海淀区职业技术教育中心
北京市海淀区教育委员会人才服务中心
北京市海淀区教育新闻传播中心
北京市海淀区教育委员会中小学卫生保健所
北京市海淀区教师培训中心
海淀区教育党校（海淀区中小学干部研修中心）

【召开第五次少代会】　5月21–23日，海淀区召开第五次少年先锋队代表大会。会议以“我与祖国共奋进 我与海淀共成长”为主题，开展“小代表走进大海淀”、“红领巾论坛”、“红领巾绿化行动”等活动，选举产生新一届海淀区少工委委员、区少年联合会委员。

【完成第一批区级示范高中校认定】　6月，海淀区教委完成第一批区级示范高中校评估工作，认定立新学校、农大附中、十九中学、育英学校等4所高中为区级示范高中。本次区级示范性普通高中建设启动于2006年，并于2010年1月开始考察评估。7月，开始第二批13所申报学校的考察评估工作。

【启动小学规范化建设工程专项督导验收】　9月20日，海淀区启动小学规范化建设工程专项督导验收工作。至年底，通过前期督学培训、学区评价员培训、全区小学校长动员会等工作，共完成27所小学规范化达标验收工作。

（宋亚甫）

[①]双培养：把骨干培养成党员，把党员培养成骨干。

[②]本年，北京市海淀区教育委员会房管所、北京市海淀区教育国有资产管理中心、北京市海淀区教育委员会教育技术装备部和北京市海淀区教育委员会教师住宅建设中心等4个单位合并为北京市海淀区学校后勤管理中心。

学 前 教 育

【综述】 2010年，海淀区有幼儿园152所，其中教育部门办幼儿园9所、集体办幼儿园32所、其他部门办幼儿园85所、民办幼儿园26所。其中有市级示范园16所、区级示范园41所；一级以上幼儿园100所，较上年增加4所，占全区幼儿园总数的66%；教育部门主办的公办幼儿园比例为5.9%，较上年增加3.3个百分点。

本年，在园幼儿47036人，比上年增加3875人；其中本市户籍幼儿37908人，占在园幼儿总数的80.59%，外省市户籍幼儿9128人，占在园幼儿总数的19.41%。新入园幼儿15723人，同比增加1296人。离园幼儿10397人。

学前教育单位有教职工7405人，其中专任教师3789人；大专及以上学历教师占幼教教师总数的83%，同比提高3个百分点。其中有市级学科带头人2人、市级骨干教师23人、区级学科带头人131人、区级骨干教师214人。

本年，海淀区采取有效措施，着力解决适龄儿童入园难问题。完善学前教育发展保障体制，制定出台《海淀区支持和奖励幼儿园建设与发展暂行办法》，规定每年区财政投入3000余万元用于支持非教育行政部门办园。制定《海淀区教育委员会关于承办小区配套幼儿园的暂行办法》，规范配套学前教育设施的使用和管理。扩大政府办园规模，新接收8所配套幼儿园，其中北部新区实验幼儿园、苏家坨镇幼儿园、颐慧佳园幼儿园、富力桃园幼儿园和美和园幼儿园等5所幼儿园由教育行政部门举办，并开始招生。本年，新增4所市级示范幼儿园（北京市立新学校幼儿园、北京市海淀区恩济里幼儿园、中国科学院第三幼儿园、北京市二十一世纪实验幼儿园）、4所区级示范园和5所市一级一类园；新增市级早教示范基地5个，市区级早教示范基地增至79个。指导各级各类幼儿园通过改扩建、扩班额、扩班数等措施，增加招生规模。截止2010年底，本区幼儿园实际增加班数145个，新入园幼儿增加1712人，在园幼儿增加4291人。

推进“幼儿园示范工程”建设，召开课程建设、园所特色发展现场研讨会和规范教育管理经验交流会，培育办园特色。组织6所一级一类民办幼儿园开展以“规范促发展，特色创品牌”为主题的开放周活动。加强幼师队伍建设，开展以“立足实践，做智慧型管理者”为主题的园长专业化培训。制定幼儿园教师队伍培养计划，组织开展“童心杯”教师征文活动，探索成立分领域学科研究小组。

丰富社区早教服务模式，鼓励指导幼儿园与社区合作，建设早教社区活动站和游戏小组90余个。组织早教基地专兼职教师培训，开展基地间建设经验交流和研讨，制定《海淀区社区儿童早期教育基地管理手册》；制定《海淀区幼儿园0–3岁婴幼儿家庭教育指导工作质量评价标准》；组织0–3岁婴幼儿看护人个性化指导主题论坛。

【部分市级示范幼儿园简介】

北京师范大学实验幼儿园 2010年，开设教学班80个。2至6岁幼儿入园546人、离园555人、在园2333人。开设亲子班46个，招生492人。教职工483人，其中在编人员54人，合同制职工429人。设有1个校本部园和4个分园，分五址办学，总占地面积2.74万平方米（校本部园8595平方米；牡丹分园5250平方米；望京分园3461平方米；奥林分园3010平方米；西苑分园7127平方米）、总建筑面积2.21万平方米（校本部园6613平方米；牡丹分园3560平方米；望京分园3880平方米；奥林分园3583平方米；西苑分园4510平方米）。藏有图书1.9890万册（校本部园8350册；牡丹分园2800册；望京分园3780册；奥林分园2400册；西苑分园2560册）。固定资产总值1140万元，其中新增67万元。全年教育经费投入1685万元，其中国家拨款100万元、自筹经费1585万元。

本年，举办青年教师艺术风采展演活动，包括舞蹈、声乐、器乐、语言等形式，评出获最佳表演奖6个。开展国际教育交流，接待美国、香港等国内外幼教专家来访。组织优秀案例巡讲活动，分2次巡讲案例11个。出版《幼儿园好吃的饭菜》丛书，编印《百年有园》画册。举办师资培训，内容涉及“托幼机构卫生保健管理”、“教师专业发展浅析”、“让幼儿园的科学教育生动、有趣、严谨”3个报告，400人参加。完成首次绩效考核工作，395人参加，其中42人优秀、335人合格、18人不合格。举办“2010年毕业典礼暨95周年园庆”庆典活动，包括各园文艺演出和授礼仪式2部分。组织师生家长为玉树灾区捐款146125.94元。（段韶辉 董佑静 丁乐 崔艳丽 田瑞清 崔艳丽 肖智泓）

解放军空军直属机关蓝天幼儿园 2010年，总园开设34个教学班，2个亲子班，幼儿入园450人、在园984人；分园开设12个教学班（日托）、1个亲子班，幼儿入园120人、在园245人、离园420人。教职工285人，其中专任教师105人，包括中学高级教师3人、小学高级教师47人，北京市骨干教师3人、北京市优秀教师2人、北京市中小学优秀德育工作者1人。教师全部具有专科以上学历。幼儿园为寄宿制幼儿园，分总园和分园两址办学，主要服务于部队。总占地面积2.10万平方米、建筑面积1.70万平方米。图书室藏书6300册。固定资产总值720万元。全年教育经费投入1150万元，其中部队拨款280万元、自筹经费870万元。设有校园网、闭路电视系统和集团电话等电教及辅助设备，有多功能厅、图书阅览室、幼儿计算机室等专用活动室，户外大型玩具22件。

本年，提高安全防范，启用门禁系统。承办“驻京部队幼儿园交流研讨会”，驻京各部队85所幼儿园200人参加。开展合作交流，赴台湾演出“十二吉祥”大型情景剧。开展教学实践，全年共有140篇论文获案例获得国家、市、区级奖励，25篇文章公开发表。推进园本课程建设，7篇音乐论文获全国幼儿园音乐教育优秀研究成果一、二、三等奖。被评为北京市创建学习型组织示范先进单位。（尹金娥）

北京市六一幼儿院 2010年，本院开设21个教学班，在园幼儿614人；分园开设6个教学班（日托）、2个亲子班，在园幼儿180人。在园幼儿794人，入园幼儿303人，离园幼儿245人。教职工115人，其中专任教师71人，包括中学高级教师2人、小学高级教师39人，小教一级教师30人。北京市骨干教师2人、海淀学科带头人4人，海淀区骨干教师8人、院级骨干教师20人；教师全部具有专科以上学历，其中，研究生6人、大学本科47人、大专生17人。幼儿院归属教育部门办园类别，“一园两址”办园规模，本院是寄宿制，占地面积69660.7平方米，建筑面积16932.21平方米，设有独立小班楼、中班楼、大班楼及办公楼；分园位于西山庭院内，为日托制，占地面积927.05平方米，建筑面积2497.28平方米。共有图书310册。固定资产总值3297.53万元。全年教育经费投入2277.78万元，其中国家拨款1248.08万元、自筹经费1029.7万元。建有幼儿体操房、音乐教室、计算机房、美术教室、资料室、图书室、多功能厅等专用教室，配有多媒体、投影、音像等电教设备。

本年，接受美国专家“分享阅读”课程指导，师生12人参加。开展文学作品表演活动，表演“小红帽”、“老虎拔牙”、“快乐天使”等文学作品。举办建院65周年庆典活动，包括庆祝大会、文艺演出、游戏体验3部分，出版《根深方叶茂》、《专心于爱 专注于教——北京市六一幼儿院教学经验汇编》系列书籍。开展志愿护理服务活动，解放军总参谋部总医院“南丁格尔志愿者护理服务队”40名护士到院指导。接待新加坡JULIA GABRIAL学校教师幼儿观摩团。开展幼儿课程理论培训，教师60人参加。举行幼儿冬季锻炼比赛，包括小班拍球比赛、中班火炬接力赛、大班跳绳比赛等项目。对全院安全设施情况进行全面检查。（王秋萍）

北京市二十一世纪实验幼儿园 2010年，开设教学班218个，在园幼儿4235人。教职工939人，其中专任教师534人，管理人员100%幼教大专以上学历，教研员全部达到学前教育专业研究生学位，教师100%具有教师资格证书，幼教大专及以上学历占教师总数76%，幼教高级教师占教师总数4%。在全市拥有分园16所，在海淀区拥有分园4所（恩济园、玉海园、玉阜园、曙光园，教学班45个），设有婴托班、小班、中班、大班、学前班、寄宿班。占地面积68000平方米，建筑面积46000平方米。幼儿园为北京市首家市级示范幼儿园、首家一级一类民办幼儿园、市级早教示范基地、教育部贯彻纲要试点园、国家级重点课题研究试验园，设特殊教育研究中心，是国内首家针对自闭症儿童的全纳教育幼儿园。

本年，举办建园15周年庆典，活动以“追求卓越 共享未来”为主题，包括播放《幼儿园十五年回顾》短片、歌咏、舞蹈、器乐演奏等内容。举办绘画大赛，收集绘画作品1100份，3名幼儿获得特等奖。恩济分园开展消防知识学习活动，到海淀消防支队参观119指挥大厅、进行实际报警演练、观看消防设施和破拆工具等。玉海分园举办幼儿教师培训，116人参加；开展全园环境创设观摩与评比活动；开展循环式体能教研活动；参加“希望之星”英语演讲风采大赛北京赛区选拔赛获特等奖。（刘莉娜 季于飞 李静 董燕 张杰 张磊）

北京市海淀区四季青镇常青幼儿园 2010年，开设15个教学班，其中大班4个、中班3个、小班4个、托儿班2个、蒙台梭利实验班2个。幼儿入园153人、在园463人、离园148人。教职工95人，其中专任教师52人，保育员15人。专任教师中大专以上学历50人；小教高级教师1人。占地面积7500平方米、建筑面积6400平方米。图书室藏书16673册；各类玩具11400件。固定资产总值2248万。全年教育经费投入489.6万，全部为自筹。园内建有亲子园、亲子讲堂、形体室、图书室、绘画室、钢琴室和小提琴室5个专业教室，配有演出厅、计算机房和投影仪等教学设施。

本年，举办30年发展变迁回顾展。开设幼儿计时班，首批招收幼儿36名。加大教学设施投入，投入25万元，购置投影仪、笔记本电脑、音箱、照相机、童易软件等教学配套设施。开展教师课件制作测试，30名一线教师参加。举办新老拜师会，48名教师拜师结对。建成亲子园“家长小讲堂”，建筑面积40平方米，可容纳20人。启动幼儿安全教育试点工作。举办春季亲子运动会，幼儿及家长1200人参加。开展六一欢乐周活动，包括创意制作、动画联展、文艺会演、杂技表演、电影大世界等内容。举办首届“迎六一亲子动动乐”活动。（韩玉兰）

北京明天幼稚集团 2010年，开设195个教学班，其中，大班35个、中班46个、小班58个、托儿班6个，亲子班50个。在园幼儿4983人，招收3岁至6岁幼儿，寄宿日托兼收。教职工556人，其中专任教师336人，包括中学高级教师2人、小学高级教师123人，北京市骨干教师3人，教师全部具有本科以上学历。集团为教育部门办园，总占地面积65522平方米、建筑面积54345平方米。图书室藏书2131册。固定资产总值8386万元。全年教育经费投入9705万元，其中国家拨款5106万元、自筹经费4599万元。

本年，新开办四幼中关村园和二幼双安园2所亲子园。举办建园15周年庆典活动，通过大型音诗画舞《一个教师的日记》展现幼儿教师青春故事和15年发展历程。举办教学观摩开放活动，所属19所幼儿园进行特色展示。举办首届经典诵读展示活动，幼儿451人参加。集团获批为首批可持续发展教育

（ESD）实验学校、节能减排与可持续发展学校—社会行动项目 2010 年示范学校。（宋亚甫）

【常青幼儿园开设幼儿计时班】 3月8日，常青幼儿园开设幼儿计时班。亲子园计时班首批招收 36 名幼儿，平均年龄两岁，分在4个教学班，每周两次由家长陪护，开展教学活动，每次活动时间 1.5 小时。（韩玉兰）

【北师大幼儿园出版幼儿饮食丛书】 5月，北师大实验幼儿园出版《幼儿园好吃的饭菜》丛书。全书共 18.3 万字，为2至6岁幼儿膳食营养参考书，介绍荤菜、素菜、主食、点心、粥和汤五类适宜儿童健康成长的营养搭配餐饭菜，以及指导幼儿健康饮食和愉快进餐的方法。该园 40 名教师参与编写。（田瑞清）

【常青幼儿园举办首届亲子动动乐】 5月31日，常青幼儿园举办首届“迎六一亲子动动乐”活动。参加活动幼儿年龄在 1.5 至 3 岁，活动设置全家福合影、幼儿模仿操展示、运动游戏项目，其中小宝宝与爸爸妈妈“全家福合影”，亲子园 170 个家庭参加拍摄；运动游戏项目包括骑小车、骑羊角球、钻山洞、灌篮比赛等。14 个亲子班的师生及家长 500 人参加活动。（韩玉兰）

【六一幼儿院开展志愿护理服务活动】 6月1日，六一幼儿院开展志愿护理服务活动。活动主题为“关爱儿童健康，支持幼教事业”，邀请解放军总参谋部总医院“南丁格尔志愿者护理服务队”40名护士，宣讲小儿手足口病相关知识及儿童急救技术，指导教师现场模拟急救过程，同时为教职员工进行骨质疏松防治咨询，以图解形式为幼儿讲解刷牙及洗手的正确方式，并向教师免费发放《心中有数》用药安全手册 150 本。教师及幼儿 230 人参加。（王秋萍）

【二十一世纪幼儿园获英语演讲风采大赛特等奖】 6月18日，二十一世纪幼儿园玉海园幼儿参加“希望之星”英语演讲风采大赛北京赛区选拔赛获特等奖。比赛由中央电视台主办，玉海园幼儿 35 人参加幼儿组比赛，获得特等奖1名、一等奖2名、二等奖1名、三等奖5名；另外5名幼儿获聪明宝宝、4 名幼儿获勇敢宝宝、3 名幼儿获可爱宝宝称号。（李静 董燕）

【空军直属机关幼儿园艺术团赴台演出】 7月26日至8月1日，蓝解放军空军直属机关蓝天幼儿园幼儿艺术团赴台湾演出。该艺术团由47名幼儿、14名教师组成，在台湾国父纪念馆演出现代幼儿歌舞情景剧《十二吉祥》，该剧将舞蹈、表演、说唱、快板、短剧、音乐、故事、小品等融合，包括歌舞《蓝色的星球》、音乐故事《美丽的花纹》、迷你音乐剧《诚实的吐吐》、歌舞快板《富足景象》、小品《聪明的晶晶》等剧目。（尹金娥）

【北师大幼儿园首次评定保育员职称】 11月，北师大实验幼儿园首次评定保育员职称。考核内容包括卫生保健实操、理论知识笔试、配课、技能技巧和平时工作表现等方面，23 名保育员参加考核，其中 3 人获得高级保育员职称、7 人获得中级保育员职称、13 人获得初级保育员职称。该评定工作旨在“形成科学规范的保育员工作规程及实施办法，完善保育员等级评定制度，培养一批高素质的保育员队伍”目标，完善保育员业务考核体系，促进专业成长。（肖智泓）

【2010 年海淀区托幼园（所）名单（152 所）】

1. 总参军训和兵种部机关第一幼儿园
2. 总参军训和兵种部机关第二幼儿园
3. 总参军训和兵种部机关第三幼儿园
4. 中国人民解放军国防大学第二幼儿园
5. 中国人民解放军总后勤部五一幼儿园
6. 中国人民解放军总参通信部幼儿园
7. 中国人民解放军军事医学科学院幼儿园
8. 中国人民解放军总医院幼儿园
9. 国人民解放军后勤指挥学院幼儿园
10. 北京阳光儿童早期教育实验中心
11. 北京市海淀区万寿路街道翠微幼儿园
12. 中共中央办公厅警卫局万寿路幼儿园
13. 中国航天机电集团第二研究院幼儿园
14. 新华社机关事务管理局保育院
15. 北京市海淀区羊坊店第一幼儿园
16. 中国人民解放军海军北京示范幼儿园
17. 中国人民解放军海军直属机关第三幼儿园
18. 空军直属机关蓝天幼儿园
19. 北京市水务局幼儿园
20. 住房和城乡建设部幼儿园
21. 国务院机关事务管理局花园村幼儿园
22. 航天工业机关燕郊幼儿园
23. 北京五色土实验婴幼园
24. 海军总医院幼儿园
25. 中国人民解放军空军总医院幼儿园
26. 中国人民解放军 63916 部队幼儿园
27. 北京市立新学校幼儿园
28. 北京市海淀区恩济里幼儿园
29. 北京市二十一世纪实验幼儿园
30. 北京岭南幼儿园
31. 北京市银河之星幼儿园
32. 中国音乐学院附属艺术幼儿园
33. 核工业第二研究设计院幼儿园
34. 首都师范大学幼教中心
35. 中国人民解放军 66400 部队政治部幼儿园
36. 解放军总医院第一附属医院幼儿园
37. 北京市海淀区英才美丽园幼儿园
38. 北京市海淀区颐慧佳园幼儿园
39. 北京小天使美语幼儿园
40. 中国兵器工业机关服务中心幼儿园
41. 中央民族大学幼儿园
42. 北京市海淀区紫竹院街道第二幼儿园
43. 北京市农林科学院幼儿园
44. 北京理工后勤集团幼教中心
45. 中国人民解放军军乐团幼儿园
46. 空军航空医学研究所附属医院幼儿园
47. 空军指挥学院幼儿园
48. 北京市海淀区博雅双语艺术幼儿园
49. 空军 95968 部队幼儿园
50. 中国气象局幼儿园
51. 中国农业科学院幼儿园
52. 钢铁研究总院幼儿园

53. 中国铁道科学研究院幼儿园
54. 北京交通大学幼儿园
55. 北京市海淀区北太平庄街道威凯幼儿园
56. 北京育新实验幼儿园
57. 北京有色金属研究总院幼儿园
58. 北京市海淀区北太平庄街道蓟门里幼儿园
59. 北京邮电大学幼儿教育中心
60. 北京公交鸿运承幼教中心第三幼儿园
61. 北京师范大学实验幼儿园
62. 中国人民解放军总参谋部管理保障部幼儿园
63. 北京市海淀区现代艺术幼儿园
64. 北京市海淀区人民政府机关幼儿园
65. 北京明天幼稚集团
66. 北京林业大学幼儿园
67. 中国石油勘探开发研究院幼儿园
68. 北京科技大学幼儿教育中心
69. 中国农业大学东区幼儿园
70. 北京市育龙幼儿园
71. 北京市未来之星实验幼儿园
72. 北京市海淀区学院路街道展春园幼儿园
73. 国土资源部机关服务局幼儿园
74. 北京语言大学幼儿园
75. 北京市海淀区英才幼儿园
76. 北京市海淀区启明华清幼儿园
77. 北京市海淀区本真双语艺术幼稚园
78. 中国科学院第一幼儿园
79. 中国科学院第三幼儿园
80. 北京市海淀区中关村街道第一幼儿园
81. 中国科学院幼儿园
82. 北京市海淀区中科幼教中关村实验幼儿园
83. 北京市海淀区海淀街道厂洼幼儿园
84. 中国人民大学幼儿园
85. 北京市海淀区万泉汇佳幼儿园
86. 武警总部机关幼儿园
87. 北京市海淀区小汉顿幼儿园
88. 中国人民解放军 61195 部队前哨幼儿园
89. 中国人民解放军军事科学院幼儿园
90. 北京市六一幼儿院
91. 中国林业科学研究院幼儿园
92. 北京师范大学实验幼儿园西苑分园
93. 中国人民解放军 61046 部队幼儿园
94. 国防大学第一幼儿园
95. 北京市清华洁华幼儿园
96. 北京大学幼教中心
97. 中国人民解放军北京军区炮兵幼儿园
98. 空军装备研究院蓝天幼儿园
99. 总装备部后勤部小营幼儿园
100. 第二炮兵机关幼儿园
101. 北京市私立繁星实验幼儿园
102. 北京市海淀区领秀硅谷凯尔宝宝婴幼园
103. 北京市海淀区美和园幼儿园
104. 中国人民解放军总参谋部测绘局幼儿园
105. 中国人民解放军总参谋部管理保障部北极寺幼儿园
106. 北京市海淀区红黄蓝多元智能实验幼儿园
107. 北京应用物理与计算数学研究所九一幼儿园
108. 北京大学医学部幼儿园
109. 北京航空航天大学幼儿园
110. 北京市海淀区太阳幼儿园
111. 北京市海淀区朝昭双语婴幼园
112. 中国人民解放军 93462 部队幼儿园
113. 北京市海淀区凯尔宝宝婴幼园
114. 北京市海淀区富力桃园幼儿园
115. 中国人民解放军 61886 部队幼儿园
116. 中国人民解放军 63919 部队幼儿园
117. 中国人民解放军 61672 幼儿园
118. 中国农业大学西校区幼儿园
119. 北京市海淀区红缨幼儿园
120. 中国科学院第七幼儿园
121. 北京市海淀区温泉镇白家疃中心幼儿园
122. 北京市海淀区温泉镇东埠头村幼儿园
123. 北京市海淀区温泉镇太舟坞村幼儿园
124. 航材院幼儿园
125. 北京市海淀区北部新区实验幼儿园
126. 北京市海淀区苏家坨镇幼儿园
127. 北京市海淀区四季青镇常青幼儿园
128. 北京市世纪阳光幼儿园
129. 北京市海淀区世纪汇佳幼儿园
130. 北京市海淀区四季青香山幼儿园
131. 北京市海淀区四季青镇南平庄幼儿园
132. 北京市海淀区四季青兰靛厂幼儿园
133. 北京磬星幼儿园
134. 北京市海淀区四季青育红幼儿园
135. 北京市海淀区四季青镇北坞幼儿园
136. 北京市海淀区二十一世纪实验幼儿园
137. 北京市海淀区世纪新汇佳幼儿园
138. 北京市海淀区海淀乡中心幼儿园
139. 北京市海淀区海淀乡青龙桥幼儿园
140. 北京市海淀区小星星双语艺术幼儿园
141. 北京市海淀区西北旺屯佃村幼儿园
142. 北京市海淀区西北旺镇小牛坊村幼儿园
143. 海淀区西北旺镇亮甲店村幼儿园
144. 海淀区西北旺镇东玉河村幼儿园
145. 海淀区西北旺镇西玉河村幼儿园
146. 海淀区西北旺镇永丰屯村幼儿园
147. 海淀区西北旺镇皇后店村幼儿园
148. 中国人民解放军 63921 部队幼儿园
149. 北京市海淀区翠湖幼儿园
150. 北京市海淀区苏家坨镇中心幼儿园
151. 北京市海淀区苏家坨镇苏三四村幼儿园
152. 北京市海淀区苏家坨镇温馨幼儿园

（宋亚甫）

中小学教育

【综述】 2010年，全区有普通中小学校（部）193所，其中小学116所（部），中学77所（不包含1所附设中学班的学校）。中小学在校学生220220人，其中非本市户籍学生60533人。全区义务教育阶段在校生177686人，是北京市义务教育办学规模最大的区县，其中非本市户籍借读生55885人，占全区义务教育阶段在校生总数的31%。

本年，全区116所小学（含11个一贯制学校小学部）中有区属公办小学100所、其他部门办小学9所、民办小学7所；小学在校生120753人，其中非本市户籍借读生42178人，占在校生总数的35%；另有2所已经批准的打工子弟自办学校（行知实验学校、振兴小学），在校生2169人；招生20383人，毕业18550人；教职工7971人，其中专任教师7094人；小学入学率100%，巩固率100%，毕业率100%。77所中学有完全中学58所、纯初级中学13所、纯高级中学4所、九年一贯制学校2所；教学班2717个，初中教学班1530个，高中教学班1187个；招生34047人，其中初中19883人，高中14164人；毕业30393人，其中初中17480人，高中12913人；在校生99467人，其中初中56933人（其中非本市户籍13707人）、高中42534人(其中非本市户籍4652人)；初中入学率100%，巩固率95%，毕业率96%；普通高中入学率98%，完成率98%（毕业率93%），应届毕业生高考录取率91.67%；教职工10259人，其中专任教师7741人（初中4076人，高中3665人）。中小学教师学历合格率99%，其中小学教师合格率99%，初中教师合格率98%，高中教师合格率99%。中小学市级特级教师189人，其中小学特级教师21人、中学特级教师168人。中小学教师具有高级专业技术职务2259人，其中小学中高教师65人，初中高级教师850人，高中高级教师1344人。全区中小学校总占地面积5,032,365平方米，总建筑面积2,889,520平方米，其中普通教室679，588平方米，实验室127,584平方米，图书室78,497平方米。固定资产总值539,320万元，其中仪器设备总值16,873万元。计算机73552台，图书馆藏书864.6585万册。全年教育经费投入555724.18万元，其中国拨452922.98万元，自筹经费102801.2万元。

2010年海淀区义务教育基本情况（单位：人）

类别	校数（个）	毕业生数	招生数	在校学生数		专任教师
				合计	非本市户籍学生	
总计	178	36030	40266	177686	55885	11170
小学教育	116	18550	20383	120753	42178	7094
区属公办小学	100	15856	17100	100563	36709	5993
其他部门办小学	9	2051	2037	14274	2407	637
民办小学	7	643	1246	5916	3062	464
初中阶段教育	73	17480	19883	56933	13707	4076
区属公办初中	52	12952	14587	41965	10174	3051
其他部门办初中	6	1626	1780	5279	490	328
民办初中	15	2902	3516	9689	3043	697

2010年海淀区普通高中教育基本情况（单位：人）

类别	校数（个）	在校学生数		
		合计	本市户籍	非本市户籍
合计	62	42534	37886	4648
区属公办高中	39	28546	26996	1550
其他部门办高中	7	9302	7031	2271
民办高中	16	4686	3859	827

2010 年海淀区中小学基础设施情况（单位：平方米）

类别	占地面积	建筑面积	普通教室	实验室	图书室
普通中学	3289599	1858378	337415	99607	56398
小学	1742766	1031142	342173	27977	22099

2010 年海淀区中小学仪器设备、图书情况

类别	固定资产（万元）	仪器设备（万元）	计算机（台）	图书（册）
普通中学	360014	13435	41259	4222731
小学	179306	3438	32293	4423854

2010 年，通过合并、承办、委托管理等方式，进一步扩大区域内优质教育规模，减少相对薄弱学校的数量。委托首师大附中承办育强中学，清华附中承办永丰嘉园配套中学；与首都师范大学共同建设四季青中心小学，将四季青中心小学更名为“首都师范大学附属小学”；由中关村一小合并北宫门小学。开展第 3 批小学素质教育优质校和区级示范高中校创建工作，截至本年底，小学素质教育优质校达到 44 所，市区级示范高中校达到 15 所（本年新增立新学校、农大附中、十九中学、育英学校为区级示范性普通高中）。

促进学校规范化内涵式发展，继续进行小学规范化建设，为学校搭建“规范校—先进校—优质校”的梯次发展平台。完成第 5 批管理先进校的申报、考察和评定工作，截至年底，本区有小学教学管理先进校 71 所、德育管理先进校 89 所、小学素质教育优质校 44 所。继续开展校长教学领导力、干部执行力提升、“UDS”[①]学校发展共同体和学校特色发展等项目研究，对学校教育教学实践进行理论指导和师资培训，以项目实施带动学习实现资源共享、优势互补和特色发展，本区有 43 所小学参与 7 个项目研究小组。启动第二轮初中建设工程，成立海淀区初中校质量提升交流协作联合体，开展“建设爱生学校”研究项目。

继续推进课程改革。制定出台《海淀区中小学校本课程开发与管理指导意见》，探索构建具有海淀特色的校本课程体系和课程管理制度。向东小学的海洋校本课程、北大附小的经济学校本课程、翠微小学的艺术类校本课程得到教育部和市教委的高度评价。召开普通高中通用技术课程现场会探索课程开设与管理的工作模式，召开普通高中调整课程设置专项培训会，指导各中学有效实施和科学调整课程设置。精编高三教学指导用书和高三工作手册。总结分析课改经验，形成《2007～2010 北京市海淀区普通高中课程改革实验监控与评价报告》。继续实施示范高中招生计划分配到初中校的办法。

健全教学质量监测、分析和指导反馈体系。在全区五年级小学生中开展学习状况调查，分析学生的学习态度、学科兴趣、学习负担及社会环境等因素对学业质量的影响，为科学合理制定学业质量监督体系提供建议。组织五年级学生 18000 余人参加北京市语文、数学和英语测试，监测表明，海淀区在语文学科各个领域的优秀学生比例均高于北京市平均水平，数学学科运用数学知识解决实际问题能力方面的得分率高于知识技能和数学思考，英语学科学生综合语言能力较好，读写技能得分率高于听说技能。总结四年来海淀区的教学监测情况，探索完善小学生学业质量监测和综合素质发展评测体系。编印《北京市海淀区小学义务教育教学质量分析与评价研究报告》，结果表明，本区教师在课堂教学中能够积极落实新课程三维目标，注重培养学生运用知识解决实际问题的能力和思维水平。监控与评价体系的建立健全，对于引导学校、教师开展自觉的教学反思、组织实施有效的校本教研，改革教学方式，提高专业素养，促进学生全面发展发挥了重要的作用。

继续完善小学、初中免试就近入学办法，促进生源分布相对平衡。在初中入学工作中，将小学推荐学生比例提高到 12.02%，全区初中招收推荐学生的计划增加到 3015 人，全区 33 所艺术、科技、体育特长生招生计划 2232 人。将来京务工人员随迁子女纳入本区小升初招生管理工作中，有 4848 名借读生享受本地户籍学生同等待遇，通过推荐分配、文艺体育科技特长生、寄宿制公办校招生、九年一贯制学校直升本校、共建生、大学附中接收子弟生、民办校招生、电脑派位等 8 种途径升入初中。

完善教师交流机制。启动义务教育学校教师双向交流工作，选择 30%的学校通过互派教师参加为期一年的教育教学工作，提高相对薄弱学校师资水平。统一城乡同类学校的编制核算原则，为农村学校及时补充师资。继续采取兼职支教、“名师指导团”听评课指导等教师柔性流动方式，发挥 20 个校

[①] UDS：一种融学习研修和工作推进于一体的“工作坊”。

际间校本培训协作体的作用，协助农村校和相对薄弱校教师改进教育教学工作。在市区级骨干教师评选中设立农村校、薄弱校专项评选指标，扩大农村校、相对薄弱校的推荐比例。在同等条件下，对参加支教、教师交流的教师优先晋升职称，鼓励优秀教师往相对薄弱校和农村校流动。对第5批114名全职和兼职支教教帅进行表彰，评选出“海淀区城镇教师支援农村教育工作先进个人”22名，推荐市级“先进集体”9个、“先进个人”12名。落实市区经费135万元，继续推进农村教师研修站工作，第4期研修站共接受各区县农村教师70人，承担全市农村研修站中学物理学科80人的公共必修课培训。

继续坚持以当地政府为主，以公办校为主，解决来京务工人员随迁子女接受义务教育问题。制定学生安置和分流方案，采取腾出专业教室、修缮临时用房、扩招班级、扩大班额等方式满足来京务工人员随迁子女的教育需求。制定就读流程，开展流动人口子女入学登记和宣传工作。专项投入1500万元，对招收流动人口子女较多的公办学校进行补助；继续投入40万元，为2所已批准流动人口自办学校配置多媒体教学设备。继续实施外省市农民工随迁子女在本区享受本地农村学生待遇的政策。

近年来，随着城镇化进程的加速和社会对优质教育资源的强烈需求，海淀区来京务工人员随迁子女入学人数激增，2010年全区外省市借读生60537人，其中义务教育阶段55885人，比2009年增加3806人，比2006增加13469人，年均增幅7%。其中农民工随迁子女2.8万人。来京务工人员随迁子女入学需求增加成为影响本区生源变化和学校布局调整的重要因素。

“十一五”期间中小学生源结构图

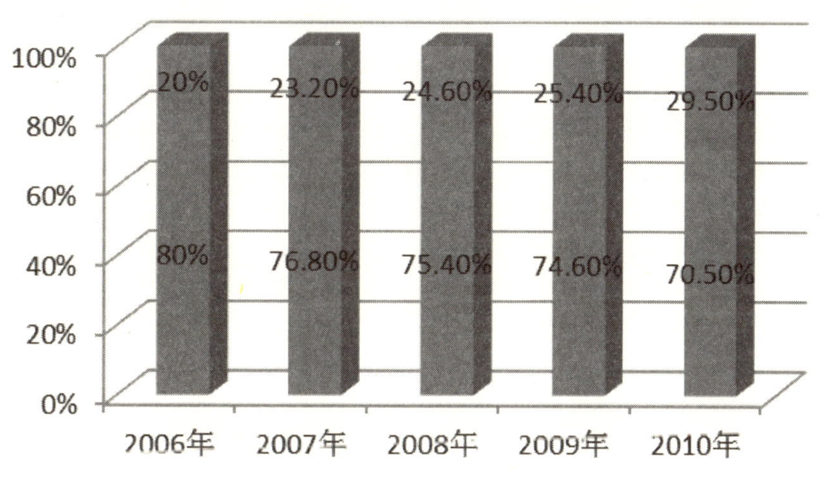

“十一五”期间中小学招生数和在校生数变化情况

年度 项目	2006年		2007年		2008年		2009年		2010年		增减	
	人数	比例	人数	比例	人数	比例	人数	比例	人数	比例	人数	比例
中小学招生	53523	——	53993	——	54296	——	52510	—	54458	—	+935	+1.7%
其中本市户籍	42904	80%	41466	76.8%	40956	75.4%	39159	74.6%	38382	70.5%	-4522	-9.5%
外省市借读生	10619	20%	12527	23.2%	13340	24.6%	13351	25.4%	16076	29.5%	+5457	+9.5%
中小学在校生	219076	——	218780	——	219027	——	218233	——	220220	——	+1144	+0.5%
其中本市户籍	174374	80%	167693	76.6%	163799	74.8%	161778	74.1%	159687	72.5%	-14687	-7.5%
外省市借读生	44702	20%	51087	23.4%	55228	25.2%	56455	25.9%	60533	27.5%	+15831	+7.5%

2010年高考海淀区录取人数情况表（单位：人）

考生总数	本科录取	专科录取	单独招录	600分以上
13790	10410	2231	418	2089

2010年高考海淀区本科上线情况表

	批次	2009年		2010年		两年比较
		人数	上线率	人数	上线率	
文科	一批	1155	25.31%	1215	27.28%	+1.97%
	二批	1827	40.03%	1945	43.67%	+3.64%
	三批	2257	49.45%	2422	54.38%	+4.93%
理科	一批	4995	48.24%	5294	56.71%	+8.47%
	二批	6404	61.85%	6681	71.56%	+9.71%
	三批	7149	69.05%	7511	80.45%	+11.4%

【设立首家“青少年邮驿站”】 2月23日，海淀区设立首家“青少年邮驿站”。该站为区教委和区邮电局联合开展的青少年社会实践活动，设在科技大学附属小学。活动内容包括：快乐阅读、普及集邮知识、学习传统书信、爱心包裹、存储零用钱、参加社会实践。学生在此学习了解邮政文化，提高自身素质和自立能力，培养服务社会，关爱社会良好意识。（宋亚甫）

【北大附中国际部成立】 2月，北大附中与美国昊济思学校（Hotchkiss School）合作创办北大附中国际部并于暑期进行第一次招生，首批招生28人。学校根据学习水平分成两个小班教学，学习英语（口语、阅读、写作）、语文（中国语言、文学、中国传统文化）数学、科学（物理、化学、生物）、人文与社会（中国历史、中国地理、政治、世界历史、世界地理）、体育教育、艺术教育、社会实践、实习、美国AP课程选修等，2011年暑期，国际部学生将到美国昊济思学校学习美国历史、文化、戏剧。由专业教师进行就读美国大学的指导。（王欧阳　刘畅）

【交大附中首次开设生活教育选修课】 3月18日，交大附中首次开设生活教育选修课。该选修课为期10周，涉及责任、个人时间管理、理解自己、培养品格、应对冲突、人际关系、预备婚姻等16个主题，邀请2名美国心理学教授任主讲教师，高一年级89名学生选修。作为首次进入中学的选修课，生活教育课是预防性的心理教育课，为提高学生生存技能提供帮助。（宋亚甫　姜华）

【交大附中心灵阳光关爱中心启动】 3月18日，中国红十字会心灵阳光工程交大附中心灵阳光关爱中心启动。该中心是北京市唯一一所中小学中国红十字会心灵阳光工程心灵阳光关爱中心，由中国红十字会提供长期公益心理课程、心理讲座和心理图书捐赠。（赵楠）

【海淀教育系统首批新闻发言人上岗】 4月2日，海淀教育系统首批新闻发言人上岗。此次上岗的200余名新闻发言人来自各个中小学，主要担当学校的新闻发布工作。所有发言人均经过清华大学4期培训，培训课程涵盖理论学习、模拟演练、团队拓展和实战发布等环节。（宋亚甫　刘畅）

【海淀中小学启动青春期危机干预】 4月6日，海淀中小学启动青春期危机干预。干预方法主要是用案例来讲述、解读如何应对青春期学生的危机行为，包括“过于亲密的同学交往”、“黑夜使我恐惧”、“追星有错吗”等多方面问题。区教委为各校拨款建立心理咨询并配备心理设备，引进专业心理教师。（刘畅）

【北师大实验小学举办家长系列专题讲座】 4月6至13日，北师大实验小学举办家长系列专题讲座。讲座针对学生学习不主动、注意力不集中、粗心大意、磨蹭拖拉、逆反冲动等问题，按低、中、高年级不同情况设定主题，讲解了《如何培养孩子良好的行为（学习）习惯》、《如何提高孩子的学习效率》、《如何培养孩子独立学习能力》、《孩子磨蹭拖拉怎么办》、《如何帮助孩子顺利度过青春期》、《孩子厌学被动怎么办》等6个问题。该校学生家长280人参加学习。（王崇娥）

【海淀首个公益阅览室落成】 4月22日，海淀区首个少年儿童公益阅览室“书飞儿童书屋”落成。该阅览室由“书飞网”捐献，设在青少年活动管理中心，全区儿童、少年可以到书屋免费阅读，旨在丰富学生生活，扩展视野，培养爱阅读习惯，日常陈列书籍保持在2000册以上。（李连琴）

【海淀7000名打工子弟享同城待遇】

4月22日，海淀区公布新的小升初政策，区域内7000名打工子弟将和辖区内的北京学生一样参加大派位，在公办学校就读的还可以参加推优入学及特长生录取。在7000人中，约有5000人在公办小学就读、300人在两所已经批准的民办校就读，其余学生在未经批准的18所打工子弟学校上学。（刘畅）

【海淀中小学生网络化体检试运行】 4月24日，海淀区中小学生网络化体检试运行。这种体检方式为无纸化体检，学生不拿体检表，只需携带学籍卡即可刷卡体检，极大缩短反馈期限，体检结束当天可反馈结果，数据实时上传市教委信息中心。此举可为中小学生疾病预防和治疗赢得时间。（宋亚甫）

【十一学校举办首届世界文化艺术节】 5月1日至30日，十一学校举办首届世界文化艺术节。活动围绕"品味国际文化，领略世界经典"主题，包括"一班一国家，一校一世界"各国文化研究活动阶段成果展示活动、唱响世界名曲的班级大合唱比赛、世界名画临摹比赛、世界经典诗歌朗诵会、世界经典摄影作品展览、世界经典影片展播、世界名曲点播、世界名著舞台剧比赛、双语能力的挑战主持人大赛、国际风情校园歌手大赛、十一SK状元榜（世界知识大赛）、新青年演讲比赛、世界独特文化、风俗海报展览、网上知识问答、模联国际组织的论坛以及国际部举办的"朋友沙龙"等内容。（杨雄　宋亚甫）

【海淀中小学开通"一键式报警"】 5月，海淀100余家中小学开通"一键式报警"。该设备直通海淀警方的勤务指挥部，校园一旦发生紧急情况，校方通过此设备报警，警方不用通话即可在勤务指挥部门直接显示报警学校的位置、名称，方便迅速调集警力赶到现场进行处置。（刘畅）

【翠微小学举办首届语文文化周】 5月下旬，翠微小学举办首届语文文化周。活动旨在促进学生主动积累、自觉读书好习惯的养成，分别为"成语的魅力"、"畅游诗海乐无穷"、"丁丁冬冬的中国文化之旅"、"与经典为伴，与诗歌共舞"等4个部分，集中展示一年背诵积累和课外阅读效果。3485名学生参加。（李红）

【二十中成立艺术教育中心】 6月5日，二十中成立艺术教育中心。艺术教育中心占地面积2160平方米，有13个教室及艺术教学设施，可开展音乐、舞蹈、绘画、书法等活动，能同时容纳800名学生活动，全天开放。有本校艺术教师10人、外聘专家12人。（郭秀丽）

【清华附小红军朗诵艺术团举办首场演出】 6月7日，清华附小举办"红军朗诵艺术团"首场演出。朗诵会全过程由学生操作，表演语文课本剧3个，背诵经典古诗、现代诗10首，学校师生、家长80人观看。朗诵团成立于2010年3月，由该校二年级五班38人组成，每周三训练1次。（康琪）

【全市首家课外活动场所治安亭落户海淀】 7月，全市首家课外活动场所治安亭落户海淀。该治安岗亭建立在海淀区青少年活动中心门前，海淀警方将根据少年宫的活动特点，采取派出所巡逻车定点停靠、街道社区巡防队员及中心保安专人值班巡逻等方式，加强活动中心门区和周边地区的治安巡控。（刘畅）

【人大附中庆祝建校60周年】 8月7日，人大附中举行庆祝建校60周年活动。活动以"向祖国汇报—人大附中素质教育成果展示"为主题，展示学校建校60年开展素质教育取得的成果，举办教职工及学生文艺演出。国务委员刘延东等领导、来自国外和港澳地区50所世界名校校长、全国中小学校长和人大附中师生、家长、校友及社会各界人士10000人参加。人大附中前身是1950年4月成立的北京实验工农速成中学，学校秉承"尊重个性，挖掘潜力，一切为了学生的发展，一切为了祖国的腾飞，一切为了人类的进步"办学理念，创建适合每个学生发展的教育，先后开设150门选修课程，举办全国第一个中学生个人舞蹈专场、第一次为学生举办个人摄影展、为从事台球运动学生开辟台球室、开设专业博士心理工作室，设立"三高"体育训练基地。（吴兆华）

【一零一中学开办首届文科实验班】 9月1日，一零一中学首届文科实验班开学。该实验班旨在培养具有深厚传统文化底蕴和国际化视野，关注社会、勇于实践、善于创新的未来杰出人才，探索高素质人文社会科学领域后备人才的培养模式和途径。首届文科试验班在海淀区2010年应届初中毕业生中选拔，招收学生30人，开设专题实践活动、人文社科方法、科学素养、高端讲座、大学先修5门特色课程。（王晓琳）

【推出"新生入学攻略"系列节目】 9月5日，海淀区推出"新生入学攻略"服务性专题系列节目。该栏目由《海淀教育》电视栏目新版块《教育面对面》推出，在BTV-9公共频道和海淀数字802频道同步播出，探讨小幼衔接、小升初衔接、初中升高中衔接时期，学生、家长如何尽快进入角色、适应新学习生活等问题。

【"种子教师成长营"开营】 9月7日，"全国名师交流工作站——种子教师成长营"开营。该活动为对外开放的名师交流平台，旨在着重培养种子教师的使命感、关爱心、担当力和沟通力等四种特质，使其成为优秀学科带头人，首批培养种子教师5人。（宋亚甫）

【胡锦涛考察人大附中】 9月9日，胡锦涛到人大附中考察学校教育改革发展情况，代表党中央、国务院向全国教师和教育工作者致以节日问候。胡锦涛考察了设计技术教室、远程教室、虚拟科学实验室、数字创意实验室和"选修课超市"，在远程教室观看与宁夏六盘山高级中学、贵州毕节地区民族中学远程互动教学并通过视频与当地师生通话，在虚拟科学实验室了解学生利用软件虚拟环境讨论空间飞行器对接设计提出的各种方案。胡锦涛肯定人大附中素质教育成果，希望学校坚持尊重个性挖掘潜力的办学理念，更好的帮助学生提高综合素质。（吴兆华）

【理工大附中成立"悲鸿画轩"】 9月25日，理工大附中成立"悲鸿画轩"，聘请徐悲鸿夫人、徐悲鸿纪念馆馆长廖静文为学校"美术教育专家"。该画轩建筑面积130平方米，2010年3月开始筹建，共投资50万元，廖静文为"悲鸿画轩”题字。画轩同时为学生美术画室，首次展示学生美术作品500幅。
（邵虹　程丹）

【海淀区评选首届小学十佳班主任】 9月29日，海淀区教育系统首届小学“十佳班主任”评选揭晓。该活动于6月11日启动，有22名班主任参加评选述职，最终清华附小李红延、中关村一小李荣霞、万泉小学刘莉等10名班主任当选，获得海淀区首届小学“十佳班主任”称号。
（宋亚甫）

【理工大附中校庆60周年】 10月4至6日，理工大附中举行庆祝建校60周年系列活动。活动包括投资78万元重建校史馆、出版校庆系列丛书、接待校友返校、举办海峡两岸校长办学思想论坛、《追求卓越》文艺庆典等。北京理工大学附中建于1950年，建校之初曾为工农速成中学、北京理工大学预科、理工大学附属高中，后归属地方政府。1980年被认定为海淀区重点中学，2003年成为北京市示范高中校。
（邵虹　程丹）

【北大附中庆祝建校50周年】 10月6日，北大附中举办校庆50周年系列活动。活动以校长访谈、教师访谈、校友访谈的方式对学校精神进行梳理和回顾，并开展颁发毕业戒指、建立校友墙、评选50名杰出校友、校史展览等系列活动。北大附中创办于1960年，地处中关村高科技园区，是北京市重点高中和示范高中。（王欧阳　刘畅）

【十一学校校史馆开放】 10月20日，十一学校校史馆开放。该馆位于学校体育场和艺术馆之间，分建校历程、办学改革、对外辐射等部分，以图片、实物、题词等形式，展示学校50年创建、发展历史过程。校史馆建筑面积2000平方米，每周一、三、五中午12:10至1:50面向师生开放。（杨雄　宋亚甫）

【中关村一小举办国际汉语教学培训】 11月23日至12月15日，中关村一小举办国际汉语教学培训。该培训为国家汉语推广基地承办汉语推广项目之一，来自马来西亚华文骨干教师17人参加培训，学习诗歌、儿童诗、寓言、拼音、阅读等11个专题课程。（王化英）

【区第二实验小学举办首届班主任论坛】 11月23日，海淀实验二小举办首届班主任论坛。活动由学校德育处主持，围绕“家校沟通促进孩子健康成长”主题，旨在让不同层次班主任从活动中获取经验，提升自身素养，促进班级文化建设、班级管理水平的提升，论坛听取8名1至6年级班主任发言，介绍个人工作实践经验。学校教师74人参加论坛。
（潘圳宁）

【中关村二小举办首届作文研讨活动】 12月9至10日，中关村二小举办主题为“阅读与作文，生活与作文”的首届作文研讨活动。活动中开通多校区视频，直播7名教师“学古诗编故事”、“爱心树”、“一次____的活动”、“抓住语言动作写具体”、“细节描写——心理活动”、“细节描写——动作描写”和“细节描写——神态描写”公开课并进行专题研讨。
（路红芳）

【民大附中心理指导中心成立】 12月13日，民大附中心理指导中心—成长加油站成立。该中心面积160平方米，由办公兼心理测试室、个体咨询及放松室、沙盘游戏室和宣泄室4部分组成，为学生提供心理测试、心理减压、心理辅导和情绪宣泄等服务，并聘请1名心理专家负责中心实验室的学生咨询工作。
（孙立清）

【八一中学展出巨幅立体地画】 12月21至24日，八一中学礼堂前展出巨幅立体地画。该地画突出节能、绿色、环保主题，由美术组教师设计，高二年级学生参与绘制，画幅面积84平方米，耗时3个月。立体地画是通过拍照来展示的绘画种类，利用反透视的原理，让画面在特殊的视角下展现出独特的效果，使人产生视觉错觉。立体地画又叫立体涂鸦，在中学校园中由学生参与制作立体地画，国内尚属首次。
（徐尚卿　刘慧）

【部分小学素质教育优质校简介】

北京市海淀区中关村第一小学 2010年，开设教学班127个。毕业883人、招生642人、在校生4808人，包括寄宿生1084人，另有非本市户籍借读学生419人。教职工326人，其中有副高级职称5人、中级职称195人。专任教师313人，包括本科以上学历285人；特级教师2人、北京市学科教学带头人1人、市级骨干教师14人。占地面积41774平方米，建筑面积58291平方米，体育场（馆）面积24680平方米。图书馆藏书19万册。固定资产总值10249万元。全年教育经费投入8497万元，其中国拨6951万元，自筹1546万元。普通教室127个，专用教室63个。

本年，举办“中关村一小自主教学”论坛，学校328名教师分8个课题组参与。开展“我的校园我做主”文明提示语征集活动，共征集文明提示语1406条。组织一年级学生开展“菜单式”自主选择课程咨询填报会，涉及选修课程20门。组织六年级学生开展主题为“迈好人生第一步——六年级学生学业规划”的学生规划活动。学校获北京市“创建学习型学校先进单位”称号。（张海宏　王化英　梁小红　邓翼涛　张鲁静　商红领）

北京市海淀区中关村第二小学 2010年，开设教学班98个。毕业生570人，招生756人，在校生3904人。有教职工233人，包括专任教师226人，其中本科以上学历192人（研究生7人、本科185人）；具有中学高级专业技术职务4人，小学高级专业技术职务101人；市级学科带头人2人，市级骨干教师5人，区级学科带头人38人，区级骨干教师17人，中心学区骨干教师43名。普通教室154个，专用教室42个。占地面积55579平方米，建筑面积48944平方米，体育场馆面积18338平方米。图书馆藏书100362册。固定资产总值11010万元。全年教育经费投入6810万元，其中国拨4857万元，自筹1953万元。

本年，召开数学校本教材研讨会，专题研讨《走进美妙的数学世界》系列丛书。成立由外请专家、本校指导教师及核心成员等25人组成数学专家工作室。开办心理专题讲座，教职工233人参加。与河北滦平第三小学开展跨省市教研活动。开展英语系列常态课教研活动，邀请区教研员听评课并进行一对一指导。举办首届“紫藤杯”青年教师评优课活动，评选一等奖 9 人。为贵州毕节地区小学捐书捐物，捐献书籍 7483 本、文具 6751 件、体育用具 119 件。

（路红芳）

北京市海淀区中关村第三小学 2010 年，开设教学班 129 个。毕业 1016 人、招生 921 人、在校生 6650 人。教职工 345 人，其中具有副高级职称 4 人、中级职称 173 人。专任教师 321 人，包括本科以上学历 264 人（研究生 2 人、本科 262 人）；北京市级学科教学带头人 1 人、市级骨干教师 7 人。普通教室 129 个、专用教室 47 个。占地面积 24666 平方米，建筑面积 34500 平方米，体育场馆面积 7889 平方米。图书馆藏书 159967 册。固定资产总值 85800108 万元。全年教育经费投入 8006 万元，其中国拨 6695 万元，自筹 1311 万元。

本年，举办青年教师说课活动，展示说课 58 节，涉及语文、数学、英语、音乐、美术、体育等学科。设立课间学生安全员，首批评选小安全员 260 人。绘制环保"科技画长廊"，收集作品近 400 件。举办家长开放日，家长可随堂听课、参加讨论、观看展示栏、参观校园教学设施，800 人次参加。本年学校与青海玉树第三完全小学结为友好校。

（梁丽霞）

北京市海淀区第二实验小学 2010 年，开设教学班 74 个。毕业 354 人；招生 456 人；在校生 2705 人，其中寄宿 139 人。教职工 144 人，其中具有副高级职称 3 人、中级职称 66 人。专任教师 137 人，包括本科以上学历 136 人；北京市级骨干教师 3 人。普通教室 76 个、专用教室 25 个。占地面积 28571 平方米、建筑面积 21192 平方米 、体育用地面积 10400 平方米。图书馆（室）藏书 117680 册。固定资产总值 4865 万元。全年教育经费投入 5009 万元，其中国家拨款 3544 万元，自筹经费 1465 万元。

本年，与区教委、区公安消防支队联合举办消防疏散演练。举行主题班会展示活动，完成《我是一个兵》、《勇敢的雏鹰飞起来》等 7 节班会课校内展示。举办骨干教师"创新杯"展示课活动，展示课程 21 节。4 名教师参加市教师基本功赛，获语文、英语、体育学科一等奖、综合实践学科三等奖。参加海淀中小学生"世纪杯"计算机竞赛，6 人获一等奖、6 人获二等奖、8 人获三等奖，学校获小学团体三等奖及"最佳组织奖"，4 名教师获优秀辅导员奖。

（陈丽 潘圳宁）

北京师范大学实验小学 2010 年，开设教学班 43 个。毕业 266 人、招生 242 人、在校生 1760 人。教职工 113 人，其中具有副高级职称 5 人、中级职称 74 人。专任教师 99 人，包括本科以上学历 94 人；北京市特级教师 1 人、市级骨干教师 6 人。普通教室 43 个、专用教室 13 个、实验室 4 个。占地面积 13800 平方米、建筑面积 12188.4 平方米、体育场（馆）面积 8050 平方米。图书馆藏书 8.4 万册。固定资产总值 4262 万元。全年教育经费投入 2438 万元，其中国家拨款 1543 万元、自筹经费 895 万元。本年，开展数学"同课异构"教学研究活动。与日本新潟大学附属新潟小学联合举办中日小学教育研讨会。举办家长系列专题讲座，针对学生学习不主动、注意力不集中、粗心大意、磨蹭拖拉、逆反冲动等问题按低、中、高年级不同情况设定主题。启动"木铎声声"新校本课程研发。完成教师分层培训，培训教师 66 人次。与杭州青蓝小学结为友好学校。接待美国、加拿大等多个国家领导、教师、学生、学生家长来访 204 人次，香港、黑龙江等国内省市、地区教育交流 407 人次。（高春芳 叶晓宏 刘莹 王崇娥 陈延军）

北京市海淀区翠微小学 2010 年，开设教学班 94 个。毕业 548 人；招生 543 人；在校生 3485 人。教职工 236 人，其中具有副高级职称 6 人、中级职称 112 人。专任教师 201 人，包括本科以上学历 185 人；市级骨干教师 5 人。学校为一校四址，包括翠微小学本部、一分校、二分校、温泉分校四个校区，有普通教室 96 个、专用教室 34 个，总占地面积 63773.29 平方米、建筑面积 46684.4 平方米 、体育场（馆）面积 31234.24 平方米。图书馆（室）藏书 177915 册。固定资产总值 7458 万元。

本年，学校发布"明德至翠，笃行于微"文化核心理念，阐释学校文化核心理念确立背景、确立过程以及核心理念办学目标、培养目标、校徽和校训含义。在五、六年级试点推行自主研发的校本教材《翠微小学文化建设读本》。开设学生兴趣课程，涉及科技、艺术、体育、美术、信息技术、语文、数学、英语等各年级课程 88 个。举办学校首届语文文化周。举办"翠微杯"教学比赛，评选出氛围和谐奖、教学机智奖、设计创新奖、优质资源奖。成立由语数英学科教师 49 人组成的研究型教师团队，研究"发展性课堂案例"。设立红领巾爱心基金，首批募集基金 1.2 万元。与中华世纪坛、羊坊店青少年活动中心联合举办学生书画作品展，展示作品 1000 余件。（汪海龙 周金萍 孟桂民 樊红岩 黄有光 张千红 史艺）

北京市海淀区七一小学 2010 年，开设教学班 54 个。毕业 348 人、招生 319 人、在校生 2235 人，另有非本市户籍借读学生 614 人。教职工 137 人，其中副高级职称 2 人、中级职称 60 人。专任教师 133 人，包括本科以上学历 132 人；北京市骨干教师 2 人，区级学科带头人 10 人，区骨干教师 13 人。普通教室 54 个、专用教室 18 个。占地面积 22477 平方米、建筑面积 20049 平方米、体育场（馆）面积 10332 平方米。图书馆藏书 14592 种，共 21047 册。学校电子图书 9700 册，订阅杂志、报刊 34 种。固定资产总值 2977 万元。全年教育经费投入 3764 万元，其中国家拨款 2797 万元、自筹经费 967 万元。学校信息化经费投入 115 万元，拥有计算机 675 台，多媒体教室座位 2330 个，校园网出口总带宽 10Mbps，数字资源量 780GB，"信息技术"课程 1 课时/周。

本年，承办海淀区中小学校食品安全规范管理行动启动现场会。以"凝聚智慧、促进发展"为主题召开管理工作主题研讨会。组织师生赴新加坡展示语文公开课和健美操表演。 （李佳）

清华大学附属小学 2010 年，开设教学班 35 个。毕业 166 人，招生 187

人，在校生1313余人。教职工85人，其中具有副高级职称5人、中级职称61人；专任教师73人，包括本科以上学历46人；特级教师2人、市级骨干教师2人。普通教室40个、专用教室15个。占地面积33000平方米、建筑面积12120平方米、体育场（馆）面积728平方米，操场占地18000平方米，主操场设有300米塑胶跑道和人工草皮足球场，拥有专业棒球场、篮球场和轮滑场地。图书馆藏书64630万册，订阅报纸15种、杂志80种.固定资产总值3458.8万元。全年教育经费投入2050万元，其中国家拨款1521万元、自筹经费529元。学校信息化经费投入400万元，拥有计算机300台，多媒体教室座位1944个，校园网出口总带宽100Mbps，数字资源量103GB，“信息技术”课程4课时/周。

本年，开展教师说课比赛，27人获奖。举办语文教学主题讲座，展示“窃读记”示范课1节。举办学校第三十届艺术节。举办“红军朗诵艺术团”首场演出。承办海淀区科技示范校现场会，展示科技现场课4节。　（康琪）

首都师范大学附属育新学校（小学部）　2010年，开设教学班36个。毕业203人、招生266人、在校生1500人，另有非本市户籍借读学生268人。教职工84人，其中副高级职称2人、中级职称53人。专任教师63人，包括本科以上学历60人;北京市骨干教师1人，区级学科带头人14人，区骨干教师6人。普通教室38个、专用教室12个、实验室2个。占地面积17600平方米、建筑面积11070平方米、体育场（馆）面积10764平方米。图书馆藏书10264种，共25000册。固定资产总值578万元。全年教育经费投入1748万元，其中国家拨款1378万元、自筹经费370万元。

本年，开展教师基本功考核，74人参加，全部达标。开展四好少年主题活动，全校90%学生达标。开展教学共同体师徒共上一节课活动，21名师徒参与。承办首届中小学生网球赛，学校获小学团体第一名、单项第一名。被授予“中国网球公开赛少儿活动示范校”。学生祁瑨喆获北京市中小学生科学建议奖。（温健　王文雅　付胜利　何娜　李春英　王京波　张菘）

【海淀区北京市示范高中简介（11所）】

北京市八一中学　2010年，开设教学班73个，其中初中班42个、高中班31个。毕业1037人，其中初中614人、高中423人；招生993人，其中初中580人、高中413人；在校生2975人，其中初中1756人、高中1219人，包括寄宿生200人。高中录取分数线516分(海淀区)，应届高考本科上线率文科100%、理科100%。教职工306人，其中具有副高级职称67人、中级职称125人。专任教师232人，包括本科以上学历219人；特级教师3人、北京市学科教学带头人2人、市级骨干教师7人。普通教室80个、专用教室33个、实验室17个。占地面积125000万平方米、建筑面积75557平方米、体育场（馆）面积27700万平方米。图书馆(室)藏书24.26万册。固定资产总值21903万元。全年教育经费投入7257.7万元，其中国家拨款6249.4万元、自筹经费1008.3万元。

本年，开展教室信息化改建工程，安装电子白板和抢答器49套、笔记本电脑48套，总投资32万元。开展“生态教育进课堂”教学研讨活动，展示公开课17节。召开“书香伴成长”读书报告会，展示各班图书角介绍短片。举办学生个人画展，展出高一10班学生李雪婷各类绘画作品55幅。学校根与芽社会陪同英国首相卡梅伦参观居庸关长城并倡导环保理念。在第四届亚洲VEX机器人锦标赛中，高中、初中两支代表队分获团体银奖和团体铜奖，其中高中代表队获亚太地区总成绩第五名；在第十届北京市青少年科普短剧汇演中获中学组最佳剧本奖。（刘慧　崔琳　朱凯　张志宏　刁文水　左秋洁　徐尚卿）

北京市第二十中学　2010年，开设教学班57个，其中初中班33个、高中班24个。毕业820人，其中初中553人、高中267人；招生831人，其中初中531人、高中300人；在校生2501人，其中初中1538人、高中963人。另有非本市户籍借读学生304人，其中初中249人、高中55人。高中录取分数线501分（海淀区），应届高考本科上线率理科98.6%、文科100%。教职工243人，其中具有副高级职称55人、中级职称83人。专任教师191人，包括本科以上学历191人;特级教师6人、北京市学科教学带头人1人、市级骨干教师8人。普通教室67个、专用教室34个、实验室16个。占地面积72534平方米、建筑面积22956平方米、体育场（馆）面积19947平方米。图书馆藏书20.8万册。固定资产总值7112万元。全年教育经费投入4619.22万元，全部为国家拨款。

本年，确立“以课题研究为引领，以课堂教学为载体，以问题探究为线索，以自我反思为形式，立足在教育教学中进行课题研究”校本科研模式，开展校本课题申报立项，教师152人申报校级课题，共设立群体研究专题15个。承办全国义务教育体育与健康课程教学改革论坛，展示体育示范课4节。开通教师读书网站，设立精品导读、读书感悟、好书推荐等18个栏目。组织初一学生参加“动手学天文”活动。开展读书交流活动，收集读后感151篇。

（李黎明　郭秀丽）

北京理工大学附属中学　2010年，开设教学班56个，其中初中班30个、高中班26个。毕业744人，其中初中394人、高中350人；招生770人，其中初中400人、高中370人;在校生2355人，其中初中1237人、高中1118人。高中录取分数线514分（海淀区），应届高考重点本科率95%。教职工227人，其中副高级职称73人、中级职称69人。专任教师200人，包括大学本科以上学历197人；特级教师4人、北京市学科教学带头人1人、市级骨干教师7人。普通教室58个、专用教室（包括实验室）44个。占地面积4.2万平方米、建筑面积4.1万平方米、体育场（馆）面积1.5万平方米。图书馆藏书9.3万册。

本年，承办海淀区“人生规划教育

实践研究项目”现场会，在高中开设《人生规划》、《学生公司》、《青年理财》、《JA 经济学》和《中学生职业选择领导力》等人生规划和创业设计类选修课程。成立学生美术画室“悲鸿画轩”，首次展示学生美术作品 500 幅。承办两岸四地地理教育研讨会课堂教学现场观摩活动，来自英、韩、台、港、澳及全国各省市中学教师 110 人参加。举办“新星杯”青年教师课堂教学比赛，评出一等奖 7 名、二等奖 6 名。举办“桃李杯”中年教师课堂教学比赛，评出一等奖 9 名、二等奖 6 名。本年理工大附中成为全国气象科普教育基地。教师王雰获 2010 年全国信息技术课程教学案例大赛高中组一等奖；教师于丹丹获全国高中数学课程教材改革实验说课比赛一等奖；教师王雰、李静分获 2010 年北京市基础教育优秀课程教学设计评选一等奖；高二年级学生邴龙基获第十五届国际天文奥林匹克竞赛银牌。

（邵虹 程丹）

清华大学附属中学 2010 年，开设教学班 68 个，其中初中班 38 个、高中班 30 个。毕业 835 人，其中初中 458 人、高中 377 人；招生 881 人，其中初中 514 人、高中 367 人；在校生 2538 人，其中初中 1412 人、高中 1126 人，包括寄宿生 658 人。高中录取分数线 534 分（海淀区），应届高考本科上线率 100%。教职工 314 人，其中具有正高级职称 1 人、副高级职称 91 人、中级职称 69 人。专任教师 196 人，包括本科以上学历 194 人；特级教师 15 人、北京市学科教学带头人 5 人、市级骨干教师 9 人。普通教室 85 个、专用教室 31 个、实验室 20 个。占地面积 80000 平方米、建筑面积 60000 平方米、体育场（馆）面积 22650 平方米。图书馆藏书 12 万册。固定资产总值 9974 万元。全年教育经费投入 6186 万元，其中国家拨款 3823 万元、清华大学补贴和自筹经费 2363 万元。

本年，举办校庆 95 周年系列活动。与海淀区、朝阳区和昌平区合作办学，承办永丰嘉园配套中学、新源里中学、清华附中昌平学校等 3 所学校。与美国意奥兰尼学校（Iolani School）开展合作交流，从 2012 年起每年互派 20 名学生进行为期 10 天的交流。在高二年级启动试行导师制，首批聘请教师 24 人、学生 168 人。举办“如何上好试卷讲评课”讲座。举办青年教师基本功比赛，来自 9 个教研组的 33 名教师获奖。举办英语口语大赛，评出最佳语音奖 3 个、最佳故事奖 3 个、最佳表演奖 3 个及最佳风采奖 4 个。联合承办社会大课堂牵手行动资源联盟成果展示博览会。举办研究性学习辅导报告会，高一年级师生 433 人参加。开展“废纸换新本”环保活动。举办革命短剧比赛，演出《虎门销烟》、《我的 1919》等 9 个短剧及诗朗诵《祝福祖国》。承办市第四届数学教师论坛，观摩数学公开课 8 节、讨论课题 4 项。校学生领袖训练营开展读书报告会、“财智人生”财商训练等活动。清华附中家长学校举办美国“哈佛妈妈”首次中国行报告会，邀请“哈佛妈妈”丽莎（Lisa）做主题讲座。教师吴玥获首届全国新课程中学英语学科课堂教学展示观摩活动特等奖第一名；教师胡军获市基础教育优秀课堂教学设计评选一等奖。高中学生承旭获第八届“北京青少年科技创新市长奖”提名奖、学生吕嘉明获“天文新星奖”、“科技创新雏鹰奖”、“安捷伦科技创新奖”3 个专项奖。校田径队获北京奥林匹克教育学校体育后备人才培养基地田径运动会团体冠军。（高岷）

中国人民大学附属中学 2010 年，开设教学班 116 个，其中初中班 53 个、高中班 63 个。在校生 4744 人，其中初中 2283 人、高中 2461 人。高中录取分数线 539 分(海淀区)，应届高考本科上线率 100%。教职工 403 人，其中具有正高级职称 8 人、副高级职称 201 人、中级职称 136 人；专任教师 311 人，包括特级教师 34 人、北京市学科教学带头人 5 人、市级骨干教师 16 人。占地面积 94666 平方米、建筑面积 77591.31 平方米、体育场（馆）面积 2700 平方米。图书馆藏书 15 万册。普通教室 111 个，专用教室 30 个，实验室 5 个。

本年，举办校庆 60 周年活动，包括成果展示和文艺演出等。开展帮扶助教活动，蓝靛厂中学更名为人大附中二分校并开始招生。举办国际名校长论坛，美国、芬兰、英国、新加坡、香港及国内各地中学 550 名校长、教师和专家学者参加。举办首届“北京杯”国际中学生足球，韩国、香港及广州、山东等地 12 支球队参赛。承办哈佛大学中美学生领袖峰会。承办国培计划（2010）—中小学骨干教师高中数学研修班，北京、黑龙江、福建等 7 省市 50 名骨干教师参加。与中国科学院、中国社会科学院合作成立“拔尖创新人才早期培养基地”和“拔尖创新人才早期培养研究室”，探索“幼儿园→小学→初中→高中→大学/科研院所”一条龙拔尖创新人才早期培养体系。本年，校长刘彭芝参加妇女节 100 周年纪念会。学生俞颐超获第 41 届国际中学生物理奥林匹克竞赛金牌第一名。学生吴因金、赵中伦获第八届北京青少年科技创新市长奖。

（吴兆华）

首都师范大学附属中学 2010 年，开设教学班 47 个，其中初中班 12 个、高中班 29 个、中美课程实验班 6 个。毕业 557 人，其中初中 159 人、高中 398 人；招生 670 人，其中，初中 195 人、高中 475 人；在校生 1975 人，其中初中 560 人、高中 1415 人(中美课程实验班 184 人)，包括外籍学生 15 人。高中录取分数线 524 分（海淀区），应届高考本科上线率 100%。教职工 241 人，其中副高级职称 69 人、中级职称 71 人。专任教师 151 人，包括大学本科以上学历 149 人；特级教师 9 人、北京市学科教学带头人 1 人、市级骨干教师 5 人。普通教室 49 个、专用教室 17 个、实验室 16 个。占地面积 33100 平方米、建筑面积 24026 平方米、体育场（馆）面积 12930 平方米。图书馆藏书 10 万册。固定资产总值 14527 万元。全年教育经费投入 5448 万元，其中国家拨款 3319 万元、自筹经费 2129 万元。

本年，与区教委合作承办北京市育

强中学。参加首届（2010）中国AP[①]教学与学习交流观摩论坛。承办国家新疆少数民族汉语骨干教师培训班，培训新疆双语数学骨干教师8人。成立家长委员会，选出首批成员 26 人。教师高灵芬获北京市师德标兵称号。（朱振平）

北京市第一零一中学　2010年，开设教学班83个，其中初中班47个、高中班36个。毕业1094人，其中初中643人、高中451人；招生1161人，其中初中707人、高中454人；在校生3394人，其中初中2031人、高中1363人。高中录取分数线526分（普通526分，择校 523 分），应届高考本科上线率100%。教职工366人，其中具有副高级职称 95 人、中级职称 104 人。专任教师273人，包括大学本科以上学历244人；特级教师5人、北京市学科教学带头人 2 人、市级骨干教师 13 人。普通教室67个、专用教室34个、实验室13个。占地面积 212538 平方米，建筑面积56916平方米，体育场（馆）面积46652平方米。图书馆藏书 128800 册。固定资产总值15249.47万元。全年教育经费投入8100万元。

本年，举办学校第 20 届教育教学年会，收集论文194篇。开办首届文科试验班，招收学生 30 人。举办专业学术系列讲座7场，3500人次参加。参加中科协新课改背景下高中课堂展示，展示示范课8节，均获一等奖。开展“IBM工程师进校园活动”，邀请世界工程师联盟（WFEO）IBM工程师24人参加。举办“日记对青少年成长的影响研究”课题活动。承办“核心价值观视阈下世界遗产教育实施策略研究”研讨会。承办第一届全国高中生领导力与创新力大赛，来自全国32所高中的96名学生和55名指导教师参加。承办“根与芽”[②]2010中国峰会，全国大中小学600个“根与芽”小组参加，其中 11 个获成就奖。校徽、校歌作品分获“校园风范的镌铸与咏歌——北京市中小学校徽校歌设计与创作优秀培训”项目创作奖和优秀创作奖。教师田媛获全国十佳班主任称号。（王晓琳）

北方交通大学附属中学　2010年，开设教学班89个，其中初中班50个、高中班39个。毕业1015人，其中初中 545 人、高中 470 人；招生 1540人，其中初中870人、高中670人；在校生3838人，其中初中2269人、高中1569 人。高中录取分数线 510 分（海淀区），应届高考本科上线率 96%。教职工 280 人，其中副高级职称 95 人、中级职称 94 人。专任教师 230 人，包括本科以上学历230人；特级教师1人、北京市学科教学带头人 2人、市级骨干教师 8 人。普通教室 79 个，专用教室33 个、实验室 12 个。占地面积 4.3 万平方米，分南北两个校区，建筑面积4.18万平方米，体育场（馆）面积1.77万平方米。图书馆藏书 13 万册。固定资产总值6656.14万元。全年教育经费投入6611.95万元，其中国家拨款5971.98万元、自筹经费639.97万元。

本年，投资30万元建立冀朝辉（高中生物新课程）实验室。开设《生活教育》选修课，89名学生选修。召开首届后备人才开题报告会。启动心灵阳光关爱中心。开展废旧电池回收活动。举办学生摄影展，展出作品 30 幅。举办师生画展，展出作品 80 幅。承办市青少年机器人竞赛，132 支代表队、363 名中小学生参赛。参加“少年之声迎世博”中英双语演讲。本年，学校成为AMC[③]中国区项目基地。获 2010 年亚洲机器人联赛中国北方区选拔赛高中组第一名；学生张鑫雨获全国高中学生化学竞赛一等奖。（宋亚甫　姜华　刘毅　赵楠）

北京市中关村中学　2010 年，开设教学班90个，其中初中班58个、高中班32个。毕业1100人，其中初中740人、高中360人；招生1080人，其中，初中720人、高中360人；在校生3400人，其中初中2300人、高中1100人。高中录取分数线 508 分（海淀区），高考本科上线率文科 98%，理科 100%。教职工310人，其中副高级职称82人，中级职称115人；专任教师260人，包括本科以上学历260 人；市级学科带头人1人，市级骨干教师4人，特级教师4人。普通教室90个、专用教室53个、实验室17个。占地面积54129平方米，建筑面积43374平方米，体育场（馆）面积 24905 平方米。图书馆藏书 14 万册。固定资产总值 5989.03 万元。全年教育经费投入 9180 万元，全部为国家拨款。

本年，举办班主任培训会，120 人参加。举办高一年级人生规划系列活动。承办“第二届中欧基础教育课程发展大会”教学现场会，3 名教师展示地理、音乐等示范课。举办教学专题研究活动，44名教师讲授研究课程。举办京剧进课堂汇报演出，表演京剧《贵妃醉酒》、《霸王别姬》等经典名段。学校14项课题获海淀教育“十二五”规划立项。参加北京青少年科技创新大赛，4 人获一等奖。校OM[④]一队获全国OM创新大赛一等奖，OM二队获三等奖。（黄文萍　宋文婧　柳琦　李梅　高俊英　李胜娟）

北京市十一学校　2010 年，开设教学班109个，其中初中班52个、高中班45个。在校生3954人，其中初中2100人、高中1588人。国际部设班级12个，共有中外学生266人。其中外国学生42人。语言班1个，学生12人；学历班1个，学生6人；高考班1个，学生7人；另有随常规班就读的学生17人，设一名班主任负责日常管理。国际部有中国学生224人，高一剑桥课程班3个，AP课程班2个，有学生135人；高二剑桥课程班 1 个，有学生 52 人；高三剑桥课程班 1 个，有学生 12 人；初三英语实验班 1 个，有学生 25 人。应届高考本科上线率98.9%。教职工417人，特级教师22人、高级教师154人，北京市学科教学带头人4人、市级骨干教师 10 人。占地面积 234 亩、建筑面

① AP是Advanced Placement缩写，即大学预修课程。

② “根与芽”是国际性教育和拓展项目，以促进学生和社区成员更加投入到关心环境、关爱动物和关怀社区的行动为宗旨，由珍·古道尔研究会倡议发起。

③ AMC：美国数学竞赛简称（American Mathematics Competitions）。

④ OM：Odyssey of the mind,即头脑奥林匹克。

积 15.6 万平方米。

本年，成立学生咨询中心，邀请 2 名美国专业咨询师指导工作。投资 2000 万元完成学科功能性教室改造，包括语文、数学、英语等 9 个学科的 47 个教室。新增维语和藏语选修课，20 名学生选修。设立社会职业考察课程，考察范围涉及金融、法律、大众传媒、新闻出版等 20 多个行业、职业领域。国际班 70 名学生首次参加剑桥高中课程（A-Level）全球统考。举办学校首届世界文化艺术节。在学校松林书苑开设乐仁咖啡厅并设奖学金，全部由学生负责运营。选派师生 11 人参加第 14 届斯诺研讨会。学生影院全年放映影片 132 部。表彰首批功勋教师，9 人记二等功、3 人记三等功。（杨雄 宋亚甫）

北京大学附属中学 2010 年，开设教学班 65 个，其中高中教学班 47 个、初中教学班 18 个。在校生 2500 多人。教职工 188 人，其中特级教师 15 人、高级教师 119 人，全国先进教育工作者 6 人、全国优秀教师 2 人，市区学科带头人和骨干教师 56 人，硕士以上学历教师 39 人。学校占地面积 75 亩，建筑面积 4 万平方米。

2010 年，举办校庆 50 周年系列活动。与美国昊济思学校合作成立北大附中国际部，首批招生 28 人。推进后勤管理社会化，与北奥物业建立合作关系。启用校园一卡通，提升学校信息化管理水平。参加北京市第三十届安捷伦青少年科技创新大赛获十佳科技实践活动奖，高中部学生陈楠获个人一等奖。（王欧阳 宋亚甫）

【2010 年海淀区中小学名单】

小学（116 所、部）

学校全称	邮编	地址	电话
1、北京市海淀区五一小学	100039	永定路 127 号	88223366
2、北京市海淀区培英小学	100039	太平路 19 号	68158913
3、北京市海淀区图强第二小学	100039	五棵松正大南路 4 号	68760161
4、北京市海淀区群英小学	100036	翠微路 40 号	66708127
5、北京市海淀区玉泉小学	100143	金沟河路 35 号	68186343
6、北京市海淀区太平路小学	100039	采石路 9 号	88625318
7、北京市育英学校（小学部）	100036	万寿路西街 11 号	68273904
8、北京市建华实验学校（小学部）	100039	玉泉路 66 号	88279250
9、北京市海淀区翠微小学	100036	翠微路 22 号	68226638
10、北市海淀区羊坊店中心小学	100038	北蜂窝路 66 号	63950326
11、北京市海淀区羊坊店第四小学	100038	羊坊店路 114 号	63964084
12、北京市海淀区羊坊店第五小学	100038	北蜂窝路 9 号	63984248
13、北京市海淀区七一小学	100036	莲花池西路 1 号	63935811
14、北京市育鸿学校（小学部）	100843	复兴路 14 号	66984493
15、北京市海淀区二里沟中心小学	100044	二里沟中街 4 号	68356551
16、北京市海淀区实验小学	100048	西三环北路 107 号	68412671
17、北京市海淀区万寿寺小学	100081	万寿寺北里 16 号	88517669
18、北京市海淀区定慧里小学	100142	定慧西里 18 号	88126818
19、北京市海淀区六一小学	100142	恩济里小区 24 号楼	88123807
20、北京市海淀区银燕小学	100097	蓝靛厂火器营厢红旗 48 号	88439338
21、北京市海淀区花园村第二小学	100048	花园村 4 号	68458149
22、北京市海淀区车道沟小学	100089	车道沟 1 号	68424224
23、北京市海淀区八里庄小学	100142	八里庄街 7 号	68414031
24、北京市海淀区亮甲店小学	100142	八里庄街道亮甲店 1 号	88132613
25、北京市海淀区魏公村小学	100081	魏公村小区 23 号楼	88571463
26、北京市海淀区北洼路小学	100089	车道沟南里 36 号	68410103
27、北京市立新学校（小学部）	100037	甘家口甲 185 号	68351530
28、北京理工大学附属小学	100081	中关村南大街 5 号	68913361

学校全称	邮编	地址	电话
29、北京21世纪实验学校（小学部）	100042	恩济庄46号	88124903
30、北京市海淀区星火小学	100082	新外大街小西天志强园	62264804
31、北京市海淀区今典小学	100082	红联北村83号	62273563
32、北京市海淀区艺术师范附属小学	100088	明光村23号	62225062
33、北京市海淀区向东小学	100081	西外太平庄13号	62184719
34、北方交通大学附属小学	100044	上园村3号院	62226997
35、中国农业科学院附属小学	100081	中关村南大街12号	62118240
36、北京医科大学附属小学	100191	花园路甲3号	62005621
37、北京市海淀区九一小学	100191	花园路1号	62017376
38、北京市海淀区前进小学	100088	健安西路32号后门	82028263
39、北京市海淀区民族小学	100088	德外后黑寺1号	62388656
40、北京市海淀区学院路小学	100088	蓟门里小区	62356667
41、北京航空航天大学附属小学	100171	学院路37号	82317160
42、北京师范大学实验小学	100875	新外大街19号	58802073
43、北京市海淀区中关村第一小学	100190	中关村南二街5号	62564837
44、北京市海淀区中关村第三小学	100190	中关村南一街4号	62563118
45、北京市海淀区中关村第四小学	100098	海淀北三环西路太阳园14号	82130515
46、北京市海淀区万泉小学	100089	万泉庄甲1号	62545538
47、北京市海淀区彩和坊小学	100080	彩和坊19号	62566153
48、北京市海淀区知春里小学	100086	知春里小区甲22号	62572340
49、北京市海淀区西颐小学	100086	北三环西路49号	62545332
50、北京市海淀区双榆树第一小学	100086	双榆树东里32号	82112133
51、北京市海淀区双榆树中心小学	100086	双榆树西里36号	62634457
52、中国人民大学附属小学	100097	蓝靛厂路18号	88863978
53、海淀外国语实验学校（小学部）	100195	杏石口路20号	88472800
54、北京石油学院附属小学	100083	学院路20号	62321824
55、北京市海淀区清华东路小学	100083	清华东路4号	62311604
56、北京市海淀区学府苑小学	100083	学清路32号	82375008
57、北京市海淀区前八家小学	100085	前八家村7号	62937745
58、北京市海淀区第三实验小学	100083	王庄路42号	62323580
59、北京市海淀区第二实验小学	100085	清河镇西	62910121
60、北京市海淀区清河第一小学	100085	清河毛纺厂南门东侧	62934874
61、北京市海淀区清河第四小学	100096	清河镇西三旗新都东站	82951502
62、北京市海淀区枫丹实验小学	100096	西三旗建材城中里1号	82935198
63、北京市海淀区永泰小学	100192	永泰小区东里49号	62909611
64、北京市海淀区育鹰小学	100085	西三旗空军装备研究院东门	82900272
65、首师大附属育新学校（小学部）	100096	西三旗育新花园34号	82951953
66、北京科技大学附属小学	100083	学院路30号	62332661
67、北京林业大学附属小学	100083	清华东路35号北京林大院内	62338960
68、北京市中关村外国语学校（小学部）	102206	海淀区建材城西路12号	82930297
69、北京市海淀区中关村第二小学	100190	中关村北一条10号	82621897
70、北京市海淀区万泉河小学	100080	芙蓉里小区十号楼东侧	62551876
71、北京市海淀区六郎庄小学	100080	六郎庄慈佑街1号	62640816
72、北京市海淀区西苑小学	100091	西苑操场甲1号	62880380

学校全称	邮编	地址	电话
73、北京市海淀区培星小学	100091	厢红旗董四墓村 36 号	62881646
74、北京市海淀区红山小学	100091	红山口甲 3 号	82831564
75、北京市海淀区肖家河小学	100091	肖家河王庄 1 号	62817755
76、北京市海淀区清河第五小学	100084	体育大学院内小学	62965197
77、北京市海淀区上地实验小学	100085	上地东里五区	82781993
78、清华大学附属小学	100084	清华园清华大学院内	62784656
79、北京大学附属小学	100871	北京大学燕东园内	62756089
80、北京市海淀区星星学校（小学部）	102600	大兴区郁花园东区甲 27 号楼	60258764
81、北京市海淀区第四实验小学	100093	香山南路 15 号南河滩	59811695
82、北京市海淀区香山小学	100093	香山北正黄旗 36 号	82592661
83、首都师范大学附属小学	100195	通汇路 9 号	88435823
84、北京市海淀区巨山小学	100093	北辛庄 241 号	62590469
85、北京市海淀区西山小学	100195	四季青镇黑塔村 142 号	62590462
86、北京市海淀区中坞小学	100195	四季青镇中坞村 174 号	88855705
87、北京市海淀区陶行知小学	100195	四季青镇西冉村 99 号	88851031
88、北京市海淀区田村中心小学	100049	田村后街	68280015
89、北京市海淀区四王府小学	100093	香山正白旗甲 9 号	62591333
90、海淀尚丽外国语学校（小学部）	100093	香山南路四统碑	62591241
91、北京市海淀区唐家岭小学	100094	西北旺镇唐家岭村	62973211
92、北京市海淀区东北旺中心小学	100094	海淀区竹园西街 8 号	62818743
93、北京市海淀区西二旗小学	100085	西二旗智学苑小区	62923038
94、北京市海淀区红英小学	100094	韩家川村南口	62457918
95、北京市海淀区冷泉小学	100095	西北旺镇冷泉村 100 号	62456605
96、北京市海淀区永丰中心小学	100094	西北旺镇六里屯村	62472773
97、北京市海淀区宏丰小学	100094	西北旺镇亮甲店村	62456623
98、北京市海淀区丰联小学	100094	西北旺镇辛店村	62473648
99、北京市海淀区西玉河小学	100094	西北旺镇西玉河村	62473004
100、北京市海淀区大牛坊小学	100094	西北旺镇大牛坊村 100 号	62476210
101、北京农业大学附属小学	100193	圆明园西路 3 号院	62899050
102、北京市北外附属外国语学校（小学部）	100085	西二旗大街 19 号	80747044
103、北京市海淀区温泉中心小学	100095	温泉镇环山村	62456331
104、北京市海淀区东埠头小学	100095	温泉镇东埠头村	62483962
105、北京市海淀区白家疃小学	100095	温泉镇白家疃村	62400360
106、北京市海淀区上庄中心小学	100094	上庄镇上庄村 1 号	62471435
107、北京市海淀区白水洼小学	102206	上庄镇白水洼村南	62471464
108、北京市海淀区前章村小学	100194	上庄镇前章村东口	62471264
109、北京市海淀区东马坊小学	100094	上庄镇东马坊村 20 号	62471422
110、北京市海淀区苏家坨中心小学	100194	苏家坨镇西小营村南	62409511
111、北京市海淀区苏家坨三四村小学	100194	苏家坨镇苏三四村南区 146 号	62482536
112、北京市海淀区前沙涧小学	100194	苏家坨镇前沙涧村南	62406913
113、北京市海淀区北安河中心小学	100095	北安河环谷园路 2 号	62488302
114、北京市海淀区红星小学	100194	北安河路 36 号	62455948
115、北京市海淀区周家巷小学	100095	军庄路 1 号	62455244
116、北京市海淀区台头小学	100194	苏家坨聂各庄路 13 号	62459612

打工子弟学校（合计 2 所）

1、北京市海淀区行知实验学校	100097	四季青镇双槐树村 2 号	88623011
2、北京市海淀区振兴小学	100094	上庄镇梅所屯	62443914

注：①2010 年，海淀区小学撤并、更名 2 所，其中撤并 1 所、更名 1 所，具体：2010 年 2 月，北宫门小学并入中关村一小；2010 年 1 月 21 日，四季青中心小学更名为首都师范大学附属小学。

②上年年鉴记录的小学为 116 所（部）有误，应为 117 所（部），漏记了北京市中关村外国语学校（小学部），本年补记。

完全中学（58 校）

学校全称	邮编	地址	电话
1、北京市育英学校	100036	万寿寺西街 11 号	68270365
2、北京市育英中学	100036	万寿路西街 14 号	68287770
3、北京市十一学校	100039	玉泉路甲 66 号	88278276
4、北京市太平路中学	100039	太平路 8 号	68156905
5、北京市翠微中学	100036	翠微路 1 号	68273011
6、北京市玉渊潭中学	100038	羊坊店路皇亭子	63983619
7、北京市第五十七中学	100038	北蜂窝中路 6 号	63269986
8、北京市立新学校	100037	阜成路甲 3 号	68351747
9、首都师范大学第二附属中学	100037	增光路 50 号	68429728
10、北京市海淀实验中学	100048	白堆子 131 号	68471805
11、海淀教师进修学校附属实验学校	100097	远大路 34 号	88509462
12、北京市六一中学	100142	定慧西里 17 号	88123782
13、北京理工大学附属中学	100089	车道沟	68730977
14、北京市万寿寺中学	100081	万寿寺北里 14 号	68726706
15、北方交通大学附属中学	100081	皂君庙 12 号	62166616
16、北京市第一〇五中学	100081	高梁桥斜街 3 号	62181395
17、北京师范大学附属第三中学	100088	北太平庄北三环中路甲 36 号	62027296
18、北京市明光中学	100088	学院南路 1 号	62233057
19、北京市知春里中学	100086	知春东里 12 号楼	82130874
20、中国地质大学附属中学	100083	成府路 20 号	82310924
21、北京钢铁学院附属中学	100083	志新路 36 号	82380909
22、北京矿业学院附属中学	100083	学院路丁 11 号	62319913
23、北京石油学院附属中学	100083	学院路 20 号	82370036
24、北京市中关村中学	100086	科学院南路甲 14 号	62619907
25、北京市八一中学	100080	苏州街 29 号	58839007
26、北京市第十九中学	100089	万泉河路 83 号	62567672
27、北京市一零一中学	100091	颐和园路 11 号	51633479

学校全称	邮编	地址	电话
28、北京市第六十七中学	100091	厢红旗东门外甲 3 号	62881087
29、北大附中香山学校	100093	香山南辛村 1 号	82597165
30、北京市第二十中学	100085	清河小营西路 11 号	62920533
31、北京市陶行知中学	100088	马甸换新西村 2 号	62370760
32、北京医学院附属中学	100083	花园北路 40 号	62051727
33、北京农业大学附属中学	100094	圆明园西路 3 号	62818575
34、北京市永定路中学	100143	金沟河路 13 号	68273356
35、北京市温泉第二中学	100095	温泉镇环山村 2 号	62456591
36、人大附中第二分校	100097	蓝靛厂路 25 号	88457078
37、北京市第四十七中学	100095	苏家坨镇环谷园路 8 号	62450147
38、人大附中西山学校	100193	马连洼南路 9 号	62833690
39、北京市西颐实验学校	100086	双榆树南里二区 3 号	62510162
40、北京大学附属中学	100190	黄庄	58751074
41、中国人民大学附属中学	100080	中关村大街 37 号	62511859
42、清华大学附属中学	100084	中关村北大街	62781662
43、北京航空航天大学附属中学	100191	学院路 37 号	82328079
44、首都师范大学附属育新学校	100096	西三旗育新康园 4 号	82930293
45、首都师范大学附属中学	100037	北洼路 33 号	68415054
46、北京市建华实验学校	100039	玉泉路 66 号	88625059
47、北京市二十一世纪实验学校	100042	恩济庄 46 号	88124903
48、中国人民大学附属中学分校	100086	双榆树南里二区 3 号	62150598
49、北京市中关村外国语学校	100096	西三旗东路	82930297
50、北京市北外附属外国语学校	100086	西二旗大街 19 号	82747051
51、北京市师达中学	100093	闵庄路 70 号	62858559
52、北京市海淀区尚丽外国语学校	100093	香山南路四统牌	62591019
53、北京市海淀外国语实验学校	100195	杏石口路 20 号	88459235
54、北京市清华育才实验学校	100089	海淀区闵庄路 56 号	62859436
55、北京市科迪实验中学	100194	苏家坨乡苏三四村	62482677
56、北京理工大学附属中学分校	100044	紫竹院南路 11 号	68421542
57、北京市北达资源中学	100080	北京大学畅春园	62752071
58、北京市仕尚中学	100094	上庄路 117 号	58712288

初级中学（13 校）

59、北京市二〇六中学	100036	翠微路 19 号	68211352
60、北京市卫国中学	100036	复兴路 21 号	68181450
61、北京市学院路中学	100088	蓟门里北甲 11 号	62015276
62、北京市万泉河中学	100080	海淀操场乙 73 号	62610409

63、北京市上地中学	100084	中关村北大街2号	62619108
64、北京市清河中学	100085	清河镇一街83号	62927409
65、北京市育强中学	100049	阜石路甲59号	68238169
66、北京市上地实验学校	100085	上地二街3号	62975198
67、北京市永丰中学	100094	西北望镇六里屯村北	62474285
68、北京市上庄中学	100094	上庄镇43号	62471492
69、北京市上庄第二中学	100094	上庄镇东小营2号	62471523
70、海淀北部新区实验中学	100194	苏家坨镇西小营村	62407841
71、清华大学附属初级中学	100084	清华大学院内	62781662

九年一贯制学校（2校）

72、北京市育鸿学校	100843	复兴路十四号院内	66984507
73、北京市海淀区星星学校	100193	马连洼菊园小区11号楼	62985319

高级中学（4校）

74、中央民族大学附属中学	100081	法华寺甲5号	68932088
75、北京世贤学院附属中学	100083	二里庄小区24号	62316264
76、北京市清华志清中学	100084	体育大学家属区东侧	62980450
77、北京市一佳高级中学	100086	双榆树东里35号	82118457

其他学校附设中学班（1校）

78、北京市盲人学校	100097	五路居11号	88436313

注：2010年，北京市经济管理学校、北京市环境与艺术学校高中班已停止招生，故未列入。2010年7月27日，北京市蓝靛厂中学更名为人大附中第二分校。

（宋亚甫）

高等教育

【综述】　海淀区是全国高等教育院校最密集、最发达的地区。2010年，区域内有高等院校37所，其中4所为具有统一高招录取资格的民办高校，1所为只招收全日制研究生的研究生院。北京天主教神哲学院和燕京神学院在区境内。本区域内的高校隶属于教育部、其他中央部委或北京市。

【北京市海淀区高校毕业生就业促进会】　成立于2006年5月26日，接受市教委、市民政局的业务指导和监督管理，是从事毕业生就业交流服务、具有独立法人资格的非赢利性社会团体。促进会会训为“搭桥为本、诚信为金”，以促进大学生就业为工作目标，完成市教委委托任务，配合就业指导中心开展工作，搭建交流服务平台，组织开展就业促进项目活动。

本年，完成新浪网络学院首届培训，组织培训38场次，22人进入新浪就职或实习。开展“北京高校大学生职业技能提升计划”试点培训，首批培训学生200人。与就业指导中心联合举办“周四就业服务日”活动，举办咨询会6场、参与人数约350人。与市大学生体协和北京东方国际网球发展中心联合举办“梦想基金”大学生网球主题创业计划比赛，来自全市50所高校的100余只队伍参加。参加华民慈善基金会大学生就业扶助项目，开展就业帮扶80小时。开办校园文化公开课，进行30余场，受益学生10000余人。设立北京高等学校专业发展与预警项目，建立300个用人单位观测点。优化“就业维权网”板块设置和功能，网站访问量平均每日300人次。搭建校企交互平台，吸纳市教委评选的7家高校毕业生就业

"百佳"单位为会员单位。搭建协会组织交流平台，承办中关村创业讲坛，组织高校和企业会员单位代表300多人参加。搭建学生互助平台，全年组织专业化培训3次。（高曙先）

地址：海淀区增光路45号中国劳动关系学院东门
邮编：100048
电话：68988973
邮箱： 526job@163.com

【部分驻区高校简介】

北京大学 创办于1898年，初名京师大学堂，1912年5月更名为北京大学。1952年，全国高等院校进行院系调整，北京大学成为一所以文理基础教学和研究为主的综合性大学。2000年4月，北京大学与北京医科大学合并为北京大学，增添医药学科。学校隶属教育部直属管理，是国家首批进入"211工程"[①]和"985工程"[②]建设的重点高校之一。

2010年，北京大学校园占地面积2742342平方米，校舍建筑面积2534939平方米，固定资产总额732391.14万元，其中教学科研仪器设备资产为307850.88万元。图书馆建筑面积67462平方米，图书馆藏书883.67万册。全年教育经费投入505000万元。设50个直属院系。有38个博士学位一级学科授权点、203个博士学位授权点、241个硕士学位授权点、118个本科专业、18个国家（一级）重点学科，25个国家（二级）重点学科，3个国家重点(培育)学科以及39个博士后流动站。博士后研究人员出站201人，进站336人，在站819人。有12个国家重点实验室、3个国家工程研究中心、68个省部级研究院（所、中心、重点实验室）、8所附属医院、13所教学医院。在职教职工19876人（含医学部及附属医院），其中专任教师6005人。有教授1812人、副教授2074人，博士生导师1482人，中国科学院、中国工程院院士66人，"长江学者奖励计划"特聘教授和讲座教授134人，"973"项目首席科学家39人，国家杰出青年科学基金获得者158人。毕业生21267人，其中全日制研究生5089人（博士生1567人、硕士生3522人），普通本专科生3581人（本科生3386人、专科生195人），成人教育本专科生3163人（本科生2678人、专科生485人），网络教育本专科生9434人（本科生6783人、专科生2651人）。本科毕业生就业率99.06%。招生25068人，其中全日制研究生6397人（博士生1659人、硕士生4738人），普通教育本专科生3607人（本科生3414人、专科生193人），成人教育本专科生3289人，网络教育本专科生11775人（本科生6944人、专科生4831人）。高考北京地区提档线理科655分，文科632分。在校生84292人，全日制研究生19927人（博士生7325人、硕士生12602人），普通教育本专科生14764人（本科生14160人、专科生604人），成人教育本专科生10878人（本科生9714人、专科生1164人），网络教育本专科生38723人（本科生30624人、专科生8099人）。2010年录取各省（自治区、直辖市、港澳台地区）高考第一名45人。留学生毕业1668人，招生1310人，在校2967人。（张兴明）

清华大学 创立于1911年，初名清华学堂，是因美国庚子赔款而创立的"留美预备学校"。1912年改名为清华学校。1925年清华学校设大学部，开始招收四年制大学生。1928年更名为国立清华大学。学校隶属教育部直属管理，是国家首批进入"211工程"和"985工程"建设的重点高校之一。

2010年，清华大学占地面积392.4万平方米，建筑面积199.1万平方米。学校固定资产总值768013万元，其中教学科研仪器设备资产271188万元。学校信息化经费投入4457万元，拥有计算机49375台，多媒体教室座位17243个，信息化设备资产20562万元，网络信息点数60000个，校园网出口总带宽4000Mbps，电子邮件系统用户数65026个，上网课程数4273门，数字资源量71680GB，管理信息系统数据总量30442GB。有16个学院56个系。国家重点学科（一级）22个，国家重点学科（二级）15个，国家重点（培育）学科2个，本科专业65个，第二学位专业7个，有博士、硕士学位授予权的一级学科38个。共有博士学位授权点252个，硕士学位授权点271个，有博士后科研流动站37个。有12个国家重点实验室，6个国家工程研究中心，35个省、部级设置的研究院（所、中心）、实验室。在编教职工7234人，其中专任教师3036人（正高级1254人，副高级1257人）。博士生导师1152人，硕士生导师1443人。科研机构人员2416人，中科院院士37人，工程院院士34人。全年聘请50多个国家和地区的海外专家829人来校讲学，其中长期240人、短期589人；港澳台专家23人。在校生27479人，其中全日制博士研究生6131人、硕士研究生7600人、普通本科生13748人；毕业6476人，其中全日制博士研究生935人、硕士研究生2417人、普通本科生3124人；招生7705人，其中全日制博士研究生1566人、硕士研究生2793人、普通本科生3346人，本年高考提档线（北京）理科654分、文科641分。来自122个国家和地区的在校留学生3219人，其中本科生1195人、硕士生910人、博士生158人，进修生956人，毕业1590人，招生2635人。全年教职工因公出国（境）4702人次，学生3308人次；全年接待重要海外来宾2586人次；举办国际或地区学术会议75次。图书馆藏书634万册（件）。

中国人民大学 其前身是1937年成立的陕北公学；1939年6月，陕北公学与延安鲁迅艺术学院、延安工人学校、安吴堡战时青年训练班四校联合成立华北联合大学；1948年，华北联合大学与北方大学合并，成立华北大学；1950年，以华北大学为基础正式合并组建中国人民大学。学校隶属教育部直属管理，是国家"211工程"和"985工程"建设高校之一。

2010年，中国人民大学占地面积

---

① "211工程"：是我国政府为迎接世界新技术革命的挑战，面向21世纪，要集中中央和地方各方面的力量，分期分批地重点建设100所左右的高等学校和一批重点学科、专业。

② "985工程"：是我国政府为建设若干所世界一流大学和一批国际知名的高水平研究型大学而实施的建设工程。

75.77 万平方米、建筑面积 95.61 万平方米。固定资产 288707 万元，其中教学、科研仪器设备资产值 36273 万元。全年教育经费投入 237300.22 万元，其中国家拨款 105749.95 万元、事业收入 87894.19 万元、其他收入 43656.08 万元。图书馆面积 4.21 万平方米，藏书 403 万册，电子图书 17809GB。下设 22 个学院、14 个跨学院研究机构，另设有体育部、继续教育学院、培训学院、国际学院（苏州研究院）及深圳研究院；开设本科专业 67 个；具有一级学科 29 个，博士学位授权点的一级学科 14 个，博士点 104 个、硕士点 168 个；博士后流动站 15 个，其中出站 54 人、进站 78 人、在站 163 人。国家重点一级学科 8 个，国家重点二级学科 8 个，北京市重点一级学科 3 个、北京市交叉重点学科 1 个、北京市重点二级学科 6 个。教育部工程研究中心、重点实验室 2 个，教育部普通高等学校人文社会科学重点研究基地 13 个。教职工 3675 人，其中专任教师 1827 人，包括教授 512 人、副教授 630 人；博士生导师 682 人、硕士生导师 1223 人。有国务院学位委员会委员和学科评议组成员 17 人，国家有突出贡献的中青年专家 8 人。毕业生 20241 人，其中学历教育学生中全日制研究生 3306 人（博士生 760 人、硕士生 2546 人），普通本科生 2626 人，成人教育本专科 3041 人（本科生 2655 人、专科生 386 人），网络教育本专科生 11268 人（本科生 6839 人、专科生 4429 人）。本科毕业生就业率 97.90%。招生 29476 人，其中学历教育学生中全日制研究生 4352 人（博士生 900 人、硕士生 3452 人），普通本科生 2861 人，成人教育本专科生 3638 人（本科生 3284 人、专科生 354 人），网络教育本专科生 18625 人（本科生 9982 人、专科生 8643 人）。高考北京地区提档线理科 639 分、文科 607 分。在校生 78863 人，其中学历教育学生中全日制研究生 10844 人（博士生 3317 人、硕士生 7527 人），普通本科生 11074 人，成人教育本专科生 10412 人（本科生 9326 人、专科生 1086 人）；网络教育本专科学生 46533 人（本科生 28788 人、专科生 17745 人）。留学生毕业 856 人、招生 931 人、在校生 1648 人。（段蕾　张刚银）

中国农业大学　其前身是 1905 年成立的京师大学堂农科大学。1949 年 9 月，由北京大学农学院、清华大学农学院和华北大学农学院合并为北京农业大学；1952 年 10 月，北京农业大学农业机械系与华北农业机械专科学校、中央农业部机耕学校合并成立北京机械化农业学院，1953 年 7 月更名为北京农业机械化学院，1985 年更名为北京农业工程大学。1995 年 9 月，原北京农业大学与原北京农业工程大学合并成立中国农业大学。学校隶属教育部直属管理，是国家“211 工程”和“985 工程”建设高校之一。

2010 年，中国农业大学总占地面积 130 万平方米，建筑面积 122.36 万平方米（不含校外住宅），固定资产总值 235067 万元，其中教学科研仪器设备总值 94830.32 万元。图书馆建筑面积 2.2 万平方米，藏书 183.84 万册，电子图书 4.84 万册。全年教育经费投入 263001 万元，其中国家拨款 199321 万元、自筹经费 63680 万元。学校分东西两个校区，设有 14 个学院、1 个体育与艺术教学部和 1 个研究生院。具有一级学科数 40 个，一级学科博士点 12 个，博士学位授权点 71 个，硕士学位授权点 136 个，专业学位授权点 10 个，覆盖 9 个学科门类。开设 67 个本科专业，其中 56 个专业招生。设有博士后流动站 12 个，博士后研究人员出站 32 人，进站 55 人，在站 163 人。具有 6 个国家重点一级学科、6 个国家重点二级学科，共覆盖了 24 个二级学科；北京市重点学科 10 个，省部级重点学科 11 个。学校有农业生物技术、植物生理学与生物化学、动物营养学 3 个国家重点实验室和畜禽育种国家工程实验室，29 个部级重点实验室，5 个国家级研究中心，19 个部级研究中心，国家级野外台站 1 个，部级野外台站 4 个。有在职教职工人数 2818 人，其中专任教师 1546 人，包括教授（含研究员）502 人，副教授（含副研究员）733 人；有导师 1270 人，其中博士生及硕士生导师 592 人，硕士生导师 678 人。中科院院士 5 人，工程院院士 6 人；“长江学者奖励计划”特聘教授 16 人，享受政府特殊津贴专家 70 人（不含退休）。外籍教师数 40 人，其中教授 3 人。各类毕业生共 19712 人，其中学历教育中全日制研究生 1856 人（博士生 556 人，硕士生 1300 人），普通本专科生 4042 人（本科生 3868 人，专科生 174 人），成人教育本专科生 6703 人（本科生 2997 人，专科生 3706 人），网络教育本专科生 6700 人（本科生 2980 人，专科生 3720 人），非计划招生高等教育学生中在职人员攻读博士硕士学位 411 人（博士 29 人，硕士 382 人）。本年高考普通本科专业录取线理科 570 分，文科 548 分（北京）。各类招生共 29284 人，其中学历教育中全日制研究生 2482 人（博士生 707 人、硕士生 1775 人），普通本科生 3329 人、成人教育本专科生 5222 人（本科生 2672 人、专科生 2550 人），网络教育本专科生 17830 人（本科生 7381 人，专科生 10449 人），非计划招生高等教育学生中在职人员攻读博士硕士学位 421 人（博士 15 人，硕士 406 人）。各类在校生共 88638 人，其中学历教育学生中全日制研究生 6447 人（博士生 2491 人，硕士生 3956 人），普通教育本专科生 13459 人（本科生 13239 人，专科生 220 人），成人教育本专科生 10639 人（本科生 5414 人，专科生 5225 人），网络教育本专科生 55681 人（本科生 27421 人，专科生 28260 人），非计划招生高等教育学生中在职人员攻读博士硕士学位 2412 人（博士生 132 人，硕士生 2280 人）。留学生毕（结）业 195 人，招生 239 人，在校生 151 人。毕业生总就业率为 96.33%。（钟占蓉）

北京林业大学　创办于 1952 年 10 月 16 日，原名北京林学院，1985 年改为现名。学校隶属教育部直属管理，是国家“211 工程”和“985 工程”建设高校之一。

2010 年，北京林业大学占地面积 46.88 万平方米，建筑面 34.32 万平方米，教学综合实习林场 775.1 公顷。图书馆建筑面积 23400 平方米，馆藏纸质文献 155.6 万册，电子文献 37000GB。学校固定资产总值 170390 万元，其中教科仪器设备资产值 43621.37 万元。全年教育经费投入 76473 万元，其中国家拨款 54278 万元，自筹经费 22195 万元。下设 13 个学院及体育教学部，开设专业 55 个本科专业及方向，覆盖 9 个学科门类；具有 26 个一级学科，4 个一级学科博士点，35 个博士学位授权点，73 个硕士学位授权点和 11 个专业学位授权点；5 个博士后流动站，其中博士后流动站进站 22 人，出站 9 人，在站 77 人。有 1 个一级国家重点学科（涵盖 7 个二级学科），2 个二级国家重点学科，1 个国家重点（培育）学科；10 个国家林业局重点学科；1 个北京市一级重点学科，4 个北京市二级重点学科，1 个北京市交叉重点学科；建有 25 个研究所，1 个国家工程实验室，1 个国家工程技术研究中心，1 个国家级野外台站，4 个教育部重点实验室，3 个教育部工程技术研究中心，1 个教育部科技创新团队，5 个国家林业局重点开放性实验室，1 个北京市重点实验室，1 个北京市工程技术研究中心，5 个国家林业局定位观测站，1 个国家级理科人才培养基地。学校现有教职工 1678 人，其中专任教师 1079 人，包括教授 196 人、副教授 444 人；有博士生导师 183 人，硕士生导师 346 人；中国工程院院士 4 人。有长江学者 4 人，973 项目首席科学家 1 人，"千人计划"人选 1 人，国家"百千万人才工程"人选 5 人，国家"新世纪百千万人才工程"人选 3 人，国家有突出贡献专家 8 人，省部级有突出贡献专家 20 人，享受政府特殊津贴专家 107 人。毕业生 5410 人，其中学历教育学生中全日制研究生 1009 人（博士生 180 人、硕士生 829 人），普通本专科生 3064 人，成人教育本专科生 1100 人（本科生 526 人、专科生 574 人）；非计划招生高等教育学生中在职人员攻读硕士学位授予学位 237 人，本科毕业生一次就业率 94.65%。招生 8542 人，其中学历教育学生中全日制研究生 1328 人（博士生 242 人，研究生 1086 人），普通本专科生 3398 人，成人教育本专科生 3430 人（本科生 2190 人、专科生 1240 人）；非计划招生高等教育学生中在职人员攻读硕士学位 386 人。有在校生 27157 人，其中学历教育学生中全日制研究生 3905 人（博士生 918 人、硕士生 2987 人），普通本专科生 13079 人，成人教育本专科生 8671 人（本科生 5170 人、专科生 3501 人）；非计划招生高等教育学生中在职人员攻读硕士学位 1502 人。留学生毕业 2 人，招生 31 人，在校攻读学位共 49 人。 （刘继刚）

北京航空航天大学 成立于 1952 年，是一所具有航空航天特色和工程技术优势的多科性、开放式、研究型大学。学校现隶属于工业和信息化部，是国家首批进入"211 工程"和"985 工程"建设的重点高校之一。

2010 年，学校占地面积 2205269 平方米，建筑面积 1391565 平方米。固定资产总值 550231 万元，其中教科仪器设备资产值 165501 万元。全年教育经费投入 202442.32 万元，其中国家拨款 79531.03 万元。图书馆建筑面积 26983 平方米，藏书总额 249 万册。学校现有学院 26 个，本科专业 56 个，硕士学位授权点 144 个，一级学科博士学位授权点 14 个，二级学科博士学位授权点 49 个。学科涵盖理、工、文、法、经济、管理、教育、哲学等 8 个门类。博士后流动站 15 个，其中博士后研究人员出站 73、进站 108、在站人数 212。北航现有 8 个国家重点一级学科，28 个国家重点二级学科。省部级重点一级学科 2 个，省部重点二级学科 34 个；有 7 个国家级重点实验室，25 个省部级重点实验室，3 个国家级工程中心以及 3 个省部级工程中心。学校现有教职工 3405 人，其中专任教师 2204 人（教授 504，副教授人 792。）；有博士生导师 538 人和硕士生导师数 1009 人（未含外聘）；中科院院士 5 人和工程院院士 11 人。有"长江学者奖励计划"特聘教授 36 人、国家有突出贡献专家 29 人、享受政府特殊津贴专家 57 人（不含离退休），国家杰出青年基金获得者 28 人，跨世纪优秀人才 13 人，新世纪优秀人才 99 人；国家级教学名师奖 3 人，国家自然科学基金委创新研究群体 3 个，教育部创新团队 8 个，国家级教学团队 5 个，国防科技创新团队 6 个。外籍教师数 42 人。本科毕业生就业率 98.54%，北京地区高考提档线文科 566、理科 612。全日制毕业生 5637 人，其中学历教育学生中全日制研究生 2670 人（博士生 568 人、硕士生 2102 人），普通本科生 2846 人，成人教育本专科 1226 人（本科生 764 人、专科生 462 人），网络教育本专科生 7598 人（本科生 4230 人、专科生 3368 人）；非计划招生高等教育学生中在职人员攻读博士硕士学位 1291 人（硕士生 1291 人）。全日制招生 7309 人，其中学历教育学生中全日制研究生 3652 人（博士生 687 人、硕士生 2965 人），普通本科生 3449 人，成人教育本专科 1714 人（本科生 947 人、专科生 767 人）；非计划招生高等教育学生在职攻读博士硕士学位 2242 人。全日制在校生 24935 人，其中学历教育学生中全日制研究生 11181 人（博士生 3681 人、硕士生 7500 人），普通本科生 13044 人，成人教育本专科 3690 人（本科生 2525 人、专科生 1165 人），网络教育本专科生 26954 人（本科生 14952 人、专科生 12002 人）；非计划招生高等教育学生中在职人员攻读博士硕士学位 6256 人（硕士生 6256 人）。留学生毕业 327 人，招生 429 人，在校生 933 人。

（赵轶姝 毕娟）

北京师范大学 其前身是1902年创立的京师大学堂师范馆，1908年改称京师优级师范学堂，独立设校。1912年改名为北京高等师范学校。1923年更名为北京师范大学，是中国历史上第一所师范大学。学校隶属教育部直属管理，是国家"211工程"和"985工程"建设高校之一。

2010年，北京师范大学占地面积70.64万平方米，建筑面积65.52万平方米。固定资产总值261361.05万元，其中教学、科研仪器设备资产68219.83万元。全年教育经费投入208954万元，其中国家拨款145429万元，占69.6%；自筹经费63525万元，占30.4%。图书馆建筑面积15.52万平方米，藏书388.71万册，电子图书677.51GB。下设1个学部、22个学院、2个系、26个研究院（所、中心）；拥有本科专业自主设置权限；开设本科专业57个；现有博士、硕士学位授权点的一级学科16个，博士学位授权点100个、硕士学位授权点162个；博士后流动站18个，其中出站106人、进站134人、在站391人。一级学科国家重点学科5个、二级学科国家重点学科11个、国家重点培育学科2个；北京市一级重点学科3个、北京市二级重点学科9个、北京市交叉重点学科1个。国家重点实验室4个、教育部重点实验室8个、北京市重点实验室6个、教育部工程研究中心5个、北京市工程技术中心2个、教育部人文社会科学重点研究基地7个。定期出版专业刊物14种，其中文科11种，理科3种。教职工3020人，其中专任教师1721人，包括教授618人、副教授633人；博士生导师688人、硕士生导师1445人。外籍教师15人。专任教师中有博士学位1421人，占83%；45岁以下1108人，占65%。享受政府特殊津贴专家289人；有两院院士8人、双聘院士11人，国务院学位委员会委员1人、国务院学科评议组成员16人，“长江学者奖励计划”特聘教授和讲座教授24人，国家杰出青年基金获得者31人。毕业生14030人，其中学历教育学生中全日制研究生2760人（博士生658人、硕士生2102人），普通本科生2042人，成人教育本专科生3421人（本科生2201人、专科生1220人），网络教育本专科生5117人（本科生3844人、专科生1273人）；非计划招生高等教育学生中在职人员攻读硕士学位690人。应届毕业生全员初次就业率为96.42%，其中本科生就业率98.96%，研究生就业率94.54%。招生20731人，其中学历教育学生中全日制研究生3499人（博士生758人、硕士生2741人），普通本科生2212人，成人教育本专科生4401人（本科生3246人、专科生1155人），网络教育本专科生9871人（本科生5376人、专科生4495人）；非计划招生高等教育学生中在职人员攻读硕士学位748人。高考北京地区提档线文科600分、理科616分。在校生53760人，其中学历教育学生中全日制研究生10455人（博士生2956人、硕士生7499人），普通本科生8746人，成人教育本专科生8964人（本科生6898人、专科生2066人），网络教育本专科生25595人（本科生16330人、专科生9265人）；非计划招生高等教育学生中在职人员攻读硕士学位2462人。留学生毕业1046人，招生1152人，在校生1860人。

北京交通大学 其前身是1896年由清政府创办的北京铁路管理传习所，是中国第一所培养管理人才的高等学府。1949年7月，更名为中国交通大学；1950年，改为北方交通大学；2000年，北京电力高等专科学校并入，学校从铁道部划归教育部直属管理；2003年，学校恢复使用北京交通大学校名。学校是国家首批进入“211 工程”和“985 工程”建设的重点高校之一。

2010年，北京交通大学占地面积66.81万平方米，建筑面积78.01万平方米。学校固定资产总值248390.00万元，其中教学科研仪器设备资产63666.78万元。全年教育经费投入146639万元，其中国拨58507万元，自筹88132万元。图书馆建筑面积16357平方米，藏书纸介质153.39万册，电子图书33.55万册。下设13个直属院（系），36个系，开设本科专业43个，覆盖工学和管理学等8个学科门类和33个一级学科，2个一级学科国家重点学科、2个二级学科国家重点学科，3个一级学科北京市重点学科，6个二级学科北京市重点学科，2个交叉学科北京市重点学科，铁道部重点学科4个。有一级学科博士点11个，二级学科博士点60个（其中有17个为自设专业），120个硕士学位授权点（其中有18个为自设专业），9类专业学位授权点；博士后流动站13个，其中出站26人，进站58人，在站153人。1个国家重点实验室，2个国家工程实验室、1个国家工程研究中心。教职工2790人，其中专任教师1718人，专任教师中，教授331人，副教授665人；博士生导师268人，硕士生导师880人；中科院院士4人，工程院院士7人；“973”[①]首席科学家3人，“长江学者奖励计划”特聘教授4人、讲座教授2人，国家级有突出贡献专家5人，享受政府特殊津贴专家164人；有外籍教师15人。专任教师中，博士985人，占57.3%。毕业生27308人，其中：学历教育学生中全日制研究生2310人（博士生272人、硕士生2038人），普通本专科生3764人（本科生3351人，专科生413人），成人教育本专科生3547人（本科生2375人、专科生1172人），网络教育本专科生16178人（本科生6332人、专科生9846人）。本科生就业率97.65%，硕士生98.68%，博士生97.48%，高职生92.74%。招生36040人，其中学历教育学生中全日制研究生3365人（博士生418人、硕士生2947人），普通本专科生3976人（本科生3474人，专科生502人），成人教育本专科生3547人（本科生2375人、专科生1172人），网络教育本专科生24434人（本科生8305人、专科生16129人）；非计划招生高等教育学生中在职人员攻读博士硕士学位718人。高考北京地区提档线理科586分，文科557分。在校生79427人，其中学历教育学生中全日制研究生8399人（博士生2202人、硕士生6197人），普通本专科生15338人（本科生13965人，专科生1373人），成人教育本专科生7098人（本科生4830人、专科生2268人），网络教育本专科生48592人（本科生17496人、专科生31096人）。留学生毕业145人，招生249人，在校学生450人。（高杰）

北京理工大学 其前身是1939年在延安创办的自然科学研究院，1943年并入延安大学，1946年1月，改名为晋察冀边区工业专门学校；1948年10月，与北方大学工学院合并，成立华北大学工学院，1949年8月，校址迁入北京；1951年11月，更名为北京工业学院；1988

[①]973计划：即国家重点基础研究发展计划，旨在解决国家战略需求中的重大科学问题以及对人类认识世界将会起到重要作用的科学前沿问题。

年 4 月，更为现名。学校隶属工业和信息化部，是国家首批进入“211 工程”和“985 工程”建设的重点高校之一。

2010 年，北京理工大学占地面积 4342 亩，建筑面积 124 余万平方米，固定资产 35 余亿元，分 4 个校区[①]。学校有 19 个专业学院，开设有 63 个本科专业。现有 19 个一级学科博士学位授权点，95 个二级学科博士学位授权点，35 个一级学科硕士学位授权点，196 个二级学科硕士学位授权点， 19 个博士后科研流动站。有国家一级重点学科 4 个，国家二级重点学科 5 个，国家重点学科（培育）3 个；北京市一级重点学科 3 个，北京市二级重点学科 4 个，北京市重点交差学科 2 个；国防特色学科 24 个。教职工总数 3442 人，其中专任教师 1953 人。教师中有院士 13 人，其中专任教师院士 8 人，双聘院士 5 人。中组部“千人计划”入选者 4 人，国家级有突出贡献专家 17 人，“长江学者奖励计划”特聘教授和讲座教授 22 人，国家杰出青年科学基金获得者 13 人次，国家“新世纪百千万人才工程国家级人选”入选 19 人，全国教学名师 4 人。在校生 60727 人，其中学历教育学生中全日制研究生 8205 人（博士生 2701 人、硕士生 5504 人），普通本专科生 14010 人，成人教育本专科生 6710 人，网络教育本专科生 26859 人；非计划招生高等教育学生中在职攻读博士硕士学位 3817 人。留学生在校生 326 人。

北京科技大学 始建于 1952 年，由北洋大学等 5 所国内著名大学的部分系科组建而成，初名北京钢铁工业学院，1960 年更为北京钢铁学院，1988 年更为现名。学校隶属教育部直属管理，是国家“211 工程”建设高校之一。

2010 年，北京科技大学占地面积 804600 平方米（含管庄校区），建筑总面积 844900 平方米（含管庄校区）。固定资产总值 222732 万元，其中教科仪器设备资产值 57534.13 万元。全年教育经费投入 134698 万元，其中国家拨款 84504 万元，自筹经费 50194 万元。学校由 13 个学院，以及研究生院、体育部、管庄校区、天津学院（独立学院）、延庆分校组成；开设有 46 个本科专业，覆盖工、理、管、文、经、法 6 个学科门类。学校现有国家一级重点学科 4 个，国家二级重点学科 12 个，国家重点学科（培育）1 个；北京市一级重点学科 2 个，北京市二级重点学科 10 个，北京市重点交叉学科 1 个；一级博士授权学科 9 个，二级博士学位授权学科 48 个（含 9 个自设）；一级硕士学位授权学科 20 个，二级硕士学位授权学科 109 个（含 10 个自设），另有 MBA、EMBA、MPA、法律硕士和 20 个工程硕士点，11 个博士后科研流动站。学校现有 1 个国家科学中心（筹），2 个国家级重点（专业）实验室，2 个国家工程（技术）研究中心，2 个国家科技基础条件平台，21 个部委级重点实验室、研究中心。教职工总数 2933 人，其中专任教师 1742 人，教授 430 人、副教授 735 人。专任教师中有中国科学院院士 7 人、中国工程院院士 2 人，中组部“千人计划”入选者 6 人，“973”首席科学家 2 人，国家级有突出贡献专家 16 人（1 人去世），“长江学者奖励计划”特聘教授 13 人、讲座教授 3 人，国家杰出青年科学基金获得者 18 人次，国务院学位委员会委员 1 人、国家学科评议组成员 5 人，国家“新世纪百千万人才工程国家级人选”入选 12 人（调离 1 人），全国教学名师 2 人，教育部跨/新世纪优秀人才支持计划 66 人，享受政府特殊津贴专家 346 人（其中调离 2 人、离退休 231 人、24 人去世）。外籍教师 16 人。学校毕业生 9449 人，其中学历教育学生中全日制研究生 2342 人（博士生 370 人、硕士生 1972 人、硕士班 0 人），普通本专科生 3256 人（本科 3160 人、专科生 96 人），成人教育本专科生 515 人（本科生 386 人、专科生 129 人），网络教育本专科生 2939 人（本科生 726 人、专科生 2213 人）；非计划招生高等教育学生中在职攻读博士硕士学位 397 人，研究生课程进修班 29 人。招生 15774 人，其中学历教育学生中全日制研究生 2908 人（博士生 545 人、硕士生 2363 人），普通本专科生 3419 人（本科 3319 人、专科生 100 人），成人教育本专科生 2620 人（本科生 1720 人、专科生 900 人），网络教育本专科生 6454 人（本科生 1950 人、专科生 4504 人）；非计划招生高等教育学生中在职攻读博士硕士学位 373 人。在校生 48760 人，其中学历教育学生中全日制研究生 8798 人（博士生 2457 人、硕士生 6341 人），普通本专科生 13824 人（本科 13532 人、专科生 292 人），成人教育本专科生 9147 人（本科生 5747 人、专科生 3400 人），网络教育本专科生 16991 人（本科生 7323 人、专科生 9668 人）；非计划招生高等教育学生中在职攻读博士硕士学位 1883 人，研究生课程进修班 116 人。留学生毕业 118 人，招生 361 人，在校生 707 人。在扩大学科规模的同时，学校注重提升学科的质量和内涵。在最新一轮全国一级学科整体水平评估中，除冶金工程继续排名第 1 外，科学技术史、材料科学与工程、矿业工程排名均在上一轮评估的基础上提升 1 位，分别排在第 1、2、3 位。 （金剑苞）

北京体育大学 创建于 1953 年 11 月，1956 年 3 月改名为北京体育学院，1993 年 11 月更名为北京体育大学。学校隶属于国家体育总局，是“211 工程”建设高校之一。

2010 年，北京体育大学占地面积 850400 平方米，建筑面积 560518 平方米。固定资产总值 191221.55 万元，其中教学科研训练仪器设备资产值 19642.94 万元。全年教育经费投入 46197.92 万元，其中国家拨款 28928.90 万元，自筹经费 17269.03 万元。图书馆建筑面积 5766 平方米，藏书 93 万册。拥有室内训练馆 25 个，室外运动场 59 个。设有 8 个学院 4 个系 2 个中等专业学校。开设本科专业 12 个，覆盖教育学、文学、理学、医学、管理学 5 个学科门类；一级学科博士点 1 个；二级学科博士学位授权点 4 个，硕士学位授权点 10 个；专业学位授权点 2 个；体育学博士后科研流动站 1 个，出站 9 人，进站 6 人，在站 21 人。有一级学科国

① 即本部（包括中关村校区和良乡校区）、西山试验区、房山分校和秦皇岛分校。

家级重点学科1个（含4个二级学科国家级重点学科），省部级重点学科14个，省部级重点实验室5个和国家体育总局体育人文社会学重点研究基地1个。在职教职工 1033 人，其中具有高级专业技术职务人员 346 人（正高级 124 人，副高级 222 人），专任教师 625 人。专任教师中教授 115 人，副教授 175 人；博士生导师 71 人，硕士生导师 145 人。国际级裁判 33 人，国家级裁判 154 人。享受政府特殊津贴专家 52 人。毕业学生 4748 人，其中学历教育学生中全日制研究生 453 人（博士生 69 人，硕士生 318），本科生 1993 人；研究生课程进修班 32 人。招生 4186 人，其中学历教育学生全日制研究生 654 人（博士生 105 人、硕士生 431 人），本科生 1995 人；非计划招生高等教育学生中在职人员攻读硕士学位 129 人，研究生课程进修班 34 人。在校生 13132 人，其中学历教育学生中全日制研究生 1638 人（博士生 281 人，硕士生 1181 人），本科生 7888 人；非计划招生在职攻读硕士学位 288 人，研究生课程进修班 34 人。本科毕业生就业率 98.31%。留学生毕业 17 人，招生 128 人，在校生 201 人。

（王树宁　牛文珺　黄月）

北京外国语大学　其前身是 1941 年成立于延安的中国人民抗日军政大学三分校俄文大队，后发展为延安外国语学校，1954 年更名为北京外国语学院，1959 年与北京俄语学院合并组建新的北京外国语学院。1994 年正式更名为北京外国语大学。学校隶属教育部直属管理，是“211 工程”建设高校之一。

2010 年，北京外国语大学占地面积 49.21 万平方米，其中本部占地 32.39 万平方米，学校产权面积 38.73 万平方米。固定资产总值 120977.6 万元，其中教科仪器设备资产值 9692.18 万元。图书馆建筑面积 3360 平方米，藏书总额 112.2 万册。全年教育经费投入 49910.9 万元，其中国家拨款 17630.76 万元、自筹经费 32280.14 万元。学校共有 13 个学院，7 个直属系部，40 个研究中心（所），1 个教育部人文社会科学重点研究基地，2 个教育部非通用语种本科人才培养基地：欧洲语种群和亚非语种群；另有信息技术中 心、图书馆等教学辅助单位。学校开设 49 种外国语课程，开设专业 62 个，覆盖文学、法学、经济学、管理学和工学五个学科；有 1 个一级学科博士学位授予权（涵盖 49 国语言，10 个二级学科），10 个二级学科博士学位授权点；6 个一级学科硕士学位授权点，16 个二级学科硕士学位授权点；2 个专业学位授权点，即翻译（口译和笔译）和汉语国际教育；1 个外国语言文学博士后流动站。4 个国家重点学科（含培育学科），6 个北京市重点学科。教职工总数 1375 人，其中专任教师 631 人，包括教授 106 人、副教授 218 人；有博士生导师 87 人、硕士生导师 299 人；国际级有突出贡献的专家 4 人，享受政府特殊津贴专家 112 人，外籍教师 69 人，其中教授 19 人，副教授 26 人。毕业生 2357 人，其中学历教育学生中全日制研究生 451 人，普通本科生 1023 人，成人教育本专科生 89 人，网络教育本专科生 794 人。普通本科一次性就业率 99.02%。招生 3113 人，其中全日制研究生 650 人，普通本专科生 1137 人，成人教育本科生 200 人，网络教育本专科生 1126 人。在校生 12137 人，全部为学历教育学生，其中全日制研究生 1999 人，普通本科生 4619 人，成人教育本专科生 515 人，网络教育本专科生 5004 人。高考北京地区本科提档线文科 590 分、理科 593 分。留学生毕业 860 人，招生 1210 人，在校生 1188 人。

（滕岑）

中国政法大学　其前身是由北京大学、清华大学、燕京大学、辅仁大学四校的法学、政治学、社会学等学科组合而成的北京政法学院，成立于 1952 年 11 月。1983 年，北京政法学院与中央政法干校合并，组建为中国政法大学。1985 年，学校开辟昌平校区新校址，形成一校及本科生院、进修生院、研究生院三院办学格局，进修生院后更名为中央政法管理干部学院单独办学，2000 年又合并于中国政法大学。学校隶属教育部直属管理，是国家“211 工程”建设高校之一。

2010 年，中国政法大学占地面积 487358 平方米、建筑面积 439044 平方米。固定资产总值 62768.35 万元，其中教学、科研仪器设备资产值 10916.61 万元。图书馆建筑面积 17313 平方米，藏书 180 万册。全年教育经费投入 67187 万元，其中国家拨款 40716 万元、自筹经费 26471 万元。有两个校区；下设 19 个教学院部，开设 17 个本科专业。有 13 个一级学科，1 个一级学科博士点，19 个博士学位授权点，44 个硕士学位授权点，3 个专业学位授权点。有 2 个博士后流动站，其中博士后研究人员出站 13 人、进站 27 人和在站 63 人。有 1 个法学一级国家重点学科，3 个法学二级国家重点学科，6 个北京市重点学科；有 2 个教育部人文社会科学重点研究基地，1 个北京市哲学社会科学研究基地，1 个教育部重点实验室。有教职工 1673 人，其中专任教师 906 人，包括教授 245 人、副教授 381 人；有博士生导师 119 人，硕士生导师 521 人；有“长江学者奖励计划”特聘教授 1 人、讲座教授 1 人，享受国务院政府特殊津贴专家 43 人。有外籍教师 34 人，其中教授 34 人。毕业生 7212 人，其中学历教育学生中全日制研究生 1360 人（博士生 150 人、硕士生 1210 人），普通本科生 2135 人，成人教育本科生 2170 人；非计划招生高等教育学生中在职人员攻读研究生学位 266 人(博士生 3 人、硕士生 263 人)，研究生课程进修班结业 1281 人。本科毕业生就业率 96.68%。招生 8541 人，其中学历教育学生中全日制研究生 2123 人（博士生 235 人、硕士生 1888 人），普通本科生 2102 人、成人教育本科生 2623 人；非计划招生高等教育学生中在职人员攻读硕士学位 324 人，研究生课程进修班 1369 人。高考北京地区本科提档线理科 578 分、文科 563 分。在校生 21259 人，其中学历教育学生中全日制研究生 5611 人（博士生 839 人、硕士生 4772 人）；普通本科生 8534 人；成人教育本科生 4090 人；非计划招生高等教育学生中在职人员攻读博士硕士学位 779 人（博士生 18 人，硕士生 761 人）；研究生课程班进修 2245 人。

留学生毕业 52 人，招生 94 人，在校生 270 人。 （喻清泉）

中央财经大学 其前身是创办于 1949 年 11 月的华北税务学校，1950 年 2 月在其基础上成立中央税务学校；1952 年 8 月与北大、清华、辅仁、燕京四所大学经济系合并为中央财经学院；1996 年 5 月更名为中央财经大学。学校隶属教育部直属管理，是国家“211 工程”建设高校之一。

2010 年，中央财经大学占地面积 80.5 万平方米，建筑面积 33.8 万平方米，设学院南路校区、沙河校区 2 个校区。固定资产总值 134556 万元，其中教学仪器设备资产值 14453 万元。图书馆建筑面积 1.1 万平方米，藏书总额 392 万册（含电子书 251 万册），其中中文藏书 122.4 万册，外文图书 3.4 万册，期刊合订本 5.8 万册，参考书 2.3 万册。全年教育经费投入 66965.29 万元，其中国家拨款 30152.73 万元，自筹经费 33815.53 万元，科研经费支出 2997.03 万元。设有 29 个教学院部，开设 40 个本科专业和 10 个本科专业方向，涵盖经、管、法、文、理、工 、教育 7 个学科；拥有应用经济学一级学科博士学位授权，17 个博士学位授权点，42 个硕士学位授权点，10 个专业学位授权点（其中保险学院、财政学院是全国保险硕士、资产评估硕士专业学位教学指导委员会秘书处所在单位）；3 个博士后科研流动站，其中博士后研究人员出站 6 人，进站 16 人，在站 70 人。成人高等学历教育开设 8 个本科专业和 6 个专科专业。拥有应用经济学一级学科国家重点学科(涵盖 10 个二级学科国家重点学科)、会计学二级学科国家重点学科和 4 个北京市重点学科。有 62 个科研机构，其中教育部普通高等学校人文社会科学重点研究基地 1 个、北京市哲学社会科学研究基地 1 个、校级重点研究基地 6 个。有教职工 1423 人，其中专任教师 924 人（教师中教授 204 人、副教授 318 人）；博士生导师 97 人、硕士生导师 557 人；“千人计划”入选者 1 人，国务院学位委员会应用经济学学科评议组成员 1 人，教育部社会科学委员会委员和科学技术委会委员 2 人，“跨（新）世纪百千万人才工程国家级人选”4 名，“长江学者奖励计划”特聘教授 1 人，“长江学者奖励计划”讲座教授 3 人，享受政府特殊津贴专家 26 人，入选教育部新世纪优秀人才人选 24 人（累计），国家级教学团队 2 个；外籍教师 20 人，其中教授 4 人，副教授 2 人。其他外聘教师 37 人。2010 年毕业生 7499 人，其中学历教育学生中全日制研究生 971 人（博士生 100 人、硕士生 871 人），普通本科生 1569 人，成人教育本专科生 4497 人（本科生 2626 人、专科生 1871 人）；非计划招生高等教育学生中在职人员攻读硕士学位 271 人，研究生课程进修班 191 人。本年高考北京地区本科提档线文科 580 分、理科 607 分。招生 8126 人，其中学历教育学生中全日制研究生 1695 人（博士生 180 人、硕士生 1515 人），普通本科生 2303 人，成人教育本专科生 3114 人（本科生 1865 人、专科生 1249 人）；非计划招生高等教育学生中在职人员攻读硕士学位 213 人，研究生课程进修班 801 人。在校生 20663 人，其中学历教育学生中全日制研究生 3775 人（博士生 543 人、硕士生 3232 人），普通本科生 8304 人，成人教育本专科生 6077 人（本科生 3698 人、专科生 2379 人）；非计划招生高等教育学生中在职人员攻读硕士学位 595 人，研究生课程进修班 1912 人。本科毕业生就业率 96.55%。留学生学历生中，毕业 44 人，招生 109 人，在校生 370 人。 （刘瑜）

中国青年政治学院 是在中央团校基础上于 1985 年 12 月成立的，与中央团校两块牌子，一套机构，承担普通高等教育和共青团干部培训的双重职能，是共青团中央所属的唯一一所普通高等学校。

2010 年，学校占地面积 113220 平方米，建筑面积 170281 平方米。固定资产总值 12925.40 万元，其中教学科研仪器设备资产总值 6035.95 万元。图书馆建筑面积 9800 平方米，藏书总额 67.21 万册。全年教育经费投入 15503.96 万元，其中国拨 12152.86 万元，自筹经费 3351.10 万元。中国青年政治学院设有 11 个本科教学机构，包括 2 个学院、7 个系、 2 个中心。设有继续教育学院（在全国 7 个省区设有 8 个教学点）、轮训部、进修部等成人教育机构。开设 13 个本科专业，覆盖 4 个学科门类。硕士学位授予点 9 个。教职工总数 520 人，其中专任教师 279 人，专任教师中，教授 40 人、副教授 111 人，有硕士生导师 96 人。招收学生总数 3083 人。毕业生学生总数 2068 人。本科毕业生就业率 91.74%，高考提档线文科 556 分，理科 564 分。毕业生 2068 人，其中学历教育学生中全日制研究生 81 人、普通本科生 1041 人、成人教育本专科 946 人（本科 632 人、专科生 314 人）；招生 3083 人，其中学历教育学生中全日制研究生 173 人、普通本科 1188 人、成人教育本专科 1722 人（本科 432 人、专科生 1290 人）；在校生 8799 人，其中学历教育学生中全日制研究生 399 人、普通本科生 4527 人、成人教育本专科 3873 人（本科 1782 人、专科生 2091 人）。留学生毕业 4 人，招生 53 人，在校生 77 人。

北京电影学院 其前身是 1950 年成立的中央电影局表演艺术研究所（电影学校），1956 年更为现名。1984 年开始招收攻读硕士学位研究生，2003 年获批为博士学位授予单位，2004 年开始招收博士研究生。

2010 年，学校总建筑面积 91339 平方米，正在施工面积 10394 平方米。学校固定资产总值 50373.10 万元，其中教学、科研仪器设备资产总值 27292.82 万元，生均 9.1 万元。全年教育经费投入 23303.55 万元，其中国家拨款 17907.55 万元(含中央财政共建 800 万元)，自筹经费 5396 万元。图书馆建筑面积 2057 平方米，藏书 32.56 万册，电子图书 1897.0GB。学院建有 14 个院（系、部），开设 9 个本科专业，其中摄影专业、录音艺术专业、动画专业是国家特色专业建设点，摄影专业、录音艺术专业、动画专业、表演专业是北京市特色专业，本年新获批“数字电影技术”本科专业，2011 年开始招收本科生。学校具有一级学科1个，博士学位授权点1个，硕士学位授权点8个，本科专业学位授权点1个；部级重点学科（一级）1个，部级重点学科（二级）1个。教职工总数512人，其中专任教师263人，专任教师中教授47人、副教授96人；博士生导师17人，硕士生导师130人；享受政府特殊津贴30人。外籍教师3人。全日制在校生人数2364人。在校研究生470人(其中博士生48人、硕士生422人)，在校普通本科生1894人。成人教育本专科生560人(其中本科生336人，专科生224人)；在职人员攻读硕士学位148人；研究生课程进修班56人；留学生69人。招生453人，毕业1407人，本科毕业生就业率95.5%。

（崔晓玉）

【北京林业大学首部年鉴出版发行】 3月18日，《北京林业大学年鉴》首发。该年鉴全面、系统地分类记述学校2008年各方面工作的新成就、新发展、新变化、新经验，收录2002至2008年的学校大事记，全书73万字，彩图31张。《北京林业大学年鉴2009卷(电子版)》由中国学术期刊（光盘版）电子杂志社出版发行。（刘继刚）

【中国文化发展研究中心在北大成立】 3月28日，中国文化发展研究中心在北大成立。中心挂靠北京大学马克思主义学院，其宗旨是：立足中国实际，弘扬中华文化，吸收外来文化，推动文化创新，建设当代中国新国学，促进中国特色社会主义文化的发展和繁荣。北大党委副书记杨河教授、香港南海控股有限公司董事会主席于品海任中心理事长。

【清华大学被评为全球最美丽大学校园】 3月，美国财经杂志《福布斯》评选出全球14个最美丽的大学校园，清华大学是亚洲唯一上榜的大学。

（张弛）

【北京大学歌剧研究院成立】 4月9日，北京大学歌剧研究院成立。该研究院是我国第一家歌剧研究、创作、表演的高等教育机构，为实体教学科研单位，由著名歌剧表演艺术家金曼担任首任院长。（张兴明）

【北外为北京多语言服务中心提供志愿服务】 4月12日，由北京多语言服务中心协同110、120、999建立的多语言呼叫中心开始试运行，期间中心的志愿者为110、120、999提供从早8点到晚6点的包括英、法、德、俄、阿、西、日、韩八种语言在线翻译服务，北京外国语大学为该中心的开通提供支持。

（滕岑）

【北交大举办首届轨道交通系统安全论坛】 4月16日，北交大举办轨道交通系统安全论坛。该论坛以“探讨中国轨道交通安全评估的标准与体系”为主题，旨在加强系统安全理论及技术研究，推动建立适合我国轨道交通的安全标准及评估体系；结合中国轨道交通建设与运营需要，研讨国际安全标准及评估的最新进展及应用经验；探究中国轨道交通安全评估的标准与体系，推动轨道交通安全技术及标准的发展与完善。由北京交大、英国约克大学和东伦敦大学联合成立的轨道交通安全技术研究中心同时揭牌成立。（高杰）

【中国人民大学成立律师学院】 4月26日，中国人民大学律师学院成立。学院是国内第一所由高校创办的集教学、研究与培训为一体的综合性律师学院，致力于建设高端和国际化的律师培养平台，把法学教育与法律实务紧密结合，是当代中国法学人才培养和社会服务模式的一种新尝试。（段蕾　张刚银）

【国内首套“大学生村官丛书”出版】 4月，中国农业大学和高等教育出版社共同推出国内第一套大学生村官系列图书。丛书共4本，分别为《中国农业与世界农业概论》、《中国农村政策要览》、《中国农业产业实用新技术读本》及《中国农村村政村务管理读本》。这套丛书,以大学生具有的文化程度为起点，在选题策划、组织体系、内容写作中,结合实际有所创新,适应不同专业毕业的大学生们基层工作的需要。

（钟占蓉）

【清华大学绿色跨越研究中心成立】 6月11日，清华大学绿色跨越研究中心成立。中心是清华大学跨院系的校级研究机构，由经管学院、核研院和环境系共同成立。中心旨在充分利用学校在经济管理、核能与清洁技术研究、环境科学及其他学科的综合优势，更好地开展“绿色跨越”的实践和理论研究，促进学校环境保护和可持续发展教育。

（张弛）

【中央财经大学首批ACCA[①]项目班学员结业】 6月13日，中央财经大学首批ACCA项目班75名学员结业。该项目于2008年9月启动，是将国内外广泛认可的ACCA专业资格证书与英国著名公立大学本科学位教育融为一体，旨在培养更多具备国际会计资格的多层次高级人才。（刘瑜）

【北京大学儒学研究院成立】 6月29日，北京大学儒学研究院成立。该院是在北大《儒藏》编纂与研究中心、北大中国哲学暨文化研究所和中国哲学教研室的基础上成立的，汤一介教授任院长。研究院成立后将重点在5个方面开展工作：整合校内外儒学研究力量；深入开展儒家思想学术研究，同时更加注重儒学研究的时代性、世界性和现实性；加快复合型儒学研究人才的培养和学术队伍建设；促进国际间的儒学学术交流和对话，逐步使儒学研究走向世界；为国家文化战略的实施和中华民族的伟大复兴做出贡献。（张兴明）

【中国农业大学开设首批全英文课程】 7月5日至16日，中国农业大学首批全英文课程正式开设。课程包括中国农村经济、现代园艺科学与生物技术等14门课程，均为公共选修课，计入公选课学分。（钟占蓉）

【北科大举办海峡两岸节能减排科技论坛】 7月11-18日，北科大举办2010年海峡两岸节能减排科技论坛，14所台湾高校组织的21支参赛队以及北科大的15支团队提交设计创意及作品。此次论坛旨在加强两岸高校的合作，增进北科大与台湾各高校在节能减排领域的学术交流。两岸师生来自机械工程、材料科学与工程等数十个学科专业，作品覆盖节能减排的各相关领域。

---

① ACCA：特许公认会计师公会（The Association of Chartered Certified Accountants，简称ACCA)。

（金剑苞）

【北航开设全国首个“移动云计算”软件工程硕士专业】 8月，北航软件学院开设“移动云计算”软件工程硕士专业。该专业旨在培养具有云计算服务端和各类终端技术开发能力的实用型工程师及移动项目管理高端人才，学生将学习云计算、移动开发、软件服务、软件工程相关理论与技术，必须参与完成至少一款商业级应用软件服务产品设计和开发，开发的软件须获得第三方的商业测试，鼓励学生申请专利、软件著作权等知识产权。该专业是全国第一个“移动云计算”软件工程硕士专业。

（毕娟）

【中国人民大学纪念命名组建60周年】 10月15日，中国人民大学举行命名组建60周年纪念大会，校领导、校董代表、教育基金会理事代表、校友代表以及在校师生代表1000多人参加。同时，学校开展了1986级校友毕业二十周年大会、1980级校友入校三十周年返校活动、第二届“世界百所著名大学法学院院长论坛”暨中国人民大学法学院60年院庆庆典大会、国际关系学院60周年院庆、第十届马克思哲学论坛等系列庆祝活动。（段蕾 张刚银）

【北影庆祝建校60周年】 10月23日，北京电影学院举办建校60周年校庆，中共中央政治局常委、国务院总理温家宝为北影校庆发来亲笔贺信。庆典上颁发“新中国电影教育开拓奖”、“中国电影教育杰出贡献奖”和“北京电影学院优秀毕业生奖”三项校庆大奖。

成立于1950年的北京电影学院是现今世界规模最大的电影专业艺术教育高等学府。新中国成立以来拍摄的7000多部影片中，75%以上由该校毕业生主创拍摄；在历届国家“五个一工程奖”、政府“华表奖”、“金鸡奖”、“百花奖”获奖作品中，电影学院毕业生主创作品达到百余部。该校毕业生的作品还在戛纳、威尼斯、柏林、东京电影节上摘得大奖。（崔晓玉）

【中国政法大学成立国内首家控烟法律诊】 10月26日，国内首家控烟法律诊所成立。该诊所由中国政法大学法学院主办，对于推动我国烟草控制法律进程具有重要的实践意义，填补我国法律诊所教育在这一领域的空白。

（喻清泉）

【北京林业大学林业生物质能源研究所成立】 10月29日，北林大林业生物质能源研究所成立。该研究所下设林业生物质能源植物培育、能源加工装备、能源转化、能源综合利用等4个研究室，主要研究领域涉及林业生物质能源的栽培、加工、转化和综合利用一体化研究。（刘继刚）

【首届创新中国论坛在北师大举行】 10月30日，以“求答钱学森之问：中国如何培养创新人才”为主题的首届创新中国论坛在北师大举行。论坛由该校与中国高等科学技术中心、中国海洋大学、科学时报社共同主办。美籍华裔物理学家、诺贝尔物理学奖获得者李政道任论坛主席，他在主旨演讲中围绕“钱学森之问”主体，提出了“要创新，需学问；只学答，非学问。要创新，需学问；问愈透，创更新”观点。（张驰）

【海淀行政辖区内高等院校名单（37所）[①]】

1、中国青年政治学院
地址：海淀区西三环北路25号
邮编：100089
电话：68420802（院办）
网址：www.cyu.edu.cn

2、国际关系学院
地址：海淀区坡上村12号
邮编：100091
电话：62877037
网址：www.uir. cn

3、北京体育大学
地址：海淀区信息路48号
邮编：100084
电话：62989047
网址：www.bsu.edu.cn

4、首都体育学院
地址：海淀区北三环西路11号
邮编：100088
电话：82090776 82099007
网址：www.cipe.net.cn

5、北京电影学院
地址：海淀区西土城路4号
邮编：100088
电话：82048291 82048899-379
网址：www.bfa.edu.cn

6、北京舞蹈学院
地址：海淀区民族大学南路19号
邮编：100081
电话：68935788 68451413
网址：www.bda.edu.cn

7、中国人民解放军艺术学院
地址：海淀区中关村南大街18号
邮编：100081
电话：62176610 66869061

8、北京大学
地址：海淀区颐和园路5号
邮编：100871
电话：62751407 62751201
网址：www.pku.edu.cn
北京大学医学部（不单计）
地址：海淀区学院路38号
邮编：100083
电话：82802223 82802191
网址：www.bjmu.edu.cn

9、清华大学
地址：海淀区清华大学
邮编：100084
电话：62770334 62785001（查号台）
网址：www.tsinghua.edu.cn

10、中国人民大学
地址：海淀区中关村大街59号
邮编：100872
电话：62511192 62511132
网址： www.ruc.edu.cn

11、北京师范大学
地址：海淀区新街口外大街19号
邮编：100875
电话：58806183（查号台）
网址：www.bnu.edu.cn

[①] 中国农业科学院研究生院只招收全日制研究生。

12、北京理工大学
地址：海淀区中关村南大街 5 号
邮编：100081
电话：68914242（校办）
网址：www.bit.edu.cn

13、北京科技大学
地址：海淀区学院路 30 号
邮编：100083
电话：62332312（校办）
网址：www.ustb.edu.cn

14、北京化工大学（西区）
地址：海淀区紫竹院路 98 号
邮编：100089
电话：68416624
网址：www.buct.edu.cn

15、北京交通大学
地址：海淀区西直门外上园村 3 号
邮编：100044
电话：51688403（校办）
网址：www.bjtu.edu.cn;

16、北京邮电大学
地址：海淀区西土城路 10 号
邮编：100876
电话：62282615（校办）
网址：www.bupt.edu.cn

17、北京航空航天大学
地址：海淀区学院路 37 号
邮编：100083
电话：82317114　82317580
网址：zsjyc.buaa.edu.cn

18、中国农业大学
地址：海淀区清华东路 17 号（东校区）
海淀区圆明园西路 2 号（西校区）
邮编：100083
电话：62736518（校办）
网址：www.cau.edu.cn

19、北京林业大学
地址：海淀区清华东路 35 号
邮编：100083
电话：62338216　62338279
网址：zsb.bjfu.edu.cn

20、中国政法大学（学院路校区）
地址：海淀区西土城路 25 号
邮编：100088
电话：58908060（院办）
网址：gate.cupl.edu.cn/yjsy

21、北京外国语大学
地址：海淀区西三环北路 2 号
邮编：100089
电话：88816481　88816215
网址：www.bfsu.edu.cn

22、北京语言大学
地址：海淀区学院路 15 号
邮编：100083
电话：82303943　82303609
网址：www.blcu.edu.cn

23、中国矿业大学(北京)
地址：海淀区学院路丁 11 号
邮编：100083
电话：62331534
网址：www.cumtb.edu.cn

24、中央民族大学
地址：海淀区中关村南大街 27 号
邮编：100081
电话：68932902　68933922
网址：www.cun.edu.cn

25、中国地质大学（北京）
地址：海淀区学院路 29 号
邮编：100083
电话：82321091　82322005（校办）
网址：www.cugb.edu.cn

26、首都师范大学
地址：海淀区西三环北路 105 号
邮编：100048
电话：68906415　68902217（校办）
网址：www.cnu.edu.cn

27、北京工商大学
地址：海淀区阜成路 11 号、33 号
邮编：100048
电话：68984698（校办）
网址：www.btbu.edu.cn

28、中央财经大学
地址：海淀区学院南路 39 号
邮编：100081
电话：62288332
网址：www.cufe.edu.cn

29、北京信息科技大学（清河校区）
地址：海淀区清河小营东路 12 号
邮编：100085
电话：82426815

30、北京联合大学
应用文理学院
地址：海淀区北土城西路 197 号
邮编：100083
电话：62004511(院办)
网址：www.casbuu.edu.cn
广告学院
地址：海淀区温泉镇东埠头路 1 号
邮编：100095
电话：62485324　62452188
网址：http://adc.buu.com.cn

31、中国劳动关系学院
地址：海淀区增光路 45 号
邮编：100048
电话：88561833
网址：www.ciir.edu.cn

32、中国农业科学院研究生院
地址：海淀区中关村南大街 12 号
邮编：100081
电话：82109689
网址：www.gscaas.net.cn

33、北京农业职业学院（北校区）
地址：海淀区香山普安店 29 号
邮编：100093
电话：82595048,82595042
网址：www.bvca.net.cn

34、北京城市学院(民办)
地址：海淀区北四环中路 269 号
邮编：100083
电话：62313336　62322652　62322676
网址：www.bcu.edu.cn

35、北京科技经营管理学院三义庙校区（民办）
地址：海淀区三义庙 2 号院
邮编：100086
电话：62545146　80715245
网址：www.bjjsy1985.cn

36、北京培黎职业学院(民办)
地址：海淀区双清路 1 号
邮编：100085
电话：51634116/4119/4332/4333/4334
网址：www.bjpldx.edu.cn

37、北京新圆明职业学院（民办）
地址：海淀区中关村科技园区聂各庄东路 10 号

邮编：100194 电话：58714114 62466725（传真） 网址：www.ymyu.com （刘畅）

职 业 教 育

【综述】 按照登记原则，2010年海淀区有中等职业学校19所，其中有北京市经济管理学校等10所中专技校和其他机构办职业学校，北京市信息管理学校等4所职业高中，海淀区寄读学校和北京市第三聋人学校2所特殊教育学校举办的职高班。有3所公办职业高中，其中2为省部级重点学校。

2010年，中等职业教育招生5764人，毕业4926人，总在校生15552人。其中普通中专在校生5979人，高校附属中专在校生1250人，成人中专在校生1859人；职业高中和附设职高班的学校在校生6464人，比上年增加330人。职业高中北京市户籍学生3436人，比上年增加133人。中等职业学校教职工729人，其中专任教师460人。全部职业学校占地面积287040平方米，建筑面积222669平方米；固定资产总值39226万元。

培育职业教育的区域特色，加强职业学校与海淀园企业合作平台，与驻区12家企业签订联合办学协议。促进北京市信息管理学校与北京神州泰岳计算机技术有限公司、海淀区艺术职业学校与北京中海创意动漫游戏科技孵化器有限公司合作。3所职业学校首批进入北京市“以工作过程为导向”的专业课程改革实施阶段，1所学校成为北京市现代化标志校。通过计算机网络、财会、动画制作等3个市级课改专业带动，在重点专业实施“以工作过程为导向的课程开发”项目，研究核心课程实施、评价与管理工作。组织开展课程改革教材和实训教材评选、专业课教师“理实一体化”教学设计比赛、课程改革课例交流等活动，全方位推进职业教育课程改革；加强职业教育教研团队建设，启动职教“名师”培养工程。在学生中开展职业生涯规划设计比赛，编写《〈职业生涯规划〉优秀教学设计集》，将学科教学与职业道德教育、职业风采教育融合，提高职业教育学生的专业素养和社会适应能力。组织驻区职业学校第二届学生专业技能大赛；代表北京市参加全国中等职业学校学生专业技能大赛，获4个一等奖，计算机专业获团体总分第一名。投资1.5亿元的信息管理学校新校区投入使用。3所职高组成的学生方队参加在中华世纪坛举行的“2010年亚洲残疾人运动会”火种采集仪式。

2010年是海淀区职业教育改革发展30周年。30年来，海淀区职业教育经过广泛发展、平稳推进、精品建设3个阶段，发展模式从粗放到精品、从多元到特色。计算机专业、动漫制作专业在全国享有盛名，为社会建设和经济发展培养了一批高素质实用性人才。“十一五”期间，海淀区投资4887万元建成8个专业实训基地，进一步推进职业教育专业建设、深化课程改革、探索办学模式、提升办学水平。

【2010年海淀区中等职业教育学校名单（19所）[①]】

职业高中学校（7校、部[②]）

1、北京市信息管理学校

（1）清河校区

地址：海淀区清河街道龙岗路

邮编：100192

电话：62999863

（2）紫竹校区

地址：海淀区西三环北路20号

邮编：100081

电话：68480044（总机）

（3）中关村校区

地址：海淀区彩和坊路甲10号

邮编：100080

电话：68480044（总机）

（4）翠微校区

地址：海淀区翠微东里12号

邮编：100094

电话：68480044（总机）

2、北京市商务管理学校

（1）东校区

地址：海淀区北土城西路169号

邮编： 100083

电话：62013903 62035031

（2）南校区

地址：海淀区远大路29号

邮编：100097

电话：88430848

（3）西校区

地址： 海淀区西苑操场甲3号

邮编：100091

电话：62876813

3、北京市海淀区艺术职业学校

（1）北校区

地址：海淀区北三环西路4号

邮编：100088

电话：62269740 62258210

（2）南校区

地址：海淀区景王坟甲3号

邮编：100037

电话：68353393

4、北京市军乐艺术学校

地址：海淀区香山南路65号

邮编：100093

电话：62596665

5、北京市残疾人职业高中（职高部）

地址：海淀区花园北路32号

邮编： 100191

电话：62017546

6、北京市海淀寄读学校（职高部）

地址：海淀区温泉村170号

邮编：100095

---

① 新收录北京市广播电视中等专业学校。

② 北京市残疾人职业高中、北京市海淀寄读学校和北京市盲人学校三所学校的职高部纳入统计范围。

电话：62456823（总机）

7、北京市盲人学校（职高部）

地址：海淀区阜外五路居 11 号

邮编：100097

电话：88461146

普通中专（8 校）

8、北京市经济管理学校

地址：海淀区北洼路 83 号

邮编：100142

电话：68412648

9、北京市海淀区卫生学校

地址： 海淀区清河永泰庄北路 27 号

邮编： 100192

电话：62911806

10、北京体育大学附属体育中等专业学校（在海淀区注册）

地址：北京市顺义区体育局院内

邮编：101300

电话：81484534

11、首都体育学院附属竞技体校

地址：海淀区苏家坨镇草场村 486 号

邮编：100095 62485360

12、北京体育大学附属竞技体校

地址：海淀区信息路 48 号北京体育大学校内

邮编：100084

电话：62989544

13、北京市幼儿师范学校

地址：海淀区阜成路北三街 5 号

邮编：100048 ，

电话：68416729 68429750

14、北京市环境与艺术学校（原北京市皮革工业学校）

地址：海淀区花园北路 29 号

邮编：100083

电话：62351530

15、北京市广播电视中等专业学校

地址：海淀区白塔庵 5 号

有限：100098

电话：82160778

成人中专（2 校）

16、海淀区四季青成人中等专业学校

地址：海淀区闵庄路 70 号

邮编：100093

电话：62858084

17、北京市海淀区职业学校

地址：海淀区中关村北大街 47 号

邮编：100084

电话：62552269

高校附属中专（2 校）

18、中央民族大学中专部

地址：海淀区中关村南大街 27 号

邮编：100081

电话：68933983

19、北京舞蹈学院附属中等舞蹈学校

地址：海淀区民族大学南路 9 号

邮编：100081

电话：68935714 （宋亚甫）

【部分区属职高简介】

北京市海淀区艺术职业学校 2010 年，开设教学班 48 个。毕业 502 人，招生 752 人，在校生 1775 人。教职工 138 人，其中具有副高级职称 32 人、中级职称 49 人；专任教师 83 人，包括本科以上学历 83 人；特级教师 1 人、北京市学科教学带头人 1 人、市级骨干教师 1 人。普通教室 45 个、专用教室 44 个。学校有南北两个教学区，南校区以动漫设计与制作专业为主，北校区以幼教专业为主。总占地面积约 42 亩，建筑面积 27000 平方米，体育场面积 8000 平方米，动漫实训基地面积 3000 平方米。图书室藏书 7.0398 万册。固定资产总值 6450 万元。全年教育经费投入 3171 万元，其中国家拨款 3015 万元，自筹经费 156 万元。

本年，举办班主任德育工作论坛。举办教师赴德培训汇报，听取“学习德国先进经验、提高教学设计能力”、“企业、学校、学生结合”、“教学设计和教学评价”三方面专题讲座，全体教师 138 人参加。与海淀职教中心共同组织教师参观联想集团和幸星数字娱乐科技有限公司，探索校企合作运行机制，31 人参加。牵头组织市动漫专业教师到东北国家动漫基地调研，全市 12 所职校教师 84 人参加。举办法制教育报告会。开发动漫专业讲义和教材，完成全套讲义和教材 14 册。组织高三幼教专业实习生返校交流经验。举办戒烟主题板报评比活动，4 个班级获得一等奖。承办市动漫专业教师教学设计培训，北京各区县 12 所中等职业学校动漫专业教师 60 人参加。承办海淀区职业学校舞蹈技能大赛,200 人参赛。与河北赤城职教中心校合作办学，双方互派教师学习、送课。学校被评为国家级语言文字规范化示范校，获全国思想道德建设成果展评一等奖。（王涛 王玉辉 刘凤蕾 王雪松 王雪梅 纪建锋 霍冬梅 张占良 陈默 齐小刚 王滑翔 任荟）

北京市信息管理学校 2010 年，开设 13 个专业，69 个教学班。招生 1000 人，毕业生 576 人，在校生 2600 人；毕业实习率 100%，就业率 98 %，职业资格证书取证率 97%。教职工 268 人，其中专任教师 166 人，专任教师中具有研究生学历 13 人，本科及以上学历占教师总数 100%；高级专业技术职务 64 人、中级 88 人；“双师型”教师[①]43 人。设有紫竹桥、彩和坊、清河和翠微 4 个校区，占地面积 8.3 万平方米、建筑面积 7.7 万平方米。图书馆建筑面积 880 平方米，藏有纸质图书 19.9 万册、电子图书 15.4 万册。固定资产总值 12019.6 万元。全年教育经费投入 5895 万元，其中国家拨款 4818 万元、自筹经费 1077 万元。学校计算机及应用、计算机网络技术专业被教育部认定为国家级示范专业，商务英语专业被评为北京市骨干示范专业，金融事务专业在北京市名列前茅，计算机网络技术专业和动画专业是北京市课改专业。

本年，接受海淀区教育督导评估检查，展示紫竹桥校区媒体艺术实训基地和彩和坊校区网络技术实训实地。举办教师说课比赛，涉及语文、数学、英语、德育 4 个学科，69 名教师参加。承办海淀区第二届区域职校学生专业技能赛中网页设计、幻灯片制作等 6 个项目赛事。接待全国中职校长班考察，共接待学员 20 人。学校获全国中等职业学校德育工作先进集体称号。获全国中等职业院校学生技能大赛中职组计算机应用技术赛项团体第 1 名，学生获单项 3

---

① “双师型”教师：指同时具备教师资格和职业资格，从事职业教育工作的教师。

个一等奖、2个二等奖、1个三等奖。（肖文）

【区艺术职业学校被授予国家语言文字规范示范校】 4月2日，海淀艺术职业学校被授予国家级语言文字规范化示范校。学校重视普及普通话和使用规范字，校长负责，制定学校语言文字工作计划，形成工作网络，自1997年起，对学前教育专业毕业生进行普通话水平测试工作，合格率达百分之百。学校承担向社区推广普通话和规范字责任，师生参与海淀区语委组织普语宣传周等项活动。（张占良）

【区艺术职业学校举办实习双选会】 6月3日，海淀艺术职业学校举办幼教专业实习双选会，来自北京市国家机关、各大院校、部队、私立幼教集团、亲子机构等幼儿园56家单位提供300多个实习岗位，200名实习生参加招聘，192名学生确定实习单位。该校重视学生实习工作，2008年成立实习管理机构，负责考察用人单位用工资质、待遇、工作环境、实习安全等，并通过实习动员等形式进行实习指导，邀请用人单位、优秀毕业生来校与学生进行交流，提高实习双向选择有效性。（高杰）

【市信息管理学校获全国中职学校德育先进称号】 6月25日，信息管理学校获全国中等职业学校德育工作先进集体称号。该项评选由教育部、人力资源和社会保障部联合开展，旨在加强和改进中等职业学校德育工作，推动中等职业教育科学发展，为培养数以亿计的高素质劳动者和技能型人才，建设人力资源强国，全国中等职业学校200所获此称号。（肖文）

【举办庆祝职业教育发展30周年活动】 10月26日，海淀区举办庆祝职业教育发展30周年活动。活动包括举办纪念海淀职业教育发展30周年“擎起职教的彩虹”主题展演、以文艺汇演形式展示教师和学生专业技能、以《国家中长期教育改革和发展规划纲要》工作方针为主线展示海淀职业教育发展30周年轨迹等。（宋亚甫）

特 殊 教 育

【综述】 2010年，海淀区有残疾人特殊教育学校3所，其中北京市盲人学校为北京市属学校，北京市第三聋人学校、海淀区培智中心学校为区属学校。三校共开设教学班64个，招生163人、结业169人，在校生1217人（其中三校在校生619人、中小学随班就读598人）；教职工306人，专任教师208人，其中65%接受过特教专业培训，85%以上具有大学本科以上学历。另有工读学校1所（海淀区寄读学校）。

本年，开展新一届海淀区中小学随班就读课堂教学展评活动，发现和培养一批优秀随班就读骨干教师。选拔骨干教师参加北京市资源教室培训班和随班就读骨干班培训。开展新任随班就读辅导教师培训，组织参加北京市随班就读案例评选活动。与区残联、团区委共同为60多名重度残疾儿童、少年送教上门，实现特殊教育“零拒绝”。海淀区培智中心学校被评为“市级模范集体”。（宋亚甫 刘畅）

【北京市第三聋人学校（北京市残疾人职业高中）】 北京市第三聋人学校是新中国成立后北京市政府兴办的一所公立特殊教育学校，创建于1958年，为集小学、初中、职业高中于一体、兼收听障学生和肢障学生的寄宿制特殊教育学校，是北京市规模最大的一所特殊教育学校，与北京市残疾人职业高中是一套领导班子。2010年，学校开设教学班22个，其中小学班8个、初中班6个、高中班8个。毕业100人，其中小学28人、初中26人、高中46人；招生75人，其中小学15人、初中29人、高中31人；在校生292人，其中聋生260人、肢残生32人，小学110人、初中82人、高中100人。在校住宿生256人，走校生36人。高考录取率88%。教职工103人，其中副高级职称9人、中级职称25人，专任教师64人，包括本科以上学历63人；特级教师1人、北京市特教系统学科带头人2人、北京市学科教学带头人1人、市级骨干教师1人。学校占地面积11400平方米、建筑面积13000平方米，有普通教室22个、专用教室12个、实验室15个。体育场馆面积2000平方米。图书馆(室)藏书3.73万册。固定资产总值2260.51万元。全年教育经费投入2995.84万元，其中国家拨款2509.42万元、自筹经费486.42万元。

本年，开展系列校本培训，举办课堂教学基本功比赛、板书设计与书写比赛；2次举办中国手语培训与考核，教师成绩全部合格；邀请专家举办《思维导图在课堂教学中的应用》、《听力康复技术》、《案例研究方与案例写作方法》等专题讲座；开展教师系列培训，邀请学校及区级以上学科带头人、骨干教师举办“如何开题”、“适合于聋校信息技术的独特教学方法”等讲座；举办首届体育文化节；承办市盲聋教学研讨会。参加花园路街道第五届“邻里节”暨“低碳生活进社区”活动，展示学校聋生集体手绘“低碳生活，从我做起”8米画卷。组织学校21名少先队员参加首都少年先锋岗活动，在人民英雄纪念碑前站岗2小时。学校教师申报并立项区级以上课题14个，其中海淀区规划办规划课题9个，北京市特殊教育研究会规划课题5个。4月28日，召开“十二五”重点课题《新课改下聋校小学低年级语文教材教法创新研究》开题论证会，邀请3名特教专家进行评估。聋人美术教师王昆的《北京-土耳其友好活动》、《腊八粥》、《国流通宝》等3件作品在土耳其伊斯坦布尔举办的第33届国际藏书票展中参展。（陈建功）

地址：海淀区花园北路32号
邮编：100191
电话：62017546
网址：www.beijing3deaf.org

【北京市盲人学校】　北京市盲人学校创建于1874年，距今有130余年办学历史，是我国建立最早的一所特殊教育学校，也是北京唯一一所视障教育学校。学校开设学前、小学、初中、高中学段（含普通高中、针灸推拿职业中专和钢琴调律职业高中）教育以及成人教育和培训，承担着对北京市基础教育视障学生随班就读和0–3岁学前盲童早期干预的指导工作，具有视障教育、培训、科研和社会社区服务"四位一体"的办学功能。2010年，学校开设教学班20个，其中初中3个班、高中2个班。招生66人，其中小学13人、职业中专15人，成人中专25人；毕业65人，其中初中13人、高中7人、成人中专21人、职业高中13人；现有在校生数238人，其中初中51人、高中11人，职业中专41人，学生全体寄宿。教职工数129人，包括专任教师87人，其中具有副高级职务26人，中级职务37人；全国优秀教师2人，市级优秀教师1人，市级学科带头人2人、市级骨干教师1人、区学科带头人和骨干教师12人。学校占地面积29656平方米，建筑面积31395.1平方米，其中包括2010年新建的面积21190.3平方米，有普通教室数21个、专用教室数17个、实验室3个。图书馆(室)藏书总数2.52万册（包括盲文版书1.92万册）。固定资产总值4901.88万元。全年教育经费投入3946.90万元，其中国家拨款3752.74万元和自筹经费194.16万元。

本年，开展新一轮基础教育课程改革建设，初步形成"以人为本、按需开发、突出特色、提高视障学生生活质量"的课程建设理念，制定学校义务教育阶段课程建设、校本课程开发、课程管理等方案；举办2010年度北京市视障教育随班就读教研员研讨会，开展随班教研活动，举办近视眼防治、白化病的防治措施、心理健康等系列培训讲座；提出"以考试为基础，以就业为导向，不仅仅局限于考试内容"的教学思路，以及在1＋X（按需教学）目标下，根据视障学生需求和实际，开设符合各类学生并与市场需求相适应的X技能培养设想。开展全体教师专业培训，140多名教职工参加。参与北京师范大学《盲校义务教育阶段课程与教学》的课程教学，盲校老师承担近二十个学科的绝大部分授课任务；参加全国视障教育英语教学研讨会。与青海特教学校建立共建学校合作交流关系；开展师资队伍建设专题培训，培训内容涉及国家特殊教育政策解读、国际特殊教育概况、视障教育教学、盲文学习、盲图制作、盲文录入编辑、职业教育、教育科研方法、教师专业发展、教师心理健康、学校德育等多个主题；开展新任教师师徒结对活动；开展"信息技术分层走班教学"试点研究，以"最近发展区理论"为基础，对小学三、四年级的视障学生进行分层并重组为红、黄、蓝三个教学班，在教学中制定相应的分层次教学目标，使改革后的信息技术教学模式中每个层次教学目标更贴近视障学生的程度；主办北京市教育学会特殊教育研究会"十二五"立项课题汇报交流会；召开职业教育年度研讨会；举办北京市视障幼儿家长培训会暨亲子活动。成立"王红民针灸推拿教学研究项目工作室"。

本年，承办第五届北京市盲人保健按摩师职业技能比赛；承办全国盲人乒乓球培训班，来自全区18个省、自治区、直辖市的44名裁判员和教练员参加；选派7名师生参加全国残疾人乒乓球锦标赛，获个人视力组单打第二名、第四名和肢残、视力、听力3个组别团体总分第四名；选派4名师生代表海淀区参加2010年北京市残疾人乒乓球锦标赛盲人组比赛，分获男子单打冠军、季军，女子单打冠军、季军；参加首届中国残疾儿童艺术节，学生作品《生命之精灵》获二等奖，学校获优秀指导教师组织奖；参加第三届全国盲人歌手及器乐独奏大赛，盲人学生王宇南获器乐类三等奖。参加"北京市2009年特教研究会年度论文评比"，获一等奖5篇、二等奖4篇、三等奖2篇。校艺术团参加广州亚残会开幕式第二场《追梦》的演出。盲人柔道队队员杜权有、王嵩入选中国盲人柔道队，在土耳其2010年世界盲人柔道锦标赛中获团体第三名；杜权有在2010年全国盲人柔道锦标赛中获男子90公斤级冠军，王嵩获男子100公斤以上和男子无差级别两个冠军；杜权有获广州亚残会盲人柔道90公斤级比赛铜牌。（黄小丽　程向明　王红蕾　陈卓　刘素平　沈俊丽　齐翼）

地址：海淀区五路居11号
邮编：100097
电话：88461146
网址：mrxx.bjedu.gov.cn

【北京市海淀区培智中心学校】　海淀区培智中心学校创建于1987年10月，是海淀区教委所属的智力障碍儿童少年教育训练学校，是义务教育的组成部分，承担海淀区内智力障碍儿童少年的义务教育工作。2010年5月，成为海淀学区师德基地。2010年，开设教学班22个。毕业4人（义务教育3人、职业教育1人），招生22人（义务教育10人、职业教育12人）。在校生281人（义务教育231人、职业教育50人）。有教职工64人，其中专任教师62人，包括本科以上学历45人；副高级职称2人、中级职称23人、初级职称39人。学校占地面积6699平方米，建筑面积5930平方米，有普通教室16个、专用教室20个。体育场（馆）面积1480平方米。图书馆(室)藏书14300册。固定资产总值2528.1757万元。全年教育经费投入923万元，全部为国拨经费。

参加海淀学区为期两年的"一帮一活动"，首创普教教师与特教教师"一帮一结对子"教育形式，学区11所有特殊教育需求学生的学校与培智学校12名教师结为对子。与学区12所学校教师建立实习关系。开展"十一五"校本培训展示交流活动；接待台湾心路基金会访问交流；与中国国家少年足球队互动交流。举办全国孤独症儿童康复教育训练培训班，培训普小教师150人。参加第五届全国特殊奥林匹克运动会，获金牌2枚、银牌2枚、铜牌4枚。
（方进宝　王艳杰　张继兵　梁晶　张娜）

地址：海淀区人大南路 6 号
邮编：100086
电话：62579388 62584231
网址：www.happyonline.com

【海淀区寄读学校】 其前身是海淀工读学校，建于 1955 年，是中国第一所工读教育学校，被誉为中国工读教育的发祥地。1995 年，更名为海淀寄读学校。1999 年，学校开办职高部。2010 年，开设教学班 13 个（初中班 9 个、职高班 4 个）。毕业 131 人（初中 88 人、高中 43 人），招生 129 人（初中 89 人、高中 40 人），在校生 278 人（其中初中 199 人、高中 79 人）。有教职工 93 人，包括专任教师 72 人，其中具有副高级职称 21 人、中级职称 44 人；区级班主任带头人 3 人、区级学科教学带头人 4 人，区级骨干教师 6 人。学校占地面积 54000 平方米，建筑面积 30290 平方米。有普通教室 16 个、专用教室 8 个、实验室 2 个。体育场（馆）面积 11553 平方米。图书馆藏书 19812 册。固定资产总值 4039 万元。全年教育经费投入 2916.71 万元，其中国家拨款 2916.71 万元。

本年，举办模拟招聘会，23 名高三学生参加。举办首届“启迪杯”读书节和科技节。举办庆祝校园电视台成立 5 周年活动。召开科技名人推介会，推出学生共同喜欢人物 17 人。为青海海西州德令哈市培训心理教师，培训 15 人。开设科技角——智慧擂台，举办活动 4 次。举办第一届“飞跃杯”学术节，组织 22 名 35 岁以下教师进行赛课活动。开展赛课活动，以教研组为单位推出优质课 8 节。“中国工读教育诞生 55 周年研讨会暨海淀工读学校现场会”在区寄读学校召开，会上展示了海淀区工读教育工作成果，研讨推进中国工读教育发展的思路和措施。

（王常智 王红侠 刘畅）

【寄读学校举办首届“启迪杯”读书节、科技节】 3～4 月，海淀寄读学校举办首届“启迪杯”读书节及科技节，围绕“在成功中成长”主题开展系列活动。读书节包括学生设计读书节徽标、英语组“小故事翻译大赛”、美文诵读比赛、读书心得交流系列活动。读书节徽标设计评出 5 名最佳创意奖，故事翻译和美文诵读分别评出一、二、三等奖，学生 278 人参加。科技节中，展示学生自制遥控飞机、魔方旋转、飞杯等作品，组织参观科技馆，举办专题讲座，举行纸桥承重、橡筋动力直升飞机、遥控直升飞机、机器人拼装及气象知识比赛，评出 4 个班级获优秀组织奖、16 名学生获优秀个人奖。（王红侠）

【市盲校承办全国盲人乒乓球培训班】 3 月 24 日至 26 日，市盲校受中国残奥委员会委托，承办 2010 年全国盲人乒乓球培训班。本次培训班旨在使各参赛单位更好的熟悉和掌握盲人乒乓球项目的竞赛规则及训练方法，促进盲人乒乓球项目在我国的普及和推广，共有来自全国 18 个省、自治区、直辖市残疾人体育协会（残奥委员会）、新疆生产建设兵团残疾人体育协会的 44 名裁判员、教练员参加。

【美国帕金斯盲校访问市盲校】 4 月 14 日，美国柏金斯盲校董事会董事 Margot 女士和教师 Dbbie 女士访问北京盲校。美盲校专家了解市盲校多重残疾和学前教育两个项目的实施情况，并分别从家长、专业技术的角度讲解如何进一步开展多重残疾、学前教育项目，就家长、教师提出的问题、遇到的困惑给予了专业解答；介绍柏金斯盲校在有关领域的先进的教育理念及经验。11 月 1 日，美国柏金斯盲校专家 Laura Matz 女士访问市盲校，了解盲文打字机的使用状况并与师生座谈。专家肯定了市盲校作为中国首批参加“帕金斯-希尔顿多重残疾和学前视障儿童教育项目”的盲校之一在有关领域所做的大量工作和取得的进展，并表示将开展进一步的合作与交流。

【市盲校建成中国视障教育首个国际教研平台】 4 月 27 日，北京盲校搭建的中美合作“辅助技术辅助盲校教学”项目远程网络教育平台开展首次教研活动，这一平台是中国视障教育首个国际教研平台。参加活动的有美国费城盲校、北京盲校和其他来自全国各地的 9 所盲校。通过远程教育平台，各学校代表在线实时观看了该校教师的一节公开课。此次活动为促进全国盲校之间以及与美国费城盲校、华东师大等学校间的教学交流做有益尝试。

【市盲校参加首届中国残疾儿童艺术节】 5 月 16 日～30 日，市盲校参加首届中国残疾儿童艺术节。学校选送的器乐、声乐、曲艺节目和学生亲手制作的 10 余件手工作品均获得奖项，其中学生用丝网花材料做的黑天鹅——《生命之精灵》获得二等奖，学校获优秀指导教师奖的优秀组织奖。学校学生王禹楠的笙独奏《牧场春色》作为特邀节目参加艺术节的闭幕式演出。

【市盲校参加“全国视障教育英语教学研讨会”】 5 月 19～21 日，市盲校 8 名英语教师参加 “全国视障教育英语教学研讨会”。会上该校副校长李平毅做了发言，教师张秋兰代表学校做展示课。研讨会有包括北京、上海、广州、南京等 15 所盲校的 15 节优质英语课进行现场教学展示活动，有全国各个主要城市盲校的教学领导和一线英语教师 80 余人参加。（黄小丽）

【寄读学校庆祝建校 55 周年】 5 月 20 日，海淀寄读学校庆祝中国工读教育诞生 55 周年和海淀寄读学校建校 55 周年。活动围绕“为学生搭建成功的平台”主题，举办“爱如少年”主题文艺演出、展示公开课 14 节及第二课堂学生作品。全国政协副主席张梅颖等领导，全国 23 个省市工读学校代表、海淀区法院等驻区单位、海淀区学校、海淀寄读学校师生代表 300 人参加。（王常智）

【市盲校举办学龄前视障幼儿家长培训活动】 6 月 2 日，市盲校举办北京市视障幼儿家长培训会暨亲子活动。包括一名在京法籍人士和一名天津视障孩子及其父母在内的视障幼儿、家长共 24 人参加。活动以“怎样面对视障孩子”为主题，分别就“家长怎样正确认识残疾和残疾孩子”，“如何培养视障儿童的生活技能”等问题进行专题培训，并在专业教师的指导下开展丰富多彩的亲子活动。市盲校在 2001 年开始对 0—6 岁学龄前视障幼儿及多重残疾视障儿童开展家庭指导及咨询工作，长期安排专业教师进入社区对视障儿童进行干预、对家长进行指导，是国内此领域中开展工作最早的盲校之一，本次活动是开展该项工作的一种新尝试。

（程向明）

【市盲校与青海特教学校建立合作关系】 9月13日，市盲校与青海特教学校建立合作交流关系，为期两年。9月4日～17日，市盲校完成第一期对青海特教学校16名教师的师资培训。此次共建交流是根据北京市与青海省教育合作项目的要求而开展的，目的是发展特殊教育事业，发挥两校教育资源优势，遵循"优势互补、互动双赢、共同发展"原则，促进两地特教学校教育发展。（刘素平）

【市盲校开展"信息技术分层走班教学"】 9～12月，市盲校开展"信息技术分层走班教学"试点研究。该项研究是根据学生的学科成绩、潜力和学习态度，以"最近发展区理论"为基础，对小学三、四年级的视障学生进行分层，打破原有行政班级，根据学生层次重组为红、黄、蓝三个教学班，在教学中制定相应的分层次教学目标。改革后的信息技术教学模式使每个层次教学目标更贴近视障学生的程度，避免以往在同一行政班级中学生层次过多，教学目标难以制订，学生学校效率低的问题，使每个层次的学生都有"东西"可吃，可消化；低层次的学生也能在学习中找到自信，逐步提高向高层次目标接近，最终全面提高视障学生的信息技术素质和能力。（黄小丽　沈俊丽）

【第三聋人学校举办首届体育文化节】 10月至11月，第三聋人学校举办首届体育文化节。体育文化节围绕"文明、热烈、精彩、圆满"主题，包括校运动会、三分球大赛、羽毛球比赛、第41届校运会会徽设计大赛、体育文化知识素养培训等，表彰各项比赛获奖集体76个、先进个人270人。（陈建功）

【第三聋人学校承办市首届盲聋教学研讨会】 10月21日，由北京市特殊教育研究会主办、第三聋人学校承办的北京市首届盲聋教学研讨会召开。研讨会听取了聋人学校《三力合一，推动课改前行》主题报告，研讨盲聋学校课程改革推进、育人环境构建、校本培训实施、语言教学研究、教育技术辅助教学研究、学科教学研究、资源教室教学策略等内容。（陈建功）

【区培智学校接待台湾心路基金会】 10月21日，区培智学校接待台湾心路基金会。该访问团由10名专业教师组成，双方教师交流了特殊教育专业服务情况，区培智学校展示安置特殊儿童的经验和做法，就脑瘫儿童康复过程中如何让动作训练贯穿到他们整个日常生活中、对残疾儿童进行早期干预过程中如何满足重度残疾儿童的多方面康复需求等进行沟通。（张娜）

【区培智学校承办孤独症儿童康复教育培训班】 11月15日，区培智学校承办由市特殊教育研究会主办的全国孤独症儿童康复教育训练培训班。培训为期3天，由7名特教专家进行专题培训，包括孤独症儿童的训练意义、教育评估方式、感觉统合训练、动作训练、语言训练、游戏训练以及班级教育等内容。来自全国特教机构教师、家长以及北京部分特教机构、民办机构和随班就读的普小教师150人参加。（王艳杰）

【市盲校举办"触觉的色彩"作品展】 12月17～18日，北京盲校举办"触觉的色彩暨2010年学生美工作品展"，共展出学生丝网花、串珠作品300余件。作品主要来自课堂和课外兴趣小组，其中包括参加首届中国残疾儿童艺术节的作品"生命阳光"。（黄小丽　魏凡）

继　续　教　育

【综述】 海淀区辖区内的继续教育事业包括成人学历教育、非学历教育、文化职业培训、党政机关和教育主管部门主办的干部培训和社会教育。本年，在海淀区参加统一招生的成人高等学校32所，其中在海淀区单独设校和开设教学点5所（含分校）。有各类继续教育学校1189所。其中区属成人高校（社区学院）1所，成人中等学校3所。区属成人中专招生1077人，毕业617人，在校生2034人，教职工149人（专任教师53人）。中央党校、国家行政学院、国防大学、中央社会主义学院、中央团校等中央党政军团、民主党派的高级干部学校和一些部门的干部管理学院设在本区境内。中关村学院承担海淀区文明市民学校总校工作，有以中关村社区学院为龙头的三级社区教育网络，包含1所社区教育学院，15个社区教育中心（学校），655所市民学校。

2010年，本区居民参加各类继续教育和岗位技术培训达到198.3万人次，其中参加干部岗位技能培训和继续教育2.6万人次，参加农民实用技术培训1.7万人次，参加各类培训机构举办的培训135.4万人次，参加社区市民教育58.5万人次，参加中等职业学校开展的短期文化生活培训及岗位技术培训达1.6万人次。

推进社区教育，完善《海淀区社区教育学校管理办法》和《海淀区社区教育学校评价标准》；制定《海淀区乡镇街道社区教育中心建设标准》；首批确定西三旗、中关村、北太平庄、四季青、上庄等街镇的5个重点扶持社区教育中心，改善硬件、加强队伍和管理制度建设。

开展主题为"学习，让生命更精彩；学习，让城市更繁荣"的海淀区第六届教育进社区活动，举办演讲比赛、技能大赛、知识竞赛等活动。依托中关村学院开展"常青藤社区教育培训项目"，建设覆盖全区的社区教育培训体系。继续组织职成学校深入农村"送教下乡"，开办丝网花制作、计算机应用、烹饪、摄影技巧等培训课程。海淀区获全国社区教育成果展一等奖，万柳社区家庭教育大讲堂被评为“首都市民学习品牌项目”，上庄镇“曹氏风筝工艺坊”等3个社区教育项目被评为市级农民教育培训优秀项目。9人被评为“首都学习之星”。

【自学考试工作】 海淀区自学考试工作由海淀区招生考试中心自学考试办公室负责，每年1月、4月和10月组织笔试课程考试。5月、11月组织计算机应用基础上机考试。

本年，海淀区自考办继续完善“现场人工咨询、网络咨询、电话语音咨询”的三位一体咨询方式，为考试提供服务。全年组织自学考试3次，上机考试2次，共计49890人、121640科次，办理毕业专科1310人、本科1015人。

（宋亚甫）

【中关村学院（海淀职工大学、北京广播电视大学海淀分校）】 中关村学院是由海淀区政府举办并管理，北京市教委业务主管，教育部备案，以高等学历教育为基础，以社区教育为发展方向，为区域经济社会文化发展提供教育服务的社区型、综合型成人高等学校。学院前身是1958年成立的“北京海淀业余大学”，是北京市最早成立的独立设置成人高校之一。1966年停办，1980年复校，1983年更名为“北京市海淀区职工大学”。1991年9月“北京广播电视大学海淀工作站”并入学校，后升格为“北京广播电视大学海淀分校”。2001年，海淀区政府批准学校以“中关村学院”的名义，在海淀区行使社区教育和市民教育的统筹、协调、指导和服务的职能，在海淀区学习型城区建设中发挥龙头作用。“北京市海淀区文明市民学校总校”设立于此，与海淀区22个街道、7个乡镇的文明市民学校中心校（成立数），571个社区和84个行政村的市民学校分校共同构成海淀区市民教育三级网络。总校开展多种形式的市民教育活动。

学院所属多个办学主体：北京市海淀区职工大学、北京广播电视大学海淀分校、北航海淀应用技术学院、海淀区职工大学奥鹏学习中心等开设有军乐艺术、汽车检测与维修技术、电脑艺术设计，以及学前教育、会计学、工商管理、行政管理、物业管理等高中起点本、专科（高职）和专升本等近30个专业，其中军乐艺术为市级特色专业。学院还与中央民族大学、北京林业大学合作开办本科专业。

学院承担海淀区公务员培训，以及各类继续教育、在职职工培训、农民工转岗培训、农村残障人士培训等非学历培训。学院开展全国汽车维修工（初、中、高级）、物业管理员/助理物业管理师等多种职业证书的培训、考试工作。学院占地面积50520平方米，建筑面积30862平方米；运动场馆面积10300平方米。学院二分院属脱产全日制学历教育校区，是海淀区重点支持的北部新区职业技能教育基地，拥有标准的汽车模块化实训室和航空服务、IT实训室等设施。

本年，学院开设教学班112个（业余103，脱产9个），共有各类高等学历教育在校生3286人，其中业余3033人，脱产253人，专科1934人，本科1352人（包括高起本、专升本学生）。非学历培训约7300余人。学院现有教职工125人，专任教师76人，其中副高级职务14人，讲师59人。图书馆藏书89500册，数字图书24万册。本年投入经费2477.72万元，其中财政拨款1411.76万元，自筹1065.96万元。固定资产总值5284万元，教学、科研仪器设备资产1813万元。

2010年，学院提出“一体两翼”的发展战略，运作方式由传统管理向服务经营转变，工作重心由学历教育向学历教育和社区教育、非学历培训并重转变；学历教育由补偿式学历教育向职业型高等教育转变。进行“校企合作”和“集团化办学”理论研究和实践探索。5月，召开“推进学习型学院常青藤项目研讨会暨中关村学院第三届硕博论坛”，提出并开始构建“‘常青藤’社区终身学习系统”。与区文明办联合主办海淀区首届“海淀区文明市民学校艺术节”。建成“中关村学院社区教育体验学习中心”（“海淀区文明市民学校总校文化交流体验中心”）。完成首届“海淀区社区教育管理创新奖”、“海淀区社区（市民）教育教师教学创新奖”和“海淀区社区（市民）教育优秀学员奖”评选表彰活动。出版社区教育教材《推开E世界之门——电脑使用初体验》。

科研工作取得突破性进展。《区域构建终身教育体系实验研究——针对“常青藤”社区终身学习系统建设的研究》获准立项，被列为全国社区教育科学“十一五”规划2010年度教育部重点课题；《社区教育计算机特色课程建设研究》课题，被批准为全国教育科学“十一五”规划2010年度教育部规划课题；全国教育科学规划教育部重点课题《校企合作共建实训基地研究》子课题《校企合作加强实训基地办学模式创新研究》获准立项。

本年，学院被全国科管委城市教育专业委员会授予“校企合作共建实训基地研究示范单位”称号。（张小莉）

地址：海淀区北四环中路271号（本部）
海淀区东王庄小区15号（一分院）
海淀区温泉镇辛庄北口（二分院）
邮编：100083（本部）
电话（本部总机）：62341115
网址：www.zgcxy.bjedu.cn

【海淀区职业学校】 海淀区职业学校的前身为1983年8月成立的海淀区农民科学技术学校，1995年6月更名为海淀区成人中等专业学校，2004年6月更名为海淀区职业学校，是区委、区政府直属的集中等专业学历教育与职业技能培训为一体的正处级事业单位。主要职能是培养中专学历人才和在职干部职工、下岗失业人员再就业和非学历教育的岗位培训以及专业技术培训。是市级优秀职业学校、北京市下岗、失业培训定点学校，海淀区军地两用人才、随军家属、残疾人培训定点学校、持证上岗专业学校。2005年8月，北京市海淀区劳动局下属的海淀区职业技术学校合并到海淀区职业学校。本校现有西、东、南三个校区，占地面积45746平方米，建筑面积13940平方米，截止本年底固定资产总额为2508万元。新增图书1000余册，藏书总量1万1千余册。

本年，原所属职业技术学校校区房产、原所属中华会计函授学校海淀分校资产正式划归本校使用。投入 31 万元购置教学用计算机；投入 60 万余元进行操场等体育设施改造；投入 20 万元进行农民绿色证书培训；投入 25 万元进行会计继续教育培训。完成区政府各项政策性培训任务。

西校区（中关村北大街 47 号）主要进行中等专业学历教育。本年招收全日制中专生 95 人，会计专业业余班 30 人，成人高考补习班 52 人，与北京大学联合办学管理住宿生 270 余人。本年共有 79 名计算机专业和业余会计专业学生毕业。现有在校生 400 余人。7 名学生获计算机绘图师资格证书。

东校区（北四环中路 275 号）主要进行各种职业技能培训。主要开展下岗失业、就业转岗、农村劳动力转移以及特种作业培训。全年完成各种职业技能培训 6256 人，其中社会性职业等级培训 2684 人，岗位培训近 257 人、失业人员下岗再就业培训 315 人、本地农村劳动力转移培训近 458 人、特种作业培训 2542 人。

南校区（知春东里 15 号楼东门二层）主要承担区属企业财会人员从业资格考前培训、专业技术职称考前培训和财会人员继续教育的培训任务。本年培训会计从业资格考试和会计人员继续教育 8376 人。完成区财政局下达的会计从业资格、会计中级职称考试现场报名确认工作，共计 21370 人。（李莉）

地址：中关村北大街 47 号（西校区）
北四环中路 275 号（东校区）
知春东里 15 号楼东门二层（南校区）
邮编：100084
电话：62552269　82628993（传真）
邮箱：zyxxbgs@sina.com

【2010 年海淀区境内参加统一招生的成人高校名单[①]（32 所）】

1、海淀区职工大学△
地址：海淀区北四环中路 271 号
电话：62347024、62347020
网址：www.zgcxy.com.cn

2、首都联合职工大学(4 所分校)△
航天二分校：北京市海淀区永定路甲 51 号，电话：68386043、68386642，网址：www.htjypx.com.cn
青云分校：北京市海淀区双榆树北路甲 10 号，电话：89709625、82134340，网址：www.cpxp-edu.com
工商管理分校：北京市海淀区复兴路 12 号，咨询电话：63984800，网址：www.sdld.net
国家图书馆分校：北京市海淀区中关村南大街 33 号，电话：88545525、88544637，网址：www.nlcedu.cn

3、首都师范大学
地址：海淀区西三环北路 105 号
电话：68901570
网址：crjy.cnu.edu.cn

4、北京联合大学应用文理学院
地址：海淀区北土城西路 197 号
电话：62004519
网址：www.ygi.edu.cn

5、北京城市学院
地址：海淀区北四环中路 269 号
电话：62322623　62320970
网址：www.bcu.edu.cn/chjxb

6、首都体育学院
地址：海淀区北三环西路 11 号
电话：82099029
网址：www.cipe.net.cn

7、北京工商大学
地址：海淀区阜成路 33 号
电话：68984656
网址：cj.btbu.edu.cn

8、北京信息科技大学（北京机械工业学院与北京信息工程学院合并而成）
地　址：海淀区清河小营东路 12 号
电话：82426899

9、北京电影学院
地址：海淀区西土城路 4 号
电话：82045802

10、北京舞蹈学院
地址：海淀区民族学院南路 19 号
电话：68935861 68937118（传真）
网址：www.bda.edu.cn

11、北京农业职业学院
地址：海淀区香山普安店 29 号
电话：82595048
网址：www.bvca.edu.cn

12、北京广播电视大学△
地址：海淀区大钟寺皂君庙甲 4 号
电话：82192266
网址：www.btvu.org

13、中国青年政治学院
地址：海淀区西三环北路 25 号
电话：68425632　88567510
网址：dept.cyu.edu.cn/yhd

14、国际关系学院
地址：海淀区坡上村 12 号
电话：62861664　62861380
网址：www.uir.edu.cn

15、北京体育大学
地址：海淀区中关村北大街
电话：62989397
网址：www.bsu.edu.cn

16、北京大学
地址：海淀区颐和园路 5 号
电话：62751455
网址：oce.pku.edu.cn
北京大学医学部（不单计）
地址：海淀区学院路 38 号
电话：82802260

17、中国人民大学
地址：海淀区中关村大街 59 号
电话：　62511195
网址：www.sce.ruc.edu.cn

18、北京师范大学
地址：海淀区新街口外大街 19 号
电话：58808167 58808165 58802713
网址：www.scett.bnu.edu.cn

19、北京化工大学（西校区）
地址：海淀区紫竹院路 98 号
电话：64434771

20、北京理工大学
地址：海淀区中关村南大街 9 号
电话：68913146 68918283
网址：www.bit.edu.cn

21、中国政法大学
地址：海淀区西土城路 25 号
电话：58908489
网址：www.cupl.edu.cn

22、北京航空航天大学

---

① △表示在海淀区单独设校或开设教学点。本年，首都医科大学、武汉大学、北京交通大学不在本区开设教学点，故未列入名单；新增中国政法大学在本区开设教学点。

地址：海淀区学院路 37 号
电话：82316198 82317795/7797/7798
网址：cee.buaa.edu.cn

23、中国农业大学
地址：海淀区圆明园西路 2 号（西校区）
海淀区清华东路 17 号（东校区）
电话：62732592
网址：jjxy.cau.edu.cn

24、北京林业大学
地址：海淀区清华东路 35 号
电话：62338052

25、北京外国语大学
地址：海淀区西三环北路 19 号
电话：88817858

26、北京语言大学
地址：海淀区学院路 15 号
电话：82301008 82303139 82303138
网址：cec.blcu.edu.cn

27、中央民族大学
地址：海淀区中关村南大街 27 号
电话：68932479
网址：www.zymdcj.cn

28、中国地质大学（北京）
地址：海淀区学院路 29 号
电话：82382113
网址：www.cugbonline.cn

29、中国矿业大学（北京）
地址：海淀区学院路丁 11 号
电话：62331695
网址：jxjy.cumtb.edu.cn

30、中央财经大学
地址：海淀区学院南路 39 号
电话：62288322 62289074
网址：www.cufe.edu.cn

31、中国劳动关系学院
地址：海淀增光路 45 号
电话：88561931
网址：www.ciir.edu.cn

32、北京工业大学（西教学区）△
地址：海淀区车公庄西路 35 号
电话：68468283 （刘畅）

民办教育

【综述】 民办教育机构是指国家机构以外的社会组织或者个人，利用非国家财政性经费，面向社会举办的学校及其他教育机构，包括幼儿园、小学、中学、大学、职业学校和各类专门培训机构。2010 年，本区有民办普通中小学 18 所（本年减少北英中学、北京市方致实验学校两所学校），在校生 20291 人，教职工 2610 人；有民办职业高中 1 所，在校生 423 人；民办幼儿园 26 所，在园幼儿 5452 人；有各类民办教育培训机构 504 家，招生 116 万人，在学 32 万人，结业 103 万人。具有颁发学历文凭资格的民办普通高职 4 所，民办非学历高等教育机构 18 所。

本年，区教委加大对民办教育机构的规范管理，开展海淀区民办教育优秀管理工作奖评选活动。北达资源中学获“全国民办教育先进集体”称号。

【部分驻区知名民办教育机构简介】

新东方教育科技集团 前身是北京新东方学校，1993 年 11 月 16 日成立，以语言培训为核心，拥有短期语言培训系统、职业教育系统、基础教育系统、文化传播系统、科技产业系统、咨询服务系统、发展研究系统等发展平台，是集教育培训、教育产品研发、教育服务等于一体的大型综合性教育科技集团。集团于 2006 年 9 月 7 日在美国纽约证券交易所上市，是中国第一家海外上市的教育机构。截止到 2010 年底，新东方教育科技集团在全世界 45 个城市（中国大陆 44 个、加拿大 1 个）设立培训学校，有 500 多个学习中心和 18 家子公司，累计培训学员近 1000 万人次。

学而思教育 成立于 2005 年 12 月 31 日，主营业务为中小学课程培训，在北京设立 60 余个服务中心、80 余个教学点，并在天津、上海、武汉、广州、深圳等地开设分校。学而思教育提供三种类型的教学服务，包括学而思小班、智康 1 对 1 和学而思网校，所授课程涵盖数学、物理、化学、英语、语文等中高考必考科目。旗下有国内布局最完整的中小学教育专业门户网站群，由 e 度教育网、高考网、中考网、幼教网、作文网、家教网、英语网、奥数网等多个平台构成，整体站群月独立访问人数超过 2800 万。

2010 年，学而思被新浪网评为“2009 年度最受家长信赖课外教育机构”，搜狐网授予学而思“建国 60 周年最具影响力课外辅导品牌”荣誉，获《北京晚报》“最具创新力中国教育集团”奖、“中国儿童慈善奖”、“回响中国”腾讯网 2010 年“全国最具品牌教育辅导机构”及“2010 中国最具实力教育集团”奖项。学而思网校（www.eduu.cn）、e 度教育网（www.eduu.com）上线运营，学而思教育第三代系统全面上线，ICS 智能教学系统正式上线。学而思教育深圳分校 5 月建立，学而思智康教育上海分校杨浦服务中心、学而思广州分校富力大厦服务中心、学而思上海分校杨浦卢比克开业。向玉树地震灾区捐款 21 万元，向“中国儿基会-智趣教育发展专项基金”捐赠 100 万作为启动基金，向天津市河西区文化局捐款 20 万元。学而思教育培训基地启动，成为南开大学、北京大学学生实践实习就业基地，与国际出版巨头 McGraw-Hill（麦格劳-希尔）达成合作，与武汉大学数学与统计学院合作签约。主办国际化视角下的中国基础教育发展研讨会。10 月，学而思教育在纽约证券交易所上市。

环球雅思 创立于 1997 年，为连锁外语培训机构。2001 年成立北京市海淀区环球雅思培训学校，2006 年 9 月获得软银赛富基金数亿元投资组建环球天下教育科技有限公司（Global Education & Technology Co.,Ltd.）。在 119

个城市拥有351家连锁学校、144所环球灵童少儿英语连锁学校、25所倍趣科学儿童学苑和疯狂家族儿童俱乐部、环球职业网校与环球英语网校、从事出国咨询的五湖中视留学公司（环球雅思留学服务）国家特许资质单位及10个城市环球雅思留学服务分中心、4所环球国际封闭寄宿学院、12所凯育多语种学习中心、从事图书教材出版的环球卓尔英才公司、从事教学研发的环球教学研究中心GTRC等数十家专业教育机构。具有雅思、托福、SAT、GRE、中小学辅导、少儿英语、BETS、BEC商务英语、职称英语、国际预科课程、四六级、外教口语、中教听说、新概念英语、词汇语法发音、国内国际夏冬令营、日韩法德西意俄多语种、留学文书写作中心、职业网校、英语网校、政府及企业团培、英美公派奖学金申请、大学国际课程委培、英语教材开发等项的综合性学校及大型网校。2010年10月8日，公司在美国纳斯达克证券交易所上市。

安博教育集团 始创于美国硅谷，2000年迁至中国，是从事开放式网络教育平台和教育软件系统开发和推广的上市企业，是全国信息技术标准化委员会教育技术分技术委员会的核心创建成员，是国际化软件工程高级人才培养体系、实训体系、科技园区型实训基地的倡导者和最早实践者。集团的业务涉及基础教育服务、职业教育服务、企业培训等领域，安博高考与同步培训机构、安博国际学校、安博实训基地、安博职业教育学院、安博学习体验中心等机构已遍及全国20多个重点城市，形成了以区域教育服务中心和实训基地为依托，以师资、课程、服务流程、IT支持、网络学习服务的标准化为载体的服务体系，通过标准品质的服务保障全国各地用户的个性化需求。安博教育集团创建专业的教育和技术研发机构——安博研究院进行前瞻性教育理念和资源的创造与创新。安博数十种自主知识产权技术、产品获得国家版权认证、专利认证和科技成果鉴定。安博与北京师范大学合作创立北师大安博教育发展研究院，开展教育政策与理论探索、国际高端项目交流，参与和承办了多项国家重大教育课题、国际高端学术论坛。

2010年，安博职教就业委员会成立，安博（广州）软件与服务外包实训基地开园，教育部向全国高校推荐安博CCEP课程，现代女性大讲堂培训基地落户昆山基地。安博教育获“2010年度中国最受企业欢迎的专业培训机构”称号、“2010年度中国行业信息化标杆企业”。2010年8月5日，安博教育在纽约证券交易所上市。

正保远程教育 成立于2000年，是一家具备网络教育资质、经教育部批准开展远程教育的专业公司，为北京市高新技术企业、联合国教科文组织技术与职业教育培训试点项目，常年开展面向多行业、多领域的网络教育，并提供远程多媒体网络教育平台系列产品。经营的品牌网站包括中华会计网校、医学教育网、法律教育网、建设工程教育网、自考365等。通过互联网，向用户提供视频、音频特色课程，同时还提供自主版权的辅导资料、在线作业与练习、模拟考题以及其他与课程相关服务。通过互联网，学员可以在任何时间和地点学习，同时还可以便捷地加入各种网上社区，与其他学员、职业人士、授课教师和辅导教师进行互动交流。2008年7月30日，正保远程教育成功登陆美国纽约证券交易所，是中国第一家在纽交所上市的远程教育公司。

2010年，正保远程教育子公司北京正保育才教育科技有限公司与内蒙古自治区（含通辽市）、莱芜市、泰州市以及珠海市政府部门代表签订多年期独家合同，提供创业实训课程。正保远程教育集团董事长、总裁朱正东被评为“2010全球华商百业十大领军人物”。

巨人学校 成立于1994年7月18日，为集幼儿、小学、中学、成人为一体的大型综合性民办培训学校。培训内容涵盖华罗庚数学、语文、英语等传统文化科目以及琴、棋、书、画、京剧等传统文化艺术，并面向成人及社会各界人士开设师资培训、心理咨询、会计证、人力资源管理证、成人计算机等各类职业资格认证科目。学校在北京设有80多个教学科目、80多个教学点，在上海、南昌等地开设直属分校。学校实行专家治校、名师执教、专业管理、服务高效的办学理念，曾获中国十大品牌教育集团、全国“首届媒体信赖教育品牌评鉴”、最强师资奖、影响中国北方的十大培训品牌奖。

2010年，学校学员在各种比赛中取得多项冠军。巨人杯第二届规范汉字书写赛载入吉尼斯世界纪录。集团董事长尹雄被评为“2010年十大教育影响力人物”。

海文教育集团 成立于1993年，是国内经教育部门批准成立最早的培训学校之一，是综合性教育产品开发商和教育解决方案提供商，下设北京海文学校、北京世纪海文广告有限公司、美国海文教育管理有限公司、北京海文乐学教育科技有限公司，曾主营研究生入学考试培训，后涉足在职培训、出国留学、中小学课外辅导、国际教育交流、广告策划与设计、教育图书音像产品等多个领域，海文学校美国分部于2008年在美国纽约注册成立并开始运营，为海文学校资本运作、留学、国际教育交流、教育产品研发提供保障。

2010年，海文教育集团总部迁至海淀区中关村南大街乙12院的天作国际大厦。海文学校国际部ESL语言培训中心在原有美国教育管理公司针对在美留学生的ESL课程基础上，推出针对成人和少儿的ESL课程，旨在提供原汁原味的ESL教学课程，帮助中国学生在国内练就一口纯正地道的英语。举办国内唯一的全英文夏令营“艺术与戏剧”。北京海文学校被北京晨报评为“中国最具推荐价值的综合性教育培训机构”、被搜狐网、搜狐教育频道评为“建国60周年最具影响力课外辅导品牌”、被搜狐网、搜狐教育频道评为“建国60周年最具影响力少儿教育品牌”。

华图教育集团 2001年9月创办，主营业务是公职培训，主要培训项目有中央和地方公务员招录考试、事业单位、军转干、三支一扶、村官、选调生、招警、招教考试辅导和政府部门区域规划、政府应急管理等项目培训，是国务院机关事务局后勤干部培训中心、中宣部《时事报告》、《半月谈》杂志社、中国社会科学院等部门的合作机构。集团集面授培训、网络教学、图书出版发行于一体，下属北京华图宏阳教育文化发展有限公司、北京华图宏阳图书有限公司、北京华图宏阳网络科技有限公司（华图网校）。公司有北京市海淀区华图培训学校、北京市西城区华图培训学校和遍布全国的 36 家分子公司、培训学校以及 200 家学习中心，拥有员工 1300 多人，专兼职教师及专业研究员 500 多人。2009 年 12 月，华图教育与国内顶尖的深圳达晨创投签署合作协议，成为公职行业首家引入风险投资的培训机构。2010 年，华图教育获“2010 年中国最具投资价值企业 50 强”、“关心保护消费者权益信用品牌”、“全国质量服务信得过单位”，华图网校获“2010 年度十佳网络教育机构”。9 月，与中国社会科学院马克思主义研究院合作的地方政府公共服务力调查和评价项目启动。10 月 30 日，与教育部全国高等学校学生信息咨询与就业指导中心联手，举办“2010 年大学生职业生涯规划国际论坛”。

北京市海淀老龄大学　1984 年成立，是北京市第一所老年学校，是一所以民族传统书画艺术教学为主的老年书画专科大学。学校校舍建筑面积 2050 平方米，8 个教室，1 个展室。历年学习结业的学员达一万五千余人次，其中有 200 多人获得文化部艺术等级证书；300 多人参加全国书画展获奖，120 多件作品被国内外单位收藏，150 多名学员举办个人书画展、出书画集；100 多人在社会艺术社团任职，300 多名在各老年大学任职或任教。学校学生大多来自全市和区内各科研院所，各大、中、小学，驻区部队，政府机关等各行业的离退休老同志，有专家、教授、校长、教师、工程师、将军和各行业的领导干部。学校办有《枫林》校刊、《海淀老年教育研究》期刊。

2010 年，学校共有 74 个教学班，在读学员近 2200 人次。教学门类主要有书法类：楷书、行书、草书、隶书、篆书、甲骨.金文等；国画类：山水画、人物画、工笔花鸟画、写意花鸟画等；西画类：素描、油画；兼诗文、篆刻、颖拓、数码摄影、计算机等。

中公教育　创建于 1999 年，以公职类考试培训、远程教育、图书出版为主营产品，是集公务员、参照公务员管理人员、事业单位工作人员、村干部、党政领导干部、教师等各类公职人员录用考试，以及 MPA 考前辅导、职业培训、青少幼教育等教学研究、面授培训，各类教育辅导图书、音像、网络、教材等产品编辑、出版、发行于一体的知识产业实体。在全国 29 个省市拥有 92 家分校，培训学员 50 余万人次，出版发行包括公务员考试、事业单位考试、军转干考试、村官考试、招警考试、公开选拔领导干部考试、教师招录等公职类考试辅导书籍 400 余类，拥有读者 500 余万人。除公职考试培训，中公教育集团拓展了公共管理硕士考前辅导、职业培训、幼儿教育、青少年能力培训、图书出版等业务，实现集团培训产品的规模化、多元化和差异化。

2010 年，中公教育集团在业内首开“旗舰学习中心”，并向全国各主要地市推广。率先在业内实现硬件、软件与服务理念的全面升级，为广大公考学生提供全新的测评、诊断、课程与服务体验。本年，中公教育获新华网“大国教育之声”论坛“公众满意度高职业教育机构”、新华教育论坛“社会责任感教育集团 ”、新浪教育盛典“年度最具社会满意度职业培训机构”、 2010 网易年度教育大选“金翼奖”、腾讯网教育年度总评榜教育行业“风云人物”、2010 腾讯教育盛典“2010 中国十大知名教育品牌” 、搜狐 2010 教育年度总评榜“中国品牌职业教育机构十强”、搜狐 2010 教育年度总评榜“中国十大品牌远程教育机构”。　（王鑫）

【2010 年海淀区域内具有招生资格的民办非学历高等教育机构名单[①]（18 所，2010 年 6 月 7 日北京市教育委员会公布）】

1、北京文理研修学院（原北京达德研修学院）
地址：海淀区学院路 37 号学知楼 111 室
邮编：100083
电话：82333978

2、中国管理软件学院（南校区）
地址：海淀区西北旺镇唐家岭 39 号
邮编：100094
电话：80717668　80705899

3、北京企业管理研修学院（原北京世纪英才高等研修学院）
地址：海淀区体育大学西路甲 2 号
邮编：100084
电话：82591445　82591446

4、北京世贤研修学院
地址：海淀区二里庄小区 24 号
邮编：100083
电话：62316264

6、北京金融学院
地址：海淀区西三旗新都环岛南侧。
邮编：100096
电话：82913284

7、中国农民大学
地址：海淀区中关村南大街 12 号
邮编：100081
电话：62118860　82103130

8、北京明园大学
地址：海淀区西三旗桥东
邮编：100096
电话：82901395　82903383

9、中国逻辑与语言函授大学
地址：海淀区北三环西路 43 号满庭芳园 A 座
邮编：100086

[①]北京盛唐研修学院和北京心理学函授学院在海淀注册，但授课地点不在本区，故名单不列；北京机械工程师进修学院、北京八维研修学院、北京建设大学、北京汉语国际推广中心 4 所学院恢复招生资格；本年新增中关村创新研修学院、北京经济研修学院、北京瀚林职业研修学院为具有招生资格单位。

电话：62130051

10、北京新亚研修学院

地址：海淀区罗庄西里13号楼203室

邮编：100088

电话：51295396

11、北京北大资源研修学院

地址：海淀区上庄镇上庄路117号

邮编：100097

电话：010-88857991转8027/8028/8029

网址：www.pkurc.com

12、北京建设大学

地址：海淀区天秀路10号

邮编：100193

电话：62734051

13、北京八维研修学院

地址：海淀区上地信息产业园

邮编：100193

电话：82782221　82783961

14、北京机械工程师进修学院

地址：海淀区首体南路2号

邮编：100044

电话：68321828

15、北京汉语国际推广中心

地址：海淀区西三环北路甲105号科原大厦b座12层

邮编：100048

电话：51294794

16、中关村创新研修学院

地址：海淀区中关村南大街3号海淀科技大厦（海淀资本中心）13层

邮编：100081

电话：68943188　68915219

17、北京经济研修学院

地址：海淀区中关村大街59号 中国人民大学育贤楼（教学楼）

邮编：100872

电话：82518309　82518315

18、北京瀚林职业研修学院

地址：海淀区杏石口路98号

邮编：100089

电话：62592943 62590159

（王鑫　刘畅）

语言文字工作

【综述】　海淀区语言文字委员会主管海淀区语言文字工作，办公室设在海淀区教委法规科。

本年，规范语言文字测试分中心工作，完成11次970人的普语培训与测试任务。召开社会用字监督工作会，修订《海淀区社会用字监督暂行办法》，建立联合监督机制，确定我区18个重点监督区域。开展语言文字示范校评估认定工作，海淀区艺术职业学校被评为国家级语言文字规范化示范校，玉渊潭中学和中国农业科学院附属小学被评为北京市语言文字规范化示范校。制定民办教育机构语言文字评估标准，修订公共服务行业语言文字评估标准，启动对民办教育机构和公共服务行业语言文字评估工作。开展小学语言教学干部朗诵辅导培训。完成第二届全国学生规范汉字书写大赛海淀赛区预赛和选拔，首师大附属育新学校张依同学获全国一等奖。开展第十三届全国推广普通话宣传周活动和“中华颂·诵读比赛”。1名学生获第二届全国学生规范汉字书写大赛一等奖。

【举办公文写作培训】　6月12日，海淀区举办公文写作及公文处理培训。讲座面向海淀区中小学、职业高中，重点介绍请示、报告、计划、总结、通知等常见文种写作方法、格式及注意事项，讲解公文处理流程及其重要性，要求各校建立健全公文收发、等级、传阅等处理机制。全区学校教师100人参加培训。

【推广普通话宣传周】　9月21日，海淀区举办第13届全国推广普通话宣传周海淀区推普宣传活动。活动围绕“规范使用国家通用语言文字，弘扬中华优秀文化传统”主题，组织法律法规知识介绍、语言文字常识有奖问答、诗歌朗诵、民族乐器演奏、民族舞蹈等活动。（宋亚甫）

区属校办企业及资产管理

【综述】　海淀区学校后勤管理中心成立于2010年7月6日，由区教委原房管所、装备部、国资中心、住宅中心整合设立，负责区教委所属学校和单位的后勤管理和指导工作，包括房屋、场地相关供水供电、供暖和供气等管理和修缮；房、地产权单位登记、确权，产权纠纷处理；各类办学条件装备等相关工作；新增设抗震加固、节能减排、垃圾分类等职能。

2010年，纳入区国资委监管范围的校办企业资产总额达1.9亿元，同比增长8%；负债总额6112万元，所有者权益1.28亿元；实现销售收入7242万元，同比增长52%；实现利润552万元，同比增长76%；上缴税金288万元，同比增长33%。

本年，中心坚持“改善办学条件，管好国有资产，提供后勤保障，服务师生员工”的工作原则和“目标明确、程序规范、手段灵活、方法创新”的工作思路，完成各项年度工作。

改善办学条件 继续开展校舍抗震加固工作。本年暑期完成32所学校、47栋楼、15.5万平方米的加固任务，占总任务量的14%。截至年底，已完成51所中学、73所小学、86.5万平方米的校舍抗震加固，占三年总任务量的78.8%。

改造学生食堂。区政府投入3169万元，对14所学校12353平米学校食堂进行改造；区教委投入1473余万元，对10所学校7902平方米食堂进行改造，解决14000名师生就餐问题。

继续改善教学条件。指导北部新区等5所幼儿园编制、教育教学及办公设备预算，审核预算1562.8万元；为8所学校调整常规设备预算专项预算117.36万元；指导振兴、行知2所打工子弟学校7套、总价40万元的多媒体设备采购工作；为实验小学调拨计算机150台、金额46.5万元，为交大附中调拨多媒体教室电脑10套、金额3.4万元，为参加国庆60周年群众游行的6所学校调拨乐器设备258件、金额22.3万元；配合区财政局采购中心完成幼儿园定点供应商招标工作。

国有资产管理 继续做好土地、产权确权和管理。2010年全区共有教委所属中小学、幼儿园及直属单位366个校址，其中已办理国有土地使用证的104校址，占总体的28%，已办理房屋所有权证的117校址，占总体的32%。加强校舍资产监管，规范校舍出租行为，向170所学校、209户承租方下发清退工作《行政意见书》，清退承租方156户。截至年底，共有123所中小学、幼儿园、直属单位涉及房屋出租，签订合同539份，出租房屋总面积47.6万平方米，出租场地6.9万平方米。处理各种产权纠纷，解决三聋人学校北侧出租房屋拆违工作和中关村酒店原有房屋拆除问题，推进世贤学校清理回收工作。

本年，校办企业采取市场开拓、需求分析、产品创新、转变经营理念等，确保企业国有资产运营平稳、经济效益增长。

推进校办企业改革。上庄中心小学博利肉食加工厂国有股权挂牌转让工作全部完成；完成原国资中心对世纪汇联科技有限公司的撤资工作，办结资金退回手续；颐松山庄有限公司80%国有股权挂牌转让工作完成，转让款划转、资产交接手续全部办理完毕；按期完成中心直属企业北京市通联实业公司出资人由区国资委变更为区国资中心的工商备案手续。

组织校办企业做好常规性工作。按期完成企业财务快报、月报、季报的收审、汇总表编制、数据上报工作，完成企业季度财务分析、年度国有资产产权登记、年度财务决算、年度国有资产统计、领导人年薪检查等工作。中心被区国资委评为“2009年度企业财务决算和国有资产统计报表编制工作先进单位”、“2010年度企业财务报表填报及财务分析工作优秀单位”。

开展“小金库”自查自纠工作。根据《海淀区国有及国有控股企业“小金库”专项治理实施办法》、《海淀区党政机关、企事业单位、社会团体和公募基金会假发票专项治理实施办法》，下半年分2次组织各校办企业开展实施为期3个月的自查自纠工作。各企业从“隐匿收入设立小金库”、“虚列支出设立小金库”、“转移资产设立小金库”、“制售、使用假发票作为原始凭证进行会计核算”、“利用假发票套取转移资金、偷逃税收”等方面，开展两次全面自查。结果表明，各企业均守法经营，不存在设立“小金库”与使用“假发票”违反法律法规、财经纪律、财务收支制度等方面的情况和现象。每次自查自纠工作结束后，各企业落实承诺制与公示制。中心及时将相关情况汇总上报相关部门。

加强企业安全生产管理。与全部企业签订《2011年校办企业安全责任书》，下发《关于今冬明春进一步加强校办企业安全生产工作的通知》，转发区防火安全委员会关于消防安全“四个能力”建设实施细则的通知等相关文件，责成专人深入每户企业进行安全检查与隐患排查，尤其对特殊行业、重点部位、重要生产环节等方面加大检查与隐患排查力度。组织全部企业开展安全备案登记工作，细化安全生产管理。

后勤保障工作 坚持“安全运行、保障运行、效率运行”后勤管理工作原则，推进学校在土建、水暖、电改方面的基础设施建设，完成2010年修缮计划和急修工程。投入2591万元完成30所学校、46642平方米的日常修缮任务；投入339万元完成33所学校土建急修工程；投入1234万元对16所学校进行电增容和避雷设施建设；投入61万元完成114所学校避雷检测；投入74万元为8所学校进行电力急修。做好水暖日常维修和急修工作，投入794万元维修21所学校的水暖设备；投入140万元急修处理98校（次）的水暖设备；完成区教委系统87台各类锅炉及附机设备保养和56台锅炉年检工作。做好防汛准备工作，确保校园安全度汛。开展节能减排可行性研究，完成教育综合实践基地节能减排实验调研，与北京新干线公司合作进行风能供暖、太阳能发电、太阳能浴室、太阳能照明等方案论证和设计；配合校舍房屋抗震加固完成15.5万平米建筑面积的节能减排设计工作，包括外墙保温和双玻中空塑钢窗改造项目。

继续开展生源地学生助学贷款和校方责任险工作。执行“两免一补”和向农村校、相对薄弱校、弱势群体倾斜的优惠政策，继续免除城乡低收入家庭子女学费，调整城乡低收入家庭学生助学金等级。全年免除9.7万学生的学杂费900余万元；免除1.2万学生教科书费用190余万元；补助寄宿生近2000余人补助金额近75万元；向公办中职校3290名学生发放国家助学金150万元；为128名家庭经济困难、品学兼优的中职学生颁发奖金25.6万元；为439名符合条件的的中职学生办理免除学费手续，免除学费127万元；为海淀户籍的25名征兵入伍大学毕业生办理国家补偿学费审批手续。为3231名符合条件的中职学生办理2011年国家助学金资格审定手续。

163 所公办中小学及幼儿园投保校方责任险，投保人数 183997 人、总保费为 919985 元，同比增长 6.8%，公办学校投保率 100%。社会力量办学（园）投保校方责任险总人数 68455 人、总保费 342275 元。

为教职工服务　改善教工住宅条件，投入 727 万元对温泉、厂洼小区电路和一户一表进行改造；投入 470 万元对温泉小区燃气锅炉进行改造；完成教工住宅 11 万平方米的零修和急修。完成 2009 年度住房补贴审核发放工作，其中离休职工 5 人、退休职工 71 人、新职工 396 人、发放金额 1612.58 万元，退休未达标职工 6170 人，涉及金额 19727 万元。完成教师活动中心建设并购置安装设施、设备，已具备启用条件。继续推进体检中心建设。

（吴晓亮　宋亚甫）

【区属校办企业名单】

企业名称	主办单位	联系电话	地址
北京市通联实业公司	海淀区国有资本经营管理中心	62876117	北京市海淀区红联东村 28 号
北京市海育建筑工程公司	北京市通联实业公司	59700653	北京市海淀区苏州街 29 号
北京市六一仪器厂	北京市六一中学	63717748 13601066692	北京市丰台区造甲街 128 号
北京沃德仁和生物科技公司	北京市六一仪器厂	63717748 13601066692	北京市丰台区造甲街 128 号
北京市康而福保健品厂	中国农业大学附属中学	69762321	北京市昌平区阳坊工业南区
北京市金凯旋出租汽车公司	北京市第十九中学	82518549 13811969200	北京市海淀区万泉河路 83 号
北京三春晖教育服务咨询中心	北京市海淀区教师进修学校	62583120 62583161\36	北京市海淀区稻香园 30 号

科技·卫生·体育

11 月 30 日，海淀区召开科技专家建言“海淀十二五规划”座谈会。（李瑞林 摄）

第 16 届北京科技周海淀分会场（李瑞林 摄）

6月17日，海淀区深化医药卫生体制改革动员大会召开 。（杜博丽 摄）

5月29日至30日，在中关村中学举办海淀区第四届“和谐杯”乒乓球赛决赛。来自全区26个街道、乡（镇）的70支乒乓球代表队1000多名运动员参加。（冯小明 摄）

10月17日，海淀区2010年运动会在海淀体育场开幕。图为开幕式千人排舞表演。（区机关工委 供图）

6月18日，海淀区2010年“健康北京、健康生活”第四届健身气功表演比赛在海淀体育馆举行。（区体育局 供图）

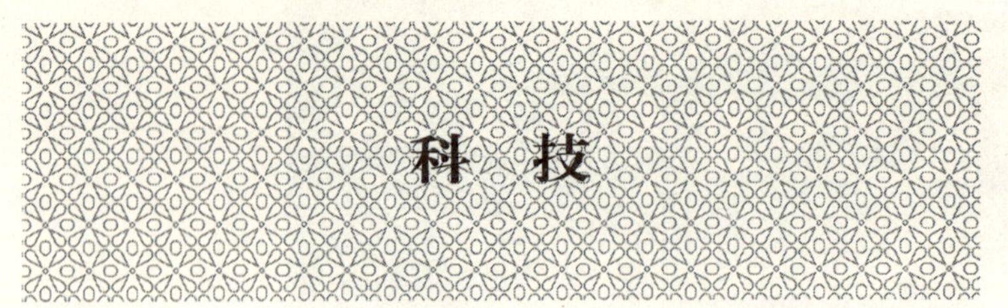

科 技

海淀区科学技术委员会

【综述】 海淀区科学技术委员会（简称区科委）挂海淀区知识产权局（简称区知识产权局）牌子，是负责本区科学技术与知识产权工作的政府职能部门。本年10月，海淀园技术合同登记处划归区科委管理。下属海淀科技中心和海淀区知识产权中心2个全额拨款事业单位。

本年，区科委围绕中关村国家自主创新示范区核心区建设这个中心，重点推进国家创新型城区试点和全国科技进步示范区建设。区科委荣获北京技术市场金桥奖集体一等奖，科委登记处获北京市技术合同认定登记质量优秀奖，“海淀区科技项目管理系统”获“2009信息北京十大应用入围成果奖”，海淀科技中心被市科委评为2010年度“优秀科普教育基地”。

2010年，海淀区域内共有48个项目分获国家自然科学奖、国家技术发明奖和国家科技进步奖，占北京通用项目获奖总数的66.6%，占全国通用项目获奖总数的17.4%。其中国家自然科学奖7项，占北京自然奖项目的87.5%，占全国自然奖项目的23.3%；国家技术发明奖10项，占北京发明奖项目的90.9%，占全国发明奖项目的30.3%；国家科技进步奖31项，占北京科技进步奖项目的58.5%，占全国科技进步奖项目的14.6%。获得国家科技进步二等奖的北京伟嘉饲料集团和北京派得伟业信息技术有限公司曾获区科委资金支持。

在2010年颁布的283个北京市科学技术奖励奖项目中，海淀区域内科研院所及企事业单位获奖154项，占全市的54.4%，其中一等奖24项，二等奖36项，三等奖94项。海淀区企业获奖58项，占全市企业获奖139项的41.7%，一等奖5项，二等奖16项，三等奖37项。曾获海淀科委支持过的企业有28家，占海淀区获奖企业的48%。

科技项目管理 2010年，海淀区对支持自主创新核心区企业发展政策体系进行修订，对2009年“1+20”政策体系进行整合，形成“1+4”的新体系格局。区科委积极参与政策修订工作，与海淀园共同制定《海淀区促进创业型企业创新能力提升支持办法》，科委制定并发布《海淀区重大科技研发项目管理实施细则》和《海淀区科技型企业科技创新项目管理实施细则》。

在新的政策体系基础之上，科技项目设置重大科技研发项目和科技型企业科技创新项目，全年共新立项项目132个，新立项项目支持资金7308万元（其中2010年拨付资金7168万元），2009年延续项目拨付资金260万元，全年拨付科技项目资金7428万元。2010年全年新立项科技项目总投资约45583.63万元，拉动企业投入38275.63万元。科技项目支持资金与企业投入比例约为1：5.24。

全年共滚动执行科技项目359个，审核半年报告363份，完成验收材料177项。开展网络专家评审987项，会议专家评审39项，共邀请专家294人次参与科技项目评审，同比增长63%。全年完成项目立项前实地考察20次，完成企业（项目单位）考察14次。

2010年星火项目滚动执行12项（其中新列4项，延续8项），贷款贴息100万元，实现投资总额17018万元，其中企业自筹7330万元，银行贷款总额9688万元。开发新产品23项，引进专业技术、管理人员82人，年产值38475万元，年利税3419万元。星火计划专项技术、管理培训1300人次。

完成2010年国家火炬计划推荐工作。区科委推荐的51个项目中有19个项目入选国家火炬计划，海淀区共有43个项目列入国家火炬计划，占北京市的42%。完成2010年北京市火炬计划推荐工作。区科委推荐的项目中共有24个项目列入北京市火炬计划，海淀区共有58个项目列入北京市级火炬计划，占市级火炬计划项目总数的41%。完成北京市2010年科技进步奖励推荐工作，全年推荐40项，2009年度区科委推荐的41个项目中有12个项目入围。配合北京市科委开展2010年度促进中央在京单位科技成果转化落地区县项目的申报工作，共推荐4个项目，2个项目获得支持；配合区财政局，推荐2010年地方特色产业中小企业发展资金项目。

根据国务院批复精神，北京市国家自主创新示范区全面开展股权激励工作，在市股权激励领导小组中，海淀区政府是唯一的区县政府成员单位。市科委作为股权激励领导小组的工作部门，区科委牵头海淀区的股权激励工作。截至年底，海淀区域内获批进行试点工作的单位共23家，占全市44家的一半以上。海淀区组培室成为试点单位中唯一一家区属科技机构。

科普工作 在科普能力建设、创新科普活动及数字化科普资源库建设3个方面支持科普项目33项，总计支持经费250万元。推进社区科普工作，持续支持清华园、永定路建设“社区服务科技应用示范区”，新培育4家创新型科普社区，支持原有的9家北京市创新型科普社区建设。实施以数字化科普制品为载体的科普传播新方式，支持海龙科普广场建设。截至本年底，全区有市级科普基地32个（本年新增5个）。

2010年实现市委、市政府“人文北京、科技北京、绿色北京”的战略目标，持续推进清华园街道和永定路街道“社区服务科技应用示范区”建设，科技服务民生，2009、2010年两年总计获市级支持经费250万元，区级匹配经费350万元，街道匹配经费300万元。示范区建设创新了政府公共服务能力渠道，提高主动服务意识，使服务面更加整体化、直接化，提高了社区管理的现代化水平。

推进“北京市创新型科普社区”创建工作，提升科普社区的内涵，探索社区科普工作新模式，2010年培育和创建4个创新型科普社区，组织田村路街道、清华园街道、上庄镇、温泉镇4个街道和乡镇的社区，申报创建第四批“北京市创新型科普社区”，其中田村路街道玉海园五里、上庄镇西马坊村2个社区的创建工作方案通过市科委组织的专家评审入围第四批“北京市创新型科普社区”，共获得市级创建经费38万元。清华园街道荷清苑社区、温泉镇东埠头村社区，由街道、乡镇、社区共同筹集创建经费总计40万元继续开展创建工作。截至年底，全区共有9个社区（街道）获“北京市创新型科普社区”称号，另有2个社区参与北京市第四批创新型科普社区创建工作，经北京市科普专家评审入围，合计11个，占全市创新型科普社区总数的9%。共获得市、区财政支持经费272万元，其中市财政经费180万元，区级匹配经费92万元。

安排科普经费20万元，立项支持海龙大厦科普广场建设，在海龙集团获得市科委立项支持经费80万元的基础上，跟踪支持并协助海龙集团，建成海龙大厦科普广场，宣传中关村自主创新技术与产品、绿色环保知识与成果、国际国内主流和前沿科技与产品三位一体的科普广场，搭建连接中关村自主创新技术与普通大众进行沟通与宣传的平台。

海淀科技中心（科技馆）继续做好科普展教工作，与海淀区文化馆共同举办“新春大观园”活动，向群众宣传科普知识。将节能减排科普展板送进政府机关大楼，为工作人员提供节能减排方面的科普知识宣传。继续做好社区科普大课堂活动，邀请北京市环保局绿色讲师团的专家，为大课堂作“低碳生活从我做起”系列讲座。

第三批北京市科普基地名单（海淀区）（2010年）

<table>
<tr><td colspan="3">一、科普教育基地</td></tr>
<tr><td>序号</td><td>区县</td><td>基地名称</td></tr>
<tr><td>1</td><td>海淀区</td><td>中国气象科技展厅</td></tr>
<tr><td>2</td><td>海淀区</td><td>联想（北京）有限公司（联想品牌体验中心）</td></tr>
<tr><td>3</td><td>海淀区</td><td>北京交通大学（物理演示与探索实验室）</td></tr>
<tr><td colspan="3">二、科普传媒基地</td></tr>
<tr><td>1</td><td>海淀区</td><td>互动百科网互动在线（北京）科技有限公司</td></tr>
<tr><td colspan="3">三、科普研发基地</td></tr>
<tr><td>1</td><td>海淀区</td><td>北京市农林科学院农业科技信息研究所</td></tr>
</table>

2010年度海淀区科普经费与科普活动情况统计表

<table>
<tr><td colspan="3">2009年度科普经费
（不包括市科普活动专项经费及市科协资助经费）</td><td colspan="6">1.本区县科普活动专项经费：　1382万元
2.本区县有关部门投入的科普经费：　861.8万元
其中：科普基础设施投入经费：　753 万元
科普活动投入经费：　108.8万元</td></tr>
<tr><td colspan="9">2010年度辖区内科普工作开展情况</td></tr>
<tr><td rowspan="3">科普讲座(报告)</td><td>举办场数</td><td>3156场</td><td rowspan="3">科教影视</td><td>电影场数</td><td>1600场</td><td rowspan="3">科技竞赛</td><td>举办场数</td><td>229场</td></tr>
<tr><td>听讲人次</td><td>102000次</td><td>录像场数</td><td>1125场</td><td>参加人次</td><td>22572人</td></tr>
<tr><td>演讲人数</td><td>1200人</td><td>观看人次</td><td>313009人</td><td>指导人员</td><td>190人</td></tr>
<tr><td rowspan="4">科普画廊</td><td></td><td>画廊个数(个)</td><td>画廊含标准板块数(块)</td><td>画廊长度(米)</td><td>更新次数（次）</td><td colspan="3">自制画廊用展板套数(套)及块数(块)</td></tr>
<tr><td>区、县级</td><td>13</td><td>109</td><td>132</td><td>10</td><td colspan="3">10套680块</td></tr>
<tr><td>街、乡级</td><td>503</td><td>4976</td><td>24672</td><td>112</td><td colspan="3">52套1670块</td></tr>
<tr><td>其　它</td><td>220</td><td>2840</td><td>3712</td><td>96</td><td colspan="3">1978块</td></tr>
<tr><td colspan="9">辖区内街道或社区图书室</td></tr>
<tr><td>总数</td><td>159个</td><td>图书总册数</td><td>16.2万册</td><td>科普图书册数</td><td>8.7万册</td><td colspan="2">年度订杂志种数</td><td>130种</td></tr>
</table>

<table>
<tr><td colspan="2">科普活动室
（包括青少年科学工作室）建立总数</td><td>294 个</td><td>使用面积</td><td>13520 平方米</td><td>科普工作者数量
（专职）</td><td>122 人</td></tr>
<tr><td>科普志愿者数量</td><td colspan="2">20300 人</td><td colspan="3">科普志愿者年参加活动平均天数</td><td>235 天</td></tr>
<tr><td rowspan="4">街头科技宣传、咨询活动(如利用夏日文化广场开展科技宣传、参与科技类宣传日)</td><td colspan="4">开展次数</td><td colspan="2">450 次</td></tr>
<tr><td colspan="4">参与宣传的科技人员人次</td><td colspan="2">9672 人</td></tr>
<tr><td colspan="4">活动展出展板块数</td><td colspan="2">6423 块</td></tr>
<tr><td colspan="4">发放科技宣传材料份数</td><td colspan="2">665000 份</td></tr>
</table>

知识产权工作　本年，海淀区专利申请 21835 件，占全市的 43.06%，其中发明专利申请 15077 件，占全市的 51.41%；专利授权 12632 件，占全市的 41.21%，其中发明专利授权 6089 件，占北京市发明专利授权量的 59.35%。

整合设立企业实施专利成果转化专项、专利战略专项、知识产权保护体系建设专项等支持政策，支持知识产权项目 70 余项。将知识产权“托管”引入科技园区和孵化器，使知识产权专业服务融入到企业发展全过程，提高专利申请数量和质量。在电子信息、新能源与节能减排等主导行业开展专利预警工作，加强知识产权宣传和执法工作。

2010 年通过专利费用减缓网上审批系统办理专利费用减缓申请审批事项 18370 件，同比增长 5.48%。专利费用减缓额度 1067.654 万元，同比增长 4.1%。平均每月办理专利费用减缓审批事项 1500 余件。

申报企业知识产权保护体系建设项目 58 项，有 15 个企业获得知识产权保护体系建设项目支持，支持金额 100 万元。

2010 年，海淀区对“1+20”政策体系进行修订，制定实施“支持自主创新核心区企业发展”政策体系，决定“企业实施专利成果转化和专利战略”专项由海淀园转到海淀区知识产权局执行，全年申报该专项项目 127 项，共支持 28 个专利成果转化项目、4 个专利战略项目，支持金额 500 万元。

推进知识产权质押融资工作，调整知识产权质押贷款贴息政策，扩大政策覆盖面。区科委全年共审核通过 2 批、28 家企业(第一批 14 家，第二批 16 家，有 2 家重复。各贴息 144.6 万和 327.4 万）申报的 30 个知识产权质押贷款贴息项目（第一批 14 个项目，第二批 18 个项目)，共支持企业贷款 2.97 亿元，贴息 472 万元，贴息额同比增长约 604%。其中利用专利贷款 18400 万，占贷款总额 61.95%；利用著作权贷款 6900 万，占贷款总额 23.23%；利用商标贷款 4400 万，占贷款总额 14.81%。截至本年底，累计有 60 家企业获得知识产权质押贷款约 7.8 亿元。

2010 年，海淀区技术交易继续保持全市和全国的领先优势，全年在海淀区登记的技术合同 32560 份；技术交易成交额 907.8 亿元，同比增长 11.2%，占北京市的 60%。其中区科委登记处全年登记合同 941 份，合同成交额 9.9 亿元；核定技术性收入 3500 余份；办理奖酬金领取手续 1000 余次。海淀园技术合同登记处划归区科委的 3 个月内(10–12 月），共处理 262 份合同，涉及金额达 613.8 亿元。

创新工场、腾讯、海外学人中心、教育部留学服务中心、中关村产品检测和质量认证服务中心、台资企业资本中心等落户西区。推动中国技术交易所与国家版权贸易基地开展战略合作，中国技术交易大厦入驻率超过 95%。

农村科技　开展 2010 年农业技术推广项目征集工作，支持 13 个项目，支持资金 200 万元。组织并完成对东升乡、上庄镇等 10 个农村科技协调员工作站承担的 2008、2009 年度农业技术推广项目的验收工作。完成 2010 年国家重点新产品推荐工作。区科委推荐的 96 个项目中，共有 44 个项目列入国家重点新产品计划，是 2008、2009 两年度的总和 25 项的 1.6 倍，海淀区共有 64 个项目列入国家重点新产品计划，占北京市的 50%以上。

继续加强协调员队伍建设，各科技协调员工作站通过电教、面授、田间指导及参加市科委、市农委、区农委开展的“2010 年设施农业”主题活动，对科技协调员重点从农业实用技术，应用新品种、新技术，标准化生产，市场经营 4 个方面开展理实论与实践相结合的培训服务。共组织花卉、蓝莓、草莓等生产技术培训 4220 人次。投入协调员及农民培训经费 20 万元。海淀区植物组织培养研究室被北京市科委评为 2009 年度北京市优秀农村科技协调员工作站，海淀区农业科学研究所所长肖健被北京市科委评为 2009 年度北京市星级优秀农村科技协员，海淀区种子管理站站长张燕明等 5 人被北京市科委评为 2009 年度北京市优秀农村科技协调员。

【海淀区被确定为国家创新型试点城区】　1 月 10 日，在全国科技工作会议上，海淀区被科技部确定为国家创新型试点城区。区科委与海淀园管委会牵头制定《海淀区国家创新型城区试点工作实施方案》，获得科技部专家组认可。方案着重增强区域自主创新能力、促进科技成果转化、优化产业结构、打造创新发展环境、发挥科技在社会发展中的引领作用。　（李进）

【启动知识产权托管工程】　8 月 18 日，海淀区知识产权托管工程启动，中关村软件园孵化器成为首家试点单位。市知识产权局与海淀区知识产权局、北京市峰荟财智知识产权顾问有限责任公司签署三方托管协议。峰荟公司与受托企业签署托管协议。知识产权托管工程是由政府牵头制定并组织实施的专项工程，在政府引导下委托专业服务机构对企业的知识产权相关事宜进行管理和

多方位服务。（钟冷）

【海淀区专家库正式启动】 9月25日，区科委在原有的科技项目评审专家库基础上新建海淀区专家库，旨在实现全区各部门共享评审专家资源。区专家库现有专家2867人，设两级目录，涉及电子信息、生物医药、新材料、新能源与高效节能、航空航天科学技术、经济类、文化创意、人文社科等25个学科领域，同时覆盖核心区建设政策体系12亿支持资金的全部领域。专家库系统提供专家查询、自定义查询、行业分类、用户信息修改、人员管理、日志管理、动态口令卡管理等7个功能，分为管理和使用两个权限，管理权限开放全部功能，使用权限根据各部门使用需求开通。专家库动态口令卡的使用采取专人专用原则，保证对专家信息的高度保密性，同时专家库设有信息反馈功能。区科委对专家库实行动态管理，根据需要定期进行新入库专家征集工作，及时对专家进行补充、更新，保证专家库中的专家信息充实，专家可用度高。（田颖）

【"双百对接"活动中创建"海淀模式"】 11月17日，由海淀区科委、海淀区农委主办，海淀区四季青镇人民政府承办的海淀区"双百对接"项目签约仪式在四季青镇香山村一品香山召开。"双百对接"活动是由市科委开展的全市科技系统100个支部与创新型乡镇100个村支部进行对接。2010年2月22日，海淀区启动"双百对接"活动。区科委整合资源，搭建人才成果转化平台，打造海淀高端农业，启动7个村党支部与相关研究院所的党支部进行对接，促成对接双方达成合作。经过实地考察、座谈以及专家评审，通过科技项目中的新农村建设专项计划进行立项支持，最终共支持4个项目，支持资金共计240万元。并形成"1+1+1"的项目对接模式，即"科技部门出资金+科研院所出技术+农村基层出设施"，三方共同实施科技项目，为推进农业科技创新成果在海淀的落地转化，提高海淀农业科技水平，探索出新模式、新机制。该工作模式后被誉为"海淀模式"[①]并作为全市典范。（李进）

【4家企业获市首批专利商用化资助金】 12月15日，北京市知识产权局举行首届专利商用化资助金颁发大会，共有9家企业的10个符合资助条件的申报项目获得总金额为462.3万元的商用化资助金，其中海淀区的4家企业共获得资助213.05万元，占资助金额的46.08%。（田颖）

【海淀区被调整为国家知识产权试点城市】 12月，经国家知识产权局批准，北京市海淀区、天津市和平区等9个正在开展国家知识产权强县工程的直辖市所辖区，统一调整为国家知识产权试点城市，试点工作期限2年，自2010年1月1日起算。

海淀区科学技术委员会
地址：海淀区北四环中路281号
邮编：100083
电话：62325613
网址：www.hdkw.gov.cn

下属事业单位：

海淀区知识产权中心
地址：海淀区北四环中路281号
邮编：100083
电话：62323890
海淀科技中心
地址：海淀区北四环中路281号
邮编：100083
电话：62322603（李进）

海淀区科学技术协会

【综述】 海淀区科学技术协会（简称海淀区科协）成立于1979年11月，是海淀地区科技工作者的群众组织，是北京市科学技术协会的地方组织，是党和政府联系科技工作者的桥梁。本年为第六届委员会（2009年选出）。本年，海淀区被中国科协确定为"全国科普示范区"创建单位。

科普工作 区科协以创建全国科普示范区为科普工作主线，利用社区、学校、农村、行业协会等科普工作网络，开展群众性、社会性和经常性的科普活动。为公众创造良好的科普环境，继续发展壮大海淀区科普示范基地。围绕提高公民科学素质，以科普之夏、北京科技周、全国科普日等活动为载体，以"节能减排与低碳生活"为主题，开展丰富多彩的科普活动。

继续开展"科普惠农兴村计划"、"社区科普益民计划"。2010年，争取到市级财政资助金额114.5万元，加强8个科普社区、1个基层科普场馆、1个农村科普基地的建设。评出23名优秀科普宣传员，1名农村科普致富带头人。

继续组织开展面对机关领导干部、社区居民、中小学生、农民等4类人群的"海淀科普文化讲堂"。全年举办10场，包括邀请中科院刘嘉麒院士为区委党校处级班做《气候变化与低碳经济》科普讲座、邀请中科院心理所方富熹研究员为社区做《言传身教与孩子一起快乐成长》科普讲座、邀请中科院侯自强研究员为十九中学生做《神奇的互联网》科普讲座等。

结合热点开展科普宣传，推动海淀科普工作。编制《2009年度十大科技进展》、《国家最高科技奖历年获奖院士风采》、《节能减排与低碳生活》、《嫦娥二号"探月卫星》以及健康之友系列科普之一《健康是金》和之二《预防"三高"》面向大众、贴近生活的科普展板，6套共计600余块。刊行《节能减排与低碳生活》科普书籍，印制一万余册。

青少年工作 围绕提高未成年人科学素质，开展丰富多彩的科技传播活动，组织开展科学家走进校园宣讲科普活动60余场，受益学生达4万余名。与区教委合作，组织开展"海淀区中小学生科技节活动"，全区90%以上的中小学生参加科技节活动。举办海淀区青少年科技创新大赛、机器人大赛、动手做大赛等科技竞赛活动。在全国青少年科技创新大赛中，本区中小学生获得的

---

① "海淀模式"双百对接具有四个特点：领导重视、组织得力；结合紧密、成效显著；目标明确、特色鲜明；资金保障、深入推进。

各类奖项共计 17 项，居全市领先地位。

专家建议工作 6 月 22 日，举办海淀区科协开展专家建议工作十周年纪念大会。大会对多年来参与支持专家建议工作的科技工作者进行表彰。5 家单位获先进集体称号，13 名人获“专家建议突出贡献个人”称号，32 人获“专家建议工作先进个人”称号。8 月 9 日，由区科协和中科院老科技工作者协会共同召开“建立圆明园国殇纪念馆研讨会”。8 月 13 日，海淀区科协与中国科学院老科技工作者协会联合组织召开海淀行政规划与创新发展研讨会。10 月 9 日召开调整北京市空气质量标准研讨会，会议提出从环境对人体影响的程度的数据资料、区域环境空气质量的形成因素、监测操作的可行性及政府监管的具体措施等方面对建议的具体内容进行修改完善。11 月 30 日，召开科技专家建言“海淀十二五规划”座谈会，与会专家对环境保护建设、节能减排、政府职能服务意识的深化、区域科技创新能力建设等方面，从各自的专业领域发表意见和建议。

全年共编报专家建议 105 期，其中中科院老科协大气物理所王庚辰、任丽新等研究员撰写的《关于进一步改善我市空气质量 加快立体绿化建设的建议》，受到市委书记刘淇，市委常委牛有成及副市长夏占义的批示，并获 2010 年度北京市科协系统优秀建议一等奖。中科院地理所李宝田研究员及陆大道、李文华等多名院士和研究员撰写的《建议将海淀公园改建为“海淀科学公园”》的建议，受到市委常委赵凤桐及海淀区委常委、常务副区长杨志强，副区长刘长利的批示。不少建议受到有关领导及部门的高度重视及反馈。2010 年，区科协获北京市科协系统信息工作先进单位称号。

人才工作 区科协在对区域内两院院士变动情况重新调查统计，截至 2010 年 5 月底，在海淀区域内工作或居住的两院院士总数为 523 名。其中中国科学院院士 309 名；中国工程院院士 233 名；海淀区域内两院院士数占全国两院院士总数的 36.52%；占北京市两院院士总数的 80.21%。并出刊活页式手册《海淀院士》。

海淀区科协、区新闻中心拍摄电视系列专题片《海淀院士》。专题片以系列人物专题形式，每集片长 10 分钟左右，采用访谈、生活写真、工作实景、老照片、视频资料及实物展示等方式，记录和展示院士丰富的人生经历和为国家科技事业做出的突出贡献，以及背后鲜为人知的感人故事。节目拟利用两年时间拍摄百位院士，并在《海淀新闻》节目中固定时段播出，2010 年完成沈国舫、陈俊愉、严陆光 3 位院士专题片的拍摄工作。 （刘传）

海淀区科学技术协会
地址：海淀区长春桥路 17 号
电话：82570074　82510604（传真）
邮箱：hdkx@bjkp.gov.cn
网址：kx.bjhd.gov.cn

【北京民营科技实业家协会】 北京民营科技实业家协会（简称“北京民协”）成立于 1987 年，是中国民营企业界最早成立的协会之一，是由北京地区民营科技实业家本着自愿原则组织的非营利性社会团体。20 多年来，北京民协以“科学发展”和“创新服务”为双翼，秉承“桥梁、纽带、服务、自律”之宗旨，构建起以 8 大服务平台[①]为基础、6 个重点专项[②]为创新点、围绕服务会员的核心、参与公共服务及和谐社会建设的全方位服务体系。

截至 2010 年底，协会有会员 442 家（本年新发展 91 家），有 3 个分会及合作伙伴（本年新发展 2 个）。

协会组织架构

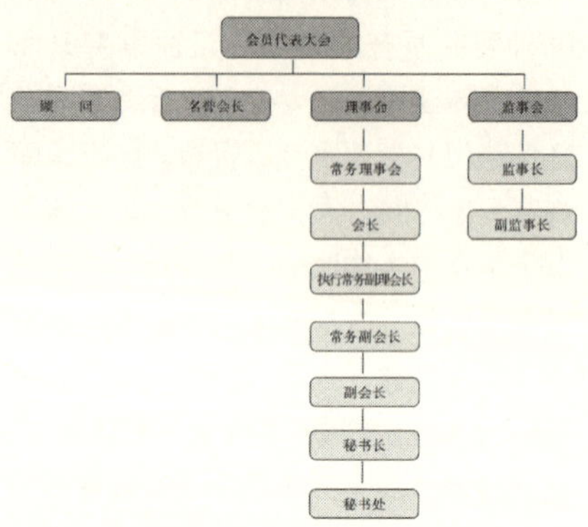

2010 年，北京民协围绕中关村国家自主创新示范区和“三个北京”（“绿色北京、人文北京、科技北京”）建设需要，有针对性地加强和改善服务体系，巩固和发展已有成效。发扬求真务实、服务创新精神，逐渐形成自身特色，品牌影响力、企业凝聚力和服务供给力不断增强。

搭建有层次的企业服务体系 围绕核心区建设，按照企业规模及发展阶段，完善有层次、有内容、有支撑、有针对性、有特色的服务体系。全年共举办各类专题活动 107 场，参与企业 4500 余家，9000 余人次。其中针对大企业，通过中关村企业家顾问委员会专项工作的带动，主要研讨企业个性化问题，兼并收购、借力资本市场的主题分享活动受到好评；针对中型企业，通过双月沙龙等形式，关注企业家自身的成长，围绕经济走势、心灵路向、“两难”[③]解析等话题畅所欲言；面向中小企业的八大服务平台，助力企业成长：企业家咨询顾问团以行业为主线，走访应急、环保、物联网等领域的近 20 家典型企业，中小企业恳谈会以小企业、二板企业专场的形式征集意见建议，联合相关各方探讨劳动争议解决机制；海外事务委员会与 70 余家海外驻京机构建立联系，

[①]八大平台：企业家咨询顾问团、CTO 俱乐部、HR 俱乐部、CFO 俱乐部、金融专业委员会、培训专业委员会、海外事务委员会、软件企业高层沙龙。

[②]六个重点专项：中关村国家自主创新示范区企业家顾问委员会、中关村开放实验室、政府采购中关村自主创新产品试点、中关村企业家商事调解中心、中关村企业家天使投资联盟、理论研究中心。

[③]该话题涉及保持经济增速与抑制房价上涨之间的矛盾，增加人均收入与保持企业竞争力之间的矛盾，实际负利率与经济增速放缓之间的矛盾等，都被称作当下中国经济的“两难”问题。而从宏观调控的目标来看，最大的“两难”实际上就是实现保增长与调结构的平衡。

举办“北京高科技企业国际化实战论坛”；CTO[①]俱乐部以“研发团队的建设与激励”为主题的研讨活动吸引60余家企业参与；HR[②]俱乐部以“科技企业网络招聘会”的形式为企业聚才；金融专业委员会加强企业个案需求与银行、金融机构间的对接，帮助一家急需资金的会员企业融资600万元，组织各类对接活动近10次；培训委员会围绕专利、管理方法等组织专业活动；CFO[③]俱乐部则从企业资本运作、内部控制体系入手，与企业财务总监共同探讨财务话题；软件企业高层沙龙组织召开“洞悉物联网发展，把握经济制高点”等主题活动。面向初创企业所建设的网格化创业辅导体系，搭载着中关村企业家天使投资联盟的企业家资源，创业辅导务求实效。

本年度以扩大协会影响力为目标，加大对分会和合作伙伴的洽谈力度。全年走访会员企业102家，为企业提供个案服务20余次，“会长接待日”共接待会员个案咨询7次；向会员企业发送各类政策信息120余条，编制并发放2010年科技政策信息解读汇编；向各级组织单位推荐会员企业及企业家60余个，在“求是杰出青年成果转化奖”、“中关村10大系列评选”等评选中摘得桂冠。召开会长工作（扩大）会议、协会工作专题讨论会等10余次，探讨协会建设遇到的问题和机遇，到会率超过80%；监事会对协会财务状况和整体工作进行审议；企业家对协会活动的参与积极性较高，全年企业家主讲、主持协会各类活动60余场。组织中央统战部领导、全国人大常委会原副委员长周光召以及北京市政协、北京市统战部、北京市科协、中关村管委会、北京市工商联等部门领导赴协会及会员企业的调研和企业家座谈活动，反映企业声音，搭建政企沟通桥梁。

承接政府委托专项　2010年，受中关村管委会委托，北京民协共承接3项政府委托专项，即：中关村国家自主创新示范区企业家顾问委员会、中关村开放实验室、政府采购中关村自主创新产品试点。同时，探索政府开放资源以及社会组织承接政府职能转移的机制及能力建设的新模式。

1、中关村国家自主创新示范区企业家顾问委员会（简称顾委会）。成立于2009年12月，2010年2月25日召开第一次全体会议，27位委员分成4个工作组，发挥高层次、多领域、跨行业的综合智力优势，为实现国家自主创新示范区的目标起到了重要的参谋和支持作用。北京民协作为顾委会秘书处，围绕5大职能[④]开展工作：

第一工作组以推动企业做强做大为主要工作任务，发起成立“中关村100企业家俱乐部”。俱乐部通过闭门研讨会的形式，研究企业做强做大等发展问题，本年举办用友专场、中国钢研专场、联想专场3次专题活动。

第二工作组以重大产业化项目挖掘及推荐为主要工作，进行“中关村高科技企业及投资发展支持政策”的课题研究，形成《中关村高科技企业及投资发展支持政策研究报告》、《人民币基金的政策建议》、《外资基金的政策建议》等调研报告及政策建议；面向全市投资机构、企业征集重大产业化项目。

第三工作组围绕企业家人才培养，支持摇篮计划、VSHOW企业融资路演活动，制定“中关村之星”培训计划，探讨行之有效的企业家培训方案和方法。

第四工作组围绕推动产学研结合、高端领军人才评审，推动企业工程中心的挖掘和成立，截至年底已有4家企业提出申请，希望通过几种不同类型的企业产学研合作方式，探索出企业为主体、政府做推动的有效模式；完成中关村高端领军人才2010年度两次专家评审工作，共计近200位申报人接受评审。为配合完成评审工作，秘书处编辑制作《中关村高端领军人才评审手册》。

11月1日，中关村国家自主创新示范区企业家顾问委员会座谈会在市政府召开，市领导听取委员关于北京市“十二五”战略规划以及推动企业做强做大的意见和建议，对顾委会成立近一年来迅速开展工作以及取得的成绩给予充分肯定，并希望企业家们提振信心谋发展，通过企业的发展壮大，共同把中关村国家自主创新示范区建设好、发展好。

2、中关村开放实验室。中关村开放实验室作为北京民协最早承担的政府委托项目，已运作近4年。

2010年，开放实验室的挂牌实验室总计已达84家，包括一批涉及云计算、物联网、智能电网等方面的重点实验室。开展2010年度中关村开放实验室技术攻关和检测类项目的受理和评审工作，受惠企业和实验室数量大幅增加，其中检测项目服务企业数比上年同期增长47%，申报项目数比上年同期增长81%。

启动重大项目信息挖掘、收集、上报、跟踪机制，初期汇集150余个项目，并将其中的24个作为重点项目推荐给政府。加强调研和信息整合，形成多篇专题报告。

全年共组织各种形式的对接活动66场，园区上千家企业参与。其中组织4次中关村科技沙龙和科技成果发布会，推动成立智能电网联盟等产业联盟；加强企业与实验室的双向走进、双向对接的力度，组织交流活动10场；注重一对一的个性化对接服务，各领域先后组织对接活动10场，如组织中科院微生物研究所分子病毒及生物制药开放实验室、中关村饲料产业技术创新战略联盟、中关村饲料产业联盟秘书处

① CTO是英语Chief Technology Officer的缩写，意即首席技术官、技术长。

② HR是Human Resource的缩写，指人力资源管理。

③ CFO是英文Chief Financial Officer的缩写，指公司首席财政官或财务总监。

④ 推动企业做强做大、支持重大科技成果产业化、培育高端领军人才、促进产学研用的合作对接以及国际交流合作等五个方面的职能。

与15家相关企业面对面洽谈；在“创新中关村2010主题活动”中，共展示介绍100多个优质项目。

信息网络平台（www.zgckfsys.com）累计更新发布简报、工作动态、活动播报及各种通知新闻540余条，近百家园区企业注册，全年累计访问量2万余次，独立访问IP数4780个；重点项目信息库全年录入300个项目信息；拍摄33家实验室宣传短片，全方位展示实验室风采；20余家网络、电视媒体对开放实验室各类活动进行报道。

3、政府采购中关村自主创新产品试点工作。年内组织召开5次政府采购中关村自主创新产品示范项目签约大会，共签约356个项目，涵盖轨道交通、水处理、垃圾处理、新能源、环保、先进制造、信息化、医疗器械等领域。采购中关村自主创新产品51.5亿元，超额完成全年40亿元的采购任务。其中项目合同287个，采购金额达29.1亿元，占总采购金额的56.5%。

加大各专业领域的政企对接，并将采购理念推广至军队物资采购领域，举办教育、轨道交通、环保、军队物资采购等对接会，近2000家企业及采购单位参加。

“百万千瓦核电站非安全级仪控仿真系统”等25个项目被认定为2009年度中关村科技园区首台（套）重大技术装备示范项目，其中13个项目为本市首台（套）重大技术装备产品风险补助项目。一期风险补贴款的已拨付；持续跟踪项目进展和设备使用情况，召开2次首台（套）使用单位和研发单位座谈会，并对个别示范效果突出的项目进行实地考察和调研；启动2010年度中关村国家自主创新示范区首台（套）重大技术装备示范项目征集工作，共征集34个项目，经过初审，30个项目进入技术评审环节，18家企业的21项产品获得认定。

作为此项工作的承担单位，北京民协努力为企业争取优惠政策、改善政策环境。多次与市财政局、中关村管委会讨论采购自主创新产品“加减分”的优惠幅度，为《北京市政府采购自主创新产品评审实施细则（试行）》的出台做了大量基础支持工作；组织多次首台（套）保险补偿机制座谈会，就保险方案和保险补贴资金管理办法听取意见，为即将发布的《中关村国家自主创新示范区首台（套）重大技术装备试验、示范项目保险补贴专项资金管理办法（试行）》提供参考；配合中关村管委会提出修改《中关村科技园区首台（套）重大技术装备试验、示范项目实施办法（试行）》（京发改[2009]208号）的建议，建议将补贴方式改变为保险补贴，市发展改革委于9月完成该修改稿的会签工作。

举办丰台园、石景山园2场政策宣讲会；走访委办局和企业50余次，接待来访企业及相关单位20余次，了解政府采购单位和企业的双方需求；政府采购自主创新产品信息服务平台zfcg.zgc.gov.cn启动，汇集政府部门、产品需求单位、产品生产企业3方信息，页面访问量近3.5万次，独立访客7000余次；建立中关村政府采购数据库系统；报送简报35期。

协会重点专项——中关村企业家天使投资联盟　本年完成二次出资，并吸收知名企业家、投资人以及石景山投促局的加盟。联盟将开放实验室、政府采购等政府委托项目的专家资源以及中国技术交易所、中关村物联网产业联盟等专业机构列入项目评估专家范围。全年受理项目101个，走访考察企业（项目）60家，新增投资项目2个（累计4个），储备可投资项目5个；制定《关于发起人个人借用联盟平台投资项目的试行办法》，探索投资新模式，配合发起人实现对北京某能源科技公司的投资入股。加强对已投资项目的跟踪管理。向联盟发起人通报项目的进展情况，对项目进展中遇到的各种需求和风险，提供辅导和支持，提高联盟投资的附加值；2009年投资的2个项目均呈现出良好的发展势头，受到风险投资机构的关注。2010年，联盟与中关村科技担保有限公司、北京奥宇投资担保有限公司、中国技术交易所、滨海基金、北京赢思强投资咨询有限公司等单位正式签订合作框架协议；与北京中关村科技金融创业集团公司、中富创业投资（北京）有限公司、中国发明协会等机构建立紧密的合作关系，引入石景山区投促局注资20万元。开展对污泥处理等行业领域的研究，走访调研11家企业及机构，形成2万多字的研究报告，为投资决策提供参考。开展创业辅导，“雏鹰500创业助推计划”截至本年底辅导人数10人，全年组织“一对一辅导”师生见面会4次，举办“创业成长沙龙”3场，多种措施为创业者答疑解惑，把脉支招，受到创业者的欢迎和好评。

调解中心　2010年9月，中关村企业家商事调解中心正式揭牌成立。这标志着调解员制度有了规范、固化的载体，也为各类调解组织的发展提供了借鉴。《科技日报》、《中国企业家报》、首都科技网、海淀新闻中心、海淀电视台等多家媒体进行专题报道。北京市社工委、北京市科协、北京市知识产权局、北京市工商联等有关部门领导对协会进行专题调研，了解工作进展。

推进诉前、诉中调解。2010年，调解中心加强与海淀法院的联系，利用其在派出法庭增设立案点的契机，加强诉前调解的力度，10余起商事纠纷于庭前调解；全年诉中调解的案件16起，成功9起，累计调解各类疑难案件已达80起，成功63起，成功率近80%，且调解成功的案件当事人均自动履行调解协议，无一进入强制执行程序。有7位调解员以人民陪审员的身份参与协助法官审理多起疑难案件，提出专业、合理的建议。中心组织5场“法律•商业”沙龙系列活动，为公司法律纠纷的解决提供方法与策略性参考；建设多领域、专业化的调解体系，推动中关村电子市场调解委员会、中关村不动产调解委员会的建设；与海淀区司法局、上地街道合作，成立上地地区企业商事纠纷专业调解委员会，明确企业家调解员及商事调解在人民调解领域的法律地位。

理论研究 在完成政府委托的多项研究课题的同时，完成《协商会组织如何承接政府职能转移》、《社会组织的创新及发展研究》等课题。全年提交全国政协提案6项，即《再次呼吁重视解决国有大型企业拖欠中小企业账款的"顽疾"》、《关于免征股东权益转增注册资本个人所得税的提案》、《关于中关村建设私募股票交易市场的提案》、《关于创新开展中关村科技金融机构试点的提案》、《关于中关村示范区外汇管理先行先试的提案》、《关于科学处理有机固体废弃物，提高处置效率的提案》。向全国人大、市工商联、中关村管委会等部门提交提案及建议10余篇，内容涉及鼓励民营企业引进海外技术、加速医疗创新产品市场化、进一步完善市财政科技资金支持方法、高级人才引进等；《北京民营企业情况反映》出版3期，重点关注不同企业群体的政策需求以及对《劳动合同法》、《社会保险法》等的实施建议。

宣传工作 协会以内刊《动态》、网站为依托，在跟踪、报道协会各项活动的基础上，解读经济发展现状、广纳民营企业声音、挖掘中关村年轻创业企业家。

《动态》全年出版11期，55万余字，原创比例超过70%，以"智者论改革"、"变则通、通则久"等为主题的专题备受关注；协会网站月平均访问量为7000余次，涉及的IP地址近2400个，"协会快讯"栏目的上传量全年超过500条，其他各栏目的全年更新条数近800条。通过举办"文友沙龙"活动，加强与企业的沟通，推动企业文化建设。协会全年在各类媒体发稿260余篇。

本年度，致力于以团队文化为引领，逐步提升团队的专业性、学习性和包容性，邀请知名企业家为秘书处做职业化、营销、财务等方面的专题培训；党支部组织政治学习和谈心活动；建设学习型团队；财务预算和管理进一步规范化，全年接受并通过各类审计6次。

本年度，协会荣获全国先进社会组织、中国自主创新杰出贡献奖、北京市三八红旗集体、北京市科协系统首都文明单位及信息工作先进单位、中关村协会组织工作优秀奖及信息工作优秀奖、海淀社会公共服务项目优秀单位及创新品牌服务奖、"我骄傲，我是园区人"诗歌朗诵比赛二等奖及优秀组织奖、2010年中关村国家自主创新示范区第一届运动会优秀组织奖等多个奖项。

（尹玲利）

地址：海淀区上地西路28号时代集团大厦C座一层 北京民协
邮编：100085
电话：62961182/62961183/62966813
62960965（传真）
网址：www.bjmx-online.com

【启动"健康社区行、服务为人民"系列义诊活动】 4月10日，海淀区科普之春系列活动暨"健康社区行、服务为人民"系列义诊活动在东升乡前屯社区正式启动。此次活动是本区"科普之春"系列活动的组成部分之一，中国人民解放军302医院启动仪式现场为群众提供疾病的预防、治疗、保健知识，指导居民对一些常见病、多发病的规范预防和治疗，免费测血糖、血压等，免费发放各类防病治病健康知识手册，使广大居民在家门口就可享受到高品质的医疗服务。

【第十六届海淀区科技周】 5月15日，第十六届海淀区科技周启动。开展科普互动、展览展示和咨询活动，派发各类科普宣传品。5月15日至21日，各活动分会场举行各类科普活动50余场。活动以低碳环保为主题，区科协制作相关的科普展板及宣传书籍，以推动节约能源资源、保护生态环境为重点开展活动，在紫竹院街道、香山街道、东升乡、青龙桥街道林科院社区等单位组织科技讲座，更新科普展览，提高居民节能减排和参与低碳生活的意识，推动海淀文明建设。

【中关村国际研讨会】 5月18日，由区科协主办、中外投资服务网承办的"中关村与全球科技创新中心"国际研讨会在北京香格里拉饭店举行。海淀区有关领导、海淀区域内的科研院所、大学有关领导，中关村科技园区的企业家，中国网、新华网、新浪网、北京电视台、科学时报、中关村杂志社等媒体参加研讨会。英国、以色列、瑞士、加拿大、德国的驻华使馆科技参赞和代表应邀出席研讨会并发言。此次研讨会是海淀区科技周的重要活动，主题是：从国际视角，探讨中关村如何通过学习借鉴世界各国在推动高新技术及其产业方面的成功经验，增强创新能力，参与全球合作，成为具有全球影响力的科技创新中心。

【核心区创新文化论坛】 9月21日，海淀区科学技术协会和科学时报社联合举办"中关村国家自主创新示范区核心区创新文化论坛"。论坛旨在从创新文化视角，推动与建设科技创新中心相适应的文化发展。与会专家认为，要在本世纪前20年使中关村科技园区成为具有全球影响力的科技创新中心，应当高度重视以科学和创新为核心的文化建设。中关村高新技术产业发达，高等院校、科研单位、新型媒体等文化创新要素集中，科技与文化双翼齐飞对建设科技创新中心意义巨大。中关村要从体制、机制和人文环境上大胆创新，激发创造创新活力，创造新的文化辉煌。中国网、新华网、北京电视台、科技日报、科学时报等10多家媒体参加了论坛。

（刘传）

卫生·红十字会工作

卫生工作

【综述】 海淀区卫生局是对本区卫生工作管宏观、定政策、做规划、抓监管的政府部门，下属4个事业单位：卫生监督所、疾病预防控制中心、社区卫生服务管理中心和新型农村合作医疗经办管理中心。

海淀辖区内共有医疗卫生单位914家，包括民办医疗机构（主办单位为个人、社会团体、企业）423家；其中非营利性医疗机构508家，营利性医疗机构406家。

全区有卫生技术人员2.4万人，其中执业（助理）医师9281人，药剂人员1945人，检验人员892人，注册护士9692人，实有床位9832张。每千常住人口拥有卫技人员7.31人、执业（助理）医师2.83人、护士2.95人、床位3.00张。

社民办医疗机构中，有医院32家、门诊部129家、诊所204家，从业人员6179人，其中卫生技术人员4683人。个体医疗机构（主办者为个人）315家，从业人员3901人，其中卫生技术人员301人。

据海淀区疾病预防控制中心统计，本年本区出生14227人，其中男性7329人，女性6898人，出生率6.53‰；死亡9397人，其中男性5229人，女性4168人，死亡率4.32‰；自然增长数4830人，自然增长率2.21‰。因病死亡9052人，占死亡总数的96.33%。死因前十位疾病依次为：恶性肿瘤、心脏病、脑血管病、呼吸系统疾病、消化系统疾病、损伤和中毒、内分泌、营养和代谢性疾病、神经系统疾病、传染性疾病、泌尿生殖系统疾病。前十位死因合计占总死亡的95.09%。本区人口期望寿命81.75岁，其中男性80.03岁，女性83.46岁。

全年，区级财政拨款44204692.4元，预算外资金收入491378元，非本级财政拨款1034960.8元，全年收入45731031.2元，支出50668114.86元，其中医疗卫生支出46620956.86元，

年内，区卫生局被评为“政府为百姓办实事”先进集体，奥运会、健康北京灭蟑行动、建国60周年庆祝活动病媒生物控制先进单位，疫苗接种优秀单位，结核病防治工作优秀单位，卫生监督执法考核先进集体，首都文明单位，首都国庆60周年群众游行支持贡献单位，北京市免疫规划工作先进集体，健康促进学校工作优秀单位，基层医疗卫生单位深入学习实践科学发展观活动指导工作先进集体，慢病能力调查工作先进集体，无偿献血工作中做出突出贡献先进单位。获北京首届世界武博运动会贡献奖，在十一届全国人大三次会议，全国政协十一届三次会议医疗卫生保障工作中做出的贡献奖，“2010年全国社区医生糖尿病防治知识大奖赛，暨北京市社区医务人员岗位练兵大赛”北京赛区城市赛领队第一名，在“争做健康北京人”北京市民健康知识与健康技能竞赛中获优秀组织奖，北京市卫生系统网站评议优秀网站奖，北京市百个优秀防艾创意大赛优秀组织奖，社区慢性病规范管理知识竞赛组织奖。海淀区“青年文明号”。

卫生监督执法 2010年，共办理行政许可相关事项1126项。设置批准55项；执业登记49项；校验780项；变更166项，注销78项，停业8项，现场勘验210余次。便民服务预看地址26余次。完成医师变更执业注册883人次，首次注册331人次。本年全区共有一千多名医师报名参加执业医师资格考试，387人获得医师执业证书，完成对医师执业证书的发放及首次注册工作。

医疗质量管理。落实“2010年医疗质量万里行活动工作方案”，结合“以病人为中心，以提高医疗服务质量”的活动主题，开展各项质量管理活动。推进开展医疗质量的控制和改进，完善组织建设，筹备成立“海淀区医疗质量管理委员会”，对辖区内的医疗机构的医疗质量控制和改进工作进行指导。对开展健康体检医疗机构进行统计备案，制作统一备案程序，受理19家医疗机构备案申请材料。2010年8月进行现场审核，对全区的健康体检情况进行全面摸底及质量控制。

药械管理。加强对特殊药品的管理，组织完成相关验收工作。并对辖区医疗机构执业医师约160人进行麻醉药品处方权的培训。组织完成海淀区医疗机构过期麻醉药品、精神药品的销毁的统计上报工作。

医疗卫生专项检查。出动监督人员2116人次，检查744个单位，发现违法行为34个单位，均予以责令改正并进行处罚。取缔非法行医点380个，罚款160500元，没收违法所得20元。全年组织各种监督检查2761户次，合格2727户次，合格率98.77%。行政处罚34户次，罚款30500元。对辖区的医疗机构监督2761户次，其中三级医院9家25户次、二级医院10家17户次、一级医院36家263户次、无级别医疗机构689家2456户次。对16家违反《医疗废物管理条例》的医疗机构进行了处罚，共罚款14500元。

大型活动卫生保障。区卫生监督所全年共完成14项大型活动保障任务，其中驻会保障8次。全年共保障8933人次；出动监督员1659人次，监督1560户次，培训从业人员660人次；处罚3户次，其中警告0户次，罚款6000元，取缔0户次；计划监测349件，合格329件，合格率94.27%；快速检测4414件，合格4384件，合格率99.32%。

全年对卫生监督人员培训10次，1300人次参加，内容涉及食品卫生、公共场所卫生、生活饮用水卫生等法律法规及快速检测等内容。

社区卫生 全区累计建成50所社区卫生服务中心（本年新建1所）、178所社区卫生服务站，其中政府举办29所社区卫生服务中心和131所社区卫生服务站，非政府举办21所社区卫生服务中心和47所社区卫生服务站。在由政府举办的社区卫生服务机构中，6所实行院办院管的运行模式，其余的全部实行收支两条线管理。

推进慢性病管理工作，社区卫生服务机构通过多种形式开展针对慢病患者的管理，全年管理慢病患者17.7万人，其中高血压管理7.2万人，规范管理3.7万人；糖尿病管理2.7万人，规范管理1.3万人；冠心病管理2.2万人；脑卒中管理0.9万人。利用知己能量监测仪开展知己慢病管理，组织2期知己慢病管理培训班，培训93名社区医生，全区累计建档2117人，随访7964人次，完成强化期971人，评价2173人次；随访率达81.7%，化验数据规范率达90.6%，有效运动达标率达64.9%，评价完成率达90.3%。

培养家庭保健员1250名，在全市率先启动家庭保健员工作站。建立和完善社区卫生服务团队404支，覆盖所有村（居）委会。在交通大学社区卫生服务中心、中央民族大学社区卫生服务中心、航空航天大学社区卫生服务中心开展校园健康使者培训试点，共培养大学生健康使者600余名。

2010年，社区卫生服务机构诊疗643.0万人次，同比上升13.88%；其中门诊565.8万人次，同比上升15.10%；中医门诊88.7万人次，同比上升22.47%；急诊46.6万人次同比上升12.04%。出诊服务4.7万人次，同比上升56.32%。对符合优待政策的老年人免收挂号费54.6万人次。双向转诊上转9.6万人次，同比上升8.03%；下转3131人次，同比下降85.97%。建立家庭病床166床，同比上升100%。2010年，共计1309名专家参与对口支援社区卫生服务工作。全区零差率药品采购总金额4.797亿元，同比增长22.5%，返聘退休医学专家109人，其中高级职称99人。

创新建立“四位一体”[①]绩效考核制度。海淀社管中心对重点工作实施专项督导，确保重点工作落实到位；成立海淀区社区卫生服务督导巡视组定期督导；引入第三方评价机制，客观公正评价社区卫生服务机构工作情况；在各社区卫生服务机构推行岗位绩效考核工作，形成机构领导—科室—个人的考核机制。

推广实施新社区卫生服务综合管理信息系统。利用物联网技术开展社区慢病患者远程监护试点。正式启动WeHealth无线健康监测慢病监护项目，在9家社区卫生服务机构进行高血压健康监护试点。

确定18所社区卫生服务机构作为第一批中医药特色示范中心（站），完成中医科室风格装饰，统一标识设置。推进“七个一”工程建设，即为社区卫生服务中心（站）配发200个中医诊疗包，为社区医务人员配发社区中医药服务手册，为社区居民配发中医保健手册；培养65名中医养生八段锦师资，建立一支由19名中医讲师组成的健康教育讲师团，打造一批中医药骨干人才，对45名中医骨干人员进行为期10天的中医适宜技术培训，开展一次大型社区中医药服务推广展示活动。

对辖区内各医疗机构6920人进行继续医学教育学分审核。开展社区卫生岗位理论和技能操作考试工作，考试平均合格率为86.2%，技能操作考试平均合格率为93%。

农村卫生 全区共有村级医疗机构32个，覆盖率100%。卫生技术人员466人，其中乡村医生375人。区财政投入228万元对18所村卫生室参照社区卫生服务站标准进行改造，统一装修风格和标识，改善硬件设施条件。区财政投入72万元对18所村卫生室进行标准化设备配备。建立以四季青社区卫生服务中心和温泉社区卫生服务中心为中心的乡村医生培训基地，2010年301名乡村医生参加技能培训和技能考试，技能考核一次通过率达94%。

新型农村合作医疗。全年全区共有84970人参加新型农村合作医疗，参合率98.9%。本年新型农村合作医疗人均筹资标准达907元，其中市、区两级财政补助550元，乡（镇）财政平均出资237元，个人和村集体出资120元，人均筹资标准居全市首位。一、二级医院住院报销比例由55%提高到60%，三级医院报销比例由50%提高到55%，住院补偿封顶线由7万元提高至18万元。新农合筹资标准、报销比例、住院补偿起付线和封顶线等政策保持连续性，而且比例年年提高，进一步缩小城乡差距，推进城乡一体化医疗卫生体系的建设。增加住院分娩报销政策[②]。

全区新农合年度总筹资7706.8637万元，住院资金5268.14万元，其中市区两级财政补助4248.5万元，个人和村集体出资996.594万元，区民政和区残联共资助23.046万元；门诊资金2438.7237万元。

全年住院累计补偿6540人次，住院基金总支出为4689.6644万元。门诊补偿207949人次，支出门诊补偿款2124.9166万元。

疾病控制 全区有地段预防保健科51个，防保人员474人（含防病、妇幼、精神卫生保健人员）。

（一）计划免疫 免疫预防接种。共设立111家预防接种门诊，其中AAA级2家，AA级7家，A级28家，85家实现信息化网络化管理。全年累计开展免费疫苗接种1242673人次。全年共接报疑似预防接种反应121例，组织区级专家鉴定会2次，对6例接种疫苗后出现过敏性紫癜的病例进行区级诊断。

2010年，全区有0–6岁的户籍儿童159663人、流动儿童42077人。计划免疫调查建卡率100%，四苗（卡介苗、乙肝苗、百白破混合制剂、麻疹疫苗）

[①]指区社管中心、督导巡视组、第三方评价机构和社区卫生服务机构四位一体、条块结合。

[②] 2010年新农合政策调整，新增加该政策。对符合计划生育政策的，在海淀区农村孕产妇住院分娩定点医疗机构因住院分娩发生的费用，除按相关规定享受财政补贴外，可再按照新农合政策规定享受报销，报销费用累计在住院补偿费用中。

调查接种率均达 100%，脊髓灰质炎疫苗调查接种率为 99.52%。流脑多糖菌苗调查接种率 97.37%，乙脑疫苗调查接种率 94.25%，全年报告麻疹发病 347 例，发病率 13/10 万，脊髓灰质炎发病 0 例，百日咳发病 0 例，破伤风发病 0 例，白喉发病 0 例。儿童预防接种强化免疫建证率 98.84%，麻风腮疫苗补种率为 98.98%，流脑疫苗补种率为 99.63%，百白破疫苗补种率为 99.48%，乙脑疫苗补种预约率 99.51%，乙肝疫苗补种预约率 99.71%。

全区 60 岁以上老人接种免费流感疫苗 86840 支（其中医保老人 24198 支，非医保老人 62642 支），接种率为 27.48%；学生接种免费流感疫苗 137917 支，接种率为 72.59%。

处理计免相关疫情 3831 起，同比上升 14.8%。其中：突发事件 0 起，爆发疫情 7 起，接报 AFP（急性弛缓性麻痹）病例 6 例。

（二）传染病防治　甲乙类传染病发病共 6903 例，发病率为 253.51/10 万，同比下降 28.54%。其中排在前三位的病种为：痢疾、肺结核、梅毒。其中痢疾发病 3357 例，占总发病数 48.63%，发病率 123.28/10 万，病死人数 0；肺结核发病 1149 例，占总发病数 16.64%，发病率 42.2/10 万，病死人数 7 人，病死率 0.61%；梅毒发病 592 例，占总发病数 8.58%，发病率 21.74/10 万，病死人数 0。2010 年发生突发公共卫生事件 1 起（一般事件，O_1 小川型霍乱病例 1 例），暴发疫情 15 起（其中水痘 2 起，麻疹 4 起，流腮 1 起，手足口 8 起），疫情调查处理率达 100%，及时报告率 100%。肠道门诊初急诊 15611 人次

全年开展传染病督导单位次数达 940 次。

（三）结核病防控　2010 年报告结核病人 1149 例，发病率 42.20/10 万，新登记管理的肺结核病人 821 人（含外地病人 369 人），同比上升 12.5%，占全市新登记管理的肺结核病人的 16.9%，居全市 16 个区县之首。469 例纳入社区管理。非结核病防治机构疑似肺结核病人报告数 2306 人，比 2009 年上升 8.6%；综合医疗机构肺结核报告率和转诊率分别是 100% 和 99.2%；高校登记肺结核病人系统管理率达到 100%。综合医疗机构痰结核菌检验结果误差率在 5% 以下。

全年为 11243 名本地新生儿和 15121 名外地新生儿接种卡介苗，新生儿卡介苗接种和补种率 95.2%，未出现差错事故。

启动第八轮中国全球基金结核病项目，对非本地户籍人口的肺结核患者（在同一城市的城区之间流动的肺结核患者和一次性就诊患者除外）开展免费服务，全年共为 107 名纳入社区管理的流动人口结核病患者（此数据仅为全球基金项目里的）发放生活补助 103406.95 元，人均 966.42 元。

本区涂阳 71 例，监化 71 例，监化率 100%。流动人口涂阳 74 例，监化 74 例，监化率 100%。

对全区医务人员开展专业培训 20 场、1430 人次。对全区居民开展防治结核病的健康宣传活动 278 场，受益人群数十万。

（四）性病、艾滋病防治　开展哨点监测，对共计 6780 人进行监测。3 家 VCT 门诊累计为 1262 人提供咨询和 HIV 免费检测。2010 年完成在押人员艾滋病病毒抗体筛查 2639 名，其中 HIV 确认阳性 42 人。美沙酮替代门诊累计为 220 名吸毒成瘾者提供替代治疗。对高危人群开展干预活动，干预男男同志人群 65832 人次，暗娼 45912 人次。清洁针具发放 24100，回收 24982（上年度余交一部分），回收率 100%。

2010 年，全区新发艾滋病感染者和患者分别为 121 例和 58 例，累计报告艾滋病感染者和患者 641 例，其中感染者 490 例，患者 151 例。加强对艾滋病感染者和患者的监测，2010 年共流调 190 人，随访 364 人，415 人次；CD4 检测（由于艾滋病病毒攻击对象是 CD4 细胞，所以其检测常应用于对艾滋病治疗效果的判断和对患者免疫功能的判断）177 人，212 人次（HIV 感染者至少检测 1 次/年，AIDS 患者至少检测 2 次/年）；抗病毒治疗 102 人。

全年报告性病（五类：梅毒、淋病、尖锐湿疣、生殖道疱疹、生殖道沙眼衣原体感染）共计 1333 例，其中梅毒 615 例、淋病 193 例、生殖道疱疹 415 例、生殖道疱疹 40 例、生殖道沙眼衣原体感染 70 例，同比下降 8.19%，但梅毒所占比例仍然很高，隐性梅毒仍然是本区的主要性病。截至本年底，淋病和梅毒报告的准确性为 99.4%，及时性和完整性均达到 100%，均达到国家标准。

全区 30 家二级以上医疗机构，共检测 810905 份血也标本，检测出 HIV/AIDS179 例，阳性率 0.022%。国家十一五重大科技项目监测大学生 5000 人、孕产妇 2000 人、吸毒人员 200 人、暗娼 200 人、流动人口 600 人。中盖项目监测男男同志 463 人、阳性感染者 10 名，阳性率 2.15%。

（五）人畜共患疾病防治　对上庄村西郊一场、西郊二场及周边个体散户 54 名畜牧养殖人员进行血清学检测，共检测出抗体阳性者 7 名，阳性率 12.96%，其中新发抗体阳性感染者 2 名。

（六）牙防工作　按照北京市统一部署，为 7–9 岁适龄儿童开展窝沟封闭预防龋齿工作。全区共有 27467 名儿童接受免费检查，共窝沟封闭 36770 颗牙齿，分别居全市第一、二位。按照市卫生局要求，开展口腔健康流行病学调查。共对区内 3 个街道的 6 个社区、6 家幼儿园、6 所小学、6 所中学以及部分大学共计 6900 人开展口腔流调工作。在全区小学 4–6 年级和区内 23 所中学初一至高三年级学生中免费开展恒牙浅龋充填工作，共完成 150 所学校 5981 名学生的 15366 颗牙齿的恒牙浅龋充填工作。其中小学 127 所、小学生 4039 名，充填浅龋 8388 颗牙；中学 23 所、中学生 1942 名，充填龋齿 6978 颗牙。

（七）地方病管理　开展碘缺乏病防治项目终期评估。在全区抽取居民使用的食盐进行定量监测，相关指标达到规划要求。开展对重点单位、学龄前儿童碘缺乏病、孕妇尿碘的监测工作。居民户碘盐监测 288 件，碘盐覆盖率为 95.83%，碘盐合格率为 97.10%，合格碘盐食用率为 93.06%。分别对 341 名育龄

妇女、269 名孕妇进行尿碘监测，尿碘中位数分别为 231μg/L、113μg/L[①]。

对区内高水氟地区西北旺镇、苏家坨镇 2 个镇的居民户和一个水厂进行枯水期、丰水期饮用水水氟监测，各采集 10 件水样，水氟监测结果均符合国家标准，水氟含量≤1.0mg/L[②]，监测覆盖率 100%。共检查在校 7—12 岁学生 745 名，未发现氟斑牙学生。

（八）慢性非传染性疾病防治与管理　建立全区的慢病防控网络，统一慢病防治标准，全年共进行慢病督导/指导共计 256 人次，同比上升 16.4%，全年管理慢病患者 17.7 万人，其中高血压管理 7.2 万人，规范管理 3.7 万人，规范管理率 51%；糖尿病管理 2.7 万人，规范管理 1.3 万人，规范管理率 48%；冠心病管理 2.2 万人；脑卒中管理 0.9 万人。全区累计建立个人健康档案 210.7 万份，其中居民个人健康档案 172.3 万份（电子健康档案 115.1 万份），其他个人健康档案 38.4 万份。

进行脑卒中筛查，共筛查 45 岁以上人群 3151 人，发现颈动脉狭窄 650 人，占总人数的 20.6%，发现脑卒中高危人群 2620 人，全部纳入到慢病管理。

（九）精神卫生　精神卫生覆盖人口 2183403 人，其中重性精神病人 7408 人（其中精神分裂症 4546 人、分裂情感性精神障碍 41 人、躁狂 76 人、抑郁发作 143 人、复发抑郁障碍 48 人、精神发育迟滞中重度 1585 人、精神发育迟滞伴发精神障碍 104 人、双相情感障碍 137 人、痴呆 182 人、癫痫所致精神障碍 153 人、颅脑损伤所致精神障碍 53 人、慢性酒精所致精神障碍 58 人、偏执性精神病 49 人、其他重性精神障碍 172 人）。新发现 557 人，新发病 10 人，迁入 6 人，迁出 86 人，死亡 29 人。其中 271 人为户在人不在，无法管理。管理病人中疾病期 425 人，波动期 46 人，缓解期 1296 人，慢性期 1929 人。治疗 2546 人，未治疗 539 人。另有精神发育迟滞和单纯痴呆病人 1762 人。

社区精防人员共计 43 名，其中精神科主治医师 5 人，主治医师 8 人，临床医学硕士 4 人，心理学博士 1 人、硕士 1 人，已审批精神病人 2195 人。指定区精神卫生防治院为本区“精神残疾人康复教学基地”，累计成立 12 家社区康复站。精神防治康复经费增加到人均 0.8 元，已审批精神病人平均每人每年享受免费服药费用达 816 元。区精防院与意大利合作，建立精神病人社区居住之家玫瑰园，有 16 名精神残疾人在玫瑰园生活康复；与北医六院、八里庄社区卫生服务中心、玉渊潭社区卫生服务中心联手建立海淀区第一家意大利模式的“社区精神卫生分中心”，为精神病人提供全程精神卫生服务。

开展排查行动。共对重性精神病人 6000 余人进行梳理，重点排查 6 类重性精神病人 1843 人，排查曾经肇事肇祸精神病人共 212 人，有鉴定 2 人，被评为三级精神病人 206 人，拒访 508 人，新发现 915 人，死亡 89 人。通过排查，评估为可能肇事肇祸精神病人 10 人，曾经肇事肇祸 327 人。

公共卫生管理

（一）公共场所卫生　完成传染病 7840 件、地方病 909 件样品的收集和检测。对 44 家各级各类医疗机构、11 家托幼机构进行消毒灭菌监测，共监测 1063 件。开展食品、公共场所、生活饮用水、职业病危害因素、放射卫生等常规监测，累计监测 18311 件,完成微生物检验 212485 项次，理化检验 29439 项次。对共计 98440 名食品、公共场所、化妆品、生活饮用水从业人员进行健康检查。对 385 户、约 1000 人开展居民营养与健康状况监测，对其中的 30 户进行总膳食调查研究。

公共卫生投诉举报。全年卫生投诉举报 2411 起，受理 2289 起，结案 2289 起，结案率 100%。

（二）饮用水卫生　开展 2010 年海淀区农村自备井水质卫生监测工作，对 5 个乡镇及 2 个地区的 208 口自备井开展水质监测，水质合格率为 84.6%，对不合格自备井进行复检。

生活饮用水监测 406 户，监测件数 1425 件，合格件数 1367 件，合格率为 92.02%；其中新办证监测 105 户，监测件数 327 件，合格件数 288 件，合格率为 88.07%。复验办证监测 301 户，监测件数 1139 件，合格件数 1105 件，合格率为 97.01%。

开展海淀区 2010 年生活饮用水卫生安全监测工作，市政末梢水监测 10 户，监测件数 120 件，合格件数 111 件，合格率为 92.5%；二次供水监测 10 户，监测件数 80 件，合格件数 73 件，合格率为 91.3%；自备井水监测 10 户，监测件数 20 件，合格件数 18 件，合格率为 90%。

开展北京市农村饮用水安全工程水质卫生监测，自备井水监测 10 户监测件数 40 件，合格件数 39 件，合格率为 97.5%。

开展 2010 年北京市卫生监督抽检工作，市政末梢水共监测 10 件，合格 10 件，合格率为 100%；二次供水共监测 20 件，合格 20 件，合格率为 100%；自备水源出厂水共监测 5 件,合格 5 件，合格率为 100%。

2010 年发生生活饮用水污染事故 3 起。

（三）食品卫生　全区有食品生产经营单位 19153 个，其中集体食堂 1323 个、饮食服务业 5779 个、集体用餐配送单位 32 个。经常性卫生监督检查 23814 户次，合格 23597 户次，累计监督覆盖率为 100%。全年审批《卫生许可证》3820 个。食物中毒 8 起 82 人，发病率 3.74/10 万。全区餐饮单位实行量化分级管理，其中 A 级单位 387 个、B 级单位 2985 个、C 级单位 2105 个。执行结案卫生行政处罚 189 户次，其中警告 78 起。没收违法所得 24 起，金额 9401.7 元；罚款 109 起，金额 344000 元。有宾馆饭店 960 个，经常性监督覆盖率为 100%。有各类公共场所 3740 个，其中年内审批开业 2066 个，经常性监督检查 6520 户次，监督覆盖率为 100%。有自备井 249 个，年内复验办证监测 68 户，经常性监测 523 户次。高层建筑生

---

① 尿碘含量的国际通用单位用微克/升（μg/L）表示，1 克（g）=1000 毫克（mg）=1000000 微克(μg)。

② 指：毫克/升

活饮用水新办证监测131户，复验办证监测481户，经常性监测2707户次。发生生活饮用水污染事故3起。

（四）职业卫生　职业病危害因素累计监测122户次1039件样品，合格922件，合格率为88.8%，不合格项目主要包括噪声、粉尘、高温等。开展职业健康检查工作，共体检697人次，查出职业禁忌23人次，可疑职业病25人次。开展建设项目职业病危害评价，全年共完成评价报告11份。在规定时间内保质保量完成放射检测、建设项目评价工作，共完成放射设备影像质量及防护检测台126次，合格126台次，合格率为100%。放射工作人员培训共计547人次。建设项目评价报告15份。开展个人剂量监测，全年共监测3230人，同比提高8.9%。接报各类职业病报16例，均及时进行访视、审核、反馈与上报。

（五）学校卫生　配合区教委中小学保健所联合开展完成全区193所学校的学生体检质量控制工作，保证全区学生体检的质量与检测数据的准确性。对全区202所（含分校）学校开展物质环境检测工作，检测覆盖率达100%。开展“健康动动动　快乐十分钟”暨“阳光体育运动”肥胖干预及总结表彰活动，开展成年期疾病早期预防工作，完成56所中学的1293名肥胖学生的血糖、血脂免费检测、健康教育干预等工作。区卫生局、区教委在全区小学4–6年级和区内23所中学初一至高三年级学生中免费开展恒牙浅龋充填工作，共完成150所学校5981名学生15366颗牙齿的恒牙浅龋充填工作，其中小学127所、学生4039名，充填浅龋8388颗牙；中学23所、中学生1942名，充填龋齿6978颗牙。

妇幼保健　2010年，全区分娩新生儿35151人，约占北京市1/5。孕产妇死亡率0/10万、婴儿死亡率3.3‰、5岁以下儿童死亡率3.8‰、孕产妇系统管理率97.29%、0–6岁儿童系统管理率92.49%、节育手术并发症发生率1.44/万、新生儿疾病筛查率99.8%、高危儿智力监测覆盖率93.75%、0–6岁儿童听力筛查率85.9%。全年共为204名符合条件的住院分娩的农村孕产妇补贴122400元，免费发放叶酸781人。

完成三年一次的助产机构及人员考核评估和重新审批工作。对辖区17家助产机构进行现场考核评估，11家助产机构成绩优秀。组织专家对北京老年医院、北京清营门诊部、海淀区北蜂窝医院、同心德门诊部等4家医疗机构和45名计划生育技术服务新上岗人员进行计划生育技术服务考核评估。截至2010年底，全区有资质的开展助产技术服务医疗机构17家，助产技术服务人员581名。有资质的计划生育技术服务医疗机构74家，计划生育技术服务人员555名。

完善危重孕产妇、围产儿转会诊抢救绿色通道。区财政设立危重症孕产妇抢救补贴专项经费40万元，保障危重孕产妇转诊、抢救绿色通道的畅通，在北京大学第三医院挂牌成立“海淀区危重孕产妇、围产儿转诊抢救中心”。2010年，全区17家助产机构共抢救危重孕产妇197例，有122名危重孕产妇转入北医三院住院治疗，392名高危孕妇转入北医三院门诊进行孕期系统管理。

开展出生缺陷三级预防。一是做好婚前保健服务的管理工作。2010年共对5502人进行婚前医学检查，婚检率10.22%,其中3851人享受了免费婚检，区财政共投入510705.68元。二是做好孕期生殖保健宣传工作。三是加强出生缺陷监测管理。提高产前筛查和产前诊断技术水平。四是开展新生儿疾病筛查工作。在全区17家产科医院开展免费为新生儿进行先天性疾病筛查工作，使有先天性残疾儿童得到早期诊断和治疗。五是继续推进预防艾滋病母婴传播工作。2010年，免费为婚前保健人群和孕产妇进行艾滋病免费检测4154人，区财政共投人207700元。

2010年，共进行0–6岁儿童免费体检111179人次，新生儿免费听力筛查17971人次。区财政共投入113000元，为温泉镇和上庄镇2024农村妇女进行乳腺癌免费筛查。完成北京市幼儿体质测试海淀点的测试工作，为700名3–6岁儿童进行体质测试。

医疗工作　2010年，全区卫生机构总诊疗2046万人次，其中门诊1782万人次，观察室留观人数62万人次，急诊116万人次，急诊抢救14426人，其中抢救成功14020人。人院240343人，出院240675人，病床使用率为84.94%，治愈率为63.29%，好转率为33.31%，病死率为1.37%，人出院诊断符合率为98.78%。住院手术88400例。住院危重病人抢救5926人次。全区全年万元以上设备台数24551台，总价值334218万元。个体医疗机构全年总诊疗103.8万人次，住院人数6824人次。社民办医疗机构全年门诊233.9万人次，住院14184人次。

全年答复信访140件，处理医疗纠纷30余起，受理医疗事故鉴定5起。高招体检8788人。征兵体检985人。管理非典后遗症人员36名，组织非典后遗症社会人员前往北京市体检中心体检，组织、协调非典后遗症社会人员看病就医问题。

血液管理　2010年全区共完成无偿献血80077单位,其中街头献血67221单位，同比增长13.37%；团体无偿献血12856单位，超额完成市献血办下达需求数的145%，其中全血10502单位，成分血2354单位;无偿献血率达100%。全区共组建无偿献血应急志愿者队伍57支，志愿者6830名。开展临床用血工作专项督导检查。加强医疗机构临床用血管理，海淀区各有关医疗机构执行国家法律法规方面及临床科学合理用血整体情况良好。完成辖区医疗机构血液透析室资质审查工作。组织开展对辖区医疗机构血液透析专项监督检查，重点检查医疗机构血液透析室（中心）的规章制度、人员、分区、消毒隔离、透析用水管理、血液透析器的复用管理等内容。全区有输血科的医疗机构有29家，成分输血率为99.99%

健康教育、医学教育与科研　在全区推进健康促进十年规划落实。制订区健康促进十年行动规划，健全组织机构，并在市健促办的统一领导下，开展多项健康促进行动。一是开展健康北京人主题歌曲歌咏大赛。二是开展健康知识与健康技能竞赛活动。三是推进全民健康生活方式。四是创建健康促进学校和健康促进医院。截至本年底，全区累计共创建健康促进学校136所（本年新建29所）、健康促进行业单位2个、健康促进医院8家（本年新建3家）、健康促进示范村23个,均已通过市级验收。五是开展大型宣传活动16次。

开展高校社区卫生服务机构管理体制和运行机制研究，4次召开专家组讨论会，完成18所高校社区卫生服务中心的现场调查和报告撰写。与宣武医院合作，开展国家十一五科技支撑重点项目—基层医疗卫生机构基本药物使用监测分析研究。全年开展科研课题数量14项、国家级10项、市级0项、区级4项，完成课题数量9项。

区内有继续教育基地15个、继续护理学教育基地11个。开展区级继续教育学分认可项目352项、其他类型继续教育培训33次,共培训3000余人次。对7200余卫生技术人员进行学分审核，达标率为95%。培训全科医生、社区护士380人次。开展市级继续教育项目49讲，3000余人参加。

精神文明建设　以“保障人民健康安全，服务奉献核心区建设”为主要内容，创建群众性精神文明。开展“做文明有礼的北京人”活动，维护人民群众健康权益，促进和谐社会建设。组织开展优质服务年活动。举办“创新管理思维高级研修班”和“入职人员轮岗教育培训班”；举办“岗位练兵、服务民生”职业技能大赛；为基层党支部配发创先争优文件等学习工具和材料。制定局《党风廉政建设任务分解表》，重点将廉政风险防范管理工作向处级和科级决策环节延伸，向基层每个拥有公共权力的部门和岗位延伸，实现“全覆盖”的目标。对全体科级以上干部开展《廉政准则》知识测试。以构建“勤政、务实、便民、高效”的机关为目标，开展机关作风建设年活动。开展“民营医院惠百姓”活动，引导民营医院诚信经营，文明服务，健康发展。　（张炜）

海淀区卫生局
地址：海淀区甘家口小区12号楼
邮编：100037
电话：88364999
网址：www.hdwsj.gov.cn
邮箱：hdwsj@sohu.com

下属事业单位（4个）:

1.海淀区卫生局卫生监督所
地址：海淀区甘家口小区12号
邮编：100037
电话：88364646
网址：www.hdwj.gov.cn

2.海淀区疾病预防控制中心
地址：海淀区西北旺镇二街五号
邮编：100094
电话：82405617　11686880
网址：www.hdcdc.org

3.海淀区社区卫生服务管理中心
地址：海淀区甘家口12号楼2层
邮编：100037
电话：88364234
网址：www.hdsq.com.cn
邮箱：hdsqws@126.com

4.海淀区新型农村合作医疗经办管理中心
地址：海淀区甘家口12号
邮编：100037
电话：88364225/4394
邮箱：hdxnh@yahoo.cn

【爱国卫生运动】　2010年首次将健康社区理念引入农村地区，全区共申报创建“健康社区”50个（其中农村地区社区10个）、“健康促进示范村”6个和“卫生村”5个，全部纳入区政府为民办实事项目。全区累计创建健康社区221个，占全区社区的44.4%；创建健康促进示范村25个，占全区行政村的29.8%；创建卫生村47个，占全区行政村的56%。

截至本年底，全区累计改造户厕14453座，实现农村户厕全部无害化。推进“农村健康大课堂百场讲座”活动。组织开展城市清洁日活动12次，共有1.46万人次参加。共清理蚊蝇孳生地134处、垃圾247吨，清理污水沟及公厕环境78处。建立2.3万个固定鼠站，发放鼠药11.4吨，粘鼠板2.5万张。进行3次统一投药和喷洒消杀灭蚊蝇活动。建立居民家庭蟑螂密度监测机制，全年共对22各街道的44个社区、4400户居民家庭进行检测。家庭灭蟑药品套餐10.4万套，并对126个单位的灭蟑情况进行抽查督导。

推进公共场所禁止吸烟工作，卫生系统全面创建室内无烟环境，在北京市对本区进行的抽检中合格率达100%。5月31日“世界无烟日”期间，各地区爱卫会在辖区单位、社区、学校开展不同形式的宣传、咨询、讲座以及“拒吸第一支烟”签名等活动，向社会群众、社区居民发放控烟宣传材料2万余份、控烟知识调查问卷500份、现场咨询千余人，推动控烟工作的开展。各地区爱卫会、卫生监督站还对餐饮企业、商场等其他禁止吸烟场所的控烟情况进行监督检查，发放控烟标牌2750块，规范148个单位的控烟环境建设，申报创建“北京市无烟餐饮单位”55个。

落实《2010–2012北京市城乡环境卫生整洁行动实施方案》精神，以爱国卫生月、爱国卫生周和城市清洁日为依托，以预防手足口病等传染性疾病为重点，开展环境整治、清洁突击活动及防病知识宣传，对托幼机构、小学周边及外来人口集聚地、城乡结合部、城中背巷和村镇的环境卫生问题进行集中整治。全年组织开展城市清洁日活动12次，宣传咨询69场，发放宣传画1600张、传染病预防资料4760份。共有1.46万人次参加清理垃圾、清除小广告、擦洗护栏、市场整治、卫生清洁等活动，清理蚊蝇孳生地134处、垃圾247吨，清理污水沟及公厕环境78处。

（张炜）

【北京市海淀区民营医协会】　北京市海淀区民营医协会，原名海淀区联合医疗机构医务工作者协会，成立于1992年，2008年更为现名。是经海淀区社会团体管理办公室核准登记成立的为民营医疗机构和政府服务的非营利性社会团体法人。2010年，海淀区的民营医疗机构达407家，行业员工万余人。有中高级职称专家700余人,党员610名。其中加入民营医协会的医疗机构275

家。协会设有监事会，秘书处。下设中医、口腔、体检、专科、美容、临床6个专业委员会。截至年底，协会有理事单位28家。

2010年，协会本着“提供服务、反映诉求、规范行为、维护权益”的宗旨，以“建设一个具有强烈使命感、强大凝聚力、强劲创新力，具有行业领军能力的民营医协会为核心的优秀品牌”为目标开展工作。被区民政局评为区社会组织先进单位。本年4月，协会加入北京市海淀社会组织联合会。

1月22日，医协会成立党总支。协会改革管理模式，11月把14个管理组改为6个专业委员会，提高协会会员单位管理的效率和针对性。全年召开1次会员大会，6次会长办公会，6次理事会会议，6次秘书处工作会议。

本年，完成卫生局交办的为400余家会员单位执业医师定期考核工作和国家中医政策制定的有关调研工作。7月12日，在市政府购买社会组织公益服务项目推介展示暨资源配置大会上作为资助方与受助方签约，成为市政府购买社会组织公益服务项目签约单位，并被全国和北京市民营协会作为典型在大会上发言。

推荐的光彩明天儿童眼科医院，三博脑科医院，健恒糖尿病医院，顺天德中医院，圣爱医院等5家医院获“北京市先进民营医院”称号。占全市18家获奖医院的28%。推荐的三博脑科医院入围中国成长百强企业第20名。

组织会员单位参加全国首届民营医院论坛，推荐恩济中医院在论坛上做专题发言。

全年参加慈善公益活动及捐款折合人民币400余万元，组织会员单位深入老年公寓、社区、农村、残疾人中心、购物广场开展义诊6次。全年各会员单位开展义诊共20多次，健康讲座200余场，发放疾病预防宣传材料2万余份，受益群众3万余人次。玉树地震后组织会员单位捐款40余万元支援灾区重建。

5·12国际护士节，组织200余家会员单位举行文艺汇演活动。（乔义山）

北京市海淀区民营医协会
地址：海淀区蓝靛厂西路1号
邮编：100083
电话：82025288
邮箱：bjhdmyyxh@163.com

【在全国率先建立社区慢性病服务管理平台】 7月，海淀区在全国率先建立基于物联网技术的社区慢性病服务管理平台。该平台是基于北京邮电大学自主研发的无线健康监护原型产品。其原理是运用物联网技术，将社区卫生服务管理对象的基本生命体征(如血压、血糖、心电图等)数据以无线方式传输，社区医生通过信息系统对社区慢性病进行监测和统计分析，向患者反馈健康咨询、就诊指导、随访通知等，实现实时医患互动。本年，在永定路、香山、中关村、北京邮电大学、北京航空航天大学、北京交通大学、中央民族大学、北京科技大学等8个社区卫生服务中心试点。海淀区将通过试点，探索在医疗卫生领域较大规模推广应用物联网技术的可行性和社区卫生服务新模式。

（田颖）

【在全市率先启动家庭保健员工作站】 8月17日，海淀区家庭保健员工作站启动会在甘家口甘东社区居委会召开，甘东社区居委会的120余名社区居民代表参加。会议为甘家口社区卫生服务中心甘东站、中国气象局家庭保健员工作站2家首批试点机构授牌，这标志着家庭保健员工作站已由海淀区在全市率先启动。海淀区自2007年开始实施慢性病防治家庭保健员工作计划项目以来已培养家庭保健员8000余名，覆盖全区29个乡镇和街道。本次会议通过开设家庭保健员工作站，旨在给家庭保健员一个充分发挥自身才能的平台，借助这个平台更好地为家人及身边的居民服务。这个平台将拓宽家庭保健员工作范围，丰富家庭保健员工作内容，转变家庭保健员工作模式，将家庭保健员和健康管理团队有机结合，探索家庭保健员和健康管理团队新的工作模式，逐步建立起家庭保健员在慢性病防治工作中的长效机制，并通过家庭保健员工作站对社区居民健康行为进行指导和督促，开展慢性病防治知识宣传活动，为社区居民的健康保驾护航。启动会结束后，甘东社区居委会家庭保健员工作站举办了第一次活动。由家庭保健员为社区居民做了第一场健康知识讲座；同时特邀内科和康复科专家在现场举行义诊活动。 （张炜 田颖）

【海淀区“十一五”医疗卫生发展成就】

一、居民健康水平逐步提高。人均期望寿命较“十五”末增长1.95岁，高出北京市同期1.32岁。居民总体健康水平高于北京市平均水平，和纽约、巴黎等世界城市指标相当。

二、卫生资源总量不断丰富。全区卫生机构数，较“十五”末期增加5%。全区卫生人员数较“十五”末期增加89.5%。卫生技术人员较“十五”末期增长46.7%。执业（助理）医师、注册护士，分别较“十五”末期增加27.2%和68.9%。全市医疗机构编制床位总数，较“十五”末期增长25.9%。全区公共卫生机构基本齐备，有疾控中心、妇幼保健院、精神卫生防治院、医学救援中心、卫生监督所等专业公共卫生机构各1所，卫生监督派出机构增加到13个。形成了由疾控专业人员、妇幼保健人员、社区防保人员、社区精防人员、结防专业人员、院前急救人员、卫生监督员构成的公共卫生专业人才队伍。

三、卫生体系日益完善。覆盖城乡的医疗服务体系逐步完善。以非营利性医疗机构为主体、营利性医疗机构为补充，公立医疗机构为主导、非公立医疗机构共同发展的办医格局基本形成。以社区卫生服务中心、社区卫生服务站、村卫生室为基础的城乡医疗卫生服务体系快速发展。城市医院与基层医疗卫生服务机构的分工协作机制初步建立。公共卫生服务体系日益健全。健全突发公共卫生事件应急机制，完善疾病预防控制体系、卫生监督执法体系、医疗救治体系以及公共卫生信息网络体系等“一个机制、四个体系”，完善妇幼保健、精神病防治、结核病防治、健康教育等专业公共卫生服务体系，公共卫生服务格局走向成熟。

四、基本卫生服务发展迅速。覆盖

城乡的多元化基层医疗卫生服务体系基本形成。实现基层医疗卫生机构的全覆盖。居民可在家门口享受到基本医疗服务。基本公共卫生服务项目覆盖城乡居民。主要传染病及慢性病得到有效控制，国家和北京市基本公共卫生服务得到普及，城乡间公共卫生服务基本实现均等化。新型农村合作医疗保障水平进一步提升。

五、突发公共卫生事件应急机制逐步健全。成立海淀区突发公共卫生事件应急指挥部，建立应急指挥系统、专家委员会和专业技术队伍，突发公共卫生事件的应变与控制能力明显提高，有效应对手足口病疫情、三聚氰胺污染奶粉事件、甲型H1N1流感等多起突发公共卫生事件。建立较为完善的大型活动保障工作机制。卫生局—卫生监督所—疾控中心三位一体的保障模式已经形成，圆满完成北京奥运会、建国六十周年庆典等重大活动保障任务。

六、中医事业发展开创新局面。截至“十一五”末期，海淀区中医医疗机构数达到167家，占全区医疗机构17.5%，中医卫生人员数达1421人，年诊疗人次数达到4985511人次。2007年获得“北京市中医药特色社区卫生服务示范区”称号，同年完成“全国中医药特色社区卫生服务示范区”专家组对本区进行的复核评估。

存在的主要问题：一、“大卫生”格局尚未有效形成。医疗机构属地化全行业管理难度大，突发公共卫生事件处理需要建立协调机制，动员全社会参与；海淀区行政管理体制有待进一步深化。

二、医疗卫生发展不均衡。医疗资源配置、利用不均衡；社会办医疗机构不能满足海淀区居民多层次、多样化的医疗需求，尤其是高端需求、特需需求。

三、卫生发展模式亟待转变。“以疾病为中心”的医学模式尚未完全改变；新的健康和卫生发展理念要求医疗卫生发展方向和模式进行根本性转变，从“以疾病为中心”转变到“以健康为中心”。

四、卫生信息化水平不高。卫生信息化发展滞后，不能满足卫生服务模式转变的需求；。技术标准不统一，信息化管理系统很难整合；数据共享困难。

（张炜）

【辖区内部属、部队、市属医院（三级）（17家）】

1.北京大学第三医院（简称北医三院）
地址：海淀区花园北路49号
邮编：100083
电话：82266699

2.北京世纪坛医院(原铁道部北京铁路总医院)
地址：海淀区羊坊店铁医路10号
邮编：100038
电话：63925588

3.北京大学口腔医学院
地址：海淀区中关村南大街22号
邮编：100081
电话：62179977

4.北京大学第六医院(北京大学精神卫生研究所)
地址：海淀区花园北路51号
邮编：100083
电话：82801984，82801936(非工作时间)

5.中国中医科学院西苑医院
地址：海淀区西苑操场1号
邮编：100091
电话：62835678（总机） 59059516（预约挂号） 62835252（咨询）

6.北京大学肿瘤医院（北京肿瘤医院、北京大学临床肿瘤学院、北京市肿瘤防治研究所）
地址：海淀区阜成路52号（定慧寺）
邮编：100036
电话：88121122

7.中国人民解放军总医院（中国人民解放军军医进修学院，原中国人民解放军第三０一医院）
地址：海淀区复兴路28号
邮编：100853
电 话：66939114

8.解放军总医院第一附属医院（原中国人民解放军304医院）
地址：海淀区阜成路51号
邮编：100037
电话：68989120 （急诊）
66867304 （总机）

9.解放军总医院第二附属医院（原中国人民解放军309医院）
地址：海淀区黑山扈路甲17号
邮编：100091
电话：66775199、66775463

10.中国人民解放军空军航空医学研究所附属医院（原中国人民解放军466医院）
地址：海淀区昌运宫15号
邮编：100089
电话：81988888

11.中国人民解放军海军总医院
地址：海淀区阜成路6号
邮编：100048
电话：66958114（总机）
66958322（挂号）

12.中国人民解放军空军总医院
地址：海淀区阜成路30号
邮编：100142
电话：66928012（咨询）68410099
68437770

13.武警总医院
地址：海淀区永定路69号
邮编：100039
电话：57976688（总机）
68213333（急救）

14.中国人民解放军第二六一医院
地址：海淀区上庄镇皂甲屯村116号
邮编：100094
电话：66346114（总机）

15.北京老年医院（原北京胸科医院）
地址：海淀区温泉路118号
邮编：100095
电话：62456644/62453972

16.航天中心医院(北京大学航天临床医学院，721医院)
地址：海淀区玉泉路15号
邮编：100049
电话：59971199

17.北京三博脑科医院
地址：北京市海淀区香山一棵松50号
邮编：100093
电话：400-677-1000 62856902(传真)

（田颖）

【部分区属医院简介】

北京市海淀医院 海淀医院是一所集医疗、科研、教学、预防保健于一体的二级甲等综合性医院，是北京市的医保定点医院。承担着北京中医药大学、天津医科大学、中央民族大学和海淀卫校的临床教学及实习任务，为南昌大学教学医院及中央民族大学、天津医科大学教学基地。截至年底，医院实有床位数698张，在编职工1485人，卫生技术人员1286人；其中高级职称129人，博士、硕士学位206人，医疗人员440人，护理人员692人，医技人员103人，药剂人员51人。2010年门急诊量近112万人次。

北京市中关村医院　中关村医院是一所集医、教、研、防、社区卫生服务为一体的二级甲等综合性医院，建筑面积2.5万平方米。开设心血管内科、呼吸内科、神经内科、肿瘤内科、普外科、脊柱微创介入治疗科、骨科、整形与医疗美容科、口腔科、妇科、前列腺科等特色专科的门诊科室25个，临床科室9个，医技辅诊科室9个，急诊1个，体检中心1个，血液净化中心1个，预防保健1个，手术室1个；设有2个社区卫生服务中心和8个社区卫生服务站，承担着区属单位、中国科学院所、高科技企业及公司、社区群众的医疗保健任务。截至本年底，医院开放床位242张，有职工700余人，其中医疗人员235人、护理人员298人、医技人员37人，药剂人员29人。2010年门急诊量42万人次。

北京市中西医结合医院　中西医结合医院占地面积16774平方米，建筑面积25908平方米，是一所具有50多年历史，集医疗、教学、科研、预防保健为一体的中西医结合特色医院，是国家中医药管理局和北京市中医药管理局设在北京的中西医结合临床、科研、教学基地和国际交流窗口，是北京市基本医疗保险定点医疗机构。共设23个临床科室、6个医技科室，其中心血管内科为北京市中医药重点学科。作为北京中医药大学的附属医院，设教研室5个，承担着北京中医药大学、香港大学中医药学院、首都医科大学等二十多所院校的临床教学、实习工作。截至本年底，医院编制床位600张，实际开放床位294张，职工581人，卫生技术人员466人。其中医疗人员167人，护理人员209人，药剂人员32人；高级职称61人，中级职称165人，拥有医学博士15名，医学硕士77名，硕士研究生导师7名，博士研究生导师2名，市级名中医1名。2010年门急诊量为408221人次。

北京市羊坊店医院　羊坊店医院是国家医疗保险定点二级综合医院，是海淀区政府创办的第二家公益性惠民医院。医院建筑面积8000余平方米，主要有内科、外科、肛肠科、血液透析科、中医科（针灸、理疗）、妇科、儿科、急诊科、皮肤科、口腔科、眼科、耳鼻喉科、体检中心等临床科室以及检验科、超声科、心电图室、放射科等医技科室。为缓解群众看病难、看病贵这一社会问题，在政府的支持下，医院对挂号费、诊疗费、床位费、药品费及检验项目均做出让利等优惠政策，对出院病人进行定期的跟踪随访及健康指导，致力于医德双馨建设。2008年3月医院被卫生部、北京市卫生局、四川省卫生厅授予“四川新型农村合作医疗”在京定点医院。截至本年底，医院实有床位数110张，医护人员161人，其中医疗人员69人，护理人员92人，医技人员23人，药剂人员14人。2010年门急诊量为149945人次。

北京市上地医院　上地医院是海淀区第一家具有较大规模的国有公益性非营利性二级综合医院（惠民医院）。医院于2005年12月19日正式开业，坚持“优质、低价、安全、有效”的惠民理念，立足基本医疗服务，面向广大低收入人群，全面落实惠民政策，向就诊患者提供平价医疗服务，是北京市医疗保险定点医疗机构。医院占地面积约9亩，总建筑面积约8000平方米。开设内科、外科、妇产科、计划生育、儿科、急诊科、麻醉手术科、口腔科、眼科、耳鼻喉科、皮肤科、中医科、理疗科、检验科、B超室、心电图室、药剂科、放射科等临床医技科室。聘请北京市各大医院30多名专家长期在医院出诊，设立120急救站，并与北医三院、海淀医院、海淀妇幼保健院及海淀区北部一级医院之间建立双向转诊关系。作为海淀区流动人口分娩定点医院，上地医院承担大量流动人口及低收入孕产妇的分娩任务，分娩量居海淀区第二位，北京市第三位。至本年底，医院实有床位数165张，卫生技术人员258人，其中医疗人员86人，护理人员151人，医技人员4人，药剂人员17人。2010年门急诊量为228830人次。

海淀区妇幼保健院　海淀区妇幼保健院建于1983年，是一所集保健、医疗、科研、教学于一体的二级甲等妇幼保健机构。医院承担着海淀区293万常驻人口及155.4万流动人口的妇幼保健任务，负责海淀区29个街道乡镇、140家孕产妇及儿童保健单位、99家妇女病防治单位、71个计划生育手术单位、17家助产机构工作的质量监督，是全区的妇幼保健技术指导中心和业务培训中心。海淀区妇幼保健院一院两址，占地面积共8868平方米，建筑面积24470平方米。截至本年底，医院核定床位460张，实际开放床位277张，有职工738人，卫生技术人员615人，其中医疗人员278人，护理人员279人，医技人员41人，药剂人员17人。2010年门急诊量达65万余人次，住院逾1.8万余人次，分娩量1.1万余人。

海淀区精神卫生防治院　1988年成立，1991年与青龙桥医院合并，1998年通过二级精神病专科医院评审，2008年迁入苏家坨镇，是北京市医保定点医院。承担海淀区区属及驻区医疗机构精防医生的业务培训、指导及社区精神病人管理、防治、康复、免费服药等工作，是海淀区社区精防医生教学基地及区残联指定的精神残疾鉴定医院。截至本年底，实有床位280张，卫生技术人员146人，其中医疗人员28人，护理人员108人，药技人员3人，医技人员4人。2010年门诊量为3887人次。　（李琴）

红十字会工作

海淀区红十字会是中国红十字会的地方组织，成立于1958年10月，原为海淀区卫生局内设职能科室，1997年升格为副处级，2005年5月成为区委、区政府直接联系的正处级群团机构，同年7月，成立海淀区少儿住院医疗互助金管理办公室，为其下属事业单位。2007年10月，少儿互助金办公室移交到区劳动和社会保障局。

截至本年底，区红十字会有团体会员单位346个，团体会员185040人，志愿者5200名。海淀区192所中小学、职业高中都建有红十字会组织，青少年会员14.8万人。全区形成区、街道（乡镇、学校）、社区（村委会）三级红十字组织工作网络。7月28日，玉渊潭农工商总公司红十字会成立。

区红十字会坚持“人道、博爱、奉献”的红十字精神和理念，围绕区委、区政府中心工作，在保民生、促和谐，落实市政府为民办实事工作中，发挥政府人道救助领域的助手作用。2010年组织召开海淀区红十字会第八次会员代表大会，通过《海淀区红十字事业2010－2014年发展规划》，选举产生第八届理事会、常务理事会。

募捐救助 本年重点开展“博爱送万家、红十字在行动”为主题的“两节送温暖”活动，救助辖区特困家庭；启动“玉树救援行动”，接收社会捐赠，支援地震灾区；落实市政府为民办实事项目——应急救护培训和少儿大病救助，在辖区普及应急救护知识和技能，加强师资培训，提高培训教学质量；开展少儿大病救助，对患白血病、血友病、再生障碍性贫血、肾功能衰竭、恶性肿瘤等5种大病儿童实施人道救助。本年获北京市红十字会颁发的“北京市群众性救护技能演练优秀组织奖”、“红十字与世界城市知识竞赛最佳表现奖”、“2009-2010年度总会报刊宣传优秀奖”。

在“5·8世界红十字日”纪念日之际，开展“红十字让城市生活更美好”主题宣传活动。组织参加由北京市红十字会和北京电视台组织的“红十字与世界城市电视知识竞赛”，获市红十字会颁发的“最佳表现奖”。继续开展“博爱在京城”募捐救助宣传活动，募集资金261万余元，超额完成市红十字会下达的100万募捐任务指标。向各街道、乡镇红十字会发出倡议，启动“玉树救援行动”，接受社会各界捐赠329万余元，接收为舟曲泥石流灾区捐款10万余元，全部上缴市红十字会，支援灾区重建。其中理事单位区工商联组织43家会员单位为玉树地震灾区捐款48.89万元。全年共募集社会各界爱心捐赠603万元。

1月22日，举行2010年“博爱送万家、红十字在行动”两节送温暖工作启动仪式，拉开红十字2010年救助系列活动的序幕。两节期间共救助困难家庭516户，发放救助金42万元，救助人数2064人。在街道、乡镇及学校开展博爱助困、助老、助残、助医活动，投入救助款65.7万元，救助人数1113人；为区直机关工委、公共委系统、工商联系统、街道、乡镇系统、红十字学工委系统、医院及社区卫生服务中心等单位困难职工发放各类救助物资、药品价值8.12万元。为香格里拉饭店搭建爱心平台，接收定向募捐款40万元，用于200名困难家庭白内障患者复明手术。开展与地震灾区“手拉手”献爱心活动，与四川省什邡市禾丰博爱中学建立“手拉手”长期协作关系。送去救助金3万元，联手共建“留守学生关爱之家”。区红十字会全年共计投入247.7万余元救助款，扶危济困，受益人数达3579人。

少儿大病救助 少儿大病救助是市政府为民办实事项目，区红十字会增加救助少儿的人数，要求各街道、乡镇红十字会做好摸底查情工作，了解辖区内患儿情况。增加救助金额，将最高救助额提高到每位患儿3万元。分两批对18个街道、乡镇的52名大病患儿发放救助金90万元。

应急救护培训 是市政府为民办实事项目。根据北京市部署，在中小学学生、区公安干警中分期、分批地开展应急救护培训。在市民、学校中发放《急救手册》，普及应急知识，努力做到红十字应急教育“进学校”、“进社区”、“进行业”。

本年培训工作的特点是覆盖面广，除大中小学师生是培训需求的主体外，公安干警，企事业单位尤其是一些外企职员的培训比例有明显增加；受训人员年龄跨度增大，有8、9岁的儿童也有退休的职工干部；社会需求明显增多，主动要求培训的单位和个人增加；加强师资队伍建设，组织应急救护师资参加北京市红十字会主办的师资强化复训班，更新知识、提高技能，同时加大对培训工作的管理力度，培训的总体策划能力提高。年内区红十字会共组织举办初级急救员培训班186余期，培训初级急救员15303人，完成市会下达的12000人指标，完成率128%。其中公安系统干警1712人；中小学生7799人，大学学生2316人；中小学、大学教师1966，机关干部、企事业单位员工1510人。

组织参加“北京市群众性救护技能演练”，花园路街道红十字会代表区社区志愿者组，矿院附中、八一中学、六一小学分别代表区高中、初中、小学组参加以避险逃生、自救互救为主要内容的实景演练，4个组分别获北京市红十字会“最佳团体奖”，区红十字会获“优秀组织奖”。矿院附中红十字青少年参加9月9日北京市红十字会群众性救护演练—模拟地震灾害应急演练。

红十字志愿服务 结合红十字志愿服务的特点，重点扩大红十字造血干细胞志愿者队伍，招募捐献造血干细胞志愿者，为中华骨髓库扩容做贡献。年内，在辖区高校中开展宣传无偿献血、捐献造血干细胞等志愿服务活动，在中国劳动关系学院等9所大学招募造血干细胞志愿者1000人，超额完成市会下达的500人指标，完成率200%，截至年底区内共有7名志愿者为白血病患者配型成功，捐献了造血干细胞。

红十字青少年道德教育 与区红十字会学校工作委员会联合召开2010年海淀区学校红十字青少年工作会议，区192所学校红十字会会长、秘书长参加会议，会议通过了区红十字会、区教育委员会联合制定的《海淀区红十字青少年工作细则》、《关于加强海淀区学校红十字会工作的指导意见》、《海淀区学校红十字工作手册》。继续开展健康促进学校争创活动，与区教委、区卫生局联合对本区 16 所申报创建健康促进校的学校进行检查、指导和验收。红十字会重点对学校红十字宣传传播、组织建设、自救互救培训、思想道德教育、帮困扶老助残活动进行评比检查，促进学校在青少年中开展红十字知识、理念的传播，提高学生自救互救、逃生避险自我保护的能力，倡导关爱他人、团结互助，志愿服务精神。年内，各学校红十字会组织开展“一元钱，献爱心”、“博爱在京城”、“玉树救援行动”等募捐救助活动。继续争创“十佳”、“百优”活动，本年本区获北京市“红十字青少年十佳活动”奖项 4 项、18 名学生获北京市“百优红十字青少年”称号。

（郭胜清）

海淀区红十字会
地址：海淀区甘家口小区 12 号楼
邮编：100037
电话：88364184（传真）
邮箱：gsq002@yahoo.com.cn

体 育

【综述】 海淀区体育局成立于 1958 年，原名海淀区体育运动委员会，2001 年撤委改局。体育局是负责本区群众体育、竞技体育、体育市场管理等相关工作的政府职能部门。下属 12 个事业单位。

2010 年是全面实施《海淀区“十一五”时期体育事业发展规划》的最后一年。全区广泛开展群众体育活动，全力备战和参加市运会，不断规范体育市场管理，推进体育设施建设，较好地完成了全年体育工作。全年共获得国家级荣誉 3 项，市级荣誉 10 项，区级荣誉 11 项。

社会体育 驻区党政军机关、企事业单位、体育社团、城乡社区和大中小学，广泛组织开展体育锻炼健身活动。组织并参加北京市第四届“和谐杯”乒乓球比赛、北京市龙舟比赛、北京市全民健身路径比赛、北京市农民象棋比赛、北京奥运城市体育文化节展示活动、北京市健身腰鼓大赛等市级群众活动，全区参与活动群众近 5 万人次。组织开展登山比赛、“三八杯”系列门球赛、首届高尔夫球邀请赛、“放飞春天”暨北京市风筝邀请赛、第十五届中老年优秀健身项目展示活动、“和谐杯”三对三篮球赛、区首届机关干部运动会等 10 余项区级健身活动。全年参加有组织的体育活动达 200 万人次以上，经常参加体育锻炼人口占全区户籍人口的 52%以上。

本年，市、区、街道共投资 15 万元对达到使用年限的 6 套全民健身工程进行更新，投资 260 万元建设 7 个专项球类场地。区、街道（乡镇）共投资 54 万元为新建社区配建全民健身工程 10 套及 8 套老旧社区改造工程。截至本年底，全区共配建全民健身工程 752 个（本年新建 18 个），居、村委会覆盖率达到百分之百。其中居家工程 724 个，标准工程 27 个，市级工程 1 个。全区共有国家级社区体育俱乐部 2 个（含农村地区 1 个），市级社区体育俱乐部 12 个，北京市体育生活化社区 5 个（含农村地区 2 个），篮球专项工程 4 个，笼式多功能场地 3 个，共建工程 1 个（在农村地区），乒乓球长廊 2 个（在农村地区），全区人均体育占地面积达 1.9 平方米。新建北京市社区体育健身俱乐部 1 个（西北旺镇土井村）。

海淀区建有区级体质检测中心 1 个，街、乡级体质检测指导站 4 个，居委会、村委会体质检测站 23 个。本年，完成国家第三次国民体质监测海淀区 9 个抽样单位、3000 人的数据采集工作和 553 名副处级以上干部体质测试任务。

加强全区群众体育干部、社会体育组织干部、社会体育指导员、体育爱好者的培训，累计培训社会体育指导员 419 人，培训围棋、国际象棋学员 2000 余人。街乡（镇）体育管理培训 100 余人。从 1994 年至 2010 年，全区累计培训 6000 余名社会体育指导员。截至本年底，全区培训注册体育指导员 3532 人，其中国家级体育指导员 48 人，一级指导员 123 人，二级指导员 1171 人，三级指导员 2190 人。

竞技体育 竞赛成绩取得突破。在北京市第十三届运动会上，本区共派出运动员 951 人，参加 18 个大项的角逐，共获得奖牌 360 枚，其中金牌 152 枚、银牌 103 枚、铜牌 105 枚。有 2 人 3 次破 3 项全国青少年纪录，2 人 2 次破 2 项北京市青少年纪录。1 人达到运动健将水平；35 人达到一级运动员水平。在市运会 18 个参赛代表团中，海淀区代表团获得金牌总数第一，团体总分第一，奖牌总数第一，总成绩第一和一等奖的优异成绩；获得大会颁发的“体育道德风尚奖”、“优秀承办奖”、“突出贡献奖”。

年内，审批三级运动员 90 余人，二级运动员 180 余人。一级运动员 10 余人。截至年底，全区注册一级裁判员 5 人，二级裁判员 31 人，三级裁判员 13 人。全年共注册运动员 2224 人，其中新注册 703 人。

2010 年，海淀区向北京市输送运动员 55 人。其中运动校输送 6 人，业余体校输送 23 名，重竞技体校输送 16 人，游泳校输送 10 人。

学校体育 全区有 47 所体育传统校，其中国家级 4 所，市级 20 所，区级 23 所。本年，协助区教委体卫中心完成小升初 741 名体育特长生的招生和 397 名高考体育特长生的资格审查，以及 280 人次的等级技术审批管理工作。全年举办区中小学生足球、篮球、排球、棒球、垒球、网球、田径 7 项比赛，参赛人数 1500 多人。

体育社团　海淀区体育总会本年有一级体育协会 28 个，街乡镇一级体育协会近 40 个，居、村委会一级体育组织（包括体育协会、健身队、俱乐部等）2000 多个。100%的街乡镇、100%的社区都成立了体育组织，全民健身晨晚练辅导站 700 个。

4 月 18 日，海淀太极拳协会第五届会员代表大会在中国人民大学会议中心召开，大会审议通过修改后的《海淀太极拳协会章程》，选举产生海淀区太极拳协会第五届常务委员会委员和会长、副会长、秘书长等领导成员。5 月份，区乒乓球协会召开第三届会员代表大会暨换届选举工作。

2010 年，海淀体育总会各协会分别举办海淀区第五届“威凯房地产”杯机关乒乓球比赛、海淀区“三八杯”等系列门球赛、海淀区第二届“放飞春天”暨北京市风筝邀请赛、海淀区第十五届中老年优秀健身项目展示大会、“健康北京 健康生活”2010 年北京市海淀区第四届健身气功比赛等活动。8 月 14 日，海淀体育总会组织 1550 人参加在景观大道举办的“2010 年北京市万人健身气功展示活动”。区体育总会于 5 月成立训练教学培训小组，聘请国家级教练为海淀区 380 名退休老干部进行为期 2 个月（6–9 月）的健身柔力球、健身气功八段锦等健身项目培训。

体育科研　海淀区体育科研所是北京市两个骨龄测试点之一。全年为海淀区各体校、人大三高俱乐部、八一翱翔俱乐部、八一中学男排、理工附中男排、清华附中篮球队、首师大竞技体校、101 中学女排、棒球、田径等项目运动员拍摄骨龄共计 433 人次。完成全国四环杯和奥星杯乒乓球比赛的骨龄测试任务，共计测试人数 227 人。全程参与北京市第十三届运动会男子足球、女子篮球、男女手球医务保障工作及运动员资格审查、比赛摄像工作。

全年共测试血红蛋白人数 1436 人次，其中体校和学校运动队测试 834 人次，占总数的 58%。购买儿童泡腾片 400 盒、康比特公司的力佳胶囊 200 瓶、比特铁胶囊 200 瓶、活性糖胶囊 200 瓶、蛋白质粉 200 桶，发给各体校使用，保证各体校夏训和日常训练。科研所筹集资金，购买超声波治疗仪，为 230 多人次进行理疗恢复。

全年共组织教练员培训 3 次。刻录知识讲座、比赛录像 51 张。

体育行政管理　按照“安全第一，预防为主，综合治理”的工作方针，会同区安监、公安、卫生、消防等单位，于 4 月 19 日召开全区体育运动项目经营单位 2010 年安全生产动员会暨安全生产百分验收动员培训会。对全区体育运动项目经营单位安全生产工作进行全面部署。自 3 月 1 日起，对辖区内露天泳池、体育场馆等重点体育运动项目经营单位进行安全检查 500 项次，共检查体育场馆 190 家，发出限期整改通知书 16 份。对尚未完善《北京市体育运动项目经营单位安全生产规定》的 2 家体育场馆处以共计 15000 元罚款并限期整改的行政处罚。

根据《2010 年北京市安全生产月活动方案》的总体部署，开展安全生产月活动、体育运动项目经营单位的安全生产主题活动、安全生产宣传教育“四进”（进社区、进学校、进农村、进企业）活动、安全生产管理示范单位推广活动、安全生产专家面对面等活动，召开安全生产规定、安全生产知识培训工作会。印发《北京市海淀区体育行政执法手册》800 余份。完成对全区 50 家体育场馆安全生产百分检查验收工作。开展水上救生演练，加强溺亡事故防范。完成《发展海淀区体育产业的措施》、《海淀区体育局鼓励和引导民间投资体育产业的建议》的编写。完成 300 余家体育运动项目经营单位的造册登记。为 20 家体育场馆新办《北京市体育设施注册登记证》，复核《北京市体育设施注册登记证》160 余家。

全年推动 85 所中小学体育设施向社会开放，使全区体育设施对社会开放中小学总数达到 105 所。

海淀区体育局
地址：海淀区颐和园路 12 号
邮编：100080
电话：62552218　62561669（传真）
邮箱：hdqtyj@126.com
网址：hdtyj.bjhd.gov.cn

下属事业单位（12 个）：

1.海淀区体育运动学校
地址：海淀区颐和园路 12 号
邮编：100080
电话：62568775

2.海淀区少年儿童业余体育学校
地址：海淀区颐和园路 12 号
邮编：100080
电话：62553878

3.海淀体育馆
地址：海淀区颐和园路 12 号
邮编：100080
电话：62563450

4.海淀区少年儿童游泳业余体校
地址：海淀区颐和园路 12 号
邮编：100080
电话：62551929

5.海淀区体育场
地址：海淀区颐和园路 12 号
邮编：100080
电话：62561252

6.海淀游泳馆
地址：海淀区颐和园路 12 号
邮编：100080
电话：62521299

7.海淀区综合训练馆
地址：海淀区颐和园路 12 号
邮编：100080
电话：62628516

8.海淀区社会体育管理中心
地址：海淀区颐和园路 12 号
邮编：100080
电话：82621929

9.海淀区体育局综合管理服务中心
地址：海淀区颐和园路 12 号
邮编：100080
电话：62625365

10.海淀区体育科研所
地址：海淀区颐和园路 12 号
邮编：100080
电话：62625384

11.海淀棋院
地址：海淀区颐和园路 12 号

邮编：100080
电话：62534491

12.海淀区重竞技体育学校

地址：海淀区颐和园路12号
邮编：100080
电话：62563161

（冯小明）

【海淀区全民健身工程球类场地、体育生活化社区、社区体育俱乐部列表】

2010年海淀区全民健身工程球类场地

序号	项　目	所属街乡	受赠单位	安装地址	建设时间
1	篮球广场	四季青镇	四季青镇	四季青镇北坞嘉园	2010
2		四季青镇	四季青镇	四季青镇玉东郊野公园	2010
3		温泉镇	温泉镇东埠头村	温泉镇东埠头村	2010
4		苏家坨镇	苏家坨镇	苏家坨镇狂飙乐园	2010
5	笼式多功能	四季青镇	四季青镇	四季青镇南安河村北坞嘉园	2010
6		四季青镇	四季青镇	四季青镇玉东郊野公园	2010
7		四季青镇	西山村委会	四季青镇西山黑塔公园	2010
8	乒乓球长廊	苏家坨镇	苏家坨镇草厂村	苏家坨镇草厂村	2009
9		四季青镇	四季青镇	四季青镇北坞嘉园	2010

2010年海淀区体育生活化社区

序号	所属街乡	名　称	安装地址	项　目
1	四季青	四季青乡曙光社区体育健身俱乐部（国家级）	望山园9号楼一层	健身、游泳
2	东升乡	东升马坊社区	海淀区清河东滨河路4号	太极扇、健身舞蹈
3	学院路街道	学院路街道志新社区	海淀区志新村小区	乒乓球、台球、舞蹈、太极拳、刀剑队
4	清河街道	清河街道二炮社区	清河小营西路3 1号院二炮居委会	木兰剑、广场舞、太极拳
5	学院路街道	学院路街道石油大院社区	学院路20号石油大院居委会	游泳、乒乓球、羽毛球、太极拳、健身气功操、交际舞等

2010年海淀区社区体育俱乐部

序号	名　称	受赠单位	建设时间	项　目
1	四季青乡曙光社区体育健身俱乐部（国家级）	四季青望山园9号楼一层	2006	健身、游泳
2	北体大颐清园社区体育健身俱乐部（国家级）	北京体育大学颐清园社区	2006	网球、羽毛球、门球、柔力球、太及拳和剑、健美操、健步走、可乐球
3	温泉镇白家疃村体育健身俱乐部	海淀区温泉镇白家疃村	2008	太极拳、羽毛球等
4	清河社区体育健身俱乐部	清河街道	2006	
5	永泰园社区体育健身俱乐部	海淀区清河永泰园新地标甲	2006	健身操

序号	名　称	受赠单位	建设时间	项　目
		13 号楼		
6	学院路街道志新社区体育健身俱乐部	海淀区志新村小区	2006	乒乓球、台球、舞蹈太极拳、刀剑
7	北京京铁文化宫	海淀区北蜂窝路 32 号	2007	乒乓球，游泳，羽毛球，健身等
8	清河街道二炮社区体育健身俱乐部	清河小营西路31号院二炮居委会	2007	木兰剑、广场舞、太极拳
9	西三旗社区健身俱乐部	清河永泰东里 50#B1 层	2008	乒乓球、台球、健身房、KTV
10	青龙桥街道军事科学院社区体育健身俱乐部	海淀区香山路 6 号	2008	乒乓球、羽毛球、篮球、柔力球、门球、太极拳、太极剑、棋牌赛、登山
11	西三旗大众健身俱乐部	西三旗环岛北路东	2009	羽毛球、篮球、健身
12	双新爱心苑社区体育健身俱乐部	海淀区四季青镇北辛庄路	2009	秧歌、木兰扇、健身操
13	海淀区妇女儿童活动中心	海淀区苏州街乙 29 号	2009	太极拳、瑜伽、扇子舞、乒乓球、太极拳、瑜伽、扇子舞、乒乓球
14	西北旺土井村全民健身俱乐部	北京市海淀区西北旺镇土井村委会	2010	体质测试室、科学健身指导教室、健身实施、羽毛球、台球等设施。

（冯小明）

【完成亚残会火种采集仪式观众组织和暖场表演任务】 12 月 3 日，广州 2010 年亚洲残疾人运动会火种采集仪式在中华世纪坛举行。海淀区承担此次仪式的观众组织和暖场表演任务。共组织2000余名观众、300余名演员到现场。仪式开始前，组织健美操、红绸扇舞、舞龙舞狮表演。本次组织工作得到广州亚组委以及广州亚残会火种采集仪式北京市组委会的好评。（田颖）

社会民生

10月19日，区民政局、文明办联合召开海淀区千名孝星表彰大会，对3000名孝星进行表彰。

（田峰 摄）

11月4日，区预防意外妊娠宣传指导中心在区妇幼保健院成立。（田峰 摄）

10月10日，区民政局婚姻登记处积极应对双十婚姻登记高峰日。

（许旻萱 摄）

清河社区服务中心发放养老助残券　　（田峰 摄）

第六次全国人口普查（李瑞林 摄）

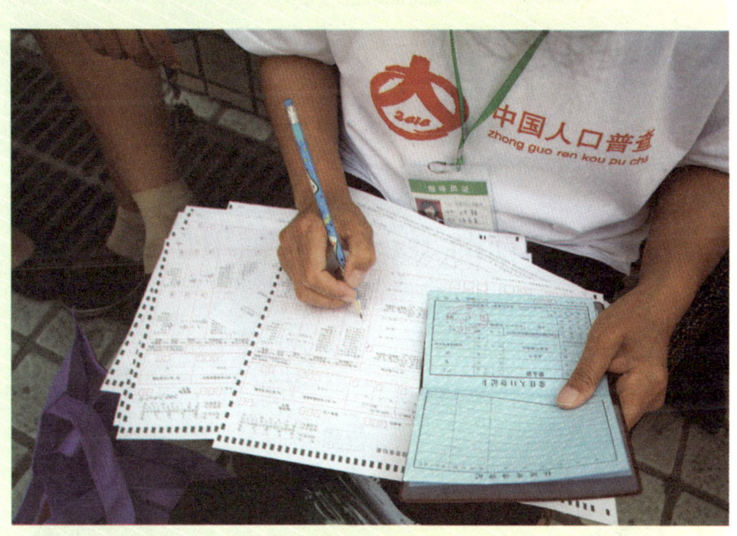

青海玉树地震发牛后，区慈善协会从 4 月 14 日至 5 月 15 日开展“情系玉树抗震救灾”公益捐款活动。　　（海淀区慈善协会 供图）

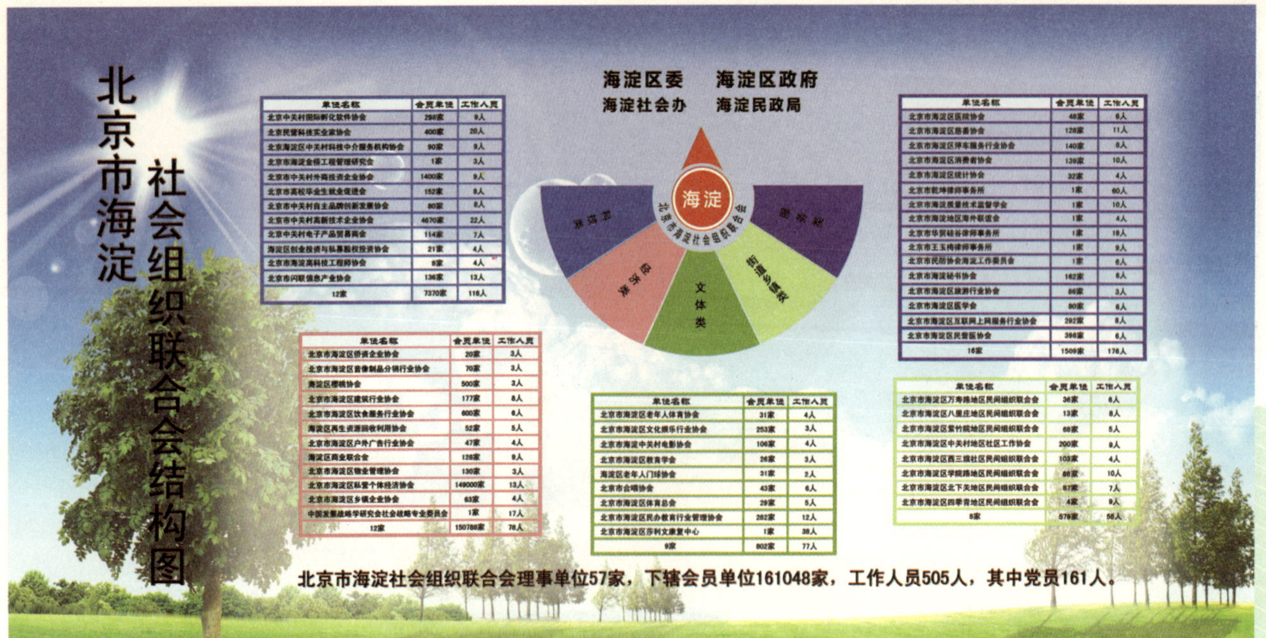

北京市海淀社会组织联合会结构图　（区社联会 供图）

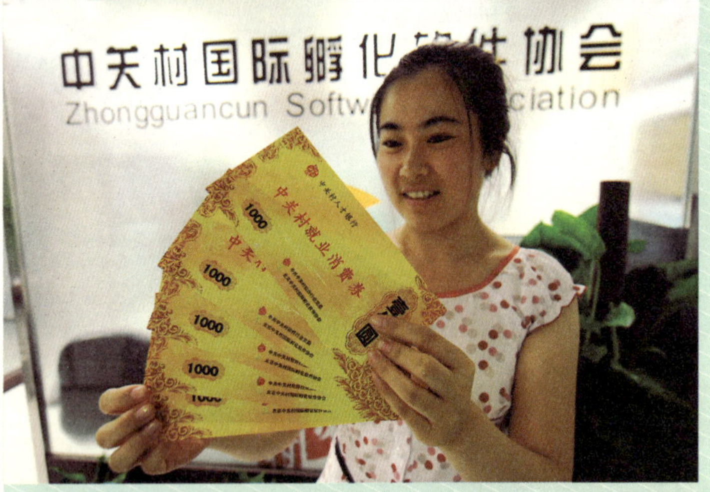

为帮助贫困大学生解决就业难题，海淀区联合中关村国际孵化软件协会启动“中关村就业希望工程”，该工程通过向高校学生派发中关村就业消费券，帮助优秀的贫困大学生就业。

（田峰 摄）

5月16日，桃源观举办法会。

（区民宗侨 供图）

本年完成第八届村委会选举，图为选民现场投票。
（区民政局 供图）

1 月 27 日，清河残疾人温馨家园揭牌。（田峰 摄）

按照自愿原则，海淀区为辖区 1940 年及以前出生的空巢、体弱多病的老人安装“一按铃”。
（田峰 摄）

公共服务事业

【综述】　海淀区政府公共服务委员会（简称区公共委）成立于2005年7月，代表区政府举办承担公共服务职责的事业单位，原为区政府正处级特设机构，2009年8月调整为政府工作部门。监管36家医疗类事业单位。2009年底，区图书馆、文化馆、博物馆移交区文化委代管。

本年，区公共委秉承“海淀区就是核心区、核心区就是海淀区”的理念，以改善民生为着力点，以开展创先争优和优质服务年、作风建设年活动为载体，促进医疗卫生服务体系的完善，提高服务效能，促进基层卫生服务机构功能的发挥。

医疗卫生事业　继续推动区属二级医院与山后卫生院“结对子”捆绑式发展，2010年二级医院向山后地区派出医务人员223名，其中专家级医务人员66名；组织集中培训46次，受训人员达1077人次，专家门诊2254人次。新建苏家坨和永丰2所急救站。5月，区属32家医疗机构全面启动“百户家庭健康结对关爱”工作。完成第二轮农民健康体检工作，免费体检66616人。海淀区总工会和区公共委工会联合举办为全区900余名在册困难职工送健康体检活动。本年海淀医院被确定为本区实施卫生部、中国残联“百万贫困白内障患者复明工程”定点医院。

2010年，区属医疗机构门急诊566.08万人次，比上年增长6.69%；出院58702人次，与上一年度持平；业务收入17.29亿元，比上年增长18.10%。对手足口病、麻疹累计筛查75.6万人次，确诊病例60例；接种麻疹疫苗214260名，其中户籍儿童117286名，流动儿童96974名，接种率80.02%，疫苗接种后出现症状者累计40例，实施医疗救治10例，无误诊、漏诊、延误等医疗事故发生。开展健康教育360场次，居民受教育84587人次，发放宣传材料114069份。

基础设施建设。社区卫生标准化建设基本完成，本年新建的田村社区卫生服务中心投入使用；海淀区卫生学校新建多功能教辅楼项目开工建设；完成北安河卫生院与聂各庄卫生院改造项目、精神卫生防治院门诊综合楼装修改造项目、温泉社区卫生服务中心新建项目的前期手续。7月18日,海淀区妇幼保健院东南院区开业。11月3日，“海淀区预防意外妊娠宣传指导中心”在海淀区妇幼保健院东南院区成立。1月20日，“海淀区社区精神卫生中心八里庄分中心”挂牌成立。1月26日，“中华医学会健康管理学分会社区健康管理实验基地”在双榆树社区卫生服务中心正式成立。5月19日，中关村医院门诊楼八层的妇科病房正式开诊。6月8日，位于清河小营西小口路南侧的海淀区东升社区卫生服务中心奠基。10月25至27日，卫生学校通过北京市政府教育督导室的现场督导检查。12月15日，海淀妇幼保健院和花园路社区卫生服务中心两家单位通过市疾控中心的检查和验收，被批准成为海淀区首批AAA级免疫预防门诊。至本年底，全区有25个社区卫生服务中心，70个卫生服务站点。

合作交流。与宣武医院合作，在海淀医院成立北京市脑血管病中心海淀分中心，提高神经外科临床、教学以及科研水平。与南昌大学继续开展教学、科研合作交流。本年公共委系统新增16名专家获得硕士研究生导师资格；南昌大学的全科、检验、护理专业共30人在海淀医院进行半年的实习；继续开展MPA[①]联合培养，第二批MPA招生工作完成。

10月8日，区属16家社区卫生服务机构分别与海淀医院、北京大学人民医院、北京大学第三医院、北京世纪坛医院签署转诊预约服务协议。全年转诊32人次。11月5日，海淀区培智中心学校与海淀区精神卫生防治院，就《关于促进海淀区残疾儿童精神康复的合作》达成协议，辖区内精神残疾及智力残疾儿童将享受健康状况调查、免费专家会诊、免费用药、健康宣教等服务。

社区卫生服务。成立261个社区健康管理团队，加强对80岁以上老年人和60–79岁的四类特殊人群（低保、残疾、孤寡、空巢）的健康管理工作，推动常见慢性病的管理。

启动“善待生命，情暖夕阳”专项工作，建立起“以区领导小组为中心、以街道（乡镇）民政部门为纽带、以社区卫生服务机构为平台”的居家养老医疗服务网络和服务管理机制，海淀区居家养老医疗服务工作形成由“政府搭台，卫生唱戏”的模式。为60岁以上老人提供七个方面的医疗服务，共为老年人建档133381人份，体检29670人，自理能力和活动能力评估28421人，签订《家庭健康管理协议书》24835人份，健康随访24110人，院前急救114例，应急转运31例。

截至12月底，上报城乡居民健康档案应建1545302人,实建1182453人，建档率76.5%，个人健康档案输机数815158份，输机率68.9%。其中城市居民健康档案实建1051239人，建档率76.2%；农村居民健康档案实建131214人，建档率79.1%。

人才队伍建设。利用驻区三级医院力量，在原有医疗、护理、院感专业3个专家组的基础上，新成立药学和医技质量管理2个专家组。5个专家组收集药学24项法律法规、65项规章制度和医技类55项法律法规、操作规范，完成《药学法律、法规制度汇编》与《医

[①] MPA是公共管理硕士(Master of Public Administration)专业学位的英文简称，是以公共管理学科及其他相关学科为基础的研究生教育项目，其目的是为政府部门及非政府公共机构培养高层次、应用型专门人才。

技法律法规、操作规范汇编》，强化制度建设，提高医疗质量安全。完成118名应届毕业生和58名社会在职人员的招聘接收工作。推动卫生高层次人才队伍建设，与区委、区政府等部门联合下发《海淀区属卫生系统高层次专业技术人才队伍建设实施意见》，实施本年度高层次人才培养项目评审工作。开展社区全科医师和全科护理、社区精神卫生、院前急救、康复（肢残）、社区中医、影像（B超）共六个专业人才培训基地的创建、扩建和培训工作，共培训28个期次和300人次。推进人才折子工程工作，各区属医疗单位申报2010年人才工作重点项目，确定12个大项、共46个折子工程项目，确保每家单位至少有一项人才折子工程。3月25日，海淀医院急危重症医学部副主任、博士、副主任医师谢志毅获选“中华医学会重症医学分会全国青年委员”。

对口支援。海淀区区属卫生系统各医疗机构与内蒙古科右前旗23家基层卫生院完成对口支援结对。为密云县免费提供设备设施和资金160855元，组织培训154次，派出高级职称30人、中级职称91人进行质量控制指导，开展义诊咨询，接收密云医疗机构管理干部到医院挂职1人，接收专业进修人员12人。与青海海西州建立合作机制，重点帮扶海西州中心医院等三家州立医院。4月11日，海淀医院接收来自新疆和田地区人民医院、和田地区维吾尔医院以及和田地区疾控中心预防医学门诊部的四名医务人员进行为期两个月的挂职锻炼。6月，组成15人医疗队到陕西省富平县，提供医疗服务。海淀区妇幼保健院对口辅导由北京援建的四川省什邡市妇幼保健院。

事业单位管理 加快人事制度改革。落实公共卫生和基层医疗卫生事业单位实施绩效工资政策，除海淀区妇幼保健院外，海淀区公共委系统公共卫生与基层医疗卫生单位全部纳入绩效工资管理。修订绩效考评指标，在日常考核项目试点的基础上全面推行日常考核工作模式。各社区卫生服务机构制定内部绩效考核方案、细化指标体系，开展内部绩效考核工作。在公立基层医疗卫生机构实行能进能出的人员聘用制，区公共委5865个岗位基本完成岗位聘用。配合编制部门合理确定基层医疗卫生机构人员编制，区属各社区卫生服务机构（乡镇卫生院）总编制达2798名。海淀区政府公共服务委员会所属事业单位面向社会公开招聘共涉及23个单位的125个医疗卫生专业技术岗位。加强对新调入人员的管理，制订下发《海淀区公共委新调入人员管理实施办法》。该办法对新调入在编人员和劳动合同制人员的调入标准、人事管理、培训、考核及退出等方面做出明确的规定。完成卫生系统第一批320名学员外语培训的前期准备工作。

规范财务工作。制定《公共委系统社区卫生服务中心（站）房屋租赁管理暂行办法（试行）》，本办法从签订合同的内容款目、房屋租赁遵循的原则、房屋租赁申报、审批程序等几个方面做详细规定。

制定下发《公共委所属事业单位固定资产实施细则》，完善公共委系统国有资产处置、配置管理制度。制定下发《公共委所属事业单位国有资产捐赠管理暂行规定》，对国有资产捐赠原则、申报程序做详细明确的规定。完成区属医院27家医疗机构的“总控”指标[①]的核对工作，对超指标单位找原因进行调整，确保“总控”指标增长控制在10%以内，药品收入指标控制在9%以内。继续执行基层单位的财务内部控制工作,检查年度台账填制情况，发现问题及时纠正。对2009年财务工作进行财务收支、财务合规、经济效益审计。对海淀区卫生学校进行2007年以来的日常工作审计。

全面启动廉政风险防范管理工作，召开公共委系统民主评议政风行风工作启动大会。加强系统领域内廉政建设的教育、沟通、管理力度。加强警示教育，倡导廉政文化；公共委纪检部门设立信息互通、资源共享、检查合一的反腐纠风机制，加大牵头科室与参与部门的工作联系；对医院核心岗位建立监督、意见反馈机制，强化投诉举报的查处力度，重点岗位实施轮岗。与区卫生局、药监分局、检察院联合建立区医药卫生系统预防职务犯罪联席会议制度。

机关建设 办理人大代表建议15件，其中主办13件，协办2件；办理政协委员提案11件，其中主办8件，协办3件。满意率在85%以上。

做好政府信息公开工作，主动公开各类信息280余条。完善《海淀区区属医疗事业单位信息公开实施办法》，进一步规范医疗卫生服务单位信息公开工作。

2010年，公共委承担中央编办研究中心委托的“事业单位‘管办分离’内涵、方式和机制问题”研究课题，全面启动公共委系统二轮修志工作。（李琴）

海淀区政府公共服务委员会
地址：海淀区四季青路6号海淀招商大厦东五层
邮编：100195
电话：88498108 88497285（传真）
网址：hdggw2005@sina.com

下属事业单位（36个）：

1. 北京市海淀区医院管理服务中心
地址：海淀区甘家口小区12号楼
电话：88364211

2. 北京市海淀区卫生人才服务中心
地址：海淀区甘家口小区12号楼
电话：88364069

3. 北京市海淀医院
地址：海淀区中关村大街29号
电话：62583004

4. 北京市中关村医院
地址：海淀区中关村南路12号
电话：62554166

5. 北京市中西医结合医院
地址：海淀区永定路东街3号
电话：68212076

6. 北京市羊坊店医院
地址：海淀区羊坊店双贝子坟路1号
电话：51820198

7. 北京市上地医院

---

① “总控”指标即对医药费的总量控制和结构调整。

地址：海淀区农大南路树村西街甲6号
电话：62973150转6677

8. 北京市海淀区妇幼保健院
地址：海淀区海淀南路33号
电话：82871456

9. 北京市海淀区精神卫生防治院
地址：海淀区苏家坨镇西小营村路东
电话：62409220

10. 北京市海淀区医学救援中心
地址：海淀区海淀南路7号
邮编：100080
电话：62520521

11. 北京市海淀区卫生学校
地址：海淀区清河永泰庄北27号
邮编：100192
电话：62911802

12. 社区卫生服务中心25个（本年新增田村路社区卫生服务中心）

单位名称（带圈序号的为下设站点）	地址	邮编
1.北京市海淀区双榆树社区卫生服务中心（海淀区中医医院）	海淀区双榆树西里12号	100086
①知春东里社区卫生服务站	海淀区知春东里小区9号楼1层110室	100086
2.北京市海淀区甘家口社区卫生服务中心	海淀区增光路甲57号	100037
①甘家口街道花园村社区卫生服务站	海淀区甘家口街道花园村甲10号	100048
②甘家口街道进口社区卫生服务站	海淀区甘家口三里河路5号	100044
③甘家口街道阜南社区卫生服务站	海淀区阜成路南8楼	100037
④甘家口街道外文社区卫生服务站	北京外文印刷厂宿舍	100044
⑤甘家口街道合建楼社区卫生服务站	海淀区车公庄西路45号院内	100044
⑥甘家口街道西钓社区卫生服务站	海淀区西三环中路11号中塔园七号楼西侧	100042
3.北京市海淀区北下关社区卫生服务中心	海淀区交大东路3号	100081
①动物园社区卫生服务站	海淀区西外大街太平庄动物园家委会	100081
②皂君庙社区卫生服务站	海淀区学院南路皂君庙东里	100081
4.北京市海淀区北太平庄社区卫生服务中心	海淀区交大东路3号	100082
①海淀区北太平庄街道明光村社区卫生服务站	海淀区明光村19号楼1号	100088
②海淀区北太平庄街道太月园社区卫生服务站	海淀区太月园小区10号楼地下室一层	100088
5.北京市海淀区清河社区卫生服务中心	海淀区清河安宁庄东路19号	100085
①海淀区西三旗街道永泰庄社区卫生服务站	海淀区永泰庄东里51号楼底墒北4号	100085
②海淀区清河街道西二旗社区卫生服务站	海淀区西二旗铭科苑小区物业楼二层	100085
6.北京市海淀区青龙桥社区卫生服务中心	海淀区厢红旗东2号	100191
①马连洼社区卫生服务站	海淀区马连洼兰园小区内东侧红楼	100193
②海淀区天秀花园社区卫生服务站	海淀区天秀花园安和园11号楼物业楼	100193
③海淀区梅园社区卫生服务站	海淀区马连洼菊园小区物业平房	100193
④海淀区西苑社区卫生服务站	海淀区骚子营村二区46号	100193
⑤海淀区百旺茉莉园社区卫生服务站	海淀区百旺茉莉园小区35号物业楼	100193
⑥海淀区二河开社区卫生服务站	海淀区二河开村北	100193
7.北京市海淀区蓟门里社区卫生服务中心	海淀区蓟门里小区	100088
①海淀区花园路街道塔院社区卫生服务站	海淀区塔院小区朗秋园3楼1门103	100083
②海淀区花园路街道1201社区卫生服务站	海淀区花园路5号院11号楼南侧	100088
③海淀区学院路街道展春园社区卫生服务站	海淀区学院路展春园小29楼南侧平房	100083
8.北京市海淀区万寿路社区卫生服务中心	海淀区翠微中里13号	100036
①万寿路街道复兴路社区卫生服务站	复兴路24号	100036
②万寿路街道翠微南里社区卫生服务站	翠微南里南平房	100036
9.北京市海淀区羊坊店社区卫生服务中心	海淀区北蜂窝中路乙8号	100038
①海淀区羊坊店街道黄亭子社区卫生服务站	海淀区铁道部宿舍社区卫生用房	100038

单位名称（带圈序号的为下设站点）	地址	邮编
②北京市海淀区羊坊店街道吴家村社区卫生服务站	海淀区吴家村 10 号院	100073
③北京市海淀区羊坊店街道莲花小区社区卫生服务站	北京市海淀区莲花小区 2 号楼 3 门设备层耳房	100036
10.北京市海淀区八里庄社区卫生服务中心	海淀区八里庄 22 号	100142
①海淀区八里庄街道定慧寺社区卫生服务站	海淀区八里庄定慧北里 27 号楼 5 门 102	100142
②海淀区八里庄街道北洼西里社区卫生服务站	海淀区北洼西里双紫小区甲 29–9、甲 29–10、甲 29–11、甲 29–12、甲 29–13	100142
③海淀区八里庄街道亮甲店社区卫生服务站	地址：海淀区定慧家园北里（八里庄路 63 号院）2 号楼首层	100142
11.北京市海淀区田村路社区卫生服务中心	田村北路海澜中苑小区 2 号共建楼 4 楼办公室	100049
①玉海园社区卫生服站	海淀区玉海园二里 9	100039
②橡胶园社区卫生服务站	海淀区田村路 40 号院橡胶院社区卫生服务站	100143
③紫金长安社区卫生服务站	地址：海淀区西翠路 17 号院紫金长安 17 号楼 1 单元 102	100036
④永金里社区卫生服务站	五棵松路 81 号永金里小区 4 号楼 1 单元地下	100043
⑤西木社区卫生服务站	地址：西四环北路 137 号院西平房甲 3 号	100143
⑥建西苑社区卫生服务站	海淀区田村街道八角东街 12 号锅炉房东侧	100043
⑦沙窝社区卫生服务站	海淀区西翠路今日家园 5 号楼地下室	100039
12.北京市海淀区西三旗社区卫生服务中心	海淀区宝盛里 32 号楼	100192
①海淀区建材城东里社区卫生服务站	海淀区西三旗建材城东二里硅谷先锋小区 15 号楼底商	100096
13.北京市海淀区花园路社区卫生服务中心	海淀区马甸月季园甲 3 号	100088
14.北京市海淀区香山社区卫生服务中心	海淀区香山路甲 1 号 2 区	100093
①海淀区香山街道香山社区卫生服务站	海淀区香山北辛村 25 号	100093
②海淀区四季青镇红门社区卫生服务站	海淀区四季青镇香山正蓝旗 28 号	100093
15.北京市海淀区四季青镇社区卫生服务中心	海淀区远大路 32 号	100097
①西冉社区卫生服务站	海淀区四季青镇西冉村西渔场内	100195
②烟树园社区卫生服务站	海淀区烟树园小区 5 号楼 B1I	100097
③双新社区卫生服务站	海淀区四季青镇双新村双拥路东侧	100093
④田村社区卫生服务站	海淀区四季青镇田村前街 153 号	100049
⑤玉泉社区卫生服务站	海淀区四季青镇北坞嘉园 27 号楼	100195
⑥常青园社区卫生服务站	海淀区四季青镇常青园 1 区 7 号楼	100195
⑦门头村社区卫生服务站	海淀区四季青镇门头馨村北一区 215	100093
⑧曙光花园社区卫生服务站	海淀区曙光花园望塔园综合楼一层	100097
⑨世纪城社区卫生服务站	海淀区蓝晴路下沉式广场	100097
⑩金雅园社区卫生服务站	海淀区金雅园 6 号楼底商 104 室	100097
16.北京市海淀区玉渊潭社区卫生服务中心	海淀区阜成路 85 号	100142
17.北京市海淀区东升乡社区卫生服务中心	海淀区西三旗花园三里 76 号	100192
①宝盛里社区卫生服务站	海淀区东升乡马坊村宝盛里小区停车场西侧	100192
②朱房前街社区卫生服务站	海淀区清河朱房前街 4 号院	100192
18.北京市海淀区海淀乡社区卫生服务中心	海淀区西苑操场 108 号	100091
①海淀区上地街道树村社区卫生服务站	海淀区上地街道厢黄旗树村万树园小区	100193
②海淀区青龙桥街道裕龙社区卫生服务站	海淀区天秀路西裕龙新村	100193
③海淀区马连洼街道肖家河社区卫生服务站	海淀区肖家河正黄旗 1 号	100080

单位名称（带圈序号的为下设站点）	地址	邮编
④海淀区海淀乡功德寺社区卫生服务站	海淀区海淀乡功德寺后营村六间房	100091
19.北京市海淀区西北旺镇社区卫生服务中心（北京市海淀区永丰卫生院）	海淀区北清路永丰产业基地商业商业服务C座	100094
20.北京市海淀区温泉镇社区卫生服务中心	海淀区温泉镇白家疃西口北大维信院内	100095
①颐阳山水区西区社区卫生服务站	海淀区温泉镇颐阳山水居西区社区医务站	100095
21.北京市海淀区北安河卫生院	海淀区北安河路8号	100095
①西埠头社区卫生站	海淀区北安河路42号	100194
②周家巷社区卫生站	海淀区温泉路116号	100095
22.北京市海淀区聂各庄卫生院	海淀区聂各庄路26号	100194
23.北京市海淀区上庄镇社区卫生服务中心	海淀区上庄镇上庄村北	100094
①上庄家园社区卫生服务站	海淀区上庄镇上庄家园	100094
②南玉河社区卫生服务站	海淀区上庄镇南玉河村	100094
③前章村社区卫生服务站	海淀区上庄镇前章村	100094
④东马坊社区卫生服务站	海淀区上庄镇前章村	100094
⑤后章村社区卫生服务站	海淀区上庄镇后章村	102205
⑥白水洼社区卫生服务站	海淀区上庄镇白水洼村	102205
⑦西闸社区卫生服务站	海淀区上庄镇西闸村	102205
⑧西辛力屯社区卫生服务站	海淀区上庄镇西辛力屯村	102205
24.北京市海淀区苏家坨镇社区卫生服务中心	海淀区苏家坨镇西小营集镇北侧路东	100194
①前沙涧社区卫生服务站	海淀区苏家坨镇前沙涧村北一区35号	100194
②后沙涧社区卫生服务站	海淀区苏家坨镇后沙涧村	100194
③车耳营社区卫生服务站	海淀区苏家坨镇车耳营村	100194
25.北京市海淀区上地社区卫生服务中心（北京市海淀区东北旺中心卫生院）	海淀区西北旺二街5号卫生大厦	100094

【“海淀区社区精神卫生中心八里庄分中心”挂牌成立】 1月20日，由海淀区精神卫生防治院、北京大学第六医院、八里庄社区卫生服务中心、玉渊潭社区卫生服务中心及意大利多方合作的北京市首家社区精神卫生康复中心“海淀区社区精神卫生中心八里庄分中心”在八里庄社区卫生服务中心挂牌成立。该中心的成立，旨在探索三级医院与社区卫生服务中心相结合的精神卫生服务模式，通过借鉴意大利先进的服务理念和管理经验，为社区精神疾病患者提供全面而连续的服务，为社区居民提供心理咨询和精神疾病的早期预防服务。八里庄社区卫生服务中心作为项目执行单位，为精神疾病患者回归社会创造平台。

【本市首家社区健康管理实验基地成立】 1月26日，“中华医学会健康管理学分会社区健康管理实验基地”在双榆树社区卫生服务中心正式成立，这是北京市首家社区健康管理实验基地。通过为健康人、慢性病风险人群、慢性病患者提供全面、连续、主动的健康管理，对个体和群体健康进行全面监测、分析、评估，并提供健康咨询和指导，从而对健康危险因素进行干预，提升居民健康水平。

【卫生部到青龙桥社区卫生服务中心调研】 2月23日，国家卫生部副部长刘谦到青龙桥社区卫生服务中心调研。了解该中心的服务手册及服务流程，并与患者交谈，听取海淀区整体医疗卫生服务状况的介绍，对于如何满足百姓的需求、如何不断扩大服务面、使社区百姓“人人享有基本医疗卫生服务”提出指导性意见。

【中编办调研“政事分开、管办分离”运行情况】 3月24日，中央编制办研究中心副主任魏刚到区公共委调研“政事分开、管办分离”运行情况。调研内容包括：改革的背景和总体设计、改革的主要举措与成效、改革中存在的困难问题和成因分析以及对公立医院管理体制改革意见、建议等。魏刚对海淀改革试点的有益做法给予充分肯定，表示继续关注海淀区公共委的运行情况。6月，中编办黄文平副主任到海淀调研，充分肯定海淀区事业单位“管办分离”改革，指出海淀区探索“管办分离”改革和对非营利机构资产监管的探索很有意义，希望海淀区继续深入探索和推进这项改革。

【残疾人康复知识系列培训班开班】 4月9日至11日，海淀区医管中心在四季青医院举办“海淀区残疾人康复知识系列培训班”，区属26家社区卫生服务机构的 60 名医护人员参加为期 3 天的“肢体残疾社区康复理论培训”。

【北安河卫生院与敬老院签订医疗服务协议书】 4 月 20 日，北安河卫生院在玉福敬老院举行北安河卫生院与金山敬老院、北安河敬老院、玉福敬老院三家敬老院的“医疗服务协议书”的签字仪式。此协议标志着北安河卫生院为特殊老年人服务走向规范化、常态化。

【区妇幼保健院接待法国医学专家】 4 月 26 至 30 日，法国巴黎大区大学附属医院—路易・睦丽耶医院凯萨琳・赫伯特・克雷恩（Catherine Hebert Crenn）教授应区妇幼保健院的邀请专程到区妇幼保健院进行交流、访问。他从公共卫生管理的角度介绍了巴黎地区产科管理模式及现状。

【“百户家庭健康结对关爱”全面启动】 5 月 12 日，区属 32 家医疗机构全面启动“百户家庭健康结对关爱”工作。区属医疗机构的社区卫生服务健康团队当日为本辖区 130 户结对的家庭和 2 家敬老院提供免费测血压、测血糖等体检 720 人，免费健康咨询 1061 人，建立健康档案 252 份，发放宣传材料 9115 份。

【公共委举办劳动竞赛技能操作比赛】 7 月 9 日，公共委举办“练兵我一人、服务众百姓”劳动竞赛技能操作比赛，来自系统近 30 家医疗卫生机构 70 余名医务人员参加了比赛。竞赛包括心肺复苏和静脉输液两个项目，采用现场模拟的方式进行，主要考核医务人员的技术操作能力和理论知识水平。

【妇幼保健院东南院区开业】 7 月 18 日，海淀区妇幼保健院东南院区开业，该院区位于海淀区苏州街 53 号，其职能包括对辖区内医疗保健机构有关妇幼保健方面的监督检查、评价考核、人员培训、规范管理等工作；承担全区 166 所托幼园所的口腔健康普查、孕妇口腔保健、各类疫苗的免疫接种、传染病防治管理、八类人群的健康体检以及计划生育、生殖保健等方面的服务工作。

【举办医疗废物管理培训班】 8 月 6 日，医院管理中心举办“公共委医疗废物管理培训班”，来自区属 6 家二医院、24 家社区卫生服务中心的主管领导、行政后勤负责人、院感管理专（兼）职人员共计 65 人参加培训。培训班就公共委编写的《医疗废物管理指导意见》进行培训，进一步明确医疗废物的 7 项管理制度和 7 个工作流程以及分类收集点、贮存站的建设要求等。

【海淀区卫生专业人才培训基地开班】 8 月 16 日,区卫生专业人才培训基地举行正式开班仪式。区公共委、区卫生局社管中心、区公共委医管中心、卫生人才中心、各基地所依托的区属医疗机构、区属 24 家社区卫生服务中心（乡镇卫生院）的领导以及参训人员参加仪式。

【“海淀区志愿者联合会公共委系统分会”成立】 8 月 19 日,区公共委“海淀区志愿者联合会公共委系统分会”揭牌成立。分会主要组织本系统开展志愿服务活动，围绕公共委系统中心工作，规范程序、系统培训，充分发挥医疗行业的优势，引导系统职工参与志愿服务活动，从服务属地、对口支援和资源整合等方面开展志愿行动。

【“海淀区贫困白内障患者复明工程项目”启动】 9 月 10 日，海淀区贫困白内障患者复明工程项目在海淀医院启动。按照《卫生部中国残联关于实施 2010 年“百万贫困白内障患者复明工程”项目的通知》要求，北京市卫生局和市残联决定 2010 年在全市实施贫困白内障患者复明工程项目，海淀医院被确定为海淀区实施该项目的定点医院。

【开展麻疹疫苗强化免疫接种活动】 9 月 11 日至 28 日，区公共委在全区开展一次接种对象为 8 月龄至 14 岁儿童的麻疹疫苗强化免疫接种活动。区属医疗机构投入接种医务人员 5310 人次，医疗救治医务人员 2070 人次，为 212453 名儿童进行免疫接种。

【中西医结合医院设立博士后工作站分站】 10 月 15 日，经全国博士后管委会批准，北京市中西医结合医院获准设立“中关村科技园区海淀园博士后科研工作站分站”。该分站研究领域为中西医结合治疗心血管疾病基础与临床研究，研究方向为中西医结合治疗心力衰竭研究、中药复方与有效成分治疗心力衰竭研究、心力衰竭中药新药研究。

【残疾儿童享受免费精神康复服务】 11 月 5 日，区培智中心学校与海淀区精神卫生防治院签订《关于促进海淀区残疾儿童精神康复的合作》协议。此协议签署后，辖区内精神残疾及智力残疾儿童将享受健康状况调查、免费专家会诊、免费用药、健康宣教等服务。

【首届社区健康管理研讨会召开】 11 月 24 日，海淀区首届社区健康管理学术研讨会在双榆树社区卫生服务中心召开。根据新医改政策精神，结合全区发展形势，区公共委在社区卫生服务“六位一体”服务模式的基础上探索新型健康管理模式，对社区健康人群、高危人群和疾病人群进行全面监测、分析、评估，提供健康咨询和指导以及对健康风险因素的干预，维护和发展个人和家庭的保健技术，全面提升社区健康水平。

【社区卫生特色服务发展推进会召开】 12 月 17 日，区公共委召开社区卫生特色服务发展推进会。各社区卫生服务中心就收支两条线实行以来取得的成效和带来的问题进行讨论；区财政局、人事局就社区卫生服务支出核定、人才引进等进行说明，并提出建议；刘长利副区长总结，强调政府应进一步做好收支两条线政策的完善，做好社区卫生基本服务、医疗服务、特色服务，让老百姓满意。（李琴）

【返聘退休医生服务社区】 本年，区公共委面向社会公开招聘 30 名副主任医师及以上医疗卫生专业技术职称的退休专家，到社区卫生服务机构服务。此次退休专家返聘工作无专业要求，以慢病管理需求为主，年龄在 65 岁以下。专家在区属 24 家社区卫生服务中心从事社区门诊、健康咨询等服务，侧重海淀的北部地区，每周至少服务 5 个半天。（周勇）

人口和计划生育

【综述】 海淀区人口和计划生育委员会是负责全区人口和计划生育工作的行政机构，所属2个全额拨款事业单位：海淀区计划生育生殖健康技术服务中心和海淀区计划生育宣传服务中心。

2010年，海淀区人口计生工作围绕“稳定低生育水平、统筹解决人口问题、促进人的全面发展”，深化“国策关怀”健康促进计划[①]，完成全年各项工作任务，实现人口计生整体工作的巩固、提高和拓展。海淀区被评为“2011-2015年全国婚育新风进万家活动示范区（县）”，区计生协会被评为“全国计生协会工作先进单位”。

在海淀区2010年度人口和计划生育工作目标管理评估中，全区17个计划生育综合治理部门、22个街道、7个乡（镇）均为达标单位。其中羊坊店街道、四季青镇获北京市人口和计划生育工作红旗单位；区委组织部等5个综合治理部门、万寿路街道等10个街道、东升乡等2个乡镇、普惠寺居委会等19个社区居（村）委会及驻区单位共36个单位被评为北京市人口和计划生育工作先进集体；155人被评为北京市人口和计划生育先进工作者；团区委等10个综合治理部门、紫竹院街道等6个街道、海淀乡等2个乡镇、清河村委会等332个社区居（村）委会及驻区单位共350个被评为海淀区人口和计划生育工作先进集体；430人被评为海淀区人口和计划生育先进工作者。

2010年，全区户籍育龄妇女60万人，户籍人口出生15476人，出生人口性别比106，政策符合率97.01%，完成区长与市长签订的人口计生目标管理责任书各项内容。流动人口在海淀出生15176人（其中居住本区出生7586人），性别比124。审批独生子女死亡家庭特别扶助人员911人，独生子女伤残家庭特扶人员1393人，农村奖励扶助835人。各项计划生育事业经费投入得到较好保证。

统筹解决人口问题 本年，继续加大统筹协调力度，完善“高层倡导、专家指导、计生牵头、部门协作”的工作机制。依托区统筹解决人口问题专家顾问团，对全年工作要点和目标管理评估方案进行研讨。组织召开区人口计生领导小组会、人口计生工作会、综合治理会等，保证全年各项工作按期推进。主管区长多次带队到乡（镇）街道调研人口计生工作，组织召开工作交流会，保证各级各部门工作任务的落实。区委常委会、区政府常务会分别听取人口计生工作专题汇报，指导、督查各项工作的落实。区政协委员专题调研人口计生工作，并为“十二五”人口发展和管理规划的编制出谋划策。坚持人口计生工作“一把手”亲自抓、负总责和目标管理责任书的层层签订。修订人口计生综合治理部门工作职责，坚持“经常性协作配合、不定期联席会议和年度履职汇报等制度”。与区委宣传部、公安、民政等部门配合，进一步规范本区私自收养子女办理落户流程等依法行政工作和流动人口“一盘棋”工作，开展“打击两非”[②]、“打击政策外怀孕犯罪的流动人口”等联合执法行动。推动各类重点难点信访案件的解决，维护社会的稳定。

完成《海淀区“十一五”时期人口全面发展规划》的终期评估，开展“十二五”规划前期研究，完成《海淀区“十二五”人口发展与管理规划》初稿的编制。开展区域人口规模、结构、素质、分布、计生等问题研究，完成《海淀区2009年人口形势分析报告》、市委调研课题子课题《海淀区人口规模情况与调控措施研究》、《“十二五”期间海淀人口发展和管理研究》、《海淀建设中关村核心区面临的人口问题及政策思路》和《海淀区在校大学生计划生育管理现状与生育服务需求》等课题。通过下发调研参考课题、召开论文交流会等形式，促进调研成果的交流和转化。

利用现有信息系统，加强基础数据的管理。加强与公安等部门的协调配合，不断完善提高人口统计质量工作机制。完成2001年1月至2009年10月的出生人口信息核查工作，海淀区户籍人口出生总数为13.32万人，核查流动人口出生信息8.74万人。按照市人口计生委的统一部署，启动全员人口信息管理系统建设工作，共上报数据291万条。

行政执法 开展“阳光计生”行动[③]，

---

① “国策关怀”健康促进计划总体框架，是以“强基”、“丝雨”、“阳光”、“易得”、“春晓”五大工程为支撑，不断推进服务创新、管理创新和科技创新，推进统筹解决人口问题。“强基工程”旨在通过强化基础工作推进人口问题的统筹解决，包含“宏观调控常规化、人口研究前瞻化、计生数据信息化、干部队伍职业化”等方面内容。“丝雨工程”是以“倡导婚育文明，构建和谐家庭”为核心，逐步实现“创意策划人性化、宣传形式多样化、传播手段现代化和知识内容科学化”的立体宣传格局构建。“阳光工程”意在实现“行政管理法制化、利益导向机制化和流动人口服务管理的市民化”，千方百计稳定低生育水平。“易得工程”即要实现“计生药具、技术服务、青春教育、生育关怀”的全面易得，通过创新服务载体，改革服务方式，深化服务内涵，打造服务品牌，不断深化和拓展计划生育优质服务。“春晓工程”以“出生缺陷一级预防”为主要内容，旨在建立起以区计划生育生殖健康技术服务中心为主体，街道、乡（镇）计生办、社区计划生育服务站及人口文化学校为基础的出生缺陷一级预防服务网络，全面提高出生人口素质。

② 指非医学需要胎儿性别鉴别和选择性别人工终止妊娠。

③ “阳光计生行动”，即以完善人口和计划生育政务公开、民主评议、社会监督为重点，实行“阳光管理”、“阳光服务”、“阳光维权”，让权利在阳光下运行，尊重和保障人民群众的知情权、参与权、表达权、监督权，不断提高依法管理和优质服务水平，增强计划生育基本国策的执行力和公信力，建设人民满意的服务型政府部门及公共服务行业，促进社会和谐。

推出“曙光和谐号”和“青龙桥阳光计生网站”等特色活动，进一步加大政务公开和政府信息公开力度。与公安、民政等部门共同梳理执法事项和执法文书，规范和完善审批生育第二个子女、征收社会抚养费等各类计划生育行政执法行为。配合第六次人口普查，开展社会抚养费征收和媒体报道应对以及妥善解决非法捡拾子女入户等工作。按时完成人大政协建议提案的答复工作。完成独生子女死亡、伤残家庭的特扶、农村计生家庭奖扶等各类奖励扶助、帮困、帮扶工作，并通过北京市人口计生委的质量抽查，保证市区投入的各项奖扶经费及时到位。关注各项惠民政策与计生政策的衔接，在农村集体经济产权制度改革和重点村拆迁改造进程中，与区农委、区农经站和有关乡（镇）、村沟通，要求乡（镇）、村充分考虑和保护独生子女家庭在产权制度改革和拆迁改造中的利益。在配套投入独生子女死亡特扶金的基础上，加大伤残特扶和农村奖扶的力度。10月25日，区政府第160次常务会审议并通过“配套投入独生子女伤残家庭特别扶助金”和“将半居半农计划生育家庭纳入农村奖励扶助”两项利益导向政策，于下年实施。

基层管理 实行“网格化”工作指导方式，即采取分片座谈、现场学习、个别走访、对口指导、业务培训相结合的方法，有计划、有针对性地推进基层基础工作。建立和完善基层人口计生管理长效工作机制，在社区规范化建设中，与社工委、农委等部门联合印发《海淀区社区规范化建设中建立和完善人口计生工作运转机制指导意见》，明确社区党组织、社区居委会和社区服务站在人口计生工作中承担的相应职责，保证工作的规范运行；启动“一本一册”工作，即人口计生系统工作人员每人一本《海淀人口计生工作记录本》和一册《海淀人口计生工作手册》。开展群众自治示范村（居）创建活动，有29个村（居）申报，其中八里庄街道、中关村街道、海淀街道、四季青镇、东升乡申报的5个村（居）被推荐为国家级示范单位。

宣传教育 开展“一园两基地”[1]建设，与区科技馆合作，建设海淀区青少年性与生殖健康基地。不断规范基层宣传阵地建设，继续开展社区（村）计划生育宣传“三个一”（一个人口文化活动室、一个人口文化宣传阵地和一支宣传志愿者队伍）创建工作，全年共有473个居（村）完成创建。“7·11”世界人口日期间，举办“第七届海淀文化节——人口生育文化专场文艺演出”，共演出29场，评出区级户籍人口和谐标兵家庭30户。以“30年，同唱一支歌”大型文艺慰问演出为开幕式，开展“纪念9·25公开信发表30周年”宣传周活动，开展活动36场，评出区级流动人口和谐标兵家庭30户。在全区中学发放《最美的花季》、《成长的烦恼》“首都市民生命全周期性健康教育”丛书，联合区教委在北大附中启动丛书读后感征集活动，在近10万名中学生中征集读后感。继续打造“海淀区网上人口学校”综合网站，以创办“电子杂志”和开展“有奖点击”活动为载体，提高网上人口学校的知晓率，全年共设计刊发五期“人口计生电子杂志”。拓展宣教方式，在东升乡创办“一个街乡计生办主任的博客”，从基层计生干部的角度讲述人口计生各项知识，解答群众的咨询和问题。1月，与区教委合作，在12所试点校开设小学高年级青春健康教育课程。

流动人口计生服务管理 巩固委内、区内和区域三级“一盘棋”工作，将流动人口计生服务管理工作作为与全区户籍人口管理服务并行的工作主线。做好流动人口在京出生监测工作，完成1000户流动人口动态监测调查。继续坚持“试点引路、示范带动、突出创新”的思路，在流动人口计划生育示范社区（村）、市场创建的基础上，开展创建“示范企业”活动和“流动人口和谐家庭”评比活动，全年共创建30家示范单位和30个“和谐家庭”。在城乡结合部启动“地下空间流动人口计划生育规范化管理”工作，将数据采集、管理、宣传、服务等进行统一规范。充分发挥上地医院流动人口健康教育基地作用，为流动人口提供免费的生殖健康教育，全年受益人群达400余人。继续扩大区域合作范围，与山东菏泽市、重庆九龙坡等地区人口计生委签订双向合作协议书，不断完善“信息互通、服务互补、管理互动、责任共担”的流动人口计划生育区域协作机制。全年开展异地联合执法34次。

计划生育服务 坚持生殖健康技术服务易得理念，落实对流动人口和户籍育龄群众的生殖健康服务工作，全年共提供孕检服务3万余次。组织完成对740名村（居）计生专干和1054名城市户籍采取长效避孕节育措施特困群众的免费健康体检。加快人口计生技术服务体系建设，继续开展对社区计生服务站培训与指导，着手技术服务中心改建工程。推进与北京胸科医院等五家定点医院“计划生育生殖健康技术服务网络系统”的建设工作。

继续拓展免费计生药具领取服务通道。深化第三期药具“易得”工程[2]，全区共有3437个免费药具发放点，为育龄群众提供方便易得的药具自取环境。开展流动人口药具发放项目试点工作，在流动人口聚集地安装药具自取箱，将免费药具服务纳入流动人口关怀关爱活动中。延伸“药具宣传服务年”活动，开展免费药具进写字楼、进市场、进工地等活动，受益群众达20余万人。继续完善药具“五星级”管理模式，提高药具账务管理、药具库房管理等工作水平。对全区416家性保健店进行检查，保证免费药具不流入市场。

加大出生缺陷一级预防的宣传干预力度。探索民政、卫生、计生三位一体的“春晓工程”[3]统筹机制，在民政

---

[1] 即“和之园”人口文化园、首都市民生命全周期健康教育基地和青春期性生殖健康教育基地。

[2] 即依托计划生育服务网络，为育龄群众提供方便、快捷、安全的避孕药具。

[3] “春晓工程”是区人口计生委在落实国策关怀计划，实现“强基、阳光、丝雨、易得”四大工程后的第五大工程，从而构架独具海淀地域特点的海淀人口计生工作新格局。“春晓工

局新婚登记处启动“婚育健康服务包”发放工作，为新婚夫妇提供科学的生殖健康和优生优育相关知识，全年共发放婚育健康服务包11000余个。拓宽叶酸发放渠道，在自愿选择的基础上为全区城区待孕妇女免费发放叶酸，全年共发放8120人份。与区医疗机构联合建设“海淀区预防意外妊娠宣传指导中心”，开展为育龄人群的孕前免费优生筛查工作。

队伍建设　开展综合业务培训和专项业务培训，不断提高计生队伍的专业素养。组织16名村级计生专干参加全国生殖健康咨询师职业资格考试，通过率87%。开展药具“三基”（计划生育药具基本理论、基本知识、基本技能）岗位练兵和竞赛等活动，进一步提升基层工作人员药具管理综合素质和服务水平，全区共有1万余人次参加。建立全区人口计生干部队伍电子版信息库。

开展主题为“国策关怀送真情、优质服务暖人心”的“人口计生优质服务年”活动和支部创先争优活动。推进全委“十个一凝聚力工程”，包括坚持一项学习制度、结对共建一个企业、组织一次实地学习、培育一种价值理念、建立一种拉手共赢服务机制、组织一场调研讨论、搭建一个沟通交流平台、组织一场体育运动会、组织一次秋游活动、开展“我读一本好书”活动、打造一种精神——计生精神等内容。

海淀区人口和计划生育委员会
地址：海淀区长春桥路17号
邮编：100089
电话：82510615
网址：hdjsw.bjhd.gov.cn
海淀区计划生育生殖健康技术服务中心
地址：海淀区大钟寺14号
电话：62123956
海淀区计划生育宣传服务中心
地址：海淀区大钟寺14号
电话：62118306

【海淀区计划生育协会】　截止到本年底，全区共有各级计生协会组织1427个，协会会员140455名。年内，全面完成基层协会评估认定工作。全区29个街乡级协会、603个居（村）级协会评估认定通过验收，达标率达90%。继续加快全区流动人口聚集的市场、高新企业等新型协会组织建设，探索非公企业计划生育管理新途径，在中关村企业聚集区域创建全市首家高新企业协会联合会，北京瑞星科技有限公司、慧聪网等18家高新技术企业成为首批联合会理事单位，会员350人，逐步建立“企业负责、协会搭台、员工参与”的工作机制。截止到本年底，全区各级共有流动人口协会组织80个（本年新建19个），会员8745人。继续为“生育关怀”特殊家庭提供家政、医疗保健等服务，并将享受服务的家庭条件一方年龄在70周岁以上下调到65周岁以上，共有100余户家庭享受到政府提供的服务。继续推进计划生育家庭意外伤害保险试点工作，共完成财政补贴投保的农村、低保、独生子女夭亡三类计生家庭18465户，个人自愿投保计生家庭25234户；区级财政投入保费39.38万元，财政补贴家庭保费赔付率为100%。推进“生殖健康快车高校行”活动，全年共开展大学生生殖健康讲座25次，受益大学生4000余人次。启动流动人口社区母婴健康和儿童早期发展项目。“5·29”期间，举办纪念中国计生协成立30周年群众歌会，全区共开展600余场文艺演出活动，募集幸福工程善款68万余元。　（程晓红）

地址：海淀区大钟寺14号
电话：62146653

【开展小学高年级青春健康教育课程】　为延伸青春性健康品牌服务，1月，区计生委与区教委合作，在12所试点校开展小学高年级青春健康教育课程，探索建立“资源整合、队伍建设、课程推进、成果固化”的小学青春健康教育教学机制。

【高校大学生青春健康同伴社项目启动】　5月27日，区计生委启动并开展中国计生协高校大学生青春健康同伴社项目，确定中国人民大学、清华大学、首都师范大学、中央民族大学、北京林业大学5所高校作为项目的第一批试点高校。青春健康同伴社是中国计划生育协会联合首都高校建立的联合社团，旨在建立可推广的、适宜的、全面的、可持续发展的青少年性与生殖健康同伴项目示范点，倡导维护青少年性与生殖健康权利，保护年轻人免受性病、艾滋病、非意愿妊娠和性暴力的威胁，培养一批热心于青少年性与生殖健康工作的青年领导者。　（程晓红）

【首都市民生命全周期健康教育基地在海淀启动】　9月20日，由市、区两级人口计生委主办的“首都市民生命全周期健康教育基地”在海淀公共安全馆启动，并免费向市民开放。生命全周期健康教育展区占地500平方米，以“生命 生育 生活”为主题，共分为“宝贝计划”、“青苹果乐园”、“神秘伊甸园”、“健康夕阳红”和“人口安全”五个部分。通过展览、互动游戏、知识问答等形式，让市民在亲身体验的过程中，关注生命全周期知识，了解科学进步的婚育观。　（钟伶）

【“和之园”开园】　9月20日，坐落于北坞嘉园小区附近的“和之园”人口文化园开园。“和之园”是一座融市民休闲以及人口计生主题宣传为一体的综合性郊野公园，园区的雕塑分为“春夏秋冬”与“天地人”两个系列，有序而富有变化地摆放，塑造了四季交替、天地人和的人口文化空间，引领人们关注人类的整个生命历程，领略生命由孕育到诞生、由个体而扩展至家庭的过程，体味生命的细腻层次与丰富内涵。“和之园”是海淀区继2003年开始陆续打造“辉煌的史诗”大型人口生育文化墙、“生命之光”人口文化园、“和谐之魂”主题雕塑园、“婚育之旅”中国婚育风俗文化墙、“生命之源”生育文明社区和“爱之园”婚育文化主题公园之后，第七个生育文化景区。（周勇）

程”旨在通过与卫生、民政的合作，发挥区人口学校和卫生保健的网络优势，在婚姻登记处和领取生育服务证处发放服务指南和相应的宣传品，引导有需求的育龄群众到海淀区五所人口学校接受系统的教育，并领取预防出生缺陷的药物叶酸片。

劳动和社会保障工作

【综述】 海淀区人民政府自上世纪50年代初先后设工商科、工商劳动科和劳动科负责劳动管理工作。1972年11月成立海淀区劳动局，1997年7月更名为海淀区劳动和社会保障局（简称劳动保障局）。1980年9月，海淀区革命委员会设立人事科。1984年9月1日，撤销区政府人事科，成立海淀区人事局。2009年9月，组建北京市海淀区人力资源和社会保障局（简称区人力社保局），撤销海淀区人事局、海淀区劳动和社会保障局，原海淀区人事局、原海淀区劳动和社会保障局的职责，整合划入区人力社保局。海淀区人力资源和社会保障局是负责本区人力资源和社会保障工作的政府职能部门，主要职能是：贯彻执行国家和北京市关于人力资源和社会保障工作的法律、法规、规章和政策，拟订本区人力资源和社会保障工作的发展规划，并组织实施和监督检查；研究制定本区机关和事业单位人事制度改革实施方案。现有下属事业单位14个（本年新增1个）。

就业再就业工作 本年，就业工作以加快推进城乡一体化进程为目标，加大政策扶持力度，提升精细化服务水平，全力促进城乡各类群体劳动者充分就业，保持全区就业局势的稳定。全年共有26556名城镇登记失业人员实现再就业，就业率达到68.92%，城镇登记失业率为0.91%；13225名就业困难人员实现再就业，4476名农村劳动力实现转移就业。成功推荐11862名失业人员实现就业，职业指导67055人；推广订单培训、创业培训，共培训失业人员、农村劳动力2314人，职业技能鉴定15316人；进一步优化高校毕业生就业环境，本年全区就业毕业生10769人，就业率达98.6%；全区79%的社区成为充分就业社区，69%的村成为充分就业村。

3月9日，联合公安分局、工商分局、城管监察大队等部门开展“清理整顿人力资源市场秩序联合执法日”活动，涉及羊坊店、万寿路、甘家口等10余个重点街道的职业中介机构及相关用人单位109户。

8月7日，在羊坊店地区以随军家属和失业人员为帮扶对象，组织召开招聘洽谈会，共65家单位参会，涉及工种300余个，提供就业岗位4000余个，参会求职人员近2000人，400余人现场达成就业意向。

社会保障工作 以实现“人人享有社会保障”为目标，不断扩大保障范围，加强惠民政策落实力度，不断满足人民群众日益增长的社会保障需求。全区五项社会保险基金累计收入180.48亿元，支出100.94亿元，同比分别增长25.86%和24.11%，基金平均征缴率达到98%以上；城乡居民养老保险和城镇居民医疗保险参保人数分别达到5.78万人和28.33万人。发放社保卡137.31万张，258家定点医疗机构全部上线运行，解决医疗费报销周期长、群众垫付负担重的问题。启动医药卫生体制改革。提高社会保障水平，全面落实提高门诊报销比例、最高支付限额等8项医疗保险惠民政策；城乡居民养老保险基础养老金达到每人每月430元，全市最高；继续提高退休人员养老金、失业保险金、工伤职工伤残津贴等各项社会保障待遇标准。

协调劳动关系 落实人力资源社会保障总部关于开展劳动保障监察两网化管理工作试点的意见，提出建设海淀区“一格两网”[①]工作体系，加大劳动监察、调解仲裁、信访维稳等工作力度，确保劳动关系持续稳定。全年共处理劳动争议仲裁案件11036件，同比降低11.2%；劳动监察投诉举报案件1549件，同比降低46%，其中群体性突发案件数下降27.8%，拖欠工资类投诉举报案件下降63.4%。“一格两网”工作体系初见成效，区、街（镇）、用人单位三级管理模式基本建立，区域内用人单位的用工行为初步实现分类管理和动态监控。多元化劳动争议调解预防新格局成效明显，一是成立30家劳动人事争议调解组织和劳动人事争议调解中心中关村西区分中心，各调解组织结合本区域（行业、院校）实际情况，在处理劳动争议案件中与区劳动争议仲裁委员会相互配合，形成合力。二是依托行业协会、行业工会，重点指导餐饮服务、建筑等劳动密集型行业建立区劳动纠纷调解中心，本年共转入工会调解案件1308件，调解成功645件，占案件总数的49.3%。三是进行调解员培训及考核，全区189名调解员参加培训并全部考核合格。举办针对32所高校、29个街镇、3个行业（保安、服务、物业）的专项培训和答疑，帮助用人单位掌握劳动法律法规，加强主动防控劳动争议发生的意识。四是贯彻“通过一个案件规范一个企业”的工作目标。通过对案件的处理，及时指出用人单位在劳动管理中存在的问题，教育用人单位如何规范用工，以点带面。劳动仲裁院实体化建设试点稳步推进，人员编制已获得批准，各项工作有序进行。劳动关系协调作用不断加强，全年指导服务7家企业稳妥裁员，帮助30余家单位解决重大的劳动用工问题。打造多元劳动保障法规宣传培训体系，免费举办各类法规培训42场，培训用人单位3000余家、企业管

① “一格”即劳动保障监察管理网格，“两网”即劳动关系预防调解网络和执法处理网络。根据《人力资源社会保障部关于开展劳动保障监察两网化管理工作试点的意见》（人社部发[2009]4号）文件精神，结合海淀工作实际，提出推进海淀区和谐劳动关系“一格两网”工作体系。

理人员 6500 余人。坚持开展“劳动用工规范一条街工程”，查处违法用工行为，督促企业为职工签合同、缴保险，确保工资按时足额支付。全年为 3.4 万名农民工追发拖欠工资 1.6 亿元，维护劳动者合法权益。

依法行政　全年共办理特殊工时和民办职业培训机构（初中级）行政许可 309 件，涉及 3.4 万人；进行劳动监察行政处罚 223 件，处罚金额 149.86 万元；办理工伤认定等行政确认 1277 件，涉及 1267 人；进行违法行政处理、办理社会保险登记、社会保险待遇核发、社会保险费监督检查和集体合同备案等其他行政执法事项 29393 件。

对全局的行政执法事项重新梳理，逐项审查，逐条修改。经梳理共确定 41 项行政处罚、5 项行政许可、1 项行政强制、4 项行政确认和 6 项其他行政执法事项。将依法行政工作纳入质量管理体系，形成程序文件，规范执法程序，落实到岗，责任到人，做到组织落实，责任明确，科学管理。

加强行政执法队伍建设。编写《劳动关系基本法律法规问答》供工作人员学习，举办 20 余场次行政执法队伍培训，组织行政执法人员考试和知识竞赛，做到“全员参与、全员学习、全员掌握”。

海淀区人力资源和社会保障局
地址 1：海淀区新街口外大街 1 号
邮编：100088
电话：62017809　62017809（传真）
邮箱：public@hdlsj.gov.cn
网址：www.hdlsj.gov.cn
地址 2：海淀区西四环北路 73 号
邮编：100195
电话：62615185

【就业援助月活动】　1 月 10 日至 2 月 10 日，区人力社保局开展就业援助月活动，期间共组织专场招聘会 5 次，走访就业困难人员和零就业家庭 42 户，登记认定未就业困难人员 211 人，帮助 40 名就业困难人员实现就业，发放政策宣传资料 1 万余份。　（张丽伟）

【促进市级挂账重点村农民就业】　年初，区人力社保局、财政局联合制定《关于促进八个挂账村农民就业的四项措施（试行）》，主要内容包括：1.在自然村建立就业服务站，一次性补助 3 万元工作经费，工作人员纳入所属乡镇农村公益性就业组织管理；2.招用挂账村农村劳动力的镇村企业，在享受区级岗位补贴、社保补贴 3 年的基础上，符合条件的可再延长享受 3 年；招用挂账村农村劳动力的其它企业，在享受市级岗位补贴、社保补贴的同时，被招用的挂账村农村劳动力可享受社会保险个人缴费部分补贴；3.挂账村农村劳动力自谋职业可享受最长不超过 5 年的自谋职业补助费和社会补助；4.加大就业困难群体帮扶。扩大享受农村公益性就业岗位补贴的人员范围，提高农村公益性就业岗位补助标准，补助资金包括最低工资和各项社会保险。　（周勇）

下属事业单位（见政府人事管理部分）

民族·宗教·侨务工作

【综述】　海淀区民族宗教侨务办公室成立于 2001 年 10 月 22 日，是负责本区民族、宗教、侨务工作的政府工作部门。

宣传教育　在利用海淀报、海淀有线、互联网宣传的基础上，通过举办讲座、制作展板等进行政策法规宣传。指导、组织街道社区进一步开展民族宗教侨务政策法规知识宣传活动。在 5 个街道、9 个社区继续开展民族宗教政策法规知识巡展活动，总计参观人数达 20000 余人。召开清真饮副食网点监管工作例会两次，对 25 名民族政策监督员进行培训。开展宗教场所消防安全自查检查，确保安全；编印《宗教法规汇编》400 册下发给各宗教团体和宗教活动场所，对宗教教职人员、骨干信徒及义工队伍进行培训。印发《侨务法规知识选编》小册子 4000 册，在中关村街道黄庄社区设立侨法宣传角。

依法行政　本年共为 32 家网点办理清真食品生产经营证换证手续，办理清真标志 5 个；为三处外国人临时宗教活动地点办理登记手续，恢复变更民族 135 人。为 48 位归侨办理《归国华侨证》申请上报手续，为 63 位归侨、华侨子女、归侨学生出具中、高考身份证明；为 48 位华侨、港澳同胞和外籍华人学生出具来京上中小学批准书，为 67 人认定归侨、侨眷身份。对全区 17 个规范化清真专柜进行集中检查，规范经营行为；召开规范化清真餐饮表彰交流会，评出 11 家规范店，并进行奖励。处理违反民族宗教政策法规问题 22 起。民族政策监督员队伍调整后共 25 人，每季度到清真饮副食网点调查。9 月 7 日，对全区 7 座清真寺进行安全防火检查，确保开斋节活动安全有序进行。全年召开政策监督总结会议 2 次。截至年底，海淀区共有清真网点 326 家，办理清真食品生产经营许可 150 家。市、区共投入少数民族经济发展专项资金 126 万元，支持 4 家企业和门头村民族经济发展。

民族宗教事务　继续引导各宗教团体、宗教活动场所参与和谐宗教场所创建活动，加强寺观教堂规范化建设，推动和谐发展。区伊斯兰教协会和区基督教三自爱国运动委员会完成换届工作，修订区伊协、区三自和区爱国会的 37 项制度。通过多种形式对宗教团体、场所教职人员、管理组织成员和信徒骨干开展学习培训；落实《海淀区宗教界人士2008-2012年培养规划》，选送教职人员参加高校外语、管理专业文化知识学习；组织宗教界人士开展外出参观及文化、体育活动。指导各宗教团体、场所制定全年工作计划，组织宗教团体负责人座谈会、场所管理组织负责人谈心会，帮助协调解决管理组织成员工作中的问题，到各宗教团体、场所，开展现场调研，查找不足，及时整改。协调各方解决树村清真寺占地补偿问题，帮助马甸清真寺接通暖气、天然气；投入资金，修缮树村清真寺和天主教正福寺堂；推动清河清真寺建设。

1月20日，召开迎春座谈会，区伊协、基督教三自和天主教爱国会负责人参加并交流进一步开展和谐宗教活动场所创建工作的计划。2月1日，美国城市联盟代表团一行47人到基督教海淀堂同基督教全国“两会”和市“两会”代表进行座谈交流。3月2日，市民委民族二处到海淀区考察2010年少数民族经济发展申报项目，实地察看西部马华餐饮有限公司配送中心、超市发连锁股份有限公司厢红旗店和学院路店牛羊肉专柜、民大承坤商贸中心清真专区。4月6日，北京市基督教复活节追思礼拜活动在西北旺基督教陵园举行，1400多人参加。4月22日，海淀区召开参加第八届北京市民族传统体育运动会组队会，18个参赛单位的领队、教练员共50余人参加。为加强民族团结，增进民族间相互了解，丰富社区居民文化生活，紫竹院街道联合中央民族大学青年志愿者协会开展民族文化宣讲进社区志愿服务活动，5月23日，在魏北社区文化广场举行启动仪式。区民宗侨办、紫竹院街道办事处、中央民族大学青年志愿者协会领导、部分政协委员、23个社区居委会主任、义工负责人、地区居民及中央民族大学、中国青年政治学院大学生和少数民族志愿者200余人参加。6月26日，第八届北京市民族传统体育运动会预选赛暨北京市第五届民族健身操舞大赛海淀区预赛在海淀区民族小学举行。全区各街道和中央民族大学、清华大学的19支健身操舞队参加比赛，中央民族大学傣族健身操舞获得总分第一名。7月22日，北京市基督教两会在海淀堂举行神学思想建设讲道交流会，全市各堂教牧同工参加，六位牧师作专题讲道。7月26日，紫竹院地区首届民族文化节、紫竹院公园第十七届竹荷文化展在紫竹院公园开幕，紫竹院地区少数民族志愿者服务队同时成立。9月1日，北京农大附中内地高中新疆班开学。8月27日，马甸清真寺举行开斋晚宴，此次晚宴斋费由阿联酋大使馆提供。9月10日，各族穆斯林群众和外国穆斯林4800人到海淀区7座清真寺，欢度开斋节。区领导10月下旬先后到清河清真寺、蓝靛厂清真寺和天主教正福寺堂调研，要求相关部门要支持清河清真寺建设，同时对隐患进行排查，确保不出安全事故；对蓝靛厂清真寺门前拆违和维稳工作进行协调和具体部署；对天主教正福寺堂冬季取暖问题给予资金支持。会同区公安、交通、消防等部门，协助宗教团体做好北京市天主教在海淀区西北旺天主教陵园举行追思瞻礼活动和伊斯兰教古尔邦节海淀区7座清真寺的交通疏导、秩序维护工作。11月20日，举办第四届宗教界乒乓球比赛，共30余名教职人员参加。

侨务工作　探索侨务工作新思路、新领域。开展联谊日、走访日活动，了解侨情和侨企工作，中秋节前夕走访20家侨资企业。协调相关部门，帮助北京发景绿色环保工程有限公司等侨资企业解决实际困难和问题；组织侨资企业家参加首都经济形势报告会、北京2008奥运会纪念展揭幕仪式、北京市侨资企业财税政策专题讲座等活动。与北京市侨办共同推进海淀区重点项目介绍，向海外进行宣传推介。组织海淀区3家侨资企业参加市侨办专场人才招聘会，提供12个类别约50个工作岗位。实施“归侨侨眷关爱工程”，开展青年大学生志愿者与归侨侨眷志愿服务结对活动，中关村街道5户归侨侨眷和中国青年政治学院10名大学生结对，开展爱老敬老活动。开展华文教育工作，两所华文教育定点学校与20多个国家的华侨华人团体及中文教学组织建立联系。

本年建立花园路街道晴冬园社区侨法宣传角和中关村街道黄庄社区侨法宣传角。5月26日，南部非洲中华福建同乡总会访华团一行40人到海淀创业园参观。7月21日至27日，由国务院侨办、北京市侨办主办、海淀区民宗侨办承办的“中国寻根之旅”美国波士顿剑桥中国文化中心华裔青少年夏令营开营。9月6日，接待美国纽约中华公所前主席于金山一行到海淀区参观访问。11月18日，中关村街道纪念“侨法”颁布20周年暨黄庄社区“侨法宣传角”挂牌仪式在黄庄小区社区活动站举行。12月3日，区民宗侨办举行侨法颁布实施20周年座谈会，侨界原人大代表、政协委员、科研院所、高校及相关单位的归侨侨眷代表近20人参加。

春节、中秋等重大节日走访慰问民族宗教侨界代表人士200人次，少数民族困难群众和困难归侨306人次，送去慰问品、慰问金共计16万余元。西南地区干旱灾害和青海玉树地震发生后，发动各宗教团体和宗教活动场所为灾区捐款291万多元；侨界人士捐赠6套防护头罩（价值11160元）送往灾区支援抗震救灾。组织民族宗教侨界开展爱心捐助活动，募集捐款11.27万元，救助中央民族大学、农大附中等6所大中学校少数民族学生259人。市、区共为西部马华餐饮有限公司等4家企业和门头村投入扶持资金110万元。

本年，海淀区民族宗教侨务办公室被评为2010年度首都国家安全工作先进集体。（吴保军）

海淀区民族宗教侨务办公室
地址：海淀区西四环北路11号四层
邮编：100195
电话：88487070　88487095（传真）

邮箱：wubj@mail.bjhd.gov.cn

【海淀区归国华侨联合会】 海淀区归国华侨联合会（简称区侨联）是在中共海淀区委领导下的由归侨、侨眷组成的人民团体，成立于1984年，现为第五届委员会(2006年选出)。下属海淀区华侨咨询中心1个事业单位。海淀区现有归侨、侨眷30万人，约占北京市的43%。花园路、海淀、中关村、田村路、紫竹院、北下关(本年新建)6个街道建有侨联组织。本年，侨联召开8次主席办公会，2次全委会，委员读书班1次。撰写调研论文3篇。

本年，区侨联采取多种方式，调动侨界人士参与建设核心区的积极性。接待中国侨联组织的第十届海外侨界高新技术人才为国服务志愿团和中国侨联法顾委；走访中科院、中国人民大学、亚思晟科技有限公司等驻区部分科研院所和归国留学人员企业；随市侨联出访瑞典、芬兰等国。在全区归侨侨眷中开展“五个一”活动，即：“发一封电子邮件，宣传核心区”、“写一条信息，关注核心区”、“邀请一名海外亲友，参观核心区”、“提供一条建议，献计核心区”、“引荐一个项目，建设核心区”。与区妇联等5家单位联合举办以“集女性人才智慧、谋自主创新良策”为主题的海淀女性与自主创新交流论坛。

组织侨界代表人士参加由市侨联和致公党市委联合主办的“2010·北京发展论坛”，提交建言北京世界城市建设建议7篇。配合区政协台港澳侨委员会开展调研活动。区侨联副主席、中国农业科学院农业信息研究所副所长王文生代表侨联界别在区政协八届四次会议做《加强农村信息化建设，促进海淀城乡统筹发展》主题发言。区侨联《关于加强社区安全保障的建议》获得2009年度优秀党派团体提案，区侨联主席彭骖委员获“优秀提案人”称号。在本次会议上提出的《加强农村信息化建设，促进海淀城乡统筹发展》团体提案受到承办单位区农委和信息办的重视。向有关部门提交提案、议案、建议及信息108条。

开展以“五比一争当”[①]为主题的优质服务年活动，开展创先争优活动及作风建设年活动。走访慰问重点、困难归侨60余户，发放慰问品和慰问金78200元，接待来信来访50余次。协调有关部门解决归侨侨眷遇到的困难。走访参观驻区14家新侨企业，了解企业的发展状况，协调解决问题。

区侨联、各街道侨联、归侨小组全年开展各类活动60余次。已连续6年开展海外华人和侨资企业家向苏家坨困难学生捐资助学活动，本年共捐资8000余元；举办侨界人士迎新春团拜会、重阳祝寿活动及参观敬老院活动，参与《社会主义核心价值》系列讲座活动。紫竹院街道侨联组织“我爱海淀”志愿者行动，中关村街道侨联开展“大学生与侨界人士结对志愿者活动”。开展“纪念北京市侨联成立六十周年暨《侨法》颁布二十周年征文”活动，收到征文63篇。组织归侨侨眷参加庆祝北京市侨联成立60周年系列活动。各街道侨联和归侨小组结合实际开展宣传侨法活动。

在青海玉树发生强烈地震后，区侨界人士以各种方式捐款捐物表达爱心。中关村街道侨联主席周光宇和他的儿子、区侨联委员周会博士，将连夜研制发明的六合“防护（防尘）正压密封头罩（头盔）”送到有关部门委托转送玉树灾区。

本年，紫竹院街道侨联获“首都新侨乡创新发展先进集体”称号；8名区侨界人士获“首都新侨乡创新发展先进个人”称号。（张晓巍）

地址：海淀区西三环长春桥路17号区政府办公大楼317室
邮编：100089
电话：82510628　82579108
邮箱：hdqlbox@163.com
网址：www.hdql.org.cn

① 即比服务意识、比服务态度、比服务效率、比服务质量，比服务满意，争当优质服务先锋。

【召开侨资企业协会理事会】 1月28日，海淀区举办侨商接待日活动暨侨资企业协会理事会。会议总结2009年工作，提出2010年工作思路。参会企业家就各自在发展中遇到的技术、资金、人才等问题与领导进行沟通、交流。副区长傅首清要求侨务部门和协会认真协调帮助解决，并表示政府和协会将在政策允许范围内，帮助企业协调与沟通，支持企业发展，提供优质服务。

（王斯雅）

【美国城市联盟代表团到海淀堂交流】 2月1日，美国城市联盟代表团一行47人到基督教海淀堂同基督教全国“两会”和市“两会”代表进行座谈交流。

（杨信）

【部署“两会”期间消防安保工作】 3月初，区民宗侨办向各宗教团体、宗教活动场所布置“两会”期间消防安保工作，要求各场所开展消防安全工作自查，落实各项安全工作责任制，确保两会期间的安全稳定。（刘俞江）

【市民委考察少数民族经济发展项目】 3月2日，市民委到海淀区考察2010年少数民族经济发展申报项目，实地察看西部马华餐饮有限公司配送中心、超市发连锁股份有限公司厢红旗店和学院路店牛羊肉专柜、民大承坤商贸中心清真专区，听取企业负责人汇报，并对企业的发展提出指导意见。（王忠巍）

【国宗局领导到龙泉寺视察】 3月9日，国家宗教局局长王作安、副局长蒋坚永一行到海淀区龙泉寺视察，北京市宗教局局长申建军，海淀区区委副书记关成启，副区长傅首清，政协副主席、统战部常务副部长刘恪等领导陪同视察。（闫运涛）

【开展捐资助学活动】 3月20日，区侨联、妇联在区妇女儿童活动中心联合举办“播撒阳光 爱心育人”捐资助学活动。北京福升科技有限公司向苏家坨镇10名学生各捐赠500元助学金。区妇联向每名受助学生捐赠300元助学金及部分学习用品。

**【海淀区伊斯兰教第四届代表会议召

开】 4月3日，海淀区伊斯兰教第四届代表会议召开，103名穆斯林群众代表参加。会议审议通过第三届常委会工作报告、第三届监事会工作报告和章程修正案，选举产生区伊协第四届委员会、常委会、监事会及会长、副会长、秘书长、监事长等领导成员。（刘俞江）

【召开民族宗教工作领导小组会】 4月27日，海淀区召开民族宗教工作领导小组会议。会议总结2009年工作，部署了2010年重点工作，并传达贾庆林、回良玉在中央统战工作会议上的讲话精神。区委副书记、统战部部长关成启强调三点意见：一是进一步深化认识，提高做好民族宗教的工作能力；二是依法管理，做好新形势下的民族宗教工作；三是加强领导，为民族宗教工作提供有力保证。（杨信）

【中国侨联法顾委到海淀调研】 5月11日，中国侨联法律顾问委员会调研组到海淀区就贯彻《中华人民共和国归侨侨眷权益保护法》（简称“侨法”），维护侨胞合法权益工作等情况进行调研。海淀区部分归国留学人员创业企业参加调研。调研组围绕归国留学人员当前急需解决的、最关心、最直接、最现实的问题及政策法律需求，引进侨胞资金、技术、人才的法律环境和生产、生活等方面的权益保障问题听取意见和建议。调研组到海淀园创业服务中心，参观中关村生物医药园，实地考察园内两家企业的创业发展环境，听取企业家的意见和建议。

【海淀区基督教第三届代表会议召开】 5月22日，海淀区基督教第三届代表会议召开，121名基督教代表参加。会议审议通过区基督教三自第二届常委会工作报告、监事会工作报告和章程修正案，选举产生区基督教三自第三届领导班子。

【接待南部非洲中华福建同乡总会访华团】 5月26日，南部非洲中华福建同乡总会访华团一行40人到海淀创业园参观访问，与园区企业进行交流，并表示合作意向。国侨办国外司张康、市侨办外联处处长王书义等相关领导陪同。（刘莉）

【召开基督教教职人员恳谈会】 6月8日，区民宗侨办召开基督教教职人员恳谈会，各位教职人员汇报了工作情况，区民宗侨办领导希望教职人员进一步提高自身素质，不辜负政府和广大信徒的期望，为创建和谐宗教活动场所发挥积极作用。（王忠巍）

【参加民族健身操舞专场赛】 6月26日，第八届北京市民族传统体育运动会预选赛暨北京市第五届民族健身操舞大赛海淀区预赛在海淀区民族小学举行。全区各街道和中央民族大学、清华大学的19支健身操舞队参加比赛，中央民族大学傣族健身操舞获得总分第一名。（闫运涛）

【大学生志愿者和归侨侨眷结对】 6月，中关村街道举行大学生志愿者和归侨侨眷结对启动仪式。地区5户归侨侨眷和中国青年政治学院10名大学生结对，志愿者将定期到老人家中探望，开展爱老敬老活动。（王斯雅）

【树村清真寺修缮竣工】 7月16日，树村清真寺举行修缮竣工庆典，当地穆斯林群众及各界来宾200余人参加典礼。此次修缮费用40万元，其中区民宗侨办投资10万元，上地街道投资10万元，海淀乡和树村村委会投资4万元，区伊协、各清真寺及穆斯林群众捐助16万元。（刘俞江）

【接待美国华裔青少年夏令营】 7月21日至27日，由国务院侨办、市侨办主办、区民宗侨办承办的“中国寻根之旅”美国波士顿剑桥中国文化中心华裔青少年夏令营开营。区民宗侨办积极做好接待工作，为营员们安排精彩的交流参观活动。7月23日晚，举行欢迎晚宴。（刘莉）

【市基督教神学思想建设讲道交流会在海淀堂举行】 7月22日，北京市基督教两会在海淀堂举行神学思想建设讲道交流会，全市各堂教牧同工参加，六位牧师作专题讲道。（杨信）

【市第八届民运会】 8月21日至8月28日，市第八届民族传统体育运动会举行。由中央民族大学、北京体育大学、民大附中、海淀区民族小学等多所学校及部分民族工作重点社区组成的海淀区代表队，参加14个竞赛项目、4个表演项目，获得三个项目团体第一、两个项目团体第二以及多个单项第一，并获得体育道德风尚奖。（王忠巍）

【接待海外侨界高新技术人才为国服务志愿团】 8月25日，区侨联接待第十届海外侨界高新技术人才为国服务志愿团一行80余人到中关村软件园参观考察。海外侨界高新技术人才为国服务志愿团活动是由中国侨联和北京市侨联组织的。此次考察了解中关村国家自主创新示范区核心区建设情况，了解引进高端技术人才政策。在听取园区内归国人员的发展经验，寻求合作开发新产品的新途径的介绍后，志愿团成员围绕归国留学人员当前急需解决的问题进行了探讨，参观了北京信威通信技术有限公司。

【接待美国纽约中华公所前主席于金山一行】 9月6日，区民宗侨办、海淀园管委会国际合作处、市侨办外联处，共同接待美国纽约中华公所前主席于金山一行到海淀区参观访问。（王斯雅）

【举办侨界庆祝教师节联谊活动】 教师节前夕，区民宗侨办、教委联合举办海淀区侨界庆祝教师节联谊活动。区教育系统的归侨侨眷代表和侨界教育界政协委员50余人到怀柔神堂峪风景区参观联谊。（刘莉）

【参加“2010·北京发展论坛”】 9月25日，致公党北京市委、北京市侨联联合举办“2010•北京发展论坛”。本次论坛以“世界城市与可持续发展”为主题，旨在从建设世界城市的高度，为加快实施“人文北京、科技北京、绿色北京”发展战略贡献侨界的智慧和力量。海淀区侨联组织侨界代表人士参加论坛，并提交《转变发展模式，建设优美都城》、《低碳农业与北京发展》、

《柏林：从“建筑工地”到世界政治文化中心的演变——北京德国姐妹城发展的启示》、《绿色交通体系与北京建设世界城市》、《北京建设“世界城市”的基础与优势》、《海外人才与世界城市建设》、《北京市生物医药产业现状及展望》等建言北京世界城市建设建议7篇。

【北下关街道侨联成立】 10月28日，北下关街道第一次归侨侨眷代表大会召开，北下关街道侨联正式成立。大会选举由15人组成的街道侨联第一届委员会，并经街道侨联一届一次会议选举产生主席1人、副主席3人、秘书长1人，名誉主席2人。

【市人大民宗侨办调研华文教育工作】 10月29日，市人大常委会民宗侨办公室到海淀区调研华文教育工作，考察了教师进修学校附属实验学校，并听取区民宗侨办工作汇报。（王斯雅）

【中关村街道第二次归侨侨眷代表大会召开】 10月29日，中关村街道第二次归侨侨眷代表大会召开。38名归侨侨眷代表参加会议。大会选举出由15人组成的中关村街道侨联第二届委员会。并在二届一次委员会上选举主席1人、副主席3人、秘书长1人。

【民族宗教知识竞赛】 11月10日至12月24日，海淀区举办民族宗教知识竞赛，竞赛试题内容既有民族宗教基础知识，又有近年来颁布的民族宗教政策法规。全区44个单位参加，1万余人参与该项活动。12月24日，区召开民族宗教知识竞赛总结表彰会。对西三旗街道等五家获得先进组织奖的单位进行表彰，并现场抽取一等奖一名、二等奖五名、三等奖十名。（杨信）

【侨友联谊会成立】 11月24日,海淀区侨友联谊会成立大会召开，来自清华、北大等7所驻区高校和5家科研院所的专家、学者、企业家会员20余人参加。侨友联谊会将搭建平台反映诉求，加强交流联系，发挥会员作用，更好地为侨服务，促进海淀经济社会发展。（王斯雅）

【开展中国传统文化教育系列讲座】 11月，区民宗侨办开办了中国传统文化教育系列讲座，邀请大学教授为各宗教团体负责人、教职人员及信徒骨干讲授中国传统文化知识。讲座共举办7次，315人次出席。（闫运涛）

【举行爱心捐助活动】 12月11日，区民宗侨办举行民族宗教界爱心捐助仪式。此次海淀区民族宗教界共捐资113300元，对中央民族大学、北京农业大学、中国地质大学、北京体育大学、北京农业大学附属中学内地高中新疆班和中央民族大学附属中学的维吾尔、藏、回等28个民族259名大、中学生进行捐助。（刘俞江）

【圣诞节活动平安举行】 12月24、25日，区天主教、基督教各场所举行平安夜、圣诞节宗教活动，近万人参加。全区各相关单位周密部署、加强值守，确保活动安全、有序。24日晚，区政协、统战部领导到基督教海淀堂看望教职人员和信教群众。区委常委、统战部部长高祥阳领队视察天主教圣弥额尔堂、正福寺堂，基督教西北旺聚会点和西郊宾馆外国人临时活动地点等场所。（王忠巍）

【国侨办慰问海淀侨界人士】 12月27日，国务院侨办副主任马儒沛到北京航空航天大学慰问李椿萱、陈懋章两位工程院院士，到北京思迈奇科技有限公司慰问首席执行官杨大川，向他们表达节日的问候。市政府、市侨办以及海淀区委统战部、区民宗侨办领导陪同。（刘莉）

【首都新侨乡创新发展先进个人名单】（9月评选）

王文生 海淀区侨联常委、中国农业科学院农业信息研究所副所长、研究员

王安生 海淀区侨联常委、北京新宇阳科技有限公司董事长、高级工程师

郝晋珉 海淀区侨联常委、中国农业大学教授

陈争争（女） 海淀区侨联委员、北京市海淀区人民法院民二庭庭长、二级法官

方沛宇 北京华科力扬科技有限公司董事长

邢新会 清华大学化工系副系主任、教授

姜鹏明 北京绿创声学工程股份有限公司董事长

唐丽英（女） 北京国际生物制品研究所有限公司董事长、高级经济师（张晓巍）

民政工作

【综述】 2010年，海淀区民政系统围绕“共建核心区、奉献在海淀”这一主题，深化和践行“大民政”理念，开展“优质服务年”活动，强化“在思想观念上亲民，在工作部署上为民，在落实措施上利民”的服务意识，推动适度普惠、城乡一体化的现代民政事业快速发展；投入民政事业的资金总计4.7亿元，同比增长4.4%，民生得到改善，民政对象普遍享受到海淀经济社会发展的成果，维护了社会的和谐稳定。区民政局被评为全国老龄工作先进单位、全国养老服务社会化示范区、北京市民政工作绩效管理考评优秀单位；老龄办被评为全国敬老模范单位、北京市养老机构建设工作先进单位。

社会救助与保障　完善社会救助动态管理工作制度，印发《关于修订海淀区临时救助制度有关问题的通知》，对于因患急重病造成困难的人员，最高救助额由3万元提高到10万元；下发《关于将北京市海淀区精神卫生防治院纳入医疗救助垫付押金定点医院的通知》，自2010年5月起，将海淀区精神卫生防治院纳入医疗救助垫付押金定点医院。因患危重病住院、无力承担医疗住院押金的城乡低保精神病人员，由区民政局委托定点医院按住院押金费用的50%给予先行垫付,垫付最高金额可达1万元。

从2010年7月1日起，城乡低保标准由家庭月人均410元调整到430元，全年城乡低保救助5200户次，9928人次，累计发放救助金4588万元；享受医疗救助、临时救助、取暖救助等各专项救助累计18770人次，支出资金1494万元；农村五保供养标准按上年度本区农村居民消费性支出水平上调到本年度1.33万元。

为应对突发的自然灾害和的公共事件，统筹应急物资储备，租用东升乡小营村委会君安家园4号楼（建筑面积为10279.5平方米）作为区级救灾物资储备库。将负有应急救灾职能的区属12个职能部门救灾物资统一存放、统一管理。储备库建设项目于10月开始立项，年底前开工，总投资1184.75万元。

完成各类征地超转人员接收安置工作。全年共接收超转人员946人，接收总经费1.8亿元。完成全区8493名征地超转人员生活补助费调标工作，超转人员的月生活补助标准由900元调整至1000元。在全市率先出台超转人员医疗费先行支付相关政策，彻底解决超转人员看病难，报销周期长等问题，全区受益超转人员达4000多人。此项政策为全市超转人员医疗费报销提供了可借鉴的方案。

2010年接受捐赠款1501.40万元。其中为青海玉树地震灾区募集捐款1205余万元；为甘肃舟曲泥石流灾区捐款16.55万元；日常性救助捐赠款279.85万元。“爱心家园”建设拓展分类分层救助模式，29个“爱心家园”全年发放爱心救助卡4153张，帮扶困难群众2.1万户、3.1万人次。

对社会流浪乞讨和生活无着人群进行分类管理，实施爱心救助，做好救助及善后工作。2010年救助流浪乞讨人员和暂时遇到困难群众共计1077人。

本年，区民政局救助站新址正式投入使用，新站为原址翻建、总建筑面积4600平方米，其中办公区2100平方米，受助区2500平方米，救助床位200张。站内设有办公区、受助人员男女宿舍区、儿童保护区、活动区、娱乐区、就餐区六大功能区。2004–2010年，海淀区共救助流浪乞讨人员11989人，离站11960人，离站率为99.8%。

优待抚恤工作　拓宽服务渠道，探索保障机制建设，出台《海淀区民政局关于带病回乡退伍军人有关工作的通知》，针对农村或城镇无工作单位且生活困难的退役义务兵和初级士官，在服役期间患慢性疾病、未达到评定残疾等级条件、有服役期间患慢性病原始记载、病情未愈的人员，经法定程序后，给予定期生活补助及相关的医疗待遇。对带病回乡退伍军人的认定范围及领取定期生活补助金条件及审批程序都做出明确的规定。同时成立带病回乡退伍军人病情医学鉴定专家小组，将海淀医院作为本区带病回乡退伍军人病情鉴定指定医院，进一步规范带病回乡退伍军人病情医学鉴定工作，保障带病回乡退伍军人的合法权益。落实优待抚恤相关政策，办理发放一次性抚恤金420件，发放金额4213万余元；为在海地因公殉职的朱晓平、郭宝山、王树林三位烈士遗属发放一次性抚恤金85万余元。

全年受理4件见义勇为申报，其中3件7人得到确认。对牺牲、受伤和生活困难的8名见义勇为人员发放补助金8.6万元。进一步完善见义勇为人员的各项保障措施，建立见义勇为困难人员及家庭的临时救助制度;确定因见义勇为伤残及见义勇为牺牲人员家庭的一对一入户帮扶制度；明确见义勇为人员疗养、健康体检等其它管理保护措施。

军休安置工作在落实“两个待遇”[①]的同时，注重加强党组织建设，坚持党的组织生活制度，稳步推进党建工作。推进军休干部服务管理模式向多元化方向发展。继续发挥军休老年大学的作用，推动军休文化建设。

4月29日，启动师职军队离休退休干部医疗就诊证办理工作。在5月18日至6月2日期间，向7055名师职军队离休退休干部发放《北京市师职军队离休退休干部医疗就诊审批表》，初步审核全部通过。

2010年度接收安置军队离退休干部943名（含伤病残军人60名、退休士官4人）。其中师职干部684名，团职干部242名，团职以下17名，占全市接收安置人数的42%。军休办被评为市先进军休工作单位、市老年体育工作先进单位。

农村基层政权建设和社区建设　社区服务管理以完善服务体系、推进城乡统筹发展，深化和谐社区建设为基础，努力培育精品，打造特色社区服务。制定《海淀区2010年推进构建和谐社区服务体系工作实施方案》，确定年度13个社区服务重点项目并协调相关部门进行实施，项目涵盖社区居家养老服务、社区就业援助、社区安全、困难群体救助、社区志愿服务、停车环境优化等方面，项目设置具有关注民生、解决社区矛盾以及致力于推动社区服务可持续发展的特点。继续推进利用单位内部设施开展社区服务工作；加强社区服务站标准化建设，全区共评选表彰21个利用单位内部设施开展社区服务先进单位、50个社区服务站标准化建设示范单位。加强农村社区建设，新建16个农村社区服务站，就东升乡社区服务中心在规划立项中遇到的问题进行专题研究，经过协调该项目已通过北京市立项审批。

---

① 即政治待遇、生活待遇。

推进 96156 社区服务商评价体系建设，制定《海淀区社区服务商评价体系实施方案》，出台《海淀区社区服务商准入评价体系流程》，完善服务商准入、培训、考核、评比、表彰等相关机制，细化各街道主管主任、社区服务中心主任、社区服务商等各级人员的具体职责，制定《海淀区社区服务商培训计划》，加大服务商的培训力度，年度培训服务商 3800 名。2010 年，全区 96156 服务系统共处理服务单 21974 单。进一步完善志愿服务和社区义工队伍建设，全区共有义工队伍 2981 支，义工 11 万余人。

本年，上庄镇李家坟村，四季青镇巨山村，温泉镇高里掌村，海淀乡青龙桥村，东升乡小营村，苏家坨镇车耳营村等 6 个农村社区被评为“北京市农村社区建设典型示范社区”。学院路街道北京科技大学、羊坊店街道有色设计院等 16 个社区当选 2010 年首都特色精品社区。本年新建 3 个社区居委会，更名 3 个社区居委会，调整 2 个社区规模。

截至 2010 年底，全区优化 6 个老旧社区停车环境，为 55 个社区安装治安防控摄像头，为 269 个社区配备安全应急柜，培育社区老年膳食服务示范点 30 个、托老所示范单位 10 个，居家养老医疗服务 5 万余人，促进社区就业 2.5 万人，培训社区工作者 2000 人，培训社区服务商 3800 人。重点项目的实施，较好地解决了社区建设中存在的问题，满足了不同群体多方面的需求，群众满意度得到进一步提升。

完成第八届村委会选举工作。加大对村委会干部的培训力度，提升村委会成员的能力与素质；健全村民自治机制，完善村务公开民主管理制度，推进基层民主制度的规范运行；完成为期 5 年的村务公开民主管理示范创建活动，全区示范单位达标率达到 85%。

双拥共建工作　在做好军民共建日常工作的基础上，做好海淀区迎接全国和北京市双拥模范城(县)考评试点工作，向区双拥办主任会、区双拥模范城（县）考评试点领导小组扩大会、区政府常务会、区委常委会做专题汇报，争创全国双拥模范城（县）“七连冠”考评工作位于全市前列。

退役士兵安置　退役士兵安置工作以和谐安置为目标，继续扎实稳步推进我区城乡退役士兵同享“自谋职业补助待遇、待安置期生活补助、职业技能培训、推荐就业机会”等方面的一体化安置。2010 年度共接收安置退役士兵 532 名，安置率百分之百。

社会化养老服务和老龄工作　海淀区已经进入人口老龄化快速发展期，区委、区政府把养老问题作为保障民生、构建和谐的重要内容，在政策机制、资金保障和协调力度上给予人力支持。深入开展养老服务示范活动创建工作，大力推动养老服务机构建设，构建“以居家养老为基础、社区服务为依托、机构养老为补充”的社会化养老服务体系。截至年底，我区养老机构总数达 33 家，其中政府办 8 家、社会办 25 家，总床位数达 7774 张，总床位数、入住老人数、机构入住率等指标均居全市前列。经过近年来养老事业的快速发展，全区已形成政府主导、社会参与的社会化养老发展格局，初步建立以“家庭、社区、机构”协调发展的社会化养老服务体系，对提升 36.4 万名老年人的生活质量起到重要作用。2010 年 11 月，海淀区被国家民政部命名为“第三批全国养老服务示范活动示范单位”。全年依法审批 4 家民办敬老院。争取财政投入 12 家养老机构新建、改扩建项目，完善海淀区养老服务设施，增加养老床位 1222 张。

阳台山老年公寓强化软硬件建设，全年床位占用率 98%以上。在加强内部管理的同时，不断加大绿化美化公寓力度，坚持节能减排、绿色低碳发展方式，太阳能利用项目受到央视等媒体的关注。

进行养老（助残）餐桌建设，签约餐饮服务商 342 家，服务范围覆盖全区居（村），基本解决域内老年人就餐难的问题。加大托老（残）所建设力度，全区建立托老（残）所 643 家，服务范围覆盖 675 个居（村）。开展“千名孝星，感动海淀”评选和表彰活动，评选出 1729 名市级“孝星”和 1271 名区级孝星，市区两级孝星已达 3000 人。落实老年人优待办法，为 3389 名 90 岁以上高龄老人发放高龄津贴金额 440 万元，为 214 名高龄特困老人发放津贴 25.68 万元，为百岁老人医疗费补助 12 人，补助金额 9.9 万元。

探索养老服务新模式。一是开展以“善待生命，情暖夕阳”为主题的居家养老医疗服务。二是在中关村街道开展“以老养老”的老人互助社试点工作。在社区层面成立“老年人互助社”，把低龄健康老人组织起来，指导他们通过结对子、重点户巡视等方式将辖区内高龄空巢等特殊老人的需求及时传递给居委会或服务商，避免老人在家中出现突发性危险而没人知晓的情况；三是在全区开展老年膳食服务工作。通过引进具有资质的服务商进社区开办居家养老小饭桌和为满足特殊老年人膳食需求等各项服务的开展，解决老年人日常膳食的后顾之忧。

在个人自愿申请购买的基础上，区民政局自 5 月开始，采取政府补贴、企业资助、个人出资的方式，有计划地向具有海淀区户籍、80 岁以上的老人和 65 周岁的城镇“三无”、农村“五保”、享受城乡最低生活保障待遇、民政部门公布的低收入家庭等特殊群体，配备使用便携式“小帮手”电子服务器①。

---

① 电子服务器设紧急求助按钮，可以向 120 和 999 急救中心发出求救信号，也可当作手机使用。

海淀区 2006–2010 年老年人口数据变化

序号	年度	60 岁及以上人口（万）	占总人口比例	备注（数据来源）
1	2006	31	15.7%	北京市 2006 年至 2010 年老年人口信息和老龄事业发展状况报告。
2	2007	32.3	15.8%	
3	2008	33.4	15.9%	
4	2009	35	16.2%	
5	2010	36.4	16.9%	

福利企业与福利彩票发行工作 加强对全区福利企业的服务管理工作，维护残疾职工的合法权益。区民政局拨款 8.26 万元，向 34 家福利企业的 413 名特困残疾职工每人发放慰问金 200 元。全区 50 家福利企业共安置残疾职工 1060 人，完成近 6 亿元销售收入。

根据《北京市用人单位安排残疾人就业岗位补贴暂行办法》，从 7 月 12 日开始，对 50 家福利企业享受残疾职工就业岗位补贴资格进行审核，49 家福利企业符合享受残疾职工就业岗位补贴资格（涉及 939 名残疾职工），核发补贴金额共计 363.06 万元；1 家福利企业享受区人力社保局的补贴，未通过审核。

福利彩票发行工作从加强销售站点的日常管理入手，合理调整站点布局，全年完成彩票销售 5.71 亿元，超额完成市局下达的任务。福彩中心获北京市彩票销售总量二等奖、北京市福利彩票销售增长二等奖。

规范养老机构福利彩票公益金的管理使用，4 月 8 日出台《海淀区养老机构福利彩票公益金使用管理办法（试行）》。

社会组织管理工作 社会组织管理工作坚持“培育发展和监督管理并重”的工作方针，不断完善管理体制，提升社会组织的整体素质。全区共有社会组织 690 个,位居全市 18 区县之首，较好地发挥了社会组织服务社会、促进民生改善的桥梁作用。全年审核备案社区社会组织 1410 个。

婚姻登记和收养工作 全年办理结婚登记 2.42 万对，离婚登记 4609 对，收养登记 142 件，出具无婚姻登记证明 4384 件，补领婚姻登记证 2868 件，行政确认合格率 100%。根据市民政局、公安局、司法局、卫生局、人口和计划生育委员会《关于解决本市公民私自收养子女有关问题的通知》（京民婚发[2010]31 号）要求，开展 2010 年解决海淀区公民私自收养子女问题工作，全年共办理123 件。采取应对措施，完成2010 年 10 月 10 日高峰日婚姻登记任务。

本年，婚姻登记事务中心纳入公务员规范管理。

2005–2010 年结婚、离婚登记统计表

登记时间	结婚登记数量（件）	离婚登记数量（件）
2005 年度	17226	4403
2006 年度	33368	4746
2007 年度	22742	4779
2008 年度	28098	4452
2009 年度	34511	4504
2010 年度	24222	4609

殡葬监督管理 殡葬管理工作做到严格执法，做好清明节群众扫墓接待服务工作。清明前成立清明节群众扫墓接待工作临时指挥部，完善工作方案及应急预案，在万安公墓、西山骨灰林、金山陵园、温泉墓园、青山骨灰林、回民公墓、西北旺公墓、七王坟公墓、西山古园公墓、长安园骨灰林、西静园公墓、听松堂骨灰堂等区内 13 个公墓、陵园、骨灰林(堂)周边设立便民祭扫服务站，全力保障墓地周边环境秩序。清理、整顿殡仪服务市场，开展针对医院太平间及非法运尸车的专项执法行动。依法进行西山旅游区和温泉镇的平坟整治工作。做好全区城乡无丧葬补助居民丧葬费补贴工作，全年受理丧葬补贴 1766 人，发放丧葬补贴费 883 万元。

长安园墓园管理坚持经济和社会效益并重，完成公益性骨灰安放设施建设并对外开放。全年销售安放设施 640 个，实现销售收入 1300 万元，安放骨灰 634 份。

行政区域界线管理 印发《关于进一步加强城乡交叉地区管理工作的通

知》，理顺关系，明确职责；完成社区地图编制，填补海淀区没有社区地图的空白。

机关工作 在全局开展创先争优暨优质服务年、作风建设年活动，以“开展三项活动、办好八件实事”为活动方案，加强行政效能建设；在窗口单位设立“党员先锋岗”，开展“首都民政系统行风建设示范单位”创建活动，充分发挥党员干部的模范带动作用；开展学习型组织创建活动，组织“素质讲堂”系列讲座，对全局干部职工进行法律、业务、形势等方面的宣传教育；制定全局绩效管理工作方案和工作办法，完善绩效管理制度；开展廉政风险防范管理和效能监察工作，将廉政风险防范管理向基层科室和重点岗位延伸，通过实施风险点项目化管理，全局未出现违规违纪现象。

全区民政系统在各级各类媒体上刊发稿件2000余篇，其中中央部（市）级刊发121篇，被区委区政府采用90多条，其中3条以专报形式报送领导参阅。把年度重点工作制作成专题片并做专题报道。

围绕民生工作和区领导重点关注课题进行专项调研，在城乡交叉管理机制创新、福利企业服务管理、落实“九养”办法等方面取得成果。撰写调研论文100余篇，编印《海淀区民政系统2010年民政理论调研文章汇编》一书。

开展局内网维护与运行保障工作，完成海淀民政信息网2010版扩建工作。依托海淀电子政务网，启动“民生综合信息管理服务平台”建设。全年档案归档1390件，接收机要类文件123件，普通类545件，制作公文并印发106件，并做好涉密文件的登记、保管和销毁工作。

推进依法行政工作。组织多部民政法律法规的学习和民政行政处罚专项培训；梳理全局民政行政执法主体、项目、依据和流程；进行行政复议、应诉和全年执法案卷评查工作，行政许可案卷获全区优秀案卷。

民政信访工作以“维护稳定，构建和谐”为目标，开展矛盾排查和大接访工作，全年受理来信来访156件，全部妥善处理。

完成5次专项资金的审计工作和2011年预算编制任务和福彩公益金项目申报工作。

海淀区民政局
地址：海淀区蓝靛厂西路1号曙光办公中心
邮编：100097
电话：88862574　88862404
网址：www.hdmzj.gov.cn

部分下属单位（7个）：

1. 海淀区民政局婚姻登记处
地址：海淀区科学院南路31号
邮编：100086
电话：62615167（结婚咨询）
62522340（离婚咨询）
62633630（收养咨询）

2. 海淀区军队离退休干部安置办公室
地址：海淀区学院路二里庄15号院
邮编：100083
电话：82373268

3. 海淀区社会福利企业生产办公室
地址：海淀区永丰路155号
邮编：100094
电话：62478047

4. 海淀区福利彩票发行中心
地址：海淀区科学院南路31号
邮编：100086
电话：62575312

5. 海淀区社区服务中心
地址：海淀区科学院南路31号
邮编：100086
电话：62522659

6. 海淀区救助管理站
地址：海淀区唐家岭村41区
邮编：100094
电话：82771220

7. 阳台山老年公寓
地址：海淀区北安河村西
邮编：100095
电话：62467841　（孙学刚）

【北京市海淀区社会组织联合会】 北京市海淀区社会组织联合会（英译名：Beijing Haidian Association Of Social Organization，简称联合会），成立于2009年2月27日，是由海淀区9家社会组织发起筹备、为社会组织和政府服务的非营利社会团体法人，经海淀区社会团体管理办公室核准登记成立，是党和政府联系社会组织的桥梁和纽带，是全市第一个区域性社会组织联合会。现为第一届委员会（2009年选出）。上级主管单位为海淀区政府社会建设工作办公室和海淀区民政局。联合会有科技、经济、文体、服务、街道乡镇五大类57家（本年新增1家）理事，下属会员单位161048个。

2010年，联合会以“服务会员、服务政府、服务社会”为宗旨，围绕区委区政府的中心工作，把为会员服务和为政府服务结合起来，履行“服务民生、反映诉求、规范行为、促进和谐”4项职能。联合会被区民政局评为区社会组织先进单位。

联合会组织开展有关非营利社会组织的税收政策和法律法规的培训，组织部分单位到本区乡镇参观考察。组织第三次区情形势报告会，通报海淀区宏观经济形势、核心区建设、城乡一体化建设、北部新区规划调整等区委、区政府中心工作。组织召开社会组织工作经验交流会。确定每月一次的会员体育健身日活动。

编辑《海淀社会组织》三期、联合会工作简讯四期，并通过联合会网站（http://hdshzl.bjhd.gov.cn/）、《海淀报》(两版)等宣传社会组织在海淀的社会经济建设中的作用。编制《海淀社会组织联合会大全》，为政府购买社会组织服务提供参考，促进各协会之间，各协会与政府之间的联系沟通。

协助会员单位协调沟通政府部门，解决会员单位的30余项困难和矛盾。分别召开乡镇企业、科技类协会等4个座谈会，集中征询意见和诉求，对各方反映突出的问题向政府写出建议报告。

围绕全区中心工作献言献策。4月28日，组织“共建核心区首届会长论坛”。向会员单位发出遏制违法建设的倡议和《关于推进严格自律诚实守信建设的倡议书》，提升社会公信力。

联合会 57 家理事单位有党员 330 人，其中有党委的 2 家，有总支的 3 家，有支部的 17 家。4 月 21 日，联合会党支部成立。

10 月，《法制日报》记者到联合会进行考察，写出《社会组织也都有了“娘家”--北京打造枢纽型社会组织创社团管理新路》的宣传报道。

联合会各会员单位根据自身特点，开展特色活动，打造了一批很有影响的品牌。中关村国际孵化软件协会建立人才信用体系，开展校企联动定制培养和红色中关村就业希望工程。北京民营科技实业家协会组建协会理论研究中心，企业家咨询顾问团等八大服务平台，搭建企业内外交流平台。海淀区商联会开展风采大赛，培育行业标兵；举办第六届海淀品牌消费节和第二届海淀汽车文化消费节。海淀区饮食服务行业协会举办中关村第八届国际美食节。北京市闪联信息产业协会打造闪联标准，引领物联网“感知生活”。本年 3 月，闪联两项国际标准的正式文本已被 ISO/IEC（国际标准化组织/国际电工委员会）在其官方网站向全球正式发布。中关村电子产品贸易商会评选诚信经营示范店，创建中关村价格指数，商务部正式发布《中国・中关村电子信息产品指数》。海淀区建筑行业协会组织教育培训，开展诚信企业评定。海淀区慈善协会开展 2010 年度“海淀・慈善——爱心捐赠月”活动。海淀区体育总会被北京市评为全民健身 2010 年度最具推动力体育社团。北下关民间组织联合会继续开展“服务进社区、名人大讲堂”活动。北京市高校就业促进会开展“2010 年北京地区高校毕业生就业服务月”活动，集中举办 80 多场高校毕业生就业服务供需见面活动，提供毕业生就业工作岗位 10 万个以上。中关村地区社会工作协会举办“爱之风行动”四季拍卖会启动仪式暨“夏风送凉”现场拍卖会活动。

（王银行）

地址：海淀区蓝靛厂西路 1 号
邮编：100097
电话：88892612
邮箱：hdshzzlhh@163.com

【北京市海淀区慈善协会】 2005 年 9 月 28 日成立，由从事和支持慈善公益事业的单位，以及关心热爱慈善公益事业的个人自愿参加组成，是经依法核准登记的非营利公益性社会团体法人。协会下设 32 个慈善工作站。2010 年协会筹募善款 27102403.59 元，使用善款 34529070.08 元，包括西南五省抗旱、青海省玉树抗震、舟曲泥石流、吉林水灾等救灾款，援建四川省什邡北京小学项目款及用于区内助老、助医、助困、助残、助学等项目救助款等。实际救助 24062 人次。

慈善宣传　西南五省旱灾、玉树地震、吉林水灾、舟曲泥石流等重大自然灾害发生后，协会在海淀电视台、《海淀报》向社会公布捐赠热线、账户和捐赠方式，筹募善款。本年协会在海淀电视台播报协会信息 2 期 7 次，在《海淀报》刊登相关稿件 27 篇、做 12 个专版公示捐赠情况；加强网站建设，及时更新、发布信息；编辑出版《海淀慈善》季刊；印制 2000 册工作日志；订阅《环球慈善》及《慈善》刊物，向工作站赠发。

“春雨行动　抗旱救灾”公益捐款活动　2009 年入秋以后，西南五省遭受百年不遇大旱。3 月 30 日至 4 月 15 日，协会开展“春雨行动　抗旱救灾”公益捐款紧急活动。在《海淀报》、海淀电视台发布捐款倡议，区四套班子领导带头捐款，协会筹募善款 3657564.3 元，于 5 月 20 日汇缴北京市慈善协会，经中华慈善总会拨付受灾地区。

“情系玉树　抗震救灾”公益捐款活动　4 月 14 日，青海省玉树县藏族自治州发生 7.1 级地震。4 月 14 日至 5 月 15 日，协会开展“情系玉树　抗震救灾”公益捐款活动。4 月 19 日，先期向青海玉树地震灾区捐赠善款 100 万元。此次共筹募善款 5003230 元，于 5 月 20 日汇缴北京市慈善协会，经中华慈善总会拨付灾区。

“春雨行动　定向救助”公益捐款活动　协会在应对西南五省旱灾及青海玉树震灾等突发灾难紧急捐款的同时，统筹兼顾本地域的日常救助，开展“春雨行动　定向救助”公益捐款活动，筹募善款 4707163.99 元，救助本区生活困难群众。

“共产党员献爱心”捐献活动　根据市委统一部署，6 月 21 日至 7 月 9 日，在全市范围内开展“共产党员献爱心”捐献活动。全区 349 家单位，53768 名党员、16027 名爱心群众参与活动，共筹募善款 4268786.95 元，用于开展本区助老、助学项目等。

“舟曲抗灾”捐款活动　8 月，甘肃甘南藏族自治州舟曲县因连日的特大暴雨引发山洪泥石流灾害，协会响应中华慈善总会、北京市慈善协会号召，呼吁市民向灾区献爱心，接受社会各界爱心人士捐款。一个月内接收善款 560752.2 元，于 9 月 20 日，通过北京市慈善协会拨付灾区。

“慈善情暖万家”活动　协会连续五年开展此项救助活动。项目之一“凝聚每份爱、情暖千万家”，对区内因大病、重残导致生活困难的低保或低保边缘家庭，以及遇有突发灾难造成特殊困难的家庭给予 500 元至 3000 元不同程度的救助；项目之二“传递慈善情、爱心暖寒冬”，对区内享受最低生活保障的燃煤自采暖家庭，给予每户 300 元的救助；项目之三“佳节送亲情、敬老夕阳红”，给予“五保户”每人 600 元的救助。全年共救助困难群众 6408 户，使用善款 4030800 元。

“海淀区生活困难党员帮扶专项资金”救助　2009 年 7 月，协会与区委组织部共同设立“海淀区生活困难党员帮扶专项资金”，对正式党组织关系在海淀的或持有流动党员活动证的生活困难党员给予一次性专项资金帮扶。该资金分别从“共产党员献爱心”捐款和区管党费中列支。2010 年，开展救助活动两次，共使用善款 600000 元，救助困难党员 120 人。

“海淀・慈善——爱心捐赠月”活动　以“助困”、“助老”活动为主题开展“慈善关爱　情暖人间”助老活动，为 27 所敬老机构购置 3900 床棉被；开展“行走渴望　施受同乐”伴你行活动，购置 1600 辆轮椅，为区内家庭生活困难行走不便人员提供出行方便以及在区内特定公共场所提供公益性轮椅服务，两项活动共使用善款1169200元。开展“慈善关爱 公益事业”活动，出资50万元修建公益性骨灰发放设施，倡导文明殡藏，移风易俗。

携手助老送健康“慈善医疗卡”助老项目 为60岁以上的798名城乡低保老人每人每年发放500元的慈善医疗卡。将399000元一次性拨付到辖区定点医疗机构，保证老人持卡就医。

制度建设 完善各项规章制度，坚持以规范、透明、公开为准则，建立会务运作公开、财务管理公开、善款使用公开的运行机制。协会获得2009年度北京市公益性捐赠税前扣除资格。对《北京市海淀区慈善协会实施社会救助暂行办法》重新修订，对救助标准、救助范围以及救助受理审批程序做出适当修改。新办法自8月1日起施行。协会接受海淀区审计局和北京昊海东方会计师事务所对本会财务工作的审计，审计报告对协会的财务工作给予肯定。

工作中存在的差距：整体工作与发展慈善事业的要求仍存在差距,工作人员的专业水平还有待进一步提高；办事流程需进一步完善;在如何建立长效筹募机制及创新救助项目方面尚需继续探索。（常欣欣）

地址：海淀区西四环北路11号
邮编：100195
电话：88487007

海淀区慈善协会捐款方式：

1. 到会捐款
地址：北京市海淀区西四环北路11号
电话：88487003

2. 银行汇款
户名：北京市海淀区慈善协会
账号：01090321000120111114745
开户行：北京银行双榆树支行

3. 邮局汇款
地址：北京市海淀区西四环北路11号
邮编：100195
收款单位：北京市海淀区慈善协会

4. 网上捐款
网址：www.hdcishan.com.cn

【召开社会组织管理工作会】 2月2日，召开海淀区2010年社会组织管理工作会议，对2009年的工作进行总结回顾，部署2010年的主要工作任务，并对社会组织先进单位给予表彰。区社会组织联合会等51个单位获“北京市海淀区社会组织先进单位”称号，中关村外商投资企业协会等10个社会组织获“北京市海淀区社会组织信息报送先进单位”称号，北下关地区民间组织联合会等5个社会组织获“北京市海淀区创建学习型社团先进单位”称号。

【完成全部遗留征地超转人员接收】 根据区政府2月22日第134次会议《关于继续办理海淀乡超转遗留问题的处理意见》，到4月底完成海淀乡超转遗留问题的接收安置工作，此次接收海淀乡安置历史遗留征地超转人员666人，接收经费6200万元。至此，海淀区全部完成超转遗留问题的接收安置工作。从2008年起至2010年4月30日止，共接收超转遗留问题人员3697名，区财政共承担安置费6.39亿元。

【退役士兵专场招聘会】 3月4日，区民政局邀请市、区安置单位和友谊宾馆、王府井集团双安商场、时代集团等知名企业，参加民政局组织的2010年度退役士兵专场招聘会。20多家企业提供适合退役士兵工作岗位，331名待安置的城镇退役士兵参加此次招聘会。

【民政部到海淀区调研】 3月19日，民政部老年人和残疾人福利处到海淀区针对居家养老工作进行调研。

【第二期“服务进社区，名人大讲堂”活动】 3月25日，第二期“服务进社区，名人大讲堂”活动在北下关社区服务中心启动。7位书画家授课，200余名社区居民参加。本期课程从3月到10月（8月份停课），历时6个月，楷书12课、行书12课、花鸟12课、山水12课，共48课。11月16日，在北下关社区服务中心举办学员结业及书画展览活动，收集学员书画作品230多幅，并由讲课老师进行点评和评奖。

（王银行）

【出台《关于进一步加强见义勇为权益保护工作的意见》】 4月1日，海淀区出台《关于进一步加强见义勇为权益保护工作的意见》，对见义勇为牺牲者家属给予10万元的一次性补助。《意见》还规定，凡是在海淀区确认的见义勇为人员,奖励金额由1000元增至2000元；授予“海淀区见义勇为积极分子”称号的，奖励金额由5000元增至1万元；对授予“海淀区见义勇为积极分子”称号，事迹特别突出的见义勇为人员，推荐参加“首都见义勇为好市民（荣誉市民）”的评选活动。进一步完善见义勇为人员的各项保障措施，建立见义勇为困难人员及家庭的临时救助制度;确定因见义勇为伤残及见义勇为牺牲人员家庭的一对一入户帮扶制度；明确见义勇为人员疗养、健康体检等其它管理保护措施。

【完成城乡交叉地区管理体制改革调研】 根据2010年海淀区重点工作要求（第122项：推进城乡交叉地区管理体制改革，理顺管理界限、关系、职责，强化乡镇政府居民管理、公共服务等城市管理职能，加快集体资产处置、深化集体土地使用制度改革、推进农转居，逐步推动交叉地区向城市社区转型），由民政局牵头，4月初启动海淀区城乡交叉地区管理体制改革的调研工作。调研工作至8月底结束，历时5个月，基本摸清海淀区城乡交叉管理地区的管理现状和存在的问题。并以区政府办公室的名义下发《北京市海淀区人民政府办公室关于进一步加强城乡交叉地区管理有关工作的通知》，通知进一步明确相关街道、乡镇的管理职责，建立起区、街乡两级的动态协调机制，理顺了管理体制。

【出台养老机构福彩公益金使用管理办法】 4月8日，出台《海淀区养老机构福利彩票公益金使用管理办法（试行）》，对资金申请、拨付程序、使用管理、监督管理做出明确规定，要求福利彩票公益金主要用于养老机构建设工程项目，包括工程建设、购置配套设备等费用，实行专项管理，任何单位和个人不得以任何形式挤占或挪用。养老机构福利彩票公益金管理和使用坚持公开透明、定向使用，勤俭节约、专款专用的原则，受助单位要定期向区民政局、财政局报告彩票公益金使用情况，自觉接受财政、民政、审计、监察和社会的监督。对违反福利彩票公益金管理和使用规定之情形，视情节将给予通报批评、停拨彩票公益金、取消以后年度申请彩票公益金资格等不同程度的处罚。

【提高困难群众医疗临时救助额度】 4月13日，区民政局和财政局联合出台《关于修订海淀区临时救助制度有关问题的通知》，进一步细化救助对象范围，提高临时救助标准。一是将临时救助对象的认定标准确定为本市当年城乡低保标准的170%；二是因患急重病造成困难的人员，自负医疗费补助由20%提高到30%，最高救助额由3万元提高到10万元；三是对因自然灾害或遇到突发性、不可抗拒性因素及其他特殊情况造成生活特别困难的家庭，且家庭损失和因患病家庭负担医药费在10万元以上的，最高给予3万元的救助额度。

【为青海玉树捐款】 4月14日，青海省玉树藏族自治州玉树县发生7.1级地震，造成重大人员伤亡及财产损失。4月19日，区民政局召开全区动员会，下发《关于做好青海玉树抗震救灾接受捐赠工作的紧急通知》，明确以全区街乡民政科作为接收站点接收全区社会各界的捐款，严格落实有关接收要求，同时通过区域内媒体向社会公布捐款联系方式、账号和地址，开通24小时捐赠热线电话，由专人负责接听。截至5月20日，区民政局接收捐款累计人民币1205.67万元。

【创建全国和北京市双拥模范城（县）】 4月14日至7月31日，成立由区委书记、区长为组长，相关委办局和驻区部队大单位领导为副组长、组员的海淀区双拥模范城（县）考评试点工作领导小组，下设“领导小组办公室”，全面负责具体协调组织实施工作。创建工作分为动员部署、自查自荐、组织考评、总结提高四个阶段。7月底通过全国和北京市双拥模范城（县）考评试点领导小组的考评，创建“全国和北京市双拥模范城（县）报告”已上报全国双拥办。

【国家行政学院西部市长班到阳台山老年公寓参观】 4月22日，国家行政学院组织西部12省、自治区市长班35名学员到阳台山老年公寓参观，详细察看阳台山老年公寓“太阳能集热、污水处理、雨水收集、备用水储存、柴油发电、风能、太阳能发电”节能减排项目及使用情况，并对公寓的低碳理念和做法给予高度评价。

【启动社区地图编制工作】 为贯彻落实市委、市政府关于印发《2009年北京市社会主义新农村建设折子工程》的通知精神和区委、区政府关于2009年北京市社会主义新农村建设折子工程涉及海淀部分任务分解书的有关要求，海淀区本年4月启动社区地图编制工作。

【完成第八届村委会选举工作】 5月至7月底圆满完成海淀区第八届村委会选举工作。海淀区现有7个乡镇84个村委会。其中6个乡镇71个村委会参加换届选举；因征地拆迁、整体转居、腾退搬迁等原因，12个村委会（海淀乡万泉庄村；苏家坨镇北庄子村、车耳营村；上庄镇河北村；四季青镇蓝靛厂村；西北旺镇大牛坊村、土井村；东升乡塔院村、八家村、清河村、马坊村、小营村）不参加本次换届选举；西北旺镇唐家岭村暂缓选举。本届登记选民81171人，参加投票选举的选民75438人，参选率为93%；选出村民委员会成员315人，其中主任71人，副主任18人，委员226人；成员中党员197人，占总人数的62.5%；女成员87人，占总人数的27.6%；村党支部、村委会交叉任职的113人，占总人数的36%；大专以上学历的158人，占总人数的50.2%。在新当选的71名村主任中，党员48人，占67.6%；书记兼主任的14人，占19.7%；连选连任的40人，占56.3%；妇女5人，占7%；具有大专以上学历的43人，占60.6%；村主任平均年龄47岁。书记主任一肩挑比例、党员比例、妇女比例都较往届有提高。

【海淀区“未来老年人口状况预测”】 5月至11月，区民政局与中国人民大学人口研究所合作开展海淀区“未来老年人口状况预测”，对2010-2050年期间海淀区人口老龄化的趋势进行预测。结果显示：2011年至2015年海淀区老年人口每年以约2万人的速度递增，到2015年60岁以上老年人口将达到46.5万，约占全区总人口的19.2%，即约每5人中就有一位老人。在未来四十年，海淀区老年人的绝对数量基本维持上升态势。

【全市首家启动居家养老医疗服务工作】 7月1日，由区民政局和公共委共同开展的以“善待生命，情暖夕阳”为主题的居家养老医疗服务工作启动仪式在海淀医院举行。在羊坊店街道试点的基础上制定《海淀区居家养老医疗服务实施方案》，在北京市率先建立“人性化”居家养老医疗服务供给机制，重点解决老年人的看病难问题。社区卫生服务中心（站）免费为辖区老年人进行健康体检、建立《个人健康档案》；为老年人开通急救通道、住院转诊通道、社区健康管理通道，通过医疗巡视、慢性病管理、设立家庭病床、社区老年人责任医师等方式为老年人提供专业、便捷、高效的疾病预防、医疗救治、医疗康复服务。

【制定超转人员门诊医疗费先行支付试行办法】 7月6日，区民政局会同财政局、区公共委、区人力社保局联合出台《关于海淀区超转人员门诊医疗费先行支付试行办法的通知》。在全市率先试行征地超转人员门诊医疗费先行支付，实现医疗费用的实时结算。门诊医疗费先行垫付办法在东北旺中心医院、四季青医院、苏家坨卫生院和上庄卫生院运行。该办法实施后，超转人员到指定门诊医疗费先行支付机构就医时，不必再自己先垫钱后回去报销，只需在进行费用结算时出示本人《医疗证》，医疗机构将按80%的规定报销比例为其垫付符合医保报销范围和标准的医疗费，余下的20%由超转人员个人负担，实现门诊医疗费的实时结算。

【调整城市及农村地退无收入遗属生活补助标准】 7月7日，下发海淀区《关于调整地方退休无收入遗属生活补助标准的通知》，《通知》规定自7月

1日起，50岁以下的地退无收入遗属每月领取的生活补助金由410元提高到430元，50-70岁之间的地退无收入遗属生活补助金由430.5元提高到451.5元，70岁以上的地退无收入遗属生活补助金由451元提高到473元。全区共有417名地退遗属，月领生活补助人均增长22元。

【新建、更名、规模调整社区居委会名单】 10月8日，经区政府第159次常务会议批准，同意新建3个社区居委会，更名3个社区居委会，规模调整2个社区。

新建社区居委会3个。（1）清河街道学府树家园第一社区居委会。（2）清河街道智学苑社区居委会。（3）西三旗街道富力桃园社区居委会。

社区居委会更名3个。（1）将海淀街道“新起点社区居委会”更名为“新起点怡秀园社区居委会”；（2）将马连洼街道“圆明园花园别墅社区居委会”更名为“农大南路社区居委会”。（3）将西三旗街道“药批联合社区居委会”更名为“清润家园社区居委会”。

社区规模调整2个。（1）将紫竹院街道厂洼五号院社区与厂洼第二社区合并，调整后的社区名称为“厂洼第二社区”。（2）将羊坊店街道普惠寺社区与翠微路第一社区合并，调整后的社区名称为“普惠寺社区”。

【完成高峰日婚姻登记任务】 10月10日民间认为寓意着“十分十全十美”。为了满足新人们的婚姻登记愿望，确保婚姻登记工作安全、有序，按照市民政局的统一部署，区民政局成立“2010年10月10日婚姻登记工作指挥部”，下设现场预约办理、现场登记办理、预备、安全监察巡视、登记秩序维护疏导、后勤保障、宣传报道、安全技术保障共9个工作组，并制定应急预案。从10月10日早6点开始办理婚姻登记，至18点结束，完成1687对婚姻登记任务，登记量高居全市第一。在婚姻登记工作中，未有排长队等候现象，没发生一起拥堵事件，没有任何矛盾冲突事件，没有收到一起投诉，社会舆论反响良好。

【召开“千名孝星”表彰会】 10月19日，民政局组织召开“千名孝星”表彰大会，对全区在尊老、敬老、爱老、助老、孝老等方面涌现出的3000名事迹感人的“孝星”进行表彰，并为“孝星”颁发证书。

【召开抗美援朝60周年纪念大会】 10月22日，区军休办在东翠路军休所召开纪念中国人民志愿军抗美援朝出国作战六十周年大会。来自区民政局军休办各军休所入朝参战和为抗美援朝战争做出过贡献的军休干部代表及部分军休工作人员代表300多人参加大会。会上，赵平代表抗美援朝的老战士发言，与会领导还向军休干部代表颁发由参加抗美援朝的军休老干部自己撰写的《抗美援朝故事集》和纪念光盘。区慈善协会为行动不便的志愿军老战士赠送100辆轮椅。（孙学刚）

【农民工拿文凭政府给奖励】 海淀区有建筑施工现场346个，农民工达6万余人。本年，海淀区启动农民工素质提升工程。经过所在单位推荐，农民工可以参加北京市组织的通用能力培训，课程包括《从农民工到工人》、《自我发展与团队治理》等，课程采取N+X的选课形式。参加通用能力培训的企事业单位在18门课程中任选一门或多门课程，再根据本单位需求，选择90门企业自主开发课程中的一门或多门课程。参加N+X培训模式的学员，在每年安排的全市统一考试中只要两门课程考试合格，就可以取得首都职工素质教育工程《结业证》。对于取得《结业证》的学员，继续学习并取得国家承认的大专以上（含大专）学历证书的，海淀区总工会给予2000元的学费资助。（周勇）

【2010年首都特色精品社区名单】（16个） 中关村街道华清园社区、清华园街道荷清苑社区、学院路街道北京科技大学社区、八里庄街道北京印象社区、马连洼街道天秀花园社区、清河街道领秀硅谷社区、羊坊店街道有色设计院社区、香山街道北炮社区、青龙桥街道军事科学院社区、万寿路街道永定路西里社区、北下关街道中国气象局社区、四季青镇闵航南里社区、紫竹院街道车道沟南里社区、西三旗街道建材西里社区、曙光街道曙光花园社区、海淀街道碧水云天社区。

【新建16个农村社区服务站名单】 苏家坨镇西小营村社区服务站、前沙涧村社区服务站、北安河村社区服务站、西埠头村社区服务站、徐各庄村社区服务站、北庄子村社区服务站、上庄镇常乐村社区服务站、东马坊村社区服务站、上庄村社区服务站、永太庄村社区服务站、东小营村社区服务站、罗家坟村社区服务站、西北旺镇西北旺村社区服务站、冷泉村社区服务站、六里屯村社区服务站、屯佃村社区服务站。

（孙学刚）

残疾人事业

【综述】 海淀区残疾人联合会（简称区残联）的前身是1984年成立的海淀区残疾人协会，1989年6月改为现名，是经区政府批准和国家法律确认的残疾人事业团体，现为第五届残联理事会（2007年选出）。区残联担负着海淀区残疾人的康复、教育、就业、文化体育、维权等任务。下属有区残疾人综合服务中心、劳动就业管理服务所2个事业单位。全区各街、乡（镇）建有残联机构。根据第二次残疾人抽样调查比例推算全区有残疾人近13万人，截至2010年年底，全区共有持证残疾人25717人，其中视力残疾2530人，听力残疾1542人，言语残疾142人，智力残疾3657人，肢体残疾12532人，精神残疾4347

人，多重残疾967人。全区有20名以上残疾人的社区及村全部成立残疾人专门协会。

本年，区残联以完善残疾人社会保障体系和服务体系建设为重点开展工作。

组织建设 根据市残联《关于加强基层残疾人组织建设实施意见》，经海淀区委、区政府规范公务员收入领导小组会议研究，同意将区残联下属的残疾人综合和服务中心以及残疾人劳动就业管理服务所45名事业编制人员从2011年1月1日起，全部纳入工资规范化管理。根据市残联“关于加强基层残疾人组织规范化建设”的会议精神，区残联起草《进一步加强和规范基层残疾人组织建设的实施意见》、《海淀区公开招聘街道（乡镇）残联专职工作者工作方案》。五大残疾人专门协会（盲人协会、聋哑人协会、肢残人协会、智力残疾人亲友协会和精神残疾人亲友协会）围绕区残联中心工作，开展适合各类残疾人特点的活动，在推进残疾人权益保障、维护残疾人群体稳定、加强残疾人素质教育、促进残疾人全面发展等方面发挥积极作用。

残疾人康复 以残疾人的基本需求为重点，坚持政府主导和社会参与相结合的社会化工作方式，建立骨干机构和社区康复相结合的网络体系，落实“人人享有康复服务”的工作目标。出台《落实〈海淀区残疾人“人人享有康复服务”2010年社区康复工作〉的实施方案》、《海淀区残疾人“人人享有康复服务”审评资料目录》等文件，提供政策保障。区康复办与区相关单位将此项工作纳入到年度绩效考核评估体系中。出台一次性扶持“六类残疾人康复专业技术中心”工作经费的通知。区康复办从年初开始采取基层自查以及区康复办逐级逐层检查，并针对查处的问题制定措施，逐一落实。在“爱耳日”、“爱眼日”、“助残日”“世界精神卫生日”、“福祉博览会”等时日发放各类宣传材料123850份。编印《海淀区残疾人人人享有康复服务》文件汇编2600册，指导基层开展康复工作。海淀区残疾人已基本达到“人人享有康复服务”。

本年完成白内障复明手术520例，为60名贫困白内障患者免费植入人工晶体；为10名低视力患者配戴助视器；开展盲人定向行走训练120人。为10名肢体残疾儿童进行康复训练；开展肢体系统功能训练200人；新收聋儿6人；为3名智残儿童进行康复训练；为14名残疾儿童提供减免费康复训练；开展成年智力残疾人系统训练200人；为580名贫困精神残疾人提供康复训练；投入150万元为2140名精神残疾人免费发放精神类药品；为3500名残疾人免费发放辅助用具；培训各类残疾儿童监护人348名；智力残疾人及贫困精神病人住基地80人；25名残疾儿童进入机构进行系统康复训练，为18名残疾儿童免费发放辅具，有2名残疾儿童到社区卫生服务中心接受医疗康复;有2395名持证残疾人参加新型农村合作医疗，补助金额近15万元。依托社区卫生服务中心为1800名低保及低保边缘的残疾人进行健康体检。走访全区548名持证残疾人儿童，全部进行健康体检。培训各类康复管理人员、社区康复协调员、专业技术人员1297名。新建辅助站5个、社区康复站18个，提供康复服务建档39674人。依托区妇幼保健院，启动以社区为基础的三级预防工程，针对遗传发育对1680人进行免费婚检，对13872人进行残疾知识的普及教育，对34727名新生儿进行残疾筛查，筛查率为97.8%，建立残疾报告制度，控制残疾的发生和发展。

残疾人就业 全年审核社会单位按比例安排残疾人就业情况9.57万家，核定金额近4.2亿元。为1000家符合北京市安排残疾人就业岗位补贴条件的用人单位落实岗位补贴1410.6万元，为134家超比例安置307名残疾人的用人单位落实超比例岗位补贴92.1万元。全年新安置残疾人就业240人;全区举办残疾人专场招聘会15次，区残联职介中心成功推荐就业58人;7名应届残疾人大学毕业生全部就业;举办残疾人职业指导培训班9次，职业指导335人;为217名实现社区就业的智力和稳定期精神残疾人，落实社区就业补助127.45万元;为7名实现自主创业、个体就业符合扶持条件的残疾人落实一次性扶持资金和场地租赁费17.54万元。完善盲人保健按摩机构相关数据库。对74家盲人保健按摩机构进行年检换证工作。组织开展海淀区盲人按摩职业技能竞赛，组织参加第五届北京市盲人按摩职业技能竞赛，获得2个二等奖、2个三等奖和优秀组织奖。

教育培训 协调区教委继续为59名不能到校上学的重度残疾儿童提供“送教上门”服务，落实“送教上门”经费24万元。解决北京市福利院未办理残疾人证残疾儿童上学事宜，维护残疾儿童少年受教育的权益。对符合条件的925名接受学前教育、义务教育、中高等教育的残疾学生和困难残疾人子女发放助学补助186.8万元。组织残疾人职业技能培训25班次，培训588人，投入培训资金50.9万元;为55名参加职业技能培训并取得资格证书的残疾人落实培训补助经费10.7万元;组织参加第五届北京市残疾人职业技能竞赛，本区选手在17个比赛项目中获得6项第一、3项第二、5项第三、13项第四名至第六名；海淀区获团体总分第一名和最佳组织奖。

社会保障工作 对全区378名低保和低保边缘城镇和农村重度残疾人给予生活补助；为2456名无固定性收入的重度残疾人给予1090万元金额的补助；为699名城镇低保残疾人发放特困和待业生活困难补助金70余万元；为1449名长期失业的残疾人发放生活补助金280万元；为576名自谋职业、个体就业、灵活就业以及档案存于职介部门个人缴纳社会保险视同就业的残疾人给予社会保险补贴230多万元；为2368名残疾人落实城乡居民养老保险213万元；为553名城镇轻度残疾人落实无业居民大病医疗保险55万元；为637名残疾人落实“一老一小”大病医疗保险补助12万元；对遇到特殊困难的62名残疾人及时给予临时救助，救助金额22万元；出资15.1万元完成20户农村贫困残疾人家庭危房改造修缮工作；为 58 户符合廉租房政策条件的残疾人办理相关手续；为 5120 名符合补助条件的残疾人发放养老助残券 500 余万元；为 333 名残疾人配备“小帮手”。走访慰问 1447 名低保及低收入残疾人，下拨走访慰问资金 43.4 万元。全年共走访残疾人家庭 13443 人次，送去的慰问品和慰问金折合人民币 341 万元。对符合条件的机构托养的残疾人一次性给予补助 800 元，对符合条件的居家托养残疾人家庭一次性托养补助 200 元。全区享受政府免费药物治疗的重性精神疾患者达 2110 人。

做好辖区居住小区无障碍改造和下肢残疾人家庭无障碍改造工作，对持有第二代残疾人证的本区残疾人家庭（含 80 岁以上的老年残疾人家庭），符合条件的孤老、孤残、烈军属、五保户等残疾人家庭优先安排无障碍改造。全年完成 1200 户残疾人家庭无障碍改造。区财政投入资金近 2000 万元为 152 个居民小区进行无障碍改造。坚持每季度开展无障碍推动日活动，加强无障碍知识的宣传，发动无障碍监督员做好无障碍监督工作。

信访工作　社区每半月，街乡镇每月，区每季度进行一次信访苗头及问题的排查。在全国“两会”和“国庆节”期间的大排查中，共查出重点关注对象 9 人，并针对他们的问题明确“三包”[①]措施。对信访问题比较突出或信访人比较多的地区进行个别抽查，随时掌握和了解信访工作情况。与司法局协调，落实汇昕、荣德两个律师事务所律师坐班参与信访工作制度，引入律师参与接待涉诉信访案件，全年接待各类信访 1313 件次，律师接待法律问题 42 余件次。推进信访代理制度，小问题由信访干部带残疾人到相关部门进行解答和解决，大问题由残联组织力量进行多方协调处理。成立由区公、检、法、司以及民政、劳动、教育、卫生、总工会、残联等 12 个部门组成的法律救助工作协调领导小组，确保残疾人法律服务、法律援助、司法救助工作到位。开展打击残疾人机动车非法运营专项工作，制定整治方案，通过向每一位车主发放文明驾驶车贴、《致车主一封信》、集中组织残疾人观看《摩的之祸》，宣传贯彻《关于加强三轮摩托车和残疾人机动轮椅车管理的通告》等多种形式，加强对残疾人车主的政策宣传。做好 10 余名重点对象的教育疏导工作，对符合条件的落实帮扶政策，本区残疾人群体基本稳定。2010 年区残联被评为北京市“十一五”期间信访工作先进集体。

宣传工作　在西北旺镇东玉河村文化广场举办以“加大扶持与救助力度，关爱帮扶农村贫困残疾人”为主题的第二十次“全国助残日”主题宣传活动。运用各残疾人节日，搞好法律宣传。残联通过搭建平台，制作专题展板 12 块，参与全国助残日和区“五五”普法巡回宣传，让残疾人在各种法律咨询、援助、现身说法等系列活动中受益。开展为农村残疾人赠送实用技术图书的活动，共赠送书籍 1050 本。温泉镇残联邀请市残疾人艺术团开展“助残日”文艺演出活动，曙光街道残联与空军指挥学院学员十队联合开展第二十次“全国助残日”宣传活动。中关村街道残联与中国社工协会志愿者工作委员会、英国海外志愿服务社北京代表处共同举办“关爱残疾人”中英志愿者社区交流活动。制作《一样的天空》残联专题 54 期，在海淀有线台播出，宣传残疾人康复、教育、就业、无障碍、文体活动以及温馨家园等工作。举办全区各街、乡镇残疾人工作通讯员以及机关信息员等 80 多人参加的培训班。推出以受胡锦涛总书记接见的志愿者高玉红、北京市劳动模范路蒙佳、吉尼斯纪录创造者、中国达人秀冠军刘伟为代表的残疾人自强典型。向首都各新闻媒体投送稿件 300 余篇，刊用 200 多篇（条）。编发《残疾人工作简讯》11 期 3300 册。

文体工作　开展群众性文化及体育活动，举办“海淀区第六届举重比赛、第七届棋类比赛、第十一届田径比赛”等残疾人体育赛事。组队参加北京市举办的各项文艺体育活动，分别获得第五届社区残疾人文艺汇演团体奖、北京市第二十四届棋类比赛优秀组织奖、北京市第八届残疾人运动会团体第一名。全年共获得 91 枚金牌、28 枚银牌、13 枚铜牌。组织残疾人文体训练队开展日常性训练活动达 5000 多人次，为北京市和全国输送一批文体骨干。在第 16 届广州亚残会上，本区派出 15 名残疾人运动员参加，获得个人 3 枚金牌、4 枚铜牌和 3 枚银牌。（呼晓毛）

海淀区残疾人联合会
地址：海淀区杏石口路28号
邮编：100195
电话：88458428
邮箱：huxm418@sina.com

【举办应届残疾人大学毕业生职业指导讲座】　2月2日，区残联在区残联职业介绍中心举办 2010 年应届残疾人大学毕业生职业指导讲座，并对应届残疾人大学毕业生进行职业适应能力测评，同时开展职业技能培训需求调查。（周勇）

【规范残疾人职业康复劳动项目管理工作】　残疾人职业康复劳动项目是北京市发展的薄弱环节。本年，海淀区开展职业康复劳动项目条件、组织实施、资金补助标准、资金使用范围及工作制度、安全制度、财务管理制度、考勤制度、家长联席会制度等内容培训。开展职业康复劳动项目规范管理自查。推进残疾人职业康复劳动机构建设，开发适合智力和稳定期精神残疾人的职业康复劳动项目。5 家职业康复劳动站经市残联验收合格，下拨区级一次性建站费 40 万元。全区有残疾人职业康复劳动站 38 个，全年下拨项目日常运作费近 420 万元。为 511 名参加职业康复劳动、217 名实现社区就业的智力和稳定期精神残疾人上意外伤害保险。完成市残联职业康复劳动项目绩效考评和调研工作。（呼晓毛）

---

① 包调查、包处理、包稳定。

街道乡镇与社会建设

7 月 26 日，紫竹院街道和紫竹院公园联合举办地区首届民族文化节。

（杨雪松 摄）

5 月 5 日，“五月的鲜花”上地地区社区文艺展演。

（上地街道 供图）

第三届百花闹新春花会踩街活动现场

（苏家坨镇 供图）

改造前

改造后

田村路街道办事处开展东营房社区、阜石路第三社区、永金里社区等老旧小区居民邮箱改造工作。图为改造前、后的田村路街道阜石路第三社区邮报箱。（田村路街道 供图）

紫竹院街道韦伯豪社区的民族文化墙
（杨雪松 摄）

改造后的西三旗街道冶金西路
（罗军 摄）

7月28日，全国首家社区青少年宫——香山社区青少年宫启动仪式在街道社区服务中心举行。（香山街道 供图）

3月30日，上地、马连洼、田村路、花园路、西三旗五个街道举办成立十周年庆祝活动。（田峰 摄）

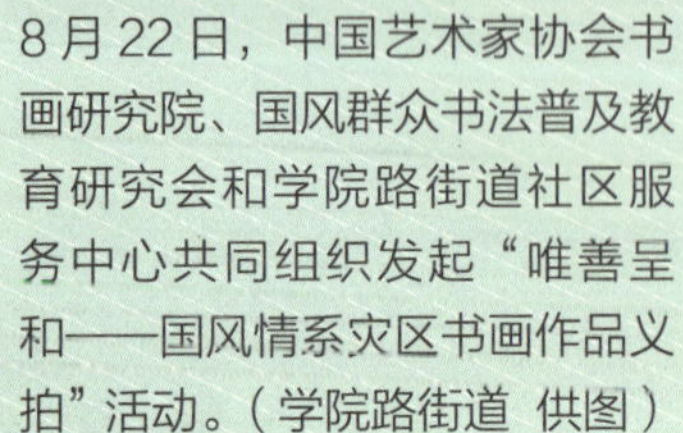

8月22日，中国艺术家协会书画研究院、国风群众书法普及教育研究会和学院路街道社区服务中心共同组织发起“唯善呈和——国风情系灾区书画作品义拍”活动。（学院路街道 供图）

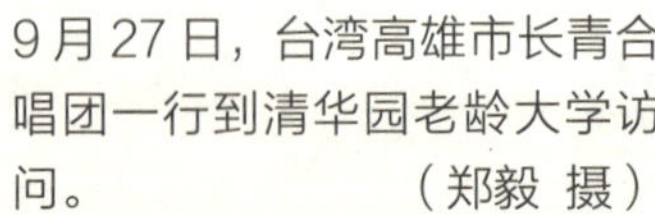

9月27日，台湾高雄市长青合唱团一行到清华园老龄大学访问。（郑毅 摄）

7月20日，羊坊店街道首届文明市民学校艺术节书法绘画比赛暨闭幕式在街道社区服务中心举行。 （周怀杰 摄）

6月29日，青龙桥街道举办地区2010年夏季失业人员求职招聘会。
（青龙桥街道 供图）

老年餐桌 （八里庄街道 供图）

东升乡端午文化节 （田峰 摄）

1月，燕园街道开展“温暖二号”行动，针对流动人口进行“预防煤气中毒”检查走访。 （燕园街道 供图）

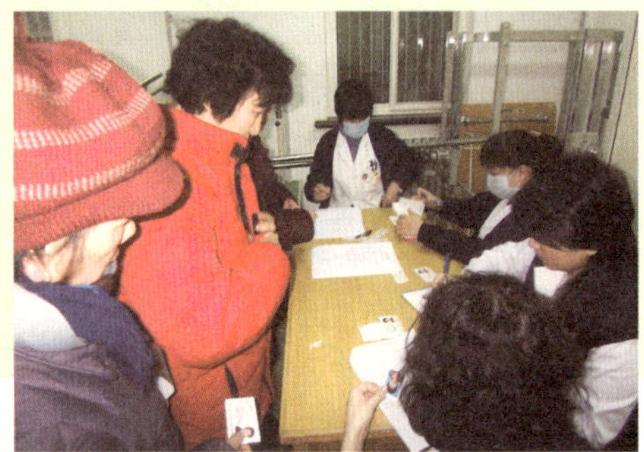

永定路街道协调社区卫生中心为地区60岁以上老人建立健康档案，为地区60岁以上无社会养老保障人员体检。
（永定路街道 供图）

社会建设和街道工作综述

【综述】 中共海淀区委社会工作委员会（简称区委社会工委）和海淀区人民政府社会建设工作办公室（简称区社会建设办）（两部门合署办公）其前身为1980年组建的中共海淀区委街道工作委员会和海淀区人民政府街道工作办公室，是海淀区社会建设工作主管部门，2008年4月9日正式挂牌成立。同时成立海淀区社会建设工作领导小组，领导小组办公室设在区委社会工委（区社会建设办）。

2010年全区共有街道22个、社区居委会591个，其中街道所属居委会550个、乡镇所属居委会41个。

2010年是区社会建设“十二五”规划编制之年，4月7日，海淀区召开2010年社会建设工作会，提出五点工作要求：一是进一步加大统筹协调力度，全面发动各方力量，引导社会组织为促进和谐发展献计出力，增强社区服务在改善民生中的基础作用，为中关村国家自主创新示范区核心区建设提供强有力的支持。二是进一步加强调查研究，努力在社会建设的体制机制上求突破、求发展，继续搭建和完善党委领导、政府负责、相关部门协同配合、社会力量广泛参与的工作平台。三是把握重点，示范带动，拓展基层各项工作覆盖面。四是要在如何创新上动脑子、下功夫、做文章，保护创新热情，鼓励创新实践，宽容创新挫折，增强创新能力，打造社会建设精品工程，全面提升海淀区社会建设的影响力。五是要把社会建设作为基础工程，加强调查研究，加强宣传，牢固确立求实态度，树立务实作风，把提高社会建设工作水平落到实处。

公共服务 完成32所学校校舍抗震加固工程；新建、改扩建10所公办幼儿园，规范幼儿园招生管理，缓解“入园难”问题；委托清华附中、首师大附中等4所名校承办区属中小学；做好来京务工人员随迁子女的就学工作。海淀区成为国家级教育体制改革实验区。制定医改实施方案，在全市率先出台招转人员医疗费先行支付政策；提高住院费用最高支付额、职工门诊和社区就医的报销比例；第二轮农民健康体检工作全部完成。实施文化惠民工程，举办海淀第七届文化节，北坞金山寺等11项文物修缮工程开工。加强体育设施建设，全民健身行动广泛开展，在市第十三届运动会上创造历史最好成绩。

城镇登记失业率0.91%。26556名城镇登记失业人员实现再就业，4476名农村劳动力实现转移就业；426个社区成为“充分就业社区”，华清园社区被评为首批“国家级充分就业示范社区”。发放社保卡111.8万张，累计达到137.31万张，258家定点医疗机构实现“持卡就医，实时结算”；新型农村合作医疗人均筹资标准和保障水平继续保持全市领先。落实居家养老（助残）“九养”[①]办法，为5万多名老人和残疾人发放养老券、助残券。提高城乡低保标准，低保救助5200户9928人，动态实现“应保尽保”。

新开工建设政策性住房189万平方米，竣工53万平方米，新建、收购各类政策性住房13559套，超额完成全年任务。廉租住房实物配租实现“应保尽保”。成立区公共租赁住房发展中心，加大对公共租赁住房的建设、管理和服务力度。实施451户城镇危房户解危工作，完成1.1万户老楼通气任务。

社区建设 与区发改委、财政、规划、社会建设等部门配合，完成461个规范化社区建设任务，达标社区占社区总数的85%，超额完成北京市下达的任务。制定《海淀区社区规范化建设试点工作实施方案》，对社区六个方面17项工作提出明确的要求。建立完善社区党组织、社区居委会、社区服务站三者之间协调统一的工作机制和运行机制。在上年试点基础上，继续实行“一居一站”、“多居一站”两种居站分设模式，推行“前站后居”的管理方式，社区自治和服务功能显著提升。

改善307个社区的办公和服务用房条件，累计已有424个社区的办公和服务用房基本达标，超额完成北京市提出的进度要求。制定下发《海淀区关于进一步加强社区办公和服务用房建设管理工作的指导意见》和《海淀区社区办公和服务用房专项资金管理办法》，从基本原则、解决方式、审批程序、经费保障、补助标准以及后续管理等方面做出详细规定。落实区政府关于清理行政

---

① “九养政策”包括：第一，从2010年开始，每年重阳节期间，在城乡社区（村）开展推荐评选“孝星”活动，全市命名表彰1万名“孝星”，并给予物质奖励；第二，建立居家养老券服务制度和百岁老人补助医疗制度，为80周岁及以上的老年人每人每月发放100元养老券；第三，利用3年左右时间在全市具备条件的城乡社区（村）建立养老餐桌，为老年人提供安全的配餐、就餐服务，并为行动不便的老年人提供家庭送餐服务；第四，建立城乡社区（村）托老所，争取用三年左右时间将托老所基本覆盖至全市城乡社区（村）；第五，招聘居家服务养老员并纳入公益性岗位；第六，市政府统一为每个街道（乡镇、地区办事处）配发一辆具有无障碍功能、带有全市统一标识的养老无障碍服务车；第七，依托96156社区服务热线，充分发挥社会各类心理咨询专业组织的作用，为老年人提供电话咨询、上门服务；第八，为有需求的老年人家庭实施无障碍设施改造，给居家生活的老年人提供洗澡、如厕、做饭、户内活动等方面的便利；第九，为有需求的65周岁以上老年人配备便携式“小帮手”电子服务器。

事业单位出租房屋用于解决社区办公服务用房的要求，梳理出一批出租房屋；整合利用民防设施解决社区办公和服务用房；通过“以奖代补”的形式，动员社会单位将内部的资源与社区共享。

选聘 536 名应届高校毕业生和 10 名村官到各镇（乡）、街道社区服务站工作，使社区工作者的招考比例提升到 56%。对选聘的 546 名应届高校毕业生和“村官”进行初任培训；对全区 850 名社区的居委会主任、党组织书记、服务站站长进行综合培训。调整规范社区工作者待遇。

开展文明村庄创建工作，113 个自然村、23 个城中村实行社区化管理，建立集综治维稳中心、社区服务中心、新居民服务中心为一体的综合服务管理平台。

完成北京首届世界武博运动会 24 个场次、23200 人的观众组织工作。加强街道系统扫雪铲冰及社会动员机制建设，广泛动员社会各方面力量进行扫雪铲冰工作。

马连洼街道被命名为“全国安全社区”。开展节约型社区试点工作，开展节能宣传周活动。

对街道无审批手续的公益性设施、公益性用房和商业网点如何处置进行专题调研，累计摸排出 1204 处、12.8 万平方米，并提出处置意见和建议。

在 276 个农村社区逐步推进垃圾分类工作，累计完成 25%常住人口的垃圾分类任务。

社会组织管理服务 与区域内的八家人民团体和相关社会组织进行充分沟通协商，明确社会组织认定的重点和对象。建立起区、街、居三级管理服务体系。印发《海淀区城乡社区社会组织备案工作细则（试行）》，加强对基层社会组织的管理和引导。指导街乡镇全部成立地区志愿者联合会分会，志愿服务体系基本形成。

成立海淀区首家社会工作事务所—海淀惠泽社会工作事务所，服务社区居民 3000 余人，并通过承接政府购买服务项目方式，完成对海淀区初任社区工作者、民政局社区服务人员培训工作。

发挥海淀社会组织联合会的作用，举办“中关村核心区创新发展论坛”、“共建核心区首届会长论坛”；利用协会资源，打造“名人进社区、健康大讲堂”品牌；发挥桥梁纽带作用，搭建诉求平台，组织政府职能部门与行业协会等社会组织不定期进行座谈，帮助社会组织解决问题。

海淀区在民政局依法登记注册的社会组织 690 家，其中社团类组织 165 家，民办实体机构 525 个。各类社区社会组织 2288 家，其中慈善公益类组织 196 家，文体团队 1432 个，生活服务类组织 141 家，社区事务类组织 429 家，还有其他类别团队 90 个。区域内有国际组织驻京机构和全国性社会组织在京总部共 181 家，其中国际组织驻京机构 123 家，全国性社会组织在京总部 58 家。

社会领域党建工作 健全社会领域党建工作制度，构建“区、街、社区、‘两新’组织[①]”四级工作体系。制定《海淀区街道社会工委工作职责》、《海淀区社区党组织工作职责》等文件，推动社会领域党的建设全面覆盖。在街道社区层面开展“四讲四创建”[②]主题活动。在“两新”组织层面开展“两为三争当”[③]主题活动。加强高科技企业党建工作，出台《海淀区委关于进一步加强高科技企业党建工作的意见》。

在党建工作中开创性的提出“社区带动，打牢党建工作基础；强化服务，融合政府服务职能；党建搭台，畅通企业交流渠道；统分结合，辐射辖区商务楼宇”四种工作覆盖方式，推进党建工作站建站工作。在全区 398 座商务楼宇中建立党建工作站 362 个，其中一类站 59 个，二类站 153 个，三类站 150 个，配备专兼职楼宇党建工作者 420 人。

建立大学生党员实践基地，促成北京理工大学、海淀城市学院与中关村、海淀、学院路等 7 个街道结成共建对子，使大学生党员参与到社会工作中；创建“海淀区社会领域党建”博客，利用新媒体搭建方便快捷的宣传服务平台。创办《社会领域党建工作情况简报》，为培育典型、交流工作提供平台。

2010 年，海淀区社会建设工作在创新思路、打牢基础、健全制度等方面取得明显效果，但也存在着一些不足和问题。主要体现在：①在加强工作统筹协调，推动各单位、各部门工作平衡发展上需进一步努力；②在提高创新能力，解决难点、热点问题上需多下功夫；③在加强政府、市场、社会资源整合，创新公共服务方式上需要进一步完善；④在总结典型经验，加强分类指导上需进一步加强。 （杨菲）

【社区工作者“充电” 政府买单】 从 8 月开始，海淀区近 2000 名在社区党组织、社区居委会、社区服务站、商务楼宇服务站工作的社区工作者，接受社区服务能力建设的专项培训，费用由区政府买单。培训课程包括社区管理体制、社区服务策略与项目设计、社区志愿者管理、社区工作实践模式、社区服务需求评估与社区服务成效评估等方面。

（周勇）

---

① “两新”组织，是指新经济组织和新社会组织的简称。新经济组织，是指私营企业、外商投资企业、港澳台商投资企业、股份合作企业、民营科技企业、个体工商户、混合所有制经济组织等各类非国有集体独资的经济组织。新社会组织，是指社会团体和民办非企业单位的统称。

② 讲服务，创建温馨家园；讲形象，创建文明家园；讲贡献，创建一流家园；讲团结，创建和谐家园。

③ 指为社会作奉献、为党旗增光彩；争当岗位能手、争当员工标兵、争当守纪模范。

万寿路街道

【综述】　万寿路街道位于海淀区南部，与丰台区、石景山区交界。1963年3月成立。辖区面积8.78平方公里。有36个社区居委会，户籍人口162797人，流动人口32250人。辖区内驻军单位有总后勤部、总参通信部、军训和兵种部、解放军总医院、解放军后勤指挥学院、军事医学科学院、武警总医院等。另有中国铁道建筑总公司、国家地震局、信息产业部、中国新兴建筑总公司等中央、北京市单位和大型企业。

经济建设　坚持“政府搭台，企业唱戏”的原则，整合地区各类资源，为驻区企业服务。推动南部高端商务服务和文化创意产业功能区建设。街道牵头成立由40余家企业组成的“万寿路地区经济发展促进会”，为地区企业打造资源共享、互利合作的平台，强化央企和市属企业、民营企业之间的联系。针对辖区内非公有制企业数量多的特点，成立万寿路街道私个协分会，搭建政府和私营企业以及个体劳动者沟通与交流的平台。建立街道领导联系企业制度，通过定期走访企业，及时了解重点企业生产经营和税收实现情况，掌握企业生产经营动态，加大对招商引资工作保障力度。全年新增纳税企业184家、税款630余万元；异地纳税回迁企业10家、税款约2300万元。

环境建设　投资1500万元对16个老旧小区进行环境整治，楼体粉饰23栋7.6万平方米，安装太阳能路灯7处136个，道路修复6条1.67万平方米、雨污水改造4条2450延米、自行车棚改造17处850平方米、新建改建绿地5处312平方米、改建公厕两处86平方米，对太平路东段46个商户门脸广告牌匾进行规范整治。万寿路乙14号楼12户居民、太平路汽车八厂宿舍60户居民老楼接通燃气管道。地区10个住宅小区4046户居民全部完成厨余垃圾运输对接工作，实现垃圾减量化的目标。专项治理翠微北里“北量乱点一条街”、翠微路2号院停车难和翠微南里店外摆摊、小区内游商、夜市扰民等问题。在翠微北里社区建设社区便民菜市场，解决老百姓买菜难问题。在翠微路2号院拆除居民私装地锁，引入专业公司管理，施划车位，解决居民停车难问题。加强城市精细化管理，解决各类城市管理问题2.3万余件，结案率99.6%，及时率100%。实施“百日行动”，拆除违法建设8293.55平方米，发现并拆除新生违法建设1566.655平方米。

开展“百日整治行动”，对地区重点路段、重点区域和市、区确定的环境秩序“挂账点”进行重点整治。组织跨区联合执法，加强源头治理；建立城市交通微循环，打造十分钟出行圈；引入流动货车，解决301医院周边购物难的问题；建立广告导流区，疏导路边小广告；加强对外来人口的管理；引入外来资本和企业运行管理模式，形成社会联动、齐抓共管的城市管理工作格局。

平安建设　整合群防群治力量，成立地区综治维稳中心，构筑覆盖全地区的群防群治工作网络。完成全国“两会”、武博会、十七届五中全会、“9　18”涉日等重点时期和敏感日地区的安全保障任务。投资20万元为翠微路21号社区120户居民安装楼宇对讲系统，完成8个无主管老旧社区视频监控系统的建设。加强安全生产大检查，全年检查生产经营单位1843家，督促整改安全隐患2225起，本地区全年无重大安全事故发生。进行有限空间专项治理行动，共检查27家单位，查出隐患17个，整改17个，出动检查人员342人次。制定《万寿路街道办事处构筑社会消防安全防火墙工程实施方案》，成立构筑社会消防安全“防火墙”工程领导小组。与消防重点单位签订安全生产管理责任书。

民生建设　举办招聘会和技能培训班，采集空岗信息2800个，提供就业岗位1000个，职业指导2600人，职业技能培训68人。截至年底，共实现1906名失业人员正式就业，就业率为60.09%，失业率为1.00%。加强劳动用工监督检查，受理劳资仲裁案件33件，处理劳资纠纷67起，涉及3109人，涉案金额1357万。开展“元旦”、“春节”节前无拖欠农民工工资专项检查。继续开展“劳动用工规范一条街”工作，检查用人单位146家，涉及职工28651人，其中128家检查合格，该项工作被评为市级专项工作先进单位。开展“推行小企业劳动合同制度实施专项行动”活动，共有73家用人单位全员签订劳动合同，占辖区30人以下小企业总数的65%。开展劳动监察网格化管理，启动“双百双规范”[①]工作。全年信息采集单位400余家，录入240家单位，“双百双规范”130家单位，书面审查146家，规范128家单位，推荐70家单位，涉及职工总人数23598人。

落实城市居民最低生活保障政策，为396户803人办理城市低保。全年发放低保金、帮困金354万元，慰问低保低收入家庭976户、残疾人156人，发放慰问金39万元，为社会退休人员报销医药费2160余万元。对地区内患有白血病、血友病、再生障碍性贫血、肾衰竭、恶性肿瘤等病儿童家庭5户进行救助，救助金额2.5万元。发放居家养老券（助残）440余万元。开展“博爱在京城”和“支援玉树地震重建”募捐活动，共募集捐款149118.35元。开展“一本书、一份爱——我为海西州捐本书”活动。在今日家园小区开展“无偿献血”宣传活动。在翠微路社区开展全国第三次国民体质监测活动，共完成111人的监测。加强住房保障专项核实和意向登记，全年初审合格1018户，

① 即用人单位应当达到百分之百签订劳动合同、百分之百缴纳社会保险；规范工资支付、规范工时管理。

北京市备案712户。投资10余万元开办军地两用人才培训班，培训战士、军嫂180人。为3404人发放独生子女费193万元。加大对困难独生子女家庭的帮扶，为131人落实扶助金32万元。

社区建设 全年培训社区干部400余人次。举办2010年应届大学生和村官社区工作者上岗前培训。制定《万寿街道办事处社区居民委员会工作手册》。开展特色社区创建工作，沙窝社区创建为区级文明社区，复兴路24社区创建为学习型社区，永定路西里社区创建为环保型特色精品社区。成立海淀志愿者联合会万寿路街道地区分会。

基层党建和精神文明建设 开展优质服务年活动。开展“我是党员我带头”等一批主题鲜明的活动，以基层党组织创先争优活动推进会等形式，推动活动的深入开展。落实“一社区一精品”[①]工程。街道29座在册商务楼宇全部建立党组织，实现党的组织和党的活动双覆盖工作目标。建立街道社区党建工作基本情况基础台账。

举办地区“五月的鲜花”文艺演出，举办“共享世博科技、低碳健康生活”社区科普知识竞赛活动。成立街道总工会并选出第一届总工会主席1名、副主席3名、委员7名、经审委员会委员3名。 （李亚春）

地址：海淀区永定路西里11号楼
邮编：100039
电话：68242864
邮箱：wanshljd@yahoo.com.cn

【开展读书月活动】 在世界读书日（4月23日）来临之际，万寿路街道在地区开展以“阅读• 进步• 奉献”为主题的读书月活动，将4月定为读书月。在读书月活动中，万寿路街道在各社区宣传橱窗张贴宣传画，宣传读书的重要性。定期开展读书征文、读书会、读书心得交流等活动，为地区居民营造浓郁的学习、阅读气氛。

【地区医疗卫生系统联席会成立】 12月5日，万寿路地区医疗卫生系统联席会成立。通过整合辖区内21家各类医疗机构，为居民提供十项便民举措，其中对弱势群体的关爱项目成为服务活动的重点。联席会将为地区内低保户老人和残疾人建立健康档案，并组织加盟医院医疗团队每年为其进行免费体检。针对社区内80岁以上有需求的老人，实施每月一次的免费上门服务，为老年人测血压及慢病干预。 （周勇）

羊坊店街道

【综述】 羊坊店街道位于海淀区东南部，与西城区和丰台区毗邻，具有“海淀南大门”和“进京第一印象”的区位特点。成立于1956年3月，1958年8月并入玉渊潭公社，1963年3月重建。辖区面积6.61平方公里。本年，街道开展第六次全国人口普查，地区户籍人口120023人，流动人口36790人，出租房屋4965户。有社区居委会38个（普惠寺社区和翠微路第一社区本年合并为普惠寺社区），卫生医疗机构41个，中小学校、幼儿园14所。驻地区部级单位有中共中央对外联络部、国家科技部、铁道部、国家税务总局、国务院三峡建设指挥部、国务院南水北调工程建设委员会办公室、中国工程院和中国科协等，军事单位有中央军委办公厅、海军、空军领导机关和军事博物馆等，市级单位有市测绘设计研究院、市勘查设计研究院和市水务局等。

经济建设 地区有各类企业5484家（其中个体企业1115家），新增900家（其中个体企业215家），增幅19.6%。其中注册资金1千万元以上企业581家，市“十百千工程”企业[②]2家，区百强和有突出贡献企业10家。区域税收约58亿元，同比增幅显著。年内召开以“服务核心区建设、推进地区科学发展”为主题的地区发展统筹大会。做好异地纳税企业回迁和企业入驻服务工作，正华永嘉房地产有限公司、汉海物业有限公司在海淀落户纳税；广州卓优贸易有限公司、长江宏基服饰有限公司等一批企业入驻地区；联通兴业科贸有限公司、未来广告公司继续在海淀纳税；帮助长江三峡实业有限公司落户注册；解决京沪高速铁路股份有限公司在职工宿舍、门前交通和子女上学等方面的需求。

7月14日，区政府批准街道设立公主坟商贸中心管理办公室，授权街道办事处负责公主坟商圈改造的日常管理工作。本年，完成翠微大厦、国海广场、嘉茂购物中心等9家企业户外广告规划及夜景照明方案；实施国宜广场、华鹰大厦外立面和户外广告整治；完成普惠西街东侧商铺改造；组织普惠西街与玉南路相交路口拓宽改造。在管理工作中，街道确定环境、交通、秩序等3个方面17项内容的整治台账；调整活动公厕、停车场、废物箱等公共设施；强制拆除新兴桥下及周边6处违法建设；整治非法收购手机、黑车揽客、发放小广告、无照经营和流浪乞讨等行为。商圈经营秩序好转，商务环境得到改善。

环境建设 投资149万元改造西木楼、普惠南里等老旧小区环境，新修甬路5320平方米，绿化养护4160平方米，新修围栏246平方米，改造污水管线36米。投资95万元提升翠二等4个社区的环境水平。实施小马厂7号楼老楼通

---

① 指各社区根据各社区的特点，打造适合自己的亮点项目。

② 2010年4月，北京市委市政府在中关村国家自主创新示范区实施“十百千工程”，提出要培育一批收入规模在十亿元、百亿元、千亿元级的创新型企业，形成具有全球影响力的创新企业群。

气工程。推进垃圾分类，为社区配备分类垃圾清运车 10 台，垃圾桶 276 个，发放环保垃圾袋 724 万个。对公主坟地区、军博地铁口、吴家村路 10 号院社区周边和玉渊潭公园南门等 4 处重点挂账地区进行联合整治。实施“脉冲行动”打击黑车、黑摩的等违法行为，扣留黑摩的 72 辆次。开展春季、夏季环境整治和街面秩序百日整治行动。全年执法 132 次，出动执法车辆 612 台次、执法人员 2100 人次，取缔无照游商 642 人次，规范“门前三包”856 次，清运垃圾渣土 230 吨。全年拆除违法建设上账任务 67 处 13928 平方米，遏制新生违法建设 17 处 368 平方米。开展城市清洁日活动 10 次，清理垃圾、杂物 130 余吨。投入 300 余万元升级改造羊坊店西路步道、玉南路、柳林馆路等 7 条道路两侧绿化。检查清理主要道路下水口 356 处，疏通排水管道 210 米，补充各类缺失井盖、雨篦 72 个；修剪、砍伐危险树木 21 株，及时排除影响道路交通、居民生活险情 13 次。对地区所有废旧物资回收点及擅设“地锁”情况进行调查，对无照经营的废旧物资回收点进行取缔，对逾期未自行拆除或无主的“地锁”组织强制拆除。

平安建设 完成全国“两会”、中央全会和广州亚残运会火种采集仪式等 180 余个国家级重要会议及活动的外围安保工作。按照“党委领导、政府负责、社会协同、公众参与”的方针，统筹地区政治稳定、社会安定、安全生产、平安建设的大安全工作格局，继续完善基层社会管理体制。4 月 22 日，街道成立地区综治维稳中心，统筹地区维稳工作。中心下设城市综合管理组、情报信息研判组、矛盾纠纷排查调处组和基层平安创建组。落实中小学校、幼儿园周边的安全保卫工作，建立校园安全责任制，开展校园安全隐患集中整治。依托“流动人口之家”，做好地区流动人口和出租房屋的服务和管理。在各社区建立社区综治工作站，组建 470 人的社区综治维稳信息员队伍。地区新增电视监控点位 28 个，累计达到 240 个。发挥地区治安巡逻队和社区保安队两支辅警队伍的作用，维护地区和社区的安全。对地区三处上账治安重点地区（公主坟周边、军博地铁口、玉渊潭南门）和高发案社区进行整治。地区刑事警情和社区刑事警情较正常年份（2005－2007）明显下降。继续开展矛盾纠纷大排查和化解工作，全年处理信访案件 74 件次，开展矛盾纠纷大排查 29 次，调处各类矛盾纠纷 563 件，防止群体性上访 4 件 200 余人次。化解一批涉及群众利益的重点、难点矛盾纠纷，如地铁十号线二期颐源居段施工问题、滨角园舞场纠纷、吴家场拆迁纠纷、电信拆迁纠纷、北蜂窝路 5 号院施工等。全年举办普法讲座、法律咨询 66 场次。开展安全生产大检查和有限空间安全生产专项治理，全年检查生产经营单位 1324 次，发现安全隐患 3428 处，整改 1726 处。做好高压输电线路看护工作，监管 25 个在施工地。对集贸市场的安全生产、食品安全和消防隐患进行排查。指导社区及重点单位做好消防安全管理，整改消防安全隐患 497 处，清理可燃物 154 吨。全年无重特大安全生产事故、无重大交通亡人事故、无重大食品安全事故。

民生建设 开展春风行动，在职介所开设外来务工人员求职窗口，帮助 330 名外来务工人员办理求职登记。全年举办招聘会 14 场，开发社区就业岗位 2800 余个，安置失业人员 1490 名，就业率同比增长 13%，登记失业率控制在 2%以内。检查地区 1051 家单位劳动用工情况，解决拖欠农民工工资问题 66 起，为 807 人追讨 601 万元拖欠工资。发放低保和医疗救助金 349.2 万元，爱心卡 22.3 万元；发放优抚生活补贴、抚恤金、慰问金、军属优待金等 165.5 万元。发放高龄津贴、高龄特困金、丧葬补助等近 100 万元。发放社保卡 4000 余人，报销药费 2000 多万元，“两金”[①]408 万元。社保财务网上支付系统启用，社保卡实现“持卡就医，实时结算”。街道获得市人力社保局颁发的北京市社保卡服务网点贡献奖。办理医疗和临时救助 301 人次 57 万元，节日走访慰问 2648 人，发放慰问品（金）75.3 万元。组织对玉树、舟曲等灾区募捐活动 4 次，募集善款 13 万元，物品 4570 件。为无业残疾人和残疾学生发放补助金、助残券 97.3 万元。地区享受养老服务券的老年人达 4500 人，发放养老助残券 540 余万元。在翠二、铁东社区开办老年小餐桌，组织 68 家服务商提供为老服务。向驻区 11 个部队单位、48 名困难士兵发放救助款 4.99 万元，为 35 名武警复员老兵免费体检。完成地区 2 个社区卫生服务中心和 9 个社区卫生站的规范化建设。组织地区医疗机构开展健康宣传大课堂活动 46 次，对 6300 名慢性病患者实施病情干预，为贫困人员、农民工和中小学生开展免费体检、专项筛查和分类指导等医疗帮助，受益群众达 6000 余人。羊坊店医院为 22 个社区 532 位行动不便老人和重点人群提供上门医疗服务。

创建地区“流动人口计划生育之星”特色品牌[②]，募集善款 5.63 万元。在地区全面展开流动育龄妇女基础信息核查工作，为 382 名流动育龄妇女提供技术服务和免费体检。地区计划生育率达 98%。街道被北京市计生委评为北京市人口和计划生育红旗单位、北京市妇儿工作先进集体。开展“幸福工程----救助贫困母亲活动周”活动，收到善款 56258.60 元。依托社区活动站，38 个社区“妇女之家”年底前全部挂牌。羊坊店街道共有 314 户家庭获得廉租房、经济适用房、限价商品房选房顺序号。

社区建设 本年招聘社区工作者 24 名，累计达 249 名。协调驻地单位共

① 两金指住房公积金和企业年金。

② “流动人口计划生育之星”特色品牌：街道为进一步加强流动人口服务与管理工作、倡导婚育文明、构建和谐家庭而开展的评选活动。评选标准：①模范遵守计划生育法律法规的个人；②与房东友好相处、邻里和睦、互助互爱的个人；③遵守现居住地社区规定（村规民约）的个人。

同筹资177万元，为铁西社区、铁医社区、吴家场5号院社区改扩建、置换及共享用房1700平方米。西木楼等7个社区实现信息化办公和“一门式服务”。社区服务中心本年由差额拨款变为全额拨款。年内创建31个规范化社区、14个和谐社区、2个精品特色社区。莲花小区等3个社区依法开展业主委员会筹备工作。本年复核区级文明社区16个，申报区级文明社区3个。彩电社区4号楼、水科院南院社区8号院获北京市文明示范楼门庭院。莲花小区获得国家减灾委员会、中华人民共和国民政部设立的“全国综合减灾示范社区”称号。“96156、羊坊店街道社区公共信息服务平台”被市民政局评为北京市公共服务平台先进单位。年内增设一批社区居民健身设施。

基层党建和精神文明建设　开展创先争优暨党员作风建设年活动。以“我是党员我带头”为主题，开展大型便民活动，服务项目百余项，上万群众受益。新建15座商务楼宇党建工作站、累计20座，完成14个一类工作站申报、评估和验收工作，实现商务楼宇党建工作站全覆盖的目标。开展“党群工作进楼宇、特色文化进楼宇、法律咨询进楼宇、科普知识进楼宇、安全生产进楼宇”等主题活动。6月至10月，开展地区两新组织团建，完成地区61家两新组织建团任务，成为市首批团建百强街乡。街道团委获得2010年全市“两新”组织团建先进单位称号。

年内开展“共建核心区、奉献在海淀”宣传实践活动。街道被北京市献血办公室评为北京市无偿献血先进集体。举办“五月的鲜花”文艺汇演、“拳剑操”汇演、第四届“和谐杯”乒乓球赛、青年杯篮球赛和社区趣味运动会、“展乒乓魅力，做阳光少年”等活动。地区有各类群众文体队伍123支。社区延辉舞蹈队代表地区在市区比赛中多次荣获一等奖。3月21日，街道组队参加2010年海淀区第五届“威凯房地产杯”机关乒乓球比赛，取得男子团体第三名和女子团体第三名。街道参加首都文明委、市教委、市委、市妇联统一举办的快乐假期——争当“社区文明小使者”主题教育实践活动，获优秀组织奖。清明节期间，中华世纪坛举办地区祭祀文化先贤教育活动。年内开展“文化进军营”、第11届军地乒乓球友谊赛等系列活动。

地址：海淀区玉渊潭南路18号
邮编：100036
电话：68160579　68160584（传真）
邮箱：yfdjdbgs@163.com

【开展“七个一”计生系列活动】　上半年，街道以“阵地建设标准化、干部队伍专业化、依法行政规范化、优质服务系列化、社会监督群众化”为重点，创新形式、创新内容、创新机制，在地区开展“七个一”计生系列活动：即一次人口理论学习、一场综合业务培训、一场基层岗位练兵、一轮政务公开社区行、一个立体教育基地、一条政企扶贫帮困纽带、一个评议监督机制，提升地区人口计生工作优质服务水平。

（张秀峰）

甘家口街道

【综述】　甘家口街道地处海淀区东南部，成立于1957年4月，原名马神庙街道，1963年4月重建并改现名。辖区面积6.49平方公里，有21个社区居委会。户籍人口13万，外来人口3万多。辖区有住房和城乡建设部、国家科技工业局、国家原子能机构、国家航天局、国家建材局、国家测绘局、国家外汇管理局、北京市财政局等中央、市级政府机关。有中国画研究院、人民画报社、中国国际图书贸易总公司及4所高等院校；有中国城市规划研究设计院、机械科学研究总院、中国水利水电科学研究院、中国纺织设计研究院、公安部第一研究所等国家级科研院所。有甘家口大厦、西苑饭店、新世纪饭店、金玉万豪、裕龙大酒店及空军总医院、海军总医院等大型商业、服务业、医疗机构。有世界500强之一的中国五金矿产进出口总公司。

经济建设　成立地区税源建设工作领导小组及办公室，通过建立定期走访、信息共享、联合督办的“三项机制”，保障辖区税源建设工作的开展。领导小组办公室对辖区内办公、商业等经营性物业进行摸底调查，逐一走访，全面摸清辖区内企业纳税情况；街道领导对辖区内16家科研机构和17家大型企业进行走访，并对辖区内500多家年纳税额10万以上的企业，进行主动服务沟通，听取企业对街道和辖区发展环境的意见和建议；街道牵头协调税务、工商等部门进行信息资源共享，排查比对税源建设数据，确保底数明确、没有遗漏；在执法过程中，联合公安、城管协同督办，确保税源落地工作。通过协调工商、税务部门为企业经营服务提供绿色通道，简化企业登记、年检手续；联合公安、城管等职能部门做好企业外部环境建设、绿化及安保工作的外围保障；联合社区居委会，以非公企业党建工作为切入点，提高党组织服务党员的水平，经常性地开展文体活动，为企业中的党员、职工提供丰富的思想文化资源，活跃提升企业文化的“三个服务”[①]，优

[①] 指通过实行党务、政务、社会事务进商务楼宇，以党务工作为统领，以政务服务为核心，以社会事务为补充，辅之以网络信息服务，把

化企业发展的软硬环境。

环境建设 投资94.2万元，对昆玉河河湖两侧环境进行整治，建设景观绿化4000余平方米。推进甘家口社区商业中心区改造建设，完成甘家口大厦及阜北一街的改造扩建工程。协调中纺设计院、甘家口医院退让门前面积及绿化面积，协调地区12家大单位实施夜景照明亮丽工程。开展“百日整治行动”，集中对甘家口商圈、空军总医院西门、老虎庙、玉渊潭北门市容环境进行整治，共取缔无照商户260余户次，规范门前三包单位520户次。6个“城中村”共签订拆迁协议495户，本年完成拆迁任务的74.7%。完成海淀区2010年拆除违法建设台账任务18处点位、2820平方米。控制拆除新生违法建设29处、980.48平方米。本年共上报城市管理案件18150件，承办案件1514件，结案1509件，结案率达99.66%。

平安建设 组建一支由423人构成的安全稳定信息员队伍。建立健全社会面基础台账及数据库，修订并完善4级共110个表格。投资150万元推进科技创安工程，完成辖区内7个老旧社区的楼宇对讲系统安装，为2个治安重点地区——潘庄社区和西钓社区安装24个监控探头，两社区发案率下降67%。甘家口街道综治维稳中心成立。加强辖区内19所中小学及幼儿园周边的安全防控。开展治安重点地区排查整治，组织各类排查工作95次，出动755人次，发动群众1300余人次。开展重点地区黑车整治“脉冲行动”，组织4次联合执法专项整治，共检查车辆26起，扣押黑车10辆。开展防火安全检查巡视共计1000家，发整改通知400份，消除隐患390处。加强流动人口和出租房屋管理和服务工作，代征房产税400万元，全年办理暂住证1.8万余人次。社区治安巡防队协助公安机关抓获各类犯罪嫌疑人168人。通过“五五”普法[①]市区两级验收。开展全面矛盾排查13次，查出纠纷110余件。完成地区四大类突发公共事件的风险隐患台账及风险评估工作,完成《甘家口地区总体应急预案》，并进行应急救援演习。全年出动1361人次，检查生产经营单位1089个，查出隐患、问题1210个，整改1186个，整改率98%。完成北京国际科技产业博览会、北京首届世界武搏运动会、全国“两会”、十七届五中全会以及节日的安全保卫工作。成立街道人口普查工作领导小组，组建完成人普办公室及社区普查队伍，共有98名普查指导员、508名普查员、304名陪调员开展全国第六次人口普查工作。

民生建设 举办大型招聘会6场，1300名失业人员实现再就业，就业率达63%，城镇登记失业率0.82%。新接收社会化退休人员186名，组织退休人员活动、进行慰问6次。为1600余人办理医疗保险参保手续，发放社保卡4090张。为30户生活困难家庭落实最低生活保障待遇。全年发放失业金、养老金、低保金、救助金、抚恤金及慰问品1100余万元，报销药费1140余万元。调解各类劳动争议案件60余起，涉及人数150余人，涉及金额100万元。建设阜成路南“劳动用工规范一条街”，专项执法检查108家单位。住房保障接待申请1500户，为1100户符合条件的家庭办理备案手续。

走访残疾人困难家庭568户，发放慰问金及慰问品8万元。发放残疾人补助120万元。投资53万余元对社区残疾人辅助器具站及无障碍设施进行改造。开展“春雨抗旱”、“支援玉树地震灾区”等捐款活动3次，募集捐款64万余元。21个社区全部建立老年餐桌，实现托老所在所有社区全覆盖；发放高龄津贴34万元，为3300余名80岁以上老人发放居家养老服务券396万元。为345位低保、低保边缘、突发灾难人员发放慰问品及慰问金24.96万元。发放各类优抚资金（含工资）1600万元。

举办以樱花节为代表的各种人口计生宣传活动200余次，发放各类宣传品10万余份；开展违法生育清理清查，人口计划生育率98%；为185名流动人口育龄妇女进行免费孕检，在流动人口较为集中的甘东社区成立甘东社区流动人口协会；修改、变更和完善育龄妇女各类信息12493余人次，办理生育服务证725个，为715个新生儿办理入户审批手续，发放药具300余箱。

依托“96156”服务热线，完成社区居民各类需求服务单380个，成功介绍保姆、小时工171对次，修理家电及家庭小修281家，举办公益活动70余次，托管班接送学生300人次。社区大课堂举办各类讲座80场，参加人数3250人。依托艺苑中老年学校发展业余艺术队伍，丰富社区居民业余文化生活。义工联合分会增加注册义工1286人，每天到社区参加各种活动、接受各类服务的群众达400人次，服务设施的利用率在95%以上。开展防控“流感、手足口病、麻疹病”等宣传活动，为700名流动儿童进行预防流脑疫苗免疫接种，为11988名适龄儿童进行麻疹疫苗免疫接种，为385名工地农民工进行预防麻疹疫苗免疫接种。协助区药监局对地区非法售药进行检查。成立4个志愿服务基地、1个志愿者联合分会，完成武搏会、全国助残日等志愿服务工作，参加服务1000余人次。

社区建设 招聘20名大学毕业生充实到社区工作队伍；建立社区党支部、居委会、业主委员会、物业公司“四方”沟通平台；四道口特色精品社区、花园村精神文明社区的创建工作通过评审；街道投资近百万元，用于社区基础设施建设和改造，社区OA网络已全

党组织和政府的服务职能有效延伸至楼宇，把商务楼宇的需求和声音及时反馈给党和政府，深化党和政府对商务楼宇这一“立体社区”和“垂直街区”的有效治理。

[①] “五五”普法，指《中央宣传部、司法部关于在公民中开展法制宣传教育的第五个五年规划》（简称“五五”普法规划）。

覆盖。

基层党建和精神文明建设 开展深入学习实践科学发展观及创先争优活动，共涉及基层党组织 81 个、党员 3426 名，解决热点、难点问题 16 件。组织开展学习沈浩同志先进事迹、开展“群众心目中的好党员”评选、组织创先争优标准大讨论、加强创先争优示范点建设、开展“双学双比双提高”等五项活动。推动党建工作创新，强化非公党建基础，共建立 15 家楼宇党建工作站，实现“一楼一站”全覆盖。对社区党务公开栏进行修缮更新。以开展“作风建设年”活动为契机，层层签订党风廉政建设责任书，做好效能监察工作。

召开甘家口街道第一次工会代表大会，成立总工会。在地区非公企业中建立工会组织 135 家，完成区总工会下达指标的 338%。成立自开展“两新”组织团建工作以来最大规模的团组织——北京恒安卫士安全防范技术有限公司团委，有团员 1292 人。完成区第十四届人大代表补选。街道通过 ISO9001 国际质量认证审核工作，取得《质量管理体系认证证书》。

以“爱首都、讲文明、树新风”为主题，相继开展“做文明有礼北京人”、“低碳社区行”、英语大课堂、文明礼仪宣传等活动。举办“五月的鲜花”群众文艺汇演、棋牌大赛、社区“全民健身”趣味运动会、“夏日广场”文艺演出及电影月等活动；开展各类科学知识讲座 36 次；利用寒假组织青少年学生开展科普读书会活动，参观科技馆、世纪坛文化展、动物园等。 （宋昭）

地址：阜成路南二街 2 号
邮编：100048
电话：52812811
邮箱：songzhao@mail.bjhd.gov.cn

【开展“七个一”纪念建党系列活动】 本年，街道开展“七个一”纪念党建系列活动，即：组织一次专题学习教育活动、开展一次便民服务党日活动、举办一次迎“七一”群众性歌咏比赛、集体过一次党的政治生日、组织一次共产党员、团员青年献爱心捐款、召开一次庆“七一”纪念表彰大会、开展一系列走访慰问活动。通过“七个一”系列活动激发党员干部、团员、青年、群众的爱党热情、增强先锋意识、发扬奉献精神，进一步增强党组织、团组织的凝聚力和战斗力，使党员、团员、青年在“奉献甘家口”和“服务核心区”的过程中充当表率和先锋。 （周勇）

八里庄街道

八里庄街道位于海淀区南部高端商务服务区和文化创意产业区核心地带，成立于 1963 年 3 月，辖区面积 6.49 平方公里，常住人口 13.58 万人，流动人口 7.52 万人，现有 35 个社区居委会。地区内以湘鄂情、金悦、黎昌、顺峰等餐饮企业为代表的“阜成路精品美食一条街”是海淀区特色餐饮名街之一。辖区内有全国政协报社、首都师范大学、北京市肿瘤医院、首师大附中、海淀实验小学、水晶石数字科技有限公司、北京科净源科技有限公司、集美家居市场集团等企事业单位 1000 余家。驻地部队有解放军总医院第一附属医院（304 医院）、空军定慧寺干休所、海军阜成路干休所、北京军区八里庄干休所、武警八里庄干休所。地区文物古迹有慈寿寺塔、摩诃庵、定慧寺、李莲英墓等。年内，街道获得首都国家安全先进集体、市双拥工作先进单位、市计划生育工作先进单位、市商务楼宇优秀社会（党建）工作站、首都全民义务植树先进单位等荣誉。

经济建设 服务企业发展，协调工商、税务等部门开辟年检绿色通道、建立税源台账、实行跟踪服务、召开异地纳税表彰会、为企业经营发展解难题办实事，留住神华能源煤炭销售中心、湘鄂情餐饮公司、盛泰世纪等 3 个纳税大户，稳定税源 4 个亿，引进北大荒营销股份有限公司等纳税企业 11 家，税源建设经验在全区推广。开展创建地区企业双百双规范活动，创建 75 家示范企业。

环境建设 本年地区环境建设工程总资金为 1735.6 万元，其中街道投资 362.6 万元，市、区财政资金 1283 万元，协调地区单位出资 90 万。修建地区道路 9 条 4636 延米，铺设沥青 27579 平方米，渗水砖 29820 平方米，铺设污水管线 2546 延米，清运土方 16535 立方米，铺设盲道 918 平方米，改造、检查各种井子 990 个，绿化提升 5900 平方米，施划停车泊位 80 个，改造停车场 1 个。对北彰化村、定慧东里、鼎力、八里庄北里等四个老旧小区、阜成路北侧 99 号门前绿地、徐庄老旧小区进行改造，为 515 户居民实施老楼通气工程。开展“夏季行动”、“百日整治”行动，拆除违法建设 41 处 5530 平方米，拆除新生违法建设 20 处 886 平方米，查没违法建设材料 210 余吨。组织联合整治 240 余次，出动机动车 1500 余车次，22500 人次，发放各种宣传材料 5000 余份，查抄各类侵街占道、店外经营、无照游商、非法洗车 300 余起，劝导游商撤离、商户规范经营 600 余起；清运无主垃圾 6500 余吨，清理非法小广告 200 余万张。拆除 7 个社区个人擅设地锁 400 余把。对玲珑巷、八里庄老街整体环境改造和道路改造工作进行入户调查摸底。恩济东街摆设的“政府与百姓心连心”为主题的大型花坛获海淀区国庆摆花二等奖。

平安建设　4月14日，成立地区综治维稳中心，开展社会管理创新综合试点工作，实现集矛盾化解、维护稳定、平安建设和城市综合执法为一体的工作平台，建立1+6工作机制[①]。综治维稳中心和下属6个专业组全年共接待群众来访200余人次，受理、处理各类矛盾、问题850件；获老旧社区平安建设项目资金400万元，为徐庄、西八里、定慧西里一居等4个社区增装视频探头74个、治安岗亭10个、灯箱25个和太阳能路灯88个，修善围栏1400米，发放红外报警器1200个，安装社区广播系统6套。对徐庄、西八里、定慧西里一居、定慧西里二居等四个老旧社区实施文明村庄建设工程。建立机关干部分片包干责任制。实施联防安保工程，强化校园安全保卫，对辖区28所学校幼儿园实施全面看护，做到“街校对接、校所对接、校警对接”。树立“以房管人（靠对出租房屋的严格登记管理，管住房屋的出租人和承租人）、以业控人（通过加强对用工行业的服务管理依法规范并合理调控用工规模）”的理念，实行“四统（统一服装、统一标识、统一流程、统一管理）”流动人口管理体制。进行“流管工作站”的试点，为企业单位搭建起“为流动人口服务管理”社会化管理平台。为流动人口代办暂住证33045个、代办婚育证3128、代征房产税50余万元。开展第六次人口普查工作，对2000年来地区人口在数量、结构、分布和居住环境等方面的变化情况进行统计，完成建筑物核查及普查小区图绘制、户口整顿和摸底、正式入户普查登记和数据汇总录入评估等工作。普查总户数59033户，普查总人数170826人（现居住人口数138719人；普查暂住人口数49031人）。

制定《八里庄街道安全生产委员会工作规则》、《八里庄街道防火安全委员会工作规则》、《八里庄街道安全检查员工作规则》、《八里庄街道应急管理工作规则》，属地安全管理得到加强。年内完成各类安全检查、复查2404家次，发现排除各类安全隐患1254个，举行各类安全教育培训13次，开展宣传咨询日活动3次，受教育人数达5000余人次。组织联合执法检查16次，发出隐患协查通报5份；发出隐患告诫书2份。开展安全生产、消防安全、建筑施工安全、食品安全、电力设施安全等专项工作47项，完成50家单位安全生产百分考核验收工作。开展违法生产经营建设行为、19家涉危单位、食品安全、建设工程领域、101家重点单位建筑消防设施、火灾隐患、31家单位有限空间和地下空间等专项整治工作，安全检查216家次，发现问题隐患91个。完成地区单位消防安全、特种设备基础信息采集工作。开展校园消防安全专项检查。制定“防火墙”工程[②]工作方案和三年目标规划。完成八里庄街道应急管理风险源评估报告，涉及地区3家单位。建立消防安全基础信息档案。本年街道无重大伤亡事故、无重大责任事故、无重大火灾事故、无大规模群体访事件、无重大安全事故。

民生建设　1月，开展“关于解决拖欠农民工工资问题”的专项执法大检查。启动企业“网格化”管理工程，提前超额完成再就业指标。

本年，在35个社区建立老人休闲家园、31个社区托老所、19个就餐点，发展62家便民服务商。争取市、区资金68万余元，落实“九养”政策，开展养老“十项服务”活动[③]。辖区11个社区参与脑卒中筛查及防控项目试点，共筛查570人。设立临时便民菜市场和创建特色社区。为地区307户769人发放低保金170多万元，为29名低保老人办理“老年慈善医疗卡”的变更、年检工作。春节对地区525户987人的困难家庭发放慰问品、慰问金8万余元。举行“心系灾区、奉献爱心”为主题的捐款，募集善款54688元；为青海玉树地震募集善款780433元。开展母亲节暨幸福工程救助贫困母亲捐款活动，为贫困母亲捐款95000余元。开展“共产党员献爱心”活动，收到捐款58900元。建立社区便民服务体系，完善96156社区信息服务平台。全年组织1.5万人次参加社区中心组织的公益活动。投资16275元对慧宝广场、恩济东街广场的61件公用健身器材进行检修和维护，更换5张乒乓球台和5个篮球架。投资57万元对5个社区36栋楼进行铺设坡道、安装扶手无障碍改造，完成16户残疾人家庭的无障碍改造。海淀区社区精神卫生中心八里庄分中心成立。开展以“相互关爱　共享生命”为主题的计生药具服务进写字楼的活动。初步实现流动人口育龄妇女管理系统（PADIS系统）地区间信息互联、共享。完成11名无房退休人员住房补贴发放工作，金额657329元。

[①]综治维稳中心1+6机制：街道综治维稳中心和下属的城市秩序综合管理组、矛盾纠纷排除调处组、安全劳动保障组、平安创建组、公共事业组、机关事务组。

[②]该工程通过增强公众的消防安全意识和自救逃生能力，构筑社会消防安全“防火墙”。

[③]养老十项服务活动：家政送时服务，应急保障服务，社区照料服务，文化娱乐服务，邻里互助服务，结对帮扶服务，膳食送餐服务，亲情陪伴服务，应需便捷服务，助老网络服务。

2010年街道社保所就业再就业重点指标完成情况统计表

内容	目标值	完成值
城镇登记失业人员实现就业	1150	1238人
城镇就业困难人员实现就业	610	625人
开发社区就业岗位	550	602个
安置失业人员	510	580人
实现创业	50	148人
失业人员推荐成功	300	518人
空岗信息采集	3000	4105个
职业指导	1500	2100人次

社区建设　本年，解决864.8平方米社区办公和服务活动用房，80%的社区的办公服务活动用房达标。推进世纪新景园、鼎力、东八里、八里庄北里和亮甲店5个社区规范化建设，实现80%的覆盖目标。美丽园社区党支部的四方议事制度[1]得到市社工委重视。解决美丽经典小区和鼎力社区停车收费引发的堵路事件、岭南路38号楼电梯停运老大难问题和亮甲店回迁居民与开发商纠纷。北京印象社区居委会、美丽园社区居委会被评为北京市先进社区居委会，定慧东里等4个社区居委会被评为海淀区先进社区居委会。世纪新景园居委会被评为“首都绿化美化花园式社区”，北京印象社区居委会被评为国家计生示范社区。定慧东里找乐合唱团70人参加市“健康歌曲大家唱”歌咏比赛，获优秀组织奖。9月20日，八里庄街道总工会成立。联合九华山庄、北京晚报举办“请咱爸咱妈泡温泉”大型公益活动之“温泉大舞台”活动。举办地区第八届全民健身节开幕式。9月26日，联合肿瘤医院社区和中化社区举办“我和我的祖国”迎国庆文艺演出。举行“欢歌劲舞庆重阳 共建和谐展风采”文艺演出暨“敬老活动月”。举办“教育进社区·学习悦万家”为主题的文艺演出。

基层党建和精神文明建设　开展“创先争优”和“优质服务年”活动。实施党建工作“四联一考”[2]机制，建立商务楼宇工作站16个、党支部4个，实现商务楼宇党建工作全覆盖。开展“创先争优做表率，立足岗位做贡献”主题实践活动，表彰10个“五好”先进党组织[3]、10个党建精品创新示范项目、100名群众心目中的好党员和15位优秀党务工作者。启动街道组织部与海淀绿化三队党支部“双结互促”党建创新示范项目。加强党员干部作风建设，班子成员做到“四个不争，五个互相”[4]，营造容人、容言、容事的团结和谐共事的氛围，带头走访调研、解决难点、热点问题和化解各类矛盾。开展“共建核心区，奉献在海淀”主题教育活动，在党员干部中开展“四查”大讨论活动（查思想、查工作、查作风、查制度）。

举办地区“玲珑八里五色行”——红色党建、橙色服务、黄色维稳、绿色环保、蓝色宣传五大活动。开展“共建核心区、奉献在海淀”主题征文、“首届金帆之旅进社区”演出、征集街徽、街歌、开展“做文明有礼的北京人”、“五月鲜花”、“核心区　歌飞扬”演出等活动。开设社区市民文明学校、周末社区大讲堂、社区文化培训班，开展知识普及教育讲座。建成彰化路百米精神文明宣传文化墙，设立徐庄市民文明学校“书本式”宣传基地、世纪新景园社区道德文化教育基地、岭南路婚育文化墙计生文化宣传基地。（王同轩　周宏扣）

地址：海淀区北洼路64号
邮编：100048
电话：51701152　51701170（传真）
邮箱：zhouhk@mail.bjhd.gov.cn

[1] 四方议事会的“四方”指的是社区居委会，社区党支部，负责小区物业的物业公司以及社区的居民代表。四方议事会是居委会为解决业主和物业之间的沟通而搭建的平台。

[2] 党建工作“四联一考”：服务联动，活动联办，管理联手，学习联组和互评互考。

[3] 指领导班子好，党员队伍好，工作机制好，工作业绩好，群众反映好。

[4] 四个不争，五个互相：不搞权力之争，不搞位子之争，不搞面子之争，不搞利益之争；互相信任，互相支持，互相谅解，互相补充，互相帮助。

紫竹院街道

【综述】　紫竹院街道原名蓝靛厂街道办事处，1959年11月成立，1978年9月更为现名。面积6.23平方公里，户籍人口12万人，流动人口3.1万人，有社区居委会23个（厂洼5号院社区居委会11月并入厂洼二社区居委会）。我国56个民族均有成员在域内居住生活。地区科教文化单位密集，有大专院校8所、科研单位18个。2010年，完成地区确定的涉及民生的18件实事。

环境建设　全年拆除上账的17处3526平方米及新生的37处3546平方米的违法建设。设立麦钟桥早市，解决麦钟桥长河南岸乱摆摊的问题。对民大周边、京工附中路、双紫支渠、广源闸路和厂洼、魏南、魏北等8个社区进行甬路修复、围挡墙粉饰、围栏油饰、绿化补植和安装无障碍扶手等。在韦伯豪周边、车南里、厂洼人口文化园开展义务植树、爱绿护绿宣传活动。对魏公街、民大西路、魏公村斜街共49个雨污水篦子进行清理。完成“民族文化一条街”（魏公村街）一期工程建设。投资66万元，在魏公村街东南角制作“民族餐饮街”标识，在韦伯豪社区南墙制作绘有56个民族图案的民族文化墙。投资0.5万元，对车南里社区人口计生园科普长廊内容进行更新。投资20万元翻新厂洼社区科普宣传栏及建立韦伯豪社区科普宣传栏。万寿寺广源闸3号楼42户通天然气。1至2月份，北京遭遇四十年不遇寒冷天气，全市天然气供需矛盾加剧，街道启动燃气供热突发事件应急预案。

加强对中央民族大学周边、四通桥西南角、中小学、幼儿园等校园周边的重点区域、“两会”、北京市科技周、科博会、武博会等重点时期的地区联合执法力度，遏制流动商贩、占道经营等影响公共环境现象。开展“夏季市容环境集中整治行动”，加大对街面游商、烧烤、大排档，制贩“三假”的打击力度。7至9月份，开展打击非指定区域游泳和钓鱼、非法洗车百日整治行动。将社区保洁员的管理权交给社区居委会。加强对美国白蛾的防控。对地区黄标车淘汰情况进行复查核查，共复查核查车辆470辆。调查走访400余家餐饮业门店，建立地区餐饮业油烟排放台账。建立地区垃圾分类基础数据库。在2009年地区水指标310880立方米的基础上，本年水指标控制为237583立方米。

平安建设　成立地区综合治理维稳中心。更新加装监控探头265个，加强校园周边防控工作，地区22所中小学校、幼儿园与地区信息指挥平台均实现联网。对辖区幼儿园、中小学的基础情况和交通设施隐患摸底。选聘400名安全稳定信息员，排查化解社区各类矛盾纠纷。签订责任书、开展“三见面三把关”[①]和检查车辆等措施，严防发生群死群伤和重、特大交通事故。追查违章超标及机动车严重违法行为。每月举办一期“地区交通安全隐患单位严重违法驾驶人培训班”。开展公交站台文明乘车宣传活动及“安全从我做起，拒绝酒后驾车”的交通安全宣传活动11次。在重点时期、节假日、安全月等开展地区安全生产大检查576家，检查有限空间267家。开展“安全生产百分验收”活动。街道获由国家安全生产监督管理局和全国总工会联合颁发的全国安全生产应急知识竞赛“优胜单位奖”、北京市安全生产月“最佳实践活动奖”。全年未发生安全生产事故和责任事故。延续大接访工作的经验和做法，强调接访、约访、下访等多种方式，畅通信访渠道，处级以上领导随时接访。开展全国第六次人口普查，辖区23个社区共划分为25个普查区，345个普查小区，普查工作人员638人，陪调员99人，召开各类培训会30余次。至普查截点2010年11月1日零时，辖区有户籍人口120328人，流动人口29051人。

民生建设　本年举办就业招聘会10场，采集空岗信息2650余个，开发社区就业岗位540个，安置失业人员数530人，失业人员推荐成功380人。为失业人员提供物业、插花、电脑操作等20多个工种的职业技能培训，培训失业人员90人。为350名大龄就业困难人员办理社会保险补助。为668人办理城乡无社会保障人员养老保障待遇。成立劳动监察网格化管理工作领导小组，以企业事业单位为主要工作对象，将辖区分为6片进行监察和登记管理，对用人单位实施书面审查、日常巡查。建筑施工类企业信息采集和数据录入率达到100%，采集用人单位信息160家，录入信息卡144张，数据录入率达到90%以上。继续开展“劳动用工规范一条街工程”，对厂洼一条街用工单位发放宣传材料，对108家用工单位进行规范性检查。开展劳动保障日常巡视检查和专项检查工作，检查企业在工资支付、工作时间、劳动合同签订、社会保险缴纳等方面的情况；指导企业健全劳动规章制度，规范用人单位劳动合同签订和劳动管理，监督企业与职工补签劳动合同734人，日常巡查发放登记表184家单位，涉及劳动者6197人，接待企业和劳动者来电咨询300余次。受理劳资纠纷案件87起，结案86起。发生拖欠农民工欠资案件31起，涉及农民工600余人。

实现社区养老餐桌和托老所的全覆盖。为120户空巢高龄老人安装999急救门铃，为14户老人办理“小帮手”电子服务器，为80岁以上老人的家庭

---

① 指与单位、驾驶人、车辆的“三见面、三把关”。与驾驶人见面，开展交通安全教育。检查车辆，确保车辆安全技术性能达到国家标准，并要求单位严格落实交通安全教育和监管措施。

进行无障碍设施改造，安装卫生间扶手86个，浴凳81个。投资3万元为23个社区各配置2台血压计。完成地区“孝星”评选工作，共评选出“孝星”164名，其中北京市“孝星”94名，海淀区“孝星”70名。组织车南里社区健身队参加海淀区第十五届中老年优秀健身项目展示大会，获得优胜奖。街道获得北京市人民政府授予的“北京市敬老爱老为老服务先进单位”称号。地区群众为西南五省旱灾和玉树地震灾区捐款47.2万元；为其他贫困地区捐赠棉衣物4881件，捐款72790元。开展“救助贫困母亲行动”捐款活动，共募集捐款57560.8元。完成辖区少数民族困难户摸底调查工作，辖区少数民族困难户21户。完成魏北、西苑和车道沟社区以及37户残疾人家庭无障碍设施改造。10名残疾人取得职业资格证书，安置残疾人按比例就业11人。举办地区首届军警民青年联谊会，组织两次军嫂招聘会。在全区计划生育药具系统“三基”岗位练兵知识竞赛中夺得冠军，并代表海淀区参加北京市比赛。投资8万余元为魏南社区、韦伯豪社区、厂洼社区、车南里大菜篮、北外宾馆等流动人口示范社区及企业制作宣传栏，投资0.7万元给7个社区配备流动人口图书角。为地区210名流动已婚育龄妇女免费孕检。在兵器大厦和魏公村市场开展计生药具“进写字楼”和“进市场”活动。对地区三户独生子女意外死亡的“亲情牵手”家庭进行走访慰问。街道侨联获北京市归国华侨联合会颁发的“首都新侨乡创新发展先进集体”称号。本年受理保障性住房资格申报416户，380多次进行入户核查，协助其他区县完成跨区入户核查66次，组织召开资格评审会10余次。对辖区547户已通过资格审核的家庭进行专项核查，涉及1000余人。

社区建设 投资296万元为韦伯豪社区居委会购置办公用房246平方米。腾退经营性用房378平方米用于社区服务，投资46万余元对厂洼一社区、魏北、魏南社区办公用房进行装修改造。完成广源大厦等写字楼及9个住宅区业主委员会成立及换届等工作。投资30余万元改造车南里社区“5-15”精品服务圈[1]。在社区居委会建立每周一会制，对居委会内部问题及时解决和指导。选聘34名应届大学毕业生到社区工作。为社区、地区单位放映电影56场。中国科协、北京市科协等多家单位在厂洼社区举办“抗震减灾”宣传咨询活动。北京气象协会在韦伯豪社区举办“坚持科学发展、走进低碳生活、气象为大众服务”科普日活动。开办紫竹院街道社区大课堂，举办环保知识讲座、家庭用药知识讲座。在车南里社区举办主题为“严格水资源管理，保障可持续发展”和“珍惜水 保护水 让水造福人类”的宣传活动。

基层党建与精神文明建设 在地区各级党组织中开展“做表率、当先锋——用行动践行誓言”主题实践活动。打造“党建360°”品牌。“党建360°”，即通过“三抓”（抓体系建设，实现组织覆盖；抓机制完善，实现制度覆盖；抓分类管理，实现工作覆盖）、“六措施”（细化基础建设，加强队伍建设，强化服务管理，开展系列活动，实施宣传教育，做好机制创新），确保流动党员组织“0”断线、教育“0”断档、思想“0”掉队。推进学习型党组织建设，在8个社区党委建立中心组学习制度。开展“一社一品（一个社区、一个品牌）”党建品牌创建活动，在地区21个商务楼宇建立党建工作站，成立2个特别党支部，开通“紫竹党建360°”博客促进交流。开展“五个一”[2]活动。建立46个团组织和1个楼宇团建工作站。以参观、授课、学习、宣传等多种方式开展“反腐倡廉宣传教育月”系列活动。坚持人大代表接待日制度，每个月末周五有1-2位人大代表在社区接待选民。解决人大代表提出的“理工附中出行难问题”、“广源大厦业主大会筹备问题”等。成立政协委员志愿者服务队。成立街道总工会并召开第一次代表大会，选举产生街道总工会第一届委员会和经费审查委员会。完成5个首都级文明社区、15个区级文明社区创建工作。开展“五月鲜花”文艺汇演及“和谐杯”乒乓球赛等文体活动。 （赵佩娟）

地址：北京市海淀区广源闸5号

邮编：100081

电话：68421575（传真）

邮箱：zizhyjdb@mail.bjhd.gov.cn

【成立少数民族志愿者服务队】 7月26日，在紫竹院地区首届民族文化节开幕式上，紫竹院地区少数民族志愿者服务队正式成立。这支队伍计划用1至2年的时间，把56个民族的文化宣讲到地区的各个角落，并利用地区的少数民族资源，开展特色民族文化活动。

（吴保军）

【地区首届民族文化节】 7月26日至8月29日，街道与紫竹院公园联合举办主题为“凝聚民族文化，展现竹荷风采”、“共建和谐，共享阳光”的紫竹院地区首届民族文化节暨紫竹院公园第十七届竹荷文化展。活动包括群众文体演出及评选活动板块、文化知识展示板块、民族文化展示及竹市兴隆板块五大板块，十五个大类，近五十项活动。来自各社区的17支代表队的近200名选手表演了太极扇、健身球、健身操、肚皮舞等。文化节期间举办了夏季养生知识讲座、民族文化知识讲座。

（赵佩娟）

---

[1] 即以实现“五心”为工作目标，力求在紫竹院地区形成满足所有社区居民的15分钟步行生活服务圈。一是以社区服务站为平台，建立“符合民心”的15分钟便民生活圈；二是以社区公益活动为基础，建立“凝聚人心”的群众文化圈；三是以社区卫生站为主导，建立“群众贴心”的医疗服务圈；四是以特殊人群为主体，建立“汇集爱心”的特惠服务圈；五是以特色服务为基本，建立“群众可心”的10项特色服务项目。

[2] 一个党组织就是一架“灯塔”，做学习实践的“领航员”；一个党组织就是一个“品牌”，做众口皆碑的“示范岗”；一个党组织就是一座“堡垒”，做永创先进的“加速器”；一个党组织就是一道“景观”，做业绩突出的“风景线”；一个党组织就是一块“阵地”，做群众拥护的“先锋号”。

北下关街道

【综述】　北下关街道位于海淀区东南部，1963年2月成立。辖区面积6.04平方公里，有社区居委会35个，户籍人口113553人，流动人口29791人。辖区文化古迹众多，科研院所密集，商业繁荣，有北京海洋馆、北京动物园、北京石刻艺术博物馆等旅游景点和文物古迹；有中国气象局、国家海洋环境预报中心、北京市文化局等中央及市属机构，中国铁道科学研究院、中国农业科学院等科研机构；中国钢研科技集团公司、中国冶金科工集团等国有大型企业集团，和中央财经大学、北京交通大学等高等院校，双安商场、华宇时尚购物中心、大钟寺中坤广场等大型商业设施。

本年，街道围绕促进海淀区建设中关村国家自主创新示范区核心区的中心任务，践行“大社区”理念，着力开展城市建设、社会建设、精神文明建设和党的建设。街道获北京市百日整治行动先进集体、北京市防火先进单位、北京市敬老爱老服务先进单位、北京市社区服务平台工作先进街道等多项荣誉。

经济建设　为地区单位发展搭建服务平台，建立健全走访机制和领导联系重点企业机制，定期对地区单位和重点企业进行走访，主动帮助他们协调解决实际问题。成立劳动就业协调委员会和非公企业联合会，开展用工信息交流、就业技能培训、政策宣讲和答疑等活动。编制地区资源名录，加强街道与地区单位、地区单位相互之间的联系、沟通和协作。扶植企业发展，做好资金统筹和税源建设工作，代收房产税1198.45万元。

环境建设　联合地区公安、交通、工商、城管、卫生监督等职能部门，成立地区联勤联动执法队，召开城市管理专题会议、协调会议等10余次，开展执法20余次，四道口、五塔寺、交大东路等群众反映强烈的地区环境得到改善。加大遏制和查处违法建设工作力度，建立日常巡查制度，完成任务台账，遏制新生违法建设，中国农业科学院内、中国钢铁研究院内等存在多年的违法建设得以拆除。推行社区网格化管理，建立完善上报案件日通报制度。完成8个老旧小区改造，四道口南二街道路大修和雨污水管线改造，大慧寺北路、四道口北街道路大修等工程。新增绿化面积1.3万平方米。

平安建设　成立街道综治维稳中心，组建社区综治工作站，建立巡防大队。对地区14所中小学及幼儿园进行早晚高峰治安巡控，确保校园周边安全。完成重大节日和敏感日安保工作。加强出租房屋管理，做到底数清，情况明。推进劳动用工监察网格化管理工作，开展“劳动用工规范一条街”工程，重点针对餐饮、娱乐、洗浴和美容美发等企业单位加大日常巡查工作力度。深入企业、建筑施工工地宣传劳动法律法规，解答群众劳动政策咨询120余人次。建立建筑工地工资发放信息台账，处理突发事件11起，满意率达100%，承办各类劳动争议案件136起，结案率达100%。开展“五五”普法宣传教育，做好人民调解工作，建立领导接访包案制，做好矛盾纠纷的预防和调处工作，处理信访件9件、群众事务呼叫中心交办件185件，调解民事纠纷290件。开展安全生产大检查和隐患排查整改，安全生产形势总体平稳。开展地下空间管理工作，与100多家产权单位签订《责任书》。建成街道防空防灾指挥所。

民生建设　开展低保、医疗救助、临时救助工作，为4417人办理“一老一小”医疗保险。建立突发公共卫生事件快速反应机制，开展创建艾滋病综合防治示范区工作，有效防控手足口病。办理、审核和复查各类保障性住房手续794套。全方位开展为老服务，与22家服务商签约开办老年饭桌，建设老年人日间照料室，实现居家养老工作初步全覆盖；建立老年人健康档案，为28户特殊老年人安装“一按灵”，为第一批申报的167人发放“小帮手”，发放价值300余万元的老年服务券。举办招聘会16场，提供岗位信息2597个，成功推荐329人就业。全力推进扶贫济困工作，发放爱心卡、困难救助及慰问款、救助物品等共计60余万元；开展以“慈善情暖万家”为主题的活动，走访地区户重危病、伤残及特困家庭200户，发放慰问款近45万元；开展慈善捐赠月和为“玉树地震”、甘肃舟曲灾区捐赠活动，募集捐款近76万余元。为13个社区246户残疾人家庭完成无障碍改造工作，温馨家园不断丰富康复训练项目；组织地区残疾人开展游览植物园、颐和园、上海世博会等活动。以“婚育新风进万家”为主线开展各类计生宣传活动8场，开展社区宣教工作“三个一”[①]创建活动和药具宣传“五进”[②]工作，打造“健康快车”[③]优质计生服务品牌，免费为151

---

① 指出一期宣传板报、发一份事迹材料、做一次便民服务。

② 指开展计生药具进社区、进院校、进工地、进市场、进写字楼活动。

③ “健康快车”是街道开展的系列计生服务活动，针对不同服务群体，每年重点确定一个主题，开展系列计生服务，已逐渐形成地区计生服务品牌。健康快车是一座流动的服务机构，也是传达党和政府关怀、弘扬爱心、传播卫生知识的一种方式。由街道计生、宣传干部、驻区医院和社区卫生站组成的医疗专家、志愿者服务队等组成的服务组，搭乘“健康快车”，通过周密计划与科学安排，深入社区、单位、工地、非公企业等为群众进行集中送知识、送科

名贫困育龄妇女上安康保险，为500多名辖区育龄群众提供环孕检和生殖健康检查。发挥民间组织作用，着力搭建地区青少年网络俱乐部平台、关爱残疾人服务平台和社会组织活动平台，举办以“夕阳映晚霞”为主题的为老服务文艺汇演等文体活动。开展“名人进社区”活动，举办48期绘画、书法、健康知识讲座等系列活动。发展一条龙家政服务。组建为老义工队、助残义工队、帮贫助困义工队三支队伍，与北京交通大学青年志愿者服务团合作，开展“心目影院”活动，为300多人次盲人观众讲解电影。

社区建设　多种渠道改善解决社区办公活动用房难题。分8次对社区专职工作者进行培训，提高社区工作者福利待遇，吸引高校毕业生到社区工作。完善社区服务站运作模式，建设规范化社区7个，社区服务站覆盖面达到80%。接受业主和物业单位咨询30余次，协调房管局、司法局、房管所等部门解决成立小区业委会过程中出现的问题。加大对特色社区创建工作的扶持和培育力度，推广广通苑社区创建市级学习型组织的工作经验，开展气象局、南二、皂西、净土寺四个社区创首都特色精品社区工作，指导大慧寺社区参与区级文明社区创建。召开地区精神文明大会，对12家文明单位、22个学习型家庭、6名学雷锋标兵和6名来京务工人员文明之星进行表彰。以“共建核心区，奉献在海淀”为主题，北下关街道讲坛和政策宣讲团为机关干部和社区居民进行核心区建设政策讲解。举办“核心区歌飞扬”大型演出，组织参加文明市民学校艺术节，举办周末大讲堂等活动，新建学院南路皂君庙《北下关精神文明建设专栏》和大慧寺“共建核心区做文明有礼北京人”标语墙。

基层党建与精神文明建设　开展第二批深入学习实践科学发展观活动，为地区群众办实事366件。开展创先争优活动，结合“优质服务年”和作风建设年活动，创新服务机制，开展文明窗口、党员示范窗口建设，建立目标管理考核制度和服务监督考评制度。与高校学生支部结对共建，以点带面、逐步覆盖。推进商务楼宇党建工作，与北京理工大学联手在富海大厦党建工作站开展的集中宣传活动，得到《北京党建》频道、首都之窗、网易等媒体的报道；艺海集团党建工作站经验收被评为市级一类。开展“建学习型党组织、做学习型党员干部”等活动，培育社情民意提案制度、“党员读知卡”、“党员谈心室”等30多个党建创新示范项目。实施党员干部素质提升工程，抓好理论中心组、科级领导干部、机关干部、基层党组织书记、全体党员的教育培训工作，自制下发《党员教育培训系列光盘》，理论中心组集中学习15次，党员干部开展培训14次。注重学习干部选任工作条例、“七项监督制度”，通过征集廉政警句和诗歌、编发《保密工作宣传专刊》等，增强廉政勤政意识、安全保密意识。开展人大、政协、统战工作调研，统筹地区人大政协统战资源，成立地区侨联；办理人大代表建议1件。

举办历时5个月的第五届地区群众文化节，举办各类文艺演出、千人广场舞展演、百姓读书周、非遗展览展示、书画及民间手工艺展示等文化活动近百场。承办海淀区科技周启动仪式暨北下关地区科普博览会，开展科普活动30余场。投资建设全长1900多米的北下关街道科普文化示范街。举办地区运动会及“和谐杯”乒乓球比赛、“弘奥杯”羽毛球比赛等，推进全民健身工作。开展“低碳家庭·时尚生活”主题活动。成立街道总工会，恢复开展职工“快乐工间操”活动，在基层工会开展“留住青春，凝聚微笑”艺术写真活动。成立海淀志愿者联合会北下关地区分会，推进“创造新优势 服务促发展”团建百强街乡创建工程。通过开展联谊、座谈、培训等活动，加强对机关和社区青年干部的教育管理力度，增强青年服务奉献核心区的大局意识。坚持和完善主要领导亲自参加重大活动、定期走访慰问部队的制度，开展军事五项体验活动。

地址：海淀区学院南路47号
邮编：100081
电话：62126060
邮箱：hdbxg@163.com

【举办地区第五届群众文化节】　5月15日～9月21，街道举办北下关地区第五届群众文化节。文化节秉承“文化成果人民共享”和“文化大繁荣大发展”的指导精神，面向地区各界群众开展形式多样、丰富多彩的文化活动。期间举办各类文艺演出、千人广场舞展演、百姓读书周、非遗展览展示、书画及民间手工艺展示等文化活动近百场，受益群众达6万人次。开幕式在北京海洋馆举办，精彩的海洋动物表演和文艺演出为在场观众呈现一份文化大餐。闭幕式在北京石刻艺术博物馆举行，以展示地区特色文化和民间艺术为主线，包括石刻文化艺术展览、非物质文化遗产展示、科普图片展、书画作品展、群众游艺活动、民俗文化讲座和传统文化表演等活动。

【举办地区科普博览会】　5月21日～25日，街道主办海淀区科技周启动仪式暨北下关地区科普博览会，以“科技走进生活”为主题，与全国科技周同步，在北京海洋馆设主会场，设置北下关地区联通公司、中国农科院等17家单位的科普互动体验活动区和展览展示区，在街道的35个社区和部分驻区单位设分会场开展科普活动。博览会期间，开展参观、展览、展示、培训、座谈、咨询、表演等形式的科普活动30余场，制作专题展板425块，发放科普书籍400余册，宣传资料6000份，直接受益群众数万人。

【人防工程管理改革】　7月，街道联合中国人民大学公共管理学院，对人防工程管理利用进行改革探索。改革坚持人防工程公益性原则，合理调配资源，实行统一、标准化的管理方式。将长河

学、送健康。宣传人口与计划生育法律法规及现行政策，宣传人口形势及节育科普知识。

湾小区民防空间建成街道防空防灾指挥所，物资储备库，使其具备储备、指挥、掩蔽、救护、活动、宣教、服务、培训等功能，为社区居民提供活动、沟通、交流场所。12月6日，街道承办海淀区利用人防工程为公益服务经验交流会，并在会上交流工作经验。

【举办地区运动会】 9月11日,街道举办北下关地区运动会，驻区各机关、企事业单位、科研院所、高校和地区群众组织的27支代表队参加比赛，千余名群众共同表演健身气功八段锦、全健排舞、可乐球和大型集体舞蹈。运动会共设置11个比赛项目，包括田径项目、中老年趣味比赛、“和谐杯”乒乓球比赛、保龄球比赛、地区“弘奥杯”羽毛球比赛，吸引地区单位和社区2000多人参加。（白云芝）

北太平庄街道

【综述】 北太平庄街道位于海淀区东南部，1957年成立。辖区面积5.17平方公里，有39个社区居委会，户籍人口151224人，流动人口75269人。辖区内有国家人口和计划生育委员会、国家环境保护部核与辐射安全中心、中国标准化研究院等中央机构；北京师范大学、中国政法大学研究生院、北京邮电大学、首都体育大学等高等院校；交通部公路科学研究院、交通部水运科学研究院、中央教育科学研究所、中冶集团建筑研究总院等科研院所；中国铝业置业发展有限公司、中国节能投资公司、中国华能集团公司、中国电影集团公司等大型企业集团。本年，街道迁回异地纳税企业21家。

环境建设 筹集资金540万元，改造道路9000平方米,重新铺装甬路2685平方米，新建排水管线236米，完成志强北园、罗庄东里、文慧园、蓟门里4个老旧小区甬路修复、简易绿化和围挡墙粉饰等环境整治工程。完成学院南路32号院等四个社区、8栋517户居民的通天然气工作。建设7个垃圾分类小区21座垃圾站，清运无主垃圾和渣土约60车180吨。配合区市政市容委完成对文慧西路、明光西路21700平方米道路改造及修建200米雨污水管线工程。对地区不明权属排水管网进行调查，共登记地区不明权属排水管线40条，共计18710米。完成2010年违法建设台账45处3329.12平方米和新生违法建设51处667.5平方米拆违任务。协调区停车公司投资96万，对明光村小区3000平方米停车场进行改造。投资20万元，成立“北太安达停车管理公司”，将原来的脏乱死角整修成7个“绿色停车场”。对地区978辆黄标车进行筛查，淘汰黄标车50余辆。与市容环境“夏季行动”工作相结合，集中公安、交通、城管等部门开展黑车整治“脉冲行动”。围绕“世界武博运动会”在首都体育学院周边开展环境布置和宣传活动。

平安建设 组建地区综治维稳中心和社区综治维稳工作站。建立矛盾联调、治安联防、工作联动、问题联治、平安联创等工作机制和工作例会、首问负责、情况报告、分类督办、检查考核等工作制度。投资60万元聘佣60名专业保安员用于巡防工作和联合执法行动,组建609人的安全稳定信息员队伍，负责安全信息的搜集与报送。为部分小区加安装门禁系统79套,监控探头328个，其中科技创安工程100个，老旧无主管社区224个，街道所辖幼儿园4个探头，辖区重点部位的物技防设施覆盖率达到100%。对辖区内的所有中小学、幼儿园进行拉网式安全检查，重点检查各学校、幼儿园的安全管理制度、用电安全、食品安全、防火安全以及紧急情况安全疏散设备设施的设置情况等。

开展建筑施工安全、食品卫生安全和和谐劳动关系工作专项大检查。分别检查北京邮电大学学生公寓工地、北京政法大学综合科研楼工地等5个在施工地，针对楼层临边防护不到位、一闸多机、二次接线不规范、消防通道不畅等问题下达书面整改意见。举办防震减灾知识讲座。在今典花园社区开展地震应急演练。在北京邮电大学举办消防应急演练。开展安全生产月活动，在枫蓝国际广场举办主题为“坚持安全发展，落实安全责任，服务核心区建设”的安全生产月宣传咨询活动。对1979年以前的老旧楼房和平房情况进行调查，共清查地区住宅楼房111栋，住宅平房29栋，公建楼房58栋，公建平房13栋，工业楼房7栋，工业平房17栋。对地区地下空间进行拉网式排查，重点检查管理证照、消防、安全疏散、人均居住面积等问题，共检查地下空间193处，发现、查处无证照运营工程13处，发现场检查记录单179张。6月9日，在北京北站附近一处在建工地内，挖出废旧手雷1039枚、废旧地雷38枚，经组织专业技术人员挖掘、清点、分类和包装后全部安全转移。

开展第六次全国人口普查工作，共核查各类建筑物7383栋，划分普查小区506个，选聘普查指导员163名、普查员760名、陪调员380名,完成70607户、208653人摸底统计任务。其中常住人口169945人，流动人口38708人。

民生建设 加强地区劳动保障监察网格化管理，采集一般企业、非企业单位等各类用人单位信息160家。加强“劳动用工规范一条街”工作和劳动维稳工作，共处理农民工集体讨薪事件及企业劳动纠纷6件10余起。其中建筑施工工地3件12起、企业3件，涉及农民工 800 人，金额 1300 余万元。3 次对地区所有的 KTV 歌厅、洗发店等进行清理整顿。对地区食品监督检查 150 户次，出动监督员 30 人次，车辆 10 车次，处罚 2 户次，罚金 2 户次。对红色江山、金悦酒店等 20 余家 30 人以上地区餐饮企业开展加班工资执法大检查。监测地区单位的空岗信息，采取“滴漏式”战术，实施全程跟踪服务，为地区失业人员、大学毕业生和外来务工人员分别举办专场招聘会。组织举办 11 场岗位招聘会，提供岗位 3300 余个，为 1320 人指导推荐就业，安置社区就业 341 人，1050 名失业人员上岗。开展来京务工人员就业、劳动维权知识培训，为来京务工人员提供免费职业指导和技能培训。为 60 岁以上的本市户籍老人免费开展流感疫苗接种工作，完成地区 1600 人外来务工人员的麻疹接种工作。创建“流动人口婚育证明代办制度”，为 1000 多名流动妇女代办婚育证明。

发放低保金 230 万元，办理医疗救助 12 万元，为困难学生发放学费救助金 11 万元。开展“情系玉树 抗震救灾”和“春雨抗旱救灾行动”公益捐款活动，为区民政局捐赠中心募集捐款 94297.00 元，为区慈善协会募集捐款 324503.55 元，合计 418800.55 元。开展“共产党员献爱心”捐款活动，收到捐款 114947 元，1976 人参与此次活动，其中个人捐款百元以上的人数达到 479 人。开展“送温暖，献爱心”捐赠活动，收到捐款 98560 元，衣物 7000 余件。为 7 个社区 27 处和 43 户残疾人家庭进行无障碍设施改造。免费为 160 名贫困精神病患者供药，为 56 名重度残疾人捐赠电子小帮手，为 106 名残疾人捐赠轮椅、手杖、肘杖、浴凳、助行器、腋拐等，将其中发病严重的智力和精神残疾人减免费用送入康复基地进行治疗。培训各类残疾人 28 人次，全部获得相关职业资格证书。为 46 名自缴社会保险的残疾人申请 192530 元补贴，为 9 名智力和精神残疾人办理社区就业补贴；成功推荐 1 名残疾人就业。为地区残疾人家庭发放节日慰问金 3 万余元，报销助学款 5 万元。为 2982 位 80 周岁以上老人新申办每人每月 100 元“居家养老券”的手续，发放 383 万元“养老券”。联合市液化气公司进社区开展液化石油气罐回购工作。完成辖区内 25 户廉租房、167 户经济适用房、610 户限价商品房的初审、上报；完成 115 户限价房、73 户经适房、33 户廉租房的专项核查及 55 户廉租房的复审。

举办人口知识宣传竞猜活动，开展计生宣传教育“三个一”创建活动[①]，创建 1 个人口文化活动中心和 5 个社区人口文化活动室，每一个社区一个户外人口文化宣传阵地，并按照户数比例配齐 623 名计划生育宣传员。9 月 3 日，北太平庄街道体育师范学院妇女健身示范站挂牌。9 月 19 日，在志强北园社区举办“2010 北京社会科学普及周科普进社区”活动。北太平庄街道被授予“北京市科学技术普及工作先进集体”。9 月 28 日，成立北太平庄街道总工会。

采取租赁部分商品房、收回“三产”用房、与驻区单位共享活动用房、协商开发商调整部分房产、收回街道出租房等措施，使 80%的社区达到区办公用房标准；投资 23 万余元，组建街道社区内部专网；为部分小区安装天然气管道、门禁、邮箱等，解决老楼通气、通邮和安全出行问题；组建地区“非物质文化遗产工作室”，在金五星市场成立“北太平庄地区人民调解调委会”。成立“北太平庄地区经济发展委员会”和“北太平庄地区高峰联谊会”，为驻区单位做好服务保障、促进经济发展。

基层党建 加强楼宇党建工作，拓宽党务服务范围。完成地区 11 座商务楼宇的建站工作，其中 8 个工作站、3 个联络点。走访京师大厦、庆亚大厦、枫蓝国际大厦、高德写字楼 4 座商务楼宇中的 168 家企业，提出“12345”商务楼宇党建工作站运行模式[②]。表彰 18 个先进基层党组织和 508 名优秀共产党员、优秀党务工作者、优秀流动党员。

地址：海淀区文慧园 68 号

邮编：100082

电话：82210600　82210613（传真）

【成立北太平庄地区经济发展委员会】 11 月 5 日，北太平庄地区经济发展委员会成立，委员会由学院路税务所，北太平庄工商所、派出所、卫生监督站、卫生服务中心、交通支队等地区相关单位和街道机关部门组成，职责是促进本地区经济发展，加强税源建设，做到“扩大增量保增长，稳定存量防流失”。

（孙骁）

【区首批重点扶持社区教育中心挂牌】 11 月 25 日，由区政府主办，区委教育工委、北太平庄街道办事处承办的“海淀区重点扶持社区教育中心颁牌仪式”在北太平庄街道举行，5 个社区教育中心成为首批受区政府重点扶持的社区教育中心。首批重点扶持的 5 个社区教育中心分别是北太平庄街道社区教育中心、西三旗街道社区教育中心、中关村街道社区教育中心、四季青镇社区教育中心和上庄镇社区教育中心。重点扶持社区教育中心的确定是海淀区为发展社区教育、创建学习型城市，继在全市首个开办社区教育学校之后，创新性地推出依靠街道乡镇开办社区教育中心来推进社区教育、助力学习型城市建设的又一举措。（周勇）

---

① 即保证每个居（村）有一个人口文化活动室、一个宣传阵地、一支宣传志愿者队伍。

② “1”即一楼一品，各商务楼宇党建工作站在确保各项工作维持正常水平的基础上，打造自身特色品牌。“2”即两个并重，即建党与党建并重、全面推进与典型培养并重。“3”即街道、社区、楼宇三方参与。“4”即党建工作、群团组织、行政职能和其他服务四方面工作。“5”即利用工作站宣传栏、党建博客、党建期刊等宣传平台，实现组织体系、规章制度、服务项目、工作人员情况、交流渠道五项公开。

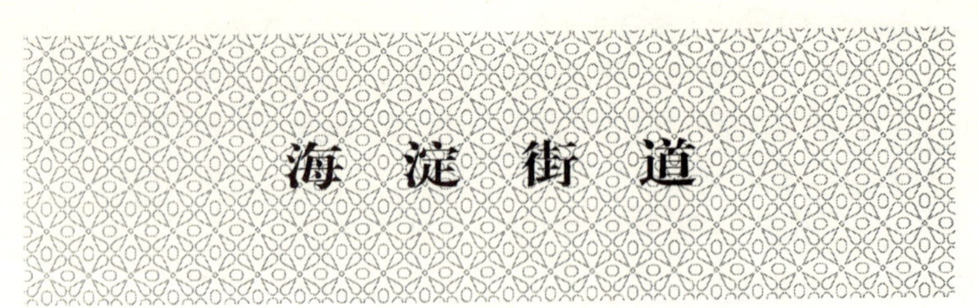

海淀街道

【综述】 海淀街道位于海淀区中部，1949年5月设海淀镇，1954年5月撤镇设街道，是海淀区的第一个街道建制。1963年3月重新设立海淀镇街道，1979年10月改称海淀街道。辖区面积6.9平方公里，截至本年底有33个社区居委会，居住人口13.02万人，外来人口4.57万人，中关村西区位于辖区内。辖区存量企业1068家，地税纳税总额为47.6亿元，比上年增加7.8亿元，增长19.49%；新增税源企业72家，新增地税税额660余万元；代征个人房产税、个人所得税、营业税共计2460多万元。本年街道被评为海淀区税源建设工作先进单位。

环境建设 年内，街道投入1300万元改善社区及周边环境，完成万北、飞达、海淀路、小南庄等6个社区的道路铺装、管线改造、改造绿地等工程。共铺设沥青20130平方米，硬化路面和停车场20450平方米，铺设雨水管线1400延米，新建挡土墙500延米。新建、改造绿地6750平方米，补种植物2万余株，铺设绿篱2万多平方米，种植各种花木3万余株。修缮稻北社区公园，封闭立新小区西门，重新铺设城乡超市南北出入口180平方米路面，改造门前停车场，设置岗亭、安装2部摄像探头，改善城乡仓储超市周边环境秩序。康桥蜂鸟园、锋尚国际公寓、万城华府龙园、万城华府尚园等4个小区被评为“首都绿化美化花园式单位”。完成年度拆除违法建设台账任务，拆除账内19处、共计3315.5平方米，拆除账外及新生违法建设31处、共计3027.64平方米，协助中关村西区管委会办公室拆除西区内大型卖场、大厦周边违法建设7处、共计600余平方米。

成立海淀地区联合执法队，开展“大排档整治”、“街面环境秩序百日整治”等专项行动，对违法停车、流动商贩、黑出租、黑导购等各类违法违规行为联合执法200余次，共处罚非法营运6起，查处节水案件30起、门前三包案件135件、违法渣土车案件54起、工地扰民案件9起，暂扣无照经营三轮车817辆、机动车售货16辆，罚款16.59万元。大力整治地区交通环境，引导市民文明乘车。街道获得市、区两级环境秩序“百日整治行动”先进集体、区遏制和查处违法建设工作先进集体、交通安全先进集体、文明乘车先进集体等称号。

平安建设 组织各类辅警力量8000余人次维护重点时期重点场所的安全稳定工作。组织联合执法队对中关村西区、四通桥、城乡周边、海淀路社区、紫金社区等市、区挂账重点地区，开展联合执法行动40次，各类宣传活动36次。组织巡防队维护辖区14个中小学及幼儿园周边秩序，在海淀区青少年宫设置青少年活动中心治安岗亭。街道投资347万元改造老旧社区的科技创安设施，对三环、芙蓉里、稻北等社区的技防设备、社区道路、照明、停车线、监控室等进行改造；对稻南、立新社区进行大门改造和封闭管理；为友谊、飞达、合建楼等社区的80余个单元楼门、1500余户居民家安装楼宇对讲系统；在航空港住宅小区安装彩色可视楼宇对讲系统；在友谊社区新建车辆出入管理系统；对航空港、立新、三环等社区400平方米的自行车棚实施改造。做好辖区流动人口和出租房屋服务管理工作，辖区登记流动人口52943人，出租房屋14298间。受理各类矛盾纠纷案件604件，成功调解567件，有效率93.87%。街道被授予海淀区人、物、技防建设先进集体、海淀区综治工作创新先进单位、海淀区社会治安综合治理工作先进单位。开展全国第六次人口工作，通过对辖区34个普查区的入户调查及数据统计，截至2010年11月1日零时辖区居住人口133244人，其中外来人口45926人。

开展安全生产大检查，检查地区生产经营单位1076家次，查处安全隐患412处，隐患整改率93%。举办安全生产咨询日、座谈等各种活动77场次。检查地区单位和娱乐场所1200余家，整改单位80家。举办大型消防演习20次。定期进行食品安全联合执法检查，打击食品非法经营行为。街道被授予北京市安全生产月先进集体、海淀区安全生产先进集体、消防工作先进单位等称号。

民生建设 挖掘就业岗位，加大职业培训和政策宣传力度，举办失业人员专场招聘会15场，提供空岗信息3100个，职业指导2088人次。城镇登记失业人员实现就业1580人，推荐就业675人，安置失业人员就业314；自主创业31人，创业带动就业642人。办理11名原北京知青困退进京、子女进京工作。完成1500余家用人单位信息采集工作，初步完成辖区用人单位信息网格化建设。开展“劳动合同宣传月”活动，举办“依法用工”专题培训会4次。处理工地劳务纠纷案件18起，涉及农民工173人，涉及金额135万余元，其中群体性纠纷案件6件，涉及152人，涉及金额132万余元。核实并发放大中型水库农转非移民就业培训经费17360元。街道获得海淀区完成人力资源和社会保障工作目标任务出色单位、大中型水库移民工作先进单位称号。

2009、2010 年街道就业情况统计表

年度	提供岗位（个）	推荐就业（人）	就业指导（人次）	安置就业（人）	带动就业（人）
2009	3583	1673	1200	245	522
2010	3100	1580	2008	314	642

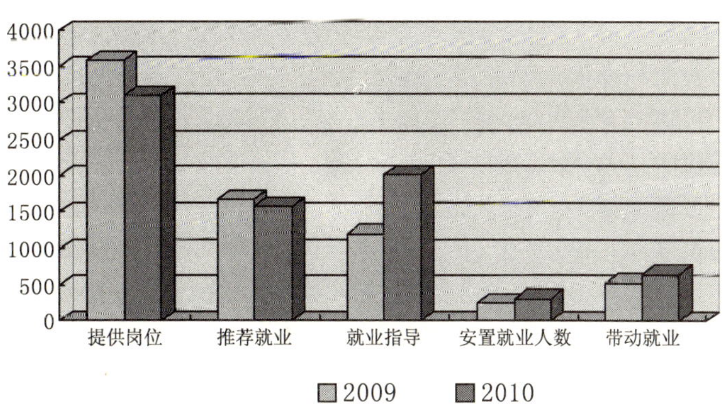

为退休、退养、“一老一小”人员报销医药费 3910 人次，共计约 962.4 万元，发放社保卡 8300 张。发放低保金 181 万余元，发放医疗救助、临时救助合计 20.3 万元，发放各类慰问金 66 万余元。签约居家养老服务商 87 家，在 33 个社区开展老年饭桌和托老所的普及工作。为 731 人办理老年优待卡、621 人发放居家养老服务券 267 万余元、33 人发放高龄津贴 16 万元；组织“春雨应急”、“情系玉树”、“民政社会捐赠”、“博爱在京城”4 次捐赠活动，共募集捐款 118 万余元，衣被 8000 余件；累计救助 200 户困难家庭、3 位少儿大病患者、98 户困难群众。街道获得“海淀区红十字会募捐救助特殊贡献奖”。建立海淀街道温馨家园，对残疾人进行专业技能培训,发放重残无业补助金 39.6 万元，为 35 户残疾人家庭加装厕所扶手、抓杆，为 20 个老旧小区进行无障碍改造。街道被授予北京市“示范残疾人温馨家园”称号。全年地区新出生人数 753 人，生育政策符合率 98.07%。审批、办理生育服务证及本市、外省户籍子女户口“随父入户”2440 人次，办理独生子女证 386 人，为地区 123 名无业、下岗、特困育龄妇女免费体检。连续 6 年举办“爱心牵手驿站”捐助活动，每年救助 10 名困难家庭的学生每人 500 元。街道获得北京市 2010 年度人口与计划生育先进集体称号。解答政策性住房申请等各种业务咨询 4200 人次，受理各类住房申请 1156 户，其中受理限价房申请 877 份，市备案通过 730 户；审查经济适用房申请 232 份，市备案通过 178 户；受理廉租房申请 47 份，市备案通过 26 户；各类入户调查 934 户，跨区协助调查 200 户。

2010 年办理各类政策房所占比例

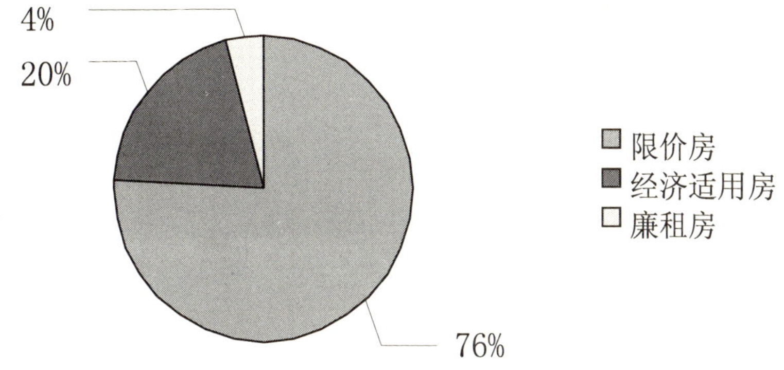

社区建设　改善友谊、汇新、小南庄、合建楼、芙蓉里5个社区居委会办公用房条件；新建社区服务站13个，社区服务站达标社区达27个，占社区总数的82%。投入资金160多万元，对社区服务站的硬件设施升级改造。邀请专家、学者对社区工作者进行能力专项培训，27名社区工作者取得初、中级社会工作师资格，占社区工作者总数的20%。举办“爱首都、讲文明、树新风”为主题的社区文化和公民道德建设活动，开展“首都特色精品社区”、“和谐社区”、“规范化社区”、“服务站标准化建设示范单位”等品牌社区的创建工作。街道创建人大附中、八一中学、稻香园西、苏州桥西4个首都文明社区，海淀路、飞达2个区级文明社区，碧水云天社区被评为管理创新型首都特色精品社区，新起点和倒座庙社区成为服务站标准化建设示范单位。打造“市民15分钟文化服务圈”，举办夏日文化广场、“和谐杯”乒乓球赛、登山、健步行等文体活动，全年放映电影158场。进一步构建学校、家庭、社区“三位一体”教育格局。获得海淀区群众体育工作优秀单位、“文化大擂台”优秀组织奖、科普工作先进集体等称号。规范一站式窗口服务，推进社会服务工作。构建群众事务呼叫工作体系，分拣转办案件750件，其中接收案件461件，转移各委办局和其他部门174件，承办287件，结办285件，结案率99.3%。办理人大代表、政协委员建议、提案4件，答复率100%。

基层党建与精神文明建设　开展“创先争优”、“锤炼党性做表率，建设海淀当先锋”、“党员作风建设年”、“优质服务年”等主题实践活动；开展“五个好”和“一社一品”[①]社区特色党建创新活动；组建30个商务楼宇党建工作站，在21个新经济组织中建立党组织，基本实现党建工作全覆盖。推进街道“团建百强街乡”创建工程，街道团工委在飞达社区和中关村图书大厦成立“社区青年汇”，开展“塑造低碳社区”、“青春红丝带”等主题宣传活动，带动地区楼宇团建工作；依托时代网络大厦党建工作站，街道工会、共青团、妇联联合开展企业员工联谊等活动。街道获得2010年度市级“五四”红旗团委及全市“两新”组织[②]团建工作先进集体。成立街道总工会，并召开第一次代表大会。推广工间（工前）操活动、举办健康生活知识讲座、职工职业道德知识竞赛，开展职工维权普法宣传，组织参加区总工会“长春杯”长跑越野比赛、第十八届职工艺术舞蹈比赛等各种活动，获得“海淀职工台球大赛”优秀组织奖、第十八届职工艺术节舞蹈、摄影比赛“优秀奖”等荣誉，街道工会被授予“2010年度优秀基层工会”、“优秀女职工组织”、职工互助保障工作“先进单位”等称号。

继续推进廉政风险防范管理工作，重点向处级领导干部及社区有公共权力的岗位延伸。贯彻落实党风廉政建设责任制，明确“一岗双责”，逐层签订《党风廉政建设责任书》；开展廉政宣传月、廉政图片展、警示教育、民主评议基层站所等活动，在街道机关和事业单位开展“小金库”和假发票专项治理工作；利用海淀区电子监察政务平台，对8个立项重点项目加强监督检查。受理信访案件5件，处理回复100%。被评为2010年度海淀区纪检监察信访举报目标管理成绩突出单位。（全宇红）

地址：海淀区丹棱街10号新海大厦

邮编：100080

电话：82666660

邮箱：gwb1404@163.com

【送“爱心菜”】　春节前，街道在万泉新新家园社区开展发放“爱心菜”活动，300份“爱心菜”被送到社区65岁以上的老人们手中，尊老爱老的传统美德在社区里向前延伸。

【五项措施提升中关村西区综合环境】　1月，海淀街道采取五项措施提升中关村西区综合环境：1.联合巡查队伍加大对各种交通违章行为的整治力度，发出《违章停车处罚通知书》2598份，处理违章停车144起，清走违规停放机动车1400辆。2.规范路面交通管理秩序，设置路面硬隔离护栏7062米，实现机动车与非机动车分道行使。3.加强西区交通秩序管理力量，新增100名交通协管员。4.整治倒卖票证、三轮车非法营运和鼎好、海龙、E世界三大卖场黑导购等行为，制定西区电子卖场管理办法及电子市场行业规范。5.对海龙、E世界等楼宇经营性质进行调查，掌握业态信息，为业态调整提供依据。（周勇）

【举办地区首届文化节】　5～7月，街道举办首届地区文化节。文化节包括“五月的鲜花”文艺汇演、休闲的智慧、民俗的魅力、健身的风采、奉献的快乐、科普的盛宴、“夏日文化广场”七大系列，以广场联欢，剧场演出、展览展示、讲座、棋牌竞技、书画摄影等形式，让地区群众参与文体活动。（全宇红）

【中关村西区公益劳动教育基地启用】　8月27日，由西区办与海淀街道司法所共同设立的社区矫正“中关村西区公益劳动教育基地”举行启动仪式。社区矫正“中关村西区公益劳动教育基地”能够加强对社区服刑人员的监督管理，发挥公益劳动的惩戒、教育和塑造作用，培养社区服刑人员的社会公德意识，是具有中关村西区特色的社区矫正公益劳动形式。（周勇）

[①] 即每一个社区培育一个文化活动品牌。

[②] “两新”组织，是新经济组织和新社会组织的简称。

中关村街道

【综述】 中关村街道位于海淀区中部，地处中关村科技园区核心地区。辖区东至京包线，西至中关村大街，北至成府路，南至北三环西路，总面积5.28平方公里，总人口24.13万人（其中常住人口15.94万人、北京市户籍人口14.32万人）。辖区有33个社区居委会，国家级科研院所28家，高科技企业等各类企业约13000余家，汇集5000多名科学家和高级知识分子，两院院士130余位在本地区居住。居民中具有大学以上文化程度的约占总人口的30%，是世界上少有的智力密集区，被誉为“中关村科学城”。

经济建设 全年对辖区2009年区级贡献10万元以上的企业进行认定:其中纳税10万以上的存量企业1600余家，纳税50－100万元企业600余家，纳税100万元以上企业326家。开展“三个一”走访（即每周走访一家重点企业、一家科研院所、一家委办局）及中关村沙龙活动，对接地区重点企业、科研院所、各相关委办局，做好服务工作并促进重大科研成果就近转化；定期召开异地回迁企业座谈会，解读政策，解决实际困难，促进异地纳税企业回迁；构筑“创新孵化通道”、“企业合作通道”、“快速办事通道”三个服务通道，深化服务内容，促进企业发展。截至年底，新增注册企业819家，吸引异地回迁企业12家。出台《中关村街道促进经济建设工作实施办法》，对地区税源经济建设做出贡献的单位给予分类奖励，奖励形式为支持企业再发展进行培训、考察，并对行业前十名进行表彰。

环境建设 全年清运生活垃圾近15000余吨，清除小广告约12万余张。对东南等6个老旧小区进行改造，完成知西社区南侧步道改造，大泥湾社区西侧出入口道路及步道改造，科星社区绿化及车棚改造，双榆树东里11号楼南侧道路改造，中关村南一街绿化改造，大泥湾1、2、3号楼楼间绿化及步道铺装改造。完成中关村南二街绿化改造，中关村北二条、北二街绿化提升改造，辖区公园绿化局部提升改造及景观绿化基础设施维护。开展“节后集中整治行动”、“百日整治行动”等活动，对五道口、青云北路、双榆树西里等重点地区进行整治。中国科学院软件园获得北京市爱国卫生红旗单位的称号。遏制和查处违法建设，拆除账内违法建设12处12225平方米，拆除账外违法建设3处740平方米，拆除新生违法建设35处1782平方米。小泥湾社区启动垃圾分类工作。

平安建设 围绕“三项行动”[①]开展安全生产工作。组成239个联合检查组，参加检查人数1210人次，检查地区单位1094个，排查隐患1872个，督促企业整改隐患1497处。1月上旬，针对地下空间经营场所安全生产情况开展为期二个月的安全专项整治工作，对地区62个地下空间单位进行检查，出动检查人员183人次,检查地下空间单位121个,排查隐患334个。4月初针对全市有限空间事故频发的情况开展有限空间安全生产整治工作，对42家物业单位进行业务知识培训、与各物业单位签订《有限空间作业安全生产责任书》，检（复）查物业单位67家，排查隐患114个。6月，开展“安全生产月”活动，举办3次安全生产法律知识咨询活动，并在中关村中学举办“安全伴我在校园、我把安全带回家”活动。7月份针对夏季危化品行业事故多发的特点开展针对危化行业的安全生产大检查工作，对地区的10家危化品经营单位和2家规模较大的汽修企业进行检查,发现隐患15处,隐患整改率100%。8月份开展为期3个月的针对建筑施工企业、危化行业和地下空间单位的严厉打击非法违法生产经营建设行为专项行动。

完成春节、“两会”、“国庆”、“武博会”、“十七届五中全会”等重大政治活动、节假日和敏感时期安保工作。完善治安防控体系。为科源等4个社区安装监控探头89个，为空间等6个社区安装门禁系统60套。加强对流动人口的服务和管理，全年新登流动人口近8万人，出租房屋14000多间，新增7416人，累计核销流动人口8199人，迁移2153人；在“百日核查”等基础调查摸底工作中共查出新房屋347间、变更2263间，撤销445间。修订完成各类应急预案12项，开展以地区防火、防汛为背景应急演练2次。开展人民内部矛盾排查工作，对重点矛盾纠纷实行领导包案，实现重点地区、重点部门集体访“零”指标。全年上报城市管理事件、部件案件10356件，立案10293件，立案率99.39%；承办案件2683件，及时率96.28%，结案率99.89%；承办区群众事务呼叫中心派遣案件619件，按期办结616件，及时率达99.5%。开展第六次全国人口普查工作，编制《中关村街道第六次人口普查实施细则》，划分普查小区，选调、招聘422名普查指导员和普查员，举办2场专题培训会，完成户口整顿，整顿后核对户籍数37561户，141733人，核准暂住人口67013人，登记现有人口156051人。

民生建设 全年推荐就业2736人次，其中312人次试用期满后留用，完成就业指标1440人。提出“依服务促就业，重细节送帮扶”的工作方针，采取多项服务措施，开展“就业援助月，帮扶进家门”活动，郑重帮助困难家庭解决基本生活、就业、就学、就医等困难。开展2010年春节前农民工工资支付情况专项执法大检查活动，共检查建筑企业4家2次，涉及民工450人次；餐饮服务业65家，涉及农民工321人次；其它用人单位46家，涉及农民工

---

① 指安全生产执法行动、安全生产治理行动和安全生产宣传教育行动。

209人次。查处举报案件3件，涉及农民工29人次，追讨工资1.41万元。6月22日，对辖区用人单位的劳动合同签订及“五一”加班费支付情况进行抽查。华清园社区被国家人力资源和社会保障部评为100个首批国家级充分就业示范社区。

全年发放社保卡4885张；为4989名“一老一小”、1084名无保障人员、173名无业居民办理参保手续；为260人办理药费报销92万元；为108人办理退休手续，接收退休人员313人。8月，开展社会救助家庭经济状况普查，完成辖区享受最低生活保障待遇的210户家庭、394名低保家庭成员审核工作，撤销19户超标家庭低保待遇。中关村街道社会保障事务所获北京市社会保障卡工程建设服务网点贡献奖。为辖区50名空巢独居老人免费安装按铃，为44名高龄老人配发“小帮手”（电子服务器），为67名老人安装座便器扶手，为55名老人配备浴凳，为26名家庭经济困难、行走不便且无轮椅的老年人、病人、残疾人免费发放轮椅。为4家医院、超市配备轮椅。双榆树社区卫生服务中心成立社区健康管理实验基地，居民无需挂号就可享受健康专家提供的免费健康咨询。街道与中国青年政治学院、北京华泰律师事务所合作启动华清园社区法律咨询项目，该项目以华清园社区为试点，通过每月一次的主题宣传活动和每周定时定点的法律咨询窗口服务为社区居民答疑解惑，提供社区公益性法律服务。春节走访军干、军工、地退人员286人，发放慰问品价值3万余元；走访超转人员发放慰问品价值近1万元；走访5户少数民族困难户，发放慰问金2500元；为6名地退超转人员发放生活困难补助3500元；为享受低保和生活困难补助人员发放两节慰问金101700元。发放辖区大中型水库农转非移民补贴款35840元。制定并实施《中关村街道养老工作总体方案》，通过试点设立居家养老员、开展地区老年人健康加油站、推进老年饭桌和社区托老所全覆盖等活动，探索居家养老、社区养老、机构养老新模式。黄庄社区招募老年养老志愿者，成立“老年人互助社”，试点实行“以老养老”服务。中关村地区老年人口占社区人口总数的17%以上，黄庄社区80岁以上的老人有262人。走访慰问23名侨界人士。开展“千名孝星 感动海淀”评选表彰活动。开展“青海玉树地震”和“春雨抗旱”救灾捐款行动，共募得善款50多万元。开展“送温暖 献爱心”捐赠月活动，共募得善款47366.1元，棉被、衣物等物资4600多件，折价近20万元。知春东里居委会在社区广场开展“情系灾区，心系同胞，奉献爱心”的义演、义卖活动，当场筹集善款近3000元。辖区30余家单位257人组建应急无偿献血队伍。为有需求的残疾人家庭进行“无障碍进家庭”改造工作；利用“温馨家园”组织辖区残疾人开展各项康复活动。5月12日，中英两国的20位青年志愿者与中关村街道的残疾人开展“关爱残疾人”社区交流活动。

全年发放《限价房核定表》8159份，市备案通过限价房2083户；发放《经济适用房核定表》2412份，市备案通过经济适用房420户；发放《廉租房核定表》267份，市备案通过廉租房68户。为中科院高科技人才开辟政策性住房申请绿色通道。在知春东里社区活动站开展“真情面对面——免费孕检进社区”活动。探索企业计划生育管理与服务模式，形成“发挥协会优势、以企业为突破口，拓展工作局面”的工作模式。地区全年生育政策符合率达98.04%。

社区建设　扶持和培育各类社会组织，形成政府、市场和社会多元主体良性互动的社会治理新格局。完善中关村企业联合会、社会工作联合会、文化建设联合会三大核心社会组织的工作机制，依托企业联合会，构建企业、社会组织、政府的良性互动和合作机制，促进地区经济发展；依托社工联合会，提供公共服务、公益服务和便民服务，促进地区社会建设发展；依托文化建设联合会，推进地区文化建设向精品化、组织化、产业化方向发展。8月1日，中关村街道“一站式”办公大厅在海中市场启用。黄庄等8个社区开展社区规范化建设。全年增加社区办公活动用房面积1000余平方米。新建东里南等6个社区服务站并配齐工作人员，年底前投入使用。全年组织培训社区工作者900余人次、120学时；有71人取得初级社工师及以上职称，占一线社工的1/3；全年组织社区居民会议对社区工作者评议考核2次，评议结果与社区干部的使用及其经济利益挂钩。选举产生街道总工会第一届委员会委员、经费审查委员会委员、女职工委员会委员。全年组织大型演出活动6场，参演队伍120个次，参演人员观众8000余人。组织第二届中关村地区精神文明单位运动会，地区20家单位的525人参加比赛。参与争创文明社区、文明单位活动。

基层党建与精神文明建设　开展“每月一次工作汇报、每季一次建言献策、每半年一次红色教育、每年一次经验交流”的楼宇党建“四个一”活动。全年建立14个商务楼宇党建工作站和15个党建工作点，实现楼宇党建全覆盖。为楼宇党建制作职责牌、公示栏、资料盒共计73个。开展“红色学堂”入企业、进社区活动，与北京理工大学合作，开展交流互学活动。基层党支部全年累计上党课137次。做好入党积极分子的培训和发展党员工作，年内共发展党员10名，为17名预备党员办理转正手续。开展创先争优活动，党员义务服务1000余人次，做好事200余件，提合理化建议100余条。开展“比思想、看谁境界高；比作风、看谁要求严；比干劲、看谁贡献大”的“三比三看”和“理论学起来、标准立起来、形象树起来、先进创起来”的“四个起来”活动。在机关开展中国特色社会主义创新理论和党的十七大、十七届五中全会精神传达学习活动。采取“领导带头导学、营造氛围促学、注重效果验学”等方式，使“七项监管制度”深入人心。

地址：海淀区黄庄小区818楼
邮编：100190
电话：62589700
邮箱：yuanqin0408@163.com

【中关村地区文化建设联合会】　2006年11月成立，原名中关村地区文体联合会，2009年7月更名为中关村地区文化建设联合会。本年，联合会开展一系列文化活动，举办以“尔以尔心缅英烈，吾以吾情穿凌霄”为主题的纪念“一二九运动”75周年演讲比赛、组织地区学生参加2010北京国际青少年公益电影节开幕式、太极“和合治疗仪”捐赠仪式、健康讲座进科研院所系列活动、“五月鲜花”文艺汇演、中关村地区书画摄影展、组织开展明星进社区系列活动（包括冬奥会冠军报告会、京剧名家戏迷票友联谊会）、中关村地区夏日广场专场演出（中科院研究生院专场演出、中科院老科技工作者合唱团专场演出）、中关村地区足球联赛和篮球联赛等活动。

地址：海淀区科学院南路31号

邮编：100086

电话：62627060

【中关村地区社会工作联合会】 2010年6月，由海淀区民政局社团办批准成立，其前身是2007年3月成立的北京市海淀区中关村地区社会工作协会。联合会内设会员工作部、项目部、网络信息部；下设义工分会、慈善协会。中关村地区社会工作联合会是以利他精神为主导、以科学知识为基础，运用科学的方法进行助人服务的应用性专业协会。联合会整合中关村地区各类社会资源，为社区居民提供包括社会救助、社会福利服务、就业服务、社区管理与服务、医疗康复服务、社会行为矫正、基本权益维护等非营利性社会服务；本着公正、爱心、守信、奉献的准则，主动地采集社区居民实际需求，筹划和实施各类为民、便民、利民项目。联合会还承担原先一直由政府主导的部分社会团体机构的职能，如义工分会及慈善分会的工作。本年，联合会推出“爱心拍卖义卖”、“温馨家园”、“社区老年饭桌”、“便民菜站”、“关爱助学”、“环境监督志愿服务”、“中关村低碳生活圈”等项目。获“中国青少年网络普法基地”、“志愿者服务工作先进集体”、“社会公共服务项目先进单位”等称号。

地址：海淀区科学院南路31号

邮编：100086

电话：62572802

【中关村地区企业联合会】 中关村地区企业联合会成立于2008年9月11日，是经北京市海淀区社会团体管理办公室依法核准登记服务于辖区企事业单位的非营利性社会团体。职责是：为企业提供精准服务，架起政府与企业之间的桥梁，加强企业之间合作与交流，促进地区政、产、学、研、金的互动合作，加快高科技项目产业化，推进企业规模化、国际化发展的进程，推动中关村地区经济的迅速增长。企联会下辖高新技术、金融、物业地产、餐饮酒店、商业零售、中介服务、文化创意、教育培训8个协会及投融资、侨资外资、人力资源与劳动仲裁调解3个委员会。在高新技术协会下设立软件、互联网、电子信息、生物医药、新材料/新能源、节能环保、航空航天7个产业联盟。截至2010年底，企联会共发展会员3000余家，核心会员300家。（袁芹）

地址：海淀区科学院南路31号2层服务大厅

电话：62621484　62542654

邮箱：zgcql@vip.163.com

网址：www.zgcql.com

【举办中关村地区创新产业论坛】 1月27日，2010年中关村地区创新产业论坛——中关村街道推进核心区建设实务交流会在融金国际酒店举行。本次论坛由中关村街道主办，中关村地区企业联合会、中关村地区文化建设联合会、中关村地区社工协会协办。论坛由机制创新对话、金融创新对话、科技创新对话、企业创新对话、社会发展对话5大板块组成，力图以政策面对面的形式，架设“零距离”沟通桥梁，为科技产品走向市场搭建政策指导、资本注入、产品转化、市场销售、功能服务等一体化平台以助推核心区建设。

【本区首家社会工作事务所成立】 6月30日，在中关村地区社会工作联合会的基础上，成立海淀区首家社会工作事务所——海淀惠泽社会工作事务所。作为一家开展社会工作专业服务的民办非企业单位，主要为中关村地区居民提供公益服务。按照项目化管理、专业化服务的思路，建立完善统一运作平台，形成以助托服务、公益讲堂、专业社工孵化、公益慈善四大类品牌服务项目为核心的服务模式。

【中关村残疾人获专款帮扶】 从6月起，中关村地区的残疾低保人员每月都能得到来自地区企业的物质或服务等不同形式的扶助，每月至少有6000元专款专用于地区百名残疾低保人员。

【承接英国青年100人代表团社区交流项目】 6月30日，中关村街道团委承接“中英400－青年交流计划”英国青年100人代表团的社区交流项目。项目主题为“环境和健康生活”。太阳园社区为英国青年展示了温馨家园、手工编织、书法练习、环保家庭、居民合唱等环节，展现出中国社区的日常生活状态以及中关村人的精神风貌。“中英400－青年交流计划”是2008年温家宝总理与英国首相布朗就建立中英青年交流机制达成共识之后，受两国政府委托，团中央以全国青联名义与英国文化协会共同实施的项目。2008年至2010年开展中英各400名青年互访活动。

（周勇）

学院路街道

【综述】 学院路街道位于海淀区东部，与朝阳区毗邻，成立于1963年4月，原称五道口街道，1968年3月改为东升路街道，1991年1月更名为学院路街道。有29个社区居委会，面积8.49平方公里，户籍人口19.32万人，流动人口4.8万人。辖区地处中关村科技园区中心区域，是中关村科学城的重要组成部分。内有中国农业大学（东校区）、中国地质大学（北京）、中国矿业大学（北京）、北京林业大学、北京科技大学、北京语言大学、北京城市学院、中国人民大学继续教育学院、中关村学院等9所高等院校；有石油附中、钢院附中、地质附中、矿院附中等中小学校11所；有中国石油化工集团公司石油化工科学研究院、中国石油化工股份有限公司石油勘探开发研究院等国家级科研单位10所，2204家企事业单位，其中建筑业39家、商业（批零住餐业）943家、服务业（包括社会组织）1100家、房地产业70家，工业29家，邮电运输业23家，是北京市及本区科技、文化、教育最密集的地区之一。

经济建设 本年，街道将核心区建设作为全年工作重点，在全体街道工作人员和社区干部中开展“我为核心区建设做贡献”大讨论活动，努力将思想认识统一到核心区建设上来。结合十七届五中全会精神、十二五规划等主题开展讲座、参观、座谈等各类学习活动，进一步转变思想。街道成立由党政主要领导任会长、地区职能部门、地区单位和区相关部门负责人为成员的学院路街道服务经济发展联席会，制定服务地区经济发展工作方案，明确责任部门和分工。成立海淀区工商业联合会学院路地区分会，与中国工商银行北京海淀支行签订战略合作协议，为地区工商联会员企业融资、贷款等提供便捷服务。协助768厂、北京科技大学等单位解决招商发展问题。通过落实分片承包责任，走访异地纳税企业和16家重点引进企业。

环境建设 承担北京市首届武搏会中国农业大学和北京科技大学场馆比赛服务保障工作，对比赛场馆周边围墙和破损路面进行粉刷、维修，在周边主要道路插放彩旗500余面，摆放鲜花6万余盆。赛事期间累计出动各类环境保障人员2000余人次，开展联合执法行动4次。全年共拆除账上12处、账外9处、总面积为10.5万平方米的违法建设，遏制新生违法建设32处、2265平方米。投资829万元对建清园小区实施甬路修复、外墙粉饰、无障碍改造、公共照明、绿化补植等改造项目。投资44万元开展二里庄小区停车场建设工程，新增停车位52个。倡导绿色低碳理念，在29个小区开展垃圾分类工作，设置各类户外垃圾桶6700余组，发放垃圾分类宣传品1.5万件。组织地区230家餐饮企业、单位食堂登记并填写《北京市餐厨垃圾排放登记表》。为六道口社区252户居民家庭更换塑钢窗近5000平方米。

平安建设 成立学院路地区综治维稳中心，制定《学院路地区综治维稳中心建设实施方案》，按照“深度协调、主体不变、信息共享、打捆作业、提高效率”的工作思路，统一受理矛盾调处、维护稳定、平安建设和城市综合管理等事项，通过联防、联调、联治、联创、联动方式提高行政效率。中心全年接待并处理各类来信、来访及群众事务呼叫中心转办事项248件次，全部按期办结，市民满意度100%。

对烟花爆竹销售点、出租房屋、重点生产经营单位、建筑工地进行专项检查约2000家次。对地区22所中小学校、幼儿园进行安全检查，与地区5所未注册幼儿园签订安全责任书。联合北京语言大学、金码大厦等单位开展消防演练。取缔成府路、五道口、林大北路等重点区域摊群市场10余处。投入78万元，为城建四、六道口、768厂老旧社区新装探头56处。成立学院路地区城市综合管理指挥中心，以区域内自然道路和标志物为界划分14个网格区域，实施城市综合管理网格责任机制，采取条块结合、以块为主、细化到格、责任到人的精细化城市管理工作模式。整合公安、工商、交通、卫生、城管等各类社会力量，建立责任防控、巡查管控、例会、协商、联合执法及考核奖励机制，提高城市管理问题的反应速度和处理效率。开展地区城市街面环境秩序“百日整治行动”。

民生建设 开展“就业政策进社区”、“周末政策援助大讲堂”系列活动，采集空岗信息3559个，举办职业指导课程35期，为400余名失业人员进行就业心理辅导和再就业指导。开发社区就业岗位553个，安置失业人员519人。全年地区失业人员实现就业1402人，就业率为82.99%。通过北京市劳动局“劳动用工规范一条街工程”工作验收。

全年走访慰问各类民政对象900余户，发放慰问金、慰问品价值33万余元。办理市区各类助残补助181人次。成立街道残疾人工作委员会。发放居家养老服务券274.1万元，发放高龄津贴21.9万元。35名老人被评为“2010年度学院路地区健康老人之星”。为地区流动人口中的已婚育龄妇女进行集中孕检389名。举办社区大课堂健康讲座80余场次，直接受益6500余人次。29个社区全部创建成为“北京市健康社区”。成立住房保障办公室，共审核申请家庭2211户、专项核查632户、登记申请家庭996户、完成意向登记649户。开展住保政策网络直通车活动，进入高校和科研院所宣传住保政策，为500余名教师、科研人员办理保障性住房申请。开展抗旱救灾、情系玉树、送温暖献爱心等主题募捐活动，募集捐款71万余元、衣被7千余件。

开展第六次全国人口普查工作，对地区3524幢建筑物进行入户摸底。

基层党建与精神文明建设 开展以“把握世情国情党情的深刻变化，加强和改进新形势下党的建设”为主题的学习十七届四中全会精神讲座。以“三创一争”[1]活动为载体，开展创先争优、优质服务年、党员作风建设年等主题活动。分三个层次在机关、社区、两新组织开展创先争优活动，开展“锤炼党性作表率，创新发展当先锋”、“我是党员我带头”主题实践活动。在社区党组织中实施“一社一品”特色党建计划，招聘27名大学生社工补充社区工作力量，并制定《学院路街道社区管理层后备人才储备实施方案》。成立北京市海淀志愿者联合会学院路街道地区分会。成立学院路街道总工会，召开学院路街道总工会第一次代表大会。

地址：海淀区成府路15号

邮编：100083

---

[1] 指“创工作品牌、创和谐科室、创政务环境示范科室”与“争当优秀工作人员”。

电话：62311335　62329649（传真）
网址：hdxyl.bjhd.gov.cn

【为希望小学送温暖】　5月27日，学院路街道和北京旋极信息技术股份有限公司到保定市唐县歇马村旋极希望小学，将344个印有卡通图案的书包、近千本图书以及部分体育设施送到孩子们手中。

【接待博茨瓦纳考察团】　6月26日，博茨瓦纳反腐败部门工作专员组成的考察团一行5人应国家预防腐败局邀请，参观二里庄社区服务中心廉政文化进社区活动。　（刘国威）

清河街道

【综述】　清河街道位于海淀区东北部，1949年5月建立清河镇人民政府，1959年11月正式成立清河街道办事处，1963年3月单独建置。街道辖区面积9.37平方公里，现居住人口14.5万，其中外来人口7.3万。社区居委会28个（本年新成立学府树家园第一社区和智学苑社区）。地区共有经济法人单位1360多家，其中有地壳应力研究所、中石化润滑油公司2个中央级单位；有金隅集团北京陶瓷厂有限责任公司等150多家市、区企事业、民营单位；有二炮司令部、空军装备研究院等4所部队大院；有北京二十中学、海淀区实验二小等中小学7所；有北京儿童福利院、北京第四社会福利院两家福利机构。辖区城乡二元结构特征明显，呈现"四多一少"局面：贫困、失业人员多，就业形势严峻；危旧平房多，易引发各类矛盾；新建小区多，新旧小区差距大；外来流动人口多，治安环境不容乐观；金融、科教文卫类公共服务设施少。

经济建设　贯彻落实海淀区经济工作会议精神，围绕税源建设开展多种形式的学习和培训，提高思想认识和服务意识，切实转变工作作风，创新服务方式，提高服务质量，落实服务措施，成立清河地区经济工作领导小组，将地区税务所、工商所、交通队、派出所、城管监察分队纳入组织机构，设立经济工作办公室，建立企业台账。截至年底，在清河税务所正常申报纳税的清河地区企业8271家，注册资金达500万以上的企业344家，纳税额超10万的341家，纳税超百万的5家，纳税超千万的3家。建立税源建设激励机制，制定《清河地区税源建设奖励办法》。1月30日，集百货、超市、餐饮于一体的翠微清河店。

环境建设　拆除违法建设和老旧小区改造以改善区域环境。制定"清河地区遏制和查处新生违法建设长效管理工作措施"，地区遏制和查处违法建设取得成效。清河地区共有各类违法建设点位1024个，违法建设面积234577平方米，按照"三年规划"安排完成2010年地区拆违台账任务83301平方米。2010年全年共核查疑似违法建设点位20余处，拆除新生违法建设点位10个，面积近1000平方米。对地区违法建设高发的力度家园等社区由专人进行重点巡查。组织20余次联合执法，出动执法人员千余人次，大型作业机械20余台，拆除朱房路、西二旗路、392公交车站西侧等地违法建设26000余平方米，违法建设责任人自行拆除违法建设15000余平方米。投资670多万元配合区市政管委对阳光北里小区、海清园小区、621厂宿舍区、毛纺北小区、西二旗铭科苑小区进行改造。阳光北里小区、海清园小区完成改造，621厂宿舍区、毛纺北小区、西二旗铭科苑小区完成招标工作。完成安宁庄路自西三旗横桥到安宁庄西路段大修工程，道路全长1060米，铺油面积约20000平方米，甬道铺设约6000平方米。完成清河四街南北主路大修工程，道路全长约340米、铺油面积约2000平方米。完成毛纺路（一期）大修工程，大修道路全长350米，铺油面积约5000平方米，甬道铺设约2500平方米。实施清河饮食服务楼天然气改造工程，为48户居民的生活提供天然气。清河街道全面完成地区集中居民区通天然气工程。完成领秀硅谷社区"防震减灾安全示范小区"建设。完成朱房地区矿材宿舍一户一表改造工程，解决因加气厂原有供水系统拆除后，矿材平房79户居民生活用自来水问题。

平安建设　以平安建设为目标开展地区综合整治。9月，成立地区综治维稳中心，整合地区执法、司法、信访等共计10多个部门的资源，制定"五联"工作机制（即：矛盾联调、治安联防、工作联动、问题联治、平安联创）和多项规章制度，组建"一厅两室"（即：群众来访接待大厅、调解室和会商室）。采取四级联席会议机制[①]、实行三级查勤制度[②]、加强宣传防范、在社区推广物技防措施，对重点高发案社区进行综合整治，完成国务院总理温家宝来地区调研的综合保障任务，完成敏感时期的社会面防控及安保工作，确保四个"零"指标[③]的实现。地区中小学、幼儿园的安全维护工作形成常态机制。完成流动人口和出租房屋信息采集和检查工作，共摸排流动人口10.1万多人，出租房屋

---

① 一级由社区防控工作领导小组组长或副组长参加；二级由重点社区防控工作领导小组组员参加；三级由重点社区民警参加；四级由社区巡防队队长和重点社区保安公司经理参加。

② 一级由派出所主管所长负责，每周不少于2次查勤；二级由社区民警负责，每周不少于4次查勤；三级由社区巡防队和保安公司领导负责，每周不少于4次查勤，查勤同时填写《勤务检查登记表》，汇总后在每月的四级联席会上进行通报。

③ 指无重大政治事件、重大群体性事件、重大刑事案件、重大安全生产事故的发生。

5155户，发放或签订各种宣传材料及责任书9万余份。绘制社区应急疏散避险图，成立社区防灾减灾工作小组。地区有社区应急救助队伍2608人，社区志愿者2208人，社区过渡性安置场所29.3万平方米。

开展矛盾排查调处工作。全年共接访63次，排查出矛盾纠纷38件。被列为区级重点矛盾的清河老街回迁户上访问题经多次协调取得进展，及时制止群体访事件发生。街道连续三年无重大越级访或恶意上访。调解各类劳动纠纷33起，结案率100%，上报各类城市案件13000余件，立案率98%。群众事务呼叫中心共接收456件，及时结案率85%，完成率93.22%。组织各项安全检查百余次，出动人员681人次，检查单位470家，查出安全隐患149处。

形成维护地区社会稳定的长效工作机制。成立由街道综治工作主管领导任组长，综治工作部、派出所所长任副组长，街道相关科室和地区部分物业公司为成员的清河地区物业系统社会治安综合治理工作协调领导小组，成员单位共58家物业公司。建立《驻区单位物业公司推进“平安清河”建设管理办法》等四项办法（制度）；建立健全责任落实制度、会议制度、汇商制度、报告制度、信息上报制度、培训制度、经验交流制度、检查考核制度及奖惩制度等9项工作制度，形成齐抓共管的工作格局，最大限度地实现社区内人力、物力、财力和其他资源的整合，使物业公司提高安全防范服务能力，参与和配合社区的安全防范服务工作。开展全国第六次人口普查工作。

民生建设 以促进就业和扶贫济困为主要方式解决地区民生问题。2010年共召开招聘洽谈会11场，开发就业岗位964个，安置失业人员590人，推荐成功300人，职业指导2200人，扶持“军嫂”就业，举办第7届军嫂招聘会。接收退休人员179人，为退休人员报销医药费177余万元；新办城市低保53户、127人，调整358户、736人，停发69户137人；为低收入困难家庭36人申办医疗救助，43人申办临时助医,21人办理临时助学；为37户高龄老人免费安装“一按铃”，为89名60岁以上老人办理老年证，为239名65岁以上的老人办理老年优待卡；新增享受居家养老补贴人员758人，特殊残疾人155人，发放居家养老服务券140余万元，发展清河地区16家为老服务商，老餐桌服务商15家，使地区老年人得到更优质、更放心、更便捷的服务。组织开展“春雨行动”、“支援玉树地震灾区”、“博爱在京城”等捐款活动，募集善款33.9万元;走访慰问残疾人549户，发放慰问金及慰问品7万余元；协调区残联投资近500万元在橡树湾购买300多平方米场地，建立首家残疾人示范温馨家园。投入73万元，在西二旗建设清河计划生育主题雕塑公园。保障性住房申请通过市备案1493户,其中限价房1027户,已配售238户；经适房通过401户，已配售165户；廉租房通过65户，租房补贴47户,实物配租18户。

以维护农民工合法权益为核心开展系列劳动保障工作。成立和谐劳动关系工地建设工作领导小组。深入地区建筑施工工地宣传劳动保障法律法规20余次，发放宣传材料5000余份，现场接待农民工咨询1000余人次。开展建筑施工企业负责人劳动保障法律法规培训工作，共举行专项培训活动6次、500余人参加。开展劳动保障监察工作，地区建筑施工企业劳动合同签订率达到85%以上。组织召开“和谐劳动关系工地评选表彰大会”，促进依法规范用工。为地区建筑施工企业培训劳资纠纷调解人员50余人。街道与北京市荣德律师事务所联合启动“社区法律大管家”活动，为居民提供免费法律咨询和服务。

社区建设 推进社区规范化建设工作。制定《清河街道关于推进社区规范化建设工作的实施方案》，完善社区居委会工作制度，梳理社区党组织、社区居委会、社区服务站三者的具体工作职责，强化社区居委会自治功能和社区服务站的服务功能。录用的16名大学生到社区工作，使社区工作者队伍的专业化、职业化水平提高。对社区工作者进行社区业务知识、社区工作实务、社区工作技巧、社会工作能力等方面的培训。14人取得社会工作师资格，27人取得助理社会工作师资格。投资8万元，统一制作社区上墙展板；投资14万元为阳光、花园楼、加气等社区更新办公桌椅；投资15万元为社区更换电脑16台、安装空调17台；出资50余万元，对老街、四街、朱房、花园楼、清上园等社区进行装修改造，对美和园办公用房进行装修，完成学府树家园、智学苑两个新建居委会的挂牌工作，改善社区居委会办公环境。

基层党建与精神文明建设 5月7日，召开创先争优活动动员部署会，下发《关于在各基层党组织和广大党员中深入开展创先争优活动实施意见》，制定《开展“讲党性、重品行、作表率，科学发展当先锋”主题实践活动实施方案》和《创建学习型党组织活动方案》。以创先争优活动带动社会领域党建。清河街道创立开放式党组织生活、争优课堂、和谐家园委员会三项社区党建创新项目，地区5个商务楼宇全部建立党建工作站，实现全覆盖。建立楼宇工会服务站，成立清河街道总工会。以“优质服务年”活动为契机，针对查找出的问题进行整改。严格落实党风廉政建设责任制，开展“五个一”系列教育活动及“七项监督制度”[①]教育培训，推进专项行政效能监察工作，做好保障性住房工作的廉政风险防范管理。加强对军转干部的管理。召开纪念建党89周年暨表彰“群众心目中的好党员”大会，对107名“群众心目中的好党员”进行表彰。

---

① 指《党政领导干部选拔任用工作责任追究办法（试行）》、《党政领导干部选拔任用工作有关事项报告办法（试行）》、《地方党委常委会向全委会报告干部选拔任用工作并接受民主评议办法（试行）》、《市县党委书记履行干部选拔任用工作职责离任检查办法（试行）》等四项监督制度，及海淀区委配套出台的《海淀区干部选拔任用工作有关事项报告制度》、《海淀区贯彻执行〈党政领导干部选拔任用工作条例〉检查办法》和《海淀区党委（党组）书记履行干部选拔任用工作职责离任检查办法》等三项监督制度。

开展各项群众体育文化活动。举办“聚焦两大节日，记录幸福生活”摄影展、“清河地区棋牌赛”、“春季跳绳赛”等活动。举办清河地区2010年“五月的鲜花”文艺汇演、夏日红色歌曲演唱会。（严博）

地址：海淀区清河小营西路20号
邮编：100085
电话：62912151

【海淀区首个公租房项目开工】 8月31日，海淀区首个公共租赁房项目——西二旗公共租赁住房项目正式开工。项目建设用地2万余平方米，由6栋9层板楼组成，住房总建筑面积5万余平方米。户型为一居和二居室，由海淀区政府按5700元/平方米的价格收购，可惠及692户家庭。（周勇）

青龙桥街道

【综述】 青龙桥街道位于海淀区中西部，1963年3月成立，辖区面积18.59平方公里，设24个社区居委会，户籍人口6.7万人，流动人口约6.8万人。辖区有颐和园、圆明园遗址公园等名胜古迹和中央党校、国防大学、军事科学院、中国林业科学院等中央、军队单位。

2010年街道以“双提升”[①]活动为载体，以“双打造”[②]目标为动力，结合地区实际，坚持“六个围绕”，实现“六个提升”[③]，进一步提升为驻区企业服务、为驻区党政军机关服务、为皇家园林旅游区服务、为地区群众服务的能力和水平。

环境建设 投资8万元，改造成府社区停车场；投资6.5万元，建设挂甲屯社区邮疗北口道路恢复工程；投资1.5万元，建设一亩园社区南口治安岗亭。区政府与街道共同出资173万元，对社区进行外墙粉刷、修建无障碍坡道、楼内墙体粉饰、甬路修复、修建下水管线等，其中圆明园东里社区修路440米，修建下水管线280米，增设下水井16座；福缘门社区修路240米，修建下水管线158米；挂甲屯社区修路388米，修建下水管线190米。汛期前对地区下水设施进行全面检修，疏通下水管线22591延米，清淘污水井356座，清理雨水口、雨箅子801个。协助区市政市容管委完成挂甲屯等4个社区10栋楼563户居民天然气老楼通气入户。街道申请196万元资金，将地区11个平房社区和13条自管道路保洁工作对外承包。完成上年冬天至本年春季共计11场大雪的扫雪铲冰工作，人工抛撒融雪剂12吨。购置垃圾车7辆、垃圾箱4个、翻建垃圾池7个。发现并处理违建案件139件，拆除上账任务124105平方米，拆除账外违法建筑1800平方米，完成全年任务。

开展“城市清洁日”和“爱国卫生月”活动。2010年是美国白蛾的高发期，街道组织人员、车辆、药品等为地区单位、地区居民提供消杀服务。出动人员100余人次，使用药品110箱，处理美国白蛾疫情12次。开展地区灭蟑行动，为24个社区发放药品2500盒，为145户孤寡、困难户家庭免费灭蟑。全年清除非法小广告43000余条。处理地区群众或网格指挥中心反映环境问题43起。

平安建设 组织对地区21家学校、幼儿园周边开展安全保卫工作。整治“黑三轮”、“黑摩的”和机动车等非法营运活动，完成“两会”机动车辆削减任务。提供视频图像查询40次，调取视频图像30次，上报案件5000件，接受承办案件580件，570件及时得到解决。与地区21个成员单位签订防火责任书，开展防火宣传，组织扑火培训，加强防火演练。对辖内2002年以来街道配发的家用灭火器进行检修，共收回2009年以前灭火器1410具，其中不符合检修条件灭火器308具。清理规范消防通道近千米，为社区居民购买灭火器1000具。建立预防煤气中毒工作台账，与3309户自主取暖用户签订责任书。建立45名在册“涉毒人员”台账，与地区单位签定责任书，开展争创“无毒文明小区、单位、社区”和“向日葵社区”活动。举办文明养犬社区活动，成立养犬自律会，组织养犬管理培训，注册登记1205条犬。加强对地区美容美发门店、废旧物品收购点、街头巷尾的游商、盗版图书、盗版光盘及政治性非法出版物的检查打击力度。对地区320米京包铁路线落实区域宣传、日常调查、环境整治、重点看护等措施。做好重大节日、重要活动环境保障工作，全年绿化摆花投资11万元32400盆，完成环境保障任务10次，出动220人次。

[①]提升机关凝聚力、吸引力、向心力，提升工作人员认知能力、执行能力、创新能力。

[②]打造五型团队、打造青龙品牌。

[③]街道围绕环境改善，不断提升地区环境建设水平；加强地区城市建设管理，积极开展市容环境的综合治理，努力实现地区环境的较大改观。围绕安全稳定，加强治安综合治理，不断提升辖区群众安全感；坚持和规范联合执法工作模式，加大对地区重点区域的整治力度。围绕改善民生，落实社会保障政策，不断提升地区和谐建设水平；促进基本公共服务均等化，着力抓好为民办实事工作。围绕夯实基础，理顺机制体制，不断提升社区工作水平；积极推进社区管理体制改革，开展依托社区服务站整合部门管理力量试点，提高社区综合服务管理能力。围绕队伍建设，强化品牌意识，不断提升服务能力和水平；继续深化“双提升”活动，加强“五型”团队建设，努力增强街道各类人员的学习意识、大局意识、品牌意识和服务意识，全面提高地区公共服务的能力和水平。围绕党建创新，坚持固本强基，不断提升党组织的凝聚力和战斗力；以“双争”活动为抓手，进一步发挥基层党组织的战斗堡垒作用和党员干部的先锋模范作用，推动街道工作实现新跨越、取得新进步。

开展“我为首都交通管理做贡献”系列宣教活动，地区交通安全管理委员会组织18名志愿者到魏公村路口维护交通秩序。加强重大传染病监控防治工作，完善食品、药品安全监管网络，整治非法行医黑诊所5家，查处大量非法药品，并对部分不明厂家生产的输液药品当场销毁。

组织开展信访疑难问题专项大排查，对排查出的信访案件，落实领导包案、确定责任单位和责任人。全年接待来访17次65人次，来信14次86人。通过社区人民调解委员会调处的矛盾纠纷共500多起，调解成功率达97%以上。开展第六次全国人口普查工作，街道设立24个社区普查机构、523个普查小区，选调普查员798名，普查指导员122名，编发《人口普查简报》12期，举办各类普查业务培训班40余场次，参加人数2000余人次。完成132292张短表、13002张长表的填报。

民生建设　落实就业目标管理责任制，地区实现就业1018人。组织失业人员培训152人、职业指导2357人次。举办劳动技能培训班7期，开发社区就业岗位530个。安置失业人员530人，实现创业49人，带动就业320人，失业人员推荐成功314人。召开大型招聘会5场，采集空岗信息2324个，完成全年任务的116%。5月4日至8月20日，通过开展信息查询、调查联系和分类汇总等，清理失业档案2600余份。在厢红旗路实施“劳动用工规范一条街”工程，规范企业30余家，从业人员756人，劳动合同签订率98%。全年受理拖欠工资投诉案件24起，涉及人数261人，解决拖欠务工人员工资57.2万余元。落实北京知青及子女户口回京政策，全年审核上报知青户口回京材料6份，办理户口回京6人。

做好保障性住房的调查、审核工作，全年受理申请585户，上报479户，通过备案398户，发放备案通知单320份，发放政策宣传手册800余份，接受政策咨询3950余人次，召开评审会10次。发放各种慰问金、养老券、奖励费、补贴等496.8余万元。为地区退休人员发放工资3000余万元，报销医药费、丧葬费1755万元。发放社保卡2198张。落实北京市居家养老（助残）服务“九养”政策[1]，在地区24个社区完成托老所、养老（助残）餐桌全覆盖。为地区6户老人安装“一按灵”，为2318名老人办理北京公园年票，为42名残疾人免费发放17台高靠背轮椅和25台普通轮椅。举办老年人健康知识讲座，组织老年人参加市、区合唱、舞蹈表演活动，组织老人座谈会、游园会，开展门球赛、登山等各种体育活动。地区53人被评为市级“孝星”，39人被评为区级“孝星”，5个单位被评为北京市为老服务先进单位。全年共接收社会化退休人员276人，办理退休手续115人。发放退休金1415人，3000万元；报销药费2890人，1700余万元。街道爱心家园为2400余户实施救济，发放粮油食品5600余件，14000千克；发放生活日用品2600件，总价值约10万余元。开展志愿者义务助教活动，为29户贫困家庭子女开展义务家教。继续深化青龙桥义务指路处服务品牌。年内“96156”接听热线电话320个，信息录入1100余条，服务单回访率100%，向各社区发放“96156”宣传海报600余张。为灾区捐款、捐物折合75万元。

社区建设　调整社区居委会领导班子，合理搭配社区人员结构，开展岗位轮转，发挥社区居委会自治功能。依法落实居委会事务公开和通报制度，定期召开社区协商议事和民意沟通会议。落实社区居委会工作例会和大院社区主管领导季度例会制度。进一步拓展“两极互帮”[2]活动的内容和形式，探索符合社区实际的共建互促模式。社区服务站副站长实行竞争上岗，公开招聘应届毕业生15名（其中博士生1名，研究生8名，本科生6名）到社区工作。以提高社区工作者能力素质为重点，由机关科室分部门、分专业对社区工作者进行培训，全年共组织各类培训15次。继续深化“三转、三拓展”[3]为核心理念的街道公共服务大厅工作，全年共接待群众办理事项2220件，解答群众询问2532人次，接待电话咨询2304人次，确保服务满意度达到100%。

基层党建和精神文明建设　分类推进各领域基层党建工作创新。突出加强对基层党组织的“五类规范”[4]工作，动员各基层党组织开展创新示范项目的申报，共收到创新示范项目25个。开展“星级党员”的评选和党员志愿者服务活动，发现典型、培育典型、宣传典型，促进党员先进作用的发挥。遗光

[1] “九养政策”包括：第一，从2010年开始，每年重阳节期间，在城乡社区（村）开展推荐评选“孝星”活动，全市命名表彰1万名“孝星”，并给予物质奖励；第二，建立居家养老券服务制度和百岁老人补助医疗制度，为80周岁及以上的老年人每人每月发放100元养老券；第三，利用3年左右时间在全市具备条件的城乡社区（村）建立养老餐桌，为老年人提供安全的配餐、就餐服务，并为行动不便的老年人提供家庭送餐服务；第四，建立城乡社区（村）托老所，争取用三年左右时间将托老所基本覆盖至全市城乡社区（村）；第五，招聘居家服务养老员并纳入公益性岗位；第六，市政府统一为每个街道（乡镇、地区办事处）配发一辆具有无障碍功能、带有全市统一标识的养老无障碍服务车；第七，依托96156社区服务热线，充分发挥社会各类心理咨询专业组织的作用，为老年人提供电话咨询、上门服务；第八，为有需求的老年人家庭实施无障碍设施改造，给居家生活的老年人提供洗澡、如厕、做饭、户内活动等方面的便利；第九，为有需求的65周岁以上老年人配备便携式“小帮手”电子服务器。

[2] 一极指的是青龙桥辖区13个中央直属机关、军事单位等大院社区，其环境建设和综合治安等项工作大部分由单位承担，起点较高；另一极指的是平房社区，地处城乡结合部，居民和农民居住在一起，管理难度较大。长期以来，大院社区和平房社区存在较大差距。为改变这种不均衡的两极发展趋势，青龙桥街道动员大院社区帮助相邻的平房社区，以更好的推动地区均衡发展。

[3] “三转”是领导围绕科室转、科室围绕大厅转、大厅围绕居民转；“三拓展”是街道公共服务的时间、空间和内涵均得到有效拓展。

[4] 即规范规章制度、规范工作程序、规范党内活动、规范考评评议、规范档案资料。

寺社区党员陈莘眉当选北京市百名“群众心目中的好党员”。举办青龙桥地区党代表课题研讨会。完成区委组织部组织的学习贯彻七项监督制度的检查工作和干部选拔任用规定的落实。组织纪念建党 89 年系列活动，宣传“群众心目中好党员”的典型事迹，激发党员的争优创先意识，提升党员的服务社会、服务社区、服务群众的责任意识。开展以“锤炼党性做表率，创新发展当先锋”为主题的征文活动，共收到征文 128 篇。举办入党积极分子培训班两期、发展对象培训一期，接收预备党员 9 名，预备党员转正 14 名。

人大街道工委举办人大代表视察、检查、评议老年人权益保障工作等活动 16 次，19 名代表出席海淀区第十四届人民代表大会第五次会议，提交批评建议意见 13 条，议案 4 件。8 月开展人大“代表联系选民月活动”，向选民征集意见 102 条。政协委员向上级相关部门提出关于地区城市建设方面的提案 2 件，其中 1 件已纳入城中村改造项目。

举办“五月的鲜花”文艺演出。组织参加第二届海淀风筝节暨北京风筝节邀请赛开幕式、海淀文化节开幕式及端午文化周。参加北京市第二届“白纸坊杯”腰鼓大赛，获得一等奖。成立青龙桥地区乒乓球协会，举办由部级以上领导参加的“中和城双拥杯”乒乓球赛。举办“林业应对气候变化、倡导低碳生活”为主题的林业科技活动周启动仪式暨专家报告会。暑期开办“夏日文化广场”电影放映青少年暑期档。开发青龙桥地区阳光计生网站。街道以各类社区协会为平台，开展业务指导和服务，今年共开展摄影知识讲座、合唱培训讲座、美学讲座等培训大课堂活动 10 余次，举办健身项目表演赛、摄影作品交流、展览等活动。组织合唱协会会员团参加由北京市老年艺术协会、中国音乐家协会、中国网络电视台喜乐乐频道联合主办的“银发时尚·相逢重阳——第五届北京市老年合唱大赛”荣获银奖。

在街道机关人员中开展“打造‘五型’(即学习型、服务型、和谐型、创新型、廉洁型)团队,打造青龙桥品牌”为内容的“双打造”主题活动。举办“双提升”[①]大讲堂 15 期，内容涉及到政策法规、民俗知识、健身保健、心理调试、国防知识等，培训人员 2000 余人次。实施干部暖心关爱工程，做好职工互助保险、健康体检、节日慰问等工作。成立青龙桥街道社区团支部。纪念“三八”100 周年之际，先后组织 30 名女军人，80 名社区妇女，10 名流动妇女共计百余人，参加区妇联的“忆百年妇运，赞时代巾帼”纪念大会，“倾心服务妇女民生，合力促进社会和谐”三八维权周主题活动，“健康社区行之关爱女性健康行动”等三八系列纪念活动。

利用街道廉政风险防范网站平台，开展经常性党风廉政教育，对街道党务、政务工作实施监督。组织文明街道、文明社区创建、指导、评选、复检工作，申报青龙桥街道为 2010 年度区级文明街道，申报中央党校社区等 15 家社区为 2010 年度区级文明社区。启动 1996–2010 年海淀区志（青龙桥街道部分）的编纂工作，完成 12 万字的资料长编。编辑《辉煌 2009》街道工作画册，记录街道在国庆安保、城市建设等六大方面的主要工作，收录 165 张照片，撰写文字 5000 多字。

地址：海淀区安河桥东 1 号
邮编：100091
电话：62862269　62862269（传真）
邮箱：Yangyanling3967@sina.com

【《社区党建》实践基地成立】 3 月 24 日，青龙桥街道与新拓正亚文化交流中心联合举行《社区党建》杂志社实践基地成立启动仪式。街道利用新拓正亚文化交流中心《社区党建》杂志社，总结基层社区党建工作的经验，拓展街道社区党建创新项目的内涵，提升青龙桥街道社区党建工作水平。

【完成第八届中国公民素质抽样调查】 4 月，中国科协组织实施第八届中国公民素质调查，军科、颐和园两社区被选为抽样调查社区。抽样调查的对象是 18 至 69 岁的成年公民，调查目的是了解分析我国公民对科学的理解及对科学技术的态度等与科学素质相关问题的状况。街道采用随机起点等距抽样的方法，抽取 20 住户，通过现场录音，填写调查问卷、入户接触表等形式开展入户调查，完成地区公民素质调查任务。

【本市首家邮政下社区设点落户地区】 4 月 12 日，本市首家邮政下社区设点工作在国际关系学院社区进行，邮政下社区终端机安装至国际关系学院社区服务站并正式运行，青龙桥街道成为全市首家实现邮政业务进社区的试点单位。终端机可以为社区居民提供代缴电话费、水电费、燃气费等多项服务，还可预定定飞机票、火车票、演出门票等，全年累计收取各种费用 19 万多元。

【本市首家流动儿童早教活动站通过验收】 5 月 14 日，水磨社区与北师大幼儿园颐东苑分园在水磨社区设立早教活动站，以解决青龙桥地区流动儿童的早教问题。活动站有亲子园地、图书阅览室、家长课堂等内容，每周五下午有专业老师免费为婴幼儿开展早教活动，对家长就婴幼儿早期的成长环境、早期的教养关系、早期的生活经验对儿童发展产生的影响等知识进行培训。6 月 10 日，活动站通过北京市教委早教基地验收专家组验收。

【厢红旗老干部合唱团获银奖】 10 月 9 日，由北京市老年艺术协会、中国音乐家协会合唱联盟、中国网络电视台喜乐乐频道联合主办的“银发时尚　相逢重阳——第五届北京市老年合唱大赛”在中央民族乐团音乐厅举行，地区合唱协会会员团——厢红旗干休所老干部合唱团参赛。此次大赛是历届以来，涉及面最广、参加人数最多、水平最高的一次，共有来自北京地区的市、区县、机关、团体、社区、学校以及国家部委、部队、大专院校的 50 多个合唱团队参加，厢红旗干休所老干部合唱团获得银

[①] 提升机关凝聚力、吸引力、向心力，提升工作人员认知能力、执行能力、创新能力。

奖。　（杨艳玲）

【青龙桥义务指路处打造城市名片】 青龙桥街道义务指路处通过培训大学生志愿者、建立“青龙桥地区义务指路网上家园”网站、开展“祝福寄语”主题活动等形式传播志愿服务精神，倡导文明礼仪。累计为颐和园游客提供服务30余万次，已成为青龙桥地区的重要志愿服务品牌，成为颐和园游客认识北京的窗口和平台。　（周勇）

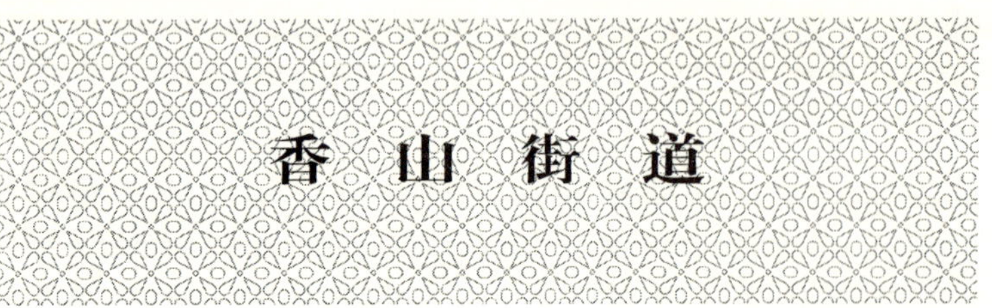

香山街道

【综述】 香山街道地处海淀区西部，1986年2月成立。辖区面积20.40平方公里，设有6个社区居委会。户籍人口12622人，流动人口近2万人。辖区地处旅游风景区，有香山公园、碧云寺、卧佛寺、北京植物园等名胜，有双清别墅、孙中山衣冠冢、教育家熊希龄墓及京剧艺术大师梅兰芳墓等。本地区是中央首长的驻地，又是典型的城乡结合部，农居混杂，流动人口多，管理难度大。

经济建设　街道以送服务、送政策为手段，以保存量、增数量为目标，努力为企业和纳税人提供服务，成立服务地区经济建设发展领导小组；建立街道领导班子成员联系辖区企事业单位制度，定期调研、走访、慰问，了解企业发展经营状况，听取意见建议，为企业解决实际问题；成立企业家联谊会，建立企业家联席会议制度，定期进行交流沟通，促进企业共同发展。街道辖区现有基本单位361个，个体工商户773户，纳税在10万元以上的企事业单位23家，分税企业4家，有发展潜力的中小企业4家。

环境建设　本年，街道成立香山地区环境建设委员会，统筹协调、指导地区城乡环境建设工作。投资160余万元，对北营村道路进行铺装，共铺设方砖路面300余平方米、道牙砖130余米；对六号院小区院重新绿化美化，改造破损道路，设计楼宇间活动广场，铺设透水砖1296平方米，铺设停车场地面1200平方米、路沿砖500米，种植各种花木4266株，地锦植物10000余株；改造香山峒峪村西侧道路，铺设沥青路面1500平方米、道牙砖500余米；对香山小学至杰王府路周边环境进行整治，加宽道路、铺装步道、清除垃圾渣土、进行绿化种植，铺设沥青路面300余平方米、透水砖步道2800平方米，种植绿篱400余米；峒峪健身广场重新铺装700余平方米，扩大健身广场面积达400余平方米，改建碧云寺广场，在两健身广场各建一个休闲凉亭。完成通往香山塔后村道路的改造；新建东岳公寓桥梁，宽9米，长13米，载重量70吨。

本年，街道将拆除违法建设工作列为地区环境建设的重点内容，制定《开展环境整治及遏制和查处违法建设行动工作方案》，成立工作领导小组，以逐步消除既有违法建设为目标，以防控新生违法建设为工作重点，在社区居委会设立专职巡查员负责社区巡查，发挥城管监督员的作用，实行零报告制度，遏制新生违法建设。拆除违法建设12处，3550平方米，按期完成三年拆违首年30%的目标。拆除3处新增违法建设。

对辖区城市管理进行全面有效监控，对城市运行问题及时发现，及时处置，上报案件3993件，立案3974件，结案率、及时率均达到99%以上。对挂账重点地段（香山公园、植物园周边）的无照经营、非法小广告、杰王府路两侧堆物堆料、中小学校周边环境进行集中整治。组织大型联合执法7次，出动车辆100余车次，出动人员500余人次，发放宣传单1万余张，查扣取缔无照经营64起，清理小广告3500余张，清理各类垃圾渣土450余吨。开展垃圾分类工作，在北炮、六号院社区、香山饭店家属区，宣传垃圾分类的具体方法、标准及相关政策，筹建垃圾分类指导员队伍，指导督促社区做好垃圾减量工作，地区综合环境得到提升。1月2日的大雪，造成辖区周边道路积雪，街道启动应急预案，用3小时打通买卖街、煤厂街、杏林山庄路等主要道路，清运积雪约35000立方米，恢复居民群众正常生活秩序。“桃花节”、“红叶节”期间，街道成立园外综合管理指挥部，召集相关职能部门召开协调会，制定工作方案和应急预案。“桃花节”期间共计接待游客90余万人，相关部门查扣黑车4辆、无准运证渣土车8辆，取缔无照游商15起，清理垃圾300余吨，查扣小广告500余张，清理1000余张，发放宣传品5000余份。“红叶节”期间共接待游客122万余人，相关部门开展联合执法共计14次，参与执法300余人次，检查商户100余户，规范门前三包300余处，查处无照商贩30余起，处理违法商户5户，查处黑车7辆，清运垃圾650余吨。桃花节、红叶节实现旅游环境平稳，交通秩序顺畅，卫生环境干净，社会治安稳定的目标。

平安建设　发挥民事调解委员会和街道信访机制作用，深入社区排查化解民事纠纷，做好信访工作，实现无越级上访、无群体上访、无重大节庆日敏感日上访目标。成立地区综治维稳中心，组建安全稳定信息员队伍，严密组织重点时期、敏感时期治安防范工作。在全区29个街乡镇社会治安综合治理工作考评中获第6名。开展文明村庄（社区）创建工作。12月20日，全区首家“三中心”[①]在四王府社区挂牌成立。

---

① 社区综治维稳中心、社区服务中心、新居民服务中心。

护林防火工作实现无火警、无火情、无火灾。加强宣传、培训、整治力度，构筑消防安全防火墙，确保地区消防安全。完善出租房屋税收奖励制度，本年出租房屋税收达到 28 万元。开展森林防火、预防煤气中毒、安全生产、劳动安全、食品安全、计划生育等工作，保障地区安全稳定。开展第六次全国人口普查工作。

民生建设 开展上门“送温暖、送政策、送岗位信息”等活动。强化对求职人员的职业指导、职业培训、职业介绍，促进社区就业。对 1500 余人次进行职业指导，发布岗位信息 1000 余条，推荐 298 人就业。办理灵活就业、自主创业 83 人，其他形式就业 89 人，合计就业 172 人，完成全年就业指标的 114%，无“零就业家庭”。10 月 22 日，香山街道总工会成立。

本年，以“慈善工作站”和“爱心家园”为救助平台，对辖区 76 户低保家庭和低保边缘家庭进行分类救助，共发放救助款及救助物品 17.28 万元。对 58 户 115 人进行低保复审，完成低保家庭经济普查工作，发放低保金 36.2 万元，重残补助金 3.12 万元。为 32 人次低保家庭办理医疗救助，发放医疗救助金 2.9 万元，临时救助金 1.6 万元。为 584 人发放社保卡。为无业、“一老一小”、公益性就业组织人员、退休人员报销药费 225 万余元。为 600 名外来务工人员接种麻疹疫苗，为 420 名学龄前儿童补种疫苗。“支援玉树地震灾区”社会捐助活动募集捐款 147780.90 元，衣被 1508 件。以“温馨家园”为依托，开展各种助残服务，安置 6 名残疾人就业。6 月通过北京市残联“人人享有康复服务”工作验收。探索居家养老服务新模式，逐步建立健全“社会力量投资、街道进行监督管理、服务对象签字认证”的管理运作模式，与 13 家服务商签订服务协议，定点服务商基本覆盖 6 个社区，为 349 名 80 岁以上高龄老人提供家政、就餐、医疗等服务。街道被北京市评为“2010 年度北京市为老服务先进单位”。投资 15 万元在中科院植物所西墙外建成 150 多米长的计生文化长廊。对 5 栋楼 163 户居民进行天然气改造。加强供水系统改造升级。为香山南营 90 号至 123 号接入地区水站供水管线。完成地区育龄妇女信息系统数据库（WIS）与北京市全员人口管理信息系统的培训和转换工作，地区 0—100 岁的常住人口纳入数据库管理。本年受理住房申请 104 户，审核上报 99 户，通过市、区备案家庭 82 户。

社区建设 为 6 个社区更换办公设备和宣传娱乐设备，提高社区专职工作者待遇，开展多种形式的业务培训。开展特设精品社区、和谐社区、规范化社区创建活动。开展“凝聚促和谐”棋类赛活动和“祖国颂”文艺演出活动。开展“一社区一品牌”创建活动。北炮社区被北京市评为精品社区，四王府社区、北炮社区服务站被评为区规范化服务站。投资 3 万余元为各社区文艺队和街道文艺队购置服装、道具等器材。举办主题为“我的海淀、我的家”五月鲜花文艺演出活动。四王府社区腰鼓队参加北京市“白纸坊”杯腰鼓大赛获优胜奖。举办第三届香山文化论坛，出版发行《香山寺庙与旗营》一书。启动周末大讲堂及市民讲外语活动；开展“优质服务年”活动，组织 6 支服务队 8 次深入工地、学校开展便民服务；开展“共建核心区”宣传实践活动，有 4 个组织、3 位个人获得市、区表彰；启动散居社区文明创建，第一社区获区级文明社区称号；成立 8 个青少年科普体验中心、建成海淀区第一家青少年科普教育基地，成立全国第一家社区青少年宫。与中科院北京植物研究所、南植社区居委会合作创建社区矫正公益劳动教育基地，与街道保洁中心、社保所建立矫正帮教过渡性就业安置基地，成为全区首创。“香山法律援吧”成为香山普法品牌。自来水管理站员工汪勇被评为文明北京新市民，香山居民韦学义被评为“全国孝亲敬老”模范。

96156 服务平台、义工体系建设见成效，各类公益活动收到良好的社会效益。成立海淀志愿者联合会香山街道地区分会，分会以地区“两节”为主要载体和平台开展卫生防疫、“流感”防控、“麻疹”和“手足口病”宣传等服务。

基层党建与精神文明建设 组织中心组理论学习 12 次，参加区宣传部处级理论中心组学习典型单位发言 1 次。坚持双月学习制度。组织公务员参加超市培训学习 85 人次，组织 33 人参加电子政务学习。组织《公务员法》及配套制度的学习答卷活动。结合地区两新经济组织规模小、人员流动快的特点，调整党建工作指导员队伍，编印“香山街道两新经济组织党建工作指导员手册”，地区两新经济组织党建工作覆盖率达到 100%。组建地区两新经济组织联谊会，定期组织活动，交流情况。开展“作风建设年”活动，层层签订廉政承诺书，组织全体机关人员和科以上干部学习《廉政准则》。组织科以上干部到大兴监狱教育基地参观，15 名干部到海淀区法庭参加庭审旁听。向区纪委推荐街道开展廉政风险防范管理工作经验材料一篇，在 6 个社区开展反腐倡廉好做法和格言警句征集工作。制订《香山街道领导班子和领导干部开展廉政风险防范管理工作方案》、《香山街道关于行政投诉受理暂行办法》和《香山街道举报投诉工作制度》。开展“群众心目中的好党员”评选活动，举办“共建核心区，奉献在海淀”征文演讲，开展“我是党员我带头”主题实践活动交流研讨和学习十七届四中全会精神演讲比赛。公益宣传栏建设连续四年获海淀区一等奖。在《人民日报》海外版、《北京日报》、《北京电视台》等媒体刊播文字和影像新闻 120 余次。

（杨长春）

地址：海淀区香山一棵松 2 号
邮编：100093
电话：62591369（传真）
邮箱：xshjdbgsh@sohu.com

【建立社区康复互动中心】 2 月 26 日，香山“社区康复互动中心”在香山社区卫生服务中心成立。社区康复互动中心以社区残疾人为主体服务对象，面向所有有康复需求的人。中心拥有专业的中西医康复专家团队和康复治疗室。

【全国首家社区青少年宫落户香山】 7 月 28 日，海淀香山社区成立全国首家社区青少年宫。香山社区青少年宫由中国青少年宫协会事业部、海淀区文明办、香山街道办事处联合筹建，为全国首家面向社区的公益性青少年宫。将通过组织开展各类特长培训和丰富多彩的校外活动，实现其为青少年健康成长提供教育服务的功能，打造成地区乃至更广范围的青少年互动交流平台和社区文化建设中心，成为地区青少年进行思想道德教育的教育阵地和开展各类知识培训的学习园地。青少年宫将免费向打工子弟开放。（周勇）

西三旗街道

西三旗街道位于海淀区东北部，成立于2000年3月，辖区面积8.23平方公里，常住人口151897人，流动人口79729人，户籍人口72168人。有社区居委会30个（新增富力桃园社区居委会、药批联合社区居委会变更为清润家园社区居委会），辖区为城乡结合部地区,流动人口聚集。辖区内有北新建材集团、北京北冶功能材料有限公司等高新产业基地，有中国电力科学研究院、中国邮政规划设计院等科研机构，北京信息科技大学等高等院校，武警总部直属支队、武警五支队、63926部队等驻军。

环境建设　年内，完成冶金西路（长414米、宽40米）、小营东路便道（面积2550平方米）的改造及前屯南路二期281米、永泰庄路东段136米的道路修建；完成永泰园北路、宝盛路、永泰庄北路三条道路大修；对25个社区进行无障碍设施改造；在前屯南路中段沿线建街心花园1处；在知本时代小区南侧安装红绿灯1处；投资636多万元，对建材城东一里、公路四处、电科院、药批联合等4个小区进行改造。为永泰园二和药批联合2个老旧社区1945户的居民安装信报箱。4月14日，成立西三旗地区遏制和查处违法建设联合执法队，负责遏制新生违法建设和对上账的既有违法建设查处及后续管理等工作。全年出动执法人员10000余人次、开展环境综合整治行动500余次，拆除账内违法建设23处、27915平方米，查处新生违建20处、1905平方米；清除垃圾渣土8280余吨；完成1个党政机关、2个小区垃圾分类达标工作；在前屯南路中段种植国槐78棵；对建材西里、轮胎厂2个社区518户居民进行天然气改造。

平安建设　全年出动检查人员192人次对辖区地下空间生产经营场所进行安全生产大检查，下达整改意见书38份；会同执法部门对地区食品药品安全进行检查5次，取缔无照经营商户11户，处罚不规范行为商户62户；举办消防专题宣传5次，对辖区内人员密集场所进行消防安全排查治理92次，排查隐患162处，整改隐患152处；组织、协调地区单位进行消防演习9次；在南马坊西路举办防汛应急抢险演练。开展出租房屋和流动人口百日夜查和基础调查活动，对450家公司、680家门店、53家中介的流动人口员工16780人及近6万名承租的流动人口造册登记、备案；更新和上传流动人口及出租房屋的信息完整率达99%。建立地区综治维稳工作中心；组建地区安全维稳信息员队伍；为高发案社区居民户配置门磁报警器4000余个；完成9511、知本时代社区的科技创安工作。全年组织召开信访矛盾纠纷协调会8次，办理市长信箱、区转信访件、群众呼叫中心网上转来信件684件，接待群众来访18批156人次，主办区人大代表会上建议案3件，协办代表建议案1件，闭会期间代表建议案10件。完成第六次人口普查入户登记工作，截止到普查时点（11月1日零时）居住在本地区的人口为151897人，其中本市户籍人口72168人，流动人口79729人。

民生建设　开展“贫困家庭大中专毕业生就业援助”计划、“高校毕业生就业服务月”、“民营企业招聘周”等活动，针对就业人员的不同需求举办各种就业培训班3期，职业指导1700人次。开发就业岗位2761个，地区1400名失业人员实现就业和再就业。组织开展3次专项劳动监察和3次劳动法规及相关政策的宣传教育活动及培训工作。将龙岗路沿线70家企业作为“劳动用工规范一条街工程”工作的重点规范单位。对地区单位的用工情况进行检查520次，对300余家单位开据《劳动保障监察日常巡视检查登记表》。处理地区劳资纠纷37起，为797名劳动者追讨工资6878158元。完成用人单位网格化信息采集共1038家，录入系统969家。全年为地区12名群众及其家属办理知青回京、职工配偶进京的调动手续。对地区30人以下的用工单位开展创建“双百双规范”[①]单位工作，共完成单位达标70户。对地区已有的152家纳税在10万以上的单位进行走访和座谈。全年地区新增注册资金在100万元以上的单位92家。

启动“医疗服务进社区”工作，在宝盛里社区设置“健康小屋”进行试点，开展医疗服务进社区活动，免费为地区困难群体开展医疗服务39人次，家庭义诊19次，开展健康讲座58次；完成2个社区菜篮子选址和申报；开发送餐、送奶、理发、社区日托等20余项为老服务，提供服务达23920人次，地区有3个单位被北京市授予敬老、爱老、为老服务先进单位。育新花园社区的老年饭桌、建材西里社区的托老所服务项目被北京市社会建设办公室评为政府购买社会组织服务示范项目。为723户居民办理廉租住房、限价住房、经济适用房的审批手续。全年累计为地区低保户

[①] 即百分之百订立劳动合同，百分之百缴纳社会保险，规范工资支付，规范工时管理。

及家庭困难群体发放各类救助财物 34 万元，发放养老（助残）卷 178 万余元，为地区伤残军人、义务兵、烈属等优抚对象发放抚恤金和慰问金 55 万余元。全年为 1000 余名已婚育龄妇女进行免费孕检,办理一孩生育服务证 382 人，审批二孩 27 人，上报出生人数 804 人，地区计划生育率 99.14%，街道计生工作被评为市级先进。

社区建设 争取市、区资金 1700 余万，为怡清园、知本时代、小营联合等 3 个社区购买办公和服务用房 981.45 平方米；以清景园、清缘西里、清润家园 3 个社区作为北京市规范化建设的示范社区，推动街道 80%的社区达到规范化建设标准，9511 联合社区和建材西里社区被海淀区评为社区服务站标准化建设达标单位；在首都特色精品社区创建活动中，申报建材西里、沁春家园 2 个社区作为服务突出型、平安型社区，建材西里社区通过验收。沁春家园小区、枫丹丽舍小区、永泰园新地标小区、清缘东里小区完成业主委员会换届选举。举办地区京剧票友大赛、皮影戏演出、五月鲜花等系列文艺活动 5 次，放映电影 108 余场。为社区添置、移装室外健身器材 2 套，更换乒乓台 11 张，开展地区乒乓球团体赛、健身项目展示、万人系列棋牌等体育活动 30 次。举办各类教育培训班 37 期，培训居民达 22310 人次。育新社区交谊舞队参加全国“舞燃情”交谊舞大赛获得集体舞一等奖。启动二轮修志工作，完成街道基层情况篇、章、节、目初稿。召开工会第一次代表大会，选举产生西三旗街道总工会第一届委员会委员 13 人，街道总工会主席 1 人，副主席 3 人，经费审查委员会委员 3 人。

本年创建 1 个区级文明社区、2 个文明单位，3 个市级文明示范楼门。组建水木天成商务楼宇、程远大厦商务楼宇党建工作站。 （李艳）

地址：海淀区清河龙岗路 6 号
邮编：100192
电话：62904230
邮箱：xsqjdbgs@163.com

马连洼街道

【综述】 马连洼街道位于海淀区中部偏东，2000 年 3 月成立，辖区面积 10.74 平方公里，设有 16 个社区居委会，户籍人口 3.9 万人，流动人口 5.7 万人。辖区属于城乡结合部，是“以居民为主，农民为辅，流动人口密集”的混合居民区。辖区特点是“三多三少”，即：“部队单位多，企业单位少；搬迁户多，本地户少；农转居多，纯居民少。”

街道围绕核心区建设发展，贯彻落实党的十七届五中全会及区委区政府经济工作会议精神，依法加强税源建设工作。不断提高认识，发展经济，服务经济。对地区的企业进行认真梳理，积极争取异地纳税，努力打造良好的投资环境，招商引资，吸引更多的企业入驻马连洼，推动马连洼地区经济持续稳定的发展，打造“平安、文化、宜居、和谐”四位一体的马连洼。

环境建设 本年以改善民生为着力点，推进惠民利民各项服务，为地区百姓办结 4 件实事。即投入 700 多万元完成水利、天秀、圆明园三个老旧小区的改造，投入 30 万元完成圆明园花园别墅北门道路改造，投入 45 万元完成农大社区无障碍设施改造，投入 85 万元完成地铁四号线周边环境绿化美化工作。

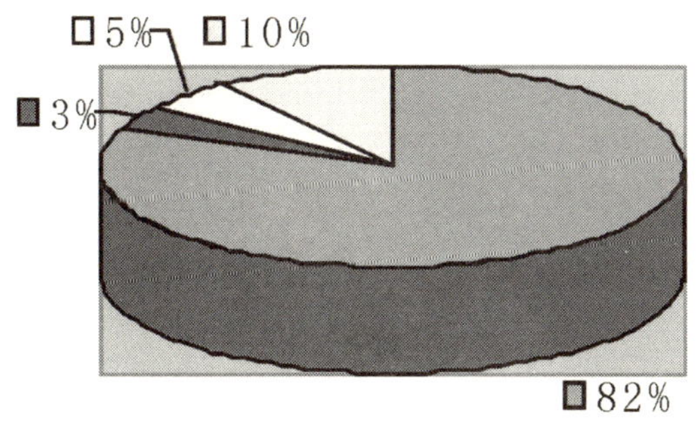

2010 年为民办实事资金使用分配图

开展绿化及养护工作，动用水车 337 车次共计 3959 吨，为绿地播撒化肥 500 斤，施用防虫药物 9500 斤，割除杂草 4500 斤。采用生物防治技术，对植株喷洒药剂近 47950 斤，清运垃圾 20000 多吨；清掏粪便 900 多车，对垃圾点和公厕灭蚊蝇打药 120 多人次，撒白灰 50 袋；清理下水管线 5000 米，清掏下水管线口 1800 多处，清运下水管线杂物 50 多吨。

坚持“点、线、面”相结合，按照“大街小巷要干净，楼门院落要整齐”的工作目标，整体推进辖区环境整治与建设。建立社区环境志愿者队伍，扩大社区环境管理的参与面。建立商户联动自管街，推进网格化管理，强化门前三包管理机制。为主要街道两侧的商户统一配备垃圾桶，定点投放专人收取，地区主要街道脏乱现象大有改观。探索无物业小区管理的新模式，居民关心的卫生保洁、机动车停放、服务设施建设等环境秩序问题得到改善。年内组织马连洼派出所、城管监察分队、温泉交通队等职能部门进行 60 次联合执法行动，累计出动执法人员 1300 余人（次），车辆 350 余台（次），查处无照经营行为 520 起，先行登记保存小三轮车 70 辆，机动车 15 辆，罚款 27000 元；查处非法大排档 15 家；查处黑车 7 辆，罚款 21000 元；查处运输车辆无准运证件 52 起，罚款 52500 元；清理小广告 8 多万张，粉刷小广告 2400 米，冲洗墙面 80 多万平方米，出动保洁员 1200 多人次；录入非法小广告停机系统 2284 条；拆除非法设置广告牌 58 块；清理无主垃圾渣土 3000 多立方米。拆除违法建设 71000 平方米，投资近 60 万元，为天秀安和园、百旺家苑、西山庭院等 6 个垃圾分类试点小区配置三轮车、补充户外大垃圾桶，并为 6 个分类小区 4897 户居民配置户用垃圾桶和垃圾袋。8 月 5 日由市文明办、市市政市容委、市社会办等单位主办的做文明有礼的北京人——第 17 个“周四垃圾减量日暨绿色社区月”主题宣传活动走进马连洼地区的西山庭院，中央电视台、北京电视台、海淀新闻台等媒体对西山庭院垃圾分类工作进行报道。10 月 13 日，来自英、法、德、日等 9 个国家的“萨尔斯堡全球论坛”学术考察团一行 19 人对西山庭院小区垃圾分类工作进行考察和参观。

平安建设　年内在地区开展八次拉网式联合检查，出动执法人员 400 余人（次），查处取缔非法行医 51 家。检查生产经营单位 497 家，发现安全隐患 108 处，现场整改 101 处，提出整改意见 43 处，现场整改率 93.5%。新登流动人口 11171 人，核销人员总数 1679 人；新登出租房屋 1028 户，核销房屋总数 192 户；与出租房屋户签订房屋安全责任书和治安管理责任书 1500 余份；检查“六小”门店[①]433 间，登记录入流动人口 2057 人。加大校园周边秩序整治，与相关科室、职能部门、社区居委会和辖区 35 所中小学幼儿园签订责任书。投入 100 万元完成梅兰竹菊老旧小区监控系统建设。采取联合检查、抽查、互查和夜查等形式，对重点场所、重点地区、地下空间、学校、公共娱乐场所等进行消防安全检查，重点检查 4S 店喷漆房和地区彩板房。完成科技创安视频监控和录像资料调取、保存工作。利用辖区监控探头发现、上报案件 12591 件，立案 12491 件，结案 12111 件，结案率 96.96%，协助公安、交通等部门调取录像资料 48 次，保存有价值的视频资料 15 段。接待信访 1000 余人次，妥善处置 280 余件，调解纠纷 358 件，调解或提供法律咨询共 221 件。上报城市管理案件 5031 件，立案 5001 件，结案 4821 件，立案率 99.4%，结案率 96.4%，完成地区全年各阶段重点矛盾纠纷排查工作。成立肖家河中心警务站，警务工作站配备警员 4 名、专职巡逻队员 32 人、治保积极分子等辅助力量 400 余人。完成 16 个社区、1 个虚拟普查小区全国第六次人口普查工作，共登记户籍总户数 51857 户，户籍人口 39052 人，暂住人口 53731 人。

民生建设　继续扩大就业渠道，跨区域、跨部门采集空岗信息，开发就业岗位，加大技能培训力度。本年安置再就业 789 人，指标完成率位列全区第一。安置“4050”大龄就业困难人员 441 人，超出指标 101.7%,在全区排列第一名。为 1896 名求职人员进行职业指导。为求职人员提供 30 余个工种共计 850 个岗位。举办适合失业人员特点的“创业者培训”班，公益性就业组织托底安置 9 名“4050”就业困难人员。开发各类空岗信息 2160 个，成功推荐社区就业 318 人。开展失业人员动态监测 1500 人次，举办 3 次专场招聘会。为退休人员和享受政策人员发放社保卡 3900 张。加强对辖区单位劳动用工的监控力度，根据企业分布和社区大小划分出 6 个劳动监察对象网格，做到定人员、定区域、定职责、定任务，实现监察网格细化。完成 316 家法人单位用人信息采集，解决投诉讨要工资案件 19 起，追讨拖欠工资 138.93 余万元；继续推进“劳动规范用工一条街”，完成日常巡查 384 家次，涉及人员 7435 人，开展专项检查 2 次，涉及单位 35 家，涉及人员 796 人。

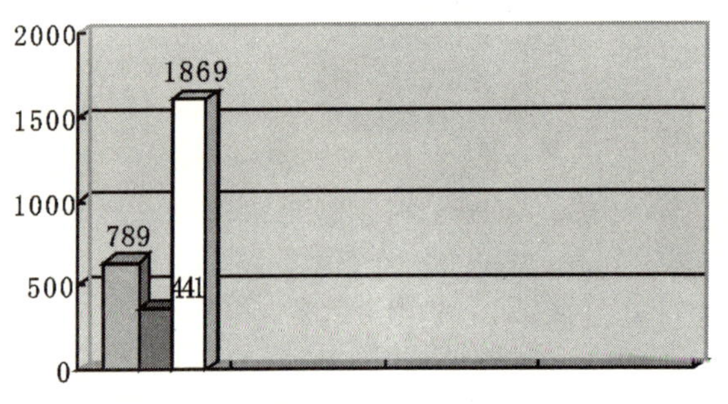

2010 年就业情况统计

加大对辖区各类特殊困难群体人员的援助，为 27 名残疾人免费发放轮椅等辅助用具，完成 108 名残疾人每月 100 元助残券发放工作，为 2 名在校残疾人大学生发放扶残助学补助金一万元；为 48 名残疾人办理“小帮手”的申请审批，为 8 名个体就业残疾人申请社会保险补贴，发挥“爱心超市”作用，为地区解决低保及低保边缘人员 58 户，

[①] 小餐馆、小理发馆、小洗浴、小店铺、小娱乐场所、小网吧简称“六小”门店，由于“六小”门店存在很大的安全隐患，受到重点治理整顿。

共计 96 人，给低保及低保边缘人员发放爱心卡 129 张（户），实现“无社会救助盲点”。为辖区特困户、残疾户上门服务 200 多小时。年内成立 12 个社区服务站。关注特困、空巢老人的困难和需求，为地区 80 岁老年人办理居家养老服务券共 766 人；为社区居民办理老年证 69 个；发放高龄津贴 4800 元，享受 42 人；为地区办理 65 岁老年优待卡 228 人次，每年为 2 名特困老人（80 岁）发放特困补助费 1800 元；为 100 名老人办理“小帮手”的申请审批，累计共解决 144 名。为地区 23 户高龄老人办理安装“一按灵”申批工作，为 18 名高龄老人办理无障碍设施改造安装的申批工作；组织抗震和抗旱捐款近 40 万元。本年受理政策性住房和保障性住房的申请家庭 126 户，完成 79 户参加摇号家庭复审工作。为居民提供家政服务、家电维修等服务 300 余人次，发放便民服务卡 3000 张。推进“亲情牵手家庭”系列活动，走访慰问地区家庭 62 户，亲情牵手家庭 3 户。出资 1.4 万元，为地区 309 名失业育龄妇女进行免费妇科病检查。9 月，在梅园小区建成人口计生国策文化墙。

基层党建与精神文明建设　以“创先争优”活动为主线，扎实推进社区党建和社会领域党建各项工作。一是抓活动，促进党员发挥作用；二是抓发展，扩大党组织覆盖面；三是抓特色，三个党建出亮点；四是抓基础，加强干部管理；五是抓亮点，开展特色支部创建活动。各社区按照“一街一品”、“一社一品”的要求，结合自身实际提出创建项目申请，组织开展以“我是党员我带头”为主题的实践活动，要求广大党员做到“六个带头”[①]。开展“创先争优”[②]标准大讨论、“十佳”共产党员评选活动、“双比、双学、双提高”[③]活动及各种走访慰问活动。以党内各项建设为依托，加强领导班子自身建设，提高班子的领导能力；发挥街道党建协调作用，挖掘、整合、统筹地区资源，引导社会队伍共驻共建，提高统筹发展的能力；坚持讲服务、精业务、高效率的标准，加强对机关干部及专职社区工作者的指导，开展形式多样的业务知识培训，干部队伍、社区队伍素质得到进一步提升。逐步实现提高“领导能力、统筹能力、执行能力”和加强队伍建设的目标。

继续推进廉政风险防范管理工作，对两个高等级风险点防范管理项目查找风险点，制定防范措施。对街道办事处机关各科室各部门的职能履行、效能建设、服务效果情况进行全程动态监控和效能监察。成立二轮修志领导小组，组成编撰小组，对街道成立以来的档案资料进行归纳整理，上交资料卡片、篇目设置和近 5 万字的资料长编，被海淀区地方志编纂委员会办公室评为“2010 年度海淀区二轮修志工作优秀单位”。

举办“马连洼地区首届文化体育节”，开展科普游园会、文艺演出、摄影、书画作品展、居民联谊等系列活动。组织纪念“5·29”文艺演出专场、举办“我心中的好妈妈”的小学生演讲、少儿趣味运动会等活动。组织“社区奥运文明小使者”评选活动、“做文明有礼的北京人”主题活动、“我推荐、我评议身边好人”活动、“百姓爱心故事”征集活动及“共建核心区，奉献在海淀”主题征文活动等。

地址：海淀区马连洼北路 8 号
邮编：100093
电话：62817898

【举办地区首届文化体育节】　5 月 14 日，马连洼地区首届文化体育节开幕。文化体育节以“共建核心区，奉献在马连”为主线，以“构和谐，首善马连；筑品牌，繁荣文化；和邻里，魅力社区；谐文化，提升服务”为理念。12 个地区单位、16 个社区居委会、11 所学校参与活动。文化体育节主要包括“走进低碳生活 服务科学发展”为主题的科普游园会、《传统戏曲》文艺演出专场、“新风倩影--马连洼”摄影、书画作品展，“胸怀中华魂 心系民族情”文艺汇演，“唱响和谐 享受春天”新老居民联谊，梅园社区京绣展等系列活动。此次文化体育节历时 6 个月，组织各项活动 26 个，参与人数 5400 人。

【获“全国安全社区”称号】　2007 年 4 月，遵循“人人都享有安全、人人都享有健康”的理念，马连洼街道正式启动全国安全社区创建工作。2010 年年初，街道召开再推进大会，完善再推进工作方案，调整充实安全社区领导机构。设立 11 个项目组，明确项目组牵头责任人和职责，抓好流动人口基础信息采集项目、流动人口和出租房屋隐患排查项目、流动妇女平安之家项目、课后四点班项目、“社区二手店”项目、重点时段防控项目、肖家河地区综合整治项目、安全专项整治项目、“安全应急体验教室”项目、幼儿园安全促进项目、星光自护学校项目等 11 个安全促进项目的落实。建立群众广泛参与机制、街道全方位服务机制、安全文化创建机制。街道近 4 年投入 2600 万元用于奥运公路自行车比赛路线周边环境、地区农大路和 8 个老旧小区整治等工作；投入 600 多万元用于社会面和老旧小区技防设施建设；投入 400 万元用于垃圾山整治等，保证安全促进项目的持续深入开展。2010 年 9 月，安全促进项目接受全国安全社区专家评定组的检查并通过验收，国家安监总局授予马连洼街道“全国安全社区”称号。国家安全社区的创建，为下一步创建国际安全社区网络成员奠定基础。　（邓雪萍）

---

① 即带头解放思想、更新观念；带头加强学习、增强能力；带头维护团结、和谐共事；带头改进作风、真抓实干；带头自警自律、廉洁从政；带头增强党性、坚持原则。

② 即创建先进基层党组织，争做优秀共产党员活动。

③ 即通过学习先进基层党组织、学习优秀共产党员，比工作成绩、比岗位奉献，不断提高基层党组织的工作水平、提高共产党员的素质能力。

花园路街道

花园路街道地处海淀区东部，位于中关村科技园区中心区，2000 年 3 月 30 日成立。辖区面积 6.33 平方公里，社区居委会 36 个，户籍人口 109,453 人，流动人口 45,060 人。辖区内有各类法人单位 5000 余家，部队单位 19 家，高校、科研院所集中，有北京航空航天大学、北京大学医学部、北京电影学院、信息产业部电信研究院、国家知识产权局、国家质量检验检疫总局等。马甸清真寺为著名伊斯兰教宗教活动场所；元大都土城遗址公园贯穿辖区东西；马甸公园是居民休闲锻炼的开放式公园绿地。地铁十号线沿北土城西路、知春路贯穿辖区。

经济建设 贯彻落实区“经济形势分析会”精神，加强税源建设工作。加大对地区重点税源单位服务力度，成立税源建设领导小组，建立街道处级领导每月到税源单位走访座谈机制。党政一把手带头走访，共走访重点税源建设单位 12 家，及时掌握企业发展需求，为企业提供良好的政府服务。本年有 8 家企业回迁，辖区税源单位纳税总额 1100 万余元。

环境建设 本年启动 11 个环境建设项目，年底完成 9 个环境建设项目，共投资约 403 万元。拆除违法建设 145 处 3089 平方米，完成本年台账的 100%、三年总台账的 57%。投入资金 78 万余元，安装隔离墩，设置隔离带，修建车棚 23 个，修建花坛 21 处，补建绿地 398 平方米。开展“环境秩序整治百日行动”、“市容环境集中清理月”、“垃圾渣土集中整治月”、“城市清洁日”、“创建健康社区”等活动，发动社会各界力量进行卫生大扫除。完成北大医学部绿化新建工程、大气物理研究所绿化改造工程、民族小学绿化改造工程 3 个绿化项目。完成小关西后街的环境整治，投资 52 万余元在道路两侧建花坛 7 座，新建围拦 216 米，绿化种植面积 92 平方米，地面铺砖 125 平方米，渣土清运 175 吨，在三角地建执法岗亭 1 处。投资 98 万余元，完成对牡丹园、小关街全长 286.5 米的污水管道的改造。投资 34 万余元在马甸月季园社区进行环境建设，建花坛 13 处，栽植花卉 4791 株，铺设人行道块料 152.46 平方米、沥青混凝土道路 29.92 平方米，投资 34 万余元改建自行车棚 4 座。投资 100 万元为北太平庄路社区楼房外立面进行粉饰，粉刷居民楼内墙，改造自行车棚 2 个，建起居民活动用房 2 个，改造残疾人坡道 3 个，整修地面近 300 平方米，对 14 层楼的 5 号绿塔楼的公用窗户进行整修。投资 4 万元在塔院小区中心新建花坛围栏 225 米，绿化补植 220 平方米，渣土外运 25 吨，修复部分损坏设施。投资 65 万余元完成建德桥下及北土城西路交通护栏、牡丹园环岛和花园路桥头阶梯式花坛的修建工作。开展以“弘扬生态文明，共建绿色家园”为主题的义务植树日宣传活动，地区的驻地部队、大专院校、机关单位等共植树 2.06 万株。北京大学医学部创建为首都绿化美化花园式单位。城管指挥分中心信息化城市管理系统年内上报案件 19206 件，其中事件 18775 件（约占 97.76%）、部件 431 件（约占 2.24%），立案 18995 件，立案率 98.90%。

平安建设 以“平安单位”、“平安社区”、“平安校园”为中心，围绕保卫、服务“两会”驻地等开展工作，开展对重点地区一条街和 25 所校园周边综合整治联合执法检查 6 次。打击涉黄、涉赌、涉毒和政治性非法出版物等违法犯罪。推进安全生产监督管理信息化建设。对 9 户烟花爆竹销售网点的储存仓库进行检查；检查涉及使用危险化学品生产经营单位 200 余家；开展彩钢板房专项排查工作，摸底 300 余家。安全管理工作共检查单位 3936 家，查处问题 3933 余处，整改 3930 处。加强对建筑工地施工安全管理。处理举报案件及突发事件 23 件，发现各类安全事故隐患 138 处。北京航空航天大学成立“花园路街道办事处北航社区法律服务室”及“北航法学院公益法律服务中心咨询接待室”。全年接待群众来电来访 60 余次 200 余人，处理人民来信 36 封。开展第六次全国人口普查工作，11 月 1 日入户普查登记。

民生建设 本年为地区居民办实事 879 件。开展为期 2 个月的“服务进城务工，帮助就近就业，扶持自主创业”为主题的“春风行动”。全年组织 5 场综合招聘会，参会单位 40 余家，招聘岗位 500 余个，搜集空岗信息 1700 余个，推荐就业成功 420 余人。为“一老一小”及无业人员办理新参统手续 730 人。为 206 名失业人员办理退休手续，报销退休人员药费 9262 人次。为刑满解教人员和社区矫正人员建立“黄丝带之家”[①]。地区共有低保户 189 户、355 人，月发放低保金 139944.35 元。办理廉租房申请 15 户，经适房申请 157 户，限价房申请 885 户。开展“春雨行动”、地震灾区捐款、“博爱在京城”、“共产党员献爱心”、“送温暖 献爱心”社会捐助等活动，全年募捐现金 468288.99 元、冬衣 3352 件。开展博爱助困工作，募集的善款共救助花园路地区 2 名白血病儿童及 10 个特困家庭。开展手足口、麻疹疫情的防控工作，为地区流动人员注射疫苗、免费筛查及义诊。申报少儿大病救助 3 人，困难家庭救助 18 户。为 66 名烈属、15 名义务兵发放光荣牌。

[①] “黄丝带行动”由“一家一港”两个实体组成。心理教育层面的“黄丝带之家”，主要借助高校、律师事务所的专业资源，对矫正帮教对象进行心理矫治与教育引导；作为实践基地的“回归港”，则主要借助企业以及社会力量，为有就业意向的相关人员提供实践培训、过渡性安置。

为152人发放春节慰问金及慰问品。帮困、救助累计1846户、5040人次。为4290名80岁以上老年人发放养老（助残）券3726400元。走访慰问地区残疾人340人次。慰问地区83名特困老党员。52家企业签订区域性集体合同，覆盖职工2080人，签订率达到100%。举行花园路地区家政服务行业第一届第三次职工代表大会暨工资集体协商协议书签订仪式，惠及地区8家家政企业，员工6500余人。9月20日，花园路街道总工会成立。"96156"社区服务热线共接到网上服务单及咨询电话660余个。36个社区义工服务站共登记注册义工队伍124支，2845人。推进月季园二居、晴冬园、金尚嘉园、牡丹园东里4个社区进行规范化建设试点工作。成立海淀志愿者联合会花园路街道地区分会。建立36个社区志愿者服务分会组织，共有5650名社区志愿者。选聘21名大学生到社区工作。36个社区开展550场公益活动。成立青年社区工作者协会。调整社区工作者工资待遇。与地区58个单位和36个社区居委会签订计划生育责任书和协管书。发放生育服务证1138本，办理独生子女证566本，办理各类经济帮扶审批200余份。组织地区妇女、儿童开展多样化的活动，包括参观、采摘、歌唱比赛、生活技能比赛、健康讲座、法律知识培训等，为地区7户贫困妇女及家庭进行帮扶救助。

基层党建与精神文明建设　开展"国际形势报告会"等系列干部教育专题讲座。深入学习实践科学发展观活动覆盖36个社区党组织、5个非公经济组织、近3200名党员参加。建立17个商务楼宇党建工作站。开展"群众心目中的好党员"评选活动；举办庆"七一"电影招待会活动。在街道机关青年中开展"共建核心区、奉献在海淀"为主题的"青年读书月"活动。开展以反映百姓身边的"爱党、爱祖国、爱北京、爱家乡"等"十个爱"为主题的"百姓爱心故事征文"活动。实施"一街一品"、"一社一品"特色党建计划。新建"两新"团组织46个，其中规模以上非公企业建团25个，规模以下非公企业建团21个。

完成海淀区花园路地区电子地图编制。6月28日，根据区编委《关于进一步理顺街道系统管理体制的通知》（海编委发[2010]12号）要求，调整街道系统机构设置。

开展"爱首都、讲文明、树新风"活动，举办花园路街道首届文明市民学校艺术节。开展老旧小区文明社区创建工作，重点指导北太平庄路社区的创建文明社区工作。举办"五月鲜花"群众性文艺演出活动，放映数字电影48场。参加北京市第四届和谐杯乒乓球比赛，获得一等奖。街道残联邀请北太平庄街道、羊坊店街道、学院路街道的20多名残疾人乒乓球选手参加首届和谐杯花园路街道乒乓球友谊赛。（张晴晴）

地址：牡丹西里18号
邮编：100191
电话：62014903
邮箱：hyljdbsc@163.com

田村路街道

田村路街道位于海淀区西南部，于2000年3月30日成立，辖区面积7.77平方公里，东起四环路与八里庄街道、万寿路街道相连，西至四季青镇龚村、廖公庄与石景山苹果园街道相望，南起金沟河路与万寿路街道、永定路街道相邻，北至京门铁路与四季青镇接壤，轮廓呈长方形。辖区有七条主要道路（四环辅路、永定路、玉泉路、沙石场路、山南路、田村路、金沟河路）。辖区居民人口126939人，常住人口81285人，流动人口45654人，以汉族为主，有回、满、蒙古、朝鲜、壮、维吾尔、布依等少数民族。街道下辖社区居委会28个。辖区内有中铁五棵松饭店、航天科工集团8359所、核工业总公司华北物资处、新兴建设集团公司等10余个中央单位；有燕化供水、城建构件厂、环京物流公司（原西郊粮库）、橡胶工业研究设计院等79个市属单位；有超市发半壁店超市等12个区属单位。主要学校4所（首都师范大学附属中学西校区、永定路中学、田村中心小学、玉泉小学），幼儿园8所（主要有：明天幼稚集团第六幼儿园、二十一世纪幼儿园），田村路社区卫生服务中心，社区卫生站5个。

2010年，街道党工委、办事处以"推进宜居进程，优化地域环境"为主线，结合地处城乡结合部的实际情况，制定方案并陆续开展社会服务管理创新，为地区经济发展提供优质服务，折子工程任务指标按时完成，完成年度各项工作。

环境建设　砂石厂路两侧新建绿地2600平方米，金隅山墅小区新建绿地面积16000余平方米，橡胶研究院办公楼前新增绿地2500余平方米。改造绿地760余平方米，种植树木7300余棵。发现美国白蛾疫情，启动应急预案，共打药液约300余吨。在半壁店第一、第二社区等城镇和乡镇居民混居地区开展厕所周边垃圾池取消工作，取消垃圾池8个，放置新式密闭垃圾箱10个。完成永金里小区排水管线改造工程。完成金沟河三号院、永定路19号院等7个老旧小区整体改造。开展"百日拆违"行动，年内拆除上账任务14处49377平方米，遏制拆除新生违法建设37处4583平方米。

在5个社区、单位（永金里社区、汤泉逸墅、总政金沟河干休所社区、永景园社区、北京肿瘤医院宿舍）创建垃圾分类社区，5个社区（泽丰苑社区、阜石路第三社区、玉阜嘉园社区、幸福社区、建西苑社区）创建健康社区。对74家中小企业排放废气进行调查，摸排黄标车278辆，核实登记209辆。根据《北京市市政市容管理委员会关于印发北京市餐厨垃圾排放登记试点工作实施方案的通知》要求，对地区所有餐饮单位进行普查，核实登记A类餐饮单位59个、B类餐饮单位8个。

平安建设 进一步健全联合执法风险防控机制。发现处理各类矛盾纠纷6件，消除治安隐患23处，配合公安机关破获刑事案件45件，抓获犯罪嫌疑人218人。接待来访人员95人次，受理群众事务呼叫中心转来案件380件。按照区统一部署，加强中小学、幼儿园安全保卫工作，在摸清学校和幼儿园底数的同时，排查重点人员，指导各学校制定各项预案，配发安保设备，确保除警察、保安外每所学校门前至少有两名巡逻队员值勤，形成“全日制”和“全方位”的防范体系。开展安全生产大检查活动，组织“安全生产月宣传咨询”和消防演练，开展构建社会消防安全“防火墙”活动，对地区15个正在施工的工地进行拉网式排查，查出安全隐患214起，督促整改195个。规范废品收购站，对半壁店后街、天华盛市场周边摆摊设点的游商进行联合执法大检查。对地区22家小发廊进行联合执法检查。对10座废品收购站中的9座有证经营者进行规范，对其中1座无证非法经营者予以取缔。

民生建设 年内完成698名就业指标，登记失业人员再就业率达到52%，城镇登记失业率1.20%。为196户低保家庭进行复审，为1690户4530人发放低保金121多万元。辖区有低保户156户338人；民政对象251人（烈士遗属17人，伤残军人58人，老复员军人2人，病故军人遗属6人，义务兵18人，无军籍职工105人，征地超转18人，地方退休27人）；享受高龄津贴老人共58人，包括：90岁以上53人，100岁以上3人，特困高龄老人2人；居家养老服务券补贴领取人员1289人。办理保障性住房申请578户，为1200名持卷老人提供家政、上门理发等8项便民服务10345人次共计101万多元。完成未通气8个社区34栋楼1820户实地勘测、户数确认和燃气工程设计及工程立项上报审批工作。为辖区永金里社区（金沟河小区）、阜石路第三社区、半壁店第一、第二社区、幸福社区、田村小区、王致和社区、山南社区共计40栋楼，共1795户实施安装天燃气工程。完成东营房社区、阜石路第三社区、永金里社区等老旧小区居民邮箱改造，涉及到2446户居民。为建西苑社区修建便民菜站，并完成区商委早餐经营示范店扶持资金的申报。开展“星光计划”，投资6万元整修改建金沟河干休所社区门球场地。辖区内5家居家养老服务商获得北京市优秀服务单位奖，2名优秀服务个人获得北京市为老服务孝星称号。稳定地区低生育水平，育龄妇女建卡率达到100%。为流动人口家庭宣传相关政策和避孕节育知识并发放药具。为3位65岁以上的独生子女夭折的计划生育家庭提供卫生保健服务；为地区348户独生子女家庭办理保险。参加全市统一灭蟑行动，地区出售灭蟑药品600余套，布置鼠站100余个。辖区完成健康社区创建并通过验收。

社区建设 制定《田村路街道社区服务站三年建站规划》、《田村路街道居委会用房工作方案》，通过改扩建、借用、购置为金沟河、永金里等5个社区新增社区用房1085余平方米，建站分布点服务站用房解决率达到88%；落实《海淀区社区公益事业专项补助资金管理办法》，购置空调、相机以及文化体育用品及器材，为社区公益事业加大投入。

建立健全东营房民主法治示范社区图书室、玉海园二里普法科技长廊、泽丰苑社区法律服务室和建西苑法律市民文明学校等普法基地，举办法律咨询月解答群众咨询98人次，发放普法宣传连环画300余册。开展全国第六次人口普查工作。创建玉海园二里社区为地震安全示范社区：在社区避难场所、关键路口设置标志牌和指向牌；设立防震减灾科普知识宣传学习室；设置防震减灾物资器材库；为社区每户居民发放一张应急疏散图卡；组建50人的社区志愿者队伍。核查手足口病易感儿童5232人。

采取集中式授课和各社区自主学习的培训方式，对全体社工进行集中培训；就社会工作师考试大纲及教材对150多名社区工作者进行为期一星期的培训；与新当选的社区专职工作者和选聘的高校应届毕业生签订服务协议。协调解决西木社区拆违、乐府江南停车位纠纷、永达社区停电、玉海园小区夏季更换电表停电等事件。玉海园五里社区被评为“全国学习型家庭示范社区”。阜石路第三社区通过区文明小区创建验收，对半壁店第一、第二社区实行封闭式管理。街道社区服务中心获得“北京市96156公益大课堂优秀组织单位奖”，玉海园五里社区被评为“全国学习型家庭示范社区”，泽丰苑社区被评为北京市节水型社区。

基层党建与精神文明建设 组织“群众心目中的好党员”评选、优质服务年、作风建设年、“我骄傲，我是海淀人”诗歌朗诵等活动，强化核心区意识、服务意识、群众意识和发展意识，表彰20个先进党组织、237名优秀共产党员和19名优秀党务工作者。倡导“工作学习一体化相融合”的理念。确定以领导班子学习为先导、以机关党支部学习为主体、以社区党组织学习为基础，将学习融入日常工作之中，以支部为单位开展“一日一读、一周一学、一季一讲”活动，以社区为单位在家庭中开展“书香进我家”活动，营造“读经典诗文、建书香家庭”的读书氛围，并举办学习型党组织建设成果展示与经验交流活动。以社区党组织为重点，完成深入学习实践科学发展活动的收尾工作，3月上旬召开学习实践科学发展观活动总结大会，对半年来社区和两新组织开展活动的情况进行回顾和总结。玉海园五里社区党委开展“情系新居民，争当新主人”活动成为区品牌活动。年内组织理论中心组学习12次，班子成员落实“一岗双责”[①]；组织干部专题学习和集中培训，结合实际贯彻落实《党政领导干部选拔任用工作条例》和“七项监督制度”。完成玉海大厦和运通行商务大厦组建党建工作站，在京西板材市场建立党建、社会、工会、团建、妇女

---

① “一岗”就是一个领导干部的职务所对应的岗位；“双责”就是一个领导干部既要对所在岗位应当承担的具体业务工作负责，又要对所在岗位应当承担的党风廉政建设责任制负责。也就是一个单位的领导干部应当对这个单位的业务工作和党风廉政建设负双重责任。

工作站等“五站合一”的工作站。本年选举产生首届街道总工会委员会、经费审查委员会、女职工委员会。

以“五月的鲜花”群众文艺汇演和各类体育比赛为载体，在玉海园二里科普文化广场成功举办“夏日文化广场暨玉海园科普文化广场竣工”文艺汇演。举办地区第三届“健康杯”群众趣味体育比赛。

为西南旱区捐款4.8万元、向青海玉树震区捐款23万元、共产党员献爱心捐款39975元、“博爱在京城”捐款20679.80元、舟曲特大泥石流捐款12375、3元，为“幸福工程”捐款6851.5元。

（马然）

地址：海淀区玉泉路8号院玉海园二里一号楼田村路办公中心
邮编：100143
电话：88268383 88268383（传真）
邮箱：tiancunlu@sina.com

上地街道

上地街道位于海淀区东北部，是上地信息产业基地和中关村软件园所在地。2000年3月成立，辖区面积9.52平方公里，有社区居委会13个。辖区常住人口36175人，流动人口67249人，户籍人口10538人。企业总数7千余家，从业人员8万余人，高新技术企业占入住企业总数的50%以上。

环境建设 本年，协调市政建设资金278万元建成地区道路导视系统；争取区政府资金700余万元完成开拓路、创业路和七街等园区道路翻修改造工程，原有道路拓宽，增加停车泊位500余个；投资74万元对开拓路和创业路进行绿化美化，对实创商服楼进行外立面粉刷；投资677万元对北体大颐清园和华祥苑两个老旧社区进行道路和绿化改造。争取资金100余万元，更换上地公园活动场地地砖和城铁上地站休闲广场路椅；在八维学校建成日均消纳10吨生活垃圾的垃圾处理站，完成上地东路垃圾楼的翻新改建；投资70余万元对树村社区居委会门前道路进行改造；投资60余万元加强树村社区环境保洁；占地580亩的树村郊野公园建成并对外开放，推进后营村拆迁和六郎庄新村建设；为京包快速路建设，完成上地交通街住户的大部分拆迁；拆除违法建设54处17995平方米，按时完成区政府下达的上账任务。投资400万元，在树村、正白旗两个自然村开展文明村庄创建工作，包括三中心建设（综治维稳中心、社区服务中心和新市民服务中心），建设警务工作站一个、治安岗亭7个，安装摄像头29个和路灯29盏，建铁艺栅栏1200延米。10月，2010年海淀区仅有的两个屋顶绿化工程之一的上地九街百度大厦屋顶绿化工程通过验收。

平安建设 投资近10万元建立集应急指挥、城市管理、综合整治和治安处置为一体的城市综合管理指挥体系；投资60万元在地区学校周边新装电子监控探头15个，对原有电子设备进行升级联网，增大地区电子监控系统的覆盖面；投资42万余元为东里二居和体大颐清园社区92个单元门、1226户居民安装楼宇对讲门禁系统；投资100余万元招聘55名专职保安，成立综治协管大队，地区人防力量得到加强。10月，成立上地街道综治维稳中心。12月8日，上地地区企业商事纠纷专业人民调解委员会成立。

组织开展各种安全生产宣传活动12次，组织安全知识讲座10次，开展应急救援疏散演练10次，检查复查生产经营单位1093家，查出安全隐患问题2187件，督促整改2109件，及时整改率达到90%以上；完成1000家单位网格化信息采集工作，开展劳动监察专项执法检查10余次，检查用人单位100余家，受理欠薪案件12起，帮助农民工讨薪31.3万元；检查建筑工地112次，发现隐患1337处，全部及时督促整改。全年累计接待来信来访90余人次，共调处化解各类矛盾纠纷237件，调解成功234件，调解成功率达98%。街道司法所组织属地4家律师事务所主任开展主题为律师警示教育暨创先争优的学习活动。

5月开始，组织开展全国第六次人口普查工作。成立第六次全国人口普查领导小组及办公室。以居委会为主体，成立13个普查区普查小组。通过宣传发动、摸底调查和入户登记等阶段的工作，完成入户登记46976户，125100人，50000多张普查表的填写与编码、审核与校验，1125900项数据的快速过录，对普查表进行光电扫描，5次数据的编审工作。

民生建设 组织地区性就业专场招聘会15场，组织就业指导和职业培训10次，开发就业岗位1800余个，完成实现就业400人的工作指标，消除辖区“零就业家庭”。5月启动上地街道劳动保障监察网格化建设工作，截至年底共登记企业900余家。为社区居民发放社会保障服务卡1369张，报销各类人员医药费337.7万元。年度受理、审核、评议申请政策性住房286户。在北体大颐清园社区创建老年“温馨家园”；争取区专项资金25万元完成紫成和万树园两个无障碍小区的改造；节日走访慰问困难群众，救助特困人员600余人次，发放慰问金和慰问品计 20 余万元；对所管辖的 471 名征地超转人员进行摸底调查，将近 32 万元自采暖补贴及时发放到符合条件的 100 多户居民手中；组织为西南干旱灾区、青海玉树地震灾区和甘肃舟曲泥石流灾区募集捐款 25 万余元；组织“扶贫济困送温暖”活动，共募集衣被 4009 件，募集资金 32000 多元。10 月 16 日，街道协同体育大学、华联商厦举办“关爱孤寡、困难老人慈善拍卖”活动，共拍卖 30 多个品种 50 多件商品，街道将拍卖的善款 6680 元慰问地区 10 户孤寡、特困老人。12 月，以“1+X”模式[①]挂牌成立的“海淀区阳光中途之家上地街道公益劳动教育基地”在北京实创园林工程有限公司举行揭牌签约仪式。做好民、宗、侨工作，拨专款 10 万元对树村清真寺进行修缮，组织参加海淀区民族运动会。建军节慰问走访驻地部队官兵，送去 10 万元的慰问品。

社区建设 争取区专项资金 1200 余万元为上地佳园和华祥苑社区共同申购 560 平方米办公服务用房；以长期租赁的形式为紫成社区解决 570 平方米的社区办公服务用房；租赁房屋 112.29 平方米，解决北路一号院社区办公服务用房的不足；投资近 10 万元，更新社区居委会办公设备。对 80 名社区专职工作者进行业务培训，选聘 19 名大学生到社区工作。规范上地东里社区服务站的职能定位和工作程序及内容，新建万树园社区服务站。西里社区依法完成业主委员会换届选举工作；开展特色社区创建工作，初步建成节约型、健康型、环保节能型等特色社区。7 月 30 日，上地东馨园社区服务站揭牌。在科技园区企业中建立综治工作站和党建工作站等社会管理机构。

基层党建与精神文明建设 本年街道新成立非公企业党支部 5 个，新建硅谷亮城党建工作站。组织党员、团员和青年到董存瑞纪念馆开展爱国主义教育活动。在地区特别是在园区公司企业中开展“五四青年奖”、“青年文明号”、“青年岗位能手”、“优秀青年企业家”、“首都人物贡献奖”等市、区团委组织的评比活动。街道作为海淀区唯一一家团中央组织格局创新试点街道，选拔任命 7 名编制外团工委副书记，7 人中有 4 位为非公企业团员青年的优秀代表。年初，街道被确认为 2010 年海淀区首批十家市级团建百强街乡（镇）创建单位之一，年底完成创建工程的各项任务，并通过检查验收，被评为市级团建百强街（乡）镇。

通过制作纪念画册、专题片和组织纪念活动，庆祝街道成立 10 周年。组织开展“作风建设年”和“优质服务年”活动，组织机关和基层党员对照先进基层党组织“五个好”和优秀共产党员“五带头”[②]的基本要求展开思想大讨论，推动创先争优活动的开展；举办“共建核心区，奉献在上地”主题实践活动，增强“核心区就是海淀区，海淀区就是核心区”的意识；深化机关“六比六讲”[③]活动，保持机关干部队伍团结、昂扬、向上的风貌，机关党组织和党员队伍的凝聚力、创造力和战斗力得到增强。

组织社区居民和园区企业员工开展文体活动。组织地区性“五月鲜花”文艺演出活动；举办地区庆祝中国计划生育协会成立 30 周年文艺汇演；举办以“服务核心区、建设新上地”、“我参与、我展示、我快乐”为主题的上地地区首届书画摄影手工艺品展活动。组织机关干部参加海淀区首届机关直属单位运动会。参与争创首都文明示范地区活动，完成四个区级文明社区和一个首都文明示范社区的创建。

7 月初，上地街道企业服务办公室挂牌成立。10 月，上地街道总工会成立。11 月，海淀志愿者联合会上地街道地区分会召开第一次全体会，31 家团体会员代表参加会议。（任克红 张义）

地址：海淀区东北旺南路 27 号上地办公中心
邮编：100193
电话：82785581

[①]社区矫正“1+X”模式，是选择社区矫正机构、社区矫正构成人员、社区矫正对象、社区矫正立法、社区矫正经费来源等社区矫正工作中的五个关键因子，作为“1+X”模式子模式系统，由上述五个“1+X”模式子模式组成的社区矫正运行系统。在“1+X”子模式中，每个关键因子均由若干不等的要素组成，关键因子中不同要素的地位并不是并列的、等同的，而是根据其在关键因子中的地位和作用区分层次。每个关键因子构成的“1+X”子模式中，均以“一个要素为主，其他“X”个要素为辅。社区矫正运行中的五个关键因子组成的五个“1+X”子系统共同组成一个有机的整体，即社区矫正“1+X”运行模式。

[②]即带头学习提高、带头争创佳绩、带头服务群众、带头遵纪守法、带头弘扬正气。

[③]即讲学习，比素质；讲创新，比效率；讲实效，比作风；讲协作，比团队；讲制度，比管理；讲品德，比纪律。

曙光街道

【综述】 曙光街道位于海淀区中西部，2004年9月21日成立，同年12月16日正式对外办公。辖区面积5.45平方公里，户籍人口5.3万人，流动人口4.6万人，有社区居委会15个，地区法人单位3600余个，主要有船舶重工、中国大唐集团科技工程有限公司等中央单位2个，市农林科学院等市属单位37个，区属单位23个，部队单位6个。辖区有学校7所，其中中学3所，职高1所，小学3所。区内有金源时代购物中心、西郊汽配城、清真寺、立马关帝庙、天主教堂、满族文化站等商业和文化宗教设施。

环境建设 加强城市基础建设,对远大东路变电站西侧道路、石佛寺排水渠排洪池进行改造；完成蓝靛厂西路南段人行步道改造，对蓝靛厂西路南段东侧1403平方米人行步道进行渗水砖铺装；给板井路北侧拆迁遗留院落砌围墙，并清理垃圾渣土，修缮部分危房；对金庄垃圾点场地进行地面硬化，解决周边居民垃圾投放问题；对银燕小学门前路进行改造；根除碧水源公司东侧的脏乱环境，在周边进行道路铺装和绿化美化；完成金源时代购物中心北侧立马关帝庙的下水处理改造；投资22万元在喜来登宾馆西侧及厂西门地区实施绿化；投资54万元修缮西郊汽配城南路东段1200平方米道路和150米雨水管线铺设；指导中国船舶重工公司创建“首都绿化美化花园式单位”；改善远大路等重点区域的整体环境和基础设施品质，增强金源时代购物中心等现代服务业的集聚效应、示范效应和辐射效应。拆除账内违法建设4处，账外13处；开展“百日整治行动”，对游商、地摊、露天烧烤、非法洗车现象进行多次集中整治，查处无照摊群191起，机动车售货39起，占道经营78起，露天烧烤51起，大排档5处；查处散发张贴小广告136起，警告、教育130余人次；清除道路遗撒垃圾38车，整治清理废品回收点12个。开展垃圾分类、爱卫会及环保等工作。

平安建设 4月28日，组成联合执法队，对石佛寺地区的非法行医、非法幼儿园经行查处，查出未取得《医疗机构执业许可证》擅自开展诊疗活动的“黑诊所”5家；非法幼儿园2所。成立地区综治维稳中心，建立民警、巡防队员、社区志愿者联防机制，对校园周边游商、商铺进行专项整治，实现校园安保任务。对加油站、学校共92家单位的消防、经营情况进行普查，日常检查生产企业共694家，查出隐患550条。检查辖区内7家工地140余次，发现安全隐患135个。成功化解劳资纠纷43起，涉及金额300多万元。

新增和改造监控探头51个，在地区社会面增加监控点位12个。完成教育系统安全视频监控系统建设，为全地区中小学、幼儿园进行加点监控和视频联网建设。全年发现上报信息化城市管理问题2750件，接受处理和转办案件640多件。视频监控平台协助侦破3起刑事案件，及时发现3起正在实施的违法建设现场。分拣转办市、区两级非紧急救助案件160余件，案件及时率和完成率均为100%。

民生建设 举办7场招聘会，办理失业人员职业指导培训725人次，安排280人就业，帮助660名失业人员转就业。发放低保金110万元，发放困难补助3万多元，300多户申请政策性住房家庭通过市级备案。举行“共产党员献爱心”捐献活动，并捐善款63201元。当年地区纳入居家养老服务对象的老人有1185人,残疾人649名,依托96156社区服务平台开展家政服务，满足居民对小时工、保姆、家电维修等服务的需求；街道与23家服务商签约，为老年人提供包括餐饮服务、家政服务、医疗卫生服务等7大类50多类服务项目，其中老年分餐工作覆盖街道的所有社区；全年发放养老助残服务券76.2万元，组织20余名残疾人代表到上海世博会参观；在金雅园、烟树园建起医疗站，解决两大地区上万名居民社区医疗问题；在下沉广场建起450平方米的医疗站，解决附近5个社区近3万人的社区医疗问题；下沉广场多功能厅免费向各社区特色文化团队开放，满足各种社区文化团队健身、娱乐等多种文化需求。

街道服务大厅设立房产税窗口、配备热线电话和工作人员，并联合地区工商所、地税所和派出所实现房产税征收一条龙服务。7月28日，街道行政投诉中心成立，办公室设立在办事处办公室。

开展创先争优暨优质服务年活动，成立街道防震减灾志愿者队伍，并组织对其进行专业培训，举办“海淀区防震减灾科普报告会”，举办以“减灾从社区做起”为主题的各种纪念和宣传活动，举行以“低碳生活 绿色海淀”为主题的宣传实践活动，举办第六届曙光文化节。

地址：海淀区蓝靛厂西路1号
邮编：100097
电话：88453766 88891953（传真）

【第六届曙光文化节】 5月27日至9月29日，举行第六届曙光文化节。文化节包括五月鲜花文艺演出、地区春季运动会、电影节、社区系列活动、名家讲堂、夏日文化广场和文化节闭幕式文艺汇演7个版块。通过开展曙光文化节活动，进一步挖掘地区文化资源，彰显文化魅力，展示地区单位和居民的精神风貌，营造与驻区单位共驻、共建、共责、共享、共荣的良好氛围。（叶莉）

燕园街道

燕园街道位于海淀区中部，成立于1981年12月，属于大院式街道办事处，受海淀区政府和北京大学的双重领导。辖区面积约1.84平方公里，北京大学校园面积2721682平方米（含医学部及昌平校区），有社区居委会7个。户籍人口约4.2万人，流动人口6940人。

环境建设 全年投入约240万元对辖区生活环境进行改善，主要是道路修补、楼道粉饰等工程。投入近60万元，实现环境保洁工作的整体外包。开展拆违百日行动，全年完成包括区挂账2处违法建设在内的共计4处违法建设的拆除，拆除面积为80余平方米。聘用8名协管员，专门负责北京大学各校门的秩序保障工作。投入近100万元，完成中关园社区南区三公寓南侧下水改造、北大门修补、园内道路修补等工程。

平安建设 按照中央、北京市、海淀区的要求，加大中小学校园及幼儿园和周边安全防控力度，安排社区巡防队、治安志愿者及综治信息员近200余人参与辖区内三所中、小学及幼儿园的校园外围安全保障工作。投入近50余万元，完成承泽园、畅春园视频监控系统安装。理顺各类台账，规范和理顺各支维稳队伍。完成社区应急疏散避险图的基础数据统计、确定疏散线路等工作，并在区民政局提供的底图上绘制完成本辖区基础数据录入、标点、疏散路线标示等工作。开展第六次人口普查工作，截至年底，完成建筑物普查、户口整顿、制作户主姓名底册、入户普查登记、全面复查、汇总过录、人工编码以及光电试录入工作。

民生建设 开展领取社会保险（障）长期待遇人员资格认证工作，认证780人。为符合条件的人员发放社保卡及卡挂失、补办业务，全年共发放社保卡707张，补换卡173人次。开展城镇居民养老参保、低保、社会救助、医疗保险工作，共有“一老一小”、无业医疗参保人员869人。做好药费报销与社保卡的衔接过渡工作，为社退人员、灵活就业人员、城镇居民医疗参保人员、领取失业金人员报销药费522人次，报销金额1070000元。对低保对象资格进行半年复审，累计完成76人低保资格的材料准备和审查工作。完成社会救助42人次，累计发放救助资金32701.46元。开展失业金发放工作，年发放150余人次。管理辖区无保障老人154人。开展职业介绍、职业指导，全年实现就业199人，完成全年就业指标的117%。开展充分就业社区工作，2个园区获得“充分就业社区”称号。完成促进就业资金审批监管自查工作。住房保障工作全年累计完成限价房申请审核85户、完成协查及变更47户、复核32户；完成经济适用房申请审核12户，完成廉租房申请审核3户。按《专项核查工作实施方案》和《专项核查和阳光工程工作实施方案》等文件，开展政策性住房的申请和核查工作。

建立与北大社区中心分工合作、共同推进居家养老（助残）服务的工作机制。累计完成居家养老服务申请上报审批654人、高龄津贴申请上报审批25人，完成老年优待卡办理248人，累计发放居家养老服务券726900元、高龄津贴75500元，完成高龄老人家庭无障碍设施改造46户，为80岁以上老人配发小帮手电子服务器137部。开展为期三个月的“孝星”评选活动，从140多位候选人中评选出33位尊老、敬老、爱老、助老的典型代表，其中19位被推选为北京市“孝星”候选人，14位为海淀区“孝星”候选人。对管理的地退、低保、低保边缘、优抚、军工、生活困难居民等民政管理对象进行两节走访慰问，累计发放慰问金159900元，发放价值52920元的慰问物品。开展社会捐赠工作。努力改善辖区200多名残疾人的基本生活、医疗卫生、康复、文体、教育、实现就业、社会参与、法律权益维护等状况。对街道所属的中关园、燕东园、校内、燕北园等四个社区进行无障碍设施改造。

组织召开燕园地区2010年人口和计划生育工作会、北京大学2010年人口和计划生育工作会，与7个社区、北大70家院系、单位及综合治理部门共签署312份目标责任管理书。街道2010年户籍人口出生政策符合率99%，在第六次人口普查工作推进中，开展违法生育及私自收养的清理清查工作，依法征收社会抚养费共计93.58万元。在海淀区计划生育药具系统“三基”知识竞赛中，燕园街道代表队取得第一场预赛冠军、决赛三等奖的成绩。全面规范17项依法审批、奖扶政策办理等的工作流程，减少居民业务办理周期；全年办理生育服务证，独生子女父母光荣证等共计409件。举办关爱流动人口庆“六一”联欢会、“印象计生30年”老照片回顾展等宣传活动。落实各项计生奖励优惠政策，2010年共办理独生子女父母奖励、独生子女伤残家庭特别扶助、死亡家庭特别扶助、计划生育困难家庭帮困等共计987人次，发放金额61.81万元；为877个计生家庭代办国寿学平保险及计生家庭意外伤害保险。

基层党建与精神文明建设 以创先争优活动为统领，开展党建工作。燕园街道以“服务国家战略，坚持科学发展，加快推进创建世界一流大学步伐”为主题，把握“推动科学发展、促进校园和谐、服务广大师生、加强基层组织”的总体目标，把创先争优活动与加强基层党组织建设、优化核心区建设外部环境结合起来。成立创先争优活动领导小组及办公室，确定联系人；在调研、讨论的基础上，确立“一个结合、两个服务、三个强化”[①]的工作思路。经过查

---

① “一个结合”的指导思想——即将北京大学创建世界一流大学和海淀区建设自主创新示范区核心区的目标有机结合起来；“两个服务”的工作目标——即“服务北大，服务海淀，携手共赢”；“三个强化”的工作要求——即强化内部管理、强化服务意识、强化协调配合。

找、比对，街道党工委完成《燕园街道落实“三重一大”制度的实施办法》，进一步完善廉政风险防范工作的制度建设。培训居委会干部，制定和完善《燕园街道社区居委会规章制度》，促进居委会工作的制度化、规范化。

开展首届燕园地区文化节、中关园社区创建海淀区文明社区、开展低碳进校园系列活动等。以“爱首都、讲文明、树新风、促和谐”为主题，开展2010年“健康生活·和谐家园”文化节。将“五月的鲜花”文艺汇演、“首都赞歌”歌咏比赛、“和谐杯”乒乓球与棋牌赛、健康与和谐系列讲座、居民社团广场展示与优秀社团评选、“健康生活大家谈”征文比赛、“健康之星”评选等活动融为一体。基层社区通过书法班、英语班、手工脸谱制作班等各类兴趣班的开办和各类志愿者组织的建立，组织开展丰富多彩、健康向上、寓教于乐的文体活动。在北京大学举办“低碳经济”进高校之走进北京大学活动；6月5日（世界地球日）街道与北京大学绿色环保协会共同举办“节能减排”进校园论坛。投入20多万元，建设100平方米的文明市民学校并配置相应设备。投入近5万元，增建宣传栏3组。　（高大应）

地址：北京大学西门畅春园院内
邮编：100871
电话：62751338
网址：www.yanyuan.pku.edu.cn

清华园街道

【综述】　清华园街道位于海淀区中东部，成立于1980年7月，受海淀区和清华大学双重领导。辖区主体为清华大学校园，包括清华大学科技园等，面积3.49平方公里，居民及集体户总户数7808户，户籍人口51965人，流动人口6400人，有9个社区居委会。地区经济以同方科技、搜狐互联网信息服务中心、启迪股份、紫光集团等高新企业为龙头，有法人单位900多个。本年，清华园街道获“2010年全国社区服务先进街道”称号。

环境建设　本年，重点推进老旧社区环境改造，解决群众反映强烈的难点问题。投入资金180万元，铺装五区、一区、新林1~7号楼、外专公寓等处的道路总面积3830平方米；新建清华附小外自行车棚总面积800平方米；新建清华附小门外文化墙30多延米；铺装清华附小外机动车、班车停车位，翻修道路总计1500多平方米；新建荷清苑社区残疾人坡道2处；改建翻修西楼、中楼、南楼三个老旧小区的自行车棚28个，总面积1680平方米。

以迎接清华大学百年校庆为契机，加强环境综合整治。加强家属区、教学办公区、学生区之间联动，与校保卫处、城管高校执法大队、中关村派出所配合，取缔校内违法租赁自行车现象，打击并遏制游商、黑车、黑导，规范校园秩序。查处各类违法行为675起，暂扣无照三轮车85辆，没收违法经营工具（三轮车）19辆，收缴各类小广告21100余张，查处黑车17辆。拆除楼房区上账的40户共525.49平方米违法建设，查处9户共314平方米的新生违法建设。治理清华照澜院一区斜街，拆除86平方米的户外私搭乱建违法建设。取缔无照餐饮经营6家，拆除非法广告牌匾30余块，规范复印、冷饮商铺12家，铺装道路800平方米，外墙粉刷1200平方米，建绿化带30延米。加强对文化市场的巡视和监督检查，注重对非法政治出版物的防范和打击，对学校内11个书店，12个报刊亭，共巡查70次，专项检查4次。

平安建设　创社区平安，坚持“打防结合、预防为主、专群结合、依靠群众”的指导方针，健全完善党工委与办事处统一领导、综治部门组织协调、公安机关业务指导、有关部门协同配合、社会各界广泛参与的群防群治工作格局。建立三级预警防控机制（三级常规控制、二级加强控制、一级临战控制的社会面预警）和三支队伍（城管巡防队、社区治安巡逻队、社区群众志愿者队），采取三防合一方式（人防、物防、技防相结合），实现对辖区全方位、多角度的防范。在全国“两会”、重要节假日和重要敏感日前，组织开展矛盾纠纷大排查。街道9个社区共调处矛盾纠纷67起，调解成功率100%。开展民主法治示范社区创建活动。组织“3·8”妇女维权周、“3·15”消费者维权日、信访条例、人民调解条例、禁毒法、消防法的宣传咨询活动共6次；组织社区普法大讲堂活动2次，深入社区开展法律咨询5次。加强辖区内中小学和幼儿园安全工作，制定《清华园街道关于加强辖区内中小学校和幼儿园安全专项工作方案》，成立专项工作领导小组，对所属幼儿园安装监控探头30个，并对幼儿园实施一期电路改造，新建配电、维修室5间，消除安全隐患。召开安全生产动员部署会3次，发放各种宣传材料3000余份，展板20余张，安全知识问卷2000份。更新流动人口数据2558人，走访出租房屋3640户次，调解纠纷13件，排忧解难20件。

开展第六次全国人口普查工作。对学校3570栋建筑物进行核查，按80–100户为标准，划分成151个普查小区，绘制小区平面图，并标注相关信息。普查前期，悬挂横幅100条，张贴公告250张，致全体居民一封信2万余封，使人口普查家喻户晓。

民生建设　全年介绍家政服务人员700余人次，清洗抽油烟机105次，出便民医疗车服务近1700车次，接待消费者投诉40起，为居民维权挽回经济损失3万余元。社区综合服务平台拓展服务项目，涉及会务、餐饮、客房、维修、购物、短信、网上挂号、咨询等20多类服务。93001呼叫热线运行良好。全年来访客人接待量3349人次（其中包括了游客咨询旅游景点、外宾及校外来访者咨询院系地址等），前台的电话接待量213831次，平台网站点击量：21751次，服务平台信息发布量593条，报修单子200条（其中包括房屋维修、电维修、水维修、暖维修等），校医院网上预约挂号量3079条，校内网上订餐订水量近5万余条。发放一键通电话3000部，覆盖辖区所有70岁以上老人家庭。建立孝星评比制度，评出清华园地区孝敬长辈、残疾人热心公益事业、司法维权、多年义务服务邻里等方面孝星59名（市级孝星34名、区级孝星25名）。为80岁以上老年人办理居家养老卷770人，90岁以上老人办理高龄津贴81人，其中含2位百岁老人。建立老年餐桌制度，争取清华大学饮食服务中心支持，将老年人每月100元的服务券打入老人专用饭卡中，清华校内6个食堂老年餐桌挂牌，352名老年人享受就餐划卡的便利。建立雇佣保姆费折抵制度，361名清华老人受益。为地区百岁老人李玉清申请政府医疗补助3370.60元。各社区依托“星光计划”[①]服务设施，分别建立托老所。为辖区80岁以上的空巢老人免费安装紧急医疗救援呼叫器“一按灵”30个。为51位辖区80岁以上行走不便且经济困难的老年人安装坐便器扶手，配发浴凳。为7名老人申请“小帮手”电子服务器。

通过海淀区慈善协会实施救助9人，救助金额27000元。为103户困难家庭办理“爱心家园”救助卡，救助金额每人每年400-600元,救助总金额5.5万元。困补、医疗救助31人次，9万多元。节日慰问优抚对象、困难群众200多人次。

地区有持证残疾人309人，街道以“关爱残疾人，为残疾人家庭排忧，促进社区和谐”为要求，按照残疾人“人人享有康复服务”工作目标，建残疾人康复档案、社区康复站，加强残疾人康复锻炼；做好精障病人监护管理工作，为社区27名精障残疾人办理免费服药政策享受申请。坚持社区精障康复小组活动，给精神残疾人提供一个互相沟通的平台，帮助康复；落实残疾人家庭无障碍设施改造政策，为15户肢体残疾人家庭安装无障碍设施；为24名残疾人办理每月享受430元的重残无业补助，为残疾儿童申领教育补助；组织40多名社区残疾人春游，开展平时走访、节日慰问、关爱残疾人宣传活动等。

本年街道上报出生人口215人；发放独生子女证129个；办理一胎《生育服务证》193个、二胎《生育服务证》11人。办理计划生育家庭意外伤害保险934份，理赔11人次，赔付近1.6万元，财政支付独生子女夭折、低保家庭共24户，个人支付的计划生育家庭674户；发放社会管理人员的独生子女奖励费323人，共计18485元。发放独生子女父母一次性奖励费17人，共计25500元，奖励放弃生育二胎1人。为伤残家庭共计11户21人，死亡家庭共计12户22人申请特别扶助金。为地区流动育龄妇女体检、发放叶酸。

基层党建与精神文明建设 街道党工委以“创先争优”活动为载体，加强党建工作。提出建“五好”党组织（领导班子好、党员队伍好、工作机制好、工作业绩好、群众反映好），做“五带头”党员（即带头学习提高、带头争创佳绩、带头服务群众、带头遵纪守法、带头弘扬正气）的要求，确立“创建和谐社区，争做模范先锋”主题活动。在党员干部中开展“树立优良党风学风，建设和谐廉洁文化”教育活动、“共建核心区，奉献在海淀”主题宣传实践活动等。在机关职能科室中开展“优质服务年”活动，强调党员干部带头，岗位奉献，“比服务意识、比服务态度、比服务效力、比服务质量、比服务满意度，争当优质服务先锋”，强化服务核心区建设、服务清华一流大学建设意识。开展党建创新，激发基层党组织活力，蓝旗营社区党支部的“关于建设学习型党支部的探索与实践”课题获得清华大学党委组织项目支持，东楼社区党支部创“五好”，受到海淀区表彰。

街道按照党工委提出“以文化铸造和谐，以文化孕育和谐，以文化促进和谐”工作思路，抓好社区教育、社区体育、社区文艺活动等，推进社区文化发展，深化精神文明建设。以“构建文明和谐社区 服务核心区建设”、“欢乐祥和迎新春”、“美丽清华”为内容，制作街道、社区宣传栏4期；开展社会主义核心价值体系教育，组织爱党、爱祖国、爱社会等“十爱”征文活动；举办2次地区规模的社区大讲堂活动，组织法律进社区、低碳生活进社区专题讲座；组织地区百名中小学生参加“做文明有礼北京人——垃圾减量垃圾分类从我做起”环保行动，开展地区中小学生“读经典诗文，做文明少年”活动；全年老龄大学共招生1100人次，开设书法、绘画、计算机、音乐、中医、英语、文学类课程共19个班共1200学时的课程量，书谱、图像处理、英语共8个班近200人结业。举办清华老年大学与台湾高雄合唱团《歌声飘两岸 同根手足情》文艺联欢。

以“全民健身展风采，科学健康促和谐”为主题，开展系列社区体育活动。4月初，开展“和谐杯”乒乓球比赛周活动，100多名社区乒乓球爱好者参赛；4月下旬，街道老龄互助社举行老人春季趣味运动会，百余名老人参加；6月中旬，举办“清华园第五届社区体育运动会”300余名运动员参与双人夹球走、定点投篮、30米障碍赛跑、跳绳等12个项目。7月，举办清华园第五届社区游泳比赛，比赛设老年组、中年组、少年组及家庭3人接力、家庭双人赛等项目，社区居民共200多人次参赛；9月举行老龄互助社秋季趣味运动会，近200名老龄互助社老人参赛。各社区分别在“三八”节、“六一”节组织社区居民趣味运动会、家家乐运动会等。

[①] 即为社区老年福利服务的计划。在老龄化速度加快和老年人福利服务供给不足的背景之下，加快发展社区老年福利事业，为了尽早建设一大批立足社区、面向老人、小型分散、方便实用、星罗棋布、形成网络的老年福利服务设施和活动场所，建立健全社区老年福利服务体系，民政部推出“星光计划”。

举行清华园“巾帼展风采、携手建和谐”文艺联欢、庆“六一”社区儿童联欢会、清华园社区党员庆祝建党 89 周年联欢演出、庆祝教师节及“核心区--歌飞扬”专场文艺活动等。各社区全年共组织社区文艺活动 12 次，节日庆祝活动 21 次。

举办系列活动，庆祝街道成立三十周年。

地址：清华大学服务楼内

邮编：100084

电话：62771507

网址：jdbsc.cic.tsinghua.edu.cn

【“北京市社区服务科技应用示范区建设”课题通过验收】 12 月 22 日，由清华园街道承担的“北京市社区服务科技应用示范区建设”课题通过北京市科委组织的专家组验收。课题集成应用近 20 项先进适用技术，建成居民健康服务系统、为老服务系统、安全监控指挥系统和社区服务会员卡系统等四大系统，形成近 10 项实用成果，提升街道在健康医疗服务、为老服务、安全保障、便民服务等方面的公共服务能力，惠及辖区居民群众。通过实施该课题，在科技惠及民生、提升基层公共服务水平、创新工作机制、推广科技成果等方面取得较好的示范效果，具有较强的推广价值。

【成为北京市推进社区信息化建设试点单位】 12 月 29 日，北京市启动推进社区信息化建设试点工作，清华园街道与西城区月坛街道、朝阳区麦子店街道、通州区北苑街道被确立为全市 4 家试点单位。在试点地区实施“3+1”（社区管理、社区服务、社区互动应用系统，一体化社区信息平台）社区信息化建设工作，将现代信息技术与社区建设充分结合，初步构建信息化社区管理、服务与互动体系，形成可复制、易推广的社区信息化建设“北京模式”。 （夏滢）

永定路街道

【综述】 永定路街道位于海淀区西南部，成立于 1979 年，属大院式街道体制，受海淀区政府和中国航天科工集团第二研究院双重领导。驻地区主要单位是中国航天科工集团第二研究院、中国航天科技集团的部分单位。辖区面积 1.45 平方公里，至本年底有 16 个社区居委会，户籍人口 39904 人，外来人口 12118 人。

环境建设 街道与科工集团第二研究院共同开展社区环境综合整治，完成二、三、四、八街坊及北综合楼等社区的部分道路改造，改建社区机动车停车位近 600 个；拆除永定路西侧商业用房，面积约 1000 平方米；对采石路南段和九街坊底商实行垃圾日产日清全天候保洁；在金沟河路、永定路等社会面清理小广告万余张；完成六、九街坊 2192 户垃圾分类入户工作；完成与区环卫五队厨余垃圾清运对接工作；新建、改造绿地 1.8 万平方米，栽植灌木、乔木、花卉 1.2 万株，修整树池、清理绿地卫生 15 万平方米。永定路大街路灯改造方案获得北京市正式批复。组织地区公安、交通、城管、工商、卫生等职能部门开展联合整治执法专项行动 20 余次，规范门前三包单位 208 次，查处无照经营 276 次，查处非法小广告 11 起，查扣非法售货机动车 14 辆，治理大排档 8 处，查处规范渣土车 44 辆，处理“黑摩的”20 辆、违章停车 450 起，整治清理地下空间 27 处，施工现场 20 处。开展地区百日行动和夏季行动，完成区台账 4 处（面积 3014.24 平方米）违法建设的拆除工作，拆除账外违法建设 1 处（面积 561.7 平方米），遏制新生违法建设 12 处（面积 300.7 平方米）。

平安建设 完成一街坊将军院、七街坊社区科技创安工程并接入街道中心监控机房，实现辖区 16 个社区视频监控系统全覆盖。信息化城市管理上报案件 1969 件，立案率 99.8%，视频监控指挥中心监督上报案件 850 件，承办区群众事务呼叫中心案件 45 件，结案率 100%。建立案件视频信息快速查询机制，全年为市局七支队、海淀分局等执法部门调取监控录像 136 次，提供有效线索 36 次，复制 404 小时，为破获二街坊、九街坊入室盗窃等案件提供了帮助。成立综治维稳中心，配备警务电动巡逻车及相关警具器材，实现“警务中心”与“综治维稳中心”合署办公，建立“矛盾联调、问题联治、平安联创、治安联防、工作联动”的工作机制。成立地区 130 余人的维稳信息员队伍，实现维稳网格化管理。完成节假日、校园周边和敏感日期间的维稳工作，确保“零指标”的实现。开展第六次全国人口普查，完成边界区域划分、建筑物核查、户口整顿和摸底、正式入户登记、快速汇总、扫描录入等阶段性工作。

民生建设 完成首批“市科技应用示范区”建设项目，形成“四个一，两中心”科技服务格局（即“一个电视机顶盒，一张电子便民卡，一套视频会议系统，一个十五分钟学习圈，视频监控调度中心和群众事务呼叫中心”），为地区居民提供便捷、实惠的科技信息服务，形成地区的科技服务特色，北京日报等多家媒体 16 次进行采访报道。全年共审核审批低保、认定低收入家庭 80 户；复审低保家庭 165 户 320 人，调标 81 人；审核审批医疗救助、临时救助 30 户 12 万元；“爱心家园”救助困难家庭共 289 户 1476 人；为 68 户特困家庭发放慈善救助金 6 万元；落实“九养”政策，发放服务券近万人次，总金额 70 余万元；开展市、区级“孝星”评选表彰工作；全年办理 65 岁以上老年优待卡 626 人，60 岁以上老年证 83 人。地区共办理老年优待卡人数 7921 人，老年证 1383 人，地区 60 岁以上老年人总计 9304 人。开展多种形式的就业援助活动，对失业人员走访率达到 100%，组织失业人员参加援助月及春秋季招聘会活动，完成就业指标 440 人。五街坊被推荐为“海淀区创建充分就业先进社区”。全年为地区 44 名重残无业人员发放补助金 21.6 万元，为地区残疾人发放助残卷 1451 人次 14 万余元，为残疾人及子女发放助学金 1.7 万元。完成室外 241 处扶手、8 处坡道无障碍设施建设,残联及“温馨家园”康复活动富有特色，中央电视台新闻栏目进行专访。二院生活区物业服务声讯指挥调度中心暨群众事务呼叫中心受理案件 313 件，派遣各单位案件 191 件。审查廉租房、经济适用房、限价房核定表，共初审 438 户政策性住房。市备案 386 户。参加摇号限价房 184 户，经济适用房 89 户。2010 年人口出生政策符合率 98.22%，三西社区通过国家级人口和计生群众自治示范社区验收。

机关建设　本年街道成立管理改革领导机构，完成街道职能梳理与机构设置调整方案。成立纪检审计法制办公室，完成效能监察、反腐倡廉建设和廉政风险防范管理、“小金库”专项治理、全面风险管理体系建设、法制宣传等工作，形成有效防控各类风险的管理机制。围绕会计核算、资产管理、内部控制等方面问题，街道财务采取集中统一管理，全年撤销 8 家下属企事业单位及 9 个银行账户，对历史遗留的呆账、坏账进行彻底的清理。提高社区居委会和服务站工作人员待遇。完成三东、六东两个区级规范化示范服务站建设，在海淀区率先实现街道辖区社区服务站全面覆盖。

开展创先争优活动,组织街道机关全体党员开展“走近科研生产一线，参观统筹建设新貌”的党日参观活动，举行承诺书宣读和签字仪式；创建学习型党组织，以读好书、听党课、看电影、写学习心得、发廉政短信等形式开展“加强党性修养、弘扬廉洁风尚”的主题教育活动。举办地区首届文化节，内容包括文化论坛、五月鲜花、消夏广场、书法展示等多种形式，六东社区被评为海淀区创建学习型社区示范单位。

（王跃萍）

地址：海淀区采石北路 18 号
邮编：100854
电话：88225383
邮箱：ydlbgs@yahoo.com.cn

【开通电视便民频道】　本年，永定路街道开通电视便民频道，居民通过电视可以点播包括找保姆在内的几十项家庭服务视频节目。居民家中安装新的电视机顶盒后，就可以通过电视中的便民频道浏览政府惠民服务、社区公共信息等贴近居民生活所需、所求的综合信息。还可接受订餐、商品购买、送米送面等服务，服务信息通过数字电视交互系统服务器即时上传到永定路街道社区信息网络中心进行迅速处理，并将处理信息以短信、电话等方式反馈给居民。

（周勇）

新农村建设与乡镇工作综述

【综述】　北京市海淀区农村工作委员会（简称区农委），挂北京市海淀区动物卫生监督管理局（简称区动物卫生监管局）牌子，与中共北京市海淀区委农村工作委员会（简称区委农工委）合署办公。区委农工委是负责本区农村工作的区委派出机构。区农委是负责本区农村发展、农村经济工作和农业行业监督管理的政府工作部门。

截至 2010 年底，海淀区农村设 7 个乡镇，2 个地区办事处。全区 84 个行政村，其中四季青镇 13 个，海淀乡 4 个，东升乡 5 个，苏家坨镇 19 个，温泉镇 7 个，上庄镇 20 个，西北旺镇 16 个。农村地区有 41 个社区居民委员会。

新农村建设　由 31 个主要责任单位、23 个协办单位承担的区 2010 年新农村建设折子工程 46 个项目全部完成。18 个责任单位按期协助办理北京市新农村建设折子工程 34 个项目。区农委会同区相关部门，验收 2 个部门、1 个农场、1 个公司和 7 个乡镇 2009 年新农村建设项目 33 个，下拨区政府扶持资金 3426.11 万元。

编制中关村国家自主创新示范区北部研发服务和高新技术产业聚集区（海淀新区部分）规划，确定北部地区的功能定位、用地规模、空间布局，街区层面控制性详细规划获得市政府批复。研究制定重点村整治改造规划方案，完成 8 个重点挂账村农民安置用房规划方案编制，并获得市政府批复。将《海淀区旅游用地规划》核心内容纳入全区土地利用总体规划，基本完成《大西山旅游区发展规划》修编，启动《海淀区西北部高端休闲旅游区总体规划》编制工作。开展新一轮土地规划修编工作，推进城乡一体化地籍管理，实施城乡一体的土地利用分类体系，推进集体土地登记发证工作，农村土地管理与规划利用更加科学。

2010 年海淀区村级组织共接收政府投入新农村建设资金 5.13 亿元（包含中央、市、区、乡镇投入以及村自筹的补贴资金），其中公共建设资金 1.84 亿元，生产建设资金 1.94 亿元，专项补贴资金 1.35 亿元。公共建设项目补贴资金中，五项基础设施建设工程 13968.75 万元，“三起来”[①]建设工程 283.51 万元，医疗卫生服务站 80.81 万元，文化站、图书室 27 万元，健身场所 350.75 万元，便民站 90 万元，有线电视入户 449.6 万

[①] 指的是：让农村亮起来、让农民暖起来、让农业资源循环起来。

元，绿化美化302.74万元，党支部和村委会办公场所313.26万元，其他公共建设项目2507.8万元。生产建设项目补贴资金中，农业5157.3万元，林业1899.13万元，水利12214.29万元，三产173万元。专项补贴资金中，村级组织正常运转资金946.9万元，山区生态林补偿资金676.23万元，粮食直补50.94万元，水管员薪酬资金102.85万元，新型合作医疗1188.09万元，农村卫生资金1057.56万元，农村教育资金81.25万元，养老保险资金443.47万元，最低生活保障资金50.77万元，优抚资金39.3万元，其他专项资金8903.2万元。

“十一五”期间，累计安排建设工程奖励资金20.79亿元，66个村开展新农村“五项基础设施”[①]建设。11月底，历时4年的新农村“五项基础设施”建设完成，该工程包括硬化村庄街坊路540万平方米，绿化172万平方米，实施7个乡镇垃圾处理工程，铺设雨污水管线1549.85公里，改造老化管网115.43公里，安装一户一表4080户，安装太阳能灯6107盏；建设和改造污水处理站26座、公厕194座、户厕1.38万个，太阳能公共浴室17座、太阳能光伏电站1座、生物质气化站1座、沼气站7座、畜禽粪污治理设施14处，配发垃圾分类桶12万余个。

农村社会管理 建立由区、乡镇和村三级共同承担的村干部薪酬机制，区政府对现职行政村党组织、村民委员会干部每人每年补贴2万元，对离退休行政村负责人每人每年补贴6000元。建立村庄基础设施长效管护机制，对农村道路、公厕、太阳能灯和公共浴室、街坊路绿化等农村基础设施管护给予资金补贴。加强基层民主政治建设和社区服务，完成第八届村委会换届选举。理顺城乡交叉地区管理体制，明确街道、乡镇的管理职责。新建农村社区服务站16个，累计建设49个。有农民专业合作组织21个，加入农民专业合作组织农户343户，带动农户数3361户。成立区综治委农村综治工作协调委员会，实施社会治安综合治理领导责任制。农村地区各项应急管理全部纳入全区指挥系统。

聂各庄、南安河、周家巷、西小营村申报市生态文明村通过专家验收。温泉镇高里掌村被评为“2010年度北京最美的乡村”。做好“平安创建”工作，各乡镇全部建立集治安防控、公共服务为一体的城市综合管理中心。

农民就业和社会保障 在全区所有村委会建立就业服务站，实施促进农村劳动力转移就业的补助政策。提高农村劳动力自谋职业社会保险补贴期限和农村公益性就业岗位补助标准。实施农村劳动力参加职业技能提升培训计划、创建充分就业村计划，北坞等5个村建设成为充分就业示范村，帮助4476名农村劳动力实现就业。制定促进挂账村农村劳动力就业的四项措施[②]，根据搬迁整治工作进度及农民就业需求，随时启动就业服务工作。

缩小城乡之间的保障差异，提高农民的社会保障水平。城乡居民基本医疗保险年度住院医疗费用最高支付限额由7万元提高到15万元；新农合住院医疗费用最高支付限额由6万元提高到18万元，实行门诊报销政策；2010年海淀区农业人口（农业人口91108人）中有88824人参加新农合，参合率97.49%。农民基础养老金领取标准提高到每月430元，高于全市每月280元的标准。将农民工纳入企业职工基本养老保险范筹。初步建立城乡一体的失业保险制度，实现本市农民工按照城镇职工标准享受失业保险待遇。全面落实老年人补贴政策，特别是对80岁以上高龄老年人实施城乡一致的居家养老服务补贴政策。2010年海淀区农业人口中需要供养的老人共29074人，其中农村集体供养2077人，农村社会养老保险供养20369人，其他方式供养6628人。继续实施城乡一致的“低保”制度。

农村党建 在农村基层党组织和广大党员中开展创先争优活动。开展农村系统“优质服务年活动”，提高农村广大干部服务核心区、服务农村的积极性。农村各级党组织和广大党员，围绕农村当前中心工作，特别在两委换届选举工作以及重点村整治工作中都发挥了先锋模范作用。

2010年3月，完成84个行政村党组织换届选举工作，农村支部书记和委员的文化结构和年龄结构得到优化。举办农村支部书记培训班。7月10日，完成71个行政村村委会的换届选举工作（第八届）。其中书记主任“一肩挑”的比例达19.7%、“两委”交叉任职比例达35.9%，妇女委员比例28%。

继续开展农村党的建设“三级联创”[③]活动。年初，通过市委农村基层党的建设“三级联创”检查组对2009年农村创建活动的检查评估。5月，召开全区农村创建大会，总结上年农村基层党组织建设工作，部署本年工作，对全区“五个好”乡镇党委、村党支部、乡镇站所和区涉农部门进行表彰。会同相关单位对全区乡镇党委及村党支部开展“三级联创”活动情况进行验收，并对工作进行全面总结，迎接市委年度检查。

做好农村实用人才管理工作，开发培养125名农村实用人才。按照区委的

---

① “五项基础设施”是指村庄街坊路硬化、供水老化管网改造和一户一表、污水处理、垃圾处理、厕所改造五项工程。

② 年初，海淀区出台促进北坞村及8个挂账村农村劳动力就业的四项措施，包括在自然村建立农村就业服务站，工作人员纳入乡镇农村公益性就业组织管理，给予就业服务站一次性3万元工作经费补助；鼓励用人单位招用挂账村农村劳动力，并给予力度更大的补贴；促进农村劳动力自谋职业，扩大补助范围，提高补助期限；针对挂账村的农村就业困难人员，扩大区农村公益性就业岗位的人员范围，提高农村公益性就业岗位补助标准。

③ 三级联创：是指区、乡、村三级党组织分别争创基层组织建设工作先进区、“五个好”乡党委、“五个好”村党支部。“五个好”目标要求：领导班子好、党员干部队伍好、工作机制好、小康建设业绩好、农民群众反映好。

总体部署，农村系统围绕“坚持科学发展，推进城乡一体化”的主题，开展学习实践科学发展观活动。（许相明）

【村官考试 海淀竞争最激烈】 5月6日零时，北京市面向2010年应届高校毕业生招聘村官的网上报名结束。报名人数近1.5万，竞争比达到6：1。通州报名人数最多，达1600余人；海淀招聘74个名额吸引1282人报名，录取比达到17：1，在各区县中属最低。

【113个自然村实行社区化管理】 8月，根据北京市推进村庄社区化管理的工作部署，海淀区7个乡镇的113个自然村（不包含拆迁改造已完成和正在进行的22个自然村）开展村庄社区管理工作，城乡接合部地区安全隐患严重的老旧平房社区参照文明村庄创建行动方案组织实施文明创建行动。海淀区“文明村庄创建”的社区化管理工作由区政府负责资金保障，乡镇政府主体推动，各自然村具体实施。到年底，全部完成创建。

【农村用水试行计量收费】 本年，海淀区部分基础条件比较好的村作为试点，试行农村生活用水管理和计量收费工作，改变农民用水“不计量、不收费”的习惯。（周勇）

2010年农村基层组织建设表

单位	村级组织数						村级干部数			村级干部培训教育		五好支部数	文明村数	民兵组织数	团组织	
	村委会		村党组织													
	个数	人数	党总支数	党支部数	支部委员数	党员人数	人数	平均年龄	高中以上学历人数	人数	天数				数量	团员数
合　计	84	364	22	116	375	7911	609	46.1	448	603	265	71	69	87	155	1138
山前合计	22	110	17	30	113	2312	187	46.7	171	182	195	21	20	16	52	274
四季青镇	13	71	12	1	65	1728	119	46	111	119	5	13	12	5	39	127
海淀乡	4	19	0	4	16	151	27	49	21	22	110	3	3	3	3	14
东升乡	5	20	5	25	32	433	41	45	39	41	80	5	5	8	10	133
山后小计	62	254	5	86	262	5599	422	45.8	277	421	70	50	49	71	103	864
苏家坨镇	19	67	3	40	69	2108	107	46	63	109	14	12	16	19	25	242
温泉镇	7	30	1	11	34	1234	49	43	42	46	28	7	4	7	11	97
西北旺镇	16	78	1	15	81	833	140	46	105	140	20	14	11	24	46	327
上庄镇	20	79	0	20	78	1424	126	48	67	126	8	17	18	21	21	198

（许相明）

东升乡（东升地区）

【综述】 东升乡位于海淀区中东部，其前身为1958年8月成立的东升人民公社。1977年11月，清河、东升两社合并为东升公社。1984年3月改为东升乡。2001年12月，设东升地区办事处，在原农村管理职能基础上，兼履行城市管理职能，与乡政府实行两块牌子一套机构。全乡面积54.6平方公里，地区办事处与乡辖区内7个街道办事处划分属地界线，东升地区辖区面积8.32平方公里。有5个村民委员会和3个社区居委会。截至本年底有户籍人口9236户、17529人，其中非农业人口3494户、5718人，农业人口5742户、11811人，外来人口7.6万人。全乡区域城市化程度较高，城乡结合部特征突出。

经济建设 2010年集体经济总收入118899万元，与上年同比增加7636万元，增长6.9%；集体经济纯收入56044万元，与上年同比增加7766万元，增长16%；增加值67924万元，与上年同比增加12286万元，增长22%；集体人均所得28411元，与上年同比增加3862元，增长16%；劳均所得43979元，与上年同比增加4065元，增长10%；2010年各股份社分红比例在9%～16%之间，平均分红比例为11.9%;股东人均分红1.3万元。

加大集体产权制度改革力度，乡直属的3家二级公司和10家直属企业重组为新东源、博展、海升3家新股份社，并召开第一届股东代表大会第一次会议，标志着乡集体产权制度改革全面完成，成为海淀区首个整体完成集体产权制度改革的乡镇。东升乡被列为北京市农村集体经济产权制度改革九个典型范例之一。

服务业成为全乡经济发展的支柱产业。2010年新建成项目总面积39.82万平方米。主要包括：大钟寺股份社在大钟寺现代商城分得8.6万平方米优质资产，待岗职工202人分十期全部上岗；太平庄股份社通过整体转让保福大厦收回10亿元，蓟明快捷酒店商服面积0.7万平方米；塔院股份社建成圣熙八号广场7.9万平方米、泰兴大厦4.24万平方米、泰翔大厦2.78万平方米和金五星4万平方米等，共计商服面积20余万平方米；清河股份社新建1万平方米临街商业铺面；马坊股份社宝盛A号公建1.6万平方米、宝盛综合楼2.4万平方米、超市发配送中心1万平方米、永泰服务楼0.77万平方米相继建成并完成招商；小营股份社完成餐饮一条街1.53万平方米和君安4号1.03万平方米的招商，1万平方米鹍鹏商业综合楼正在招商之中；新东源同福雅悦危改工程结构封顶；海升新增枫蓝国际0.6万平方米、羽毛球馆1.5万平方米、海跃宾馆0.8万平方米；博展股份社电焊机厂办公楼改造0.45万平方米和锅炉厂改造1.4万平方米进展顺利。全乡35家营业收入500万元以上企业中从事第三产业的33家，占94%。全乡有物业经营企业36家（其中二级资质2家，三级资质9家），管理经营面积达124万平方米。截止到2010年底，全乡集体经济总收入中三二产业占比为84：16，一产完全退出。异地纳税企业25家，全年完成税源建设12744.88万元。

城乡建设 八家郊野公园竣工。区司法局和东升乡政府共同投资30余万元，以东升八家郊野公园为依托，建立东升普法休闲广场。东升乡医院于6月8日正式开工。该医院位于东升乡潘庄西村路，占地约3000平方米，建筑规模5362平方米，预计投资2560万元。大运村体育文化广场完成项目所需的用地手续，待市政管委完成拆迁即可启动，规划建筑面积2.4万平方米；东升社区服务中心取得发改委立项、规委建设用地规划许可证和规划设计方案复函，并列入2010年北京市折子工程和海淀区绿色审批通道，规划建筑面积0.8万平方米；大钟寺服务楼已启动项目申报，预计建筑面积达1万平方米；中关村东升科技园（二期）正在进行控规指标调整，预计总建筑面积达90万平方米；学院路北端项目取得一级开发授权，并签订征地补偿安置协议，预计总建筑面积达60万平方米；楔形绿地改造项目预计总建筑面积达140万平方米。

完成2009年区政府“千万资金”项目的4个跨年度项目、2009年新农村“五项基础设施”的24个跨年度项目和乡政府2010年民生工程的18个项目的建设工作，完成总投资3929.416万元。投资1131.686万元建成6个用于支持经济建设的项目；投资791.54万元建成党建活动设施和群众文化体育设施。至此全乡新农村基础设施建设项目全面完成。

小营村西小口、四拨子和后屯、马坊村宝盛里、于家坟五个自然村建设“三中心”服务管理平台，即整合综合治理工作站、警务工作室、民事调解室、监控室，成立综合治理维稳中心；整合卫生、计生、文化、保洁等资源，成立社区服务中心；加强流动人口和出租房管理，强化流动人口和出租房管理站，成立新市民服务中心。年底五个自然村全部完成创建。

民生建设 加大对园区制造业和配套服务业中所需工种的培训，各类职业技能培训共计446人，乡、村两级投入60余万元，涵盖初、中、高各等级层次，涉及物业经理人、注册物业管理师、电工、水暖、保洁、绿化、保安等十几个专业工种。建立区级充分就业社区服务站3个，村级充分就业社区服务站3个，形成市、区、乡、村（居）委会四级推进就业再就业服务网络，成为全区首家职介OA进社区的乡镇，新增就业人数超过300人，塔院村、八家居委会被评为区级充分就业示范村（社区）。

本年的民生工程项目数量16个，资金总额突破1260万元，其中乡财政奖励资金1000万元，实施单位自筹资金260万元。新农合参保总人数为4386人，累计统筹基金932.61万元，其中乡政府投入166.99万元。区、乡两级共为4577人次报销医疗费1432.68万元。2010年乡新农合参加补充医疗保险共3782人，收入并支付保险公司保费共计457.36万元。乡财政共向新农合拨款454.16万元，为2671人次报销医疗费279.43万元。全年新增社会化退休人员84人，报销药费130多万元。

全年为23户城乡低保家庭发放低保金20.7万元，为93户持爱心卡家庭发放救助金7万元，募集善款249.8万元，其中向青海玉树等灾区捐款107.6万元，实施大病医疗和困难救助资金83万多元，全乡318户、321名困难群众得到救助。区乡出资8万元开办2家老年饭桌，为老年人、残疾人提供包括医疗、家政、理发、餐饮等在内的各种服务。申请发放重残无业、长期失业等各类补贴14.8万元，各类残疾人辅助器具364件。在整合社区周边82家服务商点的基础上，开发19家为老（助残）服务商，汇编发放社区便民服务手册2万余册，发放各类优抚金、优待金38.4万元。成立海淀志愿者联合会东升乡（地区）分会，进一步完善志愿服务体系。开展“军民手拉手”助学、联谊活动，东升乡被海淀区评为“双拥共建模范乡”。

基层党建 组织广大党员参加“共产党员献爱心”捐献活动，共筹集爱心捐款9.3万元。“流动党员温馨家园”和“创建学习型党组织”两个优秀项目被海淀区选送到市委组织部参加全市评比。在全乡范围内推进商务楼宇党建工作站建站工作。共申报新站点19个，其中一类站点3个、二类站点5个、三类站点11个，全部通过市、区两级社工委的检查验收，基本实现已有楼宇全面建站和全部覆盖的目标。

2010年，主办完成区政府转办的市、区人代会期间代表建议2项，协助办理代表建议2项。区人大代表在年初召开的区人代会上共提出有关东升发展的建议21条。组织代表考察参观新投入运营的塔院泰兴大厦、圣熙8号购物广场及博展股份社退休人员服务中心运行情况，帮助代表实时了解本乡在推动产业结构调整及经济社会协调发展上所取得的最新成果，拓展人大代表知政参政渠道。

东升乡“十一五”建设成就 2010年度全乡集体经济实现总收入118899万元，比“十五”末增加31699万元，同比增长36.4%，年均增长4.7%；集体经济纯收入完成56044万元，比“十五”

末增加 23827 万元，同比增长 74%，年均增长 11.7%；集体经济增加值完成 67924 万元，比“十五”末增加 26476 万元，同比增长 63.9%，年均增长 10.4%；人均所得 28411 元，比“十五”末增加 12605 元，同比增长 79.7%，年均增长 12.4%；劳均分配 43979 元，比“十五”末增加 19468 元，同比增长 79.4%，年均增长 12.4%。截至 2010 年末，全乡资产总计 97.7 亿元，比“十五”末增加 62.4 亿元，同比增长 177%；净资产总计 25.6 亿元，比“十五”末增加 4.6 亿元，同比增长 22%。

全乡体制改革完成，劳龄登记共涉及 5 万多人，清产核资现有总资产 96.9 亿元。退偿老股金 1501 万元，预留社保基金 1.26 亿元，兑现 16 亿元。十个股份社股本总额 12 亿元（其中总社集体股 53558 万元，个人股 66442 万元），个人股东 5055 人。

全乡共完成重点项目建设 92 个，新建成优质商服地产总面积 140 万平方米。其中自主建设项目 64 个，面积 88.6 万平方米，占完成总面积的 63.3%。

建成全乡互联互通的局域网体系、全乡网络办公平台和政府对外办事大厅网络平台，提高政府服务效能。东升义工从无到有、注册义工达 620 人，累计志愿服务 38 万小时，6 万余群众受益。为无保障老年人每两年一次组织健康体检，为 450 名 65 岁以上老人办理老年优待卡，全乡现有 378 位老年人和 47 位残疾人享受助老（残）券免费服务 54 万余元。实施新农村建设 57 个项目总投资 8650 万元（其中争取到扶持资金 4855 万元）。争取区财政资金 3500 多万元，实施老旧小区改造、重点部位周边环境整治等 15 项环境建设惠民工程。马坊村被评为北京市文明生态村。

地址：海淀区成府路 45 号
邮编：100083
电话：82619033

【八家地区完成腾退】 12 月 11 日，八家地区完成整体改造拆迁。该项工作涉及农居住户 2704 户，户籍总人口 4692 人（其中农业人口 1433 人），总共 1397 个院落。涉及中央、市、区单位 11 家、乡属单位 4 家，面积达 43.7 万平方米。该项工作得到市、区领导的高度关注。市、区领导多次到八家地区指导工作，关注进展，协调各方全面推进改造工作。区、乡两级成立指挥部对接，涉及改造的相关工作大多进入“绿色通道”。八家地区拆迁后，将提供 300 多亩土地，作为清华大学建设用地。（韩慧新）

海淀乡（万柳地区）

海淀乡（万柳地区）位于海淀区中部，1984 年 4 月设立海淀乡，2001 年 12 月成立万柳地区办事处，与海淀乡政府实行一套班子、两块牌子的管理模式。乡域面积 40 平方公里，其中万柳地区行政区域面积 4.79 平方公里。辖万泉庄、六郎庄、树村、青龙桥 4 个村委会和六郎庄、功德寺 2 个居委会。截至本年底户籍人口 12581 人，其中农民 6300 人，居民 6281 人，流动人口 3 万余人。乡域内有颐和园、圆明园和玉泉山等名胜古迹，有北京大学、清华大学、中央党校等知名高校。辖区内有海淀公园、锦江麦德龙、广州本田 4S 店等多家企事业单位。

经济建设　全年实现区域经济总收入 15.8 亿元，同比增长 10%；区域纯收入 3.8 亿元，同比增长 8%；其中集体经济总收入 4.6 亿元，同比增长 3%；集体纯收入 2.3 亿元，同比增长 5%；可供分配总额 1.3 亿元，同比增长 3%；人均劳动所得 21025 元，同比增长 10%。开展清产核资工作，集中退偿老股金人数达到 95%；重新核实确定劳龄份额、基本份额、资源份额，审核清产核资单位 66 家。

完成颐和天街项目建设主体；中科资源大厦项目对外招租；完成购买大红门西路住宅小区商业项目的验收；启动金隅美和园商业楼招商工作；启动西洼俱乐部客房改造一期工程，西洼生态园投入运营；柳浪垂钓园一期试运营，二期改造工程完工。万柳华联购物中心开业。推进地铁四号线还建项目，圆明园农工商公司与华联商厦签订地铁四号线龙背村车辆段还建项目经营合作协议。

环境建设　面积 590 亩、总投资 2394 万元的树村郊野公园于 10 月 1 日开园。青龙桥五项基础设施完工，新修主要道路 18 条，道路总长 2478.7 米，道路硬化面积 15746.7 平方米，路肩面积 7436.2 平方米；次要道路 7 条，总长 381.5 米，道路硬化面积 2032.6 平方米；胡同 23 条，总长 450.4 米，道路硬化面积 1583.7 平方米；村内空地硬化面积 34682 平方米；铺设雨污水管网 6085 米，污水接户管 30000 米。完成西苑饮用水工程。裕禧隆园小区被北京市评为小区垃圾分类先进单位。通过国家环保部对海淀乡创建全国环境优美乡镇的评审验收。

树村后营、六郎庄、肖家河 3 个村被列为市级挂账重点村。成立市级挂账重点村整治领导小组，由乡党委书记、乡长担任组长、15 个部门作为成员单位，下设 9 个专项工作组：办公室（兼督导组）、宣传动员组、拆违整治组、规划建设组、腾退安置组、产业发展组、资金计划组、就业安置组、维护稳定组。在 3 个重点村建立相应机构，形成乡、村两级分工负责、协调联动的工作格局。制定规划建设、维稳工作、宣传动员、资金平衡、搬迁腾退、新村建设、就业安置、资产处置等一揽子方案。建立重点村整治专题会制度，加大对重点村有关事项的督导力度。

克服树村后营整治面临着思想认识不到位、群众期望值高、利益矛盾错综复杂的现实困难，按时完成后营搬迁腾退任务。通过召开数十次的班子会、村民小组会、村民代表会，征求包括村民代表在内的各个层次的群众对《树村后营搬迁腾退方案》的意见，并进行修改。6月25日，树村召开村民代表大会，通过《搬迁腾退方案》。确立以村委会为主体、乡班子成员包户、机关人员参加、相关部门协作的模式，做好搬迁腾退宣传动员与讲解工作。截至2010年12月31日，树村后营100个宅基地院落4.1万平方米建筑全部拆除，集体土地上的违法建设拆除10.9万平方米，完成92%。平稳疏散2.5万多流动人口，320名村（居）民全部住进万树园小区和紫城小区。海淀乡通过北京市有关部门组织的联合验收，被评为北京市城乡结合部重点村建设先进乡镇。

8月5日，树村后营的六郎庄新村建设奠基。新村占地20.8公顷，集住宅、商业配套设施以及集体产业项目为一体，总建筑面积32万平方米。各项建设前期准备工作全面推进。规划部门意见、发改部门意见已经函复，后营建设用地钉桩、立项已经完成，完成项目用地内工程项目管理、工程监理、土方开挖的招标工作。

以北京大学为实施主体的北京大学肖家河教工住宅项目立项。圆明园农工商公司完成60个承包单位及个人的腾退补偿工作，并对已腾退的集体土地上的房屋进行拆除。

全年拆除新生违法建设1133平方米和900延米墙体，完成24.7万平方米的年内上账拆违任务。

平安建设 整合地区综治、安监、信访、环保、城管等部门的力量，建立地区综治维稳中心，完善社会治安防控体系，地区发案率不断下降。投入巡防力量2万余人次，对上账地区进行常态化联合整治30余次，六郎庄和新建宫门治安重点地区通过区综治验收并销账。修订《海淀乡突发事件应急处置总体预案》，组织应急演练。开展安全生产、预防煤气中毒、消防安全、交通执法等专项检查。结合重点村整治建设中暴露出的各种矛盾，摸排重点人员，采取领导定期接访，包村包案等形式，接待来访249批次、820人次，做好疏导化解及稳控工作。开展“消防宣传周”系列活动，在六郎庄大街、汇新家园、青龙桥村等地举行防火宣传活动，对乡应急消防队伍进行培训，在北大青鸟西苑中心、麦德龙超市等地举行应急消防演练。投资70万元为西苑早市安装6个消防井，消防井达到16个，将消防通道从4.5米拓宽到6米，安全探头从48个增加到67个，并在市场内安装广播系统。

民生建设 本年确定的5项为民办实事全部完成。根据本乡劳动力就业的需求和特点，重点发展物业管理、园林绿化、社区服务等劳动密集型产业，提高就业率。青龙桥物业安置58人、西苑物业转移就业28人、树村治安队转移就业60人。万柳集团开辟停车场管理与物业管理项目，安置35名下岗职工。出台《海淀乡促进劳动力就业暂行办法》，开展就业援助月、“春风行动”[1]、民营企业招聘周等就业援助活动。全年组织辖区企业招聘并提供岗位2240余个，外出就业及个体经营的劳动力195人，乡内企业安置下岗人员及新增劳动力170人。协调解决多起劳务工资纠纷。

为435人办理城镇居民医疗保险参保手续，为5513人办理新农合参合手续；完成666人的超转指标，使其纳入城市社保体系；上调农民退休金。修订《海淀乡农村合作医疗管理办法》，新办法使个人和集体筹资标准分别下降50%，并适当提高报销比例和封顶线，减轻农民负担。

制定并实施《海淀乡困难群众分类救助办法》，对辖区各类困难家庭和优抚对象开展定期救助、走访慰问、免费治疗及优抚补贴等，共计投入202万元。全乡各单位在玉树救灾、南方旱灾等活动中，募集捐赠善款76万余元。为1000多名各种类型养老人员按月发放养老金，补贴家电和汽车下乡现金4万余元。动员社区居民参与社区残疾人康复工作，在“爱耳日”、“全国助残日”等日开展宣传，投入12万元对辖区400名残疾人进行走访慰问，对70个残疾困难户开展定期救助，发放慰问品、慰问金等7万元。为39名精神残疾人实施免费服药治疗，对全乡50名持证的精残病人实行入户随访，为11名残疾人发放轮椅。159名城乡残疾人获得新农合及城镇医疗保险个人缴费部分全额补贴。筹措资金6200万余元，为666名征地超龄农民办理超转手续。解决群众反映的各类城市管理问题1452件，结案率99.66%，及时率100%。开展第六次全国人口普查工作。人口和计生工作考核指标达到99%。

正式开通乡政府工作网站，搭建政府与群众网上交流平台。落实政府信息公开工作，全年共主动公开政府信息34条，答复依申请政府信息12条。组织人大代表对乡规划科和劳动科工作进行民主评议，邀请人大代表视察新农村建设项目。全年共办理区、乡人大代表和政协委员提案、建议9件，办结率达到95%。

基层党建与精神文明建设 开展创先争优和优质服务年活动，全乡（地区）基层党组织围绕推进城乡一体化建设和提高“四个意识”[2]，开展“锤炼党性作表率，一体化建设当先锋”主题实践活动和创先争优标准大讨论，涌现出6个先进基层党组织和46名先进典型。深化“三级联创”活动，推动基层党建工作创新，以万柳集团“党群心连心工程”为代表的4个党建创新项目取得明显成效。

完成第二批基层单位学习实践科学发展观活动。贯彻落实党风廉政建设责任制，开展党员作风建设年活动，加大对重大决策、重大工程项目的监督检查，继续做好廉政风险防范管理工作，并向三级单位延伸，全乡（地区）未发生党员干部违纪与腐败案件。

开展“群众文化年”活动，举办海淀乡（万柳地区）第三届运动会、“五月的鲜花”文艺汇演等文化体育活动，海淀乡连续五年被评为海淀区体育工

---

[1] 由国家劳动和社会保障部发起，专门为进城农民工提供就业服务，旨在帮助求职农民工尽快实现就业。内容包括为农民工提供就业机会、保障农民工的合法权益以及整顿劳动力中介机构等。

[2] 即大局意识、责任意识、协作意识、服务意识。

作优秀单位；完成六郎庄、青龙桥、树村3个村委会换届选举；完成树村、青龙桥村、六郎庄村和万泉庄村4个村级党组织换届选举，汇苑公司党支部、圆明园公司党支部及万柳集团党总支所属5个党支部完成换届。海淀乡被北京市评为村务公开民主管理示范乡。成立乡总工会和17个基层工会组织。启动海淀乡乡志编纂工作，完成海淀区志资料长篇部分内容的收集和编写工作。组织处级理论中心组学习12次。举办海淀乡暨万柳地区才艺展示联谊会。5月14日，海淀乡被授予“首都文明乡镇”称号。（曹莹）

地址：海淀区西苑操场108号
邮编：100091
电话：62885551
网址：hdx.bjhd.gov.cn

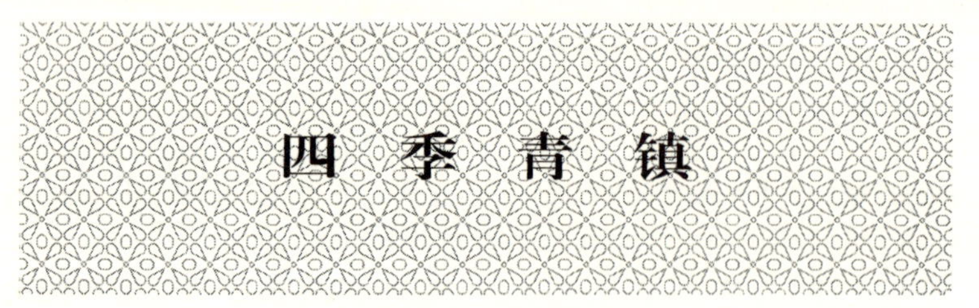

四季青镇

【综述】 四季青镇位于海淀区西南部，其前身为1958年成立的四季青人民公社，1984年改公社为乡，2004年9月乡改镇。镇域面积40.83平方公里。下辖13个村委会，11个社区居委会，有直属企事业单位38个。镇域内户籍人口8.5万，其中农业人口3.2万，非农业人口5.3万，外来流动人口约20万。

经济建设 2010年，全镇实现区域经济总收入58.4亿元，比上年增加5.33亿元，增长10.04%；纯收入11亿元，比上年增加8232万元，增长8.16%。集体经济总收入实现24.3亿元，比上年增加2.2亿元，增长10%；集体经济纯收入实现6.56亿元，与上年同期相比增加4859万元，增长8%。加强与大型国企的协调，初步拟定中国航天科工集团信息股份公司入驻四季青镇。门头、西山、曙光等公司的产业园与一些企业签订协议。按照“引进国有大企业、引导民营实力型企业、扶持潜力型高新产业”的方针，加大对镇内企业的走访联系力度，稳定税源，2010年区政府税收返还400多万元，实现提高税源建设的目标。

本年，投入支农资金500万元，用于提升农业观光园区基础设施建设和品位升级。拨付100万元用于弥补因自然灾害给各观光园区造成的果品损失。发展山区经济，建设香山玫瑰谷、田丰葡萄园、苗族文化博物馆、李墨林农耕文化展室，引进七叶香山德国普拉那啤酒屋，完成生态水系修复工程，开设“开心农场”。“一河十园”[①]的发展得到媒体关注，其中CCTV-1、CCTV-7聚焦三农频道、CCTV新闻频道、BTV-1、BTV科教频道进行专题报道。自主开发建设完成建筑面积约9万平方米的集体物业，新开工约5万平方米的生态办公区，接收合作开发的10万平方米的西杉产业园。9月，调整产权制度改革办公室，将原设在农经站的产权制度改革办公室调整为专门设立四季青镇产权制度改革办公室。3月16日，北京海淀新兴畜牧产品公司更名为北京市新兴聚力投资管理有限责任公司。

城乡一体化建设 完成常青园8栋楼、北坞嘉园34栋楼的回迁入住，累计实现回迁面积约23万平方米，回迁2311户4657人，每月减少集体违约金、周转费771万元。完善13个行政村的规划建设方案并上报市区相关部门，其中门头、振兴两个重点村的规划方案得到市区正式批复，中坞村方案基本确定。成立镇村两级城乡一体化指挥部，下设七个工作组，借鉴北坞村试点的经验，坚持政府主导作用，发挥农民主体作用，确保农民自主决策、自主建设、自主管理、自主发展。年内，3个重点村的拆迁建设方案基本确定，门头村、振兴村的腾退改造实施方案和实施细则于2010年12月下旬分别得到村民代表的全票通过。

投资9116.6万元在双新、香山、振兴、西山、田村、宝山、常青、巨山和高庄等9个行政村进行包括街坊路硬化、街坊路绿化、水务工程、垃圾处理和公厕建设在内的新农村“五项基础设施”建设。全镇共硬化主路35万余平方米，街坊路绿化1.5万余平方米，老化管网改造5.7万余米，实现一户一表1560户，新建公厕27座，新建餐厨垃圾资源化处理站1座。投入1874万余元对宝山、田村、西冉、常青、香山、双新等7个村进行渣土清运、景观绿化、绿化补植、甬路铺设、修建铁艺围挡、临街牌匾整治、老旧小区楼房外立面粉饰等整治工程。共计铺设透水砖8690平方米，路缘石1856米，沥青混凝土4000平方米，种植油松、雪松、银杏、碧桃等20余种乔灌木3208株，草坪10000平方米，抹灰1370平方米，外墙粉饰1336平方米，安装牌匾1381平方米，砖墙砌筑610立方米，外墙粘砖1500平方米，安装铁艺围栏970米，围栏油饰1056平方米。2010年共拆除账内违法建设5.7万平方米，账外违法建设6万余平方米。振兴村被评为“首都绿色村庄”。

开展垃圾分类宣传工作，动员广大居民参加垃圾减量、垃圾分类活动，在推进垃圾分类的社区免费发放垃圾分类收集容器和垃圾袋，在7个村推进平房区生活垃圾分类。争取区专项资金165万元，为10个小区11266户居民配备户用垃圾桶22532个，厨余垃圾袋200万个，户外大垃圾桶318组。对厨余垃圾免费外运拉走，实现垃圾的减量化与资源化，环境卫生工作在全区七个乡镇中社会评价名列第一。

[①] 一河指位于四季青镇域内的旱河，十园指分布于旱河路两侧的十个农业观光园，即果林所观光园、御林观光园、御香观光园、香山绿色果品观光采摘园、双新观光园、京香绿谷观光园、西山采摘观光园、玉泉观光园、振兴观光园、西洼采摘观光园。

平安建设　本年有11个行政村33个自然村进行市区文明村庄创建工程，通过安街门、加护栏、设岗亭、增探头等多种形式实现村庄较为封闭化的管理，全镇栅栏、围墙、“三个中心”、监控室等基础设施建设全部完成。共上报城管问题案件4657件，立案4595件，立案率99%。接收区城管监督指挥中心派遣的自办案件2901件，结案2901件，结案率、及时率均达到100%。镇村两级共出资114万元增加协警力量，四季青镇农工商总公司出资60万元支持派出所建设。

继续坚持领导包案制度和全镇上下联动机制，共同做好群众接访工作。共接到上级转办、本人送达上访信155封，较上年同期162件下降4.3%；共接到海淀区群众事务呼叫中心转办事项977件，比上年同期1126件下降13.2%；共接待来访396批577人次，比上年同期476批1208人次分别下降16.8%和52.2%。

民生建设　全年共确定62件为民办实事项目，除4项因市区规划变化、政策变化等客观因素未能实施外，其余项目均已完成。本年发放低保金118万元，为16类人员发放临时困难补助、教育救助、医疗救助、重残补助等专项救助补助资金574万元，为64826人次发放镇内过渡期人员生活补贴1970万元。对260名老年人、1356名婴幼儿和82名城镇无业居民办理医疗参保，动态实现“应保尽保”。制定农民职工冬季取暖费补贴政策，筹措资金2100万元为符合条件的镇域村民发放取暖补贴。启动四季青镇扶贫济困基金，截至年底募集资金400余万元。调整大病救助政策，扩大救助范围，提高救助比例，为61名村民发放大病救助资金66.2万元，在救助人员和救助资金上分别比上年同期增长41%和29%。为新农合成员7744人次报销门诊医疗费，同比增长1439人次，增长22.8%;为参保人员报销门诊医疗费790.5万元，同比增长231.2万元，增长41.3%。为社会化退休、一老一小、失业等人员医疗报销约370万元。制定《四季青镇促进农村富余劳动力就业工作意见》，除提供培训资金以外，每年拿出50万元作为促进就业奖励基金。2010年，全镇对637人免费进行就业指导和技能培训，农村劳动力1028人实现就业，其中集体吸纳480名富余劳动力就业，162名人员自谋职业，386名社会人员实现再就业。加大对企业用工的监管力度，全年劳动监察网格化信息采集622家。处理群体性讨薪事件60起，协调解决工人工资686.2万元。

为12304户家庭投保独生子女意外伤害保险，其中10911户家庭享受区、镇政府补贴免费参保。建成人口和计生宣传阵地——和之园，受到国家、市区有关部门高度赞扬。香山村委会被评为全国巾帼文明示范村，玉泉村委会被评为全国妇联基层组织建设示范村，常青村委会被评为全国计生协村级先进单位，西山村委会被评为全国人口和计划生育基层群众自治示范村。镇妇联被评为北京市妇女儿童工作先进集体，四季青镇被评为北京市人口和计划生育工作红旗单位。

基层党建与精神文明建设　组织完成全镇39个农村基层党组织和13个村委会的换届选举工作，选举产生农村基层党组织干部147名、村委会干部66名、村民代表600名。发展预备党员47名，转正预备党员50名。在春节、五一等重要节日对老党员、老干部、困难党员300余人进行走访慰问工作，为110名老干部体检。全面启动非公经济组织党建覆盖工程和社会领域党建工作。加大干部的管理培训力度，分别与清华大学和中国人民大学合作，举办一把手素质提升工程和金融财会培训班。组织选派后备干部分别赴上海、大连友好乡镇挂职学习。加强学习型机关建设。组织十二次党委理论中心组的学习扩大会。建立四季青镇政府和总公司门户网站，建设机关OA网，并扩展到村、居委会、企事业单位。镇团委通过市级团建百强街乡创建工作验收。

举办“四季青镇首届文明市民学校艺术节”活动。开展“快乐假期——争当社区文明小使者”活动和“做文明有礼的北京人”宣传活动。举办四季青镇第二十届艺术节，夏日金秋文化广场等活动。组织农民艺术节、五月的鲜花文艺汇演、文艺团队大比拼、第一届全民读书月、李墨林农耕文化展、摄影大赛、篮球、羽毛球、乒乓球赛等各项文化体育活动，启动“四个一批”[1]工作。在海淀报登稿60余篇，在市级媒体登稿近22篇。海淀新区网站采用四季青镇信息217条。全年出版镇报共计38期，全年播发四季青新闻88期，1300条，在北京台播发6条，海淀台播发125条。

完成西山、西冉2个社区服务站建设，招录11名社区工作者。开展首都文明社区创建活动，天香颐北里社区创建成为首都文明社区、北京市先进居委会、北京市和谐社区示范社区；巨山村创建成为北京市农村典型示范社区；闵航南里、天香颐北里、郦城等三个社区创建成为四季青镇首批健康社区。

本年，四季青镇获得国家级先进集体荣誉4个，先进个人1名；获得市级先进集体14个，先进个人17名；区级先进集体111个，先进个人158名。刘中丽被评为北京市劳动模范，张泉被评为北京市“群众心目中的好党员”并获得海淀区杰出人才贡献奖。

地址：海淀区四季青路29号
邮编：100195
电话：88432727
邮箱：88432727@163.com

【召开经济合作总社第二届社员代表大会第二次会议】　1月11日，四季青镇召开经济合作总社第二届社员代表大会第二次会议。会议听取并审议通过

[1] “四个一批”是全国宣传文化系统的一项人才工程，具体指根据中央组织部、中央宣传部和人事部《关于印发〈全国宣传文化系统“四个一批”人才培养工作意见〉的通知》（中宣发[2003]26号）的有关规定，为适应宣传文化事业发展需要，在宣传文化系统内选拔的有过硬的思想政治素质、较大的专业成就、本科以上文化程度、年龄在50周岁以下的一批全面掌握邓小平理论和“三个代表”重要思想、学贯中西、联系实际的理论家；一批坚持正确导向、深入反映生活、受到群众喜爱的名记者、名编辑、名主持人；一批熟悉党和国家方针政策、社会责任感强、精通业务知识的出版家；一批紧跟时代步伐、热爱祖国和人民、艺术水平精湛的作家、艺术家，简称“四个一批”。

《四季青镇2009年年终收益分配方案》和《关于授权委托四季青农工商总公司对四季青镇集体土地进行经营管理的请示》的报告。（吴涛 陈垚辉）

【李墨林铜像揭幕暨四季青农耕文化展开幕】 5月30日，在第一代全国劳动模范李墨林诞辰100周年之际，“李墨林铜像揭幕暨四季青农耕文化展开幕仪式”在四季青镇御林观光园举行。此次展览共展出老照片70张、实物11件、蔬菜标本等17件、农具6件、相关书籍20册、相关文件18份。通过找寻、展示那些已经成为历史的传统农耕用具和记录四季青人生产、生活、学习的老照片，宣传四季青的农业发展史，缅怀在这片土地上挥洒汗水、创造辉煌的人们，弘扬四季青艰苦奋斗的创业精神，激励人们为建设更加美好的四季青贡献力量。（周勇）

【召开区乡镇产业结构调整现场会】 6月9日，海淀区乡镇产业结构调整现场会在四季青镇玉泉慧谷园召开。旨在借鉴玉泉慧谷科技园成功经验，推动全区乡镇产业结构优化升级。四季青镇从2000年开始围绕“中关村科技园区、绿隔政策、区域优势、环境建设”四个方面进行全镇产业结构的优化调整，初步实现从发展传统农业到发展“一河十园”的都市休闲观光农业的转化，从发展高耗能、高污染、低效益的乡镇企业到发展绿色环保三产业的转化，从做大做强三产业到建设为核心区服务的高科技生态园区的转化。四季青镇按照“自我建设、自我管理、自我发展、自我收益”的“四自”方针，克服资金困难，遵循“自己投点儿、镇里借点儿、银行贷点儿、企业垫点儿”的“四点”原则，多渠道筹措资金，自行开发村镇产业用地，与清华科技园合作运营玉泉慧谷科技园，创出乡镇自办科技园的新路子。

（吴涛 陈垚辉）

西北旺镇

【综述】 西北旺镇成立于2003年8月，位于海淀区北部地区，由原永丰乡、东北旺乡合并而成。是城乡交错的结合地带，东与清河街道和昌平区毗邻，西邻温泉镇和苏家坨镇，南与上地街道、马连洼街道、青龙桥街道和香山街道接壤，北与上庄镇相邻。镇域形状呈不规则多边形，大部分为平原地区。中国航天城、中关村永丰产业基地坐落镇域内。镇域面积51.02平方公里，辖16个村民委员会、10个社区居委会、3个农村经济合作社。截至本年底有户籍人口33537人，其中农业人口13566人，非农业人口18000人，流动人口104362人。下设5个全额拨款事业单位，分别是镇农业综合服务中心、文化服务中心、社会保障事务所、水务管理站、农村合作经济经营管理站。2个自收自支事业单位，分别是西北旺镇敬老院和海淀区小星星双语艺术幼儿园。建有永丰嘉园、百旺杏林湾、颐和山庄等住宅小区。

经济建设 2010年，农村经济总收入309935万元，同比增长10%；农村经济纯收入52935万元，同比增长8%；农民人均劳动所得9990元，同比增长6.1%；增加值52061万元。集体经济与民营经济同步发展。第一产业经济总收入占全镇农村经济总收入的2%，第二产业占39%，第三产业占59%，产业发展表现为三、二、一格局。

皇后店村完成退偿老股金工作。东北旺村5、6队改制方案基本确定并报镇改制领导小组审核。冷泉村完成老股金退偿、劳龄统计和清产核资工作，改制方案已通过镇改制领导小组审核。各村采取确权确利的方式落实农户土地承包经营权，东玉河等村土地确权工作取得进展。

屯佃、永丰屯、亮甲店等7个村1637.3亩粮田（玉米、小麦）获得直补资金15.4209万元。市、区对镇农业设施、项目建设等投入扶持资金2660余万元。永大捷盟公司等3家企业得到星火科技项目贴息贷款27万元。完成屯佃早市改造及六里屯餐饮街停车场改建。亿丰源炸酱面馆等两家餐饮企业获得早餐示范店补贴6万元。镇工业区引进北京西门子西伯乐斯电子有限公司等大型企业。

城乡一体化建设 本年完成10个村“五项基础设施”建设。街坊路硬化574128.84平方米，街坊路绿化75390平方米，铺设雨污水管线361420米，新建公厕29座，户厕改造467座，建设垃圾资源化处理站1座，配备垃圾桶14153个。对村域内的主要街道、市场、小区进行环境整治。建立环境卫生检查程序和监督制约机制，定期对主要街道的干净整洁程度进行检查评比。完成“三起来”工程调研。完成土井路、六里屯赵庄路改造工作。

于2010年12月18日提前12天完成唐家岭地区旧村腾退工作，共腾退1153个村民宅基地院落，拆除140万余平方米建筑，疏散5万流动人口，安置4816名村民。唐家岭地区回迁房地块有29个住宅楼，已全部完成基础正负零施工。产业用地规划中公共租赁房及商业酒店等配套建设按照原定计划加紧进行。启动大牛坊农民安置房（含大牛坊村、永丰屯村、西玉河村）和六里屯农民安置房建设（含六里屯村、亮甲店村、屯佃村）。完成京包路、城市轨道交通昌平线征地拆迁工作。推进冷泉村改造项目。全年完成4个村833人的农转居工作。

结合唐家岭旧村腾退改造工作，在全镇宣传《中华人民共和国城乡规划法》、《北京市城乡规划条例》。制定土地巡查员管理制度，建立健全违法建设信息上报机制。全年共受理各种举报387件（次），核实并处理376件（次）。拆除违法建设97处15570.6平方米。完成第十次卫片共计22处，遥感2号卫星监测共计48处的违法建设核查清理。

平安建设 全镇12个行政村（19个自然村）完成区级文明村庄创建工作。共建立“三中心”（综治维稳中心、社区服务中心、新居民服务中心）办公场所12所，建立大门110个，岗亭74个，围栏8000多延米。增加远红外线探头410个，招聘巡防队员761人。区、镇、村三级实现科技创安，信息联网共享。全镇共安装746个视频探头，13个行政村视频监控室实现联网对接。开展安全生产月活动，与17579户房主和1536个单位签订专项预防煤气中毒以及治安《责任书》。

开展法律咨询、法律服务工作。全年共调解各类矛盾纠纷742件，调解成功率78%，最大限度地化解社会矛盾。落实信访代理制度，转变工作理念，变“被动等访”为“主动代理”，全年28名信访代理员就地化解矛盾纠纷50余件，代理信访事项20余件，结案率达到98%。开展第六次全国人口普查工作。

民生建设 653名城镇失业人员实现就业。发放社保卡3245张。全镇12668人办理新型农村合作医疗参合手续。新增12户农民、8户居民享受低保补贴，城、乡低保人员动态实现“应保尽保”。落实居家养老（助残）“九养”办法，为634名80岁以上老人发放居家养老服务券，5044名老人办理老年人优待证等。城镇居民医疗保险实现全覆盖。劳动保障监察工作初步实现网格化管理。完成征兵工作，完成国防教育、民族宗教、统战、防震减灾、护林防火、食品安全、档案管理等工作。100%落实发放针对独生子女及其父母的7项奖励扶助。户籍育龄妇女参与健康体检率达90%。推进计划生育药具易得工程。对流动育龄妇女实现同管理、同服务、同宣传、同考核。完成计划生育率97%的任务。

镇机关举行支援青海省玉树地震灾区捐款活动，共筹善款17500元。全镇23个村、居，企事业单位共捐款27万余元。

基层党建与精神文明建设 16个行政村党支部举行换届选举，其中三个村首次实现党支部书记“直选”。共选出81名支委，14名书记实现连选连任，其中妇女委员23名，35岁以下委员9名。13个村进行第八届村民委员会换届选举投票。共有选民13322人，实际参与投票选民13134人，参选率达98.5%。六里屯村等4个村一次选举成功。共选出村委会委员65人，其中村委会主任13人，连选连任有6人，副主任4人。改善10个社区办公和服务条件。招聘4名大学毕业生到社区工作。

全年参加北京市群众文体活动10次，参加海淀区各种文化活动39次，在全镇范围内组织各种文化活动37次。完成“星火工程”专业与非专业文艺演出49场，各种培训25次，放映电影816场，受益群众10万多人次。本年西北旺镇获全国第三次国民体质监测先进单位、海淀区群众体育先进单位、海淀区群众体育信息先进单位称号；获奖杯10个、奖牌4个，获得荣誉证书17个，获优秀组织奖5个。

地址：海淀区后厂村路69号
邮编：100094
电话：82403884　82403884（传真）

下属事业单位：

1.农业综合服务中心
地址：西北旺镇西玉河村
电话：62473650

2.文化服务中心
地址：西北旺镇东北旺村
电话：82701968

3.社会保障事务所
地址：西北旺镇丰智东路
电话：59810601

4.水务管理站
地址：西北旺镇西玉河村
电话：62474998

5.农村合作经济经营管理站
地址：西北旺镇丰智东路
电话：59810216

6.西北旺镇敬老院（建设中）

7.海淀区小星星双语艺术幼儿园
地址：海淀区马连洼梅园小区小星星双语艺术幼儿园
电话：62819858　（王冉冉）

【唐家岭地区腾退改造】 唐家岭村是2010年北京市50个挂账重点村之一，是海淀区重点整治工作的重中之重。改造采取宅基地腾退换房、旧村实现绿化的“北坞模式”。2月1日，镇成立唐家岭地区整体改造工作指挥部。3月29日在唐家岭安置房地块举行唐家岭地区整体改造工作奠基仪式。5月7日到9日，经过唐家岭村村民代表会讨论，唐家岭村腾退搬迁改造方案以96.15%的赞成率通过。5月15日下发《致唐家岭地区居民的一封信》，5月20日发放入户明白袋（宣传手册）1000余份，同时区、镇、村成立宣传动员工作组，为村民答疑解惑。5月31日张贴腾退公告，启动外围企业腾退搬迁工作。6月21日，启动宅基地腾退搬迁工作。经过6天的政策咨询期和20天的村民确权期后，7月18日村民开始腾退搬迁。7月初，回迁安置房开始进行土方、护坡及桩基础施工。10月初，总包单位进场施工。8月22日，土井村召开村民代表大会，全票通过村民腾退搬迁改造方案及实施细则。9月16日，土井村启动宅基地腾退工作。12月18日，唐家岭地区1153个村民院落（其中唐家岭村、邓庄村774个，土井村379个）、140万余平方米建筑全部腾退并拆除，周转4816名村民，疏散流动人口5万人，腾退搬迁工作提前12天完成。（任玉青）

【拆除唐家岭村董家大院】 10月28日，唐家岭村最大规模建筑董家大院（面积近万平方米，拥有338个可供出租的房间）启动拆除工作，区公安、城管、消防及西北旺镇村干部500余人现场维持秩序，拆除工作顺利完成。

（周勇）

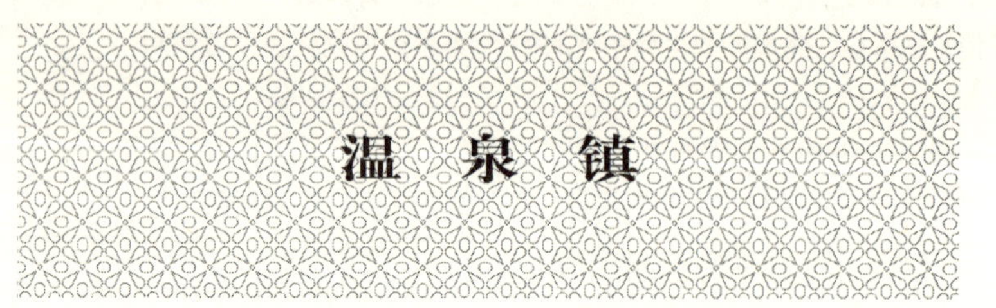

温泉镇

温泉镇位于海淀区西北部，地处大西山山脉中段，北与苏家坨镇接壤，南毗四季青镇，西与苏家坨镇、门头沟区接壤，东邻西北旺镇。其前身温泉乡成立于1956年3月，1961年4月成立温泉公社，1984年4月改设温泉乡，1997年5月撤销温泉乡，设立温泉镇。温北路、温泉路、稻香湖路、双坡路、温阳路，镇域公路连网成片，共有10条市郊公交线路连通市区，柏油路连接各村。镇域面积33.23平方公里，其中农用地占总面积的62.24%。全镇设7个村民委员会，6个事业单位（农村合作经营管理站、社会保障事务所、农业综合服务中心、文化服务中心、林业工作站、水务管理站），10个社区居委会。截至2010年底，全镇共有户籍人口32084人，其中农业人口7974人，非农人口24110人，流动人口27086人。

经济建设 2010年全镇经济总收入169150万元，同比增加15385万元，增长10%；经济纯收入34124万元，同比增加3185万元，增长10%；人均收入13588元，同比增加1240元，增长10%。从经济结构看，一产收入3228万元，比上年同期增长37.5%；二产收入82649万元，比上年同期增长9.8%；三产收入83273万元，比上年同期增长9.4%。全镇税收返还3871.4万元，较上年增长1895.2万元，增长104%。引进注册规模企业3家。争取市、区非常性支农项目9个，涉及资金1939万余元。兴业服务公司保洁业务覆盖近100万平方米，年收入达千万余元。宏泉物业公司通过ISO9001审核认证。赢海欣泉工程建设公司取得市政和建筑施工总承包三级资质证书。

加快农村集体资产处置及产权制度改革，确定东埠头村和辛庄村为农村集体经济产权制度改革重点推进村。12月16日、17日，东埠头村、辛庄村分别召开经济合作社第二届社员代表大会第一次会议，表决通过恢复和健全东埠头村、辛庄村经济合作社领导小组的工作报告，东埠头村、辛庄村经济合作社章程，选举产生经济合作社管理委员会和监察委员会。加强农村集体资产管理，制定《温泉镇镇属企业租赁办法》。制定实施“集体林权制度改革方案”，涉及温泉村、白家疃村和杨家庄村，年底三村已基本完成任务，涉及农业人口2198户、4209人。

承办“2010北京樱桃季”启动仪式暨海淀区第十届樱桃节开幕式。引种栽培乌龙蓬、紫二乔、大胡红等精品洛阳牡丹5000余株，建成海淀区第一个规模化南果种植园，引进枇杷、火龙果、番荔枝等近10余种南方水果。为温泉村采摘园新建停车场、休息凉亭、临建洗手间等休闲服务设施，整体提高采摘园服务接待能力；开展温泉南山万亩森林氧吧（一期）接待区的建设规划，完成接待木屋及周边配套设施建设。自2001年种植结构调整、退耕还林以来，新建生态林11000多亩。本年建成二道绿化隔离带142亩，苗圃提升景观林469亩。

城乡一体化建设 F11[①]地块796套回迁楼建设达到入住条件，解决温泉路西段拆迁户入住问题。启动“温泉镇太舟坞地块定向安置房项目”。温泉产业用地北地块建设完成主体结构，温泉体育中心开工建设，温泉文化中心、温泉镇中心卫生院改造等项目稳步推进。翠微小学温泉校区同温泉村达成征地协议。完成温泉市场C地块拆迁，对太舟坞、东埠头村安置房地块进行土地整理。基本完成新农村建设“五项基础设施”工程，完成温泉村、白家疃村自来水管网升级改造及两村2眼水源井凿井工程，街坊路绿化和户厕改造工程通过验收。完成高辛路、温泉支路道路建设，试运行垃圾资源化再利用处理站。村庄社区化建设完成6处一站式办公项目。重点支农项目东埠头村聚缘休闲公园开园，太舟坞村文化健身广场提升改造为128亩景观生态园。完成体育中心、西山养老院、老年医院等水务工程。北部新区实验幼儿园北辰香麓分部正式开园，投入资金20余万元提升村级幼儿园教学质量。

完成颐阳一区、二区及温泉人家小区的垃圾分类工作，垃圾减量率达到10%以上。完成太舟坞村重点整治地区治理。出动120余人、车辆10余辆，针对温泉苗圃路口至温泉村南口沿线、白家疃东口至杨庄市场沿线、太舟坞大桥至东埠头村北路沿线等镇域内各交通干道的流动商贩占道经营等现象开展集中整治，在全区率先实现镇域社会道路无照经营、流动商贩零指标。全年拆除违法建设57处18056平方米，开展太舟坞、白家疃、温泉镇地域内3次联合执法专项行动。通过全国环境优美乡镇复检，基本完成文明村庄创建任务。温泉村创建为市级文明生态村，高里掌村入选“北京市最优美乡村”。温泉镇被授予“全国环境优美乡镇”称号。

平安建设 成立综合执法站，构建集环境整治、安全生产、消防、劳动监察、交通安全、工商、地税、派出所、

[①]农民回迁楼二期（杨家村农民回迁楼）。

城管等多种功能为一体的工作平台。建成镇综治维稳中心。开展社会治安重点地区的集中整治，建立中心警务工作站3个。发挥城市管理及科技创安分中心作用，奠定城市常态化、精细化、标准化管理基础。加强安全生产检查，完成4处早期危险防空洞治理。对镇域内的七家危险化学品从业单位进行安全大检查。开展水源保护“百日整治”行动，全面监测防治林木有害生物。加强法制宣传教育，筹建高里掌法制文化墙，完成“五五”普法验收。试行信访代理制度，主管领导亲自包案，信访机构协调解决，全年共接待处理来信来访83件次，其中集体访18次，化解矛盾纠纷340余件，调解成功率达到95%，未出现大规模的集体访和集体越级访。开展7次矛盾纠纷排查活动，将问题解决在萌芽状态。加大建筑工地监察力度，调处解决建筑企业工资拖欠问题106件，涉及人员1254人，金额462.5万余元。开展节前农民工工资支付情况专项执法大检查，共检查用人单位20户，涉及职工1505人，其中农民工1487人。发现拖欠工资建筑工地2家，涉及农民工436名，追欠工资数111.4万元。对属地内所有中小学、幼儿园进行拉网式排查，严格落实校长、园长安全管理责任，建立健全门卫、值班、巡逻、安全检查等安全管理制度。开展对太舟坞村周边娱乐场所的夜查行动。

民生建设　举办地区招聘会两次，通过职业介绍机构开发就业岗位，本年城镇居民就业336人，农村劳动力转移就业568人。加强就业管理服务，管理城镇档案572份，农民档案5303份，登记失业人员230人。城乡居民养老保险缴费登记人数5121人，其中143人达到领取标准。首次向社会化退休人员及“一老一小”发放社保卡近2000张。受理保障性住房申请428份，继续做好家电汽车下乡补贴发放及年货下乡工作。

教师节慰问教师2300余名。新建高里掌村和辛庄村两个卫生站，与镇域内34个单位签署食品安全目标管理责任书。加强劳动用工管理培训，东埠头村24家企业纳入规范一条街管理。落实北京市“九养政策”，共有691位老年人、102名残疾人享受每月100元的养老助残服务券。完成村级残疾人协会换届选举，创建完善残疾人温馨家园。提高农村合作医疗门诊报销比例和封顶线，门诊报销比例由50%调整为55%，门诊报销封顶线由3000元调整为1万元，特殊病种参合人员在区统筹报销基础上增加报销10%。全镇参合人数8584人，覆盖率达到99.7%。开展农民体检工作，共为辖区七个村5298人（其中男2128人、女3170人）进行健康体检。实施乡村医生绩效考核工作，考核成绩分优秀、良好、合格、不合格4个等级。完成13名征兵任务。组织600名妇女参加各类培训。做好流动人口及出租房屋管理和服务，本年登记流动人口约2.7万人，采集出租房屋信息3427份。被评为第二次全国经济普查先进单位。开展第六次全国人口普查工作，按时上交短表，并实现短表光电扫描100%通过率。2010年共为青海玉树地震灾区及“送温暖 献爱心”社会捐助活动募集善款46万余元。

基层党建与精神文明建设　开展创先争优活动，创新发展基层党建工作。2010年，探索出多个富有地区特色的党建创新项目·镇党委的“民间群众性文化组织新干线”、辛庄村党支部的“新型农民培训基地”、太舟坞村党支部的“构建绿色田间课堂”、颐阳一区党支部的“人才之友俱乐部”等创新项目在实践中发挥引领带动作用。承办“海淀区农村系统创先争优现场推进会”、组织开展“创先争优有奖征文”评选和“共产党员献爱心”集中捐献活动、参加北京市举办的“双学双比双提高”活动、组织广大党员聆听“群众心目中的好党员”先进事迹报告会。举行“创先争优我承诺，建设北部当先锋”承诺活动，全镇党员签订承诺书近千份。

深化“三级联创”，全面加强基层党组织建设。连续七年被评为“五好”乡镇党委，全镇7个行政村全部进入“五个好”村党支部行列。继续加强学习型组织建设，中心组坚持每月学习1－2次，全年共学习20次。为基层党支部及党员搭建学习平台，举行建党89周年知识竞赛及千名党员党纪条规答卷活动；举办“国际形势报告会”等六次大型培训班；购买发放“十七届五中全会党员读本”等理论书籍。进一步强化党员干部廉洁自律意识，组织党员参观警示教育基地，观看《老百姓是天》，发放《廉政准则》200余册。制定温泉镇关于《海淀区村级干部廉洁自律行为若干规定（试行）》的实施细则，签订《廉政风险防范承诺书》100余份。发挥宣传引导作用，收集基层稿件1111篇，编辑印发《宣传通讯》23期，创刊《温泉报》；围绕中心工作，制作“科技创安”、“腾退工作”等专题片，更新设置73组219块宣传栏及4块大型宣传展板；制作“做文明有礼的温泉人”宣传品15000份；组织开展温泉镇2010年“共产党员献爱心”集中捐献活动，累计捐款69285元。

召开镇第五届人民代表大会第四次会议，通过政府工作报告及财政报告，选举镇长、副镇长各1名，办理意见建议11件，督促政府实施“2010年为人民群众办理的实事项目”29件。完成村“两委”换届选举工作，七个村选举均一次成功。为拓展农村干部视野和能力，联合举办温泉镇村两委干部培训班。成立温泉镇总工会，共选举产生工会主席、副主席各1名，委员5名，新组建基层工会6个；对温泉地区652家企业及67家非企业进行摸底调查，被区总工会评为先进基层工会组织。召开温泉镇共青团第一次代表大会，选举产生第一届温泉镇共青团委员会；成立志愿者联合会温泉地区分会，组织开展“大西山乐活行”、“擦亮行动”等志愿活动。温泉镇团委被评为“海淀区五四红旗团委”。

通过实施“文明示范工程”、“城乡结对、文明共建”等活动，开展群众性精神文明创建。继续保持全国文明乡镇先进镇和首都文明乡镇称号。本年创建首都文明村2个，首都文明单位1个，区级文明社区8个，区级文明村1个和

3个自然村，区级文明单位14个，获评区级文明市民学校2个。在东埠头村和温泉村建立2个万册图书阅览室，为支部赠送图书500余本，为东埠头村文明市民学校安装电脑20台，完成东埠头村科普型社区创建。完成全国性十年人口出生基础信息核查。举办"威凯杯"温泉地区运动会，比赛项目、参赛单位和人员数目为历年之最。举办农民艺术节、春节花会走街、"五月的鲜花"、"夏日文化广场"、民间文体艺术组织评选展示、"纪念五四运动91周年"等演出活动以及球类、棋类、摄影、交谊舞大赛等一系列地区群众性文化活动，放映电影1000余场次。（熊蓉霞）

地址：海淀区温泉镇白家疃村北
邮编：100095
电话：62456621　62409949（传真）

苏家坨镇

苏家坨镇位于海淀区西北部，成立于2003年8月，由原苏家坨乡、北安河乡、聂各庄乡3乡合并而成。地势西高东低，西部为浅山地带，东部为平原。区域内旅游资源丰富，西部沿山分布有凤凰岭景区、阳台山景区、鹫峰景区及七王坟、九王坟、大觉寺等历史文化古迹，东部平原地区有稻香湖景区，形成集自然山水、历史人文、都市休闲、民俗旅游为一体的旅游产业带。镇域面积84.51平方公里，域内主干道路有六环路、北清路、温阳路、颐阳路，京密引水渠和稻香湖湿地纵贯镇域南北。全镇共有19个村委会、4个社区居委会。截至2010年底，全镇共有户籍人口33903人，其中农业人口17070人，非农业人口16833人；有流动人口15769人。

经济建设　全镇农村经济总收入183944万元，同比增加14960万元，增长8.9%。其中第一产业6596万元，同比减少924万元，降低13%；第二产业103874万元，同比增加7794万元，增长9%；第三产业73474万元，同比增加8090万元，增长13%，一、二、三产业所占比例分别为4%、56%、40%。农村经济纯收入39866万元，同比增加3038万元，增长8.25%；农民人均收入9880.9元，同比增加667元，增长7.2%；劳均收入18990元，同比增加1347元，增长7.6%；；税金5649万元，同比增加1299万元，增长29.9%。

完成集体林权制度改革；成立集体产权制度改革工作领导小组，启动村级产权制度改革；加强农村土地承包监督检查及农村经济合同清理、规范工作，清理经济合同815份；清查核实镇集体资产，完成乡镇集体经济发展情况调查；引进北京世纪天瑞通信工程技术有限公司、北京盛昌宏业能源设备有限公司等注册资金在100万以上的企业6家，总收入增加800余万元，地税收入增加50余万元。

本年，整理、包装镇域内市、区两级新农村建设项目10余个，推进设施农业建设，新建中高档日光温室150余亩、连栋温室55935平方米，争取市区两级设施农业补贴资金1814万元；加强农业标准化建设，实现农产品生产、销售的规模化、规范化；结合大西山高端休闲旅游区建设，选择名、特、优、新品种果树进行种植，优化产业布局，本年更新果树面积130.1亩，新增果树面积40.9亩。举办"浪漫春天 相约凤凰花季"凤凰岭第十届杏花节、玉兰节、"乐行西山·绿动生活"第二届大西山金秋旅游登山节、苏家坨镇第二届采摘节及大西山踏青之旅、文化之旅、采摘之旅等系列活动。登山节期间大西山地区接待游客近17万人次，同比增长51.3%，营业收入842余万元，同比增长47.8%。

城乡一体化建设　新农村"五项基础设施"建设基本完工，完成道路硬化260806平方米；街坊路绿化18572平方米；完成农村公厕建设15座、户厕改造470座；完成污水收集管网改造1950户、建成污水处理站1座；完成老化管网改造11235米、安装一户一表1300户。继续实施"三起来"工程，完成梁家园、北安河、七王坟三个村太阳能浴室建设项目。完成苏家坨镇稻香湖西路改造工程，改造后的道路东连稻香湖景酒店，西至温阳路，北接四化桥，道路全长约3000米，宽7米。11月28日，中关村国家自主创新示范区核心区北部研发服务和高新技术产业聚集区农民安置房开工。

以创建全国优美乡镇工作为契机，加大环境整治力度，在温阳路段等地区开展街面环境秩序"百日整治"专项行动；配合区环保局开展常态污染状况检查，排查54家污水排放企业，地区环境得到改善；完成周家巷、西小营、南安河等5个村北京市生态村创建及柳林村首都绿色村庄创建工作；加强绿化美化建设，启动林下经济种苗中心、花卉生产基地建设工程、体育休闲公园续建工程、苏家坨镇"太行山"绿化工程及516亩二道绿化隔离地区建设工程。落实区政府《关于建立遏制和查处违法建设长效管理工作机制的意见》，采取"自拆、助拆为主，强拆为辅"的工作方式，全年完成上账面积14545平方米的拆除任务，遏制新生违法建设13866平方米。

做好安全生产监督和管理，与生产经营单位签订安全生产责任书432份。开展"安全生产三项行动"，对全镇安全隐患点进行排查整改，全年未发生重大安全生产事故。成立3个流管中心站，制定文明村创建流管工作方案，实现流动人口和出租房屋管理在线录入。坚持党政领导信访接待日制度，来信来访办结率为98.7%。开展校园及周边安全专项整治行动。加强食品安全检查和自备水井的管理。做好春季防疫工作，确保重大动物疫病零疫情和食用畜禽产品安全。完成全国第六次人口普查入户调查工作。

民生建设 开展劳动保障法律法规宣传及“劳动用工规范一条街工程”；实施困难群体就业援助工程，帮助“4050”人员实现再就业399人；推行自谋职业政策，发放专项补助金236万余元；通过招聘会和北京市信息网络开展职业介绍工作，成功就业300余人；完成农村劳动力转移就业培训和新型农民培养工作，1600余人接受就业指导。

城乡居民养老参保人数12710人，新型农村合作医疗参合人数16287人，参合率达99.89%，全年报销门诊、住院费628万元。发放低保金186余万元，临时救助、大病及上学救助103.74万元，动态实现“应保尽保”。落实居家养老（助残）“九养”办法，为700多名老人及300多名残疾人发放养老券及助残券。以“国策献爱心、服务长久远”为主题，开展计划生育宣传服务年活动，发放宣传材料10000份。启动苏家坨凤凰岭公寓等地区的旧楼改造天然气工程，涉及居民楼15栋，居民780户；落实各项惠农政策，拨付农田保护补贴及农田流转补贴资金1047万元，发放汽车摩托车下乡及家电下乡补贴资金54.1万元。

优先发展教育事业，改善学生就读环境，走访慰问中小学和幼儿园师生，发放慰问金20.8万元。投资89.25万元对9个村的卫生室进行装修改造，医疗条件有所提高。苏一二村、前沙涧村1470人的建设征地农转非工作全面完成。镇总工会正式成立。启动北安河、徐各庄、西埠头、前沙涧、柳林、西小营6个村的农村社区服务站建设，实现由传统农村管理模式向社区服务模式的无缝链接，进一步提升农村公共服务和公益服务水平。开展献爱心活动，在“抗旱救灾”春雨行动、支援玉树地震灾区、爱心捐赠月活动中募集捐款54余万元。

基层党建与精神文明建设 制定《关于在全镇基层党组织和党员中深入展创先争优活动的实施方案》，开展创先争优活动。“五五”普法工作通过验收。完成村级党组织及村委会换届选举工作，年龄结构优化、整体文化水平有所提高。开展“务实高效树立新形象，优质服务展示新风采”主题活动，全面推进政府职能转变和服务型政府建设。加强廉政建设和风险防范，逐级签订廉政风险责任书，制定防范措施，修改完善制度，组织机关及村两委干部参观北京反腐倡廉警示教育基地，促进政府机关工作作风的转变，树立起团结务实、廉洁高效的政府新形象。

开展精神文明创建工作，修建农家书屋14个，新增图书22400册。加强村级放映公益电影事业，全年放映数字电影2561场。实施文化惠民工程，全年开展苏家坨镇第七届农民艺术节、五月鲜花等系列群众文化活动98项次，参与群众3.8万余人次。完成乒乓球长廊建设工程和周家巷、柳林、西小营、北安河村、狂飙乐园篮球场的改造、建设工程。推进非物质文化遗产保护工作，“苏家坨太平鼓”、“凤凰岭的传说”获得市级非遗标志牌。开展文物普查工作，复查和新发现文物72处，与北京大学科技开发部合作，对调查资料进行整理汇编，编写完成“北京市海淀区苏家坨镇历史文化资料收集”二十三册。

（滕梦远）

地址：海淀区苏家坨镇西小营村北
邮编：100194
电话：62406929 62454604（传真）
邮箱：sjtzdzb@sina.com

上 庄 镇

上庄镇位于海淀区西北部，其前身是1956年成立的白水洼乡，1961年4月成立上庄公社（与西郊农场合一），1984年4月改上庄乡，1998年11月乡与农场分离，2003年8月撤乡设镇。镇域面积38.45平方公里。镇域常住人口5.28万人，其中户籍人口22703人（农业人口11327人；非农业人口11376人），流动人口约3万人。全镇下辖20个村民委员会，1个社区居委会，7个事业单位（社保所、农经站、敬老院、幼儿园、水管站、农业服务中心、文化服务中心），1个商贸公司（泰丰商贸公司），1个物业管理公司（诚泰兴业物业管理公司），1个开发公司（上诚永泰置业有限公司）。驻镇单位有北京市东北旺农场（西郊农场）、261医院等。镇域内有上庄水库、翠湖国家级城市湿地公园。镇内有满清词人纳兰性德之墓、三狱庙、龙王圣母庙、东岳庙双塔古城遗址、辽金遗物铁铸牛等历史文化遗址，以及北京市首批非物质文化遗产之一的“曹氏风筝”工艺坊。

经济建设 2010年地区经济总收入9.1亿元，纯收入2.3亿元，同比增长21%，税金完成2912万元，同比增长69%，人均所得达到9594元，同比增长20%。从行业数据上看，农业受大环境和政策的影响，收入6366万元，同比减少12%；林业收入3571万元，同比增长8%；工业收入33263万元，同比增长7%；建筑业收入9699万元，同比增长81%；征地拆迁等其他业务收入9846万元，同比增长51%；补贴收入2396万元，同比增长309%。

全镇总用地面积3840.17公顷，基本农田17226亩（1148.4公顷），一般农田17225亩（1148.4公顷），林地15300余亩（1020.0公顷）。地区发展都市型现代农业产业。逐渐完善上庄翠湖旅游观光农业园和上庄创新种植技术中心、蔬菜销售中心、家庭养殖协会3个农民专业合作经济组织。建成10个标准化生产基地、5个都市农庄和1个农产品配送中心。主要农产品有京西贡米、食用菌、芦笋、冬枣、草莓、樱桃、油桃、糯玉米等。上庄镇国家级京西稻农业标准化示范区经过3年建设，本年10月通过专家组验收。上庄京西稻农业标准化示范区面积达到450亩，平均每亩稻谷产量450千克。上庄地区已摆脱以农业发展为主导产业的固有经济模式，进入城乡统筹发展、地区全面建设的新阶段。

围绕核心区建设推动地区发展。草拟镇域土地腾退工作方案、农村集体土地开发利益平衡机制、农民回迁安置方案等一系列制度文件，待村民代表会议、人大代表会议表决通过后实施。为保护核心区生态环境，推动翠湖湿地公园二期工程项目建设，基本完成河北村整建制转居工作，全村309人基本完成农转非手续。

推进农村集体经济体制改革。建立领导干部包村指导的工作机制，制定《上庄镇农村集体经济体制改革及集体资产处置和集体经济产权制度改革实施方案（试行）》、《上庄镇关于建立健全村级经济合作社的实施方案（试行）》等方案。截至2010年底，各村基本建立农村集体经济组织机构。

城乡一体化建设　历时2年多的地区新农村“五项基础设施”建设完工，本年完成2009年度16个村收尾建设工程任务的同时，完成其余3个村的新农村“五项基础设施”建设任务。共计修建污水处理站1座、公厕18座、硬化街坊路26万余平方米、铺设污水管线9.1万余平方米、街坊路绿化面积18.8万余平方米、完成户厕改造1664户。上庄水库上游北岸“碧清园”环境综合整治工程、镇政府前文化广场律设项目等一批环境改造提升工程完工。上庄镇“村村通公交道路提级改造（一期）工程”、海事站路、马坊中路改造修建工程等道路修建项目完工，沙阳路改扩建工程继续施工。完成湿地公园、海军部队、京包路、东小营三限房等项目的征地拆迁。

成立上庄镇违法建设核查队，加大对镇域范围内违法建设的巡查，探索运用行政手段、法律手段与村民自治相结合的遏制违法建设的长效机制。共计拆除违法建设6457.5平方米；拆除52处6800余平方米的新生违法建设；配合“五项基础设施”建设工程拆除清理道路两侧违法建设2830平方米；依法查处土地卫片执法检查中发现的违法用地2300余平方米。

开展爱国卫生运动，全年出动855人次，清除小广告1000余张，清扫路面3万余平方米、清理水沟1万余米，清运垃圾170余吨，疏通下水道300余米，清除杂草80余堆，捡拾白色垃圾33公斤。

平安建设　落实校园内外的安全保卫工作。对镇域内未经批准自办幼儿园消防安全工作开展执法检查。对各类不稳定因素进行排查，建立治安台账，消除安全隐患。完善村级综治工作制度，发挥地区城市管理监督机制和科技创安设备的作用，维护“两会”期间等重点时期的地区社会问题。接待上访群众35批次389人次，其中集体访15批次256人次，依法处理和答复各类信访件51件，答复海淀区非紧急救助服务中心转办件435件。“五五”普法各项任务完成。司法部门全年调解各类民事纠纷263件，调解成功率达100%；接待法律咨询267件，403人次。城管监督分中心通过日常巡逻发现问题14307件，立案14032件，立案率为98.08%，案件派遣8992件，结案8975件，办理中17件，结案率99.81%。劳动监察部门全年共受理投诉案件64件，涉及人数664人，涉及资金486.9万元；处理突发事件8起,涉及人数378人，涉及金额390.8万元，解答相关政策咨询人数60余人次。处理并化解农村宅基地矛盾纠纷20余起。

民生建设　全年发放城市低保金38户，共计34.5万元；发放农村低保金198户，共计169.7万元。为2户农村低保对象修缮、翻建房屋6间。上庄镇敬老院在民政部开展的“全国农村五保供养先进单位、先进个人和全国模范敬老院评选活动”中被评为全国模范敬老院，成为全国农村敬老院300强之一。全镇参加新型农村合作医疗9998人，参合率达到98.66%，筹集资金164.9万元。筹集收缴医疗门诊经费164.9余万元。海淀区民营医协会组织北京顺天德中医医院等13家民营医院，到上庄镇李家坟村开展义诊服务活动。为3147名8月龄—14岁儿童免费接种麻疹疫苗。加强药品安全监管，在各村（居）委会统一设立居民废弃药品回收箱21个。成立药品安全监管领导小组。各村（居）委会药情信息员对回收的废弃药品进行登记、存放并定期移交给药监分局统一做无害化处理。开展农村劳动力培训和再就业指导工作，建立8个就业服务站。联系招聘用工单位25家，接待求职登记人员99人,成功推荐40人。为全镇289名农村劳动力申请农村自谋补贴69万余元。审核经济适用房申请102户，两限房申请110户。失业人员管理、社会化退休人员管理等工作取得进展。完成老楼通气工程，涉及社区居民3337户。

基层党建与精神文明建设　完成20个农村基层党支部换届选举，并举办新一届村党支部书记培训。完成第八届村委会选举工作，上庄镇19个行政村参加换届选举，其中13个村一次性选举成功，另行选举成功6个村。全镇共登记选民10389人，参加正式选举选民10107人，参选率为97%。全镇共计产生村委会主任19人，委员60人。

4月27日，北京市海淀志愿者联合会上庄镇地区分会成立。10月22日，举行上庄镇总工会第一次代表大会，选举产生第一届委员会、经济审查委员会、总工会主席、副主席和经济审查委员会主任。

4月28日，首届海淀蘑菇采摘美食节在上庄蘑菇园开幕。5月18日，二元农业设施樱桃采摘园开园。5月28日，举办“红五月——五月的鲜花群众文艺汇演”。6月16日，上庄镇李家坟村曹氏风筝参加首届中国农民艺术节，被评为优秀作品和优秀“一村一品”项目。10月19日，首届“相约金秋·京西稻收割节”在上庄镇西马坊村举行。

（赵佳蕾） 邮编：100094
地址：海淀区上庄路98号 电话：62471193 62471231（传真）

玉渊潭农工商总公司

【综述】 玉渊潭农工商总公司是在初级社、高级社和人民公社的基础上发展起来的集体企业，受玉渊潭股份经济合作社委托，对股份经济合作社所有资产进行经营与管理。玉渊潭最早的一批企业成立于 1956 年，被誉为中国乡镇企业的发源地之一。总公司地处海淀区东南部，所管理的企业、资产大多位于西三环和西四环之间的黄金地段，基本形成以酒店经营、经营性物业出租、房地产项目开发、建筑业以及相关服务产业为主，其它产业为辅的产业结构。

2010 年，总公司实现收入 183619 万元，同比增长 10%；纯收入 67291 万元，同比增长 18%；实现积累和福利金 25467 万元，同比增长 15%；上缴税金 18386 万元，同比增长 24%；员工劳均分配 32364 元，同比增长 11%。

本年，总公司抓住区政府提出建设南部高端商务服务和文化创意产业区的机遇，完善《玉渊潭 2010–2015 年发展规划》，提出"打造现代生态型商务服务区、发展三大主要业务集群、建设现代控股企业集团、主要经济指标'保八争十'"的发展目标，确定集"实业经营"加"资本运营"为一体的现代控股企业集团的发展愿景。为此，总公司推进经济发展方式转变，加快产业的优化升级，不断提升服务水平和品牌影响力。

总公司成立玉渊潭物业集团，推进国家一级物业资质管理集团的升级注册工作，推进物业管理服务的专业化、品牌化。加大优质客户和品牌引进力度，吸引更多的知名品牌企业和地区性总部落户玉渊潭。阜成路沿线的酒店、物业楼宇，特别是裕惠大厦已成为西部地区中高端客户的首选之一，现代生态型商务服务区发展氛围和楼宇经济凝集效应逐步显现。12 月底新组建的中关村科技创新和产业化促进中心的日常办公机构入驻裕惠大厦。

玉渊潭酒店集团拥有 13 家不同星级的成员酒店。集团成立一年多来，立足自身和成员酒店的发展，确立"管理和服务追求一贯一流"的理念，进一步推进大宗采购、错位经营、联合营销及统一培训等工作，加大酒店集团及成员酒店在《中国旅游资讯大全》、《中国旅业参考》、《海淀旅游护照》等重要媒体上的宣传推介力度。11 月，酒店集团组织全体成员酒店参加在上海举办的 2010 年中国国际旅游交易会，进一步推广和强化酒店集团品牌形象。2010 年，总公司成立玉渊潭商务服务公司，逐步开展保洁、保安、电梯、智能建筑维护、物流、广告、教育培训等综合商务服务业务，提高商务配套服务能力。

玉渊潭酒店集团成员酒店列表

序号	成员酒店	地址
1	裕龙国际酒店	海淀区阜成路 40 号
2	裕龙大酒店	海淀区阜成路 40 号
3	金龙潭大饭店	海淀区西三环北路 71 号
4	永兴花园饭店	海淀区阜成路 101 号
5	中裕世纪大酒店	海淀区莲花池东路 31 号
6	中意鹏奥酒店	海淀区复兴路 29 号
7	紫玉饭店	海淀区增光路 55 号
8	瑞成大酒店	海淀区西翠路 9 号
9	如意商务酒店	海淀区北洼路 17 号
10	天天假日饭店	海淀区万寿路 17 号
11	玉都饭店	海淀区北洼路 85 号
12	永兴花园商务酒店	海淀区定慧北里 18 号
13	西南饭店	海淀区太平路甲18号

本年承揽房地产开发与建筑业外部项目总规模近百万平方米。总公司所属裕泽房地产开发公司通过专业认证，永兴世纪建筑有限公司2010年取得建筑装饰装修工程壹级、机电设备安装工程专业承包壹级和市政施工总承包叁级的资质增项。

稳步推进金融投资、资本运作。2010年总公司证券一级市场投资取得预期收益；参与投资的鑫泰小额贷款公司挂牌以来运营基本平稳；参股的海科金集团已挂牌营业。

总公司确定今后三年拆除近27万平方米的平房区域及低品质楼房建筑，对平房区域及旧物业楼宇进行拆旧建新升级的计划，确定国际会议展示中心等6个重大项目，其中会议展示中心等项目纳入海淀区"十二五"规划。

强化对企业和工程项目建设的审计、分析和监督力度，加大工程预、结算方案以及投资款项拨付等重大投资事项的事先控制和审计，使企业经营和投资风险得到控制；开展企管、投资、财务、采购、工程、人力等系统化制度建设；加大人才培训、后备干部培养、岗位规划等工作力度，举办"企业经营者责任与能力"、"人力资源支持体系与品绩管理"等六期企业干部专项培训。按照"公开、平等、竞争、择优"的原则，经过笔试、面试、考察的程序选拔企业后备干部。

修订完善安全生产责任制和安全工作预案，加强安全培训教育，严格企业日常安全检查和项目建设、装修改造现场的监督检查，进行6次安全大检查及各类不间断的抽查2127单位次，整改排除隐患近520个，有效防止重大安全事故的发生。

本年调增农龄生活补助费发放标准，合计发放总额1000余万元。开展扶贫解困送温暖活动，帮助职工解决实际困难。进一步坚持和完善集体劳动合同制。妥善安置职工就业，做好退建改造企业的人员安置工作，有步骤进行分流、转移、安置。完成轨道建设搬迁任务。2010年，总公司发放流转变现人员的份额回报1797万元，支付第五期流转变现款及利息共6410万元。继续处理补办确认书手续和未领存折等各项遗留工作。

开展创先争优、优质服务年和党员作风建设年活动，进一步推进学习实践科学发展观活动；推进廉政风险防范管理"两个延伸"[①]，落实"一岗双责"，加强思想作风教育。创新方式开展丰富多彩的文体活动,10月10日举办总公司秋季健身趣味运动会。参加区2010年运动会，获得最佳组织奖及乡镇、企事业系统团体总分第七名。

地址：海淀区阜成路73号
邮编：100142
电话：68415083　68429825（传真）
网址：www.yuyuantan.com

【玉渊潭股份经济合作社成立】　4月21日，玉渊潭股份经济合作社第一届股东代表大会第一次会议召开，标志着本区第一家实行"一级核算"、以乡镇为单位"整体改制"的集体经济组织产权制度改革的完成。改制工作自2002年开始，历经8年时间，陆续完成退偿老股金、劳龄登记、核实身份、清产核资、资产处置等工作，完成由共同共有向按份共有的集体经济组织的转变。大会选举产生股份经济合作社第一届董事会、监事会，提出构建"富足、活力、和谐"的目标，实现"资产变股权、社员当股东"；股份经济合作社研究拟订《股权管理办法》,《股权证书》等文件，明确优先股和普通股权责，为加快向现代股份公司转变奠定基础。　（孙雯）

[①]指向领导班子、领导成员和拥有业务处置权的关键部门、岗位延伸。

人 物

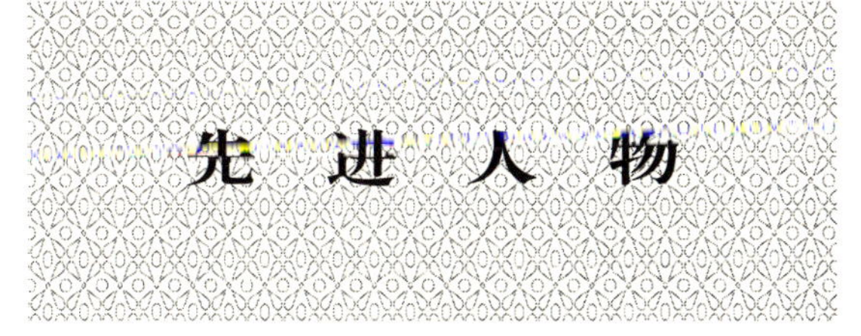

全国劳动模范

鲍凤珍

鲍凤珍，北京安康乐月嫂服务有限公司的一名星级月嫂，她在工作中勤勤恳恳、任劳任怨，是一位领导眼中的好员工、同事眼中的好大姐、客户眼中的好阿姨，孩子眼中的好“妈妈”！

刘迎建

刘迎建，汉王科技股份有限公司董事长。在国家自然科学基金的支持下使手写汉字识别、OCR 和数位板绘图技术达到实际应用水平，整体性能处于国际领先水平，形成一系列自主知识产权。通过大规模的生产制造和市场营销，开拓和丰富了汉字识别在中文信息处理、通信、交通等领域的应用。为我国中文信息处理技术的迅速发展做出了重大贡献。

张丽君

张丽君，北京翠微大厦股份有限公司董事长、总经理。以诚实守信、学以致用、上下一心、科学发展、创造辉煌为座右铭，用爱心和奋斗、进取与奉献绘就了一幅幅可圈可点的崭新画卷，使翠微大厦由传统百货成功转变为时尚百货，摸出了一条百货新商道。

朱良玉

朱良玉，北京市保安服务总公司海淀分公司总经理助理。时刻以维护社会治安秩序为己任，立足本职岗位，苦练打扒技能，练就了一双“火眼金眼”，协警作战，几年来共带领队员抓获各类违法犯罪嫌疑人 500 名，被誉为“贼的克星”、首善之区的“钢铁卫士”；扑灭火灾 10 余起，挽回经济损失 300 余万元。

全国三八红旗手

王珉珠

王珉珠，现任中国人民大学附属中学书记兼副校长。她热爱教育事业，清正廉洁，兢兢业业，在教育、教学、科研及管理等各个方面创造了显著成绩。她非常注重科研对于教育教学工作的推动作用，先后主持或参与了多项国家、市、区级“九五”、“十五”、“十一五”课题研究工作。王珉珠同志在教学第一线工作了 38 年，她以学校为家，把工作当作事业，为北京市及海淀区的教育事业做出了突出贡献，先后被授予多项荣誉称号。

吴 双

吴双，现任北京二十一世纪科技发展有限公司总经理。她带领北京二十一世纪科技发展有限公司及下属公司先后承接并成功实施了国家科技部“九五”、“十五”攻关项目、国家 863 计划项目、“十一五”国家科技支撑计划项目、北京市科委重大计划项目、“奥运科技行动计划”重大项目等一批国家级、省部级重大项目，并获得多项专利、著作权，参与制定 4 项北京市地方标准，在工业自动化、无线电测试等领域取得了辉煌的业绩，在空间信息产品服务方面处于国内领先水平。该同志以科学、严谨的工作态度，独到的管理方法，带领公司成为中关村首批承接国家级重点项目的高新技术企业，国内首批 VSAT 通信运营商，并先后获得中关村海淀园优秀新技术企业 50 强、连续四年中国电子政务百强企业等荣誉。

赵小云

赵小云，现任海淀区四季青镇副镇长，主管全镇妇联、民政、文教、卫生、计生、文化、体育等工作。她充分发挥统筹协调作用，牵头全镇妇女干部与孤残儿童结对子，每年定期举办妇女就业培训班，着重提高女干部自身的综合素质，在有条件的村委会组建文艺团体，开展品牌家庭、尊老敬老好儿女评比，大力发展幼儿早教事业，积极维护妇女儿童合法权益，为妇女儿童事业的发展作出了贡献。

高 静

高静，现任北京市公安局海淀公安分局花园路派出所副主任科员，是海淀公安分局近10年来首批女社区民警，管理社区5年来，她以女民警特有的亲和力，通过服务带动社区管理，以真诚促进相互沟通，树立起全局女社区民警的一面旗帜。该同志以巾帼不让须眉的精神，在攻坚破案中屡创佳绩，抓获嫌疑人110人，刑事拘留45人，治安拘留65人，破案108起。辖区治安秩序呈逐年好转趋势，得到了人民群众的广泛赞誉。

刘 畅

刘畅，现任海淀区中关村第一小学校长，从事教育管理工作近二十年。参与10余项国际、全国、市区级课题研究工作，撰写发表50余篇具有研究价值和指导意义的学术论文和调研报告，担任多项刊物主编、副主编，出版多本教育专著，主编教材10余本。学校先后获得全国教育科学教改实验先进单位、国家基础教育课程改革试验先进单位、首都文明单位等荣誉称号。

吴琢如

吴琢如，现任海淀区妇女联合会主席，多年来在海淀区妇联的领导岗位上，为全区妇女儿童事业的发展做出了重要贡献。在她的领导下，海淀区先后获得全国实施妇女儿童纲要示范区、全国“双合格”家庭教育工作示范区、全国“学习型”家庭创建示范城区、全国“平安家庭”创建活动先进区县、全国维护妇女儿童权益贡献奖、第四届及第五届全国五好文明家庭创建活动优秀协调组织等多项荣誉，区妇联机关被人事部、全国妇联授予“全国妇联系统先进集体”的光荣称号。

北京市劳动模范（2010年度，32人）

王新宇	李忠山	黄西林	朱良玉
马秋钰	吴京涛	袁俊贤	邵洪钢
李 德	刘迎建	张岱钧	张建滨
孟 辉	红 勇	李平路	张建平
师玺太	刘振鹏	刘传国	
韩健华（女）	王 虹（女）	王小兰（女）	
钱华芳（女）	王爱平（女）	郝建捷（女）	
王红红（女）	周 平（女）	刘中丽（女）	
胡文琦（女）	金玉华（满族）	陈 军（满族）	
鲍凤珍（女，蒙古族）			

北京市先进工作者（2010年度，27人）

刘红江	金 铁	陈宝民	柏守庚
秦建云	张宝茹	江 初	董殿毅
李红星	常有盛	马建元	岳 滨
曲晓灵	张惠领	陈书千	
沈 耘（女）	赵兰晓（女）	张明英（女）	
李小娜（女）	路蒙佳（女）	张亚红（女）	
田 欣（女）	郝建玲（女）	俞海涛（女）	
朱桂霞（女）	蒙玉玲（女）	郭丽萍（女）	

首都“见义勇为”好市民（2009年度）

宁增成 张汉军

海淀区“见义勇为”积极分子（2010年度）

李 龙 孙书长 孙 杨
张 扬 朱克岳 许晓斌

区政权机关、党派、群众团体、垂直领导单位，直属事业单位及街道乡镇领导人（负责人）

中共海淀区委员会

书 记 赵凤桐（市委常委）

副书记 林抚生 关成启（满族）

常 委 赵凤桐 林抚生
关成启（满族） 李晓暐（女）
贾沫微（6月免） 张伟刚
刘 鸿（女） 杨志强
高祥阳（7月任） 杨智慧
李彦来 吴祖安

海淀区人民代表大会常务委员会

主 任 周来升
副主任 王纪表 蔡长敏（女） 李松波 王鲁豫 杨忠岐

海淀区人民政府

区 长 林抚生
副区长 杨志强 贾沫微（6月免） 高祥阳（7月任） 刘长利 穆 鹏 臧桂武 陈 双（女） 傅首清

中国人民政治协商会议北京市海淀区委员会

主 席 彭兴业（满族）
副主席 王洪秀（女） 刘 恪（女） 孙 津 孙 狄 徐世杰 王训练

中共海淀区纪律检查委员会（与区监察局合署办公）

书 记 李晓暐（女）
副书记 白 艳（女，回族） 张 勇 邹立华
区监察局 局长 白 艳（兼，女，回族）

北京市海淀区人民法院

院长 鲁为（1月任）
党组书记 鲁为

北京市海淀区人民检察院

检察长 工振峰（1月任）
党组书记 王振峰

海淀区民主党派及工商联地方组织

中国国民党革命委员会北京市海淀区工作委员会
主任委员 雷 达
中国民主同盟北京市海淀区委员会
主任委员 徐世杰
中国民主建国会北京市海淀区委员会
主任委员 孙宝启
中国民主促进会北京市海淀区委员会
主任委员 臧铁军
中国农工民主党北京市海淀区委员会
主任委员 杨忠岐
中国致公党北京市海淀区委员会
主任委员 孙 津
九三学社北京市海淀区委员会
主任委员 王训练
台湾民主自治同盟北京市海淀区工作委员会
主任委员 叶 莉（女）
北京市海淀区工商业联合会
主席 孙 狄
党组书记 林 虹（女）

海淀区主要群众团体

区总工会 主席 惠远霖
团区委 书记 曹宇明（女，4月免） 张 鑫（4月任）
区妇联 主席 吴琢如（女）
区文联 主席 卫汉青
区侨联 主席 彭 骖
区残联 理事长 周修富
区科协 主席 白春礼（中国科学院常务副院长）
常务副主席 李云飞
区红十字会 会长 刘长利（兼，3月任）
常务副会长 宋义辉

中关村科技园区海淀园管理委员会（3月机构调整前）

主任 林抚生（兼，3月免）
副主任 杨志强（3月免） 穆 鹏（兼，3月免） 傅首清（3月免）
综合办公室 主任 傅首清（3月免）
副主任 张秀英（女，3月免） 胡 岩（3月免） 孟 涵（3月免） 赵新鸣（3月免）
秘书处 处长 胡 岩（兼，3月免）
产业规划发展处 处长 孟 涵（兼，3月免）
服务体系与公共平台建设处 处长 赵新鸣（兼，3月免）
国际合作与品牌建设处 处长 张秀英（兼，女，3月免）
投资促进办公室（海淀区投资促进局）
主任（局长） 梁 捷（女，3月免）

中关村科技园区海淀园管理委员会（3月，由区议事协调机构调整为区政府派出机构）

主任　杨志强（兼，3月任）
常务副主任　王际祥（兼，3月任）
副主任　胡　岩（3月任）　孟　涵（3月任）
　赵新鸣（3月任）　张秀英（女，3月任）
办公室　主任　胡　岩（兼，3月任）
产业规划发展处　处长　孟　涵（兼，3月任）
服务体系建设处　处长　赵新鸣（兼，3月任）
国际合作处　处长　张秀英（兼，女，3月任）
企业发展促进处（6月挂区经济和信息化办公室牌子）
处长（主任）　吴钢华（8月任处长，6月任主任）
投资促进处（海淀区投资促进局）
处长（局长）　梁　捷（女，3月任）

中共海淀区委中关村科技园区海淀园企业工作委员会（3月机构调整前）

书　记　王兴远（3月免）
副书记　刘永水（3月免）　毕淑琴（女，3月免）
纪工委书记　毕淑琴（兼，女，3月免）

中共海淀区委中关村科技园区海淀园工作委员会（3月机构调整后）

书　记　刘永水（3月任）
副书记　毕淑琴（女，3月任）
纪工委书记　毕淑琴（兼，女，3月任）

海淀区北部地区开发建设委员会办公室

主　任　古红梅（兼，女，回族，4月免）
　张　强（4月任）
常务副主任、党组书记　刘万德
副主任　张飞虎　王志伟　祝的春（兼）　刘精明（兼）
　韩顺新（兼，6月免）　方海强（兼，6月免）
　程培衡（兼，6月任）　刘圣国（兼，6月任）
　陈晓智（兼）

区机关各部门、街道乡镇及直属事业单位

区委系统

区委办公室　主任　刘　鸿（女）
常务副主任　杨剑飞
组织部　部长　杨智慧
常务副部长　陈　清（女，6月免）
　李国祥（6月任）
宣传部　部长　李彦来
常务副部长　魏怀中
区委区政府研究室
主任　张启兵
统一战线工作部　部长　关成启（兼，满族，7月免）
　高祥阳（7月任）
常务副部长　刘　恪（兼，女）
对台工作办公室　主任　杨志洪
区委政法委员会　书记　贾洓微（兼，6月免）
　关成启（7月任）
常务副书记　周建欣
副书记　李　军
区维护社会稳定工作领导小组办公室（与政法委合署办公）
主任　周建欣（兼）
社会治安综合治理委员会办公室（与政法委合署办公）
主任　刘志平（6月免）　郭　森（6月任）
区流动人口和出租房屋管理委员会办公室
主任　郭少东
区直属机关工作委员会　书记　吴长清
区精神文明建设委员会办公室　主任　张炜
区委防范和处理邪教问题领导小组办公室（挂区政府防范和处理邪教问题办公室牌子）
主任　米群岛
老干部局　局长、党组书记　张维明
人民武装部　部长　吴祖安
政委　刘建朝（4月免）
　张兰溯（4月任）
中共海淀区委党校（海淀区行政学院）
校长　关成启（兼）
院长　臧桂武（兼，1月免）
　关成启（兼，1月任）
常务副校长（常务副院长）　许　云
区党史区志办公室　主任　周玉鑫
区机构编制委员会办公室
主任　曹学明

区人大常委会

办公室（研究室）
　办公室　**主任**　翟小凡（女）
　研究室　**主任**　俞昌吉（朝鲜族）
代表联络室　**主任**　孙大钧
内务司法工作委员会办公室　**主任**　范　联
教科文卫工作委员会办公室　**主任**　齐　勇
城建环保工作委员会办公室　**主任**　李永根
财政经济工作委员会办公室　**主任**　邓荣民
农村工作委员会办公室
　主任　赵德法（6月任）

区政府系统

区长助理　古红梅（女，回族，7月免）
　卜永祥（6月任，挂职）张勇军（7月任，挂职）
　田立新（7月任，挂职）杨　新（7月任，挂职）
　姜庆国（8月任，挂职）
区政府办公室　**主任**　丁志明
区商务委员会　**主任**　王淑侠（女，蒙古族，4月免）
　古红梅（女，4月任，11月免）
　甄　蕾（女，11月任）
区教育委员会（与区委教育工作委员会合署办公）
　书记　张卫光
　主任　孙　鹏
海淀区政府公共服务委员会　**主任**　段安安
区科学技术委员会（知识产权局）　**主任**　王际祥
区民政局　**局长、党组书记**　南顺弟
区司法局　**局长**　齐雨晨
　党组书记　齐雨晨（12月免）
　李良轩（12月任）
区财政局　**局长**　徐永全
　党组书记　孙俊宏（女）
区人力资源和社会保障局
　局长　李大成
　党组书记　杨　莉（女）
区城市管理监督指挥中心
　主任、党组书记　吴亚梅（兼，女，满族，1月免）
　张泽根（1月任）
　常务副主任　陈　刚（1月免）
区市政市容管理委员会（12月加挂交通委员会牌子）
　主任　周有建
　党组书记　任文彪
区住房和城乡建设委员会主任、党组书记
　张　强（4月免）
　龚宗元（4月任）
区房屋管理局　**局长**　贺　捷
区农村工作委员会（挂区动物卫生监督管理局牌子，与区委农村工作委员会合署办公）
　主任、书记　李殿安（12月免）
区文化委员会　**主任**　刘明星（6月免）
　陈　静（女，7月任）
　党组书记　刘明星（6月免）
　刘建朝（12月任）
区卫生局　**局长**　潘苏彦（女）
　党组书记　张希俊
区人口和计划生育委员会　**主任**　刘　彦（女）
区发展和改革委员会　**主任、党组书记**
　刘伯正（12月免）
　李殿安（12月任）
金融办公室
　主任、党组书记　王歌红（女，满族）
区人民政府国有资产监督管理委员会
　主任、党委书记　董殿毅
区审计局　**局长、党组书记**　张稷发
区安全生产监督管理局
　局长　李四友（4月免）　陈国启（4月任）
　党组书记　曾子锋
区环境保护局　**局长**　苏德琴
　党组书记　苏德琴（女，1月免）
　刘培恩（1月任）
区统计局　**局长、党组书记**　李　泉
区水务局　**局长、党组书记**　胡淑彦（女）
区旅游局　**局长**　孙继光
区体育局　**局长**　马士起
　党组书记　刘和平
区民族宗教侨务办公室　**主任**　刘希英（女，回族）
区法制办公室　**主任**　王德道（6月免）
　刘秀荣（女，12月任）
区社会建设工作办公室（与区委社会工作委员会合署办公）
　主任　潘开云（1月免）　陈　刚（1月任）
　书记　赤　飞
区信访办公室　**主任**　赵　寒
区民防局　**局长、党组书记**　康建民
区城管监察大队　**大队长**　鲍忠义（4月免）
　李四友（4月任）
　党组书记　鲍忠义
区“2008”环境建设指挥部办公室（本年4月撤销）
　主任　周有建（兼）
区新闻中心　**主任**　牛爱忠
区环境卫生服务中心　**主任**　杨奋翮
　党委书记　张俊成

区园林绿化局（海淀区绿化委员会办公室）
局长（主任）、党组书记 沙海江
区房屋土地经营管理中心主任、党委书记 许 立
圆明园管理处 主任 陈名杰
党委书记 芦培顺
区机关事务管理处 处长 赵玉宝
区地震局 局长 郑国强
区档案局（馆） 局长（馆长） 王京彦（女）
党组书记 崔仲军
区农村合作经济经营管理站（与区农村经济与集体资产管理办公室实行一套机构两块牌子合署办公）
站长 李殿安（兼，12月免） 王彩霞（女，12月任）
党组书记 孙庭芳

区政协

秘书长 李彦来（兼，2009年12月免）
吴宝华（1月任）
办公室 主任 刘 玲（女）
研究室 主任 蒋海军
专委会工作一室主任 李 强
专委会工作二室主任 陈跃年
专委会工作三室主任 李燕生
专委会工作四室主任 王建中

垂直领导单位

北京市公安局海淀分局 局长 张伟刚
政委 许克嘉
北京市公安局公安交通管理局海淀交通支队
队长 张建国
政委 刘保君
海淀区消防支队 队长 朱文才
政委 王有刚（6月免）
焦文宝（6月任）
北京市国家安全局海淀分局 局长 姚一群
北京市工商行政管理局海淀分局
局长、党组书记 刘树昌
海淀区国家税务局
局长、党组书记 明建华（6月免）
刘嘉权（6月任）
海淀区地方税务局
局长、党组书记 杜军利
北京市药品监督管理局海淀分局
局长、党组书记 徐 来
海淀区质量技术监督局
局长、党组书记 常英实（女）
海淀区气象局 局长 李如清
北京市规划委员会海淀分局
局长 李景祥
党组书记 李景祥（1月任）
海淀区烟草专卖局局长、经理、党组书记 王文相
北京市国土资源局海淀分局 局长、党组书记 张继安
海淀出入境检验检疫局 局长 赵金生
国家工商行政管理总局商标局驻中关村国家自主创新示范区办事处 主任 田明珠（女）

街 道

万寿路街道 党工委书记 王国强
办事处主任 陈国启（4月免）
曹宇明（4月任）
羊坊店街道 党工委书记 张西渭
办事处主任 朱春生
甘家口街道 党工委书记 李向洋
办事处主任 张宝信
八里庄街道 党工委书记 甄 蕾（女，11月免）
办事处主任 张春华
紫竹院街道 党工委书记 田桂茹（女，满族）
办事处主任 王京立
北下关街道 党工委书记 张振西
办事处主任 林德江
北太平庄街道 党工委书记 汤新秀（女）
办事处主任 寇 平
海淀街道 党工委书记 高 峰
办事处主任 冯志军
中关村街道 党工委书记 王传敏（满族）
办事处主任 占 剑
学院路街道 党工委书记 王瑞贤（女，6月免）
刘佩金（6月任）
办事处主任 赖 东（6月免）
刘志平（6月任）
清河街道 党工委书记 白建平
办事处主任 邢玉平
青龙桥街道 党工委书记 张京玲（女）
办事处主任 魏开锋（1月任）
香山街道 党工委书记 贾利亚
办事处主任 王玉方（6月免）
张建水（6月任）
西三旗街道 党工委书记 车苇歆（女）
办事处主任 张晨光
马连洼街道 党工委书记 郝 飞
办事处主任 张建水（6月免）
李劲松（6月任）
花园路街道 党工委书记 黄亦红（女，回族）

办事处主任 刘佩金（6月免）
王玉方（6月任）

田村路街道 党工委书记 于占沼（女，满族）
办事处主任 李国祥（6月免）
仲良喜（6月任）

上地街道 党工委书记 郝九富
办事处主任 李旭东

曙光街道 党工委书记 苗燕荣（女）
办事处主任 孙玉芝（女）

燕园街道 党工委书记、办事处主任 李贡民

清华园街道 党工委书记 赵如发
办事处主任 高 斌

永定路街道 党工委书记 王家文
办事处主任 蔡德利

乡 镇

东升乡（东升地区）
党委（党工委）书记 肖熙之
乡长（办事处主任） 刘振华

海淀乡（万柳地区）
党委（党工委）书记 李良轩（12月免）
李景奇（12月任）
乡长（办事处主任） 高念东

四季青镇 党委书记 张连仲
镇长 李万生

西北旺镇 党委书记 王桐慧
镇长 祝的春

温泉镇
党委书记 龚宗元（4月免）
方海强（6月任）
镇长 韩顺新（6月免）
程培衡（7月任）

苏家坨镇
党委书记 曹仲晞（6月免）
韩顺新（6月任）
镇长 方海强（6月免）
刘圣国（7月任）

上庄镇 党委书记 李景奇（12月免）
镇长 刘精明（12月任）

玉渊潭农工商总公司
总经理 刘凤英（女）
党委书记 范永红

郭宝山

郭宝山，男，满族，祖籍辽宁北镇，1950年7月生。生前任公安部国际合作局副局长。长期居住生活在本区。2010年1月12日，在执行维和任务时于海地大地震中不幸遇难。2010年1月18日，中华人民共和国民政部批准郭宝山为革命烈士。

王树林

王树林，男，汉族，1952年10月生，北京海淀人，生前任公安部装备财务局调研员。2010年1月12日，在执行维和任务时于海地大地震中不幸遇难。2010年1月18日，中华人民共和国民政部批准王树林为革命烈士。

朱晓平

朱晓平，男，汉族，祖籍上海市，1962年3月生，生前任公安部装备财务局局长。2010年1月12日，在执行维和任务时于海地大地震中不幸遇难。2010年1月18日，中华人民共和国民政部批准朱晓平为革命烈士。

沈 翔

沈翔，男，汉族，祖籍江苏南通，1982年11月出生于北京海淀，生前系中国人民解放军某部队上尉正连。其亲属住在本区。2009年10月26日，因执行重大武器装备实验而壮烈牺牲。2010年4月2日，根据革命烈士褒扬条例，中国装甲兵工程学院政治部批准沈翔为革命烈士。

赵 斌

赵斌，男，汉族，祖籍江苏淮安，1920年10月出生于北京海淀，生前系海军机关某处处长。其亲属住在海淀。1967年1月23日病逝。2010年12月28日，中国海军政治部批准赵斌为革命烈士。

逝世知名人物

王江民

王江民（1951–2010），男，山东烟台人。1951 年出生于上海。江民科技董事长、国家高级工程师、国际知名计算机反病毒专家、北京工业大学/辽宁对外经贸学院教授、第 29 届奥运会组委会网络与信息安全指挥部特聘专家，中国残联理事、山东省烟台市政协委员、山东省肢残人协会副理事长。三岁因患小儿麻痹后遗症导致腿部残疾。初中毕业后，回到老家山东烟台从一名街道工厂的学徒工干起，刻苦自学，成长为拥有各种创造发明 20 多项的机械和光电类专家。1989 年，王江民开始学习计算机。1996 年从烟台停薪留职，独闯中关村，成立北京江民新科技术有限公司，研发并销售 KV 系列杀毒软件，任董事长兼总裁。是国内最早从事专业反病毒研究及开发的民营企业家。2010 年 4 月 4 日上午 10 点左右，因心脏病突发抢救无效去世。

王明贞

王明贞（1906 年—2010 年），女，江苏苏州人。物理学家，清华大学首位女教授。对统计物理学，尤其是玻耳兹曼方程和布朗运动有深入系统的研究。1926 ~ 1928 年在南京金陵女子大学学习。1928 ~ 1932 年在燕京大学物理系学习，取得学士、硕士学位。1932 ~ 1938 年，在金陵女子文理学院数理系任教。1938 ~ 1942 年在美国密歇根大学物理系学习，取得博士学位。1943 ~ 1945 年在美国麻省理工学院雷达研究室任理论物理组副研究员。1947 ~ 1949 年在云南大学物理系任教授。1949 ~ 1952 年在美国诺特丹姆大学任副研究员。1953 ~ 1955 年在美国为争取回国辞去工作。本着不为敌对国家服务的精神经过重重困难，在周恩来的过问下回到中国，并在清华大学任教。1955 开始在清华大学任教授。2010 年 8 月 28 日，因病在北京逝世，享年 104 岁。

梁从诫

梁从诫（1932–2010），男，祖籍广东新会，出生于北京市。曾任全国政协委员、全国政协常委，全国政协人口、资源、环境委员会委员，民间环保组织“自然之友”（中国文化书院·绿色文化分院）创办人、会长。祖父梁启超，父亲梁思成，母亲林徽因。1993 年，梁从诫创建了中国第一家完全民办的环境保护组织“自然之友”。先后开展了保护川西洪雅天然林、保护滇西北德钦县原始森林滇金丝猴、开展藏羚羊保护工作与可可西里地区反盗猎行动等重大行动。1999 年，获中国环境新闻工作者协会和香港地球之友颁发的“地球奖”以及国家林业局颁发的“大熊猫奖”。2010 年 10 月 28 日下午 4 时在北京病逝，享年 79 岁。

范敬宜

范敬宜（1931 – 2010），男，江苏省苏州市人。当代著名新闻工作者。为范仲淹的 28 世孙。1951 年开始从事新闻工作，历任《东北日报》（后改名《辽宁日报》）和《辽宁日报》编辑、农村部副主任、主任、编委等职务。1957 年被错划为右派，“文化大革命”中又受到冲击。1978 年加入中国共产党。1983 年调任《辽宁日报》副总编辑。1984 年调中华人民共和国文化部任外文局局长。1986 年任《经济日报》总编辑。1993 年任《人民日报》总编辑。1998 年起任第九届全国人民代表大会常务委员会委员、人大教科文卫委员会副主任委员。2002 年 4 月被清华大学聘为教授、新闻与传播学院院长。精于诗书画，主要著作有《总编辑手记》、《敬宜笔记》、《范敬宜诗书画》等。2010 年 11 月 13 日 13 时 42 分，因病在北京医院去世，享年 79 岁。

新闻人物与社会新闻

季羡林旧居被盗（续）

2009 年 12 月 16 日，季羡林独子季承报案，称北京大学朗润园 13 号公寓季羡林旧居被盗，存放的数千册古书和铜像被盗。五天后，海淀警方通报嫌疑人方咸如、王如被刑事拘留。

据检方指控，2009 年 12 月 15 日晚，方咸如在王如的唆使下，采用破窗入室的方式，进入北京大学朗润园季羡林故居内，秘密窃取各种书籍、塑像等大量物品，经鉴定价值共330余万元。王如得知季承报案后，又伙同方咸如将盗窃来的财物转移到别的地方藏匿。后来，两人被警方抓获。据了解，王如是季羡林前秘书李玉洁的干女儿，方咸如为季羡林的管家，负责照顾季羡林的起居生活。

该案由海淀检察院负责侦办。2010 年初，因被盗物品要进行价值评估和该案是属于犯罪还是经济纠纷两方面问题而搁置。据季承介绍，丢失的线装书有 4351 册，嘉庆殿本全唐文 4 大箱和全套二十四史，合计约 5000 册。

季羡林旧居被盗后，北京大学曾发表声明称，积极配合警方调查。

由于案件究竟是盗窃还是遗产纠纷，加之方咸如、王如不甚配合调查，此案迟迟未提起公诉，2010 年一直处于审查起诉阶段。

第三处季羡林墓地落成

据北京晨报 2010 年 7 月 11 日报道：今天是国学大师季羡林逝世一周年的日子，季羡林的儿子季承表示，遵从父亲的愿望，位于河北易县的季羡林墓地今日落成，这成为社会公众祭奠季羡林的第三处墓地。

据季承介绍，今日落成的季羡林墓地，位于河北省易县清西陵附近的华龙皇家陵园内，坐落在文化名人园中。之所以选择此地，缘于季羡林和一位著名老歌唱家的约定。“当时某某对季老说，以后就相约在此汇聚，季老答应了。”季承说，他也是遵从父亲的愿望。这处墓地仅是一处地标建筑，建有一座季羡林的铜制塑像，并无季羡林的其他物品。季承说，算上北京万安公墓和山东临清的季羡林墓地，河北易县的墓地是季羡林的第三处墓地。

物价上涨

本年，全国各地农产品接力涨价，从“蒜你狠”（大蒜）到“豆你玩”（绿豆），从“糖高宗”（白糖）到“苹什么”（苹果），媒体、网络上反映物价上涨的新词层出不穷，物价上涨已引发全社会的高度关注，成为网民热议的话题和舆论关注的焦点。10 月份，北京市 CPI[①]同比上涨 3.4%，创下 2008 年 11 月以来的新高。海淀区 7 月份以来，生活必需品价格呈现普遍上涨趋势，其中蔬菜价格涨幅最大。

唐家岭“蚁族”搬迁

“蚁族”意即大学毕业生低收入聚居群体，指的是毕业后因无法找到工作或收入很低而聚居在城乡结合部的大学生。

2009 年，“蚁族”问题成为网络热议话题。本区唐家岭村因聚居北京市最多的“蚁族”而受到社会广泛关注。户籍人口只有 4000 多人的唐家岭村居住了近五万外地人口。由于大量的租房需求以及利益驱使，造成村内的违章建设严重，存在各类安全隐患和社会问题。引起市、区各级政府的关注。

2010 年初，市委市政府将唐家岭村列入 50 个市级挂账重点村。3 月底，北京最大的“蚁族”聚居区唐家岭村开工改造，大批租客不得不另觅他处。此次改造会预留部分产业用地建公租房，提供给外来人口租住。

入园难、入园贵

近年来，幼儿教育问题引起社会各界的广泛关注，幼儿园“入园难、入园贵”已经成为群众反映强烈的民生问题和社会热点。“入园难，难于考公务员；入园贵，贵过大学收费”成为许多家长和媒体的口头禅，一些地方甚至出现“孩子一生下来就要报名，排队一两年才能入园”的现象。海淀是首都的教育大区，教育资源丰富，优质资源相对较多；但同时也承载着巨大的教育压力。特别是本年，入园难、入园贵问题在网络上和社会中引起人民群众的高度关注和舆论热议。

2010 年，海淀区政府新建 5 所、改扩建 5 所公办幼儿园，以缓解此问题。

本年部分网络热词

1.神马都是浮云 是“什么都是浮云”的谐音，意思是什么都不值得一提。

2.给力 意即有作用、给劲、带劲。本年 11 月 10 日，该词成为人民日报头版标题，“gelivable”这一由“给力”造出来的英文词汇也开始走红。

3.我爸是李刚 源于本年 10 月 16 日晚发生在河北保定的一起交通事故，肇事的官二代高喊：“有本事你们告去，我爸是李刚!”。更衍生出“鲤冈鲅”这一生物，并虚构其生性好斗凶残，通常为官宦饲养。

4.非常艰难的决定 出自本年 11 月 3 日晚腾讯公司与

[①] 居民消费指数。

奇虎公司商业站中发表的《致广大 QQ 用户的一封信》，信中最经典台词为“我们作出了一个非常艰难的决定”。随后网民开始模仿“QQ 体”，并在几小时内风靡网络。

5.蒜你狠系列　“蒜你狠”源于本年物价上涨，大蒜价格甚至比肉、鸡蛋还贵。其后网友据著名相声演员马三立的相声段子发明了“豆你玩”。此后，“糖高宗”、“姜你军”、“油你涨”、“苹什么”、“鸽你肉”等新词层出不穷。为了应对，不少人还成了“海豚族”（海量囤积一族）。

6.鸭梨　“鸭梨”是“压力”的谐音。百度贴吧中某人有意无意将“压力”打成“鸭梨”，引得贴吧中无数人模仿。而“鸭梨山大”也逐渐走红。

7.你 out 了　意即你落伍了，跟不上潮流了。out 是简写，原为“out of time”（时间之外）。

8.团奴　从本年春夏开始，网络上新出现一种团购消费形式，以动辄低至 1 折的价格，吸引网购族去消费，从而催生了团奴一族。

9.围脖　是微博的谐音，即微博客，此形式自 2009 年开始进入大众视野，并于本年日益推广，成为风尚。

10.杜拉拉　源自职场小说《杜拉拉升职记》，因“一个外企职场生存法则的真实缩影”、“一个白领都市时尚生活的生动写照”、“一个乐观积极奋斗励志的成功范本”受到白领们的追捧。

统计资料（选编）

2010年海淀区主要经济指标

项目	单位	2009年	2010年	占全市比重%
人口				
年末户籍人口	人	2158460	2195948	17.5
人口自然增长率	‰	6.0	4.1	
机械增长率	‰	23.3	18.0	
海淀生产总值	亿元	2446.9	2771.6	19.6
一产	亿元	1.4	1.4	1.1
二产	亿元	382.0	399.0	11.8
三产	亿元	2063.5	2371.2	22.4
商业				
社会消费品零售额（法人在地口径）	亿元	1026.4	1184.2	
社会消费品零售额（产业在地口径）	亿元	1132.0	1296.8	20.8
投资				
全社会固定资产投资总额（法人在地口径）	亿元	561.0	647.3	
房地产投资	亿元	256.5	302.3	
住宅	亿元	143.8	152.1	
全社会固定资产投资总额（按项目地口径调整数据）	亿元	489.5	567.0	10.3
财政				
区级财政收入	亿元	164.80	190.94	8.1
劳资				
从业人员平均人数	人	1243332	1311323	
在岗职工平均工资	元	67409	75732	
工业				
工业企业总产值（现价）	亿元	1188.5	1343.2	
建筑业				
建筑业总产值	亿元	906.9	1132.6	
农村经济				
农业总产值（现价）	亿元	4.4	4.0	

项目	单位	2009年	2010年	占全市比重%
农村经济总收入	亿元	185.0	200.9	
农村经济纯收入	亿元	38.6	42.3	
对外经济贸易				
新批项目数	家	281	299	
合同外资额	亿美元	13.8	23.6	
实际利用外资额	亿美元	12.8	13.6	
海关进出口总额	亿美元	288.3	417.5	
进口额	亿美元	208.4	323.1	
出口额	亿美元	79.9	94.5	
金融				
银行存款余额	亿元	11499.9	13000.0	21.0
城乡居民储蓄存款余额	亿元	3128.7	3541.9	21.0
银行货款余额	亿元	3304.7	4057.1	14.4
教育				
中小学学校数	所	209	209	
小学	所	116	116	
普通中学	所	77	77	
职业中学	所	16	16	
毕业生数	人	54619	64347	
小学	人	18905	18550	
普通中学	人	30496	30393	
职业中学	人	5218	4926	
卫生				
每千人拥有执业医生人数	人	3.7	3.7	
每千人拥有护士人数	人	4.1	4.1	
每千人拥有医院床位数	张	4.8	4.8	
城市公共事业				
城市绿化覆盖率	%	45.5	47.5	
人均绿地面积	平方米	47.8	47.4	
劳动就业				
城镇登记失业率	%	0.83	0.91	
失业人员再就业率	%	66.80	68.92	
人民生活				
城镇居民人均可支配收入	元	30677.0	33351.3	
农村居民人均纯收入	元	16011.1	17660.9	
海淀园				
总收入	亿元	5852.07	7054.74	
利润总额	亿元	509.66	533.84	
实缴税费总额	亿元	283.77	314.65	
企业数	家	11716	10308	
从业人员	万人	57.92	60.97	

附　录

海淀区行政区划基本情况

序号	地　区	社区居委会	村委会	辖区面积（平方公里）
	全区	**591**	**84**	**430.77**
1	万寿路街道	36		8.78
2	羊坊店街道	38		6.61
3	甘家口街道	21		6.49
4	八里庄街道	35		6.49
5	紫竹院街道	23		6.23
6	北下关街道	35		6.04
7	北太平庄街道	39		5.17
8	海淀街道	33		6.90
9	中关村街道	33		5.28
10	学院路街道	29		8.49
11	清河街道	28		9.37
12	青龙桥街道	24		18.59
13	香山街道	6		20.40
14	西三旗街道	30		8.23
15	马连洼街道	16		10.74
16	花园路街道	36		6.33
17	田村路街道	28		7.77
18	上地街道	13		9.52
19	曙光街道	15		5.45
20	燕园街道	7		1.84
21	清华园街道	9		3.49
22	永定路街道	16		1.45
23	东升地区	3	5（属东升乡）	8.28
24	万柳地区	2	4（属海淀乡）	4.79
25	四季青镇	11	13	40.83
26	西北旺镇	10	16	51.02
27	温 泉 镇	10	7	33.23
28	苏家坨镇	4	19	84.51
29	上 庄 镇	1	20	38.45
备注	**注 1：**海淀区对外公布面积为 430.77 平方公里，本表各街乡镇面积为 2006 年 2 月 13 日北京市测绘设计研究院制图中心图测数据，精确到小数点后第二位。 **注 2：**海淀区设海淀乡、东升乡，分别与万柳地区、东升地区是两块牌子一套机构。			

中共海淀区委2010年文件目录（京海发）

文号	日期	文件名
京海发〔2010〕1号	2010.01.06	中共北京市海淀区委关于十届区委常委工作分工的通知
京海发〔2010〕2号	2010.01.05	中共北京市海淀区委北京市海淀区人民政府关于授予区委办公室等15个单位“海淀区创建学习型组织示范单位”称号的决定
京海发〔2010〕3号	2009.12.29	中共北京市海淀区委关于贯彻落实《中共中央关于加强和改进新形势下党的建设若干重大问题的决定》的实施意见
京海发〔2010〕4号	2010.01.21	中共北京市海淀区委关于表彰2009年度海淀区思想政治工作优秀单位和优秀思想政治工作者的决定
京海发〔2010〕5号	2010.01.30	中共北京市海淀区委关于印发《海淀区干部选拔任用工作有关事项报告制度》、《海淀区贯彻执行<党政领导干部选拔任用工作条例>检查办法》和《海淀区党委（党组）书记履行干部选拔任用工作职责离任检查办法》的通知
京海发〔2010〕7号	2010.02.09	中共北京市海淀区委关于印发《中共海淀区委常委会2010年工作要点》的通知
京海发〔2010〕8号	2010.02.21	中共北京市海淀区委关于2010年全区重要工作事项建立区级领导协调机制的通知
京海发〔2010〕9号	2010.03.05	中共北京市海淀区委关于表彰海淀区“争创科学发展示范点、争当科学发展排头兵”主题实践活动先进基层党组织和优秀共产党员的决定
京海发〔2010〕10号	2010.03.04	中共北京市海淀区委关于贯彻实施《中国共产党党员领导干部廉洁从政若干准则》的通知
京海发〔2010〕11号	2010.03.22	中共北京市海淀区委北京市海淀区人民政府关于印发《2010年区委区政府重点工作任务分解方案》的通知
京海发〔2010〕12号	2010.03.26	中共北京市海淀区委转发《中共海淀区人大常委会党组关于加强和改进人大工作的若干意见》的通知
京海发〔2010〕13号	2010.04.01	中共北京市海淀区委北京市海淀区人民政府关于印发《海淀区2010年廉政风险防范管理工作意见》的通知
京海发〔2010〕14号	2010.04.09	中共北京市海淀区委关于印发《中共海淀区委常委会讨论任免区委管理干部实行票决制的实施办法（试行）》的通知
京海发〔2010〕15号	2010.04.15	中共北京市海淀区委员会北京市海淀区人民政府关于调整和完善北部地区开发建设体制的意见
京海发〔2010〕16号	2010.04.21	中共北京市海淀区委员会北京市海淀区人民政府关于表彰海淀区信访排查调处工作先进集体和先进个人的决定
京海发〔2010〕17号	2010.04.21	中共北京市海淀区委北京市海淀区人民政府印发《关于推行信访代理制度的意见》的通知
京海发〔2010〕18号	2010.04.26	中共北京市海淀区委北京市海淀区人民政府印发《关于开展“优质服务年”活动的实施意见》的通知
京海发〔2010〕19号	2010.04.27	中共北京市海淀区委印发《关于在全区基层党组织和党员中深入开展创先争优活

		动的实施意见》的通知
京海发〔2010〕20号	2010.04.28	中共北京市海淀区委北京市海淀区人民政府关于转发区城乡一体化领导小组（指挥部）《海淀区市级挂账重点村建设工作任务分解方案》的通知
京海发〔2010〕21号	2010.04.29	中共北京市海淀区委北京市海淀区人民政府关于2008-2009年海淀区调查研究工作先进单位和优秀调研成果的通报
京海发〔2010〕22号	2010.05.21	中共北京市海淀区委北京市海淀区人民政府关于调整“平安海淀”建设工作指挥协调领导小组组成人员的通知
京海发〔2010〕23号	2010.08.20	中共北京市海淀区委北京市海淀区人民政府关于表彰在北京市第十三届运动会上做出突出贡献的单位和个人的决定
京海发〔2010〕24号	2010.09.10	中共北京市海淀区委关于印发《2010-2020年北京市海淀区党政领导班子后备干部队伍建设规划》的通知
京海发〔2010〕25号	2010.09.10	中共北京市海淀区委关于印发《2010-2013年北京市海淀区党政领导班子建设规划纲要》的通知
京海发〔2010〕26号	2010.09.10	中共北京市海淀区委北京市海淀区人民政府关于印发《2010年区委区政府上半年经济形势分析会任务分解方案》的通知
京海发〔2010〕27号	2010.09.17	中共北京市海淀区委关于加强人民政协政治协商制度建设的意见
京海发〔2010〕28号	2010.10.13	关于追授左利军同志“海淀区优秀共产党员”称号的决定
京海发〔2010〕29号	2010.10.15	中共北京市海淀区委关于印发《关于进一步加强党管人才工作的实施办法》的通知
京海发〔2010〕30号	2010.10.18	中共北京市海淀区委北京市海淀区人民政府关于印发《北京市海淀区中长期人才发展规划纲要（2010—2020年）》的通知
京海发〔2010〕31号	2010.10.28	中共北京市海淀区委北京市海淀区人民政府关于授予邓中翰等同志“北京市海淀区杰出人才贡献奖”的决定
京海发〔2010〕32号	2010.10.28	中共北京市海淀区委北京市海淀区人民政府关于表彰海淀区有突出贡献专家、优秀青年人才和有突出贡献高技能人才的决定
京海发〔2010〕33号	2010.11.12	中共北京市海淀区委关于进一步加强和改进高科技企业党建工作的意见
京海发〔2010〕34号	2010.11.12	中共北京市海淀区委关于表彰海淀区十佳高科技企业党组织、十佳高科技企业共产党员、十佳高科技企业党务工作者和十佳高科技企业党建之友的决定
京海发〔2010〕35号	2010.12.09	中共北京市海淀区委北京市海淀区人民政府关于表彰海淀区2009年度军转安置工作先进单位先进个人的决定
京海发〔2010〕36号	2010.12.14	中国共产党北京市海淀区第十届委员会第十二次全体会议决议
京海发〔2010〕37号	2010.12.17	中共北京市海淀区委关于印发《中共北京市海淀区委关于制定海淀区国民经济和社会发展第十二个五年规划的建议》的通知

海淀区人民政府2010年文件目录（海政发）

文号	日期	文件名
海政发〔2010〕1号	2010.03.11	关于印发本区2010年人口和计划生育工作要点的通知
海政发〔2010〕2号	2010.01.05	关于暂停办理中关村国际教育园土地一级开发范围内房屋新建等手续的通知
海政发〔2010〕3号	2010.01.19	关于授予孙书长等五位同志海淀区见义勇为积极分子称号的决定
海政发〔2010〕4号	2010.01.19	关于授予宁增成、张汉军同志海淀区见义勇为积极分子称号的决定
海政发〔2010〕5号	2010.01.20	关于印发《海淀区建设首都科技金融综合改革试验区三年行动计划（2010–2012）》的通知
海政发〔2010〕6号	2010.02.01	关于印发2010年政府工作报告的通知
海政发〔2010〕7号	2010.02.02	关于调整完善区与乡镇财政体制的意见
海政发〔2010〕8号	2010.02.11	关于印发区政府依法行政工作报告的通知
海政发〔2010〕9号	2010.02.11	关于表彰2009年度依法行政先进单位和法制先进工作者的决定
海政发〔2010〕10号	2010.03.4	关于开展第六次全国人口普查的通知
海政发〔2010〕11号	2010.03.4	关于印发本区行政事业单位能源定额管理及节能降耗考核奖励办法（试行）的通知
海政发〔2010〕12号	2010.03.19	关于印发2010年本区政府投资建设项目安排方案的通知
海政发〔2010〕13号	2010.03.23	关于表彰2009年度税源建设工作先进单位的决定
海政发〔2010〕14号	2010.03.26	关于暂停办理玲珑巷地区整体改造土地一级开发范围内房屋新建等手续的通知
海政发〔2010〕15号	2010.03.27	关于印发本区2010年在直接关系群众生活方面拟办的重要实事的通知
海政发〔2010〕16号	2010.04.19	关于印发2010年遏制和查处违法建设春季行动土地卫片执法检查专项工作实施方案的通知
海政发〔2010〕17号	2010.04.14	关于下达2010年城镇退役士兵安置指标的通知
海政发〔2010〕18号	2010.08.05	关于印发推进本区行政审批制度改革工作方案的通知
海政发〔2010〕19号	2010.04.27	关于进一步促进产业结构调整的指导意见
海政发〔2010〕20号	2010.04.29	关于印发本区落实市政府第十六阶段控制大气污染措施的工作方案的通知
海政发〔2010〕21号	2010.05.14	关于2010年推进重点改革任务的指导意见
海政发〔2010〕23号	2010.05.25	关于印发本区集体林权制度改革工作指导方案的通知
海政发〔2010〕24号	2010.05.25	关于实施本区突发公共事件应急预案的决定
海政发〔2010〕25号	2010.06.18	关于进一步促进街道乡镇服务经济发展的意见
海政发〔2010〕26号	2010.06.09	关于暂停办理北部地区范围内房屋新建等手续的通知
海政发〔2010〕27号	2010.06.18	关于印发本区进一步促进街道乡镇服务经济建设工作的财政支持措施的通知
海政发〔2010〕28号	2010.06.10	关于表彰2009年度节能工作先进单位的决定
海政发〔2010〕29号	2010.06.09	关于进一步加强药品安全监管工作的通知
海政发〔2010〕30号	2010.06.09	关于成立海淀区城乡环境建设委员会的通知
海政发〔2010〕31号	2010.06.21	关于支持创新型企业做强做大的实施意见
海政发〔2010〕32号	2010.06.21	关于优化创业环境支持创业型企业创新发展的实施意见

海政发〔2010〕33号	2010.06.21	关于促进高端创新要素聚集优化产业服务环境的实施意见
海政发〔2010〕34号	2010.06.21	落实市政府《关于金融促进首都经济发展的意见》的实施意见
海政发〔2010〕35号	2010.07.08	关于印发本区2010年推进构建和谐社区服务体系工作实施方案的通知
海政发〔2010〕36号	2010.07.09	关于印发本区打击盗采砂石非指定区域游泳和钓鱼非法洗车百日整治行动实施方案的通知
海政发〔2010〕37号	2010.07.13	关于开展城镇住户基本情况抽样调查工作的通知
海政发〔2010〕38号	2010.07.23	关于印发2010–2011年度重点企业名单的通知
海政发〔2010〕39号	2010.08.23	关于本区2010年度行政执法案卷评查情况的通报
海政发〔2010〕40号	2010.08.19	关于印发本区国家创新型城区试点工作实施方案的通知
海政发〔2010〕41号	2010.09.10	关于印发本区行政复议委员会试点工作方案（修订稿）的通知
海政发〔2010〕42号	2010.09.10	关于印发本区贯彻落实全国和北京市会议精神加强防震减灾工作实施方案的通知
海政发〔2010〕43号	2010.09.29	关于授予许晓斌同学海淀区见义勇为积极分子的决定
海政发〔2010〕44号	2010.09.14	关于做好近期安全生产工作的通知
海政发〔2010〕45号	2010.09.14	关于印发本区财政预决算编制及审批管理办法（修订稿）的通知
海政发〔2010〕46号	2010.09.18	关于印发2010年海淀区政府投资第一批项目调整及第二批正式项目安排方案的通知
海政发〔2010〕47号	2010.10.25	关于完善新建改建公共厕所和垃圾收集设施工作的实施意见
海政发〔2010〕49号	2010.11.12	关于印发本区2010–2011年深化医药卫生体制改革实施方案的通知
海政发〔2010〕51号	2010.11.12	关于印发本区2011年政府投资建设项目（第一批）安排方案的通知
海政发〔2010〕52号	2010.12.03	关于命名首批“海淀区文化创意产业集聚区”的通知
海政发〔2010〕54号	2010.12.16	关于印发北部地区开发启动资金管理暂行办法的通知
海政发〔2010〕55号	2010.12.24	关于开展海淀区第一次水务普查的通知
海政发〔2010〕56号	2010.12.27	关于印发海淀区行政案件应诉工作规定的通知

北京市海淀区第二次全国经济普查主要数据公报（第一号）

全国经济普查领导小组办公室

海淀区统计局　国家统计局海淀调查队　北京市海淀区经济社会调查队

2010年3月31日

根据《国务院关于开展第二次全国经济普查的通知》（国发〔2007〕35 号文件）的规定和要求，以及国务院、北京市经济普查领导小组的统一部署，我区组织实施了海淀区的第二次全国经济普查工作。

本次普查的标准时点为2008年12月31日24时，时期资料为2008年年度数据。普查对象是我国境内从事第二、第三产业的法人单位、产业活动单位和个体经营户。普查内容包括各单位的基本属性、从业人员、生产经营活动与财务状况、科技活动以及能源消费等方面的情况。

北京市海淀区第二次全国经济普查办公室对本次普查数据进行了严格的审核，按照全国统一的方法进行了事后质量抽查，结果表明，法人及产业活动单位数据填报综合差错率达到了国家数据质量控制标准。

按照《全国经济普查条例》的要求，北京市海淀区第二次全国经济普查领导小组办公室将主要普查数据公布如下。

一、单位基本情况[注一]

到2008年末，海淀区共有从事第二、第三产业[注二]的法人单位、产业活动单位以及个体经营户14.7万个。其中，法人单位 8.3 万个，法人单位所属的产业活动单位0.8万个，个体经营户5.6万个。在法人单位中，属于本次普查登记对象的独立核算的法人单位有6.6万个。

本次经济普查法人单位及其所属的产业活动单位合计为9.1万个，比第一次经济普查时的5.9万个增长了54.2%。

在法人单位中，第二产业单位 5440个，占6.6%，比第一次经济普查时的5451个减少了0.2%；第三产业单位7.7万个，占93.4%，比第一次经济普查时的5万个增长了55.4 %。

从法人单位机构类型看，企业单位7.9万个，占法人单位的95.4%；其他各种机构类型的单位占4.6%。

表1　按机构类型分的法人单位情况

	单位数（个）	构成（%）
合　计	82638	100.0
企业单位	78871	95.5
事业单位	1490	1.8
机关单位	146	0.2
社会团体	695	0.8
民办非企业	368	0.4
其他类型	1068	1.3

从法人单位的行业分类看，批发和零售业，租赁和商务服务业，信息传输、计算机服务和软件业的法人单位数位居前三位，占法人单位的64.6%。

表2　按行业分的法人单位情况

	单位数　（个）	构成（%）
合　计	82638	100.0
第二产业	5440	6.6
采矿业	6	…
制造业	3867	4.7

电力、燃气及水的生产和供应业	36	…
建筑业	1531	1.9
第三产业	77198	93.4
交通运输、仓储和邮政业	761	0.9
信息传输、计算机服务和软件业	11480	13.9
批发和零售业	29285	35.4
住宿和餐饮业	2868	3.5
金融业	225	0.3
房地产业	2368	2.9
租赁和商务服务业	12644	15.3
科学研究、技术服务和地质勘查业	8136	9.8
水利、环境和公共设施管理业	393	0.5
居民服务和其他服务业	2675	3.2
教育	1935	2.3
卫生、社会保障和社会福利业	402	0.5
文化、体育和娱乐业	2405	2.9
公共管理和社会组织	1621	2.0

注：表中“…”表示该栏数据不够计量单位的数量值，下同。

从法人单位及其所属的产业活动单位的分布情况看，本区法人在本市兴办的产业活动单位4482个；本区法人在外省市兴办的产业活动单位1935个；外地外国法人在海淀兴办的产业活动单位数1307个。

二、从业人员情况[注三]

全区第二、第三产业期末从业人员184.8万人，比第一次经济普查时的137.0万人增长了34.9%。其中，第二产业期末从业人员28.0万人，占15.2%，比第一次经济普查时的31.5万人减少了11.1%；第三产业期末从业人员156.8万人，占84.8%，比第一次经济普查时的105.5万人增长了48.6%。

从登记注册类型看，内资单位期末从业人员165.7万人，占第二、第三产业期末从业人员的89.7%；外资单位19.1万人，占10.3%。

从隶属关系看，中央单位期末从业人员63.3万人，占第二、第三产业期末从业人员的34.3%；地方单位121.5万人，占65.7%。

表3　按登记注册类型和隶属关系分的期末从业人员情况

	期末从业人员					
			第二产业		第三产业	
	数量（万人）	构成%	数量（万人）	构成%	数量(万人)	构成%
合　计	184.8	100.0	28.0	100.0	156.8	100.0
一、按登记注册类型分						
内资	165.7	89.7	24.3	86.8	141.4	90.2
港澳台商投资	5.4	2.9	1.1	3.9	4.3	2.7
外商投资	13.7	7.4	2.6	9.3	11.1	7.1
二、按隶属关系分						
中央	63.3	34.3	7.7	27.5	55.6	35.5
地方	121.5	65.7	20.3	72.5	101.2	64.5

从行业分类看，期末从业人员主要集中在信息传输、计算机服务和软件业，科学研究、技术服务和地质勘查业，交通运输、仓储和邮政业。

表 4　按行业分的期末从业人员情况

	期末从业人员（人）	构成（%）
合 计	1848184	100.0
第二产业	280295	15.2
采矿业	78	…
制造业	166693	9.0
电力、燃气及水的生产和供应业	2769	0.2
建筑业	110755	6.0
第三产业	1567889	84.8
交通运输、仓储和邮政业	221121	12.0
信息传输、计算机服务和软件业	304748	16.6
批发和零售业	211313	11.4
住宿和餐饮业	97349	5.2
金融业	13900	0.8
房地产业	71375	3.8
租赁和商务服务业	114203	6.2
科学研究、技术服务和地质勘查业	238299	12.9
水利、环境和公共设施管理业	17388	0.9
居民服务和其他服务业	22581	1.2
教育	143855	7.8
卫生、社会保障和社会福利业	25711	1.4
文化、体育和娱乐业	47245	2.5
公共管理和社会组织	38801	2.1

在期末从业人员中，具有大专及以上学历的人员 112.5 万人，占 60.9%；具有专业技术职称的人员 50.9 万人，占 27.5%；具有技术等级的人员 24.1 万人，占 13.0%。

表 5　按学历、职称及技术等级分的从业人员情况

	期末从业人员（万人）	构成（%）
合 计	184.8	100.0
一、按性别分		
男 性	117.3	63.5
女 性	67.5	36.5
二、按学历分		
具有研究生及以上学历人员	17.7	9.6
具有大学本科学历人员	55.8	30.2
具有大专学历人员	39.0	21.1
具有高中学历人员	43.8	23.7
具有初中及以下学历人员	28.5	15.4
三、按专业技术职称分		
其中：具有高级技术职称人员	11.9	6.4
具有中级技术职称人员	20.5	11.1
具有初级技术职称人员	18.5	10.0

四、按技术等分		
其中：高级技师	1.0	0.5
技师	2.2	1.2
高级工	10.8	5.8
中级工	5.1	2.8
初级工	5.0	2.7

三、资产总量状况

经济普查结果表明，全区法人单位资产总计69990.4亿元，比2004年增长1.8倍。第二产业资产总量为4411.7亿元，占总资产的6.3%；第三产业资产总量为65578.7亿元，占总资产的93.7%。

从登记注册类型看，内资资产在总计中所占比重为96.6%，港澳台商投资和外商投资占3.4%。

从隶属关系看，中央单位资产总计57157.0亿元，占全部资产的81.7%；地方单位12833.4亿元，占18.3%。

表6 按登记注册类型和隶属关系分的资产总计情况

	资产总计					
			第二产业		第三产业	
	数量（亿元）	构成（%）	数量（亿元）	构成（%）	数量（亿元）	构成（%）
合 计	69990.4	100.0	4411.7	100.0	65578.7	100.0
一、按登记注册类型分						
内资	67599.4	96.6	4031.3	91.4	63568.2	96.9
港澳台商投资	974.1	1.4	129.3	2.9	844.8	1.3
外商投资	1416.9	2.0	251.2	5.7	1165.7	1.8
二、按隶属关系分						
中央	57157.0	81.7	2748.9	62.3	54408.1	83.0
地方	12833.4	18.3	1662.8	37.7	11170.5	17.0

从行业分类看，资产总计较高的两个行业依次为金融业、租赁和商务服务业，两个行业资产总计为48132.2亿元，占全区的68.7%。

表7 按行业分的资产总计情况

	资产总计（亿元）	构成（%）
合 计	69990.4	100
第二产业	4411.7	6.3
采矿业	0.7	…
制造业	1704.9	2.4
电力、燃气及水的生产和供应业	22.6	…
建筑业	2683.4	3.8
第三产业	65578.7	93.7
交通运输、仓储和邮政业	1327.4	1.9
信息传输、计算机服务和软件业	2724.2	3.9
批发和零售业	4239.3	6.1
住宿和餐饮业	217.9	0.3
金融业	39713.9	56.7
房地产业	3079.7	4.4
租赁和商务服务业	8418.3	12.0

科学研究、技术服务和地质勘查业	3469.5	5.0
水利、环境和公共设施管理业	141.2	0.2
居民服务和其他服务业	57.7	0.1
教育	1038.4	1.5
卫生、社会保障和社会福利业	100.4	0.1
文化、体育和娱乐业	667.8	1.0
公共管理和社会组织	383.2	0.5

四、实收资本情况

经济普查结果表明，第二、第三产业的实收资本为10720.9亿元，比第一次经济普查时的5594.4亿元增长了91.6%。其中，第二产业实收资本为988.6亿元，占9.2%；第三产业9732.3亿元，占90.8%。

从登记注册类型看，内资单位实收资本占第二、第三产业实收资本的93.5%，外资单位占6.5%。

从隶属关系看，中央单位实收资本7452.4亿元，占第二、第三产业实收资本的69.5%；地方单位3268.5亿元，占30.5%。

表8 按登记注册类型和隶属关系分的实收资本情况

	实收资本					
			第二产业		第三产业	
	数量（亿元）	构成（%）	数量（亿元）	构成（%）	数量（亿元）	构成（%）
合 计	10720.9	100.0	988.6	100.0	9732.3	100.0
一、按登记注册类型分						
内资	10025.0	93.5	895.5	90.6	9129.4	93.8
港澳台商投资	263.9	2.5	24.4	2.5	239.6	2.5
外商投资	431.9	4.0	68.7	6.9	363.2	3.7
二、按隶属关系分						
中央	7452.4	69.5	610.3	61.7	6842.1	70.3
地方	3268.5	30.5	378.3	38.3	2890.2	29.7

从行业分类看，实收资本较高的两个行业依次为租赁和商务服务业和信息传输、计算机服务和软件业，两个行业实收资本总计为5564.6亿元，占全区的51.9%。

表9 按行业分的实收资本情况

	实收资本（亿元）	构成（%）
合 计	10720.9	100.0
第二产业	988.6	9.2
采矿业	0.2	…
制造业	406.5	3.8
电力、燃气及水的生产和供应业	10.9	0.1
建筑业	571.0	5.3
第三产业	9732.3	90.8
交通运输、仓储和邮政业	873.9	8.2
信息传输、计算机服务和软件业	1115.1	10.4
批发和零售业	733.0	6.8
住宿和餐饮业	74.0	0.6
金融业	3025.2	28.2
房地产业	518.3	4.8
租赁和商务服务业	2539.4	23.7

科学研究、技术服务和地质勘查业	711.7	6.6
水利、环境和公共设施管理业	25.3	0.2
居民服务和其他服务业	18.1	0.2
教育	11.3	0.1
卫生、社会保障和社会福利业	3.8	…
文化、体育和娱乐业	80.8	0.8
公共管理和社会组织	2.5	…

五、主营业务收入情况

全区第二、第三产业法人单位的主营业务收入15804.6亿元，比第一次经济普查时的5715.0亿元增长了1.8倍；其中，第二产业2472.2亿元，占15.6%；第三产业13332.3亿元，占84.4%。

从登记注册类型看，内资单位主营业务收入占第二、第三产业主营业务收入的85.7%，外资单位占14.3%。

从隶属关系看，中央单位主营业务收入6959.1亿元，占第二、第三产业主营业务收入的44.0%；地方单位8845.5亿元，占56.0%。

表10 按登记注册类型和隶属关系分的主营业务收入情况

	主营业务收入					
			第二产业		第三产业	
	数量（亿元）	构成 %	数量（亿元）	构成 %	数量（亿元）	构成 %
合 计	15804.6	100.0	2472.2	100.0	13332.3	100.0
一、按登记注册类型分						
内资	13537.0	85.7	1910.5	77.3	11626.6	87.2
港澳台商投资	857.9	5.4	361.7	14.6	496.2	3.7
外商投资	1409.6	8.9	200.1	8.1	1209.5	9.1
二、按隶属关系分						
中央	6959.1	44.0	983.3	39.8	5975.8	44.8
地方	8845.5	56.0	1489	60.2	7356.5	55.2

从行业分类看，主营业务收入比重较大的是批发和零售业8259.5亿元，占第二、第三产业主营业务收入的52.3%；制造业1433.2亿元，占9.1%；金融业352.1亿元，占2.2%。

表11 按行业分的主营业务收入情况

	主营业务收入（亿元）	构成（%）
合 计	15804.6	100.0
第二产业	2472.2	15.6
采矿业	5.5	…
制造业	1433.2	9.1
电力、燃气及水的生产和供应业	9.2	0.1
建筑业	1024.4	6.5
第三产业	13332.3	84.4
交通运输、仓储和邮政业	657.7	4.2
信息传输、计算机服务和软件业	1783.8	11.3
批发和零售业	8259.5	52.3
住宿和餐饮业	133.4	0.8
金融业	352.1	2.2
房地产业	366.6	2.3

租赁和商务服务业	522.9	3.3
科学研究、技术服务和地质勘查业	1030.7	6.5
水利、环境和公共设施管理业	42.2	0.3
居民服务和其他服务业	24.7	0.2
教育	25.7	0.2
卫生、社会保障和社会福利业	5.2	…
文化、体育和娱乐业	127.4	0.8

六、能源消费情况

经济普查对全区第二、第三产业企事业单位的能源消费量进行了调查。

第二产业法人单位能源消费量为133.09万吨标煤（按当量值计算，下同）；第三产业能源消费量为298.10万吨标煤。

表12 二、三产业法人单位主要能源品种消费情况

	能源合计（万吨标准煤）	电力（亿千瓦时）	汽油（万吨）	柴油（万吨）	天然气（亿立方米）	液化石油气（万吨）	煤炭（万吨）	热力（万百万千焦）
合 计	431.19	90.99	18.00	49.87	5.95	6.40	132.69	1548.89
第二产业	133.09	21.29	3.39	5.32	1.05	4.78	87.71	622.76
采矿业	…	…	…	…	…	…	…	…
制造业	113.92	17.00	1.87	1.73	0.66	4.67	71.88	606.61
电力、燃气及水的生产和供应业	3.03	0.32	0.08	0.04	0.29	…	12.81	1.37
建筑业	16.14	3.97	1.43	3.54	0.10	0.11	3.02	14.78
第三产业	298.10	69.70	14.61	44.55	4.90	1.62	44.98	926.13
交通运输、仓储和邮政业	116.05	26.06	3.31	40.86	0.21	0.13	18.91	98.04
信息传输、计算机服务和软件业	9.85	4.50	1.55	0.09	0.05	0	0.09	37.86
批发和零售业	11.83	3.67	2.42	0.24	0.09	0.04	0.67	52.20
住宿和餐饮业	22.60	5.52	0.26	0.25	0.85	1.22	0.27	72.11
金融业	1.09	0.38	0.19	0	0	0	0	9.43
房地产业	39.70	8.28	0.64	0.36	1.38	0.03	8.74	146.69
租赁和商务服务业	9.51	1.93	1.14	1.31	0.10	0.02	0.47	57.77
科学研究、技术服务和地质勘查业	22.54	5.32	2.43	0.39	0.30	0.02	2.51	185.84
水利、环境和公共设施管理业	2.79	0.79	0.43	0.23	0.04	0.01	0.21	5.26
居民服务和其他服务业	1.75	0.50	0.15	0.14	0.04	0.03	0.13	1.72
教育	44.97	8.62	0.91	0.46	1.48	0.05	12.26	160.92
卫生、社会保障和社会福利业	4.20	1.07	0.08	0.04	0.16	0.01	0.34	14.36
文化、体育和娱乐业	5.71	1.65	0.44	0.06	0.12	0.01	0.08	42.19
公共管理和社会组织	5.51	1.41	0.66	0.12	0.08	0.05	0.30	41.74

七、科技活动情况

2008 年，全区科技活动较为活跃的信息传输计算机服务和软件业，科学研究、技术服务和地质勘查业，以及教育三大门类中研究与试验发展（R&D）人员占全部科技调查单位的比重为 82.5%，研究与试验发展（R&D）经费支出占全部科技调查单位的比重为 82.26 %，发明专利占全部科技调查单位的比重为 77.34%。

八、个体经营户基本情况[注四]

本次普查登记的个体经营户 5.6 万个，比第一次经济普查时的 5.2 万个增长了 7.9%；从业人员 11.8 万人，比第一次经济普查时的 12.1 万人减少了 2.1%；从业人员中户口在外区县、外省市的 8.6 万人。

在个体经营户中从事第二产业的个体经营户 0.1 万个，占 2.4%；从事第三产业的 5.5 万个，占 97.6%。

从行业分类看，从事批发和零售业、住宿和餐饮业、居民服务业和其他服务业的个体经营户 5.1 万个，占个体经营户的 90.3%；从业人员 10.8 万人，占 91.1%；营业收入 102.9 亿元，占 96.7%。

普查结果显示，租用营业场所个体经营户的支付房租 19.1 亿元，全年营业收入 106.3 亿元，缴纳税费总额 1.5 亿元，支付雇员报酬 7.0 亿元。

表 13 个体经营户基本情况

	个体经营户数	期末从业人员（人）	税费（万元）	支付房租（万元）	雇员报酬（万元）	营业收入（万元）
合计	56496	118110	14882.6	191270.1	70498.0	1063249.7
第二产业	1366	3450	255.8	3018.3	1840.1	8876.7
采矿业	24	39	18.3	18.0	7.2	28.3
制造业	789	2242	132.3	1151.9	1273.9	5727.6
建筑业	553	1169	105.1	1848.4	559.0	3120.9
第三产业	55130	114660	14626.8	188251.8	68657.9	1054373.0
交通运输、仓储和邮政业	132	433	14.6	228.0	394.2	1278.0
信息传输、计算机服务和软件业	798	1340	285.9	1339.0	618.3	11814.5
批发和零售业	37811	67394	10073.3	138544.5	37444.4	903869.2
住宿和餐饮业	3811	21296	3202.9	27443.7	17959.8	88434.8
金融业	5	10	0.0	10.3	11.8	281.4
租赁和商务服务业	2628	3823	112.8	3921.3	1437.0	7835.2
科学研究、技术服务和地质勘查	68	97	3.8	17.1	29.5	125.0
居民服务和其他服务业	9412	18919	824.6	14981.9	9768.2	36197.5
教育	48	298	3.3	373.7	199.5	911.2
卫生、社会保障和社会福利业	142	326	67.4	397.8	378.3	1612.4
文化、体育和娱乐业	275	724	38.4	994.5	416.9	2013.8

[注一] 单位基本情况依据经济普查的清查结果，反映清查单位的基本情况。单位清查对象包括全区辖区内从事经济社会活动的全部法人单位及所属的产业活动单位，外区县、外省市法人单位在本区兴办的产业活动单位；驻京军队系统所属从事装备修理的企业和租赁军队房地产的地方企业，以及营区内的非隶属经济单位；武警系统的水电指挥部、交通指挥部所属的生产性企业、租赁武警房地产的地方企业和营区内的非隶属经济单位，以及消防部队。

[注二]从事第二、第三产业的法人单位既包括独立核算的法人单位，又包括非独立核算的法人单位，但二、三、四号公报中发布的“工业”、“建筑业”、“交通运输、仓储和邮政业”、“信息传输、计算机服务和软件业”、“批发和零售业”等其他部分的法人单位数据仅包括独立核算的法人单位情况。

[注三] 从业人员情况仅包括独立核算的法人单位情况，非独立核算单位的相关数据已包括在独立核算的法人单位中。资产总额情况、实收资本情况、主营业务收入情况、能源消费情况、科技活动情况亦如此。

[注四] 个体经营户为全区辖区内实际从事第二产业和第三产业经营活动的全部个体经营户。

北京市海淀区第二次全国经济普查主要数据公报（第二号）

北京市海淀区第二次全国经济普查领导小组办公室

海淀区统计局 国家统计局海淀调查队 北京市海淀区经济社会调查队

2010年3月31日

根据北京市海淀区第二次全国经济普查结果，现将第二产业主要数据公布如下：

一、工业发展情况

1.单位数量及从业人员情况

经济普查结果显示，全区独立核算的工业企业单位 3415 个；从业人员平均人数 17.2 万人。全区工业企业单位数量比第一次经济普查时的 4461 个减少了 23.4%；从业人员平均人数比第一次经济普查时的 18.5 万人减少了 7.0%。

从登记注册类型看，内资企业的单位数和从业人员平均人数占全部工业企业的比重分别为 91.2%和 79.9% ；外资企业比重分别为 8.8%和 20.1%。

表 1　按企业登记注册类型分的工业企业单位数量及从业人员情况

	单位数		从业人员平均人数	
	数量（个）	构成（%）	数量（人）	构成（%）
合 计	3415	100.0	171751	100.0
内资	3113	91.2	13725	79.9
港澳台商投资	66	1.9	10749	6.3
外商投资	236	6.9	23787	13.8

从行业分类看，在工业的 34 个行业大类中，通信设备、计算机及其他电子设备制造业的单位数量较多，占工业企业数量的 17.3%；通信设备、计算机及其他电子设备制造业的从业人员平均人数较多，占工业企业从业人员平均人数的 25.1%。

表 2　按行业分的工业企业单位数量及从业人员情况

	单位数		从业人员平均人数	
	数量（个）	构成（%）	数量（人）	构成（%）
合 计	3415	100.0	171751	100.0
采矿业	3	0.1	75	…
煤炭开采和洗选业	2	0.1	43	…
石油和天然气开采业	1	0.0	32	…
制造业	3392	99.3	169000	98.4
农副食品加工业	75	2.2	3250	1.9
食品制造业	62	1.8	3310	1.9
饮料制造业	14	0.4	1011	0.6
纺织业	23	0.7	797	0.5
纺织服装、鞋、帽制造业	58	1.7	2844	1.7
皮革、毛皮、羽毛（绒）及其制品业	5	0.1	272	0.2
木材加工及木、竹、藤、棕、草制品	16	0.5	101	0.1

	单位数		从业人员平均人数	
	数量（个）	构成（%）	数量（人）	构成（%）
家具制造业	42	1.2	699	0.4
造纸及纸制品业	47	1.4	967	0.6
印刷业和记录媒介的复制	163	4.8	7636	4.4
文教体育用品制造业	23	0.7	370	0.2
石油加工、炼焦及核燃料加工业	7	0.2	2037	1.2
化学原料及化学制品制造业	192	5.6	8589	5.0
医药制造业	95	2.8	5578	3.2
化学纤维制造业	2	0.1	3	…
橡胶制品业	18	0.5	1050	0.6
塑料制品业	58	1.7	1690	1.0
非金属矿物制品业	100	2.9	9892	5.8
黑色金属冶炼及压延加工业	10	0.3	1145	0.7
有色金属冶炼及压延加工业	22	0.6	382	0.2
金属制品业	230	6.7	8585	5.0
通用设备制造业	284	8.3	11710	6.8
专用设备制造业	425	12.4	17074	9.9
交通运输设备制造业	89	2.6	7516	4.4
电气机械及器材制造业	267	7.8	9107	5.3
通信设备、计算机及其他电子设备制造业	592	17.3	43155	25.1
仪器仪表及文化、办公用机械制造业	404	11.8	16708	9.7
工艺品及其他制造业	63	1.8	3502	2.0
废弃资源和废旧材料回收加工业	6	0.2	20	…
电力、燃气及水的生产和供应业	20	0.6	2676	1.6
电力、热力的生产和供应业	10	0.3	1023	0.6
燃气生产和供应业	2	0.1	1530	0.9
水的生产和供应业	8	0.2	123	0.1

2.主要经营情况

经济普查结果表明，全区工业企业资产总量 1728.3 亿元，负债合计 891.8 亿元；全年实现主营业务收入 1447.9 亿元，利润总额 59.5 亿元。全区工业企业资产总量比第一次经济普查时的 1156.9 亿元增长了 49.4%；主营业务收入比第一次经济普查时的 812.0 亿元增长了 78.3%。

从登记注册类型看，内资企业和外资企业分别实现主营业务收入 916.1 亿元和 531.8 亿元，占工业企业的 63.3%和 36.7%；实现利润总额 43.0 亿元和 16.5 亿元，占 72.3 %和 27.7%。

表 3 按登记注册类型分的工业企业主要经济指标

单位：亿元

	资产总计	负债合计	主营业务收入	利润总额
合计	1728.3	891.8	1447.9	59.5
内资	1369.7	660.4	916.1	43.0
港澳台商投资	124.9	107.3	357.9	2.7
外商投资	233.8	124.1	173.9	13.8

从行业分类看，通信设备、计算机及其他电子设备制造业实现主营业务收入 690.0 亿元，占全部工业企业的 47.7%；仪器仪表及文化、办公用机械制造业实现利润总额 12.5 亿元，占 21.0%。

表 4 按行业分的工业企业主要经济指标

单位：亿元

	资产总计	负债合计	主营业务收入	利润总额
合 计	1728.3	891.8	1447.9	59.5
采矿业	0.7	0.4	5.5	0.1
煤炭开采和洗选业	0.7	0.4	5.5	0.1
制造业	1704.9	879.0	1433.3	59.7
农副食品加工业	16.6	6.5	24.9	1.3
食品制造业	22.6	7.9	20.6	1.1
料制造业	5.8	4.2	4.0	–0.2
纺织业	2.9	1.7	2.5	0.0
纺织服装、鞋、帽制造业	5.0	2.2	3.7	0.1
皮革、毛皮、羽毛（绒）及其制品业	0.6	0.1	0.2	0.0
木材加工及木、竹、藤、棕、草制品	1.9	0.0	0.1	–0.1
家具制造业	1.7	0.6	1.7	–0.1
造纸及纸制品业	2.3	0.4	2.4	–0.1
印刷业和记录媒介的复制	22.4	6.4	12.2	0.4
文教体育用品制造业	0.7	0.1	0.5	0.0
石油加工、炼焦及核燃料加工业	40.3	35.9	78.0	–2.8
化学原料及化学制品制造业	106.4	60.2	70.5	–1.3
医药制造业	43.8	14.6	30.8	6.1
橡胶制品业	29.1	23.6	8.7	0.2
塑料制品业	7.0	3.7	4.3	–0.1
非金属矿物制品业	155.8	82.7	48.7	4.7
黑色金属冶炼及压延加工业	3.6	1.4	5.1	0.3
有色金属冶炼及压延加工业	1.0	0.4	2.1	0.0
金属制品业	53.0	23.9	35.7	2.1
通用设备制造业	80.5	37.6	64.2	3.9
专用设备制造业	154.6	82.8	111.1	9.9
交通运输设备制造业	59.6	34.3	35.3	3.4
电气机械及器材制造业	78.8	38.8	57.4	4.4
通信设备、计算机及其他电子设备制造业	645.0	338.5	690.0	12.2
仪器仪表及文化、办公用机械制造业	138.0	58.1	98.8	12.5
工艺品及其他制造业	25.6	12.3	19.8	1.7
废弃资源和废旧材料回收加工业	0.5	0.0	0.0	0.0
电力、燃气及水的生产和供应业	22.6	12.4	9.2	–0.3
电力、热力的生产和供应业	13.2	10.2	4.9	–0.3
燃气生产和供应业	8.9	2.1	4.1	0.0
水的生产和供应业	0.5	0.1	0.2	0.0

3.高技术产业

经济普查数据显示，全区有高技术工业企业 1205 个，占全部工业企业的 35.3%；从业人员平均人数 7.3 万人，占 42.3%；资产总计 896.5 亿元，占 51.9%；实现主营业务收入 849.5 亿元，占 58.7%；实现利润总额 34.4 亿元，占 57.9%。

4.科技活动情况

2008年，全区规模以上工业企业[注一]中，开展科技活动的企业所占比重为66.8%，比第一次经济普查提高19.3个百分点。拥有科技活动人员3.2万人，其中研究与试验发展（R&D）人员1.9万人，比第一次经济普查分别增长70.2%和58.3%。科技活动经费支出64.6亿元，其中，研究与试验发展（R&D）经费支出40.0亿元，比第一次经济普查分别增长62.2%和51.6%。

2008年，规模以上工业企业申请专利3595件，其中发明专利2306件，比第一次经济普查分别增长2.3倍和3.6倍。新产品[注二]销售收入741.0亿元，占主营业务收入的52.3%，比第一次经济普查提高13.0个百分点。

5.能源消费情况

经济普查结果显示，全区工业法人企业全年消耗电力17.32亿千瓦小时（不含输配损失，下同），汽油1.96万吨，柴油1.78万吨，天然气0.95亿立方米，液化石油气4.67万吨，煤炭84.69万吨。全区工业企业取水总量为0.26亿立方米。

二、建筑业发展情况

1.单位数量及从业人员情况

2008年，全区建筑业单位1253个，从业人员平均人数15.7万人。具有资质等级的建筑业单位603个，占建筑业单位的48.1%。全区建筑业单位数比第一次经济普查净增加271个，增长27.6%；从业人员平均人数比第一次经济普查净增加2.9万人，增长22.3%。

从登记注册类型看，内资企业单位数量较多，占建筑业企业的98.1%；从业人员平均人数比重较高的是内资企业。

表5 按登记注册类型分的建筑业企业单位数量和从业人员情况

	单位数		从业人员平均人数	
	数量（个）	构成（%）	数量（人）	构成（%）
合 计	1253	100.0	156635	100.0
内资	1229	98.1	151873	97.0
港澳台商投资	8	0.6	1293	0.8
外商投资	16	1.3	3469	2.2

2.主要经营情况

2008年，全区建筑业企业资产总计2683.4亿元，负债合计1414.2亿元。建筑业企业完成总产值736.9亿元，实现主营业务收入1024.4亿元，实现利润总额45.6亿元。

全年房屋建筑施工面积5198.2万平方米；竣工面积1293.6万平方米，其中住宅面积554.9万平方米。

从登记注册类型看，内资企业在各主要经济指标中占主体。

表6 按登记注册类型分的建筑业企业主要经济指标

	总产值（亿元）	资产总计（亿元）	负债合计（亿元）	主营收入（亿元）	利润总额（亿元）	房屋建筑竣工面积（万平方米）
合计	736.9	2683.4	1414.2	1024.4	45.6	1293.6
内资	714.4	2661.6	1398.1	994.4	45.8	1265.4
港澳台商投资	2.4	4.4	2.9	3.8	0.2	…
外商投资	20.1	17.4	13.2	26.1	–0.3	28.2

从行业分类看，房屋和土木工程建筑业的各主要经济指标所占比重明显较高。

表7 按行业分的建筑业企业主要经济指标

	总产值（亿元）	资产总计（亿元）	负债合计（亿元）	主营收入（亿元）	利润总额（亿元）	竣工面积（万平方米）
合 计	736.9	2683.4	1414.2	1024.4	45.5	1293.6
房屋和土木工程建筑业	633.3	2377.6	1176.1	903.1	44.5	1293.4
建筑安装业	46.4	208.2	167.6	54.3	–0.6	…
建筑装饰业	41.6	51.0	36.2	46.3	0.5	0.03
其他建筑业	15.6	46.6	34.3	20.8	1.1	0.14

全区总承包和专业承包建筑业企业完成房屋建筑施工面积 5137.2 万平方米，房屋建筑竣工面积 1285.9 万平方米，竣工价值 277.6 亿元。

表8 按房屋用途分的总承包和专业承包建筑业企业房屋建筑完成情况

	房屋建筑竣工面积		房屋建筑竣工价值	
	数量（万平方米）	构成（%）	数量（亿元）	构成（%）
合 计	1285.9	100	277.6	100
厂房、仓库	81.0	6.3	11.9	4.3
住宅	554.9	43.2	82.9	29.9
办公用房	297.5	23.1	71.3	25.7
批发和零售用房	21.7	1.7	3.3	1.2
住宿和餐饮用房	101.3	7.9	20.7	7.5
居民服务业用房	24.0	1.9	6.1	2.2
教育用房	29.3	2.3	5.6	2.0
文化、体育用房	115.6	9.0	60.9	21.8
卫生医疗用房	35.3	2.7	8.2	3.0
科研用房	10.9	0.8	2.5	0.9
其他用房	14.4	1.1	4.2	1.5

3.能源消费情况

经济普查结果显示，全区建筑业法人企业全年消耗电力 3.97 亿千瓦小时，汽油 1.43 万吨，柴油 3.54 万吨，天然气 0.10 亿立方米，液化石油气 0.11 万吨，煤炭 3.02 万吨。

[注一]规模以上工业企业：是指年主营业务收入 500 万元及以上的工业法人单位。

[注二]新产品：是指采用新技术原理、新设计构思研制生产的全新产品，或在结构、材质、工艺等某一方面比原有产品有明显改进，从而显著提高了产品性能或扩大了使用功能的产品。包括经政府有关部门认定并在有效期内的新产品，也包括企业自行开发研制，但尚未经政府有关部门认定、投产一年之内的新产品。

北京市海淀区第二次全国经济普查主要数据公报（第三号）

北京市海淀区第二次全国经济普查领导小组办公室

海淀区统计局 国家统计局海淀调查队 北京市海淀区经济社会调查队

2010 年 3 月 31 日

根据北京市海淀区第二次全国经济普查结果，现将第三产业主要数据公布如下：

一、交通运输、仓储和邮政业

全区交通运输、仓储和邮政业的单位数 566 个，占全区单位数的 0.9%；从业人员平均人数 20.2 万人。单位数比第一次经济普查时增加 139 个，增长 32.6%；从业人员平均人数比第一次经济普查时增加 15.8 万人，增长 3.7 倍。

表 1　按行业分的交通运输、仓储和邮政业主要经济指标

	单位数（个）	从业人员平均人数（人）	资产总计（亿元）	收入合计（亿元）	利润总额（亿元）
合　计	566	201705	1327.4	676.8	40.6
铁路运输业	3	183438	1106.3	422.9	20.4
道路运输业	230	5145	17.9	13.6	–0.8
城市公共交通业	35	7012	30.2	3.0	…
水上运输业	2	42	0.9	…	–0.2
航空运输业	1	9	…	…	…
装卸搬运和其他运输服务业	217	5100	159.5	233.7	20.9
仓储业	35	687	12.1	3.4	0.3
邮政业	43	272	0.5	0.2	…

二、信息传输、计算机服务和软件业

全区信息传输、计算机服务和软件业的单位数 9721 个，占全区单位数的 14.8% ；从业人员平均人数 29.5 万人。单位数比第一次经济普查时增加 2610 个，增长 36.7 %；从业人员平均人数比第一次经济普查时增加 13.1 万人，增长 79.8%。

表 2　按行业分的信息传输、计算机服务和软件业主要经济指标

	单位数（个）	从业人员平均人数（人）	资产总计（亿元）	收入合计（亿元）	利润总额（亿元）
合　计	9721	294978	2724.2	1824.7	134.8
电信和其他信息传输服务业	1400	45310	677.8	258.0	20.2
计算机服务业	2656	72430	707.5	702.7	14.5
软件业	5665	177238	1338.9	864.0	100.1

三、批发和零售业

全区批发和零售业的单位数 24130 个，占全区单位数的 36.7%；从业人员平均人数 21.2 万人。单位数比第一次经济普查时的 18695 个增长 29.1%，从业人员平均人数比第一次经济普查时的 18.8 万人，增长 12.7%。

经济普查显示，批发和零售业全年销售总额为 9141.4 亿元，比第一次经济普查时的 2600.6 亿元增长 2.5 倍。

从登记注册类型看，内资企业完成销售总额 8236.3 亿元，占批发和零售业销售总额的 90.1%；外资企业完成销售额 905.2 亿元，占 9.9%。

表 3　按登记注册类型分的批发和零售业主要经济指标

	单位数（个）	从业人员平均人数(人)	资产总计（亿元）	负债合计（亿元）	主营业务收入（亿元）	利润总额（亿元）	销售总额（亿元）	
								零售额
合　计	24130	211831	4239.3	3088.0	8259.5	106.6	9141.4	744.9
内资	23863	202615	4042.7	2959.7	7466.1	102.3	8236.2	702.6
港澳台商投资	99	3531	90.2	52.4	123.3	-0.8	125.6	14.8
外商投资	168	5685	106.4	75.9	670.1	5.1	779.6	27.5

从行业分类看，在批发和零售业销售总额中，批发业占 90.4%，零售业占 9.6%。

表 4　按行业分的批发和零售业主要经济指标

	单位数（个）	从业人员平均人数（人）	资产总计（亿元）	负债合计（亿元）	实收资本（亿元）	主营业务收入（亿元）	利润总额（亿元）	销售总额（亿元）	
									零售额
合　计	24130	211831	4239.3	3088.0	733.0	8259.5	106.6	9141.4	744.9
批发业	9129	103565	3677.3	2755.0	544.2	7481.5	100.0	8265.7	88.2
零售业	15001	108266	562.0	333.0	188.8	778.0	6.6	875.7	656.7

四、住宿和餐饮业

全区住宿和餐饮业的单位数 2381 个，占全区单位数的 3.5%；从业人员平均人数 9.8 万人。单位数比第一次经济普查时的 1855 个增长 28.4%，从业人员平均人数比第一次经济普查时的 8.1 万人增长 21.5%。

经济普查数据显示，住宿和餐饮业营业额为 131.7 亿元，比第一次经济普查时的 70.7 亿元增长 86.3%。

从登记注册类型看，内资企业营业额为 114.5 亿元，占住宿和餐饮业的 86.9%；外资企业为 17.2 亿元，占 13.1%。

表 5　按登记注册类型分的住宿和餐饮业主要经济指标

	单位数(个）	从业人员平均人数(人）	资产总计（亿元）	负债（亿元）	主营业务收入（亿元）	利润总额（亿元）	营业额（亿元）
合计	2381	98472	217.9	141.8	133.4	-1.0	131.7
内资	2346	89845	193.1	123.2	116.4	-1.2	114.5
港澳台商投资	12	4802	11.4	9.2	9.5	0.9	9.5
外商投资	23	3825	13.4	9.4	7.4	-0.6	7.7

从行业分类看，住宿业营业额 58.5 亿元，占住宿和餐饮业的 44.4%；餐饮业 73.2 亿元，占 55.6%。

表 6　按行业分的住宿和餐饮业主要经济指标

	单位数（个）	从业人员平均人数（人）	资产总计（亿元）	负债（亿元）	主营业务收入（亿元）	利润总额(亿元）	营业额（亿元）
合 计	2381	98472	217.9	141.8	133.4	-1.0	131.7
住宿业	710	41690	167.8	102.0	61.1	-0.4	58.5
餐饮业	1671	56782	50.1	39.8	72.3	-0.6	73.2

五、金融业

全区金融业的单位数 207 个，从业人员平均人数 1.7 万人。单位数比第一次经济普查时的 95 个增长了 1.2 倍，从业人员平均人数比第一次经济普查时的 0.5 万人增长了 2.4 倍。

表 7　按登记注册类型分的金融业主要经济指标

	单位数（个）	从业人员平均人数（人）	资产总计（亿元）	负债合计（亿元）	营业收入（亿元）	利润总额（亿元）
合计	207	7425	39713.9	36916.6	352.1	-74.9
内资	201	17162	39584.7	36829.2	341.2	-81.3
港澳台商投资	1	29	4.2	3.5	0.1	…
外商投资	5	234	125.0	83.9	10.8	6.4

在金融业中，银行业的单位数 2 个，占金融业的 1%，从业人员平均人数占 25.8%，资产总量占 93.7%。

表 8　按行业分的金融业主要经济指标

	单位数（个）	从业人员平均人数（人）	资产总计（亿元）	负债（亿元）	营业收入（亿元）	利润总额（亿元）
合计	207	17425	39713.9	36916.6	352.1	-74.9
银行业	2	4504	37204.6	34890.2	205.4	-139.4
证券业	36	2956	328.5	302.0	30.6	18.0
保险业	86	8690	239.2	195.3	58.9	3.9
其他金融活动	83	1275	1941.6	1529.1	57.2	42.6

在金融业中，中央金融单位各主要经济指标数量占主体。

表 9　按隶属关系分的金融业主要经济指标

	单位数（个）	从业人员平均人数（人）	资产总计（亿元）	负债（亿元）	营业收入（亿元）	利润总额（亿元）
合计	207	17425	39713.9	36916.6	352.1	-74.9
中央	23	8410	39280.5	36594.8	296.2	-87.9
地方	184	9015	433.4	321.8	55.9	13.0

六、房地产业

全区房地产业的单位数 1843 个，从业人员平均人数 7.5 万人。单位数比第一次经济普查时的 1543 个增长了 19.4%，从业人员平均人数比第一次经济普查时的 5.4 万人增长了 39.7%。

从登记注册类型看，内资企业资产总计为 2776.4 亿元，占房地产业的 90.2%；主营业务收入 324.3 亿元，占 88.5%。

表 10　按登记注册类型分的房地产业主要经济指标

	单位数（个）	从业人员平均人数（人）	资产总计（亿元）	负债（亿元）	主营业务收入（亿元）	利润总额（亿元）
合计	1843	75058	3079.6	2354.2	366.6	55.1
内资	1785	71431	2776.4	2130.1	324.3	40.4
港澳台商投资	34	2290	130.2	88.3	14.3	2.5
外商投资	24	1337	173.0	135.7	27.9	12.2

房地产业按行业分类的情况如下：

表 11 按行业分的房地产业主要经济指标

	单位数（个）	从业人员平均人数（人）	资产总计（亿元）	负债（亿元）	主营收入（亿元）	利润总额（亿元）
合计	1843	75058	3079.6	2354.2	366.6	55.1
房地产开发经营	451	11633	2561.0	2026.0	279.3	47.6
物业管理	698	43557	143.4	91.3	52.5	2.7
房地产中介服务	325	9378	78.3	52.8	9.8	-0.5
其他房地产活动	369	10490	296.9	184.1	25.0	5.3

房地产开发企业完成投资 204.4 亿元，施工面积 1121.1 万平方米，竣工面积 290.0 万平方米。物业管理企业在管房屋建筑面积 8609.1 万平方米。中介服务企业房屋代理销售成交合同面积 78.3 万平方米，房屋代理出租成交合同面积 442.2 万平方米。

七、租赁和商务服务业

全区租赁和商务服务业的单位数 9289 个，占全区单位数的 14.1%；从业人员平均人数 11.3 万人。单位数比第一次经济普查时增加 2122 个，增长 29.6%；从业人员平均人数比第一次经济普查时增加 1.5 万人，增长 14.8%。

从行业分类看，商务服务业实现主营业务收入 543.9 亿元，占租赁和商务服务业主营业务收入的 97.6%。

表 12 按行业分的租赁和商务服务业主要经济指标

	单位数（个）	从业人员平均人数（人）	资产总计（亿元）	收入合计（亿元）	利润总额（亿元）
合计	9289	113427	8418.3	557.1	107.8
租赁业	210	2768	24.2	13.2	0.8
商务服务业	9079	110659	8394.1	543.9	107.0

八、科学研究、技术服务和地质勘查业

全区科学研究、技术服务和地质勘查业的单位数 6393 个，占全区单位数的 9.7%；从业人员平均人数 20.6 万人。单位数比第一次经济普查时增加 1570 个，增长 32.6%；从业人员平均人数比第一次经济普查时增加 6.0 万人，增长 41.4%。

表 13 按行业分的科学研究、技术服务和地质勘查业主要经济指标

	单位数（个）	从业人员平均人数（人）	资产总计（亿元）	收入合计（亿元）
合 计	6393	206389	3469.5	1390.5
研究与试验发展	1053	58770	911.1	351.8
专业技术服务业	1910	71172	1083.9	461.0
科技交流和推广服务业	3330	73380	1427.5	557.4
地质勘查业	100	3067	47.0	20.3

九、水利、环境和公共设施管理业

全区水利、环境和公共设施管理业的单位数 322 个，占全区单位数的 0.5%；从业人员平均人数 1.8 万人。单位数比第一次经济普查时增加 29 个，增长 9.9%；从业人员平均人数比第一次经济普查时增加 0.2 万人，增长 10.0%。

表 14　按行业分的水利、环境和公共设施管理业主要指标

	单位数（个）	从业人员平均人数（人）	资产总计（亿元）
合　计	322	18043	141.2
水利管理业	24	1369	25.6
环境管理业	138	6510	73.3
公共设施管理业	160	10164	42.3

十、居民服务和其他服务业

全区居民服务和其他服务业的单位数 1999 个，占全区单位数的 3.0%；从业人员平均人数 2.2 万人。单位数比第一次经济普查时减少 1544 个，下降 43.6%；从业人员平均人数比第一次经济普查时减少 2.4 万人，下降 51.5%。

表 15　按行业分的居民服务和其他服务业主要经济指标

	单位数（个）	从业人员平均人数（人）	资产总计（亿元）	收入合计（亿元）
合　计	1999	22481	57.7	26.8
居民服务业	1147	11306	13.2	11.6
其他服务业	852	11175	44.5	15.2

十一、卫生、社会保障和社会福利业

全区卫生、社会保障和社会福利业的单位数 313 个，占全区单位数的 0.5%;从业人员平均人数 2.5 万人。单位数比第一次经济普查时增加 47 个，增长 17.7%；从业人员平均人数比第一次经济普查时增加 0.5 万人，增长 25.0%。

表 16　按行业分的卫生、社会保障和社会福利业主要指标

	单位数（个）	从业人员平均人数（人）	资产总计（亿元）
合　计	313	24954	100.4
卫生	260	22616	91.9
社会保障业	14	496	0.6
社会福利业	39	1842	7.9

十二、文化、体育和娱乐业

全区文化、体育和娱乐业的单位数 1721 个，占全区单位数的 2.6%；从业人员平均人数 4.7 万人。单位数比第一次经济普查时增加 156 个，增长 10.0%；从业人员平均人数比第一次经济普查时增加 1.0 万人，增长 25.5%。

表 17　按行业分的文化、体育和娱乐业主要经济指标

	单位数（个）	从业人员平均人数（人）	资产总计（亿元）	收入合计（亿元）
合　计	1721	47293	667.8	367.9
新闻出版业	336	14832	136.4	76.5
广播、电视、电影和音像业	464	19224	454.9	266.8
文化艺术业	575	6940	60.3	16.4
体育	79	1792	6.0	3.4
娱乐业	267	4505	10.2	4.8

十三、公共管理和社会组织

全区公共管理和社会组织的单位数 701 个，占全区单位数的 1.1%；从业人员平均人数 4.0 万人。单位数比第一次经济普查时减少 485 个，下降 40.9%；从业人员平均人数比第一次经济普查时增加 0.4 万人，增长 11.6%。

表 18 按机构类型分的公共管理和社会组织主要指标

	单位数（个）	从业人员平均人数（人）	资产总计（亿元）
合 计	701	40017	383.2
中国共产党机关	2	598	6.6
国家机构	153	31395	273.7
人民政协和民主党派	2	102	1.1
群众团体、社会团体和宗教组织	400	5400	75.5
基层群众自治组织	144	2522	26.3

北京市海淀区2010年暨“十一五”期间国民经济和社会发展公报

2011年4月13日

2010年是“十一五”收官之年，也是海淀区加快建设中关村国家自主创新示范区核心区的重要一年。在区委区政府的正确领导下，全区各部门认真贯彻落实科学发展观，按照中央、市委各项决策部署，紧紧围绕建设具有全球影响力的科技创新中心目标，着力推进自主创新，加快转变经济发展方式，经济总体保持了平稳较快增长，社会民生更加和谐，“十一五”规划顺利完成。

一、综合

经济增长：初步核算，全年实现地区生产总值2736.1亿元，比上年增长11.8%。其中，第一产业增加值1.4亿元，下降5. 2%；第二产业增加值429.9亿元，增长12.5%；第三产业增加值2304.9亿元，增长11.7%。

“十一五”期间，海淀区地区生产总值年均增长15.0%，低于“十五”时期平均增速5.4个百分点；其中三次产业年均分别增长2.9%、10.1%和16.1%。三次产业结构由2005年的0.09：19.56：80.35变化为2010年的0.05：15.71：84.24。

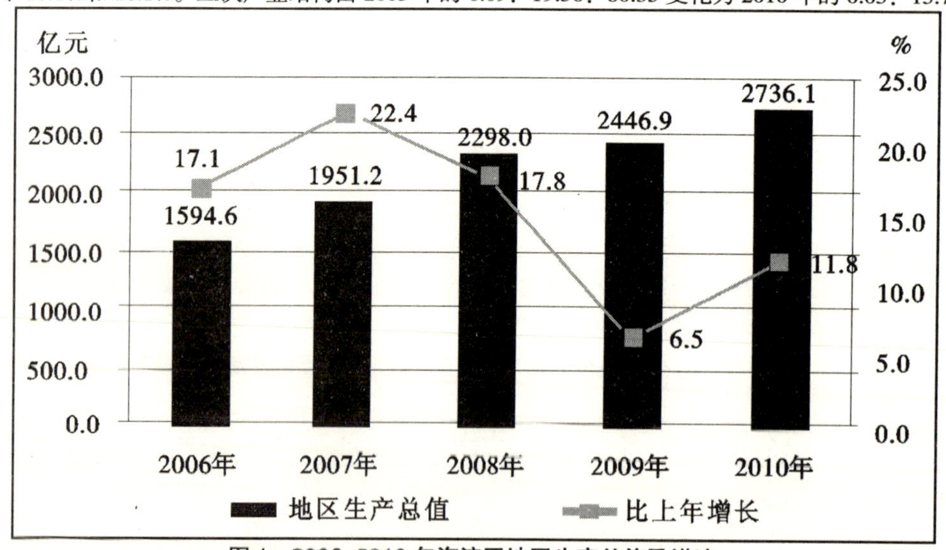

图1 2006-2010年海淀区地区生产总值及增速

财政：海淀区区域财政收入实现1032.47亿元，比上年增长11.2%；区级财政收入实现190.94亿元，增长15.9%。其中，营业税、企业所得税、增值税实现83.40亿元、36.50亿元和17.63亿元，分别增长15.0%、16.4%和13.3%。区级财政支出实现275.74亿元，增长32.2%。其中，教育、医疗卫生、社会保障和就业三项支出实现39.01亿元、11.45亿元和34.21亿元，分别增长21.0%、7.4%和19.1%。

“十一五”期间，海淀区区级财政收入和财政支出累计分别达到697.23亿元和918.86亿元，分别是“十五”时期的2.8倍和3.0倍。区级财政收入和财政支出年均增速为21.9%和26.4%，分别高于“十五”时期1.6个百分点和10.3个百分点。

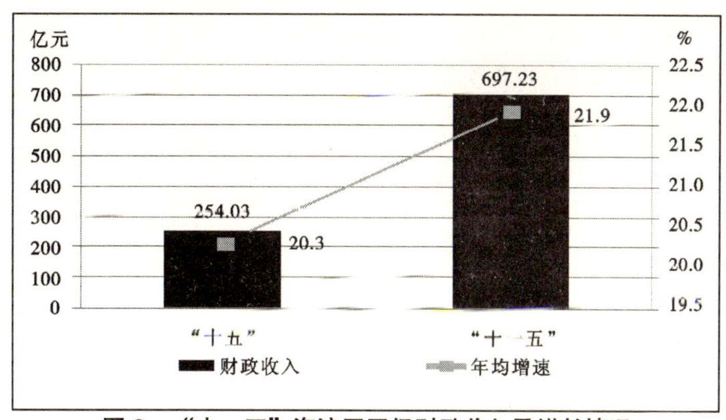

图 2 “十一五”海淀区区级财政收入及增长情况

金融：年末海淀区各类金融机构及分支机构达 1587 家，其中银行机构 678 家，保险机构 178 家，证券机构 122 家。全区期末银行存款余额实现 13000.0 亿元，比上年增长 13.0%，比年初增加 1199.1 亿元，增加额比上年少 1376.5 亿元。其中储蓄存款和其他存款分别实现 3541.9 亿元和 3927.8 亿元，增长 13.2%和 2.1 倍。贷款余额实现 4057.1 亿元，增长 22.8%，比年初增加 575.3 亿元，增加额比上年多 60.9 亿元。其中短期贷款实现 1450.8 亿元，增长 17.4%；中长期贷款实现 2587.7 亿元，增长 26.7%。

“十一五”期末，银行存款余额比“十五”期末增加 8029.3 亿元，为“十五”期末的 2.6 倍；银行贷款余额比“十五”期末增加 2288.3 亿元，为“十五”期末的 2.3 倍。

就业：年末海淀区户籍人口 219.6 万人，比上年增长 1.8%。城镇登记失业人员 9829 人，比上年末增加 863 人。城镇登记失业率为 0.91%，失业人员就业率 68.9%，比上年末提高 2.1 个百分点。25878 名城镇登记失业人员实现再就业，1972 名失业人员和 228 名农村劳动力接受了免费职业技能培训。

二、人民生活和社会保障

人民生活：全年城镇居民人均可支配收入达到 33351.3 元，比上年增长 8.7%；农村居民人均纯收入 17660.9 元，增长 10.3%。

“十一五”期间，海淀区城镇居民人均可支配收入年均增长 12.5%，高于“十五”时期平均增速 3.6 个百分点；农村居民人均纯收入年均增长 12.1%，高于“十五”时期平均增速 3.9 个百分点。

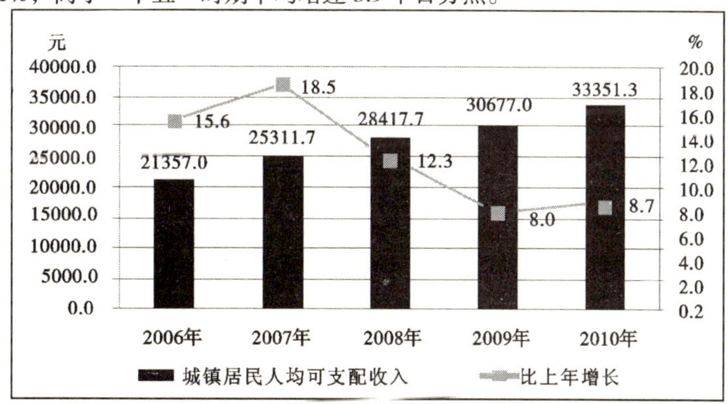

图 3 2006–2010 年海淀区城镇居民人均可支配收入增速

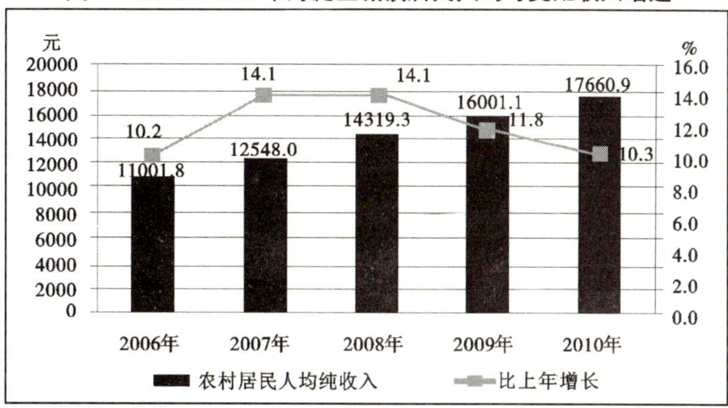

图 4 2006–2010 年海淀区农村居民人均纯收入及增速

社会保障：年末海淀区养老、医疗、失业、工伤和生育保险参保人数分别为137.9万人、214.3万人、148.6万人、149.0万人和54.9万人，比上年末净增24.5万人、17.0万人、19.2万人、16.1万人和3.3万人。参加农村新型合作医疗的人数达到8.5万人，参合率为98.9%。全区享受最低生活保障的城市居民为8838人，享受最低生活保障的农村农民为1090人。

年末全区各类收养性社会福利单位31家，床位7464张，收养各类人员3662人。城镇建立各种社区服务设施659个，其中街道社区服务中心23个。

三、环境、安全生产与公共事业

环境：海淀区空气质量达到二级和好于二级的天数[1]为281天，比上年增加5天，占全年总天数的77.0%，比上年提高1.4个百分点，比2005年提高13.7个百分点。

海淀区城市绿化覆盖率达到47.5%，比上年提高0.4个百分点，比2005年提高6个百分点。城市绿地率达到45.5%，比上年提高0.4个百分点，比2005年提高3个百分点。

安全生产：全年共发生交通事故37148起，死亡84人。与上年相比，事故增加4560起，死亡人数增加2人，分别上升14.0%和2.4%。拥堵报警数64123次，纠正违章数123.8万次。全年共发生生产安全事故20起，生产安全死亡人数20人，分别上升33.3%和5.3%。

公共事业：海淀区城乡居民生活用电达23.2亿千瓦时，比上年增长8.6%。

全年液化石油气直接销售1117.2吨，比上年下降78.4%。年末共有液化石油气用户1.1万户，比上年下降60.9%；其中居民用户1.1万户，下降57.6%。

海淀区居民锅炉供暖4404.9万平方米，比上年增长2.7%。

四、农业、工业和建筑业

农业：全年实现农村经济总收入201.0亿元，比上年增长8.7%。其中第二产业实现47.7亿元，增长4.4%；第三产业实现149.7亿元，增长10.4%。

海淀区农业观光园71个，比上年增加2个；观光园总收入5359.5万元，比上年下降9.1%。民俗旅游农户数72户，比上年增加17户；民俗旅游总收入227.8万元，下降17.9%。

“十一五”期间，海淀区农村经济总收入年均增长6.9%，低于“十五”时期0.8个百分点；农村经济纯收入年均增长8. 7%，高于“十五”时期0.4个百分点。

表1　2006-2010年海淀区农村经济情况

单位：亿元

指标	2006年	2007年	2008年	2009年	2010年
农村经济总收入	143.5	159.7	171.7	185.0	201.0
农村经济纯收入	29.4	32.5	35.7	38.6	42.3

工业：海淀区规模以上工业企业实现总产值1347.4亿元，比上年增长19.8%。其中，电子计算机制造业实现314.5亿元，增长14.9%；电机制造业实现204.7亿元，增长33.3%；通用仪器仪表制造业实现71.8亿元，增长59.5%。工业销售产值实现1315.7亿元，增长20.1%，产销率达97.6%；工业出口交货值实现81.0亿元，增长11.4%。

“十一五”期间，海淀区规模以上工业企业共实现总产值5669.9亿元，是“十五”时期的1.7倍；年均增速为9.6%，低于“十五”时期1.2个百分点。

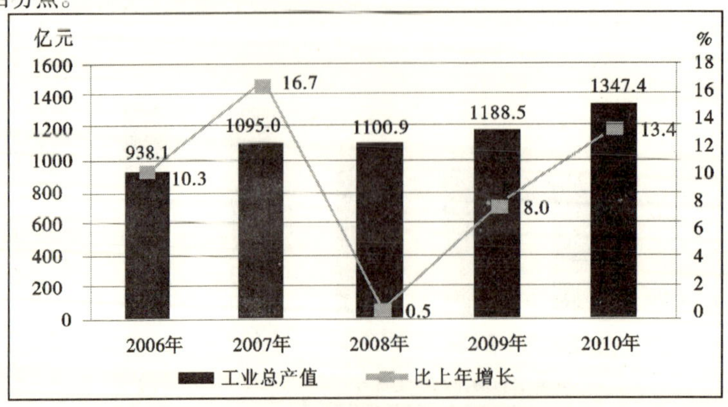

图5　2006-2010年海淀区工业总产值及增速

建筑业：海淀区总承包和专业承包施工资质等级的建筑业企业实现总产值 1132.6 亿元，比上年增长 24.9%。累计施工形成竣工产值 443.9 亿元，增长 13.6%。累计房屋施工面积 7711.5 万平方米，增长 24.7%；竣工面积 1565.0 万平方米，增长 27.8%。

"十一五"期间，海淀区总承包和专业承包施工资质等级的建筑业企业共实现总产值 3763.5 亿元，是"十五"时期的 2.9 倍；年均增速为 22.0%，低于"十五"时期 2.1 个百分点。

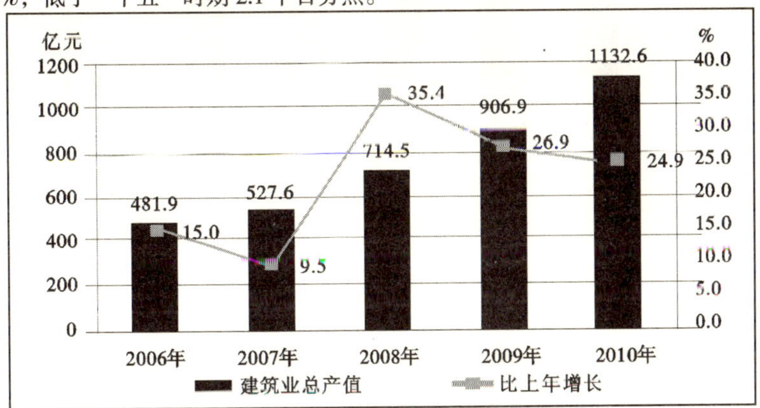

图 6　2006–2010 年海淀区建筑业总产值及增速

五、新产业和园区经济

新产业：1－11 月海淀区文化创意产业实现收入 2290.3 亿元，比上年增长 16.1%，比去年同期提高 10.4 个百分点；生产性服务业实现总收入 12901.6 亿元，增长 30.7%，比去年同期提高 31.1 个百分点。全年工业高技术产业总产值在工业总产值中占比 47.1%，比去年同期提高 0.4 个百分点。

表 2　2006–2010 年海淀区文化创意产业情况

单位：万人、亿元

指标	2006 年	2007 年	2008 年	2009 年	2010 年
从业人员	19.3	24.6	31.3	34.6	36.2
资产总计	2002.0	2621.2	2936.3	3420.1	4102.7
收入合计	1285.6	1852.6	2157.9	2379.7	2290.3
上缴税金	67.9	103.3	123.9	135.1	121.5
利润总额	125.5	194.9	203.1	244.2	182.4

注：2010 年数据为 1–11 月数据

园区经济：1－11 月中关村科技园区海淀园实现总收入 6174.69 亿元，比上年增长 22.8%；实现利润 375.67 亿元，增长 14.3%；实缴税费总额 268.93 亿元，增长 4.4%。

表 3　2006–2010 年中关村科技园区海淀园主要指标

单位：亿元

指标	2006 年	2007 年	2008 年	2009 年	2010 年
总收入	3189.73	4077.38	4846.29	5852.07	6174.69
利润总额	240.01	333.82	324.82	509.66	375.67
实缴税费总额	150.34	194.26	233.10	283.77	268.93

注：2010 年数据为 1–11 月数据

六、固定资产投资与房地产开发

全社会固定资产投资：海淀区全社会固定资产投资实现 567.0 亿元，比上年增长 15.8%。其中城镇固定资产投资实现 317.9 亿元，增长 14.2%，在投资中的占比为 56.1%；房地产开发投资实现 246.9 亿元，增长 19.5%。

"十一五"期间，海淀区完成全社会固定资产投资 2244.3 亿元，是"十五"时期的 1.3 倍；五年间年均增长 5.8%。其中，累计完成房地产开发投资 1155.7 亿元，是"十五"时期的 1.1 倍。

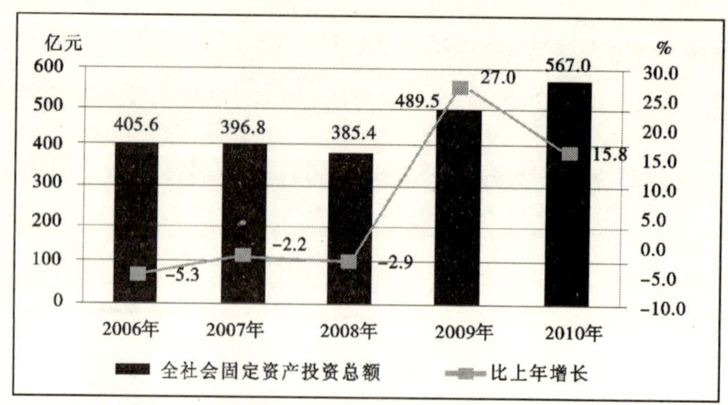

图 7 2006-2010 年海淀区全社会固定资产投资总额及增速

房地产开发：全年完成房地产开发投资 246.9 亿元，比上年增长 19.5%，其中住宅投资 134.1 亿元，增长 21.1%。房屋施工面积完成 994.5 万平方米，下降 4.7%，其中新开工面积完成 253.4 万平方米，增长 24.7%。

政策房建设：全年新开工建设政策性住房 189 万平方米，竣工 53 万平方米，新建、收购各类政策性住房 13559 套。实施 451 户城镇危房户解危工作，完成 1.1 万户老楼通气任务。

七、国内贸易、对外经济和旅游

国内贸易：海淀区社会消费品零售额[2]实现 1184.2 亿元，比上年增长 15. 4%。其中，用类实现 842. 1 亿元，增长 16.0%，对零售额的贡献率达 73.5%；烧类实现 44.8 亿元，增长 89.8%，增速高于零售额总体水平 74.4 个百分点。汽车消费是带动零售额增长的主要力量，累计实现汽车零售额 296.9 亿元，增长 48.0%，拉动零售额增长 9.4 个百分点。

"十一五"期间，海淀区累计实现社会消费品零售额 4485.2 亿元，是"十五"时期的 1.9 倍；五年间年均增长 15.6%，高于"十五"时期平均增速 7.5 个百分点。

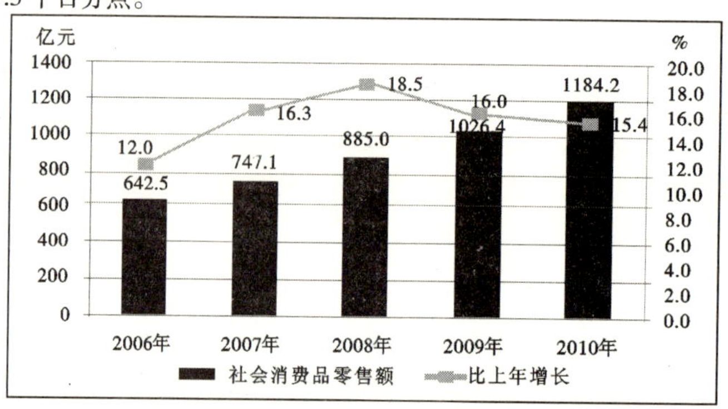

图 8 2006-2010 年海淀区社会消费品零售及增速

对外经济：全年进出口总额实现 417.5 亿美元，比上年增长 44.8%，增速高于去年同期 48.1 个百分点，高于危机影响前的 2008 年同期 31.0 个百分点。其中，进口总额实现 323.1 亿美元，增长 55.0%；出口总额实现 94. 5 亿美元，增长 18.2%，出口总额并未恢复到危机前的水平，但与去年同期相比，出口总额高出去年同期 14.6 亿美元，增速高于去年同期达 52.6 个百分点。

"十一五"期末，海淀区实现进出口总额为"十五"期末的 2.1 倍。其中，进口额为"十五"期末的 2.3 倍；出口额为"十五"期末的 1.5 倍。

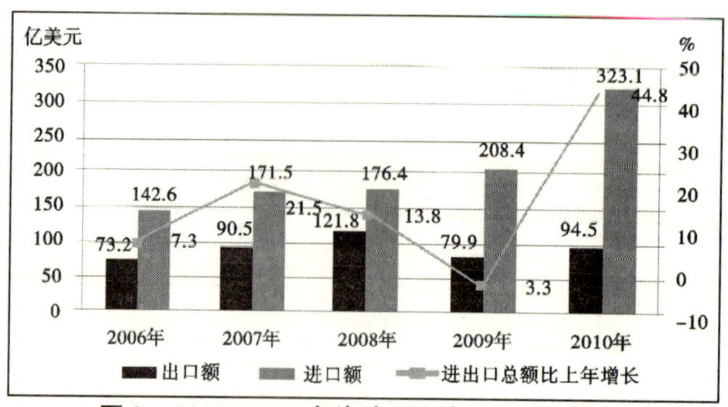

图 9 2006-2010 年海淀区进出口总额及增速

旅游：全年接待总人数 4470.8 万人，比上年增长 8.9%。其中，住宿业接待 855.7 万人，增长 17.3%；旅游区点 3545.0 万人，增长 8.0%。营业收入 212.9 亿元，增长 20.6%。全年共有从业人员 56857 人，下降 8.9%。

表 4　2006–2010 年海淀区旅游业情况

单位：万人、亿元

指标	2006 年	2007 年	2008 年	2009 年	2010 年
接待总人数	2946.8	3336.9	3370.2	4104.0	4470.8
营业收入	119.2	132.5	158.8	176.5	212.9
从业人员	5.4	5.3	5.5	6.2	5.7

八、教育、科学技术、文化、卫生和体育

教育：海淀区共有 26 所普通高校，全年招生 6 万人，在学研究生 14.1 万人，毕业生 5.6 万人。全区普通中学 77 所，招生人数 3.4 万人，在校生 9.9 万人，毕业生 3.0 万人；普通小学招生 2 万人，在校生 12.1 万人，毕业生 1.9 万人；幼儿园在园幼儿 4.7 万人。

各类中等职业教育招生 1745 人，在校生 6444 人，毕业生 2061 人。特殊教育招生 141 人，在校生 1217 人，毕业生 228 人。

年末海淀区共有民办小学 7 所，民办普通中学 18 所，民办普通高校 3 所，培训机构 504 所。

科学技术：全年专利申请量与授权量分别为 2.5 万件和 1.4 万件，分别比上年增长 8.9%和 29.4%；其中发明专利申请量与授权量分别为 1.7 万件和 0.7 万件，增长 9.1%和 20.5%。全年技术合同成交总金额 907.1 亿元，增长 11.1%。

文化：年末海淀区公共图书馆总藏量 86. 6 万册。全区拥有全国重点文物保护单位 16 处，市级文物保护单位 21 处。

卫生：年末海淀区共有卫生机构 914 个，比上年末减少 13 个，比 2005 年末增加 30 个；其中医院 61 个，卫生院 2 个。全区共有床位 9832 张，比上年末减少 517 张，比 2005 年末增加 208 张；其中医院 8985 张。全区卫生技术人员达到 2.4 万人，比上年末增加 1538 人，比 2005 年末增加 8628 人；其中执业（助理）医师 9281 人，注册护士 9692 人。全区医疗机构共诊疗 2045.7 万人次。全年报告甲乙类传染病发病率 253.51/10 万，死亡率 1. 21/10 万。

体育：年末海淀区共有体育场馆 258 个。全区共获得全国性比赛奖牌 41 枚，其中金牌 6 枚，银牌 22 枚。

公报注释：

1. 本公报中 2010 年数据均为初步统计数。
2. 地区生产总值及其中各产业增加值绝对数和增长速度均按现价计算。
3. 恩格尔系数是指居民食品支出占消费支出总额的比重。
4. 规模以上工业企业是指年主营业务收入 500 万元及以上的全部法人工业企业。
5. 公报中部分数据合计数或相对数由于计量单位取舍不同可能产生计算误差。

[1]2010 年为万柳子站监测数据，2005 年为车公庄子站监测数据。

[2]社会消费品零售额为法人经营地口径。

来源：北京市统计局　国家统计局北京调查总队

索引

说明

一、本索引采用分析索引方法，按主题词首字汉语拼音字母顺序排列。

二、索引的主题词后面的数字表示内容所在的页码，数字后面的拉丁字母（a、b、c）表示该页自左至右的栏别。

三、本刊的《党和国家领导人在海淀》、《区情概述》、《特载文献》、《规范性文件选载》、《大事记》、《统计资料（选编）》和《附录》等篇目未作索引。

北京市海淀区人民政府国有资产监督管理委员会

北京市海淀区人民政府国有资产监督管理委员会（简称国资委）成立于2004年7月，为区政府特设机构，根据区政府授权履行区属国有资产出资人职能，负责对区属经营性国有资产进行监管。共有公务员43人，内设8个科室，分别是办公室、发展改革科、董事会工作办公室、考核评价科、收益管理科、产权管理科、监事会工作办公室、党委工作部。另设纪律检查委员会（监察科）。海淀区各级国有参控股企业共215户，其中国资委直接监管企业17户。根据区委决定，成立国资委的同时成立国资委党委，履行区委规定的职责。组织关系直接隶属国资委党委的单位有23家，共有基层党组织238个，党员3535名。区管企业领导人员113人，在职职工13634人，离退休职工13598人。

在区委区政府的领导下，国资委紧紧围绕海淀区核心区建设大局，按照“十二五”规划中打造“六集团一平台”的战略构想，深化国有企业改革调整；推进企业加快发展；积极创新管理制度和措施，加强国资监管；以“五型”企业领导班子和“六型”机关建设为契机，全面加强和改进国企党的建设，进一步提高国有企业的竞争力、影响力和带动力。截至2010年底，海淀区国有及国有控股企业资产总额达552.20亿元，区属国有净资产125.35亿元；实现主营业务收入188.43亿元；利润总额14.17亿元；归属于母公司净利润5.5亿元；上缴国有资产收益7192万元；上缴各项税金13.3亿元。

市委常委、区委书记赵凤桐到国资委调研指导工作。

区人大常委会主任周来升及人大常委会领导到国资委调研指导工作

区政协主席彭兴业及政协领导到国资委调研指导工作

区委副书记关成启慰问区属国有企业职工

国资委领导班子合影

海淀区人民武装部

区委书记赵凤桐（左）、北京卫戍区郑传福司令员（右）陪同北京军区房峰辉司令员（中）来部调研。

北京军区房峰辉司令员与海淀区委书记赵凤桐

北京军区房峰辉司令员（左一）视察海淀人武部，吴祖安部长（右一），张兰溯政委（正中）陪同。

吴祖安部长向房峰辉司令员介绍我区民兵训练基地情况

海淀区民兵预备役工作会

政委张兰溯在各街乡武装部长培训时做辅导

组织民兵参加农业生产

吴祖安部长在民兵预备役工作会上讲话

张兰溯政委在民兵预备役工作会上讲话

表彰优秀士兵家属和优秀大学生士兵暨欢送新兵大会

表彰优秀退伍士兵

吴祖安部长（右）和马士杰副部长（左）现场指挥民兵打靶

民兵高炮集训

民兵高炮集训

海淀区人民法院

工作概况

2010年，海淀区人民法院按照“一流的司法理念、一流的管理水平、一流的创新能力、一流的工作效能、一流的司法形象”的标准，抓好审判管理、队伍建设和法院基础建设，推进社会矛盾化解、社会管理创新和公正廉洁执法三项重点工作，弘扬公正、廉洁、为民司法的核心价值观，为依法推进区域经济社会和法治建设服务，为核心区建设提供有力的司法保障。全年受理案件54783件（包括新收案件46510件、2009年旧存案件8273件），比2009年下降7.3%；审结53052件，同比增长4.4%；未结1731件，同比下降79.1%。结案率为96.8%，同比提高10.8个百分点，高于市高级法院制定的考核标准1.8个百分点。法官人均结案298件，同比增长12.5%。一年来，整体工作稳步推进，部分改革措施初见成效，一些困扰法院长远发展的问题得到初步缓解。

海淀法院召开誓师大会

刑事审判

海淀法院把握社会治安形势变化，依法惩处刑事犯罪，发挥打击职能，取得了良好的社会效果和法律效果，2010年新收刑事案件4387件，涉案被告人6065人；审结4411件，判处罪犯5569人。一是对严重暴力犯罪以及严重破坏社会秩序的犯罪依法给予重点惩治。全年判处有期徒刑以上刑罚的罪犯4655人，其中判处五年以上有期徒刑666人，占刑事判决总人数的12%。二是严格把握刑罚适用标准，坚决杜绝冤假错案的发生，依法适用从轻、减轻、免除处罚和缓刑，加大对轻微刑事案件被告人，尤其是未成年人犯罪的宽宥力度。探索刑事和解制度，有效缓解社会对抗。全年共调解刑事附带民事案件194件，被害人得到赔偿款729万余元；因当事人达成谅解等原因判处缓刑636人，占刑事判决总人数的11.4%。三是坚持贯彻宽严相济的刑事政策，探索量刑规范化改革。作为全国首批确定的7家基层法院试点之一，海淀法院高度重视该项任务，统一思想认识，把握改革内容，细化执行标准，搞好法官培训，精心组织实施，确保改革取得预期成效。海淀法院还参与相关规范性法律文件的制定，使法律规定更加科学，对当事人的保护更加充分。

鲁为院长做客北京法院直播网畅谈“量刑规范化改革”

民商事审判

海淀法院加大民商事案件审判力度，努力营造核心区和谐的发展环境。全年受理民商事案件34214件，约占全院受理案件的62.5%；审结33002件，比2009年增长3.2%。一是重新调整民事审判庭辖区。按照“属地原则为主、专业审判为辅、全面深化繁简分流”的思路，要求所辖各审判庭根据自身案件特点在庭室内部实行繁简分流，从而有效的提高了工作效率。二是妥善审理涉民生案件，解决民事纠纷。充分发挥职能作用，全年审结劳动争议、物业、医疗等与群众生活密切相关的案件6567件；组织召开物业暨供暖交接疑难问题专业研讨会；调解审结45名劳动者诉五星啤酒公司劳动争议案，并督促用人单位主动履行了义务。为海淀区经济发展提供了良好的法制环境。三是努力构建多元化调解格局。在审判工作中提出“三解五化”社会矛盾化解总体思路，与区劳动仲裁委、人力资源和社会保障局、北京中关村电子产品贸易商会、北京市保险行业协会等单位合作，借助社会力量加强调解工作。继续完善调解书履行保证条款的适用，该举措被最高法院《关于进一步贯彻“调解优先、调判结合”原则的若干意见》吸纳，向全国法院推行。

调解书履行保证新闻发布会现场，新华社、《人民日报》、中央电视台等二十余家媒体出席。

行政审判

海淀法院加强行政审判及国家赔偿工作，维护社会管理秩序，依法监督行政机关依法行政，依法维护行政相对人的合法权益。全年审结行政诉讼案件409件，判处行政相对人胜诉案件25件。协调化解行政诉讼案件70件，协调化解率达17.1%，同比提高3.6个百分点。区法院把行政审判的法律宣传前移，走访行政执法机关，了解行政执法的难点、热点，帮助他们解决难题，全年为行政单位讲法制课17次，听课人数达上千人次，收到良好的效果，为解决行政争议，提高行政执法人员的法律水平做出了贡献。2010年9月，《人民法院报》在头版头条对海淀法院行政审判工作进行全面报道。

《人民法院报》对海淀法院行政审判工作的报道

人民法院報

邮发代号：1-174 总第4758期
2010年9月24日 星期五
国内统一刊号：CN11-0194 今日4版
PEOPLE'S COURT DAILY
中华人民共和国最高人民法院主办

坚持特案特办 探索专业审理
上海法院全面推行未成年人案件综合审判

把老百姓的难处想在前头
——北京市海淀区法院抓好行政审判服务核心区建设

深入推进三项重点工作（之五十八）

推 介

行政纠纷协调解决制度——
将矛盾化解在诉讼内外

源头预防 综合治理
山西：表彰先进继续抓好清积

整治作风 创先争优

海淀区人民法院

知识产权审判

海淀法院地处中关村核心区，在处理涉及知识产权保护案件时，充分调动中国互联网协会、海淀园工委、中关村知识产权促进局、中关村软件业协会等社会力量参与重大疑难案件审理，社会示范效应进一步凸显。2010年，海淀法院新收知识产权案件1903件，同比增长18.4%；审结2044件，同比增长25.8%。神州数码驰名商标认定一案，被评为北京市"十大知识产权诉讼案例"之一。海淀法院保护权利人的合法权益，全年判决认定470件案件民事侵权成立。较为典型的是新年前夕，依法判决智通无限公司未经授权在互联网上播放央视春晚实况属侵权行为，维护了著作权人央视国际网络公司的合法权利。海淀法院推出"类案速裁"机制，对性质相近、主体集中、事实及适用法律相对清楚的类型案件进行集中审理，快速审结。一年来，类案速裁小组共审结案件709件，占全庭案件数量的34.7%，其中调撤案件536件，调撤率达75.6%。

知识产权庭视频直播杰克琼斯商标权纠纷案庭审

执行工作

海淀法院2010年新收执行案件12190件，占全院新收案件总数的26.2%。2010年，海淀法院注重以下工作：一是建立繁简分流与分段集约并重的执行工作机制，提高工作效率。全年共执结案件13110件，同比增长0.3%。二是加大涉民生案件的执行力度并依法对弱势群体开展执行救助，向102件案件的136名生活困难当事人发放执行救助款175万元；执结涉城建四公司的各类型案件204件，向该公司职工等相关债权人发还执行款654.4万余元。三是争创"无执行积案法院"。全年执行标的到位率70.1%，发还执行款约4.1亿元。通过努力推进执行工作不断取得新的进展，维护了当事人的正当权益，维护了法律和法院的权威。

本院获得北京市清理执行积案活动先进单位称号

海淀区司法局

海淀区司法局是海淀区政府管理本区司法行政工作的职能部门。设11个科室，下辖司法所29个、公证处3个、法律援助中心1个、法律培训中心1个，管理律师事务所294家、法律服务所16家。2010年，全局在区委、区政府和市司法局的正确领导下，深入贯彻落实科学发展观，牢固树立“海淀区就是核心区、核心区就是海淀区”理念，紧紧围绕全区中心工作和重点任务，以深入推进三项重点工作为抓手，全面发挥职能作用。全区人民调解组织全年共调处矛盾纠纷46409件。矫正帮教组织新接收社区服刑人员402人，解除矫正331人；在全区组织法律宣传活动200余场，发放法制宣传品5万余份，受教育群众达300余万人次；区法律援助中心全年共受理法律援助申请744件，“148”法律援助热线共解答群众电话咨询17863人次，接待来访咨询16506人次，为核心区建设和平安海淀建设做出了积极贡献。

10月20日，在海淀区阳光中途之家 花园路街道黄丝带行动启动仪式上，区委常委、副区长高祥阳亲手把工作服交给服刑人员。

7月7日，市人大常委会副主任马振川视察安全馆普法教育基地。

9月8日，海淀区司法局与妇联共同举办《中华人民共和国妇女权益保障法》知识竞赛。

11月16日，海淀区在东升八家郊野公园举行12·4全国法制宣传日启动仪式。

12月8日，海淀区上地地区企业商事纠纷专业调解委员会成立。

5月9日，海淀区律师普法志愿团的律师在宣传活动中为群众解答涉法问题。

民防局

市委常委、区委书记赵凤桐到区民防局调研。

海淀区民防局是国防动员委员会的常设办事机构，是区政府人民防空工作的主管部门。行政编制24人，事业编制35人。设：局长、副局长、办公室（监察科）、法制科、指挥通信科（宣传教育科）、工程建设管理科、民防指挥中心和人防工程管理中心。主要职能如下：贯彻落实上级关于人防和防灾救灾工作方面的法律、法规、规章和政策；制定区民防中长期发展规划，并组织实施；负责区属人防工程的竣工认可及接收工作并对已建工程进行综合开发利用、安全及维护管理进行监督检查；负责区民防指挥场所的建设、管理和维护并建立群众防空组织，开展相关的训练、培训；负责区人防工程突发事件应急预案的制定、演练，民防应急救援队伍和应急避难场所、应急物资储备场所的建设管理。拟定区民防信息化、指挥通信和民防警报报知系统的建设规划、计划和保障方案，并组织实施。负责区防空防灾的公共安全宣传教育培训工作。承担区政府赋予的防灾救灾任务，负责筹集、监督、管理区民防经费。

区民防局先后被评为“全国人防机关‘准军事化’建设先进单位”、“‘十五’时期人民防空工程建设先进单位”。连续五年被评为“市人防工作先进单位”、“‘准军事化’建设达标先进单位”，2008年被评为“奥

3月1日，区民防局在海淀公园举行“国际民防日”社会宣传活动。

5月12日，区民防局开展宣传教育进社区活动。

6月13日，区民防局在“2010年安全生产月咨询日活动”中开展防空防灾知识宣传。

4月22日，国家行政学院应急管理培训班学员到海淀民防局进行应急培训。

12月6日，北京市民防局、社会办在海淀区联合组织召开“利用人防工程为公益服务经验交流会”。

上庄八家村

7月14日，区民防局、武装部联合举办“2010专武干部集训”。

10月31日，开展以“牢记人防历史、谱写民防新篇”为主题的庆祝人民防空60周年宣传教育活动。

海淀区民防局积极开展“打非治违”专项行动

海淀区民防局参加区直机关为青海玉树地震灾区募捐活动

7月完成人民防空展厅的升级改造

区民防局通信警报培训会议

运期间安全服务保障先进单位”，2009年被评为“市民防系统国庆平安行动先进集体”。2010年，在第六次全国人民防空会议上被国家人防办评为“全国人民防空先进单位”、“全国人防系统宣传报道先进单位”。

康建民局长先后荣获“十一五”期间市人民防空先进个人，北京军区人防工作先进个人；连续8年被评为“中国人民防空宣传报道先进个人”；2010年被国家人防办评为“全国人民防空先进个人”、“全国人防系统通讯报道先进个人”；王喜瑁副局长被市民防局评为“优秀工作站站长”。北京军区首长这样称赞康建民和他所带领的团队：这是一支精明能干的队伍，素质高，开拓意识好，能干事，有作为。

区民防局在第六次全国人民防空会议上被国家人防办评为“全国人民防空先进单位”

局长康建民在第六次全国人民防空会议上被评为“全国人民防空先进个人”

6月23日，区民防局、四季青镇政府联合组织“2010年安全生产月暨应急指挥、人防工程防汛抢险”演练。

田村路街道的汤泉逸墅社区

海淀工商分局

海淀工商分局成立于1980年，地处中关村国家自主创新示范区核心区，现有干部590人。面对中关村国家自主创新示范区核心区建设的挑战与机遇，分局牢固树立“海淀区就是核心区，核心区就是海淀区”意识，以构建服务型工商为目标，以服务经济、服务社会、服务消费者为己任，以依法行政为手段，切实履行好市场准入的“看门人”、市场秩序的“守夜人”和消费者权益的“守护人”职责，进一步提高工商行政管理的现代化水平、专业化水平和干部履职能力。与时俱进、开拓创新，营造投资安全、交易公平、消费放心的良好市场生态环境，为核心区经济社会发展做出积极贡献。

国务院副总理王岐山到海淀工商分局视察工作，亲切慰问工商干部。

海淀工商分局以“甘当主力、甘当苦力”的首都工商职业价值观统领思想，不断深化干部队伍建设进程。

搭建登记注册电子服务平台，通过网上登记、电话预约、绩效考核社会评价三大系统营造方便、快捷、规范、和谐的登记注册环境。

继续加大行政执法力度，查处一批大案要案，清除经济领域的害群之马，整顿失信违法经营行为，营造良好市场生态环境。

开设消费维权法律知识大讲堂，组织真假名优商品识别活动，将消费者维权知识送到百姓身边，就消费者关心的问题进行现场答复。

做好流通领域食品安全监管工作，从检查索票索证、进货验收制度落实，到对重点食品开展抽检、快速检测，保证消费者吃得放心。

海淀区文化委

12月29日，海淀区委副书记、区长林抚生检查星美国际影城世纪金源店安全生产情况。

12月24日，海淀文化大擂台颁奖盛典在海淀剧院举行。

6月30日，区文化委、区安监局在北京耀莱国际影城（五棵松），开展送安全及法规知识宣传展板进场所活动。

9月15日，区文化委召开2010年中秋节老干部座谈会。

9月19日，区文化委、海淀园管委会、圆明园管理处承办慰问核心区企业——“海之月”圆明园中秋晚会。

北京市第一批非物质文化遗产项目—曹氏风筝制作技艺

园林绿化局

重点地区景观提升——中关村西区

“十一五”时期是海淀区园林绿化事业实现城乡统筹发展的重要五年。五年来，在区委区政府的正确领导下，全区园林绿化系统深入贯彻落实科学发展观，紧紧围绕“新北京、新奥运”、“新跨越、新海淀”的战略构想和建设具有全球影响力的科技创新中心目标，大力推进生态、产业、安全、文化、服务五大体系建设，圆满完成奥运和国庆六十周年等绿化保障任务，各项绿化任务指标如期实现。全区城市绿化覆盖率由41.53%提高到47.47%，城市绿地率由42.43%提高到45.53%，人均公共绿地由13.29平方米提高到16.02平方米。

授予：北京市海淀区

全国绿化模范单位（城市、区）

全国绿化委员会

二〇一〇年四月

海淀区荣获“全国绿化模范城市”称号

国庆花卉布置——海淀展览馆立体花坛

彩叶示范工程——京昌路

城市道路绿化建设——北清路

探索绿化新形式——北大口腔医院屋顶绿化

古树名木保护——复壮的大觉寺古树

2010年，园林绿化系统坚持以打造绿色海淀助推核心区建设为工作的出发点和落脚点，认真落实“生态园林、科技园林、人文园林”方针，紧紧围绕建设“环境优美、和谐宜居”城市的工作主线，科学高效地组织实施全区园林绿化生态建设工作，高标准、高质量完成区委区政府和区绿化委员会部署的各项工作任务，以及为民办实事工程和各项折子工程。全年新建改造绿地150.8公顷，造林绿化1506.7公顷，全区园林绿化“十一五”规划目标全面实现。2010年海淀区荣获“全国绿化模范城市”称号。

森林资源保护——防火演习

海淀公园收割节

公园建设——北坞公园

山区生态林——温泉南山

海淀卫生局

2010年海淀区人均期望寿命达81.75岁，达中等发达国家水平。孕产妇死亡率0/10万、婴儿死亡率3.3‰。公共卫生形势良好，甲乙类传染病发病率和突发公共卫生事件发生数持续下降。新型农村合作医疗人均筹资标准提高到907元，参合率为98.9%，人均筹资标准和保障水平居全市前列。大力推进基层医疗卫生服务城乡一体化建设，以50家社区卫生服务中心，178家社区卫生服务站和32所村卫生室为主体的覆盖全区的基层卫生服务网络已经形成，荣获“全国社区卫生服务示范区”、“全国中医药特色社区卫生服务示范区“等称号。卫生大厦、妇幼保健中心等一批公共卫生服务设施投入使用。2010年，全区累计改造户厕14453座，全面实现全区农村户厕无害化。

社区居民到社区卫生服务中心参加“一日体验”活动（摄影：滕达）

11月18日，海淀区在全国率先启动海淀区空气质量GPRS远程在线监测系统。图为在北京科技会堂举办的启动仪式。（摄影：高翔）

2010年世界精神卫生日，副区长刘长利与卫生局局长潘苏彦一行到区精防院探望病人。（摄影：滕达）

2010年海淀区卫生局获得的国家级奖项：

（上）荣获国家基层医疗卫生单位深入学习实践科学发展观活动指导工作先进集体荣誉称号。

（下左）海淀区社区医生代表队荣获“2010年全国社区医生糖尿病防治知识大赛”全国总决赛二等奖。

（下右）海淀区社区医生代表队荣获“2010年全国社区医生糖尿病防治知识大赛暨北京市社区医务人员岗位练兵大赛”北京赛区第一名。

（摄影：滕达）

12月1日，海淀区大学生防艾志愿者宣传活动。（摄影：张升起）

海淀区档案局（馆）

海淀区档案局（馆）成立于1986年，是海淀区政府所属事业单位。海淀区档案馆座落在海淀区万泉河路81号，是一座功能较为齐全、设备较为完善的现代化档案馆。现保存有档案、资料27万卷册，档案中形成最早的为1718年（清康熙五十七年）的地契文约，绝大多数为新中国成立后，本区党政机关和区属企、事业单位工作中形成的文书、专门、科技档案。

海淀区档案馆是全市档案系统中最早命名的爱国主义教育基地。自成立以来，累计接待26万余人次，较好地发挥了全区档案利用中心、档案保管基地和爱国主义教育基地的功能。2008年区政府在档案馆增设政府公开信息查阅场所，为全区的经济和社会发展做出了应有贡献。

1994年晋升为北京市一级档案馆；
2004年至2005年度被评为北京市优秀档案馆；
2006-2008年度北京市档案系统先进集体；
2009年晋升为市、县级国家一级档案馆；
2010年7月，市档案局在本馆召开“国家级综合档案馆创建工作经验交流会”；
2010年8月，代表北京市十六个区县接受国家档案局档案事业发展综合评估组对北京市区县级“十一五”档案事业发展的综合评估。

2009年10月20日，国家档案局局长、中央档案馆馆长杨冬权在一级馆颁牌仪式上讲话。

2009年10月20日，刘鸿常委(右)代表海淀区接受国家档案局局长、中央档案馆馆长杨冬权(左)颁发的国家一级档案馆证书。

2009年10月20日，孙宝启副区长(左)代表海淀区接受国家一级档案馆牌匾。

2009年10月20日，海淀区档案局王京彦局长(前排右)陪同国家档案局局长、中央档案馆馆长杨冬权(前排左)及北京市档案局(馆)长陈乐人参观海淀史迹展。

2010年8月25日，本局代表北京市档案局接受国家档案局档案事业发展综合评估。

2009年4月30日，海淀进修学校学生参观爱国主义教育基地。

查档群众在本馆政府公开信息查阅中心查阅相关文件

优质服务促发展

区长林抚生，区委常委、纪委书记李晓暐，区委常委、区委办主任刘鸿，副区长刘长利到六里屯填埋场调研并慰问环卫职工。

2010年度环卫发展工作会

霍维周创新工作室授牌仪式

打造中关村西区环卫保洁示范区品牌–机械清洗作业

海淀环卫中心紧紧围绕“坚持科学发展，建设新型环卫”的工作目标，坚持走“以机械强环卫、以科技强环卫、以管理强环卫、以人才强环卫”之路，着力实施“五个带动”，全面提升环卫服务品质，努力为建设环境优美、和谐宜居的高科技核心区提供优质的环境保障。

以品牌助推科学发展：重点打造“中关村西区环卫保洁示范区”、“职工素质提升工程”、“霍维周创新工作室”三大品牌，逐步形成以业务提升为目标、素质提升为基础、科技提升为动力的“三位一体”模式，推动环卫事业实现科学发展。

以工艺提高作业质量：科学划分道路作业等级，提升机械化水平，将95条作业道路划分为精品路、重点路和一般道路，并实施相应的作业工艺。推广车行道洗地、步道冲刷、人工快速保洁、果皮箱机械清掏、果皮箱机械清洗五项新型工艺。注重精细管理，逐步实现二类以上公厕分性别保洁，其他公厕逐步达到专人盯守；规范垃圾运输与处理流程，启动垃圾分类试点小区厨余垃圾的对接清运工作。

以设施带动环境提升：在密闭式清洁站和公共卫生间建设中坚持人文、生态、环保理念。三星庄粪便消纳站和融雪剂搅拌站建成并投入使用，为北部新区发展提供了有力的环卫设施保障。不断加大六里屯填埋场环境治理力度，努力降低对周边环境的影响。

新型环卫谱新篇

道路喷雾降尘作业

道路洗地作业（国庆六十周年环境保障）

以制度夯实基层党建： 加强学习型党组织建设，建立健全以主题活动系列化、教育培训经常化、选贤任能规范化、管理监督有效化为核心的长效运行机制，夯实基层党建工作基础，为环卫事业发展保驾护航。

以文化浓厚和谐氛围： 坚持实施“两节”送温暖、暑期慰问、金秋助学等暖心工程，构建职工“温暖之家”；举办职工运动会、摄影比赛等丰富多彩的文体活动，营造和谐共进的文化氛围。

机遇与挑战并存，发展与梦想同在！海淀环卫中心将在区委、区政府的领导下，团结进取，求真务实，进一步开创新型环卫工作局面，为核心区建设做出新的贡献！

启动垃圾分类试点小区厨余垃圾清运对接工作

六里屯垃圾卫生填埋场环境提升

海淀区环境卫生服务中心第二届职工运动会开幕式

海淀区质量技术监督局

中共中央政治局委员、北京市市委书记刘淇，北京市市长郭金龙等调研国家食品质量安全监督检验中心。

国家质检总局局长支树平、北京市副市长程红一行视察国家食品质量安全监督检验中心。

海淀区质量技术监督局隶属于北京市质量技术监督局，是海淀区域内标准化、计量、质量、特种设备的行政主管部门，依法行使综合管理和行政执法职能。下属3个事业单位。多年来，海淀区质监局在区委区政府和市质监局的领导下，坚持深入落实科学发展观，不断提升质监工作对区域经济发展的贡献率，积极服务中关村国家自主创新示范区建设，着力构建质量首善之区，海淀区获得“全国质量兴市先进市县”称号。建成国家食品质量安全监督检验中心和国家化妆品质检中心，实现了区县级质检技术机构跨越式发展。全局先后荣获先进集体128项，先进个人122人次，三度荣获全国质量监督检验检疫系统先进集体。

海淀区质监局团结务实的领导班子

海淀区质监局邀请国务院参事郎志正与联想、中国普天、同方股份、华旗资讯等11家知名企业的负责人召开核心区品牌建设座谈会。

海淀区质监局开展“5·20”世界计量日主题宣传活动

海淀区质监局在翠微大厦开展“文明乘梯、右站左行”公益宣传活动。

海淀区质监局被人力资源和社会保障部、国家质检总局评为“全国质量监督检验检疫系统先进集体”。

市委常委、区委书记赵凤桐到街道调研

区长林抚生慰问困难群众

开展住保政策网络直通车活动

街道领导班子

成立海淀区工商业联合会学院路地区分会

奥运大厦外景

学院路街道

学院路街道位于海淀区东部，成立于1963年，面积8.49平方公里，常住人口24万余人，流动人口5万余人。地处中关村核心区域，是中关村科学城的重要组成部分。区域内高校、科研单位众多，是北京市及海淀区科技、文化、教育最密集的地区之一。

2010年，学院路街道在区委、区政府的领导下，围绕核心区建设，按照人文、科技、绿色、平安学院路的工作要求，努力做到管理规范、措施严谨、行动高效、服务有力。在全区首家挂牌成立地区综治维稳中心，实施网格化城市管理机制，深化社会建设，落实民生政策，提升服务质量。圆满完成北京首届世界武搏运动会服务保障、服务地区经济发展、地区环境建设、和谐社区创建等重点工作，推动地区全面发展。荣获“全国安全社区”、“全国学习型街道示范单位”等40余项国家、市、区级荣誉。在今后的发展中，学院路街道将积极落实民生政策，努力维护地区稳定，以昂扬的斗志、良好的精神状态、饱满的工作热情迎接新的挑战，为建设和谐宜居学院路做出更大的贡献！

组织社区工作者进行拓展训练

曙光街道

市委常委、区委书记赵凤桐到街道调研。

曙光街道成立于2004年，位于海淀区南部高端商务服务及文化创意产业区，毗邻区委区政府，东临昆玉河，南至彰化路，西、北与四环路相连，区域面积5.45平方公里，常住人口104276人，户籍人口5.3万人，外来人口47425人。街道党工委下设4个党委，5个党总支，54个党支部，党员1627人。辖区内共有15个社区居委会，法人单位1199个，其中中央单位2个，市属单位37个，区属单位23个，部队6个，中小学幼儿园15个。辖区内有金源时代购物中心（68万平方米）、西郊汽配城、清真寺、立马关帝庙、天主教堂、满族文化站、世纪金源大饭店、世纪华天大酒店、永泰福朋喜来登大酒店等商业和文化设施，环境优美、交通发达、舒适宜居。

在区委、区政府的正确领导下，街道坚持以邓小平理论和“三个代表”重要思想为指导，认真贯彻党的十七大精神，

区人大常委会主任周来升到街道调研

区政协主席彭兴业到街道调研

区委常委、常务副区长杨志强到街道指导工作。

曙光街道校园周边环境整治

社区百姓厨艺大赛

社区环境美化

坚持以科学发展观统领全局，牢固树立“核心区就是海淀区，海淀区就是核心区”的融合理念，坚持“建设一流班子，带出一流队伍，提供一流服务，创建一流街道”和建设生态社区，打造文化品牌，坚持科技创安，构建和谐曙光的发展理念，各项工作紧紧围绕为核心区建设服务、为辖区单位和居民群众服务这一中心进行，取得了较好成绩，先后有350余项（次）工作获得国家和市、区先进称号，其中1项获得国务院表彰，18项获得北京市表彰，连续两年获得海淀区达标先进单位和文明街道称号。

社区文化活动

社区人口登记

上河村社区鸟瞰

机关合影

中关村街道

市委常委、区委书记赵凤桐到小泥湾社区调研。

中关村街道辖区面积5.28平方公里，总人口24.2万，下辖33个社区。辖区汇集了以中科院、航天五院、中国航空科技集团为代表的国家级科研机构30家，以联想、龙芯为代表的高科技企业百余家，同时该地区也是海淀区较为集中的科学家、知名学者、专家、老干部生活居住区。辖区科研院所多，高学历人员集中；基础教育学校多，义务教育资源丰富；企业众多，地方税收贡献较大。

北京卫星制造厂设备先进，拥有雄厚的技术实力，图为在精密数控加工单元进行航天产品研制的场面。

科学家手印墙

位于辖区的中航工业北京青云航空仪表有限公司

举办中关村地区创新产业发展论坛，为企业及院所搭建多方对话交流平台。

举办夏之风慈善拍卖活动，图为地区书法爱好者捐献的书法作品正在进行拍卖。

中关村地区精神文明共建趣味运动会

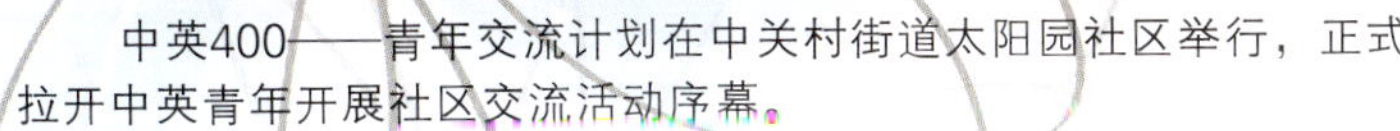

中英400——青年交流计划在中关村街道太阳园社区举行，正式拉开中英青年开展社区交流活动序幕。

市政府领导调研中关村街道信息直报工作

华清园社区荣膺国家级充分就业示范社区

2010年是实施“十一五”规划的最后一年，也是加快核心区建设的关键之年。一年来，中关村街道在区委、区政府的正确领导下，在地区单位和群众的大力支持下，立足区位特色，依托资源禀赋，认真履行“统筹地区发展，监督专业管理，组织公共服务，指导社区建设”的职能，紧紧围绕服务核心区建设这一中心，坚持以党建为龙头，创新社会领域党建；以协会为载体，补充政府服务功能；以和谐为目标，提升社会管理水平。组织开展创新产业论坛、中英志愿者社区交流、四季拍卖、精神文明共建趣味运动会等活动，搭建多方共建共享平台，促进经济、文化、社会等各项事业稳步发展。

2010年10月，中央电视台到中关村街道华清园社区专题采访社区建设工作，并在《焦点访谈》、《北京日报》等相关媒体上进行报道。2010年，街道多项工作荣获市、区级奖励及表彰。华清园社区凭借其在促进就业工作中的出色表现，被评为国家级首批充分就业示范社区。

中央电视台焦点访谈记者在华清园社区采访社区规范化建设

北大附中

中关村一小

北京市中关村中学

中关村二小举办“学习航天精神，献身教育事业”活动。

中关村四小举办中国“LDC”—澳洲“PEEL”国际合作项目教育研讨会。

八里庄街道

市委副书记、政法委书记王安顺，市委常委、区委书记赵凤桐到地区检查校园周边安全工作。

2010年，在区委区政府的正确领导下，八里庄街道以服务核心区建设、开展“优质服务年活动”为中心，以环境建设、平安建设为主线，以改善民生、推进社区规范化建设为重点，以党建创新、队伍建设为保障，积极应对各种挑战，大胆创新工作方法，扎实开展创先争优，狠抓重点工作落实，地区城市管理、社会建设、经济发展、精神文明和党的建设呈现良好发展态势，多项工作实现新提升、取得新成绩，进一步凸显出良好的区域发展活力、环境引力、文化魅力和社会合力，

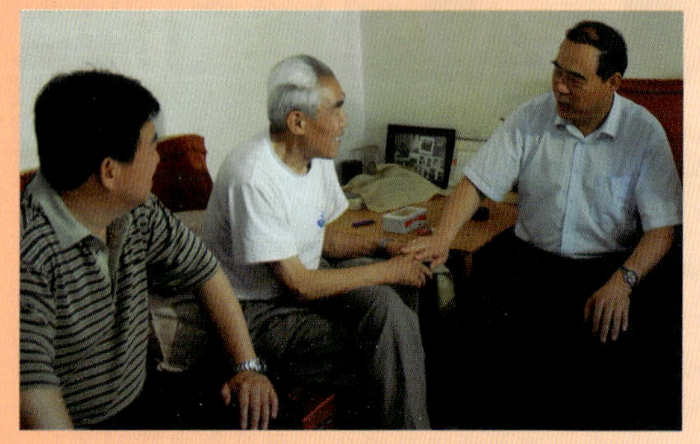

区人大常委会主任周来升慰问街道老党员

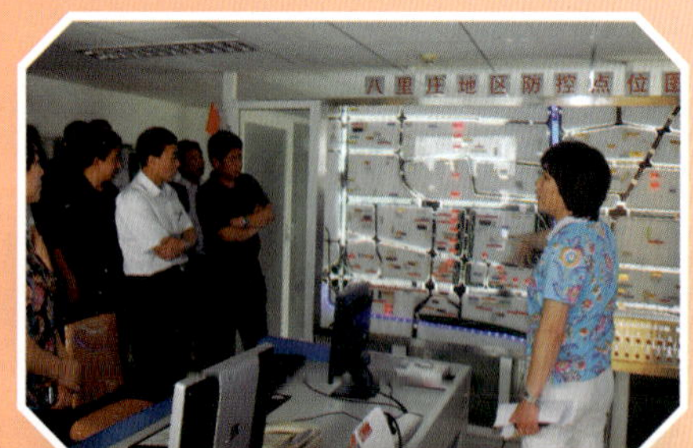

街道综治维稳中心经验交流

地区协管员表彰大会

楼宇党建有序推进，地区非公企业党支部成立大会。

区领导来街道进行文明小区验收

区运动会街道方阵：雄赳赳、气昂昂。

修路便民　百姓感谢

街道定期举办促就业招聘会

世纪新景孝亲活动

全面完成区委、区政府下达的各项年度工作任务。世纪新景园居委会获评“首都绿化美化花园式社区”，北京印象社区居委会获国家计生示范社区。街道获得首都国家安全先进集体、市双拥工作先进单位、市计划生育工作先进单位、市商务楼宇优秀社会（党建）工作站、首都全民义务植树先进单位等5项市先进。有45项工作获区先进，整体工作获全区街道系统综合考核先进单位和督查考核达标先进街道。

街道办事处主任张春华代表海淀区在市关于“推进老龄事业发展，完善养老服务和保障体系”会议上作典型发言。

修葺一新的道路

老有所养——老年小饭桌便捷、温馨

“五月的鲜花”文艺汇演

社区青少年联谊会活动

四季青镇

2010年是四季青镇执行“十一五”规划的收官之年，是全镇深入贯彻落实科学发展观，抢抓机遇、迎难而上、全力推进城乡一体化建设的重要一年。一年来，镇党委镇政府团结全镇人民，认真贯彻区委、区政府的系列决策部署，结合区位特点和镇域特色，按照建设中关村国家自主创新示范区核心区的发展理念，认真挖掘发展潜力，加快经济结构调整，推进全镇经济平稳较快发展，着力推进城乡一体化进程，不断加强社区建设，进一步提高社会管理水平。

9月30日，市委书记刘淇、市长郭金龙带领市、区有关领导为回迁安置的北坞村民发放钥匙，2763名北坞村民乔迁新居。西山等9个行政村开展“五项基础设施”建设工程，村民生活环境大为改善。四季青镇进一步加强一河十园都市农业建设，通过采用新技术、引进新品种等多种形式，达到延长产业链、拓宽产业面、一园一特色、全镇大品牌的发展目的。调整大病救助政策，扩大救助范围，提高救助比例。

7月2日，市委书记刘淇，市委副书记、市长郭金龙到四季青镇调研北坞村城乡一体化试点工作推进情况。

市委常委、区委书记赵凤桐调研本镇产业发展，图为在玉泉慧谷科技园区。

四季御园国际大酒店

在第五届中国（南京 溧水）草莓文化节上，本镇香山村选送的草莓荣获3金、7银、8优胜共18项大奖。

共贺八一建军节 再谱双拥新篇章

拆除门头村违章建设

七叶香山欧式园林会所

社区建设不断加强，天香颐北里社区创建成为首都文明社区、北京市先讲居委会、北京市和谐社区示范社区，巨山村创建成为北京市农村典型示范社区，闵航南里、天香颐北里、郦城等三个社区创建成为四季青镇首批健康社区。计生妇联文体工作成绩显著。香山村委会被评为全国巾帼文明示范村，玉泉村委会被评为全国妇联基层组织建设示范村，常青村委会被评为全国计生协村级先进单位，西山村委会被评为全国人口和计划生育基层群众自治示范村。镇妇联被评为北京市妇女儿童工作先进集体，四季青镇被评为北京市人口和计划生育工作红旗单位。

① 四季青镇御林园建成全市首个“并网独立”太阳能光伏发电站
② 首都绿色村庄–四季青镇振兴村道路绿化秋景
③ 坐落于四季青镇玉东郊野公园的海淀区“和之园”人口文化园
④ 四季青敬老院新楼投入使用

首届文明市民学校艺术节开幕

四季青镇举办第21届农民艺术节开幕式暨文艺团队大比拼活动

四季青镇与清华大学联合举办领导干部经营管理培训班

四季青镇曙光公司春季运动会

北下关街道

2010年，北下关街道工委、办事处紧紧围绕促进海淀区建设中关村国家自主创新示范区核心区这一中心任务，以服务为宗旨，以活动为载体，践行“大社区”理念，统一思想、统筹资源、聚集力量，在务实上求成效，在创新中求发展，圆满完成区委区政府交办的各项工作。地区经济稳步提升，城市管理成效凸显，社会建设基础夯实，精神文明建设硕果连连，基层党建不断深化创新，第六次全国人口普查工作顺利推进。在今后的发展中，北下关街道将深入贯彻落实科学发展观，以“服务优质、办事高效、共谋发展、促进和谐”为宗旨，创新工作机制，提升服务水平，优化地区环境，努力为加快核心区建设做出更大贡献！

2月9日，街道领导检查烟花爆竹销售点安全情况。

3月30日，在北下关地区精神文明建设大会上，地区文明单位、“学雷锋标兵”、“外来务工文明之星”获得者受到表彰。

6月22日，街道联手北京理工大学，在富海大厦开展商务楼宇党建工作宣传活动。

5月21日，在北京海洋馆举办的北下关地区科普博览会上，民间艺人展示非物质文化遗产项目。

4月19日，作为“服务进社区，名人大讲堂”系列活动之一，书画名家向社区居民赠送字画。

9月11日，北下关地区迎国庆“电力杯”运动会开幕，来自地区27个单位的600多名运动员参加了运动会。

7月17日，举办“春晖映晚霞”为老服务汇演。

上庄镇

市委常委、区委书记赵凤桐到上庄镇调研指导工作。

2010年，上庄镇党委、镇政府在区委区政府的正确领导下，以科学发展观为统领，紧紧围绕中关村国家自主创新示范区核心区建设，继续弘扬“诚信、创新、和谐”的上庄精神，积极推动翠湖国家城市湿地公园二期工程等重点项目建设，依法开展村两委换届选举，积极推进农村集体经济产权制度改革工作，新农村“五项基础设施”建设全面完成。深入开展遏制和拆除违法建设工作，“碧清园”等一批环境改造提升工程按期完工，地区经济持续发展，社会局面和谐稳定，人民群众安居乐业。2010年地区经济总收入达到9.1亿元，同比增长17%，地区人均收入达到9594元，同比增长20%。

上庄定向安置房及配套基础设施等项目奠基

在新的一年里，上庄镇将紧抓发展机遇，不断增强镇域经济发展意识，树立区域社会管理理念，加强政府自身建设，举全镇之力，全面推动核心区建设和地区城乡一体化发展。

镇党委书记刘精明慰问军属

“颂歌献给亲爱的党”地区群众歌咏活动

环境整治使上庄“碧清园”成为休闲旅游新去处

海淀志愿者联合会上庄镇地区分会成立

温泉镇第六届优秀民间文体艺术组织评选展示

温泉镇

温泉镇位于海淀区西北部，其前身温泉乡成立于1956年3月，1961年4月成立温泉公社，1984年4月改设温泉乡，1997年5月撤销温泉乡，设立温泉镇。镇域面积33.23平方公里，设有7个村民委员会和10个社区居委会。全镇共有户籍人口32084人，流动人口27086人。

2010年，镇党委坚持“围绕发展抓党建、抓好党建促发展”的工作思路，以服务北部地区开发建设为中心，以农村“三级联创”为抓手，以村两委换届选举为契机，以“创先争优”暨党员作风建设年活动为平台，扎实做好领导班子建设和基层党组织建设。镇领导班子统揽全局、协调各方的能力进一步增强，基层党组织班子结构进一步优化，整体素质进一步提升，推动发展、服务群众、凝聚人心、促进和谐的作用得到充分发挥，为地区新一轮科学发展提供了坚强的政治和组织保障。

镇党委连续7年被评为“五好”乡镇党委，7个村均列入“五个好”村党支部行列。

镇领导“七一”前走访慰问老干部

表彰“创先争优”活动先进单位

村委会换届选举投票日——为选民讲解选票

温泉镇村干部培训班

SUJIATUO
苏家坨

苏家坨镇成立于2003年8月，由原苏家坨乡、北安河乡、聂各庄乡3乡合并而成，位于海淀区西北部重峦叠嶂的西山脚下，自然风景秀美，生态环境优良，历史文化悠久，人文气息浓厚。

2010年，苏家坨镇党委、政府在区委、区政府的正确领导下，深入贯彻落实科学发展观，以抢抓机遇、服务核心区建设为主题，以经济增长、农民增收为中心，以保障民生、改善环境为根本出发点和落脚点，扎实开展工作。在全镇广大党员干部群众的共同努力下，地区经济稳步提升，社会建设不断增强，科教文卫事业繁荣发展，基层党建创新成效明显，民生问题得到有效解决。

核心区建设的序幕已经拉开，苏家坨镇也将随着北部地区规划的实施翻开新的篇章。在今后的工作中，苏家坨镇将以更好的精神状态、更高的工作标准迎接机遇与挑战，努力实现建设“生态良好、用地集约、设施配套、产业集群、城乡统筹、环境优美”苏家坨镇的目标，为核心区建设和海淀各项事业发展做出积极贡献！

▲ 苏家坨镇纪念建党89周年暨星级党员户表彰大会

▲ 镇党委书记韩顺新走访慰问群众

苏家坨镇第二届大西山金秋旅游登山节

交谊舞比赛

樱桃，被称之为“春果第一枝”，苏家坨镇因独特的地理条件产出的樱桃果型端正，含糖量高，颜色艳丽，果肉柔软多汁，为北方众果之上品。

▲ 镇长刘圣国春节期间检查指导烟花爆竹安全工作

北京市师达中学—

2001 年，全国名校首都师大附中与四季青乡共同创办北京市师达中学。学校现有初中 30 个教学班（每年级 10 个班，其中 4 个实验班 200 人），高中 12 个教学班，学生 2000 人，已成为海淀区规模最大、教学质量最高的民办完全中学之一。

2004 年首届初中毕业生中考成绩（平均分）超过人大附中等多所市重点中学，七年来始终保持在海淀区前五名左右的位置。师达初中实验班中考成绩连续七年超越区所有重点中学，始终矗立于初中教学的巅峰。七年来师达中学初中部已向全市重点中学高中输送了 1200 余名学生，其中：

海淀区民办教育的奇葩

人大附中 70 余名，北京四中 60 余名，北京八中 30 余名，首都师大附中 330 余名，北大附中 80 余名，清华附中 60 余名，一零一中学 100 余名，十一学校 70 余名，理工附中 130 余名，交大附中 100 余名，北京师范大学二附中 50 余名，师大一附中 20 余名，此外还向北师大实验中学、一六一中学、八十中学、汇文中学、北京五中、二中、牛栏山一中、潞河中学等北京市名校高中输送了 120 余名学生。

师达中学高中加工能力甚强。每年高考成绩在全区排名对比其入学时录取线排名提升 15 名左右。

师达中学是体育强校，体育中考成绩获得五次第一名、二次第二名。

师达地处美丽的香山绿化区内，占地 162 亩，是读书绝佳之处。

海淀实验中学

2005年5月，海淀实验中学举行隆重仪式，纪念人民科学家钱学森归国五十周年。将这位“中国火箭之父”的塑像请进校园，同时在学校内命名“钱学森班”。

孙家栋院士向本校学生赠送纪念品

学校建立“钱学森班”的初衷在于，用钱老报效祖国、服务人民的理念给学生一些熏陶和引领，让“热爱祖国，崇尚科学”的理念植入学生心中。目前，“钱学森班”已经送走六届毕业生，他们均走进了全国各重点大学。

学校利用与航天集团毗邻优势，在钱学森亲属的支持下，开展一系列具有航天特色的教育活动，把科技办校的理念变为教育实践。这些活动不仅在校园内构建了航天教育的氛围，使全校师生对人民科学家钱学森有了较为深刻的了解，而且激励全校师生继承和弘扬钱学森的爱国主义精神和热爱科学技术的精神，深刻领悟航天精神的内涵。在社会上也产生了很大影响。

2005年，在钱学森塑像揭幕仪式上，中科院院士庄逢甘、航天英雄杨利伟、原北京市人大常委会副主任陶西平、北京市教委主任耿学超、中共海淀区委副书记彭兴业一起为钱学森塑像揭幕。

钱学森夫人蒋瑛女士向钱学森班学生代表询问学习情况

航天英雄杨利伟接受本校翱翔电视台学生记者的采访

年轻有为、朝气蓬勃的校领导集体——校长和副校长们合影。

海淀实验中学大门

玉兰树影看校园

北京育英学校

北京育英学校于1948年11月7日正式建立于河北省平山县西柏坡，其前身是“中共中央供给部小学”。现坐落在北京市海淀区万寿路西街，是一所环境优美，具有现代化教育教学设备，集小学、初中、高中为一体的全日制学校。学校始终秉承老校长韩作黎先生“一切为了学生”的办学思想，坚持德育为首，在传承和发扬红色精神的基础上不断创新发展，逐步形成培养“志存高远、胸怀天下、快乐大气育英人”的育人目标和“全面优质，卓有特色”的学校发展总目标。

学校有一支专业扎实、师德高尚、具有拼搏意识和创新精神的教师队伍，为学校的教育教学的发展提供了强有力的人才支持。学校重视学生的全面发展，为学生提供优质的多元化发展的学习机会。学校的金帆管乐团、头脑创新队、游泳队多次代表中国中学生赴美、加、奥、韩、日、法、德等国演出或比赛，且成绩斐然。学校与加拿大、德国、韩国、新加坡、台湾、香港等国家和地区的学校建立友好学校，定期组织学生进行友好交流访问，开阔学生的视野。

几年来，学校先后获得北京市体育、艺术传统校称号，国际生态学校、奥林匹克教育示范校、科技教育示范校、国家级信息化教育示范校、北京市绿色学校、北京市文明礼仪示范校、台湾知识教育基地校等多项荣誉称号。学校小学部和中学部分别被海淀区教委命名为“素质教育优质校”和“示范高中校”。

毛泽东主席题词

北京育英学校获得国际生态学校绿旗荣誉

2008年北京育英学校小学部学生的“千人手倒立”震撼奥运赛场

学校金帆乐团在国家大剧院举行的专场音乐会

北京育英学校主楼

北京龙泉驾校

校长 高杨

龙泉驾校成立于1991年5月，因选地西山农场龙泉寺而得名龙泉驾校。1993年高杨校长临危授众人之托，担起驾校重新创业重任。高杨校长带领大家诚信经营，本着科学管理、从严治校、廉洁为本永争第一的经营理念和发现策略，坚持学员至上的服务理念，以“奉学员为上帝”为服务宗旨，经过二十年的发展，经过二次选址搬迁，建立了自己的教练场和考试场。从建校时的40台教练车、60名教职员工发展成今天400多台教练车、近600名教职员工，由租赁教练场到拥有自己的占地1000多亩全封闭式的教练场和考试场，使我校成为年培训合格驾驶员两万多人的“场校合一”的最具规模的机动车驾驶员培训中心。树立了驾校行业的品牌形象。

现中心座落于三面环山一面环水风景秀丽的海淀区冷泉村东66号。2010年新建的考试场大楼投入使用，高科技含量的科目一、二考场正式投入使用，更新了多种教练车型供学员挑选。更新空调新班车供学员舒适乘坐，引入963路公交车直达考试场内，方便学员出行。同时拥有一支专业化、知识化、求实敬业、技术精湛的教练员团体为学员提供优质服务。

中心情系社会、关心公益事业，收纳本地区农村富余劳动力和下岗职工，慰问西北旺镇各村村民，推动了地方经济的发展，为创建和谐社会做出了贡献。中心曾多次被政府及上级主管部门、新闻媒体、社会组织评为十佳驾校、先进示范校、首都绿化美化花园式单位、首都劳动奖状、维护消费者权益诚信满意单位等多项荣誉。

龙泉驾校今后的发展目标是：以管理、服务、质量、诚信铸就品牌，坚持以人为本，以诚信务实，谋求发展，以持续改进追求卓越为**奋斗目标，打造行业精品，更好的为社会服务。**

环岛坡道

模拟考场

彩虹门

上课

龙泉新建成的科目考场

考桩

中国工商银行股份有限公司
北京海淀支行

海淀支行作为中国工商银行的分支机构，一直秉承“以客户为中心、服务创造价值”的经营宗旨，营造“领导为员工服务、二线为一线服务、全员为客户服务”的服务格局，建设客户满意度最高、客户最信赖推崇、客户首选的中国金融企业。辖内17个网点，遍布中关村中东部地区，在这里海淀金融走廊贯穿、高等学府林立，花园式住宅环绕。其中特设1家财富中心，12家贵宾理财中心，4家理财中心。

海淀支行充分运用团队智慧和集体力量，推行民主、科学管理理念，党政工团齐抓共管，引导广大员工参与经营决策，提升团队合力和竞争实力。在发展的过程中开拓进取、创新经营，以至诚致远的信念为政府、企事业单位、部队、大型集团、中小企业及广大个人客户提供优质金融服务，全方位提升ICBC品牌认知度、美誉度和忠诚度，全力打造世界一流金融服务品牌。

海淀支行领导班子成员:党委书记、支行行长陶锦莉（前排中）、副行长张敏（前排左一）、纪委书记牛荣（后排右二）、副行长池跃君（后排左一）、副行长于贵明（后排左二）、副行长王钒（前排右一）、行长助理（北京市挂职锻炼干部）张丽娟（后排右一）。

海淀支行开展“党旗引领我成长，誓言激励我争先”党日活动

海淀支行参加“辉煌90年 歌声献给党”大型主题文艺汇演。

海淀支行与北京甘肃企业商会签订战略合作协议

海淀支行搭建青年骨干员工交流互动平台，为支行发展献计献策。

海淀支行员工喜读中国工商银行企业文化手册

海淀支行营业部大堂经理耐心解答客户疑问，进行微笑服务。

海淀支行开展“亲近自然 健康生活”游园踏青活动

北京海淀置业集团

2010年12月16日，北京海淀置业集团有限公司召开成立大会，公司领导班子及全资控股企业领导合影。

集团第一届第一次董事会成员合影

1月14日，区委常委、组织部部长杨智慧和区国资委领导视察指导工作

集团公司党组举办第一期入党积极分子培训班

北京海淀置业集团于2010年12月16日正式挂牌成立，核心企业为北京海淀置业集团有限公司。其前身是北京超市发国有资产经营公司，2000年4月28日，由原超市发商贸集团、华奥商贸集团公司、意隆达实业集团、禾谷园实业公司合并组建。2006年3月，北京市海淀区商业设施建设经营公司和中国海淀图书城建设开发管理处重组并入。2010年6月，北京市海淀区物资总公司、北京中海拓科技发展总公司、北京市海淀区对外贸易公司3家企业整体划转并入。

在公司成立10年周之际，为促进公司建立现代企业制度，完善管理模式，扩大经营规模，增强竞争实力，拓展发展空间，树立公司新的品牌形象，提升无形资产价值，经海淀区人民政府和海淀区国有资产监督管理委员会批准，改制为“北京海淀置业集团有限公司”。公司注册资本10亿元人民币，主要从事商业地产经营，并开展对外投资与管理。在公司改制的同时，以公司为核心企业设立“北京海淀置业集团”，公司全面进入商业地产专业化运营和品牌发展时代。

筹建中的中关村知识产权大厦

集团公司开展百日安全知识竞赛活动

十年积淀，公司通过合作开发、商业区改造、出资收购等方式，不断扩大资产规模，优化资产结构，房产总量大幅增长，现有经营用房70余万平方米，其中写字楼面积22万平方米，包括中国技术交易大厦、中关村数字物流港大厦、五道口大厦、泛亚大厦、海淀文化艺术中心等高档办公楼宇，资产结构不断提升。十年勤耕，公司资产总量稳步增长，总资产由2000年组建之初的12.8亿元增加到46.07亿元，增长2.6倍；净资产由4.05亿元增加到15.05亿元，增长2.7倍，在自身规模发展壮大的同时，为区域经济繁荣和社会稳定做出了积极贡献。

十年运筹，公司对外投资规模不断扩大，通过资本运作、资产重组、发起设立等多种方式拓展投资领域。公司现有投资企业26家，投资总额3.22亿元，投资领域主要涉及房地产业、商业和金融服务业三大板块，其中有超市发连锁公司、中关村数字物流港、华光商厦、中关村小额贷款公司、海淀科技园建设公司、嘉事堂药业等知名和优秀企业。

回首过去，十年时间在企业发展的履历上写下了辉煌的一页。如今，我们已从传统的国有企业蜕变为现代化的企业集团，迎来了自我提升、自我突破的新契机。站在更高的起点，展望未来，我们豪情满怀，信心百倍，期待着成就更大的事业，迈向更大的成功。

“拥抱健康，精彩生活”集团部分干部员工合影

10月17日，集团职工代表队参加区运动会。

职工代表队荣获区2010年运动会的部分奖杯奖牌

集团公司举办联欢会

你用电 我用心

——北京海淀供电公司

海淀供电公司（以下简称公司）是国家电网公司北京市电力公司的直属供电企业，成立于1987年，负责海淀地区的电力供应、销售和变电、配电设施的建设、运行及维护，肩负着区域内国家党、政、军机关，大专院校和高科技产业及首都政治活动和全区近300多万常住人口的安全供电任务。

海淀供电公司领导班子合影。

“十一五”期间各项工作成效显著

电网建设力度加大：五年中，北京市电力公司投入资金30.5亿元，在海淀区新建110千伏及以上变电站7座，增加变电容量199万千伏安，供电能力比“十五”末期提升72%，基本扭转迎峰度夏期间电力供应紧张、设备过载严重的被动局面。五年中，海淀区政府累计投入财政补贴5.9亿元，推动了地区电力发展，解决了许多居民终端用电问题，实施了关系百姓用电的多项民生工程。

安全生产保障有力：公司加强安全监督和安全管理体系建设，努力打造团队安全文化。持续优化生产管理模式，电网运行管理水平大幅提升。电网供电可靠率从“十五”末的99.9092%提高到99.9859%，城市户均停电时间从2005年的7.95个小时降低到1.23个小时。创造奥运保电万无一失和国庆60周年保电“电网零闪动、设备零故障、供电零差错”的历史最好成绩。截至2010年底，累计安全生产长周期达到1600天，创历史最好成绩。

经营效益稳步提升：售电量年均增长率8.26%。电网线损比“十五”末期降低0.21个百分点，当年电费回收率连续五年达到100%。

优质服务水平不断提高：公司不断完善客户用电报装服务流程，高、低压客户平均接电时间分别缩短95%和31%。为11个小区8100户居民解决“临时代永久”问题。建成新农村电气化乡（镇）6个，电气化村36个。增设售电网点7个、抢修网点4个，推出应急电卡、爱心服务卡等多项惠民新举措。连续5年实现“零责任投诉”。

3月15日，海淀供电公司首次按照北京市电力公司新施行的《政治供电保障标准化技术措施》，圆满完成全国“两会”特级保电工作。

3月10日，国家电网公司劳动模范——海淀供电公司经理周彤（左起第五）的事迹在北京市电力公司先进劳模事迹演讲会上被宣讲。

4月3日，中共中央政治局常委集体在北坞郊野公园种下象征绿色与希望的树苗。海淀供电公司积极配合市、区政府完成公园建设，并完成活动保电任务。

4月24日，北京市电力公司启动“青春光明行”主题日活动，设在海淀公园的主会场由海淀供电公司承办。

5月18日下午，大风刮倒的大树砸在违规搭挂在电线杆上的光缆线，导致清河11基电杆被拽倒。海淀供电公司迅速抽调五支抢修队展开抢修工作，连夜恢复供电。

5月27日，海淀供电公司把主席台搬到台下，公司领导与30位社会行风监督员围成四方坐在一起，畅谈行风监督工作。

5月31日，海淀区政府投资项目的电缆分界室改造工程正式启动，工程累计更换23座电缆分界室内162面10千伏环网柜。

6月1日，海淀供电公司员工连续第6年为上庄振兴打工子弟小学送去学习用具，奉献供电人的一片爱心。

2010年为“十一五”完美收官

全年完成政治供电任务196项，包括全国“两会”、“嫦娥二号”、北京首届武搏会等重大供电保障任务，累计保电天数329天。编制完成《海淀电网“十二五”规划》。完成海淀北部地区电力专项规划。首次将地区电网规划纳入到市政规划中去，为地区电网规划的实现提供有力的制度保障。积极推进新能源项目建设，航天桥、万泉河、岳家楼电动汽车充电站外电源工程如期投产，确保充电站建设工作的顺利开展。

在海淀区开展的“优质服务年”活动中，公司提出“一融入、两确保、三主动”的理念，积极参与，获得海淀区政府领导高度评价，并在经验交流会上作典型发言。开展“笑容常在，满意100”等各种主题活动，开展“服务之星”、“服务志愿者”评选活动。完善监督评价机制，初步建立起“以市场为导向、以客户为中心”的利益共同体服务文化。严控欠费风险，开展警企联合打击窃电行动，为国家挽回经济损失600余万元。地区所辖变电站全部联网，实现信息网络全覆盖。

在中国电力报社举办的“中国最美供电所”评选活动中，苏家坨西区供电所榜上有名，带动了海淀农村地区供电服务水平的有效提升。公司结合政府主导的“生态村”、“文明村”、“示范村”新农村建设等工作，实施农电大型技改和专项技改等工程，海淀农村地区供电水平得到全面提升。

公司领导班子注重作风建设，保持“四好”班子荣誉称号。公司党委开展“三比一争当”（即比安全、比服务、比业绩，争当岗位先锋、模范和标兵）主题活动，共产党员服务队、党员示范岗的引领作用不断加强。精神文明建设成果得到巩固，工会、共青团作用显著，维护稳定工作态势良好，公司发展始终保持团结和谐氛围。公司荣获国家电网公司“文明单位标兵”称号，并保持海淀区和北京市电力公司文明单位等荣誉称号。

6月18日，苏州街110千伏变电站扩建工程顺利投产，使中关村核心区供电容量增加一倍。

6月23日，海淀区电力应急联动指挥体系在海淀供电公司正式启动，图为电力应急指挥部18家成员单位负责人在观摩迎峰度夏应急演习。

2010年，海淀区最大用电负荷达到255.2万千瓦，刷新历史最高纪录。海淀供电公司全力确保地区供电平稳，百姓用电正常。图为在电缆沟道中冒酷暑施工的供电职工。

2010年，“三节约”QC小组获“全国电力行业QC小组优秀奖”称号，电缆工区检修班被授予“全国电力行业质量信得过班组”称号”，“我要安全”QC小组荣获“全国优秀质量管理小组”称号。

7月10日，地铁8号线西三旗站在建工地发生路面塌陷，危及4条10千伏供电电缆正常运行。海淀供电公司迅速启动应急预案，配合政府全力开展抢修工作。

9月4日，海淀供电公司为北京首届世界武搏会2个赛场、1个训练馆、4个驻地提供可靠供电，圆满完成保电工作。

8月26日，由海淀供电公司承办的北京市电力公司2010年“海实杯”职工足球联赛闭幕，海淀供电公司足球队成功卫冕，并实现三连冠。

9月11日，2010年北下关地区运动会在北京交通大学田径场精彩落幕，海淀供电公司获得团体总分第二名。

6月28日，在北京市国资委“群众心目中的好党员”表彰大会上，海淀供电公司职工冯丽利被授予“群众心目中的好党员”称号。

10月1日，嫦娥二号卫星发射升空。海淀供电公司顺利完成整个飞行控制任务保电工作。

9月29日，北京城乡一体化重点安居工程之一的北坞嘉园入住。海淀供电公司提前完成电力工程建设，力保农民“上楼”，电力先行。

10月14日，海淀供电公司正式启动团队安全文化建设工作。活动共分3个阶段，在全员范围内开展“团队安全文化建设”大讨论和“安全理念、目标”征集活动。

11月1日，在区委、区政府召开的“优质服务年”活动经验交流会上，海淀供电公司党委书记李军以《一融入、两确保、三主动，为核心区建设提供持久动力》为主题作交流发言。

11月13日，海淀供电公司承建的航天桥充电站配电室投运，确保了充电站后续建设工作顺利展开。图为11月4日深夜，充电站电气设备到货。

12月2日，海淀供电公司在八一剧场召开双路以上电源大客户迎峰度冬暨安全用电大会，区发改委领导、475名客户主管领导和电气负责人参加。

玉渊潭发展规划推介暨新春答谢会　　玉渊潭庆祝建党90周年综合知识竞赛

半个世纪以来，几代玉渊潭人以坚忍不拔的毅力、自立自强的精神，紧跟时代发展的步伐，凝心聚力，开拓进取，将玉渊潭建成了产业特征鲜明、产业结构合理、产业收益稳定增长的企业。今天的玉渊潭拥有酒店、物业、房地产开发与建筑三大集团，已经成长为具有一定知名度的实业投资加资本运营的集团企业。

玉渊潭农工商总公司旗下的玉渊潭酒店集团共有13家成员酒店，拥有客房总数3500间，总建筑面积41万平方米，在北京中西部形成了服务资源聚集、服务层次宽广、产品丰富和顾客市场潜力巨大的高品质中心酒店服务区。玉渊潭物业集团下辖七家分公司，以现代、生态、特色的商业地产项目和优质、高效的商务服务与众多知名企业建立了良好的合作关系。房地产开发及建筑业是玉渊潭经济发展的又一亮点，拥有国家一级资质建筑企业，具有较强的专业开发、建筑能力。玉渊潭以其坚实的产业基础、雄厚的投资能力、良好的外围环境、优秀的员工队伍、优质的客户资源、诚信的合作态度，在业内享有良好的商誉。

明者因时而变，知者随事而制。身处新的发展时期，把握新的发展机遇，在海淀区南部高端商务和文化创意产业区的框架下，玉渊潭致力于建设一流的现代生态型商务服务区，为客户提供一个宜商、宜居、宜乐的玉渊潭，为市场创建一个现代、绿色、文明的玉渊潭，为社会打造一个富足、活力、和谐的玉渊潭！实现玉渊潭从地域名称向企业知名品牌的跨越，为北京世界城市、海淀核心区、南部高端商务服务和文化创意产业区的建设做出新的更大的贡献。

真诚地希望各行各业的朋友们到玉渊潭落户入驻，创业发展、携手共赢！富有朝气、开放包容、精诚合作的玉渊潭欢迎您！

昆玉河畔玉渊潭裕惠大厦、裕龙大酒店外景

玉渊潭国际会议展示中心效果图

玉渊潭代表队参加海淀区运动会

玉渊潭安全综合知识竞赛

玉渊潭西南饭店改造项目效果图

玉渊潭中裕世纪大酒店外景

玉渊潭金龙潭大饭店外景

中意鹏奥外景

玉渊潭永兴花园饭店外景

玉渊潭紫玉饭店外景

金山顶尖
KINGTOP

金山顶尖高层出席中关村挂牌企业工作会议

董事长于庆洲

北京金山顶尖科技股份有限公司成立于1998年，是中关村科技园区的一家国家级高新技术企业。公司的主要业务是应用软件开发、信息系统集成和信息技术服务。公司具有计算机信息系统集成贰级资质和软件企业认定，拥有几十项自主知识产权的软件产品和专利技术。2010年3月，公司在深圳证券交易所新三版挂牌。

金山顶尖最早提出“IT服务社会”的理念，十多年来始终追求创新的管理思想、先进的IT技术，在为客户提供一流的产品和完善的服务的同时，公司也得到了快速的发展。特别是近几年，伴随着中国经济的快速增长和IT技术的广泛应用，公司以创新求发展，以转型适应社会和客户需求，大胆变革实现了跨越式增长。公司以“中国信息技术服务的领跑者”为目标，以自主创新驱动公司不断向前发展，力争成为值得客户信赖的、员工为之自豪的IT企业和公众公司。

企业诚信评价证书

北京金山顶尖科技股份有限公司

经商务部国际贸易经济合作研究院评价，并经公示程序，你单位的诚信综合等级为 AAA

CERTIFICATE OF ENTERPRISE CREDIT APPRAISEMENT

Appraised by Chinese Academy of International Trade & Economic Cooperation of Ministry of Commerce of PRC, and through public showing procedures, your enterprise is awarded the credit grade of AAA

商务部国际贸易经济合作研究院

金山顶尖获得商务部国际贸易经济合作研究院颁发的2010年“企业诚信评价证书”

金山顶尖荣获“中国自主创新卓越品牌”奖项

金山顶尖荣获“2010年中国十佳教育方案商”奖项

金山顶尖荣获教育行业“十大数字化设备知名企业”奖项

金山顶尖获得中国电脑商500强－方案商100强

美国商业软件联盟总裁霍利曼先生看好本土IT企业“金山顶尖”

金山顶尖喜获2010年度“百强创新示范企业”荣誉奖牌

海淀区政协主席彭兴业一行五人莅临公司

金山顶尖喜获“创新人才培养示范企业”荣誉称号

金山顶尖结盟SonicWALL护航能源行业网络安全

在中关村教育教学信息化自主创新产品推介会上，金山顶尖自主研发产品受到广泛关注。

建绿色生态环境 扬金山顶尖风范——2010年春季植树活动

军事博物馆

中央军委办公大楼

中国新兴建设开发总公司

中国新兴建设开发总公司（原中国人民解放军总后勤部工程总队）创建于1953年，现为国务院国资委管理的大型国家房屋建筑施工总承包特级资质企业，同时拥有公路工程和机电安装工程两项施工总承包一级资质以及地基与基础、建筑装修装饰、建筑幕墙、钢结构、机电设备安装5个专业承包一级资质和幕墙、钢结构、装饰装潢3个设计甲级资质。下辖土建、房地产开发、装饰、钢结构、基础、道桥、设备安装、物资、租赁、试验检测等门类齐全的专业公司，设有科研、设计、计量等专门机构。注册资金6.0588亿元，资产总额54亿元。

半个多世纪以来，公司先后承建了军事博物馆、京西宾馆、中央军委八一大楼、人民大会堂万人大厅改造、府右街085、201、012工程、中组部办公楼、中央政法委办公楼、中纪委办公楼、中央统战部办公楼、中宣部办公楼、中央党校综合楼、国家公安部办公楼、卫生部办公楼、司法部办公楼、全国总工会交流中心、国家信访局办公楼、人民日报社报刊业务综合楼、解放军总医院医疗楼、北京军区总医院、解放军电视艺术中心、香港特别行政区驻京办事处、四川什邡灾区援建工程、2008北京奥运会老山自行车馆、柔道跆拳道馆、北京CBD财富中心、青岛海上嘉年华等一大批有重大影响的名优工程。先后获得中国建筑工程鲁班奖12项、国家优质工程奖9项、全国建筑装饰优质工程奖12项、全国建筑钢结构金奖15项、全国用户满意工程15项、省部级优质工程300多项。

近十几年来，荣获全国五一劳动奖状、全国优秀企业（金马奖）、全国最佳施工企业、全国用户满意企业、全国守合同重信用企业、全国工程建设质量管理优秀企业、“十一五”全国建筑业科技进步与技术创新先进企业、全国建设系统抗震救灾先进集体、全国国有企业创建“四好”领导班子先进集体、中央企业先进基层党组织、中国企业文化建设一级典范等多项国家级荣誉。

中国新兴建设，建设新兴中国。中国新兴建设开发总公司将大力弘扬“自强不息、永争第一”的企业精神，恪守“质量第一、用户至上、文明施工、竭诚服务”的宗旨，为各界新老客户提供优秀作品和卓越服务，为国家经济繁荣和建筑业蓬勃发展而不懈奋斗。

中共中央纪律检查委员会办公楼

中共中央组织部办公楼

人民大会堂万人大厅装修改造

中共中央党校综合楼

丰台体育中心

国家公安部办公楼

北京CBD财富中心

北京2008奥运会老山自行车场馆

中共中央统战部办公楼

北京城乡贸易中心股份有限公司

北京城乡贸易中心股份有限公司大楼

北京城乡贸易中心股份有限公司（以下简称北京城乡或公司）是以商业零售业为主体的大型股份制企业。公司前身是北京市城乡贸易中心商场，于1992年1月18日开业。同年9月，公司成功实现股份制改造，1994年5月又实现由定向募集公司向上市公司的转变，完成了企业经营管理机制的重大改革。

经过十九年的发展，已成为具有雄厚经济实力、良好商誉和发展潜质的大型上市公司。公司连续荣获三A级或二A＋信用企业、纳税信用A级企业、北京市海淀区国税50强、中国商业名牌企业、中国商业信用企业、中国商业服务名牌、全国商业企业管理奖单位、全国文明单位、全国和谐商业企业、全国诚信维权先进单位等荣誉称号。

北京城乡地处首都公主坟商业区，商圈好，人气旺，与西客站相距不足2公里，公主坟地

城乡卖场

城乡卖场

北京城乡超市（小屯店）开业盛典

共享大厅

北京城乡超市(小屯店)顾客购物盛况

城乡店庆

铁站直达商场。门前十几条公交线路四通八达，附近的机场巴士直通首都国际机场，消费者能利用各种交通工具到达，地理位置十分优越。

公司在成功运作城乡贸易中心本店的基础上，相继创办了北京城乡华懋商厦和北京城乡仓储大超市，从而完善了公司的主业经营格局。华懋商厦与城乡错位经营、优势互补；城乡仓储超市则以低价位、快节奏、高质量的服务模式取胜，赢得了广泛而稳定的消费群，创造了优良的经济效益。

北京城乡旗下锡华商务酒店，是利用其上市公司自身优势，通过资本市场成功置换的资产。北京锡华商务酒店位于北京人文气息浓厚、高校林立的海淀区，地处海淀体育中心院内。该酒店是集客房、会议、餐饮、娱乐、健身为一体的多功能四星级商务酒店。锡华商务酒店已成为北京城乡新的经济增长点。

城乡超市是北京城乡贸易中心股份有限公司的全资子公司。超市主营生鲜日配、粮油副食、休闲食品、礼品保健、酒水饮料、糖果糕点、洗涤洗化、文体百货、服装鞋帽、针纺床用、生活家电等品类，同时外租区配以中西快餐、中式酒楼、银行、药店、洗衣、等配套服务项目。城乡超市约 17365.17 平方米的经营面积，为顾客提供更多的选择。

公司将坚持以市场为导向、以资产为纽带、以效益为中心，不断加大改革力度，加速与国际市场接轨的步伐，在竞争中求生存、求发展，最终实现将企业建成集团化、国际化股份公司的宏伟目标。

北京锡华商务酒店外观

北京锡华商务酒店多功能厅

北京锡华商务酒店淮香坊中餐厅

北京锡华商务酒店大堂

当代商城

BEIJING MODERN PLAZA

9月23日，隆重举行当代商城开业十五周年庆典仪式。海淀区副区长陈双、海淀区商务委主任古红梅、海淀区国资委党委副书记龚茂淑、消费者代表、供应商代表以及商城领导和600名员工共同庆贺这具有特殊意义的一天。店庆当日，商城以4376万元的销售额创造了新的奇迹，创出开业15年以来单日销售新高，与2009年店庆相比增幅高达195%。

9月6日–10月6日，当代商城举办十五周年成就展。本次成就展通过实物、文字及图片等形式，从企业文化、经营业绩、科学管理、精神文明等六个方面回顾了当代商城15年的发展历程，展示了商城在各方面所取得的辉煌成就及当代人自强不息、奋发向上的精神状态。期间，海淀区委常委、常务副区长杨志强，海淀区副区长陈双，海淀区国资委主任董殿毅等领导及商城会员、员工参观了展览。

当代商城荣获北京十大商业品牌金奖终身荣誉奖，北京市副市长程红为商城总裁匡振兴颁奖。

当代商城荣获北京质量奖，商城董事长金玉华发表获奖感言。

当代商城率先推出移动POS刷卡收款，首次实现国内商家销售数据系统与银行交易数据系统的集成，极大方便了顾客，彻底变革了零售业固有的收银方式，开创了全新的零售业支付模式。

3月27日，当代商城响应由世界自然基金会WWF倡导的“地球一小时”活动，开展“地球一小时”熄灯活动。海淀区副区长陈双、区商务委副主任蔡天明、区团委副书记雷玉梅、区环保局法宣科科长李军等来到现场，与广大顾客及商城员工共同参与这项富有意义的全球活动。晚八点三十分，卖场灯光熄灭，消费者在电子蜡烛熠熠闪烁的购物环境中享受低碳购物的乐趣。中央二台《早间新闻》、北京电视台《晚间新闻报道》、《首都经济报道》、《特别关注》栏目、《北京晚报》、《北京青年报》等20余家媒体对活动进行了报道。

北京卫星制造厂

东方红一号卫星诞生地纪念碑揭幕仪式

精密机加车间

企业运动会入场式

北京卫星制造厂隶属于中国航天科技集团公司第五研究院，是我国第一颗人造卫星“东方红一号”和第一艘飞船“神舟一号”的诞生地。多年来，企业党委不断完善精神文明建设工作体系，大力开展企业文化建设，并取得丰硕成果，荣获“北京市和谐劳动关系企业”、“绕月探测工程先进基层党组织”、“全国企业文化建设优秀单位”、“全国模范职工之家”等荣誉称号。

北京卫星制造厂通过丰富多彩的精神文明创建活动努力提升员工的综合素质，企业现有全国五一劳动奖章、五四青年杰出贡献奖章、部级专家、享受政府特殊津贴专家和“航天奖”获得者30人；中华技能大奖获得者3人、全国技术能手15人。培育了一支思想作风硬、业务能力强，集高级管理人才、技术专家、高技能人才于一体的高素质员工队伍。企业被挂牌授予“国家高技能人才培养示范基地”。

北京卫星制造厂积极参与公益事业，多次开展捐助灾区等公益活动，五年持续开展“心系百色革命老区捐资助学促社会和谐”爱心日活动。作为中关村地区爱国主义教育等三个基地，企业每年接待海内外参观者6000人以上，在各地开办航天科普讲座、航天科普教育展。企业多次被评为北京市无偿献血先进单位、交通安全先进单位、消防安全先进集体等，2010年获得海淀区军（警）民共建先进单位、环境污染防治工作先进单位荣誉称号。

“十二五”大幕已经拉开，北京卫星制造厂将承继荣耀与梦想，为建成“国内领先、国际一流的大型宇航制造企业（集团）”，励精图治，开拓进取，为航天事业的灿烂辉煌而一路奋进！

企业外景

企业颁奖典礼

康辰医药

拥有2个国家一类新药的研发驱动型药企

康辰医药创立于1999年11月。成立以来，秉承"用生命科学呵护人类健康"的神圣使命，植根中关村科技、现代创新的土壤，历经十二年的发展，现已完成横跨医药研发、生产、营销、流通领域的产业布局，形成以苏灵、迪奥两个国家一类新药为核心产品的创新药组合，拥有14项国际、国家发明专利，实现了以新产品研发和营销渠道建设为核心优势、联盟营销的创新模式和高品质的工业生产为驱动力的发展布局！

康辰医药密云生产基地

康辰自主研发的产品、国家一类新药苏灵，实现止血药物历史的新突破，开创了4个全球第一。苏灵是唯一单一组分的血凝酶药物，具有明确的单一作用靶点，纯度高达99%，显著控制临床手术科室止血，并在产品安全性上得到了药理、临床的保证，开创了无忧止血的新时代，得到国际、国内十余项顶级荣誉。

北京市领导参观药厂

康辰自主研发的产品、国家一类新药迪奥，是迄今为止我国第一个采用酶活性中心三维结构特征设计合成的新型抗肿瘤化学合成药物。即将完成临床试验上市。目前的临床研究结果表明：迪奥有卓越的临床价值。

康辰医药已经完成公司的战略布局和优势资源培育，正在向着第二个战略阶段——企业规模化、资本证券化奋勇迈进。

各部委领导为苏灵上市揭幕

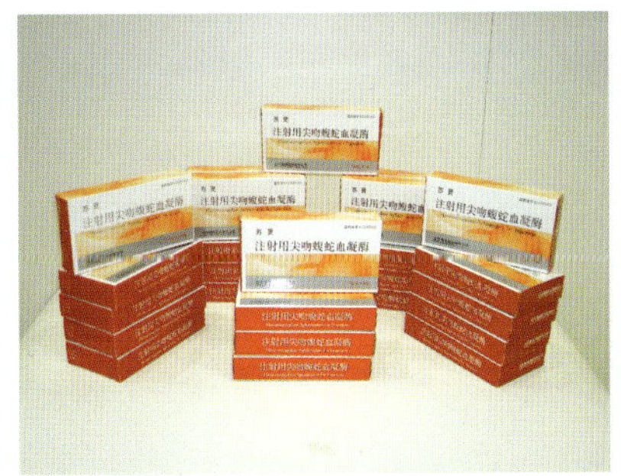

康辰自主研发的国家一类新药苏灵

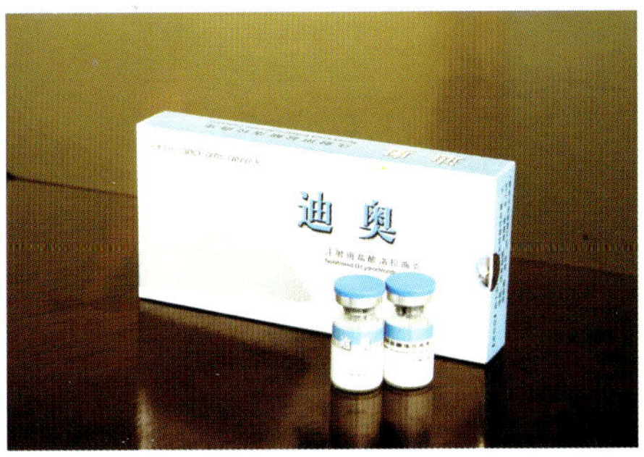

自主研发的国家一类抗肿瘤新药——迪奥

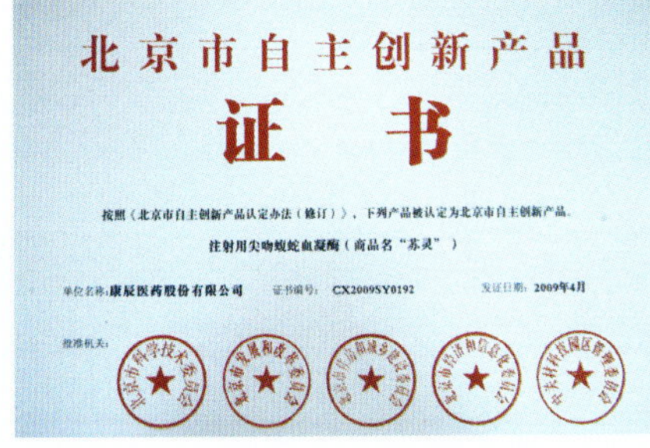

北京市自主创新产品

证书

按照《北京市自主创新产品认定办法（修订）》，下列产品被认定为北京市自主创新产品。

注射用尖吻蝮蛇血凝酶（商品名"苏灵"）

单位名称：康辰医药股份有限公司　证书编号：CX2009SY0192　发证日期：2009年4月

批准机关：

苏灵荣获北京市自主创新产品证书

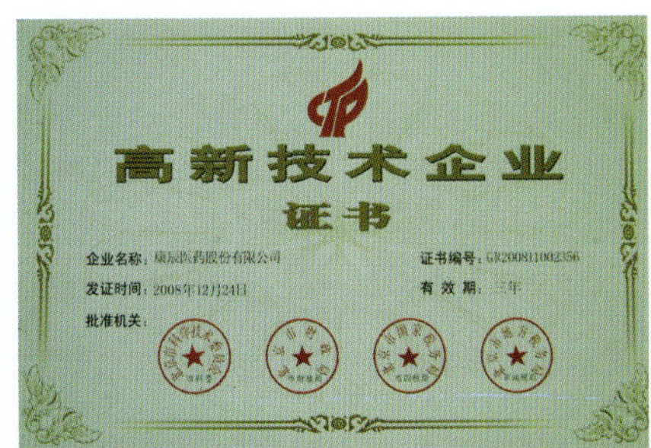

高新技术企业

证书

企业名称：康辰医药股份有限公司　证书编号：GR200811002356

发证时间：2008年12月24日　有效期：三年

批准机关：

高新技术企业证书

G20企业证书

康辰医药股份有限公司

北京生物医药产业跨越发展工程（G20工程）规模企业

特颁此证

2010-2012

康辰公司G20获奖

仁创科技集团董事长秦升益

创新型企业

科学技术部　国务院国资委　中华全国总工会

二00八年七月

国家创新型企业

高新技术企业

仁创集团

在建设节约型社会展览会上，胡锦涛总书记与仁创科技集团董事长秦升益亲切握手。

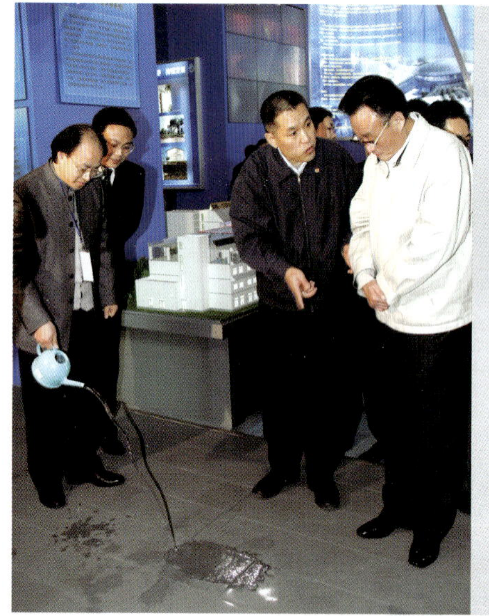

在建设节约型社会展览会上，全国人大常委会委员长吴邦国观看仁创科技集团董事长秦升益现场产品演示。

在建设节约型社会展览会上，温家宝总理参观仁创科技集团董事长秦升益产品展示讲解。

在建设节约型社会展览会上，全国政协主席贾庆林听取仁创科技集团董事长秦升益现场产品讲解。

硅砂资源利用

国家重点实验室

State Key Lab. of Silica Sand Resources Utilization

国家重点实验室

国家重点新产品

证书

项目名称：FSS-Ⅱ型油(气)田压裂及防砂用覆膜支撑剂　　项目编号：2007GRA00019

承担单位：北京仁创日升石油开采技术有限公司　　发证时间：二〇〇七年十二月

有效期：三年

批准机关：科学技术部

国家环境保护总局

国家重点新产品

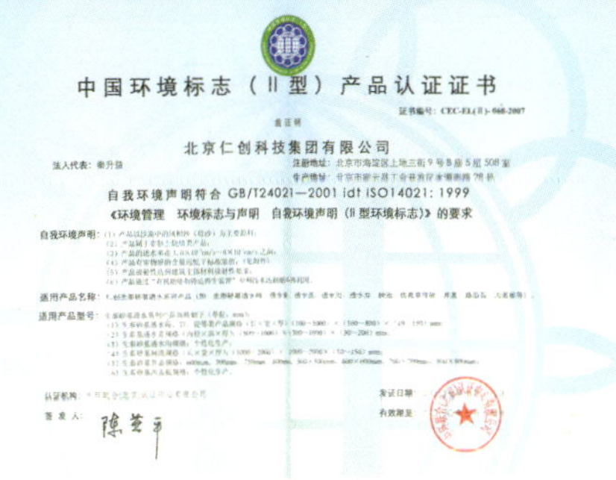
中国环境标志（Ⅱ型）产品认证证书

北京仁创科技集团有限公司

自我环境声明符合 GB/T24021—2001 idt ISO14021: 1999

《环境管理　环境标志与声明　自我环境声明（Ⅱ型环境标志）》的要求

中国环境标志产品

全国政协副主席、科技部部长万刚，北京市市长郭金龙参观仁创集团。

北京市委书记刘淇视察仁创研究院

党支部生活

长安街

15渗水井地面恢复

丰台科技园生态主题公园

中央统战部

西单大街

奥运景观大道

奥运水立方

世博会中国馆广场

北京威凯建设发展有限责任公司

董事长 陈晓智

北京威凯建设发展有限责任公司是海淀区属国有企业，成立于1994年。公司注册资金10亿元，具有房地产开发企业一级资质。

公司主要承担海淀区北部地区上庄科技园区土地一级开发建设、市政基础设施建设及部分农民安置房建设工作，先期已启动苏家坨、温泉、西北旺、上庄四镇约186公顷的土地一级开发工作、100余万平方米农民安置房建设工作及总占地面积约5万平方米的吴家场保障性住房项目。

“十二五”期间，公司将围绕加快建设

总经理 魏星

威凯公司班子成员

达标先进单位

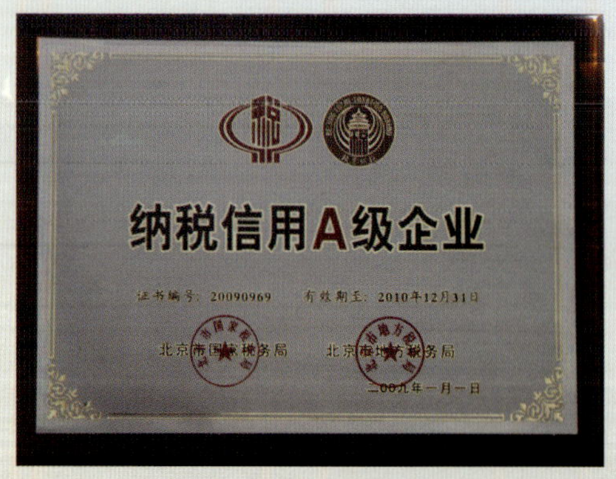

纳税信用A级企业

市长郭金龙（左二）视察苏家坨经适房

上庄定向安置房及配套基础设施开工奠基仪式

环境优美、和谐宜居的高科技核心区这一主线，以全力推进北部地区土地一级开发、政策性住房和市政基础设施建设为着力点，把握“观念更新、机制完善、结构调整”三个关键，突出“管理科学化、项目责任化、技术创新化”三个亮点，抓好“圆满完成各项任务指标、创建优质民生工程和提升企业核心竞争力”三个重点，完成从“资源优势型”向“能力优势型”的重大转变。

在区委、区政府及北部委领导下，威凯公司将全力以赴，为北部地区一级开发、市政基础设施及社会公益性产业的建设做出努力，在中关村国家自主创新示范区核心区的建设中发挥主力军作用。

吴家场保障房项目

苏家坨经适房选房认购现场

威凯公司组织全员拓展训练

实景拍摄

映耀西山 首赏大院

三年静研，大工竣成，宅、园、院全景呈现，登极大赏；

院外，九百载三山五园壮美帝园，百米昆玉源水何滂滂，十万平米原山私园苍翠遒劲；

院内，苏制“将军楼”巍峨如山，“钓鱼台”形制园林秘而不喧，大院内圣外王，映耀京西族徽。

融 创 中 国　高 端 精 品 一 号 作

北京市保福控股有限公司

北京市保福控股有限公司（简称“保福控股”），是注册在海淀区的一家综合性集团公司。在创始人周明德董事长的引领下不断取得令人瞩目的跨越式发展成果，形成以金融投资、房地产与医药为主导产业，同时涉及体育休闲、物业等多个领域的具有优质成长性的大型综合集团。截至2010年，集团总资产已达数十亿元，就业人员超过4000人。

■ 金融投资——保福金融

集团金融投资产业已获批设立保福投资担保有限公司、北京保福典当有限公司、北京保福融鑫投资基金管理有限公司和北京保福筑业小额贷款股份有限公司等企业。保福投资担保有限公司，凭借优良的服务意识和高质量的专业素质，已与多家银行合作为中小企业提供专业的贷款担保、投资和融资服务，拥有综合授信额度达5.5亿元，从2009年正式开展业务至今短短两年，为近百家中小企业提供融资担保服务。2011年，集团成功获准作为法人投资者发起设立“西藏银行”。未来十年集团将在金融领域开创更多先进的产品和服务，为中小企业融资提供更快捷、高效、便利的服务。

集团将以为各类型中小企业提供融资新渠道为公司金融业务发展的重中之重，在业务开展过程中，聘请从事银行、审计、评估业务多年的知名专家，在严控风险的基础上，为目标企业和社会市场，提供多样化、先进的现代金融服务，不断促进中小企业的发展和创新，满足中小企业资金需求，在构建“社区金融便利店”式的现代信贷零售业务的同时，促进地区金融业繁荣与发展。

■ 房地产——凤凰城集团

集团骨干企业凤凰城集团具有建设部颁发的房地产开发一级资质，下辖十几个房地产子公司，秉承“以人为本”、“绿色环保”、“优先关爱弱势群体”的理念，打造出一个个经典品牌并成为北京新地标。旗下的建筑产品包括西三环

中关村翠湖科技园•云中心，总建筑面积80万平方米，位于温阳路以西，北清路以南，地铁山后线温阳路站边，属于北京市中关村科技园区海淀园的重要组成部分，将建成以生物医药和科技为主导的新型产业园区。园区规划将在加强基础设施硬件建设的同时，提供完善的园区配套服务，拟为入园企业建立集“金融、商业、多媒体会议、餐饮、休闲”于一体的商务平台和创业、创新的优势环境，吸引优质企业，打造具有后发优势的特色科技园区。

北塘古镇，位于全国综合配套改革试验区天津滨海新区核心区，是2011年滨海新区十大建设工程之一，占地约675亩，容积率约0.7，规划地上总建筑面积约30万平方米，设计有炮台、古建核心区（凤凰街、酒吧街、精品酒店、公寓等）、中式地产项目、企业会所、酒店等。预计2011年9月凤凰商业街将正式实现销售。

航天桥“世纪经贸大厦”、北四环保福寺桥“世纪科贸大厦”、西山脚下“燕西台”别墅、立水桥“北京北”住宅小区、长安街五棵松“西长安中心”、海淀核心“中关村公馆”等。现在，集团房地产业务在立足北京的同时，已扩展至天津、重庆、合肥、马鞍山等大中城市。2011年，集团力推的两大项目为海淀区“中关村翠湖科技园•云中心”和天津市“北塘古镇”，将以其优良的品质、完善的功能、精致的设计，成为2011年房地产市场新的靓丽风景。

“居者有其屋”是社会和谐发展的需要，也是企业义不容辞的责任。集团在进行商业产品开发的同时，积极响应国家政策和政府号召，为满足广大中低消费群体的需求而不懈努力，至2010年共建设安置房和“两限房”20多万平米，共计2230套。

■ 医药——西藏药业

集团在2007年收购的西藏诺迪康药业股份有限公司是西藏制药行业中第一家上市企业，产品涵盖生物制品、现代藏药、中药和化学药等诸多系列，其中新活素拥有世界级先进水平及自主知识产权，诺迪康胶囊、雪山金罗汉止痛涂膜剂、十位蒂达胶囊等都是国家重点药物保护品种。

西藏药业在集团收购后次年就实现扭亏为盈，并先后获得国家颁发的“国家创新型企业”、“国家级企业技术中心”、“国家级重点工程试验中心”、“藏药现代化国家（地方联合）工程研究中心”、“国家级重点高新技术企业”、“国家级优秀民营科技先进企业”、“国家级农业产业化龙头企业”、“中国驰名商标”持有企业等荣誉，现拥有4个符合国家GMP规范的药品生产基地，600亩符合国家GAP标准的西藏林芝藏药材种植基地以及覆盖全国的营销网络。“科学成就健康，健康成就未来”，西藏药业将继续致力于藏药现代化的发展，以科技创新不断推动企业前进、成长。

集团自成立以来，秉承“低调做人，高调做事”的原则，对所开发项目反复论证、科学决策，对所涉各行业产品精雕细琢，对服务要求精益求精，不断满足时代发展和社会的需求。集团及其所属企业在2005年至2008年北京市地税局评选纳税千强企业中，有5家下属企业先后7次被评为“北京市千强纳税企业”并多次荣获“海淀区突出增长企业”、“海淀区优秀新企业”、“中国低碳节能优秀企业奖”、“2010年度税源建设先进单位”等荣誉称号和政府嘉奖。公司无论从事何种行业，都将继续沿着科学发展的道路，坚持经济效益和社会公益并重，追求精益求精，为国家和社会的和谐发展做出应有的贡献。